윤우혁 소방행정법
기본서

소방행정법 출간

소방직 공무원 시험이 대폭 개정되면서 2022년부터 행정법이 필수과목으로 도입되었습니다. 직무역량 강화를 위해 행정법을 필수과목으로 지정한 것은 긍정적이지만, 시험과목을 선택할 수 없어진 수험생 입장에서는 새로운 부담이 되는 것도 사실입니다. 이에 수험생이 학습 부담을 줄이면서 보다 쉽게 행정법을 마스터할 수 있도록 객관식 시험 합격에 최적화된 소방직 전용 기본서를 출간하게 되었습니다.

왜 소방직 전용 교재가 필요한가?

현업에서 행정법이 쓰이는 경우가 많아 소방직에 행정법이 필수과목으로 지정되었습니다. 아무래도 일반행정직과는 달리 행정법에서도 소방업무와 관련된 내용이 시험에 출제될 가능성이 있기 때문에 그에 대한 대비가 필요합니다.

일반행정직과의 차이점

일반행정직에서는 이미 수십 년간 행정법이 시험과목이었기 때문에 보다 지엽적인 부분이 시험에 자주 출제되는 편입니다. 그러나 소방직에서는 지엽적인 것을 묻기보다 기본적이면서 실무와 관련된 내용을 시험에서 물을 것으로 예상되며, 이러한 출제 경향 면에서 일반직과 차이가 있습니다.

소방직 합격을 위한 기본서

천학비재한 저자가 요행히 사법시험에 합격하고 변호사로서 과분한 혜택을 입은 것은 선배학자들의 주옥 같은 교재에 힘입은 바가 큽니다. 소방공무원을 꿈꾸는 학생에게 이제는 본 저자가 좋은 수험서를 만들어, 감사함을 돌려줄 때가 되었다고 생각합니다.

노베이스로 시작해서 고득점하기

저자가 노량진에서 강의한 지도 10년이 넘었습니다. 그동안 많은 학생이 저자의 책과 강의로 공직으로 진출하였는데, 수험생의 절대다수는 노베이스에서 시작하여 합격의 영광을 누렸습니다. 본 교재와 곧이어 나올 기출문제집으로 정리하고 반복한다면 아직 행정법에 기본이 없는 수험생도 최단기간 안에 합격하게 될 것이라고 자부합니다.

소방행정법 공부 방법

법 과목을 무턱대고 암기하려면 지쳐서 중간에 좌절하기 쉽습니다. 암기는 때가 되면 저절로 체득하는 부분도 있기에, 최대한 이해에 초점을 두고 차근차근 수업을 따라가다 보면 어느 순간 합격선에 도달한 자신을 발견하게 될 것입니다. 수험 공부는 어려워서 못하는 것이 아니라 급하게 하려다 보니 힘들어지는 것입니다.

맺음말

위기가 곧 기회가 된다는 말이 있습니다. 누구나 아는 이 말은 수험가에도 적용됩니다. 과목이 개편될 때 새로운 합격의 기회가 생기는 것입니다. 시험은 오래 공부한다고 되는 것이 아니라 정확한 방향으로 갈 때 합격하는 것입니다. 수험생 여러분의 조속한 합격을 기원하며 이 책을 세상에 내놓습니다.

2022년 4월
윤우혁

STRUCTURE
구성과 특징

행정법의 체계를 잡아주는 나침반 수록

행정법 초심자도 각 단원의 흐름과 중요사항을 짚고 넘어갈 수 있도록, 각 단원의 맨 앞에 '나침반' 코너를 수록하였습니다. 이 코너는 수험 입문단계에서는 각 단원의 흐름을 먼저 확인할 수 있도록 하여 체계적인 학습을 돕고, 마무리단계에서는 복습할 때 회독의 기준으로 활용할 수 있습니다.

컴팩트하지만 기본기에 충실한 이론서

기본 이론을 이해하기 쉽게 설명하고, 판례 및 법령을 함께 제시하여 유기적으로 연계할 수 있도록 하였습니다. '보충' 코너에서는 어려운 행정법 개념을 간결하게 정리하여 제공합니다. 또한 실제 문항으로 자주 출제되는 포인트는 첨삭을 통해 짚어주어, 단기간에 문제 풀이능력이 향상될 수 있도록 하였습니다.

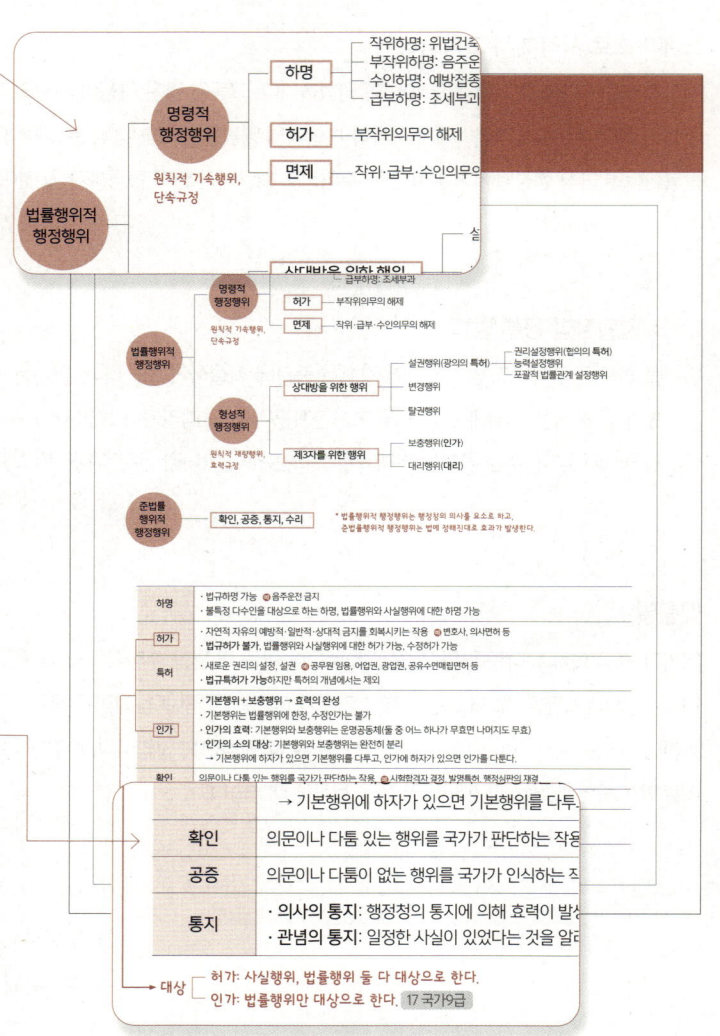

행정법을 쉽게 이해할 수 있는 스토리 암기

행정법을 처음 시작하는 수험생들은 방대한 양은 물론이거니와 딱딱한 법률용어 때문에 시작하기도 전에 어려움을 느끼게 됩니다. 불필요한 어려운 용어를 최대한 배제한 채 개념을 설명하고, 풍부한 판례를 제시하여 스토리 암기가 가능합니다.

관련판례

◎ 관용차량을 운전한 경우

공무원이 그 직무를 집행하기 위하여 국가 또는 지방자치단체의 관용차량을 운전하는 경우, 그 자동차의 운행지배나 운행이익은 그 공무원이 소속한 국가 또는 지방자치단체에 있다.

관련판례

◎ 관용차량이 아닌 경우

공무원이 자기 소유의 자동차로 공무수행 중 사고를 일으킨 경우 당해 공무원이 운행자이다.
공무원이 자기 소유의 자동차로 공무수행 중 사고를 일으킨 경우에는 그 손해배상책임은 자동차손해배상 보장법이 정한 바에 의하게 되어, 그 사고가 자동차를 운전한 공무원의 경과실에 의한 것인지 중과실 또는 고의에 의한 것인지를 가리지 않고 그 공무원이 자동차손해배상 보장법 제3조 소정의 '자기를 위하여 자동차를 운행하는 자'에 해당하는 한 손해배상책임을 부담한다(대판 1996.5.31. 94다15271).

3. 군인 등에 대한 특례(이중배상의 금지)

(1) 이중배상금지의 원칙

1) 이중배상금지의 배경
  헌법 제29조 제2항과 국가배상법 제2조 제1항 단서가 제한을 두고 있는 것은, 위험부담이 매우 높은 직무에 종사하는 공무원이 그 직무집행과 관련하여 받은 손해에 대해서는 공무원연금법, 군인연금법 등에 의한 보상을 받게 되므로 사회보장적 성격의 국가배상청구권을 인정할 필요가 없다는 이중배상금지사상에 기인한다.

2) 판례
  현행 헌법 시행 후 위 규정에 대해 제기된 헌법소송에서 헌법재판소는 국가배상법 제2조 제1항 단서에 대해 합헌결정하였고, 헌법 제29조 제2항에 대해서는 헌법소원의 대상이 아니라고 판시하였다 (헌재 1995.12.28. 95헌바3). 21 소방, 09 지방7급

(2) 적용대상자

1) 이중배상이 금지되는 자
  군인, 군무원, 경찰, 전투경찰, 소집 중인 예비군

2) 이중배상이 가능한 자
  공익근무요원

객관식 소방행정법 최적화 수험교재

소방직 출제 경향에 맞게 기본적이고 실무와 관련된 내용을 중점적으로 수록했습니다. 또한 이론 옆에 기재된 시행처를 통해 소방직 출제 경향을 쉽게 알아볼 수 있습니다.

CONTENTS 차례

PART 1 | 행정법통론

Chapter 01 행정
- 제1절 권력분립과 행정 — 013
- 제2절 통치행위 — 014
- 제3절 행정의 분류 — 018

Chapter 02 행정법의 의의·지도원리·법치행정
- 제1절 행정법의 의의 — 020
- 제2절 행정법의 지도원리 — 024
- 제3절 법치행정의 원리 — 026

Chapter 03 행정법의 법원과 효력
- 제1절 행정법의 법원(法源) — 035
- 제2절 행정법의 효력 — 041

Chapter 04 행정법의 일반원칙
- 제1절 비례의 원칙(과잉금지의 원칙) — 047
- 제2절 신뢰보호의 원칙 — 051
- 제3절 평등원칙과 행정의 자기구속의 원칙 — 063
- 제4절 부당결부금지의 원칙 — 070
- 제5절 기타 원칙 — 073

Chapter 05 행정상 법률관계
- 제1절 행정상 법률관계 — 075
- 제2절 행정법관계의 특질 — 077
- 제3절 행정법관계의 당사자 — 078
- 제4절 공법관계와 사법관계 — 083

Chapter 06 공권과 공의무관계
- 제1절 행정법관계의 내용 — 090
- 제2절 무하자재량행사청구권과 행정개입청구권 — 099

Chapter 07 특별권력관계 — 104

Chapter 08 행정법관계에 대한 사법규정의 적용 — 108

Chapter 09 행정법상의 법률요건과 법률사실
- 제1절 법의 규정형식과 법률요건 및 법률사실 — 111
- 제2절 행정법상의 사건 — 112
- 제3절 공법상의 사무관리·부당이득(법원리적 규정) — 118

Chapter 10 사인의 공법행위
- 제1절 사인의 공법행위 — 122
- 제2절 사인의 공법행위로서의 신고와 신청 — 126

PART 2 | 행정작용법

Chapter 01 행정입법: 법규명령
제1절 행정입법 일반론 ·········· 139
제2절 법규명령 ·········· 140

Chapter 02 행정입법: 행정규칙
제1절 행정규칙 일반론 ·········· 157
제2절 법규명령 형식의 행정규칙과 행정규칙 형식의 법규명령 ·········· 164

Chapter 03 행정행위 일반론
제1절 행정행위의 의의 ·········· 167
제2절 수익적·부담적 행정행위와 복효적 행정행위 ·········· 173
제3절 기속행위와 재량행위, 판단여지와 불확정개념 ·········· 175
제4절 불확정개념과 판단여지 ·········· 185

Chapter 04 행정행위의 내용
제1절 법률행위적 행정행위 ·········· 189
제2절 준법률행위적 행정행위 ·········· 211

Chapter 05 행정행위의 부관 ·········· 219

Chapter 06 행정행위의 요건과 효력
제1절 행정행위의 요건 ·········· 233
제2절 행정행위의 효력 ·········· 237

Chapter 07 행정행위의 하자와 하자의 승계
제1절 행정행위의 하자 ·········· 245
제2절 하자의 승계 ·········· 262

Chapter 08 행정행위의 취소 및 철회
제1절 행정행위의 취소 ·········· 267
제2절 행정행위의 철회 ·········· 273

Chapter 09 확약과 행정계획
제1절 행정상의 확약 ·········· 275
제2절 행정계획 ·········· 278

Chapter 10 그 밖의 행정형식
제1절 공법상 계약 ·········· 288
제2절 행정상 사실행위 ·········· 292
제3절 행정지도 ·········· 294
제4절 비공식적 행정작용과 행정의 자동결정 ·········· 299
제5절 사법 형식의 행정작용(행정사법) ·········· 300

CONTENTS 차례

PART 3 | 행정절차, 정보공개, 정보보호

Chapter 01 행정절차법
제1절 개설 304
제2절 행정절차법의 주요 내용 306

Chapter 02 정보공개와 개인정보 보호
제1절 행정정보공개 329
제2절 개인정보 보호 344

PART 4 | 행정의 실효성 확보수단

Chapter 01 행정의 실효성 확보수단 일반론 ... 364

Chapter 02 행정강제(직접적 강제수단)
제1절 행정상 강제집행 365
제2절 행정상 즉시강제와 행정조사 384

Chapter 03 행정벌
제1절 서설 394
제2절 행정형벌 395
제3절 행정질서벌 400

Chapter 04 새로운 실효성 확보수단
제1절 금전적 제재수단 409
제2절 비금전적 제재수단 413

PART 5 | 행정구제법

Chapter 01 개설 418

Chapter 02 사전적 권리구제수단
제1절 청원 419
제2절 부패방지 및 국민권익위원회의 설치와 운영에
  관한 법률상의 고충처리 419
제3절 민원 처리에 관한 법률 423

Chapter 03 행정상 손해전보
제1절 행정상 손해배상 425
제2절 행정상 손실보상 455

Chapter 04 행정쟁송
제1절 행정소송 484
제2절 행정심판 596

행정법의 전문가,
2023 윤우혁 소방행정법 기본서

PART 1

행정법통론

행정법의 전문가,
2023 윤우혁 소방행정법 기본서

Chapter 01	행정
Chapter 02	행정법의 의의·지도원리·법치행정
Chapter 03	행정법의 법원과 효력
Chapter 04	행정법의 일반원칙
Chapter 05	행정상 법률관계
Chapter 06	공권과 공의무관계
Chapter 07	특별권력관계
Chapter 08	행정법관계에 대한 사법규정의 적용
Chapter 09	행정법상의 법률요건과 법률사실
Chapter 10	사인의 공법행위

Chapter 01 행정

| 보충 | 처분적 법률 |

- 집행행위의 매개 없이 직접 적용되는 법률을 말한다(다수설).
- 즉, 처분적 법률은 형식은 입법이지만, 내용은 행정(처분)의 성격을 가지고 있다.

제1절 권력분립과 행정

01 행정개념의 성립 – 시민혁명과 근대입헌국가의 탄생

절대군주가 일방적으로 행사하던 국가의 권력 중 입법권을 의회가, 사법권을 법원이 가져가는 권력분립의 원칙이 확립되는 과정에서 비로소 행정의 의미가 독자성을 가지며 성립하게 되었다. 이와 같이 행정의 개념은 국가작용의 본질에 따른 선험적·절대적인 산물이 아니고, 시대와 사회에 따라 다른 역사적·경험적·상대적 개념이다. 따라서 **행정과 법치행정은 권력분립을 전제로 성립된 개념**이다. 96 검찰9급 등

02 행정의 의의

1. 형식적 의미의 행정 – 권한을 담당하는 기관에 따른 개념

형식적 의미의 행정이란 행정부가 행사하는 것은 그 내용에 관계없이 모두 행정이라고 보는 것을 말한다. 행정의 본질적 내용이 아니라 **담당하는 국가기관을 기준**으로 분류한 개념이다. 이에 의하면 행정부에 의하여 행하여지는 작용이기만 하면 그것이 성질상 입법에 속하거나(예 행정입법 등), 사법에 속하거나(예 행정쟁송에 있어서의 재결, 대통령의 사면권 등) 모두 행정이라고 한다.

2. 실질적 의미의 행정 – 국가작용의 내용에 따른 개념

실질적 의미의 행정이란 행정의 **고유한 성질과 기능을 중심**으로 행정의 본질을 파악하는 것을 말한다. 즉, 행정이란 입법의 하위개념으로서 법을 구체화하고 집행함으로써 현실적으로 국가의 목적을 실현시키는 국가작용을 말한다.

3. 행정의 개념적 특징(징표) 98 행시 등

포르스트호프(E. Forsthoff)는 "행정 자체가 너무나 다양하고 복잡하기 때문에 행정이라는 개념은 정의 내릴 수 없고 단지 묘사할 수 있을 뿐이다."라고 적시하였다.

구분	특징	비고
주체	행정은 행정주체의 작용이다.	행정주체에는 국가, 공공단체, 공무수탁사인이 있다.
내용	행정은 사회형성적, 공익적 활동이다.	행정은 포괄적인 지도·감독을 받지만 광범위한 활동의 자유를 가진다.
형식	행정은 다양한 형식의 법집행작용이다.	행정의 형식에는 행정행위, 행정입법, 행정계획 등이 있다.
절차	행정은 일반적·추상적 법령을 집행하기 위해서 개별적·구체적 조치를 취한다.	입법은 일반적·추상적 규율을 제정하는 것이다.
재판과의 차이	행정은 적극적(능동적)이고 미래지향적인 형성활동이다.	사법(司法)은 과거지향적이고 법을 판단하는 작용이다.

> **보충** 일반적, 개별적, 추상적, 구체적의 의미
>
> - **일반적**: 상대방이 특정되지 않았다는 의미이다. 예컨대 법은 '모든 국민'을 대상으로 하기 때문에 일반적이다.
>   * 법이 특정인이나 특정사건을 대상으로 하면 처분적 법률이라고 한다.
> - **개별적**: 일반적이라는 말에 대응되는 개념이다. 행정행위는 특정인(다수일지라도 범위가 정해지면 특정인임)을 대상으로 한다.
> - **추상적**: 규율의 대상에 대해서 쓰는 표현으로 규율대상이 매우 다양하다는 의미이다. 법은 추상적으로 정해져 있는 것이 원칙이다.
> - **구체적**: 사건이 특정되어 있다는 의미이다. 공무원은 추상적 법률에 근거하여 개별사건에 구체적으로 행정행위를 하는 것이다.

4. 형식적·실질적 의미의 행정·입법·사법의 예 🏷️기출다수

구분	형식적 의미의 입법	형식적 의미의 사법	형식적 의미의 행정
실질적 의미의 입법	· 법률 제정 · 국회규칙 제정	· 대법원규칙 제정	· 대통령령, 총리령, 부령 등 법규명령의 제정 및 개정 `05 국회8급 등` · 행정규칙, 조례 등 제정 · 대통령의 긴급명령 등 발동 · 대통령의 조약체결 비준
실질적 의미의 사법	· 국회의원의 자격심사·징계·제명(헌법 제64조)	· 법원의 재판	· 행정심판위원회의 재결 등 각종 재결 예) 토지수용위원회의 재결, 국가배상심의회의 결정 등 `05 국회8급 등` · 징계위원회의 징계의결 · 소청심사위원회의 결정 · 경찰서장의 통고처분 · 대통령의 사면·복권·감형 등
실질적 의미의 행정	· 국회사무총장의 소속공무원 임명행위 · 국회예산의 집행 · 국회도서관의 운영 등 · 처분적 법률 제정	· 대법원장의 일반법관 임명 및 연임발령 · 대법원장 및 법원행정처장의 일반직원 임명	· 각종 인허가, 특허, 운전면허의 허용 등 · 징계처분, 조세부과처분, 조세체납처분 등 각종 처분 · 취소·철회 · 토지수용처분 등의 행정처분

* 일반법관의 임명이 형식적 의미의 사법인 반면, 대법원장과 대법관의 임명이 형식적 의미의 행정인 이유는 법관의 임명권자는 대법원장이지만 대법관과 대법원장의 임명권자는 대통령이기 때문이다.

제2절 통치행위

01 의의

통치행위란 **고도의 정치적인 국가행위** 내지는 국가적 이익에 직접 관계되는 사항을 대상으로 하는 행위에 있어서 **재판을 통한 통제를 하기가 부적당한 국가작용**을 말한다.

02 통치행위에 관한 외국의 논의 – 프랑스를 중심으로 발달

1. 통치행위는 프랑스에서 탄생한 개념이다. `05 국회8급`

프랑스에서 통치행위 관념은 국참사원(Conseil d'Etat) 판례로 정립되었고, 현재 그 범위가 축소되고 있다.

2. 그 외의 국가

독일에서는 제2차 세계대전 전까지는 열기주의를 채택하여 판례상 통치행위 관념이 인정될 여지가 없었으나, 그 후 개괄주의가 채택됨에 따라 현재는 의회 해산, 조약 체결 등을 통치행위로 보고 있다. **영국**에서는 대권행위와 의회 내부문제가 통치행위로서 사법심사에서 제외되고 있으며, **미국**에서는 권력분립의 원칙을 근거로 국제조약의 체결·해석이나 대통령의 군사행위와 같은 정치문제는 사법심사에서 제외한다(Luther vs. Borden 사건). 미국의 이러한 판례는 사법자제적 고려 또한 개재되어 있는 것으로 평가된다.

> **보충** 열기주의와 개괄주의
> · **열기주의**: 법에서 열기(나열)한 사항에 대해서만 행정소송을 인정하는 주의를 말한다.
> · **개괄주의**: 행정소송의 대상을 나열하지 않고 국민의 권리·의무를 침해하는 것으로 일정한 개념에 해당하면 모두 소송의 대상으로 인정하는 주의를 말한다(국민의 권리구제에 더 유리함).

03 통치행위의 인정에 관한 학설

1. 통치행위 부정설 – 사법심사 긍정

실질적 법치주의가 확립되고 행정소송에서 **개괄주의가 채택**되어 있는 이상 법률적 판단의 대상이 될 수 있는 국가작용은 모두 사법심사의 대상이 되므로 통치행위를 인정할 수 없다는 견해이다.

*개괄주의가 통치행위 부정설의 논거인 것은 맞지만, 개괄주의를 채택하면 필연적으로 통치행위를 부정해야 하는 것은 아니다.
왜냐하면 개괄주의를 취하면서도 통치행위를 긍정하는 경우가 많기 때문이다.

2. 긍정설 – 사법심사 제한 또는 부정

(1) 재량행위설

통치행위는 정치문제이고 이는 정치적 재량행위이기 때문에 사법적 판단의 대상이 아니라는 견해이다. 그러나 재량도 일탈·남용이 있으면 사법심사의 대상이 되므로 타당하지 않다는 비판이 있다.

(2) 내재적 한계설(권력분립설)

민주정치의 관점에서 볼 때 정치적 책임을 지지 않는 사법부는 정치적 성격이 강한 통치행위를 심사할 수 없다는 견해이다. 통치행위는 정부 또는 국회의 권한에 유보하여 국민의 감시와 비판하에서 처리하게 하는 것이 바람직하다는 것을 논거로 한다.

(3) 사법자제설

이론적으로 사법부는 모든 국가작용을 심사할 수 있지만 사법부가 정치적 문제에 휘말리는 것은 바람직하지 않으므로 재판권의 행사를 자제하는 결과라고 보는 견해이다(이라크 제2차 파병결정).

04 통치행위에 대한 대법원과 헌법재판소의 입장

1. 대법원

(1) 대법원의 원칙적 입장

대법원은 대통령의 계엄선포와 관련된 사건에서 대통령의 비상계엄선포는 고도의 정치적·군사적 성격을 지니고 있는 행위로서 **계엄선포의 당·부당을 판단할 권한과 같은 것은 오로지 정치기관인 국회에만 있다고 판시하였다**[각하]. 그러나 최근 **통치행위에 대해서도 사법심사가 가능함**을 인정하고 있다.

> **보충** 각하, 기각, 인용
> - 각하: 소송을 할 때는 소송의 요건을 갖춘 경우에만 당사자의 주장이 옳은지 그른지를 판단하게 된다. 이때 소송요건을 갖추지 못하여 그 내용의 당부(본안이라고 함)를 판단하지 않는 것을 말한다.
> - 기각: 본안판단으로 들어가서 원고가 패소하는 것을 말한다.
> - 인용: 본안판단으로 들어가서 원고가 승소하는 것을 말한다.

(2) 판례 – 사법자제설 또는 내재적 한계설(권력분립설)

 관련판례

① 비상계엄의 선포나 확대가 국헌문란의 목적을 달성하기 위하여 행하여진 경우에 그 자체가 범죄행위(내란죄)에 해당하는지에 대하여는 심사할 수 있다. 15 국가9급, 14 변호사, 04 서울9급

대통령의 비상계엄의 선포나 확대행위는 고도의 정치적·군사적 성격을 지니고 있는 행위라 할 것이므로, 그것이 누구에게도 일견하여 헌법이나 법률에 위반되는 것으로서 명백하게 인정될 수 있는 등 특별한 사정이 있는 경우라면 몰라도, 그러하지 아니한 이상 그 계엄선포의 요건 구비 여부나 선포의 당·부당을 판단할 권한이 사법부에는 없다고 할 것이나, 비상계엄의 선포나 확대가 국헌문란의 목적을 달성하기 위하여 행하여진 경우에는 법원은 그 자체가 범죄행위에 해당하는지의 여부에 관하여 심사할 수 있다(대판 1997.4.17. 96도3376 전원합의체).

② 남북정상회담의 개최는 사법심사의 대상이 아니지만, 대북송금행위는 심사의 대상이다. 15 국가9급, 14 변호사, 11 경행특채 등

남북정상회담의 개최는 고도의 정치적 성격을 지니고 있는 행위라 할 것이므로 특별한 사정이 없는 한 그 당부를 심판하는 것은 사법권의 내재적·본질적 한계를 넘어서는 것이 되어 적절하지 못하지만, 남북정상회담의 개최과정에서 재정경제부장관(현 기획재정부장관)에게 신고하지 아니하거나 통일부장관의 협력사업 승인을 얻지 아니한 채 북한 측에 사업권의 대가 명목으로 송금한 행위 자체는 헌법상 법치국가의 원리와 법 앞에 평등원칙 등에 비추어 볼 때 사법심사의 대상이 된다(대판 2004.3.26. 2003도7878).

2. 헌법재판소

 관련판례

◎ **사법심사의 대상이 되는 사례**

① 대통령의 긴급재정·경제명령은 통치행위에 해당하지만 사법심사의 대상이 된다. 18 소방, 15 국가9급, 14 변호사, 05 경기9급 등

대통령의 긴급재정·경제명령은 국가긴급권의 일종으로서 고도의 정치적 결단에 의하여 발동되는 행위이고 그 결단을 존중하여야 할 필요성이 있는 행위라는 의미에서 이른바 통치행위에 속한다고 할 수 있으나, 통치행위를 포함하여 모든 국가작용은 국민의 기본권적 가치를 실현하기 위한 수단이라는 한계를 반드시 지켜야 하는 것이고, 헌법재판소는 헌법의 수호와 국민의 기본권 보장을 사명으로 하는 국가기관이므로 비록 고도의 정치적 결단에 의하여 행해지는 국가작용이라고 할지라도 그것이 국민의 기본권 침해와 직접 관련되는 경우에는 당연히 헌법재판소의 심판대상이 된다(헌재 1996.2.29. 93헌마186).

② 신행정수도 건설이나 수도 이전의 문제는 사법심사의 대상이 된다. 【위헌】

[1] 신행정수도 건설이나 수도 이전의 문제가 정치적 성격을 가지고 있는 것은 인정할 수 있지만, 그 자체로 고도의 정치적 결단을 요하여 사법심사의 대상으로 하기에는 부적절한 문제라고까지는 할 수 없다.

[2] 신행정수도 건설이나 수도 이전의 문제를 국민투표에 붙일지 여부에 대한 대통령의 의사결정은 정치적 결단을 요하는 문제여서 사법심사를 자제함이 바람직하다. 그러나 국민의 기본권 침해와 직접 관련되는 경우에는 헌법재판소의 심판대상이 된다(헌재 2004.10.21. 2004헌마554). 17 국가9급, 11 경행특채

관련판례

◎ 사법자제설

① 외국에의 국군의 파견결정에 대하여 헌법재판소가 사법적 기준만으로 이를 심판하는 것은 자제되어야 한다. 【각하】
18 소방, 15 국가9급, 14 변호사, 11 경행특채, 10 경북교행 등

외국에의 국군의 파견결정은 고도의 정치적 결단이 요구되는 사안이다. 현행 헌법이 채택하고 있는 대의민주제 통치구조하에서 대의기관인 대통령과 국회의 그와 같은 고도의 정치적 결단은 가급적 존중되어야 한다. 이 사건 파병결정은 … 국무회의 심의·의결을 거쳐 국회의 동의를 얻음으로써 헌법과 법률에 따른 절차적 정당성을 확보했음을 알 수 있다. 그렇다면 이 사건 파견결정은 그 성격상 국방 및 외교에 관련된 고도의 정치적 결단을 요하는 문제로서, 헌법과 법률이 정한 절차를 지켜 이루어진 것임이 명백하므로, 대통령과 국회의 판단은 존중되어야 하고 헌법재판소가 사법적 기준만으로 이를 심판하는 것은 자제되어야 한다(헌재 2004.4.29. 2003헌마814).

② 사면은 국가원수의 고유권한이고 권력분립에 대한 예외이다.

사면은 형의 선고의 효력 또는 공소권을 상실시키거나 형의 집행을 면제시키는 국가원수의 고유한 권한을 의미하며, 사법부의 판단을 변경하는 제도로서 권력분립의 원리에 대한 예외가 된다(헌재 2000.6.1. 97헌바74).

 관련판례

◎ 통치행위가 아닌 사례

① 한미연합 군사훈련결정은 통치행위가 아니다. 11 경행특채

한미연합 군사훈련은 … 피청구인이 2007. 3.경에 한 이 사건 연습결정이 새삼 국방에 관련되는 고도의 정치적 결단에 해당하여 사법심사를 자제하여야 하는 통치행위에 해당된다고 보기 어렵다(헌재 2009.5.28. 2007헌마369).

② 대통령의 2007년 전시증원 연습결정은 통치행위가 아니다.

한미연합 군사훈련은 1978. 한미연합사령부의 창설 및 1979. 2. 15. 한미연합연습 양해각서의 체결 이후 연례적으로 실시되어 왔고, 특히 이 사건 연습은 대표적인 한미연합 군사훈련으로서, 피청구인이 2007. 3.경에 한 이 사건 연습결정이 새삼 국방에 관련되는 고도의 정치적 결단에 해당하여 사법심사를 자제하여야 하는 통치행위에 해당된다고 보기 어렵다(헌재 2009.5.28. 2007헌마369).

③ 서훈취소는 법원이 사법심사를 자제해야 할 고도의 정치성을 띤 행위가 아니다. 16 교행

구 상훈법 제8조는 서훈취소의 요건을 구체적으로 명시하고 있고 절차에 관하여 상세하게 규정하고 있다. 그리고 서훈취소는 서훈수여의 경우와는 달리 이미 발생된 서훈대상자 등의 권리 등에 영향을 미치는 행위로서 관련 당사자에게 미치는 불이익의 내용과 정도 등을 고려하면 사법심사의 필요성이 크다. 따라서 기본권의 보장 및 법치주의의 이념에 비추어 보면, 비록 서훈취소가 대통령이 국가원수로서 행하는 행위라고 하더라도 법원이 사법심사를 자제하여야 할 고도의 정치성을 띤 행위라고 볼 수는 없다(대판 2015.4.23. 2012두26920).

제3절 행정의 분류

01 행정주체에 따른 분류

1. 국가행정
국가가 직접 자신의 기관(공무원)에 의하여 행하는 행정을 말한다.

2. 자치행정
지방자치단체 기타 공공단체가 주체가 되어 행하는 행정을 말한다.

3. 위임행정
(1) 국가 또는 공공단체가 자신의 사무를 다른 공공단체나 그 기관(일반적으로 단체의 장을 말함) 또는 사인에게 위임하여 행하는 행정을 말한다.
(2) 사인은 보통 행정의 객체이지만, 위임행정을 수행하는 범위에서는 행정주체가 되기도 한다.

* 기관위임사무를 두는 이유: 우리나라는 중앙행정조직에 대응하는 보통지방행정조직이 없기 때문에 국가사무를 지방자치단체의 장에게 맡기는 형식을 취한다. 이때 지방자치단체의 장은 국가기관(국가공무원)의 지위에서 일한다.

02 목적에 따른 분류

질서행정	• 사회의 안녕질서와 위해방지를 목적으로 하는 행정으로, 경찰행정이 대표적이다. • 질서행정은 면허취소, 영업정지와 같은 침해적인 수단이 이용된다.
급부행정	• 행정주체가 적극적으로 사회구성원에게 재화와 서비스를 제공하여 사회공공의 복리증진을 위하여 행하는 행정을 말한다. • 물건의 급부와 서비스의 제공이 있으며, 보충성의 원칙이 적용된다.
계획행정	일정한 목표를 달성하기 위한 수단을 종합계획하는 행정으로서 현대행정의 중요한 부분이다.
공과행정	• 조세나 부담금 등 공과금을 부과·징수하는 행정을 말한다. • 권력적 작용이면서 침익적 성질을 갖는다.
조달행정	행정목적 수행에 필요한 인적·물적 수단을 취득·유지·관리하는 작용을 말한다.
유도행정	행정주체가 사회경제 활동을 일정한 방향으로 유도하기 위하여 행하는 행정을 말한다. 예 보조금의 지급, 쓰레기 봉투 등

03 법효과에 따른 분류

침익적 행정 (부담적 행정)	· 국민의 자유 또는 권익을 침해하거나 의무를 부과하는 행정을 말한다. · 질서행정이나 공과행정은 전형적인 침익적 행정이다.
수익적 행정	· 국민에게 권리나 이익을 부여하거나 이미 부과된 의무 등을 해제하여 주는 행정을 말한다. · 급부행정이나 유도행정은 대부분 수익적 행정이다.
복효적 행정	침익적 성질과 수익적 성질을 동시에 가지는 것을 말한다. · 혼효적 행정행위: 동일인에게 두 가지의 효과가 동시에 나타난다(혼합적 행정행위라고도 함). · 제3자효 행정행위: 일방에게는 이익이 되나 제3자에게는 침익이 된다.

보충 혼효적 행정행위, 제3자효 행정행위

- **혼효적 행정행위의 예**: 도로점용허가를 하면서 동시에 점용료의 납부를 명하는 경우
- **제3자효 행정행위의 예**: 연탄공장의 허가로 연탄공장에는 이익이 되나 인근주민에게는 피해가 생기는 경우

04 법형식에 따른 분류

공법적 행정	공법에 근거하여 또는 공법의 규율을 받으면서 행해지는 행정을 말한다. · 권력적 행정: 행정주체가 우월적 지위에서 행하는 행정 · 관리행정: 권력성이 약한 행정(예 공물 이용관계)
사법적 행정	· 사법에 근거하여 또는 사법의 규율을 받으면서 행해지는 행정이다. · 협의의 국고행정과 행정사법으로 구분된다.

05 법기속에 따른 분류

기속행정	· 일정한 요건이 갖추어지는 경우에 행정청은 반드시 일정한 행정을 하여야 하는 것을 말한다. · 기속행정의 경우에 행정청이 주어진 일을 하지 않을 때 상대방에게는 이를 요구할 수 있는 공권이 발생된다.
재량행정	어떤 행정을 함에 있어 행정청에게 선택권이 인정되는 것을 말한다. · 결정재량: 어떤 일을 할지 말지를 결정할 수 있는 경우 · 선택재량: 어떻게 할지에 대한 수단을 선택할 수 있는 것

Chapter 02 행정법의 의의·지도원리·법치행정

제1절 행정법의 의의

01 행정법의 성립과 발달

나침반

행정법의 발달	구분	대륙법계	영·미법계
	발달	행정법은 대륙법계 중심으로 발달	영·미법계는 행정법의 발달이 늦음.
	성립 배경	법치주의 확립, 행정제도의 발달	행정위원회의 발전
	공·사법체계	공·사법의 이원체계	공·사법의 일원체계

1. 대륙법계

(1) 행정법의 성립 배경 – 행정법 발달의 전제

1) 법치국가 사상의 발달

법치주의가 성립되기 전의 국가작용은 군주의 자의적 권력 행사의 일부일 뿐이다. 따라서 군주가 자의적이 아니라 법에 근거하여 국가권력을 행사해야 한다는 법치국가 사상의 발달은 행정법 성립의 전제조건이 된다. 즉, 행정은 법에 근거하여 법이 정한 형식으로 이루어져야 한다(행정의 법률적합성의 원칙).

2) 행정제도의 발달

행정제도란 행정권의 지위를 사법권에 대하여 보전하기 위한 제도로서, 일반사법부와 일반법률의 통제를 받지 않고 행정 상급자와 행정에만 적용되는 특별한 법령에 의해 행정이 통제되는 제도를 말한다. **행정제도는 역사적으로 프랑스에서 사법권의 부당한 간섭으로부터 행정권의 독립성을 확보하기 위해 발달한 제도이다.** 11 국가9급

3) 영·미법과의 차이

행정제도는 대륙법의 특유한 성립 배경이고, 영·미 행정법의 성립 배경은 행정위원회이다. 이것이 대륙법계는 행정법이 발달하고 영·미법계는 행정법이 늦게 발달하게 한 원인이 되었다.

(2) 프랑스 – 행정법의 원조

1) 프랑스에서 행정법이 발달한 이유

프랑스는 유럽에서 절대권력이 가장 강력하게 발달한 결과 국왕의 전제권력에 대항하기 위해 대혁명 전부터 일반법원이 개괄적 관할권을 주장하여 왕의 행정에 간섭하였다. 이에 왕은 그 간섭을 배제

하고 행정의 원활한 운영을 위하여 행정권 내부에 왕실고문회의(Conseil du Roi)를 설치하여 행정사건을 재판하게 하였는데, 행정만을 규율하는 특별한 법에 의해 재판하였다. 이것이 행정제도의 발달을 가져온 계기가 되었다.

2) 경과

대혁명 후에 왕실고문회의를 최고행정재판소인 국참사원(꽁세이데따; Conseil d'Etat)으로 바꾸었다. 국참사원은 행정부의 한 기구로서 출발하였으나, 1872년에는 최고행정재판소가 독립된 기관으로 자립하게 되었다. 11 국가9급

3) 특징

① **공역무 중심(public service) – 블랑코 판결**: 프랑스도 초기에는 국가의 우월성을 전제로 한 권력관계를 중심으로 발전하였으나, 20세기 이후 비권력적인 공역무(공공서비스나 재화의 제공)가 행정법의 중요한 부분으로 자리 잡게 되면서, 프랑스에서 공법상 계약이 발달하는 하나의 원인이 되었다.

② **위험책임의 법리(무과실책임)**: 위험책임이란 일종의 무과실책임으로서 국가배상에서 국가의 책임을 확대하는 기능을 한다. 프랑스 행정법은 국가의 시설물로 인한 국민의 손해에 대해서 위험책임의 법리를 적용하여 국가배상의 범위를 넓힌 것으로 평가된다.

> **보충 블랑코 판결**
>
> **1. 사건의 쟁점**
> - 블랑코라는 아이가 길을 가다가 국영담배공장의 담배수송 마차에 부상을 당하자 블랑코의 아버지가 일반 민사법원에 국가와 마차 운전수를 상대로 손해배상소송을 제기하였다.
> - 이 사건이 일반 민사법원의 관할인지, 아니면 국영담배를 수송하던 마차에 의한 부상이라는 점에 초점을 두어 행정재판소의 관할로 할 것인지가 쟁점이 되었다.
> - 결국 민사법원은 이 사건을 각하하였고, 이 사건은 공역무에 관한 것으로 국참사원의 관할로 결정되었다.
>
> **2. 판결의 의의**
> - 행정법의 독자성을 인정하는 계기가 되었다. 즉, 국가와 국민 간의 관계에는 일반사법이 적용되는 것이 아니라 공역무의 요청에 따라 특별한 규율을 받는다는 것이다.
> - 국가배상책임을 최초로 인정한 사건으로 평가되고 있다.
> - 이 판결에서 사용된 이론은 공공역무과실이론이며 국가배상책임이 공법적 책임이라는 것과 행정재판 관할권의 결정기준 확립과 행정재판권을 비약적으로 확대하는 이론적 기준을 확립하였다는 평가를 받고 있다.

(3) 독일

1) 외견적 입헌주의 – 시민혁명을 겪지 않음.

독일은 시민혁명을 경험하지 않은 채 근대국가로 넘어왔기 때문에 근대 이후에도 상대적으로 국왕의 권한이 강한 외견적 입헌군주정이라는 체제를 구축하였다. 이런 상황하에서 행정권의 사법권에 대한 우월적 지위와 특권을 보장하기 위한 필요에서 행정법의 성립이 진행되었다.

2) 특징

① **공권력과 국고이론의 분리**: 독일행정법은 초기 개인의 권리보다는 행정목적의 수행에 중점을 두었다. 그 결과 독일행정법은 공권력(행정행위)과 국고학설을 구분하여 발전하였다.

② **공권력 부분(국가와 개인 부대등관계)**: 국가를 '공권력주체로서의 국가'와 '재산관리주체로서의 국가(국고)'로 구분하였다. 공권력 주체로서의 국가의 경우 특수한 법체계인 공법의 규율을 받고 행정법원의 관할에 속하였다.

③ **국고 부분(국가와 개인 대등관계)**: 국가는 공권력이 아닌 국고의 지위에서 사인과 마찬가지로 사법 규율을 받고 일반법원의 재판을 받았다.

④ **현재**: 과거 독일은 프랑스와 마찬가지로 일반법원과 독립된 별도의 행정법원을 설치하였다. 그러나 제2차 세계대전 이후 행정법원을 법원 조직의 일부로 설치함으로써 행정법원국가에서 사법법원국가로 바뀌었다.

2. 영·미법계

(1) 행정법이 발달하지 못한 이유

1) 보통법의 전통과 법 앞의 평등
법 앞의 평등은 영국 내의 모든 사람들은 보통법의 지배를 받는다는 것으로서 **국왕의 행정작용도 보통법의 지배를 받는다는 것을 의미한다.** 따라서 행정법의 발달 필요성을 느끼지 못했고 행정도 민법에 의해 지배되는 구조였다. 그 결과 영·미는 공법과 사법의 구별을 강조하지 않는다(또는 구별이 없음).

2) 행정제도의 미발달
영국은 법치주의 사상은 발전했으나 프랑스나 독일에서와 같은 행정제도가 발전되지 않았다. 그 이유는 법의 지배 원리(rule of law) 때문이다.

(2) 행정법의 필요성 대두 - 법 앞의 평등에 대한 수정
산업혁명을 거치면서 심각한 빈부격차 등 사회적 문제가 발생하게 되고, 사회가 복잡해지자 전통적인 보통법 체계로 해결할 수 없는 행정문제가 발생하였다. 이러한 문제를 해결하기 위해 수많은 개별법들이 제정되었고 '행정위원회'라는 전문적인 기구가 만들어졌다.

(3) 행정위원회의 설치
행정위원회(예 통상위원회, 전국노동관계위원회 등)는 행정부의 역할, 행정입법적·준입법적 기능, 준사법적 기능을 담당하였는데, 행정위원회의 기능 강화에 따라 개인의 권리가 침해되는 경우가 많아 **행정절차법이 발생**(1958년)하게 되었다.

(4) 영·미 행정법의 발달 배경
현대국가에서의 **국가의 기능 확대에 따라 적극행정이 발달**하게 되고, 적극행정의 발달에 따른 행정권의 강화로 사법과 다른 행정법의 독특한 법원리가 필요하게 된 것이 영·미법계 행정법 발달의 원인이다.

(5) 영·미 행정법의 특징 11 국가9급
영·미에서 행정법이 발달하였다고 해서 독자적 법체계로서의 행정법을 인정한 것도 아니고, 고유한 공법으로서 행정법을 인정한 것도 아니다. 즉, 법의 지배 전통을 포기한 것도 아니고, 근본적으로 변질된 것도 아니다. 다만, 보통법을 수정하고, 그 예외를 인정한 것이다. 결론적으로 **영·미의 행정법은 독자적 법체계로서의 행정법이 아니라 보통법(사법)의 특별법(특별사법)으로서의 행정법인 것이다. 또한 절차법 중심으로 발전**하였다.

02 행정법의 의의

1. 행정법은 행정에 관한 법이다.

행정법의 대상은 국가의 공행정이다. 즉, '행정'의 조직과 작용 및 구제에 관한 내용을 그 대상으로 한다는 점에서, '국가'의 조직과 작용에 관한 법인 헌법과 구별된다.

2. 행정법은 공법이다.

행정법은 행정에 관한 모든 법을 말하는 것이 아니고, 행정에 관한 법 중에서 사법(私法)을 제외한 공법만을 의미한다. 따라서 행정주체의 작용 중에서도 사경제주체로서 사인과 대등한 입장에서 행하는 경제활동은 행정법의 영역이 아니다.

3. 행정법은 행정에 관한 국내법이다.

행정법은 행정에 관한 국내법을 의미한다. 다만, 헌법 제6조 제1항에 의하면 헌법에 의하여 체결·공포된 조약과 일반적으로 승인된 국제법규도 국내법과 같은 효력을 가지므로 그 한도 내에서는 **국제법도 행정법의 일부가 된다**.

03 행정법의 특수성

1. 형식상의 특성

(1) 성문성 05 선관위9급 등

행정법은 예측가능성과 법적 안정성의 필요성 때문에 다른 법보다 성문성이 강하게 요청된다. 그 결과 행정법은 원칙적으로 성문법의 형태로 존재한다. 다만, 불문의 행정법이 존재할 수 있다.

(2) 단일법전의 부존재

행정법은 행정법이라는 단일법전이 존재하지 않는다. 행정에 관련된 수많은 법령을 통칭하여 행정법이라고 부르는 것이다. 최근에 행정법 단일법전화에 관한 논의가 있다.

(3) 형식의 다양성

행정법은 법규형식이 매우 다양하다. 헌법, 법률, 명령, 자치법규, 고시, 공고 등의 형태로 존재한다.

2. 성질상의 특성

(1) 재량성

행정법은 재량성이 있다. 공공복리나 구체적 타당성을 실현하기 위해 행정청에게 재량을 부여하는 경우가 많이 있다.

(2) 획일성·강행성

행정법은 획일성, 강행성이 있다. 다수의 국민을 대상으로 공익을 실현해야 하는 면에서 인정되는 특성이다. 따라서 사적 자치가 배제되는 경우가 많다.

(3) 명령성·집단성·평등성·기술성

행정법은 명령성과 집단성, 평등성, 기술성 등의 특징이 있다. 05 노동부 등

3. 내용상의 특성

(1) 공익우선성
행정법에는 공익과 사익의 조화를 전제로 한 공익우선성이 인정된다.

(2) 행정주체의 우월성
행정법은 행정주체의 우월성을 특징으로 한다. 기타 합목적성, 민주국가성 등의 특징이 있다.

(3) 행위규범성
행정법은 사법에 비해 **행위규범성의 특성이 강하다**. 왜냐하면, 사법관계에는 사적 자치의 원칙이 적용되어 당사자 간에 법률의 내용과 다른 계약을 체결할 수 있는 범위가 비교적 넓지만, 행정법은 법에 정해진 대로 따라야 하는 경우가 많기 때문이다.

* 모든 법은 행위규범성과 재판규범성을 동시에 가진다. 예컨대 형법은 범죄를 저지르지 말라는 측면에서는 국민에게 행위규범으로 작용하고 범죄자에 대한 재판에서는 법관에게 재판규범으로 작용한다.

4. 단속규정(명령규정)과 효력규정

행정법은 단속규범성이 강하다. 사법에는 효력규정이 많지만, **행정법에는 단속규정이 상대적으로 많다**.

> **보충** 단속규정, 효력규정
>
> - **단속규정**: 규정을 위반했을 때 처벌 또는 규제의 대상은 되지만 행위의 사법적 효력은 유지되는 것을 말한다.
>   - 예 무허가 음식점에서 음식을 판매한 행위는 행정법상의 단속대상으로 일정한 제재가 가해진다. 그러나 식당주인과 음식을 사먹은 사람의 관계는 유효한 것이다.
> - **효력규정**: 규정을 위반했을 때 그 행위의 효력 자체가 부인되는 것을 말한다.
>   - 예 장기매매를 위한 계약(또는 도박계약)을 맺었더라도 그 계약은 무효로서 아무런 효력이 발생하지 않는다.

제2절 행정법의 지도원리

01 헌법의 집행법(구체화법)으로서의 행정법

1. 헌법과 행정법의 관계
헌법은 국가조직 및 국민의 권리에 관한 기본법으로서 국가의 법질서에서 최고의 정점을 이루는 것이고, 그 이하의 모든 법령은 헌법에 위반되어서는 안 된다. 행정법은 헌법정신을 구체적으로 실현하는 것을 내용으로 하는 구체화법이다.

> **보충** 헌법과 행정법 관계
>
> - 오토 마이어(O. Mayer): "헌법은 변하여도 행정법은 변하지 않는다." 05 경남9급
>   * 헌법은 정치적 이데올로기에 따라 변하지만, 행정법은 헌법을 실현하는 수단 내지 기술적 성격이 강해서 영향을 덜 받는다는 의미이다.
> - 로렌츠 슈타인(Lorenz von Stein): "행정법은 활동하는 헌법이다." 94 5급승진
> - 베르너(F. Werner): "행정법은 구체화된 헌법이다." 04 전북9급 등

2. 구체화 사례

헌법 제96조 "행정 각부의 설치·조직과 직무범위는 법률로 정한다."라는 규정을 구체화한 법률이 정부조직법이다.

02 행정법에 구현된 중요한 헌법적 원리

1. 법치국가원리

(1) 법치국가원리의 의의

법치국가의 원리란 모든 국가적 활동과 국가공동체적 생활은 국민의 대표기관인 의회가 제정한 법률에 근거를 두고(법률유보의 원칙), 법률에 따라(법률우위의 원칙) 이루어져야 한다는 헌법 원리를 말한다.

(2) 법치주의의 기초

1) 권력분립적 기초
권력분립은 의회를 필수적 전제로 한다.

2) 자유주의적 기초
법치주의는 그 자체가 목적이 아니라 국가권한을 한정하여 법에 의한 권력을 제한하고 국민의 자유와 재산을 보호하는 것을 목적으로 한다.

(3) 형식적 법치국가와 실질적 법치국가의 구별

1) 형식적 법치주의
형식적 법치주의는 법치주의를 시민적 자유를 보장하기 위한 단순한 방법 내지 법기술적 성격의 것으로 이해하여 행정과 재판이 의회가 제정한 법률에 형식상 적합하도록 행하여질 것만을 요청할 뿐 **법률의 내용이나 이념은 중요시하지 않았다.**

2) 실질적 법치주의
① 개념: 실질적 법치주의는 법률의 목적과 내용도 정의에 합치될 것을 요구하여 인권의 보장과 정의가 실현된 법치국가를 말한다. 즉, 행정·사법·입법을 포함한 모든 국가권력은 기본권·헌법질서와 법과 법률의 구속을 받는 것을 의미한다.
② 개념요소: 위헌법률심사, 위헌·위법행정행위에 대한 심사, 기본권 침해에 대한 사법적 구제가 규정되었으며, 개인과 국가를 권력적인 대립관계로만 파악하던 형식적 법치주의를 극복하고 양자의 융합에 의한 협력·조화관계를 중시하면서 권력적인 요인을 제거하려고 하였다. 이러한 실질적 법치국가는 통치의 정당성을 중시하는 국가이다. 실질적 법치주의는 행정조직에도 법치주의가 적용됨을 그 내용으로 한다. 98 관세사

2. 사회국가원리

사회국가란 모든 국민에게 그 생활의 기본적 수요를 충족시킴으로써 건강하고 문화적인 생활을 영위할 수 있도록 하는 것이 국가의 책임이면서 그것에 대한 요구가 국민의 권리로서 인정되어 있는 국가를 말하며, 이를 실현하려는 원리를 사회국가원리라고 한다. 사회국가원리는 행정법에서 수익적 행정행위의 헌법적 근거가 된다.

제3절 법치행정의 원리

법률우위의 원칙	법률유보의 원칙
소극적 원칙(법을 위반하지 않으면 됨)	적극적 원칙(법률에 근거가 있어야 함)
단계구조의 문제	권한배분의 문제
모든 국가작용에 적용	적용 대상에 대하여 학설 대립

> 관련조문
>
> **행정기본법 제1조(목적)** 이 법은 행정의 원칙과 기본사항을 규정하여 행정의 민주성과 적법성을 확보하고 적정성과 효율성을 향상시킴으로써 국민의 권익 보호에 이바지함을 목적으로 한다.
>
> **제2조(정의)** 이 법에서 사용하는 용어의 뜻은 다음과 같다.
> 1. '법령 등'이란 다음 각 목의 것을 말한다.
>   가. 법령: 다음의 어느 하나에 해당하는 것
>   1) 법률 및 대통령령·총리령·부령
>   2) 국회규칙·대법원규칙·헌법재판소규칙·중앙선거관리위원회규칙 및 감사원규칙
>   3) 1) 또는 2)의 위임을 받아 중앙행정기관(정부조직법 및 그 밖의 법률에 따라 설치된 중앙행정기관을 말한다. 이하 같다)의 장이 정한 훈령·예규 및 고시 등 행정규칙
>   나. 자치법규: 지방자치단체의 조례 및 규칙
>
> **제3조(국가와 지방자치단체의 책무)** ① 국가와 지방자치단체는 국민의 삶의 질을 향상시키기 위하여 공정하고 합리적인 행정을 수행할 책무를 진다.
> ② 국가와 지방자치단체는 행정의 능률과 실효성을 높이기 위하여 지속적으로 법령 등과 제도를 정비·개선할 책무를 진다.
>
> **제4조(행정의 적극적 추진)** ① 행정은 공공의 이익을 위하여 적극적으로 추진되어야 한다.
> ② 국가와 지방자치단체는 소속 공무원이 공공의 이익을 위하여 적극적으로 직무를 수행할 수 있도록 제반 여건을 조성하고, 이와 관련된 시책 및 조치를 추진하여야 한다.
> ③ 제1항 및 제2항에 따른 공무원의 직무 수행 및 적극행정 활성화를 위한 시책의 구체적인 사항 등은 대통령령으로 정한다.
>
> **제5조(다른 법률과의 관계)** ① 행정에 관하여 다른 법률에 특별한 규정이 있는 경우를 제외하고는 이 법에서 정하는 바에 따른다.
> ② 행정에 관한 다른 법률을 제정하거나 개정하는 경우에는 이 법의 목적과 원칙, 기준 및 취지에 부합되도록 노력하여야 한다.

01 개설

1. 법치행정 원리의 개념

법치행정의 원리란 원칙적으로 모든 행정작용은 법에 기하여 행하여져야 한다는 원리로 행정법의 기본원리인 **권력분립 원리에 기초**하고 있다. 98 국가7급 등

2. 법치행정의 목적 11 국가9급

법치행정은 행정을 법에 구속시킴으로써 행정의 자의를 막아 국민의 자유와 권리를 보장하기 위한 것이 주된 목적이다. 행정이 법에 구속되면 오히려 행정의 효율성은 떨어질 수도 있다(대량·반복적인 행정의 경우에 효율성이 증대되는 경우도 있을 수 있음). 따라서 행정의 효율성은 법치행정의 목적이 될 수도 있고, 아닐 수도 있다. 행정의 예견가능성은 법치행정의 내용으로 볼 수 있다.

 관련판례

법치행정은 행정의 예견가능성을 보장한다.

법치국가적 원리로서의 법치행정의 원칙이나 행정의 법률적합성의 원칙은 행정의 자의로부터 개인을 보호하고 아울러 **행정작용의 예견가능성을 보장**하고자 하는데 있으므로 행정은 언제나 법률의 근거하에서 법률의 기속을 받으며 행해져야 하는 것이다(대판 2007.5.10. 2005다31828).

02 법률의 법규창조력

1. 의의

법률의 법규창조력이란 국민의 권리·의무에 관계되는 **법규**를 창조하는 것은 국민의 대표기관인 의회의 전속적 권한에 속하며, 의회에서 제정한 법률만이 법규로서 국민에 대한 구속력이 있다는 것을 말한다. 따라서 행정권이 입법권의 수권 없이 법규를 제정하는 것은 원칙적으로 법률의 법규창조력에 위반되는 것이다.

> **보충 법규**
> - 국민의 권리를 제한하거나 의무를 부과하는 규범을 말한다.
> - 행정조직 내부에서만 효력을 가지는 행정규칙은 원칙적으로 법규개념에서 제외된다.

2. 법률의 법규창조력의 한계

(1) 입법에 있어 행정부의 역할 증대

행정이 복잡·전문화되면서 대부분의 법률안은 행정부에 의해 입안되어 의회에 제출되고 의회는 통법부로 전락하고 있다. 또한 **행정입법에 대한 위임이 광범하게 행하여지고 있다.**

(2) 행정규칙의 기능 확대

행정규칙은 실제로는 국민에 대한 관계에서 매우 중요한 기능을 수행하고, 예외적으로 법규성이 인정되는 경우도 있다. 예외적으로 법규성이 인정되는 행정규칙으로는 재량준칙과 법률보충적 행정규칙이 있다.

(3) 결론

현대국가의 다양한 행정수요에 대응하기 위하여 일일이 국회가 법률을 제정하는 것은 현실적으로 불가능하게 된 측면이 있다. 이제 법률만이 법규창조력을 가진다고는 할 수 없게 되었고, **법률의 법규창조력**의 적용영역도 줄어드는 추세이다.

03 법률우위의 원칙

 관련조문

행정기본법 제8조(법치행정의 원칙) 행정작용은 법률에 위반되어서는 아니 되며, 국민의 권리를 제한하거나 의무를 부과하는 경우와 그 밖에 국민생활에 중요한 영향을 미치는 경우에는 법률에 근거하여야 한다.

1. 의의

법률우위의 원칙이란 행정은 법률에 위반하여 행해져서는 안 된다는 것을 말한다. `07 경북9급 등` 이때의 법률은 실질적 법치주의에 따라 법률의 내용도 합헌적일 것을 요구한다.

2. 법률의 범위

법률우위의 원칙에서 말하는 법률은 헌법, 법률, 그 밖에 성문, 불문의 모든 법규를 말하는 것으로서 행정법의 일반원칙도 포함한다. 단, 행정규칙은 포함되지 아니한다. `05 경기9급 등`

3. 소극적 원칙

법률우위의 원칙은 행정이 법률에 위반되어서는 안 된다는 법치주의의 **소극적 측면**을 말하는 것으로 소극적 법률적합성의 원칙이라고도 한다. 이에 비해 **법률유보의 원칙**은 행정권발동의 근거가 된다는 점에서 법치주의의 **적극적 측면**이라고 할 수 있다.

4. 적용영역

법률우위의 원칙은 모든 행정작용에 적용된다. `04 인천9급 등` 즉, 공법적 행위, 사법적 행위, 수익적·침익적 행위, 법적 행위, 사실적 행위 등 행정의 모든 영역에 적용된다. `09 국회속기`

> **주의** 사법(私法)형식의 국가작용에도 적용된다. `04 서울교행 등`

5. 위반의 효과

(1) 원칙

* 무효와 취소의 구별: 위법한 행정작용의 위법성 정도가 중대하고 명백한 정도에 이르면 무효에 해당하고, 그렇지 않으면 취소사유이다.

법률우위의 원칙에 위반되는 행정작용은 위법하다. 다만, 위법의 정도가 <u>무효사유인지 취소사유인지</u>는 경우에 따라 달리 판단된다. 다만, 행정입법과 공법상 계약은 특별한 사정이 없는 한 무효가 된다.

(2) 명령에 대한 추상적 규범통제의 부정

우리나라의 경우 행정부의 명령에 대한 위헌·위법 여부가 문제된 경우에 추상적 규범통제는 인정되지 않고, **구체적 규범통제만이 인정된다**는 점에서 사전적으로 통제하기가 어렵다.

관련판례

❶ 교육부장관이 관할 교육감에게, 갑 지방의회가 의결한 학생인권조례안에 대하여 재의요구를 하도록 요청하였으나 교육감이 이를 거절하고 학생인권조례를 공포하자, 조례안 의결에 대한 효력 배제를 구하는 소를 제기한 사안에서, 위 조례안이 국민의 기본권이나 주민의 권리 제한에서 요구되는 법률유보원칙에 위배된다고 할 수 없고, 내용이 법령의 규정과 모순·저촉되어 법률우위원칙에 어긋난다고 볼 수 없다(대판 2015.5.14. 2013추98). 18 교행

❷ [1] 일반적으로 상급행정기관은 소속 공무원이나 하급행정기관에 대하여 업무처리지침이나 법령의 해석·적용 기준을 정해주는 '행정규칙'을 제정할 수 있다. 공증인은 직무에 관하여 공무원의 지위를 가지고, 법무부장관은 공증인에 대한 감독기관이므로 공증인법 제79조 제1호에 근거한 직무상 명령을 개별·구체적인 지시의 형식으로 할 수도 있으나, 행정규칙의 형식으로 일반적인 기준을 제시하거나 의무를 부과할 수도 있다. 법무부장관은 공증인의 '집행증서' 작성사무에 관한 사항을 정하여 그 사무의 적절성과 공정성을 확보하고 집행증서 작성과정에서 집행채무자의 권리가 부당하게 침해되는 것을 방지함을 목적으로, 2013. 10. 1. '집행증서 작성사무 지침'을 제정하였다. 이는 공증인의 감독기관인 법무부장관이 상위법령의 구체적인 위임 없이 공증인이 직무수행에서 준수하여야 할 세부적인 사항을 규정한 '행정규칙'이라고 보아야 한다. 따라서 공증인이 직무수행에서 위 지침을 위반한 경우에는 공증인법 제79조 제1호에 근거한 직무상 명령을 위반한 것이다.

[2] 공무원이 상급행정기관이나 감독권자의 직무상 명령을 위반하였다는 점을 징계사유로 삼으려면 직무상 명령이 상위법령에 반하지 않는 적법·유효한 것이어야 한다.

[3] '행정규칙'은 상위법령의 구체적 위임이 있지 않는 한 행정조직 내부에서만 효력을 가질 뿐 대외적으로 국민이나 법원을 구속하는 효력이 없다. 다만 행정규칙이 이를 정한 행정기관의 재량에 속하는 사항에 관한 것인 때에는 그 규정 내용이 객관적 합리성을 결여하였다는 등의 특별한 사정이 없는 한 법원은 이를 존중하는 것이 바람직하다. 그러나 행정규칙의 내용이 상위법령에 반하는 것이라면 법치국가원리에서 파생되는 법질서의 통일성과 모순금지 원칙에 따라 그것은 법질서상 당연무효이고, 행정내부적 효력도 인정될 수 없다. 이러한 경우 법원은 해당 행정규칙이 법질서상 부존재하는 것으로 취급하여 행정기관이 한 조치의 당부를 상위법령의 규정과 입법목적 등에 따라서 판단하여야 한다.

[4] '집행증서 작성사무 지침' 제4조는 법률에 의하여 허용되는 쌍방대리 형태의 촉탁행위에 대하여 '대부업자 등'의 금전대부계약에 따른 채권·채무에 관한 경우에는 행정규칙의 형식으로 일반적으로 공증인에게 촉탁을 거절하여야 할 의무를 부과하는 것이어서 '법률우위원칙'에 위배되어 무효라고 보아야 한다(대판 2020.11.26. 2020두42262).

04 법률유보의 원칙

1. 의의

(1) 개념

법률유보의 원칙이란 행정권의 발동에는 개별적인 법률의 근거(법률의 수권)를 요한다는 것을 말한다. 98 국가7급 등 그러나 법률유보의 원칙은 국가작용의 모든 부문을 빠짐 없이 법률로 규정할 것을 요구하는 것은 아니다. **법률유보란 법률에 의한 행정만을 의미하는 것이 아니라 법률에 근거한 행정을 말하는 것이다.** 따라서 법률에 직접적 근거가 있거나 법률의 위임에 의하여 제정된 명령에 근거가 있으면 된다.

관련판례

기본권 제한은 법률에 의한 것만이 아니라 법률에 근거한 경우에도 가능하다. 17 국가9급

기본권의 제한에는 법률의 근거가 필요할 뿐이고 기본권 제한의 형식이 반드시 법률의 형식일 필요는 없고 … 위임입법에 의하여도 기본권 제한을 할 수 있다(헌재 2005.5.26. 99헌마513).

(2) 법률에 근거가 없는 행정처분의 효력

법률유보의 원칙에 위반한 행정권의 행사는 위법한 행정작용이 된다. 그 법적 효과는 위법성의 정도에 따라 무효 또는 취소사유가 된다.

관련판례

❶ 개인택시 기사가 음주운전으로 사망하면 사망 때문에 운전면허는 당연히 효력을 잃게 되지만, 그로부터 개인택시사업면허를 취소할 수는 없다. 19 국가9급, 12 국회9급

　[1] 운전면허 취소사유가 있다는 사유만으로 개인택시운송사업면허를 취소할 수 있도록 하는 규정은 없으므로, 관할 관청으로서는 비록 개인택시운송사업자에게 운전면허 취소사유가 있다 하더라도 그로 인하여 운전면허 취소처분이 이루어지지 않은 이상 개인택시운송사업면허를 취소할 수는 없다.

　[2] 개인택시운송사업자가 음주운전을 하다가 사망한 경우 그 망인에 대하여 음주운전을 이유로 운전면허 취소처분을 하는 것은 불가능하고, 음주운전은 운전면허의 취소사유에 불과할 뿐 개인택시운송사업면허의 취소사유가 될 수는 없으므로, 음주운전을 이유로 한 개인택시운송사업면허의 취소처분은 위법하다(대판 2008.5.15. 2007두26001).

❷ 개인택시운송사업자의 자동차운전면허가 취소된 경우, 필요적으로 개인택시운송사업면허가 취소되는 것은 아니다(대판 2016.7.22. 2014두36297).
　* 조문에 "취소할 수 있다."로 규정되어 있다.

2. 법률의 의미

(1) 형식적 의미의 법률

* 형식적 의미의 법률이란 국회에서 제정한 법률의 형식으로 정하는 것을 의미하고, 실질적 의미의 법률은 모든 법규를 뜻한다.

법률유보의 원칙에서 말하는 법률은 국회가 제정하는 **형식적 의미의 법률**을 말한다. 따라서 불문법인 관습법에 의한 법규명령은 인정되지 않는다. 다만, 법률의 위임에 의한 법규명령은 포함된다. 06 국가9급 등

(2) 조직법적 근거와 수권법적 근거

행정은 모든 경우에 조직법적 근거가 있어야 한다. 즉, 행정은 소관사무 내에서만 가능하다. 따라서 **법률유보의 원칙에서 문제되는 것은 조직법적 근거(임무규정)가 아니라 행정의 작용법적 근거(수권규범, 권능규정, 권한규정)이다.** 19 국가9급, 18 서울9급, 17 국가7급

관련판례

청원경찰법과 법률유보(국립공원관리공단에 근무하는 청원경찰은 사법관계임)【합헌】
헌법상 법치주의의 한 내용인 법률유보의 원칙은 국민의 기본권 실현에 관련된 영역에 있어서 국가행정권의 행사에 관하여 적용되는 것이지, 기본권 규범과 관련 없는 경우에까지 준수되도록 요청되는 것은 아니라 할 것인데, 청원경찰은 근무의 공공성 때문에 일정한 경우에 공무원과 유사한 대우를 받고 있는 등으로 일반근로자와 공무원의 복합적 성질을 가지고 있지만, 그 임면주체는 국가행정권이 아니라 청원경찰법상의 청원주로서 그 근로관계의 창설과 존속 등이 본질적으로 사법상 고용계약의 성질을 가지는바, 청원경찰의 징계로 인하여 사적 고용계약상의 문제인 근로관계의 존속에 영향을 받을 수 있다 하더라도 이는 국가 행정주체와 관련되고 기본권의 보호가 문제되는 것이 아니어서 여기에 법률유보의 원칙이 적용될 여지가 없으므로, 그 징계에 관한 사항을 법률에 정하지 않았다고 하여 법률유보의 원칙에 위반된다 할 수 없다(헌재 2010.2.25. 2008헌바160).

◆ **판례해설**
대법원은 국가나 지방자치단체에 근무하는 청원경찰의 법률관계를 공법상의 법률관계로 보고 있다. 위의 헌법재판소 입장과 다르다는 점을 주의하여야 한다. 대법원의 입장은 국가나 지방자치단체에 근무하는 청원경찰의 법률관계에 대해서 소송의 형태와 관련하여 공법관계로 보아 당사자소송으로 해결하는 것이고, 헌법재판소의 입장은 법률유보와 관련한 것이어서 양자를 모순관계로 볼 수는 없다.

3. 법률유보원칙의 적용범위

 관련조문

행정기본법 제8조(법치행정의 원칙) 행정작용은 법률에 위반되어서는 아니 되며, 국민의 권리를 제한하거나 의무를 부과하는 경우와 그 밖에 국민생활에 중요한 영향을 미치는 경우에는 법률에 근거하여야 한다.

(1) 학설

1) 침해유보설
① **개념**: 행정이 개인의 자유와 권리를 침해·제한하거나 의무를 부과하는 등의 침해적 행정작용의 경우에만 법적 근거를 요한다는 견해이다.
② **내용**: 수익적 행정작용이나 개인의 권리나 의무에 직접 관계되지 않는 영역 및 특별권력관계를 포함한 국가 내부의 영역에는 법률유보원칙이 적용되지 않는다는 견해이다. 06 국가9급 등 **자유주의적 법치국가의 법률유보이론으로서 행정으로부터의 자유를 강조한다.**
③ **비판**: 급부행정의 영역에도 법률유보가 필요한 경우를 설명하지 못한다. 침해유보설은 오늘날에도 침해행정에서는 법률유보이론의 최소한의 의미와 기능을 여전히 갖고 있다.

2) 전부유보설
① **개념**: 행정의 모든 영역에 법률의 근거를 요한다는 견해이다. 01 국가7급 등
② **내용**: 의회민주주의와 의회의 우월성을 강조한 것이다(국민주권 존중).
③ **비판**: 법치주의에 가장 충실한 견해라 할 수 있으나, 법률이 존재하지 않는 경우 행정은 아무런 활동도 할 수 없다는 문제가 있다.

3) 급부행정 유보설(사회유보설)
① **개념**: 침해행정 이외에 급부행정의 영역에도 법률의 유보를 필요로 한다는 견해이다. 12 지방9급 등
② **내용**: 법률유보의 범위는 공기업의 경영, 공공시설의 설치, 사회보장행정, 자금지원 등 급부행정 전반에 미치며, 급부의 내용·절차·기준까지도 규율대상으로 파악하고 있다. 침해유보와 달리 **행정을 통한(향한) 자유**를 강조하고 있다.
③ **근거**: 현대국가에서 급부행정의 영역이 확대되고 있는 만큼 국가의 공정한 급부와 배려의 확보를 위한 법률유보의 원칙이 급부행정에도 적용되어야 한다는 점을 논거로 한다.
④ **비판**: 법률이 제정될 때까지 급부행정의 중단이 불가피하게 되어 오히려 역효과를 초래할 가능성이 있다.

4) 권력행정유보설
권력적 수단을 통해 이루어지는 행정작용에는 법률의 근거를 요한다는 견해이다. 06 국가9급 예컨대 보조금지원의 교부에는 법률의 근거를 요하지만, 행정지도의 경우에는 비권력적 수단으로서 법률의 근거를 요하지 않는다.

5) 본질성설(중요사항유보설, 의회유보설)
① **개념**: 법률유보의 적용영역을 침해작용인가 급부작용인가 하는 행정작용의 성질에 따라 판단하는 것이 아니라 개인에게 중요한 작용은 법률의 근거가 필요하며, 비중요사항에 대해서는 법률의 근거가 없어도 된다는 견해이다. 즉, 개인의 기본권과 공익에 있어 가장 근본적이고 중요한 사항은 법률의 근거를 요한다는 견해로서 16 사복9급, 11 지방9급 등 독일 연방헌법재판소의 판례(**칼카르 결정**)를 계기로 형성된 것으로 의회유보와 관련이 있다.
② **평가**: 법률유보의 범위를 기본권 관련 측면에서 파악한 점, 법률유보의 범위뿐만 아니라 규율의 밀도(정도)에 대해서도 원칙을 제시하고 있다는 점에서 높이 평가받고 있으며, 우리 헌법재판소도 받아들이고 있다.
③ **비판**: '본질적 사항'이란 개념이 모호하다.

(2) 판례
대법원과 헌법재판소는 **본질성설에 입각한 판시**를 하고 있다.

 관련판례

◎ **본질적 사항인 사례**

❶ 병의 복무기간은 국방의무의 본질적 내용에 관한 것으로 반드시 법률로 정하여야 한다. 12 국회8급
병의 복무기간은 국방의무의 본질적 내용에 관한 것이어서 이는 반드시 법률로 정하여야 할 입법사항에 속한다고 풀이할 것인바 육군본부 방위병소집복무해제규정 제23조가 질병휴가, 청원휴가, 각종 사고, 1일 24시간 이상 지각, 조퇴한 날, 전속 및 보직 변경에 따른 출발일자부터 일보 변경 전일까지의 기간 등을 복무에서 제외한다고 규정하여 병역법 제25조 제3항이 규정하지 아니한 구속 등의 사유를 복무기간에 산입하지 않도록 규정한 것은 병역법에 위반하여 무효라고 할 것이다(대판 1985.2.28. 85초13).

❷ **국민의 기본권 실현과 관련된 영역에 있어서는 입법자가 그 본질적 사항에 대해서 정해야 한다.**
19 국가9급·서울9급, 16 사복9급, 10 지방7급 등

[1] 오늘날 법률유보원칙은 단순히 행정작용이 법률에 근거를 두기만 하면 충분한 것이 아니라, 국가공동체와 그 구성원에게 기본적이고도 중요한 의미를 갖는 영역, 특히 국민의 기본권 실현과 관련된 영역에 있어서는 국민의 대표자인 입법자가 그 본질적 사항에 대해서 스스로 결정하여야 한다는 요구까지 내포하고 있다(의회유보원칙).

[2] 그런데 텔레비전방송수신료는 대다수 국민의 재산권 보장의 측면이나 한국방송공사에게 보장된 방송자유의 측면에서 국민의 기본권 실현에 관련된 영역에 속하고, 수신료 금액의 결정은 납부의무자의 범위 등과 함께 수신료에 관한 본질적인 중요한 사항이므로 국회가 스스로 행하여야 하는 사항에 속하는 것임에도 불구하고 한국방송공사법 제36조 제1항에서 국회의 결정이나 관여를 배제한 채 한국방송공사로 하여금 수신료 금액을 결정해서 문화관광부장관의 승인을 얻도록 한 것은 법률유보원칙에 위반된다(헌재 1999.5.27. 98헌바70).

❸ **TV수신료에 대해 국회의 승인을 얻도록 하는 것은 법률유보에 위배되지 않는다.**

불합치결정의 취지에 따라 현행 방송법은 수신료의 금액은 한국방송공사의 이사회에서 심의·의결한 후 방송위원회를 거쳐 국회의 승인을 얻도록 규정하고 있으며(제65조), … 수신료의 부과·징수에 관한 본질적인 요소들은 방송법에 모두 규정되어 있다고 할 것이다. 따라서 법률유보의 원칙에 위배되지 아니한다(헌재 2008.2.28. 2006헌바70).

* TV수신료의 금액, 부과대상은 본질적 사항이지만, 수신료의 징수방법은 본질적 사항이 아니다.

❹ 납세의무자에게 조세의 납부의무 외에 과세표준과 세액을 계산하여 신고해야 하는 의무까지 부과하는 경우, 신고의무 이행에 필요한 기본적인 사항과 신고의무 불이행시 납세의무자가 입게 될 불이익 등은 납세의무를 구성하는 기본적·본질적 내용으로서 법률로 정해야 한다(대판 2015.8.20. 2012두23808 전원합의체). 17 국가7급

❺ 법외노조 통보는 적법하게 설립된 노동조합의 법적 지위를 박탈하는 중대한 침익적 처분으로서 원칙적으로 국민의 대표자인 입법자가 스스로 형식적 법률로써 규정하여야 할 사항이고, 행정입법으로 이를 규정하기 위하여는 반드시 법률의 명시적이고 구체적인 위임이 있어야 한다. 그런데 노동조합 및 노동관계조정법 시행령(이하 '노동조합법 시행령'이라 함) 제9조 제2항은 법률의 위임 없이 법률이 정하지 아니한 법외노조 통보에 관하여 규정함으로써 헌법상 노동3권을 본질적으로 제한하고 있으므로 그 자체로 무효이다. 구체적인 이유는 다음과 같다. 법외노조 통보는 이미 법률에 의하여 법외노조가 된 것을 사후적으로 고지하거나 확인하는 행위가 아니라 그 통보로써 비로소 법외노조가 되도록 하는 형성적 행정처분이다. 이러한 법외노조 통보는 단순히 노동조합에 대한 법률상 보호만을 제거하는 것에 그치지 않고 헌법상 노동3권을 실질적으로 제약한다. 그런데 노동조합 및 노동관계조정법(이하 '노동조합법'이라 함)은 법상 설립요건을 갖추지 못한 단체의 노동조합 설립신고서를 반려하도록 규정하면서도, 그보다 더 침익적인 설립 후 활동 중인 노동조합에 대한 법외노조 통보에 관하여는 아무런 규정을 두고 있지 않고, 이를 시행령에 위임하는 명문의 규정도 두고 있지 않다. 더욱이 법외노조 통보제도는 입법자가 반성적 고려에서 폐지한 노동조합 해산명령제도와 실질적으로 다를 바 없다. 결국 노동조합법 시행령 제9조 제2항은 법률이 정하고 있지 아니한 사항에 관하여, 법률의 구체적이고 명시적인 위임도 없이 헌법이 보장하는 노동3권에 대한 본질적인 제한을 규정한 것으로서 법률유보원칙에 반한다(대판 2020.9.3. 2016두32992 전원합의체).

관련판례

◎ **본질적 사항이 아닌 사례**

❶ 국가유공자 단체의 대의원의 선출에 관한 사항은 본질적 사항이 아니다.

국가유공자 단체의 대의원의 선출에 관한 사항은 각 단체의 구성과 운영에 관한 것으로서, 국민의 권리와 의무의 형성에 관한 사항이나 국가의 통치조직과 작용에 관한 기본적이고 본질적인 사항이라고 볼 수 없으므로, 법률유보 내지 의회유보의 원칙이 지켜져야 할 영역이라고 할 수 없다(헌재 2006.3.30. 2005헌바31).

❷ 조합의 사업시행인가신청시의 토지 등 소유자의 동의요건은 토지 등 소유자의 재산상 권리·의무에 관한 기본적이고 본질적인 사항이라고 볼 수 없다(대판 2007.10.12. 2006두14476). 17 국가9급

> **비교판례**
>
> 토지 등 소유자가 도시환경정비사업을 시행하는 경우 사업시행인가신청시 필요한 토지 등 소유자의 동의는 개발사업의 주체 및 정비구역 내 토지 등 소유자를 상대로 수용권을 행사하고 각종 행정처분을 발할 수 있는 행정주체로서의 지위를 가지는 사업시행자를 지정하는 문제로서 그 동의요건을 정하는 것은 국민의 권리와 의무의 형성에 관한 기본적이고 본질적인 사항이므로 국회가 스스로 행하여야 하는 사항에 속하는 것임에도 불구하고 사업시행인가신청에 필요한 동의정족수를 토지 등 소유자가 자치적으로 정하여 운영하는 규약에 정하도록 한 것은 법률유보원칙에 위반된다(헌재 2011.8.30. 2009헌바128). 18 서울9급
>
> → 판례 ❷와는 사안이 다른 경우이다. 판례 ❷는 조합이 주체인 경우이고, 위 판례는 조합이 아닌 토지소유자가 정비사업을 하는 경우이다.

❸ 아파트 입주자대표회의의 구성에 관한 사항을 대통령령에 위임하도록 한 구 주택법 제43조 제7항 제2호 중 '입주자대표회의의 구성' 부분은 법률유보원칙, 포괄위임입법금지원칙에 위반되지 아니한다(헌재 2016.7.28. 2014헌바158). ⓒ예상

❹ 재건축정비사업조합이 아파트와 상가를 분리하여 개발이익과 비용을 별도로 정산하고 상가협의회가 상가에 관한 관리처분계획안의 내용을 자율적으로 마련하는 것을 보장한다는 내용으로 상가협의회와 합의하는 경우, 그 내용은 원칙적으로 조합의 정관에 규정하여야 하는 사항이다. 위 내용을 조합이 채택하기로 결정하는 조합 총회결의가 정관 변경의 요건을 완전히 갖추지는 못했으나 총회결의로서 유효하게 성립하였고 정관 변경을 위한 실질적인 의결정족수를 갖춘 경우, 조합 내부적으로 업무집행기관을 구속하는 규범으로서의 효력을 가진다(대판 2018.3.13. 2016두35281).

Chapter 03 행정법의 법원과 효력

제1절 행정법의 법원(法源)

🧭 나침반

성문법원	헌법, 법률	법원성 인정
	조약, 국제법규	· 법원성 인정 · 일반적으로 승인된 국제법규는 우리가 승인할 필요 ×
	법규명령	법원성 인정
	자치법규	법원성 인정(조례와 규칙에 대하여)
	행정규칙	· 원칙적: 법원성 부정 · 예외적: 재량준칙과 법령보충적 행정규칙에 대하여는 법원성 인정
불문법원	관습법	법원성 인정(행정선례법과 민중적 관습법에 대하여)
	조리	법원성 인정
	판례	· 대륙법계: 법원성 부정 · 영·미법계: 법원성 인정

01 개설

1. 법원(法源)의 의의

법원이란 법의 존재형식 또는 인식근거를 말한다. 법원에는 조문의 형태로 존재하는 성문법과 조문이 아닌 관습법 등의 형태로 존재하는 불문법이 있다. 불문법은 성문법의 흠결상태를 보완하는 역할을 수행한다.

2. 행정법의 성문법주의

다른 법영역에서는 일반적으로 대륙법계는 성문법주의를 취하고, 영·미법계는 불문법주의를 취하고 있으나, 행정법영역에 있어서는 대부분의 국가가 성문법주의를 원칙으로 하고 있다.

02 행정법의 성문법원

1. 헌법

헌법은 국가질서의 최고법으로 행정법의 법원이 된다. 헌법에 위반되는 하위법규범은 위헌심사의 대상이 된다. 헌법은 주로 행정법의 해석에 관한 지침 내지 기준의 역할을 한다. 97 국가7급

2. 법률

국회에서 제정한 형식적 의미의 법률은 행정법의 중요한 법원이 된다. **헌법상의 긴급명령과 긴급재정·경제명령 및 국회의 동의를 요하는 조약은 법률과 동등한 효력을 가진다.** 법률은 헌법보다는 하위의 효력을 가지지만, 명령이나 자치법규보다는 상위의 효력을 가진다.

3. 국제조약과 일반적으로 승인된 국제법규

(1) 조약의 개념

조약이란 그 명칭에 관계 없이 국가 간 또는 국제법 주체 간의 법적 구속력 있는 문서에 의한 합의를 말한다.

(2) 조약의 법원성

헌법에 의하여 체결·공포된 조약과 일반적으로 승인된 국제법규는 국내법과 같은 효력을 가진다(헌법 제6조 제1항). 15 경행특채, 11 지방9급 일반적으로 승인된 국제법규는 우리나라에서 별도로 승인을 하지 않아도 국내법과 동일한 효력을 가진다. 조약은 체결된 것만으로 법원이 되지 않고, 공포되어야만 비로소 행정법의 법원이 된다.

(3) 조약의 효력

국회의 동의를 받은 조약은 법률과 동일한 효력을 가지고, 국회의 동의를 받지 않는 조약은 명령의 효력을 가진다고 보는 것이 일반적이다(국제법·국내법 동위설, 통설).

(4) 조약과 국내법의 충돌

1) 조약과 국내법이 충돌할 때는 원칙적으로 **동위설**의 입장에서 해결된다. 11 지방9급 즉, 상위법 우선의 원칙, 특별법 우선의 원칙, 신법 우선의 원칙 등이 적용된다.

   * 이 부분에 대해서는 많은 비판이 있지만, 수험서의 특성상 일반론만 적시한다.

2) 우편법과 특허법에는 조약을 우선시키는 규정이 있었으나, 2011년 개정으로 삭제되었다. 그러나 다른 개별법에는 규정이 있다.

(5) 헌법에 위반되는 조약

헌법에 위반되는 조약은 국내적으로는 무효이지만, 국제법적으로는 유효하다. 98 행시

 관련판례

❶ 국제항공운송에 대해서는 국제협약이 국내법보다 우선 적용된다.

국제항공운송에 관한 법률관계에 대하여는 1955년 헤이그에서 개정된 '국제항공운송에 있어서의 일부 규칙의 통일에 관한 협약'이 일반법인 민법이나 상법에 우선하여 적용된다(대판 2006.4.28. 2005다30184).

❷ 남북합의서는 조약이 아니다. 12 지방9급

1992. 2. 19. 발효된 '남북 사이의 화해와 불가침 및 교류협력에 관한 합의서'는 일종의 공동성명 또는 신사협정에 준하는 성격을 가짐에 불과하여 법률이 아님은 물론 국내법과 동일한 효력이 있는 조약이나 이에 준하는 것으로 볼 수 없다(헌재 2000.7.20. 98헌바63).

❸ 남한과 북한은 나라와 나라의 관계가 아닌 특수관계로서, 남북합의서는 국내법과 동일한 효력을 가지지 않는다. `15 사복9급`

남북 사이의 화해와 불가침 및 교류협력에 관한 합의서는 남북관계가 '나라와 나라 사이의 관계가 아닌 통일을 지향하는 과정에서 잠정적으로 형성되는 특수관계'임을 전제로, 조국의 평화적 통일을 이룩해야 할 공동의 정치적 책무를 지는 남북한 당국이 특수관계인 남북관계에 관하여 채택한 합의문서로서, 남북한 당국이 각기 정치적인 책임을 지고 상호 간에 그 성의 있는 이행을 약속한 것이기는 하나 법적 구속력이 있는 것은 아니어서 이를 국가 간의 조약 또는 이에 준하는 것으로 볼 수 없고, 따라서 국내법과 동일한 효력이 인정되는 것도 아니다(대판 1999.7.23. 98두14525).

❹ GATT에 위반된 조례안은 그 효력이 없다. `21·20·17 국가9급, 12·11 지방9급 등`

특정 지방자치단체의 초·중·고등학교에서 실시하는 학교급식을 위해 위 지방자치단체에서 생산되는 우수농수축산물과 이를 재료로 사용하는 가공식품을 우선적으로 사용하도록 하고 그러한 우수농산물을 사용하는 자를 선별하여 식재료나 식재료 구입비의 일부를 지원하며, 지원을 받은 학교는 지원금을 반드시 우수농산물을 구입하는 데 사용하도록 하는 것을 내용으로 하는 지방자치단체의 조례안은 내국민대우원칙을 규정한 '1994년 관세 및 무역에 관한 일반협정(General Agreement on Tariffs and Trade 1994)'에 위반되어 그 효력이 없다(대판 2005.9.9. 2004추10).

❺ WTO 협정 위반을 사인이 처분의 독립된 취소사유로 주장할 수 없다. `11 지방9급`

회원국 정부의 반덤핑 부과처분이 WTO 협정 위반이라는 이유만으로 사인이 직접 국내법원에 그 처분의 취소를 구하는 소를 제기하거나 협정 위반을 처분의 독립된 취소사유로 주장할 수 없다(대판 2009.1.30. 2008두17936).

4. 법규명령과 행정규칙

(1) 개념

법규명령과 행정규칙은 행정기관에 의해 정립된 법형식이다. 법규명령은 법률의 위임에 의해서 제정되는 것으로 위임명령과 집행명령이 있으며, 대통령령·총리령·부령, 대법원규칙 등이 있다. 행정규칙은 상위법령의 위임 없이 제정된 행정조직 내부의 활동을 규율하는 각종의 훈령·고시·지침 등을 말한다.

(2) 법원성

법규명령의 법원성에 대해서는 판례와 통설이 인정하고 있으나, **행정규칙의 법원성에 대해서 판례는 원칙적으로 부정하는 입장**이다. 법규의 범위에 대한 광의설(다수설)에 의하면 행정규칙도 법원이 된다.

5. 자치법규 – 조례와 규칙

자치법규란 지방자치단체가 자치입법권에 의해 법령의 범위 안에서 제정하는 것으로 행정법의 법원이 된다. 지방자치단체장이 제정하는 규칙과 지방의회가 제정하는 조례가 있다. `01 국가7급` 조례는 규칙보다 상위의 효력이 인정된다. 조례 간에는 광역자치단체의 조례(서울시 조례)가 하위자치단체의 조례(동작구 조례)보다 상위의 효력이다.

03 행정법의 불문법원

1. 관습법

(1) 의의
관습법이란 국민들 사이에 다년간 계속하여 같은 사실이 관행으로 반복됨으로써 일반 국민의 법적 확신을 얻어 법적 규범으로 승인받은 것을 말한다. 15 경행특채 관습법의 법원성을 인정하는 것이 통설이지만, 법률유보원칙상 침익적 관습법은 인정하기 어렵다.

(2) 성립요건

1) 반복된 관행 – 객관적 요건
일정 사실이 행정에서 또는 사회생활에서 장기간·일반적으로 반복되어야 한다.

2) 법적 확신 – 주관적 요건
반복된 관행이 일반 국민의 법적 확신을 얻어야 한다. 국민의 법적 확신에 이르지 못한 관습을 사실인 관습이라고 한다(대판 1983.6.14. 80다3231).

3) 국가의 승인이 필요한지 문제
통설과 판례는 관습법의 성립에 국가의 승인은 필요하지 않다는 입장이다.

(3) 관습법의 종류

1) 행정선례법
① 개념: 행정선례법이란 행정기관이 취급한 선례가 오랫동안 반복 시행됨으로써 국민들 간에 그것에 대한 법적 확신이 생긴 경우를 말한다. 10 경북교행 **판례는 국세행정상 비과세의 관행을 일종의 행정선례법으로 보고 있다.** 00 국가9급
② 해당 조문: 국세기본법 제18조 제3항과 행정절차법 제4조 제2항은 **행정선례법의 존재를 명문으로 인정하고 있다.** 07 국가9급 등

2) 민중적 관습법
① 개념: 민중적 관습법이란 민중 사이의 오랜 기간의 관행에 의해 성립되는 관습법을 말하는데, 주로 공물·공수의 사용관계에 관하여 성립하는 경우가 많다. 하천용수권 07 서울9급 , 지하수사용권, 관습상의 유수사용권, 입어권 등이 있다.

> **보충 입어권(관행어업권)**
> 일정한 공유수면에 대한 공동어업권 설정 이전부터 어업의 면허 없이 그 공유수면에서 오랫동안 계속 수산동식물을 포획 또는 채취하여 옴으로써 그것이 대다수 사람들에게 일반적으로 시인될 정도에 이른 것을 말한다. 10 국가9급

② 해당 조문: 수산업법 제2조 제11호는 '입어자'란 제47조에 따라 어업신고를 한 자로서 마을어업권이 설정되기 전부터 해당 수면에서 계속하여 수산동식물을 포획·채취하여 온 사실이 대다수 사람들에게 인정되는 자 중 대통령령으로 정하는 바에 따라 어업권원부에 등록된 자를 말한다고 규정하여 **입어권을 인정하는 명문규정을 두고 있다.** 00 국가9급
③ **입어권과 어업권의 차이**: 입어권은 관습법상의 권리지만, 어업권은 형성적 행정행위(특허)에 의해 인정되는 성문법상의 권리이다.

관련판례

❶ 주무관청인 관세 청장이 수출 확대라는 공익상의 필요 등에서 관계 법조문의 삭제를 건의하였었다면 비과세의 관행이 이루어졌다고 볼 수 있다. 07 국가7급 등

보세운송면허세의 근거규정이던 지방세법 시행령이 제정 후 폐지될 때까지 근 4년간 위 면허세가 단 한 건도 부과된 적이 없고, 그 주무관청인 관세청장도 수출 확대라는 공익상의 필요 등에서 관계 법조문의 삭제를 건의하였었다면 그로써 위 면허세의 비과세의 관행이 이루어졌다고 보아야 하고, 과세 근거법규가 폐지된 지 1년 3개월이나 지난 뒤에 행한 4년간의 위 면허세의 부과처분은 신의성실의 원칙과 위의 관행을 무시한 위법한 처분이다(대판 1982.6.8. 81누38).

❷ 착오로 인한 장기간의 과세 누락은 국세행정의 관행으로 되었다 할 수 없다. 13 국가7급

구 국세기본법 소정의 비과세의 관행이 성립되었다고 하려면 장기간에 걸쳐 그 사항에 대하여 과세하지 아니하였다는 객관적 사실이 존재할 뿐 아니라 과세관청 자신이 그 사항에 대하여 과세할 수 있음을 알면서도 어떤 특별한 사정에 의하여 과세하지 않는다는 의사가 있고 이와 같은 의사가 명시적 또는 묵시적으로 표시되어야 할 것이므로 과세할 수 있는 어느 사항에 대하여 비록 장기간에 걸쳐 과세하지 아니한 상태가 계속되었다 하더라도 그것이 착오로 인한 것이라면 그와 같은 비과세는 일반적으로 납세자에게 받아들여진 국세행정의 관행으로 되었다 할 수 없다(대판 1985.3.12. 84누398).

❸ 농지세과세증명만으로 자경한 농지로 보아 비과세 처리하는 것이 국세행정의 확립된 관행이라고 할 수 없다. 13 국가7급

국세기본법에서 말하는 비과세관행이 성립되었다고 하려면 상당한 기간에 걸쳐 그 사항에 대하여 과세하지 아니하였다는 객관적 사실이 존재하여야 할 뿐 아니라 과세관청이 그 사항에 대하여 과세할 수 있음을 알면서도 어떤 특별한 사정에 의하여 과세하지 않는다는 의사가 있고 이와 같은 의사가 명시적 또는 묵시적으로 표시되어야 하는 것이고, 과세관청이 비과세대상에 해당하는 것으로 잘못 알고 일단 비과세결정을 하였으나 그 후 과세표준과 세액의 탈루 또는 오류가 있는 것을 발견한 때에는, 이를 조사하여 결정할 수 있다(대판 1991.10.22. 90누9360 전원합의체).

❹ 일단 성립한 비과세관행이 더 이상 유효하지 아니하다고 하기 위해서는 종전의 비과세관행을 시정하여 앞으로 당해 과세물건에 대하여 과세하겠다는 과세관청의 확정적인 의사가 표시되어야 하며, 그러한 의사표시는 반드시 전체 과세관청에 의하여 이루어지거나 처분 또는 결정과 같이 구체적인 행정작용을 통하여 이루어질 필요는 없지만, 적어도 공적 견해의 표명으로서 그로 인하여 납세자가 더 이상 종전의 비과세관행을 신뢰하는 것이 무리라고 여겨질 정도에 이르러야 한다(대판 2011.5.13. 2008두18250).

❺ 먹는 샘물에 대한 이용권은 관습법상의 물권이라 할 수 없다.

'먹는 샘물'(생수) 제조에 사용되던 지하수에 대한 이용권이, 관계 법령상 물권에 준하는 권리 또는 관습상의 물권이라고 할 수 없고, 구 먹는물 관리법 제9조에 의한 샘물개발허가를 받은 것만으로는 그 토지의 지면하에 있는 지하수를 계속적, 배타적으로 이용할 수 있는 권리가 생긴다고 볼 수도 없다는 이유로, 구 토지수용법 제2조 제2항 제3호에서 수용대상으로 규정한 '물의 사용에 관한 권리'에 해당하지 않는다(대판 2005.7.29. 2003두2311).

(4) 관습법의 효력과 소멸

1) 효력

① **보충적 효력설(통설·판례)**: 관습법은 성문법이 존재하지 않는 경우에만 성립되며, 이 경우에도 성문법을 개폐하는 효력은 없다는 견해이다. 04 서울9급 등

② **변경적 효력설(개폐적 효력설)**: 관습법은 성문법이 존재하는 분야에서도 성립될 수 있으며, 이 경우 성문법을 변경 또는 개폐하는 효력을 가진다는 견해이다.

2) 소멸

이미 성립된 관습법도 더 이상 법적 확신을 갖지 않거나 헌법원리에 위배되는 등 전체 법질서에 부합하지 않으면 더 이상 효력이 유지될 수 없다.

관련판례

서울이 우리나라의 수도라는 것은 관습헌법이다. 12 지방9급

따라서 관습헌법의 개정은 성문헌법과 같은 헌법개정절차를 거쳐야 한다(헌재 2004.10.21. 2004헌마554).

2. 조리의 법원성

(1) 의의

조리란 '사물의 본질적 법칙' 또는 '일반사회의 정의감에 비추어 반드시 그렇게 되어야만 할 것'을 말한다. 조리는 영구불변적인 것은 아니고 시대와 사회에 따라 변할 수 있다. 10 경북교행

(2) 조리의 중요성

통설적 견해는 조리에 대해 ① 법해석의 기본원리로서, ② 성문법·관습법·판례법이 모두 없는 경우에 **최후의 보충적 법원**으로서 그 중요성을 가진다고 한다. 07 국가9급 등 이에 반해 최근에는 헌법의 구체화법으로서 행정법을 인식하여 조리의 근거를 헌법 기타의 실정법에서 구하고 있다. 이는 조리상의 제 원칙을 헌법 등에 근거한 일반법원리로 승격시킴으로써 행정권을 이에 기속시키고 이로써 국민의 기본권을 보호하려는 차원에서 나온 것이다. 06 국회8급

(3) 내용

행정법의 일반원리에는 ① 비례원칙, ② 신뢰보호의 원칙, ③ 평등원칙과 행정의 자기구속의 원칙, ④ 부당결부금지의 원칙 등이 있다.

3. 판례의 법원성

(1) 판례의 법원성에 대한 외국의 입법례

영·미법계는 선례구속성의 원칙이 엄격하게 적용되어 **판례의 법원성을 당연히 인정한다.** 10 경북교행 그러나 **대륙법계**는 선례구속성의 원칙이 인정되지 않기 때문에 **판례의 법원성을 부정한다.** 06 국회8급

(2) 우리나라

대법원은 대법원 판례의 법원성을 부정하는 입장이다. 그러나 대법원 판례가 사실상의 구속력을 가지는 것은 이와 별개의 문제이다.

관련판례

❶ 대법원 판례는 다른 사건(유사·동종사건)에서 하급심 법원을 직접 구속하지 못한다. 15 경행특채

대법원의 판례가 법률해석의 일반적인 기준을 제시한 경우에 유사한 사건을 재판하는 하급심 법원의 법관은 판례의 견해를 존중하여 재판하여야 하는 것이나, 판례가 사안이 서로 다른 사건을 재판하는 하급심 법원을 직접 기속하는 효력이 있는 것은 아니다(대판 1996.10.25. 96다31307).

❷ 대법원으로부터 사건을 환송받은 하급법원은 당해 사건에 한하여 기속된다. `07 국가9급`

상고법원으로부터 사건을 환송받은 하급심 법원은 그 사건을 다시 재판함에 있어서 상고법원이 파기이유로 한 사실상과 법률상의 판단에 기속을 받는 것이나, 파기의 이유로 된 잘못된 견해만 피하면 다른 가능한 견해에 의하여 환송 전의 판결과 동일한 결론을 가져온다고 하여도 환송판결의 기속을 받지 아니한 위법을 범한 것이라고는 할 수 없다(대판 2001.6.15. 99두5566).

(3) 헌법재판소 위헌결정의 법원성

1) 위헌결정의 기속력

① 헌법재판소의 위헌결정은 법원 기타 모든 국가기관을 기속하는 힘을 가진다(헌법재판소법 제47조 제1항). 따라서 **대법원 판례와 달리 위헌결정의 법원성을 인정할 수 있다는 것이 다수설**이다. `12 지방9급, 10 경행특채 등`

② 헌법재판소의 결정에 대한 기속력은 위헌결정에 인정되는 것이지 합헌결정에는 기속력이 인정되지 않는다.

2) 기속력의 범위

① **대법원**은 헌법재판소의 위헌결정과 헌법불합치결정에 대해서는 법원에 대한 기속력을 인정하지만, 한정위헌(또는 한정합헌)결정에 대해서는 법률의 해석에 불과하다는 이유로 기속력을 부정한다. `10 국가9급`

② 헌법재판소는 한정위헌결정에 대해서도 기속력을 인정한다.

제2절 행정법의 효력

01 시간적 효력

1. 효력발생시기

(1) 법령(조례·규칙)의 효력 발생

1) 법령이 시행일에 관하여 규정을 둔 경우

행정법규에 시행일에 관하여 부칙 또는 시행령 등에서 직접 날짜를 정한 경우에는 그날부터 효력이 발생한다. `06 경남9급 등`

2) 법령이 시행일에 관하여 규정을 두지 않는 경우

시행일에 관하여 특별한 규정이 없는 경우에는 **공포한 날부터 20일을 경과함으로써 효력을 발생한다**(법령 등 공포에 관한 법률 제13조). `14 국가9급` 다만, **국민의 권리 제한 또는 의무 부과와 직접 관련되는 법률 등의 경우에는 공포일부터 30일이 경과한 날부터 시행되도록 하여야 한다**(같은 법 제13조의2).

(2) 공포한 날과 발행한 날의 의미

법령 등의 공포일은 법령 등을 게재한 관보 또는 신문을 발행한 날을 말한다. `09 국가9급` 여기서 말하는 발행한 날의 의미에 대하여 학설의 대립이 있다.

(3) 발행한 날의 의미

발행한 날의 의미에 대해 학설이 대립하나, 최초구독가능시설이 통설과 판례의 입장이다. 이 견해는 관보가 서울중앙보급소에 도달하여 국민이 구독가능한 상태에 놓인 최초의 시점을 '발행된 날'로 본다.
`09 국가9급 등`

(4) 공포 등의 절차

> **관련조문**
>
> **법령 등 공포에 관한 법률 제11조(공포 및 공고의 절차)** ① 헌법개정·법률·조약·대통령령·총리령 및 부령의 공포와 헌법개정안·예산 및 예산 외 국고부담계약의 공고는 관보에 게재함으로써 한다.
> ② 국회법 제98조 제3항 전단에 따라 하는 국회의장의 법률 공포는 서울특별시에서 발행되는 둘 이상의 일간신문에 게재함으로써 한다.
> ③ 제1항에 따른 관보는 종이로 발행되는 관보(이하 '종이관보'라 한다)와 전자적인 형태로 발행되는 관보(이하 '전자관보'라 한다)로 운영한다.
> ④ 관보의 내용 해석 및 적용 시기 등에 대하여 종이관보와 전자관보는 동일한 효력을 가진다. `21 서울·지방9급`

1) 대통령이 하는 경우

법률 등의 공포는 원칙적으로 대통령이 관보에 게재하는 방식으로 한다. 즉, 헌법개정·법률·조약·대통령령·총리령 및 부령의 공포와 예산 및 예산 외 국고부담계약의 공고는 관보에 게재함으로써 한다(법령 등 공포에 관한 법률 제11조 제1항).

2) 국회의장이 하는 경우

대통령이 거부권을 행사한 법률에 대해 국회가 재의결한 경우 대통령이 공포하지 않으면 예외적으로 국회의장이 법률을 공포할 수 있다. 국회의장이 법률을 공포하고자 할 때에는 서울특별시에서 발행되는 둘 이상의 일간신문에 게재함으로써 한다(법령 등 공포에 관한 법률 제11조 제2항). `04 국가9급`

3) 조례·규칙

조례와 규칙의 공포는 지자체장이 해당 지방자치단체의 공보에 게재하는 방법으로 한다. 다만, 지방자치단체장이 공포하지 않는 경우, 지방의회의장이 공표하는 경우에는 공보나 일간신문에 게재하거나 또는 게시판에 게시한다(지방자치법 시행령 제30조 제1항). `15 지방9급`

2. 소급입법금지의 원칙

(1) 개념

소급입법금지원칙은 이미 완성된 법률관계에 대해 사후적인 소급입법으로 그 내용을 변경해서는 안 된다는 원칙이다.

(2) 근거

1) 이론적 근거

소급입법금지원칙은 법치국가원리에서 당연히 도출되는 원칙이므로 실정법 규정은 주의적·선언적 규정에 불과하다.

2) 법적 근거

헌법 제13조 제1항에서 "모든 국민은 행위시의 법률에 의하여 범죄를 구성하지 아니하는 행위로 소추되지 아니하며…"라고 규정하고, 같은 조 제2항에서 "모든 국민은 소급입법에 의하여 참정권의 제한을 받거나 재산권을 박탈당하지 아니한다."라고 규정하고 있다.

관련조문

행정기본법 제14조(법 적용의 기준) ① 새로운 법령 등은 법령 등에 특별한 규정이 있는 경우를 제외하고는 그 법령 등의 효력 발생 전에 완성되거나 종결된 사실관계 또는 법률관계에 대해서는 적용되지 아니한다.
② 당사자의 신청에 따른 처분은 법령 등에 특별한 규정이 있거나 처분 당시의 법령 등을 적용하기 곤란한 특별한 사정이 있는 경우를 제외하고는 처분 당시의 법령 등에 따른다.
③ 법령 등을 위반한 행위의 성립과 이에 대한 제재처분은 법령 등에 특별한 규정이 있는 경우를 제외하고는 법령 등을 위반한 행위 당시의 법령 등에 따른다. 다만, 법령 등을 위반한 행위가 있은 후 법령 등의 변경에 의하여 그 행위가 법령 등을 위반한 행위에 해당하지 아니하거나 제재처분기준이 가벼워진 경우로서 해당 법령 등에 특별한 규정이 있는 경우에는 변경된 법령 등을 적용한다.

(3) 진정소급입법과 부진정소급입법

구분	진정소급입법	부진정소급입법
개념	과거에 이미 완성된 사실이나 법률관계를 대상으로 하는 입법	과거에 시작되었으나 현재 진행 중인 사실관계 또는 법률관계에 적용하게 하는 입법
허용 여부	• 원칙적으로 금지 `15 변호사` • 진정소급입법의 예외적 허용 `15 국회8급, 12 국가7급` 　- 국민이 소급입법을 예상할 수 있는 경우 　- 법적 상태가 불확실하고 혼란스러워 보호할 만한 신뢰이익이 적은 경우 　- 소급입법에 의한 당사자의 손실이 없거나 아주 **경미한 경우** 　- 신뢰보호의 요청에 우선하는 **심히 중대한 공익상의 사유**가 소급입법을 정당화하는 경우 `10 지방7급`	• 원칙적으로 허용 `15 국회8급` • 부진정소급입법의 예외적 금지 　소급효를 요구하는 공익상의 사유와 신뢰보호의 요청 사이의 교량과정에서 신뢰보호의 관점이 입법자의 형성권에 제한을 가하게 된다. `10 지방7급`

관련판례

◎ **진정소급입법의 예외적 허용**

친일재산은 취득·증여 등 원인행위시에 국가의 소유로 한다고 정한 친일반민족행위자 재산의 국가귀속에 관한 특별법은 진정소급입법에 해당하지만 소급입법금지원칙에 위반되지 않는다.

친일재산의 소급적 박탈은 일반적으로 소급입법을 예상할 수 있었던 예외적인 사안이고, 진정소급입법을 통해 침해되는 법적 신뢰는 심각하다고 볼 수 없는데 반해 이를 통해 달성되는 공익적 중대성은 압도적이라고 할 수 있으므로 진정소급입법이 허용되는 경우에 해당하고, 따라서 위 귀속조항이 진정소급입법이라는 이유만으로 헌법 제13조 제2항에 위반된다고 할 수 없다(대판 2011.5.13. 2009다26831).

> **관련판례**

◎ **구법을 적용하는 경우**

건설업면허수첩 대여행위가 법령 개정으로 면허취소사유에서 삭제된 경우 구법을 적용하여 면허를 취소할 수 있다(대판 1982.12.28. 82누1). 08 국가9급

> **관련판례**

◎ **개정법을 적용하는 경우**

개정된 산업재해보상보험법 시행령의 시행 전에 장해급여 지급청구권을 취득한 근로자의 외모의 흉터로 인한 장해등급을 결정함에 있어, 예외적으로 개정 시행령을 적용하여야 한다. 09 서울9급

[1] 장해급여 지급을 위한 장해등급 결정 역시 장해급여 지급청구권을 취득할 당시, 즉 그 지급사유 발생 당시의 법령에 따르는 것이 원칙이다.

[2] 개정된 산업재해보상보험법 시행령의 시행 전에 장해급여 지급청구권을 취득한 근로자의 외모의 흉터로 인한 장해등급을 결정함에 있어, 위 개정이 위헌적 요소를 없애려는 반성적 고려에서 이루어졌고 이를 통하여 근로자의 균등한 복지증진을 도모하고자 하는 데 그 취지가 있으며, 당해 근로자에 대한 장해등급 결정 전에 위 시행령의 시행일이 도래한 점 등에 비추어, 예외적으로 위 개정 시행령을 적용하여야 한다(대판 2007.2.22. 2004두12957).

> **관련판례**

◎ **부진정소급입법**

❶ 성적불량을 이유로 한 학생징계처분에 있어서 수강신청 이후 징계요건을 완화한 개정 학칙은 부진정소급으로서 소급 적용할 수 있다. 00 국가7급

대학이 성적불량을 이유로 학생에 대하여 징계처분을 하는 경우에 있어서 수강신청이 있은 후 징계요건을 완화하는 학칙 개정이 이루어지고 이어 당해 시험이 실시되어 그 개정 학칙에 따라 징계처분을 한 경우라면 이는 이른바 부진정소급효에 관한 것으로서 구 학칙의 존속에 관한 학생의 신뢰보호가 대학 당국의 학칙 개정의 목적 달성보다 더 중요하다고 인정되는 특별한 사정이 없는 한 위법이라고 할 수 없다(대판 1989.7.11. 87누1123).

❷ 예외적 소급

과세단위가 시간적으로 정해지는 조세에 있어 과세표준기간인 과세연도 진행 중에 세율인상 등 납세의무를 가중하는 세법의 제정이 있는 경우에는 이미 충족되지 아니한 과세요건을 대상으로 하는 강학상 이른바 부진정소급효의 경우이므로 그 과세연도 개시시에 소급적용이 허용된다(대판 1983.4.26. 81누423).

(4) 시혜적 성격을 지닌 입법영역(유리한 소급적용)

판례에 의하면 유리한 소급적용은 가능하지만 반드시 소급해야 하는 것은 아니고 입법재량의 문제로 본다. 15 사복9급

3. 효력의 소멸

(1) 한시법
유효기간이 정해진 법을 말하는데, 법에서 정한 기간이 경과되면 **자동으로 효력이 소멸된다**. 05 울산9급

(2) 신법에 의한 폐지
해당 법령, 상급 또는 동위의 법령에 의한 폐지나 내용적으로 모순·저촉되는 법령의 제정에 의해 효력이 소멸된다. 05 울산9급

 관련판례

❶ 개정 법률이 전문개정인 경우에는 부칙규정도 모두 소멸되는 것이 원칙이다. 08 국가7급

개정 법률이 전문개정인 경우에는 기존법률을 폐지하고 새로운 법률을 제정하는 것과 마찬가지여서 종전의 본칙은 물론, 부칙규정도 모두 소멸하는 것으로 보아야 하므로 종전의 법률 부칙의 경과규정도 실효된다고 보는 것이 원칙이지만, 특별한 사정이 있는 경우에는 그 효력이 상실되지 않는다고 보아야 한다. 여기에서 말하는 '특별한 사정'은 전문개정된 법률에서 종전의 법률 부칙의 경과규정에 관하여 계속 적용한다는 별도의 규정을 둔 경우뿐만 아니라, 그러한 규정을 두지 않았다고 하더라도 종전의 경과규정이 실효되지 않고 계속 적용된다고 보아야 할 만한 예외적인 사정이 있는 경우도 포함한다(대판 2008.11.27. 2006두19419).

❷ 법령을 일부 개정하면서 개정 법령에 경과규정을 두지 않은 경우, 기존법령 부칙의 경과규정이 당연히 실효되는 것은 아니다(대판 2014.4.30. 2011두18229).

❸ 개정 법률이 전부개정인 경우에는 기존법률을 폐지하고 새로운 법률을 제정하는 것과 마찬가지여서 원칙적으로 종전 법률의 본문규정은 물론 부칙규정도 모두 효력이 소멸되는 것으로 보아야 하므로 종전법률 부칙의 경과규정도 실효되지만, 특별한 사정이 있는 경우에는 효력이 상실되지 않는다. 여기에서 말하는 '특별한 사정'은 전부개정된 법률에서 종전법률 부칙의 경과규정에 관하여 계속 적용한다는 별도의 규정을 둔 경우뿐만 아니라, 그러한 규정을 두지 않았다고 하더라도 종전의 경과규정이 실효되지 않고 계속 적용된다고 보아야 할 만한 예외적인 사정이 있는 경우도 포함한다.

이 경우 예외적인 '특별한 사정'이 있는지는 종전 경과규정의 입법 경위·취지, 전부개정된 법령의 입법취지 및 전반적 체계, 종전 경과규정이 실효된다고 볼 경우 법률상 공백상태가 발생하는지 여부, 기타 제반사정 등을 종합적으로 고려하여 개별적·구체적으로 판단하여야 한다(대판 2019.10.31. 2017두74320).

(3) 헌법재판소의 위헌결정
위헌으로 결정된 법률은 그 결정이 있는 날로부터 효력을 상실한다(헌법재판소법 제47조 제2항). 96 입시 다만, 형벌에 관한 조항은 소급하여 효력을 상실한다(같은 법 제47조 제3항).

 관련조문

헌법재판소법 제47조(위헌결정의 효력) ② 위헌으로 결정된 법률 또는 법률의 조항은 그 결정이 있는 날부터 효력을 상실한다.
③ 제2항에도 불구하고 형벌에 관한 법률 또는 법률의 조항은 소급하여 그 효력을 상실한다. 다만, 해당 법률 또는 법률의 조항에 대하여 종전에 합헌으로 결정한 사건이 있는 경우에는 그 결정이 있는 날의 다음 날로 소급하여 효력을 상실한다.

(4) 대법원의 명령·규칙에 대한 위헌·위법결정
대법원의 명령·규칙에 대한 위헌·위법결정은 해당 사건에 적용하지 않는 개별적 효력을 가질 뿐이고, 일반적으로 무효가 되는 것은 아니다.

* 헌법재판소가 위헌결정하면 일반적 무효가 된다.

(5) 기관소송의 경우
기관소송으로 조례에 대하여 무효판결이 이루어지면 조례 자체를 무효화시키게 된다.

(6) 묵시적 폐지
신구법이 내용상 충돌하는 경우에는 구법의 효력이 소멸된다.

(7) 수권법인 상위법의 소멸
수권법인 모법이 소멸되는 경우에는 하위법의 효력이 소멸된다. 06 관세사

02 지역적 효력

1. 원칙
행정법규는 제정권자의 통치력이 미치는 지역적 범위 내에서만 효력을 가진다. 예컨대, 대통령령·부령은 전국에 걸쳐 효력을 가지고, 조례는 해당 지방자치단체의 구역 내에서만 효력을 가진다.

2. 예외

(1) 치외법권자의 경우
국제법상 치외법권을 가지는 외교사절 또는 외국군대가 사용하는 시설 구역에는 행정법규의 효력이 미치지 않는다.

(2) 일부 지역에만 적용되는 경우
국가의 법령이 영토의 일부 지역에만 적용되는 경우도 있다.
예 수도권정비계획법, 제주특별자치도 설치 및 국제자유도시 조성을 위한 특별법 등

(3) 관할 구역을 넘어 적용되는 경우
행정법규가 그것을 제정한 기관의 본래의 관할 구역을 넘어 적용 되는 경우도 있다.
예 A지방자치단체의 공공시설에 관한 조례가 B지방자치단체의 구역에도 효력을 미치는 경우

03 대인적 효력

1. 속지주의
행정법규는 원칙적으로 속지주의에 의하여 영토 또는 구역 내에 있는 모든 사람에게 내외국인을 가리지 않고 일률적으로 적용된다.

2. 속인주의
속인주의에 의해 외국에 있는 내국인에게도 적용된다(예 여권법, 병역법 등의 적용).

3. 기국주의
기국주의에 의해 공해상에 있는 대한민국 선적의 선박 내에서도 대한민국의 행정법이 적용된다.

Chapter 04 행정법의 일반원칙

제1절 비례의 원칙(과잉금지의 원칙)

> **관련조문**
>
> **행정기본법 제10조(비례의 원칙)** 행정작용은 다음 각 호의 원칙에 따라야 한다.
> 1. 행정목적을 달성하는 데 유효하고 적절할 것
> 2. 행정목적을 달성하는 데 필요한 최소한도에 그칠 것
> 3. 행정작용으로 인한 국민의 이익 침해가 그 행정작용이 의도하는 공익보다 크지 아니할 것

01 개설

1. 비례원칙의 의의

(1) 개념 – "너무 심한 것 아니냐."

비례의 원칙이란 행정주체가 구체적인 행정목적을 실현함에 있어서 그 목적 실현과 수단 사이에 합리적인 비례관계가 유지되어야 한다는 것을 말하며, 과잉금지의 원칙이라고도 한다. 전통적으로 비례의 원칙은 "참새를 잡기 위해 대포를 쏘아서는 안 된다."라는 표현으로 나타내기도 한다. 09 서울9급 등

(2) 비례원칙을 나타내는 우리 속담

비례의 원칙은 목적을 위한 지나친 수단의 사용에 대한 한계를 의미한다. 즉, 수단과 목적의 관계를 규율하기 위한 법원칙이다. 생각건대, "빈대를 잡기 위해 초가삼간을 불태우는 것은 안 된다."라는 표현도 적절한 것으로 판단된다.

(3) 기능

비례의 원칙은 재량행위의 일탈·남용에 대한 심사기준의 하나로 **재량행위를 통제하는 기능**을 수행한다.

2. 근거

(1) 헌법
비례의 원칙의 근거에 대해서는 일반적으로 헌법 제37조 제2항(국민의 모든 자유와 권리는 국가안전보장·질서유지 또는 공공복리를 위하여 **필요한 경우에 한하여** 법률로써 제한할 수 있으며, 제한하는 경우에도 자유와 권리의 본질적인 내용을 침해할 수 없다)에서 도출한다. 헌법재판소도 비례원칙의 근거를 헌법 제37조 제2항에서 찾고 있다. 19 국가9급

(2) 법률
개별법률이 비례의 원칙을 규정하고 있는 경우도 많다. 경찰관 직무집행법 제1조 제2항, 식품위생법 제79조 제4항, 행정대집행법 제2조 등이 있다. 04 국회8급

> **관련조문**
>
> **경찰관 직무집행법 제1조(목적)** ② 이 법에 규정된 경찰관의 직권은 그 직무수행에 필요한 <u>최소한도에서</u> 행사되어야 하며 남용되어서는 아니 된다.

3. 적용범위

(1) 원칙
비례의 원칙은 **원래 경찰법상의 원칙으로 출발하였으나 오늘날 행정의 모든 영역**, 즉 침익적 영역은 물론이고 수익적 영역에도 적용된다. 그러나 **사법관계에는 사적 자치가 적용되므로 비례의 원칙이 적용되지 않는다.** 12 경기교행 등

(2) **침익적 행정** - 당연히 적용된다(과잉금지원칙).
비례원칙은 경찰작용 이외에도 행정강제, 행정행위의 취소·철회, 행정행위의 부관의 한계, 행정조사, 규제적 행정지도 등에 적용된다.

(3) **급부행정** - 비례의 원칙은 급부행정에서도 적용된다(과잉급부금지의 원칙).
급부에 있어서 ① 그 수단은 급부목적에 적합한 상태에 있는 자에게 적합한 방법으로 행해져야만 하며, ② 필요한 급부만이 주어져야 한다.

02 비례의 원칙의 내용 17 국회8급
*아래 3가지 원칙 중 어느 하나를 위반하면 비례의 원칙을 위반한 것이 된다.

적합성의 원칙	· 목적과 수단의 관계 · 효과가 있는가 없는가의 문제이다. 예컨대, "빈대를 잡기 위해 초가삼간을 불태우는 것도 빈대를 잡기 위한 효과적인 수단이 될 수 있다."라는 점에서 적합성의 원칙에는 부합한다. 다만, 필요성의 원칙(최소침해의 원칙)에 위배된다.
필요성의 원칙	· 수단과 수단의 관계(최소침해의 원칙) · 행정목적의 달성에 적합한 다수의 수단이 있는 경우, 행정기관은 상대방과 일반국민에 대하여 가장 적은 부담을 주는 수단을 선택하여야 한다는 원칙이다. 선택된 수단보다 완화된 수단이 있다고 하더라도 선택된 수단이 입법목적 달성에 유효적절한 수단인 경우에는 그 제한 조치가 현저하게 불합리하지 않은 한 보다 완화된 수단이 있다는 것만으로는 최소침해의 원칙에 위반되는 것은 아니다. 14 국가9급 예 위험한 건물에 대하여 개수명령으로써 목적을 달성할 수 있음에도 불구하고 철거명령을 발령하는 것은 필요성의 원칙에 반한다. 08 국가7급
상당성의 원칙	· 협의의 비례의 원칙(공익과 사익 간의 비교형량) · 행정작용이 적합하고 최소한의 침해를 수반하는 조치라고 해도 추구하는 공익과 침해되는 사익 사이에 합리적인 비례관계가 있어야 한다는 것이다. 04 전북9급

관련판례

① 가스총 사용시에는 요구되는 최소한의 안전수칙을 준수하여야 한다. 11 지방9급 등

가스총을 사용하는 경찰관으로서는 인체에 대한 위해를 방지하기 위하여 상대방과 근접한 거리에서 상대방의 얼굴을 향하여 이를 발사하지 않는 등 가스총 사용시 요구되는 최소한의 안전수칙을 준수함으로써 장비 사용으로 인한 사고 발생을 미리 막아야 할 주의의무가 있다(대판 2003.3.14. 2002다57218).

② 형사사건으로 기소되면 필요적으로 직위해제처분을 하도록 한 국가공무원법 규정은 비례원칙에 위반된다.

형사사건으로 기소되기만 하면 그가 국가공무원법 제33조 제1항 제3호 내지 제6호에 해당하는 유죄판결을 받을 고도의 개연성이 있는가의 여부에 무관하게 경우에 따라서는 벌금형이나 무죄가 선고될 가능성이 큰 사건인 경우에 대해서까지도 해당 공무원에게 일률적으로 직위해제처분을 하지 않을 수 없도록 한 이 사건 규정은 헌법 제37조 제2항의 비례의 원칙에 위반된다(헌재 1998.5.28. 96헌가12).

03 위반의 효과

1. 위헌·위법성

비례의 원칙은 헌법상의 원리이자 행정법의 불문법원의 하나로서 이 원칙을 위반한 행정작용은 위법인 동시에 위헌을 면할 수 없다. 09 서울9급 등

2. 구제방법

비례원칙 위반의 행정행위는 항고소송의 대상이 되며 손해배상책임을 발생시킨다. 위법한 행정작용의 결과가 남아 있는 경우 결과제거청구권의 행사대상이 되기도 한다. 05 경기9급

관련판례

◎ 비례원칙 위반 사례

① 단 1회의 요정 출입으로 파면한 것은 비례의 원칙에 위반된다(대판 1967.5.2. 67누24). 21·18 소방

② 주유소 영업의 양도인이 등유가 섞인 유사휘발유를 판매한 위법사유를 들어 그 양수인에 대하여 한 6개월의 석유판매업영업정지처분은 재량권 일탈로서 위법하다. 11 지방9급 등

주유소 영업의 양도인이 등유가 섞인 유사휘발유를 판매한 바를 모르고 이를 양수한 석유판매영업자에게 전 운영자인 양도인의 위법사유를 들어 사업정지기간 중 최장기인 6개월의 사업정지에 처한 영업정지처분이 석유사업법에 의하여 실현시키고자 하는 공익목적의 실현보다는 양수인이 입게 될 손실이 훨씬 커서 재량권을 일탈한 것으로서 위법하다(대판 1992.2.25. 91누13106).

③ 수사 및 재판단계에서 유죄가 확정되지 아니한 미결수용자에게 구치소 밖에서 재소자용 의류를 입게 하는 것은 비례의 원칙에 위배되지만, 구치소 내에서 재소자용 의류를 입게 하는 것은 비례의 원칙에 위배되지 아니한다(헌재 1999.5.27. 97헌마137). 05 경남9급

> **비교판례**
> ① 청송 제2교도소장이 민사법정에 출석하는 청구인(수형자)의 운동화 착용을 불허한 행위는 과잉금지원칙에 위배되지 않는다(헌재 2011.2.24. 2009헌마209).
> ② 형집행법 제88조가 민사재판의 당사자로 출석하는 수형자에 대하여 사복 착용에 관한 형집행법 제82조를 준용하지 아니한 것은 인격권 등을 침해하지 아니한다(헌재 2015.12.23. 2013헌마712).

❹ 청소년유해매체물임을 모르고 청소년에게 대여한 업주에게 과징금을 부과하는 것은 위법하다. 21 소방

청소년유해매체물로 결정·고시된 만화인 사실을 모르고 있던 도서대여업자가 그 고시일로부터 8일 후에 청소년에게 그 만화를 대여한 것을 사유로 그 도서대여업자에게 금 700만 원의 과징금이 부과된 경우, 그 도서대여업자에게 청소년유해매체물인 만화를 청소년에게 대여하여서는 아니 된다는 금지의무의 해태를 탓하기는 가혹하다는 이유로 그 과징금부과처분은 재량권을 일탈·남용한 것으로서 위법하다(대판 2001.7.27. 99두9490).

❺ 고속도로로부터의 미관을 이유로 석회석 채굴을 위하여 산림훼손허가를 받은 임야에 대하여 산림훼손 중지처분을 한 것은 위법하다. 07 서울9급 등

석회석 채굴을 위하여 산림훼손허가를 받은 임야에 대하여 고속도로로부터의 미관을 이유로 한 산림훼손 중지처분이 재량권 일탈로서 위법하다(대판 1990.10.10. 89누6433).

❻ 피동적으로 금품을 수수하였다가 돌려 준 20여 년 근속의 경찰공무원에 대한 해임처분은 위법하다. 09 지방7급

공정한 업무처리에 대한 사의로 두고 간 돈 30만 원이 든 봉투를 소지함으로써 피동적으로 금품을 수수하였다가 돌려 준 20여 년 근속의 경찰공무원에 대한 해임처분은 사회통념상 현저하게 타당성을 잃어 재량권의 남용에 해당한다(대판 1991.7.23. 90누8954).

관련판례

◎ **비례원칙 위반이 아닌 사례**

❶ **스스로 사례를 요구한 공무원에 대한 해임처분은 적법하다.**

공무원으로 재직하면서 다른 징계를 받은 바 없고, 2회에 걸쳐 장관급 표창을 받은 것과 가정형편을 감안하더라도, 직무와 관련한 부탁을 받거나 때로는 스스로 사례를 요구하여 5차례에 걸쳐 합계 금 3,100,000원을 수수하였다면 이에 대하여 행하여진 해임처분이 징계권의 범위를 일탈한 것이 아니다(대판 1996.5.10. 96누2903).

❷ **음주운전의 경우 개인택시운송사업에 종사하여 가족의 생계를 유지하고 있는 사정이 있다 하더라도 면허취소처분은 비례의 원칙에 반하지 않는다.**

음주운전으로 인한 교통사고의 증가 및 그 결과의 참혹성 등에 비추어 볼 때, 음주운전으로 인한 교통사고를 방지할 공익상의 필요는 더욱 강조되어야 하고 … 특히 해당 운전자가 자동차운전을 업으로 삼고 있는 자인 경우에는 더욱더 그러하다(대판 1995.9.29. 95누8126).

❸ **수입 녹용 중 전지 3대를 절단부위로부터 5센티미터까지의 부분을 절단하여 측정한 회분함량이 기준치를 0.5% 초과하였다는 이유로 수입 녹용 전부에 대하여 전량 폐기 또는 반송처리를 지시한 처분은 재량권을 일탈·남용한 경우에 해당하지 않는다**(대판 2006.4.14. 2004두3854). 21 소방, 12 군무원

❹ **교도소 수용자에게 반입이 금지된 일용품 등을 전달하여 주고 그 가족 등으로부터 금품 및 향응을 제공받은 교도관에 대한 해임처분은 적법하다**(대판 1998.11.10. 98두12017).

❺ **산림훼손 금지 또는 제한지역에 해당하지 않더라도 허가관청은 산림훼손허가를 거부할 수 있고 그 거부처분에 법규상 명문의 근거가 필요한 것은 아니다**(대판 1997.9.12. 97누1228). 17 국가7급, 12 국가9급 등

❻ **사립학교 교원이 파산선고를 받으면 당연퇴직되도록 정하고 있는 사립학교법 규정은 비례의 원칙에 위배되지 않는다**(헌재 2008.11.27. 2005헌가21).

제2절 신뢰보호의 원칙

01 의의

1. 개념 – "약속을 지켜라."

신뢰보호의 원칙이란 행정기관의 일정한(명시적·묵시적) 언동의 정당성 또는 존속성에 대한 개인의 보호가치 있는 신뢰는 보호해 주어야 한다는 원칙을 말한다. **영·미법상의 금반언의 법리**(Estoppel, 선행행위와 모순되는 거동의 금지)도 같은 이념을 가진 것이라 할 수 있다. 06 선관위9급 등

2. 연혁 04 국가9급

신뢰보호의 원칙은 20세기 초 독일의 학설과 판례(미망인 판례)를 중심으로 정립된 개념으로서 과거 질서행정 아래서는 인정되지 않다가 **현대사회국가 기능이 강조되면서 발전된 개념**이다.

> **보충 미망인 판례**
> 서독정부의 과부보조금 지급 약속을 믿고 넘어온 동독의 전쟁 미망인에 대하여 너무 늦게 이주하였다는 이유로 이미 지급한 보조금을 환급 청구한 사건이다. 독일 연방행정법원은 신뢰보호의 원칙을 인정하여 보조금을 지급하였다.

02 근거

1. 이론적 근거

(1) 신의칙설

신뢰보호의 근거를 법의 일반원칙인 민법상 신의성실의 원칙에서 찾는 견해이다. 민법의 내용을 행정법관계에 그대로 적용하기 곤란하다는 비판이 있다. 독일 연방행정법원은 미망인 사건에서 신의칙설에 입각하여 판시하였다.

(2) 법적 안정성설 04 국가9급 등

신뢰보호의 근거를 법치국가원리의 내용인 **법적 안정성에서 찾는 견해로 통설과 판례의 입장**이다.

(3) 사회국가원리설

현대국가에서 인간다운 생활을 위해서는 국가의 급부에 의존하지 않을 수 없으므로 개인의 신뢰는 보호되어야 한다는 견해이다. 신뢰보호는 급부행정에만 적용되는 것은 아니라는 비판이 있다.

2. 실정법적 근거 19 소방, 18 지방7급, 10 지방9급 등

신뢰보호의 원칙에 대해 현행법상 국세기본법과 행정절차법에 명문의 규정이 있다.

> **관련조문**
>
> **행정기본법 제12조(신뢰보호의 원칙)** ① 행정청은 공익 또는 제3자의 이익을 현저히 해칠 우려가 있는 경우를 제외하고는 행정에 대한 국민의 정당하고 합리적인 신뢰를 보호하여야 한다.
> ② 행정청은 권한 행사의 기회가 있음에도 불구하고 장기간 권한을 행사하지 아니하여 국민이 그 권한이 행사되지 아니할 것으로 믿을 만한 정당한 사유가 있는 경우에는 그 권한을 행사해서는 아니 된다. 다만, 공익 또는 제3자의 이익을 현저히 해칠 우려가 있는 경우는 예외로 한다.

3. 판례

(1) 대법원
법적 안정성설의 입장이다. 과거에 신의칙설에 입각한 판시도 있다.

(2) 헌법재판소
신뢰보호원칙은 **법적 안정성을 내용으로 하는 법치국가원리로부터 도출**된다고 보는 입장이다.

03 신뢰보호원칙의 요건

1. 행정청의 선행조치가 있어야 한다.

(1) 선행조치의 종류 및 태양

1) 선행조치
선행조치에는 법령·행정규칙·행정처분·확약·행정지도 등 모든 국가작용이 포함되며, 명시적·적극적 언동에 국한되지 않고 묵시적·소극적 언동(위법상태를 장시간 묵인, 방치)이 포함된다. `19·18 소방, 08 지방9급 등` 또한 법률행위, 사실행위가 포함되고 권력적 행위와 비권력적 행위가 포함된다.

2) 행정행위
행정행위의 경우 적법행위, 위법행위인지 묻지 않는다. 즉, **위법한 행정행위도 선행조치가 될 수 있다.** 행정행위는 일단 발령되면 위법하더라도 권한 있는 기관(예 처분청, 행정법원 등)에 의해 취소되기 전까지 유효하게 통용되기 때문이다(행정행위의 공정력). 무효인 행정행위에 대한 신뢰는 인정되지 않는다. `15 지방7급`

(2) 공적인 견해표명
대법원은 선행조치를 공적인 견해표명에 한정시키는 입장이다. `09 국회속기등` 따라서 학설보다는 선행조치의 인정범위가 좁다. 다만, 판례가 명시적 표시 외에 묵시적 표시도 공적인 견해표명으로 인정한다는 점에서는 같다. 묵시적 견해표명이 인정되기 위해서는 단순한 누락·착오만으로는 부족하고 일정한 의사표시를 한 것으로 볼 수 있는 사정이 있어야 한다(대판 1995.2.3. 94누11750).

관련판례

◎ 공적인 견해표명 인정

❶ 묵시적인 견해표명이 공적인 견해표명으로 인정되기 위한 요건 `08 지방9급 등`

국세기본법 제18조 제3항에 규정된 비과세관행이 성립하려면, 상당한 기간에 걸쳐 과세를 하지 아니한 객관적 사실이 존재할 뿐만 아니라, 과세관청 자신이 그 사항에 관하여 과세할 수 있음을 알면서도 어떤 특별한 사정 때문에 과세하지 않는다는 의사가 있어야 하며, 위와 같은 공적 견해나 의사는 명시적 또는 묵시적으로 표시되어야 하지만 묵시적 표시가 있다고 하기 위하여는 단순한 과세 누락과는 달리 과세관청이 상당기간의 불과세 상태에 대하여 과세하지 않겠다는 의사표시를 한 것으로 볼 수 있는 사정이 있어야 한다(대판 2003.9.5. 2001두7855).

❷ 도시계획과장과 도시계획국장의 환매 약속을 믿고 토지를 협의매각한 토지소유자의 완충녹지지정 해제신청을 거부한 것은 신뢰보호원칙에 반한다. `12 국회8급`

시의 도시계획과장과 도시계획국장이 도시계획사업의 준공과 동시에 사업부지에 편입한 토지에 대한 완충녹지지정을 해제함과 아울러 당초의 토지소유자들에게 환매하겠다는 약속을 했음에도, 이를 믿고 토지를 협의매각한 토지소유자의 완충녹지지정 해제신청을 거부한 것은 행정상 신뢰보호의 원칙을 위반하거나 재량권을 일탈·남용한 위법한 처분이다(대판 2008.10.9. 2008두6127).

❸ 도시계획구역 내 생산녹지로 답인 토지에 대하여 종교회관 건립을 이용목적으로 하는 토지거래계약의 허가를 받으면서 담당공무원이 관련 법규상 허용된다 하여 이를 신뢰하고 건축준비를 하였으나 그 후 토지형질변경 허가신청을 불허가한 것은 신뢰보호원칙에 반한다(대판 1997.9.12. 96누18380). `13 국가9급, 08 지방7급 등`

❹ 대통령의 삼청교육 피해자에 대한 담화 발표 및 국방장관의 피해보상공고 등은 공적인 견해표명에 해당하므로 신뢰 상실에 따르는 손해배상책임은 인정된다(대판 2001.7.10. 98다38364).

❺ 폐기물처리업에 대하여 사전적정통보를 한 후 청소업자의 난립으로 효율적인 청소업무의 수행에 지장이 있다는 이유로 한 불허가처분은 신뢰보호원칙에 반한다. `17 국회8급, 11 국가9급`

* 폐기물처리업에 대한 적정통보와 부적정통보는 처분성이 인정된다.

폐기물처리업에 대하여 관할 관청의 사전 적정통보를 받고 막대한 비용을 들여 허가요건을 갖춘 다음 허가신청을 하였음에도 청소업자의 난립으로 효율적인 청소업무의 수행에 지장이 있다는 이유로 한 불허가처분은 신뢰보호의 원칙에 반하여 재량권을 남용한 위법한 처분이다(대판 1998.5.8. 98두4061).

> **비교판례**
> ① 폐기물처리업 사업계획에 대하여 적정통보를 한 것만으로 그 사업부지 토지에 대한 국토이용계획 변경신청을 승인하여 주겠다는 취지의 공적인 견해표명을 한 것으로 볼 수 없다(대판 2005.4.28. 2004두8828). `17 국회8급, 14 변호사, 11 국가9급`
> ② 폐기물처리업 사업계획에 대한 적정통보 중에 토지에 대한 형질변경신청을 허가하는 취지의 공적 견해표명이 있다고 볼 수 없다(대판 1998.9.25. 98두6494).

관련판례

◎ 공적인 견해표명 부정

① 단순한 과세 누락 또는 착오로 인한 장기간의 과세 누락은 국세행정의 관행으로 되었다고 할 수 없다.

구 국세기본법 소정의 비과세의 관행이 성립되었다고 하려면 장기간에 걸쳐 그 사항에 대하여 과세하지 아니하였다는 객관적 사실이 존재할 뿐 아니라 과세관청 자신이 그 사항에 대하여 과세할 수 있음을 알면서도 어떤 특별한 사정에 의하여 과세하지 않는다는 의사가 있고 이와 같은 의사가 명시적 또는 묵시적으로 표시되어야 할 것이므로 과세할 수 있는 어느 사항에 대하여 비록 장기간에 걸쳐 과세하지 아니한 상태가 계속되었다 하더라도 그것이 착오로 인한 것이라면 그와 같은 비과세는 일반적으로 납세자에게 받아들여진 국세행정의 관행으로 되었다 할 수 없다(대판 1985.3.12. 84누398).

② 과세관청의 의사표시가 일반론적인 견해표명에 불과한 경우에는 신뢰보호의 원칙을 적용할 수 없다(대판 2001.4.24. 2000두5203). 08 지방9급 등

③ 이익환수에 관한 법률에 정한 개발사업을 시행하기 전에 행정청이 민원예비심사에 대하여 관련 부서 의견으로 '저촉사항 없음'이라고 기재하였다고 하더라도, 이후의 개발부담금 부과처분에 관하여 신뢰보호의 원칙을 적용하기 위한 요건인 신뢰의 대상이 되는 공적인 견해표명을 한 것이라고는 보기 어렵다(대판 2006.6.9. 2004두46). 18 서울9급, 13·10 국가9급

④ 병무청 담당부서의 담당공무원에게 공적 견해의 표명을 구하는 정식의 서면질의 등을 하지 아니한 채 총무과 민원팀장에 불과한 공무원이 민원봉사차원에서 상담에 응하여 안내한 것을 신뢰한 경우, 신뢰보호원칙이 적용되지 아니한다(대판 2003.12.26. 2003두1875). 18 지방7급, 13 국가9급, 10 경북교행 등

⑤ 세무서장이 납세의무자의 면세사업자등록증을 검열하고 사업자등록증을 교부하거나 면세사업자로서 한 부가가치세 예정신고 및 확정신고를 받은 행위는 납세의무자에게 부가가치세를 과세하지 아니함을 시사하는 언동 또는 공적인 견해의 표명이 아니다(대판 2000.2.11. 98두2119). 18·13 국가9급

* 사업자등록의 직권말소는 처분이 아니다.

⑥ 문화관광부장관(현 문화체육관광부장관)의 지방자치단체장에 대한 회신은 사인의 신뢰이익을 보호하기 위한 공적 견해표명이 아니다(대판 2006.4.28. 2005두6539).

⑦ 재량준칙의 공표만으로 신청인이 보호가치 있는 신뢰를 갖게 되었다고 볼 수 없다(대판 2009.12.24. 2009두7967). 18 국가9급, 16·15 사복9급

⑧ 행정청이 지구단위계획을 수립하면서 그 권장용도를 판매·위락·숙박시설로 결정하여 고시한 행위를 해당 지구 내에서는 공익과 무관하게 언제든지 숙박시설에 대한 건축허가가 가능하리라는 공적 견해를 표명한 것이라고 평가할 수는 없다(대판 2005.11.25. 2004두6822).

⑨ 행정청이 환지확정되기 이전의 종전토지에 대하여 건축허가를 한 바 있지만 이것이 환지확정된 대지의 건축허가에 관한 공적인 견해표명을 한 것이라고 할 수 없다.

행정청이 환지확정되기 이전의 종전토지에 대하여, 건축허가를 한 바 있지만 이것이 환지확정된 대지의 건축허가에 관한 공적인 견해표명을 한 것이라고 할 수 없으며, 그 후 새로이 건축허가를 받을 수 있다고 신뢰한 원고에게 귀책사유가 없다고 할 수 없는 등의 이유로 신뢰보호의 요건이 갖추어졌다고 할 수 없다(대판 1992.5.26. 91누10091).

⑩ 헌법재판소의 위헌결정은 공적인 견해표명이라 할 수 없다. 14 국회8급, 10 경행특채 등

헌법재판소의 위헌결정에 관련된 개인의 행위에 대하여는 신뢰보호의 원칙이 적용되지 않는다(대판 2003.6.27. 2002두6965).

* 판결은 과거를 대상으로 하는 것이기 때문이다.

⑪ 경주시장이 도시계획인가처분을 하였다는 사정만으로는 고분발굴허가에 대한 공적인 견해표명을 하였다고 볼 수 없다(대판 2000.10.27. 99두264).

⑫ 조세법률관계에서 신의성실의 원칙이 적용되기 위한 과세관청의 공적인 견해표명은 해당 언동을 하게 된 경위와 그에 대한 납세자의 신뢰가능성에 비추어 실질에 의하여 판단하여야 하나, 납세자가 구 자유무역협정의 이행을 위한 관세법의 특례에 관한 법률 제10조에 따라 수입신고시 또는 그 사후에 협정관세 적용을 신청하여 세관장이 형식적 심사만으로 수리한 것을 두고 그에 대해 과세하지 않겠다는 공적인 견해표명이 있었다고 보기는 어렵다(대판 2019.2.14. 2017두63726).

(3) 공적 견해표명을 할 수 있는 행정청의 범위

대법원은 공적인 견해표명은 원칙적으로 일정한 책임 있는 지위에 있는 공무원에 의하여 이루어져야 한다고 판시하고 있다. 그러나 **표명기관을 판단할 때에는 행정조직상의 형식적인 권한분장에 구애될 것이 아니라 실질에 의하여야 한다.** 대법원은 과세관청이 아닌 보건복지부장관의 비과세 표명도 신뢰보호의 대상이 된다고 한다. `17 국회8급, 16 사복9급, 14 변호사`

관련판례

① 과세관청이 아닌 보건사회부장관(현 보건복지부장관)의 비과세 표명도 신뢰보호의 대상이 된다. `11 국가9급 등`
보건사회부장관이 '의료취약지 병원설립운영자 신청공고'를 하면서 국세 및 지방세를 비과세하겠다고 발표하였고, 그 후 내무부장관(현 행정안전부장관)이나 시·도지사가 도 또는 시·군에 대하여 지방세 감면조례 제정을 지시하여 그 조례에 대한 승인의 의사를 미리 표명하였다면, 보건사회부장관에 의하여 이루어진 위 비과세의 견해표명은 해당 과세관청의 그것과 마찬가지로 볼 여지가 충분하다고 할 것이고, 또한 납세자로서는 위와 같은 정부의 일정한 절차를 거친 공고에 대하여서는 보다 고도의 신뢰를 갖는 것이 일반적이다(대판 1996.1.23. 95누13746).

② 공적인 견해표명에 대한 입증책임은 납세자에게 있다(대판 1992.3.31. 91누9824). `06 국회8급`

2. 보호가치 있는 사인의 신뢰가 있어야 한다(관계인의 귀책사유가 없을 것).

(1) 귀책사유(고의 또는 과실)가 없을 것 `19 소방, 17 국회8급`

1) 귀책사유의 개념
관계인이 행정기관의 선행조치를 신뢰하여야 하고, 그 신뢰가 보호받을 가치가 있어야 한다. 그 신뢰가 보호할 만한 것인가에 대해 판례는 행정청의 견해표명이 정당하다고 신뢰한 데 대하여 그 개인에게 귀책사유가 없어야 한다고 한다.

2) 선행조치에 하자가 있는 경우
허위의 신청서, 사기·강박·고의·중과실 등에 의하여 선행조치가 이루어진 경우에는 보호가치 있는 신뢰가 아니다.

(2) 귀책사유의 태양 – 소극적인 행위도 포함
적극적인 사실은폐나 사위의 방법에 한하지 않고, 소극적으로 하자가 있음을 알았거나 중대한 과실로 알지 못한 경우도 신뢰이익을 원용할 수 없다(대판 2008.1.17. 2006두10931). `14 국가9급·변호사`

관련판례

❶ **동의를 모두 얻지 아니하였음에도 불구하고 이를 갖춘 양 허가신청을 하여 그 허가를 받아낸 것은 보호가치 있는 신뢰가 아니다.** 05 국회9급 등

충전소설치예정지로부터 100미터 내에 있는 건물주의 동의를 모두 얻지 아니하였음에도 불구하고 이를 갖춘 양 허가신청을 하여 그 허가를 받아낸 것으로서 처분의 하자가 당사자의 사실은폐 내지 사위의 방법에 의한 신청행위에 기인한 것이라 할 것이어서 그 처분에 의한 이익이 위법하게 취득되었음을 알아 그 취소가능성도 능히 예상하고 있었다고 보아야 할 것이므로 수익적 행정행위인 액화석유가스충전사업 허가처분의 취소에 위법이 없다(대판 1992.5.8. 91누13274).

❷ **집합건물인 사실을 은폐하고 구분소유자의 승낙서류를 첨부하지 아니한 채 옥외광고물표시 허가를 받았다가 취소당하였다면 신뢰이익을 원용할 수 없다**(대판 1996.10.25. 95누14190). 10 경행특채 등

❸ **시행규칙의 관계 규정이 실제 공포·시행되고 있는지 여부를 확인하지 않은 것은 귀책사유가 있다.** 06 국회8급

재정경제부(현 기획재정부)가 보도자료를 통해 '법인세법 시행규칙을 개정하여 법제처의 심의를 거쳐 6월 말경 공포·시행할 예정'이라고 밝힌 것만으로 위 시행규칙을 시기적으로 반드시 6월 말경까지 공포·시행하겠다는 내용의 공적 견해를 표명한 것으로 보기 어렵고, 부동산의 양도 이전에 위 시행규칙의 관계 규정이 실제 공포·시행되고 있는지 여부를 확인하지 않은 데 귀책사유가 있다(대판 2002.11.26. 2001두9103).

❹ 근로복지공단이 출장 중 교통사고로 사망한 갑의 아내 을에게 요양급여 등을 지급하였다가 갑의 음주운전 사실을 확인한 후 요양급여 등 지급결정을 취소하고 이미 지급된 보험급여를 부당이득금으로 징수하는 처분을 한 경우, 요양급여 등 지급결정은 취소해야 할 공익상의 필요가 중대하여 을 등 유족이 입을 불이익을 정당화할 만큼 강하지만, 이미 지급한 보험급여를 부당이득금으로 징수하는 처분은 공익상의 필요가 을 등이 입게 된 불이익을 정당화할 만큼 강한 경우에 해당하지 않는다(대판 2014.7.24. 2013두27159). 예상

❺ **당사자의 사실은폐나 기타 사위의 방법에 의한 신청행위가 제3자를 통하여 소극적으로 이루어진 경우에 보호가치 있는 신뢰는 아니다.**

생물학적 동등성 시험자료 일부가 조작되었음을 이유로 해당 의약품의 회수 및 폐기를 명한 사안에서 그 행정처분으로 제약회사가 입게 될 경제적 손실이라는 불이익과 생물학적 동등성이 사전에 제대로 확인되지 않은 의약품이 유통되어 국민건강이 침해될 수 있는 위험을 예방하기 위한 공익상의 필요를 단순 비교하기 어려운 점 등에 비추어 위 처분이 재량권을 일탈·남용하여 위법하다고 볼 수 없다(대판 2008.11.13. 2008두8628).

❻ 행정처분을 한 처분청은 처분의 성립에 하자가 있는 경우 별도의 법적 근거가 없더라도 직권으로 이를 취소할 수 있다고 봄이 원칙이므로, 국민연금법이 정한 수급요건을 갖추지 못하였음에도 연금지급결정이 이루어진 경우에는 이미 지급된 급여 부분에 대한 환수처분과 별도로 지급결정을 취소할 수 있다. 이 경우에도 이미 부여된 국민의 기득권을 침해하는 것이므로 취소권의 행사는 지급결정을 취소할 공익상의 필요보다 상대방이 받게 될 불이익 등이 막대한 경우에는 재량권의 한계를 일탈한 것으로서 위법하다고 보아야 한다. 다만, 이처럼 연금지급결정을 취소하는 처분과 그 처분에 기초하여 잘못 지급된 급여액에 해당하는 금액을 환수하는 처분이 적법한지를 판단하는 경우 비교·교량할 각 사정이 동일하다고는 할 수 없으므로, 연금지급결정을 취소하는 처분이 적법하다고 하여 환수처분도 반드시 적법하다고 판단하여야 하는 것은 아니다(대판 2017.3.30. 2015두43971).

◆ **판례해설**

결과적으로 그렇다면 원심판결 중 이 사건 취소처분이 적법하다고 판단한 부분은 정당하다고 할 것이나, 이 사건 환수처분도 적법하다고 판단한 이 부분에는 국민연금법 제57조 제1항 제3호의 적용과 관련된 신뢰보호원칙 등에 관한 법리를 오해한 나머지 필요한 심리를 다하지 아니함으로써 판결에 영향을 미친 잘못이 있다. 18 서울7급

> **기출 OX**
>
> 출생연월일 정정으로 특례노령연금 수급요건을 충족하지 못하게 된 자에 대하여 지급결정을 소급적으로 직권취소하고, 이미 지급된 급여를 환수하는 처분은 위법하다. (O. ×) 17 국가7급   ×

(3) 관계인의 범위

 관련판례

귀책사유의 유무는 상대방과 그로부터 신청행위를 위임받은 수임인 등 관계자 모두를 기준으로 판단하여야 한다.
18 지방7급, 17 국회8급, 15 사복9급, 11 국가9급 등

건축주와 그로부터 건축설계를 위임받은 건축사가 상세계획지침에 의한 건축한계선의 제한이 있다는 사실을 간과한 채 건축설계를 하고 이를 토대로 건축물의 신축 및 증축허가를 받은 경우, 그 신축 및 증축허가가 정당하다고 신뢰한 데에 귀책사유가 있다(대판 2002.11.8. 2001두1512).

(4) 국가에 의해 유인된 신뢰

법령 개정과 관련하여 구 법령에 대한 신뢰가 보호가치 있는 신뢰인지에 대하여 헌법재판소는 국가에 의해 유인된 신뢰라는 표현을 사용하여 법령에 따른 개인의 신뢰가 국가에 의하여 일정한 방향으로 유인된 것이라면 특별히 보호가치 있는 신뢰로서 개인에 대한 신뢰보호가 국가의 법률 개정이익에 우선된다고 볼 여지가 있다고 판시한다.

 관련판례

세무사자격 자동취득제도(국가에 의해 유인된 신뢰) 폐지 자체는 위헌이 아니지만 자동취득 폐지를 일부에게만 인정하는 것은 헌법에 합치되지 않는다. 【헌법불합치(잠정적용)】 14·13 변호사

기존 국세 관련 경력공무원 중 일부에게만 구법규정을 적용하여 세무사자격이 부여되도록 규정한 위 세무사법 부칙 제3항은 충분한 공익적 목적이 인정되지 아니함에도 청구인들의 기대가치 내지 신뢰이익을 과도하게 침해한 것으로서 헌법에 위반된다(헌재 2001.9.27. 2000헌마52).

(5) 위헌인 법률에 대한 신뢰

헌법재판소는 위헌인 법률에 대한 신뢰도 유효한 신뢰의 근거로 작용할 수 있음을 인정한다.

 관련판례

위헌법률이 당연히 무효인 것이 아니라 헌법재판소에 의한 위헌확인시까지는 유효한 신뢰의 근거로 작용할 수 있다.

이러한 신뢰이익은 위헌적 법률의 존속에 관한 것에 불과하여 위헌적인 상태를 제거해야 할 법치국가적 공익과 비교형량해 보면 공익이 신뢰이익에 대하여 원칙적인 우위를 차지하기 때문에 합헌적인 법률에 기초한 신뢰이익과 동일한 정도의 보호, 즉 '헌법에서 유래하는 국가의 보호의무'까지는 요청할 수는 없다. 즉, 미임용자들이 위헌적 법률에 기초한 신뢰이익이 보호되지 않는다는 이유를 들어 교육공무원의 공개전형을 통한 선발을 규정한 현행 교육공무원법을 위헌이라고 하거나, 위헌적 법률에 기초한 신뢰이익을 보장하기 위한 법률을 제정하지 않은 부작위를 위헌이라고 주장할 수는 없는 것이다(헌재 2006.3.30. 2005헌마598).

3. 신뢰에 기초한 상대방의 조치

(1) 상대방의 조치가 있어야 한다.
신뢰보호는 행정기관의 조치를 신뢰하여 상대방이 일정한 행위(예 투자·건축개시 등)를 한 경우에만 인정된다. 09 국회8급 따라서 **아무런 행위가 없는 경우에 정신적 신뢰를 이유로 신뢰보호를 주장할 수는 없다.**

(2) 범위
상대방의 조치는 적극적 행위뿐만 아니라 소극적·묵시적인 경우도 포함된다.

4. 인과관계
행정기관의 조치와 상대방의 행위 사이에는 인과관계가 존재하여야 한다. 인과관계는 일반인을 기준으로 상당인과관계가 있는 경우에 인정된다. 따라서 선행조치와 무관한 우연에 의한 행위는 제외된다. 04 전북9급

5. 선행조치에 반하는 후행처분의 존재
신뢰보호의 성립요건이 아니라 적용요건으로 보는 견해도 있으나, 선행조치에 반하는 행정기관의 처분 등이 있어야 비로소 상대방의 신뢰를 배반하기 때문에 성립요건으로 봄이 타당하다.

6. 공익과 제3자 이익의 보호
신뢰보호원칙을 적용하는 것이 공익 또는 제3자의 이익을 현저히 해하지 않아야 한다(대판 2001.9.28. 2000두8684). 12·09 국회8급 등

04 신뢰보호의 한계

1. 행정의 법률적합성과 신뢰보호원칙의 충돌

(1) 문제점
신뢰보호원칙이 행정의 법률적합성의 원칙과 충돌하는 경우 양 원칙의 관계를 어떻게 볼 것인지가 문제된다.

(2) 양자동위설(이익형량설) 21 국가9급, 16 사복9급
행정의 법률적합성원칙과 법적 안정성원리는 동가치적인 것이므로, 양자는 동위적인 관계에 있다고 보는 견해이다. 따라서 적법상태의 실현에 의하여 달성되는 공익과 개인의 신뢰보호라는 사익을 구체적으로 비교형량해서 해결하는 견해이다(통설·판례).

> **관련판례**
>
> 육군참모총장이 명예전역수당을 지급받은 갑에 대하여 명예전역수당 지급대상자결정 당시 감사원에서 비위조사를 받고 있었다는 이유로 명예전역수당 환수처분을 한 사안에서, 명예전역수당을 환수하여 명예전역대상자 선발의 공정성과 형평성을 확보해야 할 공익상 필요가 갑이 입을 기득권과 신뢰 침해 등 불이익을 정당화할 만큼 강한 경우에 해당한다고 보기 어려워 처분이 위법하다(대판 2015.5.14. 2014두43196).

2. 사정변경과 법령 개정

(1) 사정변경

신뢰보호원칙이 절대적인 것은 아니므로 처분시의 사정이 변경되면 신뢰보호원칙은 제한될 수 있다.

관련판례

확약 또는 공적인 의사표명이 있은 후에 사실적·법률적 상태가 변경되었다면, 그와 같은 확약 또는 공적인 의사표명은 행정청의 별다른 의사표시를 기다리지 않고 실효된다. 21·18 국가9급, 17·12 국회8급

행정청이 상대방에게 장차 어떤 처분을 하겠다고 확약 또는 공적인 의사표명을 하였다고 하더라도 그 자체에서 상대방으로 하여금 언제까지 처분의 발령을 신청을 하도록 유효기간을 두었는데도 그 기간 내에 상대방의 신청이 없었다거나 확약 또는 공적인 의사표명이 있은 후에 사실적·법률적 상태가 변경되었다면 그와 같은 확약 또는 공적인 의사표명은 행정청의 별다른 의사표시를 기다리지 않고 실효된다(대판 1996.8.20. 95누10877).

(2) 법령 개정

신뢰보호원칙의 적용은 공익과 사익을 비교형량하여 판단한다는 것이 판례의 입장이다.

관련판례

 건축허가신청에 대하여 개정 후 조례를 적용하는 것은 신뢰보호원칙에 반하지 않는다. 18 지방9급

건축허가기준에 관한 개정 전 조례조항의 존속에 대한 국민의 신뢰가 자연녹지지역 안에서의 난개발 억제라는 개정 후 조례조항이 추구하는 공익보다 더 보호가치가 있는 것이라고 할 수 없으므로 건축허가신청에 대하여 개정 후 조례를 적용하는 것은 신뢰보호원칙에 반하지 않는다(대판 2007.11.16. 2005두8092).

❷ 변리사 제1차시험을 절대평가제에서 상대평가제로 환원하는 내용의 변리사법 시행령 개정조항을 즉시 시행하도록 정한 부칙 부분은 헌법상 신뢰보호의 원칙에 비추어 허용될 수 없으므로 헌법에 위반되어 무효이다(대판 2006.11.16. 2003두12899 전원합의체).

* 손해배상은 인정되지 않는다.

(3) 무효인 견해표명

공적인 견해표명이 무효인 경우에는 신뢰보호가 인정되지 않는다. 04 국회8급 등

관련판례

 임용 당시 공무원 임용결격사유가 있었다면 비록 국가의 과실에 의하여 임용결격자임을 밝혀내지 못하였다 하더라도 그 임용행위는 당연무효로 보아야 한다. 16 국가9급

국가가 공무원 임용결격사유가 있는 자에 대하여 결격사유가 있는 것을 알지 못하고 공무원으로 임용하였다가 사후에 결격사유가 있는 자임을 발견하고 공무원 임용행위를 취소하는 것은 당사자에게 원래의 임용행위가 당초부터 당연무효이었음을 통지하여 확인시켜 주는 행위에 지나지 아니하는 것이므로 그러한 의미에서 당초의 임용처분을 취소함에 있어서는 신의칙 내지 신뢰의 원칙을 적용할 수 없고 또 그러한 의미의 취소권은 시효로 소멸하는 것도 아니다(대판 1987.4.14. 86누459).

❷ **석사학위과정에 입학할 수 없는 자가 취득한 학위는 당연무효이다.**

대학원 석사학위과정에 입학할 수 있는 자격을 갖추지 못한 자는 학칙이 정하는 과정을 이수하여 석사학위를 수여받았다고 하더라도 이는 당연무효이고, 이와 같은 당연무효의 행위를 학교법인이 취소하는 것은 석사학위수여의 행위가 처음부터 무효이었음을 당사자에게 통지하여 확인시켜 주는 것에 지나지 않으므로 여기에 신의칙 내지 신뢰의 원칙을 적용할 수 없다(대판 2007.7.27. 2005다22671).

❸ **법인세액 감면에 경과규정을 두지 않은 것은 신뢰보호원칙에 위배되지 않는다.** 11 국회8급

한시적 법인세액 감면제도를 시행하다가 2001. 12. 29. 법률 제6538호로 개정된 조세특례제한법 제2조 제3항을 신설하면서 법인세액 감면대상이 되지 않는 업종으로 변경된 기업에 대하여 아무런 경과규정을 두지 않은 경우, 위 규정은 헌법상의 평등의 원칙, 재산권의 보장, 과잉금지의 원칙, 신뢰보호의 원칙 등에 위배되지 않는다 (대판 2009.9.10. 2008두9324).

05 신뢰보호의 구체적 적용 사례

1. 수익적 행정행위의 취소·철회 제한

수익적 행정행위의 취소와 철회는 일반적으로 인정되지만, 상대방의 신뢰보호를 위하여 이익형량으로 결정한다.

2. 행정계획 변경

사인의 신뢰보호라는 관점에서 계획보장청구권 인정 여부가 문제되나, 부정적 견해가 통설이다.

관련판례

❶ **정구장을 청소년 수련시설로 대체한다는 도시계획 변경결정은 공적인 견해표명이 아니다.** 19 지방7급, 12 지방7급

당초 정구장 시설을 설치한다는 도시계획결정을 하였다가 정구장 대신 청소년 수련시설을 설치한다는 도시계획 변경결정 및 지적승인을 한 경우 당초의 도시계획결정만으로는 도시계획사업의 시행자 지정을 받게 된다는 공적인 견해를 표명하였다고 할 수 없다는 이유로 그 후의 도시계획 변경결정 및 지적승인이 도시계획사업의 시행자로 지정받을 것을 예상하고 정구장 설계 비용 등을 지출한 자의 신뢰이익을 침해한 것으로 볼 수 없다(대판 2000.11.10. 2000두727).

❷ 행정청이 용도지역을 자연녹지지역으로 지정결정하였다가 그보다 규제가 엄한 보전녹지지역으로 지정결정하는 내용으로 도시계획을 변경한 경우, 신뢰보호의 원칙이 적용되지 않는다(대판 2005.3.10. 2002두5474).

3. 사실상 공무원이론

― 개념: 공무원 결격사유인 자가 공무원으로 임용된 경우
― 임용: 무효
― 사실상 공무원이 한 일: 유효

법적으로 공무원이 아닌 자의 행위라 하더라도 국민이 공무원이라고 믿을 만한 외관을 갖추고 있는 경우에 상대방의 신뢰를 보호하기 위하여 유효한 행위로 보는 이론을 말한다.

관련판례

임용 당시 구 군인사법 제10조 제2항 제5호에 따른 임용결격사유가 있는데도 장교·준사관 또는 하사관으로 임용된 경우, 임용행위는 당연무효이다.

[1] 과거 소년이었을 때 죄를 범하여 형의 집행유예를 선고받은 사람이 장교·준사관 또는 하사관으로 임용된 경우, 그 임용은 유효하다. ⓢ 예상

구 소년법은 20세 미만인 자를 대상으로 하여(제2조), 소년으로 범한 죄에 의하여 형의 선고를 받은 자가 집행을 종료하거나 집행의 면제를 받은 때에는 자격에 관한 법령의 적용에서는 장래에 향하여 형의 선고를 받지 않은 것으로 본다고 정하고 있었다. 그런데 집행유예를 선고받은 경우에 대해서는 이와 같은 특례조항을 두지 않은 것이 평등원칙에 위반된다는 이유로 헌법불합치결정을 하였다. 2018. 9. 18. 법률 제15757호로 개정된 소년법(이하 '소년법'이라 함)은 제67조 제1항 제2호로 "소년이었을 때 범한 죄에 의하여 형의 선고유예나 집행유예를 선고받은 경우, 자격에 관한 법령을 적용할 때 장래에 향하여 형의 선고를 받지 않은 것으로 본다."라는 규정을 신설하였다. 아울러 소년법 부칙(2018. 9. 18.) 제2조는 "제67조의 개정규정은 이 법 시행 전 소년이었을 때 범한 죄에 의하여 형의 집행유예나 선고유예를 받은 사람에게도 적용한다."라고 정하여 개정된 소년법 제67조 제1항 제2호를 소급하여 적용하도록 하고 있다. 따라서 과거 소년이었을 때 죄를 범하여 형의 집행유예를 선고받은 사람이 장교·준사관 또는 하사관으로 임용된 경우에는, 구 군인사법 제10조 제2항 제5호에도 불구하고 소년법 제67조 제1항 제2호와 부칙 제2조에 따라 그 임용이 유효하게 된다.

[2] 소년법이 소년이었을 때 범한 죄로 형의 집행유예를 선고받은 경우 자격에 관한 법률을 적용할 때 장래에 향하여 선고를 받지 않은 것으로 보는 취지

소년법 제67조에서 정하고 있는 '소년이었을 때 범한 죄'인지는 실제 생년월일을 기준으로 판단하여야 한다. 형의 집행유예 등 선고 이후에 가족관계등록부의 출생연월일이 실제 생년월일에 따라 정정된 경우, 정정된 출생연월일을 기준으로 소년이었을 때 범한 죄인지를 판단하여야 한다(대판 2019.2.14. 2017두62587).

4. 실권(실효)의 법리

 관련조문

행정기본법 제12조(신뢰보호의 원칙) ② 행정청은 권한 행사의 기회가 있음에도 불구하고 장기간 권한을 행사하지 아니하여 국민이 그 권한이 행사되지 아니할 것으로 믿을 만한 정당한 사유가 있는 경우에는 그 권한을 행사해서는 아니 된다. 다만, 공익 또는 제3자의 이익을 현저히 해칠 우려가 있는 경우는 예외로 한다.

(1) 개념

실권의 법리란 행정청이 취소권·철회권 등의 권리를 행사할 수 있는 기회가 있음에도 불구하고 장기간에 걸쳐 그 권리를 행사하지 않을 때 상대방이 더 이상 그 권리를 행사하지 않을 것으로 신뢰한 정당한 이유가 있는 경우에는 그 권리를 행사할 수 없다는 원리를 말한다.

(2) 요건

1) 행정청의 권한 행사가능성

행정청이 취소나 무효사유를 알아서 권리행사가 가능했어야 한다.

2) 장기간 위법상태 방치

권리행사가 가능함에도 장기간 위법상태를 방치하였어야 한다.

3) 특별한 사정 및 정당한 사유

특별한 사정에 의해 상대방이 행정기관의 권한 불행사를 신뢰하였어야 하고, 그에 대한 정당한 사유가 있어야 한다.

(3) 효과

실권의 법리에 해당하면 행정청이 가지고 있던 권한은 더 이상 행사할 수 없다.

* 국가작용 ┌ 권력작용: 부대등
          └ 비권력작용 ┌ 관리관계 (대등)
                      └ 국고관계

 관련판례

실권 또는 실효의 법리는 법의 일반원리인 신의성실의 원칙에 바탕을 둔 파생원칙인 것이므로 공법관계 가운데 관리관계는 물론이고 권력관계에도 적용된다. 15 사복9급, 14 국가9급 등

실권 또는 실효의 법리는 법의 일반원리인 신의성실의 원칙에 바탕을 둔 파생원칙인 것이므로 공법관계 가운데 관리관계는 물론이고 권력관계에도 적용되어야 함을 배제할 수는 없다하겠으나 그것은 본래 권리 행사의 기회가 있음에도 불구하고 권리자가 장기간에 걸쳐 그의 권리를 행사하지 아니하였기 때문에 의무인 상대방은 이미 그의 권리를 행사하지 아니할 것으로 믿을 만한 정당한 사유가 있게 되거나 행사하지 아니할 것으로 추인케 할 경우에 새삼스럽게 그 권리를 행사하는 것이 신의성실의 원칙에 반하는 결과가 될 때 그 권리행사를 허용하지 않는 것을 의미한다(대판 1988.4.27. 87누915).

 관련판례

◎ 실권의 법리 및 신뢰보호원칙 위반 사례

택시운전사가 운전면허 정지기간 중에 운전행위를 하다가 적발되어 행정청으로부터 아무런 행정조치가 없다가 3년여가 지난 후에 이를 이유로 행정제재를 하면서 가장 무거운 운전면허를 취소한 것은 신뢰보호원칙에 위반된다(대판 1987.9.8. 87누373). 06 전북9급 등

 관련판례

◎ 실권의 법리 및 신뢰보호원칙에 위반이 아닌 사례

❶ 행정서사업무허가를 한 지 20년이 다 되어 허가를 취소하였더라도 그 취소사유를 행정청이 모르는 상태에 있다가 취소처분이 있기 직전에 알았다면 실권의 법리가 적용되지 않으며 그 취소는 적법하다(대판 1988.4.27. 87누915). 19 지방9급

❷ 자동차운수사업법 소정의 '중대한 교통사고'를 이유로 사고로부터 1년 10개월 후 사고택시에 대하여 한 운송사업면허의 취소는 재량권 일탈이 아니다. 13 국가9급, 10 경행특채 등

택시운송사업자로서는 자동차운수사업법의 내용을 잘 알고 있어 교통사고를 낸 택시에 대하여 운송사업면허가 취소될 가능성을 예상할 수도 있었을 터이니, 자신이 별다른 행정조치가 없을 것으로 믿고 있었다 하여 바로 신뢰의 이익을 주장할 수는 없으므로 그 교통사고가 자동차운수사업법 제31조 제1항 제5호 소정의 '중대한 교통사고로 인하여 많은 사상자를 발생하게 한 때'에 해당한다면, 그 운송사업면허의 취소가 행정에 대한 국민의 신뢰를 저버리고 국민의 법생활의 안정을 해치는 것이어서 재량권의 범위를 일탈한 것이라고 보기는 어렵다(대판 1989.6.27. 88누6283).

06 신뢰보호원칙 위반의 효과

1. 신뢰보호를 위반한 행정행위의 효력

신뢰보호원칙은 헌법적 효력을 가지는 원칙이기 때문에, 행정처분이 이에 위반하는 경우에는 위헌·위법한 것이 된다. 효력의 정도는 행정행위인 경우에는 정도에 따라 무효 또는 취소가 된다. 공법상 계약이나 행정입법의 경우에는 무효가 된다. 20 소방

2. 재산상 피해가 발생한 경우

재산상 피해가 발생한다면 경우에 따라서 손해배상 또는 손실보상청구도 가능하다.

제3절 평등원칙과 행정의 자기구속의 원칙

> **관련조문**
>
> **행정기본법 제9조(평등의 원칙)** 행정청은 합리적 이유 없이 국민을 차별해서는 아니 된다.

01 평등원칙

1. 의의

(1) 개념

평등원칙이란 합리적 이유가 없는 한 행정행위의 상대방을 차별 없이 평등하게 대우하여야 한다는 원칙을 말한다. 따라서 합리적 이유가 있는 차별은 평등원칙 위반이 아니다. 자의금지의 원칙이라고도 하며, 평등원칙은 헌법적 원칙이다.

(2) 기능

1) 재량권 행사의 한계 설정 10 지방9급 등

평등원칙은 행정법 영역에서 재량권 행사의 한계를 설정하는 기능을 수행한다.

2) 전환규범의 기능

평등원칙은 법규가 아닌 **행정규칙이 평등원칙을 매개로 법규 내지 준법규로 전환되는 기능을 한다**(간접적 위법). 15 경행특채 따라서 행정규칙 위반의 경우에도 평등원칙 위반이 있으면 행정소송을 제기할 수 있다.

* 행정규칙은 행정부 내부에만 적용되는 것으로 이를 위반하면 원칙적으로 부당의 문제만 발생하고 위법의 문제는 발생하지 않는다. 따라서 행정규칙 위반에 대해서는 소송을 제기하지 못하는 것이 원칙이다. 그러나 평등원칙을 매개로 간접적인 위법의 문제가 발생하면 이때는 소송이 가능하다. 15 경행특채

(3) 자기구속의 원칙과의 관계

평등원칙은 헌법상의 원칙이고, 자기구속의 원칙은 평등원칙이 행정법상으로 구현된 원칙이라고 보는 것이 일반적이다. 06 국회8급 등

> **관련판례**
>
> 어느 특정한 장애가 장애인복지법 시행령 제2조 제1항 [별표 1]에 명시적으로 규정되어 있지 않다고 하더라도, 그 장애를 가진 사람이 장애인복지법 제2조에서 정한 장애인에 해당함이 분명할 뿐 아니라, 모법과 위 시행령 조항의 내용과 체계에 비추어 볼 때 위 시행령 조항이 그 장애를 장애인복지법 적용대상에서 배제하려는 전제에 서 있다고 새길 수 없고 단순한 행정입법의 미비가 있을 뿐이라고 보이는 경우에는, 행정청은 그 장애가 시행령에 규정되어 있지 않다는 이유만으로 장애인등록신청을 거부할 수 없다. 이 경우 행정청으로서는 위 시행령 조항 중 해당 장애와 가장 유사한 장애의 유형에 관한 규정을 찾아 유추적용함으로써 위 시행령 조항을 최대한 모법의 취지와 평등원칙에 부합하도록 운용하여야 한다(대판 2019.10.31, 2016두50907).

2. 근거

(1) 헌법적 근거

평등원칙은 헌법 제11조에 명시적으로 규정된 원칙이다. 다만, 헌법 제11조는 법 앞의 평등을 규정하고 있고, 공역무에 있어서 평등원칙의 근거에 대해서는 직접 규정하고 있지 않다.

(2) 불문법원리설(다수설)

행정법에 있어서 평등의 원칙은 헌법 제11조의 기본이념으로부터 도출되는 불문법원리라고 보는 것이 다수설이다. 다만, 불문법원리라 하더라도 헌법적 효력을 갖는 점은 동일하다. 18 소방, 08 관세사 등

3. 효력

평등원칙은 헌법적 원칙이므로 이에 위배되는 행위는 위법인 동시에 위헌이다.

> **관련판례**
>
> ◎ 평등원칙 위반 사례
>
> ❶ 동일한 징계사유에 해당하는 수인 중 1명에게만 파면처분한 것은 평등원칙에 위반된다. 99 검찰9급
>
> 원고와 함께 화투놀이를 한 3명(지방공무원)은 부산시 소청심사위원회에서 견책에 처하기로 의결된 사실이 인정되는 점 등 제반사정을 고려하면, 피고가 원고에 대한 징계처분으로 파면을 택한 것은 당직근무대기자의 실정이나 공평의 원칙상 그 재량의 범위를 벗어난 위법한 것이다(대판 1972.12.26, 72누194).
>
> > **비교판례**
> >
> > 학습지 채택료를 수수하고 담당경찰관에게 수사무마비를 전달하려고 한 비위를 저지른 사립중학교 교사들 중 잘못을 시인한 교사들은 정직 또는 감봉에, 잘못을 시인하지 아니한 교사들은 파면에 처한 것은 그 직무의 특성 등에 비추어 재량권의 범위를 일탈·남용한 것이 아니다(대판 1999.8.20, 99두2611).
>
> ❷ 국가유공자와 그 가족에 대해 만점의 10%를 가산하는 것은 평등권을 침해한다.
>
> 국·공립학교의 채용시험에 국가유공자와 그 가족이 응시하는 경우 만점의 10%를 가산하도록 규정하고 있는 국가유공자 등 예우 및 지원에 관한 법률은 평등권과 공무담임권을 침해한다(헌재 2006.2.23, 2004헌마675).

❸ 제대군인에게 공무원시험에서 과목별 3% 또는 5%의 가산점을 부여하는 것은 평등원칙에 위반된다(헌재 1999.12.23. 98헌마363).

❹ 지방의회의 조사·감사를 위해 채택된 증인의 불출석 등에 대한 과태료를 직급에 따라 차등 부과할 것을 규정한 조례는 평등원칙에 위배되어 무효이다(대판 1997.2.25. 96추213). 16 서울9급

❺ 청원경찰의 인원 감축시 학력을 기준으로 한 것은 평등원칙 위반이지만, 당연무효는 아니다. 08 국가9급

행정안전부의 지방조직 개편지침의 일환으로 청원경찰의 인원 감축을 위한 면직처분대상자를 선정함에 있어서 초등학교 졸업 이하 학력소지자 집단과 중학교 중퇴 이상 학력소지자 집단으로 나누어 각 집단별로 같은 감원비율 상당의 인원을 선정한 것은 합리성과 공정성을 결여하고, 평등의 원칙에 위배하여 그 하자가 중대하다 할 것이나, 그렇게 한 이유가 시험문제 출제 수준이 중학교 학력 수준이어서 초등학교 졸업 이하 학력소지자에게 상대적으로 불리할 것이라는 판단 아래 이를 보완하기 위한 것이었으므로 그 하자가 객관적으로 명백하다고 보기는 어렵다(대판 2002.2.8. 2000두4057).

❻ 폐기물부담금 산출기준을 수입가만을 기준으로 한 것은 평등원칙 위반이고 무효이다.

구 자원의 절약과 재활용촉진에 관한 법률 시행령에서 플라스틱 제품의 수입업자가 부담하는 폐기물부담금의 산출기준을 아무런 제한 없이 그 수입가만을 기준으로 한 것은 합성수지 투입량을 기준으로 한 제조업자에 비하여 과도하게 차등을 둔 것으로서 합리적 이유 없는 차별에 해당하므로 위 조항 중 '수입의 경우 수입가의 0.7%' 부분은 헌법상 평등원칙을 위반한 입법으로서 무효이다(대판 2008.11.20. 2007두8287 전원합의체).

❼ 국·공립사범대학 출신자를 교육공무원으로 우선 채용하는 것은 평등원칙 위반이다(헌재 1990.10.8. 89헌마89).

❽ 국유잡종재산(현 일반재산)에 대해서 시효취득을 인정하지 않는 것은 평등원칙 위반이다.

국유잡종재산은 사경제적 거래의 대상으로서 사적 자치의 원칙이 지배되고 있으므로 시효제도의 적용에 있어서도 동일하게 보아야 하고, 국유잡종재산에 대한 시효취득을 부인하는 규정은 합리적 근거 없이 국가만을 우대하는 불평등한 규정으로서 헌법상의 평등의 원칙과 사유재산권 보장의 이념 및 과잉금지의 원칙에 반한다(헌재 1991.5.13. 89헌가97).

* 시효취득 인정 여부: 행정재산(예 시청건물) × 보존재산(예 문화재) × 일반(잡종)재산(예 빈땅) ○

❾ 기초의회의원선거 후보자에 대해서 정당표방을 금지하는 것은 평등원칙에 위배된다. 09 서울승진

기초의회의원선거 후보자로 하여금 특정 정당으로부터의 지지 또는 추천 받음을 표방할 수 없도록 한 공직선거 및 선거부정방지법 규정은 다른 지방선거 후보자와는 달리 기초의회의원선거의 후보자에 대해서만 정당표방을 금지한 것으로서 평등원칙에 위배된다(헌재 2003.1.30. 2001헌가4).

❿ 우체국 보험에 대해서만 전액에 대하여 압류를 금지하는 것은 평등원칙에 위반된다.

우체국예금·보험에 관한 법률 제45조 중 '압류' 부분은 우체국 보험금 및 환급금청구채권 전액에 대하여 무조건 압류를 금지함으로써 우체국 보험 가입자의 채권자를 일반 인보험 가입자의 채권자에 비하여 불합리하게 차별 취급하여 평등원칙에 위반된다(헌재 2008.5.29. 2006헌바5).

⓫ 공매에서 계약보증금을 국고에 귀속시키는 것은 평등원칙에 위반된다.

국세징수법상 공매절차에서 매각결정을 받은 매수인이 기한 내에 대금납부의무를 이행하지 아니하여 매각결정이 취소되는 경우 그가 납부한 계약보증금을 국고에 귀속하도록 규정한 국세징수법 제78조 제2항 후문은 민사집행법상 경매절차에서의 매수신청보증금을 국고에 귀속하지 않고 배당재원에 포함시키는 것과 비교하여 국세징수절차상 체납자 및 담보권자를 민사집행절차상 집행채무자 및 담보권자에 대하여 합리적 이유 없이 차별함으로써 평등원칙에 위반된다(헌재 2009.4.30. 2007헌가8).

⓬ 국가공무원 임용결격사유에 해당하여 공중보건의사 편입이 취소된 사람을 현역병으로 입영하게 하거나 공익근무요원으로 소집함에 있어 의무복무기간에 기왕의 복무기간을 전혀 반영하지 아니하는(1년 이상은 반영하는데 1년 미만의 기간은 반영하지 않음) 구 병역법 규정은 평등원칙에 위반된다(헌재 2010.7.29. 2008헌가28).

⑬ **중혼의 취소청구권자에 직계비속을 제외한 것은 평등원칙에 위반된다.**

중혼의 취소청구권자를 직계존속과 4촌 이내의 방계혈족을 규정하면서도 직계비속을 제외하였는바, 직계비속을 제외하면서 직계존속만을 취소청구권자로 규정한 것은 가부장적·종법적인 사고에 바탕을 두고 있고, … 합리적인 이유 없이 직계비속을 차별하고 있어 평등원칙에 위반된다(헌재 2010.7.29. 2009헌가8).

⑭ **사업주나 사용자가 근로자를 합리적인 이유 없이 성별을 이유로 부당하게 차별대우를 하도록 정한 규정은 규정의 형식을 불문하고 강행규정인 남녀고용평등과 일·가정 양립 지원에 관한 법률과 근로기준법에 위반되어 무효이다.**

[1] 남녀고용평등과 일·가정 양립 지원에 관한 법률 제11조 제1항, 근로기준법 제6조에서 말하는 '남녀의 차별'은 합리적인 이유 없이 남성 또는 여성이라는 이유만으로 부당하게 차별대우하는 것을 의미한다.

[2] 국가나 국가기관 또는 국가조직의 일부는 기본권의 수범자로서 국민의 기본권을 보호하고 실현해야 할 책임과 의무를 지니고 있는 점, 공무원도 임금을 목적으로 근로를 제공하는 근로기준법상의 근로자인 점 등을 고려하면, 공무원 관련 법률에 특별한 규정이 없는 한, 고용관계에서 양성평등을 규정한 남녀고용평등과 일·가정 양립 지원에 관한 법률 제11조 제1항과 근로기준법 제6조는 국가기관과 공무원 간의 공법상 근무관계에도 적용된다(대판 2019.10.31. 2013두20011).

⑮ 갑이 국립대학인 을 대학과 시간강사를 전업과 비전업으로 구분하여 시간당 강의료를 차등지급하는 내용의 근로계약을 체결하고 자신이 전업강사에 해당한다고 고지함에 따라 전업 시간강사 단가를 기준으로 3월분 강의료를 지급받았는데, 국민연금공단으로부터 '갑이 부동산임대사업자로서 별도의 수입이 있는 사람에 해당한다'는 사실을 통보받은 을 대학 총장이 이미 지급한 3월분 강사료 중 비전업 시간강사료와의 차액 반환을 통보하고, 4월분과 5월분의 비전업 시간강사료를 지급한(이하 차액 반환통보 및 감액지급을 '각 처분'이라 함) 사안에서, 근로계약서상의 전업·비전업기준이 국립대학교인 을 대학교에 전속되어 일하여야 한다는 것인지, 출강은 어느 대학이든 자유로 할 수 있으나 시간강사 외의 일은 하지 않아야 한다는 것인지, 강사료 외에는 다른 소득이 없어야 한다는 것인지 분명하지 않고, 이를 어떻게 이해하더라도 시간제 근로자인 시간강사에 대하여 근로제공에 대한 대가로서 기본급 성격의 임금인 강사료를 근로의 내용과 무관한 사정에 따라 차등을 두는 것은 합리적이지 않은 점, 시간강사에 대한 열악한 처우를 개선할 의도로 강사료 단가를 인상하고자 하였으나 예산 사정으로 부득이 전업 여부에 따라 강사료 단가에 차등을 둔 것이라는 사용자 측의 재정상황은 시간제 근로자인 시간강사의 근로 내용과는 무관한 것으로서 동일한 가치의 노동을 차별적으로 처우하는 데 대한 합리적인 이유가 될 수 없는 점 등을 종합하면, 위 각 처분은 위법함에도 을 대학 총장이 시간강사를 전업과 비전업으로 구분하여 시간당 강의료를 차등지급하는 것이 부당한 차별적 대우에 해당하지 않는다고 본 원심판단에 헌법 제11조 제1항, 근로기준법 제6조, 남녀고용평등과 일·가정 양립 지원에 관한 법률 제8조 등의 해석에 관한 법리를 오해한 잘못이 있다(대판 2019.3.14. 2015두46321).

관련판례

◎ **평등원칙 위반이 아닌 사례**

❶ **유예기간 없이 개인택시운송사업면허 기준을 변경하고 그에 기하여 한 행정청의 면허신청 접수거부처분은 형평의 원칙에 반하지 아니한다.** 09 서울승진

매년 그 때의 상황에 따라 적절히 면허 숫자를 조절해야 할 필요성이 있는 개인택시 면허제도의 성격상 그 자격요건이나 우선순위의 요건을 일정한 범위 내에서 강화하고 그 요건을 변경함에 있어 유예기간을 두지 아니하였다 하더라도 그러한 점만으로는 행정청의 면허신청 접수거부처분이 신뢰보호의 원칙이나 형평의 원칙, 재량권의 남용에 해당하지 아니한다(대판 1996.7.30. 95누12897).

❷ 전화교환직렬 직원만은 정년을 53세로 규정한 것은 평등원칙 위반이 아니다.

한국전기통신공사의 일반직 직원의 정년을 58세로 규정하면서 전화교환직렬 직원만은 정년을 53세로 규정하여 5년간의 정년차등을 둔 것이 사회통념상 합리성이 있다(대판 1996.8.23. 94누13589).

❸ 사후양자를 유족의 범위에서 제외하는 것은 평등이나 형평의 원칙에 위반되지 아니한다.

구 국가유공자 예우 등에 관한 법률에서 사후양자를 유족의 범위에서 제외하고 이미 등록된 사후양자만을 유족으로 인정한 것은 평등이나 형평의 원칙에 위반되지 아니한다(대판 2007.5.31. 2004두8521).

❹ 다양한 지하수 사용자 중에서 특별히 먹는 샘물 제조업자에 대해서만 수질개선부담금을 부과하는 것은 평등원칙에 위배되지 않는다.

특히 먹는 샘물을 선택할 경제적 능력이 부족한 저소득층 국민들로 하여금 질 낮은 수돗물을 마시게 하는 결과를 초래하게 되는 점 등 여러 가지 사정을 종합적으로 고려할 때 합리적 이유가 있다고 할 것이어서 평등원칙에 위배되지 아니한다(헌재 1998.12.24. 98헌가1).

❺ 7급 시험에서 기능사 자격증에는 가산점을 주지 않고 기사 등급 이상의 자격증에는 가산점을 주더라도 평등권을 침해하지 아니한다(헌재 2003.9.25. 2003헌마30).

❻ 7급 시험의 응시연령 상한이 '35세까지'인 것에 비교할 때 9급 시험 응시연령을 28세로 제한하는 것이 평등권을 침해하는 것은 아니다(헌재 2006.5.25. 2005헌마11).

> **비교판례**
>
> 5급 공개경쟁채용시험의 응시연령 상한을 '32세까지'로 한 부분은 비례원칙에 위반된다.
>
> 공무원임용시험령이 5급 공개경쟁채용시험의 응시연령 상한을 '32세까지'로 한 부분은 과잉금지원칙에 위반된다(헌재 2008.5.29. 2007헌마1105).

❼ 군인이 자비 해외유학을 위하여 휴직하는 경우 다른 국가공무원과 달리 봉급을 지급하지 않도록 하고 있는 군인사법 규정은 청구인의 평등권을 침해하지 아니한다.

이 사건 법률 조항은 입법자가 점진적 제도 개선의 과정에서 군인이 수행하는 직무의 특수성, 자비 해외유학 휴직제도와 군인의 직무와의 연관성, 결원보충의 문제, 제도 도입에 따른 국가부담의 증가 등 다양한 측면을 고려하여 현 단계에서 군인에 대하여 자비 해외유학을 위한 휴직기간 중에 봉급을 지급하지 않는 것으로 정한 것으로 이와 같이 군인을 다른 공무원과 차별하는 데에는 그 차별을 정당화할 합리적인 이유가 있으므로 청구인의 평등권을 침해한다고 볼 수 없다(헌재 2009.4.30. 2007헌마290).

4. 처분적 법률과 평등원칙

(1) 처분적 법률의 개념

처분적 법률이란 법률의 특징인 일반적·추상적 규율이 아니라 개별적·구체적 사항을 규율하는 법률을 말한다. 즉, 집행행위의 매개 없이 직접 적용되는 법률을 말한다.

(2) 처분적 법률의 종류

처분적 법률에는 특정인을 대상으로 하는 개별인 법률, 특정 사건을 대상으로 하는 개별사건 법률 등이 있다.

02 행정의 자기구속의 원칙

1. 의의
행정의 자기구속의 원칙이란 **재량행위의 영역에서** 행정청이 동일한 사안에서 이미 제3자에게 행한 결정과 같은 결정을 상대방에 대해 하여야 한다는 구속성을 말한다. 행정의 자기구속의 원칙은 주로 **재량준칙과 관련되어 발생한다**. 즉, 이 원칙은 일반적·추상적 구속을 의미하는 것이다.

2. 기능

(1) 순기능
행정의 자기구속의 원칙은 재량행위의 영역에서 행정권의 자의를 방지하여 적정한 행사가 가능하게 해준다. 또한, 평등원칙을 매개로 하여 사법권이 행정의 독자적 영역에도 미칠 수 있게 하여 주는 역할을 하여 국민의 권리보호에 기여한다. 따라서, ① 국민의 권리보호기능(행정권의 재량권 행사에 대한 사후적 사법통제의 확대)과 ② 행정규칙의 법규로의 전환기능(전환법규의 기능)을 수행한다. 05 관세사 등

(2) 역기능
행정의 자기구속의 원칙은 **행정의 탄력적인 운용을 저해할 우려가 있고** 행정규칙에 사실상 법규성을 인정하여 권력분립원칙에 위배될 소지가 있다는 문제점이 있다.

3. 근거

(1) 실정법적 근거
국세기본법 제18조 제3항과 행정절차법 제4조 제2항에 근거규정이 있다.

(2) 판례
헌법재판소는 **평등원칙 또는 신뢰보호원칙에 근거하여** 행정의 자기구속의 원칙을 명시적으로 원용하는 판시를 하였다. 대법원은 과거 명시적인 판시를 하지 않았으나, 최근 헌법재판소와 동일한 취지의 판시를 하고 있다. 18·14·13 국가9급

관련판례

❶ 행정관행을 위반한 처분은 위법하다.
상급행정기관이 하급행정기관에 대하여 업무처리지침이나 법령의 해석적용에 관한 기준을 정하여 발하는 이른바 '행정규칙이나 내부지침'은 일반적으로 행정조직 내부에서만 효력을 가질 뿐 대외적인 구속력을 갖는 것은 아니므로 행정처분이 그에 위반하였다고 하여 그러한 사정만으로 곧바로 위법하게 되는 것은 아니다. 다만, 재량권 행사의 준칙인 행정규칙이 그 정한 바에 따라 되풀이 시행되어 행정관행이 이루어지게 되면 평등의 원칙이나 신뢰보호의 원칙에 따라 행정기관은 그 상대방에 대한 관계에서 그 규칙에 따라야 할 자기구속을 받게 되므로 이러한 경우에는 특별한 사정이 없는 한 그를 위반하는 처분은 평등의 원칙이나 신뢰보호의 원칙에 위배되어 재량권을 일탈·남용한 위법한 처분이 된다(대판 2009.12.24. 2009두7967).

❷ 실제의 공원구역과 다르게 경계측량 및 표지를 설치한 십수 년 후 착오를 발견하여 지형도를 수정한 조치가 신뢰보호의 원칙에 위배되거나 행정의 자기구속의 법리에 반하는 것이라 할 수 없다. 15 사복9급
경주시장이 한 때 실제의 공원구역과 다르게 경계측량 및 표지를 설치함으로 인하여 원고들이 그 잘못된 경계를 믿고 행정청으로부터 초지조성허가를 받아 초지를 조성하고 축사를 신축하여 그러한 상태가 십수 년이 경과하였다 하여도 이 사건 토지가 당초 화랑공원구역 안에 있는 것으로 적법하게 지정, 공고된 이상 여전히 이

사건 토지는 그 공원구역 안에 있는 것이고, 따라서 그 후 위와 같은 착오를 발견한 피고가 이 사건 토지는 그 공원구역 안에 있는 것으로 지형도를 수정한 조치를 가리켜 신뢰보호의 원칙에 위배된다거나 행정의 자기구속의 법리에 반하는 것이라고도 할 수 없다(대판 1992.10.13. 92누2325).

4. 요건

(1) 재량영역에서의 행정작용일 것 18 국가9급

1) 기속행위에는 적용이 없다.
행정청이 스스로 준칙을 정립할 수 없는 기속성이 인정되는 행정작용의 영역에는 그 적용이 없다. 05 관세사

2) 행정규칙을 통한 자기구속의 법리 적용 여부
행정청이 재량준칙적 행정규칙을 마련하여 시행하는 경우, 행정청은 같은 사안에 대하여 해당 행정규칙이 정하는 바에 따라 동일하게 다루어야 하는 자기구속을 받는다.

(2) 행정선례의 존재 필요성 여부

1) 선례불요설
독일의 판례는 행정규칙의 최초 적용에 있어서도 '미리 행해진 행정관행의 개념(예기된 행정관행의 개념)'을 인정하여 행정의 자기구속의 원리를 긍정하고 있다. 즉, 최초의 처분에 있어서도 자기구속의 원리가 적용된다고 본다.

2) 선례필요설(통설)
선례 없이도 자기구속의 법리를 인정하면 재량준칙의 법규성을 인정하는 결과가 되므로 선례가 있어야 한다는 입장이다.

3) 판례
판례는 재량준칙이 되풀이 시행되어 행정관행이 이루어진 경우에 자기구속의 원칙이 적용된다고 본다.

관련판례

재량준칙의 공표만으로 신청인이 보호가치 있는 신뢰를 갖게 되었다고 볼 수 없다(대판 2009.12.24. 2009두7967).
18 국가9급, 16·15 사복9급

(3) 불법에서의 적용 여부
자기구속원칙은 행정관행이 적법한 경우에만 적용된다. 불법에 대한 행정의 자기구속을 요구하는 것은 행정의 법률적합성의 원칙에 위배되기 때문이다. 즉, **불법에 있어서 평등적용은 허용되지 않는다.**

주의 위법한 선행조치에 대해서도 신뢰보호원칙이 적용되는 점과 다르다. 18 국가9급, 16 사복9급, 04 충남9급 등

(4) 동일한 행정청일 것
행정의 자기구속은 처분청에만 적용된다. 즉, 다른 행정청에 대해서는 적용되지 않는다.

(5) 적용대상
자기구속의 법리는 수익적 행정작용과 침익적 행정작용 모두에 적용된다.

제4절 부당결부금지의 원칙

01 의의

1. 개념
부당결부금지의 원칙이란 **공권력을 행사함에 있어서 실질적 관련성이 없는 상대방의 반대급부를 행정작용의 조건으로 결부시키거나 의존해서는 안 된다는 원칙**을 말한다. 따라서 실질적 관련성이 있는 경우에는 조건을 부가하여도 이에 위반되지 않는다. 20·18 소방, 08 지방7급 등

2. 근거

(1) 헌법
헌법상 명문의 규정은 없지만, 법치국가원리와 자의금지원칙에 입각한 헌법상의 원칙이라는 견해가 다수설이다.

(2) 개별법
1) **주택법**에는 기부채납과 관련하여 부당결부금지의 원칙에 관한 명문규정이 있다.
2) **행정규제기본법**에는 관련 규정이 없고, 행정기본법에 관련 규정이 존재한다.

 관련조문

행정기본법 제13조(부당결부금지의 원칙) 행정청은 행정작용을 할 때 상대방에게 해당 행정작용과 실질적인 관련이 없는 의무를 부과해서는 아니 된다.

3. 기능
행정청이 우월적 지위를 이용하여 상대방에게 본래의 행정작용과 무관한 의무를 부과하는 것을 방지하는 기능을 한다.

4. 요건

(1) 공권력의 행사
행정기관의 공권력 행사가 있어야 한다.

(2) 상대방 반대급부와 결부
행정청의 권한 행사가 상대방의 반대급부와 결부 또는 의존되어 있어야 한다.

(3) 실질적 비관련성
1) 공권력 행사와 반대급부 사이에 실질적 관련성이 없어야 한다.
2) 실질적 관련성이 인정되려면 인과관계면에서의 관련성과 목적면에서의 관련성 두 가지 요건을 충족하여야 한다고 보는 견해도 있다.

02 적용영역 08 지방7급 등

1. 행정계약의 영역
행정계약을 체결함에 있어서 반대급부를 결부시키는 경우에도 부당결부금지의 원칙이 적용된다.

2. 부관의 영역(부관의 한계문제)
부관에 의해 해당 행정행위의 목적과 무관한 다른 목적을 위한 반대급부를 결부시키는 경우에 적용되어 그러한 부관은 위법한 것이 된다. 다만, 법정부관의 경우 이 원칙이 당연히 적용되는 것은 아니라는 것이 판례의 입장이다.

3. 급부행정에의 적용(행정행위의 실효성 확보를 위한 새로운 의무이행 확보수단과 관련하여)
행정주체 등이 일반 국민에게 급부를 행함에 있어 관련 없는 상대방의 반대급부와 결부시키는 경우에 부당결부금지의 원칙이 문제된다. 특히 공급거부, 관허사업의 제한, 명단의 공표 등에 있어 반대급부를 결부시키는 경우에 이 원칙이 적용된다.

관련판례

① 인천시장이 주택사업계획 승인을 하면서 그 주택사업과는 아무런 관련이 없는 토지를 기부채납하도록 하는 부관을 주택사업계획 승인에 붙인 경우, 그 부관은 부당결부금지의 원칙에 위반되어 위법하다. 그러나 당연무효는 아니다(대판 1997.3.11. 96다49650). 16·15 국가9급, 11 경행특채, 08 지방7급 등

② 건축물 인접도로의 기부채납 위반을 이유로 한 건축물 준공 거부처분은 위법하다(대판 1992.11.27. 92누10364).

③ 65세대의 주택건설사업에 대한 사업계획 승인시 '진입도로 설치 후 기부채납, 인근 주민의 기존 통행로 폐쇄에 따른 대체 통행로 설치 후 그 부지 일부 기부채납'을 조건으로 붙인 것은 위법한 부관에 해당하지 않는다(대판 1997.3.14. 96누16698). 08 국가9급

④ 행정청이 수익적 행정처분을 하면서 사전에 상대방과 체결한 협약상의 의무를 부담으로 부가하였는데 부담의 전제가 된 주된 행정처분의 근거법령이 개정되어 부관을 붙일 수 없게 된 경우, 위 협약의 효력이 소멸하는 것은 아니다. 21·20·17 국가9급, 16 국가7급

고속국도관리청이 고속도로 부지와 접도구역에 송유관 매설을 허가하면서 상대방과 체결한 협약에 따라 송유관시설을 이전하게 될 경우 그 비용을 상대방에게 부담하도록 하였고, 그 후 도로법 시행규칙이 개정되어 접도구역에는 관리청의 허가 없이도 송유관을 매설할 수 있게 된 경우라도, 위 협약이 효력을 상실하지 않을 뿐만 아니라 위 협약에 포함된 부관이 부당결부금지의 원칙에도 반하지 않는다(대판 2009.2.12. 2005다65500).

03 부당결부금지원칙 위반의 효과

1. 위헌·위법
부당결부금지의 원칙은 헌법적 지위를 갖는 행정법의 일반원칙이라는 것이 다수의 견해이므로 이 원칙 위반시에는 위헌·위법이 된다. 04 서울9급

2. 구제방법
법률이 부당결부금지원칙에 위반되면 위헌법률심판 또는 헌법소원으로 다툴 수 있고, 행정행위의 경우에는 항고소송으로 다툴 수 있다. 그로 인한 손해가 있으면 손해배상청구가 가능하다.

04 관련 문제 – 복수운전면허의 취소(철회)

1. 문제의 소재

여러 종류의 자동차운전면허를 가지고 있는 사람이 음주운전을 한 경우 모든 운전면허를 취소(철회)해야 하는지, 아니면 음주운전을 한 해당 차량에 대한 운전면허만을 취소(철회)해야 하는지가 문제된다.

2. 판례의 태도

판례의 원칙적 입장은 복수운전면허를 취소 또는 정지하는 경우에 서로 별개의 것으로 취급한다. 다만, 이들 복수운전면허가 서로 '관련성'이 있으면 전부 취소할 수 있다고 판시하고 있다. 판례는 관련성 여부를 판단함에 있어서 도로교통법 시행규칙 제53조의 [별표 18]을 기준으로 판단하고 있다. 즉, 적발 당시 운전한 차량이 별표에 의할 때 해당 차량을 운전할 수 있는 면허가 무엇인지를 기준으로 관련성을 판단하고 있다.

✻ 도로교통법 시행규칙 제53조 [별표 18]

운전면허		운전할 수 있는 차량
종별	구분	
제1종	대형면허	승용자동차, 승합자동차, 화물자동차, 건설기계[① 덤프트럭, 아스팔트살포기, 노상안정기 ② 콘크리트믹서트럭, 콘크리트펌프, 천공기(트럭 적재식), ③ 콘크리트믹서트레일러, 아스팔트콘크리트재생기, ④ 도로보수트럭, 3톤 미만의 지게차, 특수자동차[대형견인차, 소형견인차 및 구난차(이하 '구난차 등'이라 한다)는 제외한다], 원동기장치자전거
	보통면허	승용자동차, 승차정원 15명 이하의 승합자동차, 적재중량 12톤 미만의 화물자동차, 건설기계(도로를 운행하는 3톤 미만의 지게차로 한정한다), 총중량 10톤 미만의 특수자동차(구난차 등은 제외한다), 원동기장치자전거
	소형면허	3륜화물자동차, 3륜승용자동차, 원동기장치자전거
	특수면허 대형견인차	견인형 특수자동차, 제2종 보통면허로 운전할 수 있는 차량
	특수면허 소형견인차	총중량 3.5톤 이하의 견인형 특수자동차, 제2종 보통면허로 운전할 수 있는 차량
	특수면허 구난차	구난형 특수자동차, 제2종 보통면허로 운전할 수 있는 차량
제2종	보통면허	승용자동차, 승차정원 10명 이하의 승합자동차, 적재중량 4톤 이하의 화물자동차, 총중량 3.5톤 이하의 특수자동차(구난차 등은 제외한다), 원동기장치자전거
	소형면허	이륜자동차(운반차를 포함한다), 원동기장치자전거
	원동기장치자전거면허	원동기장치자전거
연습면허	제1종 보통	1. 승용자동차 2. 승차정원 15명 이하의 승합자동차 3. 적재중량 12톤 미만의 화물자동차
	제2종 보통	1. 승용자동차 2. 승차정원 10명 이하의 승합자동차 3. 적재중량 4톤 미만의 화물자동차

> **관련판례**
>
> ❶ 제1종 특수·대형·보통면허를 가진 자가 제1종 특수면허만으로 운전할 수 있는 차량을 운전하다 운전면허취소 사유가 발생한 경우, 제1종 대형·보통면허는 취소할 수 없다(대판 1997.5.16. 97누1310). `15 국가9급`
>
> ❷ 이륜자동차를 음주운전한 사유만으로 제1종 대형면허나 보통면허의 취소나 정지를 할 수 없다. `99 국가7급`
>
> 한 사람이 여러 종류의 자동차운전면허를 취득하는 경우뿐 아니라 이를 취소 또는 정지함에 있어서도 서로 별개의 것으로 취급하는 것이 원칙이라 할 것이고 그 취소나 정지의 사유가 특정의 면허에 관한 것이 아니고 다

른 면허와 공통된 것이거나 운전면허를 받은 사람에 관한 경우에는 여러 운전면허 전부를 취소 또는 정지할 수도 있다고 보는 것이 상당할 것이지만, 이륜자동차로서 제2종 소형면허를 가진 사람만이 운전할 수 있는 오토바이는 제1종 대형면허나 보통면허를 가지고서도 이를 운전할 수 없는 것이어서 이와 같은 이륜자동차의 운전은 제1종 대형면허나 보통면허와는 아무런 관련이 없는 것이므로 이륜자동차를 음주운전한 사유만 가지고서는 제1종 대형면허나 보통면허의 취소나 정지를 할 수 없다(대판 1992.9.22. 91누8289).

❸ 제1종 보통면허로 운전할 수 있는 차량을 음주운전한 경우에 이와 관련된 면허인 제1종 대형면허와 원동기장치자전거면허까지 취소할 수 있다(대판 1994.11.25. 94누9672). 18 지방7급, 16 서울7급

❹ 운전면허를 받은 사람이 음주운전을 한 경우에 운전면허의 취소 여부는 행정청의 재량행위이나, 음주운전으로 인한 교통사고의 증가와 그 결과의 참혹성 등에 비추어 보면 음주운전으로 인한 교통사고를 방지할 공익상의 필요는 더욱 중시되어야 하고, 운전면허의 취소에서는 일반의 수익적 행정행위의 취소와는 달리 취소로 인하여 입게 될 당사자의 불이익보다는 이를 방지하여야 하는 일반예방적 측면이 더욱 강조되어야 한다. 20 국가9급

갑이 혈중알코올농도 0.140%의 주취상태로 배기량 125cc 이륜자동차를 운전하였다는 이유로 관할 지방경찰청장이 갑의 자동차운전면허[제1종 대형, 제1종 보통, 제1종 특수(대형견인·구난), 제2종 소형]를 취소하는 처분을 한 경우, 위 처분 중 제1종 대형, 제1종 보통, 제1종 특수(대형견인·구난) 운전면허를 취소한 부분은 재량권을 일탈·남용한 위법이 있다고 본 원심판결은 위법하다(대판 2018.2.28. 2017두67476 ; 대판 2019.1.17. 2017두59949).

* 운전면허취소는 사유에 따라 재량인데 음주운전으로 인한 면허취소는 기속이다. 한편, 음주운전으로 인한 복수운전면허취소는 관련 면허만 취소하는 것이 원칙인데, 교통사고 예방이라는 목적을 위해서 모든 면허를 취소하는 것은 재량이다.

제5절 기타 원칙

01 신의성실의 원칙

1. 행정기본법

관련조문

제11조(성실의무 및 권한남용금지의 원칙) ① 행정청은 법령 등에 따른 의무를 성실히 수행하여야 한다.

2. 민법·행정절차법

민법 제2조 제1항은 "권리의 행사와 의무의 이행은 신의에 좇아 성실히 하여야 한다."라고 규정하여 신의성실의 원칙을 밝히고 있다. 그러나 신의성실의 원칙은 민법뿐만 아니라 모든 법의 일반원칙이라고 할 수 있다. 행정절차법도 제4조에서 신의성실의 원칙을 신뢰보호의 원칙과 함께 규정하고 있다. 대법원은 신의성실의 원칙과 신뢰보호의 원칙을 정확히 구분하지 않고 혼용하여 사용하는 경향이다.

관련판례

❶ 정년을 1년 3월 앞두고 호적상 출생 연월일을 정정한 후 그 출생 연월일을 기준으로 정년의 연장을 요구하는 것은 신의성실의 원칙에 반하지 않는다. 15 서울7급

지방공무원 임용신청 당시 잘못 기재된 호적상 출생 연월일을 생년월일로 기재하고, 이에 근거한 공무원 인사기록카드의 생년월일 기재에 대하여 처음 임용된 때부터 약 36년 동안 전혀 이의를 제기하지 않다가 정년을 1년 3월 앞두고 호적상 출생 연월일을 정정한 후 그 출생 연월일을 기준으로 정년의 연장을 요구하는 것은 신의성실의 원칙에 반하지 않는다(대판 2009.3.26. 2008두21300).

❷ 고용상 연령차별금지 및 고령자 고용촉진에 관한 법률 제19조에 의하면, 사업주는 근로자의 정년을 60세 이상으로 정하여야 하고(제1항), 사업주가 근로자의 정년을 60세 미만으로 정한 경우에는 정년을 60세로 정한 것으로 간주되므로(제2항), 근로자의 정년을 60세 미만이 되도록 정한 근로계약이나 취업규칙, 단체협약은 위 규정에 위반되는 범위 내에서 무효이다. 그리고 여기서 말하는 '정년'은 실제의 생년월일을 기준으로 산정하여야 한다(대판 2017.3.9. 2016다249236).

02 권리남용금지의 원칙

 관련조문

행정기본법 제11조(성실의무 및 권한남용금지의 원칙) ② 행정청은 행정권한을 남용하거나 그 권한의 범위를 넘어서는 아니 된다.

Chapter 05 행정상 법률관계

제1절 행정상 법률관계

01 행정상 법률관계의 의의

1. 법률관계의 개념

법률관계란 법에 의해 규율되는 생활관계를 말하는데 당사자 간의 권리·의무관계가 주된 내용이다.

2. 행정상 법률관계

행정상 법률관계란 행정에 관련된 당사자 간의 권리·의무관계를 말한다. 즉, 행정주체가 일방당사자인 법률관계를 행정상 법률관계라고 한다. 행정상 법률관계에서는 사법이 지배하는 경우도 있고, 공법이 지배하는 경우도 있다. 전자를 통상 국고관계라고 부르고, 후자를 행정법관계 또는 공법관계라고 부른다. 행정상 법률관계가 모두 행정법관계인 것은 아니다. 행정법관계는 행정상 법률관계 중 공법이 적용되는 법률관계를 말한다. 따라서 행정법관계는 공법관계와 동의어로 사용된다.

02 행정상 법률관계의 종류

1. 행정조직법적 관계

(1) 행정조직의 내부관계

대등청 간의 관계와 상·하급 행정청의 관계가 주를 이룬다. 권리주체 간의 권리·의무의 관계가 아니라 직무권한·기관권한의 행사관계이다. 06 관세사 따라서 이 관계에서의 분쟁은 법률상의 쟁송이 아니기 때문에 법률에 특별한 규정이 있는 경우(기관소송)에만 법원에 제소가 가능하다.

(2) 행정주체 상호 간의 관계

① 국가와 지방자치단체 간의 관계와 지방자치단체 상호 간의 관계가 이에 해당한다. 전자의 경우는 인·허가 등 감독관계가, 후자의 경우는 지방자치단체 상호 간의 협의, 사무위탁 등의 관계가 중심이 된다. 08 국회8급 등
② 행정주체 상호 간의 관계는 넓은 의미에서는 행정상 법률관계에 속하지만, 대부분 법률에 의해 규정된 관할권 및 직무범위에 관련된 것이므로 진정한 의미의 행정상 법률관계와는 차이가 있다.

2. 행정작용법적 관계

(1) 개설

행정작용법적 관계란 행정주체와 국민 사이의 법률관계를 말하는데, 공법관계와 사법관계로 나누어진다. 공법관계에는 권력관계와 관리관계가 있고, 사법관계에는 국고관계와 행정사법관계가 있다.

(2) 공법관계(권력관계와 관리관계)

1) 권력관계

① **의의**: 권력관계란 행정주체(예 국가 등)가 **공권력의 주체로서 우월한 지위**에서 개인에 대하여 일방적으로 명령(예 조세부과, 경찰명령), 강제(예 강제징수, 즉시강제), 형성(예 특허 등의 권리설정)하는 관계로서 양자 사이의 **부대등관계**를 말한다.

② **특징**

효력상 특징	· 권력관계에 있어서 행정주체의 행위에는 원칙적으로 사법규정의 적용이 배제되고, 공법규정이 적용된다. · 권력관계에서는 공정력·확정력(= 불가쟁력)·불가변력 및 강제력(= 자력집행력) 등 법률상 특별한 효력이 인정되며, 행정주체가 상대방에 대해 우월한 의사주체로서 나타나는 것이 특징이다.
권리구제상 특징	권력관계는 공법의 규율을 받으므로 항고소송을 통하여 분쟁을 해결한다.

③ **종류**

일반권력관계	국가와 국민 간 통상적으로 성립하는 일반적 관계
특별권력관계	특별한 법적 원인에 의해 성립하는 관계 예 군복무, 공무원 등

2) 관리관계

① **의의**: 관리관계란 행정주체가 권력의 주체로서가 아니라 국민과 **대등한 관계**에서 공물(예 도로, 국립도서관) 또는 공적 사업의 관리주체(예 우편, 상하수도)로서 개인과 맺는 법률관계를 말한다. 예컨대, 도로의 관리나 공기업의 경영, 공기업의 이용관계 등과 같이 행정이 그의 책무를 실현하기 위하여 **공법에 근거하여 활동하지만 권력행정의 규율수단에 의하지 아니하고 행정작용을 하는 관계**를 말한다. 05 국회8급 등
② **적용법규**: 관리관계는 **원칙적으로 사법규정이 적용**되지만, 예외적으로 법률관계의 내용이 공공복리의 실현과 밀접한 관련이 있는 경우에는 특수한 공법규정이 적용된다. 공법규정이 적용되는 경우에 한하여는 공법관계로서의 성질을 가진다. 07 경북9급 등
③ **특징**: 관리관계는 권력관계와 달리 법치주의가 완화되고, 공정력, 확정력, 집행력 등이 발생하지 아니한다. 98 검찰9급

④ **권리구제**: 관리관계에 관한 법적 분쟁은 사법이 규율하는 영역은 민사소송으로, 공법이 규율하는 영역은 당사자소송으로 해결한다. 예컨대, 공법상 계약이나 행정지도 등의 사실행위 등에 대한 분쟁은 주로 당사자소송에 의해 해결한다. 00 국가7급

(3) 사법관계(국고관계)

1) 의의
행정상 사법관계란 행정주체가 공행정작용을 사법적 형식으로 수행하는 법률관계를 말한다.

2) 종류
① 행정사법관계
  ㉠ **개념**: 행정사법관계란 행정주체가 사법형식에 의하여 공행정임무를 수행하면서 국민과 맺는 법률관계를 말한다.
    예 전기, 수도, 가스 공급, 보조금 지급 등
  ㉡ **적용법리와 권리구제**: 행정사법관계는 사법관계의 일종이므로 원칙적으로 사법에 의해 규율되지만, 일정 부분 공법원리도 적용된다. 법적 분쟁은 민사소송의 대상이 된다. 00 국가7급 등

② 협의의 국고작용
  ㉠ **개념**: 국가 또는 공공단체 등의 행정주체가 우월적인 지위에서가 아니라 재산권의 주체로서 사인과 맺는 법률관계를 말한다.
    예 물품매매계약이나 건설도급계약의 체결, 국·공유 일반(잡종)재산의 매각
  ㉡ **적용규정 및 권리구제**: 행정주체의 행위는 사법규정의 적용을 받고, 그에 관한 법률상의 분쟁은 민사소송에 의해 해결한다. 07 경북9급

제2절 행정법관계의 특질

01 행정의사의 특수한 효력

행정행위에는 사법상의 법률관계에서는 인정되지 않는 특수한 효력이 인정된다. 공정력·자력집행력·불가쟁력·불가변력 등이 있다.

> **보충 공정력**
> 일단 행정행위가 발령되면 당연무효가 아닌 한 권한 있는 기관(처분청, 행정심판위원회, 행정법원)에 의해 취소되기 전까지는 유효하게 통용되는 힘을 말한다.

02 권리·의무의 상대성

법률관계는 권리와 의무로 이루어지고 사법관계는 거의 대부분 권리와 의무가 상호 반대의 대응관계로 구성된다. 행정법관계도 법률관계인 이상 기본적으로 권리·의무관계이지만, 권리와 의무가 대응관계가 아니라 공익을 추구한다는 점에서 상대적 관계이다. 이 점에서 사법관계의 권리·의무관계가 공법관계보다 더 첨예하게 대립된다고 볼 수 있다.

03 강제실현의 특수성

사법관계에서 채무불이행이 있는 경우에 자력구제가 허용되지 않고, 재판을 통해 강제집행을 하게 된다. 그러나 행정법관계에서는 의무이행이 없으면 국가는 재판을 통하지 않고 자력집행을 할 수 있다.

제3절 행정법관계의 당사자

01 개설

행정법관계의 당사자란 행정법관계에서의 권리·의무의 주체를 말한다. 행정법관계의 당사자에는 행정주체와 행정객체가 있다.

관련조문

행정기본법 제2조(정의) 이 법에서 사용하는 용어의 뜻은 다음과 같다.
2. '행정청'이란 다음 각 목의 자를 말한다.
   가. 행정에 관한 의사를 결정하여 표시하는 국가 또는 지방자치단체의 기관
   나. 그 밖에 법령 등에 따라 행정에 관한 의사를 결정하여 표시하는 권한을 가지고 있거나 그 권한을 위임 또는 위탁 받은 공공단체 또는 그 기관이나 사인(私人)
3. '당사자'란 처분의 상대방을 말한다.
4. '처분'이란 행정청이 구체적 사실에 관하여 행하는 법 집행으로서 공권력의 행사 또는 그 거부와 그 밖에 이에 준하는 행정작용을 말한다.
5. '제재처분'이란 법령 등에 따른 의무를 위반하거나 이행하지 아니하였음을 이유로 당사자에게 의무를 부과하거나 권익을 제한하는 처분을 말한다. 다만, 제31조 제1항 각 호(행정의 실효성 확보수단)에 따른 행정상 강제는 제외한다.

1. 행정작용관계(부대등관계)

* 항고소송의 피고는 행정청이고, 국가배상이나 당사자소송의 피고는 행정주체이다.

2. 법률관계(대등관계)

```
행정주체 ── 공법상 계약(당사자소송) ── 행정객체
         ── 사법상 계약(민사소송) ──
```

02 행정주체

1. 행정주체의 의의

(1) 행정주체의 개념
행정주체란 행정권의 담당자로서 행정권을 행사하고, 그 **법적 효과가 귀속되는 당사자**를 말한다. 따라서 행정주체는 법인격을 가지고 있으며, 재산권의 취득이 가능하다. 06 국회8급 등 행정주체는 민사소송이나 당사자소송의 피고는 되지만, 원칙적으로 항고소송의 피고는 되지 않는다. 06 서울교행 등

(2) 행정주체와 행정기관, 행정청의 구별

1) 행정기관
행정주체는 스스로 의사결정을 하거나 업무를 수행할 수 없다. 따라서 행정주체의 일을 현실적으로 수행하는 자가 필요하게 되는데, 이를 행정기관이라 한다. 행정기관은 대통령을 비롯하여 대부분의 공무원을 말한다.

2) 행정청
행정청이란 국가 또는 지방자치단체(이하 '국가 등'이라 함)의 의사를 결정하여 표시할 수 있는 권한을 가진 자를 말하며, 대통령, 국무총리, 장관, 각 지방자치단체의 장을 말한다. 차관은 행정기관이기는 하지만 행정청은 아니다.

3) 행정주체와 행정청의 구체적 차이
[항고소송의 피고: 행정청
  당사자소송, 국가배상의 피고: 행정주체]

구분	사례	권리·의무의 귀속, 법인격	사무집행	피고적격
행정주체	국가, 경기도, 서울특별시, 동작구 등	· 귀속 · 법인격 있음.	불가능	· 당사자소송, 손해배상소송, 손실보상소송의 피고가 됨. · 행정청이 폐지된 경우에 예외적으로 항고소송의 피고가 됨.
행정청	대통령, 장관, 지방자치단체장, 경찰서장 등	· 귀속되지 않음. · 법인격 없음.	가능	항고소송의 피고가 됨.

2. 국가
국가는 시원적 행정주체로서 자신의 행정기관을 통해 국가행정을 행하고 그 권리·의무의 귀속주체가 된다. 09 서울9급 등 국가는 당사자소송, 손해배상소송, 손실보상소송의 피고가 되지만, 원칙적으로 항고소송의 피고는 아니다. 다만, 행정청이 폐지된 경우에 예외적으로 항고소송의 피고가 되는 경우가 있다.

3. 공공단체(공법인)

공공단체는 국가와는 별개의 독립된 법인격을 가지고 공공사무를 수행하는 공법상의 단체이다. 02 입시 공공단체 중 지방자치단체는 공공사무 전반에 대한 권한을 갖는 행정주체이고, 그 외의 공공단체는 국가로부터 부여된 존립목적에 따른 활동을 하므로 공공사무 전반에 대하여 권한을 갖는 것은 아니다.

(1) 지방자치단체

| 보충 | 자치구와 구의 차이 |

자치구는 특별시나 광역시에 설치된 구를 말한다. 따라서 동작구는 지방자치단체이지만, 수원시 팔달구는 지방자치단체가 아니다. 읍·면·동도 지방자치단체가 아니다.

 관련판례

서초구가 재산권의 주체가 될 수 없다는 헌법재판소의 결정은 서초구가 재산권의 귀속주체가 될 수 없다는 뜻이 아니라 일반 국민처럼 재산권에 대한 권리를 행사할 수 없다는 의미이다(헌재 2006.2.23. 2004헌바50).
* 지방자치단체는 헌법소원을 할 수 없다는 말이다.

(2) 공법상의 사단법인(공공조합)

1) 개념
공법상의 사단법인은 공공조합이라고도 하는데, 특정한 공적 목적을 위하여 일정한 자격을 갖춘 사람(조합원)들의 결합체로서 법인격이 부여된 공법상의 사단법인을 말한다.

2) 공법상 사단의 예
도시정비사업조합(구 도시재개발조합), 주택재개발조합, 주택재건축조합, 한국농어촌공사(구 농지개량조합), 농업협동조합, 산림조합 등 16 지방7급

(3) 공법상의 재단법인

1) 개념
공법상 재단이란 행정주체가 공공목적을 위하여 출연한 재산을 관리하기 위하여 설립한 공법상의 재단법인을 말한다.

2) 구체적 예
한국연구재단, 한국학중앙연구원, 공무원연금공단 등

(4) 영조물법인

1) 개념
영조물법인이란 특정 목적을 수행하기 위해 설립된 인적·물적 결합체로서 공법상의 법인격이 부여

된 영조물을 말한다. 영조물법인의 개념을 쉽게 알기 위해서는 먼저 공물의 개념을 알아야 하는데, 이를 표로 정리하면 다음과 같다.

공물	영조물	영조물법인
공물은 행정주체가 공익을 위하여 제공한 물건을 말하며, 구분기준에 따라 공용물과 공공용물이 있다.	영조물은 행정주체가 일정한 공익을 달성하기 위해 제공한 인적·물적 결합체를 말한다. 예) 국립도서관은 도서관이라는 물건과 그 직원의 결합이다.	· 영조물에 법인격이 부여된 것이 영조물법인이다. · 영조물법인은 행정주체이지만, 영조물은 행정주체가 아니다.

2) 영조물법인의 예

각종 공사	한국전력공사, 한국토지주택공사, 한국방송공사, 서울교통공사, 한국조폐공사, 대한석탄공사 등 각종의 공사
각종 공단	한국교통안전공단, 국립공원공단, 시설관리공단
국립병원	국립의료원, 국립대학병원
국책은행	한국은행, 산업은행, 한국수출입은행

관련판례

❶ 교통안전공단은 영조물법인으로서 행정주체이므로 공단이 분담금 납부의무자에 대하여 한 분담금 납부통지는 행정처분이다(대판 2000.9.8. 2000다12716). **14 국가9급**

❷ 도시 및 주거환경정비법이 시행되기 전 구 주택건설촉진법에 의하여 조합설립 인가처분을 받은 주택재건축정비사업조합이 도시 및 주거환경정비법 시행 후 부칙 제10조 제1항에 따라 설립등기를 마친 경우, 주택재건축정비사업조합을 행정주체로 볼 수 있으며 조합설립 인가처분의 당부를 항고소송으로 다툴 수 있다. 한편, 구 주택건설촉진법상 조합설립 인가처분의 기본행위였던 조합설립행위가 무효여서 그에 대한 인가처분이 무효인 경우, 그 후 도시 및 주거환경정비법의 시행 등으로 인가처분이 설권적 처분으로 의제되더라도 무효이다(대판 2014.2.27. 2011두11570).

❸ 주택법에 따라 자치관리로 공동주택의 관리방법을 정한 아파트에 있어서 자치관리기구 및 관리주체인 관리사무소장의 지위는 비법인사단인 입주자대표회의의 업무집행기관이다.
자치관리기구의 대표자 내지 관리주체인 관리사무소장이 주택법령과 그에 따른 관리규약에서 정한 공동주택의 관리업무를 집행하면서 체결한 계약에 기한 권리·의무의 귀속주체와 그 계약의 당사자는 비법인사단인 입주자대표회의이다(대판 2015.1.29. 2014다62657).

4. 공무수탁사인

공무수탁사인으로 인정되는 예	공무수탁사인으로 부정되는 예
· 토지수용을 하는 사업시행자 00 관세사 등 · 별정우체국장 05 대구9급 · 학위수여를 하는 사립대총장장 06 경기9급 등 · 사선의 선장과 항공기 기장 05 관세사 · 민영교도소 17 지방9급 · 공증사무를 수행하는 공증인 · 변호사협회, 의사협회가 회원에 대해 징계하는 경우 · 건축공사에 대한 조사·검사를 하는 건축사	· 행정보조자: 주차위반 자동차의 견인업자 · 행정대행인(단순히 경영위탁을 받은 사인): 쓰레기수거인, 대집행을 실행하는 제3자, 자동차등록 대행자 · 등록금을 징수하는 경우의 사립대총장 · 공의무부담사인: 비상시를 대비하여 특정기업에게 석유비축의무를 부과하는 경우의 사업주 · 제한된 공법상 근무관계에 있는 자: 국립대학의 시간강사

(1) 개념

공무수탁사인은 행정주체로부터 법령에 의하여 공적인 임무를 위탁받아 자신의 이름으로 공행정 사무를 수행하는 행정주체로서의 지위를 가지는 사인을 말한다. 06 경기9급 등 여기서의 사인에는 자연인뿐만 아니라 사법인 또는 법인격 없는 단체가 포함된다.

(2) 취지

행정의 분산을 도모하고, 사인이 갖는 독창성, 전문지식, 재정수단 등을 활용하며, 정부의 비용부담을 줄여 행정의 효율성을 증대하고자 하는 제도로서 그 예가 늘어나고 있다. 07 국가9급

(3) 공무수탁사인의 행정주체성 인정 여부

공무수탁사인의 행정주체성을 인정하는 것이 다수설이다. 즉, 신분상으로는 사인이지만 기능상으로 수탁받은 범위 내에서 공권력을 행사할 수 있다. 다수설은 공무수탁사인을 전래적 행정주체로 보고 있다. 17 사복9급, 06 경기9급

(4) 권리구제

1) 항고소송

공무수탁사인의 위법한 공권력 행사에 대하여 항고소송을 제기할 수 있다. 이때 피고는 공무수탁사인이다. 18 소방

2) 국가배상청구소송

공무수탁사인은 국가배상법상 공무원에 해당하므로 공무수탁사인의 위법한 행위로 손해를 입은 국민은 국가배상청구가 가능하다. 공무수탁사인이 민사상 불법행위책임을 진다는 반대 견해도 있으나, 사안별로 판단하는 것이 타당하다.

3) 손실보상청구소송

공특법에 의한 사업시행자의 토지수용에 대해서 보상금증감청구소송이 가능하다. 따라서 공무수탁사인은 당사자소송의 피고가 될 수도 있다. 10 서울교행

(5) 소득세 원천징수의무자의 문제

소득세 원천징수의무자는 공무수탁사인이 아니다.

03 행정객체

1. 개념

행정객체란 행정주체가 행하는 행정작용의 상대방을 말한다. 행정객체는 원칙적으로 사인이다. 그러나 지방자치단체 등 공공단체도 국가나 다른 공공단체와의 관계에서 행정객체가 될 수 있다. `17 사복9급` 그러나 **국가는 행정객체가 될 수 없다. 국가는 시원적 행정주체이기 때문이라는 것이 일반적 견해이다.** `07 강원9급 등` 다만, 대법원은 최근 국가가 취소소송의 원고가 될 수 있다는 판시를 하여 이 부분에 대한 새로운 논의가 필요하다.

2. 행정주체와 행정객체의 관계

권력관계에서 행정객체는 공권력에 복종해야 하는 지위에 있지만, 관리관계나 국고관계에서는 대등한 당사자로서의 지위에 있다.

제4절 공법관계와 사법관계

나침반

구별실익			
적용법리	공법관계	공법원리 적용(법률에 의한 행정의 원리)	
	사법관계	사적자치 적용	
쟁송수단	공법상 분쟁	행정소송에 의한 해결(제소기간의 제한 등 특칙이 인정)	
	사법상 분쟁	민사소송에 의한 해결	
강제집행절차	행정상 의무불이행	행정대집행과 같은 행정강제수단에 의함.	
	민사상 채무불이행	민사집행법에 따른 강제집행절차에 의함.	
손해전보제도	국가작용으로 인한 손해·손실	· 국가배상: 국가의 위법한 공권력의 행사로 개인에게 손해가 발생 · 손실보상: 국가의 적법한 공권력의 행사로 손실이 발생	
	사법상 불법행위로 인한 손해	민법상의 불법행위책임 적용	

01 개설 - 공사법의 이원체제

공법관계와 사법관계의 구별은 실정법 제도가 공법과 사법의 이원적 구조를 취하고 있음을 전제한 것으로 해당 행정상 법률관계가 공법관계인가 사법관계인가, 그리고 그를 규율하는 법이 공법인가 사법인가를 구별할 필요 때문에 문제된다. 공법과 사법의 구별은 본질적·절대적인 것이 아니며, 실정제도상의 경험적·구체적 구분의 문제이다. 오늘날 그 구분은 상대적이다.

02 공법과 사법의 구별

1. 구별의 필요성

(1) 적용법리의 결정

해당 법관계에 적용할 법규 또는 법원리가 불확실한 경우 이를 결정하기 위하여 필요하다.

(2) 소송절차

행정사건도 일반재판소의 관할로 되어 있으나 소송절차에 있어서는 행정사건의 특수성을 감안하여 행정소송법이 제정되어 있고, 민사소송과는 다른 절차를 규정하고 있다.

* 사법관계 → 민사소송
* 공법관계 ┌ 당사자소송(대등관계)
         └ 항고소송(부대등관계)

(3) 행정강제

행정상 강제는 행정법상의 의무 위반 또는 그 불이행에 대하여 적용되는데, 재판을 거치지 않고 할 수 있으나 사법상의 강제집행은 재판을 통해서 하게 된다.

2. 구별기준

(1) 1차적 기준

1) 실정법상 명문규정이 있는 경우에는 관련 법의 규정으로 판단한다.

법규의 규정이 사법과 달리 규정하고 있는 경우에는 공법관계에 해당한다. 즉, 해당 법규에 행정상 강제집행, 행정벌, 행정상 손해배상, 손실보상, 행정쟁송 등을 규정하고 있으면 공법관계이다.

2) 실정법상 명문규정이 없는 경우에는 법률관계의 성질로 판단한다.

예컨대, 행정주체에게 우월적 지위를 인정하거나 공공복리의 실현과 같은 공익을 추구하기 위하여 특수한 규율을 하는 경우에는 공법관계로 볼 수 있다.

(2) 2차적 기준 [17 국회8급]

구분	내용	비판
구주체설	· 구별기준: 법률관계의 주체를 기준으로 한다. · 공법관계: 행정관계의 일방 또는 쌍방당사자가 국가 등인 경우 · 사법관계: 당사자가 모두 사인인 경우	구주체설은 국고행위나 사법적 형식에 의한 공행정작용과 조세의 원천징수나 선장·기장 등의 공무수탁사인에 의한 경찰권 행사를 설명할 수 없다는 문제점이 있다.
신주체설 (귀속설)	· 구별기준: 권리·의무의 귀속주체를 기준으로 한다. · 공법관계: 국가 등의 행정주체에 대해서만 권리·의무를 귀속시키는 법률관계 · 사법관계: 모든 권리주체에게 권리·의무를 귀속시키는 법률관계	공권력주체로서의 행정주체를 전제로 하여 그에 관한 법을 공법으로 보고 있으나, 구체적 법률관계에서 국가 등의 행정주체가 공권력주체로서의 지위를 가지는지의 여부는 관계 법규가 공법인지 여부에 의하여 비로소 결정된다는 문제가 있다.
권력설 (종속설, 성질설)	· 구별기준: 법률관계가 지배복종관계인가 대등관계인가를 기준으로 한다. · 공법관계: 지배복종관계 · 사법관계: 대등관계	권력설은 공법상 계약을 사법관계로 보게 되는 단점이 있다.
이익설	· 구별기준: 법률관계가 추구하는 이익을 기준으로 한다. · 공법관계: 공익에 봉사하는 법률관계 · 사법관계: 사익에 봉사하는 법률관계	공익관념의 명확한 정의가 곤란하다는 점, 공익적 요소를 다분히 포함하는 사적 활동도 적지 않다는 점, 다수의 법규는 공익과 사익을 동시에 그 고려대상으로 하고 있다는 점 등이 제기된다.

3. 사법관계와 공법관계의 예 기출다수

(1) 사법관계 판례

관련판례

◎ 국유재산에 관한 사례

❶ 국유잡종재산 대부행위의 법적 성질은 사법상 계약이고 그 사용료 납입고지의 법적 성질은 사법상의 이행청구이다(대판 1995.5.12. 94누528 ; 대판 2000.2.11. 99다61675). 17 사복9급, 16 지방7급, 16·12 국회8급 등

❷ 국유잡종재산의 매각 및 매각신청 반려행위는 사법상의 행위이다.

국유재산법의 규정에 의하여 총괄청 또는 그 권한을 위임받은 기관이 국유재산을 매각하는 행위는 사경제주체로서 행하는 사법상의 법률행위에 지나지 아니하며 행정청이 공권력의 주체라는 지위에서 행하는 공법상의 행정처분은 아니라 할 것이므로 국유재산 매각신청을 반려한 거부행위도 단순한 사법상의 행위일 뿐 공법상의 행정처분으로 볼 수 없다(대판 1986.6.24. 86누171).

❸ 기부채납 공유재산의 무상사용 연장신청 거부행위는 사법상의 행위이고 행정처분이 아니다.

지방자치단체가 구 지방재정법 시행령 규정에 따라 기부채납받은 공유재산을 무상으로 기부자에게 사용을 허용하는 행위는 사경제주체로서 상대방과 대등한 입장에서 하는 사법상 행위이지 행정청이 공권력의 주체로서 행하는 공법상 행위라고 할 수 없으므로, 기부자가 기부채납한 부동산을 일정 기간 무상사용한 후에 한 사용허가기간 연장신청을 거부한 행정청의 행위도 단순한 사법상의 행위일 뿐 행정처분 기타 공법상 법률관계에 있어서의 행위는 아니다(대판 1994.1.25. 93누7365). - 기부채납받은 부동산이 일반재산인 경우이다.

* 기부채납 재산에 대한 법률관계 정리
  • 기부채납 공유재산(원효대교)에 대하여 일정 기간 무상사용하도록 허가하는 것: 처분성 인정(공사비 회수기간 설정이므로)
  • 기부채납 공유재산에 대한 사용기간 연장신청 거부: 사법관계

> **비교판례**
> ① 기부채납받은 재산에 대한 무상사용기간 연장신청은 사법관계로 보는 것이 판례의 입장이다. 그러나 행정재산의 사용·수익에 대한 허가는 순전히 사경제주체로서 행하는 사법상 행위가 아니라 관리청이 공권력을 가진 우월적 지위에서 행하는 행정처분이라고 보아야 할 것이고, 그 행정재산이 기부채납받은 재산이라 하여 그에 대한 사용·수익허가의 성질이 달라진다고 할 수는 없다(대판 2001.6.15. 99두509).
> ② 구 지방재정법 제75조의 규정에 따라 기부채납받은 행정재산에 대한 공유재산 관리청의 사용·수익허가의 법적 성질은 행정처분이다(대판 2001.6.15. 99두509).

기출 OX

사인이 공공시설을 건설한 후, 국가 등에 기부채납하여 공물로 지정하고 그 대신 그 자가 일정한 이윤을 회수할 수 있도록 일정 기간 동안 무상으로 사용하도록 허가하는 것은 사법상 계약에 해당한다. (○ , ×) 17 국가7급   ×

관련판례

◎ 근무관계에 관한 사례

❶ 서울특별시 지하철공사(현 서울교통공사) 직원의 근무관계는 사법상의 근무관계이므로 소속 직원에 대한 징계처분은 행정소송의 대상이 아니다(대판 1989.9.12. 89누2103). 15·11 경행특채 등

❷ 한국조폐공사 직원의 근무관계는 사법관계이고, 그 직원의 파면행위도 사법상 행위이다(대판 1978.4.25. 78다414).

❸ 종합유선방송위원회 직원들의 근로관계는 사법관계이다(대판 2001.12. 24. 2001다54038).

❹ 한국방송공사의 직원 채용관계는 사법관계로서 그 공고는 헌법소원의 대상인 공권력의 행사가 아니다(헌재 2006.11.30. 2005헌마855). 16·12 지방7급

❺ 공무원 및 사립학교 교직원, 의료보험관리공단(현 국민건강보험공단) 직원의 근무관계는 사법관계이다.

공무원 및 사립학교 교직원 의료보험법 등 관계 법령의 규정 내용에 비추어 보면 공무원 및 사립학교 교직원, 의료보험관리공단 직원의 근무관계는 공법관계가 아니라 사법관계이다(대판 1993.11.23. 93누15212).

❻ 비원 안내원의 근무관계는 사법관계이다.

창덕궁관리소장이 1년 단위로 채용한 비원 안내원들의 근무관계는 그 채용근거가 문화공보부장관(현 문화체육관광부장관)의 훈령이고 그 직무의 성질에 비추어 볼 때 사법상의 고용계약이다(대판 1995.10.13. 95다184).

❼ 구 도시 및 주거환경정비법상 재개발조합과 조합장 또는 조합임원 사이의 선임·해임 등을 둘러싼 법률관계의 성질은 사법상의 법률관계이다. 13 지방9급

구 도시 및 주거환경정비법상 재개발조합이 공법인이라는 사정만으로 재개발조합과 조합장 또는 조합임원 사이의 선임·해임 등을 둘러싼 법률관계가 공법상의 법률관계에 해당한다거나 그 조합장 또는 조합임원의 지위를 다투는 소송이 당연히 공법상 당사자소송에 해당한다고 볼 수는 없고, 구 도시 및 주거환경정비법의 규정들이 재개발조합과 조합장 및 조합임원과의 관계를 특별히 공법상의 근무관계로 설정하고 있다고 볼 수도 없으므로 재개발조합과 조합장 또는 조합임원 사이의 선임·해임 등을 둘러싼 법률관계는 사법상의 법률관계로서 그 조합장 또는 조합임원의 지위를 다투는 소송은 민사소송에 의하여야 할 것이다(대결 2009.9.24. 2009마168).
* 재개발조합의 조합원 지위확인은 공법관계로서 당사자소송의 대상이다.

❽ 한국마사회가 조교사 또는 기수의 면허를 부여하거나 취소하는 것은 사법관계이다(대판 2008.1.31. 2005두8269). 17 사복9급, 12 경행특채

관련판례

◎ **계약 또는 금전 문제에 관한 사례**

❶ 국가를 당사자로 하는 계약에 관한 법률에 따라 체결하는 관급공사계약은 사법상 계약이다(대판 2001.12.11. 2001다33604). 17·16 국회8급

❷ 예산회계법에 따라 체결되는 계약은 사법상의 계약이고, 입찰보증금의 국고귀속조치는 국가가 사법상의 재산권의 주체로서 행위하는 것이다(대판 1983.12.27. 81누366). 19 국가9급, 16 지방7급, 15 경행특채, 11 국회8급

❸ 환매권 행사로 인한 매수의 성질은 사법상 매매이다(대판 1998.5.26. 96다49018). 16 국가7급 [환지처분: 처분성 인정 / 환매대금증감소송: 민사소송]

❹ 개발부담금 부과처분이 취소된 이상 그 후의 부당이득으로서의 과오납금 반환에 관한 법률관계는 단순한 민사관계에 불과한 것이고, 행정소송절차에 따라야 하는 관계로 볼 수 없다(대판 1995.12.22. 94다51253). 18 지방9급

❺ 토지개량조합 연합회 직원의 동 연합회에 대한 퇴직금청구는 사법관계이다. 17 사복9급, 15 경행특채

조합이 공법인이고 조합과 조합직원 간의 복무관계가 공법관계라 할지라도 그 조합의 직원이 조합에 대하여 근로를 제공하고 그 대가를 청구하는 퇴직금을 포함한 모든 급여청구권까지를 모두 공법상의 권리관계라고 할 수 없다(대판 1967.11.14. 67다2271).

❻ 한국토지개발공사가 한 그 제재처분은 행정소송의 대상이 되는 행정처분이 아니라 단지 상대방을 그 공사가 시행하는 입찰에 참가시키지 않겠다는 뜻의 사법상의 효력을 가지는 통지행위에 불과하다(대결 1995.2.28. 94두36).

> **비교판례**
>
> 행정주체인 국방부장관(대판 1996.2.27. 95누4360), 관악구청장(대판 1999.3.9. 98두18565), 서울특별시장(대판 1994.8.23. 94누3568)의 입찰참가제한에 대해서는 행정처분이라고 판시하였다.

 관련판례

◎ 공공서비스 또는 대학관계에 대한 사례 * 공공서비스의 법률관계
- 전기·전화: 사법관계
- 단수처분: 처분성 인정
- 급수공사비관계: 사법관계

❶ 전화가입계약 해지는 사법상의 법률관계이므로 민사소송의 대상이다(대판 1982.12.28. 82누441).

❷ 철도운행사업 등 국유철도 시영지하철 이용관계는 사법관계이다(대판 1999.6.22. 99다7008).

* 교원징계의 법률관계

❸ 사립학교 교원에 대한 학교법인의 해임처분은 행정소송의 대상이 되는 행정청의 처분으로 볼 수 없다. 그러나 사립학교 교원이 학교법인의 해임처분에 대하여 교육부 내의 교원징계재심위원회에 재심청구를 한 경우 재심위원회의 결정은 행정소송의 대상인 행정처분이다.

  [1] 사립학교 교원은 학교법인 또는 사립학교 경영자에 의하여 임면되는 것으로서 사립학교 교원과 학교법인의 관계를 공법상의 권력관계라고는 볼 수 없으므로 사립학교 교원에 대한 학교법인의 해임처분을 취소소송의 대상이 되는 행정청의 처분으로 볼 수 없고, 따라서 학교법인을 상대로 한 불복은 행정소송에 의할 수 없고 민사소송절차에 의할 것이다.

  [2] 사립학교 교원에 대한 해임처분에 대한 구제방법으로 학교법인을 상대로 한 민사소송 이외 교원지위 향상을 위한 특별법 제7조 내지 10조에 따라 교육부 내에 설치된 교원징계재심위원회에 재심청구를 하고 교원징계재심위원회의 결정에 불복하여 행정소송을 제기하는 방법도 있으나, 이 경우에도 행정소송의 대상이 되는 행정처분은 교원징계재심위원회의 결정이지 학교법인의 해임처분이 행정처분으로 의제되는 것이 아니며 또한 교원징계재심위원회의 결정을 이에 대한 행정심판으로서의 재결에 해당되는 것으로 볼 수는 없다(대판 1993.2.12. 92누13707).

❹ 사법인(私法人)인 학교법인과 학생의 재학관계는 사법상 계약에 따른 법률관계에 해당한다. 지방자치단체가 학교법인이 설립한 사립중학교에 의무교육대상자에 대한 교육을 위탁한 때에 그 학교법인과 해당 사립중학교에 재학 중인 학생의 재학관계도 기본적으로 마찬가지이다(대판 2018.12.28. 2016다33196).
  * 초·중등교육법상 사립중학교에 대한 중학교 의무교육의 위탁관계는 공법관계에 속한다. 20 국회8급

(2) 공법관계 판례

 관련판례

◎ 국유재산에 관한 사례

❶ 국유재산 무단점유자에 대한 변상금 부과처분은 행정소송의 대상이 되는 행정처분이다(대판 1988.2.23. 87누1046).
  16 지방7급, 10 서울7급 등

❷ **국립의료원 부설 주차장에 관한 위탁관리용역 운영계약의 실질은 행정재산에 대한 국유재산법 제24조 제1항의 사용·수익 허가로서 강학상 특허에 해당한다.** 17·15·11 국회8급, 16 지방9급

국유재산 등의 관리청이 하는 행정재산의 사용·수익에 대한 허가는 순전히 사경제주체로서 행하는 사법상의 행위가 아니라 관리청이 공권력을 가진 우월적 지위에서 행하는 행정처분으로서 특정인에게 행정재산을 사용할 수 있는 권리를 설정하여 주는 강학상 특허에 해당한다(대판 2006.3.9. 2004다31074).

❸ **행정재산에 대한 사용·수익 허가취소는 항고소송의 대상인 행정처분이다.** 18 지방9급

국·공유재산의 관리청이 행정재산의 사용·수익을 허가한 다음 그 사용·수익하는 자에 대하여 하는 사용·수익 허가취소는 순전히 사경제주체로서 행하는 사법상의 행위라 할 수 없고, 이는 관리청이 공권력을 가진 우월적 지위에서 행한 것으로서 항고소송의 대상이 되는 행정처분이다(대판 1997.4.11. 96누17325).

* 행정재산의 사용 수익의 허가: 특허로서 처분
* 행정재산의 사용 수익에 대한 사용료 부과: 처분

❹ **국유재산의 관리청의 사용료 부과는 행정처분에 해당한다.**

국유재산의 관리청이 행정재산의 사용·수익을 허가한 다음 그 사용·수익하는 자에 대하여 하는 사용료 부과는 순전히 사경제주체로서 행하는 사법상의 이행청구라 할 수 없고, 이는 관리청이 공권력을 가진 우월적 지위에서 행한 것으로서 항고소송의 대상이 되는 행정처분이라 할 것이다(대판 1996.2.13. 95누11023).

 관련판례

◎ 근무관계에 관한 사례

❶ **국가나 지방자치단체에 근무하는 청원경찰의 근무관계는 공법관계이다.** 18 지방9급

국가나 지방자치단체에 근무하는 청원경찰은 국가공무원법이나 지방공무원법상의 공무원은 아니지만 다른 청원경찰과는 달리 그 임용권자가 행정기관의 장이고 국가나 지방자치단체로부터 보수를 받으며 산업재해보상보험법이나 근로기준법이 아닌 공무원연금법에 따른 재해보상과 퇴직급여를 지급받고 직무상의 불법행위에 대하여도 민법이 아닌 국가배상법이 적용되는 등의 특질이 있으며 그 외 임용자격, 직무, 복무의무 내용 등을 종합하여 볼 때, 그 근무관계를 사법상의 고용계약관계로 보기는 어려우므로 그에 대한 징계처분의 시정을 구하는 소는 행정소송의 대상이지 민사소송의 대상이 아니다(대판 1993.7.13. 92다47564).

❷ 서울특별시립무용단 단원의 위촉은 공법상의 계약이라고 할 것이고, 따라서 그 단원의 해촉에 대하여는 공법상의 당사자소송으로 그 무효확인을 청구할 수 있다(대판 1995.12.22. 95누4636).

 관련판례

◎ 계약 또는 금전 문제에 관한 사례

❶ **TV수신료 부과행위의 법적 성질은 공권력 행사이고, 수신료 징수권한 여부를 다투는 소송은 공법상 당사자소송이다.** 19 서울9급

수신료의 법적 성격, 피고 보조참가인의 수신료 강제징수권의 내용 등에 비추어 보면 수신료 부과행위는 공권력의 행사에 해당하므로, 피고가 피고 보조참가인으로부터 수신료의 징수업무를 위탁받아 자신의 고유업무와 관련된 고지행위와 결합하여 수신료를 징수할 권한이 있는지 여부를 다투는 이 사건 쟁송은 민사소송이 아니라 공법상의 법률관계를 대상으로 하는 것으로서 행정소송법 제3조 제2호에 규정된 당사자소송에 의하여야 한다고 봄이 상당하다(대판 2008.7.24. 2007다25261).

❷ 조세채무는 공법관계이다.

조세채무는 법률의 규정에 의하여 정해지는 법정채무로서 당사자가 그 내용 등을 임의로 정할 수 없고, 조세채무관계는 공법상의 법률관계이고 그에 관한 쟁송은 원칙적으로 행정사건으로서 행정소송법의 적용을 받는다(대판 2007.12.14. 2005다11848).

❸ 수도료 부과징수와 이에 따른 수도료의 납부관계는 공법상의 권리·의무관계이다(대판 1977.2.22. 76다2517).

❹ 부가가치세 환급세액 지급청구는 공법상 법률관계로서 당사자소송의 대상이다. 18 국가7급, 17 사복9급, 16 국가9급
* 판례는 조세환급에 대해서 사법관계로 본다. 즉, 민사소송의 대상이다(부당이득).

부가가치세법령의 내용, 형식 및 입법취지 등에 비추어 보면, 납세의무자에 대한 국가의 부가가치세 환급세액 지급의무는 그 납세의무자로부터 어느 과세기간에 과다하게 거래징수된 세액 상당을 국가가 실제로 납부받았는지와 관계 없이 부가가치세법령의 규정에 의하여 직접 발생하는 것으로서, 그 법적 성질은 정의와 공평의 관념에서 수익자와 손실자 사이의 재산상태 조정을 위해 인정되는 부당이득반환의무가 아니라 부가가치세법령에 의하여 그 존부나 범위가 구체적으로 확정되고 조세 정책적 관점에서 특별히 인정되는 공법상 의무라고 봄이 타당하다(대판 2013.3.21. 2011다95564 전원합의체).

관련판례

◎ 공공서비스에 대한 사례

❶ 도시재개발법상의 관리처분계획은 항고소송의 대상이 되는 행정처분이다. 05 국회8급 등
관리처분계획안에 대한 조합원 총회 결의를 다투는 소송은 당사자소송이다. 19 국가9급

* 공공서비스의 법률관계
  ─ 관리처분계획: 처분성 ○
  ─ 도시관리계획(도시계획결정): 처분성 ○

도시재개발법에 의한 재개발조합은 조합원에 대한 법률관계에서 적어도 특수한 존립목적을 부여받은 특수한 행정주체로서 국가의 감독하에 그 존립목적인 특정한 공공사무를 행하고 있다고 볼 수 있는 범위 내에서는 공법상의 권리·의무관계에서 있는 것이므로 분양신청 후에 정하여진 관리처분계획의 내용에 관하여 다툼이 있는 경우에는 그 관리처분계획은 토지 등의 소유자에게 구체적이고 결정적인 영향을 미치는 것으로서 조합이 행한 처분에 해당하므로 항고소송의 방법으로 그 무효확인이나 취소를 구할 수 있다(대판 2002.12.10. 2001두6333).

❷ 구 도시재개발법에 의한 재개발조합은 조합원에 대한 법률관계에서 적어도 특수한 존립목적을 부여받은 특수한 행정주체로서 국가의 감독하에 그 존립목적인 특정한 공공사무를 행하고 있다고 볼 수 있는 범위 내에서는 공법상의 권리·의무관계에 서 있다. 17 사복9급

[1] 조합을 상대로 한 쟁송에 있어서 강제가입제를 특색으로 한 조합원의 자격인정 여부에 관하여 다툼이 있는 경우에는 그 단계에서는 아직 조합의 어떠한 처분 등이 개입될 여지는 없으므로 공법상의 당사자소송에 의하여 그 조합원 자격의 확인을 구할 수 있다. 12 국회8급

[2] 한편 분양신청 후에 정하여진 관리처분계획의 내용에 관하여 다툼이 있는 경우에는 그 관리처분계획은 토지 등의 소유자에게 구체적이고 결정적인 영향을 미치는 것으로서 조합이 행한 처분에 해당하므로 항고소송에 의하여 관리처분계획 또는 그 내용인 분양거부처분 등의 취소를 구할 수 있으나, 12 국회8급 설령 조합원의 자격이 인정된다 하더라도 분양신청을 하지 아니하거나 분양을 희망하지 아니할 때에는 금전으로 청산하게 되므로(같은 법 제44조) 대지 또는 건축시설에 대한 수분양권의 취득을 희망하는 토지 등의 소유자가 한 분양신청에 대하여 조합이 분양대상자가 아니라고 하여 관리처분계획에 의하여 이를 제외시키거나 원하는 내용의 분양대상자로 결정하지 아니한 경우, 토지 등의 소유자에게 원하는 내용의 구체적인 수분양권이 직접 발생한 것이라고는 볼 수 없어서 곧바로 조합을 상대로 하여 민사소송이나 공법상 당사자소송으로 수분양권의 확인을 구하는 것은 허용될 수 없다(대판 1996.2.15. 94다31235 전원합의체). 10 경행특채

Chapter 06 공권과 공의무관계

제1절 행정법관계의 내용

01 공권과 공의무

법률관계는 권리·의무관계라는 점에서 행정법관계도 사법관계와 기본적으로 같다. 개인 간의 법률관계가 권리와 의무의 대응구조로 이루어지는 것과 마찬가지로 행정법관계도 권리와 의무로 이루어지는데, 이를 공권·공의무라고 표현한다. 국가가 가지는 권리·의무를 국가적 공권·공의무라 하고, 개인이 가지는 권리·의무를 개인적 공권·공의무라고 한다.

02 국가적 공권

1. 개념
국가적 공권이란 국가·공공단체 등의 행정주체가 우월한 의사주체로서 개인 또는 단체에 대하여 가지는 권리를 말한다. 국가적 공권은 권리라기보다는 권한의 성격이 강하다.

2. 종류
국가적 공권은 목적을 기준으로 조직권, 형벌권, 경찰권, 재정권, 군정권, 조세징수권, 공기업특권, 공용부담특권 등으로 나눌 수 있고, 내용을 기준으로 하명권, 강제권, 형성권, 공법상 물권, 특허처분권, 공물관리권 등으로 나눌 수 있다.

03 개인적 공권(주관적 공권)

1. 의의

(1) 개념
개인적 공권이란 개인이 자기의 이익을 위해 국가 등에 대하여 일정한 행위(작위·부작위·수인·급부)를 요구할 수 있도록 공법상 개인에게 부여되어 있는 법적인 힘을 말한다.

(2) 기능
공권성이 인정되면 공권이 침해되었을 때 소송에 의해 구제를 받을 수 있다. 즉, 공권이 침해된 경우 항고소송의 원고적격이 인정되며, 행정상 손해배상청구도 가능하다.

(3) 행정법률관계론과 개인적 공권

민법의 법률관계론(권리와 의무로 이루어짐)이 행정법에 도입되면서 행정법관계에도 개인적 공권이 인정되는 이론적 토대가 되었다.

(4) 공권과 반사적 이익의 구별

1) 개인적 공권과 반사적 이익

개인적 공권	개인이 자기의 이익을 위해 국가 등에 대하여 일정한 행위(작위·부작위·수인·급부)를 요구할 수 있는 법적인 힘(사익보호성 ○)
반사적 이익	법이 규제를 하지 않음으로써 누리는 이익(사익보호성 ×)
차이점	공권성이 인정되면 공권이 침해되었을 때 행정소송이나 손해전보가 가능하지만, 반사적 이익이 침해되었을 때는 소송을 제기할 수 없다. 기출다수

2) 공권과 반사적 이익의 구별 실익

공권이 침해되면 행정쟁송이 가능하지만, 반사적 이익이 침해된 경우에는 행정쟁송을 제기할 수 없다. 06 경기9급 취소소송은 "법률상 이익이 있는 자만 제기할 수 있다."라고 행정소송법이 규정하고 있기 때문이다.

2. 개인적 공권의 성립요건

(1) 개인적 공권이 성립되는 근거

개인적 공권은 헌법에 의해 직접 인정되기도 하고 법률에 의해 도출되기도 하며, 관습법과 공법상 계약, 법규명령, 조리에 의해 성립되는 경우도 있다. 행정규칙에 의해서는 원칙적으로 공권이 성립하지 않는다. 법률에 의한 경우가 가장 대표적이므로 이를 중점으로 검토하고 그 외의 경우를 보기로 한다.

(2) 법률에 의한 공권의 성립 - 뷜러의 3요소설

1) 행정청의 의무 존재

개인적 공권이 성립하기 위하여는 먼저 행정주체에게 일정한 의무를 부과하는 강행법규가 존재하여야 한다.

2) 강행법규의 사익보호성 12 국가9급, 08 국가7급 등

① **강행법규의 목적**: 강행법규의 목적·취지가 적어도 관계인의 이익도 보호하고자 하는 것인 경우에만 관련 이익은 법적으로 주장할 수 있는 이익으로서 비로소 권리성이 인정된다.

* 판례에서 '국민 개개인의 이익'이라는 표현을 사용하면 사익보호성을 인정하는 것이고, '공공일반의 이익'이라는 표현을 사용하면 사익보호성을 부정하는 것이다.

② **공익만을 보호하는 경우**: 어떤 법규가 전적으로 공익의 보호만을 목적으로 하고 사익의 보호를 목적으로 하고 있지 않다면 이는 반사적 이익에 불과하다.
③ **판단기준**: 사익보호성은 처분의 직접적인 근거가 되는 법률뿐만 아니라 **관련 법률과 헌법상의 기본권**까지 고려하여야 한다(보호규범론).

3) 이익관철 의사력(재판청구가능성 = 소구가능성)

과거에는 공권의 성립에 별도로 재판청구의 가능성을 요구하였으나, 현대헌법은 재판을 받을 권리를 일반적으로 보장하고 있으므로 소구가능성은 오늘날에는 이미 그 독자적 의의를 상실하였다고 보는 것이 통설이다. `13 국가7급` 따라서 공권의 성립에는 위에서 언급한 2가지만 있으면 성립된다고 본다(2요소설).

관련판례

의무교육에 관련되는 경비를 국가와 지방자치단체가 부담하도록 규정한 지방교육자치에 관한 법률을 근거로 의무교육을 위탁받은 사립중학교 학교법인이 지방자치단체를 상대로 사립학교 교직원 연금 및 건강보험료 법인부담금 상당액의 상환을 구할 공법상 권리는 인정되지 않는다(대판 2015.1.29. 2012두7387).

(3) 헌법에 의한 공권의 성립 - 헌법상 기본권의 구체적 공권화

1) 문제점

적용우위의 원칙상 공권은 1차적으로 개별적 법률에서 도출된다. 그러나 국민의 권리보장을 위해 개별법에 규정이 없는 경우 2차적으로 헌법에 의해서 공권의 성립을 인정할 수 있다는 것이 오늘날 통설과 판례의 입장이다. 문제는 **헌법상의 모든 기본권에 의해 공권이 성립되는 것은 아니므로, 헌법상의 여러 기본권 중 어떤 기본권에 의해 공권을 인정할 것인지** 그 범위를 결정할 필요가 있다.

2) 헌법상 기본권에 의한 공권의 성립범위

헌법상 기본권은 자유권, 참정권, 청구권, 사회적 기본권 등으로 분류할 수 있는데 그중 구체적 권리와 추상적 권리가 있다.

구체적 권리의 예	헌법상 **자유권적 기본권**은 구체적 권리이다. → 공권 성립 예 알 권리, 구속된 피의자·피고인의 접견권, 신체의 자유, 언론의 자유, 종교의 자유 등
추상적 권리의 예	헌법상 **사회적 기본권**은 대체로 추상적 권리이다. `17 국회8급, 12 국가9급` → 헌법규정만으로는 인정될 수 없고 법률이 구체적으로 정하는 바에 따라 인정 예 인간다운 생활권, 근로의 권리, 근로자가 퇴직급여를 청구할 수 있는 권리 등

3) 대법원

① **마실 물 선택권**은 행복추구권으로부터 도출되는 구체적 권리이다.
② **구속된 피의자·피고인의 접견권**은 헌법상의 기본권으로 구체적 권리이다.
 * 개별법이 없어도 헌법규정만으로 인정된다는 의미이다.
③ **환경권**은 헌법상 기본권이지만, 환경권으로부터 개인적 공권을 바로 도출할 수는 없으므로 환경권에 기하여 직접 방해배제청구권을 행사할 수 없다. `17 국회8급`

관련판례

❶ 구속된 피고인 또는 피의자의 타인과의 접견권은 헌법상의 기본권을 확인하는 것일 뿐 형사소송법의 규정에 의하여 비로소 피고인 또는 피의자의 접견권이 창설되는 것이 아니다(대결 1992.5.8. 91부8). 10 국가9급

❷ 헌법상 기본권은 제1차적으로 개인의 자유로운 영역을 공권력의 침해로부터 보호하기 위한 방어적 권리이지만 다른 한편으로 헌법의 기본적인 결단인 객관적인 가치질서를 구체화한 것으로서, 사법(私法)을 포함한 모든 법영역에 그 영향을 미치는 것이므로 사인 간의 사적인 법률관계도 헌법상의 기본권 규정에 적합하게 규율되어야 한다. 다만, <u>기본권 규정은 성질상 사법관계에 직접 적용될 수 있는 예외적인 것을 제외하고는 관련 법규범 또는 사법상의 일반원칙을 규정한 민법 제2조, 제103조 등의 내용을 형성하고 그 해석기준이 되어 간접적으로 사법관계에 효력을 미치게 된다.</u>

국내외 항공운송업을 영위하는 갑 주식회사가 턱수염을 기르고 근무하던 소속 기장 을에게 "수염을 길러서는 안 된다."라고 정한 취업규칙인 '임직원 근무복장 및 용모규정' 제5조 제1항 제2호를 위반하였다는 이유로 비행업무를 일시정지시킨데 대하여, … 갑 회사 소속 직원들이 수염을 기른다고 하여 반드시 고객에게 부정적인 인식과 영향을 끼친다고 단정하기 어려운 점, 더욱이 기장의 업무범위에 항공기에 탑승하는 고객들과 직접적으로 대면하여 서비스를 제공하는 것이 당연히 포함되어 있다고 볼 수 없으며, 을이 자신의 일반적 행동자유권을 지키기 위해서 선택할 수 있는 대안으로는 갑 회사에서 퇴사하는 것 외에는 다른 선택이 존재하지 않는데도 수염을 일률적·전면적으로 기르지 못하도록 강제하는 것은 합리적이라고 볼 수 없는 점 등에 비추어 보면, 갑 회사가 헌법상 영업의 자유 등에 근거하여 제정한 위 취업규칙 조항은 을의 헌법상 일반적 행동자유권을 침해하므로 근로기준법 제96조 제1항, 민법 제103조 등에 따라서 무효이다(대판 2018.9.13. 2017두38560).

4) 헌법재판소

알 권리(그중에서도 정보공개청구권)는 헌법상의 구체적 권리로서 공공기관의 정보공개에 관한 법률의 제정 전에도 헌법규정만으로 개인적 공권성을 인정하여 정보공개 거부에 대해 위헌결정을 하였다. 그 후 공공기관의 정보공개에 관한 법률이 제정되었다.

관련판례

❶ 행정서류에 대한 열람·복사 민원의 처리는 법률의 제정이 없더라도 헌법상의 알 권리만으로 청구할 수 있다(헌재 1989.9.4. 88헌마22).

❷ 건축법 시행규칙(법규명령 중 위임명령)으로부터 공법상의 권리가 인정된다.

건축주 명의변경신고에 관한 건축법 시행규칙 제3조의2의 규정은 단순히 행정관청의 사무집행의 편의를 위한 것에 지나지 않는 것이 아니라, 허가대상 건축물의 양수인에게 건축주의 명의변경을 신고할 수 있는 공법상의 권리를 인정함과 아울러 행정관청에게는 그 신고를 수리할 의무를 지게 한 것으로 봄이 상당하므로, <u>허가대상 건축물의 양수인이 위 규칙에 규정되어 있는 형식적 요건을 갖추어 시장, 군수에게 적법하게 건축주의 명의변경을 신고한 때에는 시장, 군수는 그 신고를 수리하여야지 실체적인 이유를 내세워 그 신고의 수리를 거부할 수는 없다</u>(대판 1992.3.31. 91누4911).

5) 행정규칙에 의한 공권의 성립은 어렵다.

행정규칙은 국민의 권리·의무와 관련이 없기 때문에 공권 성립이 어렵다.

행정규칙에 의한 공권 성립을 부정한 사례 08 국회8급 등

서울특별시의 철거민에 대한 시영아파트 특별분양개선지침은 서울특별시 내부에 있어서의 행정지침에 불과하며 그 지침 소정의 자에게 공법상의 분양신청권이 부여되는 것은 아니다(대판 1989.12.26. 87누1214).

3. 처분의 상대방이 아닌 제3자에게 공권이 성립하는 경우

(1) 개설

제3자효 행정행위란 처분의 상대방에게는 이익이 되지만, 제3자의 이익을 침해하는 경우를 말한다(예 연탄공장 허가처분으로 인근 주민들이 입게 되는 불이익). 이때 인근 주민들이 처분의 상대방은 아니지만, 처분의 효력을 다툴 수 있는지가 문제된다. 경업자소송, 경원자소송, 인인소송(이웃주민의 소송) 등이 있다.

(2) 경업자소송

1) 개념

경업자소송이란 기존 사업자가 신규 사업자에게 행해진 특허나 허가처분을 소송을 통해 다툴 수 있는지의 문제이다.

2) 인정 여부 - 경업자의 이익이 법률상의 이익인지 문제

① **특허사업(인정)**: 특허업자가 누리는 이익은 법률상 이익으로 경업자소송이 가능하다(예 운송사업).
② **허가사업(부정)**: 허가업자가 누리는 이익은 반사적 이익이므로 원칙적으로 경업자소송이 인정되지 않는다(예 식당, 유기장, 목욕탕). 다만, 예외적으로 인정되는 경우가 있다.

◎ **경업자의 법률상 이익을 인정(주로 특허사업)**

❶ 시외버스운송사업계획 변경인가처분으로 시외버스 운행노선 중 일부가 기존의 시내버스 운행노선과 중복하게 되어 기존 시내버스 사업자의 수익 감소가 예상되는 경우, 기존의 시내버스운송사업자에게 위 처분의 취소를 구할 법률상의 이익이 있다(대판 2002.10.25. 2001두4450). 07 세무사 등

❷ 선박운항사업 면허처분에 대하여 기존업자는 신규업자에게 내려진 면허의 취소를 구할 법률상 이익이 있다. 08 지방9급 등
해상운송사업법에서 당해 사업의 개시로 인하여 당해 항로에서 전 공급수송력이 전 수송수요량에 대하여 현저하게 공급과잉이 되지 아니하도록 규정하여 허가의 요건으로 하고 있는 것은 주로 해상운송의 질서를 유지하고 해상운송사업의 건전한 발전을 도모하여 공공의 복리를 증진함을 목적으로 하고 있으며, 동시에 한편으로는 업자 간의 경쟁으로 인하여 경영의 불합리를 방지하는 것이 공공의 복리를 위하여 필요하므로 허가조건을 제한하여 기존업자의 경영의 합리화를 보호하자는 데도 목적이 있다. 이러한 기존업자의 이익은 단순한 사실상의 이익이 아니고 법에 의하여 보호되는 이익이라고 해석된다(대판 1969.12.30. 69누106).

관련판례

◎ **경업자의 법률상 이익을 부정(주로 허가사업)**

❶ 유기장업자가 누리는 이익은 반사적 이익에 불과하다.

유기장 영업허가는 유기장 경영권을 설정하는 설권행위가 아니고 일반적 금지를 해제하는 영업자유의 회복이라 할 것이므로 그 영업상의 이익은 반사적 이익에 불과하고 행정행위의 본질상 금지의 해제나 그 해제를 다시 철회하는 것은 공익성과 합목적성에 따른 당해 행정청의 재량행위라 할 것이다(대판 1986.11.25. 84누147).

❷ 장의자동차운송사업 구역에 의해 누리는 이익은 반사적 이익에 불과하다.

면허받은 장의자동차운송사업 구역에 위반하였음을 이유로 한 행정청의 과징금 부과처분에 의하여 동종업자의 영업이 보호되는 결과는 사업구역제도의 반사적 이익에 불과하기 때문에 그 과징금 부과처분을 취소한 재결에 대하여 처분의 상대방 아닌 제3자는 그 취소를 구할 법률상 이익이 없다(대판 1992.12.8. 91누13700).

(3) 경원자소송

1) 개념

경원자란 특정 사업자에 대한 허가나 특허 등이 다른 사업자에 대한 거부로 귀결될 수밖에 없는 경우를 말한다. 예컨대, 항만공사 시행의 입찰에 출원한 다수의 사업자 중에서 허가처분을 받지 못한 사업자가 제기하는 소송을 말한다.

2) 인정 여부

판례는 경원관계의 존재만으로도 신청이 거부된 경원자에게 법률상 이익이 있다고 보는 입장이다(대판 2009.12.10. 2009두8359).

관련판례

법학전문대학원 예비인가에서 탈락한 조선대학교는 전남대학교에 내려진 법학전문대학원의 허가에 대한 취소를 구할 원고적격이 있다.

인·허가 등의 수익적 행정처분을 신청한 수인이 서로 경쟁관계에 있어서 일방에 대한 허가 등의 처분이 타방에 대한 불허가 등으로 귀결될 수밖에 없는 때 허가 등의 처분을 받지 못한 자는 비록 경원자에 대하여 이루어진 허가 등 처분의 상대방이 아니라 하더라도 당해 처분의 취소를 구할 원고적격이 있다. 다만, 명백한 법적 장애로 인하여 원고 자신의 신청이 인용될 가능성이 처음부터 배제되어 있는 경우에는 당해 처분의 취소를 구할 정당한 이익이 없다(대판 2009.12.10. 2009두8359).

(4) 인인(隣人)소송(인근 주민이 제기하는 소송)

1) 개념

이웃주민 사이에서 특정인에게 주어지는 수익적 행위가 타인에게는 불이익이 되는 경우에 다투는 소송을 말한다.

2) 인정 여부

전통적으로 이웃주민의 이익은 반사적 이익에 불과하다고 보았으나, 제3자의 이익 확대화 경향에 따라 인정되는 경우가 늘어나고 있다. 대법원은 **연탄공장 허가처분**에 대한 이웃주민의 원고적격을 인정하였고, **LPG 충전소 설치허가**에 대하여 인근주민의 원고적격을 인정한 이후 제3자가 누리는 이익이 직접적이고 현실적으로 침해되는 경우에는 원고적격을 인정하고 있다.

04 개인적 공권의 특수성

1. 불융통성

(1) 이전의 제한

공권은 사권과 달리 공익적 관점에서 특정인에게 귀속시킨 것이기 때문에 일신전속성이 있어 이전성·포기성이 제한되고 또한 타인이 이를 대행하지 못하는 것을 원칙으로 한다. 07 서울9급 등 공권은 양도·상속 등 그 이전성이 부인되는 경우가 많으며, 따라서 압류도 제한 또는 금지되는 경우가 많다.

관련판례

국가나 지방자치단체에 대한 보조금청구채권은 양도가 금지된 것으로서 강제집행의 대상이 될 수 없다.
* 무형문화재에 대한 전승지원금채권도 압류가 금지된다.

보조금은 국가나 지방자치단체가 특정한 사업을 육성하거나 재정상의 원조를 하기 위하여 지급하는 금원으로서, 그 금원의 목적 내지 성질, 용도 외 사용의 금지 및 감독, 위반시의 제재조치 등 그 근거법령의 취지와 규정 등에 비추어 국가 혹은 지방자치단체와 특정의 보조사업자 사이에서만 수수·결제되어야 하는 것으로 봄이 상당하므로, 보조금청구채권은 양도가 금지된 것으로서 강제집행의 대상이 될 수 없다(대판 2008.4.24. 2006다33586).

(2) 포기의 제한

개인적 공권은 포기가 금지되는 경우가 많다. 05 관세사 다만, 국가배상청구권, 손실보상청구권 등과 같이 주로 권리자의 경제적 이익을 위해 인정되고 있는 개인적 공권은 포기를 인정하는 경우가 있다.

2. 비대체성

일신전속적 성격 때문에 그 위임 또는 대리가 인정되지 않는 경우가 많다. 95 5급승진

관련판례

❶ 국가유공자로 보호받을 권리는 일신전속적 권리여서 상속의 대상이 아니다.

국가유공자와 유족으로 등록되어 보상금을 받고, 교육보호 등 각종 보호를 받을 수 있는 권리는 … 당해 개인에게 부여되어진 일신전속적인 권리여서, 같은 법 규정에 비추어 상속의 대상으로도 될 수 없다고 할 것이므로 전상군경등록 거부처분 취소청구소송은 원고의 사망과 동시에 종료하였고, 원고의 상속인들에 의하여 승계될 여지는 없다(대판 2003.8.19. 2003두5037).

❷ 공무원으로서의 지위는 일신전속권으로서 상속의 대상이 되지 않으므로, 의원면직처분에 대한 무효확인을 구하는 소송은 당해 공무원이 사망함으로써 중단됨이 없이 종료된다(대판 2007.7.26. 2005두15748).

05 공의무

1. 개념
공의무란 공권에 대응하는 개념으로서 타인의 이익을 위해 의무자에 가해지는 공법상의 구속을 말한다.

2. 종류
공의무는 주체에 따라 국가적 공의무와 개인적 공의무로 나눌 수 있고, 개인적 공의무는 다시 내용에 따라 작위의무·부작위의무·수인의무·급부의무 등으로 나눌 수 있다.

06 공권·공의무의 승계

1. 행정주체의 권리·의무의 승계
행정주체의 변경은 반드시 법률상의 근거를 필요로 한다. 따라서 행정주체의 승계문제는 법률의 규정에 따라야 한다. 행정주체의 권리·의무승계는 지방자치단체의 구역변경이나 폐치·분합(지방자치법 제8조 제1항), 특수법인·공공조합의 통폐합 등의 경우에 발생한다. `94 국가7급`

2. 사인의 공권·공의무의 승계문제

(1) 명문규정이 있는 경우

1) 일반규정의 부재
공법상 권리·의무의 승계에 관한 일반규정은 없으나, 개별법에서 공권·공의무의 승계를 인정하는 규정을 둔 경우가 있다. 이때에도 **일신전속적인 권리·의무는 승계되지 않는다.** 한편, 개별법에서 공권·공의무의 이전을 금지하는 경우도 있다(국가배상법 제4조, 공무원연금법 제39조). `06 국회8급`

2) 행정절차법의 규정
행정절차법에 의하면 포괄승계(예 상속, 합병 등)의 경우에는 행정청의 승인 없이도 당연히 권리·의무가 승계되지만, 특정승계(예 권리의 양수)의 경우에는 행정청의 승인을 요한다. `14 국가7급`

(2) 명문규정이 없는 경우

1) 승계 인정 여부
① **전면적 승계부정설**: 행정행위에 의해 구체화된 권리·의무는 공법상의 권리·의무로서 일신전속적인 성질을 가지기 때문에 승계되지 않으며, 행정청과 그 상대방 사이의 법률관계만 규율한다는 견해이다(O. Mayer 등).
② **제한적 승계긍정설**: 승계를 부정할 때 발생하는 무용한 절차의 반복을 피하고 공의무의 면탈을 방지하기 위하여 승계를 긍정하는 견해로서 일신전속적이고 비대체적인 성질의 공법상 지위를 제외한 대물적 성질의 공법상 지위는 승계가 된다고 본다. `07 서울9급`

2) 승계의 요건
① 권리와 의무가 이전에 적합하여야 한다. 즉, 대체적 성질, 대물적 성질의 공법상 지위만이 승계될 수 있다.
② 영업의 양도·양수와 같은 이전을 실현시킬 수 있는 사유가 발생하여야 한다.

관련판례

❶ 형질변경허가의 승계는 가능하다.

[1] 구 산림법상의 채석허가를 받은 자(이하 '수허가자'라 함)의 지위를 승계한 자는 … 대물적 허가의 성질을 아울러 가지고 있는 점 등을 감안하여 보면, 수허가자가 사망한 경우 특별한 사정이 없는 한 수허가자의 상속인이 수허가자로서의 지위를 승계한다고 봄이 상당하다.

[2] 원상회복명령에 따른 복구의무는 타인이 대신하여 행할 수 있는 의무로서 일신전속적인 성질을 가진 것으로 보기 어려운 점 … 법의 목적을 감안하여 법에 의한 처분 등으로 인한 권리와 아울러 그 의무까지 승계시키려는 취지인 점 등에 비추어 보면, 산림을 무단형질변경한 자가 사망한 경우 당해 토지의 소유권 또는 점유권을 승계한 상속인은 그 복구의무를 부담한다고 봄이 상당하고, 따라서 관할 행정청은 그 상속인에 대하여 복구명령을 할 수 있다고 보아야 한다(대판 2005.8.19. 2003두9817).

❷ 이행강제금(행위책임, 인적 책임)은 승계되지 않는다. 13 국가7급 등

* 부동산 실권리자명의 등에 관한 법률상 과징금(상태책임, 물적 책임)은 승계된다.

구 건축법상의 이행강제금은 구 건축법의 위반행위에 대하여 시정명령을 받은 후 시정기간 내에 당해 시정명령을 이행하지 아니한 건축주 등에 대하여 부과되는 간접강제의 일종으로서 그 이행강제금 납부의무는 상속인 기타의 사람에게 승계될 수 없는 일신전속적인 성질의 것이므로 이미 사망한 사람에게 이행강제금을 부과하는 내용의 처분이나 결정은 당연무효이고, 이행강제금을 부과받은 사람의 이의에 의하여 비송사건절차법에 의한 재판절차가 개시된 후에 그 이의한 사람이 사망한 때에는 사건 자체가 목적을 잃고 절차가 종료한다(대결 2006.12.8. 2006마470).

(3) 제재사유의 승계

허가영업 등의 양도인에게 발생한 제재사유가 양수인에게 이전될 수 있는지가 문제된다. 대법원은 "등록영업인 석유판매업의 양도·양수의 경우 양도인에게 발생한 제재사유(영업허가 철회사유)가 양수인에게 승계된다."라고 판시한 바 있다.

관련판례

❶ 석유판매업이 양도된 경우, 양도인의 귀책사유로 양수인에게 제재를 가할 수 있다.

석유판매업(주유소)허가는 소위 대물적 허가의 성질을 갖는 것이어서 그 사업의 양도도 가능하고 이 경우 양수인은 양도인의 지위를 승계하게 됨에 따라 양도인의 위 허가에 따른 권리·의무가 양수인에게 이전되는 것이므로 만약 양도인에게 그 허가를 취소할 위법사유가 있다면 허가관청은 이를 이유로 양수인에게 응분의 제재조치를 취할 수 있다 할 것이고, 양수인이 그 양수 후 허가관청으로부터 석유판매업허가를 다시 받았다 하더라도 이는 석유판매업의 양수도를 전제로 한 것이어서 이로써 양도인의 지위승계가 부정되는 것은 아니므로 양도인의 귀책사유는 양수인에게 그 효력이 미친다(대판 1986.7.22. 86누203).

❷ 개인택시운송사업의 양도·양수에 대한 인가를 한 후, 그 양도·양수 이전에 있었던 양도인에 대한 운송사업면허 취소사유를 들어 양수인의 사업면허를 취소할 수 있다. 20 국가7급 등

관할 관청이 개인택시운송사업의 양도·양수에 대한 인가를 한 후 그 이전에 있었던 양도인의 음주운전 사실로 운전면허가 취소되자, 양도인의 운전면허 취소가 운송사업면허의 취소사유에 해당한다는 이유로 양수인의 운송사업면허를 취소하는 처분을 한 사안에서, 개인택시운송사업자의 면허를 박탈함으로써 개인택시운송사업의 질서를 확립하여야 할 공익상 필요가 위 처분으로 양수인이 입게 될 불이익에 비해 가볍다고 볼 수 없어 관계 법령의 기준에 따른 위 처분에 재량을 일탈·남용한 위법이 없다(대판 2010.4.8. 2009두17018).

❸ 회사분할의 경우, 분할 전 위반행위를 이유로 신설회사에 대하여 과징금을 부과하는 것은 허용되지 않는다. 17 서울9급

신설회사 또는 존속회사가 승계하는 것은 분할하는 회사의 권리와 의무라 할 것인바, 분할하는 회사의 분할 전 법위반행위를 이유로 과징금이 부과되기 전까지는 단순한 사실행위만 존재할 뿐 그 과징금과 관련하여 분할하는 회사에게 승계의 대상이 되는 어떠한 의무가 있다고 할 수 없고, 특별한 규정이 없는 한 신설회사에 대하여 분할하는 회사의 분할 전 법위반행위를 이유로 과징금을 부과하는 것은 허용되지 않는다(대판 2007.11.29. 2006두18928).

제2절 무하자재량행사청구권과 행정개입청구권

01 무하자재량행사청구권

1. 의의

(1) 개념

무하자재량행사청구권이란 재량의 영역에서 개인이 행정청에 대하여 하자 없는, 즉 적법한 재량처분을 청구할 수 있는 공권을 말한다(다수설). 01 관세사 등

(2) 발전과정과 인정 실익

1) 재량영역에서 공권의 성립이 가능하다. 17 국가9급

전통적 공권이론에 의하면 공권은 행정청에게 법적 의무를 부과하는 강행규정이 있을 때만 인정될 수 있고, 재량의 영역에서는 개인적 공권이 인정될 수 없었다. 그러나 실질적 법치주의가 확립됨에 따라 **재량의 영역에서도 공권의 성립이 가능하다**는 것이 일반적 견해이며, 무하자재량행사청구권이 이에 기여하였다.

2) 재량행위에 대한 항고소송이 가능하다.

재량행위에 대한 사인의 신청에 대한 거부에 대해서는 원칙적으로 항고소송을 인정하기 어렵지만, 무하자재량행사청구권을 인정하면 항고소송이 가능해진다는 실익이 있다.

3) 재량행위에 대한 통제법리로 작용한다.

무하자재량행사청구권은 독일에서 제2차 세계대전 이후에 승인된 개인적 공권으로서 재량통제의 법리로 등장하였다. 05 대구9급 등

2. 법적 성질

(1) 적극적 공권성

무하자재량행사청구권은 단순히 위법한 처분을 배제하는 소극적·방어적 권리에 그치는 것이 아니라, 행정청에 대하여 적법한 재량처분을 할 것을 구하는 적극적 공권의 성질을 가진다.

(2) 형식적 공권성(절차적 공권성)

무하자재량행사청구권은 실체적 공권은 아니다. 즉, 특정 처분을 해줄 것을 요구할 수 있는 권리가 아니라 종국처분의 형성과정에 있어서 재량권의 법적 한계를 준수하면서 어떤 처분이든 처분을 할 것을 구하는 것이라는 점에서 형식적 공권으로서의 속성을 가지고 있다(다수설).

3. 인정 여부

검사임용신청에 대한 거부처분 취소소송에서 무하자재량행사청구권을 받아들이고 있다고 보는 것이 일반적인 평가이다. 그러나 이 판례가 무하자재량행사청구권을 인정한 것이 아니라 대상적격과 관련하여 조리상 신청권을 인정한 것이라는 견해 등 부정하는 견해도 있다(홍정선).

관련판례

◎ **검사임용신청에 대한 거부처분 취소소송** 14 국회8급

[1] 검사 지원자 중 한정된 수의 임용대상자에 대한 임용결정은 한편으로는 그 임용대상에서 제외한 자에 대한 임용거부결정이라는 양면성을 지니는 것이므로 임용대상자에 대한 임용의 의사표시는 동시에 임용대상에서 제외한 자에 대한 임용거부의 의사표시를 포함한 것으로 볼 수 있고, 이러한 임용거부의 의사표시는 본인에게 직접 고지되지 않았다고 하여도 본인이 이를 알았거나 알 수 있었을 때에 그 효력이 발생한 것으로 보아야 한다.

[2] 검사의 임용 여부는 임용권자의 자유재량에 속하는 사항이나, 임용권자가 동일한 검사신규임용의 기회에 원고를 비롯한 다수의 검사 지원자들로부터 임용신청을 받아 전형을 거쳐 자체에서 정한 임용기준에 따라 이들 일부만을 선정하여 검사로 임용하는 경우에 있어서 법령상 검사임용신청 및 그 처리의 제도에 관한 명문규정이 없다고 하여도 조리상 임용권자는 임용신청자들에게 전형의 결과인 임용 여부의 응답을 해줄 의무가 있다고 할 것이며, 응답할 것인지 여부조차도 임용권자의 편의재량사항이라고는 할 수 없다. 15 국가9급

[3] 검사의 임용에 있어서 임용권자가 임용 여부에 관하여 어떠한 내용의 응답을 할 것인지는 임용권자의 자유재량에 속하므로 일단 임용거부라는 응답을 한 이상 설사 그 응답 내용이 부당하다고 하여도 사법심사의 대상으로 삼을 수 없는 것이 원칙이나, 적어도 재량권의 한계 일탈이나 남용이 없는 위법하지 않은 응답을 할 의무가 임용권자에게 있고 이에 대응하여 임용신청자로서도 재량권의 한계 일탈이나 남용이 없는 적법한 응답을 요구할 권리가 있다고 할 것이며, 이러한 응답신청권에 기하여 재량권 남용의 위법한 거부처분에 대하여는 항고소송으로서 그 취소를 구할 수 있다고 보아야 하므로 임용신청자가 임용거부처분이 재량권을 남용한 위법한 처분이라고 주장하면서 그 취소를 구하는 경우에는 법원은 재량권 남용 여부를 심리하여 본안에 관한 판단으로서 청구의 인용 여부를 가려야 한다(대판 1991.2.12. 90누5825).

4. 인정범위

(1) 수익적 행위와 부담적 행위
무하자재량행사청구권은 수익적 행정행위에는 물론 부담적 행정행위에도 적용된다.

(2) 선택재량과 결정재량
무하자재량행사청구권은 행정청이 **선택재량**을 가지는 경우와 **결정재량**을 가지는 경우에 모두 인정된다. `07 경북9급` 다만, 기속규범에서는 인정되지 않고 재량규범에서 인정된다. `09 국가9급`

5. 성립요건

(1) 공권의 일반적 요건
강행법규가 존재하고, 사익보호성이 있어야 한다. `15 국가9급`

(2) 재량영역
행정청에게 재량이 인정되어야 한다. `09 국가9급 등` 기속행위 경우에는 당연히 공권이 인정되기 때문이다.

02 행정개입청구권

1. 의의

(1) 행정행위발급청구권
행정행위발급청구권이란 개인이 자기의 이익을 위하여 자신에 대한 처분을 청구할 수 있는 권리를 말한다(예 각종 허가의 청구 등). `05 강원9급`

(2) 협의의 행정개입청구권
협의의 행정개입청구권이란 개인이 자기를 위하여 제3자에게 규제·단속 등의 행정권을 발동하여 줄 것을 청구할 수 있는 권리를 말한다(예 환경오염업체에 대한 환경규제 발동을 청구하는 것 등). `09 서울승진 등` 행정행위발급청구권은 자기에 대한 행정작용을 청구하는 것임에 비해 행정개입청구권은 제3자에게 발동될 것을 요구하는 점에서 다르다.

(3) 무하자재량행사청구권과의 구별
행정개입청구권은 재량행위의 경우에도 사인이 특정 처분을 할 것을 구할 수 있는 청구권임에 반해, 무하자재량행사청구권은 자신의 신청에 따른 처분을 할 것을 구할 수 없다는 점에서 양자는 구별된다. 다만, 행정청의 재량권이 영(0)으로 수축되어 오직 하나의 결정만이 의무에 합당한 재량권의 행사로서 적법한 처분으로 인정되는 경우에는 양자는 비슷한 결론에 도달하게 된다.

2. 등장 배경

(1) 재량의 영(0)으로의 수축이론(행정편의주의의 극복)
재량행위도 평등원칙 등의 헌법적 원칙에 의한 제약을 통해 행정편의주의를 극복하고자 하는 점에서 출발한다. 즉, 재량권이 0으로 수축되는 경우에는 행정권의 발동이 의무적이라는 것을 강조하는 것이 행정개입청구권의 등장 배경이다.

(2) 반사적 이익의 공권화
전통적으로 경찰권 행사로 누리는 이익은 반사적 이익에 불과하다고 보았다. 그러나 오늘날 반사적 이익도 법률상의 이익으로 인정하는 경향에 따라 국민이 특정한 경찰권 행사의 발동을 청구할 수 있는 권리성이 인정된다.

3. 법적 성질

(1) 적극적 공권 07 국회8급
행정청에 대해 적극적으로 행정행위 기타 행정작용을 할 것을 구하는 적극적 공권이다.

(2) 실체적 공권
무하자재량행사청구권과는 달리 형식적 공권이 아니라 실체적 공권이다. 즉, 행정개입청구권은 특정 처분을 해줄 것을 청구하는 권리이다. 07 경북9급 따라서 **재량행위에 대해서 일반적으로 청구할 수 있는 것이 아니고 재량이 0으로 수축되는 경우에 인정된다.**

4. 인정 여부

(1) 학설
행정개입청구권을 부정하는 견해도 있으나, 사인의 행정에 대한 의존도가 증가하는 현대국가에서 행정권의 부작위는 경우에 따라 사인에 대하여 중대한 침해를 가져올 수도 있으므로 이러한 경우 행정청에 대하여 권력발동을 요구할 수 있는 제도가 필요하다는 긍정설이 통설의 입장이다.

(2) 판례
판례가 정면으로 사인의 경찰개입청구권을 인정한 것은 없으나, 1·21 사태시에 무장공비에 의하여 생명의 위협을 받고 있던 청년의 가족이 인근 경찰파출소에 대한 구원요청에도 불구하고 경찰이 출동하지 아니한 결과, 그 청년이 희생된 사건에서 대법원은 국가의 손해배상책임을 인정한 바 있다(대판 1971.4.6. 71다124). 이 판결은 사인의 경찰권발동청구권을 인정한 것으로 볼 수 있다. 다만, 이 판결에 대해 행정개입청구권을 인정한 것이 아니라 국가배상청구권의 성립요건으로 부작위의 위법성을 인정한 것이라는 평석도 있다.

 관련판례

국민이 행정청에 대하여 제3자에 대한 건축허가와 준공검사의 취소 및 제3자 소유의 건축물에 대한 철거명령을 요구할 수 있는 법규상 또는 조리상 권리가 없다. 08 지방7급

구 건축법 및 기타 관계 법령에 국민이 행정청에 대하여 제3자에 대한 건축허가의 취소나 준공검사의 취소 또는 제3자 소유의 건축물에 대한 철거 등의 조치를 요구할 수 있다는 취지의 규정이 없고, 같은 법 제69조 제1항 및 제70조 제1항은 각 조항 소정의 사유가 있는 경우에 시장·군수·구청장에게 건축허가 등을 취소하거나 건축물의 철거 등

필요한 조치를 명할 수 있는 권한 내지 권능을 부여한 것에 불과할 뿐, 시장·군수·구청장에게 그러한 의무가 있음을 규정한 것은 아니므로 위 조항들도 그 근거규정이 될 수 없으며, 그 밖에 조리상 이러한 권리가 인정된다고 볼 수도 없다(대판 1999.12.7. 97누17568).

5. 성립요건

(1) 개입의무의 발생 – 강행법규에 의한 의무 부과

1) 개입의무

기속행위의 경우에는 특별히 문제가 되지 않으나, 재량행위의 경우에는 재량의 0으로의 수축에 의해 개입의무가 인정되어야 한다.

2) 재량권이 0으로 수축되는 경우인지 여부의 판단기준

재량권이 0으로 수축되는 경우란, ① 국민의 생명·신체·재산과 같은 중대한 법익이 위협받고 있는 경우에 ② 해당 행정기관이 다른 동가치의 법익을 소홀함이 없이도 이러한 위해를 제거할 수 있는 상황이어야 한다.

(2) 사익보호성

해당 법규의 취지가 공익뿐만 아니라 관계인의 사익 보호도 목적으로 하고 있는 경우여야 한다. `15 국가9급`

6. 적용분야

(1) 경찰행정에 국한되지 않는다.

행정개입청구권은 위해 방지를 목적으로 하는 **경찰행정을 중심으로 발전**하였으나, 오늘날 경찰영역뿐만 아니라 환경분야, 소비자권, 안전권 등 행정의 전 영역에 걸쳐 인정된다는 것이 일반적 견해이다.

(2) 재량행위와 기속행위

행정개입청구권은 주로 **재량행위와 관련하여 검토된다.** 기속행위의 경우에는 행정청에게 특정 처분을 할 법적 의무가 있으므로 특별히 논의할 필요가 없다.

(3) 결정재량과 선택재량

행정개입청구권은 결정재량의 경우에 문제되며, 선택재량이 있을 때는 논의대상이 아니다.

Chapter 07 특별권력관계

01 전통적 특별권력관계

1. 의의

종래 통설은 행정법관계를 권력관계와 관리관계로, 권력관계는 다시 일반권력관계와 특별권력관계로 구별하였는데, 특별관력관계란 '특별한 법적 원인에 의하여 성립되어, 그 특별한 목적의 한도 내에서는 **일방이 상대방을 포괄적으로 지배하고 상대방은 이에 복종함을 내용으로 하는 법률관계**'를 의미한다고 보았다. 오늘날 특별행정법관계라는 용어가 더 적절하다는 것이 일반적이다.

* 특별권력관계의 예: 군인의 복무관계, 공무원의 근무관계, 교도소 재소관계, 국·공립학교 재학관계 등

2. 전통적 특별권력관계의 특징

(1) 법률유보에 의하지 않는 기본권 제한

과거에는 특별권력관계의 설정목적을 위해 필요한 합리적 범위 내에서 법률의 근거 없이 기본권의 제한이 가능하다고 보았다.

(2) 사법심사의 배제

전통적 특별권력관계론은 특별권력관계 내부문제에 대하여는 사법심사가 미치지 않으나, 예외적으로 그것이 일반권력관계상의 국민의 지위에까지 영향을 미치는 경우 재판통제가 인정된다고 보았다.

(3) 포괄적 지배권

특별권력관계에서의 특별권력주체에는 포괄적 지배권이 부여되어 있어, 그에 복종하는 자에 대하여 특별권력을 발동하는 경우에는 개별적·구체적인 법률의 근거를 요하지 않는다. 다만, 법률우위의 원칙은 적용되므로 내부관계를 규율하는 법률·법규명령이 존재하는 경우 그에 위반되는 규칙이나 처분은 위법하다.

3. 특별권력관계론의 성립 배경

(1) 역사적 배경

19세기 독일의 입헌군주정(외견적 입헌주의)에서 종래의 특권적 지위를 확보하려는 **군주와 시민계급을 대표하는 의회의 정치적 타협의 산물**로서 프랑스에는 없는 독일의 특유한 이론이다.

(2) 이론적 배경 – 불침투이론

불침투이론이란 국가도 법인체로서 하나의 인격주체이므로 인격주체 상호 간인 국가와 국민 사이에는 법규가 적용되지만, 국가 내부영역인 특별권력관계에는 법이 침투할 수 없다는 이론을 말한다. 03 입시등

02 특별권력관계의 인정 여부

1. 부정설

민주주의·실질적 법치주의·의회주의의 원칙·기본권 보장주의의 원칙상 특별권력관계의 관념은 인정될 수 없다는 견해이다.

2. 특별권력관계론의 수정이론[기본관계·경영관계 구별론(Ule)]

독일의 울레(Ule)교수가 주장한 이론으로 특별권력관계에서의 행위를 기본관계와 업무(경영)수행관계로 구분하여, 기본관계의 행위는 사법심사의 대상이 되고 업무수행관계에서의 행위는 사법심사의 대상이 아니라고 보는 견해이다. 07 경북9급

기본관계	업무/경영 수행관계(내부관계)
· 특별권력관계를 성립·변경·종료시키는 관계로서 상대방의 권리·의무에 직접적인 영향을 미치므로 법치주의가 적용 · 사법심사의 대상이 된 공무원의 임면·보직발령·징계, 국·공립학생의 입학·졸업·징계 등의 행정작용으로 대부분 행정객체의 법적 지위에 직접적 변동을 수반하는 행정처분적 성격이 있으므로 **항고소송의 대상 ○**	· 해당 특별권력관계의 목표를 실현하는데 필요한 행위 · 공무원의 직무명령, 군인의 훈련과 복무, 재소자관계(폐쇄적 영조물 이용관계), 여학생에 대한 바지착용금지 등이 이에 해당되는데, 대부분 단순 사실행위에 해당하여 처분성이 결여되므로 **항고소송의 대상 ×**

3. 독일 연방헌법재판소의 재소자판결

독일 연방헌법재판소는 1972. 3. 14. 재소자판결을 통하여 "① 자유와 인간의 가치를 최고의 목표로 하는 기본법하에서 수형자의 기본권 역시 법률에 의하거나 법률에 근거하여서만 제한될 수 있다. ② 수형자의 기본권 제한은 기본법의 가치질서에 의해 cover되는 공동체 관련의 목적 달성을 위해 불가피한 경우에만 고려될 수 있다."라고 판시하였다.

03 특별권력관계의 성립과 소멸

1. 성립

직접 법률의 규정에 의한 경우	본인의 동의에 의하여 성립하는 경우
· 전염병 환자의 국·공립병원에 강제입원 · 수형자의 수감 · 징집대상자의 입대	· 임의동의에 의한 경우: 국·공립대학 입학, 공무원 임용 · 법률에 의하여 의무화된 동의에 의한 경우: 학령 아동의 취학

2. 소멸

특별권력관계는 ① 목적의 달성(예 대학 졸업), ② 구성원 스스로의 탈퇴(예 공무원의 사임), ③ 권력주체에 의한 일방적인 해제(예 퇴학 처분) 등에 의해 소멸한다.

04 특별권력관계의 종류 15 경행특채

05 특별권력관계의 내용과 한계

1. 내용

(1) 명령권

1) 개념

특별권력주체가 그 구성원에게 목적 수행상 필요한 명령·강제를 할 수 있는 권력으로서 그 발동 형식은 일반적·추상적 행정규칙에 의할 수도 있고, 개별적·구체적 명령·처분의 형식에 의할 수도 있다.

2) 특별명령

특별명령이란 특별행정법관계에서 그 주체가 구성원의 지위, 이용관계 등에 관하여 고권적으로 발하는 일반적·추상적 명령을 말한다(예 도서관 이용규칙, 국·공립학교의 학칙 등). 문제는 특별명령에 대해서 보통의 행정규칙과 다른 법규성을 인정할 수 있는가 여부이다. 다수설은 특별명령의 법규성을 부정한다. 즉, 법률의 근거 없이 제정된 특별명령은 행정규칙에 해당한다.

(2) 징계권

특별권력관계의 내부질서 유지를 위해 질서문란자에 대해 징계벌을 가할 수 있다.

2. 한계

특별권력의 발동은 설립목적을 달성하기 위하여 필요한 범위 내에서 행사되어야 하고, 법규상·조리상의 한계를 지켜야 한다.

06 특별행정법관계와 법치주의(법률유보와 사법심사)

1. 법률유보원칙을 지켜야 하는지 여부
오늘날 특별행정법관계에서도 **법률유보의 원칙이 적용되어야 한다는데 이론이 없다.** 따라서 군인·공무원이라 하여도 법률의 근거 없이 권리를 제한할 수 없다. 11 지방9급 다만, 특별행정법관계는 그 목적과 기능의 특수성으로 인하여 법치주의가 다소 완화될 수 있으므로 일반 국민에게 인정되지 않는 내용의 제한이 가능하다. 또한 본질적 사항을 제외하고는 어느 정도 개괄조항에 의한 수권도 가능하다고 볼 수 있다.

2. 기본권 제한
특별행정법관계에서도 그 구성원의 **기본권 제한은 원칙적으로 법률에 근거가 있어야만 가능**하고, 기본권을 제한하는 경우라 할지라도 필요한 최소한도에 그쳐야 할 것이다. 10 국가9급 등 다만, **일반권력관계보다는 더 많은 기본권 제한이 가능하다.** 공무원의 정치활동 제한, 근로 3권 제한 등이 있다.

3. 사법심사의 가능성
대법원과 헌법재판소는 **전면적 긍정설의 입장**이다. 11 지방9급 즉, 대법원은 "국립교육대학의 학생에 대한 퇴학처분은 항고소송의 대상인 처분에 해당하고, 비록 징계권 행사가 재량행위라 하더라도 그 이유만으로는 사법심사의 대상에서 당연히 제외되는 것은 아니다."라고 판시하였다(대판 1991.11.12. 92누2144).

> **보충** 서울교육대학 총학생회장 퇴학처분의 주요 논점
> - 국립대학 학생에 대한 퇴학처분은 행정처분이다.
> - 학생에 대한 징계처분은 사법심사의 대상이다.
> - 학장이 징계결의 내용을 변경하여 퇴학처분을 한 것은 교수회의 심의·의결을 거침이 없이 학장이 독자적으로 행한 것에 지나지 아니하여 위법하다(대판 1991.11.12. 91누2144). 15 경행특채 등

관련판례

◎ **특별권력관계라 표현하여 개념 자체는 인정하지만, 사법심사를 긍정**

❶ 동장과 구청장의 관계는 특별권력관계이지만, 사법심사의 대상이다. 05 국회9급 등

동장과 구청장의 관계는 행정상의 특별권력관계에 해당되며, 이러한 특별권력관계에 있어서도 위법·부당한 특별권력의 발동으로 말미암아 권리를 침해당한 자는 행정소송법 제1조의 규정에 따라 그 위법 또는 부당한 처분의 취소를 구할 수 있다. 그리고 행정청의 자유재량에 속하는 처분이라 하더라도 그 재량의 범위를 일탈하였을 때에는 행정처분의 대상이 된다고 함이 종래 당원의 판례로 하는 바이다(대판 1982.7.27. 80누86).

❷ 농지개량조합과 직원과의 관계는 특별권력관계이지만, 징계처분은 사법심사의 대상이다. 08 국가9급 등

농지개량조합과 그 직원과의 관계는 사법상의 근로계약관계가 아닌 공법상의 특별권력관계이고, 그 조합의 직원에 대한 징계처분의 취소를 구하는 소송은 행정소송사항에 속한다(대판 1995.6.9. 94누10870).

Chapter 08 행정법관계에 대한 사법규정의 적용

01 준용할 공법규정이 있는 경우

1. 원칙

행정법의 흠결시 공법규정 가운데 준용할 만한 유사한 규정이 있는 경우, 사법규정에 앞서 공법규정이 적용되어야 할 것이다.

 관련판례

① 관세법령에 환급에 관한 규정이 없는 경우 국세기본법의 규정을 유추적용할 수 있다(대판 1985.9.10. 85다카571).

② 공유수면매립으로 입은 어민의 손실에 대해 보상규정이 없을 때 수산업법을 유추적용하여 보상하여야 한다(대판 2004.12.23. 2002다73821).

2. 행정형벌 또는 행정벌의 경우에는 유추적용할 수 없다.

죄형법정주의원칙상 형벌에는 불리한 유추적용이 금지된다. 그러나 피고인에게 유리한 유추해석은 가능하다.

3. 조세법규의 해석에는 유추적용할 수 없다.

조세법률주의, 엄격해석의 원칙 때문에 조세 관련 법규에는 유추적용이 허용되지 않는다.

> 주의 판례는 당사자에게 불리한 유추해석뿐만 아니라 **유리한 유추해석도 금지한다.** 조세의 감면은 전가의 효과가 있기 때문이다.

관련판례

조세는 과세요건이든 감면요건이든 엄격하게 해석하여야 한다. `21 국가9급`

조세법률주의의 원칙상 과세요건이거나 비과세요건 또는 조세감면요건을 막론하고 조세법규의 해석은 특별한 사정이 없는 한 법문대로 해석할 것이고, 합리적 이유 없이 확장해석하거나 유추해석하는 것은 허용되지 아니하고, 특히 감면요건규정 가운데에 명백히 특혜규정이라고 볼 수 있는 것은 엄격하게 해석하는 것이 조세공평의 원칙에도 부합한다(대판 2004.5.28, 2003두7392). `08 국가7급등` - 동일 판시사항(대판 2011.1.27, 2010도1191)

02 준용할 공법규정이 없는 경우

1. 사법규정을 적용한다는 명문의 규정이 있는 경우

국가배상법 제8조의 경우 등과 같이 명문의 규정이 있는 경우 이에 의한다.

2. 사법규정을 적용한다는 명문의 규정이 없는 경우

(1) 일반적 적용설(특별사법설)

공법·사법의 이원적 구별을 부인하고, 행정법을 사법의 특별법으로 보는 관점에서 행정법규가 흠결되어 있는 경우 당연히 사법이 적용된다는 견해이다.

(2) 유추적용설(통설·판례)

공법관계와 사법관계의 유사성을 근거로 공법관계에 대한 사법규정의 적용을 인정하되, 공법관계의 특수성을 무시할 수는 없으므로 **사법규정이 유추적용되어야 한다는 견해로 오늘날의 통설·판례이다.**

관련판례

◎ 사법규정의 적용 검토

❶ 실권의 법리는 관리관계는 물론 권력관계에도 적용된다. `14 국가9급 등`
실권 또는 실효의 법리는 법의 일반원리인 신의성실의 원칙에 바탕을 둔 파생원칙인 것이므로 공법관계 가운데 관리관계는 물론이고, 권력관계에도 적용되어야 함을 배제할 수는 없다(대판 1988.4.27, 87누915).

❷ 공유수면매립법상 간척사업의 시행으로 인하여 관행어업권이 상실되었음을 이유로 한 손실보상청구권에는 민법에서 정하는 소멸시효 규정이 유추적용될 수 있다. 그리고 소멸시효기간은 민법상의 10년이고, 소멸시효의 기산일은 실질적이고 현실적인 손실이 발생한 때이다. `12 국가9급`
그 소멸시효의 기산일은 손실보상청구권이 객관적으로 발생하여 그 권리를 행사할 수 있는 때, 곧 특별한 사정이 없는 한 이 사건 간척사업으로 인하여 관행어업권자가 자연산 패류 및 해초류 어장으로서의 어장을 상실하는 등 실질적이고 현실적인 손실이 발생한 때부터라고 보는 것이 타당하다(대판 2010.12.9, 2007두6571).

❸ 입찰참가의 자격이 없는 자가 참가한 입찰을 무효로 한다고 규정하고 있는 지방자치단체를 당사자로 하는 계약에 관한 법률 시행령 제13조 제1항, 제39조 제4항은 **수의계약에도 유추적용할 수 있다**(대판 2015.4.23, 2014다236625). `예상`

❹ 매수인이 부동산에 관한 매매계약을 체결하고 소유권이전등기에 앞서 매매대금을 모두 지급한 경우, <u>사실상의 잔금지급일에 구 지방세법 제105조 제2항에서 규정한 '사실상 취득'에 따른 취득세 납세의무가 성립하는 것이지, 그 후 사실상의 취득자가 매매를 원인으로 한 소유권이전등기를 마친 경우, 등기일에 구 지방세법 제105조 제1항에서 규정한 '취득'을 원인으로 한 새로운 취득세 납세의무가 성립하는 것은 아니다.</u> 이는 매매대금을 모두 지급하여 부동산을 사실상 취득한 자가 3자간 등기명의신탁 약정에 따라 명의수탁자 명의로 소유권이전등기를 마쳤다가 그 후 해당 부동산에 관하여 자신의 명의로 소유권이전등기를 마친 경우에도 마찬가지이다(대판 2018.3.22. 2014두43110 전원합의체).

Chapter 09 행정법상의 법률요건과 법률사실

제1절 법의 규정형식과 법률요건 및 법률사실

01 법률요건 및 법률사실의 의의

1. 법률요건

행정법상의 법률요건은 행정법관계의 발생·변경 및 소멸의 법률효과를 발생시키는 원인이 되는 사실을 의미한다. 청약과 승낙이 법률요건이다. 06 강원9급

2. 법률사실

행정법상의 법률사실은 위의 법률요건을 이루는 개개의 사실을 말한다. 청약과 승낙의 구성요소인 매매의 사 표시와 같은 것이다.

3. 법률요건과 법률사실의 관계

행정법상의 법률요건은 1개의 법률사실로 이루어지는 경우도 있고(예 공법상의 상계, 포기, 시효 등), 2개 이상의 법률사실로 성립되는 때도 있다(허가를 요하는 사업에 대한 당사자의 신청과 행정기관의 허가처분).

02 법률사실의 종류

1. 사건과 용태의 개념

사건이란 사람의 정신작용을 요소로 하지 않는 법률사실을 말하고, 용태란 정신적 작용을 요소로 하여 이루어지는 법률사실을 말한다.

2. 사건의 예

(1) 자연적 사실의 예
사람의 생사(예 사망으로 의사면허의 실효), 시간의 경과(예 출소기간의 경과로 제소권 상실), 기간, 시효, 제척기간, 일정한 연령에의 도달(예 선거권 취득)

(2) 사실행위의 예
행정강제, 행정지도, 물건의 소유·점유(예 가옥의 소유로 인한 재산세의 납세의무), 일정 지역에의 거주(예 지방자치단체의 주민)

제2절 행정법상의 사건

01 시간의 경과

1. 기간

(1) 의의
기간이란 한 시점에서 다른 시점까지의 시간적 간격을 말한다. 기간의 계산은 특별규정이 없는 한 민법의 규정을 적용한다. `16 국가9급`

(2) 기산점
기간을 시·분·초로 정한 때는 즉시부터 기산한다. 기간을 일·주·월·년으로 정한 때는 초일을 산입하지 않고 다음 날부터 기산한다. 즉, **초일불산입의 원칙**이 적용된다.

> **관련조문**
>
> **행정기본법 제6조(행정에 관한 기간의 계산)** ① 행정에 관한 기간의 계산에 관하여는 이 법 또는 다른 법령 등에 특별한 규정이 있는 경우를 제외하고는 민법을 준용한다.
> ② 법령 등 또는 처분에서 국민의 권익을 제한하거나 의무를 부과하는 경우 권익이 제한되거나 의무가 지속되는 기간의 계산은 다음 각 호의 기준에 따른다. 다만, 다음 각 호의 기준에 따르는 것이 국민에게 불리한 경우에는 그러하지 아니하다.
> 1. 기간을 일, 주, 월 또는 연으로 정한 경우에는 기간의 첫날을 산입한다.
> 2. 기간의 말일이 토요일 또는 공휴일인 경우에도 기간은 그 날로 만료한다.
>
> **제7조(법령 등 시행일의 기간 계산)** 법령 등(훈령·예규·고시·지침 등을 포함한다. 이하 이 조에서 같다)의 시행일을 정하거나 계산할 때에는 다음 각 호의 기준에 따른다.
> 1. 법령 등을 공포한 날부터 시행하는 경우에는 공포한 날을 시행일로 한다.
> 2. 법령 등을 공포한 날부터 일정 기간이 경과한 날부터 시행하는 경우 법령 등을 공포한 날을 첫날에 산입하지 아니한다.
> 3. 법령 등을 공포한 날부터 일정 기간이 경과한 날부터 시행하는 경우로서 그 기간의 말일이 토요일 또는 공휴일인 때에는 그 말일로 기간이 만료한다.

> **공공기관의 정보공개에 관한 법률 제29조(기간의 계산)** ① 이 법에 따른 기간의 계산은 민법에 따른다.
> ② 제1항에도 불구하고 다음 각 호의 기간은 '일' 단위로 계산하고 첫날을 산입하되, 공휴일과 토요일은 산입하지 아니한다.
> 1. 제11조 제1항 및 제2항에 따른 정보공개 여부 결정기간
> 2. 제18조 제1항, 제19조 제1항 및 제20조 제1항에 따른 정보공개청구 후 경과한 기간
> 3. 제18조 제3항에 따른 이의신청 결정기간

보충 초일불산입원칙의 예외(초일이 산입되는 경우) * 기간이 빨리 도과하는 것이 본인에게 유리한 경우를 예외로 한다.
- 기간이 오전 0시로부터 시작되는 경우
- 공소시효와 구속기간의 계산 10 경북교행
- 출생·사망 등 가족관계의 등록에 관한 법률상 신고기간 계산
- 국회의 회기
- 민원 처리기간
- 연령 계산

(3) 기간의 만료점

기간을 일·주·월·년으로 정한 때는 그 기간의 말일이 종료함으로써 만료된다. 다만, 기간의 말일이 토요일 또는 공휴일인 때는 그 다음 날 만료된다.

2. 소멸시효

(1) 개념 * 공법관계에도 민법의 시효에 관한 규정이 유추적용된다.

소멸시효란 진실한 법률관계인지를 묻지 않고 권리자가 일정 기간 동안 권리를 행사하지 않는 상태가 계속된 경우 권리를 소멸시키는 제도를 말한다.

(2) 국가와 국민 간의 금전채권에 대한 시효기간

1) 원칙: 5년

금전채권은 법률에 특별한 규정이 없는 한, 5년간 11 경행특채 이를 행사하지 않는 때에는 시효로 인하여 소멸한다(국가재정법 제96조). 국가에 대한 권리로서 금전의 급부를 목적으로 하는 것도 또한 같다. 09 지방9급 등

2) 금전채권의 범위

판례는 금전채권의 범위에 대하여 공법상의 채권뿐만 아니라 사법상의 행위에서 발생한 국가에 대한 금전채무도 포함된다고 본다.

관련판례

금전의 급부를 목적으로 하는 국가의 권리에는 사법상의 행위에서 발생한 국가에 대한 금전채무도 포함된다.
구 예산회계법 제71조의 금전의 급부를 목적으로 하는 국가의 권리라 함은 금전의 급부를 목적으로 하는 권리인 이상 금전급부의 발생원인에 관하여는 아무런 제한이 없으므로 국가의 공권력의 발동으로 하는 행위는 물론 국가의 사법상의 행위에서 발생한 국가에 대한 금전채무도 포함한다(대판 1967.7.4. 67다751).

3) 국가재정법 제96조의 '다른 법률'의 의미

> **관련조문**
>
> **제96조(금전채권·채무의 소멸시효)** ① 금전의 급부를 목적으로 하는 국가의 권리로서 시효에 관하여 다른 법률에 규정이 없는 것은 5년 동안 행사하지 아니하면 시효로 인하여 소멸한다.

다른 법률에 5년보다 긴 기간규정	5년의 시효 적용
다른 법률에 5년보다 짧은 기간규정	짧은 기간의 시효가 적용됨. • 민법상 불법행위로 인한 손해배상의 소멸시효는 피해자나 그 법정대리인이 그 손해 및 가해자를 안 날로부터 3년, 있은 날로부터 10년인데 국가배상은 안 날로부터 3년, 있은 날로부터 5년 `16 국가9급` • 반면, 최근 대법원은 공유수면매립으로 인한 손해의 소멸시효에 대하여 10년의 소멸시효를 적용한 사례가 있음.

(3) 개별적인 소멸시효기간

1) 공무원 징계
공무원 징계요구권(징계사유가 발생한 날로부터 3년), 단 금품 및 향응수수, 공금의 횡령·유용의 경우에는 5년이다. `12 국회8급`

2) 시효기간

3년	국가배상청구권	피해자나 법정대리인이 손해 및 가해자를 안 날로부터 3년, 모르면 5년
	공무원보수청구권	학설은 5년(다수설), 판례는 3년
	공무원연금청구권	단기급여는 3년, 장기급여는 5년
5년	공법상 소멸시효	원칙적 5년 `06 서울9급 등`
	세금관련청구권	국세징수권, 지방세징수권, 국세환급금과 국세환급가산금반환청구권, 관세징수권과 관세환급청구권, 지방세 과오납금반환청구권 `20 소방`
	질서위반행위규제법	과태료 부과 제척기간(제19조 제1항), 과태료 징수의 소멸시효(제15조 제1항)

(4) 시효의 중단과 정지

1) 개념
① **시효의 중단**: 일정한 사유가 발생하면 시효의 완성이 중단되는 것을 말한다. 시효가 중단되면 그때까지 경과한 기간은 산입하지 아니하고 중단된 사유가 종료된 때로부터 시효는 새롭게 처음부터 다시 진행하게 된다.
② **시효의 정지**: 시효기간이 완성될 무렵에 시효를 중단시키는 것이 곤란한 경우에 시효의 진행을 일시적으로 멈추게 하고, 그러한 사정이 없어졌을 때 다시 나머지 기간을 진행시키는 것을 말한다.

2) 규정
시효는 다른 법률에 특별한 규정이 없는 한 민법규정을 준용한다(국가재정법 제96조 제3항). `20 소방, 16 국가9급`
국세기본법상 소멸시효 중단사유에는 소 제기(재판상 청구), 납세(납입)고지, 독촉 또는 납부최고, 교부청구, 압류 등이 있다. `02 입시 등`

* 납입고지에 민법상 최고보다 강력한 효력을 부여하는 것은 평등원칙 위반이 아니다.

◎ 소멸시효의 중단사유

❶ 과세처분의 취소 또는 무효확인청구의 소는 조세환급을 구하는 부당이득반환청구권의 소멸시효 중단사유인 재판상 청구에 해당한다(대판 1992.3.31. 91다32053 전원합의체).

❷ 변상금 부과처분에 대한 취소소송 진행 중에도 그 부과권의 소멸시효가 진행한다(대판 2006.2.10. 2003두5686). 11 국가7급, 08 지방7급

❸ 시효를 주장하는 자가 원고가 되어 소를 제기한 데 대하여 권리자가 피고로서 응소하여 그 소송에서 적극적으로 권리를 주장하고 그것이 받아들여진 경우, 시효 중단사유인 재판상의 청구에 해당한다(대판 2019.3.14. 2018두56435). 예상

❹ 납입고지에 의한 부과처분이 취소되어도 납입고지에 의한 시효 중단의 효력이 상실되지 않는다. 16 지방9급, 08 지방7급
예산회계법 제98조에서 법령의 규정에 의한 납입고지를 시효 중단사유로 규정하고 있는바, 이러한 납입고지에 의한 시효 중단의 효력은 그 납입고지에 의한 부과처분이 취소되더라도 상실되지 않는다(대판 2000.9.8. 98두19933).

❺ 세무공무원이 체납자의 재산을 압류하기 위해 수색을 하였으나 압류할 목적물이 없어 압류를 실행하지 못한 경우에도 시효 중단의 효력이 발생한다(대판 2001.8.21. 2000다12419). 08 지방7급

(5) 소멸시효 완성의 주장과 권리남용 여부

국가가 소멸시효의 완성을 주장하는 것 자체가 신의성실의 원칙에 반하여 권리남용에 해당한다고 할 수는 없다.

◎ 권리남용에 해당하지 않는 경우

공무원 임용결격사유가 발생하여 당연퇴직된 공무원이 당연퇴직사실을 알지 못한 채 계속 근무한 경우, 당연퇴직사유가 발생한 때부터 퇴직급여지급청구권의 소멸시효가 진행된다. 그러나 당연퇴직사유가 발생되기 이전의 근무기간에 대한 퇴직급여청구권에 대하여 시효소멸을 주장하는 것이 권리남용에 해당하는 것은 아니다(대판 2011.5.26. 2011두242).

◎ 권리남용에 해당하는 경우

❶ 국가공무원이 국가배상청구권에 관한 시효 완성 이전에 판결문을 위조하는 등의 방법으로 국민의 국가배상청구권 행사를 현저히 곤란하게 만든 경우에는 소멸시효를 주장하는 것이 권리남용에 해당한다(대판 2008.9.11. 2006다70189).

❷ 근로복지공단의 요양불승인처분에 대한 취소소송을 제기하여 승소확정판결을 받은 근로자가 요양으로 인하여 취업하지 못한 기간의 휴업급여를 청구한 경우, 그 휴업급여청구권이 시효 완성으로 소멸하였다는 근로복지공단의 항변은 신의성실의 원칙에 반하여 허용될 수 없다(대판 2008.9.18. 2007두2173 전원합의체).

❸ 불법구금상태에서 고문을 당한 후 간첩 방조 등의 범죄사실로 유죄판결을 받고 형집행을 당한 사람에 대하여 국가배상책임이 인정되는 경우에 국가의 소멸시효 완성 항변은 신의성실의 원칙에 반하는 권리남용으로서 허용될 수 없다(대판 2011.1.13, 2009다103950).

> **비교판례**
>
> 수사과정에서 불법구금이나 고문을 당한 사람이 그에 이은 공판절차에서 유죄 확정판결을 받고 수사관들을 직권남용, 감금 등 혐의로 고소하였으나 검찰에서 '혐의 없음' 결정까지 받았다가 나중에 재심절차에서 범죄의 증명이 없는 때에 해당한다는 이유로 형사소송법 제325조 후단에 따라 무죄판결을 선고받은 경우, 이러한 무죄판결이 확정될 때까지는 국가를 상대로 불법구금이나 고문을 원인으로 한 손해배상청구를 할 것을 기대할 수 없는 장애사유가 있었다고 보아야 한다. 이처럼 불법구금이나 고문을 당하고 공판절차에서 유죄 확정판결을 받았으며 수사관들을 직권남용, 감금 등 혐의로 고소하였으나 '혐의 없음' 결정까지 받은 경우에는 재심절차에서 무죄판결이 확정될 때까지 국가배상책임을 청구할 것을 기대하기 어렵고, 채무자인 국가가 그 원인을 제공하였다고 볼 수 있기 때문이다(대판 2019.1.31, 2016다258148).

❹ 구 국세기본법 제26조의2 제1항 제1호의 입법취지는, 조세법률관계의 신속한 확정을 위하여 원칙적으로 국세부과권의 제척기간을 5년으로 하면서도, 국세에 관한 과세요건사실의 발견을 곤란하게 하거나 허위의 사실을 작출하는 등의 부정한 행위가 있는 경우에는 과세관청이 탈루신고임을 발견하기가 쉽지 아니하여 부과권의 행사를 기대하기 어려우므로, 당해 국세의 부과 제척기간을 10년으로 연장하는 데 있다. 따라서 구 국세기본법 제26조의2 제1항 제1호가 정한 '사기 기타 부정한 행위'란 조세의 부과와 징수를 불가능하게 하거나 현저히 곤란하게 하는 위계 기타 부정한 적극적인 행위를 말하고, 다른 행위를 수반함이 없이 단순히 세법상의 신고를 하지 아니하거나 허위의 신고를 함에 그치는 것은 여기에 해당하지 않는다. 또한 납세자가 명의를 위장하여 소득을 얻더라도, 명의위장이 조세포탈의 목적에서 비롯되고 나아가 여기에 허위계약서의 작성과 대금의 허위지급, 과세관청에 대한 허위의 조세신고, 허위의 등기·등록, 허위의 회계장부 작성·비치 등과 같은 적극적인 행위까지 부가되는 등의 특별한 사정이 없는 한, 명의위장 사실만으로 구 국세기본법 제26조의2 제1항 제1호에서 정한 '사기 기타 부정한 행위'에 해당한다고 볼 수 없다(대판 2018.3.29, 2017두69991). 🎯 예상

3. 제척기간

(1) 개념

제척기간이란 일정한 권리에 대하여 법률이 정한 존속기간을 말하며, 권리를 재판상 행사해야 하는 기간, 즉 출소기간을 말한다.

(2) 소멸시효와의 비교

제척기간은 일정한 기간 내에 권리를 행사하지 않으면 그 권리를 소멸시킨다는 점에서 소멸시효와 동일하지만, ① 그 기간이 짧은 점, ② 중단·정지제도가 없는 점, ③ 소송에서 당사자의 원용이 없어도 법원은 직권으로 이를 고려해야 한다는 점, ④ 장래를 향하여 권리가 소멸한다는 점 등이 소멸시효와 다르다.

4. 취득시효

(1) 의의

취득시효라 함은 권리를 행사하고 있는 것과 같은 외관이 일정 기간 동안 계속되는 경우에 권리취득의 효과를 인정하는 제도를 말한다.

(2) 공물이 시효취득의 대상이 되는지 여부

공물의 경우에 민법상의 시효취득규정이 적용될 수 있는지 여부에 대하여 학설과 판례는 "**행정재산은 공용폐지되지 않는 한 사법상의 거래의 대상이 될 수 없으므로 취득시효의 대상이 되지 않는다.**"라는 입장을 취하고 있다. 16 국가9급, 07 국가7급

(3) 현행법의 규정

① 행정재산(시청건물)과 보존재산(문화재)은 시효취득의 대상이 아니다.
② 일반재산(잡종재산)은 시효취득의 대상이다.
③ 문화재보호구역 내의 국유토지는 시효취득의 대상이 아니다(대판 1994.5.10. 93다23442).
    * 문화재보호구역 내 토지의 수용은 가능하다.

관련판례

◎ **일반재산(잡종재산)은 시효취득의 대상이다.**

❶ 국유잡종재산에 대하여도 시효제도의 적용이 있다. 08 국가9급 등

국유잡종재산은 사경제적 거래의 대상으로서 사적 자치의 원칙이 지배되고 있으므로 시효제도의 적용에 있어서도 동일하게 보아야 하고, 국유잡종재산에 대한 시효취득을 부인하는 국유재산법 규정은 합리적 근거 없이 국가만을 우대하는 불평등한 규정으로서 헌법상의 평등의 원칙과 사유재산권 보장의 이념 및 과잉금지의 원칙에 반한다(헌재 1991.5.13. 89헌가97).

❷ 시효취득 대상재산이 잡종재산인 점에 대하여는 시효취득을 주장하는 자가 입증하여야 한다.

구 지방재정법 제74조 제2항은 "공유재산은 민법 제245조의 규정에 불구하고 시효취득의 대상이 되지 아니한다. 다만, 잡종재산의 경우에는 그러하지 아니하다."라고 규정하고 있으므로, 구 지방재정법상 공유재산에 대한 취득시효가 완성되기 위하여는 그 공유재산이 취득시효기간 동안 계속하여 시효취득의 대상이 될 수 있는 잡종재산이어야 하고, 이러한 점에 대한 증명책임은 시효취득을 주장하는 자에게 있다(대판 2009.12.10. 2006다19177).

관련판례

◎ **행정재산과 보존재산은 시효취득의 대상이 아니다.**

❶ 공용폐지의 의사표시는 묵시적으로도 가능하지만 적법한 의사표시여야 하므로 사실상 공물로 사용되지 아니하고 있다는 사실만으로는 공용폐지의 의사표시가 있다고 볼 수 없다.

행정목적을 위하여 공용되는 행정재산은 공용폐지가 되지 않는 한 사법상 거래의 대상이 될 수 없으므로 취득시효의 대상도 되지 않는 것인바, 공물의 용도폐지 의사표시는 명시적이든, 묵시적이든 불문하나 적법한 의사표시이어야 하고 단지 사실상 공물로서의 용도에 사용되지 아니하고 있다는 사실만으로 용도폐지의 의사표시가 있다고 볼 수는 없는 것이다(대판 1983.6.14. 83다카181).

❷ 국유하천부지는 사실상 대지화되어도 공용폐지를 하지 않는 이상 잡종재산이 아니다. 18 국가7급

국유하천부지는 공공용재산이므로 그 일부가 사실상 대지화되어 그 본래의 용도에 공여되지 않는 상태에 놓여 있더라도 국유재산법령에 의한 용도폐지를 하지 않은 이상 당연히 잡종재산으로 된다고는 할 수 없다(대판 1997.8.22. 96다10737).

❸ 행정재산(시장부지로 사용하던 구거)은 공용폐지가 되지 아니한 상태에서는 사법상 거래의 대상이 될 수 없으므로 관재당국이 착오로 행정재산을 다른 재산과 교환하였다는 사정만으로 적법한 공용폐지의 의사표시가 있다고 볼 수 없다(대판 1998.11.10. 98다42974). 12 국회8급

❹ 자연공물에 대해서도 공용폐지가 가능하며, 이때의 공용폐지는 묵시적 의사표시도 가능하지만, 객관적으로 공용폐지의 의사가 추단될 수 있어야 하고 행정주체의 점유상실만으로는 부족하다. 12 국회8급

　[1] 공유수면으로서 자연공물인 바다의 일부가 매립에 의하여 토지로 변경된 경우에 다른 공물과 마찬가지로 공용폐지가 가능하다고 할 것이며, 이 경우 공용폐지의 의사표시는 명시적 의사표시뿐만 아니라 묵시적 의사표시도 무방하다.

　[2] 공물의 공용폐지에 관하여 국가의 묵시적인 의사표시가 있다고 인정되려면 공물이 사실상 본래의 용도에 사용되고 있지 않다거나 행정주체가 점유를 상실하였다는 정도의 사정만으로는 부족하고, 주위의 사정을 종합하여 객관적으로 공용폐지 의사의 존재가 추단될 수 있어야 한다.

　[3] 토지가 해면에 포락됨으로써 사권이 소멸하여 해면 아래의 지반이 되었다가 매립면허를 초과한 매립으로 새로 생성된 사안에서, 국가가 그 토지에 대하여 자연공물임을 전제로 한 아무런 조치를 취하지 않았다거나 새로 형성된 지형이 기재된 지적도에 그 토지를 포함시켜 지목을 답 또는 잡종지로 기재하고 토지대장상 지목을 답으로 변경하였다 하더라도, 그러한 사정만으로는 공용폐지에 관한 국가의 의사가 객관적으로 추단된다고 보기에 부족하다(대판 2009.12.10. 2006다87538).

❺ 예정공물은 시효취득의 대상이 아니다(대판 1994.5.10. 93다23442).

02 주소와 거소

1. 주소

민법상 주소	행정법상 주소
• **실질주의**: 생활의 근거 "생활의 근거가 되는 곳을 주소로 한다." • **복수주의**: 2개 이상의 주소를 인정 "주소는 동시에 2곳 이상이 있을 수 있다."	• **형식주의**: 주민등록지 "주민등록지를 공법관계에서의 주소로 한다." • **단일주의**: 1개만 인정 "누구든지 신고를 이중으로 할 수 없다."

2. 거소

거소란 사람이 다소의 기간 동안 계속하여 거주하는 장소를 말하며, 장소와의 밀접한 정도가 주소만 못한 곳이다. 민법 제19조는 "주소를 알 수 없으면 거소를 주소로 본다."라고 규정하고 있다.

제3절 공법상의 사무관리·부당이득(법원리적 규정)

01 공법상의 사무관리

1. 의의

사무관리란 **법률상 의무 없이** 타인을 위하여 사무를 관리하는 것을 말한다(민법 제734조). 공법상의 사무관리에는 특별한 규정이 없는 한 **민법의 사무관리에 관한 규정을 준용**하는 것이 일반적인 견해이다. 사무관리는 법원리적 규정이기 때문이다.

2. 종류

(1) 행정주체가 하는 사인을 위한 사무관리

강제관리	국가가 특별감독하고 있는 사업에 대하여 감독권의 작용으로서 해당 사업을 강제적으로 관리하는 경우 예 특허기업에 대한 강제관리, 문제가 있는 학교재단에 대한 교육위원회의 강제관리 등
보호관리	재해시 빈 상점의 물건처분 12 지방9급, 행려병자 보호를 위하여 관리하는 경우
역무제공	사인이 비상재해 기타의 경우에 재화와 역무를 제공 예 수난구호 등

(2) 사인이 하는 행정주체를 위한 사무관리

비상재해시 사인에 의한 행정사무의 관리, 사인이 행한 조난자의 구호조치 등이 있다.

관련판례

갑 주식회사 소유의 유조선에서 원유가 유출되는 사고가 발생하자 을 주식회사가 피해 방지를 위해 해양경찰의 직접적인 지휘를 받아 방제작업을 보조한 경우, 을 회사는 사무관리에 근거하여 국가에 방제비용을 청구할 수 있다 (대판 2014.12.11. 2012다15602).
* 사인이 국가의 사무를 처리한 경우, 사무관리가 성립하기 위한 요건

02 공법상의 부당이득

1. 의의

공법상의 부당이득이란 공법분야에서 **법률상 원인 없이** 타인의 재산 또는 노무로 인하여 **이익을 얻고** 이로 인하여 **타인에게 손해를 끼치는 것**을 말한다. 조세의 과오납 12 지방9급, 봉급과액수령 12 지방9급, 무자격자의 연금수령 등이 그 예이다. 03 입시 등

2. 법적 성질

(1) 공권설(통설)
공법상의 원인행위에 의하여 발생한 결과를 조정하기 위한 것이므로 공권이라는 견해이다. 공권으로 보는 경우 그에 관한 소송은 당사자소송에 의한다.

(2) 사권설(판례) 16 서울7급
부당이득의 발생원인은 권원으로서의 법률원인이 없는 것임을 전제로 하는 것이고, 또한 부당이득제도는 다만 경제적 견지에서 인정되는 이해조정제도라는 관점에서 주장된다.

(3) 판례
조세 부과처분이 당연무효임을 전제로 하여 이미 납부한 세금의 반환을 청구하는 것은 민사상의 부당이득반환청구로서 민사소송절차에 따라야 한다고 하여 사권설을 취하고 있다. 07 국회8급 등

3. 부당이득의 종류

(1) 행정주체의 부당이득

1) 행정행위로 인한 경우

해당 행위가 당연무효이거나, 후에 실효되거나 또는 권한 있는 기관에 의하여 취소된 경우에 생긴다. **행정행위의 하자가 단순 취소사유에 그치는 것인 때에는 행정행위의 공정력으로 인하여 권한 있는 기관이 취소하기 전까지는 부당이득의 문제는 발생하지 않는다.**

2) 행정행위 이외의 행정작용으로 인한 경우

행정주체가 정당한 권원 없이 타인의 토지를 도로에 편입하는 것과 같은 경우로서 이 경우는 법령상 달리 규정되어 있지 아니하는 한 법률상의 원인 없음을 이유로 부당이득반환청구를 할 수 있다. 판례는 이 경우 부당이득과 손해배상의 청구는 가능하지만, 원상회복의 청구는 불가능하다고 본다.

 관련판례

❶ 조세의 과오납이 부당이득이 되기 위하여는 과세처분이 당연무효여야 하고 취소할 수 있는 정도에 불과한 때는 부당이득이 되지 않는다. `14 변호사`

* 취소가 되면 부당이득이 성립한다.

조세의 과오납이 부당이득이 되기 위하여는 납세 또는 조세의 징수가 실체법적으로나 절차법적으로 전혀 법률상의 근거가 없거나 과세처분의 하자가 중대하고 명백하여 당연무효이어야 하고, 과세처분의 하자가 단지 취소할 수 있는 정도에 불과할 때에는 과세관청이 이를 스스로 취소하거나 항고소송절차에 의하여 취소되지 않는 한 그로 인한 조세의 납부가 부당이득이 된다고 할 수 없다(대판 1994.11.11. 94다28000).

❷ 국세환급금은 부당이득이므로 이에 대한 가산금은 법정이자에 해당한다.

국세환급금은 조세채무가 처음부터 존재하지 않거나 그 후 소멸하였음에도 불구하고 국가가 법률상 원인 없이 수령하거나 보유하고 있는 '부당이득'에 해당하는 것으로서, 가산금은 그 부당이득에 대한 법정이자로서의 성격을 갖는 것이다(대판 2008.1.10. 2007다79534).

❸ 제3자가 국세 체납자가 납부하여야 할 체납액을 체납자의 명의로 납부한 경우, 국가에 대하여 부당이득반환을 청구할 수 없다. 이는 세무서장 등이 체납액을 징수하기 위하여 실시한 체납처분 압류가 무효인 경우에도 마찬가지이다(대판 2015.11.12. 2013다215263). `19 국가9급` `예상`

❹ 법률상 원인 없이 타인의 재산 또는 노무로 인하여 이익을 얻고 이로 인하여 타인에게 손해를 입힌 자는 그 이익을 반환하여야 한다(민법 제741조). 이러한 부당이득이 성립하기 위한 요건인 '이익'을 얻은 방법에는 제한이 없다. 가령 채무를 면하는 경우와 같이 어떠한 사실의 발생으로 당연히 발생하였을 손실을 보지 않는 것과 같은 재산의 소극적 증가도 이익에 해당한다. 그런데 국가나 지방자치단체가 어느 단체에게 시설의 관리 등을 위탁하여 이를 사용·수익하게 하고, 그 단체가 자신의 명의와 계산으로 제3자에게 재화 또는 용역을 공급하는 경우에는 국가나 지방자치단체가 아니라 거래당사자인 위 단체가 부가가치세 납세의무를 부담하는 것이다. 따라서 시설의 관리 등을 위탁받은 단체가 재화 또는 용역을 공급하고 부가가치세를 납부한 것은 자신이 거래당사자로서 부담하는 부가가치세법에 따른 조세채무를 이행한 것에 불과하므로, 그와 같은 사정만으로 위탁자인 국가나 지방자치단체가 법률상 원인 없이 채무를 면하는 등의 이익을 얻어 부당이득을 하였다고 볼 수 없다(대판 2019.1.17. 2016두60287).

(2) 사인의 부당이득

공무원의 연금수급, 보조금의 교부 등의 경우와 같이 사인이 국가나 지방자치단체 등으로부터 부당이득을 하는 경우로, 수익적 행정행위의 취소 제한의 법리에 따라 해당 행정행위가 취소될 수 없는 경우에는 부당이득반환청구는 불가능하게 된다.

Chapter 10 사인의 공법행위

제1절 사인의 공법행위

1. 의의
사인의 공법행위란 행정법관계에서의 사인의 행위로서 공법적 효과를 발생시키는 행위를 총칭한다. 09 서울승진 등 그러나 공권력 행사가 아니므로 행정행위와 다르고, 공법적 효과의 발생을 목표로 하는 것이므로 사인과 국가와의 사법행위(예 물품공급계약)는 사인의 공법행위가 아니다.

2. 특징

(1) 효력상의 특징
주체가 '사인'이라는 점에서 구속력·공정력·집행력 등의 효력은 인정되지 않는다. 08 경기9급 등 법적 성질은 비권력적 성질을 가진다.

(2) 형식상의 특징
사인의 '공법행위'는 사법행위와 비교해 볼 때, 법적 안정성 및 법률관계의 명확성 등의 요청에 의해 정형성을 띠고 있으며, 그 효과도 법규에 의해서 정하여지는 것이 보통이다. 따라서 사인의 공법행위에는 사법행위에 관한 규정이 당연히 적용되지는 않는다.

3. 종류

(1) 자족적(자기완결적) 공법행위
일정한 의사표시나 단순한 사실의 통지 그 자체만으로 일정한 법률효과를 발생하는 공법행위로서 투표나 신고(예 출생, 사망 등)가 그 예이다. 05 경기9급 등

(2) 행위요건적 공법행위
사인의 공법행위가 그 자체로서 법률효과를 완성하지 못하고 법률효과를 발생시키기 위한 하나의 요건에 불과한 공법행위를 말한다. 사인이 행정청에 대하여 일정한 행위를 청구하는 의사표시로 인·허가신청, 특허신청, 등록신청, 공법상 계약에서의 청약행위, 청원이나 행정심판청구 등이 있다.

4. 적용법규

(1) 문제의 소재
사인의 공법행위에 대한 적용법규에 대해서는 일반적 규정이 없다. 07 서울9급 행정절차법과 민원 처리에 관한 법률에 일부규정이 있을 뿐이다. 08 경기9급 따라서 특별한 규정이 없는 경우에 민법의 법률행위에 관한 규정이 적용될 수 있는지 문제된다.

(2) 의사능력과 행위능력

1) 의사능력이 없는 경우 08 국회8급 등
사인의 공법행위가 **의사능력이 없는 경우** 공법상의 일반적 규정은 없으나 **무효**로 보고 있다.

2) 행위능력이 없는 경우
① **민법규정이 적용되는지 여부**: 행위능력에 관하여는 원칙적으로 민법규정이 유추적용된다. 따라서 재산상의 행위에 대하여는 민법의 행위능력 규정이 유추적용된다. 다만, 공법상 특별한 규정을 두어 민법상의 무능력에 관한 규정의 적용이 배제되는 경우가 많다. 07 서울9급
② **행위능력에 관한 공법상의 특별규정**: 우편법상의 우편물 발송, 운전면허 신청(만 18세 이상이면 가능) 등은 미성년자가 단독으로 할 수 있다.

(3) 대리

1) 대리의 개념
대리인이 본인을 위하여 법률행위를 하고 그 법적 효과는 본인에게 귀속되는 것을 말한다. 15 국가9급

2) 행정법상의 대리
법규정 또는 행위의 성질상, 즉 선거, 귀화신청, 수험 등의 일신전속적 행위는 대리가 허용되지 않는다. 그러나 그 밖에 개인적 자격과 직접 관계가 없는 행위는 일반적으로 대리가 허용되며 민법규정이 유추적용될 수 있다. 07 강원9급

(4) 요식행위

1) 요식행위의 개념
요식행위란 법이 정한 형식대로 법률행위를 하여야 효과가 발생하고 그렇지 않으면 무효인 행위를 말한다(예 투표).
* 민법상 유언과 행정심판법상 재결은 요식행위이다.

2) 행정법과 요식행위
행위의 존재나 내용을 명확히 하기 위하여 법령 또는 내규로 일정한 서식에 의하도록 규정하고 있는 경우가 많다. 그러나 사인의 공법행위가 반드시 요식행위여야 하는 것은 아니다. 07 강원9급 등

(5) 효력발생시기
법에서 달리 규정하고 있지 아니하는 한 도달주의에 의하는 것이 원칙이다. 09 관세사 등 그러나 국세기본법 제5조의2는 우편신고와 전자신고에 대해 발신주의를 취하고 있다. 04 대구9급

(6) 민법상 의사표시규정의 적용 문제

1) 민법규정이 적용되는 경우
① **사기·강박에 의한 의사표시**: 민법을 유추적용하여 취소할 수 있다(통설·판례).
② **착오에 의한 의사표시**: 민법에서는 중요부분에 착오가 있으면 취소할 수 있지만, 행정법에서는 착오를 이유로 취소할 수 없다. `16 지방7급`

관련판례

❶ 처분청이 정당한 사유 없이 행정처분을 변경하고, 기망과 강박에 의하여 그 변경처분에 대한 상대방의 동의를 얻어낸 것은 위법하다(대판 1990.2.23. 89누7061).

❷ 공무원의 사직서 제출이 상급관청 등의 강박에 의한 경우, 그 정도에 따라 무효 또는 취소가 된다(대판 1997.12.12. 97누13962).

2) 민법규정이 적용되지 않는 경우
① **비진의 의사표시**: 사인의 공법행위에는 적용되지 않는다. 따라서 사인의 공법행위는 진의가 아니라도 표시된 대로 효력이 발생한다. `16 지방7급, 09 경기9급 등`
② **단체적 성질이 강하거나 법적 안정성을 요구**: 사인의 공법행위 중 투표나 시험 답안과 경우는 착오를 이유로 취소할 수 없다.

> **보충** 비진의 의사표시(진의 아닌 의사표시)
>
> 비진의 의사표시란 표의자가 진의 아님을 알고 한 것이라도 표시된 대로 효력이 발생하지만, 상대방이 진의 아님을 알았거나 알 수 있었을 때는 무효로 하는 법리를 말한다(민법 제107조).

관련판례

❶ 비진의 의사표시에 관한 민법규정은 사인의 공법행위에는 적용되지 않는다. `07 국가9급`

민법의 법률행위에 관한 규정은 행위의 격식화를 특색으로 하는 공법행위에 당연히 타당하다고 말할 수 없으므로 공법행위인 영업재개업신고에 민법 제107조는 적용될 수 없다(대판 1978.7.25 76누276).

❷ 공무원이 한 사직의 의사표시는 원칙적으로 표시된 대로 효력이 발생한다. `18 서울9급`

이른바 1980년의 공직자 숙정계획의 일환으로 일괄사표의 제출과 선별수리의 형식으로 공무원에 대한 의원면직처분이 이루어진 경우, 사직원 제출행위가 강압에 의하여 의사결정의 자유를 박탈당한 상태에서 이루어진 것이라고 할 수 없고 민법상 비진의 의사표시의 무효에 관한 규정은 사인의 공법행위에 적용되지 않는다는 등의 이유로 그 의원면직처분을 당연무효라고 할 수 없다(대판 2001.8.24. 99두9971).

❸ 행정청에 대한 신청의 의사표시의 방법은 명시적이고 확정적인 것이어야 한다.

신청인의 행정청에 대한 신청의 의사표시는 명시적이고 확정적인 것이어야 한다고 할 것이므로 신청인이 신청에 앞서 행정청의 허가업무 담당자에게 신청서의 내용에 대한 검토를 요청한 것만으로는 다른 특별한 사정이 없는 한 명시적이고 확정적인 신청의 의사표시가 있었다고 하기 어렵다(대판 2004.9.24. 2003두13236).

(7) 부관

사인의 공법행위에는 부관을 붙일 수 없는 것이 원칙이다. 10 국가7급 등 부관은 행정목적의 조기 실현이나 행정법관계의 안정 요청에 반하기 때문이다.

(8) 의사표시의 철회·보정

사인의 공법행위에 의하여 행정처분이 행해지거나 법적 효과가 완성되기 전까지는 일반적으로 자유로이 철회하거나 보정할 수 있다. 그러나 합성행위·합동행위에 있어서는 그 단체성·형식성으로 인하여 법률상 자유가 제한되는 경우가 있다(예 투표, 수험행위).

관련판례

사직의 의사표시는 면직처분이 있기 전까지 철회나 취소할 수 있다. 08 국가9급

공무원이 한 사직 의사표시의 철회나 취소는 그에 터잡은 의원면직처분이 있을 때까지 할 수 있는 것이고, 일단 면직처분이 있고 난 이후에는 철회나 취소할 여지가 없다(대판 2001.8.24. 99두9971).

5. 사인의 공법행위의 하자에 기초한 행위의 효과

사인의 공법행위가 행정행위의 단순한 사실상의 동기인 때에는 그 흠결은 행정행위의 효과에 영향이 없다. 즉, 착오를 이유로 취소할 수 없는 것이 원칙이다. 07 서울9급 등

관련판례

① 무효인 사직원 및 이에 의하여 행한 의원면직처분의 효력은 무효이다(대판 1985.5.14. 83다카2069).

② 신고납부방식의 조세인 취득세 납세의무자의 신고행위의 하자가 중대하지만 명백하지는 않은 때 예외적으로 당연무효라고 할 수 있다. - 명백성 요건보충설에 입각한 판례

취득세 신고행위는 납세의무자와 과세관청 사이에 이루어지는 것으로서 취득세 신고행위의 존재를 신뢰하는 제3자의 보호가 특별히 문제되지 않아 그 신고행위를 당연무효로 보더라도 법적 안정성이 크게 저해되지 않는 반면, 과세요건 등에 관한 중대한 하자가 있고 그 법적 구제수단이 국세에 비하여 상대적으로 미비함에도 위법한 결과를 시정하지 않고 납세의무자에게 그 신고행위로 인한 불이익을 감수시키는 것이 과세행정의 안정과 그 원활한 운영의 요청을 참작하더라도 납세의무자의 권익구제 등의 측면에서 현저하게 부당하다고 볼 만한 특별한 사정이 있는 때에는 예외적으로 이와 같은 하자 있는 신고행위가 당연무효라고 함이 타당하다(대판 2009.2.12. 2008두11716).

제2절 사인의 공법행위로서의 신고와 신청

🧭 나침반

비교 기출다수

구분	자기완결적 신고 규제의 필요성이나 영향이 작은 경우	행위요건적 신고 규제의 필요성이나 영향이 큰 경우
개념	신고가 행정청에 도달하면 효과가 발생하고 별도의 수리가 필요 없는 행위(본래적 의미의 신고) 18 소방	신고가 '행정청에 의한 수리'라는 행위에 의해 효과가 발생하는 행위(변형적 의미의 신고)
효력발생시기	신고접수시(도달) 법적 효과 발생	수리시 법적 효과 발생
예	건축신고, 골프장이용료 변경신고	각종 지위승계신고, 주민등록신고
심사범위	형식적 요건만 예 유선장 경영신고	실질적 요건도 예 노인복지주택
처분성	수리, 수리거부 모두 **처분성 부정**	수리, 수리거부 모두 **처분성 인정**
부적법한 신고	• 지체 없이 보완을 요구하여야 함. • 수리되어도 효력 없음.	• 취소사유(하자): 취소 전까지 유효 • 무효사유: 수리해도 무효
신고필증	단순한 사실적 의미에 불과함.	수리가 이루어졌음을 증명
행정절차법	명문규정 ○	명문규정 ×

01 사인의 공법행위로서의 신고

1. 의의

신고란 사인의 행정청에 대한 일정한 사실·관념의 통지에 의하여 공법적 효과가 발생하는 행위를 말한다. 법적 행위로서의 신고가 아닌 단순한 사실로서의 신고는 사인의 공법행위로서의 신고가 아니다.

2. 신고의 종류

(1) 구별 실익

신고의 종류를 구별하는 이유는 수리를 요하지 않는 자기완결적 신고(자족적 공법행위)는 신고에 대한 수리·수리거부·수리취소에 의해서 당사자의 권리·의무에 영향이 없으므로 항고소송의 대상이 되지 않지만, 11 지방9급 수리를 요하는 행위요건적 공법행위로서의 신고는 행정청의 수리에 의해 비로소 사인이 적법한 행위를 할 수 있으므로 수리·수리거부·수리취소가 항고소송의 대상이 된다는 점에 있다. 08 경기9급 등

(2) 자기완결적 신고와 행위요건적 신고

1) 구별기준

행정청의 수리 여부를 기준으로 자기완결적 신고와 행위요건적 신고로 나눌 수 있다. 이를 구분하는 것은 시험에 자주 출제되는 편인데, 명확한 기준은 없지만 저자가 판례를 분석한 바로는 규제의 필요성 또는 해당 행위가 미치는 영향의 정도이다. 즉, 규제의 필요성이나 영향이 작은 경우는 자기완결적 신고이고, 규제의 필요성이나 영향이 큰 경우는 행위요건적 신고에 해당된다(사견). 07 국회8급 등

2) 자기완결적 신고(수리를 요하지 않는 신고)

자기완결적 신고란 신고의 요건을 갖춘 적법한 신고만 하면 행정청에 제출되어 접수된 때에 관계 법이 정하는 법적 효과가 발생하고, 행정청의 별도의 수리행위가 필요하지 아니한 신고를 말한다. 15 국회8급, 15·06 국가9급 등 **자기완결적 신고가 본래적 의미의 신고**이며 건축법상의 신고, 가족관계의 등록 등에 관한 법률상의 출생신고, 체육시설의 설치·이용에 관한 법률상의 신고 등이 있다.

> **보충** 체육시설의 설치·이용에 관한 법률상 신고와 등록
>
> 체육시설의 설치·이용에 관한 법률은 신고와 등록을 구분하여 규정하고 있다.
> - 신고: 자기완결적 신고(수리를 요하지 않는 신고)
> - 등록: 행위요건적 신고(수리를 요하는 신고)

관련조문

행정기본법 제34조(수리 여부에 따른 신고의 효력) 법령 등으로 정하는 바에 따라 행정청에 일정한 사항을 통지하여야 하는 신고로서 법률에 신고의 수리가 필요하다고 명시되어 있는 경우(행정기관의 내부 업무처리 절차로서 수리를 규정한 경우는 제외한다)에는 행정청이 수리하여야 효력이 발생한다.

관련판례

◎ 자기완결적 신고

① 체육시설의 설치·이용에 관한 법률에 의한 행정청에 대한 신고는 행정청의 수리행위를 요하지 않는다(대결 1993.7.6. 93마635).

② 행정청이 구 건축법 제9조 제1항에 의하여 신고함으로써 건축허가를 받은 것으로 간주되는 사항에 대한 신고는 자기완결적 신고이다(대판 1999.10.22. 98두18435).

③ 수산제조업의 신고는 자기완결적 신고로서 적법한 신고서가 제출되었다면 신고를 수리하지 아니하고 반려하였다고 하더라도, 그 신고서가 제출된 때에 신고가 있었다고 볼 것이다(대판 1999.12.24. 98다57419). 15 국회8급

3) 행위요건적 신고(수리를 요하는 신고)

사인이 행정청에 대하여 일정한 내용을 통지하고 행정청이 이를 수리하여야 법적 효과가 발생하는 신고로서 **변형적 신고**라고도 한다. 실정법에서는 등록이라고 표현하기도 한다. 11 국가9급 신고가 행정청에 의해 수리되어야 신고의 대상이 되는 행위에 대한 금지가 해제되는 것으로 신고가 있어도 수리가 없으면 신고를 하지 않은 것으로 된다. 건축주 명의변경신고, 허가 등의 지위승계신고, 수산업법상 어업의 신고(수산업법상 수산업 제조신고는 자기완결적 신고임), 채석허가에 대한 수허가자 명의변경신고 등이 있다.

관련판례

◎ 행위요건적 신고

❶ 식품위생법 제25조 제3항에 의한 영업양도에 따른 지위승계신고를 수리하는 행위는 행위요건적 신고로서 이를 수리하는 행위는 영업자의 변경이라는 법률효과를 발생시키는 행위이다(대판 1995.2.24. 94누9146). 17 사복9급

❷ 건축주 명의변경신고는 행위요건적 신고이다(대판 1992.3.31. 91누4911).

❸ 수산업법상의 어업신고는 행정청의 수리에 의하여 비로소 그 효과가 발생하는 이른바 수리를 요하는 신고이다(대판 2000.5.26. 99다37382).

❹ 혼인신고는 행위요건적 신고이다. 96 국가7급
 * 학설은 혼인신고를 행위요건적 신고로 보는 견해와 자기완결적 신고로 보는 견해가 대립한다.

혼인은 호적법에 따라 호적공무원이 그 신고를 수리함으로써 유효하게 성립되는 것이며 호적부에의 기재는 그 유효요건이 아니어서 호적에 적법하게 기재되는 여부는 혼인성립의 효과에 영향을 미치는 것은 아니므로 부부가 일단 혼인신고를 하였다면 그 혼인관계는 성립된 것이고 그 호적의 기재가 무효한 이중호적에 의하였다 하여 그 효력이 좌우되는 것은 아니다(대판 1991.12.10. 91므344).

(3) 행정절차법상 신고의 법적 성질

행정절차법 제40조의 신고절차가 적용되는 신고는 **자기완결적 신고**이다. 18 국가9급, 11 지방9급 등

 관련조문

제40조(신고) ① 법령 등에서 행정청에 일정한 사항을 통지함으로써 의무가 끝나는 신고를 규정하고 있는 경우 신고를 관장하는 행정청은 신고에 필요한 구비서류, 접수기관, 그 밖에 법령 등에 따른 신고에 필요한 사항을 게시(인터넷 등을 통한 게시를 포함한다)하거나 이에 대한 편람을 갖추어 두고 누구나 열람할 수 있도록 하여야 한다. ② 제1항에 따른 신고가 다음 각 호의 요건을 갖춘 경우에는 신고서가 접수기관에 도달된 때에 신고의무가 이행된 것으로 본다.
1. 신고서의 기재사항에 흠이 없을 것
2. 필요한 구비서류가 첨부되어 있을 것
3. 그 밖에 법령 등에 규정된 형식상의 요건에 적합할 것

3. 신고의 요건

(1) 자기완결적 신고와 행위요건적 신고의 요건

자기완결적 신고의 요건	행위요건적 신고의 요건
· 자기완결적 신고가 효력을 발생하기 위해서는 행정절차법 제40조 제2항의 요건을 갖추어야 한다. 05 전북9급 · 자기완결적 신고의 요건에 대한 심사는 원칙적으로 **형식적 요건**에 한하여 인정된다. 10 서울교행 등	수리를 요하는 신고의 경우에는 형식적 요건 외에 **실질적 요건**을 신고의 요건으로 요구하는 경우도 있다. 18 소방, 13 국가7급 등

관련판례

◎ **자기완결적 신고(형식적 요건)**

❶ 유선장의 경영신고와 변경신고에 대해서는 형식적 심사만 가능하다(대판 1988.8.9. 86누889).

❷ 건축법상 용도변경신고에 대하여 행정청은 그 신고가 소정의 형식적 요건을 갖추어 적법하게 제출되었는지 여부만 심사하여 수리할 뿐 실질적인 심사를 하는 것이 아니므로 용도변경신고 내용대로 용도변경을 하였다고 하더라도 그 신고 내용에 건축 관련 법규를 위반하는 내용이 포함되어 있었다면, 그 신고를 수리한 행정관청으로서는 사용승인을 거부할 수 있고, 그 사용승인을 거부함에 있어 건축허가의 취소에 있어서와 같은 조리상의 제약이 따른다고 할 수 없다(대판 2006.1.26. 2005두12565).

❸ 구 축산물 가공처리법령에서 규정하는 시설기준을 갖추어 축산물 판매업신고를 한 경우 행정관청은 당연히 그 신고를 수리하여야 하고, 담당공무원이 위 법령상의 시설기준이 아닌 사유로 그 신고수리를 할 수 없다는 통보를 하고 미신고 영업으로 고발할 수 있다는 통지를 한 것은 위법한 직무집행이다.

그러나 담당공무원이 같은 장소에 대하여 사업자를 달리하는 축산물 판매업 중복신고는 허용되지 않는다고 축산물 가공처리법령을 해석·적용한 결과 기존 영업자가 휴업신고만 하고 폐업신고를 하지 않았음을 이유로 신규 영업신고를 수리하지 않은 사안에서, 담당공무원의 과실을 인정할 수 없다(대판 2010.4.29. 2009다97925).

관련판례

◎ **수리를 요하는 신고(실질적 요건)**

❶ 구 노인복지법에 의한 유료노인복지주택의 설치신고를 받은 행정관청은 그 수리 여부를 결정하기 위하여 실질적인 내용까지도 심사할 수 있다. `14 국가9급`

구 노인복지법의 목적과 노인주거복지시설의 설치에 관한 법령의 각 규정들 및 노인복지시설에 대하여 각종 보조와 혜택이 주어지는 점 등을 종합하여 보면, … 같은 법 제33조 제2항에 의한 유료노인복지주택의 설치신고를 받은 행정관청으로서는 그 유료노인복지주택의 시설 및 운영기준이 위 법령에 부합하는지와 아울러 그 유료노인복지주택이 적법한 입소대상자에게 분양되었는지와 설치신고 당시 부적격자들이 입소하고 있지는 않은지 여부까지 심사하여 그 신고의 수리 여부를 결정할 수 있다(대판 2007.1.11. 2006두14537).

❷ 골재 선별·세척 또는 파쇄신고에 대하여 실질적인 요건을 심사하여 신고를 수리하거나 거부할 수 있다고 할 것이다.

시장·군수 또는 구청장은 골재 선별·세척 또는 파쇄신고에 대하여 실질적인 요건을 심사하여 신고를 수리하거나 거부할 수 있다고 할 것이다. 그리고 구 골재채취법 제32조 제3항에서 준용하는 제30조 각 호의 요건에 관하여는 골재채취법령에서 따로 정한 바 없어 결국 다른 법령의 내용 및 관계에서 판단하여야 하므로, 시장·군수 또는 구청장으로서는 다른 법령에서 정한 사유도 심사의 대상으로 삼을 수 있다(대판 2009.6.11. 2008두18021).

❸ 허가대상 건축물의 양수인이 구 건축법 시행규칙에 규정되어 있는 형식적 요건을 갖추어 시장·군수 등 행정관청에 적법하게 건축주의 명의변경을 신고한 경우, 행정관청이 실체적인 이유를 내세워 신고수리를 거부할 수 없다. `20 국가9급, 17 국가7급`

구 건축법 시행규칙 제11조의 규정은 단순히 행정관청의 사무집행의 편의를 위한 것이 아니라, 허가대상 건축물의 양수인에게 건축주의 명의변경을 신고할 수 있는 공법상의 권리를 인정함과 아울러 행정관청에게는 그 신고를 수리할 의무를 지게 한 것으로 봄이 타당하므로, 허가대상 건축물의 양수인이 구 건축법 시행규칙에 규정되어 있는 형식적 요건을 갖추어 시장·군수 등 행정관청에 적법하게 건축주의 명의변경을 신고한 때에는 행정관청은 그 신고를 수리하여야지 실체적인 이유를 내세워 신고의 수리를 거부할 수는 없다(대판 2014.10.15. 2014두37658 ; 대판 2015.10.29. 2013두11475).

❹ **주민등록 전입신고의 수리 여부에 대한 심사는 주민등록법의 입법목적 범위 내에서 이루어져야 하며 지방자치법의 이념까지 고려할 필요는 없다.** 17 사복9급, 16 국가9급, 13 국가7급

[1] 주민들의 거주지 이동에 따른 주민등록 전입신고에 대하여 행정청이 이를 심사하여 그 수리를 거부할 수는 있다고 하더라도, 그러한 행위는 자칫 헌법상 보장된 국민의 거주·이전의 자유를 침해하는 결과를 초래할 수도 있으므로, 시장 등의 주민등록 전입신고 수리 여부에 대한 심사는 주민등록법의 입법목적의 범위 내에서 제한적으로 이루어져야 할 것이다. 전입신고를 받은 시장 등의 심사대상은 전입신고자가 30일 이상 생활의 근거로서 거주할 목적으로 거주지를 옮기는지 여부만으로 제한된다고 보아야 할 것이다. 따라서 전입신고자가 거주의 목적 이외에 다른 이해관계에 관한 의도를 가지고 있는지 여부, 무허가건축물의 관리, 전입신고를 수리함으로써 당해 지방자치단체에 미치는 영향 등과 같은 사유는 주민등록법이 아닌 다른 법률에 의하여 규율되어야 할 것이고, 주민등록 전입신고의 수리 여부를 심사하는 단계에서는 고려대상이 될 수 없다. 그러므로 주민등록의 대상이 되는 실질적 의미에서의 거주지인지 여부를 심사하기 위하여 주민등록법의 입법목적과 주민등록의 법률상 효과 이외에 지방자치법 및 지방자치의 이념까지도 고려하여야 한다고 판시하였던 대법원 2002. 7. 9. 선고 2002두1748 판결은 이 판결의 견해에 배치되는 범위 내에서 변경하기로 한다(대판 2009.6.18. 2008두10997 전원합의체). 11 지방9급

* 4개의 지문으로 만들어 출제된 판례이다.

[2] 무허가건축물을 실제 생활의 근거지로 삼아 10년 이상 거주해 온 사람의 주민등록 전입신고를 거부한 사안에서, 부동산투기나 이주대책요구 등을 방지할 목적으로 주민등록 전입신고를 거부하는 것은 주민등록법의 입법목적과 취지 등에 비추어 허용될 수 없다.

❺ **건축법에 의한 인·허가 의제효과를 수반하는 건축신고는 행정청이 그 실체적 요건에 관한 심사를 한 후 수리하여야 하는 이른바 '수리를 요하는 신고'이다.** 17 사복9급, 16·12 국가9급, 15·12 국회8급, 15 경행특채

[1] 건축법에서 인·허가 의제제도를 둔 취지는, 인·허가 의제사항과 관련하여 건축허가 또는 건축신고의 관할 행정청으로 그 창구를 단일화하고 절차를 간소화하며 비용과 시간을 절감함으로써 국민의 권익을 보호하려는 것이지, 인·허가 의제사항 관련 법률에 따른 각각의 인·허가 요건에 관한 일체의 심사를 배제하려는 것으로 보기는 어렵다. 왜냐하면, 건축법과 인·허가 의제사항 관련 법률은 각기 고유한 목적이 있고, 건축신고와 인·허가 의제사항도 각각 별개의 제도적 취지가 있으며 그 요건 또한 달리하기 때문이다. 나아가 인·허가 의제사항 관련 법률에 규정된 요건 중 상당수는 공익에 관한 것으로서 행정청의 전문적이고 종합적인 심사가 요구되는데, 만약 건축신고만으로 인·허가 의제사항에 관한 일체의 요건심사가 배제된다고 한다면, 중대한 공익상의 침해나 이해관계인의 피해를 야기하고 관련 법률에서 인·허가제도를 통하여 사인의 행위를 사전에 감독하고자 하는 규율체계 전반을 무너뜨릴 우려가 있다. … 따라서 인·허가 의제효과를 수반하는 건축신고는 일반적인 건축신고와는 달리, 특별한 사정이 없는 한 행정청이 그 실체적 요건에 관한 심사를 한 후 수리하여야 하는 이른바 '수리를 요하는 신고'로 보는 것이 옳다.

[2] 국토의 계획 및 이용에 관한 법률상의 개발행위허가로 의제되는 건축신고가 개발행위허가의 기준을 갖추지 못한 경우, 행정청은 수리를 거부할 수 있다(대판 2011.1.20. 2010두14954 전원합의체).

> **보충** 인·허가 의제의 논점
> - 인·허가 의제는 법적 근거가 있어야 한다.
> - 관계 기관과의 협의를 거쳐야 한다(또는 거치는 것이 일반적임).
> - 이해관계인의 의견청취는 생략가능하다.

(2) 복수의 법률이 적용되는 경우의 신고요건

판례는 신고를 규정한 법률상의 요건 외에 타법상의 요건도 충족되어야 하는 경우 타법이 요구하는 요건을 갖추지 못하면 적법한 신고를 할 수 없다고 본다.

관련판례

식품위생법에 따른 식품접객업의 영업신고요건을 갖추었으나, 그 영업신고를 한 당해 건축물이 무허가건물일 경우 영업신고는 부적법하다. 16 국가9급, 15 국회8급

식품위생법과 건축법은 그 입법목적, 규정사항, 적용범위 등을 서로 달리하고 있어 식품접객업에 관하여 식품위생법이 건축법에 우선하여 배타적으로 적용되는 관계에 있다고는 해석되지 않는다. 그러므로 식품위생법에 따른 식품접객업(일반음식점영업)의 영업신고의 요건을 갖춘 자라고 하더라도, 그 영업신고를 한 당해 건축물이 건축법 소정의 허가를 받지 아니한 무허가건물이라면 적법한 신고를 할 수 없다(대판 2009.4.23. 2008도6829).

4. 신고의 효과

구분	적법한 신고의 효과	부적법한 신고의 효과
자기완결적 신고	· **효력이 발생하는 시점**: 적법한 자기완결적 신고가 있는 경우에는 신고의무를 이행한 것이 되어 행정청의 수리 여부와 관계없이 신고서가 접수기관에 도달한 때에 신고의무가 이행된 것으로 본다. 07 경북9급 등 따라서 신고의 요건을 갖추고 있다면 행정청이 수리를 거부하여도 신고의 법적 효력은 발생한다. 10 서울교행 등 즉, 신고의무 불이행으로 인한 과태료 부과 등의 불이익을 받지 않는다. · **신고필증의 의미**: 신고필증의 교부는 확인행위로서의 의미만 가지며, 아무런 법적 효과가 발생하지 않는다.	· **보완요구**: 행정청은 요건을 갖추지 못한 신고서가 제출된 경우에는 지체 없이 상당한 기간을 정하여 신고인에게 보완을 요구하여야 하고(행정절차법 제40조 제3항), 신고인이 보완기간 내에 보완을 하지 아니하였을 때에는 그 이유를 구체적으로 밝혀 해당 신고서를 되돌려 보내야 한다(같은 법 제40조 제4항). · **부적법한 자기완결적 신고가 수리된 경우**: 자기완결적 신고라도 부적법한 신고라면 행정청이 이를 수리한 경우에도 신고의 법적 효과는 발생하지 않는다. 08 국회8급 등 따라서 부적법한 신고를 하고 영업을 하는 경우 무신고영업에 해당되어 불법영업이 된다. 10 서울교행
행위요건적 신고 (수리를 요함) 11 국가9급	· **효력이 발생하는 시점**: 행위요건적 신고는 신고만으로는 아무런 효과가 발생하지 않는다. 수리를 요하는 신고는 도달로 효력이 발생하는 것이 아니라 수리행위에 의해 효력이 발생한다. 10 서울교행 등 · **수리는 의무적이다**: 수리를 요하는 신고는 원칙적으로 기속행위이므로 적법한 요건을 갖춘 신고이면 행정청은 원칙적으로 신고를 수리할 의무가 있다. 07 광주9급 등 따라서 수리가 거부되면 신고의 법적 효력은 발생하지 않고 신고대상행위를 할 수 없다. 05 전북9급 · **신고필증의 의미**: 신고필증의 교부는 확인행위로서의 의미만 가지며, 아무런 법적 효과가 발생하지 않는다.	· **부적법한 수리를 요하는 신고가 수리된 경우**: 부적법한 신고를 행정청이 수리하였다면 이 수리행위는 하자 있는 위법한 수리행위가 된다. · **위법의 정도는 하자의 정도에 따라 다르다.** 　– 수리가 무효인 경우: 신고가 수리되어도 효력이 발생하지 않는다. 　– 수리가 취소인 경우: 공정력에 의해 취소되기 전까지는 효력이 발생한다.

관련판례

❶ 노동조합 및 노동관계조정법이 노동조합의 설립에 관하여 신고주의를 택한 것은 노동조합의 실질적 요건을 갖춘 근로자단체가 신고증을 교부받지 아니한 경우에도 노동기본권의 향유 주체에게 인정되어야 하는 일반적인 권리를 보장받을 수 있다. 다만, 둘 이상의 노동조합이 소멸하고 새로운 노동조합이 설립되는 형태인 신설합병의 경우, 합병의 효력이 발생하는 시점 및 이때 근로자단체가 노동조합 및 노동관계조정법상 노동조합으로 일정한 보호를 받기 위해서는 신고증을 교부받아야 한다(대판 2016.12.27. 2011두921). **예상**

❷ 수리를 요하지 않는 신고의 경우 적법한 요건을 갖춘 신고는 수리가 거부되어도 무신고 영업이 아니지만, 요건 미비의 부적법한 신고를 하고 한 영업행위는 무신고 영업행위이다(대판 1998.4.24. 97도3121).

❸ 담당공무원이 관계법령에 규정되지 아니한 서류를 요구하여 신고서를 제출하지 못하였다는 사정만으로 신고가 있었던 것으로 볼 수는 없다. 08 국가7급

수산제조업을 하고자 하는 사람이 형식적 요건을 모두 갖춘 수산제조업 신고서를 제출한 경우에는 담당공무원이 관계 법령에 규정되지 아니한 사유를 들어 그 신고를 수리하지 아니하고 반려하였다고 하더라도 그 신고서가 제출된 때에 신고가 있었다고 볼 것이나, 담당공무원이 관계 법령에 규정되지 아니한 서류를 요구하여 신고서를 제출하지 못하였다는 사정만으로는 신고가 있었던 것으로 볼 수 없다(대판 2002.3.12. 2000다73612).

❹ 의원개설 신고필증 교부의 효력 12 국가9급

의료법 시행규칙에 의하면 의원개설신고서를 수리한 행정관청이 소정의 신고필증을 교부하도록 되어 있다 하여도 이는 신고사실의 확인행위로서 신고필증을 교부하도록 규정한 것에 불과하고 그와 같은 신고필증의 교부가 없다 하여 개설신고의 효력을 부정할 수 없다 할 것이다(대판 1985.4.23. 84도2953).

❺ 사업자등록증 교부의 효력 13 국가7급

부가가치세법상의 사업자등록은 단순한 사업사실의 신고로서 사업자등록의 말소 또한 폐업사실의 기재일 뿐 그에 의하여 사업자로서의 지위에 변동을 가져오는 것이 아니라는 점에서 과세관청의 사업자등록 직권말소행위는 불복의 대상이 되는 행정처분으로 볼 수가 없다(대판 2000.12.22. 99두6903).

❻ 주민등록신고는 수리를 요하는 신고이므로 신고를 수리한 시점에 효력이 발생한다(대판 2009.1.30. 2006다17850). 12 지방9급

❼ 구 장사 등에 관한 법률의 관계규정들에 비추어 보면 사설납골시설의 설치신고는 설치기준에 부합하는 한 수리하여야 하나, 보건위생상의 위해를 방지하거나 국토의 효율적 이용 및 공공복리의 증진 등 중대한 공익상 필요가 있는 경우에는 그 수리를 거부할 수 있다고 보는 것이 타당하다(대판 2010.9.9. 2008두22631).

❽ 납골당 설치신고는 '수리를 요하는 신고'이다. 그러나 수리행위에 신고필증 교부 등 행위는 필요하지 않다. 15 경행특채, 13 국가7급

파주시장이 종교단체 납골당 설치신고를 한 갑 교회에 "구 장사 등에 관한 법률에 따라 필요한 시설을 설치하고 유골을 안전하게 보관할 수 있는 설비를 갖추어야 하며 관계법령에 따른 허가 및 준수사항을 이행하여야 한다."라는 취지의 납골당 설치 신고사항 이행통지를 한 사안에서, 파주시장이 갑 교회에 이행통지를 함으로써 납골당 설치 신고수리를 하였다고 보는 것이 타당하고, 이를 수리처분과 별도로 항고소송 대상이 되는 다른 처분으로 볼 수 없다(대판 2011.9.8. 2009두6766).

❾ 납골탑의 부대시설인 관리사무실, 유족편의시설 등에 대한 반려는 행정처분이 아니다.

종교단체가 납골탑 설치신고를 함에 있어 관리사무실, 유족편의시설 등과 같은 부대시설에 관한 사항을 신고한 데 대하여 행정청이 그 신고를 일괄 반려한 경우, 그 반려처분 중 위와 같은 부대시설에 관한 신고를 반려한 부분은 항고소송의 대상이 되는 행정처분에 해당하지 아니한다(대판 2005.2.25. 2004두4031).

5. 수리 또는 수리거부의 처분성

(1) 신고를 요하지 않는 사항에 대한 신고의 효과

신고를 요하지 않는 사실상의 신고에 대한 수리나 수리거부는 처분이 아니다. 11 국가9급

관련판례

신고사항이 아닌 신고를 수리한 경우 그 수리는 항고소송의 대상이 되는 행정처분에 해당하지 아니한다. 13 행정사

공동주택 입주민의 옥외운동시설인 테니스장을 배드민턴장으로 변경하고 그 변동사실을 신고하여 관할 시장이 그 신고를 수리한 경우, 그 용도변경은 주택건설촉진법상 신고를 요하는 입주자 공유인 복리시설의 용도변경에 해

당하지 아니하므로 그 변동사실은 신고할 사항이 아니고 관할 시장이 그 신고를 수리하였다 하더라도 그 수리는 공동주택 입주민의 구체적인 권리·의무에 아무런 변동을 초래하지 않으므로 항고소송의 대상이 되는 행정처분이 아니다(대판 2000.12.22. 99두455).

(2) 자기완결적 신고의 경우 – 원칙적으로 처분성 부정, 예외적으로 인정

1) 원칙
자기완결적 신고는 신고 자체로 법적 효과가 발생하기 때문에 이에 대한 거부는 처분성이 인정되지 않는다. 대법원도 자기완결적 신고에 대한 수리거부의 처분성을 인정하지 않는 것이 기본 입장이다.

2) 건축신고의 경우
대법원은 2010년 11월 종래에 처분성을 부정하던 건축신고 수리거부에 대해서 처분성을 인정하는 판시를 하였다. 건축신고와 같은 금지해제적 신고의 경우에는 불법건축물에 대한 이행강제금의 부과와 같은 제재의 가능성 때문이다.

관련판례

❶ 행정청의 건축신고 반려행위 또는 수리거부행위는 항고소송의 대상이 된다. `19·12·11 국가9급`
구 건축법 관련 규정의 내용 및 취지에 의하면 행정청은 건축신고로써 건축허가가 의제되는 건축물의 경우에도 그 신고 없이 건축이 개시될 경우 건축주 등에 대하여 공사 중지·철거·사용금지 등의 시정명령을 할 수 있고, 그 시정명령을 받고 이행하지 아니한 건축물에 대하여는 당해 건축물을 사용하여 행할 다른 법령에 의한 영업 기타행위의 허가를 하지 아니하도록 요청할 수 있으며, 그 요청을 받은 자는 특별한 이유가 없는 한 이에 응하여야 하고, 나아가 행정청은 그 시정명령의 이행을 하지 아니한 건축주 등에 대하여는 이행강제금을 부과할 수 있으며, 또한 건축신고를 하지 아니한 자는 200만 원 이하의 벌금에 처해질 수 있다. 이와 같이 건축주 등으로서는 신고제하에서도 건축신고가 반려될 경우 당해 건축물의 건축을 개시하면 시정명령, 이행강제금, 벌금의 대상이 되거나 당해 건축물을 사용하여 행할 행위의 허가가 거부될 우려가 있어 불안정한 지위에 놓이게 된다. 따라서 건축신고 반려행위가 이루어진 단계에서 당사자로 하여금 반려행위의 적법성을 다투어 그 법적 불안을 해소한 다음 건축행위에 나아가도록 함으로써 장차 있을지도 모르는 위험에서 미리 벗어날 수 있도록 길을 열어 주고, 위법한 건축물의 양산과 그 철거를 둘러싼 분쟁을 조기에 근본적으로 해결할 수 있게 하는 것이 법치행정의 원리에 부합한다. 그러므로 이 사건 건축신고 반려행위는 항고소송의 대상이 된다고 보는 것이 옳다. 이와 달리, 건축신고의 반려행위 또는 수리거부행위가 항고소송의 대상이 아니어서 그 취소를 구하는 소는 부적법하다는 취지로 판시한 대법원 2000. 9. 5. 선고 99두8800 판결 등을 비롯한 같은 취지의 판결들은 이 판결의 견해와 저촉되는 범위에서 이를 모두 변경하기로 한다(대판 2010.11.18. 2008두167 전원합의체).

❷ 행정청의 착공신고 반려행위는 항고소송의 대상이 된다(대판 2011.6.10. 2010두7321). `17 국가8급`

❸ [1] 원격평생교육신고의 반려행위는 항고소송의 대상이 되는 행정처분이다. `17 지방7급` 따라서 정보통신매체를 이용하여 학습비를 받고 불특정 다수인에게 원격평생교육을 실시하기 위해 구 평생교육법 제22조 등에서 정한 형식적 요건을 모두 갖추어 신고한 경우, 행정청이 실체적 사유를 들어 신고수리를 거부할 수 없다.
[2] 전통 민간요법인 침·뜸행위를 온라인을 통해 교육할 목적으로 인터넷 침·뜸 학습센터를 설립한 갑이 구 평생교육법 제22조 제2항 등에 따라 평생교육시설로 신고하였으나 관할 행정청이 교육내용이 의료법에 저촉될 우려가 있다는 등의 사유로 이를 반려하는 처분을 한 사안에서, 관할 행정청은 형식적 심사범위에 속하지 않는 사항을 수리거부사유로 삼았을 뿐만 아니라 처분사유도 인정되지 않는다는 이유로, 위 처분은 위법하다(대판 2011.7.28. 2005두11784).

(3) 수리를 요하는 신고의 경우

행위요건적 신고의 경우에는 수리를 해야 법적 효과가 발생하므로 수리나 **수리거부에 대해 처분성이 인정**된다. 08 경기9급 따라서 위법한 수리거부에 대해서는 의무이행심판이나 항고소송으로 다툴 수 있다.

 관련판례

건축주 명의변경신고에 대한 수리거부는 취소소송의 대상이 되는 처분이다(대판 1992.3.31. 91누4911). 15 경행특채

01 행정법상의 신청

1. 신청의 의의

신청이란 사인이 행정청에 대하여 일정한 조치를 해줄 것을 요구하는 의사표시를 말한다(예 여권발급신청). 신청은 주로 수익적 행정행위나 제3자에 대한 행정발동청구시에 이용된다.

2. 신청의 요건

(1) 신청권의 존재

법규상·조리상 신청권이 있어야 한다.

(2) 문서주의

1) 법령상 요구되는 구비서류 등의 요건을 갖추어야 한다.

2) 신고나 신청은 모두 **원칙적으로 문서**로 하여야 하며(행정절차법 제17조 제1항), 기재사항에 하자가 없어야 하는 등의 형식적 요건을 갖추어야 한다.

3) 복수의 신청이 있는 경우에는 문서가 행정기관에 도달하여 접수한 때를 기준으로 신청의 선후를 결정한다. 06 관세사

3. 신청과 권리구제

 관련판례

보완이 가능함에도 보완을 요구하지 아니한 채 곧바로 건축허가신청을 거부한 것은 재량권의 범위를 벗어난 것이다.

건축불허가처분을 하면서 그 사유의 하나로 소방시설과 관련된 소방서장의 건축부동의 의견을 들고 있으나 그 보완이 가능한 경우, 보완을 요구하지 아니한 채 곧바로 건축허가신청을 거부한 것은 재량권의 범위를 벗어난 것이다(대판 2004.10.15. 2003두6573).

MEMO

PART 2
행정작용법

행정법의 전문가,
2023 윤우혁 소방행정법 기본서

Chapter 01	행정입법: 법규명령
Chapter 02	행정입법: 행정규칙
Chapter 03	행정행위 일반론
Chapter 04	행정행위의 내용
Chapter 05	행정행위의 부관
Chapter 06	행정행위의 요건과 효력
Chapter 07	행정행위의 하자와 하자의 승계
Chapter 08	행정행위의 취소 및 철회
Chapter 09	확약과 행정계획
Chapter 10	그 밖의 행정형식

Chapter 01 행정입법: 법규명령

🧭 나침반

비교개념			
	행정입법		• 일반적·추상적 규율 • 법률의 위임에 의해 행정부가 만드는 입법의 일종
	행정행위		• 개별적·구체적 규율 • 법률이나 행정입법에 근거하여 행정청이 행하는 처분

행정입법 종류			
행정부의 법규제정	법규명령	위임명령	• 상위법의 수권 필요, 법규성 인정(권리·의무를 정할 수 있다), 대외적 구속력 인정, 공포 요함. • 위임명령을 위반한 처분 → 항고소송 가능
		집행명령	• 상위법의 수권 불요(집행명령은 상위법을 시행하기 위한 절차·세칙이다) • 시행절차에 관한 규정이므로 새로운 법규사항(권리·의무)을 정할 수 없음.
	행정규칙	행정규칙	• 상위법의 수권 불요, 일반적인 경우 법규성 없음, 공포 불요 • 어겨도 위법하지 않음. → 항고소송 불가
		재량준칙	평등원칙과 자기구속원리를 매개로 간접적인 위법성 인정(전환규범) → 항고소송 가능
		법령보충적 행정규칙	• 상위법과 결합하여 대외적 구속력을 가짐. • "…에 관하여 법무부장관이 정한다."라는 형식을 취함(예 청소년 유해매체물고시).
국회 등			• 국회, 대법원, 중앙선거관리위원회, 헌법재판소의 규칙제정권 • 헌법에 근거 있음.
감사원			• 감사원규칙 • 헌법에 근거 없음, 법규명령으로 보는 것이 다수설
지방자치단체	조례		지방의호가 제정, 포괄적 위임 가능
	규칙		지방자치단체장이 정함(예 교육규칙 등).

* 행정기본법에는 감사원규칙을 법령의 일종으로 규정하였다. 다수설도 법규명령으로 본다.

제1절 행정입법 일반론

01 행정입법의 필요성과 문제점

1. 행정입법의 필요성

(1) 행정의 전문성과 기술성 〔11 사복9급〕

행정활동의 내용이 고도로 전문화·기술화됨에 따라 국회의 심의보다는 전문적·직업적 공무원의 심의가 보다 효과적인 전문적·기술적인 입법사항이 증대되었다.

(2) 빈번한 개정의 필요성 〔11 사복9급〕

사회·경제·과학기술 등 행정현상의 급격한 변화에 적응하기 위해서는 빈번한 개정의 필요성이 있으므로 신속한 입법과 개정의 필요성이 증대되었다.

(3) 지방별·분야별 특수 사정

일반적 효과를 가지는 법률로는 지방별·분야별 특수 사정을 규율하기 곤란하다.

(4) 탄력성

전시, 기타 국가 비상사태에 탄력성 있는 대응을 위해서는 불가피하다.

(5) 임기응변성

국회의 획일적·전면적 입법으로는 행정현실에 타당하지 않은 경우가 존재한다.

2. 행정입법의 문제점 – 권력분립원칙과 법치주의의 후퇴

(1) 남용가능성

행정입법을 무제한 허용하는 경우 행정입법권이 남용됨으로써 과다한 행정적 규제가 발생할 수 있다.

(2) 행정편의로 흐를 위험성

행정입법이 행정편의의 추구를 위한 방편이 될 우려가 있다.

(3) 예측가능성과 법적 안정성

행정입법의 간편성과 신속성은 오히려 행정입법에 대한 개인의 예측가능성과 법적 안정성을 저해하는 요인이 될 수도 있다.

02 법규명령과 행정규칙의 비교 📖기출다수

구분	법규명령	행정규칙
법형식 01 서울9급 등	대통령령·총리령·부령·국회규칙·대법원규칙·헌법재판소규칙·중앙선관위규칙	고시·지침·규정·훈령 등 다양한 형식이 있음.
권력적 기초와 수범자	· 일반권력관계(국민을 대상) · 행정기관과 국민 모두에게 적용됨.	· 특별권력관계(공무원을 대상) · 행정조직 및 특별권력관계 내부에 적용
법적 근거	법률우의의 원칙은 모든 국가작용에 적용	
	· 위임명령: **상위법령상 수권(법률유보)이 있어야 함.** · 집행명령: **수권이 없어도 됨.**	**상위법령의 수권이 없어도 됨.**
규율의 내용	· 위임명령: 국민의 권리·의무에 관한 내용을 정할 수 있음. · 집행명령: 상위법의 시행에 필요한 세칙. 권리·의무에 관한 내용을 정할 수 없음.	· 공무원 업무의 기준, 기관의 조직, 재량행사의 지침. · 법령보충적 행정규칙은 상위법령과 결합하여 대외적 구속력을 가짐.
성질	**법규성 인정**	**법규성 부정**(행정내부적 규율에 그침)
종류	위임명령, 집행명령	조직규칙, 행정지도규칙(재량준칙 등), 영조물이용규칙, 근무규칙
구속력	**양면적 구속력** · 내부적 구속력: 위반한 공무원에 대한 징계책임과 법위반 효과 발생 · 외부적 구속력: 국민을 구속함.	**일면적 구속력** · 원칙적으로 내부적 구속력만 갖지만, 위반하면 징계책임은 가능 · 법적 구속력은 없으나, 사실상 구속력이 있는 경우가 많다.
위반의 효과 04 대구9급 등	· **위법하다**: 법규명령에 위반한 행정행위는 위법함(중대명백설에 따라 취소 또는 무효사유가 됨). · 위반행위에 대해 **행정소송 가능**	· **위법하지 않다**: 평등의 원칙 등을 매개해서 간접적으로 위법성이 판단됨(원칙적으로 유효함). · 위반행위에 대해 **행정소송 불가**
존재형식	반드시 조문의 형식	조문의 형식 + 구두로도 가능
제정절차	· 법제처 심사: 대통령령, 총리령, 부령 모두 · 국무회의 심의: 대통령령만	특별한 절차가 없음. → 신속한 제정이 가능
공포	공포가 있어야 효력이 발생함.	공포가 없어도 되지만 일반적으로 공포함.
재판규범성	인정	부정

제2절 법규명령

01 개설

1. 의의

(1) 개념

법규명령은 헌법에 근거를 두고 발하는 것으로 대통령령·총리령·부령 등이 있다. 다만, 헌법재판소는 헌법이 예정하고 있는 위임입법의 형식은 예시적인 것이라고 한다(헌재 2004.10.28. 99헌바91). 11 지방9급 등

(2) 내용과 형식

법규명령은 행정청이 일반적·추상적인 법규를 정립하는 것으로, 법조문의 형식으로 해야 하고 공포를 요한다. 법규성이란 국민의 권리를 제한하고 의무를 부과하는 것을 의미한다.

2. 성질

(1) 대외적 구속력

법규명령은 일반국민을 구속하는 대외적인 효력을 가진다. 따라서 법규명령은 실질적 의미의 입법작용에 해당한다. 그 결과 법규명령에 위반하면 위법의 효과가 발생하여 사법적으로 다툴 수 있게 되는 것이다.

(2) 위반의 효력

법규명령에 위반한 행정청의 행위는 위법행위로 무효 또는 취소사유가 되고, 이로 인해 자신의 권익이 침해된 국민은 행정쟁송을 통하여 그 무효확인이나 취소를 청구하거나 손해배상을 청구할 수 있다.

 관련조문

행정기본법 제38조(행정의 입법활동) ① 국가나 지방자치단체가 법령 등을 제정·개정·폐지하거나 그와 관련된 활동(법률안의 국회 제출과 조례안의 지방의회 제출을 포함하며, 이하 이 장에서 '행정의 입법활동'이라 한다)을 할 때에는 헌법과 상위법령을 위반해서는 아니 되며, 헌법과 법령 등에서 정한 절차를 준수하여야 한다.
② 행정의 입법활동은 다음 각 호의 기준에 따라야 한다.
  1. 일반 국민 및 이해관계자로부터 의견을 수렴하고 관계 기관과 충분한 협의를 거쳐 책임 있게 추진되어야 한다.
  2. 법령 등의 내용과 규정은 다른 법령 등과 조화를 이루어야 하고, 법령 등 상호 간에 중복되거나 상충되지 아니하여야 한다.
  3. 법령 등은 일반 국민이 그 내용을 쉽고 명확하게 이해할 수 있도록 알기 쉽게 만들어져야 한다.
③ 정부는 매년 해당 연도에 추진할 법령안 입법계획(이하 '정부입법계획'이라 한다)을 수립하여야 한다.
④ 행정의 입법활동의 절차 및 정부입법계획의 수립에 관하여 필요한 사항은 정부의 법제업무에 관한 사항을 규율하는 대통령령으로 정한다.

제39조(행정법제의 개선) ① 정부는 권한 있는 기관에 의하여 위헌으로 결정되어 법령이 헌법에 위반되거나 법률에 위반되는 것이 명백한 경우 등 대통령령으로 정하는 경우에는 해당 법령을 개선하여야 한다.
② 정부는 행정 분야의 법제도 개선 및 일관된 법 적용 기준 마련 등을 위하여 필요한 경우 대통령령으로 정하는 바에 따라 관계 기관 협의 및 관계 전문가 의견 수렴을 거쳐 개선조치를 할 수 있으며, 이를 위하여 현행 법령에 관한 분석을 실시할 수 있다.

제40조(법령해석) ① 누구든지 법령 등의 내용에 의문이 있으면 법령을 소관하는 중앙행정기관의 장(이하 '법령소관기관'이라 한다)과 자치법규를 소관하는 지방자치단체의 장에게 법령해석을 요청할 수 있다.
② 법령소관기관과 자치법규를 소관하는 지방자치단체의 장은 각각 소관 법령 등을 헌법과 해당 법령 등의 취지에 부합되게 해석·집행할 책임을 진다.
③ 법령소관기관이나 법령소관기관의 해석에 이의가 있는 자는 대통령령으로 정하는 바에 따라 법령해석업무를 전문으로 하는 기관에 법령해석을 요청할 수 있다.

02 법규명령의 종류

1. 수권의 근거와 범위에 따른 분류(효력에 따른 분류)

구분		개념	효력	비고
헌법대위명령		헌법의 효력을 정지시킬 수 있는, 즉 헌법적 효력을 가지는 명령이다.	헌법의 효력	우리 헌법상 인정 × 16 국가7급
법률대위명령		· 헌법에 직접 근거하여 발동되는 명령으로 법률과 동일한 효력을 가지며, 대통령만 발할 수 있다. · 헌법 제76조에 근거한 대통령의 긴급재정·경제명령과 대통령의 긴급명령이 있다. 08 서울9급 등 * 대통령의 긴급재정·경제처분은 명령의 효력을 가질 뿐이다.	법률의 효력	헌법상 근거 ○
법률종속명령 (대통령령, 총리령, 부령 등)	위임 명령	· 상위법령의 개별적·구체적 위임(수권)에 의한 법규명령을 말한다. · 위임된 범위 내에서 국민의 권리·의무를 새롭게 설정할 수 있다는 점에서 집행명령과 다르다. 05 서울9급 등	법률보다 하위효력	· 헌법상 근거 ○ · 법률위임으로 제정
	집행 명령	· 상위법령의 시행을 위하여 구체적·세목적 또는 절차적·기술적 사항만을 규정하는 것이다. 따라서 집행명령은 상위법령의 구체적·개별적인 위임을 근거로 하는 것이 아니라, 정부조직법 등 법령에 의한 일반적 위임에 따른 소관사무를 수행하기 위하여 직권으로 발하는 법규명령을 의미한다. · 집행명령도 법규명령이지만 국민의 권리·의무에 관한 사항을 정할 수 없다는 점에서 위임명령과 구별된다. 04 관세사 등	법률보다 하위효력	· 헌법상 근거 ○ · 법률위임 없이 제정 가능

2. 형식에 따른 분류

(1) 헌법상 인정되고 있는 법규명령

대통령령, 총리령·부령, 대법원규칙, 헌법재판소규칙, 국회규칙, 중앙선거관리위원회규칙 등이 있다.

09 서울승진 대통령령은 시행령, 부령은 시행규칙이라고 표현한다.

관련판례

① 헌법이 인정하고 있는 위임입법의 형식은 예시적인 것이다. 11 지방9급 등

오늘날 의회의 입법독점주의에서 입법중심주의로 전환하여 일정한 범위 내에서 행정입법을 허용하게 된 동기가 사회적 변화에 대응한 입법수요의 급증과 종래의 형식적 권력분립주의로는 현대사회에 대응할 수 없다는 기능적 권력분립론에 있다는 점 등을 감안하여 헌법 제40조와 헌법 제75조, 제95조의 의미를 살펴보면, 국회입법에 의한 수권이 입법기관이 아닌 행정기관에게 법률 등으로 구체적인 범위를 정하여 위임한 사항에 관하여는 당해 행정기관에게 법정립의 권한을 갖게 되고, 입법자가 규율의 형식도 선택할 수도 있다 할 것이므로 헌법이 인정하고 있는 위임입법의 형식은 예시적인 것으로 보아야 할 것이고, 그것은 법률이 행정규칙에 위임하더라도 그 행정규칙은 위임된 사항만을 규율할 수 있으므로, 국회입법의 원칙과 상치되지도 않는다. 다만, 형식의 선택에 있어서 규율의 밀도와 규율영역의 특성이 개별적으로 고찰되어야 할 것이고, 그에 따라 입법자에게 상세한 규율이 불가능한 것으로 보이는 영역이라면 행정부에게 필요한 보충을 할 책임이 인정되고 극히 전문적인 식견에 좌우되는 영역에서는 행정기관에 의한 구체화의 우위가 불가피하게 있을 수 있다. 그러한 영역에서 행정규칙에 대한 위임입법이 제한적으로 인정될 수 있다(헌재 2004.10.28. 99헌바91).

예상 OX

헌법재판소는 고전적 권력분립에 입각하여 행정입법의 형식을 예시적으로 보았다. (○, ×)   ×

해설 | 헌법재판소는 기능적·실질적 권력분립에 입각하여 예시적이라고 판시하였다.
권력분립을 고전적·형식적 의미로 파악하면 행정입법을 인정하기가 어려워지고 인정해도 좁게 인정하게 된다.

❷ 법률 또는 대통령령으로 규정할 사항을 부령으로 규정하였다면 그 부령은 무효임을 면치 못한다(대판 1962.1.25. 61다9).

❸ 고시가 법령에 근거를 두었으나 규정 내용이 법령의 위임범위를 벗어난 경우, 법규명령으로서 대외적 구속력을 인정할 수 없다. 18·17 국가9급 등

[1] 일반적으로 행정 각부의 장이 정하는 고시라 하더라도 그것이 특히 법령의 규정에서 특정 행정기관에게 법령 내용의 구체적 사항을 정할 수 있는 권한을 부여함으로써 그 법령 내용을 보충하는 기능을 가질 경우에는 그 형식과 상관 없이 근거법령규정과 결합하여 대외적으로 구속력이 있는 법규명령으로서의 효력을 가지는 것이나, 이는 어디까지나 법령의 위임에 따라 그 법령규정을 보충하는 기능을 가지는 점에 근거하여 예외적으로 인정되는 효력이므로, 어떤 고시가 비록 법령에 근거를 둔 것이더라도 그 규정 내용이 법령의 위임범위를 벗어난 것일 경우에는 위와 같은 법규명령으로서의 대외적 구속력을 인정할 여지는 없다.

[2] 구 화물자동차 운수사업법 제43조 제2항 후단의 위임에 따라 국토교통부장관이 유가보조금 지급대상에서 제외되는 것으로 정할 수 있는 사유는 유가보조금제도의 목적에 반하는 사유에 한정되고, 국토교통부장관이 유가보조금제도의 목적에 반하지 않거나 유가보조금제도와 무관한 사유를 들어 지급대상에서 제외되는 사유로 정할 수 없다(대판 2016.8.17. 2015두58324).

(2) 법령보충적 행정규칙(헌법에 근거 없음)

1) 개념과 법규성

형식은 행정규칙(고시, 훈령 등)이지만 실질은 법규의 내용을 가지고 있는 경우, 즉 법률의 내용을 구체적으로 정하는 기능을 하고 있는 경우를 말한다. **판례는 법규성을 인정**하는 입장이다. 17 국회8급

2) 법률이 직접 고시로 위임할 수 있는 근거규정 08 국가7급 등

행정규제기본법 제4조에는 법률이 직접 고시로 위임할 수 있는 근거규정이 있다.

> **관련조문**
>
> **행정규제기본법 제4조(규제 법정주의)** ② 규제는 법률에 직접 규정하되, 규제의 세부적인 내용은 법률 또는 상위법령에서 구체적으로 범위를 정하여 위임한 바에 따라 대통령령·총리령·부령 또는 조례·규칙으로 정할 수 있다. 다만, 법령에서 전문적·기술적 사항이나 경미한 사항으로서 업무의 성질상 위임이 불가피한 사항에 관하여 구체적으로 범위를 정하여 위임한 경우에는 고시 등으로 정할 수 있다. 17 국가9급, 11 사복9급

(3) 관련 문제

1) 감사원규칙

감사원규칙에 대하여는 헌법에 근거가 없다. 16 국가9급, 09 국가7급 등 따라서 감사원규칙을 행정규칙으로 보는 견해와 법규명령으로 보는 견해가 대립하나, 실질적 내용에 비추어 법규명령으로 보는 것이 일반적이다(다수설). 10 경북교행 등

2) 국무총리 직속기관의 입법

국무총리의 직속기관인 법제처장, 국가보훈처장은 행정 각부의 장이 아니므로 부령을 발할 수 없다. 따라서 이들은 **총리령의 형식으로 해야 한다.** 16 국가9급

03 법규명령의 근거

관련판례

① 체육시설의 설치·이용에 관한 법률 시행규칙 제5조가 당구장업자에 대하여 출입문에 만 18세 미만의 출입을 금지하는 내용을 표시해야 한다고 하는 것은 법률의 근거가 없는 것이다. 02 국가9급

당구장에 대한 출입규제 내지 봉쇄는 법률(또는 법률이 구체적으로 명확히 범위를 정하여 위임한 경우의 법규명령)에 의하여서만 비로소 가능하다고 할 것인바, 이 사건 심판대상규정은 모법의 위임이 없는 사항을 규정하고 있어 결국 위임의 범위를 일탈한 것이라고 하지 않을 수 없다(헌재 1993.5.13. 92헌마80).

② 법규명령과 근거법률의 관계 19 국가7급, 18·15·14 국가9급, 16 사복9급, 10 서울9급 등

일반적으로 법률의 위임에 의하여 효력을 갖는 법규명령의 경우, 구법에 위임의 근거가 없어 무효였더라도 사후에 법 개정으로 위임의 근거가 부여되면 그때부터는 유효한 법규명령이 되나, 반대로 구법의 위임에 의한 유효한 법규명령이 법개정으로 위임의 근거가 없어지게 되면 그때부터 무효인 법규명령이 되므로, 어떤 법령의 위임근거 유무에 따른 유효 여부를 심사하려면 법 개정의 전·후에 걸쳐 모두 심사하여야만 그 법규명령의 시기에 따른 유효·무효를 판단할 수 있다(대판 1995.6.30. 93추83).

③ 노동조합의 설립을 신고하려는 자가 설립신고서에 첨부하여 제출할 서류에 관한 구 노동조합 및 노동관계조정법 시행규칙 제2조 제4호는 상위법령의 위임 없이 규정한 것이어서, 일반 국민에 대하여 구속력을 가지는 법규명령으로서의 효력은 없다. 따라서 행정관청은 구 노동조합 및 노동관계조정법 시행규칙 제2조 제4호가 정한 사항에 관한 보완이 이루어지지 아니하였다는 사유를 들어 설립신고서를 반려할 수는 없다.

출입국관리법령에 따라 취업활동을 할 수 있는 체류자격을 받지 않은 외국인이 타인과의 사용종속관계하에서 근로를 제공하고 그 대가로 임금 등을 받아 생활하는 경우, 노동조합 및 노동관계조정법상 근로자의 범위에 포함된다(대판 2015.6.25. 2007두4995 전원합의체).

04 한계

1. 대통령의 긴급명령, 긴급재정·경제명령, 긴급재정·경제처분의 한계

대통령의 긴급명령, 긴급재정·경제명령과 처분은 헌법 제76조의 한계를 지켜야 한다.

2. 위임명령의 한계

(1) 일반적 한계

위임명령은 헌법에 위배되어서는 안 되고, 법률에서 구체적으로 범위를 정하여 위임받은 사항에 국한하여야 하며, 헌법에서 명시적으로 법률로 정하도록 한 사항과 본질적인 사항을 위임해서는 안 된다. 또한 규율대상과 목적범위를 명확히 하여야 하며, 수임기관도 특정하여야 한다.

(2) 헌법상 입법사항의 위임금지

1) 헌법상의 입법사항(국회 전속적 입법사항)

헌법이 직접 법률에 위임한 것을 말한다.

관련조문

헌법 제96조 행정 각부의 설치·조직과 직무범위는 법률로 정한다.

2) 헌법상의 입법사항도 반드시 법률로써만 정해야 하는 것은 아니다. 🔖기출다수

통설은 이들 사항에 관하여 적어도 그 기본적 내용은 법률로 규정되어야 하나, 전적으로 법률로 규율되어야 하는 것은 아니고, 일정한 범위에서의 행정입법에 대한 위임은 허용된다는 입장이다.

(3) 포괄적 위임의 금지

입법의 원칙	법치국가의 원칙상 기본권 관련 사항은 모두 국회가 제정한 법률로 규정하는 것이 원칙이다.
위임의 필요성	국가기능의 복잡화, 전문적 영역의 확대, 급격한 현실의 변화에 대한 즉각적인 대응의 곤란함 등으로 인하여 입법영역의 상당한 부분을 행정부에 위임하게 되었다.
헌법 제75조	대통령은 법률에서 **구체적 범위를 정하여** 위임받은 사항과 법률을 집행하기 위하여 필요한 사항에 관하여 대통령령을 발할 수 있다.
헌법 제95조	국무총리 또는 행정 각부의 장은 소관사무에 관하여 법률이나 **대통령령의 위임** 또는 **직권**으로 총리령 또는 부령을 발할 수 있다. * '구체적으로 범위를 정하여'라는 표현을 쓰지는 않지만, 당연히 구체적으로 범위를 정하여 위임하여야 한다.
판단의 기준	누구라도 하위법규에 규정될 내용을 예측할 수 있어야 한다. 예측은 하나의 조문이 아니라 종합적으로 한다.

1) 개념

헌법 제75조는 '구체적으로 범위를 정하여 위임받은 사항'에 관하여서만 위임명령을 발할 수 있다고 규정하여, 법률에 의한 포괄적·일반적 수권을 금지하고 있다.

2) 구체적 위임의 기준

① **예측가능성**: 원칙적으로 법률에 의한 수권에 있어서는 행정입법의 규율대상·범위 등을 구체적으로 정하여, **누구라도 행정입법에 의하여 규율될 내용의 대강을 합리적으로 예측할 수 있어야 한다**. 이 경우 그 예측가능성의 유무는 당해 위임조항 하나만을 가지고 판단할 것이 아니라 그 위임조항이 속한 법률이나 상위명령의 전반적인 체계와 취지목적, 당해 위임조항의 규정형식과 내용 및 관련 법규를 유기적·체계적으로 **종합판단**하여야 하고, 나아가 각 규제대상의 성질에 따라 구체적·개별적으로 검토함을 요한다(대판 2016.4.14. 2014두14793).

② **대상의 한정성**: 행정입법으로 정할 대상은 특정사항으로 한정하여야 한다.

3) 구체성과 명확성의 정도 〔14 국가9급〕

① **침익적 행정의 경우**: 국민의 권리를 제한하거나 의무를 부과하는 침익적 작용의 경우에는 구체성과 명확성이 엄격하게 요구된다. 즉, **처벌법규나 조세법규와 같은 기본권 침해영역에서는 급부영역에서보다 구체성의 요구가 강화된다.** 〔11 지방9급 등〕

② **수익적 행정의 경우**: 급부행정이나 면제와 같이 국민에게 유리한 행정작용은 위임의 구체성과 명확성이 다소 완화된다. 또한 행정입법에 대한 절차적 통제가 잘 되어 있을수록 규율밀도는 완화될 수 있다.

③ **변화가능성이 많은 경우**: 다양한 사실관계를 규율하거나 수시로 변화될 것이 예상되는 경우, 전문적이고 기술적인 경우에는 위임의 요건이 완화된다.

관련판례

❶ 어느 법령의 규정이 특정사항에 관하여 다른 법령의 특정사항에 관한 규정을 준용한다고 정하면서 준용되는 해당 조항을 특정하거나 명시하지 아니하여 포괄적·일반적으로 준용하는 형식을 취하고 있다고 하더라도, 준용규정을 둔 법령이 규율하고자 하는 사항의 성질에 반하지 않는 한도 내에서만 다른 법령의 특정사항에 관한 규정이 준용된다.

구 국유재산법 제51조 제3항에서 구 국세징수법에서 정한 체납처분의 절차에 따라 변상금을 강제징수할 수 있다고 포괄적·일반적인 준용규정을 두고 있다 하더라도, 그러한 사정만으로 변상금에 관한 체납처분절차에서 민사상 압류의 특칙인 구 국세징수법 제47조 제2항까지 준용된다고 볼 수는 없다(대판 2015.8.27. 2015두41371).

 법관의 해석을 통하여 그 의미가 구체화·명확화될 수 있다면 명확성원칙에 위배되지 않는다. 07 국가7급

행정입법의 내용이 일반적, 추상적, 개괄적인 규정이라 할지라도 법관의 법 보충작용으로서의 해석을 통하여 그 의미가 구체화·명확화될 수 있다면 그 규정이 명확성을 결여하여 과세요건 명확주의에 반하는 것으로 볼 수는 없다(대판 2001.4.27. 2000두9076).

4) 포괄위임금지가 적용되지 않는 경우 20 소방, 16 사복9급

조례에 대한 위임은 포괄적 위임도 가능하다. 11 국가9급 등 공법단체의 정관에 자치법적 사항을 위임하는 경우에도 포괄적 위임금지의 원칙은 적용되지 않는다. 09 국회8급 등 그러나 국민의 권리·의무에 관련되는 경우에는 적어도 국민의 권리·의무에 관한 기본적이고 본질적인 사항은 국회가 정하여야 한다.

관련판례

❶ 조례에 대해서는 포괄적 위임이 가능하다. 10 서울9급

법률이 주민의 권리·의무에 관한 사항에 관하여 구체적으로 아무런 범위도 정하지 아니한 채 조례로 정하도록 포괄적으로 위임하였다고 하더라도, 행정관청의 명령과는 달리, 조례도 주민의 대표기관인 지방의회의 의결로 제정되는 지방자치단체의 자주법인 만큼, 지방자치단체가 법령에 위반되지 않는 범위 내에서 주민의 권리·의무에 관한 사항을 조례로 제정할 수 있는 것이다(대판 1991.8.27. 90누6613).

❷ 공법단체의 정관에 대해서는 포괄적 위임이 가능하다. 09 국회8급

법률이 공법적 단체 등의 정관에 자치법적 사항을 위임한 경우에는 헌법 제75조가 정하는 포괄적인 위임입법의 금지는 원칙적으로 적용되지 않는다고 봄이 상당하고, 그렇다 하더라도 그 사항이 국민의 권리·의무에 관련되는 것일 경우에는 적어도 국민의 권리·의무에 관한 기본적이고 본질적인 사항은 국회가 정하여야 한다(대판 2007.10.12. 2006두14476).

❸ 지방자치법 제22조, 행정규제기본법 제4조 제3항에 따르면 지방자치단체가 조례를 제정할 때에 그 내용이 주민의 권리 제한 또는 의무 부과에 관한 사항이나 벌칙인 경우에는 법률의 위임이 있어야 하므로, 법률의 위임 없이 주민의 권리 제한 또는 의무 부과에 관한 사항을 정한 조례는 효력이 없다(대판 2018.11.29. 2016두35229).

 예상 OX

주민의 권리 제한 또는 의무 부과의 조례도 포괄적 위임이 가능하다. (○. ×)   ○

(4) 처벌법규의 위임

1) 위임의 가능성

처벌법규에 대한 위임도 **엄격한 요건하에 위임이 가능하다**는 것이 판례의 입장이다.

2) 위임의 요건

헌법재판소는 죄형법정주의와 위임입법의 한계의 요청상 처벌법규를 위임하기 위하여는 ① 긴급한

필요나 미리 법률로써 자세히 정할 수 없는 부득이한 사정이 있는 경우에 한정되어야 하고, ② 이러한 경우일지라도 법률에서 **범죄의 구성요건은 처벌대상행위가 어떠한 것이라고 이를 예측할 수 있을 정도로 구체적으로 정하여야** 하며, ③ **형벌의 종류 및 그 상한과 폭을 명백히 규정하여야** 한다(헌재 1991.7.8. 91헌가4).

19 국가9급

(5) 조세법규의 위임

조세법률주의의 원칙상 조세의 종목과 세율은 법률로 정하는 것이 원칙이지만, 구체적으로 범위를 정하여 위임하는 것은 가능하다.

(6) 재위임의 가능성

위임받은 사항을 그대로 위임하는 전면적 재위임은 허용되지 않으나, 위임받은 사항에 관하여 일반적인 사항을 규정하고 그 세부적 사항을 하위명령에 재위임하는 것은 가능하다. 18·14 국가9급, 17 국회8급

관련판례

◎ **포괄위임금지원칙 위반 사례**

❶ 게임제공업자에 대하여 금지되는 경품 제공행위와 관련하여 경품의 종류 및 제공방식을 문화관광부장관(현 문화체육관광부장관)의 고시에 위임한 것은 그 위임형식이 헌법에 반하지 않고, 포괄위임금지의 원칙 및 명확성의 원칙에 반하지 않는다(헌재 2009.2.26. 2005헌바94).

❷ 한국표준산업분류에 관한 사항은 포괄위임금지원칙에 위반되지 않는다. 17 국가7급

법인세 특별세액 감면대상을 통계청장이 고시하는 한국표준산업분류에 의하도록 한 조세특례제한법 제2조 제3항은 조세법률주의 및 포괄위임입법금지원칙에 위배되지 아니한다(헌재 2006.12.28. 2005헌바59).

❸ 오수처리시설의 방류수 수질기준에 관한 사항은 포괄위임금지원칙에 위반되지 않는다.

오수처리시설의 방류수 수질기준에 대하여 아무런 정함이 없이 이를 환경부령으로 정하도록 위임하고 있는 오수·분뇨 및 축산폐수의 처리에 관한 법률 제5조 제1항 중 "오수처리시설의 방류수 수질기준은 환경부령으로 정한다."라는 부분은 포괄위임입법금지의 원칙에 위배되지 아니한다(헌재 2004.11.25. 2004헌가15).

관련판례

◎ **포괄위임금지원칙 위반이 아닌 사례**

❶ 전기통신역무에 관한 사항은 포괄위임금지원칙에 위반된다.

대통령령이 정하는 경우가 아닌 한 누구든지 전기통신사업자가 제공하는 전기통신역무를 이용하여 타인의 통신을 매개하거나 타인의 통신용에 제공한 자를 형사처벌하도록 규정한 구 전기통신사업법 제32조의2 및 제74조는 죄형법정주의에서 도출된 명확성의 원칙에 위배될 뿐만 아니라 위임입법의 한계를 일탈하여 헌법에 위반된다(헌재 2002.5.30. 2001헌바5).

❷ 국가를 당사자로 하는 계약에 관한 법률 제27조 제1항 중 '입찰참가자격의 제한기간을 대통령령이 정하는 일정 기간으로 규정하고 있는 부분'은 포괄위임금지원칙에 위배된다(헌재 2005.6.30. 2005헌가1).

* 일정 기간에 대한 상한선이 없기 때문이다.

❸ 약국관리에 필요한 사항을 준수하여야 한다는 부분은 포괄위임입법금지원칙에 위배된다.
"약국을 관리하는 약사 또는 한약사는 보건복지부령으로 정하는 약국관리에 필요한 사항을 준수하여야 한다."라는 약사법 제19조 제4항의 규정 위반자를 200만 원 이하의 벌금에 처하도록 한 약사법 규정은 포괄위임금지원칙에 위배된다(헌재 2000.7.20. 99헌가15).

3. 집행명령의 한계
집행명령은 오직 상위명령의 집행에 필요한 구체적 절차·형식 등을 규정할 수 있을 뿐이고, **새로운 입법사항을 정할 수 없다**. 따라서 집행명령이 새로운 법규사항을 규정하였다면 그 집행명령은 위법한 명령이 되고 무효가 된다.

 관련판례

법률에 근거 없는 집행명령을 무효라 할 수 없다(대판 2006.10.27. 2004두12261).

05 성립·효력요건 및 하자 있는 법규명령

1. 성립요건

(1) 주체
법규명령은 정당한 권한을 가진 기관이 제정하여야 한다.

(2) 내용
상위법령에 근거가 있어야 하고, 그에 저촉되지 않아야 하며, 그 규정 내용이 명확하고 실현가능한 것이어야 한다.

(3) 형식
조문의 형식을 갖추어야 한다.

(4) 절차
국민의 일상생활과 관련되는 중요 분야의 법령안은 입법예고를 하여야 하고, 행정조직 내부절차로는 대통령령은 법제처의 심사와 국무회의의 심의를 거쳐야 하며, 총리령 및 부령은 법제처의 심사를 거쳐야 한다(총리령과 부령은 국무회의의 심의를 거치지 않아도 됨). 08 서울9급 등

(5) 공포
법규명령은 반드시 관보에 공포해야 한다. 공포일은 법규명령을 게재한 관보 발행일이다.

2. 효력요건
특별한 규정이 없으면 공포한 날로부터 20일을 경과함으로써 효력이 발생한다. 다만, 국민의 권리 제한과 의무 부과에 직접 관계되는 법규명령은 공포일로부터 적어도 30일이 경과한 날로부터 효력이 발생한다(법령 등 공포에 관한 법률 제13조의2).

3. 하자 있는(성립·효력요건을 갖추지 못한) 법규명령의 효력

(1) 무효

이상의 요건을 갖추지 못한 법규명령은 위법하다. 위법의 정도에 대해서 견해 대립이 있으나 무효로 보는 것이 통설이다. 법규명령에는 취소쟁송제도가 없기 때문이다. 재판통제는 간접통제가 원칙이나, 처분적 법규의 경우에는 예외적으로 직접 통제도 가능하다.

> **보충** 무효로 본다
>
> 법규명령, 행정규칙, 조례, 공법상 계약은 하자가 있을 때 유효 아니면 무효이지, 취소란 개념은 없다는 것이 다수설이다(공정력은 행정행위에만 인정된다는 것이 다수설임).

(2) 판례

대법원은 모법의 규정에 저촉되거나 달리 법률상의 근거규정이 없는 법규명령의 효력을 무효로 보고 있다.
10 국가9급 등

관련판례

공동주택의 경우에는 단독주택의 경우와는 달리 면적이 일정한 기준을 초과하기만 하면 그 가액과 관계 없이 취득세를 중과세하도록 규정한 시행령은 모법의 위임을 벗어난 것이어서 무효이다.

지방세법의 위임을 받은 구 지방세법 시행령 관련 규정은 '1구의 공동주택의 연면적(공용면적 제외)이 245제곱미터를 초과하는 공동주택과 그 부속토지'를 취득세 중과세대상인 고급주택의 하나로 규정함으로써 공동주택의 경우에는 단독주택의 경우와는 달리 면적이 일정한 기준을 초과하기만 하면 그 가액과 관계 없이 취득세를 중과세하도록 정하고 있어 결과적으로 위 법률조항보다 취득세 중과세대상의 범위를 확장하고 있다. 위 시행령 조항이 위 법률조항보다 납세자에게 불리한 방향으로 취득세 중과세대상의 범위를 확장한 것은 모법인 위 법률조항의 규정취지에 반할 뿐만 아니라 그 위임범위를 벗어난 것으로서 무효라고 봄이 상당하다(대판 2009.10.22. 2007두3480 전원합의체).

4. 무효인 법령에 따른 행정처분의 효력

06 법규명령의 소멸

1. 폐지

(1) 직접적 폐지

법규명령의 효력을 장래에 향하여 소멸시키는 행정권의 명시적·직접적 의사표시를 말한다. 행정청은 법규명령을 폐지하고자 할 때도 제정·개정하고자 할 때와 마찬가지로 입법예고하여야 한다(행정절차법 제41조 제1항). 06 국회8급 등

(2) 간접적 폐지
법규명령은 내용상 그와 충돌되는 동위 또는 상위의 법령이 제정됨으로써 그 효력이 소멸된다.

2. 실효

(1) 법정부관의 성립
한시법에 있어서 종기의 도래, 해제조건의 성취 등으로 법규명령의 효력이 소멸된다.

(2) 근거법령의 소멸

1) 위임명령
위임명령은 그 근거법인 법률 또는 상위명령이 소멸하면 법적 근거가 없는 것으로 되어 그 효력이 소멸한다. 09 국가9급 이미 이루어진 효과는 영향을 받지 않는다.

2) 집행명령
① 집행명령에 대해서 판례는 상위법령이 개정됨에 그친 경우에는 개정 법령과 성질상 모순·저촉되지 아니하고 개정된 상위법령의 시행에 필요한 사항을 규정하고 있는 이상, 그 집행명령은 상위법령의 개정에도 불구하고 당연히 실효되지 아니하고 개정 법령의 시행을 위한 집행명령이 제정, 발효될 때까지는 여전히 그 효력을 유지한다고 판시하였다(대판 1989.9.12. 88누6962). 10 서울9급 등
② 상위법이 폐지되면 집행명령은 존재할 수 없다.

07 법규명령에 대한 통제

1. 입법부에 의한 통제
법규명령에 대한 입법부의 통제는 직접적 통제와 간접적 통제로 나눌 수 있다.

(1) 직접적 통제

1) 개념
국회가 근거법령을 폐지·변경하거나 법규명령의 성립과 발효에 대한 국회의 동의 또는 승인을 유보하는 방법으로 하는 통제를 말한다. 영국의 의회제출절차나 미국의 입법적 거부(미연방대법원의 위헌결정으로 현재는 없어짐), 독일의 동의권유보 등이 있다.

2) 구체적 검토
① 승인유보제도
  ㉠ 개념: 행정입법에 대해 국회가 승인을 거부하면 효력이 인정되지 않는 제도를 말한다.
  ㉡ 내용: 대통령이 긴급명령(법률의 효력)이나 긴급재정경제명령(법률의 효력), 긴급재정경제처분(법률보다 하위의 효력)을 발동했을 때 지체 없이 국회에 보고하고 승인을 얻지 못하면 그때부터 효력을 상실하게 한다.
② 의회제출제도: 행정입법을 국회의 상임위원회에 제출하여 국회의 심의를 거치지만 국회가 그 효력을 좌우하지는 못하는 제도이다.

> **관련조문**
>
> **국회법 제98조의2(대통령령 등의 제출 등)** ① 중앙행정기관의 장은 법률에서 위임한 사항이나 법률을 집행하기 위하여 필요한 사항을 규정한 대통령령·총리령·부령·훈령·예규·고시 등이 제정·개정 또는 폐지되었을 때에는 10일 이내에 이를 국회 소관 상임위원회에 제출하여야 한다. 다만, 대통령령의 경우에는 입법예고를 할 때(입법예고를 생략하는 경우에는 법제처장에게 심사를 요청할 때를 말한다)에도 그 입법예고안을 10일 이내에 제출하여야 한다.
> ② 중앙행정기관의 장은 제1항의 기간 이내에 제출하지 못한 경우에는 그 이유를 소관 상임위원회에 통지하여야 한다.
> ③ 상임위원회는 위원회 또는 상설소위원회를 정기적으로 개회하여 그 소관 중앙행정기관이 제출한 대통령령·총리령 및 부령(이하 이 조에서 '대통령령 등'이라 한다)의 법률 위반 여부 등을 검토하여야 한다.
> ④ 상임위원회는 제3항에 따른 검토 결과 대통령령 또는 총리령이 법률의 취지 또는 내용에 합치되지 아니한다고 판단되는 경우에는 검토의 경과와 처리 의견 등을 기재한 검토결과보고서를 의장에게 제출하여야 한다.
> ⑤ 의장은 제4항에 따라 제출된 검토결과보고서를 본회의에 보고하고, 국회는 본회의 의결로 이를 처리하고 정부에 송부한다.
> ⑥ 정부는 제5항에 따라 송부받은 검토 결과에 대한 처리 여부를 검토하고 그 처리 결과(송부받은 검토 결과에 따르지 못하는 경우 그 사유를 포함한다)를 국회에 제출하여야 한다.
> ⑦ 상임위원회는 제3항에 따른 검토 결과 부령이 법률의 취지 또는 내용에 합치되지 아니한다고 판단되는 경우에는 소관 중앙행정기관의 장에게 그 내용을 통보할 수 있다.
> ⑧ 제7항에 따라 검토 내용을 통보받은 중앙행정기관의 장은 통보받은 내용에 대한 처리계획과 그 결과를 지체 없이 소관 상임위원회에 보고하여야 한다.
> ⑨ 전문위원은 제3항에 따른 대통령령 등을 검토하여 그 결과를 해당 위원회 위원에게 제공한다.

(2) 간접적 통제

간접적인 통제방법으로는 국정조사·감사, 국무총리·국무위원 등을 국회의 본회의나 상임위원회에 출석토록 요구하여 그에 대한 답변을 요구할 수도 있고, 해당자에 대한 해임건의나 탄핵소추를 할 수 있다. 다만, 국회는 대통령에 대해서는 국회에 출석을 요구할 수 없다. 하지만 대통령이 국회에 출석하여 발언하는 것은 가능하다.

2. 행정적 통제

(1) 상급행정청의 감독권에 의한 통제

상급행정청은 하급행정청에 대한 일반적인 지휘·감독권을 갖고 있다. 이러한 지휘·감독권에 기초하여 하급행정기관의 행정입법에 대해 통제할 수 있다. 따라서 상급행정청은 훈령 등으로 하급행정청이 제정하는 행정입법의 기준과 방향을 제시할 수 있고, **상급행정청이 하급행정청의 행정입법을 직접 개정 또는 폐지할 수는 없지만** 12 국회8급 해당 위법한 법규명령의 **개정 또는 폐지를 '명'할 수 있다**(정부조직법 제11조 제2항, 제18조 제2항).

(2) 행정절차법에 의한 통제

현행 행정절차법은 입법예고(40일 이상, 자치법규는 20일 이상), 통지·청문 등의 절차를 통해 이에 대한 의견을 제시할 수 있도록 하고 있다. 그리고 이 경우는 국민에 의한 통제적 의미도 같이 지니고 있다.

(3) 법제처에 의한 사전심사

행정입법에 대한 사전심사는 법제처의 심의를 거치는 것이 대표적인데, 대통령령안에 대해서는 법제처와 국무회의의 심의를 거쳐야 하고, 총리령과 부령은 법제처의 심의는 거치지만 국무회의 심의대상은 아니다.

(4) 중앙행정심판위원회의 통제 21 국회8급, 08 국가7급 등

행정심판법 제59조에 의하면 중앙행정심판위원회는 심판청구를 심리·재결할 때에 처분 또는 부작위의 근거가 되는 명령 등(대통령령·총리령·부령·훈령·예규·고시·조례·규칙 등을 말함)이 법령에 근거가 없거나 상위법령에 위배되거나 국민에게 과도한 부담을 주는 등 크게 불합리하면 관계 행정기관에 그 명령 등의 개정·폐지 등 적절한 시정조치를 요청할 수 있다. **이 경우 중앙행정심판위원회는 시정조치를 요청한 사실을 법제처장에게 통보하여야 한다.** 이 요청을 받은 관계 행정기관은 정당한 사유가 없으면 이에 따라야 한다.

3. 사법적 통제

> **1. 재판의 전제성** 16 국회8급
>
> 사례 | 조세 부과처분 → 조세 부과처분 취소소송 제기 → 소송 중 조세 부과가 잘못된 것이 아니라 그 근거인 위임입법(대통령령)이 잘못된 것이라는 문제 발생
>
> - 이때 대통령령의 효력에 따라 조세 부과처분 취소소송의 승패가 달라진다.
> - 여기서 대통령령의 효력이 조세 부과처분 취소소송의 전제가 되는데, 이를 재판의 전제성이라고 한다.
>
> **2. 심판권**
> - 법률의 효력에 대해서는 헌법재판소만 판단할 수 있고 대법원은 관할권이 없다.
> - 따라서 아래의 논의는 법률보다 하위의 효력을 가지는 명령 등에 대한 것이다.

✱ 법규명령에 대한 사법적 통제 – 구체적 규범통제만 인정되고 추상적 규범통제는 인정되지 않음.

구분	대상	재판의 전제성	심판기관	효력
법원의 통제	·법규명령 ·재량준칙 ·법령보충적 행정규칙 ·조례 ·조약(명령의 효력을 가지는 조약) ·행정규칙은 심사 불가	·재판 전제성 有: 법원만 판단 가능 ·재판 전제성 無: 집행행위의 매개 없이 적용되면 항고소송 가능	모든 법원이 심사 가능하지만, 최종 판단은 대법원이 함.	개별적 효력 → 대법원이 행정안전부장관에 통보 19 국가9급, 18 소방 → 관보 게재
헌재의 통제	위와 동일하지만, 조약은 명령의 효력을 가지는 조약과 법률의 효력을 가지는 조약 둘 다 가능	·재판 전제성 有: 헌재는 판단 불가 ·재판 전제성 無: 집행행위의 매개 없이 적용되면 헌법소원 가능	헌법재판소	일반적 효력

(1) 법원에 의한 통제

1) 구체적 규범통제(법원의 명령·규칙심사권) – 부수적 통제

① **구체적 규범통제와 추상적 규범통제**: 구체적 규범통제란 명령·규칙 등 행정입법의 위헌·위법 여부가 구체적인 사건에서 재판의 전제가 된 경우에 그 사건의 재판과정에서 심사할 수 있는 제도를 말한다. 추상적 규범통제란 행정입법의 위헌·위법 여부를 직접 소송의 대상으로 하여 다툴 수 있는 제도를 말한다. 우리나라는 헌법 제107조에서 재판의 전제성을 요구하여 구체적 규범통제를

하고 있다. 12 국가9급 등 독일은 구체적 규범통제와 추상적 규범통제를 모두 인정한다.

법률에 대한 심사(헌법 제107조 제1항)	명령 등에 대한 심사(헌법 제107조 제2항)
법률이 헌법에 위반되는 여부가 재판의 전제가 된 경우에는 법원은 헌법재판소에 제청하여 그 심판에 의하여 재판한다.	명령·규칙 또는 처분이 헌법이나 법률에 위반되는 여부가 재판의 전제가 된 경우에는 대법원은 이를 최종적으로 심사할 권한을 가진다.

② **부수적 통제(간접적 통제, 선결문제 해결방식)**: 행정입법(주로 법규명령)에 근거한 처분에 의하여 법률상 이익이 침해된 자가 처분에 대한 항고소송을 제기하여 그 소송 중에 처분의 근거법규인 법규명령의 위법을 다투는 것을 말한다.

2) 명령·규칙심사의 대상

① **법규명령**: 심사의 대상은 명령과 규칙이며, 여기서의 명령은 법규명령을 의미한다. 법규명령이면 위임명령과 집행명령을 모두 포함하며, 대통령령·총리령·부령이 모두 대상이 된다.
② **행정규칙(행정명령)**: 명령·규칙의 심사대상이 되는 규칙은 국민에 대하여 일반적 구속력을 가지는 규칙을 의미한다. 따라서 기관 내규로서의 성질을 가지는 행정규칙은 대상이 되지 않는 것이 원칙이다. 그러나 행정규칙이 예외적으로 법규로서 인정되는 경우(재량준칙과 법령보충적 행정규칙)에는 심사의 대상이 된다.
③ **국회규칙, 대법원규칙, 헌법재판소규칙, 선거관리위원회규칙**: 기관 내부에서만 효력을 가지는 경우와 국민에 대하여 일반적 구속력을 가지는 경우로 구분되며, 후자만 심사의 대상이 된다.
④ **조례**: 조례는 구체적 규범통제의 대상이 될 수 있다.
⑤ **조약**: 헌법 제60조 제1항에 의한 국회의 동의를 얻은 조약은 법률의 효력을 가지므로 헌법재판소에서 위헌 여부를 심사하나, 명령의 효력을 가지는 일반조약 등의 경우에는 대법원이 최종적으로 심사한다.

3) 심사의 주체

① **각급 법원**: 명령·규칙에 대한 심사권의 주체는 각급 법원(모든 법원, 군사법원 포함)이다. 09 국가7급 따라서 명령·규칙의 위헌·위법 여부가 구체적 사건에서 재판의 쟁점으로 다투어질 때는 모든 법원이 이에 대해 판단할 수 있다. 10 국가9급 등 최종적인 판단은 대법원이 한다.
② **헌법재판소**: 명령·규칙이 집행행위의 매개 없이 직접 기본권을 침해할 때는 헌법재판소도 판단할 수 있다. 14·12 국가9급, 09 국가7급

4) 위헌·위법 판결의 효력

① **개별적 효력 부인**: 명령이나 규칙이 헌법이나 법률에 위반된다고 인정하는 경우 법원은 그 명령이나 규칙을 해당 사건에 적용하는 것을 거부할 수 있을 뿐, 그 무효를 선언할 수는 없다. 법원의 본래 임무가 구체적 사건의 심판이고 명령이나 규칙의 효력 자체를 심사하는 것이 아니기 때문이다. 08 지방7급 등
② **명령·규칙의 위헌판결 공고제**: 행정소송에 대한 대법원 판결에 의하여 명령·규칙이 헌법 또는 법률에 위반된다는 것이 확정된 경우에는 대법원은 지체 없이 그 사유를 **행정안전부장관에게 통보**하여야 한다. 위 통보를 받은 행정안전부장관은 지체 없이 이를 관보에 게재하여야 한다(행정소송법 제6조).

5) 처분적 행정입법에 대한 항고소송 - 직접적 통제

① **처분적 법규명령은 항고소송의 대상이 된다(헌법소원의 대상도 됨)** 〔18 소방·국가9급〕: 법규명령이 집행행위의 매개 없이 직접 국민의 법적 지위에 영향을 미칠 때는 법규명령 자체에 처분성이 인정되어 법규명령을 대상으로 하는 항고소송이 가능하다. 〔17 국회8급, 12 국가9급〕

② **소송 형태**: 무효등확인소송의 형태로 제기해야 한다는 것이 통설·판례이다. 행정소송법 개정안은 취소소송이 가능함을 규정하고 있다.

관련판례

❶ 조례 자체(두밀분교 폐지조례)가 직접 권리·의무에 영향을 미치는 경우 항고소송의 대상이 된다.
〔21 소방, 16 국가9급, 08 국가7급 등〕

조례가 집행행위의 개입 없이도 그 자체로서 직접 국민의 구체적인 권리·의무나 법적 이익에 영향을 미치는 등의 법률상 효과를 발생하는 경우 그 조례는 항고소송의 대상이 되는 행정처분에 해당하고, 이러한 조례에 대한 무효확인소송을 제기함에 있어서 행정소송법 제38조 제1항, 제13조에 의하여 피고적격이 있는 처분 등을 행한 행정청은, … 그 집행기관인 시·도 교육감을 피고로 하여야 한다(대판 1996.9.20. 95누8003).

❷ 학교폐지조례 공포 후 교육감이 한 분교장의 폐쇄, 직원의 인사이동, 급식학교의 변경 등 행위는 항고소송의 대상이 되는 행정처분이 아니다.

공립초등학교 분교의 폐지는 지방의회가 이를 폐지하는 내용의 개정 조례를 의결하고 교육감이 이를 공포하여 그 효력이 발생함으로써 완결되고, 그 조례 공포 후 교육감이 하는 분교장의 폐쇄, 직원에 대한 인사이동 및 급식학교의 변경지정 등 일련의 행위는 분교의 폐지에 따르는 사후적인 사무처리에 불과할 뿐이므로, 이를 독립하여 항고소송의 대상이 되는 행정처분으로서의 폐교처분이라고 할 수 없다(대판 1996.9.20. 95누7994).

❸ 항정신병 치료제의 요양급여 인정기준에 관한 보건복지부 고시가 다른 집행행위의 매개 없이 그 자체로서 제약회사, 요양기관, 환자 및 국민건강보험공단 사이의 법률관계를 직접 규율하는 경우에는 항고소송의 대상이 되는 행정처분에 해당한다(대결 2003.10.9. 2003무23).

❹ 보건복지부 고시인 약제 급여·비급여 목록 및 급여상한금액표는 항고소송의 대상인 처분이다. 그리고 이때 제약회사는 원고적격이 인정된다(대판 2006.9.22. 2005두2506). 〔18 국가9급, 12 국회8급〕

❺ 청소년유해매체물 결정 및 고시처분은 고시함으로써 그 명시된 시점에 효력이 발생하였다고 봄이 상당하고, 정보통신윤리위원회와 청소년보호위원회가 위 처분이 있었음을 위 웹사이트 운영자에게 제대로 통지하지 아니하였다고 하여 그 효력 자체가 발생하지 아니한 것으로 볼 수는 없다(대판 2007.6.14. 2004두619). 〔18 소방·국가9급 등〕

(2) 헌법재판소에 의한 통제

1) 법규명령에 대한 헌법소원 가능성

법원 외에 헌법재판소가 명령·규칙에 대한 위헌심판권을 가지는지 견해가 대립한다.

① **헌법재판소 견해** 〔10 지방9급〕: 헌법재판소는 법무사법 시행규칙(대법원규칙으로서 법규명령의 성질을 가짐)에 대하여 헌법소원의 대상성을 인정하고 위헌결정하였다. 다수의 학설도 긍정설을 취한다.

② **대법원 견해** 〔11 지방9급〕: 대법원은 헌법 제107조 제2항에서 '재판의 전제가 된 경우'라는 부분은 구체적 규범통제의 원칙을 규정한 것으로 이해하여야 하므로 법률의 위헌 여부는 헌법재판소가 심사하고, 명령·규칙의 위헌 여부는 법원이 심사한다고 보아야 한다면서 명령·규칙의 헌법소원 대상성을 부정하고 있다.

관련판례

❶ 법무사법 시행규칙은 헌법소원의 대상이 된다. `17 국가9급`

헌법 제107조 제2항이 규정한 명령·규칙에 대한 <u>대법원의 최종심사권</u>이란 구체적인 소송사건에서 명령·규칙의 위헌 여부가 재판의 전제가 되었을 경우 법률의 경우와는 달리 헌법재판소에 제청할 것 없이 <u>대법원이 최종적으로 심사할 수 있다는 의미</u>이므로 법률의 경우와 마찬가지로 명령·규칙 그 자체에 의하여 직접 기본권이 침해되었음을 이유로 하여 헌법소원심판을 청구하는 것은 위 헌법 규정과는 아무런 상관이 없는 문제이다. 그리고 헌법재판소법 제68조 제1항이 규정하고 있는 헌법소원심판의 대상으로서의 '공권력'이란 입법·사법·행정 등 모든 공권력을 말하는 것이므로 입법부에서 제정한 법률, 행정부에서 제정한 시행령이나 시행규칙 및 사법부에서 제정한 규칙 등은 그것들이 별도의 집행행위를 기다리지 않고 <u>직접 기본권을 침해하는 것일 때</u>에는 모두 헌법소원심판의 대상이 될 수 있는 것이다(헌재 1990.10.15. 89헌마178).

❷ 조례가 직접 기본권을 침해하면 조례를 대상으로 하는 헌법소원이 가능하다. `07 국회8급`

[1] 조례는 지방자치단체가 그 자치입법권에 근거하여 자주적으로 지방의회의 의결을 거쳐 제정한 법규이기 때문에 조례 자체로 인하여 직접 그리고 현재 자기의 기본권을 침해받은 자는 그 권리구제의 수단으로서 조례에 대한 헌법소원을 제기할 수 있다(헌재 1995.4.20. 92헌마264).
   * 부천시 담배자판기 철거조례사건

[2] 서울특별시 보도상 영업시설물 운영자 중 자산가액 2억 원 미만인 자로서 제소 전 화해조서를 제출한 자에 대하여만 1년의 범위 안에서 2회에 한하여 도로점용허가를 갱신하도록 한 '구 서울특별시 보도상영업시설물 관리 등에 관한 조례'와 '서울특별시 보도상영업시설물 관리 등에 관한 조례'는 헌법소원심판의 대상이 되는 공권력 행사에 해당한다(헌재 2008.12.26. 2007헌마387).

2) 헌법재판소 결정의 효력(일반적 효력)

행정입법에 대한 헌법재판소의 인용결정(위헌결정)은 대법원의 결정과 달리 해당 사건에 적용이 거부됨에 그치는 것이 아니라 **효력 자체가 상실되는 일반적 효력**이다.

4. 국민에 의한 통제

행정절차법상의 청문, 공청회, 입법예고제와 여론, 청원, 압력단체에 의한 통제를 생각해 볼 수 있다.

08 행정입법부작위와 그에 대한 통제

1. 행정입법부작위의 의의

(1) 개념

행정입법부작위란 법률에 의해서 하위법규에 위임된 법규명령 또는 행정규칙을 제정하지 아니하는 행정청의 부작위를 말한다. 행정입법부작위가 되기 위해서는 **행정기관에게 행정입법을 해야 할 법적 의무가 있어야 하고, 상당한 기간이 지났음에도 행정입법이 이루어지지 않아야 한다.** `01 행시`

(2) 입법례

미국과 프랑스는 일정한 요건하에 행정입법 제정의무를 부과하고 있으나, 우리나라는 명시적인 규정이 없다. `06 서울9급`

2. 통제방법

*행정입법부작위에 대한 통제방법
- 항고소송: 불가
- 헌법소원: 가능
- 국가배상: 가능

(1) 항고소송 불가

행정입법부작위는 부작위위법 확인소송의 대상이 아니다. 18·15 국가9급, 17 국회8급

(2) 행정심판의 가능성

행정입법부작위는 원칙적으로 의무이행심판의 대상으로서 부작위에 해당하지 않는다.

(3) 헌법소원 가능 16 사복9급·국회8급

1) 행정입법의무는 헌법상의 의무이다.

행정입법에 대해서 헌법에 명시적 위임이 없다 하더라도 행정입법의 작위의무를 헌법상의 의무로 볼 수 있는지, 아니면 법률상의 의무에 불과한지가 문제된다. 이에 대해 헌법재판소는 행정입법의무는 헌법상의 의무라고 본다. 왜냐하면 행정입법을 하지 아니하면 행정권에 의해 입법권이 침해되는 결과가 되기 때문이다. 따라서 헌법재판소는 행정입법부작위로 인한 법률상의 공백을 대법원 판례가 대신하고 있더라도 행정입법 작위의무가 면제될 수 없다고 한다(헌재 2002.7.18. 2000헌마707). 06 서울9급 등

2) 행정입법의무 위반의 효과와 행정입법의무의 면제

행정입법부작위는 원칙적으로 위헌이다. 그러나 행정입법부작위가 언제나 위헌인 것은 아니다. 즉, **상위법령에서 행정입법을 예정하고 있더라도 행정입법의 제정 없이 상위법령의 규정만으로 집행이 이루어질 수 있는 경우에는 헌법상의 행정입법의무는 인정되지 않는다**(헌재 2005.12.22. 2004헌마66). 17 국회8급

관련판례

◎ 행정입법부작위에 대해 위헌결정한 사례

① 근로 3권이 모두 허용되는 '사실상 노무에 종사하는 공무원'의 구체적인 범위에 관한 조례를 제정하지 아니하는 부작위는 위헌이다(헌재 2009.7.30. 2006헌마358).

② 군법무관 보수에 관한 행정입법부작위는 위헌이다.

법률이 군법무관의 보수를 판사, 검사의 예에 의하도록 규정하면서 그 구체적 내용을 시행령에 위임하고 있다면, 이는 군법무관의 보수의 내용을 법률로써 일차적으로 형성한 것이고, 따라서 상당한 수준의 보수청구권이 인정되는 것이라 해석함이 상당하다. 그러므로 이 사건에서 대통령이 법률의 명시적 위임에도 불구하고 지금까지 해당 시행령을 제정하지 않아 그러한 보수청구권이 보장되지 않고 있다면 그러한 입법부작위는 정당한 이유 없이 청구인들의 재산권을 침해하는 것으로써 헌법에 위반된다(헌재 2004.2.2. 2001헌마718).

> **비교판례**
> ① 공익법무관에게는 법관 및 검사의 예에 준하는 보수의 청구권이 없으므로, 군법무관의 보수에 관한 행정입법부작위로 인하여 공익법무관의 보수청구권이 침해당하였다고 볼 수 없다.
> ② 공익법무관은 군법무관이 지급받는 정액급식비 등 상당액을 보수로 청구할 권리를 가지지 않는다(대판 2009.4.9. 2006다45206).

(4) 국가배상청구

행정입법부작위로 인해 손해가 발생한 경우, 손해배상의 요건이 충족되면 국가배상청구가 가능하다.

Chapter 02 행정입법: 행정규칙

제1절 행정규칙 일반론

01 개설

1. 행정규칙의 의의

행정규칙이란 '행정 내부관계에서 제정되는 법규로서의 성질을 가지지 아니하는 일반적·추상적 규정'을 말하며, 행정명령이라고 하기도 한다.

2. 성립 배경 및 기능

(1) 성립 배경

시민혁명 이후 절대왕정에서 근대입헌주의로 넘어가는 과정에서 독일의 입헌군주주의의 정립단계에서 **의회와 군주의 타협의 산물**로 나타난 개념이다. 즉, 군주의 권한 중 입법권을 의회가 가져감에 따라 의회의 관여를 받지 않는 국왕의 대권으로 특별권력관계, 재량행위, 행정규칙을 인정하게 된 것이다.

(2) 기능

1) 행정집행의 통일성 확보

현대복지국가의 진전에 따라 행정부의 권한은 끝 없이 팽창해 왔고, 방대한 행정조직의 원활한 운영과 전국적인 행정집행의 통일성이 요구되는 상황에서 행정규칙은 법률의 해석과 집행에 있어서 행정청에 통일적인 기준을 제시(재량준칙)한다.

2) 행정의 효율성 제고

불공평을 방지하고, 행정의 효율성을 제고시키는 기능을 한다.

02 행정규칙의 성질(행정규칙의 법규성)

1. 내부적 효력(대내적 구속력)

행정조직 내부에서 행정규칙의 수명자는 행정조직상의 복종의무에 따라 상급기관이 발한 명령으로서의 행정규칙을 준수할 의무가 있으므로 행정규칙은 행정조직 내부에서는 구속력을 갖는다. 따라서 **공무원이 근무규칙을 위반했을 때 징계책임이라는 법적 책임**을 지게 된다.

2. 외부적 효력(대외적 구속력)

(1) 문제의 소재

행정규칙은 원칙적으로 대외적 효력이 없다. 즉, 일반 국민을 구속하지 못하고 법원에서 판결의 기준이 되지도 못한다. 그러나 예외적으로 행정규칙 위반에 대하여 국민이 그 위법성을 주장할 수 있는가와 행정규칙이 법원에 대하여 재판규범이 되는가에 대해 견해의 대립이 있다.

(2) 학설

행정규칙의 법규성에 대한 일반론은 수험과 직접 관련은 없고 판례의 입장과 행정규칙의 종류에 따른 법규성을 검토하는 것이 더 중요하다. 따라서 아래에서는 대법원과 헌법재판소의 기본적 입장을 검토하고 행정규칙의 종류에서 다시 검토하기로 한다.

(3) 판례

1) 대법원

대법원은 원칙적으로 행정규칙의 법규성을 부정하고 예외적으로 인정하는 입장이다. 따라서 판례에 의하면 **행정규칙을 위반해도 위법의 문제는 생기지 않는 것이 원칙이다.** 15 국회8급 등 판례가 예외적으로 법규성을 인정하는 경우는 대체로 상대방의 권리·의무에 상당한 영향을 주는 경우이다(사견).

2) 헌법재판소

헌법재판소는 모든 행정규칙에 대해서 법규성을 인정하는 것이 아니고, **재량준칙과 법령보충적 행정규칙에 대해서만 법규성을 인정하고 있다**(헌재 1997.5.29. 94헌마33). 11 국가9급

> **관련판례**

보건복지부장관이 고시한 생활보호사업지침상의 '94년 생계보호기준'은 법령보충적 행정규칙으로 대외적 구속력이 있다.

이 사건 생계보호기준은 생활보호법 제5조 제2항의 위임에 따라 보건복지부장관이 보호의 종류별로 정한 보호의 기준으로서 일단 보호대상자로 지정이 되면 그 구분(거택보호대상자, 시설보호대상자 및 자활보호대상자)에 따른 각 그 보호기준에 따라 일정한 생계보호를 받게 된다는 점에서 직접 대외적 효력을 가지며, 공무원의 생계보호급여 지급이라는 집행행위는 위 생계보호기준에 따른 단순한 사실적 집행행위에 불과하므로, 위 생계보호기준은 그 지급대상자인 청구인들에 대하여 직접적인 효력을 갖는 규정이다(헌재 1997.5.29. 94헌마33).

03 행정규칙의 종류와 법규성 문제

1. 형식에 따른 분류

(1) 훈령

훈령이란 상급기관이 하급기관에 대하여 **상당히 장기간에 걸쳐** 권한의 행사를 일반적으로 지시하기 위해 발하는 명령으로서 훈령 중 **일반적·추상적 성질을 가지는 것만** 행정규칙이다. 판례는 훈령인 국세청장의 재산제세 사무처리규정의 법규성을 인정한 바 있다.

(2) 지시

지시란 상급기관이 직권 또는 하급기관의 문의나 신청에 대하여 개별적·구체적으로 발하는 명령으로서 행정규칙이 아니라는 견해가 유력하다.

(3) 예규

예규란 법규문서 이외의 문서로서 행정사무의 통일을 기하기 위하여 반복적 행정사무의 처리기준을 제시하는 명령을 말한다.

(4) 일일명령

일일명령이란 당직·출장·시간외 근무·휴가 등의 일일업무에 관한 명령을 말한다.

2. 내용에 따른 분류

(1) 조직규칙

조직규칙이란 행정기관의 설치, 내부적 권한분배 등에 관한 사항을 정하는 규칙으로서 사무분배규정이나 직제, 위임전결규정 등이 있다. 행정조직은 행정조직 법정주의에 따라 법률과 대통령령으로 정하게 되어 있으므로 조직규칙에 관한 규율범위는 제한적이다. 조직규칙은 내부적 효력만 있고 대외적 효력은 없다.

(2) 근무규칙

근무규칙이란 상급기관이 하급기관 및 그 구성원의 직무에 관한 사항을 계속적으로 규율하기 위하여 발하는 규칙을 말한다(예 훈령, 통첩 등).

(3) 영조물규칙

영조물규칙이란 영조물의 관리주체가 영조물의 조직·관리·사용관계 등을 규율하기 위해 발하는 규칙을 말한다. 국립도서관 규칙, 국립대학교의 학칙 등이 있다. 학칙의 법규성에 대해서는 견해의 대립이 있으나, 판례는 국립교육대학 학칙에 위배된 징계에 대하여 위법하다고 판시한 바 있다.

(4) 규범해석규칙

규범해석규칙이란 법령해석상의 통일을 기하기 위해 발해지는 규칙을 말한다. 특히 불확정개념의 적용에 있어 그 해석이나 적용방향을 확정하기 위한 목적으로 발하는 것이다. 규범해석규칙은 하급행정기관을 구속하지만, **대외적 구속력은 없다**고 보는 것이 일반적이다. 08 경기9급 등

3. 고시

(1) 의의

고시란 행정기관이 일정한 사항을 **불특정 다수의 일반인에게 알리는 통지행위**를 말한다. 고시는 형식은 행정규칙이지만, 일반에 공표된다는 점에서 보통의 행정규칙과 차이가 있다.

(2) 법적 성질

고시의 법적 성질은 고시의 내용에 따라 달라진다. **고시가 일반적·추상적 규율의 성질을 가질 때는 행정규칙**(경우에 따라서는 법규명령)에 해당하고, **일반적·구체적 규율일 때는 일반처분의 성질을 가지며 법규성이 인정된다.** 11 국가9급 등

관련판례

 ① 고시의 법적 성질 08 경기7급

어떠한 고시가 일반적·추상적 성격을 가질 때에는 법규명령 또는 행정규칙에 해당할 것이지만, 다른 집행행위의 매개 없이 그 자체로서 직접 국민의 구체적인 권리·의무나 법률관계를 규율하는 성격을 가질 때에는 항고소송의 대상이 되는 행정처분에 해당한다(대결 2003.10.9. 2003무23).

❷ 고시 또는 공고의 법적 성질은 일률적으로 판단될 것이 아니라 고시에 담겨진 내용에 따라 구체적인 경우마다 달리 결정된다.

고시가 일반적·추상적 성격을 가질 때는 법규명령 또는 행정규칙에 해당하지만, 고시가 구체적인 규율의 성격을 갖는다면 행정처분에 해당한다. 이 사건 국세청 고시는 특정 사업자를 납세병마개 제조자로 지정하였다는 행정처분의 내용을 모든 병마개 제조자에게 알리는 통지수단에 불과하므로, 청구인의 이 사건 국세청 고시에 대한 헌법소원심판청구는 고시 그 자체가 아니라 고시의 실질적 내용을 이루는 국세청장의 위 납세병마개 제조자 지정처분에 대한 것으로 해석함이 타당하다(헌재 1998.4.30, 97헌마141).

4. 재량준칙

(1) 의의

재량준칙이란 상급행정기관이 하급행정기관의 재량처분에 있어서 재량권 행사의 일반적 기준을 제시하기 위하여 발하는 것을 말한다. **재량준칙은 그 자체로 대외적 구속력을 갖는 것은 아니지만, 평등원칙 및 행정의 자기구속력을 매개로 하여 간접적으로** 17 국가9급 **대외적 구속력을 가진다(전환규범)**는 것이 다수설과 헌법재판소의 입장이다. 17 사복9급, 08 지방9급 등

(2) 재량준칙의 기능

1) 통일성과 공정성 확보
재량권 행사가 통일적으로 행해지고 그 결과 공정성을 확보한다.

2) 자의 방지
기준에 따라 처리함으로써 자의 방지의 기능을 수행한다.

3) 예측가능성
처분의 상대방에게 예측가능성을 제공한다.

4) 사무처리 부담 경감
유사사건의 처리에서 동일한 처분을 함으로써 업무 부담을 경감시킨다.

(3) 법적 근거

재량준칙을 제정함에는 **별도의 법적 근거를 요하지 않는다.** 18 국가9급 상급행정기관은 지휘감독권에 근거하여 하급행정기관에 재량준칙을 발할 수 있고, 처분청은 해당 처분권에 근거해 발할 수 있다.

5. 규범구체화 행정규칙

(1) 의의

독일에서 논의되고 있는 규범구체화 행정규칙이란 **원자력이나 환경과 같은 고도의 전문성과 기술성을 가진 행정분야**에서 입법기관이 규율 내용을 구체화하지 못하고 행정기관에 맡긴 경우에 행정기관이 법령의 내용을 구체화하는 행정규칙을 말한다.

(2) 연혁

독일 연방행정법원이 1985년 빌(Whyl)판결에서 원자력법의 영역에서 적용되는 방사능 노출 산정기준에 대한 연방내무성지침은 규범구체화적 지침으로서 행정법원을 구속한다고 판시한 데서 유래되었다. 규범구체화적 행정규칙이 인정되는 분야는 고도의 전문적·기술적 판단이 필요한 분야이다.

(3) 성질

독일에서는 규범구체화 행정규칙이 그 자체로서 **직접적으로 대외적 구속력**을 가진다고 한다. 96 국가7급 이 점에서 평등원칙을 매개로 하여 간접적으로 대외적 구속력을 가지는 재량준칙과 구별된다. 98 입시

(4) 우리나라에서의 인정 여부(법령보충적 행정규칙과의 관계)

이를 인정하는 소수설도 있으나 다수설은 위 판례는 고도의 과학기술적인 전문분야에 대한 사안이 아니라는 이유로 부정한다. 즉, 다수설은 우리 대법원이 규범구체화 행정규칙을 인정한 것이 아니라 법령보충적 행정규칙을 인정한 것이라고 본다.

> **관련판례**
>
> 국무총리훈령인 개별토지가격 합동조사지침은 집행명령으로서 법령보충적 구실을 하는 법규적 성질을 가진다(대판 1994.2.8. 93누111). 09 국회8급

6. 행정규칙의 법규성에 대한 판례 검토

> **관련판례**
>
> ◎ 법규성을 부정한 판례
>
> 서울특별시 철거민 등에 대한 국민주택 특별공급규칙은 법규성이 없다(대판 2007.11.29. 2006두8495).
>
> 공정거래위원회의 '부당한 지원행위의 심사지침'은 법규성이 없다. 13 국회8급, 10 경행특채 등
> 공정거래위원회의 '부당한 지원행위의 심사지침'은 상위법령의 위임이 없을 뿐 아니라 그 내용이나 성질 등에 비추어 보더라도 피고 내부의 사무처리준칙에 불과하고 대외적으로 법원이나 일반 국민을 기속하는 법규명령으로서의 성질을 가지는 것이라고는 볼 수 없다(대판 2004.4.23. 2001두6517).
>
> ❸ 한국감정평가업협회가 제정한 '토지보상평가지침'은 단지 한국감정평가업협회가 내부적으로 기준을 정한 것에 불과하여 일반 국민이나 법원을 기속하는 것이 아니다(대판 2002.6.14. 2000두3450). 09 국회8급

> **관련판례**
>
> ◎ 법규성을 인정한 판례
>
> 건축사사무소의 등록취소 및 폐쇄처분에 관한 규정의 청문절차를 거치지 아니한 처분은 위법하다(대판 1984.9.11. 82누166). 01 행시
>
> ❷ 재산제세 사무처리규정은 국세청장의 훈령형식으로 되어 있다 하더라도 이에 의한 거래지정은 소득세법 시행령의 위임에 따라 그 규정의 내용을 보충하는 기능을 가지면서 그와 결합하여 대외적 효력을 발생하게 된다 (대판 1987.9.29. 86누484). 08 관세사
> * 법령보충적 행정규칙이라는 의미이다.
>
> ❸ 재량준칙은 평등의 원칙이나 신뢰보호의 원칙에 따라 자기구속을 받게 되므로 이를 위반하는 처분은 평등의 원칙이나 신뢰보호의 원칙에 위배되어 재량권을 일탈·남용한 위법한 처분이 된다(대판 2009.12.24. 2009두7967).

04 행정규칙의 근거와 한계

1. 행정규칙의 법적 근거

법규명령의 제정에는 법적 근거가 필요하지만 **행정규칙은 법규가 아니므로 법적 근거가 필요하지 않다.** 즉, 행정규칙 제정권은 집행권에 당연히 내재하는 권한이므로 **행정규칙의 제정에 법령의 구체적·개별적 수권(작용법적 근거)은 필요하지 않다.** 그러나 **조직법적인 근거는 있어야 한다.** 08 지방9급

2. 한계

행정규칙은 **국민의 권리·의무에 관한 사항을 새로이 규정할 수 없다.** 또한 법령과 상급기관의 행정규칙에 위반되지 않는 한도 내에서, 특정의 행정목적을 달성하기 위하여 필요한 범위 내에서만 제정할 수 있다.

05 행정규칙의 요건 및 하자와 소멸

1. 행정규칙의 성립요건

(1) 주체

정당한 권한을 가진 행정기관이 제정해야 한다.

(2) 내용

내용적으로 적법·타당할 뿐만 아니라, 명백하고 실현가능해야 한다.

(3) 형식

법조와 문서의 형식으로 하는 것이 바람직하나, 구술의 형식도 가능하다.

(4) 절차

행정규칙을 제정함에 있어서 절차에 관한 일반규정은 없으나, 대통령훈령이나 국무총리훈령의 제정은 정부의 법제에 관한 사항으로 법제처의 심사를 거치도록 하고 있다.

(5) 공포

행정규칙은 원칙적으로 법규명령과 다르기 때문에 **공포라는 절차를 거칠 필요는 없으나,** 어떤 형태로든 **수범자에게 도달되어야 한다.** 특히 고시나 훈령의 경우는 관보에 의하도록 하고 있다.

2. 행정규칙의 효력요건

행정규칙은 특별한 규정이 없으면 **수범자에게 도달됨으로써 효력이 발생한다.**

관련판례

서울시가 정한 개인택시운송사업 면허지침은 행정청 내부의 사무처리준칙으로서 **행정규칙에 불과하다.** 12 국가9급, 07 광주9급
서울특별시 95년 개인택시운송사업 면허업무 처리요령은 관할 관청인 서울특별시장이 1995년도 개인택시운송사업의 면허를 위하여 재량권 행사의 기준으로 마련된 행정청 내부의 사무처리준칙에 불과하므로 대외적으로 국민을 기속하는 법규명령의 경우와는 달리 공고 등의 방법으로 외부에 고지되어야만 효력이 발생한다고 볼 수 없다(대판 1997.9.26. 97누8878 ; 대판 1997.1.21. 95누12941).

3. 행정규칙의 하자

적법요건을 갖추지 못한 행정규칙은 하자 있는 행정규칙이 된다. 행정규칙은 일반적·추상적 규율로서 이에 대한 **취소소송의 제기가 불가능하므로 행정규칙에 하자가 있을 때는 무효가 될 뿐 취소할 수 있는 것이 아니다.** 이 점이 하자 있는 행정행위와 다른 점이다.

06 행정규칙에 대한 통제

1. 행정적 통제

(1) 감독권 등에 의한 통제

법규명령의 경우와 유사하다. 즉, 행정감독권에 의한 통제와 행정절차를 통한 행정 내부의 자율적 통제 등이 가능하다.

(2) 법제처의 사후심사

중앙행정기관의 훈령이나 예규에 대해서는 법제처의 사후평가제가 실시되고 있다. 법규명령이 법제처의 사전심사를 거치는 것과 구별된다. 〔12 국회8급〕

2. 사법적 통제

(1) 법원에 의한 통제

1) 위법한 행정규칙

헌법 제107조 제2항이 규정하는 명령·규칙에 대한 위헌·위법심사는 법규명령으로서의 규칙만을 의미하고 행정규칙은 제외된다고 보는 것이 다수설이다. 다만, 예외적으로 행정규칙이 법령의 위임에 기하여 제정되어 위임명령으로서의 성질을 갖고 있는 경우에는 법규명령에 대한 구체적 규범통제 방식이 적용될 수 있을 것이다.

2) 행정규칙이 직접적으로 국민의 권리·의무에 관계되는 경우

행정규칙 자체를 '처분'으로 보아 항고소송 등으로 통제할 수 있는지에 대해, 판례와 다수설은 행정규칙에 대하여 국민에 대한 법적 효력을 인정하고 있지 않으므로 원칙적으로 처분성이 인정되지 않는다고 본다. 다만, 처분성을 가지는 경우에는 이론상 항고소송의 대상이 될 수 있다. 〔07 서울9급〕

(2) 헌법재판소에 의한 통제

1) 원칙

내부적 효력만 가지는 행정규칙은 헌법재판의 대상이 되지 못한다.

2) 예외

헌법재판소는 "행정규칙은 일반적으로 행정조직 내부에서만 효력을 가지는 것이나, 행정규칙이 법령의 규정에 의하여 행정관청에 법령의 구체적 내용을 보충할 권한을 부여한 경우나 재량권 행사의 준칙인 규칙이 그 정한 바에 따라 되풀이 시행되어 행정관행이 이룩되면, 평등의 원칙이나 신뢰보호의 원칙에 따라 행정기관은 그 상대방에 대한 관계에서 그 규칙에 따라야 할 자기구속을 당하게 되는 경우에는 대외적인 구속력을 가지게 되는바, 이러한 경우에는 헌법소원의 대상이 될 수도 있다."라고 판시하여 **재량준칙과 법령보충적 행정규칙에 대해 헌법소원의 대상이 됨을 인정하고 있다.** 〔08 지방7급 등〕

> **관련판례**

서울대학교의 '94학년도 대학입학고사 주요 요강'은 헌법소원의 대상이다. 16 사복9급, 13 지방9급 등

국립대학인 서울대학교의 '94학년도 대학입학고사 주요 요강'은 사실상의 준비행위 내지 사전안내로서 행정쟁송의 대상이 될 수 있는 행정처분이나 공권력의 행사는 될 수 없지만 그 내용이 국민의 기본권에 직접 영향을 끼치는 내용이고, 앞으로 법령의 뒷받침에 의하여 그대로 실시될 것이 틀림없을 것으로 예상되어 그로 인하여 직접적으로 기본권 침해를 받게 되는 사람에게는 사실상의 규범작용으로 인한 위험성이 이미 현실적으로 발생하였다고 보아야 할 것이므로 이는 헌법소원의 대상이 되는 헌법재판소법 제68조 제1항 소정의 공권력의 행사에 해당된다고 할 것이며, 이 경우 헌법소원 외에 달리 구제방법이 없다(헌재 1992.10.1. 92헌마68 등).

제2절 법규명령 형식의 행정규칙과 행정규칙 형식의 법규명령

🧭 나침반

비교개념

구분	법규명령 형식의 행정규칙	행정규칙 형식의 법규명령
형식	법규명령(대통령령, 부령)	행정규칙(고시, 지침 등)
내용	행정규칙(기준, 지침 등)	법규적 내용(법령보충적 행정규칙)
학설	법규성 인정(다수설)	법규성 인정(다수설)
판례	· 대통령령: 법규성 인정 · 부령: 원칙적 부인, 예외적 인정	법규성 인정

→ 제재적 내용이면 행정규칙(제재는 공무원을 거쳐 국민에 적용)이고, 국민을 직접 대상으로 하면 법규명령이다.

01 법규명령 형식의 행정규칙

> **관련판례**

◎ **부령 형식의 행정규칙 중 행정규칙으로서의 성격을 인정(법규성 부정)**

① 자동차사업 면허의 취소 등의 처분에 관한 규칙(교통부령)은 행정명령의 성질을 가진다(대판 1995.10.17. 94누14148 전원합의체). 08 지방9급 등

② 구 식품위생법 시행규칙 별표의 처분기준은 행정명령이다(대판 1991.5.14. 90누9780). 08 지방9급 등

③ 도로교통법 시행규칙 별표의 운전면허 처분기준은 대외적 구속력이 없다.

　도로교통법 시행규칙 제53조 제1항이 정한 [별표 16]의 운전면허 행정처분기준은 운전면허의 취소처분 등에 관한 사무처리기준과 처분절차 등 행정청 내부의 사무처리준칙을 규정한 것에 지나지 아니하여 대외적으로 국민이나 법원을 기속하는 효력이 없다(대판 1997.10.24. 96누17288).

④ 구 약사법 시행규칙 제89조 [별표 6] 행정처분의 기준은 제재적 행정처분의 기준이 부령의 형식으로 규정되어 있지만 그것은 행정청 내부의 사무처리준칙을 정한 것에 지나지 아니하여 대외적으로 국민이나 법원을 기속하는 효력이 없다. 08 국회8급 등

약사의 의약품 개봉판매행위에 대하여 구 약사법과 시행규칙상의 '행정처분의 기준'에 따라 업무정지 15일의 처분을 사전통지하였다가, 그 후 같은 법과 시행령 제29조 [별표 1의2] '과징금 산정기준'에 따라 업무정지 15일에 갈음하는 과징금 부과처분을 한 것이 재량권의 범위를 일탈하거나 재량권을 남용한 것으로 보기 어렵다(대판 2007.9.20. 2007두6946).

관련판례

◎ **부령 형식의 행정규칙 중 법규명령으로서의 성격을 인정(법규성 부정)**

시외버스운송사업의 사업계획 변경기준 등에 관한 구 여객자동차 운수사업법 시행규칙 제31조 제2항은 대외적 구속력이 있는 법규명령이다. 17 국가9급, 08 지방9급

구 여객자동차 운수사업법 시행규칙 규정은 구 여객자동차 운수사업법 제11조 제4항의 위임에 따라 시외버스운송사업의 사업계획변경에 관한 절차, 인가기준 등을 구체적으로 규정한 것으로서, 대외적인 구속력이 있는 법규명령이라고 할 것이고, 그것을 행정청 내부의 사무처리준칙을 규정한 행정규칙에 불과하다고 할 수는 없다(대판 2006.6.27. 2003두4355).

관련판례

◎ **대통령령의 형식**

① 주택건설촉진법 제7조 제2항의 위임에 터잡아 행정처분의 기준을 정한 같은 법 시행령 제10조의3 제1항 [별표 1]은 법규명령에 해당한다(대판 1997.12.26. 97누15418). 10 경행특채 등

② 구 청소년 보호법의 위임에 따른 같은 법 시행령 제40조 [별표 6]의 위반행위의 종별에 따른 과징금 처분기준의 법적 성격은 법규명령이고 그 과징금 수액은 최고한도액을 의미한다(대판 2001.3.9. 99두5207). 18 지방9급, 17·16·15 사복9급

③ 국민건강보험법 제85조 제1항에 따른 같은 법 시행령 제61조 제1항 [별표 5]의 업무정지처분 및 과징금 부과기준의 법적 성질은 법규명령이고 여기에서 업무정지의 기간 내지 과징금의 금액은 최고한도를 의미한다(대판 2006.2.9. 2005두11342). 09 국회8급

* 국토의 계획 및 이용에 관한 법률상 토지이용의무 위반에 대한 이행강제금은 정액이고 재량권이 없다.

02 행정규칙 형식의 법규명령(법규적 내용의 행정규칙, 법령보충적 행정규칙)

대법원은 법령보충적 행정규칙은 상위법령과 결합하여 대외적 구속력을 갖는다고 판시하였다. 15 국회8급, 12 국가9급 그러나 법령보충적 행정규칙은 어디까지나 형식은 행정규칙이고 그 자체가 법령은 아니므로 공포를 요하지 않는다. 08 경기9급 등 헌법재판소도 법령보충적 행정규칙은 그 자체로 대외적 구속력을 가지지는 않으나 상위법령과 결합하여 대외적 구속력을 갖는다고 본다. 18 국가9급, 17·16 사복9급

관련판례

① 보건복지부고시인 '의료보험 진료수가기준' 중 '수탁검사실시기관 인정 등 기준'의 법적 성질은 법규명령이다 (대판 1999.6.22. 98두17807).

❷ 구 택지개발촉진법에 따라 건설교통부장관(현 국토교통부장관)이 정한 '택지개발업무 처리지침' 제11조는 법규명령으로서의 효력을 가진다(대판 2008.3.27. 2006두3742). 11 국가9급

❸ 공정거래지침 중 '사업자 준수사항'은 법규적 효력이 있고, '입증책임규정'은 법규적 효력이 없다(대판 2000.9.29. 98두12772). 11 국가9급

❹ '노인복지사업지침'은 법규명령의 성질을 가진다. 12 국가9급

보건사회부장관(현 보건복지부장관)이 정한 1994년도 노인복지사업지침은 실질적으로 법령의 규정 내용을 보충하는 기능을 지니면서 그것과 결합하여 대외적으로 구속력이 있는 법규명령의 성질을 가지는 것으로 보인다(대판 1996.4.12. 95누7727).

❺ 노령수당 지급대상에 대해 법령이 65세 이상으로 규정한 것을 보건사회부지침(법규명령의 성격)이 70세로 규정한 것은 위임의 범위를 벗어난 것이어서 효력이 없다(대판 1996.4.12. 95누7727). 12 국가9급

❻ 건설교통부장관(현 국토교통부장관)이 정한 도시계획시설기준에 관한 규칙은 구 도시계획법 제12조 제1항 본문과 결합하여 법규로서의 성질을 가진다(대판 2006.10.26. 2003두14840).

❼ 산업자원부장관(현 산업통상자원부장관)이 공업배치 및 공장설립에 관한 법률 제8조의 규정에 따라 공장입지의 기준을 구체적으로 정한 산업자원부 고시 공장입지기준 및 세부적인 기준을 정한 김포시 고시 공장입지제한 처리기준은 법규명령의 성질을 가진다(대판 2004.5.28. 2002두4716). 15 사복9급

❽ '산업입지의 개발에 관한 통합지침'은 법규명령의 효력을 가진다(대판 2011.9.8. 2009두23822).

❾ 구 '지방공무원 보수업무 등 처리지침'은 법규명령으로서의 효력을 가진다(대판 2016.1.28. 2015두53121).

❿ 구 지방공무원보수업무 등 처리지침 '직종별 경력환산율표 해설'에서 정한 민간근무경력의 호봉 산정에 관한 부분은 상위법령과 결합하여 대외적인 구속력이 있는 법규명령으로서의 효력을 갖게 된다(대판 2016.1.28. 2015두53121).

⓫ 지식경제부 고시인 '신·재생에너지이용 발전전력의 기준가격 지침'은 신재생에너지법과 결합하여 대외적으로 구속력이 있는 법규명령으로서의 효력을 가진다(대판 2016.2.18. 2014두6135).

Chapter 03 행정행위 일반론

제1절 행정행위의 의의

01 개설

1. 행정행위의 의의

(1) 강학상 개념

1) 귀납적 개념

*행정행위는 강학상 개념이고, 처분은 실정법상 개념이다.

행정행위는 실정법상 개념이 아니라 강학상의 개념으로서 연역적이 아니라 귀납적으로 전개되었다. 사법의 법률행위 중에서 계약이 중요한 형식인 것처럼 행정법에서는 행정행위가 중요한 행위형식이다. 행정행위라는 개념은 일반 재판과 구분되는 독립된 행정재판제도를 가진 **프랑스에서 대혁명 후에 정립된 것**이나, 19세기 중엽 독일의 O. Mayer에 의해 완성되었다.

2) 대륙법계에서 발달

행정행위 개념이 행정재판제도를 가진 대륙법계 국가에서 발달한 이유는 행정주체의 여러 행정작용 중에서 특수한 법적 성질을 가지고 특수한 법적 규율을 받는 일정한 유형을 행정행위라는 개념으로 묶어 행정재판의 대상으로 하였기 때문이다.

3) 경험적·목적적 개념

행정행위는 다른 작용과 구별되는 일정한 개념적 징표를 가지고 특유한 법적 규율을 갖는 행위형식이 존재한다는 사실에 입각하여 정립된 경험적·목적적 개념이다.

(2) 실정법상 사용되는 용어

행정행위는 실정법상 허가, 면허, 특허, 확인, 면제 등의 다양한 용어로 사용되며 행정소송법, 행정심판법, 행정절차법에서는 처분이라는 용어로 사용된다.

(3) 개념의 실익

사법행위나 다른 행정작용과 달리 행정행위는 국민의 권리·의무에 구체적 영향을 미치는 **권력적 작용**이라는 점에서, **공정력·강제력·존속력과 같은 특별한 효력이 인정**된다. 구제수단의 면에서도 민사소송이 아닌 행정소송, 행정심판과 같은 별도의 절차가 있다.

2. 행정행위와 처분 개념과의 관계

✱ 행정행위와 처분의 개념 비교

구분	행정행위	처분
범위	· 처분에는 그 밖에 이에 준하는 행정작용이 포함되므로 처분이 보다 넓은 개념이다. 17 국가9급 · 권력적 사실행위는 행정행위는 아니지만 처분의 개념에는 포함된다.	
차이점	권력적 단독행위인 공법행위	공권력의 행사 또는 그 거부와 그 밖에 이에 준하는 행정작용 및 행정심판에 대한 재결
공통점	행정청이 행하는 구체적 사실에 관한 법집행	

 관련판례

❶ 법률상 지위에 직접적인 법률적 변동을 일으키지 아니하는 행위 등은 행정처분이 아니다(대판 1996.3.22. 96누433).

❷ 행정처분성 여부는 일반적·추상적으로 결정할 수 없고 개별적으로 결정하여야 한다.

행정청의 어떤 행위를 행정처분으로 볼 것이냐의 문제는 추상적·일반적으로 결정할 수 없고, 구체적인 경우 행정처분은 행정청이 공권력의 주체로서 행하는 구체적 사실에 관한 법집행으로서 국민의 권리·의무에 직접 영향을 미치는 행위라는 점을 고려하고 행정처분이 그 주체, 내용, 절차, 형식에 있어서 어느 정도 성립 내지 효력요건을 충족하느냐에 따라 개별적으로 결정하여야 하며, 행정청의 어떤 행위가 법적 근거도 없이 객관적으로 국민에게 불이익을 주는 행정처분과 같은 외형을 갖추고 있고, 그 행위의 상대방이 이를 행정처분으로 인식할 정도라면 그로 인하여 파생되는 국민의 불이익 내지 불안감을 제거시켜 주기 위한 구제수단이 필요한 점에 비추어 볼 때 행정청의 행위로 인하여 그 상대방이 입는 불이익 내지 불안이 있는지 여부도 그 당시에 있어서의 법치행정의 정도와 국민의 권리의식 수준 등은 물론 행위에 관련한 해당 행정청의 태도 등도 고려하여 판단하여야 한다(대판1993.12.10.93누12619).

3. 형식적 행정행위

(1) 개념

행정기관 내지 그에 준하는 행위가 공권력의 행사로서의 실체는 가지고 있지 아니하나, 그것이 행정목적 실현을 위하여 국민의 법익에 계속적으로 사실상의 지배력을 미치는 경우에 국민의 실효적인 권익구제라는 관점에서 행정쟁송의 제기를 가능하게 하기 위하여 논의되는 형식적·기술적 의미의 행정행위를 말한다.

(2) 인정 여부에 대한 견해의 대립

통설과 판례는 형식적 행정행위를 부정한다. 07 경북9급 등

4. 행정행위의 개념요소

기출 OX

행정행위를 '행정청이 법 아래에서 구체적 사실에 대한 법집행으로서 행하는 공법행위'로 정의하면, 공법상 계약과 공법상 합동행위는 행정행위의 개념에서 제외된다. (○, ×) 17 국가7급   ×

해설 | 행정행위 개념을 행정청이 구체적 사실에 관한 법집행으로 행하는 공법행위로 정의하면 공권력(권력성, 강제력)이 요구되지 않으므로 비권력적 행위(공법상 계약, 공법상 합동행위)도 행정행위의 개념에 포함된다. 다만, 통설에 따르면 행정행위의 개념에 비권력적 행위(공법상 계약, 공법상 합동행위)는 제외된다.

(1) 행정청이 행하는 것이어야 한다.

1) 행정청의 개념

행정청이란 행정에 관한 의사를 결정하여 표시하는 국가 또는 지방자치단체의 기관, 그 밖에 법령 또는 자치법규에 따라 행정권한을 가지고 있거나 위임 또는 위탁받은 공공단체 또는 그 기관이나 사인을 말한다(행정절차법 제2조 제1호).

2) 행정청의 범위

행정청은 행정조직법상의 행정청인 국가나 지방자치단체의 행정기관만을 말하는 것이 아니라, 공사 기타 공법인, 공무수탁사인도 수권의 범위 안에서는 행정청에 포함된다. 따라서 공무수탁사인의 행위도 행정행위가 된다. 따라서 **행정청은 조직법상 개념이 아니라 기능적 개념이다.** 07 국가7급

 관련판례

항고소송을 제기할 수 있는 피고가 되는 행정청

[1] 대한주택공사의 설립목적, 취급업무의 성질, 권한과 의무 및 택지개발사업의 성질과 내용 등에 비추어 같은 공사가 관계 법령에 따른 사업을 시행하는 경우 법률상 부여받은 행정작용 권한을 행사하는 것으로 보아야 할 것이므로 같은 공사가 시행한 택지개발사업 및 이에 따른 이주대책에 관한 처분은 항고소송의 대상이 된다.

[2] 공공용지의 취득 및 손실보상에 관한 특례법 제8조에 의하면 사업시행자는 공공사업의 시행에 필요한 토지 등을 제공함으로 인하여 생활근거를 상실하게 되는 자를 위하여 이주대책을 수립·실시하는바, 택지개발촉진법에 따른 사업시행을 위하여 토지 등을 제공한 자에 대한 이주대책을 세우는 경우 위 이주대책은 공공사업에 협력한 자에게 특별공급의 기회를 요구할 수 있는 법적인 이익을 부여하고 있는 것이라고 보아야 할 것이므로 그들에게는 특별공급신청권이 인정되며 따라서 사업시행자가 위 조항에 해당함을 이유로 특별분양을 요구하는 자에게 이를 거부한 행위는 항고소송의 대상이 되는 거부처분이라 할 것이다(대판 1992.11.27. 92누3618).

3) 국회와 사법부의 행위도 포함

국회나 사법부의 행위도 그 행위의 성질에 따라서 행정행위인 경우가 있다. 즉, 국회나 법원의 행위가 실질적 의미의 행정작용(공무원 임명 또는 징계)일 때는 행정청의 지위가 인정되기도 한다. 판례는 지방의회의 결정에 대하여 행정행위로 보았다(대판 1994.10.11. 94두23).

(2) 구체적 사실에 관한 것이어야 한다.

1) 원칙

행정행위는 구체적 사실에 관한 것이어야 한다. 따라서 추상적·일반적 규범의 정립행위인 법의 제정은 행정행위가 아니다. 07 국회8급

2) 예외

행정입법도 별도의 집행행위의 매개 없이 직접 국민의 권리·의무에 관련되는 사항을 규율하는 처분적 행정입법은 예외적으로 처분성이 인정된다.

(3) 법집행에 관한 외부적 행위여야 한다.

1) 법집행 행위

행정행위는 법적 효과의 발생·변경·소멸을 의도하는 법적 행위라는 점에서 국민에게 법적 효과를 발생시키지 않는 사실행위는 행정행위가 아니다. 다만, **권력적 사실행위는 행정쟁송에 있어서 처분성이 인정된다.** 예) 대집행의 실행

2) 외부적 행위(국민에게 적용되어야 한다는 의미)

행정행위는 법집행 행위이기 때문에 집행의 전단계인 내부적 결정행위는 행정행위가 아니다. 06 국회8급 다만, 특별행정법관계에서 구성원의 권리·의무와 직접적인 관련이 있는 행위(예) 공무원에 대한 징계)는 행정행위가 될 수 있다. 08 국회8급 등 **다른 행정청의 동의를 얻어야 하는 행정행위에서 다른 행정청의 동의가 행정행위의 중요한 요소라 하더라도 이는 행정행위가 아니다**(예) 건축허가에 있어 소방서장의 동의). 07 국회8급

관련판례

공정거래위원회의 검찰총장에 대한 고발조치·의결은 항고소송의 대상이 되는 행정처분이 아니다(대판 1995.5.12. 94누13794).

(4) 행정행위는 권력적 단독행위이다. 17 국가9급

1) 권력적 단독행위

행정행위는 행정청이 **우월적 지위에서 일방적으로 행하는 권력적 단독행위이다.** 다만, 행정행위 중에는 상대방의 동의나 신청 등의 협력이 필요한 경우도 있다.

2) 자동결정

자동기계에 의한 행정자동결정(예) 교통신호)도 행정행위에 포함된다. 16 사복9급 따라서 기계적으로 부과되는 납세고지서의 발급도 행정행위가 될 수 있다. 07 국회8급

(5) 공법행위여야 한다.

1) 공법상 행위
행정행위는 공법상의 행위이므로 행정청이 행하는 행위도 사법상의 행위는 행정행위가 아니다. 예컨대, 기부채납 받은 재산(일반재산의 경우)을 기부자가 무상으로 사용하도록 허용하는 행위는 행정행위가 아니다. `06 국회8급` 그러나 기부채납을 받은 재산이 행정재산인 경우에는 이에 대한 사용·수익의 허가는 행정행위이다.

2) 결과
행정행위는 공법행위이지만, 행정행위의 결과가 반드시 공법적인 결과를 가져오는 것은 아니고 **사법적인 법률효과를 발생시키는 것도 있다.** `04 울산9급 등` 예컨대 토지거래허가는 행정행위이지만, 효력면에서는 사인 간의 사법상 법률행위를 완성시켜 주는 것이다.

관련판례

❶ **경제기획원장관(현 기획재정부장관)의 정부투자기관에 대한 예산편성지침 통보는 행정처분이 아니다.**
경제기획원장관의 정부투자기관에 대한 예산편성지침 통보는 … 감독작용에 해당할 뿐 그 자체만으로는 직접적으로 국민의 권리·의무가 설정, 변경, 박탈되거나 그 범위가 확정되는 등 기존의 권리상태에 어떤 변동을 가져오는 것이 아니므로 이를 행정소송의 대상이 되는 행정처분이라고 할 수 없다(대판 1993.9.14. 93누9163).

❷ **징병검사시의 신체등위판정은 행정처분이 아니다.** `19 소방, 16 사복9급, 11 지방7급`
병역법상 신체등위판정은 행정청이라고 볼 수 없는 군의관이 하도록 되어 있으며, 그 자체만으로 바로 병역법상의 권리·의무가 정하여지는 것이 아니라 그에 따라 지방병무청장이 병역처분을 함으로써 비로소 병역의무의 종류가 정하여지는 것이므로 항고소송의 대상이 되는 행정처분이라 보기 어렵다(대판 1993.8.27. 93누3356).

❸ **교통법규 위반에 대한 벌점 부과행위는 행정행위가 아니다.**
운전면허 행정처분 처리대장상 벌점의 배점은 … 자동차 운전면허의 취소, 정지처분의 기초자료로 제공하기 위한 것이고 그 배점 자체만으로는 아직 국민에 대하여 구체적으로 어떤 권리를 제한하거나 의무를 명하는 등 법률적 규제를 하는 효과를 발생하는 요건을 갖춘 것이 아니어서 그 무효확인 또는 취소를 구하는 소송의 대상이 되는 행정처분이라고 할 수 없다(대판 1994.8.12. 94누2190).

5. 행정행위의 범위를 넓히기 위한 논의

구분	특정 사건에 대한 구체적 규율	불특정 사건에 대한 추상적 규율
특정인에 대한 개별적 규율	통설에 따른 행정행위에 해당한다. 예 조세부과처분, 공무원 임용행위 `91 국회8급`	개별적·추상적 규율: 행정행위에 해당한다. `04 충남9급` 예 특정인에 대한 장래의 계속적인 의무의 부과
불특정 다수인에 대한 일반적 규율	일반적 처분: 행정행위로 인정된다. `05 대구9급 등` 예 특정시간, 특정장소에서의 집회금지, 교통신호, 입산금지, 특정지역에의 주차금지	행정입법으로서 행정행위가 아니다. 예 법규명령 `93 5급승진`

(1) 일반처분
일반처분이란 구체적 사실과 관련하여 불특정 다수인을 대상으로 하여 발하여지는 행정청의 단독적·권력적 규율행위를 말한다(예 횡단보도 설치 `19 소방`, 특정시간·특정장소에서의 집회금지, 교통신호, 입산금지, 특정지역에의 주차금지 등).

(2) 일반처분의 종류

1) 대인적 일반처분
대인적 일반처분이란 구체적 사안과 관련하여 일반적 기준에 따라 결정되거나 결정될 수 있는 자를 대상으로 하여 발하여지는 행정행위로 집회행위의 금지조치, 통행금지 등 협의의 일반처분을 의미한다. 09 지방9급

2) 대물적 일반처분(물적 행정행위)
도로의 공용개시행위, 속도 제한 또는 일방통행표지판, 도로표지판에 의한 주차금지구역의 지정 등 직접적으로는 물건에 대한 규율을 내용으로 하는 처분이나 간접적으로는 해당 물건의 이용에 관한 법적 규율의 내용에 따라 그 이용자의 권리·의무가 설정되는 것을 말한다. 06 국회8급 등

02 행정행위의 종류

1. 행정주체에 따른 분류

2. 대상에 따른 분류

대인적 행정행위	행정행위가 순전히 사람의 학식·기술·경험 등 주관적 사정에 착안하여 행하여지는 경우, 이전성 × 예 의사면허·자동차 운전면허·인간문화재 지정 등
대물적 행정행위	행정행위가 오직 물건의 객관적 사정에 착안하여 행하여지는 경우, 이전성 ○ 예 자동차검사증 교부·건물준공 검사 등
혼합적 행정행위	인적·주관적 사정과 물적·객관적 사정을 모두 고려하여 행하여지는 행정행위 예 전당포 영업허가, 약국, 폐기물처리업

3. 상대방의 협력을 요건으로 하느냐에 따른 분류

(1) 일방적 행정행위
상대방의 협력과 관계 없이 행정청이 일방적으로 행하는 행정행위·조세부과·경찰하명·공무원에 대한 징계 등이 있다.

(2) 쌍방적 행정행위
상대방의 신청·동의·출원 등에 기하여 행하는 행정행위로서 영업허가·특허설정 등이 있다. 상대방의 신청이 단순한 희망의 표시로서 행정행위의 동기에 불과한 때는 상대방의 신청이 없는 행정행위도 유효하지만, 신청이 행정행위의 전제요건인 경우에는 상대방의 의사표시가 없거나 무효인 때는 그에 대한 행정행위도 무효가 된다. 다만, 상대방의 의사표시에 단순한 흠이 있는 경우에는 그에 대한 행정행위는 유효하다.

4. 행정행위에 일정한 형식을 요하느냐에 따른 구분

(1) 요식행위
행정행위에 일정한 형식을 요구하는 행정행위를 말한다. 대집행계고·행정심판재결 등의 준법률행위적 행정행위와 행정쟁송 제기는 요식행위임이 원칙이다.

(2) 불요식행위
행정행위에 별다른 방식을 요구하지 않는 행정행위를 말한다. 법률행위적 행정행위는 불요식행위임이 원칙이다.

제2절 수익적·부담적 행정행위와 복효적 행정행위

01 수익적 행정행위와 부담적 행정행위

구분	수익적 행정행위	부담적 행정행위
법률유보	완화된 법률유보	엄격한 법률유보
절차적 통제	사전절차의 완화 또는 불요	고지·의견진술 등 엄격한 절차가 요구됨.
사인의 공법행위	신청을 요하는 쌍방적 행정행위	직권에 의한 일방적 행정행위
재량성	재량행위인 경우가 많음.	일률적으로 말할 수 없음.
부관	비교적 부관과 친함.	비교적 부관과 거리가 멈.
취소·철회	신뢰보호원칙상 일정한 제한이 있음.	제한이 거의 없음.
구제수단	거부처분 취소소송 또는 부작위위법확인소송	취소소송

 관련조문

행정기본법 제22조(제재처분의 기준) ① 제재처분의 근거가 되는 법률에는 제재처분의 주체, 사유, 유형 및 상한을 명확하게 규정하여야 한다. 이 경우 제재처분의 유형 및 상한을 정할 때에는 유사한 위반행위와의 형평성을 고려하여야 한다.
② 행정청은 제재처분을 할 때에는 다음 각 호의 사항을 고려하여야 한다.
  1. 위반행위의 동기, 목적 및 방법
  2. 위반행위의 결과
  3. 위반행위의 횟수
  4. 그 밖에 제1호부터 제3호까지에 준하는 사항으로서 대통령령으로 정하는 사항

제23조(제재처분의 제척기간) ① 행정청은 법령 등의 위반행위가 종료된 날부터 5년이 지나면 해당 위반행위에 대하여 제재처분(인허가의 정지·취소·철회, 등록 말소, 영업소 폐쇄와 정지를 갈음하는 과징금 부과를 말한다. 이하 이 조에서 같다)을 할 수 없다.
② 다음 각 호의 어느 하나에 해당하는 경우에는 제1항을 적용하지 아니한다.
  1. 거짓이나 그 밖의 부정한 방법으로 인허가를 받거나 신고를 한 경우
  2. 당사자가 인허가나 신고의 위법성을 알고 있었거나 중대한 과실로 알지 못한 경우
  3. 정당한 사유 없이 행정청의 조사·출입·검사를 기피·방해·거부하여 제척기간이 지난 경우
  4. 제재처분을 하지 아니하면 국민의 안전·생명 또는 환경을 심각하게 해치거나 해칠 우려가 있는 경우

③ 행정청은 제1항에도 불구하고 행정심판의 재결이나 법원의 판결에 따라 제재처분이 취소·철회된 경우에는 재결이나 판결이 확정된 날부터 1년(합의제 행정기관은 2년)이 지나기 전까지는 그 취지에 따른 새로운 제재처분을 할 수 있다.
④ 다른 법률에서 제1항 및 제3항의 기간보다 짧거나 긴 기간을 규정하고 있으면 그 법률에서 정하는 바에 따른다.

제35조(수수료 및 사용료) ① 행정청은 특정인을 위한 행정서비스를 제공받는 자에게 법령으로 정하는 바에 따라 수수료를 받을 수 있다.
② 행정청은 공공시설 및 재산 등의 이용 또는 사용에 대하여 사전에 공개된 금액이나 기준에 따라 사용료를 받을 수 있다.
③ 제1항 및 제2항에도 불구하고 지방자치단체의 경우에는 지방자치법에 따른다.

02 복효적 행정행위

1. 개념

(1) 제3자효 행정행위
제3자효 행정행위란 하나의 행정행위가 한 사람에게는 이익을 주는 것이나 다른 사람에게는 불이익을 과하는 효과를 가지는 행정행위를 의미한다. 예컨대, 건축허가나 영업허가가 허가권자에게는 이익이 되지만, 인근 주민에게 피해가 생기는 경우가 있을 수 있다.

(2) 이중효적 행정행위(혼효적 행정행위)
이중효적 행정행위란 하나의 행정행위가 상대방에 대하여 수익적인 효과와 부담적인 효과를 동시에 발생시키는 행위를 말한다. 이중효적 행정행위에 있어서는 그것이 침익적인 한도 내에서 그 상대방이 취소소송 등에 의하여 그 취소를 구할 수 있다.

2. 등장 배경과 논의의 필요성

(1) 제3자의 원고적격
예컨대 주거지역에 연탄공장이 신축되는 경우, 공장에게는 이익이 되지만 인근 주민에게는 상당한 불편이 예상된다. 이때 인근 주민에게 취소소송이 인정되는가의 문제처럼 과거에는 원고적격이 부정되었던 제3자(복효적 행정행위의 상대방) 또는 주민에게 소익을 인정하는 소익의 확대화 경향과 맞물려 등장하게 되었다.

(2) 반사적 이익의 공권화
과거에는 반사적 이익에 불과한 것으로 보았던 제3자 또는 주민의 이익을 반사적 권리가 아닌 법률상의 보호이익으로 보아 제3자가 권리의 주체로 등장하게 된 것이다.

3. 복효적 행정행위의 실체법적 특수성

(1) 행정개입청구권 등이 인정된다.
제3자의 권익보호를 위하여 제3자에게 행정개입청구권을 인정할 수 있다. 예컨대, 환경오염을 유발하는 인근 공장에 대하여 오염물질의 배출을 금지하는 행정행위를 발동하여 줄 것을 촉구할 수 있는 것이다.

(2) 복효적 행정행위의 철회
복효적 행정행위의 취소·철회에 있어서는 공익 및 상대방의 신뢰보호뿐만 아니라, 제3자의 이익도 구체적으로 비교·형량하여야 한다.

(3) 부관

복효적 행정행위의 경우에 상대방과 제3자 이익의 조정필요성 차원에서 부관의 **부과가 필요할 필요성이** 높다. 노래방 영업을 허가하면서 소음방지의무를 부과하는 것이 여기에 해당한다.

4. 복효적 행정행위의 절차법적 특수성(행정절차)

(1) 제3자에 대한 통지 17 사복9급

제3자에 대한 통지는 효력발생요건이 아니다. 행정행위는 일반적으로 상대방에게 통지되어야 효력이 발생하지만, 제3자효 행정행위는 직접 당사자 이외의 제3자에게도 통지되어야 하는 것은 아니다.

(2) 제3자에 대한 통지의무 없음. 18 지방9급

행정절차법 제21조는 행정처분의 사전통지의 상대방을 '당사자 등'으로 표현하고 이를 문서로써 하도록 하고 있다. 여기서 당사자 등이란 행정청의 처분에 의한 직접 상대방과 행정청의 신청 또는 직권에 의해 행정절차에 참여하게 된 이해관계인을 의미한다.

(3) 제3자의 행정절차 참가

행정절차법 제27조는 '당사자 등'은 처분 전에 그 처분의 관할 행정청에 서면이나 말로 또는 정보통신망을 이용하여 의견제출을 할 수 있다고 규정하여 이해관계인의 행정절차에의 참가권을 인정하고 있다.

제3절 기속행위와 재량행위, 판단여지와 불확정개념

01 개설

1. 기속행위의 의의

기속행위란 법이 어떤 요건하에서 어떤 행위를 할 것인가에 관해 일의적·확정적으로 규정하고 있어서, 행정청은 다만 그 법률을 기계적으로 적용함에 그치는 경우 해당 행위를 기속행위라고 한다.

2. 재량행위의 의의

(1) 개념

재량행위란 법률이 행정청에게 그 요건의 판단 또는 효과의 결정에 있어 일정한 독자적 판단권을 인정하고 있는 경우를 말한다.

(2) 선택재량과 결정재량

재량은 어떤 일을 할 것인가, 말 것인가를 결정하는 결정재량과 복수의 행정행위 중 어느 것을 할 것인가의 선택재량이 있다.

(3) 판례

판례는 자유재량행위와 기속재량행위를 구별하지만, 그 구분이 정확하지는 않다.

02 기속행위와 재량행위의 구별 실익

1. 재판통제

(1) 사법심사의 가능성

전통적 이론은 기속행위만 사법심사의 대상이 되고 재량행위는 사법심사의 대상이 아니라고 보았지만, 오늘날 양자 모두 사법심사의 대상이 되는 점에는 차이가 없다. 행정소송법 제27조는 "행정청의 재량에 속하는 처분이라도 재량권의 한계를 넘거나 그 남용이 있는 때에는 법원은 이를 취소할 수 있다."라고 규정하여 재량에 대한 사법심사가 가능함을 명시적으로 밝히고 있다. 다만, 사법심사의 범위와 관련하여 다음과 같은 차이가 있을 뿐이다.

구분	기속행위	재량행위
공통점	둘 다 사법심사의 대상이 됨.	
심사의 범위	· 행정청의 판단과 실체적 결정 모두 심사 · 법원이 독자적으로 판단 가능	· 재량권의 일탈·남용만 심사 · 법원이 독자적으로 판단 불가

(2) 사법심사의 범위

1) 위법성 인정범위

기속행위의 경우에 법원은 행정청의 판단과 실체적 결정 모두를 전면적으로 심사하지만, 재량의 경우에는 재량권의 일탈·남용만 심사한다.

2) 입증책임

기속행위에 대해서는 법위반사실에 대한 적법성을 피고인 행정청이 입증해야 하고, 재량행위인 경우에는 재량의 일탈·남용을 원고가 입증해야 한다.

> **관련판례**
>
> ❶ 재량권의 남용이나 재량권의 일탈의 경우에는 그 재량권이 기속재량이거나 자유재량이거나를 막론하고 사법심사의 대상이 된다(대판 1984.1.31. 83누451). `12·08 지방9급`
>
> ❷ 기속행위와 재량행위에 대한 사법심사방식 `17·16 국가9급, 12·10 지방9급 등`
>
> 행정행위를 기속행위와 재량행위로 구분하는 경우 양자에 대한 사법심사는, <u>전자(기속행위)의 경우 그 법규에 대한 원칙적인 기속성으로 인하여 법원이 사실 인정과 관련 법규의 해석·적용을 통하여 일정한 결론을 도출한 후 그 결론에 비추어 행정청이 한 판단의 적법 여부를 독자의 입장에서 판정하는 방식에 의하게 되나, 후자(재량행위)의 경우 행정청의 재량에 기한 공익판단의 여지를 감안하여 법원은 독자의 결론을 도출함이 없이 해당 행위에 재량권의 일탈·남용이 있는지 여부만을 심사하게 되고, 이러한 재량권의 일탈·남용 여부에 대한 심사는 사실오인, 비례·평등의 원칙 위배 등을 그 판단대상으로 한다</u>(대판 2005.7.14. 2004두6181).

2. 부관의 가능성

(1) 전통적 견해

종래의 학설과 판례는 기속행위에는 원칙적으로 부관을 붙일 수 없고, 재량행위의 경우에는 원칙적으로 법률효과의 일부를 제한하는 부관을 붙일 수 있다고 한다.

(2) 새로운 견해

최근의 유력설은 기속행위에도 법령에 근거가 있거나 법령요건 보충적 부관은 붙일 수 있고, 재량의 경우에도 부관을 붙일 수 없는 경우(귀화허가)가 있다는 입장이다.

3. 공권 성립의 가부

(1) 기속행위

기속행위에 대해서는 상대방이 일정한 행위를 요구할 수 있는 공권이 발생한다.

(2) 재량행위

재량행위에 대하여는 원칙적으로 청구권이 인정되지 않으나, 재량행위의 경우에도 무하자재량행사청구권이나 재량이 '0'으로 수축되는 경우에는 행정개입청구권이 인정될 수 있다. 00 국가9급 등 결국 기속행위이든 재량행위이든 모두 개인적 공권이 성립할 수 있다는 점에서 구별 실익은 크지 않다. 05 대구9급

03 기속행위와 재량행위의 구별기준

1. 과거의 학설

요건재량설 (법규재량설)	내용	행정법규의 요건규정의 해석에 중점을 두어 기속행위와 재량행위를 구별하는 견해이다. 행정행위에 관한 요건이 **공익보다 좀 더 구체화된 중간목적(선량한 풍속의 유지, 위생상의 필요)을 나타내는 개념으로 규정되어 있는 경우 해당 행정행위를 기속행위로 보는 견해이다.** 그러나 법령이 처분요건은 규정하지 아니하고 처분권한만을 부여하고 있는 경우(공백규정)나, 처분요건을 규정하고 있어도 다만, 일반적 공익개념으로서 규정하고 있는 경우(종국목적)에는 자유재량을 가진다고 본다.
	비판	• 행정행위의 종국목적과 중간목적의 구분이 불명확하다. • 법률문제인 요건 인정을 재량문제로 오인하고 있다. • 법률효과의 실현이 행정의 합목적성·편의성에 따른 재량의 대상임을 간과했다.
효과재량설 (행위재량설, 성질설)	내용	해당 행위의 성질, 즉 그것이 국민의 권리·의무에 어떻게 작용하는가에 따라 재량행위 여부를 결정하는 것이다. **개인의 자유·권리를 제한·침해하거나 의무를 부과하는 행위(침익적 행위)는 법령상 재량을 인정하는 것으로 보이는 경우에도 그것은 기속행위이고, 개인에 새로운 권리를 설정하거나 기타 이익을 부여하는 행위(수익적 행위)는, 특히 법률이 개인에게 그 권리·이익을 요구할 수 있는 지위를 부여한 경우를 제외하고는 원칙적으로 자유재량행위이며, 직접 개인의 권리·의무에 영향을 미치지 아니하는 행위는 법률이 특히 제한을 두고 있는 경우를 제외하고는 원칙적으로 자유재량행위로 보는 견해이다.** 08 국가9급 ┌ 침익의 영역: 기속행위 └ 수익적 영역: 재량행위

	비판	• 복리행정의 발달로 수익적 행정행위에도 그 요건이 명확하게 규정되어 기속행위로 되는 경우가 있다.
		   예 광업법 제19조
		• 부담적 행정행위의 영역에도 재량이 인정되는 경우가 있다.
		   예 허가취소·영업정지 중 어느 것을 선택할 것인가의 재량

판단여지설	내용	판단여지가 있으면 재량이라는 견해로서 판단여지와 재량은 모두 법원의 통제가 미치지 않는다는 점에서 동일하므로 구별의 실익이 없다는 점을 논거로 한다.
	비판	• 재량과 판단여지는 성질이 다르다. • 판단여지론은 재량행위와 판단여지의 구별기준이지 재량과 기속의 구별기준은 아니다.

2. 법문언 기준설(통설)

(1) 의의

오늘날 요건재량설과 효과재량설의 대립은 이미 극복되었다고 할 수 있으며, 따라서 기속행위와 재량행위인지 여부는 법치행정의 원칙에 따라 법규의 규정, 해당 작용의 성질, 기본권과의 관련성 등을 종합하여 개별적·구체적으로 판단함이 타당하다(통설·판례). 04 국가9급 등

(2) 제1차적 기준(법규적 문언형식)

법규정이 "~하여야 한다." 또는 "~한다." 등의 형식을 취하면 그에 의거한 행정행위는 일반적으로 기속행위이고, 법규정이 "~할 수 있다."라는 가능규정의 표현형식을 취한 경우 재량행위로 판단될 수 있다.

(3) 제2차적 기준(법규정 불명확시: 법령의 취지 + 사안의 성질 + 기본권 관련성)

법규정의 표현이 불명확한 경우에는 판례의 견해대로 행위의 근거법령의 취지와 목적, 해당 행정분야의 성질, 행위의 성질·유형과 아울러 기본권 관련성을 기준으로 양자를 구분한다. 즉, 국민의 기본권을 제한하는 행위일수록 기속행위의 가능성이 크고, 새로운 권리를 설정하는 특허, 예외적 승인, 수익적 행위일수록 재량행위의 가능성이 크다.

3. 판례

판례는 통설과 마찬가지로 법문의 표현방식을 기준으로 판단하면서도, 구체적 사안에 따라서는 공익성을 기준으로 삼기도 하고 효과재량설을 보충적으로 활용하기도 한다.

 관련판례

❶ **판례의 기본 입장: 해당 행위의 근거가 된 법규의 체재·형식과 그 문언에 따라 구별한다.** `10 국가9급`

기속행위와 재량행위의 구분은 해당 행위의 근거가 된 법규의 체재·형식과 그 문언, 해당 행위가 속하는 행정분야의 주된 목적과 특성, 해당 행위 자체의 개별적 성질과 유형 등을 모두 고려하여 판단하여야 한다(대판 2001.2.9. 98두17593).

❷ **보충적으로 효과재량설의 입장을 취한 판례**

주택건설사업계획의 승인은 상대방에게 권리나 이익을 부여하는 효과를 수반하는 이른바 수익적 행정처분으로서 법령에 행정처분의 요건에 관하여 일의적으로 규정되어 있지 아니한 이상 행정청의 재량행위에 속한다(대판 2002.6.14. 2000두10663).

❸ **개인택시운송사업면허 및 그 면허기준 설정행위의 법적 성질은 재량행위이다.** `08 국가7급`

여객자동차운수사업법에 의한 개인택시운송사업면허의 법적 성질은 재량행위이고, 행정청이 면허발급 여부를 심사하면서 이미 설정된 면허기준의 해석상 해당 신청이 명백하게 면허발급 우선순위에 해당함에도 면허거부처분을 한 경우, 재량권을 남용한 위법한 처분이다(대판 2010.1.28. 2009두19137).

❹ 귀화허가(특허)는 재량행위이다(대판 2010.10.28. 2010두6496). `12 지방9급` *귀화거부는 기속이다.

❺ 야생동·식물보호법에 의한 용도변경 승인행위 및 용도변경의 불가피성 판단에 필요한 기준을 정하는 행위의 법적 성질은 재량행위이다(대판 2011.1.27. 2010두23033). `18 지방9급`

❻ **구 수도권 대기환경개선에 관한 특별법 제14조 제1항에서 정한 대기오염물질 총량관리사업장 설치의 허가 또는 변경허가처분의 여부 및 내용의 결정은 행정청의 재량에 속한다.**

배출시설 설치허가신청이 구 대기환경보전법 제23조 제5항에서 정한 허가기준에 부합하고 구 대기환경보전법 제23조 제6항, 같은 법 시행령 제12조에서 정한 허가제한사유에 해당하지 않는 경우, 환경부장관은 원칙적으로 이를 허가하여야 하지만, 중대한 공익상 필요가 있으면 허가를 거부할 수 있다(대판 2013.5.9. 2012두22799).

❼ **출입국관리법상 체류자격 변경허가는 설권적 처분의 성격을 가지며, 허가권자가 허가 여부를 결정할 재량을 가진다.** `17 국가7급`

출입국관리법 각 규정의 문언, 내용 및 형식, 체계 등에 비추어 보면 체류자격 변경허가는 신청인에게 당초의 체류자격과 다른 체류자격에 해당하는 활동을 할 수 있는 권한을 부여하는 일종의 설권적 처분의 성격을 가지므로, 허가권자는 신청인이 관계 법령에서 정한 요건을 충족하였더라도 신청인의 적격성, 체류목적, 공익상의 영향 등을 참작하여 허가 여부를 결정할 수 있는 재량을 가진다. 다만 재량을 행사할 때 판단의 기초가 된 사실인정에 중대한 오류가 있는 경우 또는 비례·평등의 원칙을 위반하거나 사회통념상 현저하게 타당성을 잃는 등의 사유가 있다면 이는 재량권의 일탈·남용으로서 위법하다(대판 2016.7.14. 2015두48846).

❽ 운전면허를 받은 사람이 음주운전을 한 경우에 운전면허의 취소 여부는 행정청의 재량행위이나, 음주운전으로 인한 교통사고의 증가와 그 결과의 참혹성 등에 비추어 보면 음주운전으로 인한 교통사고를 방지할 공익상의 필요는 더욱 중시되어야 하고, 운전면허의 취소에서는 일반의 수익적 행정행위의 취소와는 달리 취소로 인하여 입게 될 당사자의 불이익보다는 이를 방지하여야 하는 일반예방적 측면이 더욱 강조되어야 한다.

갑이 혈중알코올농도 0.140%의 주취상태로 배기량 125cc 이륜자동차를 운전하였다는 이유로 관할 지방경찰청장이 갑의 자동차운전면허[제1종 대형, 제1종 보통, 제1종 특수(대형견인·구난), 제2종 소형]를 취소하는 처분을 한 경우, 위 처분 중 제1종 대형, 제1종 보통, 제1종 특수(대형견인·구난) 운전면허를 취소한 부분은 재량권을 일탈·남용한 위법이 있다고 본 원심판단에 재량권의 일탈·남용에 관한 법리오해가 있다(대판 2018.2.28. 2017두67476).

관련판례

◎ 기속행위로 본 사례

❶ 부동산 실권리자명의 등기에 관한 법률상 명의신탁자에 대한 과징금 부과처분의 법적 성질은 기속행위이다. 09 지방7급

* 공정거래위원회의 독점규제 및 공정거래에 관한 법률 위반자에 대한 과징금 부과처분은 재량행위이다.

부동산 실권리자명의 등기에 관한 법률 각 규정을 종합하면, 명의신탁자에 대하여 과징금을 부과할 것인지 여부는 기속행위에 해당하므로, 명의신탁이 조세를 포탈하거나 법령에 의한 제한을 회피할 목적이 아닌 경우에 한하여 그 과징금을 일정한 범위 내에서 감경할 수 있을 뿐이지 그에 대하여 과징금 부과처분을 하지 않거나 과징금을 전액 감면할 수 있는 것은 아니다(대판 2007.7.12. 2005두17287).

> **비교판례**
>
> 부동산 실권리자명의 등기에 관한 법률 시행령 제3조의2 단서의 과징금 임의적 감경사유가 있음에도 이를 전혀 고려하지 않거나 감경사유에 해당하지 않는다고 오인하여 과징금을 감경하지 않은 경우, 그 과징금 부과처분은 재량권을 일탈·남용한 위법한 것이다(대판 2010.7.15. 2010두7031). 20 소방

❷ 경찰공무원임용령 제46조 제1항에 따른 부정행위자에 대한 합격취소처분 및 5년간의 응시자격 제한처분은 기속행위이다. 15 사복9급, 10 국가9급

경찰공무원임용령 제46조 제1항은 행정청 내부의 사무처리기준을 규정한 재량준칙이 아니라 일반 국민이나 법원을 구속하는 법규명령에 해당하므로, 그에 의한 처분은 재량행위가 아니라 기속행위이다(대판 2008.5.29. 2007두18321).

❸ 기부금품 모집허가는 강학상 허가이고 기속행위이다(대판 1999.7.23. 99두3690). 11 국회8급

❹ 난민의 요건을 갖춘 경우에는 난민으로 인정하여야 한다.

출입국관리법 제2조 제2의2호, 제76조의2 제1항, 난민의 지위에 관한 협약 제1조, 난민의 지위에 관한 의정서 제1조의 규정을 종합하여 보면, 법무부장관은 인종, 종교, 국적, 특정 사회집단의 구성원 신분 또는 정치적 의견을 이유로 박해를 받을 충분한 근거 있는 공포로 인해 국적국의 보호를 받을 수 없거나 국적국의 보호를 원하지 않는 대한민국 안에 있는 외국인에 대하여 그 신청이 있는 경우 난민협약이 정하는 난민으로 인정하여야 한다(대판 2008.7.24. 2007두3930).

> **비교판례**
>
> ① 난민인정의 요건이 되는 '박해'는 '생명, 신체 또는 자유에 대한 위협을 비롯하여 인간의 본질적 존엄성에 대한 중대한 침해나 차별을 야기하는 행위'를 의미하는 것으로서, 난민인정신청을 하는 외국인은 그러한 박해를 받을 '충분한 근거 있는 공포'가 있음을 증명하여야 한다.
> 　다만, 난민의 특수한 사정에 비추어 그 외국인에게 객관적인 증거에 의하여 주장사실 전체를 증명하도록 요구할 수는 없고, 그 진술에 일관성과 설득력이 있으며 입국 경로, 입국 후 난민신청까지의 기간, 난민신청 경위, 국적국의 상황, 주관적으로 느끼는 공포의 정도, 신청인이 거주하던 지역의 정치·사회·문화적 환경, 그 지역의 통상인이 같은 상황에서 느끼는 공포의 정도 등에 비추어 전체적인 진술의 신빙성에 의하여 그 주장사실을 인정하는 것이 합리적인 경우라면 그 증명이 있다고 보아야 한다(대판 2016.7.22. 2015두59129).
>
> ② 출입국관리법이 난민인정 거부사유를 서면으로 통지하도록 규정한 취지는 절차적 권리를 보장하기 위한 것이고, 난민인정에 관한 신청을 받은 행정청이 법령이 정한 난민요건과 무관한 다른 사유만을 들어 난민인정을 거부할 수 없다. 🔶예상
> 　'여성 할례'(Female genital mutilation)는 특정 사회집단의 구성원이라는 이유로 가해지는 '박해'에 해당한다. 따라서 난민신청인이 국적국으로 송환될 경우 본인 의사에 반하여 여성 할례를 당하게 될 위험이 있음에도 국적국으로부터 충분한 보호를 기대하기 어려운 경우, 박해를 받을 수 있다고 인정할 충분한 근거가 있는 공포로 국적국의 보호를 받을 수 없는 경우에 해당한다. 여기에서 '여성 할례를 당하게 될 위험'은 일반적·추상적인 위험의 정도를 넘어 난민신청인이 개별적·구체적으로 그러한 위험에 노출되어 있는 경우를 의미하고, 여성 할례를 당하게 될 개별적·구체적인 위험이 있다는 점은 난민신청인이 속한 가족적·지역적·사회적 상황에 관한 객관적인 증거에 의하여 합리적으로 인정되어야 한다(대판 2017.12.5. 2016두42913).

❺ 국유재산의 무단점유에 대한 변상금 부과처분은 기속행위이다(대판 1998.9.22. 98두7602).

❻ 구 국유재산법 제51조 제2항에 따른 변상금 연체료 부과처분의 법적 성질은 기속행위이다(대판 2014.4.10. 2012두16787).

❼ 행정청에 국토의 계획 및 이용에 관한 법률 시행령 제124조의3 제3항에서 정한 토지이용의무를 위반한 자에게 부과할 이행강제금 부과기준은 단지 상한을 정한 것에 불과한 것이 아니라, 위반행위 유형별로 계산된 특정 금액을 규정한 것이므로 행정청에 이와 다른 이행강제금액을 결정할 재량권이 없다고 보아야 한다. 15 지방7급
국토의 계획 및 이용에 관한 법률 시행령 제124조의3 제3항에서 정한 토지이용의무 위반 유형 중 토지거래계약 허가를 받아 토지를 취득한 자가 '당초의 목적대로 이용하지 아니하고 방치한 경우'에 허가 목적대로 이용하다가 중단하고 방치한 경우도 포함된다(대판 2014.11.27. 2013두8653).

❽ 귀화신청인이 제5조 각 호에서 정한 귀화요건을 갖추지 못한 경우 법무부장관은 귀화 허부에 관한 재량권을 행사할 여지 없이 귀화불허처분을 하여야 한다(대판 2018.12.13. 2016두31616). 🔶예상

❾ 교육환경보호구역에서 건축법 제11조 제1항 단서, 건축법 시행령 제8조 제1항에 따른 건축물(층수가 21층 이상이거나 연면적의 합계가 10만제곱미터 이상인 경우)을 건축하려는 자가 제출한 교육환경평가서를 심사한 결과 그 내용 중 교육환경 영향평가 결과와 교육환경 보호를 위한 조치계획이 교육환경 보호에 관한 법률 시행규칙 제2조 [별표 1]에서 정한 '평가대상별 평가기준'에 부합하거나 그 이상이 되도록 할 수 있는 구체적인 방안과 대책 등이 포함되어 있다면, 교육감은 원칙적으로 제출된 교육환경평가서를 승인하여야 하고, 다만 교육환경 보호를 위하여 추가로 필요한 사항을 사업계획에 반영할 수 있도록 사업시행자에게 권고하는 한편 사업시행으로 인한 교육환경의 피해를 방지하기 위하여 교육환경평가서의 승인 내용과 권고사항의 이행 여부를 계속적으로 관리·감독할 권한과 의무가 있을 뿐이라고 보아야 한다(대판 2020.10.15. 2019두45739).

관련판례

◎ 재량행위로 본 사례

❶ 광업법 및 토지수용법상의 토지수용을 위한 사업인정(특허)은 행정청의 재량행위이다. 09 서울9급

광업법과 토지수용법에 의한 토지수용을 위한 사업인정은 단순한 확인행위가 아니라 형성행위이고 해당 사업이 비록 토지를 수용할 수 있는 사업에 해당된다 하더라도 행정청으로서는 그 사업이 공용수용을 할 만한 공익성이 있는지의 여부를 모든 사정을 참작하여 구체적으로 판단하여야 하는 것이므로 사업인정의 여부는 행정청의 재량에 속한다(대판 1992.11.13. 92누596).

❷ 여객자동차운송사업에서 운송할 여객 등에 관한 업무의 범위나 기간을 한정하는 면허의 사업계획변경에 대한 인가처분의 법적 성격은 법령이 특별히 규정한 바가 없으면 행정청의 재량에 속한다(대판 2014.4.30. 2011두14685).

❸ 구 전염병예방법 제54조의2 제2항에 따른 예방접종으로 인한 질병, 장애 또는 사망의 인정 여부 결정은 보건복지가족부장관(현 보건복지부장관)의 재량에 속한다(대판 2014.5.16. 2014두274). 15 국가7급

❹ 표시·광고의 공정화에 관한 법률에 따르면, 공정거래위원회는 부당한 표시·광고행위를 한 사업자에 대하여 시정명령을 받은 사실의 공표를 명할 수 있다. 그 규정의 문언과 공표명령제도의 취지 등을 고려하면, 공정거래위원회는 그 공표명령을 할 것인지 여부와 공표를 명할 경우에 어떠한 방법으로 공표하도록 할 것인지 등에 관하여 재량을 가진다고 볼 것이다(대판 2014.12.24. 2012두26708).

❺ 구 영유아보육법 제45조 제1항 각 호의 사유가 인정되는 경우, 행정청에 어린이집 운영정지처분을 할 것인지 또는 이에 갈음하여 과징금을 부과할 것인지를 선택할 수 있는 재량이 인정된다(대판 2015.6.24. 2015두39378).

04 재량권의 한계와 재량하자

관련조문

행정기본법 제21조(재량행사의 기준) 행정청은 재량이 있는 처분을 할 때에는 관련 이익을 정당하게 형량하여야 하며, 그 재량권의 범위를 넘어서는 아니 된다.

1. 재량한계와 재량하자의 의의

(1) 재량의 한계

법규가 행정청에게 재량권을 부여하고 있다고 하여 행정청이 재량권을 아무런 제한 없이 무한정 행사할 수 있는 것은 아니다. 행정소송법 제27조는 이러한 재량권의 한계를 재량의 일탈·남용으로 규정하고 있다.

(2) 재량의 하자

재량이 그 범위 내에서 행사된 경우에는 당·부당의 문제는 있어도 위법의 문제는 발생하지 않는다. 그러나 재량의 일탈·남용이 있게 되면 이는 위법한 것이 되고 사법심사의 대상이 된다. 06 전북무주9급 등

2. 재량하자의 유형

(1) 재량권의 일탈

재량의 일탈이란 **재량의 외적 한계를 넘어서 행사된 경우를 말한다.** 15 국가9급 등 예컨대, 식품위생법에서 6월의 한도 내에서 영업정지처분을 할 수 있다고 규정하였음에도 행정청이 1년의 영업정지처분을 하거나 영업허가를 취소한 경우가 이에 해당한다. 04 경기교행 등

(2) 재량권의 남용

재량권의 남용이란 **재량의 내적 한계를 넘어서 재량이 행사된 경우를 말한다.** 15 국가9급 재량의 남용은 ① 재량의 행사가 목적을 위반하거나 그 동기가 부정한 경우, ② 처분의 근거가 된 사실을 오인한 경우, ③ 행정법의 일반원칙을 위반한 경우 등이 있다.

(3) 재량의 불행사

행정청이 행정행위를 함에 있어 재량을 전혀 또는 충분히 행사하지 않은 경우를 말한다. 재량의 흠결이라고도 한다. **재량의 불행사는 재량권 남용의 한 형태로 볼 수 있다.** 15 국가9급

(4) 판례

대법원은 재량의 일탈·남용을 행정처분에 대한 위법성의 기준으로 삼고 있다. 다만, 대법원은 일탈과 남용을 정확하게 구분하지는 않고 있다. 15 국가9급

  관련판례

◎ **재량의 일탈·남용 긍정**

❶ 단원에게 지급될 급량비를 원고가 급량비가 나올 때마다 바로 지급하지 않고 이를 모아 두었다가 지급한 시립무용단원에 대한 해촉처분은 징계권을 남용한 것이다(대판 1995.12.22. 95누4636). 08 국회8급

❷ 공정한 업무처리에 대한 사의로 두고 간 돈 30만 원을 피동적으로 수수하였다가 돌려준 20여 년 근속의 경찰공무원에 대한 해임처분은 재량권의 남용에 해당한다(대판 1991.7.23. 90누8954). 09 지방7급

❸ 하급 지방자치단체장이 전국공무원노동조합의 불법 총파업에 참가한 소속 지방공무원들에 대하여 징계의결을 요구하지 않은 채 승진임용하는 처분을 한 것은 재량권의 범위를 현저히 일탈한 것으로서 위법한 처분이다(대판 2007.3.22. 2005추62 전원합의체).
* 그 후 승진을 직권취소한 것은 적법하다.

❹ 학위논문심사에 통과한 자에 대하여 정당한 이유 없이 학위 수여를 부결한 행정처분은 재량권의 한계를 벗어난 위법한 것이다(대판 1976.6.8. 75누63). 04 전북9급

❺ 청소년유해매체물로 결정·고시된 만화인 사실을 모르고 있던 도서대여업자가 그 고시일로부터 8일 후에 청소년에게 그 만화를 대여한 것을 사유로 그 도서대여업자에게 금 700만 원의 과징금을 부과한 것은 재량권을 일탈·남용한 것으로서 위법하다(대판 2001.7.27. 99두9490). 11 경행특채

❻ 북한어린이를 위한 의약품 지원을 불허한 것은 재량권의 일탈·남용이다. 11 국회8급
준조세 폐해 근절 및 경제난 극복을 이유로 북한어린이를 위한 의약품 지원을 위하여 성금 및 의약품 등을 모금하는 행위 자체를 불허한 것은 재량권의 일탈·남용 및 비례의 원칙에 위반된다(대판 1999.7.23. 99두3690).

❼ 폐기물처리업 허가에 관한 폐기물처리사업계획서가 적합한지를 심사하면서 구 폐기물관리법 제25조 제2항 각 호에서 열거한 사항 외의 사유로 부적합 통보를 할 수 있다.

갑 주식회사가 제출한 생활폐기물 수집·운반업을 위한 폐기물처리사업계획서에 대하여, 관할 구청장이 기존 업체가 보유하고 있는 인력과 장비로 충분한 처리가 이루어지고 있어서 별도의 신규허가가 어렵다는 사유로 부적합하다는 통보를 한 경우 … 처분 당시 기존 업체의 1일 생활폐기물수집·운반능력이 대상 영업구역의 1일 생활폐기물 배출량을 훨씬 능가하게 된 데에는 기존 업체가 폐기물의 수집·운반차량을 대폭 늘린 데에도 원인이 있으므로 이를 고려하지 않은 채 기존 업체의 생활폐기물 수집·운반능력이 생활폐기물 배출량보다 많다며 신규 업체의 시장진입을 허용하지 아니하는 것은 사실상 기존 업체에 독점적 대행권을 유지하는 결과가 된다는 등의 이유로 위 처분이 재량권을 일탈·남용하여 위법하다고 본 것은 정당하다(대판 2011.11.10. 2011두12283).

❽ 공사의 입찰참가 제한에 대해 처분성을 인정한 사례

한국전력공사가, 갑 주식회사가 광섬유 복합가공지선 구매입찰에서 담합행위를 하였다는 이유로 6개월의 입찰참가자격 제한처분(1차 처분)을 한 다음, 1차 처분이 있기 전에 전력선 구매입찰에서 담합행위를 하였다는 이유로 갑 회사에 다시 6개월의 입찰참가자격 제한처분(2차 처분)을 한 경우, 위 2차 처분은 재량권을 일탈·남용하여 위법하다(대판 2014.11.27. 2013두18964).

관련판례

◎ 재량의 일탈·남용 부정

❶ 교통법규 위반 운전자로부터 1만 원을 받은 경찰공무원을 해임처분한 것은 징계재량권의 일탈·남용이 아니다
(대판 2006.12.21. 2006두16274). `08 국회8급`

❷ 약사의 의약품 개봉판매행위에 대하여 구 약사법령에 근거하여 업무정지에 갈음하는 과징금 부과처분을 한 것이 재량권의 일탈·남용에 해당한다고 보기 어렵다(대판 2007.9.20. 2007두6946). `11 국회8급 등`

❸ 사립학교의 교원이 대학의 신규교원 채용에 서류심사위원으로 관여하면서 소지하게 된 인사서류를 학교 운영과 관련한 진정서의 자료로 활용하고 위조된 서면에 대한 확인조치 없이 청원서 등에 첨부하여 사용한 것은 교원으로서의 성실의무와 품위유지의무를 위배한 것으로서 징계사유에 해당하고, 그에 따른 해임의 징계는 재량권의 일탈·남용이 아니다(대판 2000.10.13. 98두8858). `11 국회8급 등`

❹ 학교법인의 교비회계자금을 법인회계로 부당전출한 행위의 위법성 정도와 임원들의 이에 대한 가공의 정도, 학교법인이 사실상 행정청의 시정요구 대부분을 이행하지 아니하였던 사정 등을 참작하여 임원취임승인 취소처분이 재량권을 일탈·남용하였다고 볼 수 없다(대판 2007.7.19. 2006두19297 전원합의체). `11 국회8급·경행특채 등`

❺ 국가지정문화재 현상변경신청에 대한 불허가처분은 재량권을 일탈·남용한 위법한 처분이라고 단정하기 어렵다. `11 국회8급`
국가지정문화재 현상변경신청 불허가처분이 취소되는 경우 향후 주변의 나대지에 대한 현상변경허가를 거부하기 어려워질 것으로 예상되는 점 등에 비추어, 위 국가지정문화재 현상변경신청에 대한 불허가처분이 재량권을 일탈·남용한 위법한 처분이라고 단정하기 어렵다(대판 2006.5.12. 2004두9920).

❻ 제3자가 한 생물학적 동등성 시험자료 일부에 조작이 있음을 이유로 해당 의약품의 회수 및 폐기를 명한 행정처분이 재량권을 일탈·남용하여 위법하다고 볼 수 없다(대판 2008.11.13. 2008두8628).

❼ 서울특별시의사회가 진단서 등 의료기관 증명서의 발급수수료를 현행보다 2배 수준으로 인상하기로 의결하고 이를 소속 회원들에게 시행하도록 한 행위를 공정거래위원회가 '과징금 부과 세부기준 등에 관한 고시'에 정한 '중대한' 위반행위로 보아 과징금을 산정한 것은 재량권의 한계를 일탈하거나 남용한 것이 아니다(대판 2009.6.23. 2007두18062).

⑧ 초등학교로부터 약 100여 미터 떨어진 곳에 액화석유가스(LPG) 충전소를 운영하기 위한 학교환경위생정화구역 내 금지시설 해제신청을 교육청 교육장이 거부한 경우, 그 처분이 재량권의 범위를 일탈하였거나 남용한 것으로 보기 어렵다(대판 2010.3.11. 2009두17643).

⑨ 지방식품의약품안전청이 유해화학물질인 말라카이트그린이 사용된 냉동새우를 수입하면서 수입신고서에 그 사실을 누락한 회사에 대하여 영업정지 1월의 처분을 한 것은 재량권을 일탈하거나 남용한 위법이 없다(대판 2010.4.8. 2009두22997). 11 경행특채

⑩ 명예퇴직 합의 후 명예퇴직 예정일 사이에 허위로 병가를 받아 다른 회사에 근무하였음을 사유로 한 징계해임처분은 징계재량권의 일탈·남용으로 볼 수 없다(대판 2002.8.23. 2000다60890). 11 국회8급

⑪ 미성년자를 출입시켰다는 이유로 2회나 영업정지에 갈음한 과징금을 부과받은 지 1개월만에 다시 만 17세도 되지 아니한 고등학교 1학년 재학생까지 포함된 미성년자들을 연령을 확인하지 않고 출입시킨 행위에 대한 영업허가 취소처분은 재량권을 일탈한 위법한 처분이라고 보기 어렵다(대판 1993.10.26. 93누5185). 11 경행특채

⑫ 교통사고를 일으켜 피해자 2인에게 각 전치 2주의 상해를 입히고 약 296,890원 상당의 손해를 입히고도 구호조치 없이 도주한 수사 담당 경찰관에 대한 해임처분은 재량권의 범위를 일탈·남용한 것이 아니다(대판 1999.10.8. 99두6101). 11 경행특채

⑬ 예인선단과 대형 유조선의 충돌로 발생한 이른바 '태안반도 유조선 기름누출사고'와 관련하여 중앙해양안전심판원이 주 예인선 선장 갑에게 2급 항해사 면허취소, 예인선단장 을에게 시정권고의 재결을 한 사안에서, 갑과 을의 과실을 인정하고 나아가 갑의 2급 항해사 면허를 취소한 것은 재량권의 일탈·남용에 해당하지도 않는다(대판 2011.2.24. 2009추15).

⑭ 지방공무원 복무조례 개정안에 대한 의견을 표명하기 위하여 전국공무원노동조합 간부 10여 명과 함께 시장의 사택을 방문한 위 노동조합 시지부 사무국장에게 지방공무원법 제58조에 정한 집단행위 금지의무를 위반하였다는 등의 이유로 징계권자가 한 파면처분이 사회통념상 현저하게 타당성을 잃거나 객관적으로 명백하게 부당하여 징계권의 한계를 일탈하거나 재량권을 남용하였다고 볼 수 없다(대판 2009.6.23. 2006두16786). 12 국회8급

⑮ 구 국립묘지 안장대상 심의위원회 운영규정의 법적 성격은 행정청 내부의 사무처리준칙으로 이를 적용한 결과가 처분사유의 내용 및 관계 법령의 규정과 취지에 비추어 현저히 부당하다고 인정할 만한 합리적인 이유가 없는 한, 섣불리 위 기준에 따른 처분이 재량권의 범위를 일탈하였거나 재량권을 남용한 것이라고 판단해서는 안 된다.

전역사유 미확인자를 국립묘지 안장대상에서 제외하도록 한 구 국립묘지 안장대상 심의위원회 운영규정 제4조 제4항 제2호는 구 국립묘지의 설치 및 운영에 관한 법률의 취지에 맞는 합리적인 것이고, 그에 따라 이루어진 안장거부처분이 재량권을 일탈·남용하여 위법한 것이라는 점에 관한 증명책임은 그 처분의 효력을 다투는 당사자가 구체적으로 그 사유를 주장·증명해야 한다(대판 2013.12.26. 2012두19571).

⑯ 민원사무를 처리하는 행정기관이 민원 1회 방문 처리제를 시행하는 절차의 일환으로 민원사항의 심의·조정 등을 위한 민원조정위원회를 개최하면서 민원인에게 회의 일정 등을 사전에 통지하지 아니하였다 하더라도, 이러한 사정만으로 곧바로 민원사항에 대한 행정기관의 장의 거부처분에 취소사유에 이를 정도의 흠이 존재한다고 보기는 어렵다. 다만, 행정기관의 장의 거부처분이 재량행위인 경우에, 위와 같은 사전통지의 흠결로 민원인에게 의견진술의 기회를 주지 아니한 결과 민원조정위원회의 심의과정에서 고려대상에 마땅히 포함시켜야 할 사항을 누락하는 등 재량권의 불행사 또는 해태로 볼 수 있는 구체적 사정이 있다면, 거부처분은 재량권을 일탈·남용한 것으로서 위법하다(대판 2015.8.27. 2013두1560). 17 지방7급

제4절 불확정개념과 판단여지

01 개설

1. 불확정개념

(1) 의의

불확정개념이란 공공필요, 공공의 안녕질서, 공익, 중대한 사유 등과 같이 용어 그 자체로는 의미가 명확하지 않고 해석에 의해 뒷받침되어야 하는 것을 말한다.

(2) 사례

공무원 특별승진요건으로서 '직무수행능력의 탁월', 직위해제요건으로서 '근무성적 극히 나쁨' 등이나, '공공의 안녕질서를 해칠 우려' 등이 있다.

2. 판단여지이론의 의의

행정법규의 요건에 불확정개념이 사용된 경우에도 이는 법개념으로서 행정청의 재량은 인정되지 않고, 원칙적으로 법원의 심사대상이 된다. 다만, 이러한 경우 어떤 사실이 그 요건에 해당하는지 여부는 일의적으로 판단하기 어려우므로 행정청의 전문적·기술적 판단을 종국적인 것으로 존중하여 그 한도 내에서 행정청의 판단에 대한 법원의 사법심사가 제약을 받게 되는 부분을 판단여지라고 하고 이를 인정하는 이론을 말한다. [10 서울교행 등] 사실의 존부에 대해서는 판단여지가 인정되지 않는다. 따라서 사실의 판단이 잘못되었다면 위법하다.

02 재량과 판단여지의 구별 [17 국가9급]

1. 견해의 대립

(1) 구별긍정설

판단여지는 법률요건에 대한 해석문제이지만, 재량은 법률효과의 선택이라는 점을 근거로 구별을 인정한다. [17 국가9급]

(2) 구별부정설

재량과 판단여지는 모두 법원에 의한 사법심사의 배제라는 점에서 동일하고, 재량은 법규의 효과에만 국한되는 것은 아니므로 구별할 실익이 없다고 본다.

> **기출 OX**
>
> 1. 판단여지를 긍정하는 학설은 판단여지는 법률효과 선택의 문제이고 재량은 법률요건에 대한 인식의 문제라는 점, 양자는 그 인정 근거와 내용 등을 달리하는 점에서 구별하는 것이 타당하다고 한다. (○, ×) [17 국가9급] ×
> 2. 다수설에 따르면 불확정개념의 해석은 법적 문제이기 때문에 일반적으로 전면적인 사법심사의 대상이 되고, 특정한 사실관계와 관련하여서는 원칙적으로 일의적인 해석(하나의 정당한 결론)만이 가능하다고 본다. (○, ×) [17 국가9급] ○

2. 판례

판례는 재량과 판단여지를 구분하지 않는다고 보는 것이 일반적이다. 07 국가7급 등 그러나 판단여지를 인정하고 있는 것으로 평가할 수 있다는 견해도 있다.

03 판단여지설의 적용영역

1. 고도의 전문적인 비대체적 결정

각종 시험합격결정(면접), 국·공립학교 학생의 성적평가, 공무원의 근무평정 등 해당 결정이 원래의 것으로 재현하기 어려운 사실상의 특수성과 관계자의 특수한 경험 및 전문지식을 필요로 하기 때문에 판단여지가 인정된다고 보고 있다.

관련판례

① 교과서 검정은 전문적 판단을 요하는 특성이 있다. 10 지방9급 등

교과서 검정이 고도의 학술상·교육상 전문적 판단을 요한다는 특성에 비추어보면, 피고가 교과용 도서를 검정함에 있어서 법령과 심사기준에 따라서 심사위원회의 심사를 거치고, 또 검정상의 판단이 사실적 기초가 없다거나 사회통념상 현저히 부당하다는 등 현저히 재량권의 범위를 일탈한 것이 아닌 이상 그 감정을 위법하다고 할 수 없다(대판 1992.4.24. 91누6634).

② 감정평가사시험에 있어 어떠한 합격기준을 선택할 것인가는 자유재량이다(대판 1996.9.20. 96누6882).

③ 한약조제시험 실시기관인 국립보건원장의 평가방법 및 채점기준 설정행위의 성질은 재량행위이다(대판 1998.7.10. 97누13771).

④ 지원자가 모집정원에 미달한 경우에도 입학사정기준에 미달하는 자의 입학을 거부할 수 있다. 16 지방9급

학생의 입학을 전형함에 있어 대학은 법령과 학칙에 정해진 범위 내에서 대학의 목적과 그 대학의 특수사정을 고려하여 자유로이 수학능력의 기준을 결정할 수 있고 입학지원자가 모집정원에 미달한 경우라도 대학이 정한 입학사정기준에 미달하는 자에 대하여는 입학을 거부할 수 있다(대판 1982.7.27. 81누398).

⑤ 행정행위로서의 시험 출제업무에 있어서 문제 출제행위의 성질은 재량행위이다. 07 서울9급

전문분야 시험의 출제에 있어서 다의적 용어의 사용으로써 생긴 모든 출제상의 잘못이 재량권의 일탈·남용에 해당하는 것은 아니다. 따라서 사법시험 객관식 문제에 조금 미흡하거나 정확하지 못한 표현이 사용되었다 하더라도 평균적인 수험생으로 하여금 문제의 의미 파악과 정답항의 선택을 그르치게 할 정도가 아니라면 그 출제행위에 재량권을 일탈하거나 남용한 위법이 없다(대판 2001.4.10. 99다33960).

2. 구속적인 가치평가

예술·문화 등의 분야에 있어 어떤 물건이나 작품의 가치 또는 유해성 등에 대한 독립된 합의체기관의 판단의 경우에는 그 기관이 갖는 전문성·대표성, 그리고 사법절차와 유사한 결정과정을 거치므로 공정성이 담보된다는 점 등을 근거로 이 이론이 적용된다고 본다. 이러한 구속적 가치평가는 심사단계에서 재현될 수 있으므로 상황구속적 성질을 가지지 않는다는 점에서 전술한 비대체적 결정과 구별된다.

관련판례

❶ 문화재보호법 규정에 의한 '건설공사를 계속하기 위한 고분발굴허가'는 재량행위이다.

구 문화재보호법 각 규정에 의하여 문화체육부장관(현 문화체육관광부장관) 또는 그 권한을 위임 받은 문화재관리국장 등이 건설공사를 계속하기 위한 발굴허가신청에 대하여 그 공사를 계속하기 위하여 부득이 발굴할 필요가 있는지의 여부를 결정하여 발굴을 허가하거나 이를 허가하지 아니함으로써 원형 그대로 매장되어 있는 상태를 유지하는 조치는 허가권자의 재량행위에 속하는 것이므로, … 행정청이 매장문화재의 원형보존이라는 목표를 추구하기 위하여 문화재보호법 등 관계 법령이 정하는 바에 따라 내린 전문적·기술적 판단은 특별히 다른 사정이 없는 한 이를 최대한 존중하여야 한다(대판 2000.10.27. 99두264).

❷ 대법원은 음란성의 판단에 있어서는 판단여지를 부정하는 입장이다(대판 1997.12.26. 97누11287).

3. 예측 결정

환경 행정상의 허가에 있어 그 기초가 되는 장래의 위해 발생 여부에 대한 판단, 계획결정상의 미래예측적 판단의 경우에도 판단여지가 인정될 수 있다.

4. 형성적 결정

전쟁무기의 생산 및 수출 등의 외교정책, 경제정책, 교통정책과 지방자치법 제161조 제1항의 공공시설의 설치결정과 같이 사회형성적 행정의 영역에 있어서도 행정청에 판단여지가 인정될 수 있다.

04 판단여지의 한계

1. 한계

판단여지가 인정되는 영역의 경우에도 ① 판단기관이 적법하게 구성되었는지 여부, ② 해당 결정이 부정확한 사실에 의거한 것인지 여부, ③ 절차규정의 이행 여부, ④ 판단을 함에 있어서 법의 일반원리를 준수하였는지 여부 등에 대해서는 법원의 사법심사의 대상이 된다.

2. 범위

독일에서 제한적으로 인정되던 판단여지가 **최근에 일련의 연방헌법재판소의 판결에 의해 더욱 축소되고 있다.**

07 인천교행

Chapter 04 행정행위의 내용

제1절 법률행위적 행정행위

형성의 개념	예컨대 이혼소송에서 판결주문이 "원고와 피고는 이혼한다."라고 나오면 다른 행위의 개입없이 판결만으로 이혼의 효과가 발생하는 것을 형성력이라고 한다. 취소소송은 100% 형성소송이다.
이행소송	이행소송은 판결의 주문이 "피고는 원고에게 100만 원을 지급하라."와 같은 명령의 형태로 나타난다. 이행소송은 판결만으로 해결되지 않는 경우가 있다. 그러면 강제집행이라는 별도의 집행이 필요하다.

01 의의 16 사복9급

법률행위적 행정행위는 그 법적 효과가 **행정청의 효과의사의 내용에 따라 발생**하는데 대하여, **준법률행위적 행정행위**는 행정청의 단순한 정신작용의 표현에 의하여 그 **효과는 법령이 정하는 바에 따라 부여되는 행위**를 말한다.

02 구별 실익

종래 견해는 준법률행위적 행정행위는 행정청의 의사에 따라 법률효과가 발생하는 것은 아니므로, 그 내용에 관하여 행정청에 재량적 판단이 인정될 여지가 없고, 또한 그에는 부관을 붙일 수 없다는 점에서 양자의 구별할 실익을 찾았다.

03 명령적 행정행위 – 하명·허가·면제

명령적 행정행위란 우월적 지위에 있는 행정주체가 상대방에 대하여 일정한 의무를 과하거나 이미 과하여진 의무를 해제함을 내용으로 하는 행정행위를 말한다.

1. 하명

(1) 개념
하명이란 일정한 행정목적을 위하여 행정청이 국민에게 작위(예 무허가건물 철거명령), 부작위(예 음주운전금지), 수인(예 강제접종), 급부(예 납세고지)의 의무를 명하는 행정행위를 말한다.

(2) 성질
하명은 법률행위적 행정행위의 일종이고, 새로운 의무를 과하는 것을 내용으로 하는 점에서 부담적 행정행위이며, 원칙적으로 기속행위이다.

(3) 법적 근거
하명은 의무를 부과시키는 행위이므로 법률의 근거를 요한다. 08 지방9급 즉, 하명은 법률유보원칙을 지켜야 한다.

(4) 형식과 상대방

1) 처분하명
① 처분의 형식으로 하는 하명이다. 일반적으로 하명은 처분의 형식으로 이루어진다. 보통은 불요식행위이다.
② 처분하명의 상대방은 특정인인 경우가 많지만, 불특정 다수인 경우도 있다(예 홍길동에 대한 조세부과처분).

2) 법규하명

① 법령 자체에서 직접 의무를 부과하는 하명으로, 그 법규하명의 상대방은 불특정 다수인이다.

② 이때는 일반처분의 성격을 가진다(예 도로교통법상의 음주운전금지, 유해약물판매금지, 입산금지, 주차금지).

(5) 하명의 대상(내용) 08 지방9급 등

하명의 대상은 사실행위(예 무허가건물 철거)인 경우도 있고, 법률행위(예 영업행위금지)인 경우도 있다.

(6) 효과 및 효과의 이전성

1) 공법상 의무 발생

하명이 있으면 상대방에게는 일정한 공법상의 의무가 발생한다.

2) 이전성

하명의 효과는 원칙적으로 상대방에게만 미친다. 그러나 대물적 하명의 효과는 하명의 대상이 된 물건을 승계한 자에게도 그 효과가 승계된다. 예컨대, 영업장 폐쇄명령이 내려진 후에 영업소를 양수한 양수인은 하명에 따른 의무를 승계한다.

(7) 하명 위반의 효과

하명에 의해 부과된 의무를 이행하지 않은 자에게는 행정상 강제집행이나 행정상의 제재가 과해진다. 07 국가9급 그러나 **하명에 위반하여 행하여진 행위의 사법상 효력은 유효하다.** 예컨대 영업정지된 식당에서의 음식판매는 불법적이지만, 음식의 판매 자체는 유효하다. 08 지방9급 등

관련판례

❶ 외국환관리법의 제한규정에 위반한 행위가 민법상 불법행위나 무효행위가 되는 것은 아니다(대판 1987.2.10. 86다카1288).

❷ 주택공급계약이 주택건설촉진법에 위반하여도 그 사법적 효력까지 부인된다고 할 수는 없다. 08 지방9급

주택공급계약이 구 주택건설촉진법 제32조, 구 주택공급에 관한 규칙에 위반하였다고 하더라도 그 사법적 효력까지 부인된다고 할 수는 없다(대판 2007.8.23. 2005다59475).

* 주택운용기금 용도 외 사용은 무효이다.

❸ 세일 앤 리스백 방식의 시설대여 등을 제한한 규정은 단속규정에 불과할 뿐 그 위반행위의 사법상 효력까지 부인하는 효력규정은 아니다(대판 2009.9.10. 2006다64627).

(8) 하자 있는 하명에 대한 구제

위법한 하명에 의해 권익을 침해당한 자는 항고소송을 통해 그 취소를 구할 수 있고, 손해가 있으면 국가배상청구소송을 할 수 있다.

2. 허가

(1) 의의

1) 개념
허가란 법규에 의한 **일반적·예방적·상대적 금지**를 특정한 경우에 해제하여 **자연적 자유를 회복**시켜주는 행정행위를 말한다. 11 국가9급, 09 국가7급 등 여기서의 금지는 허가를 유보한 상대적 금지를 말한다. 절대적 금지에 대하여는 허가할 수 없다. 허가는 수익적 행정행위이다.

2) 부작위 하명의 해제
허가는 부작위 하명을 특정한 경우에 해제하는 것이다. 따라서 작위, 급부 등의 의무를 해제하는 면제와는 다르다. 05 대구9급

(2) 구별 개념

1) 특허
특허는 형성적 행위라는 점에서 명령적 행위인 허가와 구별된다.

2) 예외적 승인(예외적 허가)
① 개념: 허가는 **예방적 금지에 대한 해제**이고, 예외적 승인은 **억제적 금지에 대한 해제**이다. 즉, 예외적 승인은 일정한 행위를 사회적으로 유해한 것 또는 바람직하지 않은 것으로 금지하면서, 다만 특별한 경우에 한하여 예외적으로 이러한 금지를 해제해 주는 행위이다.

② 예외적 승인의 법적 성질 12 국가9급 : 예외적 승인의 법적 성질에 대해서는 허가의 일종으로 보는 견해, 특허의 일종으로 보는 견해, 독립된 개념으로 보는 견해가 대립된다. 어느 견해를 따르더라도 법률행위적 행정행위에 해당된다.

구분	허가	예외적 승인
금지의 내용	예방적 금지(상대적 금지)의 해제	억제적 금지의 해제
재량성 여부	원칙적으로 기속행위	원칙적으로 재량행위
회복되는 자유	자연적 자유의 회복	권리의 범위 확대
예	· 건축허가 12 지방9급 · 일반음식점 영업허가 07 서울9급 등 · 상가지역에서 유흥주점 · 자동차 운전면허 07 광주9급 등 · 의사면허, 한의사면허 05 대구7급 등 · 통행금지 해제, 입산금지 해제, 수렵금지 해제 07 광주9급 등 · 화약제조허가 05 대구7급	· 개발제한구역 내의 건축허가 12 지방9급 등 · 학교환경정화구역 내에서의 유흥음식점 허가 12 지방9급 등 · 자연공원법 적용지역 내에서의 단란주점 영업허가 06 국회8급 · 카지노업허가 15 국가9급 · 토지수용법상 타인의 토지에 대한 출입허가
공통점	허가와 예외적 승인은 금지의 해제라는 점에서 공통점을 가진다. 10 국가7급	

관련판례

❶ 도시계획법상의 개발제한구역 내의 건축물의 용도변경허가의 법적 성질은 재량행위이다(대판 2001.2.9. 98두17593). 21 소방, 10 국가7급

❷ 자연공원법이 적용되는 지역 내에서 단란주점 영업허가는 재량행위이다(대판 2001.1.30. 99두3577). 06 국회8급

(3) 허가의 법적 근거

1) 법령 개정시의 적용법령

허가는 **처분 당시에 시행 중인 법령** 및 허가기준에 따라 행하는 것이 원칙이다. 따라서 허가신청 후 처분 전에 법령의 개정으로 허가기준에 변경이 있게 되는 경우에 **허가는 원칙적으로 개정 법령에 따라야 한다.** 21 소방, 15 국가9급 그러나 허가신청 후 정당한 이유 없이 상당한 기간이 경과하도록 신청에 대한 처분이 이루어지지 아니하고 있는 동안에 법령이 개정되었다면 신청 당시의 법령을 기준으로 한다. 18 지방9급, 10 서울교행 등

> **관련조문**
>
> **행정기본법 제14조(법 적용의 기준)** ② 당사자의 신청에 따른 처분은 법령 등에 특별한 규정이 있거나 처분 당시의 법령 등을 적용하기 곤란한 특별한 사정이 있는 경우를 제외하고는 처분 당시의 법령 등에 따른다.

2) 행정권에 의한 허가요건의 추가

허가의 구체적인 요건은 법령에 규정되어야 하고, 행정청이 법령의 근거 없이 독자적으로 허가요건을 추가할 수 없다. 08 국가7급

> **관련판례**

 시의 예규로써 양곡가공시설물(예 방앗간) 설치장소에 대한 거리 제한을 할 수 없다.

영업의 자유는 헌법상 국민에게 보장된 자유의 범위 내에 포함되는 것이어서 질서유지와 공공복리를 위하여 필요한 경우에 한하여 법률로써 영업의 자유를 예외적으로 제한할 수 있음에 불과한 것이라고 할 것인바, 양곡관리법 등 관계 법령에 논지 주장과 같은 사유로서 양곡가공시설물 설치장소에 대한 거리를 제한할 수 있는 규정을 한 조문이 없으므로 그 제한거리를 규정한 서울특별시의 예규가 헌법상 보장된 이 영업의 자유를 제한할 수도 없을 것이다(대판 1981.1.27. 79누433).

 허가신청 후 허가기준이 변경된 경우에는 변경된 기준에 따라 처분해야 한다. 02 입시 등

허가 등의 행정처분은 원칙적으로 처분시의 법령과 허가기준에 의하여 처리되어야 하고 허가신청 당시의 기준에 따라야 하는 것은 아니며, 비록 허가신청 후 허가기준이 변경되었다 하더라도 그 허가관청이 허가신청을 수리하고도 정당한 이유 없이 그 처리를 늦추어 그 사이에 허가기준이 변경된 것이 아닌 이상 변경된 허가기준에 따라서 처분을 하여야 한다(대판 2006.8.25. 2004두2974).

(4) 허가의 성질

1) 명령적 행위인지 형성적 행위인지 여부

① **명령적 행위설**

㉠ 전통적 견해는 허가는 상대방에게 일반적·상대적 금지를 해제하여 자연적 자유를 회복시켜주는 행위로서 형성적 행위와 구별되는 명령적 행위로 파악한다. 10 서울9급

㉡ 이 견해에 의하면 허가에 의하여 누리는 영업상 이익은 반사적 이익이다.

② **형성적 행위설**: 허가에 의해서 새로운 법률관계가 발생한다는 점에서 형성적 행위로 보는 견해이다.

③ **양면성설**: 최근의 다수 견해는 허가는 명령적 행위로서의 성질과 형성적 행위로서의 성질을 함께 가진다고 보는 것이 유력하다.

2) 판례

일관되게 명령적 행위로 보고 있다.

관련판례

공중목욕장의 허가는 형성적 행위가 아니고 경찰금지의 해제에 불과하며, 그 허가의 효과는 영업자유의 회복을 가져올 뿐이다.
* 경업자소송 불가(반사적 이익)

법률 제808호 공중목욕장업법은 공중목욕장업에 허가제를 실시하고 있으나 그 허가는 사업경영의 권리를 설정하는 형성적 행위가 아니고 경찰금지의 해제에 불과하며 그 허가의 효과는 영업자유의 회복을 가져올 뿐이다(대판 1963.8.31. 63누101).

3) 재량행위 또는 기속행위 여부

① **원칙**: 기속행위이다. 07 충남9급 등
② **예외**: 근거법규에 의해서 또는 금지의 유형에 따라 행정청에 재량이 인정되는 경우도 있다.
③ **건축허가의 경우**: 2001년 건축법의 개정으로 과거 기속행위로 되어 있던 건축허가에 대하여 일정한 경우 허가를 하지 아니할 수 있는 재량권이 인정되었다. 판례도 2001년 건축법 개정 이후에는 사안에 따라 기속행위로 보기도 하고 재량행위로 보기도 한다(원칙은 기속).

관련판례

◎ 재량행위로 본 사례

❶ 도시계획법상 토지형질 변경허가는 재량행위이다(대판 1999.2.23. 98두17845). 05 부산9급
❷ 국토의 계획 및 이용에 관한 법률에 의하여 지정된 도시지역 안에서 토지의 형질변경행위를 수반하는 건축허가의 법적 성질은 재량행위이다(대판 2005.7.14. 2004두6181). 19 국가9급

(5) 허가의 거부

판례는 원칙적으로 법령에서 정한 사유 이외의 사유로 거부하는 것을 부정하는데, 공익상 필요가 있으면 가능하다고 본다.

관련조문

행정기본법 제16조(결격사유) ① 자격이나 신분 등을 취득 또는 부여할 수 없거나 인가, 허가, 지정, 승인, 영업등록, 신고 수리 등(이하 '인허가'라 한다)을 필요로 하는 영업 또는 사업 등을 할 수 없는 사유(이하 이 조에서 '결격사유'라 한다)는 법률로 정한다.
② 결격사유를 규정할 때에는 다음 각 호의 기준에 따른다.
 1. 규정의 필요성이 분명할 것
 2. 필요한 항목만 최소한으로 규정할 것
 3. 대상이 되는 자격, 신분, 영업 또는 사업 등과 실질적인 관련이 있을 것
 4. 유사한 다른 제도와 균형을 이룰 것

관련판례

❶ 건축허가신청은 원칙적으로 기속행위이므로 관계 법령에서 정하는 제한사유 이외의 사유를 들어 거부할 수는 없다.
  15 사복9급, 05 강원9급 등

건축허가권자는 건축허가신청이 건축법 등 관계 법규에서 정하는 어떠한 제한에 배치되지 않는 이상 당연히 같은 법조에서 정하는 건축허가를 하여야 하고, 중대한 공익상의 필요가 없음에도 불구하고, 요건을 갖춘 자에 대한 허가를 관계 법령에서 정하는 제한사유 이외의 사유를 들어 거부할 수는 없다(대판 2006.11.9. 2006두1227).

❷ 일반음식점 영업허가는 관계 법령에서 정하는 제한사유 외에 공공복리 등의 사유를 들어 허가신청을 거부할 수 없다.

식품위생법상 일반음식점 영업허가는 성질상 일반적 금지의 해제에 불과하므로 허가권자는 허가신청이 법에서 정한 요건을 구비한 때에는 허가하여야 하고, 관계 법령에서 정하는 제한사유 외에 공공복리 등의 사유를 들어 허가신청을 거부할 수는 없고, 이러한 법리는 일반음식점 허가사항의 변경허가에 관하여도 마찬가지이다(대판 2000.3.24. 97누12532).

❸ 주유소 허가신청은 기속행위이므로 관계 법령에서 정하는 제한사유 이외의 사유를 들어 거부할 수는 없다
(대판 1996.7.12. 96누5292).
* 주유소 허가신청에 대해 원칙적으로 허가하여야 하나, 관계 법령상 제한 이외의 중대한 공익상 필요가 있는 경우에는 그 허가를 거부할 수 있다.

❹ 러브호텔 건축허가는 관계 법규에서 정하는 건축허가 제한사유에 해당하지 않는 이상 행정청이 자연경관 훼손 및 주변 환경의 오염과 농촌지역의 주변 정서에 부정적인 영향을 끼치고 농촌지역에 퇴폐분위기를 조성할 우려가 있다는 등의 사유를 들어 숙박시설 건축을 불허할 수는 없다(대판 1995.12.12. 95누9051).

> **비교판례**
>
> 러브호텔에 대한 건축 불허가를 정당하다고 본 사례 16 지방9급
>
> 지방자치단체의 조례에 의하여 준농림지역 내의 건축제한지역이라는 구체적인 취지의 지정·고시가 행하여지지 아니하였다 하더라도, 조례에서 정하는 기준에 맞는 지역에 해당하는 경우에는 숙박시설의 건축을 제한할 수 있다고 할 것이고, 그러한 기준에 해당함에도 불구하고 무조건 숙박시설 등의 건축허가를 하여야 하는 것은 아니라고 할 것이며, 조례에서 정한 요건에 저촉되지 아니하는 경우에 비로소 건축허가를 할 수 있는 것으로 보아야 할 것이다. 부연하면, 그러한 구체적인 지역의 지정·고시 여부는 숙박시설 등 건축허가 여부를 결정하는 요건이 된다고 볼 수 없다고 할 것이다(대판 1999.8.19. 98두1857 전원합의체).

❺ 산림훼손 허가신청에 대하여는 법규에 명문의 근거가 없더라도 중대한 공익상 필요가 있는 경우에는 거부처분을 할 수 있다(대판 2002.10.25. 2002두6651). 12 국가7급 등

❻ 입목벌채는 환경의 보전 등 중대한 공익상 필요가 있다고 인정될 때에는 허가를 거부할 수 있다. 05 부산9급

산림 내에서의 입목벌채는 국토 및 자연의 유지와 환경의 보전에 직접적으로 영향을 미치는 행위가 된다는 점 등을 종합하여 보면, 허가관청은 입목굴채 허가신청 대상토지의 현상과 위치 및 주위의 상황 등을 고려하여 국토 및 자연의 유지와 환경의 보전 등 중대한 공익상 필요가 있다고 인정될 때에는 허가를 거부할 수 있다(대판 2001.11.30. 2001두5866).

❼ 국토 및 자연의 유지와 환경의 보전 등 중대한 공익상 필요가 있다고 인정되는 경우, 농지전용(轉用)행위를 불허가할 수 있다.

농지전용신청 대상농지가 국립공원인 치악산 인근에 위치하고 있고 주변이 마을관광단지로 지정되어 일반 시민의 휴식공간으로 이용되고 있으며 산림훼손 제한지역으로 고시되어 있는 경우, 여관건물을 신축하기 위한 농지전용 허가신청에 대한 불허가처분이 중대한 공익상의 필요에 의한 것으로서 적법하다(대판 2000.5.12. 98두15382).

(6) 허가와 신청(출원)

1) 신청이 필요한지 여부와 허가의 상대방 17 국가9급
① **원칙**: 허가는 상대방의 신청에 따라 행하여지는 것이 보통이다.
   * 이때 허가의 상대방은 특정인이 된다.
② **예외**
   ㉠ 예외적으로 신청에 의하지 아니하는 허가도 있다(예 통행금지 해제, 보도관제 해제 등). 10 서울9급
   ㉡ 이때 허가의 상대방은 불특정 다수인이 될 수도 있다. 09 서울승진 등

2) 신청과 다른 내용의 허가의 효력(수정허가의 문제)
인가는 수정인가가 부정되지만, 허가의 경우에는 신청 내용과 다른 수정허가가 가능하다. 10 서울9급 등 수정허가도 당연무효는 아니라는 것이 판례의 입장이다.

관련판례

개축허가신청에 대하여 행정청이 착오로 대수선 및 용도변경허가를 하였다 하더라도 취소 등 적법한 조치 없이 그 효력을 부정할 수 없음은 물론, "이를 다른 처분으로 볼 근거도 없다."라고 하여 신청과 다른 내용의 허가도 당연무효는 아니다(대판 1985.11.26. 85누382). 07 서울9급 등

(7) 허가의 방식

1) 반드시 처분의 형식으로 해야 한다.
허가는 반드시 처분의 형식으로 해야 한다. 하명에는 법규하명이 있지만, 허가는 그 성질상 행정행위의 방식으로 이루어지고 **법규허가가 없다.**

2) 원칙적으로 문서의 형식으로 해야 한다.
허가에 반드시 일정한 형식을 요하는 것은 아니다. 05 대구9급 허가도 행정처분의 일종이므로 행정절차법이 적용되는 결과, 원칙적으로 문서로 해야 한다.

(8) 허가의 종류

1) 대인적 허가
사람의 주관적 요소를 심사대상으로 하는 허가로서 이전이 불가능하다(예 운전면허·의사면허·건축사면허 등). 05 대구7급 등

2) 대물적 허가
물건의 객관적 사정에 착안하여 행하는 허가로서 원칙적으로 이전이 가능하다(예 차량검사 합격처분, 건축허가, 단란주점 영업허가 등). 06 경기9급 등

3) 혼합적 허가
사람의 주관적 사정과 물건의 객관적 사정을 모두 심사대상으로 하는 허가로서 원칙적으로 사전에 행정청의 승인 또는 허가를 받아야 이전성이 인정된다(예 전당포 영업허가, 고물상 영업허가, 약국 영업허가 등). 09 관세사 영업양도가 불가한 경우 영업양도가 있게 되면 양수인은 새로운 허가를 받아야 하는데, 이 경우 통상은 평등원칙에 의거하여 동일한 상황이라면 허가를 받게 되거나 받은 것으로 간주된다. 판례는 다방 영업허가와 학원 설립허가는 양도가 가능하다고 한다.

관련판례

① 석유판매업(주유소)허가는 대물적 성질을 가진다(대판 1986.7.22. 86누203).

② 폐기물 중간처리업허가의 성질은 대물적 허가 내지 대물적 성격이 강한 혼합적 허가이다(대판 2008.4.11. 2007두17113).

(9) 허가의 대상

허가의 대상은 사실행위(예 운전면허, 건축허가)인 경우가 대부분이지만, 법률행위(예 영업행위)인 경우도 있다. `10 서울9급 등`

(10) 허가의 효과

1) 이원론적 검토

① **자연적 자유의 회복(허가영업을 할 수 있는 지위)은 법률상 이익이다**: 행정청과 상대방(허가권자)의 관계에서 허가사업에 대한 정지나 취소는 소송의 대상이 된다. 왜냐하면, 허가는 일반적 금지를 해제하여 개인이 가지고 있던 본래의 자유(자연적 자유)를 회복시켜 주고, 자연적 자유는 헌법상의 기본권이므로 당연히 법률상의 이익이다. 즉, 허가권자가 취득한 법적 지위는 법률상의 이익에 해당한다.

② **허가로 누리는 독점적 이익은 반사적 이익이다[상대방(허가권자)과 제3자의 관계]**: 통설에 의하면 허가는 자연적 자유의 회복에 그치고 권리나 능력의 설정행위는 아니기 때문에 반사적 이익으로 보게 된다. `09 국가7급 등` 즉, 허가의 내용과 동일한 허가를 제3자에게 한 경우에 기존의 허가권자는 이를 다툴 법률상의 이익이 없는 것이 원칙이다(경업자소송 불가).

③ **판례**: 원칙적으로 반사적 이익으로 보지만, 예외적으로 법률상 이익으로 보는 경우가 있다.

관련판례

◎ 반사적 이익으로 판시

① 목욕장 영업장허가로 인한 독점적 이익에 대해서는 단순한 반사적 이익에 불과하다고 한다(대판 1963.8.22. 63누97).

② 숙박업자가 누리는 이익은 반사적 이익이다.

이 사건 건물의 4, 5층 일부에 객실을 설비할 수 있도록 숙박업 구조변경허가를 함으로써 그곳으로부터 50미터 내지 700미터 정도의 거리에서 여관을 경영하는 원고들이 받게 될 불이익은 간접적이거나 사실적·경제적인 불이익에 지나지 아니하므로 그것만으로는 원고들에게 위 숙박업 구조변경 허가처분의 무효확인 또는 취소를 구할 소익이 있다고 할 수 없다(대판 1990.8.14. 89누7900).

③ 유기장 영업허가로 누리는 영업상의 이익은 반사적 이익에 불과하다. `19 소방, 07 서울9급 등`

유기장 영업허가는 유기장 경영권을 설정하는 설권행위가 아니고 일반적 금지를 해제하는 영업자유의 회복이라 할 것이므로 그 영업상의 이익은 반사적 이익에 불과하고 행정행위의 본질상 금지의 해제나 그 해제를 다시 철회하는 것은 공익성과 합목적성에 따른 해당 행정청의 재량행위라 할 것이다(대판 1986.11.25. 84누147).

❹ 양곡가공업허가는 강학상 허가이므로 피허가자의 이익은 반사적 이익이다.

양곡가공업허가는 금지를 해제하는 명령적 행위에 불과하여 그 허가의 효과도 영업자유의 회복을 가져올 뿐이므로, 이 영업의 자유는 법률이 직접 양곡가공업의 피허가자에게 독점적 재산권을 취득하게 하는 것이 아니라 법률이 국민식량의 확보와 국민경제의 안정이라는 공공의 복리를 목적으로 영업의 자유를 일반적으로 제한함으로 인하여 그 영업자유의 제한이 해제된 피허가자에게 간접적으로 사실상의 이익을 부여하게 됨에 불과하다(대판 1990.11.13. 89누756).

❺ 약사에게 한약조제권을 인정함으로써 한의사들의 감소된 영업상 이익은 반사적 이익이다.

한의사면허는 경찰금지를 해제하는 명령적 행위(강학상 허가)에 해당하고, 한약조제시험을 통하여 약사에게 한약조제권을 인정함으로써 한의사들의 영업상 이익이 감소되었다고 하더라도, 이러한 이익은 사실상의 이익에 불과하고 약사법이나 의료법 등의 법률에 의하여 보호되는 이익이라고는 볼 수 없으므로, 한의사들이 한약조제시험을 통하여 한약조제권을 인정받은 약사들에 대한 합격처분의 무효확인을 구하는 해당 소는 원고적격이 없는 자들이 제기한 소로서 부적법하다(대판 1998.3.10. 97누4289).

❻ 담배 일반소매인으로 지정되어 영업을 하고 있는 기존업자의 신규 구내소매인에 대한 이익은 반사적 이익이다(대판 2008.4.10. 2008두402). 20·15 국회8급

> **비교판례**
>
> 담배 일반소매인으로 지정되어 영업을 하고 있는 기존업자의 신규업자에 대한 이익은 '법률상 보호되는 이익'에 해당한다(대판 2008.3.27. 2007두23811). 20·12 국회 8급, 16 사복9급, 12 서울9급

관련판례

◎ **법률상 이익으로 판시**

❶ 주류제조면허의 법적 성질은 허가이지만 그로 인한 이익은 법률상 이익이다(대판 1989.12.22. 89누46). 07 서울7급

❷ 분뇨 등의 축산폐수 관련 영업을 하고 있는 기존업자의 이익은 법률상 보호되는 이익이다(대판 2006.7.28. 2004두6716).

❸ 약종상허가로 누리는 이익은 법률상 이익이다(대판 1988.6.14. 87누873).

2) 무허가행위의 효과 11 국가9급

무허가 영업자는 행정상 **강제집행이나 행정벌의 대상이 되지만 허가 없이 한 영업의 사법상의 효력은 유효하다.** 10 서울9급 등 예컨대, 무허가 식당에서 식사를 한 경우에 식당주인과 손님의 관계에서 발생하는 관계는 유효하므로 무허가라는 이유로 식대의 지불을 거절할 수는 없다. 그러나 법률이 무허가행위를 무효로 규정하고 있는 경우는 별개의 문제이다.

3) 허가의 효과가 미치는 지역적 범위

허가는 원칙적으로 허가 행정청의 관할 구역 내에서만 미친다(예 식당). 다만, 법령의 규정이나 허가의 성질상 관할 구역에 국한시킬 것이 아닌 경우(예 운전면허)에는 관할 구역 외에서도 효력이 미친다. 07 국회8급

4) 타법상의 제한

허가는 특정 법령상의 금지를 해제하여 주는 효과밖에 없으므로 특별한 규정이 없는 한 다른 법령상의 금지까지 해제하는 것은 아니다. 11 국가9급 예컨대, 공장건축허가를 받더라도 건축예정토지의 농지전용금지까지 해제하여 준 것은 아니다. 08 국가7급 등

관련판례

도로법 제50조 제1항에 의하여 접도구역으로 지정된 지역 안에 있는 건물에 관하여 도지사로부터 개축허가를 받았다고 하더라도 건축법에 따른 건축허가를 받아야 한다. 06 국가7급

도로법과 건축법에서 각 규정하고 있는 건축허가는 그 허가권자의 허가를 받도록 한 목적, 허가의 기준, 허가 후의 감독에 있어서 같지 아니하므로 도로법 제50조 제1항에 의하여 접도구역으로 지정된 지역 안에 있는 건물에 관하여 같은 법 같은 조 제4항·제5항에 의하여 도로관리청인 도지사로부터 개축허가를 받았다고 하더라도 건축법 제5조 제1항에 의하여 시장 또는 군수의 허가를 다시 받아야 한다(대판 1991.4.12. 91도218).

(11) 허가의 양도와 지위승계

1) 허가의 종류에 따른 승계가능성

대인적 허가(예 운전면허)는 성질상 승계가 불가능하지만, 대물적 허가(예 건축허가) 또는 혼합적 허가(예 약국)는 승계가 가능하다.

2) 양도인에 대한 제재처분의 사유와 효과가 양수인에게 승계되는지 여부 16 국회8급

양도인에 대한 제재처분의 사유 양수인에게 승계된다.	양도인에 대한 제재처분의 효과 양수인에게 승계된다.
허가사업 도중 양도인에게 존재하였던 사유를 이유로 양수인에게 제재처분을 할 수 있는지에 대하여 학설은 대립되나, 판례는 명문의 규정이 없다 하더라도 대물적 또는 혼합적 허가의 경우 **행정제재사유도 승계된다**고 본다. 06 선관위9급 등	판례는 제재처분이 대인적인 것인지 대물적인 것인지를 구별하여 후자의 경우에 **승계가능성을 인정**한다. 07 경북9급

관련판례

❶ 공중위생영업에 있어 그 영업을 정지할 위법사유가 있는 경우, 그 영업이 양도·양수되었다 하더라도 양수인에 대하여 영업정지처분을 할 수 있다. 07 국회8급

양수인이 그 양수 후 행정청에 새로운 영업소 개설통보를 하였다 하더라도, 그로 인하여 영업 양도·양수로 영업소에 관한 권리·의무가 양수인에게 이전하는 법률효과까지 부정되는 것은 아니라 할 것인바, 만일 어떠한 공중위생영업에 대하여 그 영업을 정지할 위법사유가 있다면, 관할 행정청은 그 영업이 양도·양수되었다 하더라도 그 업소의 양수인에 대하여 영업정지처분을 할 수 있다고 봄이 상당하다(대판 2001.6.29. 2001두1611).

❷ 개인택시운송사업의 양도·양수가 있고 그에 대한 인가가 있은 후 그 양도·양수 이전에 있었던 양도인에 대한 운송사업 면허취소사유(음주운전 등으로 인한 자동차 운전면허의 취소)를 들어 양수인의 운송사업면허를 취소한 것은 정당하다(대판 1998.6.26. 96누18960). 14 국회7급

❸ 식품위생법상 일반음식점허가의 양도에 있어서 지위승계신고는 수리를 요하는 신고이므로, 승계신고 이전에 발생한 행정적 책임은 양도인에게 귀속된다. 14 국가9급

사실상 영업이 양도·양수되었지만 아직 승계신고 및 그 수리처분이 있기 이전에는 여전히 종전의 영업자인

양도인이 영업허가자이고, 양수인은 영업허가자가 되지 못한다 할 것이어서 행정제재처분의 사유가 있는지 여부 및 그 사유가 있다고 하여 행하는 행정제재처분은 영업허가자인 양도인을 기준으로 판단하여 그 양도인에 대하여 행하여야 할 것이고, 한편 양도인이 그의 의사에 따라 양수인에게 영업을 양도하면서 양수인으로 하여금 영업을 하도록 허락하였다면 그 양수인의 영업 중 발생한 위반행위에 대한 행정적인 책임은 영업허가자인 양도인에게 귀속된다고 보아야 할 것이다(대판 1995.2.24. 94누9146).

(12) 허가의 갱신·소멸

1) 기한 만료 전에 갱신신청이 있어야 한다.

허가의 갱신은 기한의 도래 전에 이루어져야 한다. 기한의 도래 후에 이루어진 갱신허가신청에 따른 허가는 갱신이 아니고 별개의 새로운 행위이다. 11 지방9급

2) 갱신허가의 효력

갱신허가는 기존 허가의 효력의 동일성을 유지하는 것이므로 갱신 전의 법령위반 사실을 근거로 갱신허가를 취소할 수 있다. 즉, 갱신은 종전의 허가의 효력을 지속시키는 것이지, 새로운 행위가 아니다. 11 국가9급

3) 기한 도래의 효과

기한부허가에 있어서 기한의 도래, 대인적 허가에 있어서 사망, 대물적 허가에 있어서 허가대상의 멸실로 허가는 소멸된다. 11 국가9급

관련판례

◎ **허가의 갱신에 따른 위반사유의 승계와 허가의 소멸**

❶ 건설업면허 갱신이 있어도 갱신 전 건설업자의 위법사유가 치유되지 않는다. 11 지방9급 등

건설업면허의 갱신이 있으면 기존 면허의 효력은 동일성을 유지하면서 장래에 향하여 지속한다 할 것이고, 갱신에 의하여 갱신 전의 면허는 실효되고 새로운 면허가 부여된 것이라고 볼 수는 없으므로 면허갱신에 의하여 갱신 전의 건설업자의 모든 위법사유가 치유된다거나 일정한 시일의 경과로서 그 위법사유가 치유된다고 볼 수 없다(대판 1984.9.11. 83누658).

❷ 옥외광고물 등 표시에 허가기간을 정한 것은 그 기한의 도래로 허가의 효력은 상실된다고 보아야 하고 그 후에 신청한 기간연장신청은 새로운 허가를 구하는 것이다. 11·10 국가9급 * 허가기간 만료의 성질
  - 허가기간이 충분한 경우: 허가의 존속기간(기간 만료로 허가 소멸)
  - 허가기간이 짧은 경우: 허가조건의 존속기간(기간 만료 전 갱신 가능)

[1] 행정행위인 허가 또는 특허에 붙인 조항으로서 종료의 기한을 정한 경우 종기인 기한에 관하여는 일률적으로 기한이 왔다고 하여 당연히 그 행정행위의 효력이 상실된다고 할 것이 아니고 그 기한이 그 허가 또는 특허된 사업의 성질상 부당하게 짧은 기한을 정한 경우에 있어서는 그 기한은 그 허가 또는 특허의 조건의 존속기간을 정한 것이며 그 기한이 도래함으로써 그 조건의 개정을 고려한다는 뜻으로 해석하여야 할 것이다. 18 지방9급, 16 지방7급, 15 국가9급

[2] 종전의 허가가 기한의 도래로 실효한 이상 원고가 종전 허가의 유효기간이 지나서 신청한 이 사건 기간연장신청은 그에 대한 종전의 허가처분을 전제로 하여 단순히 그 유효기간을 연장하여 주는 행정처분을 구하는 것이라기 보다는 종전의 허가처분과는 별도의 새로운 허가를 내용으로 하는 행정처분을 구하는 것이라고 보아야 할 것이어서, 이러한 경우 허가권자는 이를 새로운 허가신청으로 보아 법의 관계 규정에 의하여 허가요건의 적합 여부를 새로이 판단하여 그 허가 여부를 결정하여야 할 것이다(대판 1995.11.10. 94누11866).

(13) 허가의 취소와 철회

판례는 이미 이루어진 허가의 취소를 원칙적으로 재량행위로 보고, 예외적으로 기속행위로 본다. 따라서 운전면허의 취소는 일반적으로 재량이나, 음주운전의 경우에는 기속행위이다. 11 국가9급

(14) 인·허가 의제제도

> **관련조문**
>
> **행정기본법 제24조(인허가 의제의 기준)** ① 이 절에서 '인허가 의제'란 하나의 인허가(이하 '주된 인허가'라 한다)를 받으면 법률로 정하는 바에 따라 그와 관련된 여러 인허가(이하 '관련 인허가'라 한다)를 받은 것으로 보는 것을 말한다.
> ② 인허가 의제를 받으려면 주된 인허가를 신청할 때 관련 인허가에 필요한 서류를 함께 제출하여야 한다. 다만, 불가피한 사유로 함께 제출할 수 없는 경우에는 주된 인허가 행정청이 별도로 정하는 기한까지 제출할 수 있다.
> ③ 주된 인허가 행정청은 주된 인허가를 하기 전에 관련 인허가에 관하여 미리 관련 인허가 행정청과 협의하여야 한다.
> ④ 관련 인허가 행정청은 제3항에 따른 협의를 요청받으면 그 요청을 받은 날부터 20일 이내(제5항 단서에 따른 절차에 걸리는 기간은 제외한다)에 의견을 제출하여야 한다. 이 경우 전단에서 정한 기간(민원 처리 관련 법령에 따라 의견을 제출하여야 하는 기간을 연장한 경우에는 그 연장한 기간을 말한다) 내에 협의 여부에 관하여 의견을 제출하지 아니하면 협의가 된 것으로 본다.
> ⑤ 제3항에 따라 협의를 요청받은 관련 인허가 행정청은 해당 법령을 위반하여 협의에 응해서는 아니 된다. 다만, 관련 인허가에 필요한 심의, 의견청취 등 절차에 관하여는 법률에 인허가 의제시에도 해당 절차를 거친다는 명시적인 규정이 있는 경우에만 이를 거친다.
>
> **제25조(인허가 의제의 효과)** ① 제24조 제3항·제4항에 따라 협의가 된 사항에 대해서는 주된 인허가를 받았을 때 관련 인허가를 받은 것으로 본다.
> ② 인허가 의제의 효과는 주된 인허가의 해당 법률에 규정된 관련 인허가에 한정된다.
>
> **제26조(인허가 의제의 사후관리 등)** ① 인허가 의제의 경우 관련 인허가 행정청은 관련 인허가를 직접 한 것으로 보아 관계 법령에 따른 관리·감독 등 필요한 조치를 하여야 한다.
> ② 주된 인허가가 있은 후 이를 변경하는 경우에는 제24조·제25조 및 이 조 제1항을 준용한다.
> ③ 이 절에서 규정한 사항 외에 인허가 의제의 방법, 그 밖에 필요한 세부 사항은 대통령령으로 정한다.

1) 개념

인·허가 의제제도란 여러 행정기관에 복수의 인·허가 등을 받아야 하는 경우에 주된 인·허가를 받으면 다른 인·허가는 받은 것으로 의제하는 제도를 말한다.

2) 목적

인·허가 의제제도는 복합민원을 처리함에 있어서 복수의 관할 행정청 간의 갈등과 중복된 심사를 피하고 신속한 심사를 하기 위하여 복수의 인·허가 관할권을 주된 인·허가의 심사기관으로 통합하고 절차를 간소화하는데 그 목적이 있다.

3) 법적 근거

인·허가 의제제도는 반드시 법률에 명시적 근거가 있어야 한다. 16 서울7급

4) 인·허가 의제의 절차

① **관계 기관과의 협의**: 행정계획이 결정되면 인·허가 등이 행하여진 것으로 의제되는 경우에 행정계획을 결정하는 행정청은 **미리 의제되는 행위의 관계 기관의 장과 협의하여야 한다**(택지개발촉진법 제11조 제2항). 16 지방7급

② **제3자의 보호**: 의제되는 인·허가의 관계 법률이 정하고 있는 이해관계인의 권익보호절차는 존중되어야 한다. 그러나 판례는 **이해관계인의 의견청취절차를 생략할 수 있다는 입장을 취한 바 있다.**

관련판례

❶ 건설부장관(현 국토교통부장관)이 관계 기관의 장과의 협의를 거쳐 사업계획승인을 한 이상 중앙도시계획위원회의 의결이나 주민의 의견청취 등 절차를 거칠 필요는 없다. 16 지방7급·서울7급

건설부장관이 구 주택건설촉진법 제33조에 따라 관계 기관의 장과의 협의를 거쳐 사업계획승인을 한 이상 같은 조 제4항의 허가·인가·결정·승인 등이 있는 것으로 볼 것이고, 그 절차와 별도로 도시계획법 제12조 등 소정의 중앙도시계획위원회의 의결이나 주민의 의견청취 등 절차를 거칠 필요는 없다(대판 1992.11.10. 92누1162).

❷ 입법목적 등을 달리하는 법률들이 일정한 행위에 관한 요건을 각기 정하고 있는 경우, 어느 법률이 다른 법률에 우선하여 배타적으로 적용된다고 풀이되지 아니하는 한 그 행위에 관하여 각 법률의 규정에 따른 인·허가를 받아야 한다. 다만, 이러한 경우 그중 하나의 인·허가에 관한 관계 법령 등에서 다른 법령상의 인·허가에 관한 규정을 원용하고 있는 경우나 그 행위가 다른 법령에 의하여 절대적으로 금지되어 있어 그것이 객관적으로 불가능한 것이 명백한 경우 등에는 그러한 요건을 고려하여 인·허가 여부를 결정할 수 있다(대판 2010.9.9. 2008두22631).

❸ 법률에서 주된 인·허가가 있으면 다른 법률에 의한 인·허가를 받은 것으로 의제한다는 규정을 둔 경우, 주된 인·허가가 있어도 다른 법률에 의하여 인·허가를 받았음을 전제로 한 다른 법률의 모든 규정들이 적용되는 것은 아니다(대판 2015.4.23. 2014두2409). 16 서울7급

③ **의제되는 요건 불비의 효과**

거부의 대상	의제되는 요건의 불비를 이유로 주된 인·허가를 거부할 수 있다. 16 국회8급 등
소송의 대상	· 이때 소송은 의제되는 행위가 아니라 주된 인·허가를 대상으로 하여야 한다. · 의제되는 요건은 소송의 대상이 아니라 이유로서 주장할 수 있다. 16 지방7급 등

관련판례

❶ 채광계획인가로 공유수면 점용허가가 의제될 경우, 공유수면 점용불허사유로써 채광계획을 인가하지 아니할 수 있다.

구 광업법 제47조의2 제5호에 의하여 채광계획인가를 받으면 공유수면 점용허가를 받은 것으로 의제되고, 이 공유수면 점용허가는 공유수면 관리청이 공공위해의 예방경감과 공공복리의 증진에 기여함에 적당하다고 인정하는 경우에 그 자유재량에 의하여 허가의 여부를 결정하여야 할 것이므로, 공유수면 점용허가를 필요로 하는 채광계획 인가신청에 대하여도, 공유수면관리청이 재량적 판단에 의하여 공유수면 점용의 허가 여부를 결정할 수 있고, 그 결과 공유수면 점용을 허용하지 않기로 결정하였다면, 채광계획 인가관청은 이를 사유로 하여 채광계획을 인가하지 아니할 수 있는 것이다(대판 2002.10.11. 2001두151).

❷ 행정청이 주된 인허가를 불허하는 처분을 하면서 주된 인허가사유와 의제되는 인허가사유를 함께 제시한 경우에 주된 인허가에 대한 거부처분을 대상으로 소송을 제기하여야 한다. 11 지방7급, 07 국회8급

건축 불허가처분을 받은 사람은 그 건축 불허가처분에 관한 쟁송에서 건축법상의 건축 불허가사유뿐만 아니라 도시계획법상의 형질변경 불허가사유나 농지법상의 농지전용 불허가사유에 관하여도 다툴 수 있는 것이지, 그 건축 불허가처분에 관한 쟁송과는 별개로 형질변경 불허가처분이나 농지전용 불허가처분에 관한 쟁송을 제기하여 이를 다투어야 하는 것은 아니며, 그러한 쟁송을 제기하지 아니하였어도 형질변경 불허가사유나 농지전용 불허가사유에 관하여 불가쟁력이 생기지 아니한다(대판 2001.1.16. 99두10988).

❸ 주택건설사업계획 승인처분에 따라 의제된 인허가가 위법함을 다투고자 하는 이해관계인은 주택건설사업계획 승인처분의 취소를 구할 것이 아니라 의제된 인허가의 취소를 구하여야 하며, 의제된 인허가는 주택건설사업계획 승인처분과 별도로 항고소송의 대상이 되는 처분에 해당한다(대판 2018.11.29. 2016두38792). 19 지방7급

3. 면제

(1) 개념

면제는 법령에 의해 일반적으로 부과되는 작위·급부의무를 특정한 경우에 해제하는 행정행위를 의미한다(예 조세 면제 등).

(2) 허가와의 구별

면제도 의무를 해제한다는 점에서는 허가와 유사하나, 해제되는 의무가 작위·급부·수인의무라는 점에서 부작위의무를 해제하는 허가와는 구별된다.

(3) 허가와의 유사점

허가와 면제는 의무의 성질에 대한 것을 제외하고는 유사하므로 허가에 대한 이론은 면제에 그대로 적용된다.

04 형성적 행정행위

형성적 행정행위란 **국민에게 새로운 권리·의무, 기타 포괄적 법률관계를 발생·변경·소멸시키는 행정행위를 말한다.** 명령적 행위의 경우에는 그 위반시 처벌 내지는 불이익을 받을 수 있지만, 형성적 행위의 경우에는 필요한 특허·인가 등을 받지 않고 한 행위는 원칙적으로 그 효력이 부인된다. 형성적 행정행위에는 권리를 설정하는 특허, 제3자를 위해 그 행위의 효력을 보충·완성시키는 인가, 제3자를 대신하는 대리가 있다.

1. 특허

(1) 개념 17 사복9급, 04 울산9급 등

특허란 특정 상대방을 위하여 새로이 권리를 설정하는 행위(예 공유수면매립면허·공물사용권의 특허·광업허가·어업면허), 능력을 설정하는 행위(예 공법인의 설립행위) 및 법적 지위를 설정하는 행위(예 공무원 임명·귀화허가)를 말한다. 20 소방 이 중에서 권리를 설정하는 행위를 협의의 특허라고 한다. 특허는 강학상의 용어이고, 실정법상으로는 허가, 면허 등의 용어를 사용한다.

(2) 특허와 출원

특허는 출원을 필요요건으로 하며, 출원이 없거나 그 취지에 반하는 특허는 완전한 효력을 발생할 수 없다. 08 지방9급 등 그러나 법규에 의한 특허는 성질상 출원이 요구되지 않는다.

* 법규특허는 행정행위가 아니기 때문에 특허의 개념에서 제외하는 것이 일반적이다.

(3) 특허의 형식

1) 특허는 처분의 형식으로 한다.
특허는 처분의 형식을 취하는 것이 일반적이나, 예외적으로 공법인의 설립과 같이 법규의 형식으로 이루어지는 경우도 있다(예 각종 공사나 공단의 설립).

2) 요식행위성 여부
반드시 요식행위일 것을 요하진 않지만, 내용을 명확히 하기 위해 일정한 형식이 요구되는 경우가 있다.

3) 특허의 상대방
특허는 언제나 특정인을 대상으로 하기 때문에 **불특정 다수인을 대상으로 할 수 없다**. 즉, 일반처분의 형식으로 할 수 없다.

(4) 성질 및 효과

1) 특허의 성질 09 지방9급
① **형성적 행위**: 특허는 특정인에게 권리 등을 설정하여 주는 행위이다.
② **쌍방적 행위**: 신청을 요건으로 한다.
③ **재량행위**: 원칙적으로 특허를 할 것인지의 여부는 행정청의 재량에 맡겨져 있다. 18 지방9급
④ **재산권성**: 특허는 법적 지위를 나타내는 것이지 그 자체가 재산권은 아니다(대결 1996.9.12. 96마1088). 그러나 특허법상의 특허권은 재산권에 해당한다(헌재 2000.3.30. 99헌마143).
⑤ **수정특허**: 인정되지 않는다.

관련판례

❶ 토지수용을 위한 사업인정은 단순한 확인행위가 아니라 형성행위(특허)이다. 16 국가9급
광업법과 토지수용법 규정에 의한 토지수용을 위한 사업인정은 단순한 확인행위가 아니라 형성행위이고 해당 사업이 비록 토지를 수용할 수 있는 사업에 해당된다 하더라도 행정청으로서는 그 사업이 공용수용을 할 만한 공익성이 있는지의 여부를 모든 사정을 참작하여 구체적으로 판단하여야 하는 것이므로 사업인정의 여부는 행정청의 재량에 속한다(대판 1992.11.13. 92누596).

❷ 보세구역 설영특허는 공기업의 특허로서 그 특허의 부여 여부는 행정청의 자유재량에 속한다. 15 사복9급
관세법 제78조 소정의 보세구역의 설영특허는 보세구역의 설치, 경영에 관한 권리를 설정하는 이른바 공기업의 특허로서 그 특허의 부여 여부는 행정청의 자유재량에 속하며, 특허기간이 만료된 때에 특허는 당연히 실효되는 것이어서 특허기간의 갱신은 실질적으로 권리의 설정과 같으므로 그 갱신 여부도 특허관청의 자유재량에 속한다(대판 1989.5.9. 88누4188).

❸ 도로법상 도로점용의 의미는 특별사용이고, 도로점용허가의 법적 성질은 재량행위이다.
도로법 제40조 제1항에 의한 도로점용은 일반공중의 교통에 사용되는 도로에 대하여 이러한 일반사용과는 별도로 도로의 특정 부분을 유형적·고정적으로 특정한 목적을 위하여 사용하는 이른바 특별사용을 뜻하는 것이고, 이러한 도로점용의 허가는 특정인에게 일정한 내용의 공물사용권을 설정하는 설권행위로서, 공물관리자가 신청인의 적격성, 사용목적 및 공익상의 영향 등을 참작하여 허가를 할 것인지의 여부를 결정하는 재량행위이다(대판 2002.10.25. 2002두5795).

❹ 실효된 공유수면 매립면허의 효력을 회복시키는 처분은 자유재량행위이다(대판 1989.9.12. 88누9206).

❺ 토지 등 소유자들이 조합을 따로 설립하지 않고 직접 시행하는 도시환경정비사업에서 사업시행 인가처분의 법적 성격은 단순히 사업시행계획에 대한 보충행위로서의 성질을 가지는 것이 아니라 구 도시 및 주거환경정비법상 정비사업을 시행할 수 있는 권한을 가지는 행정주체로서의 지위를 부여하는 일종의 설권적 처분의 성격을 가진다(대판 2013.6.13. 2011두19994). * 재개발조합설립인가: 특허
* 조합설립 후 사업시행계획인가: 인가
* 조합을 설립하지 않고 하는 사업시행인가: 특허

❻ 공유수면의 점용·사용은 공유수면에 대하여 일반사용과 별도로 특정 부분을 유형적, 고정적으로 사용하는 이른바 특별사용을 뜻하며, 공유수면의 점용·사용허가는 특정인에게 공유수면 중 특정 부분에 대하여 공유수면 이용권이라는 독점적 권리를 설정하여 주는 처분이다. 따라서 공유수면의 점용·사용허가 등을 받아 이러한 독점적 권리를 얻은 것으로 인정되는 이상, 그 허가 등을 받은 자는 공유수면을 현실적으로 점용·사용하였는지의 여부에 관계 없이 점용료·사용료를 납부할 의무를 진다고 해석된다. 예상

구 지역특화발전특구에 대한 규제특례법 제40조 제1항 제7호에 의하면, 특구토지이용계획이 포함된 특구계획의 승인을 받으면 특화사업자는 구 공유수면관리법 제5조에 따른 공유수면의 점용·사용허가 및 같은 법 제8조에 따른 실시계획의 승인을 받은 것으로 의제된다(대판 2015.3.20. 2012두430).

2) 특허의 효과

① **법률상 이익**: 특허는 상대방에게 권리·능력 등 법률상의 힘을 발생시킨다(경업자소송 가능).
② **이전성 여부**: 특허의 효과는 그것이 일신전속적인 것(예 귀화허가)인 경우에는 이전성이 없으나, 대물적인 것인 경우에는 자유로이 또는 일정한 제한(예 행정청에의 신고 또는 그 승인)하에 이전될 수 있다.
③ **이중특허의 효과**: 동일지역·동일대상에 대한 이중의 통제인 이중특허의 경우 양립할 수 없는 이중특허가 있게 되면 특별한 사정이 없는 한 후행의 특허는 무효이다.
④ **사권설정가능성**: 특허에 의하여 설정되는 권리는 공권인 것이 보통이지만, 사권인 경우도 있다(예 광업권, 어업권 등). 04 관세사

관련판례

❶ 같은 업무구역 안의 중복된 어업면허는 당연무효이다.

지구별 어업협동조합 및 지구별 어업협동조합 내에 설립된 어촌계의 어장을 엄격히 구획하여 종래 인접한 각 조합이나 어촌계 상호 간의 어장한계에 관한 분쟁이나 경업을 규제함으로써 각 조합이나 어촌계로 하여금 각자의 소속 어장을 배타적으로 점유 관리하게 하였음에 비추어 특별한 경우가 아니면 같은 업무구역 안에 중복된 어업면허는 당연무효이다(대판 1978.4.25. 78누42).

❷ 어업에 관한 허가 또는 신고의 경우 유효기간이 지나면 당연히 효력이 소멸하고, 이 경우 다시 어업허가를 받거나 신고를 하더라도 종전 허가나 신고의 효력 등이 계속되지 않는다.

육상종묘생산 어업을 하는 갑이 항만공사 실시계획이 공고된 후 종전 육상종묘생산 어업신고의 유효기간이 만료되자 어업신고에 필요한 공유수면 점·사용허가를 신청하였으나 반려되어 신고어업권이 소멸하였는데, 이후 항만공사 시행으로 어업피해를 입었다며 국가에 공익사업을 위한 토지 등의 취득 및 보상에 관한 법률 등에 터잡아 손실보상금 지급을 구한 사안에서, 갑의 육상종묘생산 어업은 손실보상대상이 될 수 없다(대판 2011.7.28. 2011두5728).

(5) 허가와 특허의 구별

1) 공통점
양자는 모두 인가와 더불어 사전 통제적 개입수단으로 작용한다는 공통점이 있다.

2) 차이점
① **신청이 있어야 하는지 여부** 17 국가9급 : 허가는 신청 없이 행하여지는 경우도 있으나, 특허는 항상 신청을 요하는 쌍방적 행정행위이다.

② **법률상 이익과 반사적 이익**: 통설에 의하면 허가는 자연적 자유를 회복하여 주는 명령적 행위인 데 대하여, 특허는 권리·능력의 설정행위로서의 형성적 행위이다. 따라서 허가에 의해 얻는 이익은 반사적 이익이며, 특허로써 얻는 이익은 공권으로 이해하였다.

③ **구별의 상대성**: 오늘날 허가도 단순한 자연적 자유의 회복이 아니라 헌법상의 자유권을 적법하게 행사할 수 있게 하여 주는 행위라는 점에서 본질적으로는 형성적 행위로서의 성질을 가진다고 할 수 있으므로 양자의 구별이 상대화되어 가고 있다.

④ **재량행위와 기속행위**: 허가는 상대적 금지를 해제하여 자유권을 적법하게 행사할 수 있게 하여 주는 것이므로 관계법상의 요건이 충족되는 경우 행정청은 허가를 하여야 하는 기속행위이나, 특허는 국민에게 새로이 권리·능력을 설정하여 주는 행위라는 점에서 재량행위의 성질을 가진다. 15 국회8급

2. 인가

(1) 의의

1) 개념
인가는 제3자의 법률행위를 보충하여 그 법률적 효과를 완성시켜 주는 행정주체의 보충적 의사표시를 말한다. 15 국회8급 사업양도인가, 사립대학 설립인가, 공공조합 설립인가 등이 이에 해당한다. 08 서울9급 등

> **보충 인가의 예**
>
> 공유수면매립 준공인가, 주택조합 설립인가 05 서울9급 등 , 하천점용권 양도의 인가 04 국가7급 , 자동차운송사업계획 변경인가, 비영리법인 설립·정관 변경인가 15 국가9급 , 국토이용관리법상의 토지거래허가 05 서울9급 등 , 사립대총장 취임임명승인 05 대구7급 , 지방채 기채승인 00 세무9급 , 학교법인의 임원취임승인 20 소방, 05 서울9급

2) 재단법인 정관변경허가는 인가이다. 19 국가9급, 16 국회8급
판례는 재단법인 정관변경허가에 대해 "재단법인의 정관변경허가는 법률상의 표현이 허가로 되어 있기는 하나, 그 성질에 있어 법률행위의 효력을 보충해 주는 것이지 일반적 금지를 해제하는 것이 아니므로, 그 법적 성격은 인가로 보아야 할 것이다."라고 하여 강학상의 인가임을 분명히 하였다(대판 1996.5.16. 95누4810 전원합의체).

✱ 인가와 허가의 구별 🔖기출다수

구분	인가	허가
법적 성질	· 형성적 행위 · 재량행위(원칙), 기속행위(예외)	· 명령적 행위 · 기속행위(원칙), 재량행위(예외)
대상	법률행위만을 대상으로 함.	사실행위와 법률행위
요건의 성격	법률행위의 유효요건	적법요건
무인가·무허가의 효력	· 요인가행위를 인가 없이 한 경우: 무효 · 강제집행 또는 처벌 등의 대상은 아님.	· 요허가행위를 허가 없이 한 경우: 행위 자체는 유효 · 강제집행 또는 처벌 등의 제재를 받음.
수정인허가의 가능성	수정인가 불허	수정허가 가능
효과	공법적·사법적 효과 발생	공법적 효과만 발생
신청의 요부	항상 신청을 요함.	원칙적으로 신청을 요함.

관련판례

❶ 국토이용관리법상의 토지거래허가의 법적 성질은 인가이고 기속행위이다(대판 1991.12.24. 90다12243 전원합의체).
19 국가9급, 13 국가7급, 12 국회8급 등

> **비교판례**
>
> 국토이용관리법상의 규제구역 내의 '토지 등의 거래계약' 허가에 관한 관계 규정의 내용과 그 입법취지에 비추어 볼 때 토지의 소유권 등 권리를 이전 또는 설정하는 내용의 거래계약은 관할 관청의 허가를 받아야만 그 효력이 발생하고 허가를 받기 전에는 물권적 효력은 물론 채권적 효력도 발생하지 아니하여 무효라고 보아야 할 것인바(유동적 무효), 다만 허가를 받기 전의 거래계약이 처음부터 허가를 배제하거나 잠탈하는 내용의 계약일 경우에는 확정적으로 무효로서 유효화될 여지가 없으나 이와 달리 허가받을 것을 전제로 한 거래계약(허가를 배제하거나 잠탈하는 내용의 계약이 아닌 계약은 여기에 해당하는 것으로 봄)일 경우에는 허가를 받을 때까지는 법률상 미완성의 법률행위로서 소유권 등 권리의 이전 또는 설정에 관한 거래의 효력이 전혀 발생하지 않음은 위의 확정적 무효의 경우와 다를 바 없지만, 일단 허가를 받으면 그 계약은 소급하여 유효한 계약이 되고 이와 달리 불허가가 된 때에는 무효로 확정되므로 허가를 받기까지는 유동적 무효의 상태에 있다고 보는 것이 타당하다(대판 1991.12.24. 90다12243 전원합의체). 12 국회8급
>
> * 유동적 무효: 토지 투기우려지역에서 개인 간의 토지매매계약 후 허가를 받기 전 상태를 말한다.

❷ 구 자동차관리법상 자동차관리사업자로 구성하는 사업자단체인 조합 또는 협회 설립인가처분의 법적 성격은 자동차관리사업자들의 단체결성행위를 보충하여 효력을 완성시키는 처분에 해당한다(대판 2015.5.29. 2013두635).
17 국가7급

(2) 인가의 성질

1) 보충적 행위성과 형성적 행위성

인가는 행정청의 인가를 통해서 사인 간의 법률행위의 효력을 완성시켜 준다는 점에서 보충적 성질과 형성적 행위로서의 성질을 가진다. 10 서울9급 등

2) 재량행위성 여부

재량으로 본 사례	비영리법인 설립허가, 재단법인의 임원 취임에 대한 주무관청의 승인, 주택건설사업계획 승인, 사회복지법인의 정관변경 허가
기속으로 본 사례	토지거래허가, 사립학교법에 의한 이사회소집 승인신청에 대한 허가

3) 효력발생요건 – 단속규정이 아니라 효력규정이다.

인가는 기본행위가 효력을 발생하는데 필요한 효력발생요건이다. 따라서 인가를 받아야 할 행위를 인가받지 않고 행한 경우에 그 행위는 무효가 되지만, 행정강제나 처벌의 대상은 아니다.

4) 제3자효 행정행위 07 인천교행

인가의 효과가 제3자에게 미치는 경우에는 인가도 제3자효 행정행위에 해당한다.

관련판례

◎ 인가를 재량행위로 본 사례

❶ **재단법인의 임원취임에 대한 주무관청의 승인(인가)은 재량행위이다.** 16 국가9급

재단법인의 임원취임이 사법인인 재단법인의 정관에 근거한다 할지라도 이에 대한 행정청의 승인(인가)행위는 법인에 대한 주무관청의 감독권에 연유하는 이상 그 인가행위 또는 인가거부행위는 공법상의 행정처분으로서, 그 임원취임을 인가 또는 거부할 것인지 여부는 주무관청의 권한에 속하는 사항이라고 할 것이고, 재단법인의 임원취임승인신청에 대하여 주무관청이 이에 기속되어 이를 당연히 승인(인가)하여야 하는 것은 아니다(대판 2000.1.28. 98두16996).

❷ 구 주택건설촉진법 제33조에 의한 주택건설사업계획 승인의 법적 성질은 인가로서 재량행위이다(대판 2007.5.10. 2005두13315). 08 국가9급

❸ **사회복지법인의 정관변경허가의 법적 성질은 재량행위이고 부관이 허용된다.**

구 사회복지사업법의 입법취지와 같은 법 제12조, 제25조 등의 규정에 사회복지법인의 설립이나 설립 후의 정관변경의 허가에 관한 구체적인 기준이 정하여져 있지 아니한 점 등에 비추어 보면, 사회복지법인의 정관변경을 허가할 것인지의 여부는 주무관청의 정책적 판단에 따른 재량에 맡겨져 있다고 할 것이고, 주무관청이 정관변경허가를 함에 있어서는 비례의 원칙 및 평등의 원칙에 적합하고 행정처분의 본질적 효력을 해하지 않는 한도 내에서 부관을 붙일 수 있다(대판 2002.9.24. 2000두5661).

(3) 인가의 대상

1) 반드시 법률행위를 대상으로 한다.

인가의 대상은 반드시 **법률행위**에 한정되고, **사실행위는 인가의 대상이 아니다.** 10 서울9급 다만, 인가의 대상이 되는 법률행위가 계약에 한정되는 것은 아니며, 재단법인의 정관변경의 허가와 같이 합동행위인 경우도 있다. 07 국가9급

2) 공법적 행위와 사법적 행위를 모두 대상으로 한다.

인가의 대상이 되는 법률행위에는 공법적 행위(예 공공조합의 정관변경인가)와 사법적 행위(예 토지거래허가, 특허기업의 사업양도인가)가 모두 포함된다. 07 국가9급 등

(4) 인가의 형식

1) 반드시 처분의 형식으로 해야 한다.
인가는 일반적 형식으로 할 수 없고, 언제나 구체적인 처분의 형식으로 이루어진다. `08 서울9급 등` 따라서 법규인가는 허용되지 않는다.

2) 요식행위성
인가는 요식행위인 것이 원칙이지만, 반드시 문서에 의하여야 하는 것은 아니다.

(5) 신청 및 수정인가의 문제

1) 쌍방적 행정행위 `10 서울9급 등`
인가는 항상 상대방의 신청에 의해 행하여진다. 따라서 신청 없는 인가는 당연무효이다.

2) 수정인가는 불가
수정인가는 인정되지 않는다. 다만, 법률에 규정이 있는 경우는 예외이다. `10 서울9급 등`

(6) 인가의 효력

1) 인가를 받지 않고 한 행위의 효력 `10 서울9급 등`
인가는 제3자의 법률행위에 동의함으로써 그 법률행위의 효력을 완성시키는 것이다. 따라서 **인가를 받아야 될 행위를 인가를 받지 않고 한 행위는 무효이다.** 다만, 인가는 법률행위의 효력발생을 위한 유효요건이기 때문에 처벌 등 제재의 문제는 생기지 않는 것이 보통이다.

2) 인가의 이전성
인가의 효과는 타인에게 이전되지 않는 것이 원칙이다.

관련판례

❶ 공유수면 매립면허의 양도·양수에 있어서의 면허관청의 인가는 효력발생요건이다. `09 국회속기`
공유수면 매립법과 관계 법령의 규정 내용과 공유수면 매립의 성질 등에 비추어 볼 때, 공유수면 매립의 면허로 인한 권리·의무의 양도·양수에 있어서의 면허관청의 인가는 효력요건으로서, 위 각 규정은 강행규정이라고 할 것인바, 위 면허의 공동명의자 사이의 면허로 인한 권리·의무 양도약정은 면허관청의 인가를 받지 않은 이상 법률상 아무런 효력도 발생할 수 없다(대판 1991.6.25. 90누5184).

❷ 공익법인의 기본재산을 주무관청의 허가를 받지 않고 처분한 것은 무효이다. `15 사복9급`
공익법인의 기본재산의 처분에 관한 공익법인의 설립·운영에 관한 법률 제11조 제3항의 규정은 강행규정으로서 이에 위반하여 주무관청의 허가를 받지 않고 기본재산을 처분하는 것은 무효이다(대판 2005.9.28. 2004다50044).

❸ 구 도시 및 주거환경정비법 제20조 제3항은 조합이 정관을 변경하고자 하는 경우에는 총회를 개최하여 조합원 과반수 또는 3분의 2 이상의 동의를 얻어 시장·군수의 인가를 받도록 규정하고 있다. 여기서 시장 등의 인가는 그 대상이 되는 기본행위를 보충하여 법률상 효력을 완성시키는 행위로서 이러한 인가를 받지 못한 경우 변경된 정관은 효력이 없고, 시장 등이 변경된 정관을 인가하더라도 정관변경의 효력이 총회의 의결이 있었던 때로 소급하여 발생한다고 할 수 없다.
구 도시 및 주거환경정비법상 형식적으로 총회의 의결을 거쳐 설계자를 선정하였으나 총회의 결의에 부존재 또는 무효의 하자가 있는 경우, 특별한 사정이 없는 한 그 설계자의 선정은 총회의 의결을 거치지 아니한 것에 해당한다(대판 2014.7.10. 2013도11532).

(7) 인가와 기본적 법률행위의 효력관계

1) 인가의 보충성

인가는 제3자의 법률행위에 동의함으로써 그 법률행위의 효력을 완성시키는 보충적 행위에 그치고, 그 법률행위의 하자를 치유하는 효력이 있는 것은 아니다. 따라서 **기본적 법률행위가 불성립 또는 무효인 경우는 인가가 있어도 그 법률행위가 유효로 되는 것은 아니며**, 또한 유효하게 성립된 기본적 법률행위가 사후에 실효(취소)되면 인가도 당연히 효력을 상실한다. 15 국가9급

2) 기본행위에 하자가 있으나, 인가는 적법한 경우

① 기본행위가 불성립 또는 무효인 경우에 인가가 있었다 하더라도 그 기본행위가 유효로 되는 것은 아니며, 인가도 무효로 된다. 15 국가9급
② 인가의 대상인 법률행위에 취소원인이 있는 경우, 인가 후에도 그 기본행위를 취소할 수 있다.

관련판례

❶ 기본행위인 학교법인의 임원선임행위가 불성립 또는 무효인 경우에는 그에 대한 감독청의 취임승인이 있었다 하여도 이로써 무효인 그 선임행위가 유효한 것으로 될 수는 없다. 12 지방9급

학교법인의 임원에 대한 감독청의 취임승인은 학교법인의 임원선임행위를 보충하여 그 법률상의 효력을 완성케 하는 보충적 행정행위로서 성질상 기본행위를 떠나 승인처분 그 자체만으로는 법률상 아무런 효력도 발생할 수 없으므로 기본행위인 학교법인의 임원선임행위가 불성립 또는 무효인 경우에는 비록 그에 대한 감독청의 취임승인이 있었다 하여도 이로써 무효인 그 선임행위가 유효한 것으로 될 수는 없다(대판 1987.8.18. 86누152).

❷ 주택건설촉진법 소정의 관할 시장 등의 인가 유무는 주택조합과 조합원 또는 조합원들 사이의 내부적인 사법관계에 영향을 미치지 아니한다. 08 국가7급

주택건설촉진법 제44조 제1항의 규정에 의하면, 주택조합을 구성하여 그 구성원의 주택을 건설하고자 할 때 관할 시장 등의 인가를 받아야 하고, 인가받은 내용을 변경하거나 주택조합을 해산하고자 할 때에도 마찬가지로 인가를 받도록 되어 있는바, 여기서 관할 시장 등의 인가행위는 그 대상이 되는 기본행위를 보충하여 법률상 효력을 완성시키는 보충행위로서, 이러한 인가의 유무에 따라 기본행위의 효력이 문제되는 것은 주택건설촉진법과 관련한 공법상의 관계에서이지 주택조합과 조합원, 또는 조합원들 사이의 내부적인 사법관계에까지 영향을 미치는 것은 아니다(대결 2002.3.11. 2002그12).

❸ 주택재건축조합이 재건축결의에서 결정된 내용과 다르게 사업시행계획을 작성하여 사업시행인가를 받은 경우 행정청의 인가처분 자체에 하자가 있는 것은 아니다. 08 지방7급

조합이 사업시행계획을 재건축결의에서 결정된 내용과 달리 작성한 경우 이러한 하자는 기본행위인 사업시행계획 작성행위의 하자이고, 이에 대한 보충행위인 행정청의 인가처분이 그 근거조항인 위 법 제28조의 적법요건을 갖추고 있는 이상은 그 인가처분 자체에 하자가 있는 것이라 할 수 없다(대판 2008.1.10. 2007두16691).

3) 기본행위는 적법하나, 인가에 하자가 있는 경우 08 국가9급, 06 강원9급 등

① **인가가 무효인 경우**: 무인가 행위이므로 기본행위도 효력이 발생하지 않는다.
② **인가가 취소인 경우**: 공정력에 의하여 취소 전까지는 유효하다.

4) 기본행위가 취소·실효된 경우

인가 당시에는 유효하게 성립된 인가라 하더라도 기본행위가 취소되거나 실효되면 인가도 효력을 잃게 된다. 21·15 국가9급

 관련판례

기본행위인 기술도입계약이 해지로 인하여 소멸되었다면 인가처분은 무효선언이나 그 취소처분이 없어도 당연히 실효된다.
외자도입법 제19조에 따른 기술도입계약에 대한 인가는 기본행위인 기술도입계약을 보충하여 그 법률상 효력을 완성시키는 보충적 행정행위에 지나지 아니하므로 기본행위인 기술도입계약이 해지로 인하여 소멸되었다면 위 인가처분은 무효선언이나 그 취소처분이 없어도 당연히 실효된다(대판 1983.12.27. 82누491).

(8) 쟁송의 대상

인가 자체에 하자가 있는 경우	인가를 대상으로 무효 또는 취소
기본행위에 하자가 있고 인가 자체에는 하자가 없는 경우	기본행위만 쟁송의 대상 15 국가9급
기본행위는 적법하고 인가행위만 흠이 있는 경우	인가의 취소 또는 무효확인을 소구 가능

 관련판례

❶ 재단법인의 정관변경결의의 하자를 이유로 정관변경 인가처분의 취소·무효확인을 소구할 수 없다. 06 국회8급

인가는 기본행위인 재단법인의 정관변경에 대한 법률상의 효력을 완성시키는 보충행위로서, 그 기본이 되는 정관변경결의에 하자가 있을 때에는 그에 대한 인가가 있었다 하여도 기본행위인 정관변경결의가 유효한 것으로 될 수 없으므로 기본행위인 정관변경결의가 적법·유효하고 보충행위인 인가처분 자체에만 하자가 있다면 그 인가처분의 무효나 취소를 주장할 수 있지만, 인가처분에 하자가 없다면 기본행위에 하자가 있다 하더라도 따로 그 기본행위의 하자를 다투는 것은 별론으로 하고 기본행위의 무효를 내세워 바로 그에 대한 행정청의 인가처분의 취소 또는 무효확인을 소구할 법률상의 이익이 없다(대판 1996.5.16. 95누4810 전원합의체).

❷ 기본행위인 주택재개발정비사업조합이 수립한 사업시행계획에 하자가 있는데 보충행위인 관할 행정청의 사업시행계획 인가처분에는 고유한 하자가 없는 경우, 사업시행계획의 무효를 주장하면서 곧바로 그에 대한 인가처분의 무효확인이나 취소를 구할 수 없다(대판 2021.2.10. 2020두48031).

❸ 재개발조합설립인가 신청에 대한 행정청의 조합설립인가처분은 단순히 사인들의 조합설립행위에 대한 보충행위로서의 성질을 갖는 것이 아니라 일종의 설권적 처분의 성격을 갖는 것이다. 13 국가7급 따라서, 행정청의 조합설립인가처분이 있은 이후에 조합설립결의에 하자가 있음을 이유로 재개발조합설립의 효력을 부정하기 위해서는 항고소송으로 조합설립인가처분의 효력을 다투어야 한다. 17·15·10 국가9급

도시정비법의 절차를 거쳐 설립된 재개발조합은 재개발사업의 사업시행자로서 조합원에 대한 법률관계에서 특수한 존립목적을 부여 받은 행정주체로서의 지위를 갖게 되고, 이러한 행정주체의 지위에서 정비구역 안에 있는 토지 등을 수용하고, 관리처분계획, 경비부과처분 등과 같은 행정처분을 할 수 있는 권한을 부여 받게 되므로, 재개발조합 설립인가신청에 대한 행정청의 조합설립인가처분은 단순히 사인들의 조합설립행위에 대한 보충행위로서의 성질을 갖는 것이 아니라 법령상 일정한 요건을 갖출 경우 행정주체(공법인)의 지위를 부여하는 일종의 설권적 처분의 성격을 갖는 것이라고 봄이 상당하다. 따라서 구 도시정비법상 재개발조합설립인가신청에 대하여 행정청의 조합설립인가처분이 있은 이후에 조합설립결의에 하자가 있음을 이유로 재개발조합설립의 효력을 부정하기 위해서는 항고소송으로 조합설립인가처분의 효력을 다투어야 하고, 특별한 사정이 없는 한 이와는 별도로 민사소송으로 행정청으로부터 조합설립인가처분을 하는데 필요한 요건 중의 하나에 불과한 조합설립결의에 대하여 무효확인을 구할 확인의 이익은 없다고 보아야 한다(대결 2009.9.24. 2009마168).

❹ 재건축조합을 상대로 한 관리처분계획안에 대한 소송의 형태는 관리처분계획에 대한 인가·고시가 있기 전에는 당사자소송이고, 관리처분계획에 대한 관할 행정청의 인가·고시가 있은 후에는 항고소송이다.

[1] 행정주체인 재건축조합을 상대로 관리처분계획안에 대한 조합 총회결의의 효력 등을 다투는 소송은 행정처분에 이르는 절차적 요건의 존부나 효력 유무에 관한 소송으로서 그 소송 결과에 따라 행정처분의 위법 여부에 직접 영향을 미치는 공법상 법률관계에 관한 것이므로, 이는 행정소송법상의 당사자소송에 해당한다. 13 국가7급, 12 국회8급

[2] 그러나 나아가 관리처분계획에 대한 관할 행정청의 인가·고시까지 있게 되면 관리처분계획은 행정처분으로서 효력이 발생하게 되므로, 총회결의의 하자를 이유로 하여 행정처분의 효력을 다투는 항고소송의 방법으로 관리처분계획의 취소 또는 무효확인을 구하여야 하고, 그와 별도로 행정처분에 이르는 절차적 요건 중 하나에 불과한 총회결의 부분만을 따로 떼어내어 효력 유무를 다투는 확인의 소를 제기하는 것은 특별한 사정이 없는 한 허용되지 않는다고 보아야 한다(대판 2009.9.17. 2007다2428 전원합의체).

3. 대리

(1) 개념

공법상의 대리란 타인이 하여야 할 행위를 행정청이 대신하여 행하고, 그 행위가 본인이 행한 것과 같은 법적 효과를 발생하는 행정행위를 말한다.

(2) 성질

공법상 대리는 종류에 따라 임의대리와 법정대리 둘 다 가능하다.

(3) 종류

감독적 차원에서 하는 경우	공법인의 정관작성, 공공조합의 임원임명 등 07 서울9급
행정목적 달성을 위해서 하는 경우	조세체납절차로서의 공매처분 09 국회속기 등
조정적 차원	협의가 이루어지지 않는 경우 토지수용재결, 단 이의재결은 확인행위
타인보호 차원	사무관리(행려병자의 유류품 매각) 07 서울9급 등

제2절 준법률행위적 행정행위

준법률행위적 행정행위란 **행정청의 의사표시를 요소로 하지 않는 것**으로서 의사표시 이외의 정신작용(인식, 판단)을 요소로 한다. 법적 효과는 행정청의 의사에 따르는 것이 아니라 법규에 정해진 대로의 효과가 발생한다는 점에서 법률행위적 행정행위와 구별된다. 확인, 공증, 통지, 수리가 있다. 16 사복9급, 09 서울9급 등

01 확인
* 확인: 의문이나 다툼을 전제로 한다는 점에서 판단표시행위
* 공증: 의문이나 다툼을 전제로 하지 않는다는 점에서 인식표시행위

1. 의의

확인이란 특정한 사실 또는 법률관계에 관하여 **의문이나 다툼이 있는 경우에 공권적으로 그 존부 또는 정부를 판단**(인정·확정·선언)하는 행위를 말한다. 선거의 당선인 결정, 시험 합격자 결정 16 서울7급, 행정심판의 재결 11 국가9급, 특허법상의 발명특허 등이 있다. 15 국가7급 등

2. 확인의 성질

(1) 준사법(司法)적 행위

확인은 사실 또는 법률관계에 관하여 의문이 있는 경우에 이를 판단하는 작용이라는 점에서 법원의 판결(확인 판결)과 비슷한 성질을 가지는 준사법적 행위이다. 06 광주9급

(2) 확인은 기속행위이다.

1) 원칙

확인은 일정한 사실 또는 법률관계를 객관적 사실에 따라 결정하는 것이므로 재량이 인정되지 않는 기속행위이다. 따라서 원칙적으로 부관을 붙일 수 없다.

2) 예외

대법원은 교과서 검정의 경우에는 고도의 전문적인 판단을 요하는 행위라는 점을 들어 재량을 인정한다. 한편, 헌법재판소는 교과서 검·인정의 성질을 특허로 보아 재량행위로 판시한 바 있다(헌재 1992.11.12. 89헌마88).

 관련판례

❶ 친일반민족행위자 재산의 국가귀속결정은 확인이다. 17 사복9급, 16 국회8급, 12 서울9급, 10 국가9급

친일반민족행위자 재산의 국가귀속에 관한 특별법 규정들의 취지와 내용에 비추어 보면, 친일재산은 친일반민족행위자 재산조사위원회가 국가귀속결정을 하여야 비로소 국가의 소유로 되는 것이 아니라 특별법의 시행에 따라 그 취득·증여 등 원인행위시에 소급하여 당연히 국가의 소유로 되고, 위 위원회의 국가귀속결정은 해당 재산이 친일재산에 해당한다는 사실을 확인하는 이른바 준법률행위적 행정행위의 성격을 가진다(대판 2008.11.13. 2008두13491).

❷ 준공검사처분은 확인의 일종이다.

준공검사처분은 건축허가를 받아 건축한 건물이 건축허가사항대로 건축행정목적에 적합한가의 여부를 확인하고, 준공검사필증을 교부하여 줌으로써 허가받은 자로 하여금 건축한 건물을 사용, 수익할 수 있게 하는 법률효과를 발생시키는 것이다. 허가관청은 특단의 사정이 없는 한 건축허가 내용대로 완공된 건축물의 준공을 거부할 수 없다고 하겠으나, 만약 건축허가 자체가 건축 관계 법령에 위반되는 하자가 있는 경우에는 비록 건축허가 내용대로 완공된 건축물이라 하더라도 위법한 건축물이 되는 것으로서 그 하자의 정도에 따라 건축허가를 취소할 수 있음은 물론 그 준공도 거부할 수 있다고 하여야 할 것이다(대판 1992.4.10. 91누5358).

❸ 교과서 검정의 법적 성격은 확인이지만 재량행위이다. 07 경북9급

교과서 검정이 고도의 학술상, 교육상의 전문적인 판단을 요한다는 특성에 비추어 보면, 교과용 도서를 검정함에 있어서 법령과 심사기준에 따라서 심사위원회의 심사를 거치고, 또 검정상 판단이 사실적 기초가 없다거나 사회통념상 현저히 부당하다는 등 현저히 재량권의 범위를 일탈한 것이 아닌 이상 그 검정을 위법하다고 할 수 없다(대판 1992.4.24. 91누6634).

3. 확인의 종류

구분	사례
조직법상 확인	국가시험 합격자결정, 당선인결정, 정년확인결정 `08 경남9급 등`, 병역법상의 신체검사, 친일재산에 대한 조사위원회의 국가귀속결정 `10 국가9급`
복리법상 확인	발명특허 `11 국가9급`, 도로구역·하천구역결정 등 `09 서울9급`, 준공검사 `06 경기9급 등`, 교과서 검·인정 `09 국가9급`
재정법상 확인	세금 부과를 위한 소득금액결정 등 `07 경북교행 등`, 감사원의 재심의 판정 등 `00 검찰9급`
쟁송법상 확인	이의재결(단, 토지수용재결은 대리), 행정심판재결

4. 확인의 형식

(1) 처분의 형식
확인은 언제나 구체적 처분의 형식으로 이루어지며, 법령에 의한 일반적 확인은 불가능하다.

(2) 요식성
확인은 일반적으로 요식행위이다(예 행정심판의 재결서).

5. 확인의 효과

(1) 불가변력의 발생
확인은 공적인 권위로서 그 존부와 정부를 판단하는 것이므로 확인이 이루어진 후에는 확인을 한 행정청도 임의로 변경할 수 없는 불가변력이 생긴다. 확인의 불가변력은 모든 확인행위에 공통적으로 발생한다. `04 대전교행` 그러나 모든 행정행위에 불가변력이 생기는 것은 아니다.

(2) 공적 확인의 효과
확인에 의해 사실 또는 법률관계의 존부 또는 정부를 공적으로 확인하는 효과가 생긴다.

02 공증

1. 의의
`공증`이란 특정 사실 또는 법률관계의 존부를 공적 권위로써 증명하는 행정행위를 말한다. 공증은 **의문 또는 다툼이 없는 사항을 대상**으로 하는 점에서 확인과 구별된다. 각종의 등기·등록·증명서 발급 등이 여기에 해당한다. `15 국가7급, 11 국가9급`

> **보충 공증의 예**
>
> 당선증서, 합격증서와 같은 각종 증명서 발급 `06 인천9급 등`, 주민등록증초본, 여권발급 등 인감증명서 발급 `00 세무직`, 부동산등기부에의 등재행위 `08 경남9급 등` 각종 등록(외국인 등록, 차량등록, 주민등록), 각종 등재(토지대장, 건축물대장, 임야대장, 선거인명부)

2. 성질과 형식

(1) 인식표시행위
공증은 의사표시도 아니고, 확인처럼 확정적인 판단표시도 아닌 단순한 인식의 표시행위이며, **요식행위**인 것이 원칙이다. `06 광주9급 등`

(2) 기속행위
단순한 인식작용으로서, 특정 사실 또는 법률관계가 객관적으로 존재하는 한 공증을 하여야 하는 기속행위이다. 04 국회8급 등

(3) 공증과 부관
인감증명의 유효기간, 병역증명의 유효기간과 같이 공증행위에 기한이 붙어 있는 경우에 이는 법정부관에 해당한다. 97 5급승진

(4) 처분의 형식
공증은 언제나 구체적 처분의 형식으로 이루어진다.

관련판례

① 의료유사업자 자격증 갱신발급행위의 성질은 공증이다.
의료법 관련 규정과 보건사회부(현 보건복지부) 공고 제58호에 의거한 서울특별시장 또는 도지사의 의료유사업자 자격증 갱신발급행위는 유사의료업자의 자격을 부여 내지 확인하는 것이 아니라 특정한 사실 또는 법률관계의 존부를 공적으로 증명하는 소위 공증행위에 속하는 행정행위라 할 것이다(대판 1977.5.24. 76누295).

② 특허청장의 상표사용권 설정등록행위는 준법률행위적 행정행위로서 공증이다.
상표사용권 설정등록신청서가 제출된 경우 특허청장은 신청서와 그 첨부서류만을 자료로 형식적으로 심사하여 그 등록신청을 수리할 것인지의 여부를 결정하여야 되는 것으로서, 특허청장의 상표사용권 설정등록행위는 사인 간의 법률관계의 존부를 공적으로 증명하는 준법률행위적 행정행위임이 분명하다(대판 1991.8.13. 90누9414).

3. 공증의 처분성 인정 여부

(1) 문제의 소재
공증에는 공정력이 인정되지 않는다는 점에서 공증의 처분성을 인정할지 여부가 문제된다.

(2) 판례

1) 판례의 기본적 입장
대법원은 각종 공부에의 등재행위는 행정사무집행의 편의와 사실증명의 자료로 삼기 위한 것이고 실체법상의 권리관계에 변동을 가져오지 않는다는 이유로 공증의 처분성을 부정해 오다가, 최근 변화된 입장을 보이고 있다. 판례는 사안별로 판단하는 입장이라고 볼 수 있다.

2) 처분성을 인정하는 판례의 특징 * 수험생의 편의를 위하여 저자가 임의로 분류하였다.
① **토지분할 신청거부**: 판례는 토지분할신청의 거부행위에 대해서 처분성을 인정하는 판시를 하였는데, 이는 공유토지의 분할이 이루어지지 않으면 매매가 매우 곤란한 점을 고려한 것으로 보인다.
② **건축물대장의 용도변경신청 거부**: 건축물의 용도변경이 이루어지지 않으면 세금 기타 불리한 점이 있는 점을 고려했다고 보여진다.
③ **지목변경신청 반려**: 토지는 지목의 종류(예 전, 답, 임야, 대지)에 따라 가격 차이가 심하기 때문이다.

3) 처분성을 부정하는 기존 판례의 특징

주로 각종 대장의 기재에 관한 사례인데, 대장의 기재사항은 실체적인 권리관계에 영향을 미치지 않기 때문이라고 판례 스스로 밝히고 있다.

 관련판례

◎ **처분성 부정**

❶ 토지대장상 지번복구신청을 거부한 처분은 항고소송의 대상인 행정처분이 아니다(대판 1984.4.24. 82누308). `00 국가9급`

❷ 지적공부의 기재사항인 지적도의 경계를 정정해 달라는 지적정리요청을 거부하는 내용의 회신은 항고소송의 대상이 되는 행정처분이 아니다(대판 2002.4.26. 2000두7612). `15 지방7급`

❸ 관할 관청이 무허가건물의 무허가건물 관리대장 등재요건에 관한 오류를 바로잡으면서 해당 무허가건물을 무허가건물 관리대장에서 삭제하는 행위는 항고소송의 대상이 되는 행정처분이 아니다(대판 2009.3.12. 2008두11525). `12 서울9급, 12 국회8급`

> **비교판례**
>
> 건축물대장을 직권말소한 행위는 처분성이 인정된다.
>
> 건축물대장은 건축물의 소유권을 제대로 행사하기 위한 전제요건으로서 건축물 소유자의 실체적 권리관계에 밀접하게 관련되어 있으므로, 건축물대장을 직권말소한 행위는 국민의 권리관계에 영향을 미치는 것으로서 항고소송의 대상이 되는 행정처분에 해당한다(대판 2010.5.27. 2008두22655 ; 대판 2013.10.24. 2011두13286).

 관련판례

◎ **처분성 긍정**

❶ 지적공부소관청의 지목변경신청 반려행위는 항고소송의 대상이 되는 행정처분에 해당한다(대판 2004.4.22. 2003두9015). `17·12 국가9급`

❷ 지적소관청의 토지분할신청 거부행위는 항고소송의 대상인 행정처분이다(대판 1992.12.8. 92누7542). `08 지방7급`

❸ 지적공부소관청이 토지대장을 직권으로 말소한 행위는 항고소송의 대상이 되는 행정처분이다(대판 2013.10.24. 2011두13286).

❹ 행정청이 건축물대장의 용도변경신청을 거부한 행위는 행정처분에 해당한다(대판 2009.1.30. 2007두7277). `11 국회8급`

❺ 행정청이 건축물대장의 작성신청을 거부한 행위는 항고소송의 대상이 되는 행정처분에 해당한다(대판 2009.2.12. 2007두17359). `19 소방, 12 국회8급`

❻ 평택~시흥 간 고속도로 건설공사 사업시행자인 한국도로공사가 구 지적법에 따라 고속도로 건설공사에 편입되는 토지소유자들을 대위하여 토지면적등록 정정신청을 하였으나 화성시장이 이를 반려한 반려처분은 항고소송 대상이 되는 행정처분에 해당한다. `13 국회8급, 13 경행특채`

평택~시흥 간 고속도로 건설공사 사업시행자인 한국도로공사가 구 지적법 제24조 제1항, 제28조 제1호에 따라 고속도로 건설공사에 편입되는 토지소유자들을 대위하여 토지면적등록 정정신청을 하였으나 화성시장이 토지소유자 승낙서 및 확정판결서 정본이 누락되어 있다는 이유로 이를 반려한 경우, 반려처분이 위법하다고 본 원심판단은 정당하다(대판 2011.8.25. 2011두3371).

03 통지

1. 의의
통지란 특정인 또는 불특정 다수인에게 특정 사실을 알리는 준법률행위적 행정행위를 말한다(예 대집행의 계고). 따라서 단순한 사실행위로서의 통지행위(예 당연퇴직의 통지)와 구별된다.

2. 법적 성질

(1) 준법률행위적 행정행위
준법률행위적 행정행위로서의 통지는 이미 성립한 행정행위의 효력발생요건으로서 교부나 송달과는 다른 그 자체가 독립한 행정행위이다.

(2) 요식성과 기속성
통지는 요식행위임이 원칙이며, 통지행위의 기속성 여부는 관련 법령을 보고 판단한다.

3. 종류

(1) 의사의 통지(행정청의 의사에 따라 효력 발생)
의사의 통지란 행정청의 의사를 알려주는 것으로서 처분성이 인정된다(예 대집행의 계고, 대집행 영장에 의한 통지, 조세체납자에 대한 독촉, 신청서에 대한 보완명령 등).

> **보충 대집행과 독촉**
>
> - **대집행**: 예컨대 불법건물의 철거와 같은 대체적 작위의무 위반에 대하여 일정한 절차를 거쳐 의무위반자 대신 강제철거하는 권력적 사실행위를 말한다(절차: 철거명령 → **계고** → **통지** → 실행 → 비용징수).
> - **독촉**: 강제징수절차의 내용으로, 국가에 대한 금전납부의무 불이행시의 강제집행 내용이다(절차: 조세부과 → **독촉** → 압류 → 매각 → 청산).

(2) 관념의 통지
관념의 통지는 이미 발생한 특정한 사실을 알려주는 행위를 말하며, 처분성이 인정되지 않는다(예 귀화고시, 특허출원의 공고 등).

관련판례

이메일(e-mail)에 의한 해고통지를 서면에 의한 해고통지로서 유효하다고 볼 수 있는지 여부 - 한정적극

단지 이메일 등 전자문서에 의한 통지라는 이유만으로 서면에 의한 통지가 아니라고 볼 것은 아닌 점 등을 고려하면, 근로자가 이메일을 수신하는 등으로 내용을 알고 있는 이상, 이메일에 의한 해고통지도 해고사유 등을 서면 통지하도록 규정한 근로기준법 제27조의 입법취지를 해치지 아니하는 범위 내에서 구체적 사안에 따라 서면에 의한 해고 통지로서 유효하다고 보아야 할 경우가 있다(대판 2015.9.10. 2015두41401).

4. 통지의 처분성 인정 여부

(1) 처분성이 인정되는 경우
대학교원의 임용기간 만료의 통지 10 서울교행 등, 행정대집행법상의 계고 및 영장에 의한 통지 07 국가9급, 국세징수법상의 독촉 등이 있다.

관련판례

❶ 국·공립 대학교원의 임용권자가 임용기간이 만료된 조교수에 대하여 재임용을 거부하는 취지로 한 임용기간 만료의 통지는 행정소송의 대상이 되는 처분에 해당한다(대판 2004.4.22. 2000두7735 전원합의체). 17 국회8급, 09 국가9급

❷ 대집행의 계고, 대집행영장에 의한 통지는 행정처분이다(대판 1996.2.9. 95누12507).

❸ 구 농지법상 농지처분의무 통지는 독립한 행정처분으로서 항고소송의 대상이 된다(대판 2003.11.14. 2001두8742). 21 소방, 17 국회8급

❹ 구 공무원연금법 제47조 각 호에 정한 급여제한사유가 있음에도 수급자에게 퇴직연금이 잘못 지급된 경우에 과다하게 지급된 급여의 환수를 위한 행정청의 환수통지는 행정처분에 해당한다(대판 2009.5.14. 2007두16202).

❺ 요양급여의 적정성 평가결과 전체 하위 20% 이하에 해당하는 요양기관이 건강보험심사평가원으로부터 받은 입원료 가산 및 별도보상 적용제외 통보는 항고소송의 대상이 되는 행정처분이다(대판 2013.11.14. 2013두13631).

❻ 구 표시·광고의 공정화에 관한 법률 위반을 이유로 한 공정거래위원회의 경고의결은 행정처분이다(대판 2013.12.26. 2011두4930). 16 국가7급

(2) 처분성이 인정되지 않는 경우

국가공무원법상 당연퇴직의 인사발령, 정년퇴직의 인사발령 등이 있다.

관련판례

❶ 국가공무원법상 당연퇴직처분의 통지는 행정소송의 대상인 행정처분이 아니다(대판 1995.11.14. 95누2036). 17 국회8급, 12 국가9급 등

국가공무원법상 당연퇴직은 결격사유가 있을 때 법률상 당연히 퇴직하는 것이지 공무원관계를 소멸시키기 위한 별도의 행정처분을 요하는 것이 아니며, 당연퇴직의 인사발령은 법률상 당연히 발생하는 퇴직사유를 공적으로 확인하여 알려주는 이른바 관념의 통지에 불과하고 공무원의 신분을 상실시키는 새로운 형성적 행위가 아니므로 행정소송의 대상이 되는 독립한 행정처분이라고 할 수 없다.

❷ 성업공사(현 한국자산관리공사)의 공매결정·통지는 항고소송의 대상이 되는 행정처분이 아니다(대판 1998.6.26. 96누12030). 14 국가9급

* 공매의 처분성
  - 공매: 처분성 인정
  - 공매결정과 통지: 처분성 부정

> **비교판례**
>
> ① 체납자 등에 대한 공매통지는 공매의 절차적 요건이고, 체납자 등에게 공매통지를 하지 않았거나 적법하지 않은 공매통지를 한 경우 그 공매처분은 위법하다(대판 2008.11.20. 2007두18154 전원합의체). 18 국회8급, 11 국가7급
>
> ② 공매통지 자체가 그 상대방인 체납자 등의 법적 지위나 권리·의무에 직접적인 영향을 주는 행정처분에 해당한다고 할 것은 아니므로 다른 특별한 사정이 없는 한 체납자 등은 공매통지의 결여나 위법을 들어 공매처분의 취소 등을 구할 수 있는 것이지 공매통지 자체를 항고소송의 대상으로 삼아 그 취소 등을 구할 수는 없다(대판 2011.3.24. 2010두25527).

❸ 공무원연금관리공단(현 공무원연금공단)이 공무원연금법령의 개정사실과 퇴직연금수급자가 퇴직연금 중 일부 금액의 지급정지대상자가 되었다는 사실을 통보한 경우, 위 통보는 항고소송의 대상이 되는 행정처분이 아니다(당사자소송).
_{18 국가9급, 15 지방7급 등}

공무원연금관리공단이 위와 같은 법령의 개정사실과 퇴직연금수급자가 퇴직연금 중 일부 금액의 지급정지대상자가 되었다는 사실을 통보한 것은 단지 위와 같이 법령에서 정한 사유의 발생으로 퇴직연금 중 일부 금액의 지급이 정지된다는 점을 알려주는 관념의 통지에 불과하고, 그로 인하여 비로소 지급이 정지되는 것은 아니므로 항고소송의 대상이 되는 행정처분으로 볼 수 없다(대판 2004.7.8. 2004두244).

❹ '결손처분' 또는 '결손처분의 취소'는 항고소송의 대상이 되는 행정처분이 아니다.

국세징수법이 개정되면서 결손처분의 취소사유가 개정 국세기본법의 취지에 맞추어 '압류할 수 있는 다른 재산을 발견한 때'로 확대되었는바, 개정 국세징수법 아래에서 결손처분은 체납처분절차의 종료라는 의미만 가지게 되었고, 결손처분의 취소도 종료된 체납처분절차를 다시 시작하는 행정절차로서의 의미만을 가질 뿐이다(대판 2011.3.24. 2010두25527).

04 수리

1. 개념
수리란 행정청이 타인의 행위를 유효한 행위로 받아들이는 행위를 말한다. 혼인신고서의 수리, 공직선거에서 입후보자 등록의 수리, 원서의 수리, 영업허가명의 변경신고, 행정심판청구서의 수리 등이 그 예이다.

2. 성질

(1) 기속행위
법정의 요건을 갖춘 신고는 수리되어야 하므로 수리는 기속행위이다.

(2) 수리와 접수와의 차이점
수리는 행정청이 타인의 행위를 유효한 것으로 수령하는 의사작용이라는 점에서 단순한 도달이나 접수와는 다르다. 따라서 수리는 '신고의 접수'와는 구별되어야 한다. 신고는 신고서가 접수기관에 도달한 때에 효력을 발생하기 때문에 행정청의 수리를 요하지 않는다.

3. 수리의 효과
수리는 각 개별법령이 정한 바에 의한 효과를 발생시킨다. 즉, 사법상의 법률관계를 발생시키는 경우도 있고(예 혼인신고), 공법적 효과가 발생할 때도 있다(예 행정심판청구서의 수리). 혼인신고서가 수리되면 법률상의 혼인이라는 효과가 발생하고, 소장의 수리는 법원에 사건을 계속시켜 법원에 재판의무를 지게 하는 것 등이다.

Chapter 05 행정행위의 부관

01 개설

1. 부관의 의의

(1) 부관의 개념

★ 부관의 개념에 대한 정리 `17 국회8급`

구분	종래의 견해	새로운 견해
부관의 개념	행정행위의 효과제한만 부관	행정행위의 효과제한 + 요건보충도 부관
인정범위	· 법률행위적 행정행위: 부관 가능 · 준법률행위적 행정행위: 부관 불가	법률행위적 행정행위 가운데에도 부관을 붙이기가 적당치 않은 것(예 귀화허가)이 있는가 하면, 준법률행위적 행정행위(예 공증에 해당하는 여권발급시 붙인 유효기간)에도 부관을 붙일 수 있는 것이 있다는 견해 `10 국가9급 등`
재량행위와 기속행위	· 재량행위: 부관 가능 · 기속행위: 부관 불가	· 재량행위: 부관 가능 · 기속행위: 원칙은 안 되지만, 법률요건충족 부관은 가능

(2) 구별 개념

1) 법정부관과의 구별

① **개념**: 법정부관이란 행정행위의 효과의 제한이 직접 법규에 규정되어 있는 것을 말한다. 예컨대, "어업면허의 유효기간은 10년으로 한다(수산업법 제14조 제1항)."라는 규정과 같은 것이다. 법정부관은 행정청 스스로의 의사에 의한 경우가 아니므로 **부관에 해당하지 않는다.** 06 국회8급 등

② **법정부관의 통제** 18 지방9급 : 법정부관은 법령이지 부관이 아니기 때문에 부관의 한계의 문제가 발생하지 않는다. 07 경북9급 등 만약 법정부관이 처분성을 갖는다면(법정부관에 하자가 있는 경우에) 이에 대한 통제는 위헌법률심사 또는 명령규칙심사에 의한다. 그러나 정확하게 말하면 법정부관은 법령이므로 법정부관이 위법한 경우 법령에 대한 규범통제제도에 의해 통제되며 **법정부관이 처분성을 갖는 경우에는 항고소송의 대상이 된다.** 한편 헌법소원의 대상도 된다.

관련판례

(생수시판사건에서) 위 고시에 정한 허가기준에 따라 보존음료수 제조업의 허가에 붙여진 전량 수출 또는 주한 외국인에 대한 판매에 한한다는 내용의 조건은 이른바 법정부관으로서 행정청의 의사에 기하여 붙여지는 본래의 의미에서의 행정행위의 부관은 아니므로, 이와 같은 법정부관에 대하여는 행정행위에 부관을 붙일 수 있는 한계에 관한 일반적인 원칙이 적용되지는 않는다(대판 1994.3.8. 92누1728 전원합의체). 10 국가9급

2) 행정행위의 내용상의 제한과의 구별

부관이 행정행위의 주된 규율에 대한 부가적인 규율의 문제임에 비하여, 행정행위의 내용상 제한은 행정행위의 내용 그 자체를 이루는 것으로서 주된 규율 내용을 직접 제한하는 규율로서 부관과 구별된다(예 영업구역의 설정, 영업시간 제한, 2종 운전면허 등).

2. 부관의 특징 - 부종성

부관은 주된 행정행위와 불가분의 일체를 이루기 때문에 주된 행정행위에 부종되는 특징이 있다. 07 국가9급 따라서 원칙적으로 부관만을 따로 분리해서 행정쟁송을 제기할 수 없다. 다만, 부관 중에서 부담은 부종성이 약하기 때문에 독립해서 행정쟁송의 대상이 된다고 보는 것이 통설·판례이다. 11 국가9급

3. 부관의 기능

(1) 순기능

1) 탄력성·유연성·합리성 보장

부관에 의하여 단적인 거부 대신에 제한적인 허가를 할 수 있게 되어 국민에게도 유리할 뿐만 아니라, 행정청으로 하여금 이를 통해 상황에 적합한 탄력적인 행정을 할 수 있도록 하는 유연성을 부여하는 기능을 한다. 09 국가9급

2) 절차적 기능

요건불비를 이유로 거부한 후 요건 충족 후에 다시 신청하는 시간과 노력을 절약해 줌으로써 행정의 절차적 경제를 도모할 수 있다.

3) 공익 및 제3자 보호기능

노래방 허가시 방음시설을 부관으로 하여 제3자를 보호하거나, 건축허가에 있어 부관을 통해 미풍양속과 환경을 보호하는 기능을 수행할 수 있다.

4) 분쟁 예방적 기능

환경유해시설에 대한 허가를 하면서 정화시설을 갖출 것을 부관으로 정하면 분쟁을 사전에 예방할 수 있다.

5) 유도적 기능

보조금 지급결정에 사용목적을 부관으로 정하여 행정청이 의도하는 방향으로 유도할 수 있다.

(2) 역기능 05 국회8급

1) 남용가능성

해제조건·종기·철회권의 유보와 같이 부관의 남용에 따라 보상 없이 행정행위의 효력을 소멸시킬 수 있으므로 상대방은 불이익을 받게 될 우려가 있다.

2) 반대급부 획득수단

수익적 행정행위에 대한 반대급부 획득의 수단으로 사용될 수 있다(예 건축물에 대한 허가를 하면서 교통부담금을 부과하는 것 등).

3) 국민의 권익 장애

과도한 부관이 부과되는 경우 국민의 권익에 장애가 될 수 있다.

02 부관의 종류

1. 부담

(1) 의의

부담이란 행정행위의 주된 내용에 부가하여 **상대방에게 작위·부작위·수인·급부를 명하는 행정청의 의사표시**로서, 다른 부관과 달리 그 자체가 독립된 하나의 행정행위로서의 성질을 갖는다. 부담은 주로 수익적 행정행위에 붙여지는 경우가 많다. 예컨대, 도로점용허가를 하면서 점용료 납부의무를 부과하는 것 등이다. 부담은 부수적으로 의무를 부과할 뿐 행정행위의 효과제한과는 관계가 없다. 10 서울9급

> **보충** 부담의 예
> - 도로나 하천점용허가를 하면서 점용료를 부과하는 것
> - 주택사업계획을 승인하면서 진입로 확장의무를 부과하는 것
> - 공장건축허가를 하면서 근로자의 정기건강검진의무를 부과하는 것
> - 영업허가를 하면서 위생복의 착용의무를 부과하는 것

(2) 부담의 특성

1) 효력발생의 면

부담은 독립된 행정행위이므로 주된 행정행위의 효력발생이나 소멸과 관련되지 않는다. 따라서 부담이 부과되어도 주된 행정행위는 처음부터 유효하게 효력을 발생하고, 부담의 불이행이 있어도 주된 행정행위의 효력이 당연히 소멸되는 것이 아니다. 16·14·12 국가7급

2) 독립성

부담은 독립된 행정행위이므로 부담 그 자체로 행정쟁송 및 행정강제의 대상이 될 수 있다. 행정행위의 부관은 부담의 경우를 제외하고는 독립하여 행정소송의 대상이 될 수 없는 것이다(대판 1991.12.13. 90누8503). 19 소방

3) 부담의 변경

사후부담이나 부담의 사후변경도 가능하다는 것이 판례의 입장이다.

4) 철회의 가능성

상대방이 부과된 부담을 이행하지 않을 때 행정청은 주된 행정행위를 철회할 수 있다.

(3) 부담의 불이행에 대한 사후통제

부담을 불이행한 경우 행정행위가 실효되지는 않고, 후행행정처분의 거부사유, 본체인 행정행위의 철회사유, 부담에 대한 강제집행사유, 행정벌의 대상이 될 수 있다. 08 국가7급 등

관련판례

 부담부 행정처분에 있어서 처분의 상대방이 부담(의무)을 이행하지 아니한 경우에 처분행정청으로서는 이를 들어 당해 처분을 취소(철회)할 수 있는 것이다(대판 1989.10.24. 89누2431).

❷ 개간허가시 붙인 부담을 불이행하는 경우 후속조치인 준공인가를 하지 않을 수 있다(대판 1985.2.8. 83누625).

2. 조건

(1) 개념

조건이란 행정행위의 효력의 발생 또는 소멸을 **불확실한 장래의 사실**에 의존하게 하는 부관을 말한다. 08 경기9급 다만, 장래의 효력발생 여부가 행정청의 의사에 전적으로 좌우되는 경우는 부진정조건으로서 여기서의 조건이 아니다.

(2) 조건의 종류

1) 정지조건

정지조건이란 행정행위의 효력을 장래의 조건이 성취될 때까지 정지시켜 놓고 **장래의 불확실한 사실이 성취되었을 때부터 행정행위의 효력이 발생**하는 것을 말한다. 예컨대, 도로확장을 조건으로 하는 여객자동차운수사업면허와 같은 것이다.

> **보충** 정지조건의 예
> - 주차시설 완비를 조건으로 한 건축허가 `98 경간`
> - 진입도로의 완공을 조건으로 한 주유소설치허가
> - 공유수면 점용허가를 하면서 규사채취는 해수의 침수를 방지할 사전조치를 하고서 할 것

2) 해제조건

해제조건은 일단 행정행위의 효력을 발생시키되, **장래의 불확실한 조건이 성취되면 그때부터 행정행위의 효력이 소멸되게 하는** 조건을 말한다. 예컨대, 일정 기간 내에 공사에 착공할 것을 조건으로 하는 공유수면 매립허가와 같은 것이다. `20 소방`, `15 사복9급`, `07 국가7급`

> **보충** 해제조건의 예
> - 일정 기간 내에 공사에 착수하지 않으면 실효될 것을 조건으로 하는 공유수면 매립면허 `04 경기9급 등`
> - 특정기업에 취업할 것을 조건으로 한 체류허가의 발급

(3) 부담과 조건과의 차이 `10 국가9급 등`

1) 효력발생시기의 차이

조건은 조건의 성취 여부에 따라 행정행위의 효력이 발생(정지조건)하거나 소멸(해제조건)하나, **부담은 행정행위의 효력은 처음부터 발생하고 부담을 이행하지 않더라도 행정행위의 효력이 당연히 소멸되는 것은 아니다.** 따라서 내용상 조건인가 부담인가의 판정이 어려운 경우에는 원칙적으로 국민에게 유리한 부담으로 해석하여야 할 것이다. `20 소방`, `15 사복9급`

2) 강제집행상의 차이

부담은 독립하여 강제집행의 대상이 되나, 조건은 강제집행의 대상이 될 수 없다.

3) 쟁송상의 차이

부담은 부담만에 대한 독립쟁송 및 취소가 가능하지만, 조건은 그 자체가 소송의 대상이 될 수 없다. `18 지방9급`, `15 사복9급`, `11 경행특채`

(4) 조건과 부담의 구별기준

1) 제1차적 기준(행정청의 객관화된 법효과 의사)

1차적 기준은 부관에 표현된 행정청의 객관화된 법효과 의사로 양자를 구별하는 것이다. 즉, 부관에 나타난 행정청의 의사가 명령·금지를 통해 상대방에게 수익을 부여하는 의사라면 조건으로 해석하고, 행정청이 수익적 행정행위의 상대방에게 수익에 상응하는 반대급부 또는 그 명분으로서 명령·금지를 부과하였다고 해석되면 부담으로 보아야 한다는 것이다.

2) 제2차적 기준(한계상황)

1차적 기준에 의해서 양자의 구별이 매우 불확실할 때는 부담으로 추정함이 타당하다는 것이 다수의 견해이다. `20 소방` 그 이유는 부담이 조건에 비해 국민에게 유리하고, 법률생활에도 안정을 주기 때문이다.

3) 판례의 입장

판례는 부관의 필요성, 행정청의 객관화된 의사, 행정관행 등을 종합적으로 고려하여 구별해야 한다고 한다(대판 2000.2.11. 98누7527).

3. 기한

(1) 개념

기한이란 행정행위의 효과의 발생 또는 소멸을 도래가 확실한 장래의 사실에 의존하게 하는 부관을 말한다. 07 경북7급 등 기한은 도래가 확실하다는 점에서 조건과 구별된다. 기한에는 시기와 종기가 있다. 시기는 행정행위의 효력발생을 장래의 사실에 의존하게 하는 것이고, 종기는 이미 발생한 행정행위의 효력의 소멸을 장래의 사실에 의존하게 하는 것이다. 96 행시 등

(2) 기한의 종류

1) 시기와 종기

시기	행정행위의 효력이 장래의 일정한 시점부터 발생하는 것 예 ○○년 ○○월 ○○부터 도로사용허가
종기	행정행위의 효력이 장래의 일정한 시점까지 존속하는 것 예 ○○년 ○○월 ○○까지 도로사용허가

2) 확정기한과 불확정기한

확정기한	기한의 시작과 끝이 정해져 있는 것 예 ○○년 ○○월 ○○부터 ○○년 ○○월 ○○까지
불확정기한	기한의 도래는 확실하지만 언제인지 알 수 없는 경우 예 ○○○가 죽을 때까지 연금지급

(3) 종기가 행정행위의 절대적 소멸원인이 되는지 여부

1) 적정한 종기의 경우

원칙적으로 종기가 도래하면 행정행위의 효력이 소멸한다. 이 경우에는 종기는 행정행위의 존속기간이 되며, 당사자는 자동연장을 주장할 수 없다. 08 경기9급

2) 종기가 부당하게 짧은 경우

내용상 장기계속성이 인정되는 행정행위에 부당하게 짧은 기한이 붙여진 경우에는, 그것은 행정행위의 효력의 존속기간이 아니라 그 갱신기간으로 보아야 한다는 견해와 그 종기의 도래로 당연히 효력이 소멸된다는 견해가 대립하나, **갱신기간으로 보는 견해가 다수설·판례이다.** 15 국가9급·국회8급

 관련판례

◎ 존속기간(원칙)

기간을 정한 개간허가처분은 기간이 경과함으로써 소멸하는 것이 원칙이다.

기간을 정한 개간허가처분은 기간 연장 등의 특별한 사정이 없는 한 기간 경과 후에는 다시 개간행위를 할 수 없다는 의미에서 장래에 향하여 그 효력이 소멸한다 할 것이므로 행정청이 그 허가기간 경과 후에 동 개간지역 내의 건물철거 등 부담의 이행을 촉구하였다 하여 그것만으로 개간허가 연장신청이 묵시적으로 받아들여진 것이라고 단정할 수 없다(대판 1985.2.8. 83누625).

 관련판례

◎ 갱신기간(예외)

❶ 일반적으로 행정처분에 효력기간이 정하여져 있는 경우에는 그 기간의 경과로 그 행정처분의 효력은 상실되지만, 허가에 붙은 기한이 그 허가된 사업의 성질상 부당하게 짧은 경우에는 이를 그 허가 자체의 존속기간이

아니라 그 허가조건의 존속기간으로 보아 그 기한이 도래함으로써 그 조건의 개정을 고려한다는 뜻으로 해석할 수 있다(대판 2005.11.10. 2004다7873). 17 사복9급, 11 지방9급

❷ 허가에 붙은 기한이 그 허가된 사업의 성질상 부당하게 짧아 그 기한을 허가조건의 존속기간으로 볼 수 있는 경우에 허가기간이 연장되기 위하여는 그 종기 도래 이전에 연장에 관한 신청이 있어야 한다(대판 2007.10.11. 2005두12404). 11 지방9급

4. 철회권의 유보

(1) 의의

1) 개념

철회권의 유보란 행정행위의 주된 내용에 부가하여 일정한 경우에 해당 행위를 철회할 수 있는 권한을 유보하는 행정청의 의사표시를 말한다. 07 국회8급 예컨대, 허가를 하면서 지시를 위반하면 허가를 취소할 수 있게 하는 것이 여기에 해당한다.

2) 해제조건과의 구별

철회권의 유보는 유보된 사실이 발생해도 별도로 철회의 의사표시가 있어야 효력이 소멸한다. 해제조건은 조건사실이 발생하면 당연히 효력이 소멸된다.

3) 기능

철회권의 유보는 상대방의 의무이행을 강제하는 기능, 상대방에게 철회의 가능성을 미리 알림으로써 **신뢰보호원칙의 주장을 배제시키는 기능**을 한다. 11 국가9급, 07 국가7급 등

관련판례

행정청이 종교단체에 대하여 기본재산 전환인가를 함에 있어 인가조건을 부가하고 그 불이행시 인가를 취소할 수 있도록 한 경우, 인가조건의 의미는 철회권을 유보한 것이다(대판 2003.5.30. 2003다6422). 11 국회8급

(2) 법적 근거

법령에 명시적 근거가 없어도 행정청은 철회권을 유보할 수 있다. 판례는 법령에 규정된 사유 외에도 철회권을 유보할 수 있다는 입장이다.

(3) 철회권 행사의 한계

철회사유가 발생한 경우에도 행정청은 자유로이 철회할 수 있는 것은 아니고 철회의 일반적 요건이 충족되어야 하고 철회권의 제한법리가 적용된다. 즉, 철회권을 유보하였어도 철회를 할 만한 공익상의 필요가 있는 경우에만 철회권을 행사할 수 있다. 19 소방

5. 법률효과의 일부배제

(1) 개념

법률효과의 일부배제란 행정행위의 주된 내용에 부가하여 그 법적 효과 발생의 일부를 배제하는 행정청의 의사표시이다. 예컨대, 격일제 운행을 조건으로 하는 택시영업허가가 이에 해당한다. 04 대구9급 등 **법률효과의 일부배제는 행정청의 행위에 의한 것이어야 하기 때문에 법률이 직접 효과를 한정하고 있는 경우는 법률효과의 일부배제가 아니다.**

> **보충 법률효과의 일부배제에 해당하는 예**
>
> 버스노선 지정 04 대구9급 , 도로점용 허가시 야간만 사용 96 검찰9급 , 택시격일제 운행 98 경간 등 영업구역을 설정한 영업허가, 관광객 수송용에 국한된 조건부 면세수입허가, 공유수면매립 준공인가처분 중 매립지 일부에 대하여 한 국가 및 지방자치단체에의 귀속처분

(2) 법적 근거

법률효과의 일부배제는 법령상 규정되어 있는 효과를 일부 배제하는 것이라는 점에서, **관계 법령에 명시적 근거가 있는 경우에만 허용된다**고 할 것이다. 05 서울9급 등

(3) 성질

소수설은 부관이 아니라고 보지만, 법률효과의 일부배제를 부관의 일종으로 보는 것이 다수설과 판례의 입장이다. 따라서 다수설·판례에 의하면 주된 행정행위와 독립해서 행정소송의 대상으로 삼을 수 없다. 08 국가7급 등

관련판례

① 공유수면매립 준공인가처분 중 매립지 일부에 대하여 한 국가귀속처분은 법률효과의 일부배제이므로 독립하여 행정소송 대상이 될 수 없다(대판 1993.10.8. 93누2032). 20 소방, 17 사복9급, 08 국가7급 등

② 한약업사의 자격은 원칙적으로 관할 구역을 벗어나 다른 도지사나 서울특별시장 등의 관할 구역으로 이전하는 것은 허용되지 않는다(대판 1989.9.12. 89누1452).

6. 수정부담

(1) 개념

수정부담이란 행정행위의 상대방이 신청한 것과 다르게 행정행위의 내용 자체를 수정·변경하는 것을 내용으로 하는 것을 말한다. Ja, aber(Yes, but) 구조인 부관과는 달리 Nein, aber(No, but) 구조이다(예 유흥음식점 영업허가 신청시 대중음식점 영업허가를 하는 경우).

(2) 수정부담의 성질

부관의 일종이라는 견해도 있으나, **통설**은 수정부담은 신청에 대한 허가를 거부하고, 신청이 있는 것을 전제로 하여 새로운 허가를 하는 것이므로 **실질적으로 부담이 아니라 수정허가, 즉 독립한 행정행위라고 한다.** 09 서울9급

03 부관의 가능성과 한계

> **행정기본법 제17조(부관)** ① 행정청은 처분에 재량이 있는 경우에는 부관(조건, 기한, 부담, 철회권의 유보 등을 말한다. 이하 같다)을 붙일 수 있다.
> ② 행정청은 처분에 재량이 없는 경우에는 법률에 근거가 있는 경우에 부관을 붙일 수 있다.

1. 부관의 가능성(부관을 붙일 수 있는 행정행위)

(1) 명문규정이 있는 경우
개별법에 부관을 붙일 수 있다는 규정이 있는 경우에 부관을 붙일 수 있음은 당연하다. 부관에 관한 일반법적인 근거규정은 없다.

(2) 명문규정이 없는 경우
특허와 같은 수익적 행정행위와 재량행위에는 명문규정이 없어도 부관을 붙일 수 있다. 07 관세사

관련판례

수익적 행정행위에 있어서는 법령에 특별한 근거규정이 없다고 하더라도 그 부관으로서 부담을 붙일 수 있으나, 그러한 부담은 비례의 원칙, 부당결부금지의 원칙에 위반되지 않아야만 적법하다(대판 1997.3.11. 96다49650). 11 국회8급

관련판례

① 형성적 행위인 인가에 대해서도 부관이 가능하다. 17 사복9급
공익법인의 기본재산의 처분에 관한 공익법인의 설립·운영에 관한 법률 제11조 제3항의 규정은 강행규정으로서 이에 위반하여 주무관청의 허가를 받지 않고 기본재산을 처분하는 것은 무효라 할 것인데, 위 처분허가에 부관을 붙인 경우 그 처분허가의 법률적 성질이 형성적 행정행위로서의 인가에 해당한다고 하여 조건으로서의 부관의 부과가 허용되지 아니한다고 볼 수는 없고, 다만 구체적인 경우에 그것이 조건, 기한, 부담, 철회권의 유보 중 어느 종류의 부관에 해당하는지는 당해 부관의 내용, 경위 기타 제반사정을 종합하여 판단하여야 할 것이다(대판 2005.9.28. 2004다50044).

② 재량행위에 있어서는 법령상의 근거가 없다고 하더라도 부관을 붙일 수 있는데, 14 국가9급 등 그 부관의 내용은 적법하고 이행 가능하여야 하며 비례의 원칙 및 평등의 원칙에 적합하고 행정처분의 본질적 효력을 해하지 아니하는 한도의 것이어야 한다(대판 1997.3.14. 96누16698). 20 소방, 18 지방9급

③ 일반적으로 기속행위나 기속적 재량행위에는 부관을 붙일 수 없고 가사 부관을 붙였다 하더라도 무효이다(대판 1995.6.13. 94다56883). 20 소방, 19 국가9급, 11 지방9급 등

④ 행정청이 건축변경허가시 건축주에게 새 담장을 설치하라는 내용의 부관을 붙인 것은 위법하다(대판 2000.2.11. 98누7527). 20 소방

⑤ 감독청이 이사회 소집승인을 함에 있어서 이사회를 소집할 시기·장소를 지정할 수는 없다(대판 1988.4.27. 87누1106). 12 국회8급

2. 사후부관의 문제(부관의 시간적 한계)
일단 행정행위를 발한 후에 그에 다시 부관을 붙일 수 있는가의 문제이다. **판례도 통설과 같이 제한적 긍정설을 취하지만 사정변경의 경우에도 사후부관을 인정하여 다수설보다 인정범위가 넓다.** 20 소방, 12 국가7급, 11 국가9급, 10 서울9급 등

관련조문

행정기본법 제17조(부관) ③ 행정청은 부관을 붙일 수 있는 처분이 다음 각 호의 어느 하나에 해당하는 경우에는 그 처분을 한 후에도 부관을 새로 붙이거나 종전의 부관을 변경할 수 있다.
1. 법률에 근거가 있는 경우
2. 당사자의 동의가 있는 경우
3. 사정이 변경되어 부관을 새로 붙이거나 종전의 부관을 변경하지 아니하면 해당 처분의 목적을 달성할 수 없다고 인정되는 경우

 관련판례

사후부관이 허용되는 경우 19·18·13 국가9급, 18 국가7급, 17 사복9급 등

행정처분에 이미 부담이 부가되어 있는 상태에서 그 의무의 범위 또는 내용을 변경하는 부관의 사후변경은 ① 법률에 명문의 규정이 있거나 ② 그 변경이 미리 유보되어 있는 경우 또는 ③ 상대방의 동의가 있는 경우에 한하여 허용되는 것이 원칙이지만, ④ 사정변경으로 인하여 당초에 부담을 부가한 목적을 달성할 수 없게 된 경우에도 그 목적 달성에 필요한 범위 내에서 예외적으로 허용된다(대판 1997.5.30. 97누2627).

3. 부관의 한계

 관련조문

행정기본법 제17조(부관) ④ 부관은 다음 각 호의 요건에 적합하여야 한다.
1. 해당 처분의 목적에 위배되지 아니할 것
2. 해당 처분과 실질적인 관련이 있을 것
3. 해당 처분의 목적을 달성하기 위하여 필요한 최소한의 범위일 것

(1) 내용상 한계
부관의 내용은 가능한 명확해야 하고, 실행가능한 것이어야 한다.

(2) 법규상 한계
부관은 법령에 위배되지 않는 범위 내에서 붙일 수 있다. 내용이 적법해야 하고, 형식도 법령에 위배되어서는 아니 된다. 따라서 법령에서 부관을 붙이는 것을 금지한다면 재량행위에도 부관을 붙일 수 없다.

 관련판례

행정소송에 관한 부제소특약의 부관의 효력은 무효이다. 17 국회8급, 08 국가7급

지방자치단체장이 도매시장법인의 대표이사에 대하여 위 지방자치단체장이 개설한 농수산물 도매시장의 도매시장법인으로 다시 지정함에 있어서 그 지정조건으로 "지정기간 중이라도 개설자가 농수산물 유통정책의 방침에 따라 도매시장법인 이전 및 지정취소 또는 폐쇄 지시에도 일체 소송이나 손실보상을 청구할 수 없다."라는 부관을 붙였으나, 그중 부제소특약에 관한 부분은 당사자가 임의로 처분할 수 없는 공법상의 권리관계를 대상으로 하여 사인의 국가에 대한 공권인 소권을 당사자의 합의로 포기하는 것으로서 허용될 수 없다(대판 1998.8.21. 98두8919).

(3) 목적상 한계

부관은 주된 행정행위가 추구하는 목적에 위배해서 붙일 수 없다. 09 국가9급

관련판례

기선선망어업의 허가를 하면서 부속선을 사용할 수 없도록 제한한 부관은 위법하다(대판 1990.4.27. 89누6808). 15 국회8급

(4) 조리상 한계

부관은 평등원칙, 비례원칙, 부당결부금지원칙 등 법의 일반원칙에 위배해서 붙일 수 없다. **행정처분과 실제적 관련성이 없어 부관으로 붙일 수 없는 부담은 사법상 계약의 형식으로도 행정처분의 상대방에게 부과할 수 없다.** 18·12 국가7급, 17 국가9급

관련판례

공법상의 제한을 회피할 목적으로 행정처분의 상대방과 사이에 사법상 계약을 체결하는 형식(증여의 방식)으로 부관을 부과하였다면 이는 법치행정의 원리에 반하는 것으로서 위법하다. 15·12 국회8급, 14 국가9급

공무원이 인·허가 등 수익적 행정처분을 하면서 상대방에게 그 처분과 관련하여 이른바 부관으로서 부담을 붙일 수 있다 하더라도, 그러한 부담은 법치주의와 사유재산 존중, 조세법률주의 등 헌법의 기본원리에 비추어 비례의 원칙이나 부당결부의 원칙에 위반되지 않아야만 적법한 것인바, 행정처분과 부관 사이에 실제적 관련성이 있다고 볼 수 없는 경우 공무원이 위와 같은 공법상의 제한을 회피할 목적으로 행정처분의 상대방과 사이에 사법상 계약을 체결하는 형식을 취하였다면 이는 법치행정의 원리에 반하는 것으로서 위법하다. 지방자치단체가 골프장 사업계획 승인과 관련하여 사업자로부터 기부금을 지급받기로 한 증여계약은 공무수행과 결부된 금전적 대가로서 그 조건이나 동기가 사회질서에 반하므로 민법 제103조에 의해 무효이다(대판 2009.12.10. 2007다63966).

04 부관의 하자와 행정행위의 효력

1. 무효인 부관이 붙은 행정행위의 효력

(1) 본질적 요소 여부에 따라 판단하는 절충설(통설·판례) 17 사복9급

부관이 무효인 경우에는 원칙적으로 부관만 무효이지만, 그 부관이 행정행위의 본질적 요소인 경우에는 전체가 무효가 된다는 견해로 통설·판례의 입장이다. 본질적 요소란 부관이 없었다면 주된 행정행위를 하지 않았을 정도로 양자의 관계가 밀접한 경우를 말한다.

(2) 판례 16 사복9급

도로점용허가의 점용기간은 행정행위의 본질적 요소에 해당하는 것이어서, 부관인 점용기간을 정함에 위법이 있으면, 도로점용허가 전부가 위법이 된다고 하여 절충설의 입장이다. 19 국가9급

관련판례

❶ 도로점용허가에 있어서 점용기간은 본질적 요소이다. 19 국가9급, 10 경행특채 등

도로점용허가의 점용기간은 행정행위의 본질적인 요소에 해당하기 때문에 부관인 점용기간에 위법사유가 있으면 이로써 도로점용허가 전부가 위법하게 된다(대판 1985.7.9. 84누604).

❷ 행정처분에 붙인 부담인 부관이 무효인 경우 그 부담의 이행으로 인한 사법상의 행위(기부채납)까지 당연무효가 되는 것은 아니다(대판 2009.6.25. 2006다18174). 19·16 국가9급, 11 국회8급

2. 취소할 수 있는 부관이 붙은 행정행위의 효력

취소가 확정되기까지는 유효한 부관부 행정행위로서의 효력을 가지며, 취소가 확정된 경우에는 부관이 무효인 경우와 동일하다.

 관련판례

토지소유자가 토지형질 변경행위 허가에 붙은 기부채납의 부관에 따라 토지를 국가나 지방자치단체에 기부채납(증여)한 경우, 기부채납의 부관이 당연무효이거나 취소되지 아니한 이상 토지소유자는 위 부관으로 인하여 증여계약의 중요 부분에 착오가 있음을 이유로 증여계약을 취소할 수 없다(대판 1999.5.25. 98다53134). 11 지방9급

05 위법한 부관에 대한 쟁송 17 국회8급, 16 국가9급·사복9급

1. 문제점

예컨대 주택건설 허가처분에 기부채납의 부관이 부과된 경우에 상대방이 본처분은 그대로 두고 부관만의 효력을 없앨 수 있는 방법이 있는지 문제된다. 이 경우 부관만을 취소소송의 대상으로 삼을 수 있는지가 독립쟁송가능성의 문제이고, 가능하다면 어떤 형태의 소송을 제기해야 하는지가 쟁송의 형태문제이며, 법원이 본안판단을 한 후 부관만을 취소하는 판결을 할 수 있는지가 부관의 독립취소가능성의 문제이다.

부관의 독립쟁송가능성	부관의 독립취소가능성
· **소송요건, 대상적격의 문제**: 행정행위는 그대로 두고 부관만 취소소송의 대상이 되는가의 문제 → 진정일부취소소송 · 판례: 부담에 대해서만 인정 → 부담 이외의 부관에 대해 소를 제기하면 각하	· **본안의 문제**: 행정행위와 부관 모두를 소의 대상으로 한 후, 소송에서 부관만의 취소를 구하는 일부승소 가능성의 문제 → 부진정일부취소소송 · 판례: 부진정일부취소소송 불인정

2. 부관의 독립쟁송가능성(소송요건의 문제)

(1) 문제점

부관이 위법한 경우, **부관 그 자체만에 대한 행정쟁송이 가능한지** 여부가 문제된다. 즉, 부관에 대한 행정쟁송이 제기된 경우 대상적격(= 처분성)이 인정되는지가 문제된다. 후술하는 부관의 독립취소가능성은 본안판단의 문제라는 점에서 양자는 구별된다.

(2) 견해 대립 – 부관 중 부담만 독립쟁송이 가능하다는 견해(통설·판례): 진정일부취소소송

부담은 그 자체로 독자적 규율성·처분성이 인정되므로 부담만으로도 행정쟁송의 대상이 될 수 있고, 18 지방9급, 16 국가9급·사복9급, 14 국가9급 등 그 외의 부관은 부관만을 분리, 독립하여 취소소송의 대상으로 할 수 없다고 보는 견해로 통설·판례의 입장이다.

(3) 판례 – 부담만 독립쟁송이 가능하다.

현행 행정쟁송제도 아래에서는 부관 그 자체만을 독립된 쟁송의 대상으로 할 수 없는 것이 원칙이나, 부

담의 경우 다른 부관과는 달리 행정행위의 불가분적인 요소가 아니고 그 존속이 본체인 행정행위의 존재를 전제로 하는 것일 뿐이므로 부담 그 자체로서 행정쟁송의 대상이 될 수 있다고 하여 통설과 견해를 같이한다. 12 국회8급, 11 지방9급

관련판례

❶ 기한은 독립쟁송대상이 아니다. 15 국회8급, 11 국가9급, 10 경행특채 등

행정행위의 부관은 부담인 경우를 제외하고는 독립하여 행정소송의 대상이 될 수 없는바, 기부채납받은 행정재산에 대한 사용·수익허가에서 공유재산의 관리청이 정한 사용·수익허가의 기간은 그 허가의 효력을 제한하기 위한 행정행위의 부관으로서 이러한 사용·수익허가의 기간에 대해서는 독립하여 행정소송을 제기할 수 없다(대판 2001.6.15. 99두509).

❷ 면허의 유효기간을 1년으로 정한 경우 그 기간은 효력 제한 부관이므로 그 기간만의 취소를 청구하는 것은 허용되지 않는다.

어업면허처분을 함에 있어 그 면허의 유효기간을 1년으로 정한 경우, 위 면허의 유효기간은 행정청이 위 어업면허처분의 효력을 제한하기 위한 행정행위의 부관이라 할 것이고 이러한 행정행위의 부관은 독립하여 행정소송의 대상이 될 수 없는 것이므로 위 어업면허처분 중 그 면허 유효기간만의 취소를 구하는 청구는 허용될 수 없다(대판 1986.8.19. 86누202).

3. 부관의 독립취소가능성(본안요건의 문제, 일부승소의 문제)

(1) 문제점

통설과 판례에 의할 때 부담에 대해서는 부담만을 소송의 대상으로 삼을 수 있다. 이를 진정일부취소소송이라고 한다. 문제는 부담 외의 부관에 대해서는 독립하여 다툴 수 없기 때문에 부관이 붙은 행정행위 전체를 소송의 대상으로 삼아서 부관만의 취소를 구하는 소가 허용될 것인가이다. 이와 같은 소를 부진정일부취소소송이라고 한다. 즉, 부관의 독립쟁송가능성이 부정된다고 보는 경우, 법원이 본안에서 부관만을 분리하여 취소할 수 있는지가 문제된다(수험과 관련해서는 판례의 입장을 아는 것으로 충분하다고 생각됨).

(2) 학설

다수설은 부담 이외의 부관에 대하여 진정일부취소소송을 제기할 수 없고, 행정행위 전체를 소송의 대상으로 삼아서 부관만의 취소를 구하는 부진정일부취소소송의 형태를 인정한다. 10 국가9급 등

(3) 판례 16 국가9급·사복9급

판례는 부진정일부취소소송의 형태를 인정하지 않는다. 09 지방7급 등 따라서 위법부관이 중요 부분이면 전부취소의 판결을, 그렇지 않으면 기각판결을 하게 된다. 판례에 의하면 **부관부 행정행위 전체의 취소를 구하든지, 아니면 먼저 행정청에 부관이 없는 처분으로 변경하여 줄 것을 청구한 다음 그것이 거부되면 그에 대한 거부처분 취소소송을 제기하여야 한다.** 19 국회8급

관련판례

❶ 도로의 점용허가에 있어서 점용기간은 행정행위의 본질적인 요소에 해당하는 것으로, 따라서 점용기간을 정함에 위법이 있으면 도로점용허가 전부가 위법이 있다고 보아 부관부 행정행위 전체를 취소하여야 한다(대판 1985.7.9. 84누604).

❷ 행정행위의 부관 중 부담은 그 자체만으로 행정쟁송의 대상이 될 수 있다. 21 소방, 14 국가9급 등

현행 행정쟁송제도 아래서는 부관 그 자체만을 독립된 쟁송의 대상으로 할 수 없는 것이 원칙이나, 행정행위의 부관 중에서도 행정행위에 부수하여 그 행정행위의 상대방에게 일정한 의무를 부과하는 행정청의 의사표시인 부담의 경우에는 다른 부관과는 달리 행정행위의 불가분적인 요소가 아니고, 그 존속이 본체인 행정행위의 존재를 전제로 하는 것일 뿐이므로 부담 그 자체로서 행정쟁송의 대상이 될 수 있다(대판 1992.1.21. 91누1264).

❸ 기한의 연장신청에 대한 반려처분은 독립쟁송의 대상이 된다. 17 사복9급, 12 국회8급
* 새로운 거부처분이기 때문이다.

원고의 개발제한구역 내 허가기간 연장신청을 허가함으로 인하여 예상되는 공익의 침해보다도 위 신청을 불허함으로 인하여 초래되는 원고의 불이익이 매우 중대하여, 피고가 위 허가기간 연장신청을 반려하는 것이 원고가 입게 되는 불이익을 희생시키더라도 부득이하다고 할 정도의 공익상의 필요가 있다고 할 수 없으므로, 이 사건 처분은 재량권을 남용하였거나 재량권의 범위를 일탈한 위법한 처분이다(대판 1991.8.27. 90누7920).

Chapter 06 행정행위의 요건과 효력

제1절 행정행위의 요건

01 행정행위의 성립요건과 효력발생요건

구분	내용	결여시 법적 효과
성립요건 21 소방	• 내부적 성립요건: 주체·내용·형식·절차 • 외부적 성립요건: 외부에 표시될 것	• 중요 요건의 결여: 행정행위의 불성립(부존재) • 그 외 요건의 결여: 취소 또는 무효
효력발생요건	통지 + 도달	통지와 도달이 없으면 무효

02 행정행위의 성립요건

1. 내부적 성립요건 – 법정요건과 공익에 적합해야 함.

(1) 주체에 관한 요건

정당한 권한을 가진 자의 행위여야 한다.	공무원 아닌 자, 적법하게 구성되지 않은 합의기관 행위는 위법
권한 내의 행위여야 한다.	권한 내 사항에 관한 행위
정상적인 의사에 따라 행해져야 한다.	의사능력이 있고, 사기·착오·강박 등이 없는 상태의 의사

 관련판례

폐기물처리시설 입지선정위원회에 전문가를 포함시키지 않고 한 의결은 무효이다. `19 국가7급`

구 폐기물처리시설 설치 촉진 및 주변지역 지원 등에 관한 법률에 정한 입지선정위원회가 그 구성방법 및 절차에 관한 같은 법 시행령의 규정에 위배하여 군수와 주민대표가 선정·추천한 전문가를 포함시키지 않은 채 임의로 구성되어 의결을 한 경우, 그에 터 잡아 이루어진 폐기물처리시설 입지결정처분의 하자는 중대한 것이고 객관적으로도 명백하므로 무효사유에 해당한다(대판 2007.4.12. 2006두20150).

> **비교판례**
> 개인택시면허 심사회의의 심사위원 중에 공무원 아닌 사람이 포함되어도 무효가 아니다(대판 1985.11.26. 85누394).

(2) 내용에 관한 요건

실현가능한 행정행위여야 한다.	행정행위는 그 내용이 법률상·사실상 실현가능해야 함.
객관적으로 명확히 한정되어야 한다.	행정행위는 개별적·구체적 규율로 내용이 명확해야 함.

 관련판례

납세자 아닌 제3자의 재산을 대상으로 한 체납압류처분은 무효이다(대판 2006.4.13. 2005두15151).

(3) 형식에 관한 요건

행정행위가 요식행위인 경우에는 소정의 형식을 갖추어야 한다. 예컨대 서면주의, 행정처분에 대한 이유부기의 원칙 등이다.

(4) 절차에 관한 요건

행정행위는 법령이 일정한 절차를 요구하고 있을 때는 그 절차를 거쳐야 한다. 절차는 그 중요도에 따라 행정행위의 효력에 미치는 정도에 차이가 있다. 중요한 절차로는 공고 통지, 이해관계인의 참여, 청문 등이 있다.

2. 외부적 성립요건

행정행위는 행정결정의 외부에 대한 표시행위이므로, 외부에 표시되어야 비로소 성립한다. `01 관세사` 외부에 표시되지 않으면 행정행위의 부존재이다. 행정행위가 일단 표시되어 성립되면 상대방에게 도달하지 않은 경우에도 이를 이유 없이 취소·변경할 수 없다. 행정행위의 성립시기와 효력발생시기를 구별하는 이유이다.

03 행정행위의 효력발생요건

1. 원칙

상대방이 있는 행정행위는 상대방에게 도달함으로써 효력이 발생한다. 따라서 상대방에 대한 통지를 요하는 행정행위에 있어서는 송달 또는 공고에 의하여 비로소 효력을 발생하게 된다.

2. 특정인에 대한 행정행위의 효력발생요건

(1) 도달주의 원칙 `18 국가9급, 12 지방9급`

송달은 다른 법령 등에 특별한 규정이 있는 경우를 제외하고는 **송달받을 자에게 도달됨으로써 그 효력이 발생한다**(행정절차법 제15조 제1항).

관련판례

① 행정처분의 효력발생요건으로서의 도달이란 처분상대방이 처분서의 내용을 현실적으로 알았을 필요까지는 없고 처분상대방이 알 수 있는 상태에 놓임으로써 충분하며, 처분서가 처분상대방의 주민등록상 주소지로 송달되어 처분상대방의 사무원 등 또는 그 밖에 우편물 수령권한을 위임 받은 사람이 수령하면 처분상대방이 알 수 있는 상태가 되었다고 할 것이다(대판 2017.3.9. 2016두60577).

② 상대방 있는 행정처분은 특별한 규정이 없는 한 의사표시에 관한 일반법리에 따라 상대방에게 고지되어야 효력이 발생하고, 상대방 있는 행정처분이 상대방에게 고지되지 아니한 경우에는 상대방이 다른 경로를 통해 행정처분의 내용을 알게 되었다고 하더라도 행정처분의 효력이 발생한다고 볼 수 없다(대판 2019.8.9. 2019두38656). `21 소방`

(2) 송달의 방법

1) 원칙

송달은 **우편·교부 또는 정보통신망 이용 등의 방법**에 의하되 송달받을 자의 주소·거소·영업소·사무소 또는 전자우편주소로 한다. 다만, 송달받을 자가 동의하는 경우에는 그를 만나는 장소에서 송달할 수 있다. 국내에 주소·거소·영업소·사무소가 없는 외국사업자에 대하여 우편송달의 방법으로 문서를 송달할 수 있는지에 대해 판례는 긍정한다(대판 2006.3.24. 2004두11275).

2) 우편송달

판례는 등기우편(내용증명우편 포함)은 수일 내에 수취인에게 도달되었다고 **추정한다**. `10 서울9급` 다만, 수취인이나 가족이 실제로 주민등록지에 거주하지 않는 등의 특별한 사정이 있는 경우에는 도달이 추정되지 않는다. **보통우편**의 경우에는 상당한 기간 내에 도달된 것으로 **추정할 수 없다**는 것이 판례의 입장이다. `18 국가9급, 16 사복9급`

> **보충 추정과 입증책임**
> - 법률에서 추정을 하면 추정을 부정하는 당사자가 입증을 해야 한다.
> - 등기의 경우에는 도달을 부정하는 자가 입증해야 하고, 일반우편의 경우에는 도달을 주장하는 쪽에서 입증해야 한다.

3) 교부송달

교부에 의한 송달은 수령확인서를 받고 문서를 교부함으로써 하며, 송달하는 장소에서 송달받을 자를 만나지 못한 경우에는 그 사무원·피용자 또는 동거인으로서 사리를 분별할 지능이 있는 사람에게 문서를 교부할 수 있다. 다만, **문서를 송달받을 자 또는 그 사무원 등이 정당한 사유 없이 송달받기를 거부하는 때에는 그 사실을 수령확인서에 적고, 문서를 송달할 장소에 놓아둘 수 있다.** `18 지방7급`

관련판례

① 송달받을 사람의 동거인에게 송달할 서류가 교부되고 그 동거인이 사리를 분별할 지능이 있는 이상 송달받을 사람이 그 서류의 내용을 실제로 알지 못한 경우에도 송달의 효력은 있다. 그러나 만 8세 1개월 정도의 딸에게 교부하고 서명을 받은 것은 적법한 송달이라고 할 수 없다(대판 2011.11.10. 2011재두148).

② 국세기본법 제10조 제4항 소정의 동거인이라고 함은 송달을 받을 자와 동일 세대에 속하여 생활을 같이하는 자를 의미하므로 송달받을 사람과 같은 집에 거주하더라도 세대를 달리하는 사람은 동거인이라고 할 수 없다 (대판 2011.5.13. 2010다108876).

4) 정보통신망 송달 `13 지방9급` * 전자행정심판은 확인하였을 때 도달된 것으로 본다.

정보통신망을 이용한 송달은 송달받을 자가 동의하는 경우에만 한다. 이 경우 송달받을 자는 송달받을 전자우편주소 등을 지정하여야 한다(행정절차법 제14조 제3항). 정보통신망을 이용하여 전자문서로 송달하는 경우에는 **송달받을 자가 지정한 컴퓨터 등에 입력된 때에 도달된 것으로 본다**(같은 법 제15조 제2항).

5) 상대방이 처분의 내용을 알고 있는 경우

상대방이 처분의 내용을 이미 알고 있는 경우에도 우편송달 및 교부송달이 필요하다는 것이 판례의 입장이다(대판 2004.4.9. 2003두13908). `17 국가7급`

관련판례

① 도로교통법 시행규칙 제53조 제2항을 위반한 방법에 의한 통지의 효력은 무효이다(대판 1998.9.8. 98두9653). `08 관세사`

❷ 구치소에 수감 중인 원고에 대한 통지는 원고의 처가 통지서를 수령할 때에 원고에게 도달된 것이다.

원고의 처가 원고의 주소지에 거주하면서 인사발령통지서를 영수한 이상 비록 당시 원고가 구치소에 수감 중이었고 피고 역시 그와 같은 사실을 알고 있었는데다가 더 나아가 원고의 처는 영수한 통지서를 원고에게 전달하지 아니한 채 폐기해 버렸다 하더라도 원고로서는 그의 처가 위 통지서를 수령할 때에 그 내용을 양지할 수 있는 상태에 있었다고 할 것이므로 원고에 대한 파면처분의 의사표시는 그 당시 원고에게 도달된 것으로 볼 것이다(대판 1989.1.31. 88누940).

3. 송달이 불가능한 경우와 불특정 다수인에 대한 행정행위의 효력발생요건

(1) 행정절차법상의 공고(송달에 갈음하는 공고)

1) 공고방법

행정행위의 상대방이 불특정 다수인이거나, 주소 및 거소가 분명하지 않은 경우의 통지는 공고의 방법에 의한다. 즉, 송달받을 자의 주소 등을 **통상의 방법으로 확인할 수 없는 경우와 송달이 불가능한 경우**에는 송달받을 자가 알기 쉽도록 관보·공보·게시판·일간신문 중 **하나 이상에 공고하고 인터넷에도 공고하여야 한다**(행정절차법 제14조 제4항). 21 소방

2) 효력발생시기

공고의 경우에는 다른 법령 등에 특별한 규정이 있는 경우를 제외하고는 **공고일부터 14일이 지난 때에 그 효력이 발생한다**. 17 사복9급, 12 지방9급 다만, 긴급히 시행하여야 할 특별한 사유가 있어 효력발생시기를 달리 정하여 공고한 경우에는 그에 따른다(행정절차법 제15조 제3항). 한편, 공고의 효력이 발생하기 위해서 당사자가 공고의 내용을 반드시 알아야 하는 것은 아니다.

(2) 개별법상의 공고 또는 고시와 효력발생일

1) 국토의 계획 및 이용에 관한 법률 제31조

도시·군관리계획결정의 효력은 제32조 제4항에 따라 지형도면을 고시한 날부터 발생한다. 16 지방7급

2) 공익사업을 위한 토지 등의 취득 및 보상에 관한 법률 제22조 제3항

사업인정은 고시한 날부터 그 효력이 발생한다.

관련판례

❶ 청소년 유해매체물 결정처분을 웹사이트 운영자에게 제대로 통지하지 아니하였다 하더라도 효력 자체가 발생하지 아니하는 것으로 볼 수 없다. 18 국가9급

구 청소년 보호법에 따른 **청소년유해매체물 결정 및 고시처분은 당해 유해매체물의 소유자 등 특정인만을 대상으로 한 행정처분이 아니라 일반 불특정 다수인을 상대방으로 하여 일률적으로 표시의무, 포장의무, 청소년에 대한 판매·대여 등의 금지의무 등 각종 의무를 발생시키는 행정처분으로서**, 정보통신윤리위원회가 **특정 인터넷 웹사이트를 청소년유해매체물로 결정하고 청소년보호위원회가 효력발생시기를 명시하여 고시함으로써 그 명시된 시점에 효력이 발생하였다고 봄이 상당**하고, 정보통신윤리위원회와 청소년보호위원회가 위 처분이 있었음을 위 웹사이트 운영자에게 제대로 통지하지 아니하였다고 하여 그 효력 자체가 발생하지 아니한 것으로 볼 수는 없다(대판 2007.6.14. 2004두619).

❷ 국세기본법 제11조 제1항 제3호에서 정한 '송달할 장소'가 여러 곳이어서 각각의 장소에 송달을 시도할 수 있었는데도 세무공무원이 그중 일부 장소에만 방문하여 수취인이 부재 중인 것으로 확인된 경우, 납세고지서를 공시송달할 수 있는 경우에 해당하지 않는다(대판 2015.10.29. 2015두43599). 예상

4. 기한 및 기간의 특례

(1) 기간의 정지
천재지변이나 그 밖에 당사자 등에게 책임 없는 사유로 기간 및 기한을 지킬 수 없는 경우에는 그 사유가 끝나는 날까지 기간의 진행이 정지된다(행정절차법 제16조 제1항). 06 서울9급

(2) 외국에 대한 통지
외국에 거주하거나 체류하는 자에 대한 기간 및 기한은 행정청이 그 우편이나 통신에 걸리는 일수를 고려하여 정하여야 한다(행정절차법 제16조 제2항). 06 지방9급 등

제2절 행정행위의 효력

01 구속력(실체법적 효력)

1. 개념
행정행위가 유효하게 성립하면 그 내용에 따라 일정한 법적 효과를 발생하고, 그에 따라 **관계 행정청 및 상대방과 이해관계인을 구속하는 힘을 가지는데, 이를 구속력이라 한다.** 16 사복9급, 09 국가9급

2. 구속력의 인정범위
모든 행정행위에 공통으로 발생하는 효력이고, 행정행위로서 당연히 인정되는 효력이다. 다만, 행정행위가 무효인 경우에는 구속력이 발생하지 않는다.

02 공정력

1. 의의

(1) 개념

1) 전통적 견해
공정력이란 행정행위의 성립에 하자가 있는 경우에도 그것이 중대·명백하여 당연무효로 인정되는 경우를 제외하고는 권한 있는 기관(처분청, 감독청, 행정심판위원회, 취소소송법원)에 의하여 취소되기까지 누구도 그 효력을 부인할 수 없어 상대방·이해관계인, 다른 행정청뿐만 아니라 법원에 대하여도 일응 유효한 것으로 통용되는 힘을 말한다. 20 국회8급, 15 사복9급, 09 국가9급 예선적 효력이라고도 하고, 행정행위의 잠정적 통용력이라고도 한다. 07 국회8급

2) 새로운 견해

공정력 하나로 설명하는 전통적 견해	공정력	타 국가기관과 개인 모두에 적용
공정력과 구성요건적 효력으로 나누어 설명하는 견해	공정력	국민에게 적용, 절차적 효력, 법적 안정성에 근거
	구성요건적 효력	타 국가기관에 적용, 실체적 효력, 타 국가기관 권한존중에 근거

(2) 공정력의 법적 성질
공정력은 권한 있는 기관에 의하여 취소되기 전까지 잠정적으로 통용되는 힘으로서, **실체적 적법 추정이 아닌 절차적 구속력이라는 견해가 다수설**이다.

2. 인정 근거

(1) 이론적 근거

공정력에 대한 현재의 통설은 **법적 안정성설(행정정책설)이다.** 17 국가9급 행정행위의 공정력은 행정행위에 본질상 내재하는 법이전의 효력이 아니라 행정의 실효성 확보, 법적 안정성, 신뢰보호의 원리 등에서 공정력의 이론적·실질적 근거를 찾는 이론이다. 08 지방7급 등 과거 자기확인설(O. Mayer), 국가권위설(E. Forsthoff), 특권설 등이 주장되었다.

(2) 실정법적 근거

1) 직접적 근거와 간접적 근거

① 행정기본법에는 공정력에 관한 직접적 근거규정이 있다.

> **관련조문**
>
> **행정기본법 제15조(처분의 효력)** 처분은 권한이 있는 기관이 취소 또는 철회하거나 기간의 경과 등으로 소멸되기 전까지는 유효한 것으로 통용된다. 다만, 무효인 처분은 처음부터 그 효력이 발생하지 아니한다.

② 간접적 근거로는 직권취소 규정, 항고쟁송제도 및 그 제기기간의 제한, 행정대집행법상의 자력집행에 관한 규정 등이 있다.

2) 집행부정지원칙과 공정력의 관계

집행부정지원칙이 공정력의 간접적인 근거가 되는지에 대해서는 견해의 대립이 있다.

3. 공정력의 범위

(1) 무효인 행정행위
* 법규명령, 행정규칙, 조례, 공법상 계약은 하자가 있을 때 유효 아니면 무효이지, 취소란 개념은 없다는 것이 다수설이다(공정력은 행정행위에만 인정된다는 것이 다수설).

무효인 행정행위에는 공정력이 인정되지 않는다(통설·판례). 19 소방 등 무효인 행정행위에 대해서까지 잠정적 통용력을 인정하는 것은 법적 안정성이라는 공정력의 본래의 취지에 어긋나기 때문이다.

(2) 행정행위 이외의 행정작용

행정행위와 재결	공정력이 인정 - 공정력은 취소쟁송제도(부대등관계)를 전제로 한 것이기 때문
법규명령·행정규칙, 행정계약, 단순한 사실행위, 공법상 계약, 확약	공정력이 인정되지 않음. - 취소쟁송이 불가능한 대상이기 때문 16 사복9급
권력적 사실행위	공정력이 인정되는지에 대하여는 견해가 대립

4. 공정력과 입증책임

(1) 적법성 추정설

적법성 추정설을 바탕으로 행정행위의 위법성을 주장하는 원고에게 입증책임이 있다는 원고책임설도 있으나 지지를 받지 못하고 있다.

(2) 유효성 추정설

통설적 입장인 유효성 추정설에서는 공정력과 입증책임은 전혀 관련성이 없고, 민사소송법상의 입증책임분배의 원칙(법률요건분류설)이 적용되어야 한다고 본다. 07 국가9급 등 판례도 같은 입장이다(입증책임무관설). 즉, 항고소송에 있어서 행정처분의 적법성에 관한 입증책임은 피고 행정청이, 처분의 위법사유에 대한 입증책임은 원고가 진다(대판 1984.7.24. 84누124).

5. 공정력(또는 구성요건적 효력)과 선결문제

(1) 의의

1) 개념

선결문제란 민사소송, 형사소송 등에서 본안판단의 전제로서 제기되는 행정행위의 위법성 또는 유효 여부에 관한 문제를 **항고소송의 관할 법원 이외의 법원(민사 또는 형사법원)**이 스스로 심리·판단할 수 있는가의 문제를 말한다. 04 충북교행

2) 문제점

행정소송법 제11조 제1항은 처분 등의 효력 유무 또는 존재 여부가 민사소송의 선결문제인 경우에는 해당 민사소송의 수소법원이 선결문제로 이를 심리·판단하는 것이 가능함을 규정하고 있다. 그러나 **위법사유(단순 취소사유)에 관해서는 규정이 없어 학설과 판례에 맡겨져 있다.** 11 지방7급

(2) 민사소송에서의 선결문제 16 사복9급·국회8급·서울7급, 14 국가9급

국가배상과 선결문제 (위법성 문제)		민사법원 → 국가배상에서 위법성 판단 가능 선결문제는 공정력을 전제로 하는 개념인데, 국가배상은 처음부터 공정력과 관계가 없기 때문이다. ◉ 예 식당영업 정지처분에 대해 그 처분에 대한 취소소송과 관계 없이 손해배상소송을 제기하면 승소 가능하다.
부당이득반환소송 (행정행위의 효력문제)	당연무효인 경우	민사법원 → 판단 가능 무효인 행위는 공정력이 없기 때문에 민사법원이 판단할 수 있다. ◉ 예 당연무효인 조세를 납부한 경우(부동산을 매도한 적이 없는데도 부과된 양도소득세를 납부한 경우)에 곧바로 부당이득반환청구를 제기하면 승소 가능하다.
	취소사유인 경우 (단순 위법을 다투는 경우)	민사법원 → 판단 불가 취소사유는 취소되기 전까지는 민사법원이 그 유효성을 부정할 수 없으므로 부당이득이라고 판단할 수 없다. ◉ 예 취소사유인 조세(원래 100만 원인 조세가 1,000만 원으로 부과된 경우)를 납부한 경우 곧바로 부당이득반환청구를 하면 기각된다. 왜냐하면 1,000만 원의 조세는 취소사유이고 취소되기 전까지는 유효하기 때문이다. 따라서 승소하려면 조세부과 취소소송을 제기하여 900만 원에 대한 취소판결을 받아 공정력을 제거하고 부당이득반환청구를 해야 한다.

관련판례

◎ **행정행위의 위법성 여부가 선결문제인 경우**

❶ 계고처분이 위법함을 이유로 배상을 청구하는 취지로 인정될 수 있는 사건에 있어, 미리 그 행정처분의 취소판결이 있어야만 그 위법임을 이유로 피고에게 배상을 청구할 수 있는 것은 아니다(대판 1991.1.25. 87다카2569).
19·12 국가9급, 15 사복9급

❷ 위법한 행정대집행이 완료되면 그 처분의 무효확인 또는 취소를 구할 소의 이익은 없다 하더라도, 미리 그 행정처분의 취소판결이 있어야만 그 행정처분의 위법임을 이유로 한 손해배상청구를 할 수 있는 것은 아니다(대판 1972.4.28. 72다337). 17 국회8급·사복9급, 16 지방7급, 14 변호사, 13·12 국가9급 등

관련판례

◎ 행정행위의 효력 유무가 선결문제인 경우

❶ 민사소송에서 어느 행정처분의 당연무효 여부가 선결문제로 된 경우 반드시 행정소송 등의 절차에 의해 그 취소나 무효확인을 받아야 하는 것은 아니다. `19 국가9급, 17 사복9급`

도시환경정비사업의 관리처분계획 인가의 고시가 있은 후 그 시행자인 조합이 종전 토지 또는 건축물의 소유자 등 권리자에게 소유 또는 점유하고 있는 부동산의 인도를 청구하자 그 권리자가 조합설립 결의와 관리처분계획에 대한 결의에 중대하고 명백한 하자가 있어 그 각 결의가 무효이므로 위 청구에 응할 수 없다고 주장한 사안에서, 조합설립 결의나 관리처분계획에 대한 결의가 당연무효라는 권리자의 주장 속에는 조합설립 인가처분이나 관리처분계획에 당연무효사유가 있다는 주장도 포함되어 있으므로 이를 심리하여 권리자 주장의 당부를 판단하여야 함에도, 단지 권리자가 항고소송의 방법으로 조합설립 인가처분이나 관리처분계획에 대한 취소 또는 무효확인을 받지 않았다는 이유만으로 그 주장을 배척한 원심판결에 심리미진 등의 위법이 있다(대판 2010.4.8. 2009다90092).

❷ (수용)재결이 당연무효이거나 취소되지 않는 한 재결에서 정한 손실보상금의 산정에 있어서 하자가 반영되지 않았다는 이유로 민사소송절차로 토지소유자에게 부당이득의 반환을 구할 수는 없다.

수용재결이 있은 후에 수용대상토지에 숨은 하자가 발견되는 때에는 불복기간이 경과되지 아니한 경우라면 공평의 견지에서 기업자는 그 하자를 이유로 재결에 대한 이의를 거쳐 손실보상금의 감액을 내세워 행정소송을 제기할 수 있다고 보는 것이 상당하나, 이러한 불복절차를 취하지 않음으로써 그 재결에 대하여 더 이상 다툴 수 없게 된 경우에는 기업자는 그 재결이 당연무효이거나 취소되지 않는 한 재결에서 정한 손실보상금의 산정에 있어서 위 하자가 반영되지 않았다는 이유로 민사소송절차로 토지소유자에게 부당이득의 반환을 구할 수는 없다(대판 2001.1.16. 98다58511).

❸ 부당이득반환청구가 인용되기 위해서는 그 소송절차에서 판결에 의해 당해 처분이 취소되면 충분하고(1심판결이 선고되면 충분하다는 의미) 그 처분의 취소가 확정되어야 하는 것은 아니다. `12 국회8급`

* 1심에서 인용판결이 선고되면 판결이 확정되지 않아도 공정력은 상실된다.

행정소송법 제10조는 처분의 취소를 구하는 취소소송에 당해 처분과 관련되는 부당이득반환소송을 관련 청구로 병합할 수 있다고 규정하고 있는바, 이 조항을 둔 취지에 비추어 보면, 취소소송에 병합할 수 있는 당해 처분과 관련되는 부당이득반환소송에는 당해 처분의 취소를 선결문제로 하는 부당이득반환청구가 포함되고, 이러한 부당이득반환청구가 인용되기 위해서는 그 소송절차에서 판결에 의해 당해 처분이 취소되면 충분하고 그 처분의 취소가 확정되어야 하는 것은 아니라고 보아야 한다. 따라서 보험료 부과처분에 대한 취소소송에서 90,946,000원의 보험료 부과처분 중 67,194,980원의 보험료 부과처분을 취소하면서도, 관련 청구로 병합된 부당이득반환소송에서는 그 처분의 취소를 전제로 인용 여부를 판단하지 않고 처분의 취소가 확정되지 않았다는 이유로 기각한 것은 위법하다(대판 2009.4.9. 2008두23153).

❹ 공유재산 및 물품관리법 제81조 제1항에 따른 변상금 부과는 행정처분에 해당한다. 그리고 무단으로 공유재산 등을 사용·수익·점유하는 자가 변상금 부과처분에 따라 변상금을 납부한 경우, 변상금 부과처분이 당연무효이거나 행정소송을 통해 취소되기 전에는 부당이득반환청구로써 납부액의 반환을 구할 수 없다(대판 2013.1.24. 2012다79828).

(3) 형사소송에서의 선결문제

행정행위의 위법성이 범죄의 선결문제인 경우		형사법원 → 무죄판결 가능 형사법원은 행정행위의 위법성을 판단할 수 있다(형사법원이 시정명령의 위법성을 판단할 수 있다는 의미). 例 국가의 위법한 시정명령을 따르지 않은 자가 시정명령 위반죄로 기소된 경우
행정행위의 효력 유무가 선결문제인 경우	당연무효인 경우	형사법원 → 판단 가능 무효인 행위는 공정력이 없기 때문에 형사법원은 판단할 수 있다. 例 무효인 운전면허로 운전하다가 적발된 경우, 별도의 조치 없이 무면허운전죄로 기소되면 유죄판결이 가능하다.
	취소사유인 경우	형사법원 → 판단 불가 例 취소사유인 운전면허로 운전하다 적발된 경우(17세의 자가 형의 주민증으로 운전면허를 받은 경우) 무면허운전죄로 기소되면 형사법원은 그 운전면허의 유효성을 부정할 수 없으므로 무죄판결을 해야 한다. 만약 경찰청에서 그 운전면허를 먼저 직권취소하고 무면허운전죄로 기소했다면 형사법원은 유죄판결을 할 수 있다.

> **관련판례**

◎ **행정행위의 위법성 여부가 선결문제인 경우**

위법한 시정명령을 불이행한 경우 형사법원은 당해 행위의 위법성을 판단할 수 있고, 당해 시정명령 불이행을 이유로 한 도시계획 위반죄는 성립하지 않는다. `16 지방7급·서울7급`

구 도시계획법 제78조 제1항에 정한 처분이나 조치명령을 받은 자가 이에 위반한 경우 이로 인하여 같은 법 제92조에 정한 처벌을 하기 위하여는 그 처분이나 조치명령이 적법한 것이라야 하고, 그 처분이 당연무효가 아니라 하더라도 그것이 위법한 처분으로 인정되는 한 같은 법 제92조 위반죄가 성립될 수 없다(대판 1992.8.18. 90도1709).

> **관련판례**

◎ **행정행위의 효력 유무가 선결문제인 경우**

 대법원은 연령을 속여 운전면허를 발급받은 자가 운전행위를 한 사안에서 "허위의 방법으로 연령을 속여 발급받은 운전면허는 비록 위법하다고 하더라도, 도로교통법 제65조 제3호의 허위 기타 부정한 수단으로 운전면허를 받은 경우에 해당함에 불과하여 취소되지 않는 한 그 효력이 있는 것이라 할 것이므로 그러한 운전면허에 의한 운전행위는 무면허운전이라고 할 수 없다."라고 판시하여 소극설의 입장이다(대판 1982.6.8. 80도2646). `17 사복9급, 14 변호사, 09 지방7급 등`

 일단 수입면허를 받고 물품을 통관한 경우 무면허수입죄가 성립될 수 없다. `16 지방7급, 08 국가9급`

물품을 수입하고자 하는 자가 일단 세관장에게 수입신고를 하여 그 면허를 받고 물품을 통관한 경우에는, 세관장의 수입면허가 중대하고도 명백한 하자가 있는 행정행위이어서 당연무효가 아닌 한 관세법 제181조 소정의 무면허수입죄가 성립될 수 없다(대판 1989.3.28. 89도149).

❸ 적성검사 미필로 운전면허가 취소되고 그 취소사실의 통지에 갈음하여 적법한 공고가 있었으나 면허취소 사실을 모르고 운전한 경우, 무면허운전죄가 성립한다(대판 2002.10.22. 2002도4203).

❹ 소방시설 설치·유지 및 안전관리에 관한 법률 제9조에 의한 소방시설 등의 설치 또는 유지·관리에 대한 명령이 행정처분으로서 하자가 있어 무효인 경우, 위 명령 위반을 이유로 행정형벌을 부과할 수 없다(대판 2011.11.10. 2011도11109). `19 국가9급`

03 행정행위의 존속력 또는 확정력(불가쟁력과 불가변력)

1. 개념
행정행위가 일단 발하여지면 그 후 많은 법률관계가 형성되기 때문에 일단 발하여진 행정행위는 존속시킬 필요가 있게 된다. 즉, 존속력 또는 확정력이라 함은 하자 있는 행정행위라 하더라도 일정한 경우에 취소할 수 없게 되는 힘을 말한다. 불가쟁력과 불가변력을 합하여 존속력이라고 한다. 06 서울9급 등

구분	불가쟁력(형식적 존속력)	불가변력(실질적 존속력)
개념	제소기간이 경과하여 소송을 제기할 수 없는 상태	행정청 스스로도 처분을 취소 또는 철회할 수 없는 힘
성질	절차법적 효력, 형식적 존속력 21·18 소방	실체법적 효력, 실질적 존속력
대상	행정행위의 상대방 및 이해관계인 21 소방	처분청 자신 21 소방
목적	행정의 능률성, 법적 안정성	법적 안정성
사유	쟁송기간의 도과, 판결의 확정	행정행위의 발령(처분과 동시에)
한계	무효인 행정행위에는 부정	무효인 행정행위에는 부정
인정영역	모든 행정행위	확인행위, 준사법적 행위 등 특정한 행정행위 18 소방
직권취소	불가쟁력이 발생해도 직권취소는 가능 18 소방	불가변력이 발생하면 직권취소는 불가, 철회 불가
소 제기	불가쟁력이 발생하면 소 제기는 불가	불가변력이 발생해도 소 제기는 가능

2. 불가쟁력(형식적 존속력) – 행정행위의 상대방에게 발생하는 효력

(1) 개념
불가쟁력이란 행정행위의 상대방 기타 관계인이 더 이상 그 효력을 다툴 수 없게 되는 힘을 말한다. 형식적 확정력이라고도 한다. 불가쟁력은 후술하는 하자의 승계이론과 밀접한 관계를 가지고 있다. 06 국회8급

(2) 발생시기
쟁송절차의 제소기간이 경과한 때(처분이 있음을 안 날로부터 90일 또는 처분이 있은 날로부터 1년) 또는 심급이 종료한 때 발생한다.

(3) 성질 및 존재이유

1) 절차법적 효력
행정행위에 불가쟁력을 인정하는 이유는 행정행위의 효력을 신속하게 형식적으로 확정시킴으로써 행정법관계의 안정성을 확보하기 위한 것으로서 절차법적 효력의 일종이다. 따라서 불가쟁력이 생긴 행정행위에 대해 소를 제기하면 부적법 각하된다. 06 국회8급 등

2) 무효인 행정행위 이외에는 모든 행정행위에 인정된다.
무효인 행정행위는 제소기간의 제한을 받지 않으므로 불가쟁력이 발생하지 않는다. 그 외의 모든 행정행위에 인정된다. 15 사복9급, 08 지방9급 등

3) 형식적 존속력(불가쟁력이 발생해도 위법함)
불가쟁력이 생긴 행정행위라도 위법성이 확인되면 국가배상법에 따른 배상청구가 가능하다. 21 소방 불가쟁력이 발생하였다고 하여 위법성이 치유되어 적법하게 되는 것은 아니기 때문이다. 08 지방9급, 06 서울9급 등

4) 법규명령에도 적용된다.

불가쟁력은 위법한 법규명령이 예외적으로 처분법규로서 행정소송의 대상이 되는 경우에도 발생한다. 03 입시

(4) 직권취소의 가부 16 국가9급, 13 국가7급, 09 지방7급 등

불가쟁력이 생긴 행정행위라도 위법성이 확인되었을 때 행정청이 직권으로 취소할 수 있다. 즉, 불가쟁력은 처분의 상대방에게만 생기는 효력이므로 불가쟁력이 발생해도 행정청은 직권취소가 가능하다. 그러나 **국민에게 행정처분의 변경을 구할 신청권은 인정되지 아니한다.**

> **관련판례**

❶ 불가쟁력이 발생해도 직권취소가 가능하다. 18 지방9급

개별토지에 대한 가격결정도 행정처분에 해당하며, 원래 행정처분을 한 처분청은 그 행위에 하자가 있는 경우에는 원칙적으로 별도의 법적 근거가 없더라도 스스로 이를 직권으로 취소할 수 있는 것이고, 행정처분에 대한 법정의 불복기간이 지나면 직권으로도 취소할 수 없게 되는 것은 아니므로, 처분청은 토지에 대한 개별토지가격의 산정에 명백한 잘못이 있다면 이를 직권으로 취소할 수 있다(대판 1995.9.15. 95누6311).

❷ 불가쟁력이 생긴 행정처분에 대하여는 국민에게 그 행정처분의 변경을 구할 신청권이 없다. 16 사복9급, 08 지방9급

제소기간이 이미 도과하여 불가쟁력이 생긴 행정처분에 대하여는 개별법규에서 그 변경을 요구할 신청권을 규정하고 있거나 관계 법령의 해석상 그러한 신청권이 인정될 수 있는 등 특별한 사정이 없는 한 국민에게 그 행정처분의 변경을 구할 신청권이 있다 할 수 없다(대판 2007.4.26. 2005두11104).

❸ 불가쟁력(확정력)이 발생한 경우에는 위헌결정의 소급효가 미치지 않는다. 18 지방9급, 16 사복9급, 07 국가7급

* 기판력이 발생한 경우에도 위헌결정의 소급효가 미치지 않는다.

이미 취소소송의 제기기간을 경과하여 확정력이 발생한 행정처분의 경우에는 위헌결정의 소급효가 미치지 않는다고 보아야 할 것이고, 일반적으로 법률이 헌법에 위반된다는 사정은 헌법재판소의 위헌결정이 있기 전에는 객관적으로 명백한 것이라고 할 수는 없으므로 헌법재판소의 위헌결정 전에 행정처분의 근거되는 당해 법률이 헌법에 위반된다는 사유는 특별한 사정이 없는 한 그 행정처분의 취소소송의 전제가 될 수 있을 뿐 당연무효사유는 아니라고 봄이 상당하다(대판 2002.11.8. 2001두3181).

3. 불가변력(실질적 존속력) – 행정주체에 대하여 발생하는 효력

(1) 개념

협의로는 특정 행정행위에 있어 **행정청** 자신도 **취소 또는 철회할 수 없는 힘**을 말하며, 광의로는 수익적 행정행위의 취소·철회 제한도 포함한다. 09 국가9급

(2) 성질 및 존재이유

불가쟁력은 절차법적 효력이지만, 불가변력은 실체법적 효력을 가지므로 실질적 존속력이라고 부른다. 따라서 불가변력이 있는 행정행위를 취소하거나 철회한 행정행위는 위법하다. 08 관세사 당사자의 법적 안정성을 도모하는 데 의의가 있다.

(3) 적용 영역

1) 특정한 행정행위에만 적용된다.
불가변력은 모든 행정행위에 적용되는 것이 아니라, 예외적으로 특별한 경우에만 인정된다. 이에 비해, 불가쟁력은 무효가 아닌 한 모든 행정행위에 인정된다.

2) 불가변력이 인정되는 행정행위
① 행정심판의 재결과 같은 준사법적 법률행위에 인정된다(예 소청심사위원회의 결정 등).
② 확인행위와 같은 고도의 공신력이 있는 경우에 인정된다(예 시험 합격자 결정, 당선인 결정 등). 06 국회8급
③ 수익적 행정행위의 철회 제한, 공공복리를 이유로 하는 취소 제한, 개별법에 규정이 있는 경우 등은 불가변력의 문제가 아니라고 보는 것이 다수설이다.

3) 무효인 행정행위
무효인 행정행위에 불가변력이 발생하지 않음은 당연하다. 침익적·부담적 행위에 불가변력이 발생하기는 어렵다.

(4) 불가쟁력과 불가변력의 관계 08 지방9급 등

1) 내용
① 양자는 행정법관계의 안정을 도모하고 상대방 기타 이해관계인의 신뢰를 보호하기 위하여 행정행위의 효력을 지속시키는 것을 제외하고는 서로 다른 내용이다.
② 불가쟁력과 불가변력은 서로 무관하다(양자는 상호 의존적인 것이 아님). 06 서울9급

2) 발생
① 불가쟁력이 발생했다고 당연히 불가변력이 발생하는 것은 아니다. 21 소방
② 불가변력이 발생했다고 당연히 불가쟁력이 발생하는 것은 아니다.

3) 효력 다툼
불가변력이 있는 행정행위도 쟁송 제기기간이 경과하기 전에는 효력 다툼이 가능하다.

04 강제력

1. 자력집행력

(1) 자력
행정행위에 의하여 부과된 의무를 상대방이 이행하지 않으면, 사법(私法)행위와 달리 행정청은 법원의 힘을 빌리지 않고 자력으로 그 이행을 강제할 수 있는데, 이는 법률상의 근거가 필요하다. 05 국회8급 등 행정대집행법과 국세징수법이 있다.

(2) 집행력
행정행위의 집행력은 모든 행정행위에 인정되는 것이 아니며, 의무 부과를 전제로 하는 하명행위에 한하여 문제된다. 따라서 형성적 행정행위에는 강제력이 문제되지 않는다. 06 국가9급 등

2. 의무 위반에 대한 제재력
제재력은 행정행위에 의해 부과된 의무를 상대방이 위반한 경우에 그에 대해서 형벌 또는 질서벌을 부과할 수 있는 효력을 말한다. 제재력도 별도의 법적 근거가 있어야 한다. 04 국가9급

Chapter 07 행정행위의 하자와 하자의 승계

제1절 행정행위의 하자

01 개설

1. 하자의 의의

(1) 하자의 개념

행정행위의 하자란 행정행위가 적법·유효하게 성립하기 위한 요건을 갖추지 못한 것을 말하며, 이처럼 행정행위의 **성립·유효요건이 결여된 행정행위를 하자 있는 행정행위**라고 한다. 행정행위의 하자는 위법한 행정행위와 부당한 행정행위를 포함하는 개념으로 보는 것이 일반적이다. 다만, 단순한 오기나 오산 등이 있는 경우에는 행정청은 언제나 정정할 수 있고, 상대방도 정정을 요구할 수 있으므로 하자 있는 행정행위가 아니다. 08 국회8급

(2) 하자의 판단시점

하자의 판단시점은 **행정행위의 처분시(발령시)이다.** 따라서 행정행위 발령 후 그 근거가 된 사실관계나 법령이 변경됨으로써 해당 행정행위가 위법하게 된 경우에는 행정행위의 철회가 문제된다.

 관련판례

하자의 판단시점은 행정처분이 있을 때의 법령과 사실상태를 기준으로 한다.

행정소송에서 행정처분의 위법 여부는 행정처분이 있을 때의 법령과 사실상태를 기준으로 하여 판단하여야 하고, 처분 후 법령의 개폐나 사실상태의 변동에 의하여 영향을 받지는 않는다고 할 것이고, 하자 있는 행정행위의 치유는 행정행위의 성질이나 법치주의의 관점에서 볼 때 원칙적으로 허용될 수 없는 것이고, 예외적으로 행정행위의 무용한 반복을 피하고 당사자의 법적 안정성을 위해 이를 허용하는 때에도 국민의 권리나 이익을 침해하지 않는 범위에서 구체적 사정에 따라 합목적적으로 인정하여야 한다(대판 2002.7.9. 2001두10684).

2. 행정행위의 부존재

(1) 개념

행정행위의 부존재란 행정행위가 그 성립요건의 어떤 중요한 요소를 완전히 결여함으로써 행정행위로서 성립조차 하지 못한 경우, 즉 행정행위라고 볼 수 있는 외형상의 존재조차 없는 경우를 의미한다(다수설). 따라서 행정행위의 성립을 전제로 하는 행정행위의 하자와 구분된다.

(2) 무효와 부존재의 구별 실익 `08 국회8급`

다수설과 판례는 현행 행정소송법이 부존재확인소송을 인정하고 있으므로 구별 실익이 없다고 보고 있으나, 일부 견해는 현재도 소송형태를 달리 하는 점에서 구별 실익이 있다고 한다.

3. 행정행위의 실효

관련조문

행정기본법 제12조(신뢰보호의 원칙) ② 행정청은 권한 행사의 기회가 있음에도 불구하고 장기간 권한을 행사하지 아니하여 국민이 그 권한이 행사되지 아니할 것으로 믿을 만한 정당한 사유가 있는 경우에는 그 권한을 행사해서는 아니 된다. 다만, 공익 또는 제3자의 이익을 현저히 해칠 우려가 있는 경우는 예외로 한다.

(1) 개념

행정행위의 실효란 일단 유효하게 성립되었던 행정행위가 행정청의 의사에 의하지 아니하고 일정한 객관적 사실의 발생에 의하여 당연히 행정행위의 효력이 소멸되는 것을 말한다. 실효는 하자와는 아무런 관련이 없다.

(2) 실효사유

실효사유는 행정행위의 상대방의 사망, 행정행위의 목적물의 멸실, 행정행위의 목적 달성, 해제조건의 성취, 종기의 도래 등이 있다.

(3) 무효와 실효의 차이

무효는 처음부터 효력이 발생되지 않는 것이고, 실효는 일단 적법하게 발생한 효력이 사후적으로 소멸되는 것이다.

관련판례

허가를 받고 영업을 하다가 그 영업을 폐업한 경우에 허가도 당연히 실효된다. `16 국가9급`

종전의 결혼예식장 영업을 자진폐업한 이상 위 예식장 영업허가는 자동적으로 소멸하고 위 건물 중 일부에 대하여 다시 예식장 영업허가신청을 하였다 하더라도 이는 전혀 새로운 영업허가의 신청임이 명백하므로 일단 소멸한 종전의 영업허가권이 당연히 되살아난다고 할 수는 없는 것이니 여기에 종전의 영업허가권이 새로운 영업허가신청에도 그대로 미친다고 보는 기득권의 문제는 개재될 여지가 없다(대판 1985.7.9. 83누412).

02 행정행위의 무효와 취소

1. 개설

(1) 무효의 개념

무효인 행정행위는 외관상으로는 행정행위로서 존재하나 처음부터 전혀 법적 효과를 발생하지 아니하는 행위로서, 다른 행정청이나 법원은 물론이고 사인도 그 독자적 판단과 책임하에서 그 무효임을 주장할 수 있다. 무효인 행정행위는 제소기간의 적용을 받지 않는다.

(2) 취소의 개념

취소할 수 있는 행정행위란 그 성립에 흠이 있음에도 불구하고 일단 유효한 행위로 통용되어 다른 국가기관 또는 국민은 그에 기속되고, 행정쟁송 또는 직권에 의하여 취소됨으로써 비로소 그 효력을 상실하는 행위를 말한다. 따라서 취소되기 전까지는 상대방은 물론 기타 국가기관도 이에 구속되어 효력을 부정할 수 없다.

2. 무효와 취소의 구별기준

(1) 학설

1) 중대설
하자의 중대성을 기준으로 하자가 중대하면 명백하지 않아도 무효라는 견해이다.

2) 중대·명백설(통설·판례)
행정행위의 하자가 중대한 법규의 위반이고 또한 그것이 외관상 명백한 것인 때에는 무효이고, 그에 이르지 않는 것인 때에는 취소할 수 있음에 불과하다는 견해이다. 하자의 중대성 판단에는 위반된 행정법규의 종류, 목적, 성질, 기능 외에 그 위반의 정도도 종합적으로 고려되어야 하며 **하자의 명백성은 법률전문가가 아닌 일반인의 정상적 인식능력을 기준으로 객관적으로 판단되어야 한다.**

3) 명백성 요건보충설
하자가 중대하기만 하면 무효가 되는 것이 원칙이지만, 제3자나 공공의 신뢰보호가 필요한 경우에는 보충적으로 명백성을 요구하는 견해이다.

4) 조사의무설
무효사유를 원칙적으로 그 하자가 중대·명백한 경우에 한정된다고 보면서도 명백성 요건을 완화하여, 공무원이 직무의 성실한 수행상 당연히 요구되는 조사에 의하여 처분의 위법성이 명백하게 인정될 수 있는 경우에도, 하자의 명백성 요건이 충족된다고 보는 견해이다.

(2) 판례(중대·명백설)
판례는 기본적으로 중대·명백설에 입각하여 판시하고 있다. 다만, 예외적으로 명백성 요건보충설에 입각한 판례가 있다. 17 국회8급

관련판례

❶ 하자 있는 행정처분이 당연무효가 되기 위하여는 그 하자가 법규의 중요한 부분을 위반한 중대한 것으로서 객관적으로 명백한 것이어야 하고, 하자가 중대하고 명백한 것인지 여부를 판별함에 있어서는 그 법규의 목적, 의미, 기능 등을 목적론적으로 고찰함과 동시에 구체적 사안 자체의 특수성에 관하여도 합리적으로 고찰함을 요한다(대판 2002.2.8. 2000두4057).

❷ 대법원은 무효사유에 대한 공무원의 조사의무를 부정한다. 21 소방
행정처분의 대상이 되는 법률관계나 사실관계가 전혀 없는 사람에게 행정처분을 한 때에는 그 하자가 중대하고도 명백하다 할 것이나, 행정처분의 대상이 되지 아니하는 어떤 법률관계나 사실관계에 대하여 이를 처분의 대상이 되는 것으로 오인할 만한 객관적인 사정이 있는 경우로서 그것이 처분대상이 되는지의 여부가 그 사실관계를 정확히 조사하여야 비로소 밝혀질 수 있는 때에는 비록 이를 오인한 하자가 중대하다고 할지라도 외관상 명백하다고 할 수는 없다(대판 2004.10.15. 2002다68485).

❸ **명백성 요건보충설에 입각한 사례** – 신고납부방식의 조세인 취득세 납세의무자의 신고행위의 하자가 중대하지만 명백하지는 않은 때 예외적으로 당연무효라고 할 수 있는 경우 14 지방9급

취득세 신고행위는 납세의무자와 과세관청 사이에 이루어지는 것으로서 취득세 신고행위의 존재를 신뢰하는 제3자의 보호가 특별히 문제되지 않아 그 신고행위를 당연무효로 보더라도 법적 안정성이 크게 저해되지 않는 반면, 과세요건 등에 관한 중대한 하자가 있고 그 법적 구제수단이 국세에 비하여 상대적으로 미비함에도 위법한 결과를 시정하지 않고 납세의무자에게 그 신고행위로 인한 불이익을 감수시키는 것이 과세행정의 안정과 그 원활한 운영의 요청을 참작하더라도 납세의무자의 권익구제 등의 측면에서 현저하게 부당하다고 볼 만한 특별한 사정이 있는 때에는 예외적으로 이와 같은 하자 있는 신고행위가 당연무효라고 함이 타당하다(대판 2009.2.12. 2008두11716).

❹ 도시계획시설사업에 관한 실시계획인가의 요건을 갖추지 못한 인가처분의 하자는 중대하고 명백하다.

도시계획시설인 유원지로 설치하려는 시설이 고소득 노인층 등 특정 계층의 이용을 염두에 두고 분양 등을 통한 영리 추구가 그 시설 설치의 주요한 목적이고, 그 주된 시설도 주거 내지 장기 체재를 위한 시설로서 일반 주민의 이용가능성이 제한될 수밖에 없을 뿐만 아니라 전체적인 시설의 구성에 비추어 보더라도 일반 주민의 이용은 부수적으로만 가능하다고 보이는 경우, 도시계획시설규칙 제56조에 정한 '주로 주민의 복지 향상에 기여하기 위하여 설치하는 오락과 휴양을 위한 시설'로서 공공적 성격이 요구되는 도시계획시설인 유원지와는 거리가 먼 시설임이 분명하고, 그럼에도 합리적 근거 없이 처분요건이 충족되지 아니한 상태에서 한 도시계획시설사업에 관한 실시계획 인가처분의 하자는 객관적으로 명백하다고 할 것이다(대판 2015.3.20. 2011두3746).

❺ 갑 지역농업협동조합이 사업소 등을 신축할 목적으로 토지에 대하여 농지전용허가를 받았는데, 관할 시장이 갑 조합에 농지보전부담금을 부과한 경우, 합리적 근거 없이 구 농업협동조합법 제8조 및 농업협동조합법 제8조에서 정한 부과금 면제요건의 의미와 적용에 관한 법리를 잘못 해석하여 농지보전금을 부과한 처분은 하자가 중대·명백하다(대판 2015.6.23. 2013두23157). 예상

❻ 갑이 을에게 토지 등을 양도한 후 2002. 11. 6. 양도소득세 신고를 하였고 을이 다시 제3자에게 이를 양도한 후 양도소득세 신고를 하였는데, 과세관청이 2011. 6. 3. 갑이 신고한 실지양도가액과 을이 신고한 실지취득가액이 다르다며 실지양도가액을 부인하고 갑에게 양도소득세 부과처분을 한 경우, 위 처분은 국세부과의 제척기간이 도과된 후에 이루어진 과세처분으로서 무효이다(대판 2015.7.9. 2013두16975).

❼ 과세관청이 과세예고 통지 후 과세전적부심사청구나 그에 대한 결정이 있기 전에 과세처분을 한 경우, 절차상 하자가 중대·명백하여 원칙적으로 과세처분이 무효이다(대판 2016.12.27. 2016두49228). 18 국가7급

❽ 어느 법률관계나 사실관계에 대하여 어느 법령의 규정을 적용할 수 없다는 법리가 명백히 밝혀지지 않아 해석에 다툼의 여지가 있는 상태에서 과세관청이 이를 잘못 해석하여 과세처분을 한 경우, 그 하자가 명백하다고 할 수 없다. 납세자가 조세환급금에 대하여 이행청구를 한 이후에는 환급가산금청구권과 지연손해금청구권이 경합적으로 발생한다.

조세환급금은 조세채무가 처음부터 존재하지 않거나 그 후 소멸하였음에도 불구하고 국가가 법률상 원인 없이 수령하거나 보유하고 있는 부당이득에 해당하고, 환급가산금은 그 부당이득에 대한 법정이자로서의 성질을 가진다. 부당이득반환의무는 일반적으로 기한의 정함이 없는 채무로서, 수익자는 이행청구를 받은 다음 날부터 이행지체로 인한 지연손해금을 배상할 책임이 있다. 그러므로 납세자가 조세환급금에 대하여 이행청구를 한 이후에는 법정이자의 성질을 가지는 환급가산금청구권 및 이행지체로 인한 지연손해금청구권이 경합적으로 발생하고, 납세자는 자신의 선택에 좇아 그중 하나의 청구권을 행사할 수 있다(대판 2018.7.19. 2017다242409 전원합의체).

✻ 무효와 취소의 구별 실익 기출다수

구분	무효	취소
효력	처음부터 효력을 발생하지 않음.	권한 있는 기관에 의하여 취소될 때까지는 유효
공정력 (구성요건적 효력)	공정력과 구성요건적 효력 인정 안 됨.	공정력과 구성요건적 효력 인정
불가쟁력, 불가변력	존속력(불가쟁력, 불가변력) 없음.	존속력 긍정
하자의 치유	하자의 치유 부정(다수설)	하자의 치유 인정(다수설)
하자의 전환	하자의 전환 인정(다수설)	하자의 전환 부정(다수설)
하자의 승계	선행행위의 하자가 후행행위에 승계되는가의 문제가 발생하지 않음.	선행행위의 하자가 후행정행위에 승계되는가의 문제 발생
제소기간의 적용	언제나 주장 가능(제소기간 제한 없음)	일정한 기간 안에 쟁송 제기(제소기간 도과시 불가쟁력 발생)
필요적 행정심판전치	적용 안 됨(단, 무효를 구하는 의미의 취소소송에는 적용).	규정이 있으면 적용
선결문제	선결문제 논의할 필요 없이 당연무효	선결문제 논의가 가능
집행부정지	무효확인소송(행정소송법 제4조 제2호) - 무효를 구하는 의미의 취소소송 가능	취소심판(행정심판법 제5조 제1호) 또는 취소소송(행정소송법 제4조 제1호)
간접강제	부정	인정(거부처분 취소판결)
사정판결·재결	사정재결 및 사정판결 부정	사정재결 및 사정판결 인정
부당이득반환청구	인정	부정
국가배상청구	인정	인정
신뢰보호의 적용	부정	인정

03 행정행위 하자의 구체적 내용

1. 무효의 구체적 사유

(1) 주체에 관한 하자

행정행위는 정당한 권한을 가진 자에 의하여, 그 권한에 속하는 사항에 관하여, 정상적인 의사에 기하여 행해져야 한다.

1) 공무원 아닌 자의 행위

공무원 아닌 자의 행위는 원칙적으로 무효이다. 다만, 상대방의 신뢰보호를 위해 사실상 공무원의 행위는 유효로 취급한다.

무효	부존재	유효
• 임용결격자(적법하게 선임되지 않은 자의 행위) • 정년퇴직 등 행위 당시 신분을 상실한 자의 행위 04 서울9급 등	공무원이 아닌 것이 명백한 사인이 공무원 자격을 사칭하여 한 행위 06 전북9급	국민의 신뢰보호를 위해 사실상 공무원이론에 의해 유효한 경우가 있다.

2) 정당한 권한을 가진 행정기관 구성원이 아닌 자의 행위

무권한의 행위	대리권 없는 자의 행위	적법하게 구성되지 않은 합의기관의 행위
행정권한은 사항적, 지역적, 대인적 한계가 있는바 무권한행위는 원칙적으로 무효이다.	원칙적으로 무효이고, 다만 표현대리 규정이 유추적용 되어 유효한 경우가 있다.	적법한 소집이 없었거나, 정족수 미달, 결격자가 참여한 경우 원칙적으로 무효이고 절차상 필요한 공개를 하지 않고 행한 의결에 대해서는 무효설(다수설)과 취소설이 대립한다.

관련판례

◎ 무효인 사례

❶ 음주운전을 단속한 경찰관 명의로 행한 운전면허 정지처분의 효력은 무효이다(대판 1997.5.16. 97누2313). 09 국회8급 등

❷ 전문가를 포함시키지 않은 채 임의로 구성되어 의결을 한 경우는 무효이다(대판 2007.4.12. 2006두20150). 18·11 지방9급

❸ 환지처분이 일단 확정되어 효력을 발생한 후에는 이를 소급하여 시정하는 뜻의 환지변경처분은 할 수 없고, 그러한 환지변경의 절차가 필요할 때에는 그를 위하여 환지 전체의 절차를 처음부터 다시 밟아야 하며 그 일부만을 따로 떼어 환지처분을 변경할 수 없음은 물론, 그러한 절차를 밟지 아니하고 한 환지변경처분은 무효이다. 11 국회8급

귀속재산인 토지를 관재기관이 매각하는 행위는 행정처분으로서 귀속재산처리법 제22조의 규정에 비추어 매수인이 그 매수대금을 완납하면 등기를 필요로 하지 아니하고 그 소유권은 자동적으로 매수인에게 이전되므로, 매수자가 매수대금을 완납하여 그 소유권을 확정적으로 취득한 연후에 있어서는 대한민국은 그 재산을 처분할 권한을 보유하는 것이라고는 볼 수 없으므로 대한민국이 이를 다시 매각하였다면, 이는 전연 권한 없는 기관에 의한 매각처분으로서 당연무효의 처분이 된다(대판 1998.2.13. 97다49459).

❹ 철도청 공무원으로 근무하던 중 집행유예의 확정판결을 받고도 사실상 계속 근무해 온 사람을 한국철도공사 직원으로 임용한 것은 무효이다(대판 2011.3.24. 2008다92022).

관련판례

◎ 무효가 아닌 사례

❶ 구청장이 서울특별시 조례에 의한 적법한 위임 없이 택시운전자격 정지처분을 한 경우, 그 하자가 비록 중대하다고 할지라도 객관적으로 명백하다고 할 수는 없으므로 당연무효사유는 아니다(대판 2002.12.10. 2001두4566).

❷ 적법한 권한 위임 없이 세관출장소장에 의하여 행하여진 관세 부과처분은 그 하자가 중대하기는 하지만 객관적으로 명백하다고 할 수 없어 당연무효는 아니다(대판 2004.11.26. 2003두2403). 11 국회8급

❸ 5급 이상의 국가정보원 직원에 대한 의원면직처분이 임면권자인 대통령이 아닌 국가정보원장에 의해 행해진 것으로 위법하고, 나아가 국가정보원 직원의 명예퇴직원 내지 사직서 제출이 직위해제 후 1년 여에 걸친 국가정보원장 측의 종용에 의한 것이었다는 사정을 감안한다 하더라도 그러한 하자가 중대한 것이라고 볼 수는 없으므로, 대통령의 내부결재가 있었는지에 관계 없이 당연무효는 아니다(대판 2007.7.26. 2005두15748). 18 지방9급

❹ 대통령에게 주어진 한국방송공사 사장 해임에 관한 재량권 일탈·남용의 하자가 존재한다고 하더라도 그것이 중대·명백하지 않아 당연무효사유에 해당하지 않는다.

한국방송공사의 설치·운영에 관한 사항을 정하고 있는 방송법은 제50조 제2항에서 "사장은 이사회의 제청으로 대통령이 임명한다."라고 규정하고 있는데, 한국방송공사 사장에 대한 해임에 관하여는 명시적 규정을 두고 있지 않다. 그러나 방송법에서 '임면' 대신 '임명'이라는 용어를 사용한 입법취지가 대통령의 해임권을 배제하기 위한 것으로 보기 어려운 점 등 방송법의 입법 경과와 연혁, 다른 법률과의 관계, 입법형식 등을 종합하면, 한국방송공사 사장의 임명권자인 대통령에게 해임권한도 있다고 보는 것이 타당하다(대판 2012.2.23. 2011두5001). 18 국회8급

3) 행정기관의 의사에 하자가 있는 경우

① **의사무능력의 경우**: 의사무능력자의 행위는 당연무효이다. 심신상실자의 행위, 저항할 수 없을 정도의 강박에 의한 행위도 무효이다. 08 관세사 등

② 행위무능력자의 행위에 대해 무효설도 있으나, 유효라고 보는 것이 통설이다.
   ㉠ **미성년자의 행위**: 미성년자도 공무원이 될 수 있으므로 그 행위는 유효하다.
   ㉡ **피성년후견인·제한성년후견인 행위**: 피성년후견인·제한성년후견인은 공무원이 될 수 없는 자에 해당하므로 원칙적으로 무효이다. 다만, 사실상 공무원이론에 의해 유효가 되는 경우도 있다.

③ **착오로 인한 행위**: 통설에 의하면 착오만으로는 위법이 되지 않고, 착오의 결과 그로 인한 행정행위의 내용이 위법 또는 부당한 것이 된 때에는 그 위법 또는 부당을 이유로 무효 또는 취소가 가능하다.

관련판례

◎ **착오를 이유로 한 무효사유**

❶ 부동산을 양도한 사실이 없음에도 양도소득세를 부과하면 당연무효이다. 11 지방9급

부동산을 양도한 사실이 없음에도 세무당국이 부동산을 양도한 것으로 오인하여 양도소득세를 부과하였다면 그 부과처분은 착오에 의한 행정처분으로서 그 표시된 내용에 중대하고 명백한 하자가 있어 당연무효이다(대판 1983.8.23. 83누179).

❷ 용도폐지되지 않은 행정자산 매각처분의 효력은 무효이다.

행정재산은 공유물로서 이른바 사법상의 거래의 대상이 되지 아니하는 불융통물이므로 이러한 행정재산을 관재당국이 모르고 매각처분하였다 할지라도 그 매각처분은 무효이다(대판 1967.6.27. 67다806).

관련판례

◎ **착오를 이유로 한 취소사유**

❶ 납세자의 주소지를 관할하지 아니하는 세무서장이 한 증여세 부과처분이 위법하나, 그 흠이 객관적으로 명백하여 당연무효라고 볼 수는 없다(대판 2003.1.10. 2002다61897).

❷ 부가가치세가 면제되거나 그 납세의무가 없음에도 이를 오인하고 한 부과처분의 효력은 취소사유이다.

재화 또는 용역의 공급에 대하여 부가가치세가 면제되거나 그 납세의무가 없는 것인데도 과세관청이 이를 오인하여 부가가치세 부과처분을 하였다 하더라도 그 위법사유는 과세대상의 법률관계 내지 사실관계를 오인하여 세금을 부과한 것에 해당되어 취소사유가 될 뿐이지 당연무효사유에는 해당되지 아니한다(대판 1987.6.9. 87누219).

④ **사기·강박·증수뢰에 의한 행위**: 다른 원인에 의해 무효가 되는 경우를 제외하고는 **당연히 무효로 되는 것이 아니고 취소할 수 있는 행위가 될 뿐이다**(통설·판례).

(2) 내용에 관한 하자

1) 내용이 실현불가능한 경우

내용이 실현불가능인 행위는 **사실상 불능, 법률상 불능을 막론하고 무효**이다. 99 서울7급 등

① **사실상 불능**: 사실상 불능이란 물리적으로는 가능하지만, 실현에 과다한 비용이 소요되는 경우 (예) 한강에 빠진 반지를 찾는 일)와 같은 것이다.

② **법률상 불능**

  ㉠ 사람에 관한 불능
  - 사자(死者)를 대상으로 하는 각종 허가 또는 처분: 무효
  - 명백히 권리 또는 의무능력 없는 자에 대하여 권리를 부여하거나 의무를 명하는 경우: 무효

  ㉡ 물건(物)에 관한 불능
  - 존재하지 않는 허무의 물건을 대상으로 하는 행위: 존재하지 않는 물건의 징발을 명하는 행위, 존재하지 않는 토지에 대한 수용재결 08 관세사
  - 명백하게 행정행위의 목적이 될 수 없는 물건을 목적으로 하는 행위: 국유하천에 대한 부동산 투기 억제세 부과처분(대판 1975.1.28. 74누300), 적법한 건물에 대한 대집행(대판 1999.4.27. 97누6780) 04 행시 , 체납자 아닌 제3자 소유물건에 대한 압류처분(대판 2006.4.13. 2005두15151) 08 관세사

  ㉢ 법률관계에 관한 불능
  - 실존하지 않는 허무의 법률관계를 대상으로 하는 행위: 영조물 이용자가 아닌 자에 대하여 사용료 납부를 명하는 것, 판매되지 않은 물품에 대한 물품세 부과처분
  - 법률상 명백하게 금지되어 있거나 법률상 절대로 인정되지 않는 권리·의무를 목적으로 하는 행위: 법률상 인정되지 않는 독점권을 부여하는 행위, 법률상 인정되지 않는 어업권 설정행위, 법률상 인정되지 않는 집행벌의 부과, 매매춘 알선업에 대한 경찰허가, 형법이나 경찰법이 금지하는 행위를 명하는 것, 인신매매업을 허가하는 처분 08 관세사

 관련판례

복개도로의 관리청이 그 도로의 상공에 연결통로를 개설하여 도로를 점용하는 자에게 도로점용허가를 해주고도 공유수면 또는 하천의 점용에 따른 점용료 부과처분을 한 것은 그 하자가 중대하여 무효이다(대판 2004.10.15. 2002다68485). 07 관세사

2) 내용이 불명확한 경우

행정행위의 내용이 사회통념상 인식할 수 없을 정도로 불명확하거나 확정되지 아니한 경우에는 원칙적으로 무효이다(대판 1964.5.26. 63누136). 99 서울7급 등

① 경계를 명확히 하지 않은 도로구역결정 82 국가7급 등
② 목적물의 특정 없는 귀속재산 임대처분(대판 1961.3.13. 4292행상92)
③ 범위가 불확정된 계고처분(대판 1979.8.21. 79누1)
④ 과세대상과 납세의무자 확정이 잘못된 과세처분(대판 1971.5.31. 71도742)

관련판례

이행의무의 내용을 구체적으로 특정하지 아니한 계고처분은 위법하다.

행정청이 행정대집행법 제3조 제1항에 의한 대집행의 계고를 함에 있어서는 의무자가 스스로 이행하지 아니하는 경우에 대집행할 행위의 내용을 구체적으로 특정하여야 하며, 그 이행의무의 내용이 구체적으로 특정되지 아니한 계고처분은 위법하다(대판 1985.9.10. 85누257).

3) 법령에 위반된 행위

① **위반행위의 시점**: 위법성의 정도에 따라 취소 또는 무효사유가 된다. 즉, 헌법재판소 또는 대법원의 위헌·위법결정과 행정처분의 효력은 처분이 위헌·위법결정 이전에 있었는지, 이후에 있었는지에 따라 다르다. 18·12 국가9급

② **위헌법률의 집행력을 부정한 경우**: 구 택지소유 상한에 관한 법률 전부에 대한 위헌결정 이전에 택지초과소유부담금 부과처분과 압류처분(취소사유) 및 이에 기한 압류등기가 이루어지고 각 처분이 확정된 경우, 그 위헌결정 이후에 진행된 공매처분은 무효사유이다(대판 2002.11.22. 2002다46102). 16 국가9급·사복9급, 07 국가7급

③ **자진납부의 경우**: 위헌결정 이후의 공매처분 및 이를 원인으로 한 소유권이전등기에 따른 양도소득세 자진 신고·납부행위가 중대하고도 명백한 하자가 있다고 볼 수 없어 당연무효가 아니다(대판 2002.11.22. 2002다46102).

관련판례

❶ 구 택지소유상한에 관한 법률 전부에 대한 위헌결정 이후의 공매처분 및 이를 원인으로 한 소유권이전등기에 따른 양도소득세 자진 신고·납부행위는 중대하고도 명백한 하자가 있다고 볼 수 없어 당연무효가 아니다(대판 2002.11.22. 2002다46102).

❷ 과세처분 이후 조세 부과의 근거가 되었던 법률규정에 대하여 위헌결정이 내려진 경우, 그 조세채권의 집행을 위한 체납처분은 당연무효이다(대판 2012.2.16. 2010두10907). 16 사복9급

④ **조례가 무효인 경우**: 무효인 조례(처분 이후에 무효가 되었다는 의미)에 근거한 행정처분의 효력은 당연무효가 아닌 취소사유에 해당한다. 왜냐하면, 조례가 무효라는 사실은 처분 당시에는 명백하지 않기 때문이다. 21 소방

⑤ 기타

관련판례

❶ 개발부담금 부과처분을 하면서 납부고지서에 납부기한을 법정납부기한보다 단축하여 기재한 경우는 적법하다(대판 2002.7.23. 2000두9946). 09 국회8급

❷ 공무원에 대하여 기여금과 부담금이 적립되지 않았다는 이유 등으로 공무원연금법에 따른 퇴직금 지급을 거부한 처분은 당연무효에 해당한다(대판 2009.2.26. 2006두2572).

(3) 형식에 관한 하자

1) 문서에 의하지 않은 행위
법령상 서면에 의하도록 되어 있는 행정행위를 서면에 의하지 않은 경우는 무효사유이다. 16 국회8급
  예 재결서에 의하지 않은 행정심판 재결, 독촉장에 의하지 않은 납세독촉 등

2) 서명·날인을 결한 행위
원칙적으로 무효사유이다. 01 관세사

3) 필요적 기재가 없는 행위
판례는 취소사유로 보는 입장이다.

(4) 절차에 관한 하자
판례는 절차상 하자는 대체로 취소사유로 보는 것이 일반적이다. 무효사유로 보거나 예외적으로 적법하다고 본 경우도 있다.

관련판례

❶ 도지사의 인사교류안 작성과 그에 따른 인사교류의 권고가 전혀 이루어지지 않은 상태에서 행하여진 관할 구역 내 시장의 인사교류에 관한 처분은 지방공무원법 제30조의2 제2항의 입법취지에 비추어 그 하자가 중대하고 객관적으로 명백하여 당연무효이다(대판 2005.6.24. 2004두10968). 21 국가7급, 09 국회8급

❷ 자동차운송사업계획 변경(기점 연장)인가처분과 자동차운송사업계획 변경(노선 및 운행시간)인가처분을 함에 있어서는 그 내용이 둘 이상의 시·도에 걸치는 노선업종에 있어서의 노선 신설이나 변경 또는 노선과 관련되는 사업계획 변경의 인가 등에 관한 사항이므로 미리 관계 도지사와 협의하여야 함에도 불구하고 이를 하지 아니한 하자가 있으나, 그와 같은 사정만으로는 자동차운송사업계획 변경(기점 연장)인가처분과 자동차 운송사업계획 변경(노선 및 운행시간)인가처분이 모두 당연무효처분이라고 할 수 없다(대판 1995.11.7. 95누9730).

❸ 개발행위허가에 관한 사무를 처리하는 행정기관의 장이 개발행위허가 신청을 불허가한 경우, 도시계획위원회의 심의를 거치지 않았다는 사정만으로 곧바로 불허가처분의 취소사유에 이를 정도의 절차상 하자가 있다고 볼 수 없다. 예상

이는 그 행위의 성격이나 규모에 비추어 도시계획위원회의 심의를 거치지 아니하고 개발행위허가를 하더라도 난개발의 우려가 없기 때문으로 보인다. … 다만, 행정기관의 장이 도시계획위원회의 심의를 거치지 아니한 결과 개발행위 불허가처분을 함에 있어 마땅히 고려하여야 할 사정을 참작하지 아니하였다면 그 불허가처분은 재량권을 일탈·남용한 것으로서 위법하다고 평가할 수 있을 것이다(대판 2015.10.29. 2012두28728).

관련판례

◎ 무효인 사례

❶ 재개발에 관한 동의를 받으면서 건축물의 철거 및 신축에 소요되는 비용의 개략적인 금액에 관하여 그 내용의 기재가 누락되어 있음에도 이를 유효한 동의로 처리하여 재개발조합의 설립인가를 한 처분은 위법하고 그 하자가 중대하고 명백하여 무효이다.

[1] 구 도시 및 주거환경정비법상 재개발조합 설립인가신청에 대하여 행정청의 재개발조합 설립인가처분이 있은 후 조합설립 동의에 하자가 있음을 이유로 재개발조합 설립의 효력을 다투기 위한 소송은 항고소송이다.

[2] 재개발조합의 설립추진위원회가 토지 등 소유자로부터 받아 행정청에 제출한 동의서에 구 도시 및 주거환경정비법 시행령 제26조 제1항 제1호와 제2호에 정한 '건설되는 건축물의 설계의 개요'와 '건축물의 철거 및 신축에 소요되는 비용의 개략적인 금액'에 관하여 그 내용의 기재가 누락되어 있음에도 이를 유효한 동의로 처리하여 재개발조합의 설립인가를 한 처분은 위법하고 그 하자가 중대하고 명백하여 무효이다(대판 2010.1.28. 2009두4845).

❷ 재개발조합 정관의 '조합의 비용부담'에 관한 사항이 재개발조합 설립인가 당시와 비교하여 조합원들의 이해관계에 중대한 영향을 미칠 정도로 실질적으로 변경된 경우, 그 동의에 필요한 의결정족수(조합원 3분의 2 이상) 및 의결정족수에 못 미치는 동의로 가결될 수 있도록 정한 정관규정은 무효이다(대판 2013.10.24. 2012두12853).

❸ 정비사업조합에 관한 조합설립 인가처분 또는 선행 조합설립 변경인가처분이 쟁송에 의하여 취소되거나 무효로 확정된 경우, 이에 기초하여 이루어진 조합설립 변경인가처분 또는 후행 조합설립 변경인가처분의 효력은 원칙적으로 무효이다. 한편, 당초 조합설립 인가처분과 새로운 조합설립 변경인가처분의 요건을 갖춘 후행 조합설립 변경인가처분의 효력에 의하여 정비사업을 계속 진행할 수 있으므로, 그 후행 조합설립 변경인가처분을 무효라고 할 수는 없다(대판 2014.5.29. 2011다46128).

❹ 기간을 정하여 근로계약을 체결한 근로자에게 근로계약이 갱신될 수 있으리라는 정당한 기대권이 인정되는 경우, 이에 위반하는 사용자의 부당한 근로계약 갱신 거절은 무효이다. 이때 기간만료 후의 근로관계는 종전의 근로계약이 갱신된 것과 동일하다. 또한 기간제 근로계약을 체결한 근로자에게 근로계약 갱신에 대한 정당한 기대권이 있음에도 사용자가 이를 배제하고 근로계약 갱신을 거절한 데에 합리적인 이유가 있는지 판단하는 기준 및 그러한 사정에 관한 증명책임의 소재는 사용자에게 있다(대판 2017.10.12. 2015두44493).

❺ 어느 법률관계나 사실관계에 대하여 어느 법령의 규정을 적용하여 과세처분을 한 경우에 그 법률관계나 사실관계에 대하여는 그 법령의 규정을 적용할 수 없다는 법리가 명백히 밝혀져서 해석에 다툼의 여지가 없음에도 과세관청이 그 법령의 규정을 적용하여 과세처분을 하였다면 하자는 중대하고도 명백하다고 할 것이나, 그 법률관계나 사실관계에 대하여 그 법령의 규정을 적용할 수 없다는 법리가 명백히 밝혀지지 아니하여 해석에 다툼의 여지가 있는 때에는 과세관청이 이를 잘못 해석하여 과세처분을 하였더라도 이는 과세요건사실을 오인한 것에 불과하여 하자가 명백하다고 할 수 없다.

갑이 병원에서 근로자로 근무하면서 근로소득을 얻었음에도 자신이 직접 병원을 운영하여 사업소득을 얻은 것처럼 법정신고기한 내에 종합소득 과세표준확정신고 및 납부계산서를 제출하였더라도, 이는 자신이 얻은 근로소득을 사업소득에 포함하여 종합소득 과세표준을 신고한 것으로 볼 수 있으므로, 갑이 종합소득 과세표준을 무신고하였음을 전제로 한 무신고가산세 부과처분은 위법하고, 또한 이러한 하자는 과세처분의 근거가 되는 법규의 목적·의미·기능 등을 목적론적으로 고찰해 볼 때 중대하고 객관적으로도 명백하므로, 무신고가산세 부과처분은 당연무효이고, 갑의 기납부세액 납부의 법률효과는 갑에게 귀속되고 실제사업자인 을이 갑 명의로 직접 납부행위를 하였다고 하여 달리 볼 수 없으며, 갑의 기납부세액이 갑의 체납세액을 초과하는 이상, 갑이 납부의무를 해태함으로써 얻은 금융이익이 있다고 볼 수 없다는 등의 사정에 비추어, 과세관청이 갑에게 갑의 체납세액에 대한 납부불성실가산세(현 납부지연가산세)를 부과한 것은 납부의무 없는 자에 대한 처분으로 하자가 중대하고 객관적으로 명백하여 당연무효이다(대판 2019.5.16. 2018두34848).

❻ **[1]** 징계처분에 대한 재심절차는 징계처분에 대한 구제 내지 확정절차로서 원래의 징계절차와 함께 전부가 하나의 징계처분절차를 이루는 것으로서 그 절차의 정당성도 징계과정 전부에 관하여 판단되어야 하므로, 원래의 징계처분이 그 요건을 갖추었더라도 재심절차를 전혀 이행하지 않거나 재심절차에 중대한 하자가 있어 재심의 효력을 인정할 수 없는 경우에는 그 징계처분은 현저히 절차적 정의에 반하는 것으로서 무효이다.

[2] 단체협약이나 취업규칙 또는 이에 근거를 둔 징계규정에서 징계위원회의 구성에 관하여 정하고 있는 경우 이와 다르게 징계위원회를 구성한 다음 그 결의를 거쳐 징계처분을 하였다면, 그 징계처분은 징계사유가 인정되는지 여부와 관계없이 원칙적으로 절차상 중대한 하자가 있어 무효이다(대판 2020.11.26. 2017두70793).

❼ 과세전적부심사를 거치기 전이라도 소득금액변동통지를 할 수 있는 다른 예외사유가 있다는 등의 특별한 사정이 없는 한, 과세관청은 소득금액변동통지를 하기 전에 납세자인 해당 법인에 과세전적부심사의 기회를 부여하여야 한다. 이와 같은 특별한 사정이 없음에도 세무조사결과통지가 있은 후 과세전적부심사청구 또는 그에 대한 결정이 있기 전에 이루어진 소득금액변동통지는 납세자의 절차적 권리를 침해하는 것으로서 절차상 하자가 중대하고도 명백하여 무효라고 봄이 타당하다. 비록 소득세법 시행령 제192조 제1항에서 세무서장 또는 지방국세청장이 법인소득금액을 결정 또는 경정할 때 그 결정일 또는 경정일부터 15일 내에 배당·상여 및 기타소득으로 처분된 소득금액을 소득금액변동통지서에 의하여 해당 법인에 통지하도록 정하였더라도, 이와 달리 볼 것이 아니다. 더욱이 과세관청이 과세처분에 앞서 납세자에게 보낸 세무조사결과통지 등에 납세고지서의 필요적 기재사항이 제대로 기재되어 있어 납세의무자가 처분에 대한 불복 여부의 결정 및 불복신청에 전혀 지장을 받지 않았음이 명백하다면, 이로써 납세고지서의 하자가 보완되거나 치유될 수 있다(대판 2020.10.29. 2017두51174).

 관련판례

◎ **무효가 아닌 사례**

❶ 공청회와 이주대책이 없는 도시계획 수립행위의 효력은 당연무효는 아니다(대판 1990.1.23. 87누947). `12 서울7급`

❷ 주민등록법상의 최고·공고절차를 거치지 아니하고 주민등록을 말소하였다고 하여 당연무효는 아니다(대판 1994.8.26. 94누3223). `11 지방9급`

❸ 행정청이 침해적 행정처분을 함에 있어서 당사자에게 행정절차법상의 사전통지를 하지 않거나 의견제출의 기회를 주지 아니한 경우 - 취소사유

행정청이 침해적 행정처분을 함에 있어서 당사자에게 위와 같은 사전통지를 하거나 의견제출의 기회를 주지 아니하였다면 사전통지를 하지 않거나 의견제출의 기회를 주지 아니하여도 되는 예외적인 경우에 해당하지 아니하는 한 그 처분은 위법하여 취소를 면할 수 없다(대판 2000.11.14. 99두5870).

❹ 갑 주택재개발 정비사업 조합설립 추진위원회가 토지 등 소유자로부터 '신축건물의 설계 개요' 등이 공란으로 된 조합설립 동의서를 제출받은 다음 위임받은 보충권을 행사하여 공란에 조합설립 총회에서 가결된 내용을 보충한 후 이를 첨부하여 조합설립 인가신청을 하고, 관할 관청이 조합설립 인가처분을 한 경우 위 처분에 그 하자가 중대하고 명백하다고 할 수 없다(대판 2013.1.10. 2010두16394).

❺ 경찰공무원에게 인정된 징계사유가 상훈감경 제외사유에 해당하지 아니함에도 징계위원회 심의과정에서 비위행위가 상훈감경 제외사유에 해당한다는 이유로 공적 사항을 징계양정에 전혀 고려하지 아니한 경우, 징계처분이 위법하다(대판 2015.11.12. 2014두35638).

❻ 징계위원회의 심의과정에 반드시 제출되어야 하는 공적 사항이 제시되지 않은 상태에서 결정한 징계처분은 징계양정이 결과적으로 적정한지 그렇지 않은지와 상관 없이 법령이 정한 징계절차를 지키지 않은 것으로서 위법하다. 18 지방7급, 17 국가7급

경찰공무원인 갑이 관내 단란주점 내에서 술에 취해 소란을 피우는 등 유흥업소 등 출입을 자제하라는 지시명령을 위반하고 경찰공무원으로서 품위유지의무를 위반하였다는 이유로 경찰서장이 징계위원회 징계의결에 따라 갑에 대하여 견책처분을 한 사안에서, 위 징계처분은 징계위원회 심의과정에서 반드시 제출되어야 하는 공적 사항인 경찰총장 표창을 받은 공적이 기재된 확인서가 제시되지 않은 상태에서 결정한 것이므로, 징계양정이 결과적으로 적정한지와 상관 없이 법령이 정한 절차를 지키지 않은 것으로서 위법하고 이와 같은 취지의 원심판단은 정당하다(대판 2012.6.28. 2011두20505).

❼ 하위법령의 규정이 상위법령의 규정에 저촉되는지 여부가 명백하지 아니한 경우에, 관련 법령의 내용과 입법취지 및 연혁 등을 종합적으로 살펴 하위법령의 의미를 상위법령에 합치되는 것으로 해석하는 것도 가능한 경우라면, 하위법령이 상위법령에 위반된다는 이유로 쉽게 무효를 선언할 것은 아니다.

시행규칙 조항은 모법의 위임범위를 벗어나 새로운 시판품조사의 방법을 창설한 것이 아니라, 제품제조공장에서 시료채취가 곤란한 경우 시판품조사로서가 아니라 현장조사로서 제품의 생산과 관련된 서류의 비교·분석을 통하여 제품의 품질을 심사할 수 있음을 규정한 것이다(대판 2019.5.16. 2017두45698).

❽ 추진위원회가 법정동의서에 의하여 토지 등 소유자로부터 조합설립 동의를 받았다면 그 조합설립 동의는 도시정비법령에서 정한 절차와 방식을 따른 것으로서 적법·유효한 것이라고 보아야 하고, 단지 그 서식에 토지 등 소유자별로 구체적인 분담금 추산액이 기재되지 않았다거나 추진위원회가 그 서식 외에 토지 등 소유자별로 분담금 추산액 산출에 필요한 구체적인 정보나 자료를 충분히 제공하지 않았다는 사정만으로 개별 토지 등 소유자의 조합설립 동의를 무효라고 볼 수는 없다(대판 2020.9.7. 2020두38744).

✱ 필요한 청문을 결한 행위

판례의 입장	행정청이 영업허가취소 등의 처분을 하려면 반드시 사전에 청문절차를 거쳐야 하고 설사 식품위생법 제26조 제1항 소정의 사유가 분명히 존재하는 경우라 할지라도 해당 영업자가 청문을 포기한 경우가 아닌 한 **청문절차를 거치지 않고 한 영업소 폐쇄명령은 위법하여 취소사유에 해당된다**고 판시하였다. 16 사복9급
국가공무원법 제13조	소청심사위원회가 소청사건을 심사할 때에는 대통령령 등으로 정하는 바에 따라 소청인 또는 같은 법 제76조 제1항 후단에 따른 대리인에게 진술기회를 주어야 한다. 진술기회를 주지 아니한 결정은 무효로 한다(공무원 징계에 있어서의 진술권).

(5) 공서양속에 반하는 행위(선량한 풍속 기타 사회질서에 위반되는 경우)

공서양속(신의칙, 미풍양속)에 반하는 행위는 민법에서와 달리 취소의 원인으로 보는 것이 통설·판례(대판 2002.4.26. 2002두1465)이다. 01 관세사등 그러나 독일 연방행정절차법과 민법 제103조는 무효사유로 규정하고 있다.

(6) 환경영향평가의 효력

관련판례

❶ 구 환경영향평가법상 환경영향평가를 실시하여야 할 사업에 대하여 환경영향평가를 거치지 아니하였음에도 승인 등 처분을 한 경우, 그 처분의 하자는 당연무효사유에 해당한다. `17 국회8급, 16 지방7급·서울7급`

환경영향평가를 거쳐야 할 대상사업에 대하여 환경영향평가를 거치지 아니하였음에도 불구하고 승인 등 처분이 이루어진다면, 사전에 환경영향평가를 함에 있어 평가대상지역 주민들의 의견을 수렴하고 그 결과를 토대로 하여 환경부장관과의 협의 내용을 사업계획에 미리 반영시키는 것 자체가 원천적으로 봉쇄되는바, 이렇게 되면 환경파괴를 미연에 방지하고 쾌적한 환경을 유지·조성하기 위하여 환경영향평가제도를 둔 입법취지를 달성할 수 없게 되는 결과를 초래할 뿐만 아니라 환경영향평가 대상지역 안의 주민들의 직접적이고 개별적인 이익을 근본적으로 침해하게 되므로, 이러한 행정처분의 하자는 법규의 중요한 부분을 위반한 중대한 것이고 객관적으로도 명백한 것이라고 하지 않을 수 없어, 이와 같은 행정처분은 당연무효이다(대판 2006.6.30. 2005두14363). - 국방·군사시설사업에 관한 법률 및 구 산림법에서 보전임지를 다른 용도로 이용하기 위한 사업에 대하여 승인 등 처분을 하기 전에 미리 산림청장과 협의를 거치지 아니한 승인처분은 당연무효인 하자에 해당하지 않는다(대판 2006.6.30. 2005두14363).

❷ 구 환경영향평가법에서 정한 환경영향평가절차를 거쳤으나 그 환경영향평가의 내용이 부실한 경우, 그 부실로 인하여 환경영향평가 대상사업에 대한 승인 등 처분이 당연히 위법하게 되는 것은 아니다. `17 국회8급, 16 서울7급`

환경영향평가를 거쳐야 할 대상사업에 대하여 그러한 환경영향평가를 거치지 아니하였음에도 승인 등 처분을 하였다면 그 처분은 위법하다 할 것이나, 그러한 절차를 거쳤다면, 비록 그 환경영향평가의 내용이 다소 부실하다 하더라도, 그 부실의 정도가 환경영향평가제도를 둔 입법취지를 달성할 수 없을 정도이어서 환경영향평가를 하지 아니한 것과 다를 바 없는 정도의 것이 아닌 이상 그 부실은 당해 승인 등 처분에 재량권 일탈·남용의 위법이 있는지 여부를 판단하는 하나의 요소로 됨에 그칠 뿐, 그 부실로 인하여 당연히 당해 승인 등 처분이 위법하게 되는 것이 아니다(대판 2001.6.29. 99두9902). `08 지방7급` - 한국고속철도건설공단의 경부고속철도 서울차량기지 정비창 건설사업에 관한 환경영향평가 내용의 부실의 정도가 환경영향평가제도를 둔 입법취지를 달성할 수 없을 정도여서 환경영향평가를 하지 아니한 것과 다를 바 없는 정도의 것은 아니라는 이유로 위 사업의 실시계획의 승인처분이 위법하지 아니하다고 한 사례

❸ 공원관리청이 환경부장관의 환경영향평가에 대한 의견에 반하는 처분을 하였다고 하여 그 처분이 위법하다고 할 수는 없다. `12 국회8급`

국립공원관리청이 국립공원 집단시설지구 개발사업과 관련하여 그 시설물 기본설계 변경승인처분을 함에 있어서 환경부장관과의 협의를 거친 이상, 환경영향평가서의 내용이 환경영향평가제도를 둔 입법취지를 달성할 수 없을 정도로 심히 부실하다는 등의 특별한 사정이 없는 한, 공원관리청이 환경부장관의 환경영향평가에 대한 의견에 반하는 처분을 하였다고 하여 그 처분이 위법하다고 할 수는 없다(대판 2001.7.27. 99두2970). - 국립공원관리청이 국립공원 집단시설지구 개발사업과 관련하여 그 시설물 기본설계 변경승인처분을 함에 있어서 환경부장관과의 협의를 거친 이상 환경부장관의 환경영향평가에 대한 의견에 반하는 처분을 하였다고 하여 그 처분이 위법하다고 할 수 없다고 한 사례

❹ 행정청이 사전에 교통영향평가를 거치지 아니한 채 '건축허가 전까지 교통영향평가 심의필증을 교부받을 것'을 부관으로 붙여서 한 '실시계획 변경승인 및 공사시행 변경인가 처분'에 중대하고 명백한 흠이 있다고 할 수 없어 이를 무효로 보기 어렵다(대판 2010.2.25. 2009두102). `19 국회8급`

2. 행정행위의 무효의 효과

무효인 행정행위는 처음부터 당연히 무효이다. 따라서 아무런 효력이 생기지 않고, 누구라도 무효를 주장할 수 있다. 08 관세사

04 하자의 치유와 전환

1. 하자의 치유

(1) 의의

1) 개념

하자의 치유란 처분 당시에는 위법한 행정행위가 사후에 그 적법요건이 충족되거나 또는 그 위법성이 경미하여 취소할 만한 성질의 것은 아니라고 판단되는 경우에, 해당 행위를 적법한 행위로 취급하는 것을 말한다.

> **정리 하자의 치유**
> - 취소할 수 있는 행위에만 인정된다. 16 국회8급 무효인 행위는 상대방이 용인해도 치유되지 않는다.
> - 쟁송 제기 전까지만 인정된다(소송요건 하자의 치유는 사실심 변론종결 전까지 가능).
> - 치유는 내용상 하자에 대해서는 인정되지 않고, 절차상·형식상 하자에 대해서만 인정된다. 16 국가9급
> - 하자의 치유는 원칙적으로 인정되지 않지만, 행정행위의 무용한 반복을 피하고 국민의 권리구제를 위해서 예외적으로 인정된다.
> - 행정청 스스로에 의한 행위가 있어야 한다. 20·19 소방
> - 하자의 치유가 있으면, 소급하여 유효한 행위로 인정된다. 즉, 처음부터 유효한 행위이다.

2) 근거

하자치유의 근거로는 법적 생활의 안정, 무익한 행정행위의 반복금지, 신뢰보호 등을 들 수 있다. 치유에 관한 행정법상의 통칙적 규정은 없다.

관련판례

◎ 하자의 치유 인정

❶ 증여세의 납세고지서에 과세표준과 세액의 계산명세가 기재되어 있지 아니하거나 그 계산명세서를 첨부하지 아니하였다면 그 납세고지는 위법하다고 할 것이나, 한편 과세관청이 과세처분에 앞서 납세의무자에게 보낸 과세예고통지서 등에 납세고지서의 필요적 기재사항이 제대로 기재되어 있어 납세의무자가 그 처분에 대한 불복 여부의 결정 및 불복신청에 전혀 지장을 받지 않았음이 명백하다면, 이로써 납세고지서의 하자가 보완되거나 치유될 수 있다(대판 2015.3.20. 2014두44434 ; 대판 2001.3.27. 99두8039).

❷ 행정청이 식품위생법상의 청문절차를 이행함에 있어 청문서 도달기간을 다소 어겼지만, 영업자가 이의하지 아니한 채 청문일에 출석하여 의견을 진술하고 변명하는 등 방어의 기회를 충분히 가진 경우 하자는 치유된다 (대판 1992.10.23. 92누2844). 17 국가9급, 16 사복9급, 08 지방7급 등

관련판례

◎ **하자의 치유 부정**

❶ 납세고지서에 세액산출 근거 등의 기재사항이 누락되었거나 과세표준과 세액의 계산명세서가 첨부되지 않았다면 적법한 납세의 고지라고 볼 수 없으며, 위와 같은 납세고지의 하자는 납세의무자가 그 나름대로 산출근거를 알고 있다거나 사실상 이를 알고서 쟁송에 이르렀다 하더라도 치유되지 않는다(대판 2002.11.13, 2001두1543). 13 국가7급

❷ LPG 충전사업허가의 경우 100미터 이내에 그 건물주의 동의를 받아야 함에도 이를 받지 않은 자에게 허가가 발령되었고, 그 후 경원자가 위 신규허가사업의 취소를 구한 소송에서 처분 후 동의를 받았다는 이유로 그 하자의 치유를 인정할 수 없다(대판 1992.5.8, 91누13274).

❸ 이의신청을 하면서 뒤늦게나마 의견을 제출하였다고 하더라도, 그 처분 전에 발생한 절차상 하자가 치유된다고 볼 수 없다.

행정절차법 각 규정에 의하면 공정거래위원회의 의결·결정을 거쳐 행하는 사항에는 행정절차법의 적용이 제외되게 되어 있으므로, 설사 피고의 '판매가격 합의' 부분에 대한 시정조치 및 과징금납부명령에 행정절차법 소정의 의견청취절차 생략사유가 존재한다고 하더라도, 공정거래위원회는 행정절차법을 적용하여 의견청취절차를 생략할 수는 없다고 할 것이다. 그리고 원고가 위 시정조치 및 과징금납부명령에 불복하여 피고에게 이의신청을 하면서 뒤늦게나마 '판매가격 합의' 부분에 대한 의견을 제출하였다고 하더라도, 이로써 그 처분 전에 발생한 절차상 하자가 치유된다고 볼 수도 없다(대판 2001.5.8, 2000두10212).

❹ 주택재개발 정비사업조합 설립추진위원회가 주택재개발 정비사업조합 설립인가처분의 <U>취소소송에 대한 1심 판결 이후</U> 정비구역 내 토지 등 소유자의 4분의 3을 초과하는 조합설립 동의서를 새로 받았다고 하더라도, 위 설립인가처분의 하자가 치유된다고 볼 수 없다(대판 2010.8.26, 2010두2579).

---

(2) 하자 치유의 시간적 한계

하자의 추완이나 보완이 가능한 시기에 대해서 **행정쟁송 제기 이전에만 가능하다**는 것이 통설과 판례의 입장이다. 18 지방9급, 13 국가7급, 09 국회8급 독일 연방행정절차법에는 명문으로 행정소송절차의 종결시까지 치유가 가능하다고 규정하고 있다. 03 행시

관련판례

❶ 징계처분에 대한 재심절차에서는 하자의 치유가 인정된다.

* 재심절차는 소 제기 전 단계이다.

징계처분에 대한 재심절차는 원래의 징계절차와 함께 전부가 하나의 징계처분절차를 이루는 것으로서 그 절차의 정당성도 징계과정 전부에 관하여 판단되어야 할 것이므로, 원래의 징계과정에 절차 위반의 하자가 있더라도 재심과정에서 보완되었다면 그 절차 위반의 하자는 치유된다(대판 1999.3.26, 98두4672).

❷ 소송 계속 중인 단계에서는 치유가 인정되지 않는다. 09 국회8급

과세관청이 취소소송 계속 중에 납세고지서의 세액산출 근거를 밝히는 보정통지를 하였다 하여 이것을 종전에 위법한 부과처분을 스스로 취소하고 새로운 부과처분을 한 것으로 볼 수 없으므로 이미 항고소송이 계속 중인 단계에서 위와 같은 보정통지를 하였다 하여 그 위법성이 치유된다 할 수 없다(대판 1988.2.9, 83누404).

❸ 상고심 계류 중에는 하자의 치유가 인정되지 않는다(대판 1993.7.13, 92누13981).

2. 하자 있는 행정행위의 전환

(1) 의의

1) 개념

하자 있는 행정행위의 전환이란 **행정행위가 본래의 행정행위로는 무효이지만, 그것이 다른 종류의 행정행위로 본다면 그 요건을 완전히 갖추고 있다고 판단되는 경우에 행정청의 의도에 반하지 아니하는 한 그 다른 행위로서 효력이 승인되는 것을 말한다.** 예컨대, 사망자에 대한 조세부과처분을 상속인에 대한 처분으로 전환하는 것이다.

2) 성질

하자 있는 행정행위의 전환은 그 자체가 독립된 행정행위로서의 성질을 갖는다. 따라서 전환행위는 처분성이 인정된다.

> **관련판례**
>
> 사망한 귀속재산 수불하자에 대하여 한 불하처분의 취소처분을 그 상속인에게 송달한 효력은 송달시에 그 상속인에 대하여 다시 그 불하처분을 취소한다는 새로운 행정처분을 한 것이라고 할 것이다.
>
> 귀속재산을 불하받은 자가 사망한 후에 그 수불하자에 대하여 한 그 불하처분은 사망자에 대한 행정처분이므로 무효이지만 그 취소처분을 수불하자의 상속인에게 송달한 때에는 그 송달시에 그 상속인에 대하여 다시 그 불하처분을 취소한다는 새로운 행정처분을 한 것이라고 할 것이다(대판 1969.1.21. 68누190).

(2) 인정 여부와 인정범위

우리나라 통설은 법적 안정성, 행정행위의 무용한 반복 회피 등을 이유로 하자의 전환을 인정한다. 통설과 판례는 **무효인 행정행위에 대해서만 인정한다.** 01 행시

(3) 전환의 요건 09 국회8급, 06 경북9급, 05 서울9급 등

실질적 공통성	두 행정행위가 요건, 목적, 효과에서 실질적 공통성이 있어야 함.
전환되는 행위로서의 요건	전환되는 행정행위로서의 성립, 발효요건을 갖추고 있어야 함.
행정청의 의도에 반하지 않을 것	하자 있는 행정행위를 한 행정청의 의도에 반하지 않을 것
원처분보다 불이익하지 않을 것	상대방이 전환을 의욕하고 원처분보다 불이익을 주지 않을 것
제3자의 이익	전환으로 제3자의 이익을 침해하지 않을 것
행정의 중복 회피	행위의 중복을 피하려는 의미가 있어야 함.

(4) 전환의 제한

다음과 같은 경우에는 전환이 인정되지 않는다. ① 전환이 처분청의 의도에 명백히 반하는 경우, ② 관계인에게 원래의 행정행위보다 불이익이 되는 경우, ③ 하자 있는 행정행위의 취소가 허용되지 않는 경우, ④ 기속행위의 재량행위로의 전환 등은 인정되지 않는다.

(5) 전환의 효과
전환으로 인하여 생긴 새로운 행정행위는 종전의 **행정행위의 발령 당시로 소급하여 효력이 발생한다.**
`09 관세사 등`

(6) 전환에 대한 쟁송
전환은 그 자체가 하나의 새로운 행정행위이기 때문에 행정쟁송의 방법을 통하여 하자 있는 행정행위의 전환을 다툴 수 있다.

제2절 하자의 승계

01 의의

하자의 승계란 두 개 이상의 행정행위가 서로 연속하여 행해지는 경우, 선행행위에 취소사유에 해당하는 하자가 있음에도 불구하고 **제소기간 경과로 인한 불가쟁력이 발생한 후에**, 후행행위의 취소소송에서 후행행위 자체가 위법하지 아니함에도 불구하고 선행행위의 위법을 이유로 후행행위의 위법을 주장할 수 있는가의 문제이다.
`16 사복9급`

02 논의의 전제

1. 하자의 정도
선행행위에는 당연무효가 아닌 취소사유가 존재하여야 한다. 선행행위가 무효이면 후행행위가 당연히 하자 있는 처분이 되므로 논의의 실익이 없다. `10 지방9급 등`

2. 선행행위에 불가쟁력 발생
선행행위에는 불가쟁력이 발생하여야 한다. `16 사복9급, 07 경북9급 등`

3. 후행행위에는 하자가 없을 것
후행행위는 그 자체에 하자가 없어야 한다. `05 대구9급`

4. 양자 모두 항고소송의 대상이 될 것
선행행위와 후행행위는 모두 항고소송의 대상이 되는 행정처분이어야 한다. `09 국회속기 등`

5. 취지
하자의 승계론은 당사자의 권리 보호나 실질적 타당성을 확보하기 위한 것이다.

03 승계의 인정 여부

1. 학설(하자의 승계론) - 통설

(1) 승계가 인정되는 경우

행정행위 상호 간에는 하자의 승계가 인정되지 않는 것이 원칙이다. 따라서 통설은 **선행처분과 후행처분이 서로 결합하여 하나의 법적 효과를 완성하는 경우에만 승계를 인정한다.** 16 사복9급 예컨대, **조세 체납처분**에 있어서 독촉·압류·매각·청산의 각 행위 사이, **대집행**에 있어서 계고·대집행 영장 통지·대집행 실행·비용징수의 각 행위 사이와 같이 선행행위와 후행행위가 결합하여 하나의 법적 효과를 완성하는 경우에는 하자의 승계가 인정된다. 07 경북9급 등

> **보충** 강제징수에서의 하자승계
>
> '조세 부과 → 독촉 → 압류 → 매각 → 청산'에서 조세 부과와 독촉 사이에는 하자승계가 인정되지 않고, 그 후의 **독·압·매·청** 사이에는 하자승계가 인정된다.

> **보충** 대집행에 있어서 하자승계
>
> '철거명령 → 계고 → 통지 → 실행 → 비용징수'에서 철거명령과 계고 사이에는 하자승계가 인정되지 않고, 그 후의 **계·통·실·비**에서는 하자승계가 인정된다. 18 국가9급

(2) 승계가 부정되는 경우

선행행위와 후행행위가 **독립하여 별개의 법적 효과를 발생하는 경우에는 하자가 승계되지 않는다.** 예컨대, 조세부과처분과 체납처분 상호 간, 건물철거명령과 대집행행위 상호 간에는 하자가 승계되지 않는다. 16 사복9급, 09 국회속기 등

★ 선행정행위의 후행정행위에 대한 구속력이론(행정행위의 내용적 구속력론, 기결력이론)

개념		구속력이론이란 둘 이상의 행정행위가 동일한 법적 효과를 추구하는 경우에 선행행위가 후행행위에 대하여 일정한 범위 안에서 구속력을 가지며, 그러한 구속력이 미치는 범위 안에서 후행행위에 있어서 선행행위의 효과와 다른 주장을 할 수 없게 되는 것을 말한다. 그러나 이때의 선행 행정행위의 구속력은 후행 행정행위와 일정한 관련성을 필요로 하며, 이에 따라서 일정한 한계 하에서만 구속력을 인정할 수 있다고 한다.
구속력 발생요건	사물적 한계	연속되는 여러 행위들이 동일한 목적을 추구하고 그 법적 효과가 궁극적으로 일치할 것. 예를 들어 과세 부과처분과 체납처분 사이에는 일치하지만, 직위해제처분과 직권면직처분 사이에는 일치하지 않는다.
	대인적 한계	양 행정행위의 수범자가 동일해야 한다.
	시간적 한계	선행행위의 사실 및 법상태가 동일하게 유지되는 한도 내에서만 구속력이 인정된다.
	예측가능성과 수인가능성	선행행위의 위법을 이유로 후행행위의 취소를 인정하지 아니할 경우에 상대방에게 지나치게 가혹한 결과를 초래할 수 있기 때문에 상대방에게 예측가능성과 수인가능성이 있어야 한다.
하자의 승계 여부		위 4가지 요건이 모두 충족되는 경우에는 구속력이 발생되기 때문에 하자는 승계되지 않는다. 그러나 위 4가지 요건 중 어느 하나의 요건이라도 충족되지 않으면 선행행위의 구속력이 후행행위에 미치지 않는다. 따라서 선행행위의 하자가 후행행위에 승계되어 후행행위를 다툴 수 있다. **구속력이론에서 선행행위가 후행행위를 구속한다는 것은 하자의 승계가 안 된다는 의미이고, 구속하지 않는다는 것은 하자의 승계가 된다는 말이다.**
구속이론 적용		구속력이론을 적용하면 ① 직위해제와 직권면직 사이, ② 개별공시지가와 과세처분 사이, ③ 표준공시지가와 과세처분 사이, ④ 표준공시지가 결정과 개별공시지가 결정 사이, ⑤ 표준공시지가 결정과 수용재결 사이 등에 하자의 승계가 인정된다.
검토		구속력이론이 하자의 승계이론을 대체할 정도로 성숙되었다고 보기는 어렵다는 것이 다수의 견해이다.

2. 판례

(1) 원칙적 판례
대법원은 원칙적으로 통설적 견해에 따라 **후행처분이 동일한 법적 효과를 가질 때 하자의 승계를 인정**한다.

(2) 예외적 판례
대법원은 최근 개별공시지가 판결에서 개별공시지가와 과세처분 사이에 하자가 승계되는지에 대해 "선행처분과 후행처분이 **서로 독립하여 별개의 효과를 목적으로** 하는 경우에도 선행처분의 불가쟁력이나 구속력이 그로 인하여 불이익을 입게 되는 자에게 **수인한도를 넘는 가혹함을 가져오며**, 그 결과가 **당사자에게 예측가능한 것이 아닌 경우에는** 국민의 재판받을 권리를 보장하고 있는 헌법의 이념에 비추어 **선행처분의 후행처분에 대한 구속력은 인정될 수 없다.**"라고 판시하면서 **하자의 승계를 인정하였다**(대판 2019.1.31. 2017두40372). 21·15 국가7급, 14 변호사

관련판례

◎ **최근의 예외적 판례**
* 선행처분과 후행처분이 서로 독립하여 별개의 효과를 목적으로 하는 경우에도 선행처분의 하자를 이유로 후행처분의 효력을 다툴 수 있는 경우

❶ 서로 독립하여 별개의 효과를 목적으로 하는 경우의 하자승계

[1] 선행처분과 후행처분이 서로 독립하여 별개의 효과를 목적으로 하는 경우에도 선행처분의 하자를 이유로 후행처분의 효력을 다툴 수 있는 경우 05 서울9급 등
선행처분과 후행처분이 서로 독립하여 별개의 효과를 목적으로 하는 경우에도 선행처분의 불가쟁력이나 구속력이 그로 인하여 불이익을 입게 되는 자에게 <u>수인한도를 넘는 가혹함</u>을 가져오며, 그 결과가 당사자에게 예측 가능한 것이 아닌 경우에는 국민의 재판받을 권리를 보장하고 있는 헌법의 이념에 비추어 선행처분의 후행처분에 대한 구속력은 인정될 수 없다.

[2] 과세처분 등 행정처분의 취소를 구하는 행정소송에서 선행처분인 개별공시지가 결정의 위법을 독립된 위법사유로 주장할 수 있다. 14 변호사
위법한 개별공시지가 결정에 대하여 그 정해진 시정절차를 통하여 시정하도록 요구하지 아니하였다는 이유로 위법한 개별공시지가를 기초로 한 과세처분 등 후행 행정처분에서 개별공시지가 결정의 위법을 주장할 수 없도록 하는 것은 수인한도를 넘는 불이익을 강요하는 것으로서 국민의 재산권과 재판받을 권리를 보장한 헌법의 이념에도 부합하는 것이 아니라고 할 것이므로, 개별공시지가 결정에 위법이 있는 경우에는 그 자체를 행정소송의 대상이 되는 행정처분으로 보아 그 위법 여부를 다툴 수 있음은 물론 이를 기초로 한 과세처분 등 행정처분의 취소를 구하는 행정소송에서도 <u>선행처분인 개별공시지가 결정의 위법을 독립된 위법사유로 주장할 수 있다</u>고 해석함이 타당하다(대판 1994.1.25. 93누8542).

◆ **판례해설**
이 사례는 갑의 토지가 대지와 답으로 구성되어 있는데, 전체를 대지로 평가하여 실제 가격보다 높은 가격으로 개별공시지가를 결정한 경우이다. 개별공시지가는 통지를 하지 않으므로 당사자는 그 내용을 모르고 있는 상황에서 전체 토지를 매각하였고 과세관청이 전체를 대지로 평가하여 고액의 양도소득세를 부과한 사건이다. 결국 예측가능성이 없고 수인한도를 초과하는 경우에는 하자승계가 인정된다.

❷ 수용보상금의 증액을 구하는 소송에서 선행처분으로서 그 수용대상 토지가격 산정의 기초가 된 비교표준지공시지가 결정의 위법을 독립한 사유로 주장할 수 있다. 18 국가9급, 12·10 지방9급
위법한 표준지공시지가 결정에 대하여 그 정해진 시정절차를 통하여 시정하도록 요구하지 않았다는 이유로 위법한 표준지공시지가를 기초로 한 수용재결 등 후행 행정처분에서 표준지공시지가 결정의 위법을 주장할 수 없도록 하는 것은 수인한도를 넘는 불이익을 강요하는 것으로서 국민의 재산권과 재판받을 권리를 보장한

헌법의 이념에도 부합하는 것이 아니다. 따라서 표준지공시지가 결정이 위법한 경우에는 그 자체를 행정소송의 대상이 되는 행정처분으로 보아 그 위법 여부를 다툴 수 있음은 물론, 수용보상금의 증액을 구하는 소송에서도 선행처분으로서 그 수용대상 토지가격 산정의 기초가 된 비교표준지공시지가 결정의 위법을 독립한 사유로 주장할 수 있다(대판 2008.8.21. 2007두13845).

❸ 갑을 친일반민족행위자로 결정한 친일반민족행위 진상규명위원회의 최종 발표(선행처분)에 따라 지방보훈지청장이 독립유공자 예우에 관한 법률 적용대상자로 보상금 등의 예우를 받던 갑의 유가족 을 등에 대하여 독립유공자 예우에 관한 법률 적용 배제자 결정(후행처분)을 한 경우, 선행처분의 후행처분에 대한 구속력을 인정할 수 없어 선행처분의 위법을 이유로 후행처분의 효력을 다툴 수 있다(대판 2013.3.14. 2012두6964). `18 지방9급, 17 국가9급`

관련판례

◎ **하자의 승계를 부정한 사례**

개별토지가격 결정에 대한 재조사청구에 따른 감액조정에 대하여 더 이상 불복하지 아니한 경우, 이를 기초로 한 양도소득세 부과처분 취소소송에서 다시 개별토지가격 결정의 위법을 당해 과세처분의 위법사유로 주장할 수 없다. `18 지방9급, 10 국가7급`

* 수인가능성과 예측가능성이 있는 경우이다.

원고가 이 사건 토지를 매도한 이후에 그 양도소득세 산정의 기초가 되는 1993년도 개별공시지가 결정에 대하여 한 재조사청구에 따른 조정결정을 통지받고서도 더 이상 다투지 아니한 경우까지 선행처분인 개별공시지가 결정의 불가쟁력이나 구속력이 수인한도를 넘는 가혹한 것이거나 예측불가능하다고 볼 수 없어, 위 개별공시지가 결정의 위법을 이 사건 과세처분의 위법사유로 주장할 수 없다(대판 1998.3.13. 96누6059).

3. 검토

관련판례

◎ **하자의 승계가 긍정된 경우**

❶ 국립보건원장의 안경사시험 합격무효처분과 보건사회부장관의 안경사면허 취소처분 사이의 하자(대판 1993.2.9. 92누4567) `10 국가7급 등`

❷ 한지의사(일정 지역에서만 개업가능한 의사) 시험자격 인정과 한지의사 면허처분 사이의 하자(대판 1975.12.9. 75누123) `06 서울9급`

❸ 귀속재산의 임대처분과 후행 매각처분 사이(대판 1963.2.7. 62누215) `10 경북교행 등`

❹ 암매장분묘 개장명령과 후행 계고처분 사이(대판 1961.2.21. 4293행상31) `06 국회8급`

❺ 토지구획정리사업에 있어서 환지예정 지정처분과 공작물 이전명령 사이

❻ 무효인 조례(처분 당시에는 무효가 아닌 경우)와 그에 근거한 지방세 부과처분 사이

관련판례

◎ **하자의 승계가 부정된 경우**

❶ 도시계획시설 변경 및 지적승인 고시처분과 사업계획승인처분 사이의 하자(대판 2000.9.5. 99두9889)

❷ 병역법상 보충역 편입처분과 공익근무요원 소집처분 사이의 하자(대판 2002.12.10. 2001두5422) `12 국가9급, 06 국회8급`

❸ 사업인정처분과 수용재결처분 사이 `18 국가9급, 16 국회8급, 06 서울9급 등`

❹ 공무원의 직위해제처분과 면직처분 사이(대판 1984.9.11. 84누191) `18 국가9급 등`

❺ 증액경정처분이 있는 경우 당초처분은 증액경정처분에 흡수되어 소멸하고, 소멸한 당초처분의 절차적 하자는 존속하는 증액경정처분에 승계되지 아니한다(대판 2010.6.24. 2007두16493). `17 국가7급`

❻ 종전 상이등급 결정과 상이등급 개정 여부에 관한 결정이 서로 결합하여 하나의 법률효과를 발생시키는 관계가 아니므로 종전 상이등급 결정에 불가쟁력이 생겨 효력을 다툴 수 없게 된 경우, 종전 상이등급 결정의 하자를 들어 상이등급 개정 여부에 관한 결정의 효력을 다툴 수 없다(대판 2015.12.10. 2015두46505).

❼ 선행처분인 검사필증 무효 통지처분은 한국전기안전공사가 전기설비의 설치공사 후 사용이 가능하도록 하는 검사 합격처분을 취소하는 처분인 반면, 이 사건 선정취소처분은 피고가 발전차액을 지원받을 수 있는 근거인 발전차액 지원적용설비 선정처분을 취소하는 처분으로, 후행처분이 선행처분을 전제로 하지만, 양 처분은 주체와 내용이 다르고, 별개의 법률효과를 발생하는 독립된 행정처분이므로, 원고들은 선행처분이 당연무효가 아닌 이상 그 절차상 하자를 이유로 후행처분인 이 사건 선정취소처분의 효력을 다툴 수 없다(대판 2016.2.18. 2014두6135).

Chapter 08 행정행위의 취소 및 철회

제1절 행정행위의 취소

01 개설

1. 행정행위 취소의 의의

(1) 개념

행정행위의 취소란 그 성립에 하자가 있음에도 불구하고 일단 유효하게 성립한 행정행위를 그 성립상의 하자(원시적 하자)를 이유로 권한 있는 기관이 그 효력의 전부 또는 일부를 원칙적으로 소급하여 상실시키는 행위를 말한다. 17 국회8급

(2) 성질

행정행위의 취소는 원래의 행정행위와는 **독립된 별개의 행정행위**이다. 01 국가7급

취소	**행정기본법 제18조(위법 또는 부당한 처분의 취소)**
	① 행정청은 위법 또는 부당한 처분의 전부나 일부를 소급하여 또는 장래를 향하여 취소할 수 있다. 다만, 당사자의 신뢰를 보호할 가치가 있는 등 정당한 사유가 있는 경우에는 장래를 향하여 취소할 수 있다.
	② 행정청은 제1항에 따라 당사자에게 권리나 이익을 부여하는 처분을 취소하려는 경우에는 취소로 인하여 당사자가 입게 될 불이익을 취소로 달성되는 공익과 비교·형량하여야 한다. 다만, 다음 각 호의 어느 하나에 해당하는 경우에는 그러하지 아니하다.
	  1. 거짓이나 그 밖의 부정한 방법으로 처분을 받은 경우
	  2. 당사자가 처분의 위법성을 알고 있었거나 중대한 과실로 알지 못한 경우

철회	**행정기본법 제19조(적법한 처분의 철회)**
	① 행정청은 적법한 처분이 다음 각 호의 어느 하나에 해당하는 경우에는 그 처분의 전부 또는 일부를 장래를 향하여 철회할 수 있다.
	  1. 법률에서 정한 철회사유에 해당하게 된 경우
	  2. 법령 등의 변경이나 사정변경으로 처분을 더 이상 존속시킬 필요가 없게 된 경우
	  3. 중대한 공익을 위하여 필요한 경우
	② 행정청은 제1항에 따라 처분을 철회하려는 경우에는 철회로 인하여 당사자가 입게 될 불이익을 철회로 달성되는 공익과 비교·형량하여야 한다.

2. 철회와의 구별

구분	취소	철회
사유	원시적 하자(위법한 행위를 대상)	후발적 사유(적법한 행위를 대상)
효력	• 수익적 행정행위 ┌ 귀책사유 有: 소급효 └ 귀책사유 無: 장래효 • 부담적 행정행위 – 소급효	장래효
법적 근거	법적 근거 없이 취소 가능 19·17 국가9급	법적 근거 없이 철회 가능 19·18 국가9급
주체	• 처분청은 명문의 규정이 없어도 당연히 취소 가능 • 명문의 규정이 없는 경우에 감독청이 취소권을 가지는지 여부에 대하여는 견해의 대립	처분청만 철회 가능하며, 감독청은 법률에 근거가 없는 한 직접 철회 불가 13 지방9급
대상	주로 수익적 행정행위	주로 수익적 행정행위
절차	특별한 절차 없음.	특별한 절차 없음.

> **보충** 취소라는 용어를 사용하지만, 행정행위의 취소가 아닌 경우
>
> 허가조건을 위반한 자에 대한 영업허가의 취소

 관련판례

❶ 권한 없는 행정기관이 한 당연무효인 행정처분의 취소권자는 해당 행정처분을 한 처분청이다(대판 1984.10.10. 84누463). `19 국가9급`

❷ 상급 지방자치단체장(울산광역시장)이 하급 지방자치단체장(울산북구청장)에게 기간을 정하여 그 시정을 명하였음에도 이를 이행하지 아니하자 지방자치법에 따라 승진처분을 취소한 것은 적법하다(대판 2007.3.22. 2005추62 전원합의체). `12 국가7급`

3. 직권취소와 쟁송취소 `기출다수`

구분	직권취소	쟁송취소
취소권자	행정청(처분청 또는 감독청)	행정심판위원회(재결청) 또는 법원
취소의 목적	행정작용 적법상태로의 회복, 행정목적 실현(공익 우선)	국민의 권익구제(사익 우선) + 행정작용의 위법성 시정
취소사유	위법·부당한 경우 `07 광주9급 등`	위법한 경우(행정소송), 위법·부당한 경우(행정심판)
법적 근거	특별한 법적 근거를 요하지 않음.	행정심판법·행정소송법에 근거를 둠.
절차	· 행정절차법에 따른 절차 · 행정청의 직권에 의해 개시	· 행정심판법·행정소송법에 따른 절차 · 당사자의 쟁송 제기로 절차 개시
형식	제한 없음.	재결·판결 등의 형식상의 제한이 따름(→ 서면으로만).
취소의 대상	모든 행정행위(주로 수익적 행정행위) - 쟁송취소에 비해 더 많은 제한이 있음. `03 관세사 등`	모든 행정행위(주로 부담적 행정행위) + 복효적 행정행위
행사의 제한	조리·법 일반원칙상의 제한이 따름.	특별한 제한을 받지 않음.
내용	적극적 변경을 할 수 있음.	· 행정심판: 적극적 변경 가능 · 행정소송: 일부취소의 의미에서 소극적 변경만 가능
취소기간	기간의 제한이 없음(단, 실권의 법리에 의한 제한이 있음). `08 서울9급 등`	쟁송기간의 제한이 있음(행정소송법 제20조).
효과	· 부담적 행정행위: 소급효 긍정(원칙) · 수익적 행정행위: 소급효 부정(원칙) · 불가변력 부정	· 소급효 인정(원칙) · 불가변력 인정

02 취소권의 근거

1. 쟁송취소

행정심판법, 행정소송법 등에 근거가 있다.

2. 직권취소

행정청은 **별도의 명시적 근거규정 없이도 위법한 행정작용을 스스로 시정할 수 있는 권한이 있다**고 보는 것이 통설·판례의 입장이다. `19·18·16·15 국가9급, 18 지방9급, 17 국회8급, 16 서울7급`

관련판례

① 행정처분에 하자가 있는 경우에는 법령에 특별히 취소사유를 규정하고 있지 아니하여도 행정청은 그가 행한 위법한 행정처분을 취소할 수 있다(대판 1982.7.27. 81누271). 09 지방9급 등

② 변상금 부과처분에 대한 취소소송이 진행 중이라도 그 부과권자로서는 위법한 처분을 스스로 취소하고 그 하자를 보완하여 다시 적법한 부과처분을 할 수도 있다(대판 2006.2.10. 2003두5686). 11 지방9급

③ 도시계획시설사업의 사업자 지정이나 실시계획의 인가처분을 한 관할청은 도시계획시설사업의 시행자 지정이나 실시계획 인가처분에 하자가 있는 경우, 별도의 법적 근거가 없더라도 스스로 이를 취소할 수 있다(대판 2014.7.10. 2013두7025).

03 취소사유

1. 취소원인

직권취소와 행정심판에 의한 취소는 **위법뿐 아니라 부당도 취소사유가 된다**. 한편, 법원에 의한 취소는 위법만 취소사유가 된다. 중대·명백한 사유는 무효, 그 외의 위법사유는 취소사유가 된다.

2. 취소사유의 예

관련판례

① 행정처분의 성립과정에서 뇌물수수는 직권취소사유이다(대판 2003.7.22. 2002두11066).

② 택지개발계획을 승인함에 있어 이해관계자의 의견을 듣지 아니하거나 토지소유자에 대한 통지를 하지 아니한 하자가 있다는 이유로 수용재결의 취소를 구할 수 없다(대판 1993.6.29. 91누2342). 09 국회8급 등

③ 학교환경위생정화구역에서의 금지행위 및 시설의 해제 여부에 관한 행정처분을 함에 있어 학교환경위생정화위원회의 심의절차를 누락한 행정처분은 취소사유가 된다(대판 2007.3.15. 2006두15806). 16 국회8급

④ 법학전문대학원의 설치·운영에 관한 법률상 법학교육위원회의 교수위원이 제척사유에 위반하여 자신이 소속한 대학교의 인가신청 심의에 관여하여 내린 법학전문대학교 설치인가는 취소사유이다(대판 2009.12.10. 2009두8359).

* 실제로 취소한 것은 아니고 기각하였다(사정판결을 한 사례).

3. 직권취소에 대한 신청권

직권취소를 할 수 있다는 사정만으로 **이해관계인에게 처분청에 대하여 그 취소를 요구할 신청권이 부여된 것으로 볼 수는 없다**(대판 2006.5.25. 2003두4669). 17 국가9급, 11 지방9급

04 취소권의 제한

1. 직권취소

(1) 기본적 제한사유

1) 행정법의 일반원리에 따른 제한
직권취소는 행정의 법률적합성 원리와 신뢰보호원칙의 비교형량에 따르는 제한을 받는다.

2) 부담적 행정행위의 경우
부담적 행정행위의 취소는 상대방에게 이익이 되므로 자유롭게 취소할 수 있다.

3) 수익적 행정행위의 경우
수익적 행정행위의 취소는 사익과 공익을 비교형량하여 결정하여야 한다.

(2) 취소가 제한되는 경우 08 국가7급 등

1) 행정행위의 치유·전환
위법한 행정행위의 치유·전환이 인정되는 경우 및 형식·절차상의 하자가 경미하여 행정행위의 실체적인 결과에 영향이 없는 경우에는 취소가 제한된다.

2) 수익적 행정행위와 신뢰보호의 원칙
금전급부·가분적 현물급부를 내용으로 하는 수익적 행정행위의 경우, 그 상대방이 해당 행위가 존속할 것으로 믿었고, 이러한 신뢰가 보호가치 있는 경우에는 취소권이 제한된다.

3) 법적 안정성을 이유로 하는 경우
인가 등과 같이 사인의 법률행위를 완성시켜 주는 행위는 그 인가의 대상인 행위를 기초로 하여 여러 법률관계가 형성되는 것이므로 사적 거래의 안정 내지는 법률생활의 안정의 관점에서 해당 인가 등의 행위의 취소는 제한된다.

4) 공무원의 신분보장
포괄적 신분설정행위(예 공무원 임용·귀화허가)는 법적 안정성의 견지에서 이들 행위의 취소도 제한된다.

5) 실권의 법리
취소권자가 상당한 장기간에 걸쳐 그 권한을 행사하지 아니한 결과, 장차 해당 행위는 취소되지 아니할 것이라는 신뢰가 형성된 경우에는 그 취소권은 상실된다.

6) 준사법적 행위의 경우
쟁송절차를 거쳐 행하여지는 준사법적 행위나 일정한 확인행위에는 불가변력이 발생하므로, 그 한도 내에서는 취소가 허용되지 않거나 제한을 받는다.

(3) 취소가 제한되지 않는 경우 08 지방7급 등

1) 행정행위의 하자가 수익자의 귀책사유에 기인
수익자의 사기·강박·증뢰 등 부정한 방법으로 수익적 행정행위가 발해졌을 때에는 취소에 관한 공익이 앞선다. 수익자가 행정행위의 위법성을 알았거나 중대한 과실로 알지 못한 경우도 동일하다.

2) 공공의 안녕·질서에 대한 위험 방지
공공의 안녕과 질서에 대한 위험을 방지하기 위하여 필요한 경우에는 취소할 수 있다.

3) 불가쟁력 발생
불가쟁력이 발생한 경우에도 직권취소는 가능하다.

4) 변상금 부과처분소송
변상금 부과처분소송이 진행 중인 경우에도 직권취소가 가능하다.

 관련판례

◎ 직권취소 가능

❶ 산업기능요원이 실질적으로 지정업체의 해당 분야에 종사하지 않은 사실을 의무종사기간이 경과한 후에 발견한 경우, 복무만료처분 및 산업기능요원 편입처분을 취소하고 현역병 입영처분을 할 수 있다(대판 2008.8.21. 2008두5414).

❷ 공무원 임용결격사유가 있는 자에 대하여 한 임용은 당연무효이다(대판 1987.4.14. 86누459).

❸ 허위의 고등학교 졸업증명서를 제출하는 사위의 방법에 의한 하사관 지원의 하자를 이유로 하사관 임용일로부터 33년이 경과한 후에 행정청이 행한 하사관 및 준사관 임용취소처분은 적법하다(대판 2002.2.5. 2001두5286).

❹ 시·도지사나 시장·군수는 여객자동차운수사업자가 '거짓이나 부정한 방법으로 지급받은 보조금'에 한하여 이를 반환할 것을 명하여야 하고, '정상적으로 지급받은 보조금'까지 반환할 것을 명할 수 있는 것은 아니지만, 보조금이 가분적 평가에 의하여 산정·결정된 것이 아니어서 보조금 중 '거짓이나 부정한 방법으로 지급받은 부분'과 '정상적으로 지급받은 부분'을 구분할 수 없고, 보조금이 거짓이나 부정한 방법에 의하여 일체로서 지급된 것이라고 판단할 수 있는 경우에는 보조금 전부를 거짓이나 부정한 방법으로 지급받은 것으로 보아야 한다(대판 2019.1.17. 2017두47137).

2. 쟁송취소

(1) 원칙
쟁송취소는 주로 부담적 행정행위에서 문제되므로 침해된 권익을 구제하기 위하여 원칙적으로 자유롭게 취소할 수 있다.

(2) 예외
다만, 사정재결과 사정판결의 경우에는 취소권이 제한된다. 불가쟁력이 발생한 경우에 취소할 수 없음은 당연하다. 불가쟁력은 쟁송취소의 제한사유이고, 불가변력은 직권취소의 제한사유이다.

05 취소의 절차

1. 직권취소
직권취소는 특별한 절차를 요하지 않는 것이 원칙이다. 행정절차법상의 청문이나 이유부기 이외에는 다른 특별한 절차상의 규정이 없는 것이 보통이나, 그 공정성 등을 기하기 위해 자문절차나 관계자의 의견청취절차 등이 규정되어 있는 경우가 있다.

2. 쟁송취소

쟁송취소는 행정심판법·행정소송법의 규정에 따라 행해지며, 재결 또는 판결의 형식으로 한다.

3. 일부취소의 가능 여부

행위의 일부에만 취소사유가 있고, 그 행위가 가분적일 때는 일부취소가 가능하다.

 관련판례

❶ 당초 과세처분에 취소사유인 하자가 있는 경우, 하자가 있는 부분의 세액을 감액하는 경정처분에 의하여 당초 과세처분의 하자를 시정할 수 있다(대판 2006.3.9. 2003두2861). 19 국가9급

❷ 법위반사실 공표명령은 비록 하나의 조항으로 이루어진 것이라고 하여도 그 대상이 된 사업자의 광고행위와 표시행위로 인한 각 법위반사실은 별개로 특정될 수 있어 이 중 표시행위에 대한 법위반사실이 인정되지 아니하는 경우에 그 부분에 대한 공표명령의 효력만을 취소할 수 있을 뿐, 공표명령 전부를 취소할 수 있는 것은 아니다(대판 2000.12.12. 99두12243). 19 서울9급

06 취소의 효과

1. 직권취소

2. 쟁송취소

쟁송취소는 행정행위의 위법상태를 시정하여 행정의 적법상태를 회복시키는 것을 목적으로 하는 것이므로 취소의 효과는 **당연히 소급한다**. 01 국가7급 예컨대, 운전면허 취소처분을 받은 후 취소처분이 행정쟁송에서 취소되면 무면허운전이 성립되지 않는다. 18 지방9급

 관련판례

❶ 영업허가 취소처분 자체가 나중에 행정쟁송절차에 의하여 취소되었다면 영업허가 취소처분 이후의 영업행위를 무허가영업이라고 볼 수는 없다(대판 1993.6.25. 93도277). 19 국가9급

❷ 운전면허 취소처분을 받은 후 자동차를 운전하였으나 위 취소처분이 행정쟁송절차에 의하여 취소된 경우, 무면허운전은 성립하지 않는다(대판 1999.2.5. 98도4239). 01 국가7급

07 취소의 취소(하자 있는 취소의 효력)

1. 취소에 무효사유인 하자가 있는 경우

행정행위로서의 해당 취소행위는 처음부터 효력을 발생하지 아니하므로, 원행정행위는 그대로 존속한다(통설·판례). 그러나 이 경우에도 무효선언의 의미로서의 취소가 가능함은 물론이다.

2. 취소에 단순 취소사유인 하자가 있는 경우

 관련판례

◎ 취소의 취소 부정(주로 원처분이 부담적 처분인 경우)

① 과세관청이 조세 부과의 취소를 다시 취소함으로써 원부과처분을 소생시킬 수 없다(대판 1995.3.10. 94누7027). 18 지방9급, 16 국가9급·서울7급, 11 지방9급·사복9급 등

② 보충역 편입처분의 성립에 하자가 있음을 이유로 이를 취소한다고 하더라도 종전의 병역처분의 효력이 되살아난다고 할 수 없다(대판 2002.5.28. 2001두9653).

 관련판례

◎ 취소의 취소 인정(주로 원처분이 수익적 처분인 경우)

행정청이 의료법인의 이사에 대한 이사취임승인 취소처분을 직권으로 취소한 경우, 법원에 의하여 선임된 임시이사는 법원의 해임결정이 없더라도 당연히 그 지위가 소멸된다(대판 1997.1.21. 96누3401). 17 국가9급 *원래의 이사가 회복된다는 의미이다.

3. 쟁송취소

행정심판에서 인용재결이 있거나 취소소송에서 인용판결이 있으면, 불가변력 때문에 그 취소를 다시 취소·변경하지 못한다.

제2절 행정행위의 철회

01 개설

1. 철회의 의의

행정행위의 철회란 하자 없이 적법하게 성립한 행정행위를 행정청이 후발적 사유를 이유로 장래를 향하여 그 효력의 전부 또는 일부를 상실시키는 별개의 행정행위를 말한다. 05 국가9급 등

2. 구체적 사례

임용신청서의 허위사실 기재로 인한 공무원 임용의 효력상실(취소사유), 해제조건의 성취·종기의 도래(실효사유) 등은 철회와 관련이 없다. 04 입시 등

02 철회권자

1. 처분청

철회는 처분청만이 할 수 있다(통설·판례). 07 경기9급 등 **감독청**은 처분청에 철회를 명할 수는 있으나, **법률에 특별한 규정이 없는 한 직접 해당 행위를 철회할 수는 없다**(통설). 10 경복교행 등 그 밖의 행정청이나 법원은 당연히 철회권을 갖지 못한다. 왜냐하면, 감독권은 피감독청의 잘못을 시정하여 적법성을 확보하기 위한 것인데, 철회는 원행정행위의 잘못을 시정하는 것이 아니라 사정변경에 따라 새로운 행정행위를 하는 것이므로 철회권은 감독청의 권한을 벗어나는 것이기 때문이다.

2. 권한 위임의 경우

서울시장이 적법하게 위임한 기관위임사무에 대하여 철회권을 행사할 수 있는 자는 서울시장이다. 03 국가7급

03 철회권의 제한

철회사유가 발생한 경우에도 철회가 당연히 정당화되지는 않으며, 신뢰보호원칙, 이익형량에 의한 제한 및 한계 문제가 대두된다. 철회자유설의 입장을 취할 경우 철회권의 한계문제는 행정권에 의한 철회권의 남용을 방지할 수 있는 의의를 가진다. 12 지방9급

Chapter 09 확약과 행정계획

제1절 행정상의 확약

01 확약

1. 확약의 의의

(1) 확언과 확약

확언이란 행정청이 **자기구속을 할 의도**로 국민에게 일정한 행정작용을 하거나 하지 않을 것을 내용으로 하는 약속의 의사표시를 말하는데, 그중 **약속의 대상이 행정행위인 경우**를 확약이라고 한다.

(2) 확약의 예

각종 인·허가의 발급 약속, 공무원 임용의 내정, 자진 납세신고자에 대한 세율 인하의 약속, 어업면허의 우선순위의 결정 등

2. 확약의 법적 성질 – 행정행위성 여부

판례는 확약의 처분성을 부정한다. 18 국가9급 등 그러나 확약(내인가)의 취소에 대해서는 처분성을 인정한다.

 관련판례

① 어업면허 우선순위 결정은 처분이 아니다(대판 1995.1.20. 94누6529). 19 소방, 16 국회8급, 13 국가7급, 08 지방7급 등

② 자동차운송사업 양도양수 인가신청에 대하여 행정청이 내인가를 한 후 그 본인가 신청이 있음에도 내인가를 취소함으로써 다시 본인가에 대하여 따로이 인가 여부의 처분을 한다는 사정이 보이지 않는 경우 위 내인가 취소를 인가신청 거부처분으로 볼 수 있다(대판 1991.6.28. 90누4402). 17 국가9급
* 내인가의 취소에 대해 처분성을 인정한 사례이다.

기출 OX

어업면허에 선행하는 우선순위 결정은 최종적인 법적 효과를 가져오는 것이 아니므로 처분이 아니지만, 어업면허우선순위결정 대상탈락자 결정은 최종적인 법적 효과를 가져오므로 처분이다. (○ , ×) 16 국회8급   ○

3. 확약의 허용 여부와 한계

명문의 규정이 없는 경우 허용되는지 여부와 관련해 과거 부정설이 있었으나, **현재는 허용된다고 봄이 일반적이다(본처분권한포함설).** 18 국가9급

4. 효과

(1) 확약과 사정변경

대법원은 "행정청이 상대방에게 장차 어떤 처분을 하겠다고 확약 또는 공적인 의사표명을 하였다고 하더라도, 그 기간 내에 상대방의 신청이 없었다거나 **확약 또는 공적인 의사표명이 있은 후에 사실적·법률적 상태가 변경되었다면**, 그와 같은 확약 또는 공적인 의사표명은 **행정청의 별다른 의사표시를 기다리지 않고 실효된다.**"라고 판시하였다(대판 1996.8.20. 95누10877). 18 국가9급·국가7급, 12 국회8급

5. 행정절차법상 확약

 관련조문

제40조의2(확약) ① 법령 등에서 당사자가 신청할 수 있는 처분을 규정하고 있는 경우 행정청은 당사자의 신청에 따라 장래에 어떤 처분을 하거나 하지 아니할 것을 내용으로 하는 의사표시(이하 '확약'이라 한다)를 할 수 있다.
② 확약은 문서로 하여야 한다.
③ 행정청은 다른 행정청과의 협의 등의 절차를 거쳐야 하는 처분에 대하여 확약을 하려는 경우에는 확약을 하기 전에 그 절차를 거쳐야 한다.
④ 행정청은 다음 각 호의 어느 하나에 해당하는 경우에는 확약에 기속되지 아니한다.
  1. 확약을 한 후에 확약의 내용을 이행할 수 없을 정도로 법령 등이나 사정이 변경된 경우
  2. 확약이 위법한 경우
⑤ 행정청은 확약이 제4항 각 호의 어느 하나에 해당하여 확약을 이행할 수 없는 경우에는 지체 없이 당사자에게 그 사실을 통지하여야 한다.

02 확약의 구별 개념 - 다단계 행정결정

1. 예비결정(예비허가, 사전결정)

(1) 의의

1) 개념

예비결정이란 종국적인 행정행위를 하기 전 단계에서 종국적인 행정행위에 요구되는 여러 요건 중 개별적인 몇 가지 요건에 대한 종국적인 판단으로서 내려지는 결정을 말한다.

2) 특징

예비결정은 그 자체가 하나의 완결적·종국적·구속적인 행위라는 특징을 가진다.

3) 예비결정의 종류

폐기물처리 사업계획서의 적정·부적정 통보, 건축에 관한 입지 및 규모의 사전결정, 주택건설사업계획의 사전결정 등이 있다.

(2) 법적 성질

1) 처분성

예비결정은 하나의 독립된 행정행위로 처분성이 인정된다.

2) 재량성

예비결정이 재량행위인지 여부는 최종행정행위의 성격에 따라 결정된다. 즉, 최종행위가 재량행위이면 예비결정도 재량행위의 성격을 가진다.

 관련판례

❶ 폐기물처리업 허가와 관련된 사업계획 적정 여부에 관한 기준설정은 행정청의 재량에 속한다(대판 2004.5.28. 2004두961). `18 국가7급`

❷ 주택건설촉진법 소정의 주택건설사업계획의 사전결정은 재량행위이다(대판 1998.4.24. 97누1501).

❸ 건축계획 사전결정은 기속행위이다(대판 1996.3.12. 95누658).

2. 부분허가(부분인허, 부분승인)

(1) 의의

부분허가란 단계적인 행정절차에서 사인이 원하는 특정 부분에 대해서만 승인하는 행위를 말한다. 예컨대, 하나의 대단위사업을 위한 건축허가, 시설허가, 영업허가 신청의 경우에 우선 건축이나 시설의 설치만을 허가하는 경우 등이 있다.

(2) 성질

부분허가는 종국적인 행정행위이다. 즉, 부분허가는 결정의 대상이 되는 계획의 중간단계에 대하여 이루어지는 결정이나, 그 단계 자체에 대하여는 종국적인 행정행위의 성격을 가진다.

(3) 효과

부분허가를 받은 자는 허가를 받은 범위 안에서 허가를 받은 행위를 할 수 있다. 그리고 행정청은 나머지 부분에 대한 결정에서 부분허가한 내용과 상충되는 결정을 할 수 없다. 즉, 부분허가는 최종적 결정에 대한 구속력을 갖는다.

(4) 권리보호

부분허가도 행정쟁송법상 처분 개념에 해당한다. 따라서 부분허가의 발령이나 불발령으로 인하여 법률상이익이 위법하게 침해된 경우에는 의무이행심판, 취소소송, 부작위위법확인소송을 제기할 수 있다.

3. 가행정행위(직위해제)

(1) 의의

가행정행위란 종국적인 행정행위가 있기 전에 해당 행정법관계를 잠정적으로 규율하는 행정행위를 말한다. 예컨대, 국가공무원법 제73조의3 제1항 제3호에 의거하여 징계의결이 요구 중인 자에게 잠정적으로 직위를 해제하는 경우와 같이 문자 그대로 행정법관계를 잠정적으로 규율하는 결정을 말한다.

(2) 특징 `08 지방9급`

1) 잠정성

종국적인 결정이 있을 때까지 해당 행위는 잠정적으로 규율하는 효과를 가진다.

2) 종속성
가행정행위의 내용은 종국적인 결정을 위한 주된 절차에 종속하며, 종국적인 결정이 내려지면 이에 의해 종전의 결정이 대체된다.

3) 불가변력 불발생
행정행위의 존속력 중 불가변력이 발생하지 않는다.

4) 개략적 심사
사실관계와 법률관계에 대한 개략적인 심사에 기초한다.

* 직위해제에 대하여는 행정절차법상 사전통지·의견청취 절차가 적용되지 않는다.

5) 신뢰보호 주장 불가
상대방은 종국적 행정행위에 대해 신뢰보호원칙을 주장하지 못한다.

(3) 가행정행위의 인정영역

1) 급부영역
가행정행위는 수령자의 이익을 위해 신속성이 필요하기 때문에 주로 급부행정영역에 적용된다. 국민기초생활 보장법상 수급신청자에 대한 자력조사 전의 수급품 지급과 같은 경우이다.

2) 침해영역
가행정행위는 침해영역(직위해제)과 경찰행정에도 존재한다. 징계의결이 요구 중인 자에게 잠정적으로 직위를 해제하는 경우이다.

(4) 성질
가행정행위는 그 자체가 하나의 행정행위로서의 성질을 가진다는 것이 다수설이다. **직위해제처분에 대한 항고소송이 가능하다는 의미이다.** 09 관세사

(5) 허용요건
명문의 규정이 있는 경우에 가행정행위를 할 수 있는 것은 당연하다. **명문규정이 없는 경우에** 가행정행위를 할 수 있는지에 대해 **본처분의 권한이 있다면 발령 가능하다**고 보는 것이 다수설이다.

제2절 행정계획

01 개설

1. 행정계획의 의의 12 지방9급
행정계획이란 행정에 관한 전문적·기술적 판단을 기초로 하여 도시의 건설·정비·개량 등과 같은 특정한 **행정목표를 달성하기 위하여 서로 관련되는 행정수단을 종합·조정함으로써 장래의 일정한 시점에 있어서 일정한 질서를 실현할 것을 목적으로 하는 활동기준 또는 그 설정행위를 말한다.**

2. 행정계획의 기능

(1) 목표 설정 기능
행정계획은 장래의 일정한 시점에서의 행정목적 달성을 위하여 목표를 설정하는 기능을 가지는데, 이는 행정계획의 기본적인 기능에 해당된다.

(2) 종합·조정 기능
다양한 행정수요에 대한 여러 가지 행정수단을 종합, 조정하여 목표와 유기적으로 연관시킴으로써 행정능률을 확보하는 기능을 가진다.

(3) 매개적 기능
국민에게 행정목표를 미리 알려 주어 예측가능성을 확보함으로써 행정과 국민과의 관계에 대하여 매개적인 기능(생활규범적 기능)을 담당하고 있다.

(4) 정보 제공 기능
국민에 대한 정보 제공 기능을 한다.

(5) 유도적 기능
국민에 대한 유도적·지침적 기능 등이 있다.

3. 행정계획의 문제점(통제의 곤란성)
행정계획의 특성상 행정청이 계획재량을 가지게 되어 이에 대한 통제가 어려워지고 법치주의가 후퇴될 수 있다.

02 행정계획의 종류

1. 비구속적 계획
법적 근거가 필요 없으며, 행정지도적 성격을 띤다. 원칙적으로 행정소송이나 손해배상청구가 불가능하다. 교육진흥계획, 홍보계획, 행정지도계획 등이 있다.

2. 구속적 계획

(1) 법적 근거
법적 근거가 필요하며, 행정행위적 성격을 띤다. 행정소송과 손해배상청구가 가능하다.

(2) 행정청에 대한 구속적 계획
예산운용계획은 행정청에 대한 구속력이 있다. 예산운용계획은 중앙행정기관의 예산요구서 작성의 지침이 된다(비구속적 계획으로 분류하는 견해도 있음).

(3) 국민에 대한 구속적 계획
예컨대 도시관리계획과 같이 도시계획법에 따라 도시계획지구로 지정되면, 국민들은 지구지역 내에서 건축물의 신축·증개축에 제한을 받게 된다. 다만, 도시계획시설로 지정된 후 10년간 사업시행을 하지 않으면 그 계획은 실효된다. 12 국가7급

(4) 타 계획에 대한 구속적 계획
국토종합계획, 광역도시계획, 도시기본계획

03 행정계획의 법적 성질

관련판례

◎ 처분성 인정

❶ 도시계획결정은 처분성이 인정된다(대판 1982.3.9. 80누105). `09 국회8급 등`

❷ 재건축조합이 행정주체의 지위에서 수립하는 관리처분계획은 구속적 행정계획으로서 재건축조합이 행하는 독립된 행정처분에 해당한다(대판 2009.9.17. 2007다2428 전원합의체). `12 국가9급`

관련판례

◎ 처분성 부정

❶ 환지예정지 지정이나 환지처분은 처분이라고 볼 수 있으나, 환지계획은 처분이 아니다(대판 1999.8.20. 97누6889). `14 국가7급 등`

❷ 도시기본계획은 국민과 행정청에 대한 구속력이 없다(대판 2002.10.11. 2000두8226 ; 대판 2007.4.12. 2005두1893). `14 국가9급, 09 지방9급 등`

❸ 농어촌도로 기본계획은 항고소송의 대상이 되는 행정처분이 아니다(대판 2000.9.5. 99두974).

04 행정계획의 법적 근거와 절차

1. 행정계획의 법적 근거

(1) 조직법적 근거

행정기관은 조직규범에 의해 부여된 권한의 범위 내에서만 작용할 수 있으므로 **구속적 행정계획이든 비구속적 행정계획이든 조직법적 근거는 필요하다.**

(2) 작용법적 근거

작용법적 근거는 구속적 계획에는 필요하지만, 비구속적 계획에는 요구되지 않는다. `01 관세사`

2. 행정계획의 절차

(1) 행정계획의 일반적 단계

행정계획은 보통 심의회의 조사·심의, 관계 행정기관 간의 조정, 이해관계인의 참여, 지방자치단체의 참가, 공고 등의 단계를 거쳐 결정된다.

(2) 행정절차법

관련조문

제40조의4(행정계획) 행정청은 행정청이 수립하는 계획 중 국민의 권리·의무에 직접 영향을 미치는 계획을 수립하거나 변경·폐지할 때에는 관련된 여러 이익을 정당하게 형량하여야 한다.

행정예고와 처분성을 갖는 계획의 경우에는 처분에 관한 절차규정이 적용된다. `12 서울9급 등`

관련판례

① 공람공고절차를 위배한 도시계획변경결정신청은 위법하다(대판 1988.5.24. 87누388).

② 공청회를 거치지 아니한 도시계획결정은 취소사유에 해당한다(대판 1990.1.23. 87누947). 12 지방9급

③ 폐기물처리시설의 입지선정위원회가 주민의 의견이 반영된 전문연구기관의 재조사 결과에 관하여 새로이 공람·공고절차를 거치지 않고 입지를 선정한 경우, 그 입지선정은 위법하지 않다(대판 2002.5.28. 2001두8469).

④ 도시관리계획 입안권자인 시장·군수에 의하여 주민의견 청취절차를 거쳐 도시관리계획안이 도지사에게 신청된 이후 그 결정과정에서 계획안이 변경되는 경우에 다시 주민의견 청취절차를 거쳐야 한다(대판 2015.1.29. 2012두11164). 예상

05 행정계획의 효력

1. 효력발생요건

(1) 법령 형식의 행정계획

행정계획이 법령의 형식으로 발하여지는 경우에는 '법령 등 공포에 관한 법률'이 정한 형식을 갖추어야 되고, 특별히 정함이 없으면 공포일로부터 20일을 경과함으로써 효력이 발생한다. 07 인천교행

(2) 법령의 형식이 아닌 행정계획

국민의 권리·의무와 관련되는 계획은 고시하지 아니한 이상 대외적으로 아무런 효력도 발생하지 않는다(대판 1985.12.10. 85누186). 09 국회8급

관련판례

① 관보에 게재하여 고시하지 아니한 도시계획결정 등 처분은 효력을 발생하지 아니한다(대판 1985.12.10. 85누186). 15·12 지방9급

② 구 국토의 계획 및 이용에 관한 법률에 따라 행정청이 도시관리계획 결정에 따른 지형도면을 작성하여 일정한 장소에 비치한 사실을 관보·공보에 고시하고 그와 동시에 지형도면을 그 장소에 비치하여 일반인이 직접 열람할 수 있는 상태에 놓아둔 경우, 지형도면 자체를 관보·공보에 수록하지 않았더라도 지형도면의 고시가 적법하게 이루어진 것이다(대판 2018.3.29. 2017다218246). 예상

2. 행정계획의 집중효(특수한 효력)

(1) 의의 09 지방9급 등

집중효란 행정계획이 확정되면 다른 법령에 의해 받아야 하는 승인 또는 허가 등을 받은 것으로 의제하는 효력을 말한다. 계획확정절차를 통해 인·허가를 받은 것으로 대체된다는 점에서 대체효라고도 한다.

(2) 기능

집중효는 절차 간소화를 통해 사업자의 부담 해소 및 절차 촉진에 기여하고, 다수의 인·허가 부서를 통합하는 효과가 있으며, 인·허가에 필요한 서류의 감소효과를 가져온다. 09 지방9급

(3) 법적 근거

집중효는 행정기관의 권한 및 절차법상의 변경을 가져오므로 **집중효는 개별법률에서 명시적으로 규정한 경우에만 인정된다.** 09 지방9급 등

(4) 집중효의 효과(정도) – 인·허가가 의제되는 범위에 관한 논의 17 국회8급

1) 관할(만)집중설(실체집중설)

계획확정기관에게 인·허가에 관한 권한만 이전된다는 견해이다. 따라서 계획행정청은 대체행정청이 준수해야 하는 절차적·실체적 요건을 모두 준수해야 한다.

2) 절차(도)집중설(다수설)

대체행정청의 관할만이 아니라 의제되는 인·허가의 절차법상 요건규정에까지 집중효의 효력이 미친다는 견해이다. 따라서 **계획확정 행정청은 인·허가와 관련된 절차규정을 따를 필요가 없게 된다.** 그러나 계획을 확정하는 행정청도 부차적인 실체법에 대해서는 대체행정청과 같은 정도로 기속된다는 견해이다. 16 국가9급

3) 판례

판례는 절차집중설의 입장에서 법령상 다른 규정이 없는 한 계획확정청은 의제되는 인·허가에 관한 모법상의 행정절차를 거칠 필요는 없다고 본다. 08 국회8급

관련판례

건설부장관(현 국토교통부장관)이 구 주택건설촉진법 제33조에 따라 관계기관의 장과의 협의를 거쳐 사업계획승인을 한 이상 같은 조 제4항의 허가·인가·결정·승인 등이 있는 것으로 볼 것이고, 그 절차와 별도로 도시계획법 제12조 등 소정의 중앙도시계획위원회의 의결이나 주민의 의견청취 등 절차를 거칠 필요는 없다(대판 1992.11.10. 92누1162).

(5) 절차

1) 관계 기관과의 협의

행정계획이 결정되면 다른 인·허가 등 행위가 행하여진 것으로 의제되는 경우에 행정계획을 결정하는 행정청은 **미리 의제되는 행위의 관계 기관의 장과 협의하여야 한다**(택지개발촉진법 제11조 제2항). 16·07 국회8급 이는 행정계획을 결정하는 행정청이 의제되는 인·허가의 실체적 요건을 심사할 수 있도록 하는 목적을 갖고 있다.

2) 이해관계 있는 제3자의 절차적 보호

의제되는 인·허가의 관계 법률이 정하고 있는 이해관계인의 권익보호절차는 존중되어야 한다. 그러나 판례는 의제되는 법률에 규정된 **이해관계인의 의견청취절차를 생략할 수 있다**는 입장이다(대판 1992.11.10. 92누1162). 16 국가9급

06 행정계획과 권리구제

1. 사전적 권리구제(계획수립절차의 절차적 통제)

행정계획은 그에 대한 사후구제가 어렵기 때문에 **다른 어떤 행정작용보다 사전적 권리구제절차인 계획수립절차의 중요성이 큰 분야이다.** 08 선관위9급 등

2. 사후적 권리구제

(1) 행정쟁송

1) 인·허가 의제와 거부처분의 위법성

인·허가 의제시 의제되는 인·허가의 요건불비를 이유로 주된 인·허가의 신청에 대한 거부를 할 수 있는지 문제된다. 판례는 의제되는 인·허가의 요건불비를 이유로 주된 인·허가의 신청에 대한 거부처분을 적법하다고 한 바 있다. `18 국가7급`, `08 국회8급`

 관련판례

채광계획인가로 공유수면 점용허가가 의제될 경우, 공유수면 점용불허사유로써 채광계획을 인가하지 아니할 수 있다(대판 2002.10.11. 2001두151).

2) 쟁송의 대상

판례는 행정청이 주된 인·허가를 불허하면서 주된 인·허가 외에 의제되는 인·허가를 들고 있는 경우, 소의 대상은 주된 인·허가를 거부한 처분이 되고, 의제되는 인·허가는 주된 인·허가에 대한 소송에서 다툴 수 있다고 한다. `16·07 국회8급` 그리고 의제되는 인·허가 불허처분에 대한 쟁송을 제기하지 아니하였어도 의제되는 인·허가 불허처분에 불가쟁력이 생기지 아니한다고 한다.

 관련판례

건축 불허가처분을 하면서 건축 불허가사유 외에 형질변경 불허가사유나 농지전용 불허가사유를 들고 있는 경우, 그 건축 불허가처분에 관한 쟁송에서 형질변경 불허가사유나 농지전용 불허가사유에 관하여도 다툴 수 있고, 별개의 형질변경 불허가처분이나 농지전용 불허가처분에 관한 쟁송을 제기하지 아니하였을 때 형질변경 불허가사유나 농지전용 불허가사유에 관하여 불가쟁력이 발생하지 아니한다(대판 2001.1.16. 99두10988).

(2) 헌법소원

1) 원칙

헌법재판소는 행정계획에 대해서는 원칙적으로 헌법소원을 인정하지 아니한다.

2) 예외

비구속적 행정계획안이나 행정지침이라도 국민의 기본권에 직접적으로 영향을 끼치고, 앞으로 법령의 뒷받침에 의하여 그대로 실시될 것이 틀림없을 것으로 예상될 수 있을 때에는, 공권력 행위로서 예외적으로 헌법소원의 대상이 될 수 있다(헌재 2000.6.1. 99헌마538). `17 국회8급`, `16 지방7급`, `16·15 사복9급`, `15·13 국가9급`

07 행정계획과 계획재량

1. 계획재량의 의의

행정계획은 장래 목표를 설정하는 기능을 담당하고 있기 때문에, **매우 광범위한 재량이 인정된다**. 이처럼 행정기관이 갖는 구체적 형성의 자유로서 '법적으로 미리 결정할 수 없는' 고유한 결정여지를 '계획재량'이라고 한다. `09 국가7급 등` 형성의 자유가 없는 행정계획은 그 자체가 모순이다(홍정선). `06 국가7급`

2. 계획재량과 행정재량(일반재량)의 차이

(1) 재량권의 범위
행정기관의 판단자유의 범위가 계획재량이 행정재량보다 상대적으로 넓게 인정된다. 다만, 계획재량도 계획규범의 목적·수단을 위배할 수는 없다.

(2) 규범 구조의 차이
행정재량은 요건과 효과라는 **조건 프로그램**적 성질을 가지고 있다면, **계획재량**은 목적과 수단의 관계에 근거한 **목적 프로그램**적 성질을 지니고 있다. 19 지방9급, 15 사복9급

(3) 재량의 대상
계획재량의 대상은 새로운 질서 형성에 관한 것이고, 행정재량의 대상은 기존의 생활관계이다.

(4) 통제
계획재량에 대해서는 절차적 통제가 중심이 되고, 행정재량에 대해서는 절차적 통제 외에 실체적 통제도 중요하다.

3. 계획재량과 일반재량의 차이

(1) 질적 차이설(다수설) 09 국회8급 등
계획재량과 행정재량이 질적인 차이가 있다고 이해하는 견해이다.

(2) 양적 차이설
행정재량은 전통적 행정재량과 양적인 부분에 차이가 있다고 이해한다. 06 국가7급

4. 형량명령(=형량의 원리) 12 국가7급

(1) 개념
형량명령이란 행정계획 수립주체가 계획재량권을 행사함에 있어서 **공익 상호 간, 사익 상호 간 및 공익과 사익 상호 간의 정당한 형량을 하여야 한다는 원리**를 말한다. 09 국가7급

(2) 실정법
형량에 대해서는 그동안 명시적 규정이 없었으나, 최근 행정기본법과 행정절차법에 도입되었다.

> **관련조문**
>
> **행정기본법 제21조(재량행사의 기준)** 행정청은 재량이 있는 처분을 할 때에는 관련 이익을 정당하게 형량하여야 하며, 그 재량권의 범위를 넘어서는 아니 된다.
>
> **행정절차법 제40조의4(행정계획)** 행정청은 행정청이 수립하는 계획 중 국민의 권리·의무에 직접 영향을 미치는 계획을 수립하거나 변경·폐지할 때에는 관련된 여러 이익을 정당하게 형량하여야 한다.

(3) 형량의 단계적 구조
형량은 일반적으로 다음의 3단계의 과정을 거쳐야 한다.

조사단계	계획사항과 관련된 공익과 사익의 조사 및 확인
평가단계	조사된 이해관계에 대한 내용 및 중요도에 따른 경중의 평가
비교·결정단계	계획목적과 이해관계에 대한 최종적인 비교·결정단계

📖 기출 OX

비례원칙은 행정계획과 관련하여 계획재량을 제한하는 형량명령이론으로 발전하였다. (ㅇ. ✕) 13 국가7급

(4) 형량하자의 유형

다음과 같이 형량 내용에 반하는 경우에는 형량에 하자가 있는 것이 되어 해당 행정계획은 위법하게 된다. 09 지방9급 등 결국 광범위한 형성의 자유를 가지는 계획재량도 법률로부터 자유로운 행위는 아니다.

형량의 해태	관계이익을 형량함에 있어서 형량을 전혀 하지 않은 경우 06 부산9급 등
형량의 흠결	형량을 함에 있어서 반드시 고려하여야 할 이익을 누락시킨 경우 08 국회8급 등
오형량	형량에 있어 특정 사실이나 특정 이익에 대한 평가가 정당성과 객관성을 결한 경우
형량조사의 하자	조사의무를 이행하지 않은 하자
평가의 과오	관련된 공익 또는 사익의 가치를 잘못 평가하는 경우 06 부산9급

(5) 판례

판례는 종래 형량명령의 법리를 반영하면서도 형량하자라는 표현은 사용하지 않고 재량권의 일탈·남용으로 보았으나, 최근 명시적으로 형량하자라는 표현을 쓰고 있다.

관련판례

❶ 이익형량을 전혀 행하지 아니하거나 이익형량의 고려대상에 마땅히 포함시켜야 할 사항을 누락한 경우 또는 이익형량을 하였으나 정당성과 객관성이 결여된 경우에는 그 행정계획결정은 형량에 하자가 있어 위법하게 된다(대판 2007.4.12. 2005두1893). 18 소방, 16 사복9급, 07 국가7급 등

❷ 이익형량을 전혀 하지 아니하였거나 이익형량의 고려대상에 포함시켜야 할 중요한 사항을 누락한 경우 또는 이익형량을 하기는 하였으나 그것이 비례의 원칙에 어긋나게 된 경우에는 그 행정계획은 재량권을 일탈·남용한 위법한 처분이다(대판 1997.9.26. 96누10096). 08 지방8급 등

❸ 청계산 휴게공원을 조성할 때 형량이론을 적용하지 않은 것은 위법하다. 12 국회8급

이 사건 도시계획사업(청계산 도시자연공원 휴게광장 조성)은 그 필요성이 있고, 피고로서는 이러한 행정목적을 달성하기 위하여 이 사건 도시계획사업을 입안·결정함에 있어서 비교적 광범위한 형성의 자유를 가지고 있다고 할 것이지만, … 도시계획을 입안함에 있어서는 미리 인구·교통·환경·토지이용 등에 대한 기초조사를 거쳐 추가적인 도시계획시설의 필요성 및 수요를 파악하여 시설의 규모와 편입대상 토지의 범위 등에 대한 검토가 이루어져야 함에도, 피고는 이러한 기초조사도 하지 않은 상태에서 도시계획결정을 입안하여 도시계획위원회의 심의까지 마친 점, … 이 사건 토지 부근의 청계산 원터골에 등산객 등을 위한 어떠한 도시계획시설이 있는지에 대한 조사나 추가적인 만남의 장소 또는 휴게장소의 필요성과 그 수요에 대한 조사 등도 없었던 것으로 보이는 점, … 피고가 미리 작성한 이 사건 도시계획사업의 설계도면에 의하더라도 이 사건 토지 전부를 광장으로 조성하지 아니함에도, 피고는 합리적인 근거 없이 위와 같은 의견을 반영하지 아니한 채 이 사건 토지 전부를 위 도시계획사업의 편입대상으로 결정한 점 등을 종합하여 보면, 피고가 이 사건 도시계획사업에 관한 행정계획을 입안·결정함에 있어서 이 사건 토지 전부를 사업부지로 편입한 것은 공익과 사익에 관한 이익형량의 고려대상에 마땅히 포함시켜야 할 사항을 누락하였거나 정당성 내지 객관성이 결여된 상태에서 이익형량을 하였다고 할 것이므로 이 사건 도시계획결정은 형량에 하자가 있어 위법하고, 이 사건 도시계획사업에 대한 인가처분 및 변경인가처분은 위법한 이 사건 도시계획결정을 기초로 한 후속처분으로서 역시 위법하다(대판 2007.1.25. 2004두12063).

❹ 도시계획시설구역 내 토지 등을 소유하고 있는 주민이 장기간 집행되지 아니한 도시계획시설의 결정권자에게 도시계획시설의 변경을 신청하고, 결정권자가 이러한 신청을 받아들여 도시계획시설을 변경할 것인지를 결정하는 경우에도 형량하자이론은 동일하게 적용된다고 보아야 한다(대판 2012.1.12. 2010두5806). 18 국가7급, 14 국가9급

❺ 국가 또는 상위 지방자치단체 등이 위임조례 등에 의하여 권한의 일부를 하위 지방자치단체의 장 등 수임관청에게 기관위임을 하여 수임관청이 사무처리를 위하여 공원 등의 부지가 된 토지를 점유하는 경우, 위임관청이 위와 같은 토지를 간접점유하는 것으로 인정된다(대판 2018.3.29. 2013다2559·2566). 예상

❻ 제주특별자치도 설치 및 국제자유도시 조성을 위한 특별법상 도지사의 절대보전지역 지정 및 변경행위의 법적 성격은 재량행위이고 도지사가 절대보전지역의 면적을 축소하는 경우 주민의견 청취절차를 거쳐야 하는 것은 아니다.

국방부장관이 제주해군기지건설사업시행자인 해군참모총장에게서 사전환경성검토서를 제출 받고 환경부장관에게 이에 대한 협의요청을 하여 결과를 반영한 후 구 국방·군사시설사업에 관한 법률 제4조에 따라 국방·군사시설 실시계획승인을 한 사안에서, 실시계획승인처분이 무효라고 본 원심판결에 국방·군사시설사업에 관한 환경영향평가서 제출시기 등에 관한 법리를 오해한 위법이 있다(대판 2012.7.5. 2011두19239 전원합의체).

08 계획보장청구권(행정계획과 신뢰보호)

관련판례

❶ 장기미집행 도시계획시설결정의 실효제도는 법률에 기한 권리일 뿐 헌법상 재산권으로부터 당연히 도출되는 권리는 아니다(헌재 2005.9.29. 2002헌바84). 17 국가7급, 08 국회8급

❷ 후행도시계획의 결정을 하는 행정청이 선행도시계획의 결정·변경 등에 관한 권한을 가지고 있지 아니한 경우, 선행도시계획과 양립할 수 없는 내용이 포함된 후행도시계획결정의 효력은 무효이다(대판 2000.9.8. 99두11257). 21·17·12 국회8급

한편, 후행도시계획의 결정을 하는 행정청이 선행도시계획의 결정·변경 등에 관한 권한을 가지고 있는 경우에는 선행도시계획은 후행도시계획으로 변경된다.

관련판례

◎ 부정 사례(원칙)

장기성, 종합성이 요구되는 행정계획에 있어서 그 계획이 일단 확정된 후 어떤 사정의 변동이 있다 하여 지역주민에게 일일이 그 계획의 변경을 청구할 권리를 인정해 줄 수도 없다(대판 1994.1.28. 93누22029). 10 국가9급 등

관련판례

◎ 인정 사례(예외)

❶ 일정한 행정처분을 구하는 신청을 할 수 있는 법률상 지위에 있는 자의 국토이용계획 변경신청을 거부하는 것이 실질적으로 해당 행정처분 자체를 거부하는 결과가 되는 경우에는 예외적으로 그 신청인에게 국토이용계획 변경을 신청할 권리가 인정된다(대판 2003.9.23. 2001두10936). `15 사복9급, 14 국가9급 등`

❷ 도시계획구역 내 토지 등을 소유하고 있는 주민으로서는 입안권자에게 도시계획 입안을 요구할 수 있는 법규상 또는 조리상의 신청권이 있다(대판 2004.4.28. 2003두1806). `17 국회8급, 16 지방7급, 14 국가9급 등`

❸ 문화재보호구역 내에 있는 토지소유자 등으로서는 위 보호구역의 지정해제를 요구할 수 있는 법규상 또는 조리상의 신청권이 있다고 할 것이고, 이러한 신청에 대한 거부행위는 항고소송의 대상이 되는 행정처분에 해당한다(대판 2004.4.27. 2003두8821). `16 사복9급, 08 지방7급`

Chapter 10 그 밖의 행정형식

제1절 공법상 계약

01 공법상 계약의 의의

1. 공법상 계약의 개념

(1) 개념

공법상 계약이란 공법적 효과의 발생을 목적으로 하는 **복수당사자 사이의 반대방향의 의사의 합치에 의하여 성립되는 비권력적·쌍방적 공법행위를 말한다**. 한편, 행정주체가 일방당사자인 공법상 계약과 사법상 계약을 모두 포함하여 행정계약이라고 하기도 한다.

(2) 효력

공법상 계약은 행정행위가 아니므로 **공정력 등이 인정되지 아니한다**. 96 국가7급 등

> **기출 OX**
>
> 국가를 당사자로 하는 계약에 관한 법률은 공법상 계약에 관한 일반법이다. (○, ×) 19 서울9급·사복9급 ×
>
> 해설 | 공법상 계약에는 개별법이 먼저 적용되고 개별법이 없는 경우에 국가를 당사자로 하는 계약에 관한 법률이 적용된다. 한편, 국가를 당사자로 하는 계약에 관한 법률은 공법상 계약이든 사법상 계약이든 국가가 일방당사자인 경우에 적용된다. 여기에도 규정이 없으면 민법이 적용된다.

2. 공법상 계약의 연혁

공법상 계약은 프랑스, 독일 및 영·미에서는 각각 다르게 발전하였는데, 특히 **프랑스에서 발전된 개념**이다. 94 국가7급 우리나라의 경우 독일과 같은 성격을 지닌다고 한다.

3. 구별 개념

(1) 사법상 계약과의 구별

공법상 계약은 대등한 복수당사자 사이의 의사의 합치에 의하여 성립하는 점에서 사법상 계약과 유사한 면도 있으나, 일방당사자가 행정주체라는 점, 공익을 목적으로 하고 공법상의 효과가 발생한다는 점에서 사법상 계약과 구별된다. 04 입시

(2) 행정행위와의 구별

공법상 계약은 대등한 복수당사자 사이의 의사의 합치에 의하여 성립하는 점에서, 행정주체가 우월한 지위에서 단독의사로 행하는 행정행위와 구별된다.

(3) 공법상 합동행위와의 구별

공법상 계약은 당사자 간의 **반대방향의 의사합치로 성립**되고, 법적 효과는 쌍방당사자에 대하여 일방은 권리, 타방은 의무를 지는 반대의 의미를 가진다. 이에 비해 **공법상 합동행위**는 당사자 간의 의사가 **같은 방향의 의사합치로 성립**하고, 법적 효과도 쌍방에 대하여 같은 의미를 가진다(예 공법상 조합의 설립).

(4) 행정계약과의 구별

행정계약은 계약의 내용과 관계 없이 행정주체가 당사자로 되는 모든 계약을 의미한다. 즉, 행정계약에는 공법상 계약과 행정주체의 사법상 계약이 포함된다는 점에서 구별된다.

02 공법상 계약의 장단점

1. 장점(유용성)

공법상 계약은 ① 탄력적인 행정목적 달성을 가능하게 하고, ② 법률관계의 불명료성을 해결해 주는 역할을 하며, ③ 당사자의 합의에 따라 쟁송 제기의 가능성을 줄여 준다. 또한 ④ 법률지식이 부족한 자에 대한 교섭을 통해 계약 내용을 이해시킬 수 있고, ⑤ 법의 흠결을 보충하는 장점을 가지고 있다.

2. 단점

공법상 계약은 ① 행정권과 사인이 대등해짐으로써 행정권의 약화가 초래될 수 있고, ② 행정의사의 사실상의 우월성으로 인하여 행정계약의 체결이 강요되므로 불평등계약이 되기 쉬우며, ③ 평등원칙에 위반될 가능성이 많다.

03 공법상 계약의 성립가능성과 자유성(법적 근거)

1. 공법상 계약의 성립가능성

(1) 과거

오토 마이어(O. Mayer)는 "당사자의 의사력의 대등이 계약의 불가결한 요소인데, 공법상 법률관계에 있어서 국가와 개인 간의 의사력의 대등성은 있을 수 없으며, 따라서 거기에는 계약이란 있을 수 없다."라고 주장한 바 있다.

(2) 현재

오늘날 공법상 계약의 가능성을 부인하는 견해는 없다.

2. 공법상 계약의 자유성

 관련조문

행정기본법 제27조(공법상 계약의 체결) ① 행정청은 법령 등을 위반하지 아니하는 범위에서 행정목적을 달성하기 위하여 필요한 경우에는 공법상 법률관계에 관한 계약(이하 '공법상 계약'이라 한다)을 체결할 수 있다. 이 경우 계약의 목적 및 내용을 명확하게 적은 계약서를 작성하여야 한다.
② 행정청은 공법상 계약의 상대방을 선정하고 계약 내용을 정할 때 공법상 계약의 공공성과 제3자의 이해관계를 고려하여야 한다.

(1) 문제점

법령에 명문규정이 없는 경우에도 공법상 계약이 가능한지에 대한 문제가 공법상 계약의 자유성의 문제이다.

(2) 학설

1) 법률우위
공법상 계약에도 **법률우위원칙은 적용**된다.

2) 법률유보
공법상 계약에 법률유보원칙이 적용되는지에 대해서는 학설대립이 있다. **통설은 법률의 명시적 근거가 없어도 성립할 수 있다**고 본다. 공법상 계약은 비권력적 행정작용의 일종으로서, 권력적 행위인 행정행위 등과는 성립의 기초를 달리하여 당사자 사이의 의사합치에 의하여 성립하는 것이기 때문이다. 17 국가9급

04 공법상 계약의 종류

1. 행정주체 상호 간의 공법상 계약

공법상 계약은 행정주체 상호 간에도 이루어진다. 06 국회8급 행정주체 상호 간에서 이루어지는 공법상 계약으로서는 ① 지방자치단체 사이의 교육사무 위탁, ② 지방자치단체 상호 간의 도로·하천 등 공공시설의 관리 및 비용분담에 관한 협의 04 서울9급, ③ 농지개량조합의 시·군·구에 대한 공공조합비의 징수 위탁 98 국가7급 등이 있다.

2. 행정주체와 사인 간의 계약

특별행정법관계 설정 합의	계약직 공무원 임용·채용 05 국가7급 등, 지원에 의한 입대 05 경기9급 등, 영조물 이용관계설정 등
임의적 공용부담	공원용지의 기증이나 개인의 사유지를 도로부지로 제공하는 행위 05 국가7급 등

3. 사인 상호 간의 계약

사인 상호 간에도 공법상의 계약이 가능하다. 17 국가9급 이때의 사인은 공무수탁사인으로서 행정주체를 말하는 것이므로, **순수한 사인 간의 공법상 계약은 개념상 인정되기 어렵다.** 예컨대, 토지수용에 있어서 사업시행자와 피수용자 간의 손실보상 등에 관한 협의를 들 수 있다. 다만, 협의취득의 성질에 대해서 다수설은 공법상 계약으로 보지만, 판례는 사법상의 계약으로 본다.

관련판례

◎ 공법상 계약

① 서울특별시립무용단 단원의 위촉의 법적 성질은 공법상 계약이고 소송은 당사자소송이다(대판 1995.12.22. 95누4636). 19 소방

② 전문직 공무원인 공중보건의사의 채용계약의 해지(대판 1993.9.14. 92누4611) 17 국가9급, 12 지방9급

③ 공법상 계약의 해지는 처분이 아니므로 행정절차법의 규정이 적용되지 않는다. 즉, 행정절차법상 이유부기는 공법상 계약에는 적용되지 않는다(대판 2002.11.26. 2002두5948). 18 국가9급

④ 국방일보의 발행책임자인 국방홍보원장으로 채용된 계약직 공무원에 대한 채용계약
국방일보의 발행책임자인 국방홍보원장으로 채용된 자가 부하직원에 대한 지휘·감독을 소홀히 함으로써 북한의 혁명가극인 '피바다'에 관한 기사가 국방일보에 게재되어 사회적 물의를 야기한 경우, 그 채용계약의 기초가 되는 신뢰관계가 파괴되어 채용계약을 그대로 유지하기 어려운 정도에 이르렀다(대판 2002.11.26. 2002두5948).

관련판례

◎ **사법상 계약**

❶ 창덕궁관리소장이 채용한 비원안내원들의 계약관계는 사법상 계약이다(대판 1996.1.23. 95다5809).

❷ 헌법재판소는 공법인인 한국방송공사의 직원 채용을 사법상의 계약으로 보고 있다(헌재 2006.11.30. 2005헌마855).

05 공법상 계약의 특성

1. 실체법적 특성

(1) 성립상의 특성

1) 계약강제
수도사업이나 전기사업과 같은 독점적 사업의 경우, 사업자의 공급의무를 규정하고 있는 것이 보통이다. 공법상의 계약은 행정법상의 행정목적 달성을 위하여 채용된 것이기 때문에 당사자 간의 자유로운 의사보다는 법규에 근거하여 행정청에게 보다 많은 형성의 자유가 주어지는 것이 보통이다.

2) 부합계약
부합계약이란 계약 내용이 획일·정형화되어 있고, 체결이 강제되기도 하는 것을 말한다. 공법상 계약은 공익의 실현수단이므로 헌법상 평등의 원칙이나 비례원칙에 의해 **사적 자치가 제한되고 부합계약의 형식을 취하는 경우가 많다.** `07 국회8급 등` 따라서 계약자유의 원칙이 제한된다.

(2) 효력상의 특성

1) 일반 행정행위와의 차이점(비권력성)
공법상의 계약은 비권력적 작용이기 때문에 원칙적으로 행정행위에 인정되는 **공정력·자력집행력·불가쟁력·불가변력 등과 같은 효력이 인정되지 않는다.** 공법상의 계약에서는 상대방의 의무불이행에 대해 자력집행권은 인정되지 않는 것이 원칙이므로 법률의 근거가 없으면 행정상의 강제집행을 할 수 없다. `04 관세사 등`

2) 사법상 원리의 수정 또는 제한(사정변경)
① 공법상 계약에 법률유보원칙은 적용되지 않지만, 법률우위의 원칙은 적용된다. `07 국가9급 등`
② 공법상 계약에는 민법의 계약에 관한 규정이 적용되지만, **공법상 계약이 계속적 급부를 내용으로 하는 경우 행정청의 계약해지가 제한될 수 있다.** 그리고 상대방에게 귀책사유가 없는 경우에도 중대한 공익상의 필요에 의해 행정주체의 일방적인 계약변경·해지권을 인정할 경우도 있다. `06 국가9급 등`
③ 따라서 **공법상의 계약에는 민법상의 계약해제에 관한 규정이 그대로 적용되지는 않는다.** 그 결과 행정주체는 공익을 이유로 일방적으로 해제·변경할 수 있으나 상대방은 해제권을 갖지 못하고 손실보상청구권을 가질 뿐이다.

3) 계약의 하자
공법상의 계약에는 공정력이 인정되지 않기 때문에 하자가 있는 경우에도 행정행위의 하자이론이 적용되지 않는다. 즉, **하자가 무효 아니면 유효이지, 취소할 수 있는 계약은 없다**(다수설). `06 국가9급 등`

2. 절차법적 특성

(1) 당사자소송
공법상 계약에 관한 쟁송은 공법상의 당사자소송으로 행정소송법이 적용된다. 96 국가7급 등 그러나 공법상 계약은 행정심판의 대상은 아니다. 04 관세사

(2) 손해배상소송
공법상 계약에 대한 의무불이행으로 인한 손해배상청구소송과 불법행위로 인한 손해배상청구소송은 실무상 민사소송의 절차로 하고 있다. 07 국가7급 등

제2절 행정상 사실행위

01 행정상 사실행위의 의의

행정상의 사실행위란, 일정한 **법률적 효과를 발생시키기 위한 것이 아니라, 사실상의 결과 발생만을 직접 목적으로 하는 행위**를 말한다(예 불법건축물의 철거, 폐기물 수거, 법령질의에 대한 응답 등). 08 관세사

02 행정상 사실행위의 종류

구분	권력적 사실행위	비권력적 사실행위
개념	권력적 사실행위란 권력주체가 사인보다 우월한 지위에서 행하는 사실행위를 말한다(**처분성 인정**).	비권력적 사실행위란 행정주체가 사인과 대등한 지위에서 하는 공권력의 행사와 관계 없는 사실행위를 의미한다(**처분성 부정**).
종류	• 강제집행: 대집행 실행, 영업소 폐쇄, 철거, 압류 • 즉시강제: 전염병환자 격리, 위법관세품 임시영치, 경찰관의 무기 사용, 수형자의 서신 검열	행정지도, 비공식적 행정작용, 고시·통지, 훈시, 담화, 경고, 홍보

03 행정상 사실행위의 법적 근거와 한계

1. 법적 근거 – 법률유보의 면

(1) 원칙
행정상의 사실행위는 직접적인 법적 효과를 발생하지 않으므로 **법적 근거가 필요하지 않음이 원칙**이다. 여기서 법적 근거가 필요하지 않다는 의미는 **작용법적 수권규범이 필요하지 않다**는 의미이고, 행정작용인 이상 **조직법적인 근거는 당연히 필요**하다.

(2) 예외
권력적 사실행위는 작용법적 근거가 필요하다. 09 관세사 등

2. 행정상 사실행위의 한계 – 법률우위의 면
행정상 사실행위는 행정주체의 행정작용의 하나이기 때문에 법치행정의 지배를 받는다. 따라서 법령에 위배되어서는 아니 되며, 행정법의 일반원리인 신뢰보호의 원칙, 평등의 원칙 및 비례의 원칙을 준수하여야 한다. 08 국회8급

04 행정상의 사실행위에 대한 권리구제

1. 취소소송

(1) 대상적격

1) 권력적 사실행위

권력적 사실행위는 행정행위는 아니지만, 처분성이 인정된다는 것이 통설이다(쟁송법적 처분개념설). 판례는 강학상 권력적 사실행위에 해당하는 단수처분과 미결수용자의 교도소 이송조치에 대해서 처분성을 인정한 바 있다. 다만, 위 사례들이 권력적 사실행위에 해당한다고 명시적으로 밝히지는 않고 있다.

2) 비권력적 사실행위

통설·판례는 **처분성을 부정**한다. 형식적 행정행위론에 의하면 처분성이 인정된다.

관련판례

◎ 권력적 사실행위

❶ [1] 단수처분은 항고소송의 대상이 되는 행정처분에 해당한다(대판 1979.12.28. 79누218). 12 지방9급
　[2] 미결수용자의 교도소 이송조치는 행정처분이다(대판 1992.8.7. 92두30).
　[3] 동장의 주민등록 직권말소행위는 행정처분이다(대판 1994.8.26. 94누3223).
　* 다만, 대법원은 위 [2], [3] 사례에 대해 처분성에 대한 별도의 판단을 하지 않고 본안심사를 하여 대상적격을 인정하였다.

❷ 수형자의 서신 검열은 권력적 사실행위로서 행정심판이나 행정소송의 대상이 되는 행정처분이지만, 보충성 원칙의 예외로서 헌법소원의 대상이 된다(헌재 1998.8.27. 96헌마398). 11 지방9급

관련판례

◎ 비권력적 사실행위

❶ 비권력적 사실행위인 수도사업자의 급수공사비에 대한 납부통지에 대해서는 **처분성이 인정되지 않는다**(대판 1993.10.26. 93누6331). 09 국회8급 등

　수도사업자가 급수공사 신청자에 대하여 급수공사비 내역과 이를 지정기일 내에 선납하라는 취지로 한 납부통지는 … 강제성이 없는 의사 또는 사실상의 통지행위라고 풀이함이 상당하고, 이를 가리켜 항고소송의 대상이 되는 행정처분이라고 볼 수 없다.

❷ 추첨 자체는 행정처분을 위한 사전 준비절차로서의 사실행위에 불과하다(대판 1993.5.11. 92누15987). 00 관세사

(2) 협의의 소의 이익(권리보호의 필요성)

1) 권력적 사실행위는 대부분 단기간에 종료하므로 소의 이익이 없다는 이유로 부적법 각하될 가능성이 많다. 집행정지제도를 활용할 필요성이 크지만 집행정지가 인용되기 위해서는 본안소송이 적법하게 계속 중이어야 하는데, 현실적으로 매우 어려운 일이다.

2) 이런 문제 때문에 권력적 사실행위에 대한 구제수단은 위에서 언급한 손해전보가 현실적인 구제수단이 될 수 있으며, 헌법소원을 제기하는 방법이 있다.

3) 권력적 사실행위 중 계속적인 성격을 가지는 행위(예 물건의 영치나 전염병환자의 격리)에 대해서는 소의 이익이 인정되어 본안판단이 가능할 것이다.

2. 예방적 부작위청구소송

권력적 사실행위에 대한 협의의 소익이 부정될 가능성이 많기 때문에 예방적 부작위청구소송이 효과적인 구제수단이 될 수 있지만, 판례는 부정한다.

3. 헌법소원

헌법재판소는 권력적 사실행위에 대하여 공권력의 행사성을 인정하여 헌법소원의 대상이 된다고 판시한다. 그러나 비권력적 사실행위에 대해서는 헌법소원을 인정하지 않는다.

제3절 행정지도

01 행정지도의 의의

1. 행정지도의 개념

행정지도란 행정주체가 행정목적의 달성을 위하여 **행정객체의 임의적 협력 또는 동의하에 일정한 행정질서의 형성을 유도하는 비권력적 사실행위를 의미한다.** 20 소방, 08 관세사 등 예컨대, 행정주체의 지도·권고·장려·조언·요망 등이다. 21 소방

2. 행정지도의 법적 성질

행정지도는 ① 비권력적 사실행위이고 11 지방9급, ② 정신적 사실행위이다. 또한 ③ 독립적 사실행위이며, ④ 대외적 사실행위이다.

3. 구별 개념

(1) 공법상 계약, 행정행위

행정지도는 법적 효과를 발생시키지 않는 단순한 사실행위이다.

(2) 행정강제

행정지도는 강제력이 없는 비권력적 사실행위이다.

관련판례

행정관청이 건축허가시에 도로의 폭에 대하여 행정지도를 하였다는 점만으로는 건축법 시행령 제64조 제1항 소정의 도로지정이 있었던 것으로 볼 수 없다(대판 1991.12.13. 91누1776).

02 행정지도의 필요성(등장 배경)과 문제점

1. 행정지도의 필요성(등장 배경, 기능)

행정지도는 20세기에 들어와 등장한 비교적 새로운 개념으로 전통적인 행정처분과 비교했을 때 그 필요성은 다음과 같다.

(1) 현대행정의 확대로 인한 행정책무의 증대

다양해지고 있는 현대행정에 대한 요구를 충족시키고, 새로운 과학기술의 발달 등에 탄력적으로 대응하기 위해서는 법령에 의한 전통적 행정만으로는 부족하다는 점에서 신속한 행정지도의 필요성이 인정된다.

(2) 임의적이고 비권력적인 수단에 의하여 행하여짐으로써 편의성 확보

전통적 행정처분의 경우에는 법률에 근거한 권력적 요소 때문에 행정객체의 저항·마찰·분쟁이 생길 수 있으나, 행정지도는 비권력적 성격을 가지기 때문에 이러한 저항·마찰·분쟁을 피할 수 있는 장점이 있다.

(3) 새로운 기술·정보·지식의 제공에 유용

행정이 전문화·기술화됨은 물론 사회경제 실태의 변동에 대한 개인의 탄력적인 대응력이 부족하기 때문에, 이들에 대한 다양한 지식·기술·정보 등을 제공함으로써 일정한 방향으로 국민을 유도할 필요가 있다(예 농업기술지도, 납세지도, 중소기업 경영지도 등).

(4) 법령의 보충적 기능

행정지도는 상위법령의 수권을 요하지 않기 때문에 법령과 행정현실 사이에 생긴 괴리를 조정하는 법령의 보충적 기능을 수행한다.

2. 행정지도의 문제점

(1) 사실상의 강제성

행정지도가 비권력적 사실행위라고는 하지만, 사실상 심리적·간접적 강제력을 지니고 있다.

(2) 한계의 불명확성(남용·악용의 가능성)

행정지도는 법률의 근거 없이도 할 수 있기 때문에 법치행정의 회피수단으로 악용될 수 있고, 이로 인하여 행정지도의 한계가 불명확하여 필요한 한계를 넘어서 행해지기 쉽다.

(3) 권리구제의 불완전성

행정지도는 행정객체를 임의적으로 일정한 방향으로 유도하기 위한 것이기 때문에 행정지도에 따른 결과 발생한 문제에 대해서 그 책임을 행정객체에게 돌리는 경향이 있고, 이로 인하여 권리구제가 불완전하게 된다. 이에 대해 행정절차법은 행정지도 실명제로 보완하는 규정을 두고 있다(행정절차법 제49조 제1항).

(4) 법치주의의 형해화

행정지도는 법률의 근거 없이 발해질 수 있으므로 행정지도라는 명목으로 법치주의를 형해화시킬 우려가 있다.

03 행정지도의 종류

1. 규제적 행정지도
주로 위해 방지나 위법·부당한 행위를 시정하기 위한 것으로 자연보호를 위한 오물 투기의 제한, 공해방지를 위한 규제, 물가 억제를 위한 권고 등이 있다. 96 입시

2. 조정적 행정지도
경제적 이해관계의 대립이나 노사 간 쟁의의 조정, 수출입의 조정, 기계공업시설의 계열화 권고와 같이 관련 단체 간의 이해의 대립이나 과열경쟁으로 인하여 생기는 장애를 방지하기 위한 것을 말한다.

3. 조성적 행정지도
새로운 기술이나 정보의 제공을 통하여 사회적·경제적 약자를 보호하고, 그 지위향상을 위한 것으로 생활개선지도, 중소기업의 합리화지도, 영농지도, 장학지도, 세무지도, 기술·정보·지식의 제공이 있다. 12 국가9급

04 행정지도의 법적 근거와 한계

1. 조직법적 근거는 필요하고, 수권법적 근거는 필요치 않다. 20 소방, 19·17 국가9급
행정지도에도 조직법적인 근거는 있어야 한다. 그러나 행정지도는 상대방의 자발적 협력을 전제로 하며, 그 자체로는 아무런 직접적인 법적 효과도 발생하지 않는다는 점에서 작용법적인 근거(개별적·구체적 법률적 근거)는 필요하지 않다는 것이 일반적이다.

2. 일반법 미비
행정지도에 법적 근거가 요구되는지에 대한 **일반법은 없고**, 행정절차법에서 행정지도의 **원칙과 방법**을 규정하고 있다. 04 행시

05 행정지도의 원칙과 방식

명	견	비	실	공	부	임	문
명확성의 원칙	의견 제출의 기회 부여	비례원칙	실명제	공통사항의 공표	불이익 금지	임의성 원칙	말로 가능. 문서를 요구하면 교부해야 함.

1. 행정지도의 원칙 – 행정절차법에 명문의 규정이 있는 경우

(1) 비례의 원칙(과잉금지의 원칙) 20 소방, 19 국가9급, 12 국가7급
행정지도는 목적 달성에 필요한 최소한에 그쳐야 한다(행정절차법 제48조 제1항 전단).

(2) 임의성의 원칙 19 국가9급, 11 지방9급
행정지도는 상대방의 임의의 의사에 의하여야 하고, 행정지도의 상대방의 의사에 반하여 부당하게 강요하여서는 아니 된다(행정절차법 제48조 제1항 후단).

(3) 불이익조치금지의 원칙 20 소방, 12 국가9급
행정기관은 행정지도의 상대방이 행정지도에 따르지 아니하였다는 것을 이유로 불이익한 조치를 하여서는 아니 된다(행정절차법 제48조 제2항).

2. 행정지도의 방식

(1) 행정지도 실명제 20 소방, 04 서울9급 등

행정지도를 하는 자는 그 상대방에게 그 행정지도의 취지 및 내용과 신분을 밝혀야 한다(행정절차법 제49조 제1항). 행정지도를 행하는 자와 그 내용을 분명히 하여 상대방의 불이익을 방지하고자 한 규정이다.

(2) 서면 교부청구 21 소방, 17 국가9급·국회8급 등

행정지도가 말로 이루어지는 경우에 상대방이 위 **(1)**의 사항을 적은 **서면의 교부를 요구하면** 그 행정지도를 하는 자는 직무수행에 특별한 지장이 없으면 이를 교부하여야 한다(행정절차법 제49조 제2항). 행정지도의 존재, 내용 및 책임의 소재를 명확히 하기 위한 것이다.

(3) 의견제출 20 소방, 17 국가9급·국회8급, 12 국가7급 등

행정지도의 상대방은 해당 행정지도의 방식·내용 등에 관하여 행정기관에 의견제출을 할 수 있다(행정절차법 제50조).

(4) 다수인에 대한 행정지도의 공통사항의 공표 11 지방9급

행정기관이 같은 행정목적을 실현하기 위하여 많은 상대방에게 행정지도를 하고자 하는 때에는 특별한 사정이 없는 한 **행정지도에 공통적인 내용이 되는 사항을 공표하여야 한다**. 행정지도의 명확성과 공평성을 확보하기 위한 것으로 행정절차법 제51조에서 규정하고 있다.

06 행정지도와 상대방의 권리구제

1. 행정쟁송

행정지도는 비권력적 사실행위이기 때문에 다수설과 판례는 처분성을 인정하지 않는다. 다만, 헌법재판소는 사실상 강제력이 인정되는 행정지도의 경우에 헌법소원의 대상이 된다고 본다. 12 국가9급

관련판례

◎ 행정지도의 처분성 부정

❶ 장관의 서면에 의한 경고는 근무충실에 관한 권고행위 내지 지도행위로서 처분이 아니다(대판 1991.11.12. 91누2700).

❷ 세무당국이 소외 회사에 대하여 원고와의 주류거래를 일정 기간 중지하여 줄 것을 요청한 행위는 처분성이 인정되지 않는다(대판 1980.10.27. 80누395). 19 국가9급 등

❸ 단전 조치된 건물의 소유자로부터 새로이 전기 공급신청을 받은 한국전력공사가 관할 구청장에게 전기 공급의 적법 여부를 조회한 데 대한 회신은 행정처분이 아니다(대판 1995.11.21. 95누9099).

❹ 유흥전문음식점에 대하여 시장이 한 주간영업금지 지시는 행정소송의 대상이 아니다(대판 1982.12.28. 82누366).

관련판례

◎ 행정지도의 처분성 인정

❶ 행정규칙에 의한 '불문경고조치'는 처분에 해당한다. 12 국가9급, 08 지방7급 등

행정규칙에 의한 '불문경고조치'가 비록 법률상의 징계처분은 아니지만 위 처분을 받지 아니하였다면 차후 다

른 징계처분이나 경고를 받게 될 경우 징계감경사유로 사용될 수 있었던 표창공적의 사용가능성을 소멸시키는 효과와 1년 동안 인사기록카드에 등재됨으로써 그 동안은 장관표창이나 도지사표창대상자에서 제외시키는 효과 등이 있다는 이유로 항고소송의 대상이 되는 행정처분에 해당한다(대판 2002.7.26. 2001두3532).

❷ **교육인적자원부장관(현 교육부장관)의 국·공립대학 총장들에 대한 학칙시정요구는 헌법소원의 대상이 되는 공권력 행사이다.** `21 소방`, `19·12 국가9급`, `17 국회8급`

교육인적자원부장관의 대학총장들에 대한 이 사건 학칙시정요구는 고등교육법에 따른 것으로서 그 법적 성격은 대학총장의 임의적인 협력을 통하여 사실상의 효과를 발생시키는 행정지도의 일종이지만, 그에 따르지 않을 경우 일정한 불이익조치를 예정하고 있어 사실상 상대방에게 그에 따를 의무를 부과하는 것과 다를 바 없으므로 단순한 행정지도로서의 한계를 넘어 규제적·구속적 성격을 상당히 강하게 갖는 것으로서 헌법소원의 대상이 되는 공권력의 행사라고 볼 수 있다(헌재 2003.6.26. 2002헌마337).

❸ 금융기관 임원에 대한 금융감독원장의 문책경고는 항고소송의 대상이 되는 행정처분에 해당한다(대판 2005.2.17. 2003두14765). `16 국가9급`, `08 지방7급`

❹ 금융감독원장이 종합금융주식회사의 전 대표이사에게 재직 중 위법·부당행위 사례를 첨부하여 금융 관련 법규를 위반하고 신용질서를 심히 문란하게 한 사실이 있다는 내용으로 '문책경고장(상당)'을 보낸 행위는 항고소송의 대상이 되는 행정처분에 해당하지 아니한다(대판 2005.2.17. 2003두10312).

2. 행정지도와 손해전보

행정지도는 비권력적 사실행위일 뿐만 아니라 행정지도의 상대방이 스스로 지도에 응함으로써 발생한 손해는 전보의 대상이 될 수 없다는 것이 전통적 견해이다.

관련판례

❶ 원칙적으로 위법한 행정지도로 인한 손해배상책임은 없다.

[1] 행정지도가 강제성을 띠지 않은 비권력적 작용으로서 행정지도의 한계를 일탈하지 아니하였다면, 그로 인하여 상대방에게 어떤 손해가 발생하였다 하더라도 행정기관은 그에 대한 손해배상책임이 없다. `21 소방`, `17 국회8급`

[2] 행정기관의 위법한 행정지도로 일정 기간 어업권을 행사하지 못하는 손해를 입은 자가 그 어업권을 타인에게 매도하여 매매대금 상당의 이득을 얻었더라도 그 이득은 손해배상책임의 원인이 되는 행위인 위법한 행정지도와 상당인과관계에 있다고 볼 수 없고, 행정기관이 배상하여야 할 손해는 위법한 행정지도로 피해자가 일정 기간 어업권을 행사하지 못한 데 대한 것임에 반해 피해자가 얻은 이득은 어업권 자체의 매각대금이므로 위 이득이 위 손해의 범위에 대응하는 것이라고 볼 수도 없어, 피해자가 얻은 매매대금 상당의 이득을 행정기관이 배상하여야 할 손해액에서 공제할 수 없다(대판 2008.9.25. 2006다18228).

❷ 행정지도로 인한 경우에도 행정주체의 국가배상책임 성립이 가능한 경우가 있다. `17 국가9급`

국가배상법이 정한 배상청구의 요건인 '공무원의 직무'에는 권력적 작용만이 아니라 행정지도와 같은 비권력적 작용도 포함되며 `12 국가9급`, 단지 행정주체가 사경제주체로서 하는 활동만 제외되는 것이고, 기록에 의하여 살펴보면 피고 및 그 산하의 강남구청은 이 사건 도시계획사업의 주무관청으로서 그 사업을 적극적으로 대행·지원하여 왔고 이 사건 공탁도 행정지도의 일환으로 직무수행으로서 행하였다고 할 것이므로, 비권력적 작용인 공탁으로 인한 피고의 손해배상책임은 성립할 수 없다는 상고이유의 주장은 이유가 없다(대판 1998.7.10. 96다38971).

제4절 비공식적 행정작용과 행정의 자동결정

01 비공식적 행정작용

1. 개설
공식적 행정작용은 행정작용의 근거·요건 및 효과 등이 법에 정해져 있는 것을 말하고, 비공식적 행정작용이란 이와 같은 형식 등이 정해져 있지 않은 일체의 행정작용으로서 법적 구속력이 발생하지 않는 사실행위를 말한다.

2. 비공식적 행정작용의 허용성 여부
헌법상 법치주의 원리에 비추어 볼 때 비공식적 행정작용은 허용되지 않는 것이 원칙이지만, 행정권의 확대와 행정수요의 변화에 대응하기 위하여 전통적인 행정만으로는 한계가 있고, 비공식적 행정작용의 기능을 고려하여 **이를 인정하는 것이 최근의 일반적 경향이다.** 98 국가7급

3. 비공식적 행정작용의 기능과 문제점

기능 07 인천교행 등	문제점 04 국회8급 등
· **법적 불확실성의 제거**: 비공식적 행정작용은 행정권과 상대방 사이에 협상 등을 통하여 법적 불확실성을 제거하는 기능을 수행한다. · **행정의 능률화**: 비공식적 행정작용은 상대방의 자발적인 참여를 유도함으로써 행정목적의 달성을 쉽게 하고 행정작용에 따르는 비용과 노력 등을 절감하는 효과를 가져온다. · **행정의 탄력성**: 비공식적 행정작용은 다양한 수단을 사용함으로써 탄력적인 행정을 실현할 수 있다. · **법적 분쟁의 감소**: 당사자의 합의에 의하여 결정을 유도함으로써 법적 분쟁의 회피·경감에 기여할 수 있다.	· **법치행정의 후퇴**: 비공식적 행정작용은 법에 근거 없이 이루어지기 때문에 법치행정이 후퇴될 수 있다. · **제3자 보호의 어려움**: 당국과 상대방 사이에서만 진행되므로 제3자는 그에 관한 내용을 알 수 없는 결과, 제3자의 지위가 보장되기 어려운 문제가 있다. · **효과적인 권리구제의 곤란**: 비공식적 행정행위는 사실행위로서 처분성이 인정되지 않으므로 행정쟁송의 대상이 아니다. · **행정의 신속성 저해**: 당사자 간의 합의나 양해 등에 의하여 이루어지기 때문에, 행정을 신속하게 처리할 수 없는 문제점이 있다. · **법적 안정성과 예측가능성의 어려움**: 형식의 다양성으로 인해 법적 안정성과 예측가능성을 확보하기 어렵다는 문제점이 있다.

4. 비공식적 행정작용의 한계와 효력

(1) 비공식적 행정작용의 한계 07 인천교행 등

1) 법적 근거의 필요성(법률유보의 문제)
비공식적 행정작용은 비권력적 사실행위이기 때문에 **엄격한 법적 근거를 요하는 것은 아니다.**

2) 법률우위의 문제
비권력적 행정작용이라 하더라도 **법률우위의 원칙은 적용되어야 한다.** 따라서 법규에 어긋나는 비공식적 행정작용은 행할 수 없음은 당연하다.

(2) 비공식적 행정작용의 효력

1) 법적 구속력 없음.
비공식적 행정작용은 사실행위로서 아무런 **법적 구속력이 없다.**

2) 권리구제의 어려움
비공식적 행정작용에 의한 행위로 발생한 손해의 전보는 원칙적으로 청구할 수 없으며, 행정처분성이 없기 때문에 행정쟁송의 대상이 될 수 없다.

02 행정의 자동결정

1. 개설
행정의 자동화작용이란 행정과정에서 컴퓨터 등 전자데이터 처리장비를 투입하여 행정업무를 자동화하여 수행하는 것을 말한다.

2. 법적 성질과 대상

> **관련조문**
> **행정기본법 제20조(자동적 처분)** 행정청은 법령으로 정하는 바에 따라 완전히 자동화된 시스템(인공지능 기술을 적용한 시스템을 포함한다)으로 처분을 할 수 있다. 다만, 처분에 재량이 있는 경우는 그러하지 아니하다. 21 서울·지방9급

(1) 자동결정의 법적 성질
행정자동결정은 자동시설의 도움을 빌어 발하여지는 행정처분으로서 일반적으로 **행정행위**라는 것이 통설의 입장이다. 16 사복9급

(2) 프로그램의 법적 성질 16 사복9급
행정자동결정의 기준이 되는 전산프로그램은 **법규명령 또는 행정규칙의 성격**을 가진다.

3. 행정자동결정의 하자와 권리구제
행정자동결정은 행정처분성이 인정되므로 행정쟁송을 통하여 다툴 수 있다. 08 경기9급

제5절 사법 형식의 행정작용(행정사법)

01 행정사법의 의의

1. 행정사법의 개념
행정사법이란 행정활동이 사법 형식으로 행해졌으나, 그것이 직접 행정목적 달성상 필요한 경우에는 일정한 공법적 규율의 대상이 되는 것을 말한다. 즉, **행정주체가 공행정작용을 수행하는 방식으로 사법적 수단을 선택한 경우 이를 규율하는 사법은 공법원리 내지 공법규정의 제한을 받게 되는데, 이런 법영역을 행정사법이라고 한다.**

2. 등장 배경

행정사법의 성질에 대하여 옐리네크(Jelinek)는 "군인이 더 많은 행동의 자유를 얻기 위해 마치 사복을 입고 외출하는 심리와 같다."라고 하고, 플라이너(Fleiner)는 '공법의 사법으로의 도피'라고 하였다. **이러한 지적은 행정사법에 대한 공법적 규율의 필요성을 강조한 것이다.**

02 행정사법의 적용영역

행정사법은 행정주체가 해당 행정작용의 수행에 대한 **법적 수단에 대한 선택가능성이 있는 경우에 적용된다.** 주로 **급부행정이나 유도행정분야에서 이루어진다**(예 국민주택 임대차, 추곡 수매 등).

1. 급부행정분야

급부행정분야에서의 행정사법영역으로 거론되는 부분은 ① 공급행정분야(예 교통·운수·전기·수도·가스 등), ② 생활배려행정분야(예 폐수·오물·쓰레기·폐기물 처리 등), ③ 자금지원에 의한 경제행정(예 국유재산의 대여·지불보증, 융자 등)

2. 유도행정분야

유도행정분야에서의 행정사법은 주로 규제행정분야(예 경제규제·환경규제 등) 또는 기타의 사회형성분야(예 경기대책·토지대책·고용대책·수출진흥 등)에서 성립되고 있다.

3. 적용 제외분야

전통적인 분야인 **경찰행정·조세행정과 같이 행정주체가 수단을 선택할 수 없는 경우에는 적용되지 않는다.**

관련판례

① 국유재산의 무단점유로 인한 변상금을 사법상의 계약에 의하여 제3자로부터 징수할 수 없다(대판 1989.11.24. 89누787).

② 사법상의 계약에 의한 납세보증행위는 허용될 수 없다.

조세채권은 국가재정수입을 확보하기 위하여 국세징수법에 의하여 우선변제권 및 자력집행권이 인정되는 권리로서 사법상의 채권과는 그 성질을 달리하므로 조세채권의 성립과 행사는 오직 법률에 의해서만 가능한 것이고, 조세에 관한 법률에 의하지 아니한 사법상의 계약에 의하여 조세채무를 부담하게 하거나 이를 보증하게 하여 이들로부터 조세채권의 종국적 만족을 실현하는 것은 허용될 수 없다(대판 1986.12.23. 83누715).

* 21세기에 인징, 족징이 인정될 수는 없다.

03 행정사법과 공법적 기속

1. 공법에 의한 기속

국가권력은 남용될 가능성이 있기 때문에 행정사법에 대해서도 공법적 구속을 할 필요가 있고, '공법의 사법으로의 도피' 현상을 막기 위해서도 통상의 사법관계와는 다른 규율이 인정된다. 따라서 헌법에 의한 재산권 보장, 신뢰보호·평등원칙·비례원칙 등을 지켜야 한다.

2. 사법적 규정의 수정 적용

일반사법관계와는 달리 계약강제·해제강제·경영의무 등이 부과되게 된다. 이 경우에는 국가재정법이나 지방재정법에 의하여 법규로 규제하는 경우도 있다.

PART 3
행정절차, 정보공개, 정보보호

행정법의 전문가,
2023 윤우혁 소방행정법 기본서

Chapter 01 행정절차법

Chapter 02 정보공개와 개인정보 보호

Chapter 01 행정절차법

제1절 개설

01 행정절차의 의의

1. 행정절차법의 입법에 대한 연혁

(1) 최초의 행정절차법은 오스트리아에서 제정되었다고 평가된다.

(2) 영국의 경우 보통법상의 **자연적 정의(Natural Justice)원리에 근거**하여 '청문제도'가 관행화되었으며, 1958년 '행정심판소 및 심사에 관한 법률'에 의하여 결실을 맺게 되었다. 96 국가7급 자연적 정의는 편견배제의 원칙과 쌍방청문의 원칙을 그 내용으로 한다.

(3) 미국의 경우 **적법절차원칙(Due Process of Law)에 근거**하여 확립된 것으로, 구체적으로는 1946년에 행정절차법이 제정되고 1967년엔 합중국법전(U.S. Code)에 흡수규정되었으며, 그 내용으로는 규칙제정절차·재결절차 등의 정식절차에 관한 규정과 그 외 광범위하게 약식절차를 채택하고 있다.

(4) 전통적으로 행정절차는 영·미법계를 중심으로 발달하였고, 대륙법계는 행정절차가 발달하지 못하였다. 대륙법계는 개인의 권익구제는 사후적인 심사로 충분하다고 보았기 때문이다.

2. 행정절차의 기능(필요성)

(1) 행정의 민주화 04 인천9급 등

행정절차는 이해관계인들을 의사형성의 과정에 참여시킴으로써 행정작용의 민주화를 기함은 물론, 행정객체의 지위 상승의 효과를 가져오고 있다.

(2) 행정의 능률화 94 국가7급 등

행정의 상대방 또는 이해관계인을 행정과정에 참여시킴으로써 상대방의 협력을 얻게 된다면 행정목적을 더욱 원활하게 달성할 수 있다는 점에서 행정의 능률성을 확보할 수 있다.

(3) 행정의 적정화

이해관계인의 의견을 반영하여 행정문제에 대한 적정한 결정을 내릴 수 있게 되어, 행정의 정당성을 확보하게 한다.

(4) 행정의 공정성·통일성·신중성 확보

사전적인 절차를 거침으로써 행정의 공정성·통일성·신중성을 확보할 수 있다.

(5) 사법기능의 보완작용

이해관계인의 의견조정을 사전에 행함으로써 사후의 분쟁을 예방할 수 있다는 점에서 사법구제제도의 보완이며, 또한 사전적 권리구제의 한 방편이 된다.

02 행정절차의 법적 근거

1. 헌법

행정절차의 헌법적 근거에 대해서는 헌법 제12조 제1항의 **적법절차원칙**에서 찾는 견해가 통설 및 판례의 입장이다. 15 사복9급

> **예상 OX**
>
> 행정절차의 헌법적 근거는 민주주의이다. (ㅇ. ×)   ×

 관련판례

헌법 제12조 제3항 본문은 같은 조 제1항과 함께 적법절차원리의 일반조항에 해당하는 것으로서, 형사절차상의 영역에 한정되지 않고 입법, 행정 등 국가의 모든 공권력의 작용에는 절차상의 적법성뿐만 아니라 법률의 구체적 내용도 합리성과 정당성을 갖춘 실체적인 적법성이 있어야 한다는 적법절차의 원칙을 헌법의 기본원리로 명시하고 있는 것이다(헌재 1992.12.24. 92헌가8). 08 지방7급 등

2. 법률

행정절차에 관한 일반법으로 행정절차법이 있고, 민원과 관련된 일반법으로 민원 처리에 관한 법률이 있다. 그 외의 많은 개별법에서 행정절차에 관한 규정을 두고 있다. 08 지방7급

03 행정절차의 적용범위

적법절차는 헌법상의 원칙이기 때문에 행정뿐만 아니라 모든 국가작용에 적용된다. 그러나 행정절차법이 모든 국가작용에 적용되는 것은 아니다.

04 행정절차법의 구성과 특징

1. 행정절차법의 구성

 관련조문

제3조(적용범위) ① 처분, 신고, 확약, 위반사실 등의 공표, 행정계획, 행정상 입법예고, 행정예고 및 행정지도의 절차(이하 '행정절차'라 한다)에 관하여 다른 법률에 특별한 규정이 있는 경우를 제외하고는 이 법에서 정하는 바에 따른다.

2. 행정절차법의 특징

(1) 공법으로서 행정절차에 관한 일반법이다.
행정절차법은 공법으로서 행정절차에 관한 일반법이며 사법(私法)작용과는 무관하다. 따라서 행정절차에 관하여 개별법에 규정이 없으면 행정절차법이 적용된다.

(2) 절차적 규정과 실체적 규정
행정절차법은 대부분 절차에 관한 규정으로 이루어져 있으나, **실체적인 내용도 일부 포함되어 있다**(처분의 정정, 행정지도에 관한 일부 규정). `11 국회8급 등`

제2절 | 행정절차법의 주요 내용

01 행정절차법의 통칙규정

1. 목적과 정의

(1) 행정절차법의 목적
행정절차법은 행정절차에 관한 공통적인 사항을 규정하여 국민의 **행정 참여를 도모**함으로써 행정의 공정성·투명성 및 신뢰성을 확보하고 국민의 권익을 보호함을 목적으로 한다(제1조). `06 인천9급 등`

(2) 용어의 정의

 관련조문

제2조(정의) 이 법에서 사용하는 용어의 뜻은 다음과 같다.
1. '행정청'이란 다음 각 목의 자를 말한다.
   가. 행정에 관한 의사를 결정하여 표시하는 국가 또는 지방자치단체의 기관
   나. 그 밖에 법령 또는 자치법규(이하 '법령 등'이라 한다)에 따라 행정권한을 가지고 있거나 위임 또는 위탁받은 공공단체 또는 그 기관이나 사인(私人)
2. '처분'이란 행정청이 행하는 구체적 사실에 관한 법집행으로서의 공권력의 행사 또는 그 거부와 그 밖에 이에 준하는 행정작용을 말한다.
3. '행정지도'란 행정기관이 그 소관 사무의 범위에서 일정한 행정목적을 실현하기 위하여 특정인에게 일정한 행위를 하거나 하지 아니하도록 지도, 권고, 조언 등을 하는 행정작용을 말한다.

> 4. '당사자 등'이란 다음 각 목의 자를 말한다.
>   가. 행정청의 처분에 대하여 직접 그 상대가 되는 당사자
>   나. 행정청이 직권으로 또는 신청에 따라 행정절차에 참여하게 한 이해관계인
> 5. '청문'이란 행정청이 어떠한 처분을 하기 전에 당사자 등의 의견을 직접 듣고 증거를 조사하는 절차를 말한다.
> 6. '공청회'란 행정청이 공개적인 토론을 통하여 어떠한 행정작용에 대하여 당사자 등, 전문지식과 경험을 가진 사람, 그 밖의 일반인으로부터 의견을 널리 수렴하는 절차를 말한다.
> 7. '의견제출'이란 행정청이 어떠한 행정작용을 하기 전에 당사자 등이 의견을 제시하는 절차로서 청문이나 공청회에 해당하지 아니하는 절차를 말한다.

2. 행정절차법의 적용 제외대상(제3조) 13 경행특채, 11 국가9급

권력분립이 요구되는 경우	1. 국회 또는 지방의회의 의결을 거치거나 동의 또는 승인을 받아 행하는 사항 04 국회8급 등 2. 법원 또는 군사법원의 재판에 의하거나 그 집행으로 행하는 사항 08 관세사 등 3. 헌법재판소의 심판을 거쳐 행하는 사항 07 서울9급 등
독립성 요구	4. 각급 선거관리위원회의 의결을 거쳐 행하는 사항 11 국가9급 등 * 선거관리위원회가 불법선거운동에 대하여 경고할 때는 청문을 거치지 않는다. 5. 감사원이 감사위원회의 결정을 거쳐 행하는 사항 11 국가9급 등 6. 형사·행형 및 보안처분 관계 법령에 따라 행하는 사항
국가 안보	7. 국가안전보장·국방·외교 또는 통일에 관한 사항 중 행정절차를 거칠 경우 국가의 중대한 이익을 현저히 해칠 우려가 있는 사항 02 입시
행정심판	8. 심사청구, 해양안전심판, 조세심판, 특허심판, 행정심판 그 밖의 불복절차에 따른 사항 11 국가9급
병역, 외국인, 공무원 관련	9. 병역법에 따른 징집·소집, 외국인의 출입국·난민인정·귀화, 공무원 인사 관계 법령에 따른 징계와 그 밖의 처분, 이해 조정을 목적으로 하는 법령에 따른 알선·조정·중재·재정 또는 그 밖의 처분 등 해당 행정작용의 성질상 행정절차를 거치기 곤란하거나 거칠 필요가 없다고 인정되는 사항과 행정절차에 준하는 절차를 거친 사항으로서 대통령령으로 정하는 사항

관련판례

❶ 공무원 인사 관계 법령에 의한 처분에 관한 사항 모두에 대하여 행정절차법의 적용이 배제되는 것은 아니다.
군 인사법령에 의하여 진급예정자 명단에 포함된 자에 대하여 의견제출의 기회를 부여하지 아니한 채 진급선발을 취소하는 처분을 한 것이 절차상 하자가 있어 위법하다(대판 2007.9.21. 2006두20631). 16 국가9급, 12 국가7급

❷ 산업기능요원 편입취소처분은 행정절차법의 적용이 배제되는 사항인 '병역법에 의한 소집에 관한 사항'에 해당하지 않는다(대판 2002.9.6. 2002두554).

❸ 행정청이 침해적 행정처분을 하면서 당사자에게 구 행정절차법에서 정한 사전통지를 하거나 의견제출의 기회를 주지 않은 경우, 그 처분은 위법하여 취소를 면할 수 없다. 공무원 인사 관계 법령에 의한 처분에 관한 사항에 대하여 행정절차법의 적용이 배제되는 범위 및 그 법리는 별정직 공무원에 대한 직권면직처분에도 적용된다(대판 2013.1.16. 2011두30687). 16 국가9급

❹ 국가공무원법상 직위해제처분에 처분의 사전통지 및 의견청취 등에 관한 행정절차법 규정이 적용되지 않는다(대판 2014.5.16. 2012두26180). 16 지방7급·사복9급

❺ 행정청이 징계와 같은 불이익처분절차에서 징계심의대상자가 선임한 변호사가 징계위원회에 출석하여 징계심의 대상자를 위하여 필요한 의견을 진술하는 것을 행정청은 특별한 사정이 없는 한 이를 거부할 수 없다. 19 지방9급

❻ 공정거래위원회의 시정조치 및 과징금 납부명령에 행정절차법 소정의 의견청취절차 생략사유가 존재하는 경우, 공정거래위원회가 행정절차법을 적용하여 의견청취절차를 생략할 수 없다(대판 2001.5.8. 2000두10212).
16 지방7급

❼ 행정절차법은 당사자가 청문의 통지가 있는 날부터 청문이 끝날 때까지 행정청에 해당 사안의 조사 결과에 관한 문서와 그 밖에 해당 처분과 관련되는 문서의 열람 또는 복사를 '요청'할 수 있고, 행정청은 다른 법령에 따라 공개가 제한되는 경우를 제외하고는 그 요청을 거부할 수 없도록 규정하고 있다. 그런데 행정절차법 제3조, 행정절차법 시행령 제2조 제6호는 독점규제 및 공정거래에 관한 법률(이하 '공정거래법'이라 함)에 대하여 행정절차법의 적용이 배제되도록 규정하고 있다. 그 취지는 공정거래법의 적용을 받는 당사자에게 행정절차법이 정한 것보다 더 약한 절차적 보장을 하려는 것이 아니라, 오히려 그 의결절차상 인정되는 절차적 보장의 정도가 일반 행정절차와 비교하여 더 강화되어 있기 때문이다. 공정거래위원회에 강학상 '준사법기관'으로서의 성격이 부여되어 있다는 전제하에 공정거래위원회의 의결을 다투는 소를 서울고등법원의 전속관할로 정하고 있는 취지 역시 같은 전제로 볼 수 있다. 공정거래법 제52조의2가 당사자에게 단순한 열람·복사 '요청권'이 아닌 열람·복사 '요구권'을 부여한 취지 역시 이와 마찬가지이다(대판 2018.12.27. 2015두44028).

관련판례

◎ 유승준 사건

[1] 일반적으로 처분이 주체·내용·절차와 형식의 요건을 모두 갖추고 외부에 표시된 경우에는 처분의 존재가 인정된다. 행정의사가 외부에 표시되어 행정청이 자유롭게 취소·철회할 수 없는 구속을 받게 되는 시점에 처분이 성립하고, 그 성립 여부는 행정청이 행정의사를 공식적인 방법으로 외부에 표시하였는지를 기준으로 판단해야 한다.

[2] 병무청장이 법무부장관에게 "가수 갑이 공연을 위하여 국외 여행허가를 받고 출국한 후 미국 시민권을 취득함으로써 사실상 병역의무를 면탈하였으므로 재외동포 자격으로 재입국하고자 하는 경우 국내에서 취업, 가수활동 등 영리활동을 할 수 없도록 하고, 불가능할 경우 입국 자체를 금지해 달라."라고 요청함에 따라 법무부장관이 갑의 입국을 금지하는 결정을 하고, 그 정보를 내부전산망인 '출입국관리정보시스템'에 입력하였으나, 갑에게는 통보하지 않은 사안에서, 행정청이 행정의사를 외부에 표시하여 행정청이 자유롭게 취소·철회할 수 없는 구속을 받기 전에는 '처분'이 성립하지 않으므로 법무부장관이 출입국관리법 제11조 제1항 제3호 또는 제4호, 출입국관리법 시행령 제14조 제1항, 제2항에 따라 위 입국금지결정을 했다고 해서 '처분'이 성립한다고 볼 수는 없고, 위 입국금지결정은 법무부장관의 의사가 공식적인 방법으로 외부에 표시된 것이 아니라 단지 그 정보를 내부전산망인 '출입국관리정보시스템'에 입력하여 관리한 것에 지나지 않으므로, 위 입국금지결정은 항고소송의 대상이 될 수 있는 '처분'에 해당하지 않는데도, 위 입국금지결정이 처분에 해당하여 공정력과 불가쟁력이 있다고 본 원심판단에 법리를 오해한 잘못이 있다.

[3] 상급행정기관의 지시는 일반적으로 행정조직 내부에서만 효력을 가질 뿐 대외적으로 국민이나 법원을 구속하는 효력이 없다. 대외적으로 처분 권한이 있는 처분청이 상급행정기관의 지시를 위반하는 처분을 하였다고 해서 그러한 사정만으로 처분이 곧바로 위법하게 되는 것은 아니고, 처분이 상급행정기관의 지시를 따른 것이라고 해서 적법성이 보장되는 것도 아니다. 처분이 적법한지는 상급행정기관의 지시를 따른 것인지 여부가 아니라, 헌법과 법률, 대외적으로 구속력 있는 법령의 규정과 입법목적, 비례·평등원칙과 같은 법의 일반원칙에 적합한지 여부에 따라 판단해야 한다.

[4] 행정절차에 관한 일반법인 행정절차법은 제24조 제1항에서 "행정청이 처분을 할 때에는 다른 법령 등에 특별한 규정이 있는 경우를 제외하고는 문서로 하여야 하며, 전자문서로 하는 경우에는 당사자 등의 동의가 있어야 한다. 다만, 신속히 처리할 필요가 있거나 사안이 경미한 경우에는 말 또는 그 밖의 방법으로 할 수 있다."라고 정하고 있다. 이 규정은 처분 내용의 명확성을 확보하고 처분의 존부에 관한 다툼을 방지하여 처분상대방의 권익을 보호하기 위한 것이므로, 이를 위반한 처분은 하자가 중대·명백하여 무효이다.

[5] 행정절차법 제3조 제2항 제9호, 행정절차법 시행령 제2조 제2호 등 관련 규정들의 내용을 행정의 공정성, 투명성, 신뢰성을 확보하고 처분상대방의 권익보호를 목적으로 하는 행정절차법의 입법 목적에 비추어 보면, 행정절차법의 적용이 제외되는 '외국인의 출입국에 관한 사항'이란 해당 행정작용의 성질상 행정절차를 거치기 곤란하거나 거칠 필요가 없다고 인정되는 사항이나 행정절차에 준하는 절차를 거친 사항으로서 행정절차법 시행령으로 정하는 사항만을 가리킨다. '외국인의 출입국에 관한 사항'이라고 하여 행정절차를 거칠 필요가 당연히 부정되는 것은 아니다. 외국인의 사증발급신청에 대한 거부처분은 당사자에게 의무를 부과하거나 적극적으로 권익을 제한하는 처분이 아니므로, 행정절차법 제21조 제1항에서 정한 '처분의 사전통지'와 제22조 제3항에서 정한 '의견제출 기회 부여'의 대상은 아니다. 그러나 사증발급신청에 대한 거부처분이 성질상 행정절차법 제24조에서 정한 '처분서 작성·교부'를 할 필요가 없거나 곤란하다고 일률적으로 단정하기 어렵다. 또한 출입국관리법령에 사증발급 거부처분서 작성에 관한 규정을 따로 두고 있지 않으므로, 외국인의 사증발급신청에 대한 거부처분을 하면서 행정절차법 제24조에 정한 절차를 따르지 않고 '행정절차에 준하는 절차'로 대체할 수도 없다.

[6] 재외동포에 대한 사증발급은 행정청의 재량행위에 속하는 것으로서, 재외동포가 사증발급을 신청한 경우에 출입국관리법 시행령 [별표 1의2]에서 정한 재외동포 체류자격의 요건을 갖추었다고 해서 무조건 사증을 발급해야 하는 것은 아니다. 재외동포에게 출입국관리법 제11조 제1항 각 호에서 정한 입국금지사유 또는 재외동포법 제5조 제2항에서 정한 재외동포 체류자격 부여 제외사유(예 대한민국 남자가 병역을 기피할 목적으로 외국국적을 취득하고 대한민국 국적을 상실하여 외국인이 된 경우)가 있어 그의 국내 체류를 허용하지 않음으로써 달성하고자 하는 공익이 그로 말미암아 발생하는 불이익보다 큰 경우에는 행정청이 재외동포 체류자격의 사증을 발급하지 않을 재량을 가진다.

[7] 처분의 근거법령이 행정청에 처분의 요건과 효과 판단에 일정한 재량을 부여하였는데도, 행정청이 자신에게 재량권이 없다고 오인한 나머지 처분으로 달성하려는 공익과 그로써 처분상대방이 입게 되는 불이익의 내용과 정도를 전혀 비교형량하지 않은 채 처분을 하였다면, 이는 재량권 불행사로서 그 자체로 재량권 일탈·남용으로 해당 처분을 취소하여야 할 위법사유가 된다.

[8] 처분상대방의 의무 위반을 이유로 한 제재처분의 경우 의무 위반 내용과 제재처분의 양정 사이에 엄밀하게는 아니더라도 어느 정도는 비례관계가 있어야 한다. 제재처분이 의무 위반의 내용에 비하여 과중하여 사회통념상 현저하게 타당성을 잃은 경우에는 재량권 일탈·남용에 해당하여 위법하다고 보아야 한다.

[9] 병무청장이 법무부장관에게 "가수 갑이 공연을 위하여 국외 여행허가를 받고 출국한 후 미국 시민권을 취득함으로써 사실상 병역의무를 면탈하였다."라는 이유로 입국금지를 요청함에 따라 법무부장관이 갑의 입국금지결정을 하였는데, 갑이 재외공관의 장에게 재외동포(F-4) 체류자격의 사증발급을 신청하자 재외공관장이 처분이유를 기재한 사증발급 거부처분서를 작성해 주지 않은 채 갑의 아버지에게 전화로 사증발급이 불허되었다고 통보한 사안에서, 갑의 재외동포(F-4) 체류자격 사증발급신청에 대하여 재외공관장이 6일 만에 한 사증발급 거부처분이 문서에 의한 처분방식의 예외로 행정절차법 제24조 제1항 단서에서 정한 '신속히 처리할 필요가 있거나 사안이 경미한 경우'에 해당한다고 볼 수도 없으므로 사증발급 거부처분에는 행정절차법 제24조 제1항을 위반한 하자가 있음에도, 외국인의 사증발급신청에 대한 거부처분이 성질상 행정절차를 거치기 곤란하거나 불필요하다고 인정되는 처분에 해당하여 행정절차법의 적용이 배제된다고 판단하고, 재외공관장이 자신에게 주어진 재량권을 전혀 행사하지 않고 오로지 13년 7개월 전에 입국금지결정이 있었다는 이유만으로 그에 구속되어 사증발급 거부처분을 한 것이 비례의 원칙에 반하는 것인지 판단했어야 함에도, 입국금지결정에 따라 사증발급 거부처분을 한 것이 적법하다고 본 원심판단에 법리를 오해한 잘못이 있다(대판 2019.7.11. 2017두38874). 예상

3. 행정절차법의 일반원칙

(1) 신의성실 및 신뢰보호원칙(제4조)

신의성실원칙	① 행정청은 직무를 수행할 때 신의에 따라 성실히 하여야 한다. 10 경북교행
신뢰보호원칙	② 행정청은 법령 등의 해석 또는 행정청의 관행이 일반적으로 국민들에게 받아들여졌을 때에는 공익 또는 제3자의 정당한 이익을 현저히 해칠 우려가 있는 경우를 제외하고는 새로운 해석 또는 관행에 따라 소급하여 불리하게 처리하여서는 아니 된다. 16 지방7급, 02 국가9급 등

(2) 투명성의 원칙과 법령해석 요청권

 관련조문

제5조(투명성) ① 행정청이 행하는 행정작용은 그 내용이 구체적이고 명확하여야 한다.
② 행정작용의 근거가 되는 법령 등의 내용이 명확하지 아니한 경우 상대방은 해당 행정청에 그 해석을 요청할 수 있으며, 해당 행정청은 특별한 사유가 없으면 그 요청에 따라야 한다.
③ 행정청은 상대방에게 행정작용과 관련된 정보를 충분히 제공하여야 한다.

(3) 행정업무혁신

 관련조문

제5조의2(행정업무 혁신) ① 행정청은 모든 국민이 균등하고 질 높은 행정서비스를 누릴 수 있도록 노력하여야 한다.
② 행정청은 정보통신기술을 활용하여 행정절차를 적극적으로 혁신하도록 노력하여야 한다. 이 경우 행정청은 국민이 경제적·사회적·지역적 여건 등으로 인하여 불이익을 받지 아니하도록 하여야 한다.
③ 행정청은 행정청이 생성하거나 취득하여 관리하고 있는 데이터(정보처리능력을 갖춘 장치를 통하여 생성 또는 처리되어 기계에 의한 판독이 가능한 형태로 존재하는 정형 또는 비정형의 정보를 말한다)를 행정과정에 활용하도록 노력하여야 한다.
④ 행정청은 행정업무 혁신 추진에 필요한 행정적·재정적·기술적 지원방안을 마련하여야 한다.

4. 행정청의 관할·협조·행정응원

(1) 행정청의 관할(제6조)

관할의 이송, 통지	① 행정청이 그 관할에 속하지 아니하는 사안을 접수하였거나 이송받은 경우에는 지체 없이 이를 관할 행정청에 이송하여야 하고 그 사실을 신청인에게 통지하여야 한다. 행정청이 접수하거나 이송받은 후 관할이 변경된 경우에도 또한 같다. 10 경북교행 등
관할이 불분명한 경우 결정방법	② 행정청의 관할이 분명하지 아니한 경우에는 해당 행정청을 공통으로 감독하는 상급행정청이 그 관할을 결정하며, 공통으로 감독하는 상급행정청이 없는 경우에는 각 상급행정청이 협의하여 그 관할을 결정한다. 16 국가7급

(2) 행정청의 협조

관련조문

제7조(행정청 간의 협조 등) ① 행정청은 행정의 원활한 수행을 위하여 서로 협조하여야 한다.
② 행정청은 업무의 효율성을 높이고 행정서비스에 대한 국민의 만족도를 높이기 위하여 필요한 경우 행정협업(다른 행정청과 공동의 목표를 설정하고 행정청 상호 간의 기능을 연계하거나 시설·장비 및 정보 등을 공동으로 활용하는 것을 말한다. 이하 같다)의 방식으로 적극적으로 협조하여야 한다.
③ 행정청은 행정협업을 활성화하기 위한 시책을 마련하고 그 추진에 필요한 행정적·재정적 지원방안을 마련하여야 한다.

(3) 행정응원(제8조)

응원요청	① 행정청은 다음 각 호의 어느 하나에 해당하는 경우에는 다른 행정청에 행정응원을 요청할 수 있다. 1. 법령 등의 이유로 독자적인 직무수행이 어려운 경우 `05 울산9급` 2. 인원·장비의 부족 등 사실상의 이유로 독자적인 직무수행이 어려운 경우 3. 다른 행정청에 소속되어 있는 전문기관의 협조가 필요한 경우 `05 5급승진` 4. 다른 행정청이 관리하고 있는 문서(전자문서를 포함한다. 이하 같다)·통계 등 행정자료가 직무수행을 위하여 필요한 경우 5. 다른 행정청의 응원을 받아 처리하는 것이 보다 능률적이고 경제적인 경우
거부	② 제1항에 따라 **행정응원을 요청받은 행정청은 다음 각 호의 어느 하나에 해당하는 경우에는 응원을 거부할 수 있다.** `05 5급승진` 1. 다른 행정청이 보다 능률적이거나 경제적으로 응원할 수 있는 명백한 이유가 있는 경우 2. 행정응원으로 인하여 고유의 직무수행이 현저히 지장받을 것으로 인정되는 명백한 이유가 있는 경우
상대방	③ 행정응원은 해당 직무를 직접 응원할 수 있는 행정청에 요청하여야 한다.
통지	④ 행정응원을 요청받은 행정청은 응원을 거부하는 경우 그 사유를 응원을 요청한 행정청에 통지하여야 한다.
지휘·감독	⑤ **행정응원을 위하여 파견된 직원은 응원을 요청한 행정청의 지휘·감독을 받는다.** 다만, 해당 직원의 복무에 관하여 다른 법령 등에 특별한 규정이 있는 경우에는 그에 따른다. `21 소방`
비용부담	⑥ 행정응원에 드는 **비용은 응원을 요청한 행정청이 부담하며,** 그 부담금액 및 부담방법은 응원을 요청한 행정청과 응원을 하는 행정청이 협의하여 결정한다. `21 소방`

5. 행정절차의 당사자

(1) 당사자의 의의

'당사자 등'이란 행정청의 처분에 대하여 직접 그 상대가 되는 당사자와 행정청이 직권으로 또는 신청에 따라 **행정절차에 참여하게 한 이해관계인**을 말한다(제2조 제4호). 따라서 소송에서의 당사자 개념보다는 넓은 개념이다. `17 국회8급`

(2) 당사자 등의 자격

관련조문

제9조(당사자 등의 자격) 다음 각 호의 어느 하나에 해당하는 자는 행정절차에서 당사자 등이 될 수 있다.
1. 자연인
2. 법인, 법인이 아닌 사단 또는 재단(이하 '법인 등'이라 한다) `06 강원9급 등`
3. 그 밖에 다른 법령 등에 따라 권리·의무의 주체가 될 수 있는 자

(3) 당사자 등의 지위의 승계(제10조)

당연승계 (포괄승계)	① 당사자 등이 **사망하였을 때**의 상속인과 다른 법령 등에 따라 당사자 등의 권리 또는 이익을 승계한 자는 당사자 등의 지위를 승계한다. ② 당사자 등인 법인 등이 **합병하였을 때**에는 합병 후 존속하는 법인 등이나 합병 후 새로 설립된 법인 등이 당사자 등의 지위를 승계한다. ③ 제1항 및 제2항에 따라 당사자 등의 지위를 승계한 자는 행정청에 그 사실을 통지하여야 한다. ⑤ 제3항에 따른 통지가 있을 때까지 사망자 또는 합병 전의 법인 등에 대하여 행정청이 한 통지는 제1항 또는 제2항에 따라 당사자 등의 지위를 승계한 자에게도 효력이 있다.
허가승계 (특정승계)	④ 처분에 관한 권리 또는 **이익을 사실상 양수한 자**는 행정청의 승인을 받아 당사자 등의 지위를 승계할 수 있다. 14 지방7급

관련판례

❶ 한국철도공사 설립 당시 철도청 공무원의 신분에서 퇴직하여 한국철도공사 직원으로 임용된 사람의 종전 근로관계는 한국철도공사에 당연히 승계되지만, 이미 철도청 공무원의 신분을 상실하였는데도 위 공사에서 사실상 근무해 온 사람의 근로관계까지 승계되는 것은 아니다(대판 2011.3.24. 2008다92022).

❷ 완성 전 골프장의 필수시설인 골프장 부지를 경락받은 자가 종전 소유자가 받은 사업계획승인을 당연히 승계하는 것은 아니다(대판 2011.4.14. 2008두22280). 예상

(4) 대표자 선정(제11조)

자진 선정	① 다수의 당사자 등이 공동으로 행정절차에 관한 행위를 할 때에는 대표자를 선정할 수 있다.
행정청의 직접 선정	② 행정청은 제1항에 따라 당사자 등이 대표자를 선정하지 아니하거나 대표자가 지나치게 많아 행정절차가 지연될 우려가 있는 경우에는 그 이유를 들어 상당한 기간 내에 3인 이내의 대표자를 선정할 것을 요청할 수 있다. 이 경우 당사자 등이 그 요청에 따르지 아니하였을 때에는 행정청이 직접 대표자를 선정할 수 있다.
변경·해임	③ 당사자 등은 대표자를 변경하거나 해임할 수 있다.
효과	④ 대표자는 각자 그를 대표자로 선정한 당사자 등을 위하여 행정절차에 관한 모든 행위를 할 수 있다. 다만, 행정절차를 끝맺는 행위에 대하여는 당사자 등의 동의를 받아야 한다. ⑤ 대표자가 있는 경우에는 당사자 등은 그 대표자를 통하여서만 행정절차에 관한 행위를 할 수 있다. ⑥ 다수의 대표자가 있는 경우 그 중 1인에 대한 행정청의 행위는 모든 당사자 등에게 효력이 있다. 다만, 행정청의 통지는 대표자 모두에게 하여야 그 효력이 있다.

(5) 대리인 선임

관련조문

제12조(대리인) ① 당사자 등은 다음 각 호의 어느 하나에 해당하는 자를 대리인으로 선임할 수 있다. 18 국가9급
  1. 당사자 등의 배우자, 직계존속·비속 또는 형제자매
  2. 당사자 등이 법인 등인 경우 그 임원 또는 직원
  3. 변호사
  4. 행정청 또는 청문 주재자(청문의 경우만 해당한다)의 허가를 받은 자
  5. 법령 등에 따라 해당 사안에 대하여 대리인이 될 수 있는 자

제13조(대표자·대리인의 통지) ① 당사자 등이 대표자 또는 대리인을 선정하거나 선임하였을 때에는 지체 없이 그 사실을 행정청에 통지하여야 한다. 대표자 또는 대리인을 변경하거나 해임하였을 때에도 또한 같다.

② 제1항에도 불구하고 제12조 제1항 제4호에 따라 청문 주재자가 대리인의 선임을 허가한 경우에는 청문 주재자가 그 사실을 행정청에 통지하여야 한다.

(6) 이해관계인의 참여

행정절차에 참여하고자 하는 이해관계인은 행정청에게 참여대상인 절차와 참여이유를 기재한 **문서(전자문서를 포함한다)**로 참여를 신청하여야 한다. 행정청은 이해관계인의 신청을 받은 때에는 지체 없이 참여 여부를 결정하여 신청인에게 통지하여야 한다(시행령 제3조).

6. 송달 및 기간·기한의 특례

(1) 송달방법(제14조)

방법	① 송달은 우편, 교부 또는 정보통신망 이용 등의 방법으로 하되, 송달받을 자(대표자 또는 대리인을 포함한다. 이하 같다)의 주소·거소·영업소·사무소 또는 전자우편주소(이하 '주소 등'이라 한다)로 한다. 다만, 송달받을 자가 **동의하는 경우**에는 그를 만나는 장소에서 송달할 수 있다. 06 관세사
교부 송달	② 교부에 의한 송달은 수령확인서를 받고 문서를 교부함으로써 하며, 송달하는 장소에서 송달받을 자를 만나지 못한 경우에는 그 사무원·피용자 또는 동거인으로서 사리를 분별할 지능이 있는 사람(이하 이 조에서 '사무원 등'이라 한다)에게 문서를 교부할 수 있다. 다만, 문서를 송달받을 자 또는 그 사무원 등이 정당한 사유 없이 송달받기를 거부하는 때에는 그 사실을 수령확인서에 적고, 문서를 송달할 장소에 놓아둘 수 있다. 18 서울7급
정보통신망 송달	③ **정보통신망을 이용한 송달은 송달받을 자가 동의하는 경우에만 한다.** 13 지방9급 이 경우 송달받을 자는 송달받을 전자우편주소 등을 지정하여야 한다.
주소 불명, 송달 불능시	④ 다음 각 호의 어느 하나에 해당하는 경우에는 송달받을 자가 알기 쉽도록 관보·공보·게시판·일간신문 중 하나 이상에 공고하고 **인터넷에도 공고하여야 한다.** 08 국가9급 1. 송달받을 자의 주소 등을 통상적인 방법으로 확인할 수 없는 경우 2. 송달이 불가능한 경우 ⑤ 제4항에 따른 공고를 할 때에는 민감정보 및 고유식별정보 등 송달받을 자의 개인정보를 개인정보 보호법에 따라 보호하여야 한다. ⑥ 행정청은 송달하는 문서의 명칭, 송달받는 자의 성명 또는 명칭, 발송방법 및 발송 연월일을 확인할 수 있는 기록을 보존하여야 한다.

(2) 송달의 효력 발생(제15조)

도달주의	① 송달은 다른 법령 등에 특별한 규정이 있는 경우를 제외하고는 해당 문서가 송달받을 자에게 도달됨으로써 그 효력이 발생한다. 06 서울9급
컴퓨터의 경우	② 제14조 제3항에 따라 정보통신망을 이용하여 전자문서로 송달하는 경우에는 **송달받을 자가 지정한 컴퓨터 등에 입력된 때에 도달된 것으로 본다.** 12 지방9급, 08 국가9급 등
14일	③ 제14조 제4항의 경우에는 다른 법령 등에 특별한 규정이 있는 경우를 제외하고는 **공고일부터 14일이 지난 때**에 그 효력이 발생한다. 다만, 긴급히 시행하여야 할 특별한 사유가 있어 효력 발생시기를 달리 정하여 공고한 경우에는 그에 따른다. 21 소방, 06 서울9급

(3) 기간 및 기한의 특례(제16조)

천재지변 등	① 천재지변이나 그 밖에 당사자 등에게 책임이 없는 사유로 기간 및 기한을 지킬 수 없는 경우에는 그 사유가 끝나는 날까지 기간의 진행이 정지된다. 06 서울9급
외국 거주	② 외국에 거주하거나 체류하는 자에 대한 기간 및 기한은 행정청이 그 우편이나 통신에 걸리는 일수를 고려하여 정하여야 한다. 06 지방9급

02 처분절차

공통적으로 적용되는 절차	수익적 처분에만 적용되는 절차	불이익 처분에만 적용되는 절차
• 처분기준의 설정 공표(제20조) • 처분의 이유제시(제23조) `15 사복9급, 12 지방9급, 11 경행특채` • 처분의 방식: 문서주의(제24조) • 처분의 정정(제25조) • 고지제도(제26조)	• 처분의 신청(제17조) • 다수의 행정청이 관여하는 처분(제18조)	• 처분의 사전통지(제21조) • 의견청취(제22조) • 의견제출(제22조) • 청문(제22조) • 공청회(제22조) `11 경행특채`

1. 공통절차(수익적 처분과 불이익 처분에 공통되는 절차)

(1) 처분기준의 설정·공표

관련조문

제20조(처분기준의 설정·공표) ② 행정기본법 제24조에 따른 인허가 의제의 경우 관련 인허가 행정청은 관련 인허가의 처분기준을 주된 인허가 행정청에 제출하여야 하고, 주된 인허가 행정청은 제출받은 관련 인허가의 처분기준을 통합하여 공표하여야 한다. 처분기준을 변경하는 경우에도 또한 같다.
③ 제1항에 따른 처분기준을 공표하는 것이 해당 처분의 성질상 현저히 곤란하거나 공공의 안전 또는 복리를 현저히 해치는 것으로 인정될 만한 상당한 이유가 있는 경우에는 처분기준을 공표하지 아니할 수 있다.
④ 당사자 등은 공표된 처분기준이 명확하지 아니한 경우 해당 행정청에 그 해석 또는 설명을 요청할 수 있다. 이 경우 해당 행정청은 특별한 사정이 없으면 그 요청에 따라야 한다.

(2) 처분의 이유제시(제23조) * 이유제시를 하지 않을 수 있는 경우가 주로 출제된다.

이유제시의 예외	① 행정청은 처분을 할 때에는 다음 각 호의 어느 하나에 해당하는 경우를 제외하고는 당사자에게 그 근거와 이유를 제시하여야 한다. 1. 신청 내용을 모두 그대로 인정하는 처분인 경우 `17 국가9급, 15 국회8급, 12·10 지방9급 등` 2. 단순·반복적인 처분 또는 경미한 처분으로서 당사자가 그 이유를 명백히 알 수 있는 경우 `09 국가7급 등` 3. 긴급히 처분을 할 필요가 있는 경우 `09 지방9급`
당사자의 요청	② 행정청은 제1항 제2호 및 제3호의 경우에 처분 후 당사자가 요청하는 경우에는 그 근거와 이유를 제시하여야 한다. `11 국회8급 등`

기출 OX

신청 내용을 모두 그대로 인정하는 처분의 경우 당사자의 요청이 있더라도 이유 제시를 생략할 수 있다. (○, ×)
`18·12 국가9급, 11 국회8급`

○

1) 이유부기의무의 요건

① **시기**: 행정행위의 이유는 원칙적으로 처분 발령 당시에 같이 제시되어야 하나 `15 국가7급`, 처분 당시에 여러 가지 사정으로 이유를 부기할 수 없었던 상황이었다고 하더라도, **사후에 상대방이 이유제시를 요구하는 경우에는 행정기관은 사후에 이유를 제시하여야 한다**(제23조 제2항).
② **이유부기의무의 방식**: 명문의 규정은 없으나, **문서에 의하는 것이 원칙이다**. 하지만 사안이 경미하거나 해당 행정처분이 구두로 이루어지는 경우에는 **구두로 하여도 무방하다**. `06 국가9급` 판례는 구두에 의한 운전면허 취소통보는 무효라고 보았는데, 경미한 사안이 아니기 때문이다. `13 지방9급`

2) 이유부기의 정도 `18 지방9급, 15 국가7급`

상대방이 처분의 법적 근거와 사실상의 사유를 충분히 납득할 수 있을 정도로 구체적이고 명확하게 하여야 한다. 그러나 **상대방이 근거규정을 명시하여 인·허가를 신청하였을 때 거부처분을 하는 경우에는 당해 처분의 근거 및 이유를 명시하지 않아도 위법하다고 할 수 없다**(대판 2002.5.17. 2000두8912).

관련판례

❶ 주류도매업면허의 취소처분에 그 대상이 된 위반사실을 특정하지 않으면 위법하다(대판 1990.9.11. 90누1786). `12 국가9급`

❷ 상대방이 위반 조문을 알 수 있는 경우에는 구체적 근거규정이 제시되지 않았어도 적법하다(대판 2002.5.17. 2000두8912). `15 국가7급`

❸ 공법상의 계약에는 이유부기를 요하지 않는다. `18 국가9급, 10 지방9급 등`

계약직 공무원에 관한 현행법령의 규정에 비추어 볼 때, 계약직 공무원 채용계약 해지의 의사표시는 일반공무원에 대한 징계처분과는 달라서 항고소송의 대상이 되는 처분 등의 성격을 가진 것으로 인정되지 아니하고, 일정한 사유가 있을 때에 국가 또는 지방자치단체가 채용계약관계의 한쪽 당사자로서 대등한 지위에서 행하는 의사표시로 취급되는 것으로 이해되므로, 이를 징계해고 등에서와 같이 그 징계사유에 한하여 효력 유무를 판단하여야 하거나, 행정처분과 같이 행정절차법에 의하여 근거와 이유를 제시하여야 하는 것은 아니다(대판 2002.11.26. 2002두5948).

❹ 행정청이 처분을 할 때에는 원칙적으로 당사자에게 그 근거와 이유를 제시하여야 한다. 이 경우 행정청은 처분의 원인이 되는 사실과 근거가 되는 법령 또는 자치법규의 내용을 구체적으로 명시하여야 한다(대판 2019.1.31. 2016두64975).

3) 이유제시 위반의 효과

학설은 취소사유로 보는 견해와 무효사유로 보는 견해가 대립하나, **판례는 원칙적으로 취소사유로 본다.**

4) 이유제시 의무의 하자

① **독자적인 위법사유가 되는지 여부**: 내용은 적법한데 이유제시의 하자만으로 취소판결이 가능한가의 문제이다. 학설과 판례는 모두 이유제시의 하자는 독립된 위법사유가 된다고 한다. 대법원은 기속행위인 세금 부과처분의 경우에도 이유제시의 하자를 **독자적인 취소사유로 인정한다.**

② **이유제시 하자의 치유가능성[판례(제한적 긍정설)]**: 대법원은 '흠 있는 행정행위의 치유는 행정행위의 성질이나 법치주의의 관점에서 볼 때 **원칙적으로 허용될 수 없는 것**이고, 예외적으로 행정행위의 무용한 반복을 피하고, 당사자의 법적 안정성을 위해 이를 허용하는 경우에도 국민의 권리와 이익을 침해하지 않는 범위에서 구체적 사정에 따라 합목적적으로 가려야 한다고 할 것'이라고 판시하였고, 시간적 범위에 대하여는 "… 이 치유를 허용하려면 적어도 처분에 대한 불복 여부의 결정 및 불복신청에 편의를 줄 수 있는 상당한 기간 내에 하여야 할 것이다."라고 하였다(대판 1983.7.26. 82누420). `12 국가9급`

(3) 처분의 방식

관련조문

제24조(처분의 방식) ① 행정청이 처분을 할 때에는 다른 법령 등에 특별한 규정이 있는 경우를 제외하고는 문서로 하여야 하며, 다음 각 호의 어느 하나에 해당하는 경우에는 전자문서로 할 수 있다.
  1. 당사자 등의 동의가 있는 경우
  2. 당사자가 전자문서로 처분을 신청한 경우
② 제1항에도 불구하고 공공의 안전 또는 복리를 위하여 긴급히 처분을 할 필요가 있거나 사안이 경미한 경우에는 말, 전화, 휴대전화를 이용한 문자 전송, 팩스 또는 전자우편 등 문서가 아닌 방법으로 처분을 할 수 있다. 이 경우 당사자가 요청하면 지체 없이 처분에 관한 문서를 주어야 한다.
③ 처분을 하는 문서에는 그 처분 행정청과 담당자의 소속·성명 및 연락처(전화번호, 팩스번호, 전자우편주소 등을 말한다)를 적어야 한다.

기출 OX

구두에 의한 운전면허 취소통보는 무효이다. (ㅇ, ×) 18·12 국가9급, 11 국회8급   ㅇ

관련판례

❶ 행정처분을 하는 문서의 문언만으로 행정처분의 내용이 분명한 경우, 그 문언과 달리 다른 행정처분까지 포함되어 있다고 해석할 수 없다. 16 지방7급

행정청이 문서에 의하여 처분을 한 경우 그 처분서의 문언이 불분명하다는 등의 특별한 사정이 없는 한, 그 문언에 따라 어떤 처분을 하였는지 여부를 확정하여야 할 것이고, 처분서의 문언만으로도 행정청이 어떤 처분을 하였는지가 분명함에도 불구하고 처분 경위나 처분 이후의 상대방의 태도 등 다른 사정을 고려하여 처분서의 문언과는 달리 다른 처분까지 포함되어 있는 것으로 확대해석하여서는 아니 된다(대판 2005.7.28. 2003두469).

❷ 행정청이 문서에 의하여 처분을 하였으나 그 처분서의 문언만으로는 행정처분의 내용이 불분명한 경우, 처분 경위나 처분 이후의 상대방의 태도 등을 고려하여 처분서의 문언과 달리 그 처분의 내용을 해석할 수 있다(대판 2010.2.11. 2009두18035).

(4) 처분의 정정

행정청은 처분에 오기, 오산 또는 그 밖에 이에 준하는 명백한 잘못이 있을 때에는 **직권으로 또는 신청에 따라 지체 없이 정정하고 그 사실을 당사자에게 통지하여야 한다**(제25조). 12 지방9급, 10 경북교행

(5) 처분의 고지

행정청이 처분을 할 때에는 당사자에게 그 처분에 관하여 행정심판 및 행정소송을 제기할 수 있는지 여부, 그 밖에 불복을 할 수 있는지 여부, 청구절차 및 청구기간, 그 밖에 필요한 사항을 알려야 한다(제26조). 07 관세사

2. 신청에 의한 처분절차(수익적 처분의 절차)

(1) 처분의 신청(제17조)

원칙적 문서주의 (특별규정이 있으면 다른 방법도 가능)	① 행정청에 처분을 구하는 신청은 문서로 하여야 한다. 다만, 다른 법령 등에 특별한 규정이 있는 경우와 행정청이 미리 다른 방법을 정하여 공시한 경우에는 그러하지 아니하다. 06 서울9급 등
전자문서로 신청	② 제1항에 따라 처분을 신청할 때 전자문서로 하는 경우에는 행정청의 컴퓨터 등에 입력된 때에 신청한 것으로 본다. 08 국가7급 등
의무적 접수	④ 행정청은 신청을 받았을 때에는 다른 법령 등에 특별한 규정이 있는 경우를 제외하고는 그 접수를 보류 또는 거부하거나 부당하게 되돌려 보내서는 아니 되며, 신청을 접수한 경우에는 신청인에게 접수증을 주어야 한다. 다만, 대통령령으로 정하는 경우에는 접수증을 주지 아니할 수 있다. 05 경북9급
보완요구	⑤ 행정청은 신청에 구비서류의 미비 등 흠이 있는 경우에는 보완에 필요한 상당한 기간을 정하여 지체 없이 신청인에게 보완을 요구하여야 한다. 06 서울9급 ⑥ 행정청은 신청인이 제5항에 따른 기간 내에 보완을 하지 아니하였을 때에는 그 이유를 구체적으로 밝혀 접수된 신청을 되돌려 보낼 수 있다.
다른 행정청에 의한 접수 (신청인의 편의 도모)	⑦ 행정청은 신청인의 편의를 위하여 다른 행정청에 신청을 접수하게 할 수 있다. 이 경우 행정청은 다른 행정청에 접수할 수 있는 신청의 종류를 미리 정하여 공시하여야 한다. 06 서울9급
신청의 변경	⑧ 신청인은 처분이 있기 전에는 그 신청의 내용을 보완하거나 변경 또는 취하할 수 있다. 다만, 다른 법령 등에 특별한 규정이 있거나 그 신청의 성질상 보완·변경 또는 취하할 수 없는 경우에는 그러하지 아니하다. 06 서울9급

관련판례

신청인의 행정청에 대한 신청의 의사표시는 명시적이고 확정적인 것이어야 한다. 16 지방7급

구 행정절차법 제17조 제3항 본문은 "행정청은 신청이 있는 때에는 다른 법령 등에 특별한 규정이 있는 경우를 제외하고는 그 접수를 보류 또는 거부하거나 부당하게 되돌려 보내서는 아니 되며, 신청을 접수한 경우에는 신청인에게 접수증을 교부하여야 한다."라고 규정하고 있는바, 여기에서의 신청인의 행정청에 대한 신청의 의사표시는 명시적이고 확정적인 것이어야 한다고 할 것이므로 신청인이 신청에 앞서 행정청의 허가업무 담당자에게 신청서의 내용에 대한 검토를 요청한 것만으로는 다른 특별한 사정이 없는 한 명시적이고 확정적인 신청의 의사표시가 있었다고 하기 어렵다(대판 2004.9.24. 2003두13236).

(2) 다수의 행정청이 관여하는 처분

행정청은 다수의 행정청이 관여하는 처분을 구하는 신청을 접수한 경우에는 관계 행정청과의 신속한 협조를 통하여 그 처분이 지연되지 아니하도록 하여야 한다(제18조).

(3) 처리기간의 설정·공표(제19조)

종류별 공표	① 행정청은 신청인의 편의를 위하여 처분의 **처리기간을 종류별로 미리 정하여 공표하여야** 한다. 00 국가9급 등
1회 연장	② 행정청은 부득이한 사유로 제1항에 따른 처리기간 내에 처분을 처리하기 곤란한 경우에는 **해당 처분의 처리기간의 범위에서 한 번만 그 기간을 연장할 수 있다.** 04 국가9급
연장 통지	③ 행정청은 제2항에 따라 처리기간을 연장할 때에는 처리기간의 연장사유와 처리예정기한을 지체 없이 신청인에게 통지하여야 한다.
신속처리 요청	④ 행정청이 정당한 처리기간 내에 처리하지 아니하였을 때에는 신청인은 **해당 행정청** 또는 그 **감독 행정청**에 신속한 처리를 요청할 수 있다. 예상

Chapter 01 행정절차법

3. 불이익 처분의 절차

(1) 처분의 사전통지(불이익 처분에만 적용, 제21조)

불이익 처분시 통지	① 행정청은 당사자에게 **의무를 부과하거나 권익을 제한하는 처분**을 하는 경우에는 미리 다음 각 호의 사항을 당사자 등에게 통지하여야 한다. 16 국가9급, 10 서울9급 등 1. 처분의 제목 2. 당사자의 성명 또는 명칭과 주소 3. 처분하려는 원인이 되는 사실과 처분의 내용 및 법적 근거 4. 제3호에 대하여 의견을 제출할 수 있다는 뜻과 의견을 제출하지 아니하는 경우의 처리방법 5. 의견제출기관의 명칭과 주소 6. 의견제출기한 7. 그 밖에 필요한 사항
청문통지는 10일 전까지	② 행정청은 청문을 하려면 청문이 시작되는 날부터 10일 전까지 제1항 각 호의 사항을 당사자 등에게 통지하여야 한다. 이 경우 제1항 제4호부터 제6호까지의 사항은 청문 주재자의 소속·직위 및 성명, 청문의 일시 및 장소, 청문에 응하지 아니하는 경우의 처리방법 등 청문에 필요한 사항으로 갈음한다. 10 서울9급 등
기간 고려	③ 제1항 제6호에 따른 기한은 의견제출에 필요한 기간을 10일 이상으로 고려하여 정하여야 한다.
사전통지의 예외 11 국회8급	④ 다음 각 호의 어느 하나에 해당하는 경우에는 제1항에 따른 통지를 하지 아니할 수 있다. 1. 공공의 안전 또는 복리를 위하여 긴급히 처분을 할 필요가 있는 경우 2. 법령 등에서 요구된 자격이 없거나 없어지게 되면 반드시 일정한 처분을 하여야 하는 경우에 그 자격이 없거나 없어지게 된 사실이 법원의 재판 등에 의하여 객관적으로 증명된 경우 14 변호사 3. 해당 처분의 성질상 의견청취가 현저히 곤란하거나 명백히 불필요하다고 인정될 만한 상당한 이유가 있는 경우 ⑥ 제4항에 따라 사전통지를 하지 아니하는 경우 행정청은 처분을 할 때 당사자 등에게 통지를 하지 아니한 사유를 알려야 한다. 다만, 신속한 처분이 필요한 경우에는 처분 후 그 사유를 알릴 수 있다.

불이익 처분을 할 때는 원칙적으로 사전통지를 해야 하며, 사전통지를 하지 않은 경우에는 위법하게 된다.

 관련판례

시보임용을 취소하면서 사전통지를 하지 않거나 의견제출의 기회를 부여하지 않은 것은 위법하다(대판 2009.1.30. 2008두16155). 13 국가7급, 11 국회8급

1) 수리를 요하는 신고의 경우 사전통지를 해야 한다.

 관련판례

행정청이 구 식품위생법상의 영업자지위 승계신고 수리처분을 하는 경우, 종전의 영업자는 행정절차법 제2조 제4호 소정의 '당사자'에 해당한다. 따라서 수리처분시 종전의 영업자에게 행정절차법 소정의 행정절차(사전통지 및 의견청취)를 실시하여야 한다(대판 2003.2.14. 2001두7015). 21 소방, 19·18·16·14 국가9급, 15 국가7급

2) 일반처분은 처분이 개별통지가 아닌 고시 또는 공고에 의해 이루어지므로 사전통지에 적합하지 않다.
17 사복9급

 관련판례

도로구역 변경결정은 행정절차법상 사전통지나 의견청취의 대상이 되는 처분이 아니다(대판 2008.6.12. 2007두1767). 19 국가9급, 15 국회8급

3) 거부처분에는 사전통지가 적용되지 않는다. 17 사복9급, 16 국회8급, 15 국가7급, 14 국가9급 등

 관련판례

특별한 사정이 없는 한, 신청에 대한 거부처분은 행정절차법 제21조 제1항 소정의 처분의 사전통지대상이 되지 않는다. 19 국가9급, 15 국회8급, 15 사복9급, 14 변호사

신청에 따른 처분이 이루어지지 아니한 경우에는 아직 당사자에게 권익이 부과되지 아니하였으므로 특별한 사정이 없는 한 신청에 대한 거부처분이라고 하더라도 직접 당사자의 권익을 제한하는 것은 아니어서 신청에 대한 거부처분을 여기에서 말하는 '당사자의 권익을 제한하는 처분'에 해당한다고 할 수 없는 것이어서 처분의 사전통지대상이 된다고 할 수 없다(대판 2003.11.28. 2003두674).

(2) 의견청취절차(불이익 처분에만 적용)

의견청취절차에는 의견제출(약식청문), 청문(정식청문), 공청회가 있다.

1) 의견제출(약식청문)

① **의의**: 의견제출이란 행정청이 어떠한 행정작용을 하기에 앞서 당사자 등이 의견을 제시하는 절차로서 청문이나 공청회에 해당하지 아니하는 절차를 말한다(제2조 제7호). **반박과 재반박이 허용되지 않는다는 점에서 청문과 다르다.**

② **실시사유**: 행정청이 당사자에게 의무를 과하거나 권익을 제한하는 처분을 함에 있어서 청문이나 공청회를 실시하는 경우 외에는 당사자 등에게 의견제출의 기회를 주어야 한다(제22조 제3항).

 관련판례

퇴직연금의 환수결정은 당사자에게 의무를 과하는 처분이기는 하나, 관련 법령에 따라 당연히 환수금액이 정하여지는 것이므로, 퇴직연금의 환수결정에 앞서 당사자에게 의견진술의 기회를 주지 아니하여도 행정절차법 제22조 제3항이나 신의칙에 어긋나지 아니한다(대판 2000.11.28. 99두5443). 19 서울7급, 15 국회8급, 12 국가7급

③ **내용(제27조)**

의견제출 방법 (서면 또는 말)	① 당사자 등은 처분 전에 그 처분의 관할 행정청에 서면이나 말 또는 정보통신망을 이용하여 의견제출을 할 수 있다. 08 국가9급 ③ 행정청은 당사자 등이 말로 의견제출을 하였을 때에는 서면으로 그 진술의 요지와 진술자를 기록하여야 한다. 예상
불제출의 효과	④ 당사자 등이 정당한 이유 없이 의견제출기한까지 의견제출을 하지 아니한 경우에는 의견이 없는 것으로 본다.

 관련조문

제27조의2(제출 의견의 반영 등) ① 행정청은 처분을 할 때에 당사자 등이 제출한 의견이 상당한 이유가 있다고 인정하는 경우에는 이를 반영하여야 한다.
② 행정청은 당사자 등이 제출한 의견을 반영하지 아니하고 처분을 한 경우 당사자 등이 처분이 있음을 안 날부터 90일 이내에 그 이유의 설명을 요청하면 서면으로 그 이유를 알려야 한다. 다만, 당사자 등이 동의하면 말, 정보통신망 또는 그 밖의 방법으로 알릴 수 있다.

2) 청문

① **의의**: 청문이란 국민의 자유·권리를 제한·침해하는 행정처분을 발하기 전에 처분의 상대방이나 대립하는 이해관계인으로 하여금 자기에게 유리한 주장·증거를 제출하여 반박할 수 있는 기회를 부여함을 목적으로 하는 절차를 말한다. 청문은 헌법상 적법절차원리의 중요한 내용이다.

② **약식청문**: 일정한 방식에 의하지 않고 해당 예정된 처분에 대한 의견이나 참고자료를 제출하는 것으로서, 현행 개별법에 규정되어 있는 청문과 행정절차법 제22조 제3항의 의견제출이 이에 해당한다.

③ **정식청문**: 청문 주재자가 있어서 가능한 범위 내에서 대심구조를 형성하여 이루어지는 청문으로, 행정절차법 제22조 제1항이 이에 대해 규정하고 있다.

④ **실시사유(제22조)**

의견청취사유 ◎ 예상	① 행정청이 처분을 할 때 다음 각 호의 어느 하나에 해당하는 경우에는 청문을 한다. 　1. 다른 법령 등에서 청문을 하도록 규정하고 있는 경우 　2. 행정청이 필요하다고 인정하는 경우 　3. 다음 각 목의 처분을 하는 경우 　　18·17 국가9급 　　가. 인·허가 등의 취소 　　나. 신분·자격의 박탈 　　다. 법인이나 조합 등의 설립허가의 취소
의견청취 생략 18 국가9급	④ 제1항부터 제3항까지의 규정에도 불구하고 제21조 제4항 각 호의 어느 하나에 해당하는 경우와 당사자가 의견진술의 기회를 포기한다는 뜻을 명백히 표시한 경우에는 의견청취를 하지 아니할 수 있다.

관련판례

❶ '의견청취가 현저히 곤란하거나 명백히 불필요하다고 인정될 만한 상당한 이유가 있는지 여부'의 판단기준은 당해 행정처분의 성질에 비추어 판단하여야 한다. 19 지방7급, 13 지방9급, 12 국회8급, 10 서울9급

침해적 행정처분을 할 경우 청문을 실시하지 않을 수 있는 사유인 행정절차법 제21조 제4항 제3호 소정의 '의견청취가 현저히 곤란하거나 명백히 불필요하다고 인정될 만한 상당한 이유가 있는지 여부'의 판단기준은 당해 행정처분의 성질에 비추어 판단하여야 하고, 행정처분의 상대방에 대한 청문통지서가 반송(수취인불명으로 2회 반송)되었다거나, 행정처분의 상대방이 청문일시에 불출석하였다는 이유로 청문을 실시하지 아니하고 한 침해적 행정처분은 위법하다(대판 2001.4.13. 2000두3337).

❷ 행정청과 당사자 사이에 의견청취절차 배제협약을 하였더라도 청문배제의 예외적인 사유가 아니다(대판 2004.7.8. 2002두8350). 16 국가9급·사복9급, 14 변호사

⑤ **청문 주재자(제28조~제29조)**

자격 02 국가7급 등	제28조　① 행정청은 소속 직원 또는 대통령령으로 정하는 자격을 가진 사람 중에서 청문 주재자를 공정하게 선정하여야 한다. 　　＊ 청문 주재자는 소속 직원도 가능하고 소속 직원이 아닌 자도 가능하다. ② 행정청은 다음 각 호의 어느 하나에 해당하는 처분을 하려는 경우에는 청문 주재자를 2명 이상으로 선정할 수 있다. 이 경우 선정된 청문 주재자 중 1명이 청문 주재자를 대표한다. 　1. 다수 국민의 이해가 상충되는 처분 　2. 다수 국민에게 불편이나 부담을 주는 처분 　3. 그 밖에 전문적이고 공정한 청문을 위하여 행정청이 청문 주재자를 2명 이상으로 선정할 필요가 있다고 인정하는 처분

청문자료의 통지	③ 행정청은 청문이 시작되는 날부터 7일 전까지 청문 주재자에게 청문과 관련한 필요한 자료를 미리 통지하여야 한다.
독립성	④ 청문 주재자는 독립하여 공정하게 직무를 수행하며, 그 직무수행을 이유로 본인의 의사에 반하여 신분상 어떠한 불이익도 받지 아니한다. 05 국가9급 등
공무원의제	⑤ 제1항 또는 제2항에 따라 선정된 청문 주재자는 형법이나 그 밖의 다른 법률에 따른 벌칙을 적용할 때에는 공무원으로 본다.
제척	제29조 ① 청문 주재자가 다음 각 호의 어느 하나에 해당하는 경우에는 청문을 주재할 수 없다. 1. 자신이 당사자 등이거나 당사자 등과 민법 제777조 각 호의 어느 하나에 해당하는 친족관계에 있거나 있었던 경우 2. 자신이 해당 처분과 관련하여 증언이나 감정을 한 경우 03 국가7급 3. 자신이 해당 처분의 당사자 등의 대리인으로 관여하거나 관여하였던 경우 09 관세사 4. 자신이 해당 처분업무를 직접 처리하거나 처리하였던 경우 5. 자신이 해당 처분업무를 처리하는 부서에 근무하는 경우. 이 경우 부서의 구체적인 범위는 대통령령으로 정한다.
기피 09 지방9급 등	② 청문 주재자에게 공정한 청문 진행을 할 수 없는 사정이 있는 경우 당사자 등은 행정청에 기피신청을 할 수 있다. 이 경우 행정청은 청문을 정지하고 그 신청이 이유가 있다고 인정할 때에는 해당 청문 주재자를 지체 없이 교체하여야 한다.
회피	③ 청문 주재자는 제1항 또는 제2항의 사유에 해당하는 경우에는 행정청의 승인을 받아 스스로 청문의 주재를 회피할 수 있다. 98 입시

⑥ **청문의 공개 여부**: 청문은 당사자가 공개를 신청하거나 청문 주재자가 필요하다고 인정하는 경우 공개할 수 있다. 다만, 공익 또는 제3자의 정당한 이익을 현저히 해칠 우려가 있는 경우에는 공개하여서는 아니 된다(제30조). 08 국가9급 등

⑦ **청문의 진행**(제31조)

설명	① 청문 주재자가 청문을 시작할 때에는 먼저 예정된 처분의 내용, 그 원인이 되는 사실 및 법적 근거 등을 설명하여야 한다.
의견진술	② 당사자 등은 의견을 진술하고 증거를 제출할 수 있으며, 참고인이나 감정인 등에게 질문할 수 있다.
출석간주	③ 당사자 등이 의견서를 제출한 경우에는 그 내용을 출석하여 진술한 것으로 본다.
조치	④ 청문 주재자는 청문의 신속한 진행과 질서유지를 위하여 필요한 조치를 할 수 있다.
청문의 계속	⑤ 청문을 계속할 경우에는 행정청은 당사자 등에게 다음 청문의 일시 및 장소를 서면으로 통지하여야 하며, 당사자 등이 동의하는 경우에는 전자문서로 통지할 수 있다. 다만, 청문에 출석한 당사자 등에게는 그 청문일에 청문 주재자가 말로 통지할 수 있다.

⑧ **병합과 증거조사**: 행정청은 직권으로 또는 당사자의 신청에 따라 여러 개의 사안을 병합하거나 분리하여 청문을 할 수 있다(제32조). 17 국가9급 청문 주재자는 직권으로 또는 당사자의 신청에 따라 필요한 조사를 할 수 있으며, **당사자 등이 주장하지 아니한 사실에 대하여도 조사할 수 있다.** 14 국가9급 청문 주재자는 필요하다고 인정할 때에는 관계 행정청에 필요한 문서의 제출 또는 의견의 진술을 요구할 수 있다. 이 경우 관계 행정청은 직무 수행에 특별한 지장이 없으면 그 요구에 따라야 한다(제33조). 10 경행특채 등

⑨ **청문의 종결**(제35조)

종결	① 청문 주재자는 해당 사안에 대하여 당사자 등의 의견진술·증거조사가 충분히 이루어졌다고 인정하는 경우에는 청문을 마칠 수 있다.
정당한 사유 없이 불출석한 경우	② 청문 주재자는 당사자 등의 전부 또는 일부가 **정당한 사유 없이** 청문기일에 출석하지 아니하거나 제31조 제3항에 따른 의견서를 제출하지 아니한 경우에는 **이들에게 다시 의견진술 및 증거제출의 기회를 주지 아니하고 청문을 마칠 수 있다.** 15 국가9급
정당한 사유로 불출석한 경우	③ 청문 주재자는 당사자 등의 전부 또는 일부가 정당한 사유로 청문기일에 출석하지 못하거나 제31조 제3항에 따른 의견서를 제출하지 못한 경우에는 10일 이상의 기간을 정하여 이들에게 의견진술 및 증거제출을 요구하여야 하며, 해당 기간이 지났을 때에 청문을 마칠 수 있다.

⑩ **청문 결과의 반영**: 행정청은 처분을 할 때에 제35조 제4항에 따라 받은 청문조서, 청문 주재자의 의견서, 그 밖의 관계 서류 등을 충분히 검토하고 **상당한 이유가 있다고 인정하는 경우에는 청문 결과를 반영하여야 한다**(제35조의2). 그러나 청문 결과에 기속되는 것은 아니다.

⑪ **청문의 재개**: 행정청은 청문을 마친 후 처분을 할 때까지 새로운 사정이 발견되어 청문을 재개할 필요가 있다고 인정할 때에는 제35조 제4항에 따라 받은 청문조서 등을 되돌려 보내고 청문의 재개를 명할 수 있다. 이 경우 제31조 제5항을 준용한다(제36조).

⑫ **청문절차를 거치지 않은 행정행위의 효력**
  ㉠ **법령상 규정된 청문을 거치지 않은 행정행위의 위법 여부**: 청문을 요하는 명문의 규정이 있음에도 청문을 결여한 처분은 위법하다. 위법성의 정도에 대해서는 **취소사유라는 것이 판례의 주류적 경향이다.**
  ㉡ **행정규칙에 규정된 청문절차를 거치지 않은 경우**

위법한 경우	건설부훈령에 규정된 청문절차를 거치지 아니한 건축사사무소 등록취소처분은 위법하다(대판 1984.9.11. 82누166). 11 지방9급
위법하지 않은 경우	시장이 건물 소유자의 신청이 없는 상태에서 소유자의 의견을 듣지 아니하고 건조물을 문화재로 지정하였다고 하여 위법한 것이라고 할 수 없다(대판 1994.8.9. 94누3414).

⑬ **문서의 열람 및 비밀유지** 14 국가9급

> **관련조문**
>
> **제37조(문서의 열람 및 비밀유지)** ① 당사자 등은 의견제출의 경우에는 처분의 사전 통지가 있는 날부터 의견제출기한까지, 청문의 경우에는 청문의 통지가 있는 날부터 청문이 끝날 때까지 행정청에 해당 사안의 조사결과에 관한 문서와 그 밖에 해당 처분과 관련되는 문서의 열람 또는 복사를 요청할 수 있다. 이 경우 행정청은 다른 법령에 따라 공개가 제한되는 경우를 제외하고는 그 요청을 거부할 수 없다.
> ② 행정청은 제1항의 열람 또는 복사의 요청에 따르는 경우 그 일시 및 장소를 지정할 수 있다.
> ③ 행정청은 제1항 후단에 따라 열람 또는 복사의 요청을 거부하는 경우에는 그 이유를 소명하여야 한다.
> ④ 제1항에 따라 열람 또는 복사를 요청할 수 있는 문서의 범위는 대통령령으로 정한다.
> ⑤ 행정청은 제1항에 따른 복사에 드는 비용을 복사를 요청한 자에게 부담시킬 수 있다.
> ⑥ 누구든지 의견제출 또는 청문을 통하여 알게 된 사생활이나 경영상 또는 거래상의 비밀을 정당한 이유 없이 누설하거나 다른 목적으로 사용하여서는 아니 된다.

3) 공청회

① **의의**: 공청회란 행정청이 공개적인 토론을 통하여 어떠한 행정작용에 대하여 당사자 등, 전문지식과 경험을 가진 자 기타 일반인으로부터 의견을 널리 수렴하는 절차를 말한다(제2조 제6호).

② **실시사유**

관련조문

제22조(의견청취) ② 행정청이 처분을 할 때 다음 각 호의 어느 하나에 해당하는 경우에는 공청회를 개최한다. 21소방
1. 다른 법령 등에서 공청회를 개최하도록 규정하고 있는 경우
2. 해당 처분의 영향이 광범위하여 널리 의견을 수렴할 필요가 있다고 행정청이 인정하는 경우
3. 국민생활에 큰 영향을 미치는 처분으로서 대통령령으로 정하는 처분에 대하여 대통령령으로 정하는 수 이상의 당사자 등이 공청회 개최를 요구하는 경우

③ **공청회 개최 통보**

관련조문

제38조(공청회 개최의 알림) 행정청은 공청회를 개최하려는 경우에는 공청회 개최 14일 전까지 다음 각 호의 사항을 당사자 등에게 통지하고 관보, 공보, 인터넷 홈페이지 또는 일간신문 등에 공고하는 등의 방법으로 널리 알려야 한다. 다만, 공청회 개최를 알린 후 예정대로 개최하지 못하여 새로 일시 및 장소 등을 정한 경우에는 공청회 개최 7일 전까지 알려야 한다. <각 호 생략>

④ **온라인공청회**

관련조문

제38조의2(온라인공청회) ① 행정청은 제38조에 따른 공청회와 병행하여서만 정보통신망을 이용한 공청회(이하 '온라인공청회'라 한다)를 실시할 수 있다.
② 제1항에도 불구하고 다음 각 호의 어느 하나에 해당하는 경우에는 온라인공청회를 단독으로 개최할 수 있다.
1. 국민의 생명·신체·재산의 보호 등 국민의 안전 또는 권익보호 등의 이유로 제38조에 따른 공청회를 개최하기 어려운 경우
2. 제38조에 따른 공청회가 행정청이 책임질 수 없는 사유로 개최되지 못하거나 개최는 되었으나 정상적으로 진행되지 못하고 무산된 횟수가 3회 이상인 경우
3. 행정청이 널리 의견을 수렴하기 위하여 온라인공청회를 단독으로 개최할 필요가 있다고 인정하는 경우. 다만, 제22조 제2항 제1호 또는 제3호에 따라 공청회를 실시하는 경우는 제외한다.
③ 행정청은 온라인공청회를 실시하는 경우 의견제출 및 토론 참여가 가능하도록 적절한 전자적 처리능력을 갖춘 정보통신망을 구축·운영하여야 한다.
④ 온라인공청회를 실시하는 경우에는 누구든지 정보통신망을 이용하여 의견을 제출하거나 제출된 의견 등에 대한 토론에 참여할 수 있다.

⑤ 공청회의 주재자 및 발표자의 선정

 관련조문

제38조의3(공청회의 주재자 및 발표자의 선정) ① 행정청은 해당 공청회의 사안과 관련된 분야에 전문적 지식이 있거나 그 분야에 종사한 경험이 있는 사람으로서 대통령령으로 정하는 자격을 가진 사람 중에서 공청회의 주재자를 선정한다.
② 공청회의 발표자는 발표를 신청한 사람 중에서 행정청이 선정한다. 다만, 발표를 신청한 사람이 없거나 공청회의 공정성을 확보하기 위하여 필요하다고 인정하는 경우에는 다음 각 호의 사람 중에서 지명하거나 위촉할 수 있다.
  1. 해당 공청회의 사안과 관련된 당사자 등
  2. 해당 공청회의 사안과 관련된 분야에 전문적 지식이 있는 사람
  3. 해당 공청회의 사안과 관련된 분야에 종사한 경험이 있는 사람
③ 행정청은 공청회의 주재자 및 발표자를 지명 또는 위촉하거나 선정할 때 공정성이 확보될 수 있도록 하여야 한다.

⑥ 공청회의 진행

 관련조문

제39조(공청회의 진행) ① 공청회의 주재자는 공청회를 공정하게 진행하여야 하며, 공청회의 원활한 진행을 위하여 발표 내용을 제한할 수 있고, 질서유지를 위하여 발언중지 및 퇴장명령 등 행정안전부장관이 정하는 필요한 조치를 할 수 있다. 07 국가7급
② 발표자는 공청회의 내용과 직접 관련된 사항에 대하여만 발표하여야 한다.
③ 공청회의 주재자는 발표자의 발표가 끝난 후에는 발표자 상호 간에 질의 및 답변을 할 수 있도록 하여야 하며, 방청인에게 의견을 제시할 기회를 주어야 한다. 예상

제39조의2(공청회 및 온라인공청회 결과의 반영) 행정청은 처분을 할 때에 공청회, 온라인공청회 및 정보통신망 등을 통하여 제시된 사실 및 의견이 상당한 이유가 있다고 인정하는 경우에는 이를 반영하여야 한다. 07 국가7급 등

제39조의3(공청회의 재개최) 행정청은 공청회를 마친 후 처분을 할 때까지 새로운 사정이 발견되어 공청회를 다시 개최할 필요가 있다고 인정할 때에는 공청회를 다시 개최할 수 있다.

4. 신고(자족적 신고만 규정, 제40조)

신고요건 열람	① 법령 등에서 행정청에 일정한 사항을 통지함으로써 의무가 끝나는 신고를 규정하고 있는 경우 신고를 관장하는 행정청은 신고에 필요한 구비서류, 접수기관, 그 밖에 법령 등에 따른 신고에 필요한 사항을 게시(인터넷 등을 통한 게시를 포함한다)하거나 이에 대한 편람을 갖추어 두고 누구나 열람할 수 있도록 하여야 한다.

자기완결적 신고	② 제1항에 따른 신고가 다음 각 호의 요건을 갖춘 경우에는 **신고서가 접수기관에 도달된 때에 신고의 의무가 이행된 것으로 본다.** 17 국가9급
	  1. 신고서의 기재사항에 흠이 없을 것
	  2. 필요한 구비서류가 첨부되어 있을 것
	  3. 그 밖에 법령 등에 규정된 형식상의 요건에 적합할 것

보완요구	③ 행정청은 제2항 각 호의 요건을 갖추지 못한 신고서가 제출된 경우에는 지체 없이 상당한 기간을 정하여 신고인에게 보완을 요구하여야 한다. 11 경행특채
보완 불응시 효과	④ 행정청은 신고인이 제3항에 따른 기간 내에 보완을 하지 아니하였을 때에는 그 이유를 구체적으로 밝혀 해당 신고서를 되돌려 보내야 한다.

5. 확약

관련조문

제40조의2(확약) ① 법령 등에서 당사자가 신청할 수 있는 처분을 규정하고 있는 경우 행정청은 당사자의 신청에 따라 장래에 어떤 처분을 하거나 하지 아니할 것을 내용으로 하는 의사표시(이하 '확약'이라 한다)를 할 수 있다.
② 확약은 문서로 하여야 한다.
③ 행정청은 다른 행정청과의 협의 등의 절차를 거쳐야 하는 처분에 대하여 확약을 하려는 경우에는 확약을 하기 전에 그 절차를 거쳐야 한다.
④ 행정청은 다음 각 호의 어느 하나에 해당하는 경우에는 확약에 기속되지 아니한다.
  1. 확약을 한 후에 확약의 내용을 이행할 수 없을 정도로 법령 등이나 사정이 변경된 경우
  2. 확약이 위법한 경우
⑤ 행정청은 확약이 제4항 각 호의 어느 하나에 해당하여 확약을 이행할 수 없는 경우에는 지체 없이 당사자에게 그 사실을 통지하여야 한다.

6. 위반사실의 공표

관련조문

제40조의3(위반사실 등의 공표) ① 행정청은 법령에 따른 의무를 위반한 자의 성명·법인명, 위반사실, 의무 위반을 이유로 한 처분사실 등(이하 '위반사실 등'이라 한다)을 법률로 정하는 바에 따라 일반에게 공표할 수 있다.
② 행정청은 위반사실 등의 공표를 하기 전에 사실과 다른 공표로 인하여 당사자의 명예·신용 등이 훼손되지 아니하도록 객관적이고 타당한 증거와 근거가 있는지를 확인하여야 한다.
③ 행정청은 위반사실 등의 공표를 할 때에는 미리 당사자에게 그 사실을 통지하고 의견제출의 기회를 주어야 한다. 다만, 다음 각 호의 어느 하나에 해당하는 경우에는 그러하지 아니하다.
  1. 공공의 안전 또는 복리를 위하여 긴급히 공표를 할 필요가 있는 경우
  2. 해당 공표의 성질상 의견청취가 현저히 곤란하거나 명백히 불필요하다고 인정될 만한 타당한 이유가 있는 경우
  3. 당사자가 의견진술의 기회를 포기한다는 뜻을 명백히 밝힌 경우
④ 제3항에 따라 의견제출의 기회를 받은 당사자는 공표 전에 관할 행정청에 서면이나 말 또는 정보통신망을 이용하여 의견을 제출할 수 있다.
⑤ 제4항에 따른 의견제출의 방법과 제출 의견의 반영 등에 관하여는 제27조 및 제27조의2를 준용한다. 이 경우 '처분'은 '위반사실 등의 공표'로 본다.
⑥ 위반사실 등의 공표는 관보, 공보 또는 인터넷 홈페이지 등을 통하여 한다.
⑦ 행정청은 위반사실 등의 공표를 하기 전에 당사자가 공표와 관련된 의무의 이행, 원상회복, 손해배상 등의 조치를 마친 경우에는 위반사실 등의 공표를 하지 아니할 수 있다.
⑧ 행정청은 공표된 내용이 사실과 다른 것으로 밝혀지거나 공표에 포함된 처분이 취소된 경우에는 그 내용을 정정하여, 정정한 내용을 지체 없이 해당 공표와 같은 방법으로 공표된 기간 이상 공표하여야 한다. 다만, 당사자가 원하지 아니하면 공표하지 아니할 수 있다.

7. 행정계획

행정청은 행정청이 수립하는 계획 중 국민의 권리·의무에 직접 영향을 미치는 계획을 수립하거나 변경·폐지할 때에는 관련된 여러 이익을 정당하게 형량하여야 한다(제40조의4).

8. 행정상 입법예고

(1) 적용대상(제41조)

예고대상	① 법령 등을 제정·개정 또는 폐지(이하 '입법'이라 한다)하려는 경우에는 해당 입법안을 마련한 행정청은 이를 예고하여야 한다. 다만, 다음 각 호의 어느 하나에 해당하는 경우에는 **예고를 하지 아니할 수 있다.** 08 서울9급 * 입법예고는 원칙적으로 의무이다. 1. 신속한 국민의 권리 보호 또는 예측곤란한 특별한 사정의 발생 등으로 입법이 긴급을 요하는 경우 2. 상위법령 등의 단순한 집행을 위한 경우 3. 입법 내용이 국민의 권리·의무 또는 일상생활과 관련이 없는 경우 4. 단순한 표현·자구를 변경하는 경우 등 입법 내용의 성질상 예고의 필요가 없거나 곤란하다고 판단되는 경우 5. 예고함이 공공의 안전 또는 복리를 현저히 해칠 우려가 있는 경우
직접 예고	③ 법제처장은 입법예고를 하지 아니한 법령안의 심사 요청을 받은 경우에 입법예고를 하는 것이 적당하다고 판단할 때에는 해당 행정청에 입법예고를 권고하거나 **직접** 예고할 수 있다. 15 국회8급
다시 예고하는 경우	④ 입법안을 마련한 행정청은 입법예고 후 예고 내용에 국민생활과 직접 관련된 내용이 추가되는 등 대통령령으로 정하는 **중요한 변경이 발생하는 경우에는 해당 부분에 대한 입법예고를 다시 하여야 한다.** 다만, 제1항 각 호의 어느 하나에 해당하는 경우에는 예고를 하지 아니할 수 있다. 예상

(2) 예고방법

> **관련조문**
>
> 제42조(예고방법) ① 행정청은 입법안의 취지, 주요 내용 또는 전문(全文)을 다음 각 호의 구분에 따른 방법으로 공고하여야 하며, 추가로 인터넷, 신문 또는 방송 등을 통하여 공고할 수 있다. 07 인천교행 등
> 1. 법령의 입법안을 입법예고하는 경우: 관보 및 법제처장이 구축·제공하는 정보시스템을 통한 공고
> 2. 자치법규의 입법안을 입법예고하는 경우: 공보를 통한 공고
> ② 행정청은 대통령령을 입법예고하는 경우 국회 소관 상임위원회에 이를 제출하여야 한다. 18 국가9급
> ③ 행정청은 입법예고를 할 때에 입법안과 관련이 있다고 인정되는 중앙행정기관, 지방자치단체, 그 밖의 단체 등이 예고사항을 알 수 있도록 예고사항을 통지하거나 그 밖의 방법으로 알려야 한다.
> ④ 행정청은 제1항에 따라 예고된 입법안에 대하여 온라인공청회 등을 통하여 널리 의견을 수렴할 수 있다. 이 경우 제38조의2 제3항부터 제5항까지의 규정을 준용한다.
> ⑤ 행정청은 예고된 입법안의 전문에 대한 열람 또는 복사를 요청받았을 때에는 특별한 사유가 없으면 그 요청에 따라야 한다.
> ⑥ 행정청은 제5항에 따른 복사에 드는 비용을 복사를 요청한 자에게 부담시킬 수 있다.

(3) 예고기간

입법예고기간은 예고할 때 정하되, 특별한 사정이 없으면 40일(자치법규는 20일) 이상으로 한다(제43조). 16 국가9급

(4) 의견제출 및 처리

> **관련조문**
>
> 제44조(의견제출 및 처리) ① 누구든지 예고된 입법안에 대하여 의견을 제출할 수 있다. 08 국가7급 등
> ② 행정청은 의견접수기관, 의견제출기간, 그 밖에 필요한 사항을 해당 입법안을 예고할 때 함께 공고하여야 한다.
> ③ 행정청은 해당 입법안에 대한 의견이 제출된 경우 특별한 사유가 없으면 이를 존중하여 처리하여야 한다.
> ④ 행정청은 의견을 제출한 자에게 그 제출된 의견의 처리 결과를 통지하여야 한다. 07 인천교행
>
> 제45조(공청회) ① 행정청은 입법안에 관하여 공청회를 개최할 수 있다.

9. 행정예고

> **관련조문**
>
> **제46조(행정예고)** ① 행정청은 정책, 제도 및 계획(이하 '정책 등'이라 한다)을 수립·시행하거나 변경하려는 경우에는 이를 예고하여야 한다. 다만, 다음 각 호의 어느 하나에 해당하는 경우에는 예고를 하지 아니할 수 있다.
> 1. 신속하게 국민의 권리를 보호하여야 하거나 예측이 어려운 특별한 사정이 발생하는 등 긴급한 사유로 예고가 현저히 곤란한 경우
> 2. 법령 등의 단순한 집행을 위한 경우
> 3. 정책 등의 내용이 국민의 권리·의무 또는 일상생활과 관련이 없는 경우
> 4. 정책 등의 예고가 공공의 안전 또는 복리를 현저히 해칠 우려가 상당한 경우
>
> ② 제1항에도 불구하고 법령 등의 입법을 포함하는 행정예고는 입법예고로 갈음할 수 있다. 🎯예상
> ③ 행정예고기간은 예고 내용의 성격 등을 고려하여 정하되, 20일 이상으로 한다.
> ④ 제3항에도 불구하고 행정목적을 달성하기 위하여 긴급한 필요가 있는 경우에는 행정예고기간을 단축할 수 있다. 이 경우 단축된 행정예고기간은 10일 이상으로 한다.
>
> **제46조의2(행정예고 통계 작성 및 공고)** 행정청은 매년 자신이 행한 행정예고의 실시현황과 그 결과에 관한 통계를 작성하고, 이를 관보·공보 또는 인터넷 등의 방법으로 널리 공고하여야 한다.
>
> **제47조(예고방법 등)** ① 행정청은 정책등안(案)의 취지, 주요 내용 등을 관보·공보나 인터넷·신문·방송 등을 통하여 공고하여야 한다.
> ② 행정예고의 방법, 의견제출 및 처리, 공청회 및 온라인공청회에 관하여는 제38조, 제38조의2, 제38조의3, 제39조, 제39조의2, 제39조의3, 제42조(제1항·제2항 및 제4항은 제외한다), 제44조 제1항부터 제3항까지 및 제45조 제1항을 준용한다. 이 경우 '입법안'은 '정책등안'으로, '입법예고'는 '행정예고'로, '처분을 할 때'는 '정책 등을 수립·시행하거나 변경할 때'로 본다.

10. 행정지도

(1) 행정지도의 원칙(제48조)

비례원칙, 임의성원칙	① 행정지도는 그 목적 달성에 필요한 최소한도에 그쳐야 하며, 행정지도의 상대방의 **의사에 반하여 부당하게 강요하여**서는 아니 된다. 10 경북교행 등
불이익조치 금지원칙	② 행정기관은 행정지도의 상대방이 행정지도에 따르지 아니하였다는 것을 이유로 **불이익한 조치**를 하여서는 아니 된다. 04 서울9급 등

(2) 행정지도의 방식(제49조)

행정지도실명제	① 행정지도를 하는 자는 그 상대방에게 그 행정지도의 취지 및 내용과 신분을 밝혀야 한다. 04 서울9급 등
문서교부요구권	② 행정지도가 말로 이루어지는 경우에 상대방이 제1항의 사항을 적은 서면의 교부를 요구하면 그 행정지도를 하는 자는 직무 수행에 특별한 지장이 없으면 이를 교부하여야 한다.

(3) 의견제출

행정지도의 상대방은 해당 행정지도의 방식·내용 등에 관하여 행정기관에 의견제출을 할 수 있다(제50조).
04 서울9급 등

(4) 다수인을 대상으로 하는 행정지도 - 공통사항 공표

행정기관이 같은 행정목적을 실현하기 위하여 많은 상대방에게 행정지도를 하려는 경우에는 특별한 사정이 없으면 행정지도에 공통적인 내용이 되는 사항을 공표하여야 한다(제51조). 02 행시

11. 국민참여의 확대

관련조문

제52조(국민참여 활성화) ① 행정청은 행정과정에서 국민의 의견을 적극적으로 청취하고 이를 반영하도록 노력하여야 한다.
② 행정청은 국민에게 다양한 참여방법과 협력의 기회를 제공하도록 노력하여야 하며, 구체적인 참여방법을 공표하여야 한다.
③ 행정청은 국민참여수준을 향상시키기 위하여 노력하여야 하며 필요한 경우 국민참여수준에 대한 자체진단을 실시하고, 그 결과를 행정안전부장관에게 제출하여야 한다.
④ 행정청은 제3항에 따라 자체진단을 실시한 경우 그 결과를 공개할 수 있다.
⑤ 행정청은 국민참여를 활성화하기 위하여 교육·홍보, 예산·인력 확보 등 필요한 조치를 할 수 있다.
⑥ 행정안전부장관은 국민참여 확대를 위하여 행정청에 교육·홍보, 포상, 예산·인력 확보 등을 지원할 수 있다.

제52조의2(국민제안의 처리) ① 행정청(국회사무총장·법원행정처장·헌법재판소사무처장 및 중앙선거관리위원회 사무총장은 제외한다)은 정부시책이나 행정제도 및 그 운영의 개선에 관한 국민의 창의적인 의견이나 고안(이하 '국민제안'이라 한다)을 접수·처리하여야 한다.

제52조의3(국민참여 창구) 행정청은 주요 정책 등에 관한 국민과 전문가의 의견을 듣거나 국민이 참여할 수 있는 온라인 또는 오프라인 창구를 설치·운영할 수 있다.

제53조(온라인 정책토론) ① 행정청은 국민에게 영향을 미치는 주요 정책 등에 대하여 국민의 다양하고 창의적인 의견을 널리 수렴하기 위하여 정보통신망을 이용한 정책토론(이하 이 조에서 '온라인 정책토론'이라 한다)을 실시할 수 있다.
② 행정청은 효율적인 온라인 정책토론을 위하여 과제별로 한시적인 토론 패널을 구성하여 해당 토론에 참여시킬 수 있다. 이 경우 패널의 구성에 있어서는 공정성 및 객관성이 확보될 수 있도록 노력하여야 한다.
③ 행정청은 온라인 정책토론이 공정하고 중립적으로 운영되도록 하기 위하여 필요한 조치를 할 수 있다.

12. 보칙

관련조문

제54조(비용의 부담) 행정절차에 드는 비용은 행정청이 부담한다. 다만, 당사자 등이 자기를 위하여 스스로 지출한 비용은 그러하지 아니하다.

제55조(참고인 등에 대한 비용 지급) ① 행정청은 행정절차의 진행에 필요한 참고인·감정인 등에게 예산의 범위에서 여비와 일당을 지급할 수 있다.

Chapter 02 정보공개와 개인정보 보호

제1절 행정정보공개

01 알 권리

관련판례

① 국민은 헌법상 보장된 알 권리의 한 내용으로서 국회에 대하여 입법과정의 공개를 요구할 권리를 가지며, 국회의 의사에 대하여는 직접적인 이해관계 유무와 상관없이 일반적 정보공개청구권을 가진다고 할 수 있다.

　국회사무총장이 회의별 참석자 명단은 공개하였으나, 회의별 참석자의 발언 내용 및 결정 내용에 대하여 찬성 또는 반대한 위원의 명단은 국회법 제57조 제5항 단서 및 공공기관의 정보공개에 관한 법률 제9조 제1항에 따라 비공개한다는 결정을 한 것은 알 권리를 침해하지 않는다(헌재 2009.9.24. 2007헌바17).

② 헌법재판소는 "군사기밀이라 함은 비공지의 사실로서 관계기관에 의하여 적법절차에 따라 군사기밀로 분류 표시 또는 고지된 군사 관련 사항이어야 할 뿐 아니라 아울러 그 내용이 누설될 경우 국가의 안전보장에 명백한 위험이 초래된다고 할 수 있을 정도로 그 내용 자체가 실질적인 비밀가치를 지닌 비공지의 사실에 한하는 것이라고 한정 해석되어야 할 것이다."라고 판시하기도 하고(헌재 1992.2.25. 89헌가104), "일반인에게 알려지지 아니

한 것으로서 그 내용이 누설되는 경우 국가의 안전에 명백한 위험을 초래한다고 볼만큼의 실질가치를 지닌 사실, 물건 또는 지식이라고 해석하는 한 헌법에 위반되지 아니한다."라고 판시하기도 하였다(헌재 1997.1.16. 92헌바6).

❸ 치과의사 국가고시 문제에 관한 정보의 비공개는 합헌이다(헌재 2009.9.24. 2007헌바107【합헌】).

❹ 구속적부심에서 변호인의 고소장과 피의자 신문조서의 열람청구를 거부한 것은 변호인의 알 권리를 침해한 것이다(헌재 2003.3.27. 2000헌마474【위헌】).

❺ 알 권리는 국민의 청구를 전제로 하여 발생한다. 【각하】 08 국가7급

알 권리에서 파생되는 정부의 공개의무는 특별한 사정이 없는 한 국민의 적극적인 정보수집행위, 특히 특정의 정보에 대한 공개청구가 있는 경우에야 비로소 존재하므로, 정보공개청구가 없었던 경우 대한민국과 중화인민공화국이 2000. 7. 31. 체결한 양국 간 마늘교역에 관한 합의서 및 그 부속서 중 "2003. 1. 1.부터 한국의 민간기업이 자유롭게 마늘을 수입할 수 있다."라는 부분을 사전에 마늘재배 농가들에게 공개할 정부의 의무는 인정되지 아니한다(헌재 2004.12.16. 2002헌마579).

알 권리의 한계와 제한 * 헌법 제37조 제2항에 의한 제한이 가능함은 물론이다.	사생활의 비밀	알 권리의 대상이 개인의 사생활에 관한 사항이라면, 알 권리와 사생활의 비밀은 상충될 가능성이 높을 것이다. 이때 양자의 충돌을 어떻게 조화롭게 해결할 것이냐는 문제가 알 권리의 한계문제로서 등장하게 된다.
	기업비밀	원칙적으로 기업비밀은 재산권과 기업의 자유에 근거하여 공개가 제한되지만, 올바른 상품의 선택을 위한 소비자의 권리, 환경훼손이나 공해를 유발하는 기업이 소재하는 지역 주민의 환경권 등에 근거하여 알 권리를 인정하여야 할 것이다.

02 공공기관의 정보공개에 관한 법률(정보공개법)의 주요 내용

1. 총칙적 사항

(1) 목적

이 법은 공공기관이 **보유·관리하는** 정보에 대한 국민의 공개청구 및 공공기관의 공개의무에 관하여 필요한 사항을 정함으로써 국민의 **알 권리를 보장**하고 국정에 대한 국민의 참여와 국정 운영의 투명성을 확보함을 목적으로 한다(제1조).

* 공개청구의 대상이 되는 정보는 공공기관이 보유·관리하는 정보를 말하므로 작성주체는 문제되지 않는다. 08 관세사 등 따라서 공무원이 아닌 개인이 작성한 문서도 공공기관이 보유하면 본법의 적용대상이 된다. 04 경기교행

관련판례

❶ 공공기관이 사경제의 주체라는 지위에서 행한 사업과 관련된 정보라도 공공기관의 정보공개에 관한 법률의 적용대상인 정보에 해당한다(대판 2007.6.1. 2006두20587). - 아파트 분양가 공개사건

❷ 사립대학교는 국비의 지원을 받는 범위 내에서만 공공기관의 성격을 가진다고 볼 수 없다(대판 2006.8.24. 2004두2783). 21·20·15 국가9급, 14 지방7급 등

❸ 청구취지의 변경이 없더라도 공개가 가능한 정보에 관한 부분만의 일부취소가 가능하다(대판 2004.12.9. 2003두12707). 18 지방9급, 15 국가9급

❹ '한국증권업협회'는 공공기관의 정보공개에 관한 법률 시행령 제2조 제4호의 '특별법에 의하여 설립된 특수법인'에 해당한다고 보기 어렵다(대판 2010.4.29. 2008두5643). 17 국가9급, 11 국가7급
* 공공기관이 아니라는 의미이다.

❺ 한국방송공사(KBS)는 정보공개의무가 있는 공공기관이다(대판 2010.12.23. 2008두13101). 16 사복9급

(2) 정보공개의 원칙

공공기관이 보유·관리하는 정보는 국민의 알 권리 보장 등을 위하여 이 법에서 정하는 바에 따라 **적극적으로 공개하여야** 한다(제3조). 10 국가7급

(3) 적용범위(제4조)

* 행정절차에서는 공개되는 정보가 특정되어 있지만, 정보공개에서는 원칙적으로 모든 정보가 대상이 된다.

일반법의 지위	① 정보의 공개에 관하여는 다른 법률에 특별한 규정이 있는 경우를 제외하고는 이 법에서 정하는 바에 따른다.
조례에 의한 공개	② 지방자치단체는 그 소관 사무에 관하여 법령의 범위에서 정보공개에 관한 조례를 정할 수 있다. 06 대구교행 등
적용 제외	③ 국가안전보장에 관련되는 정보 및 보안 업무를 관장하는 기관에서 국가안전보장과 관련된 정보의 분석을 목적으로 수집하거나 작성한 정보에 대해서는 이 법을 적용하지 아니한다. 다만, 제8조 제1항에 따른 정보목록의 작성·비치 및 공개에 대해서는 그러하지 아니한다.

관련판례

공공기관의 정보공개에 관한 법률의 적용을 배제하기 위한 특별한 규정은 법률에 근거가 있어야 한다(아파트 분양원가 정보공개청구사건). 15 국회8급

공공기관의 정보공개에 관한 법률(이하 '정보공개법'이라 함)의 적용을 배제하기 위해서는, 그 특별한 규정이 '법률'이어야 하고, 나아가 그 내용이 정보공개의 대상 및 범위, 정보공개의 절차, 비공개대상정보 등에 관하여 정보공개법과 달리 규정하고 있는 것이어야 할 것이다. 그런데 피고가 정보공개법 제4조 제1항 소정의 '다른 법률에 특별한 규정이 있는 경우'에 해당한다고 주장하는 임대주택법 시행규칙 제2조의3은 '법률'이 아니고 건설교통부령에 불과할 뿐만 아니라, 그 내용도 공공건설 임대주택의 입주자 모집공고를 할 때에는 '입주자 모집공고 당시의 주택가격, 임대의무기간 및 분양전환시기, 분양전환가격의 산정기준' 등을 포함시키도록 하여서 당해 임대주택의 공급을 신청하려는 사람들이 필요한 정보를 손쉽게 얻도록 하려는 것일 뿐, 그 이외의 정보에 대하여는 일반 국민이 정보공개법에 의하여 공개를 청구할 권리마저 제한하려는 취지는 아니라고 할 것이다(대판 2007.6.1. 2007두2555). – 동일 판시사항(대판 2014.4.10. 2012두17384)

보충 공공기관의 정보공개에 관한 법률의 적용을 배제

- 공공기관의 정보공개에 관한 **법률 자체의 배제**: 법률에 의하여야 하고, 법규명령으로는 불가하다.
- 공공기관의 정보공개에 관한 **법률상 비공개정보**: 법률 또는 법규명령으로 가능하다. 다만, 대통령령, 총리령, 부령 모두를 의미하는 것이 아니라 법률의 구체적 위임 아래 제정된 법규명령(위임명령)을 말한다.

---

2. 정보공개청구권자(제5조)

모든 국민	① 모든 국민은 정보의 공개를 청구할 권리를 가진다. 10 지방9급 등
외국인	② 외국인의 정보공개청구에 관하여는 대통령령으로 정한다. 12 국가9급, 06 국회8급 등

	시행령 제3조(외국인의 정보공개청구)
	법 제5조 제2항의 규정에 따라 정보공개를 청구할 수 있는 외국인은 다음 각 호의 어느 하나에 해당하는 자로 한다.
	  1. 국내에 일정한 주소를 두고 거주하거나 학술·연구를 위하여 일시적으로 체류하는 사람 14 서울7급 등
	  2. 국내에 사무소를 두고 있는 법인 또는 단체

> **관련판례**

① 공공기관의 정보공개에 관한 법률 제6조 제1항은 "모든 국민은 정보의 공개를 청구할 권리를 가진다."라고 규정하고 있는데, 여기에서 말하는 국민에는 자연인은 물론 법인, 권리능력 없는 사단·재단도 포함되고, 법인, 권리능력 없는 사단·재단 등의 경우에는 설립목적을 불문하며, 한편 정보공개청구권은 법률상 보호되는 구체적인 권리이므로 청구인이 공공기관에 대하여 정보공개를 청구하였다가 거부처분을 받은 것 자체가 법률상 이익의 침해에 해당한다(대판 2003.12.12. 2003두8050). `17 국가9급, 16 사복9급, 14 변호사, 08 국가7급 등`

② 공공기관의 정보공개에 관한 법률의 목적, 규정 내용 및 취지에 비추어 보면, 정보공개청구의 목적에 특별한 제한이 있다고 할 수 없으므로, 오로지 피고를 괴롭힐 목적으로 정보공개를 구하고 있다는 등의 특별한 사정이 없는 한, 정보공개의 청구가 권리남용에 해당한다고 볼 수 없다. 같은 취지에서 원고가 피고의 전 직원이었던 소외인의 소송대리인으로서 소송상 유리한 자료를 획득하기 위하여 이 사건 정보공개청구를 하였다 하더라도 그러한 사정만으로 원고의 이 사건 정보공개청구가 권리의 남용에 해당한다고 볼 수 없다(대판 2008.10.23. 2007두1798). `15 국회8급`

③ 국민의 정보공개청구가 사회통념상 용인될 수 없는 부당한 이득을 얻으려 하거나, 오로지 공공기관의 담당공무원을 괴롭힐 목적으로 정보공개청구를 하는 경우처럼 권리의 남용에 해당하는 것이 명백한 경우에는 정보공개청구권의 행사를 허용하지 아니하는 것이 옳다(대판 2014.12.24. 2014두9349). `18 지방9급`

3. 공공기관의 의무

(1) 정보공개시스템 구축의무

> **관련조문**
>
> **제6조(공공기관의 의무)** ① 공공기관은 정보의 공개를 청구하는 국민의 권리가 존중될 수 있도록 이 법을 운영하고 소관 관계 법령을 정비하며, 정보를 투명하고 적극적으로 공개하는 조직문화 형성에 노력하여야 한다.
> ② 공공기관은 정보의 적절한 보존 및 신속한 검색과 국민에게 유용한 정보의 분석 및 공개 등이 이루어지도록 정보관리체계를 정비하고, 정보공개업무를 주관하는 부서 및 담당하는 인력을 적정하게 두어야 하며, 정보통신망을 활용한 정보공개시스템 등을 구축하도록 노력하여야 한다.

(2) 행정정보의 공표(정기적으로 공개해야 하는 정보)

> **관련조문**
>
> **제7조(정보의 사전적 공개 등)** ① 공공기관은 다음 각 호의 어느 하나에 해당하는 정보에 대해서는 공개의 구체적 범위, 주기, 시기 및 방법 등을 미리 정하여 정보통신망 등을 통해 알리고, 이에 따라 정기적으로 공개하여야 한다. 다만, 제9조 제1항 각 호의 어느 하나에 해당하는 정보에 대해서는 그러하지 아니하다. `07 국가9급`
> 1. 국민생활에 매우 큰 영향을 미치는 정책에 관한 정보
> 2. 국가의 시책으로 시행하는 공사 등 대규모의 예산이 투입되는 사업에 관한 정보
> 3. 예산집행의 내용과 사업평가 결과 등 행정감시를 위하여 필요한 정보
> 4. 그 밖에 공공기관의 장이 정하는 정보

(3) 정보목록의 작성·비치

> **관련조문**
>
> **제8조(정보목록의 작성·비치 등)** ① 공공기관은 그 기관이 보유·관리하는 정보에 대하여 국민이 쉽게 알 수 있도록 정보목록을 작성하여 갖추어 두고, 그 목록을 정보통신망을 활용한 정보공개시스템 등을 통하여 공개하여야 한다. 다만, 정보목록 중 제9조 제1항에 따라 공개하지 아니할 수 있는 정보가 포함되어 있는 경우에는 해당 부분을 갖추어 두지 아니하거나 공개하지 아니할 수 있다.
> ② 공공기관은 정보의 공개에 관한 사무를 신속하고 원활하게 수행하기 위하여 정보공개 장소를 확보하고 공개에 필요한 시설을 갖추어야 한다.
>
> **제8조의2(공개대상정보의 원문공개)** 공공기관 중 중앙행정기관 및 대통령령으로 정하는 기관은 전자적 형태로 보유·관리하는 정보 중 공개대상으로 분류된 정보를 국민의 정보공개청구가 없더라도 정보통신망을 활용한 정보공개시스템 등을 통하여 공개하여야 한다.

4. 공개대상정보와 비공개대상정보

(1) 공개대상정보

공공기관이 보유·관리하는 정보는 원칙적으로 공개대상이 된다. **공공기관이 보유·관리하고 있을 상당한 개연성에 대해서는 정보공개청구권자가 입증하여야 한다**(대판 2004.12.9. 2003두12707). `17 국회8급`

* 청구권자가 공공기관이 보유하고 있다는 것을 입증하면, 공공기관은 더 이상 보유하고 있지 않다는 사실, 또는 비공개정보라는 것을 입증해야 한다.

(2) 비공개대상정보(제9조 제1항)

다음의 정보는 공개하지 아니할 수 있다. **비공개대상정보에 해당한다는 점은 해당 공공기관이 입증하여야 한다.** `17 국회8급`

> **관련판례**
>
> ❶ 정보공개를 요구받은 공공기관은 공공기관의 정보공개에 관한 법률 제7조 제1항 몇 호 소정의 비공개사유에 해당하는지를 주장·입증하지 아니한 채 개괄적인 사유만을 들어 그 공개를 거부할 수 없다(대판 2003.12.11. 2001두8827). `17 국회8급`
>
> ❷ 인용문서가 공공기관의 정보공개에 관한 법률 제9조에서 정한 비공개대상정보에 해당하더라도 특별한 사정이 없는 한 행정청인 피신청인은 문서제출의무를 면할 수 없다(대결 2017.12.28. 2015무423).

1) 비밀 또는 비공개사항과 관련된 정보 `14 변호사, 10 지방9급 등`

다른 법률 또는 법률에서 **위임한 명령**(국회규칙·대법원규칙·헌법재판소규칙·중앙선거관리위원회규칙·대통령령 및 조례로 한정함)에 따라 비밀이나 비공개사항으로 규정된 정보는 비공개정보이다.

> **관련판례**
>
> ❶ 공공기관의 정보공개에 관한 법률 제9조 제1항 제1호 소정의 '법률에 의한 명령'은 법규명령(위임명령)을 의미한다.
> 공공기관의 정보공개에 관한 법률 제7조 제1항 제1호 소정의 '법률에 의한 명령'은 법률의 위임규정에 의하여 제정된 대통령령, 총리령, 부령 전부를 의미한다기보다는 정보의 공개에 관하여 법률의 구체적인 위임 아래 제정된 법규명령(위임명령)을 의미한다(대판 2003.12.11. 2003두8395). `14 지방7급 등`

❷ **교육공무원 승진규정을 근거로 정보공개청구를 거부하는 것은 잘못이다.** 10 지방9급

교육공무원법의 위임에 따라 제정된 교육공무원 승진규정은 정보공개에 관한 사항에 관하여 구체적인 법률의 위임에 따라 제정된 명령이라고 할 수 없고, 따라서 교육공무원 승진규정 제26조에서 근무성적평정의 결과를 공개하지 아니한다고 규정하고 있다고 하더라도 위 교육공무원 승진규정은 공공기관의 정보공개에 관한 법률 제9조 제1항 제1호에서 말하는 법률이 위임한 명령에 해당하지 아니하므로 위 규정을 근거로 정보공개청구를 거부하는 것은 잘못이다(대판 2006.10.26. 2006두11910).

❸ **형사소송법 제47조의 공개금지는 공공기관의 정보공개에 관한 법률 제9조 제1항 제1호의 '다른 법률 또는 법률에 의한 명령에 의하여 비공개사항으로 규정된 경우'에 해당하지 않는다.**

검찰보존사무규칙이 검찰청법 제11조에 기하여 제정된 법무부령이기는 하지만, 그 사실만으로 같은 규칙 내의 모든 규정이 법규적 효력을 가지는 것은 아니다. 기록의 열람·등사의 제한을 정하고 있는 같은 규칙 제22조는 법률상의 위임 근거가 없어 행정기관 내부의 사무처리준칙으로서 행정규칙에 불과하므로, 위 규칙상의 열람·등사의 제한을 공공기관의 정보공개에 관한 법률 제9조 제1항 제1호의 '다른 법률 또는 법률에 의한 명령에 의하여 비공개사항으로 규정된 경우'에 해당한다고 볼 수 없다(대판 2006.5.25. 2006두3049). 17 지방9급 등

❹ 공직자윤리법상의 등록의무자가 구 공직자윤리법 시행규칙 제12조 관련에 따라 제출한 '자신의 재산등록사항의 고지를 거부한 직계존비속의 본인과의 관계, 성명, 고지거부사유, 서명(날인)'이 기재되어 있는 문서는 구 공공기관의 정보공개에 관한 법률 제7조 제1항 제1호에 정한 법령비정보에 해당하지 않는다(대판 2007.12.13. 2005두13117). 17 국회8급

2) 안보와 관련된 정보

국가안전보장·국방·통일·외교관계 등에 관한 사항으로서 공개될 경우 국가의 중대한 이익을 현저히 해칠 우려가 있다고 인정되는 정보는 비공개정보이다.

 관련판례

❶ 보안관찰법상의 보안관찰 관련 통계자료는 공공기관의 정보공개에 관한 법률 제7조 제1항 제2호, 제3호에서 규정하는 비공개대상정보에 해당한다(대판 2004.3.26. 2002두6583). 17 국가9급 등

❷ 국가정보원의 조직·소재지 및 정원에 관한 정보는 공공기관의 정보공개에 관한 법률 제9조 제1항 제1호에서 말하는 '다른 법률에 의하여 비공개사항으로 규정된 정보'에 해당한다(대판 2013.1.24. 2010두18918).

❸ **국정원 직원의 현금급여나 월초수당은 타법상 비공개사안인 정보이다.** 11 국가7급

국가정보원이 직원에게 지급하는 현금급여 및 월초수당에 관한 정보가 공공기관의 정보공개에 관한 법률 제9조 제1항 제1호의 비공개대상정보인 '다른 법률에 의하여 비공개사항으로 규정된 정보'에 해당한다(대판 2010.12.23. 2010두14800).

❹ 갑이 외교부장관에게 한·일 군사정보보호협정 및 한·일 상호군수지원협정과 관련하여 각종 회의자료 및 회의록 등의 정보에 대한 공개를 청구하였으나, 외교부장관이 공개청구정보 중 일부를 제외한 나머지 정보들에 대하여 비공개결정을 한 사안에서, 위 정보는 비공개대상정보에 해당하고, 공개가 가능한 부분과 공개가 불가능한 부분을 쉽게 분리하는 것이 불가능하여 같은 법 제14조에 따른 부분공개도 가능하지 않다고 본 원심판단은 정당하다(대판 2019.1.17. 2015두46512). 19 서울7급

❺ 국방부의 한국형 다목적 헬기(KMH) 도입사업에 대한 감사원장의 감사결과보고서가 군사 2급비밀에 해당하는 이상 공공기관의 정보공개에 관한 법률 제9조 제1항 제1호에 의하여 공개하지 아니할 수 있다(대판 2006.11.10. 2006두9351).

❻ 외국 또는 외국기관으로부터 비공개를 전제로 정보를 입수하였다는 이유만으로 이를 공개할 경우 업무의 공정한 수행에 현저한 지장을 받을 것이라고 단정할 수는 없다. 다만, 위와 같은 사정은 정보 제공자와의 관계, 정보 제공자의 의사, 정보의 취득경위, 정보의 내용 등과 함께 업무의 공정한 수행에 현저한 지장이 있는지를 판단할 때 고려하여야 할 형량요소이다(대판 2018.9.28. 2017두69892). 19 서울7급

3) 공공의 안전에 관련된 정보

공개될 경우 국민의 생명·신체 및 재산의 보호에 현저한 지장을 초래할 우려가 있다고 인정되는 정보는 비공개정보이다.

4) 수사·재판과 관련된 정보 11 지방9급

진행 중인 재판에 관련된 정보와 범죄의 예방, 수사, 공소의 제기 및 유지, 형의 집행, 교정, 보안처분에 관한 사항으로서 공개될 경우 그 직무수행을 현저히 곤란하게 하거나 형사피고인의 공정한 재판을 받을 권리를 침해한다고 인정할 만한 상당한 이유가 있는 정보는 비공개정보이다.

관련판례

법원 이외의 공공기관이 공공기관의 정보공개에 관한 법률 제9조 제1항 제4호에서 정한 '진행 중인 재판에 관련된 정보'에 해당한다는 사유로 정보공개를 거부하기 위하여는 반드시 그 정보가 진행 중인 재판의 소송기록 자체에 포함된 내용일 필요는 없다. 그러나 재판에 관련된 일체의 정보가 그에 해당하는 것은 아니고 진행 중인 재판의 심리 또는 재판 결과에 구체적으로 영향을 미칠 위험이 있는 정보에 한정된다고 보는 것이 타당하다(대판 2011.11.24. 2009두19021). 18 지방9급, 17 국가7급, 12 서울9급, 12 국회9급

5) 감사·감독·검사·시험 등과 관련하여 공개될 경우 업무의 공정한 수행이나 연구·개발에 현저한 지장을 초래할 우려가 있는 정보 09 관세사 등

관련판례

❶ '학교폭력대책자치위원회 회의록'은 공공기관의 정보공개에 관한 법률 제9조 제1항 제5호의 '공개될 경우 업무의 공정한 수행에 현저한 지장을 초래한다고 인정할 만한 상당한 이유가 있는 정보'에 해당한다(대판 2010.6.10. 2010두2913). 13 국가9급, 12 서울9급

❷ 학교환경위생정화위원회의 회의록에 기재된 발언 내용에 대한 해당 발언자의 인적사항 부분에 관한 정보는 비공개정보이다(대판 2003.8.22. 2002두12946). 16 사복9급

❸ 국가 수준 학업성취도 평가자료는 비공개정보가 아니다. 16 사복9급

'2002년도 및 2003년도 국가 수준 학업성취도 평가자료'는 표본조사방식으로 이루어졌을 뿐만 아니라 학교식별정보 등도 포함되어 있어서 그 원자료 전부가 그대로 공개될 경우 학업성취도 평가업무의 공정한 수행이 객관적으로 현저하게 지장을 받을 것이라는 고도의 개연성이 존재한다고 볼 여지가 있어 공공기관의 정보공개에 관한 법률 제9조 제1항 제5호에서 정한 비공개대상정보에 해당하는 부분이 있으나, '2002학년도부터 2005학년도까지의 대학수학능력시험 원데이터'는 연구목적으로 그 정보의 공개를 청구하는 경우, 공개로 인하여 초래될 부작용이 공개로 얻을 수 있는 이익보다 더 클 것이라고 단정하기 어려우므로 그 공개로 대학수학능력시험업무의 공정한 수행이 객관적으로 현저하게 지장을 받을 것이라는 고도의 개연성이 존재한다고 볼 수 없어 위 조항의 비공개대상정보에 해당하지 않는다(대판 2010.2.25. 2007두9877).

❹ **사법시험 2차 시험 답안지 열람** 15 사복9급, 13 국가9급
채점 결과 열람에 대해서는 공개될 경우 업무의 공정한 수행에 현저한 지장을 초래한다고 인정할 만한 상당한 이유가 있으므로 공개거부가 적법하고, 답안지 자체의 열람에 대해서는 답안지의 열람으로 인하여 시험업무의 수행에 현저한 지장을 초래한다고 볼 수 없으므로 열람거부처분은 위법하다(대판 2003.3.14. 2000두6114).

❺ 갑이 친족인 망 을 등에 대한 독립유공자 포상신청을 하였다가 독립유공자서훈 공적심사위원회의 심사를 거쳐 포상에 포함되지 못하였다는 내용의 공적심사 결과를 통지받자 국가보훈처장에게 '망인들에 대한 독립유공자서훈 공적심사위원회의 심의·의결과정 및 그 내용을 기재한 회의록' 등의 공개를 청구하였는데, 국가보훈처장이 공개할 수 없다는 통보를 한 경우, 위 회의록은 공공기관의 정보공개에 관한 법률 제9조 제1항 제5호에서 정한 '공개될 경우 업무의 공정한 수행에 현저한 지장을 초래한다고 인정할 만한 상당한 이유가 있는 정보'에 해당한다(대판 2014.7.24. 2013두20301). 18 지방7급

---

6) 개인의 사생활의 비밀 또는 자유를 침해할 우려가 있다고 인정되는 정보 14 변호사

해당 정보에 포함되어 있는 성명·주민등록번호 등 개인에 관한 사항으로서 공개될 경우 사생활의 비밀 또는 자유를 침해할 우려가 있다고 인정되는 정보는 비공개정보이다. 다만, 다음에 열거한 개인에 관한 정보는 공개할 수 있다.
① 법령에서 정하는 바에 따라 열람할 수 있는 정보
② 공공기관이 공표를 목적으로 작성하거나 취득한 정보로서 사생활의 비밀 또는 자유를 부당하게 침해하지 아니하는 정보
③ 공공기관이 작성하거나 취득한 정보로서 공개하는 것이 공익이나 개인의 권리구제를 위하여 필요하다고 인정되는 정보
④ 직무를 수행한 공무원의 성명·직위 10 서울9급
⑤ 공개하는 것이 공익을 위하여 필요한 경우로서 법령에 따라 국가 또는 지방자치단체가 업무의 일부를 위탁 또는 위촉한 개인의 성명·직업

 관련판례

❶ 고속철도 역의 유치위원회에 지방자치단체로부터 지급받은 보조금의 사용 내용에 관한 서류 일체 등의 공개를 청구한 경우, 공개청구한 정보 중 개인의 성명은 비공개에 의하여 보호되는 개인의 사생활 등의 이익이 국정운영의 투명성 확보 등의 공익보다 더 중요하여 비공개대상정보에 해당한다(대판 2009.10.29. 2009두14224).

❷ 지방자치단체의 업무추진비 세부항목별 집행내역 및 그에 관한 증빙서류에 포함된 개인에 관한 정보는 '공개하는 것이 공익을 위하여 필요하다고 인정되는 정보'에 해당하지 않는다(대판 2003.3.11. 2001두6425). 11 국가9급

❸ 사면대상자들의 사면 실시건의서와 그와 관련된 국무회의 안건자료에 관한 정보는 구 공공기관의 정보공개에 관한 법률에서 정한 비공개사유에 해당하지 않는다(대판 2006.12.7. 2005두241). 15 사복9급, 12 서울9급

❹ 재소자가 교도관의 가혹행위를 이유로 형사고소 및 민사소송을 제기하면서 그 증명자료 확보를 위해 '근무보고서'와 '징벌위원회 회의록' 등의 정보공개를 요청하였으나 교도소장이 이를 거부한 사안에서 근무보고서는 비공개대상정보에 해당한다고 볼 수 없고, 징벌위원회 회의록 중 비공개 심사·의결 부분은 비공개사유에 해당하지만 징벌절차 진행 부분은 비공개사유에 해당하지 않는다고 보아 분리공개가 허용된다(대판 2009.12.10. 2009두12785). 13 국가9급

7) 경영·영업상 비밀에 관한 정보

법인·단체 또는 개인(이하 '법인 등'이라 함)의 경영상·영업상 비밀에 관한 사항으로서 공개될 경우 법인 등의 정당한 이익을 현저히 해칠 우려가 있다고 인정되는 정보는 비공개정보이다. 다만, 다음에 열거한 정보는 공개할 수 있다.
① 사업활동에 의하여 발생하는 위해로부터 사람의 생명·신체 또는 건강을 보호하기 위하여 공개할 필요가 있는 정보
② 위법·부당한 사업활동으로부터 국민의 재산 또는 생활을 보호하기 위하여 공개할 필요가 있는 정보

관련판례

❶ 한국방송공사의 '수시집행 접대성 경비의 건별 집행서류 일체'는 공공기관의 정보공개에 관한 법률 제9조 제1항 제7호의 비공개대상정보에 해당하지 않는다(대판 2008.10.23. 2007두1798). 12 서울9급

❷ 대한주택공사의 아파트 분양원가 산출내역에 관한 정보는 그 공개로 위 공사의 정당한 이익을 현저히 해칠 우려가 있다고 볼 수 없어 구 공공기관의 정보공개에 관한 법률 제7조 제1항 제7호에서 정한 비공개대상정보에 해당하지 않는다(대판 2007.6.1. 2006두20587). 12 서울9급

❸ 변호사의 인맥지수는 공개할 수 없다. 그러나 승소율이나 전문성은 공개할 수 있다(대판 2011.9.2. 2008다42430 전원합의체).

❹ 공무원이 직무와 관련 없이 개인적인 자격(불우이웃이나 이재민으로서의 지위)으로 간담회·연찬회 등 행사에 참석하고 금품을 수령한 정보는 공공기관의 정보공개에 관한 법률 제7조 제1항 제6호 단서에서 정한 '공개하는 것이 공익을 위하여 필요하다고 인정되는 정보'에 해당하지 않는다(대판 2004.8.20. 2003두8302). 15 사복9급

8) 특정인에게 이익 또는 불이익을 줄 우려가 있는 정보

공개될 경우 부동산 투기, 매점매석 등으로 특정인에게 이익 또는 불이익을 줄 우려가 있다고 인정되는 정보는 비공개정보이다. 18 지방9급, 10 국가7급

(3) 비공개대상정보의 비공개 필요성이 없어진 경우

공공기관은 비공개대상에 해당하는 정보가 기간의 경과 등으로 인하여 비공개의 필요성이 없어진 경우에는 그 정보를 공개대상으로 하여야 한다. 08 관세사 등

(4) 비공개 세부기준

관련조문

제9조(비공개대상정보) ③ 공공기관은 제1항 각 호의 범위에서 해당 공공기관의 업무 성격을 고려하여 비공개대상정보의 범위에 관한 세부기준(이하 '비공개 세부기준'이라 한다)을 수립하고 이를 정보통신망을 활용한 정보공개시스템 등을 통하여 공개하여야 한다.
④ 공공기관(국회·법원·헌법재판소 및 중앙선거관리위원회는 제외한다)은 제3항에 따라 수립된 비공개 세부기준이 제1항 각 호의 비공개요건에 부합하는지 3년마다 점검하고 필요한 경우 비공개 세부기준을 개선하여 그 점검 및 개선 결과를 행정안전부장관에게 제출하여야 한다.

5. 정보공개의 절차

(1) 정보공개의 청구방법

 관련조문

제10조(정보공개의 청구방법) ① 정보의 공개를 청구하는 자(이하 '청구인'이라 한다)는 해당 정보를 보유하거나 관리하고 있는 공공기관에 다음 각 호의 사항을 적은 정보공개청구서를 제출하거나 말로써 11 경행특채 정보의 공개를 청구할 수 있다.
  1. 청구인의 성명·생년월일·주소 및 연락처(전화번호·전자우편주소 등을 말한다. 이하 이 조에서 같다). 다만, 청구인이 법인 또는 단체인 경우에는 그 명칭, 대표자의 성명, 사업자등록번호 또는 이에 준하는 번호, 주된 사무소의 소재지 및 연락처를 말한다.
  2. 청구인의 주민등록번호(본인임을 확인하고 공개 여부를 결정할 필요가 있는 정보를 청구하는 경우로 한정한다)
  3. 공개를 청구하는 정보의 내용 및 공개방법
② 제1항에 따라 청구인이 말로써 정보의 공개를 청구할 때에는 담당공무원 또는 담당임직원(이하 '담당공무원 등'이라 한다)의 앞에서 진술하여야 하고, 담당공무원 등은 정보공개청구조서를 작성하여 이에 청구인과 함께 기명날인하거나 서명하여야 한다.

시행령 제6조(정보공개의 청구방법 등) ① 법 제10조 제1항에 따른 정보공개청구서는 공공기관에 직접 출석하여 제출하거나 우편·팩스 또는 정보통신망을 이용하여 제출한다. 04 대구9급

 관련판례

❶ 정보공개청구시 특정의 정도와 특정할 수 없는 부분이 포함되어 있는 경우 법원이 취해야 할 조치 10 국회8급

[1] 청구 대상정보를 기재함에 있어서는 사회일반인의 관점에서 청구 대상정보의 내용과 범위를 확정할 수 있을 정도로 특정함을 요한다. 15 국회8급, 15 국가9급

[2] 공공기관의 정보공개에 관한 법률에 따라 공개를 청구한 정보의 내용이 '대한주택공사의 특정 공공택지에 관한 수용가, 택지조성원가, 분양가, 건설원가 등 및 관련 자료 일체'인 경우, '관련 자료 일체' 부분은 그 내용과 범위가 정보공개청구 대상정보로서 특정되지 않았다(대판 2007.6.1. 2007두2555).

❷ 청구인이 공개방법을 선택하여 청구한 경우에 공공기관은 공개방법을 선택할 재량권이 없다. 16 국가9급

정보공개를 청구하는 자가 공공기관에 대해 정보의 사본 또는 출력물의 교부의 방법으로 공개방법을 선택하여 정보공개청구를 한 경우에 공개청구를 받은 공공기관으로서는 공공기관의 정보공개에 관한 법률 제8조 제2항에서 규정한 정보의 사본 또는 복제물의 교부를 제한할 수 있는 사유에 해당하지 않는 한 정보공개청구자가 선택한 공개방법에 따라 정보를 공개하여야 하므로 그 공개방법을 선택할 재량권이 없다고 해석함이 상당하다(대판 2003.12.12. 2003두8050).

❸ 공공기관이 공개청구의 대상이 된 정보를 공개는 하되, 청구인이 신청한 공개방법 이외의 방법으로 공개하기로 하는 결정을 하였다면, 이는 정보공개청구 중 정보공개방법에 관한 부분에 대하여 일부 거부처분을 한 것이고, 청구인은 그에 대하여 항고소송으로 다툴 수 있다(대판 2016.11.10. 2016두44674).

(2) 정보공개 여부의 결정(제11조)

10일 이내에 결정	① 공공기관은 제10조에 따라 정보공개의 청구를 받으면 그 청구를 받은 날부터 10일 이내에 11 경행특채 공개 여부를 결정하여야 한다. 17 국가9급, 09 서울승진 등
10일 이내의 연장	② 공공기관은 부득이한 사유로 제1항에 따른 기간 이내에 공개 여부를 결정할 수 없을 때에는 그 기간이 끝나는 날의 다음 날부터 기산하여 10일의 범위에서 공개 여부 결정기간을 연장할 수 있다. 이 경우 공공기관은 연장된 사실과 연장사유를 청구인에게 지체 없이 문서로 통지하여야 한다. 04 입시
제3자와 관련 되는 경우	③ 공공기관은 공개청구된 공개대상정보의 전부 또는 일부가 제3자와 관련이 있다고 인정할 때에는 그 사실을 제3자에게 지체 없이 통지하여야 하며, 필요한 경우에는 그의 의견을 들을 수 있다. 13 서울9급, 12 지방9급, 11 지방7급 등
이송	④ 공공기관은 다른 공공기관이 보유·관리하는 정보의 공개청구를 받았을 때에는 지체 없이 이를 소관 기관으로 이송하여야 하며, 이송한 후에는 지체 없이 소관 기관 및 이송사유 등을 분명히 밝혀 청구인에게 문서로 통지하여야 한다.
민원처리	공공기관은 정보공개청구가 다음 각 호의 어느 하나에 해당하는 경우로서 민원 처리에 관한 법률에 따른 민원으로 처리할 수 있는 경우에는 민원으로 처리할 수 있다. 21서울9급 1. 공개청구된 정보가 공공기관이 보유·관리하지 아니하는 정보인 경우 2. 공개청구의 내용이 진정·질의 등으로 이 법에 따른 정보공개청구로 보기 어려운 경우

(3) 반복청구 등의 처리

 관련조문

제11조의2(반복 청구 등의 처리) ① 공공기관은 제11조에도 불구하고 제10조 제1항 및 제2항에 따른 정보공개청구가 다음 각 호의 어느 하나에 해당하는 경우에는 정보공개청구 대상정보의 성격, 종전 청구와의 내용적 유사성·관련성, 종전 청구와 동일한 답변을 할 수밖에 없는 사정 등을 종합적으로 고려하여 해당 청구를 종결 처리할 수 있다. 이 경우 종결 처리 사실을 청구인에게 알려야 한다.
  1. 정보공개를 청구하여 정보공개 여부에 대한 결정의 통지를 받은 자가 정당한 사유 없이 해당 정보의 공개를 다시 청구하는 경우
  2. 정보공개청구가 제11조 제5항에 따라 민원으로 처리되었으나 다시 같은 청구를 하는 경우
② 공공기관은 제11조에도 불구하고 제10조 제1항 및 제2항에 따른 정보공개청구가 다음 각 호의 어느 하나에 해당하는 경우에는 다음 각 호의 구분에 따라 안내하고, 해당 청구를 종결 처리할 수 있다.
  1. 제7조 제1항에 따른 정보 등 공개를 목적으로 작성되어 이미 정보통신망 등을 통하여 공개된 정보를 청구하는 경우: 해당 정보의 소재를 안내
  2. 다른 법령이나 사회통념상 청구인의 여건 등에 비추어 수령할 수 없는 방법으로 정보공개청구를 하는 경우: 수령이 가능한 방법으로 청구하도록 안내

(4) 정보공개심의회

 관련조문

제12조(정보공개심의회) ① 국가기관, 지방자치단체 및 공공기관의 운영에 관한 법률 제5조에 따른 공기업 및 준정부기관, 지방공기업법에 따른 지방공사 및 지방공단(이하 '국가기관 등'이라 한다)은 제11조에 따른 정보공개 여부 등을 심의하기 위하여 정보공개심의회(이하 '심의회'라 한다)를 설치·운영한다. 04 입시 이 경우 국가기관 등의 규모와 업무성격, 지리적 여건, 청구인의 편의 등을 고려하여 소속 상급기관(지방공사·지방공단의 경우에는 해당 지방공사·지방공단을 설립한 지방자치단체를 말한다)에서 협의를 거쳐 심의회를 통합하여 설치·운영할 수 있다.
② 심의회는 위원장 1명을 포함하여 5명 이상 7명 이하의 위원으로 구성한다. 06 대구교행

③ 심의회의 위원은 소속 공무원, 임직원 또는 외부 전문가로 지명하거나 위촉하되, 그중 3분의 2는 해당 국가기관 등의 업무 또는 정보공개의 업무에 관한 지식을 가진 외부전문가로 위촉하여야 한다. 다만, 제9조 제1항 제2호 및 제4호에 해당하는 업무(국가안보)를 주로 하는 국가기관은 그 국가기관의 장이 외부전문가의 위촉 비율을 따로 정하되 최소한 3분의 1 이상은 외부전문가로 위촉하여야 한다. 18 지방9급

(5) 제척·기피·회피

관련조문

제12조의2(위원의 제척·기피·회피) ① 심의회의 위원이 다음 각 호의 어느 하나에 해당하는 경우에는 심의회의 심의에서 제척된다.
  1. 위원 또는 그 배우자나 배우자이었던 사람이 해당 심의사항의 당사자(당사자가 법인·단체 등인 경우에는 그 임원 또는 직원을 포함한다. 이하 이 호 및 제2호에서 같다)이거나 그 심의사항의 당사자와 공동권리자 또는 공동의무자인 경우
  2. 위원이 해당 심의사항의 당사자와 친족이거나 친족이었던 경우
  3. 위원이 해당 심의사항에 대하여 증언, 진술, 자문, 연구, 용역 또는 감정을 한 경우
  4. 위원이나 위원이 속한 법인 등이 해당 심의사항의 당사자의 대리인이거나 대리인이었던 경우
② 심의회의 심의사항의 당사자는 위원에게 공정한 심의를 기대하기 어려운 사정이 있는 경우에는 심의회에 기피 신청을 할 수 있고, 심의회는 의결로 기피 여부를 결정하여야 한다. 이 경우 기피신청의 대상인 위원은 그 의결에 참여할 수 없다.
③ 위원은 제1항 각 호에 따른 제척사유에 해당하는 경우에는 심의회에 그 사실을 알리고 스스로 해당 안건의 심의에서 회피하여야 한다.
④ 위원이 제1항 각 호의 어느 하나에 해당함에도 불구하고 회피신청을 하지 아니하여 심의회 심의의 공정성을 해친 경우 국가기관 등의 장은 해당 위원을 해촉하거나 해임할 수 있다.

(6) 정보공개 여부 결정의 통지(제13조) *공개 통지는 문서로 하지 않아도 되지만, 비공개 통지는 문서로 하여야 한다.

공개 통지	① 공공기관은 제11조에 따라 정보의 공개를 결정한 경우에는 공개의 일시 및 장소 등을 분명히 밝혀 청구인에게 통지하여야 한다. 04 경기9급
사본 공개	② 공공기관은 청구인이 사본 또는 복제물의 교부를 원하는 경우에는 이를 교부하여야 한다. ③ 공공기관은 공개대상정보의 양이 너무 많아 정상적인 업무수행에 현저한 지장을 초래할 우려가 있는 경우에는 해당 정보를 일정 기간별로 나누어 제공하거나 사본·복제물의 교부 또는 열람과 병행하여 제공할 수 있다. ④ 공공기관은 제1항에 따라 정보를 공개하는 경우에 그 정보의 원본이 더럽혀지거나 파손될 우려가 있거나 그 밖에 상당한 이유가 있다고 인정할 때에는 그 정보의 사본·복제물을 공개할 수 있다.
비공개 통지	⑤ 공공기관은 제11조에 따라 정보의 비공개 결정을 한 경우에는 그 사실을 청구인에게 지체 없이 문서로 통지하여야 한다. 이 경우 제9조 제1항 각 호 중 어느 규정에 해당하는 비공개 대상 정보인지를 포함한 비공개 이유와 불복의 방법 및 절차를 구체적으로 밝혀야 한다. 09 서울승진 등

관련판례

갑이 재판기록 일부의 정보공개를 청구한 데 대하여 서울행정법원장이 민사소송법 제162조를 이유로 소송기록의 정보를 비공개한다는 결정을 전자문서로 통지한 경우, 비공개결정 당시 정보의 비공개결정은 구 공공기관의 정보공개에 관한 법률 제13조 제4항에 의하여 전자문서로 통지할 수 있다(대판 2014.4.10. 2012두17384). 19 국가9급

6. 부분 공개·전자적 공개 및 즉시 공개

부분 공개 (제14조)	공개청구한 정보가 제9조 제1항 각 호의 어느 하나에 해당하는 부분과 공개가능한 부분이 혼합되어 있는 경우로서 **공개청구의 취지에 어긋나지 아니하는 범위에서 두 부분을 분리할 수 있는 경우에는 제9조 제1항 각 호의 어느 하나에 해당하는 부분을 제외하고 공개하여야 한다.** 09 국가9급 등
정보의 전자적 공개 (제15조)	① 공공기관은 전자적 형태로 보유·관리하는 정보에 대하여 청구인이 전자적 형태로 공개하여 줄 것을 요청하는 경우에는 그 정보의 성질상 현저히 곤란한 경우를 제외하고는 청구인의 요청에 따라야 한다. 13 지방9급 ② 공공기관은 전자적 형태로 보유·관리하지 아니하는 정보에 대하여 청구인이 전자적 형태로 공개하여 줄 것을 요청한 경우에는 정상적인 업무수행에 현저한 지장을 초래하거나 그 정보의 성질이 훼손될 우려가 없으면 그 정보를 전자적 형태로 변환하여 공개할 수 있다. 11·09 국가9급
즉시처리가 가능한 정보의 공개 (제16조)	다음 각 호의 어느 하나에 해당하는 정보로서 즉시 또는 말로 처리가 가능한 정보에 대해서는 제11조에 따른 절차를 거치지 아니하고 공개하여야 한다. 11 국가9급 1. 법령 등에 따라 공개를 목적으로 작성된 정보 2. 일반 국민에게 알리기 위하여 작성된 각종 홍보자료 3. 공개하기로 결정된 정보로서 공개에 오랜 시간이 걸리지 아니하는 정보 4. 그 밖에 공공기관의 장이 정하는 정보

관련판례

❶ 분리 공개가 가능한 경우 법원은 일부취소판결이 가능하다(대판 2003.3.11. 2001두6425). 11 지방9급, 10 국가9급 등

❷ 행정청이 공개를 거부한 정보 중 법인의 계좌번호, 개인의 주민등록번호, 계좌번호 등에 해당하는 정보를 제외한 나머지 부분의 정보를 공개하는 것이 타당하다고 하면서 판결 주문에서 정보공개거부처분 전부를 취소한 것은 위법하다(대판 2009.4.23. 2009두2702).

❸ 공공기관은 공개대상정보의 양이 과다하여 정상적인 업무수행에 현저한 지장을 초래할 우려가 있는 경우에는 정보의 사본·복제물을 일정 기간별로 나누어 교부하거나 열람과 병행하여 교부할 수 있으나, **정보공개청구의 대상이 이미 널리 알려진 사항이거나 청구량이 과다하여 정상적인 업무수행에 현저한 지장을 초래할 우려가 있더라도 청구된 정보의 사본 또는 복제물의 교부를 제한할 수는 없다**(대판 2009.4.23. 2009두2702). 18 지방7급

7. 비용부담 10 서울9급 등

관련조문

제17조(비용부담) ① 정보의 공개 및 우송 등에 드는 비용은 실비의 범위에서 청구인이 부담한다. 19 국가9급
② 공개를 청구하는 정보의 사용 목적이 공공복리의 유지·증진을 위하여 필요하다고 인정되는 경우에는 제1항에 따른 비용을 감면할 수 있다. 19 국가9급

8. 불복구제절차

(1) 청구인의 불복절차

1) 이의신청(제18조)

30일 내에 문서로 10 경북교행 등	① 청구인이 정보공개와 관련한 공공기관의 비공개결정 또는 부분 공개결정에 대하여 불복이 있거나 정보공개청구 후 20일이 경과하도록 정보공개결정이 없는 때에는 공공기관으로부터 정보공개 여부의 결정 통지를 받은 날 또는 정보공개청구 후 20일이 경과한 날부터 30일 이내에 해당 공공기관에 문서로 이의신청을 할 수 있다. 19 국가9급

이의신청에 대한 필수적 심의 10 서울9급 등	② 국가기관 등은 제1항에 따른 이의신청이 있는 경우에는 심의회를 개최하여야 한다. 다만, 다음 각 호의 어느 하나에 해당하는 경우에는 심의회를 개최하지 아니할 수 있으며 개최하지 아니하는 사유를 청구인에게 문서로 통지하여야 한다. 1. 심의회의 심의를 이미 거친 사항 2. 단순·반복적인 청구 3. 법령에 따라 비밀로 규정된 정보에 대한 청구 ③ 공공기관은 이의신청을 받은 날부터 7일 이내에 그 이의신청에 대하여 결정하고 그 결과를 청구인에게 지체 없이 문서로 통지하여야 한다. 다만, 부득이한 사유로 정하여진 기간 이내에 결정할 수 없을 때에는 그 기간이 끝나는 날의 다음 날부터 기산하여 7일의 범위에서 연장할 수 있으며, 연장사유를 청구인에게 통지하여야 한다.
통지	④ 공공기관은 이의신청을 각하 또는 기각하는 결정을 한 경우에는 청구인에게 행정심판 또는 행정소송을 제기할 수 있다는 사실을 제3항에 따른 결과 통지와 함께 알려야 한다.

2) 행정심판(제19조)과 행정소송(제20조)

행정심판	① 청구인이 정보공개와 관련한 공공기관의 결정에 대하여 **불복**이 있거나 정보공개청구 후 20일이 경과하도록 정보공개결정이 없는 때에는 행정심판법에서 정하는 바에 따라 행정심판을 청구할 수 있다. 이 경우 국가기관 및 지방자치단체 외의 공공기관의 결정에 대한 감독행정기관은 관계 중앙행정기관의 장 또는 지방자치단체의 장으로 한다. ② 청구인은 제18조에 따른 **이의신청절차를 거치지 아니하고 행정심판**을 청구할 수 있다. 17 국가9급, 15 국회8급, 10 경북교행 등 ③ 행정심판위원회의 위원 중 정보공개 여부의 결정에 관한 행정심판에 관여하는 위원은 재직 중은 물론 퇴직 후에도 그 직무상 알게 된 비밀을 누설하여서는 아니 된다. 10 경북교행 ④ 제3항의 위원은 형법이나 그 밖의 법률에 따른 벌칙을 적용할 때에는 공무원으로 본다.
행정소송	① 청구인이 정보공개와 관련한 공공기관의 결정에 대하여 불복이 있거나 정보공개청구 후 20일이 경과하도록 정보공개결정이 없는 때에는 행정소송법에서 정하는 바에 따라 행정소송을 제기할 수 있다. 10 경북교행 등 ② 재판장은 필요하다고 인정하면 **당사자를 참여시키지 아니하고 제출된 공개청구정보를 비공개로 열람·심사**할 수 있다. 11 국가9급 등 ③ 재판장은 행정소송의 대상이 제9조 제1항 제2호에 따른 정보 중 국가안전보장·국방 또는 외교관계에 관한 정보의 비공개 또는 부분 공개결정처분인 경우에 공공기관이 그 정보에 대한 비밀 지정의 절차, 비밀의 등급·종류 및 성질과 이를 비밀로 취급하게 된 실질적인 이유 및 공개를 하지 아니하는 사유 등을 입증하면 해당 정보를 제출하지 아니하게 할 수 있다.

 관련판례

❶ 정보공개청구권은 법률상 보호되는 구체적인 권리이므로 청구인이 공공기관에 대하여 정보공개를 청구하였다가 거부처분을 받은 것 자체가 법률상 이익의 침해에 해당한다(대판 2003.12.12. 2003두8050). 15 국가9급, 13·12 지방9급

❷ 폐기된 정보에 대한 행정청의 비공개결정에 대한 처분의 취소를 구하는 소는 법률상 이익이 없어 각하된다(대판 2003.4.25. 2000두7087).

❸ 공공기관이 그 정보를 보유·관리하고 있지 아니한 경우에는 특별한 사정이 없는 한 정보공개 거부처분의 취소를 구할 법률상의 이익이 없다(대판 2006.1.13. 2003두9459).

❹ 경찰서장의 수사기록사본 교부거부처분은 행정소송의 대상이 된다 할 것이므로 직접 헌법소원심판의 대상으로 삼을 수 없다(헌재 2001.2.22. 2000헌마620).

❺ 공개청구의 대상이 되는 정보가 이미 다른 사람에게 공개되어 널리 알려져 있다거나 인터넷이나 관보 등을 통하여 공개되어 인터넷 검색이나 도서관에서의 열람 등을 통하여 쉽게 알 수 있다고 하여 소의 이익이 없다거나 비공개결정이 정당화될 수 없다(대판 2008.11.27. 2005두15694). 19 국가9급, 18·13 지방9급

(2) 제3자의 불복절차에 대한 명시적 규정(제21조) 11 지방7급

제3자의 비공개 요청	① 제11조 제3항에 따라 공개청구된 사실을 통지받은 제3자는 그 통지를 받은 날부터 3일 이내에 해당 공공기관에 대하여 자신과 관련된 정보를 공개하지 아니할 것을 요청할 수 있다. 04 입시
제3자의 불복 (이의신청, 행정심판, 행정소송)	② 제1항에 따른 비공개 요청에도 불구하고 공공기관이 공개결정을 할 때에는 공개결정이유와 공개실시일을 분명히 밝혀 지체 없이 11 사복9급 문서로 통지하여야 하며, 제3자는 해당 공공기관에 문서로 이의신청을 하거나 행정심판 또는 행정소송을 제기할 수 있다. 이 경우 이의신청은 통지를 받은 날부터 7일 이내에 하여야 한다. 09 국가7급
30일의 간격	③ 공공기관은 제2항에 따른 공개결정일과 공개실시일의 사이에 최소한 30일의 간격을 두어야 한다.

9. 정보공개위원회 등

정보공개위원회의 설치 (제22조)	다음 각 호의 사항을 심의·조정하기 위하여 국무총리 소속으로 정보공개위원회(이하 '위원회'라 한다)를 둔다. 08 국가9급 등 1. 정보공개에 관한 정책 수립 및 제도 개선에 관한 사항 2. 정보공개에 관한 기준 수립에 관한 사항 3. 제12조에 따른 심의회 심의 결과의 조사·분석 및 심의기준 개선 관련 의견제시에 관한 사항 4. 제24조 제2항 및 제3항에 따른 공공기관의 정보공개 운영실태 평가 및 그 결과 처리에 관한 사항 5. 정보공개와 관련된 불합리한 제도·법령 및 그 운영에 대한 조사 및 개선권고에 관한 사항 6. 그 밖에 정보공개에 관하여 대통령령으로 정하는 사항
위원회의 구성 등 (제23조)	① 위원회는 성별을 고려하여 위원장과 부위원장 각 1명을 포함한 11명의 위원으로 구성한다. ② 위원회의 위원은 다음 각 호의 사람이 된다. 이 경우 위원장을 포함한 7명은 공무원이 아닌 사람으로 위촉하여야 한다. 1. 대통령령으로 정하는 관계 중앙행정기관의 차관급 공무원이나 고위공무원단에 속하는 일반직 공무원 2. 정보공개에 관하여 학식과 경험이 풍부한 사람으로서 국무총리가 위촉하는 사람 3. 시민단체(비영리민간단체 지원법 제2조에 따른 비영리민간단체를 말한다)에서 추천한 사람으로서 국무총리가 위촉하는 사람
제도 총괄 등 (제24조)	① 행정안전부장관은 이 법에 따른 정보공개제도의 정책 수립 및 제도 개선사항 등에 관한 기획·총괄업무를 관장한다. ② 행정안전부장관은 위원회가 정보공개제도의 효율적 운영을 위하여 필요하다고 요청하면 공공기관(국회·법원·헌법재판소 및 중앙선거관리위원회는 제외한다)의 정보공개제도 운영실태를 평가할 수 있다. ③ 행정안전부장관은 제2항에 따른 평가를 실시한 경우에는 그 결과를 위원회를 거쳐 국무회의에 보고한 후 공개하여야 하며, 위원회가 개선이 필요하다고 권고한 사항에 대해서는 해당 공공기관에 시정요구 등의 조치를 하여야 한다. ④ 행정안전부장관은 정보공개에 관하여 필요할 경우에 공공기관(국회·법원·헌법재판소 및 중앙선거관리위원회는 제외한다)의 장에게 정보공개 처리실태의 개선을 권고할 수 있다. 이 경우 권고를 받은 공공기관은 이를 이행하기 위하여 성실하게 노력하여야 하며, 그 조치 결과를 행정안전부장관에게 알려야 한다. ⑤ 국회·법원·헌법재판소·중앙선거관리위원회·중앙행정기관 및 지방자치단체는 그 소속 기관 및 소관 공공기관에 대하여 정보공개에 관한 의견을 제시하거나 지도·점검을 할 수 있다.
자료의 제출요구 (제25조)	국회사무총장·법원행정처장·헌법재판소사무처장·중앙선거관리위원회사무총장 및 행정안전부장관은 필요하다고 인정하면 관계 공공기관에 정보공개에 관한 자료 제출 등의 협조를 요청할 수 있다.
국회에의 보고 (제26조)	① 행정안전부장관은 전년도의 정보공개 운영에 관한 보고서를 매년 정기국회 개회 전까지 국회에 제출하여야 한다. ② 제1항에 따른 보고서 작성에 필요한 사항은 대통령령으로 정한다.

관련조문

제29조(기간의 계산) ① 이 법에 따른 기간의 계산은 민법에 따른다.
② 제1항에도 불구하고 다음 각 호의 기간은 '일' 단위로 계산하고 첫날을 산입하되, 공휴일과 토요일은 산입하지 아니한다.
1. 제11조 제1항 및 제2항에 따른 정보공개 여부 결정기간
2. 제18조 제1항, 제19조 제1항 및 제20조 제1항에 따른 정보공개청구 후 경과한 기간
3. 제18조 제3항에 따른 이의신청 결정기간

10. 불이익 금지

누구든지 이 법에 따른 정당한 정보공개를 이유로 징계조치 등 어떠한 신분상 불이익이나 근무조건상의 차별을 받지 아니한다(제28조).

제2절 개인정보 보호

01 의의

개인은 누구나 자신에 관한 정보를 관리하고 외부로 공개함에 있어 스스로 결정할 수 있는 권리인 자기정보결정권을 가지며, 국가가 그것을 개인의 기본권의 하나로 보호함을 의미한다. 헌법재판소는 "**개인정보 자기결정권은 자신에 관한 정보가 언제, 누구에게, 어느 범위까지 알려지고 또 이용되도록 할 것인지를 그 정보주체가 스스로 결정할 수 있는 권리이다. 즉, 정보주체가 개인정보의 공개와 이용에 관하여 스스로 결정할 권리를 말한다.**"라고 판시하였다. 17 지방9급 등

02 법적 근거

1. 헌법적 근거

개인정보자기결정권의 헌법상 근거로는 **헌법 제17조의 사생활의 비밀과 자유, 헌법 제10조 제1문의 인간의 존엄과 가치 및 행복추구권에 근거를 둔 일반적 인격권 또는 위 조문들과 동시에 우리 헌법의 자유민주적 기본질서 규정 또는 국민주권원리와 민주주의원리 등을 고려할 수 있으나, 개인정보자기결정권으로 보호하려는 내용을 위 각 기본권들 및 헌법 원리들 중 일부에 완전히 포섭시키는 것은 불가능하다고 할 것이므로, 그 헌법적 근거를 굳이 어느 한두 개에 국한시키는 것은 바람직하지 않은 것으로 보이고, 오히려 개인정보자기결정권은 이들을 이념적 기초로 하는 독자적 기본권으로서 헌법에 명시되지 아니한 기본권**이라고 보아야 할 것이다(헌재 2005.5.26. 2004헌마190). 18 국가9급

* 개인정보자기결정권에 대한 헌법상 명문규정은 없다.

2. 법률적 근거

법률로서는 공공기관의 개인정보보호에 관한 법률이 시행되다가 2011년 개인정보 보호법으로 통합 제정되었다.

03 개인정보 보호법의 주요 내용

1. 목적

이 법은 개인정보의 처리 및 보호에 관한 사항을 정함으로써 개인의 자유와 권리를 보호하고, 나아가 개인의 존엄과 가치를 구현함을 목적으로 한다(제1조).

2. 용어의 정의

 관련조문

제2조(정의) 이 법에서 사용하는 용어의 뜻은 다음과 같다.
1. '개인정보'란 살아 있는 개인에 관한 정보로서 다음 각 목의 어느 하나에 해당하는 정보를 말한다. 18 서울9급, 17 사복9급
   * 개인정보 보호법은 생존하는 자연인에 대해서만 적용되므로 법인이나 사자에 대해서는 적용되지 않는다.
   가. 성명, 주민등록번호 및 영상 등을 통하여 개인을 알아볼 수 있는 정보
   나. 해당 정보만으로는 특정 개인을 알아볼 수 없더라도 다른 정보와 쉽게 결합하여 알아볼 수 있는 정보. 이 경우 쉽게 결합할 수 있는지 여부는 다른 정보의 입수가능성 등 개인을 알아보는데 소요되는 시간, 비용, 기술 등을 합리적으로 고려하여야 한다.
   다. 가목 또는 나목을 제1호의2에 따라 가명처리함으로써 원래의 상태로 복원하기 위한 추가 정보의 사용·결합 없이는 특정 개인을 알아볼 수 없는 정보(이하 '가명정보'라 한다)
1의2. '가명처리'란 개인정보의 일부를 삭제하거나 일부 또는 전부를 대체하는 등의 방법으로 추가 정보가 없이는 특정 개인을 알아볼 수 없도록 처리하는 것을 말한다.
5. '개인정보처리자'란 업무를 목적으로 개인정보파일을 운용하기 위하여 스스로 또는 다른 사람을 통하여 개인정보를 처리하는 공공기관, 법인, 단체 및 개인 등을 말한다. 16 지방7급, 14 국가9급, 12 지방9급
7. '영상정보 처리기기'란 일정한 공간에 지속적으로 설치되어 사람 또는 사물의 영상 등을 촬영하거나 이를 유·무선망을 통하여 전송하는 장치로서 대통령령으로 정하는 장치를 말한다.

 관련판례

❶ 개인정보자기결정권의 보호대상은 개인의 내밀한 영역에 국한되지 않고 공적 생활에서 형성되었거나 이미 공개된 개인정보까지 포함한다. 또한 개인정보를 대상으로 한 조사·수집·보관·처리·이용 등의 행위는 개인정보자기결정권에 대한 제한에 원칙적으로 해당한다(대판 2015.10.15. 2014다77970). 21·12 국가9급

❷ 지문은 보호대상정보에는 해당하나, 주민등록 발급을 위해 수집된 지문을 경찰청장이 보관하여 범죄 수사목적에 이용하는 것은 개인정보자기결정권을 침해하는 것이 아니다(헌재 2005.5.26. 99헌마513). 10 서울교행

3. 개인정보 보호의 원칙(제3조)

명확성, 비례원칙, 정당성원칙	① 개인정보처리자는 **개인정보의 처리목적을 명확하게** 하여야 하고 그 목적에 **필요한 범위에서 최소한의 개인정보만을** 적법하고 정당하게 수집하여야 한다.
목적성원칙	② 개인정보처리자는 개인정보의 처리목적에 필요한 범위에서 적합하게 개인정보를 처리하여야 하며, **그 목적 외의 용도로 활용하여서는 아니 된다.**
정확성, 완전성, 최신성	③ 개인정보처리자는 개인정보의 처리목적에 필요한 범위에서 **개인정보의 정확성, 완전성 및 최신성이 보장되도록** 하여야 한다.
안전성	④ 개인정보처리자는 개인정보의 처리방법 및 종류 등에 따라 정보주체의 권리가 침해받을 가능성과 그 위험 정도를 고려하여 개인정보를 안전하게 관리하여야 한다.
공개성	⑤ 개인정보처리자는 개인정보 처리방침 등 개인정보의 처리에 관한 사항을 공개하여야 하며, 열람청구권 등 정보주체의 권리를 보장하여야 한다.
사생활 보호	⑥ 개인정보처리자는 정보주체의 사생활 침해를 최소화하는 방법으로 개인정보를 처리하여야 한다.
익명 처리	⑦ 개인정보처리자는 개인정보를 익명 또는 가명으로 처리하여도 개인정보 수집목적을 달성할 수 있는 경우 익명처리가 가능한 경우에는 익명에 의하여, 익명처리로 목적을 달성할 수 없는 경우에는 가명에 의하여 처리될 수 있도록 하여야 한다.
신뢰성	⑧ 개인정보처리자는 이 법 및 관계 법령에서 규정하고 있는 책임과 의무를 준수하고 실천함으로써 정보주체의 신뢰를 얻기 위하여 노력하여야 한다.

4. 정보주체의 권리와 국가 등의 책무

 관련조문

제4조(정보주체의 권리) 정보주체는 자신의 개인정보 처리와 관련하여 다음 각 호의 권리를 가진다.
1. 개인정보의 처리에 관한 정보를 제공받을 권리
2. 개인정보의 처리에 관한 동의 여부, 동의 범위 등을 선택하고 결정할 권리
3. 개인정보의 처리 여부를 확인하고 개인정보에 대하여 열람(사본의 발급을 포함한다)을 요구할 권리
4. 개인정보의 처리 정지, 정정·삭제 및 파기를 요구할 권리 `12 지방9급`
5. 개인정보의 처리로 인하여 발생한 피해를 신속하고 공정한 절차에 따라 구제받을 권리

제5조(국가 등의 책무) ① 국가와 지방자치단체는 개인정보의 목적 외 수집, 오용·남용 및 무분별한 감시·추적 등에 따른 폐해를 방지하여 인간의 존엄과 개인의 사생활 보호를 도모하기 위한 시책을 강구하여야 한다.

5. 개인정보 보호위원회

 관련조문

제7조(개인정보 보호위원회) ① 개인정보 보호에 관한 사무를 독립적으로 수행하기 위하여 국무총리 소속으로 개인정보 보호위원회(이하 '보호위원회'라 한다)를 둔다.
② 보호위원회는 정부조직법 제2조에 따른 중앙행정기관으로 본다. 다만, 다음 각 호의 사항에 대하여는 정부조직법 제18조를 적용하지 아니한다.
  1. 제7조의8 제3호 및 제4호의 사무
  2. 제7조의9 제1항의 심의·의결 사항 중 제1호에 해당하는 사항

제7조의2(보호위원회의 구성 등) ① 보호위원회는 상임위원 2명(위원장 1명, 부위원장 1명)을 포함한 9명의 위원으로 구성한다.
② 보호위원회의 위원은 개인정보 보호에 관한 경력과 전문지식이 풍부한 다음 각 호의 사람 중에서 위원장과 부위원장은 국무총리의 제청으로, 그 외 위원 중 2명은 위원장의 제청으로, 2명은 대통령이 소속되거나 소속되었던 정당의 교섭단체 추천으로, 3명은 그 외의 교섭단체 추천으로 대통령이 임명 또는 위촉한다.
  1. 개인정보 보호업무를 담당하는 3급 이상 공무원(고위공무원단에 속하는 공무원을 포함한다)의 직에 있거나 있었던 사람
  2. 판사·검사·변호사의 직에 10년 이상 있거나 있었던 사람
  3. 공공기관 또는 단체(개인정보처리자로 구성된 단체를 포함한다)에 3년 이상 임원으로 재직하였거나 이들 기관 또는 단체로부터 추천받은 사람으로서 개인정보 보호업무를 3년 이상 담당하였던 사람
  4. 개인정보 관련 분야에 전문지식이 있고 고등교육법 제2조 제1호에 따른 학교에서 부교수 이상으로 5년 이상 재직하고 있거나 재직하였던 사람

제7조의3(위원장) ① 위원장은 보호위원회를 대표하고, 보호위원회의 회의를 주재하며, 소관 사무를 총괄한다.
② 위원장이 부득이한 사유로 직무를 수행할 수 없을 때에는 부위원장이 그 직무를 대행하고, 위원장·부위원장이 모두 부득이한 사유로 직무를 수행할 수 없을 때에는 위원회가 미리 정하는 위원이 위원장의 직무를 대행한다.
③ 위원장은 국회에 출석하여 보호위원회의 소관 사무에 관하여 의견을 진술할 수 있으며, 국회에서 요구하면 출석하여 보고하거나 답변하여야 한다.

④ 위원장은 국무회의에 출석하여 발언할 수 있으며, 그 소관 사무에 관하여 국무총리에게 의안 제출을 건의할 수 있다.

제7조의4(위원의 임기) ① 위원의 임기는 3년으로 하되, 한 차례만 연임할 수 있다.
② 위원이 궐위된 때에는 지체 없이 새로운 위원을 임명 또는 위촉하여야 한다. 이 경우 후임으로 임명 또는 위촉된 위원의 임기는 새로이 개시된다.

제7조의7(결격사유) ① 다음 각 호의 어느 하나에 해당하는 사람은 위원이 될 수 없다.
  1. 대한민국 국민이 아닌 사람
  2. 국가공무원법 제33조 각 호의 어느 하나에 해당하는 사람
  3. 정당법 제22조에 따른 당원

제7조의10(회의) ① 보호위원회의 회의는 위원장이 필요하다고 인정하거나 재적위원 4분의 1 이상의 요구가 있는 경우에 위원장이 소집한다.
② 위원장 또는 2명 이상의 위원은 보호위원회에 의안을 제의할 수 있다.
③ 보호위원회의 회의는 재적위원 과반수의 출석으로 개의하고, 출석위원 과반수의 찬성으로 의결한다.

제7조의11(위원의 제척·기피·회피) ① 위원은 다음 각 호의 어느 하나에 해당하는 경우에는 심의·의결에서 제척된다.
  1. 위원 또는 그 배우자나 배우자였던 자가 해당 사안의 당사자가 되거나 그 사건에 관하여 공동의 권리자 또는 의무자의 관계에 있는 경우
  2. 위원이 해당 사안의 당사자와 친족이거나 친족이었던 경우
  3. 위원이 해당 사안에 관하여 증언, 감정, 법률자문을 한 경우
  4. 위원이 해당 사안에 관하여 당사자의 대리인으로서 관여하거나 관여하였던 경우
  5. 위원이나 위원이 속한 공공기관·법인 또는 단체 등이 조언 등 지원을 하고 있는 자와 이해관계가 있는 경우
② 위원에게 심의·의결의 공정을 기대하기 어려운 사정이 있는 경우 당사자는 기피신청을 할 수 있고, 보호위원회는 의결로 이를 결정한다.
③ 위원이 제1항 또는 제2항의 사유가 있는 경우에는 해당 사안에 대하여 회피할 수 있다.

제7조의12(소위원회) ① 보호위원회는 효율적인 업무 수행을 위하여 개인정보 침해 정도가 경미하거나 유사·반복되는 사항 등을 심의·의결할 소위원회를 둘 수 있다.
② 소위원회는 3명의 위원으로 구성한다.
③ 소위원회가 제1항에 따라 심의·의결한 것은 보호위원회가 심의·의결한 것으로 본다.
④ 소위원회의 회의는 구성위원 전원의 출석과 출석위원 전원의 찬성으로 의결한다.

제8조의2(개인정보 침해요인 평가) ① 중앙행정기관의 장은 소관 법령의 제정 또는 개정을 통하여 개인정보 처리를 수반하는 정책이나 제도를 도입·변경하는 경우에는 보호위원회에 개인정보 침해요인 평가를 요청하여야 한다.
② 보호위원회가 제1항에 따른 요청을 받은 때에는 해당 법령의 개인정보 침해요인을 분석·검토하여 그 법령의 소관 기관의 장에게 그 개선을 위하여 필요한 사항을 권고할 수 있다.

6. 기본계획 등

* 기본계획은 보호위원회가 3년마다 수립하고, 시행계획은 중앙행정기관의 장이 매년 작성한다.

 관련조문

제9조(기본계획) ① 보호위원회는 개인정보의 보호와 정보주체의 권익 보장을 위하여 3년마다 개인정보 보호 기본계획(이하 '기본계획'이라 한다)을 관계 중앙행정기관의 장과 협의하여 수립한다.

제10조(시행계획) ① 중앙행정기관의 장은 기본계획에 따라 매년 개인정보 보호를 위한 시행계획을 작성하여 보호위원회에 제출하고, 보호위원회의 심의·의결을 거쳐 시행하여야 한다.

7. 개인정보 보호지침과 국제협력

 관련조문

제12조(개인정보 보호지침) ① 보호위원회는 개인정보의 처리에 관한 기준, 개인정보 침해의 유형 및 예방조치 등에 관한 표준 개인정보 보호지침(이하 '표준지침'이라 한다)을 정하여 개인정보처리자에게 그 준수를 권장할 수 있다.

제13조(자율규제의 촉진 및 지원) 보호위원회는 개인정보처리자의 자율적인 개인정보 보호활동을 촉진하고 지원하기 위하여 다음 각 호의 필요한 시책을 마련하여야 한다. 〈각 호 생략〉

제14조(국제 협력) ① 정부는 국제적 환경에서의 개인정보 보호수준을 향상시키기 위하여 필요한 시책을 마련하여야 한다.
② 정부는 개인정보 국외 이전으로 인하여 정보주체의 권리가 침해되지 아니하도록 관련 시책을 마련하여야 한다.

8. 개인정보의 수집·이용

 관련조문

제15조(개인정보의 수집·이용) ① 개인정보처리자는 다음 각 호의 어느 하나에 해당하는 경우에는 개인정보를 수집할 수 있으며 그 수집목적의 범위에서 이용할 수 있다.
1. 정보주체의 동의를 받은 경우
2. 법률에 특별한 규정이 있거나 법령상 의무를 준수하기 위하여 불가피한 경우
3. 공공기관이 법령 등에서 정하는 소관 업무의 수행을 위하여 불가피한 경우
4. 정보주체와의 계약의 체결 및 이행을 위하여 불가피하게 필요한 경우
5. 정보주체 또는 그 법정대리인이 의사표시를 할 수 없는 상태에 있거나 주소불명 등으로 사전동의를 받을 수 없는 경우로서 명백히 정보주체 또는 제3자의 급박한 생명, 신체, 재산의 이익을 위하여 필요하다고 인정되는 경우
6. 개인정보처리자의 정당한 이익을 달성하기 위하여 필요한 경우로서 명백하게 정보주체의 권리보다 우선하는 경우, 이 경우 개인정보처리자의 정당한 이익과 상당한 관련이 있고 합리적인 범위를 초과하지 아니하는 경우에 한한다.

② 개인정보처리자는 제1항 제1호에 따른 동의를 받을 때에는 다음 각 호의 사항을 정보주체에게 알려야 한다. 다음 각 호의 어느 하나의 사항을 변경하는 경우에도 이를 알리고 동의를 받아야 한다.
1. 개인정보의 수집·이용목적
2. 수집하려는 개인정보의 항목
3. 개인정보의 보유 및 이용기간
4. 동의를 거부할 권리가 있다는 사실 및 동의 거부에 따른 불이익이 있는 경우에는 그 불이익의 내용

③ 개인정보처리자는 당초 수집목적과 합리적으로 관련된 범위에서 정보주체에게 불이익이 발생하는지 여부, 암호화 등 안전성 확보에 필요한 조치를 하였는지 여부 등을 고려하여 대통령령으로 정하는 바에 따라 정보주체의 동의 없이 개인정보를 이용할 수 있다.

제16조(개인정보의 수집 제한) ① 개인정보처리자는 제15조 제1항 각 호의 어느 하나에 해당하여 개인정보를 수집하는 경우에는 그 목적에 필요한 최소한의 개인정보를 수집하여야 한다. 이 경우 최소한의 개인정보 수집이라는 입증책임은 개인정보처리자가 부담한다. 16 지방7급·서울7급
② 개인정보처리자는 정보주체의 동의를 받아 개인정보를 수집하는 경우 필요한 최소한의 정보 외의 개인정보 수집에는 동의하지 아니할 수 있다는 사실을 구체적으로 알리고 개인정보를 수집하여야 한다.
③ 개인정보처리자는 정보주체가 필요한 최소한의 정보 외의 개인정보 수집에 동의하지 아니한다는 이유로 정보주체에게 재화 또는 서비스의 제공을 거부하여서는 아니 된다.

9. 개인정보의 제공

 관련조문

제17조(개인정보의 제공) ① 개인정보처리자는 다음 각 호의 어느 하나에 해당되는 경우에는 정보주체의 개인정보를 제3자에게 제공(공유를 포함한다. 이하 같다)할 수 있다.
  1. 정보주체의 동의를 받은 경우
  2. 제15조 제1항 제2호·제3호·제5호 및 제39조의3 제2항 제2호·제3호에 따라 개인정보를 수집한 목적범위에서 개인정보를 제공하는 경우
③ 개인정보처리자가 개인정보를 국외의 제3자에게 제공할 때에는 제2항 각 호에 따른 사항을 정보주체에게 알리고 동의를 받아야 하며, 이 법을 위반하는 내용으로 개인정보의 국외 이전에 관한 계약을 체결하여서는 아니 된다.

예상 OX

개인정보를 국외의 제3자에게 제공해서는 아니 된다. (○, ×)
해설 | 본인의 동의를 얻으면 국외의 제3자에게 제공할 수 있다.

10. 개인정보의 이용·제공 제한

 관련조문

제18조(개인정보의 목적 외 이용·제공 제한) ① 개인정보처리자는 개인정보를 제15조 제1항 및 제39조의3 제1항 및 제2항에 따른 범위를 초과하여 이용하거나 제17조 제1항 및 제3항에 따른 범위를 초과하여 제3자에게 제공하여서는 아니 된다.
② 제1항에도 불구하고 개인정보처리자는 다음 각 호의 어느 하나에 해당하는 경우에는 정보주체 또는 제3자의 이익을 부당하게 침해할 우려가 있을 때를 제외하고는 개인정보를 목적 외의 용도로 이용하거나 이를 제3자에게 제공할 수 있다. 다만, 이용자(정보통신망 이용촉진 및 정보보호에 관한 법률 제2조 제1항 제4호에 해당하는 자를 말한다. 이하 같다)의 개인정보를 처리하는 정보통신서비스 제공자(정보통신망 이용촉진 및 정보보호에 관한 법률 제23조 제1항 제3호에 해당하는 자를 말한다. 이하 같다)의 경우 제1호·제2호의 경우로 한정하고, 제5호부터 제9호까지의 경우는 공공기관의 경우로 한정한다.

1. 정보주체로부터 별도의 동의를 받은 경우
2. 다른 법률에 특별한 규정이 있는 경우
3. 정보주체 또는 그 법정대리인이 의사표시를 할 수 없는 상태에 있거나 주소불명 등으로 사전동의를 받을 수 없는 경우로서 명백히 정보주체 또는 제3자의 급박한 생명, 신체, 재산의 이익을 위하여 필요하다고 인정되는 경우
5. 개인정보를 목적 외의 용도로 이용하거나 이를 제3자에게 제공하지 아니하면 다른 법률에서 정하는 소관 업무를 수행할 수 없는 경우로서 보호위원회의 심의·의결을 거친 경우
6. 조약, 그 밖의 국제협정의 이행을 위하여 외국정부 또는 국제기구에 제공하기 위하여 필요한 경우
7. 범죄의 수사와 공소의 제기 및 유지를 위하여 필요한 경우
8. 법원의 재판업무 수행을 위하여 필요한 경우
9. 형 및 감호, 보호처분의 집행을 위하여 필요한 경우
④ 공공기관은 제2항 제2호부터 제6호까지, 제8호 및 제9호에 따라 개인정보를 목적 외의 용도로 이용하거나 이를 제3자에게 제공하는 경우에는 그 이용 또는 제공의 법적 근거, 목적 및 범위 등에 관하여 필요한 사항을 보호위원회가 고시로 정하는 바에 따라 관보 또는 인터넷 홈페이지 등에 게재하여야 한다.

11. 개인정보를 제공받은 자의 이용·제공 제한

관련조문

제19조(개인정보를 제공받은 자의 이용·제공 제한) 개인정보처리자로부터 개인정보를 제공받은 자는 다음 각 호의 어느 하나에 해당하는 경우를 제외하고는 개인정보를 제공받은 목적 외의 용도로 이용하거나 이를 제3자에게 제공하여서는 아니 된다.
1. 정보주체로부터 별도의 동의를 받은 경우
2. 다른 법률에 특별한 규정이 있는 경우

제20조(정보주체 이외로부터 수집한 개인정보의 수집 출처 등 고지) ① 개인정보처리자가 정보주체 이외로부터 수집한 개인정보를 처리하는 때에는 정보주체의 요구가 있으면 즉시 다음 각 호의 모든 사항을 정보주체에게 알려야 한다.
1. 개인정보의 수집 출처
2. 개인정보의 처리목적
3. 제37조에 따른 개인정보 처리의 정지를 요구할 권리가 있다는 사실

12. 개인정보의 파기

관련조문

제21조(개인정보의 파기) ① 개인정보처리자는 보유기간의 경과, 개인정보의 처리목적 달성 등 그 개인정보가 불필요하게 되었을 때에는 지체 없이 그 개인정보를 파기하여야 한다. 다만, 다른 법령에 따라 보존하여야 하는 경우에는 그러하지 아니하다.
② 개인정보처리자가 제1항에 따라 개인정보를 파기할 때에는 복구 또는 재생되지 아니하도록 조치하여야 한다.
③ 개인정보처리자가 제1항 단서에 따라 개인정보를 파기하지 아니하고 보존하여야 하는 경우에는 해당 개인정보 또는 개인정보 파일을 다른 개인정보와 분리하여서 저장·관리하여야 한다.

13. 동의를 받는 방법

관련조문

제22조(동의를 받는 방법) ① 개인정보처리자는 이 법에 따른 개인정보의 처리에 대하여 정보주체(제6항에 따른 법정대리인을 포함한다. 이하 이 조에서 같다)의 동의를 받을 때에는 <u>각각의 동의사항을 구분하여 정보주체가 이를 명확하게 인지할 수 있도록 알리고 각각 동의를 받아야 한다.</u>
⑤ 개인정보처리자는 정보주체가 제3항에 따라 <u>선택적으로 동의할 수 있는 사항을 동의하지 아니하거나 제4항 및 제18조 제2항 제1호에 따른 동의를 하지 아니한다는 이유로 정보주체에게 재화 또는 서비스의 제공을 거부하여서는 아니 된다.</u>
⑥ 개인정보처리자는 <u>만 14세 미만 아동의 개인정보를 처리하기 위하여 이 법에 따른 동의를 받아야 할 때에는 그 법정대리인의 동의를 받아야 한다.</u> 이 경우 법정대리인의 동의를 받기 위하여 필요한 최소한의 정보는 법정대리인의 동의 없이 해당 아동으로부터 직접 수집할 수 있다.

14. 민감정보의 처리 제한 – 민감정보는 처리할 수 없는 것이 원칙 `16·12 서울7급`

관련조문

제23조(민감정보의 처리 제한) ① 개인정보처리자는 사상·신념, 노동조합·정당의 가입·탈퇴, 정치적 견해, 건강, 성생활 등에 관한 정보, 그 밖에 정보주체의 사생활을 현저히 침해할 우려가 있는 개인정보로서 대통령령으로 정하는 정보(이하 '민감정보'라 한다)를 처리하여서는 아니 된다. 다만, 다음 각 호의 어느 하나에 해당하는 경우에는 그러하지 아니하다.
* 건강은 민감정보에 포함되지만, 종교는 포함되지 않는다.
1. 정보주체에게 제15조 제2항 각 호 또는 제17조 제2항 각 호의 사항을 알리고 다른 개인정보의 처리에 대한 동의와 별도로 동의를 받은 경우
2. 법령에서 민감정보의 처리를 요구하거나 허용하는 경우
② 개인정보처리자가 제1항 각 호에 따라 민감정보를 처리하는 경우에는 그 민감정보가 분실·도난·유출·위조·변조 또는 훼손되지 아니하도록 제29조에 따른 안전성 확보에 필요한 조치를 하여야 한다.

관련판례

국회의원 갑 등이 '각급 학교 교원의 교원단체 및 교원노조 가입현황 실명자료'를 인터넷을 통하여 공개한 행위는 해당 교원들의 개인정보자기결정권 등을 침해하는 것으로 위법하다.

15. 고유식별정보의 처리 제한

고유식별정보 처리(제24조) 원칙적 불가 예외적 가능	① 개인정보처리자는 다음 각 호의 경우를 제외하고는 법령에 따라 개인을 고유하게 구별하기 위하여 부여된 식별정보로서 대통령령으로 정하는 정보(이하 '고유식별정보'라 한다)를 처리할 수 없다. 1. 정보주체에게 제15조 제2항 각 호 또는 제17조 제2항 각 호의 사항을 알리고 다른 개인정보의 처리에 대한 동의와 별도로 동의를 받은 경우 2. 법령에서 구체적으로 고유식별정보의 처리를 요구하거나 허용하는 경우

주민등록번호 처리의 제한 (제24조의2)	① 제24조 제1항에도 불구하고 개인정보처리자는 다음 각 호의 어느 하나에 해당하는 경우를 제외하고는 주민등록번호를 처리할 수 없다. 　1. 법률·대통령령·국회규칙·대법원규칙·헌법재판소규칙·중앙선거관리위원회규칙 및 감사원규칙에서 구체적으로 주민등록번호의 처리를 요구하거나 허용한 경우 　2. 정보주체 또는 제3자의 급박한 생명, 신체, 재산의 이익을 위하여 명백히 필요하다고 인정되는 경우 　3. 제1호 및 제2호에 준하여 주민등록번호 처리가 불가피한 경우로서 보호위원회가 고시로 정하는 경우 ② 개인정보처리자는 제24조 제3항에도 불구하고 주민등록번호가 분실·도난·유출·위조·변조 또는 훼손되지 아니하도록 암호화 조치를 통하여 안전하게 보관하여야 한다. 이 경우 암호화 적용대상 및 대상별 적용시기 등에 관하여 필요한 사항은 개인정보의 처리규모와 유출시 영향 등을 고려하여 대통령령으로 정한다. ③ 개인정보처리자는 제1항 각 호에 따라 주민등록번호를 처리하는 경우에도 정보주체가 인터넷 홈페이지를 통하여 회원으로 가입하는 단계에서는 주민등록번호를 사용하지 아니하고도 회원으로 가입할 수 있는 방법을 제공하여야 한다.

16. 영상정보 처리기기의 설치·운영 제한

 관련조문

제25조(영상정보 처리기기의 설치·운영 제한) ① 누구든지 다음 각 호의 경우를 제외하고는 공개된 장소에 영상정보 처리기기를 설치·운영하여서는 아니 된다.
　1. 법령에서 구체적으로 허용하고 있는 경우
　2. 범죄의 예방 및 수사를 위하여 필요한 경우
　3. 시설 안전 및 화재 예방을 위하여 필요한 경우
　4. 교통단속을 위하여 필요한 경우
　5. 교통정보의 수집·분석 및 제공을 위하여 필요한 경우
② 누구든지 불특정 다수가 이용하는 목욕실, 화장실, 발한실, 탈의실 등 개인의 사생활을 현저히 침해할 우려가 있는 장소의 내부를 볼 수 있도록 영상정보 처리기기를 설치·운영하여서는 아니 된다. 다만, 교도소, 정신보건시설 등 법령에 근거하여 사람을 구금하거나 보호하는 시설로서 대통령령으로 정하는 시설에 대하여는 그러하지 아니하다. 16 지방7급
③ 제1항 각 호에 따라 영상정보 처리기기를 설치·운영하려는 공공기관의 장과 제2항 단서에 따라 영상정보 처리기기를 설치·운영하려는 자는 공청회·설명회의 개최 등 대통령령으로 정하는 절차를 거쳐 관계 전문가 및 이해관계인의 의견을 수렴하여야 한다.
④ 제1항 각 호에 따라 영상정보 처리기기를 설치·운영하는 자(이하 '영상정보 처리기기 운영자'라 한다)는 정보주체가 쉽게 인식할 수 있도록 다음 각 호의 사항이 포함된 안내판을 설치하는 등 필요한 조치를 하여야 한다. 다만, 군사기지 및 군사시설 보호법 제2조 제2호에 따른 군사시설, 통합방위법 제2조 제13호에 따른 국가중요시설, 그 밖에 대통령령으로 정하는 시설에 대하여는 그러하지 아니하다.
　1. 설치목적 및 장소
　2. 촬영범위 및 시간
　3. 관리책임자 성명 및 연락처
　4. 그 밖에 대통령령으로 정하는 사항
⑤ 영상정보 처리기기 운영자는 영상정보 처리기기의 설치목적과 다른 목적으로 영상정보 처리기기를 임의로 조작하거나 다른 곳을 비춰서는 아니 되며, 녹음기능은 사용할 수 없다.

17. 영업양도 등에 따른 개인정보의 이전 제한(제27조)

정보이전 가능	① 개인정보처리자는 영업의 전부 또는 일부의 양도·합병 등으로 개인정보를 다른 사람에게 이전하는 경우에는 미리 다음 각 호의 사항을 대통령령으로 정하는 방법에 따라 해당 정보주체에게 알려야 한다. 1. 개인정보를 이전하려는 사실 2. 개인정보를 이전받는 자(이하 '영업양수자 등'이라 한다)의 성명(법인의 경우에는 법인의 명칭을 말한다), 주소, 전화번호 및 그 밖의 연락처 3. 정보주체가 개인정보의 이전을 원하지 아니하는 경우 조치할 수 있는 방법 및 절차
통보	② 영업양수자 등은 개인정보를 이전받았을 때에는 지체 없이 그 사실을 대통령령으로 정하는 방법에 따라 정보주체에게 알려야 한다. 다만, 개인정보처리자가 제1항에 따라 그 이전 사실을 이미 알린 경우에는 그러하지 아니하다.
의제	③ 영업양수자 등은 영업의 양도·합병 등으로 개인정보를 이전받은 경우에는 이전 당시의 본래 목적으로만 개인정보를 이용하거나 제3자에게 제공할 수 있다. 이 경우 영업양수자 등은 개인정보처리자로 본다.

18. 개인정보취급자에 대한 감독(제28조)

관리·감독	① 개인정보처리자는 개인정보를 처리함에 있어서 개인정보가 안전하게 관리될 수 있도록 임직원, 파견근로자, 시간제근로자 등 개인정보처리자의 지휘·감독을 받아 개인정보를 처리하는 자(이하 '개인정보취급자'라 한다)에 대하여 적절한 관리·감독을 행하여야 한다.
교육	② 개인정보처리자는 개인정보의 적정한 취급을 보장하기 위하여 개인정보취급자에게 정기적으로 필요한 교육을 실시하여야 한다.

19. 가명정보의 처리

 관련조문

제28조의2(가명정보의 처리 등) ① 개인정보처리자는 통계작성, 과학적 연구, 공익적 기록보존 등을 위하여 정보주체의 동의 없이 가명정보를 처리할 수 있다.
② 개인정보처리자는 제1항에 따라 가명정보를 제3자에게 제공하는 경우에는 특정 개인을 알아보기 위하여 사용될 수 있는 정보를 포함해서는 아니 된다.

제28조의3(가명정보의 결합 제한) ① 제28조의2에도 불구하고 통계작성, 과학적 연구, 공익적 기록보존 등을 위한 서로 다른 개인정보처리자 간의 가명정보의 결합은 보호위원회 또는 관계 중앙행정기관의 장이 지정하는 전문기관이 수행한다.
② 결합을 수행한 기관 외부로 결합된 정보를 반출하려는 개인정보처리자는 가명정보 또는 제58조의2에 해당하는 정보로 처리한 뒤 전문기관의 장의 승인을 받아야 한다.

제28조의4(가명정보에 대한 안전조치의무 등) ① 개인정보처리자는 가명정보를 처리하는 경우에는 원래의 상태로 복원하기 위한 추가 정보를 별도로 분리하여 보관·관리하는 등 해당 정보가 분실·도난·유출·위조·변조 또는 훼손되지 않도록 대통령령으로 정하는 바에 따라 안전성 확보에 필요한 기술적·관리적 및 물리적 조치를 하여야 한다.
② 개인정보처리자는 가명정보를 처리하고자 하는 경우에는 가명정보의 처리 목적, 제3자 제공시 제공받는 자 등 가명정보의 처리 내용을 관리하기 위하여 대통령령으로 정하는 사항에 대한 관련 기록을 작성하여 보관하여야 한다.

제28조의5(가명정보 처리시 금지의무 등) ① 누구든지 특정 개인을 알아보기 위한 목적으로 가명정보를 처리해서는 아니 된다.
② 개인정보처리자는 가명정보를 처리하는 과정에서 특정 개인을 알아볼 수 있는 정보가 생성된 경우에는 즉시 해당 정보의 처리를 중지하고, 지체 없이 회수·파기하여야 한다.

제28조의6(가명정보 처리에 대한 과징금 부과 등) ① 보호위원회는 개인정보처리자가 제28조의5 제1항을 위반하여 특정 개인을 알아보기 위한 목적으로 정보를 처리한 경우 전체 매출액의 100분의 3 이하에 해당하는 금액을 과징금으로 부과할 수 있다. 다만, 매출액이 없거나 매출액의 산정이 곤란한 경우로서 대통령령으로 정하는 경우에는 4억 원 또는 자본금의 100분의 3 중 큰 금액 이하로 과징금을 부과할 수 있다.

20. 개인정보 영향평가(제33조)

공공기관의 장은 의무적	① 공공기관의 장은 대통령령으로 정하는 기준에 해당하는 개인정보파일의 운용으로 인하여 정보주체의 개인정보 침해가 우려되는 경우에는 그 위험요인의 분석과 개선사항 도출을 위한 평가(이하 '영향평가'라 한다)를 하고 그 결과를 **보호위원회에 제출하여야 한다.** 이 경우 공공기관의 장은 영향평가를 보호위원회가 지정하는 기관(이하 '평가기관'이라 한다) 중에서 의뢰하여야 한다. `12 국회9급` ④ 공공기관의 장은 제1항에 따라 영향평가를 한 개인정보파일을 제32조 제1항에 따라 등록할 때에는 영향평가 결과를 함께 첨부하여야 한다.
공공기관 외는 임의적	⑧ 공공기관 **외의** 개인정보처리자는 개인정보파일 운용으로 인하여 정보주체의 개인정보 침해가 우려되는 경우에는 영향평가를 하기 위하여 **적극 노력하여야 한다.**

21. 안전조치 등

 관련조문

제29조(안전조치의무) 개인정보처리자는 개인정보가 분실·도난·유출·위조·변조 또는 훼손되지 아니하도록 내부 관리계획 수립, 접속기록 보관 등 대통령령으로 정하는 바에 따라 안전성 확보에 필요한 기술적·관리적 및 물리적 조치를 하여야 한다.

제30조(개인정보 처리방침의 수립 및 공개) ① 개인정보처리자는 다음 각 호의 사항이 포함된 개인정보의 처리방침(이하 '개인정보 처리방침'이라 한다)을 정하여야 한다. 이 경우 공공기관은 제32조에 따라 등록대상이 되는 개인정보파일에 대하여 개인정보 처리방침을 정한다. 〈각 호 생략〉
② 개인정보처리자가 개인정보 처리방침을 수립하거나 변경하는 경우에는 정보주체가 쉽게 확인할 수 있도록 대통령령으로 정하는 방법에 따라 공개하여야 한다.
③ 개인정보 처리방침의 내용과 개인정보처리자와 정보주체 간에 체결한 계약의 내용이 다른 경우에는 정보주체에게 유리한 것을 적용한다.

제31조(개인정보 보호책임자의 지정) ① 개인정보처리자는 개인정보의 처리에 관한 업무를 총괄해서 책임질 개인정보 보호책임자를 지정하여야 한다.
⑤ 개인정보처리자는 개인정보 보호책임자가 제2항 각 호의 업무를 수행함에 있어서 정당한 이유 없이 불이익을 주거나 받게 하여서는 아니 된다.

제32조(개인정보파일의 등록 및 공개) ① 공공기관의 장이 개인정보파일을 운용하는 경우에는 다음 각 호의 사항을 보호위원회에 등록하여야 한다. `16 서울7급` 등록한 사항이 변경된 경우에도 또한 같다. 〈각 호 생략〉

제32조의2(개인정보 보호 인증) ① 보호위원회는 개인정보처리자의 개인정보 처리 및 보호와 관련한 일련의 조치가 이 법에 부합하는지 등에 관하여 인증할 수 있다.
② 제1항에 따른 인증의 유효기간은 3년으로 한다.

③ 보호위원회는 다음 각 호의 어느 하나에 해당하는 경우에는 대통령령으로 정하는 바에 따라 제1항에 따른 인증을 취소할 수 있다. 다만, 제1호에 해당하는 경우에는 취소하여야 한다.
  1. 거짓이나 그 밖의 부정한 방법으로 개인정보 보호 인증을 받은 경우
  2. 제4항에 따른 사후관리를 거부 또는 방해한 경우
  3. 제8항에 따른 인증기준에 미달하게 된 경우
  4. 개인정보 보호 관련 법령을 위반하고 그 위반사유가 중대한 경우
④ 보호위원회는 개인정보 보호 인증의 실효성 유지를 위하여 연 1회 이상 사후관리를 실시하여야 한다.

 관련판례

구 정보통신부령 제3조의3 제2항은 "정보통신부장관은 제1항 각 호의 규정에 의한 보호조치의 구체적인 기준을 정하여 고시하여야 한다."라고 규정하고 있고, 이에 따라 정보통신부장관이 마련한 개인정보의 기술적·관리적 보호조치 기준은 해킹 등 침해사고 당시의 기술수준 등을 고려하여 정보통신서비스 제공자가 구 정보통신망법 제28조 제1항에 따라 준수해야 할 기술적·관리적 보호조치를 구체적으로 규정하고 있으므로, 정보통신서비스 제공자가 이 사건 고시에서 정하고 있는 기술적·관리적 보호조치를 다하였다면, 특별한 사정이 없는 한 정보통신서비스 제공자가 개인정보의 안전성 확보에 필요한 보호조치를 취하여야 할 법률상 또는 계약상 의무를 위반하였다고 보기는 어렵다(대판 2015.2.12, 2013다43994·44003).

22. 개인정보 유출 통지

 관련조문

제34조(개인정보 유출 통지 등) ① 개인정보처리자는 개인정보가 유출되었음을 알게 되었을 때에는 지체 없이 해당 정보주체에게 다음 각 호의 사실을 알려야 한다. 17 사복9급
  1. 유출된 개인정보의 항목
  2. 유출된 시점과 그 경위
  3. 유출로 인하여 발생할 수 있는 피해를 최소화하기 위하여 정보주체가 할 수 있는 방법 등에 관한 정보
  4. 개인정보처리자의 대응조치 및 피해 구제절차
  5. 정보주체에게 피해가 발생한 경우 신고 등을 접수할 수 있는 담당부서 및 연락처

제34조의2(과징금의 부과 등) ① 보호위원회는 개인정보처리자가 처리하는 주민등록번호가 분실·도난·유출·위조·변조 또는 훼손된 경우에는 5억 원 이하의 과징금을 부과·징수할 수 있다. 다만, 주민등록번호가 분실·도난·유출·위조·변조 또는 훼손되지 아니하도록 개인정보처리자가 제24조 제3항에 따른 안전성 확보에 필요한 조치를 다한 경우에는 그러하지 아니하다.
* 변형된 과징금의 일종이다.
③ 보호위원회는 제1항에 따른 과징금을 내야 할 자가 납부기한까지 내지 아니하면 납부기한의 다음 날부터 과징금을 낸 날의 전날까지의 기간에 대하여 내지 아니한 과징금의 연 100분의 6의 범위에서 대통령령으로 정하는 가산금을 징수한다. 이 경우 가산금을 징수하는 기간은 60개월을 초과하지 못한다.

23. 개인정보의 열람·정정·삭제

 관련조문

제35조(개인정보의 열람) ① 정보주체는 개인정보처리자가 처리하는 자신의 개인정보에 대한 열람을 해당 개인정보처리자에게 요구할 수 있다.
② 제1항에도 불구하고 정보주체가 자신의 개인정보에 대한 열람을 공공기관에 요구하고자 할 때에는 공공기관에 직접 열람을 요구하거나 대통령령으로 정하는 바에 따라 보호위원회를 통하여 열람을 요구할 수 있다.
④ 개인정보처리자는 다음 각 호의 어느 하나에 해당하는 경우에는 정보주체에게 그 사유를 알리고 열람을 제한하거나 거절할 수 있다.
  1. 법률에 따라 열람이 금지되거나 제한되는 경우
  2. 다른 사람의 생명·신체를 해할 우려가 있거나 다른 사람의 재산과 그 밖의 이익을 부당하게 침해할 우려가 있는 경우
  3. 공공기관이 다음 각 목의 어느 하나에 해당하는 업무를 수행할 때 중대한 지장을 초래하는 경우
    가. 조세의 부과·징수 또는 환급에 관한 업무
    나. 초·중등교육법 및 고등교육법에 따른 각급 학교, 평생교육법에 따른 평생교육시설, 그 밖의 다른 법률에 따라 설치된 고등교육기관에서의 성적 평가 또는 입학자 선발에 관한 업무
    다. 학력·기능 및 채용에 관한 시험, 자격심사에 관한 업무
    라. 보상금·급부금 산정 등에 대하여 진행 중인 평가 또는 판단에 관한 업무
    마. 다른 법률에 따라 진행 중인 감사 및 조사에 관한 업무

제36조(개인정보의 정정·삭제) ① 제35조에 따라 자신의 개인정보를 열람한 정보주체는 개인정보처리자에게 그 개인정보의 정정 또는 삭제를 요구할 수 있다. 다만, 다른 법령에서 그 개인정보가 수집대상으로 명시되어 있는 경우에는 그 삭제를 요구할 수 없다.
② 개인정보처리자는 제1항에 따른 정보주체의 요구를 받았을 때에는 개인정보의 정정 또는 삭제에 관하여 다른 법령에 특별한 절차가 규정되어 있는 경우를 제외하고는 지체 없이 그 개인정보를 조사하여 정보주체의 요구에 따라 정정·삭제 등 필요한 조치를 한 후 그 결과를 정보주체에게 알려야 한다.

24. 개인정보의 처리정지(제37조)

정지요구	① 정보주체는 개인정보처리자에 대하여 자신의 개인정보 처리의 정지를 요구할 수 있다. 이 경우 공공기관에 대하여는 제32조에 따라 등록대상이 되는 개인정보파일 중 자신의 개인정보에 대한 처리의 정지를 요구할 수 있다.
거절 가능	② 개인정보처리자는 제1항에 따른 요구를 받았을 때에는 지체 없이 정보주체의 요구에 따라 개인정보 처리의 전부를 정지하거나 일부를 정지하여야 한다. 다만, 다음 각 호의 어느 하나에 해당하는 경우에는 정보주체의 처리정지요구를 거절할 수 있다.

25. 손해배상책임

 관련조문

제39조(손해배상책임) ① 정보주체는 개인정보처리자가 이 법을 위반한 행위로 손해를 입으면 개인정보처리자에게 손해배상을 청구할 수 있다. 이 경우 그 개인정보처리자는 고의 또는 과실이 없음을 입증하지 아니하면 책임을 면할 수 없다. 18·14 국가9급, 17 사복9급
③ 개인정보처리자의 고의 또는 중대한 과실로 인하여 개인정보가 분실·도난·유출·위조·변조 또는 훼손된 경우

로서 정보주체에게 손해가 발생한 때에는 법원은 그 손해액의 3배를 넘지 아니하는 범위에서 손해배상액을 정할 수 있다. 다만, 개인정보처리자가 고의 또는 중대한 과실이 없음을 증명한 경우에는 그러하지 아니하다.

_{18 국가7급}

제39조의2(법정손해배상의 청구) ① 제39조 제1항에도 불구하고 정보주체는 개인정보처리자의 고의 또는 과실로 인하여 개인정보가 분실·도난·유출·위조·변조 또는 훼손된 경우에는 300만 원 이하의 범위에서 상당한 금액을 손해액으로 하여 배상을 청구할 수 있다. 이 경우 해당 개인정보처리자는 고의 또는 과실이 없음을 입증하지 아니하면 책임을 면할 수 없다.

제39조의9(손해배상의 보장) ① 정보통신서비스 제공자 등은 제39조 및 제39조의2에 따른 손해배상책임의 이행을 위하여 보험 또는 공제에 가입하거나 준비금을 적립하는 등 필요한 조치를 하여야 한다.

제39조의11(국내대리인의 지정) ① 국내에 주소 또는 영업소가 없는 정보통신서비스 제공자 등으로서 이용자 수, 매출액 등을 고려하여 대통령령으로 정하는 기준에 해당하는 자는 다음 각 호의 사항을 대리하는 자(이하 '국내대리인'이라 한다)를 서면으로 지정하여야 한다.
1. 제31조에 따른 개인정보 보호책임자의 업무
2. 제39조의4에 따른 통지·신고
3. 제63조 제1항에 따른 관계 물품·서류 등의 제출
② 국내대리인은 국내에 주소 또는 영업소가 있는 자로 한다.

제39조의13(상호주의) 제39조의12에도 불구하고 개인정보의 국외 이전을 제한하는 국가의 정보통신서비스 제공자 등에 대하여는 해당 국가의 수준에 상응하는 제한을 할 수 있다. 다만, 조약 또는 그 밖의 국제협정의 이행에 필요한 경우에는 그러하지 아니하다.

26. 분쟁조정위원회

 관련조문

제40조(설치 및 구성) ① 개인정보에 관한 분쟁의 조정을 위하여 개인정보 분쟁조정위원회를 둔다. * 의무적이다.
② 분쟁조정위원회는 위원장 1명을 포함한 20명 이내의 위원으로 구성하며, 위원은 당연직위원과 위촉위원으로 구성한다.
③ 위촉위원은 다음 각 호의 어느 하나에 해당하는 사람 중에서 보호위원회 위원장이 위촉하고, 대통령령으로 정하는 국가기관 소속 공무원은 당연직위원이 된다. 〈각 호 생략〉
④ 위원장은 위원 중에서 공무원이 아닌 사람으로 보호위원회 위원장이 위촉한다.
⑤ 위원장과 위촉위원의 임기는 2년으로 하되, 1차에 한하여 연임할 수 있다.

제43조(조정의 신청 등) ① 개인정보와 관련한 분쟁의 조정을 원하는 자는 분쟁조정위원회에 분쟁조정을 신청할 수 있다.

제46조(조정 전 합의의 권고) 분쟁조정위원회는 제43조 제1항에 따라 분쟁조정 신청을 받았을 때에는 당사자에게 그 내용을 제시하고 조정 전 합의를 권고할 수 있다.

제48조(조정의 거부 및 중지) ① 분쟁조정위원회는 분쟁의 성질상 분쟁조정위원회에서 조정하는 것이 적합하지 아니하다고 인정하거나 부정한 목적으로 조정이 신청되었다고 인정하는 경우에는 그 조정을 거부할 수 있다. 이 경우 조정거부의 사유 등을 신청인에게 알려야 한다.

27. 집단분쟁조정(제49조)

대상 18 국가9급	① 국가 및 지방자치단체, 개인정보 보호단체 및 기관, 정보주체, 개인정보처리자는 정보주체의 피해 또는 권리 침해가 **다수의 정보주체에게 같거나 비슷한 유형으로 발생하는 경우**로서 대통령령으로 정하는 사건에 대하여는 분쟁조정위원회에 일괄적인 분쟁조정(이하 '집단분쟁조정'이라 한다)을 의뢰 또는 신청할 수 있다.
절차	② 제1항에 따라 집단분쟁조정을 의뢰받거나 신청받은 분쟁조정위원회는 그 의결로써 제3항부터 제7항까지의 규정에 따른 집단분쟁조정의 절차를 개시할 수 있다. 이 경우 분쟁조정위원회는 대통령령으로 정하는 기간 동안 그 절차의 개시를 공고하여야 한다.
추가 포함	③ 분쟁조정위원회는 집단분쟁조정의 당사자가 아닌 정보주체 또는 개인정보처리자로부터 그 분쟁조정의 당사자에 추가로 포함될 수 있도록 하는 신청을 받을 수 있다.
대표당사자	④ 분쟁조정위원회는 그 의결로써 제1항 및 제3항에 따른 집단분쟁조정의 당사자 중에서 공동의 이익을 대표하기에 가장 적합한 1인 또는 수인을 대표당사자로 선임할 수 있다.
보상계획서	⑤ 분쟁조정위원회는 개인정보처리자가 분쟁조정위원회의 집단분쟁조정의 내용을 수락한 경우에는 집단분쟁조정의 당사자가 아닌 자로서 피해를 입은 정보주체에 대한 보상계획서를 작성하여 분쟁조정위원회에 제출하도록 권고할 수 있다.
일부의 소 제기	⑥ 제48조 제2항에도 불구하고 분쟁조정위원회는 **집단분쟁조정의 당사자인 다수의 정보주체 중 일부의 정보주체가 법원에 소를 제기한 경우에는 그 절차를 중지하지 아니하고, 소를 제기한 일부의 정보주체를 그 절차에서 제외한다.**

28. 단체소송

단체소송이란 피해자들이 단체를 만들어서 소송을 하는 것이 아니라 법이 정한 단체가 피해자들을 대신해서 원고가 되어 소송을 하는 것을 말한다. 즉, 권리침해가 없는 자(당사자적격이 없는 자)가 원고가 되는 것을 말한다.

 관련조문

제51조(단체소송의 대상 등) 다음 각 호의 어느 하나에 해당하는 단체는 개인정보처리자가 제49조에 따른 집단분쟁조정을 거부하거나 집단분쟁조정의 결과를 수락하지 아니한 경우에는 법원에 권리 침해행위의 금지·중지를 구하는 소송(이하 '단체소송'이라 한다)을 제기할 수 있다. 18 국가9급

1. 소비자기본법 제29조에 따라 공정거래위원회에 등록한 소비자단체로서 다음 각 목의 요건을 모두 갖춘 단체
   가. 정관에 따라 상시적으로 정보주체의 권익 증진을 주된 목적으로 하는 단체일 것
   나. 단체의 정회원 수가 1천 명 이상일 것
   다. 소비자기본법 제29조에 따른 등록 후 3년이 경과하였을 것
2. 비영리민간단체 지원법 제2조에 따른 비영리민간단체로서 다음 각 목의 요건을 모두 갖춘 단체
   가. 법률상 또는 사실상 동일한 침해를 입은 100명 이상의 정보주체로부터 단체소송의 제기를 요청받을 것
   나. 정관에 개인정보 보호를 단체의 목적으로 명시한 후 최근 3년 이상 이를 위한 활동실적이 있을 것
   다. 단체의 상시 구성원 수가 5천 명 이상일 것
   라. 중앙행정기관에 등록되어 있을 것

제52조(전속관할) ① 단체소송의 소는 피고의 주된 사무소 또는 영업소가 있는 곳, 주된 사무소나 영업소가 없는 경우에는 주된 업무담당자의 주소가 있는 곳의 지방법원 본원 합의부의 관할에 전속한다.

* 항고소송의 관할 법원은 피고소재지 행정법원이고, 질서위반행위규제법상 과태료의 관할 법원은 당사자의 주소지 지방법원 또는 지원이다.

제53조(소송대리인의 선임) 단체소송의 원고는 변호사를 소송대리인으로 선임하여야 한다. 21 소방

제54조(소송허가 신청) ① 단체소송을 제기하는 단체는 소장과 함께 다음 각 호의 사항을 기재한 소송허가신청서를 법원에 제출하여야 한다.
  1. 원고 및 그 소송대리인
  2. 피고
  3. 정보주체의 침해된 권리의 내용

제55조(소송허가 요건 등) ① 법원은 다음 각 호의 요건을 모두 갖춘 경우에 한하여 결정으로 단체소송을 허가한다. 21 소방
  1. 개인정보처리자가 분쟁조정위원회의 조정을 거부하거나 조정 결과를 수락하지 아니하였을 것
  2. 제54조에 따른 소송허가신청서의 기재사항에 흠결이 없을 것
② 단체소송을 허가하거나 불허가하는 결정에 대하여는 즉시항고할 수 있다.

제56조(확정판결의 효력) 원고의 청구를 기각하는 판결이 확정된 경우 이와 동일한 사안에 관하여는 제51조에 따른 다른 단체는 단체소송을 제기할 수 없다. 다만, 다음 각 호의 어느 하나에 해당하는 경우에는 그러하지 아니하다.
  1. 판결이 확정된 후 그 사안과 관련하여 국가·지방자치단체 또는 국가·지방자치단체가 설립한 기관에 의하여 새로운 증거가 나타난 경우
  2. 기각판결이 원고의 고의로 인한 것임이 밝혀진 경우

29. 시정조치(제64조)

시정조치명령	① 보호위원회는 개인정보가 침해되었다고 판단할 상당한 근거가 있고 이를 방치할 경우 회복하기 어려운 피해가 발생할 우려가 있다고 인정되면 이 법을 위반한 자(중앙행정기관, 지방자치단체, 국회, 법원, 헌법재판소, 중앙선거관리위원회는 제외한다)에 대하여 다음 각 호에 해당하는 조치를 명할 수 있다.
	  1. 개인정보 침해행위의 중지
	  2. 개인정보 처리의 일시적인 정지
	  3. 그 밖에 개인정보의 보호 및 침해 방지를 위하여 필요한 조치
	② 관계 중앙행정기관의 장은 개인정보가 침해되었다고 판단할 상당한 근거가 있고 이를 방치할 경우 회복하기 어려운 피해가 발생할 우려가 있다고 인정되면 소관 법률에 따라 개인정보처리자에 대하여 제1항 각 호에 해당하는 조치를 명할 수 있다.
	③ 지방자치단체, 국회, 법원, 헌법재판소, 중앙선거관리위원회는 그 소속 기관 및 소관 공공기관이 이 법을 위반하였을 때에는 제1항 각 호에 해당하는 조치를 명할 수 있다.

시정조치권고	④ 보호위원회는 중앙행정기관, 지방자치단체, 국회, 법원, 헌법재판소, 중앙선거관리위원회가 이 법을 위반하였을 때에는 해당 기관의 장에게 제1항 각 호에 해당하는 조치를 하도록 권고할 수 있다. 이 경우 권고를 받은 기관은 특별한 사유가 없으면 이를 존중하여야 한다.

30. 고발 및 징계권고(제65조)

고발	① 보호위원회는 개인정보처리자에게 이 법 등 개인정보 보호와 관련된 법규의 위반에 따른 범죄혐의가 있다고 인정될 만한 상당한 이유가 있을 때에는 관할 수사기관에 그 내용을 고발할 수 있다.
징계권고	② 보호위원회는 이 법 등 개인정보 보호와 관련된 법규의 위반행위가 있다고 인정될 만한 상당한 이유가 있을 때에는 책임이 있는 자(대표자 및 책임있는 임원을 포함한다)를 징계할 것을 해당 정보처리자에게 권고할 수 있다. 이 경우 권고를 받은 사람은 이를 존중하여야 하며 그 결과를 보호위원회에 통보하여야 한다.

31. 양벌규정과 과태료

 관련조문

제69조(벌칙 적용시의 공무원 의제) ① 보호위원회의 위원 중 공무원이 아닌 위원 및 공무원이 아닌 직원은 형법이나 그 밖의 법률에 따른 벌칙을 적용할 때에는 공무원으로 본다.

제70조(벌칙) 다음 각 호의 어느 하나에 해당하는 자는 10년 이하의 징역 또는 1억 원 이하의 벌금에 처한다.
1. 공공기관의 개인정보 처리업무를 방해할 목적으로 공공기관에서 처리하고 있는 개인정보를 변경하거나 말소하여 공공기관의 업무 수행의 중단·마비 등 심각한 지장을 초래한 자
2. 거짓이나 그 밖의 부정한 수단이나 방법으로 다른 사람이 처리하고 있는 개인정보를 취득한 후 이를 영리 또는 부정한 목적으로 제3자에게 제공한 자와 이를 교사·알선한 자

제74조(양벌규정) ① 법인의 대표자나 법인 또는 개인의 대리인, 사용인, 그 밖의 종업원이 그 법인 또는 개인의 업무에 관하여 제70조에 해당하는 위반행위를 하면 그 행위자를 벌하는 외에 그 법인 또는 개인을 7천만 원 이하의 벌금에 처한다. 다만, 법인 또는 개인이 그 위반행위를 방지하기 위하여 해당 업무에 관하여 상당한 주의와 감독을 게을리하지 아니한 경우에는 그러하지 아니하다.

제75조(과태료) ① 다음 각 호의 어느 하나에 해당하는 자에게는 5천만 원 이하의 과태료를 부과한다. 〈각 호 생략〉
* 과태료는 1천만 원, 3천만 원, 5천만 원의 3종이 있다.

⑤ 제1항부터 제4항까지의 규정에 따른 과태료는 대통령령으로 정하는 바에 따라 보호위원회와 관계 중앙행정기관의 장이 부과·징수한다. 이 경우 관계 중앙행정기관의 장은 소관 분야의 개인정보처리자에게 과태료를 부과·징수한다.

제76조(과태료에 관한 규정 적용의 특례) 제75조의 과태료에 관한 규정을 적용할 때 제34조의2에 따라 과징금을 부과한 행위에 대하여는 과태료를 부과할 수 없다. ◎예상
* 과징금과 과태료를 병과할 수 없다.
* 개인정보 보호법상 강제수단: 징역, 벌금, 과태료, 과징금

MEMO

PART 4
행정의 실효성 확보수단

행정법의 전문가,
2023 윤우혁 소방행정법 기본서

Chapter 01 행정의 실효성 확보수단 일반론

Chapter 02 행정강제(직접적 강제수단)

Chapter 03 행정벌

Chapter 04 새로운 실효성 확보수단

Chapter 01 행정의 실효성 확보수단 일반론

나침반

행정작용 → 적법 / 실효성 확보수단 / 위법 → 행정구제

구분				
전통적 수단 (직접적 또는 간접적)	행정강제 (직접적 강제수단) 의무 위반을 전제로 한 장래에 대한 의무이행 확보수단 17 국가9급	행정상 강제집행 (의무불이행 전제)	대집행	대체적 작위의무를 전제로 함.
			이행강제금 (집행벌)	비대체적 작위의무(간접적)에 대해 부과
			직접강제	모든 의무불이행을 전제로 함.
			강제징수	• 금전급부의무(세금) 불이행에 대해 부과 • 국세징수법
		즉시강제	행정조사	의무불이행을 전제로 하지 않음.
	행정벌 (간접적 강제수단) 과거 의무불이행에 대한 전제	행정형벌		형법상의 형벌 예 형사소송절차, 통고처분 등
		행정질서벌		질서위반행위규제법상의 과태료
새로운 수단 (간접적)	금전적 제재	과징금, 변형된 과징금		
		가산금, 중가산금		처분성 부정
		가산세		• 처분성 인정, 고의·과실 불요 • 정당한 사유가 있으면 부과 ×
	비금전적 제재	공급 거부		
		명단 공표		국세기본법
		관허사업의 제한		국세징수법, 건축법, 질서위반행위규제법
		기타		세무조사, 해외여행 제한, 취업 제한 등

실효성 확보수단에는 직접적 수단과 간접적 수단이 있다. 직접적 수단은 장래에 대한 의무이행 확보를 목적으로 행정행위의 목적을 직접 달성하는 방법을 말하고, 간접적 수단은 과거의 의무불이행에 대한 제재로서 주로 금전적 의무를 부과하여 상대방에게 심리적 부담을 줌으로써 행정목적을 달성하고자 하는 방법이다.

Chapter 02 행정강제(직접적 강제수단)

제1절 행정상 강제집행

01 서설

> **관련조문**
>
> **행정기본법 제30조(행정상 강제)** ① 행정청은 행정목적을 달성하기 위하여 필요한 경우에는 법률로 정하는 바에 따라 필요한 최소한의 범위에서 다음 각 호의 어느 하나에 해당하는 조치를 할 수 있다.
> 1. 행정대집행: 의무자가 행정상 의무(법령 등에서 직접 부과하거나 행정청이 법령 등에 따라 부과한 의무를 말한다. 이하 이 절에서 같다)로서 타인이 대신하여 행할 수 있는 의무를 이행하지 아니하는 경우 법률로 정하는 다른 수단으로는 그 이행을 확보하기 곤란하고 그 불이행을 방치하면 공익을 크게 해칠 것으로 인정될 때에 행정청이 의무자가 하여야 할 행위를 스스로 하거나 제3자에게 하게 하고 그 비용을 의무자로부터 징수하는 것
> 2. 이행강제금의 부과: 의무자가 행정상 의무를 이행하지 아니하는 경우 행정청이 적절한 이행기간을 부여하고, 그 기한까지 행정상 의무를 이행하지 아니하면 금전급부의무를 부과하는 것
> 3. 직접강제: 의무자가 행정상 의무를 이행하지 아니하는 경우 행정청이 의무자의 신체나 재산에 실력을 행사하여 그 행정상 의무의 이행이 있었던 것과 같은 상태를 실현하는 것
> 4. 강제징수: 의무자가 행정상 의무 중 금전급부의무를 이행하지 아니하는 경우 행정청이 의무자의 재산에 실력을 행사하여 그 행정상 의무가 실현된 것과 같은 상태를 실현하는 것
> 5. 즉시강제: 현재의 급박한 행정상의 장해를 제거하기 위한 경우로서 다음 각 목의 어느 하나에 해당하는 경우에 행정청이 곧바로 국민의 신체 또는 재산에 실력을 행사하여 행정목적을 달성하는 것
>   가. 행정청이 미리 행정상 의무 이행을 명할 시간적 여유가 없는 경우
>   나. 그 성질상 행정상 의무의 이행을 명하는 것만으로는 행정목적 달성이 곤란한 경우
> ② 행정상 강제조치에 관하여 이 법에서 정한 사항 외에 필요한 사항은 따로 법률로 정한다.
> ③ 형사, 행형 및 보안처분 관계 법령에 따라 행하는 사항이나 외국인의 출입국·난민인정·귀화·국적회복에 관한 사항에 관하여는 이 절을 적용하지 아니한다.

1. 구별 개념

(1) 행정상 즉시강제와의 구별

행정상 강제집행은 의무불이행(하명)을 전제로 하지만, 행정상 즉시강제는 의무의 존재를 전제로 하지 않는다. `97 국가7급 등`

(2) 행정벌과의 구별

행정상 강제집행은 장래에 대하여 의무이행을 실현하는 것을 목적으로 하고, 행정벌은 과거의 의무 위반에 대한 제재라는 점에서 구별된다. `08 국가7급`

관련판례

행정대집행의 절차가 인정되는 경우에는 따로 민사소송의 방법으로 공작물의 철거, 수거 등을 구할 수는 없다(대판 2000.5.12. 99다18909). 21·19 국가7급, 19·16·15·14 국가9급, 18 지방9급, 10 지방7급 등

2. 행정상 강제집행의 법적 근거

(1) 법적 근거의 필요성

현재의 통설은 의무를 명하는 법규(국세기본법)와는 별도로 강제집행에 관한 법적 근거(국세징수법)가 필요하다고 본다. 19·09 지방9급 등

(2) 대집행과 강제징수의 개별법

행정기본법의 제정으로 대집행, 이행강제금, 직접강제, 강제징수, 즉시강제에 대한 일반법적 근거가 마련되었다. 그 외 대집행에 관한 일반법은 행정대집행법이 있고, 21 소방 강제징수에 대해서는 국세징수법이 일반법으로 기능하고 있다. 국세체납자에 대한 명단 공표의 법적 근거는 국세징수법과 행정절차법이다.

02 대집행

1. 서설

대집행이란 대체적 작위의무를 그 의무자가 이행하지 않는 경우에 당해 행정청이 그 의무를 스스로 행하거나 제3자로 하여금 이를 행하게 하고, 그 비용을 의무자로부터 징수하는 행위를 말한다. 21 소방, 05 5급승진

2. 대집행의 주체와 법률관계

(1) 대집행의 법률관계

대집행을 행정청이 직접하는 경우에는 행정청과 대집행의무자의 2면 관계가 되지만, 대집행의 실행을 위임한 경우에는 행정청과 제3자 대집행의무자의 3면 관계가 된다.

(2) 대집행의 주체

대집행의 주체는 당해 행정청 또는 다른 행정청이다. 그러나 대집행 실행행위는 제3자에 의해서도 가능하며, 이때 행정청과 제3자와의 관계는 사법상의 도급계약관계로 보는 것이 통설이다. 10 서울9급 대집행

의 주체가 대집행을 하는 경우를 자기집행(자력집행)이라고 하며, 제3자가 하는 경우를 제3자 집행(타자집행)이라고 한다.

1) 당해 행정청
당해 행정청이란 처분청, 즉 당초에 의무를 명하는 처분을 한 행정청을 말한다. 07 국가9급 등

2) 다른 행정청
다른 행정청이란 해당 행정청의 위임이 있는 경우의 수임청(예 도로공사, 토지공사)을 말하며, 이때는 다른 행정청도 대집행의 주체가 될 수 있다.

3) 제3자
① **단순히 대집행의 실행행위만 하는 경우(대집행의 주체가 아님)**: 제3자도 대집행의 실행행위를 할 수 있다. 그러나 대집행을 실행하는 제3자는 대집행의 주체는 아니다. 왜냐하면 제3자는 독립된 법주체로서 대집행을 하는 것이 아니라 사실상의 집행자로서 대집행을 하는 것에 불과하기 때문이다.
② **법령에 의하여 대집행의 권한(대집행 전체 권한)을 위탁받은 경우**: 법령에 의하여 대집행 권한을 위탁받은 경우에는 대집행의 주체로서 행정주체에 해당한다.

관련판례

대한주택공사(현 한국토지주택공사)는 법령에 의하여 대집행 권한을 위탁 받아 공무인 대집행을 실시하기 위하여 지출한 비용을 행정대집행법 절차에 따라 국세징수법의 예에 의하여 징수할 수 있다(대판 2011.9.8. 2010다48240). 19 서울7급, 16 사복9급

4) 상급 행정청 또는 감독청
상급 행정청(감독청)이나 제3자, 법원, 집행관은 대집행의 주체가 아니다. 13 국가7급 등

3. 대집행의 요건
대집행을 하기 위해서는 ① 공법상의 의무불이행이 있어야 하고 06 강원9급 등 , ② 대체적 작위의무의 불이행이 있어야 하며 10 경행특채 등 , ③ 다른 수단으로는 그 이행을 확보하기 곤란하고 08 지방8급 등 , ④ 그 불이행을 방치함으로써 심히 공익을 해쳐야 08 지방7급 등 한다.

(1) 공법상 의무의 불이행이 있을 것
1) 대집행의 대상은 공법상의 의무 위반이다.
대집행의 대상이 되는 의무는 공법상의 의무에 한정된다. 21 소방 법령에 의하여 직접 부과된 의무와 법령에 기한 행정청의 처분에 의하여 부가된 의무를 모두 포함한다. 따라서 **공법상 계약에 의해 부과된 의무와 단순한 사실행위에 의해 부과된 의무는 대집행 대상이 되지 않는다.**

2) 사법상 의무 위반은 대집행의 대상이 아니다.
사법상의 의무는 행정주체에 대한 것이라도 대집행의 대상이 아니다.

관련판례

① 협의취득(사법상 매매계약)시 건물소유자가 매매대상 건물에 대한 철거의무를 부담하겠다는 취지의 약정은 대집행의 대상이 아니다(대판 2006.10.13. 2006두7096). 18 국가9급, 13 국가7급, 12 국회8급 등

② 모든 국유재산에 대하여 당해 재산이 행정재산 등 공용재산인 여부나 그 철거의무가 공법상의 의무인지 여부에 관계없이 대집행을 할 수 있다. 15 서울9급, 12 국회8급

현행 국유재산법은 제한 없이 모든 국유재산에 대하여 행정대집행법을 준용할 수 있도록 규정하였으므로, 행정청은 당해 재산이 행정재산 등 공용재산인 여부나 그 철거의무가 공법상의 의무인 여부에 관계 없이 대집행을 할 수 있으며, 이는 같은 법 제25조 및 제38조가 사법상 권리관계인 국유재산의 사용료 또는 대부료 체납에 관하여도 국세징수법 중 체납처분에 관한 규정을 준용하여 징수할 수 있도록 규정한 것과도 그 궤를 같이하는 것이다(대판 1992.9.8. 91누13090).

③ 아무런 권원 없이 국유재산에 설치한 시설물에 대하여 행정청이 행정대집행을 할 수 있음에도 민사소송의 방법으로 그 시설물의 철거를 구하는 것이 허용되지 않는다. 그러나 아무런 권원 없이 국유재산에 설치한 시설물에 대하여 행정청이 행정대집행을 실시하지 않는 경우, 그 국유재산에 대한 사용청구권을 가지고 있는 자가 국가를 대위하여 민사소송으로 그 시설물의 철거를 구할 수 있다(대판 2009.6.11. 2009다1122). 18 지방7급

(2) 대체적 작위의무의 불이행

1) 의무의 기초
법률 또는 법령에 의한 행정처분에 의하여 명하여진 의무가 대집행의 기초가 된다. 그러나 '법률에 의해 직접 명령된 행위'는 그 자체로는 대집행의 대상이 아니고 계고를 통해 구체화된 다음에 대집행의 대상이 된다.

2) 대체적 작위의무
대집행의 대상이 되는 의무는 타인이 대신하여 이행할 수 있는 행위인 대체적 작위의무여야 한다. 따라서 **일신전속적 의무 또는 수인의무, 부작위의무 등은 대집행의 대상이 아니다.** 07 국가7급 등

3) 부작위의무 위반의 경우
① **원칙**: 작위의무로 전환시켜야 한다. 예컨대 도로·공원부지 등의 불법 점거 및 불법 공작물의 설치행위는 부작위의무의 위반이므로 그에 대하여 직접 대집행을 할 수는 없고, 먼저 해당 불법 공작물의 철거를 명함으로써 작위의무로 전환시킨 후 그 작위의무 위반에 기하여 대집행을 할 수 있게 된다. 18 국가9급, 15 사복9급, 13 국가7급

② **법적 근거**: 부작위의무를 작위의무로 전환시켜 대집행을 하기 위해서는 전환을 명할 수 있는 별도의 법적 근거가 필요하다. **법적 근거 없이 한 작위의무 하명은 위법하다.**

③ **작위의무**: 부작위의무 위반으로 생긴 결과를 시정하기 위한 작위의무를 당연히 이끌어 낼 수는 없고, 부작위를 명하는 금지규정으로부터 위반 결과의 시정을 명하는 권한이 당연히 도출되는 것도 아니다(다수설·판례). 15 국가9급

관련판례

부작위의무 위반에 대한 작위명령에는 법적 근거(개별법)가 있어야 한다. 19 국가7급, 17 국가9급, 16 지방7급·서울7급, 12 국회8급 등

[1] 단순한 부작위의무의 위반, 즉 관계 법령에 정하고 있는 절대적 금지나 허가를 유보한 상대적 금지를 위반한 경우에는 당해 법령에서 그 위반자에 대하여 위반에 의하여 생긴 유형적 결과의 시정을 명하는 행정처분의 권한을 인정하는 규정을 두고 있지 아니한 이상, 법치주의의 원리에 비추어 볼 때 위와 같은 부작위의무로부터 그 의무를 위반함으로써 생긴 결과를 시정하기 위한 작위의무를 당연히 끌어낼 수는 없으며, 또 위 금지규정(특히 허가를 유보한 상대적 금지규정)으로부터 작위의무, 즉 위반 결과의 시정을 명하는 권한이 당연히 추론되는 것도 아니다.

[2] 주택건설촉진법 제38조 제2항은 공동주택 및 부대시설·복리시설의 소유자·입주자·사용자 등은 부대시설 등에 대하여 도지사의 허가를 받지 않고 사업계획에 따른 용도 이외의 용도에 사용하는 행위 등을 금지하고, 그 위반행위에 대하여 위 주택건설촉진법 제52조의2 제1호에서 1천만 원 이하의 벌금에 처하도록 하는 벌칙규정만을 두고 있을 뿐, 건축법 제69조 등과 같은 부작위의무 위반행위에 대하여 대체적 작위의무로 전환하는 규정을 두고 있지 아니하므로 위 금지규정으로부터 그 위반 결과의 시정을 명하는 원상복구명령을 할 수 있는 권한이 도출되는 것은 아니다. 결국 행정청의 원고에 대한 원상복구명령은 권한 없는 자의 처분으로 무효라고 할 것이고, 위 원상복구명령이 당연무효인 이상 후행처분인 계고처분의 효력에 당연히 영향을 미쳐 그 계고처분 역시 무효로 된다(대판 1996.6.28. 96누4374).

4) 토지·건물 등의 철거의무

토지·건물의 철거의무는 대집행의 대상이 된다. 철거는 대체적 작위의무이기 때문이다.

5) 토지·건물 등의 인도·명도의무(퇴거의무)는 대집행의 대상이 아니다.

토지·건물을 점유하고 있는 사람의 퇴거는 대체적 작위의무라고 볼 수 없으므로 대집행에 의한 강제는 할 수 없다. 19·18·15 국가9급, 18 소방, 17·16 사복9급, 16 서울7급, 15 국회8급

관련판례

❶ 관계 법령에 위반하여 장례식장 영업을 하고 있는 자의 장례식장 사용중지의무는 행정대집행법 제2조의 규정에 의한 대집행의 대상이 아니다(대판 2005.9.28. 2005두7464). 18·10 국가9급 등

❷ 도시공원시설 점유자의 퇴거 및 명도의무는 행정대집행법에 의한 대집행의 대상이 아니다(대판 1998.10.23. 97누157). 14·08 국가9급

❸ 공유재산 대부계약의 해지에 따른 원상회복으로 행정대집행의 방법에 의하여 그 지상물을 철거시킬 수 있다(대판 2001.10.12. 2001두4078). 16 서울7급, 11 사복9급

(3) 다른 수단으로는 그 이행 확보가 곤란할 것(보충성)

1) 보충성

의무이행 확보를 위한 침익성이 적은 다른 수단이 있는 경우에는 그에 의하여야 할 것인바, 대집행은 그러한 수단이 없는 경우 부득이한 수단으로서만 발동되어야 한다(비례의 원칙 중 최소침해의 원칙).

2) 수단의 범위

다른 수단에는 행정벌이나 민사상의 강제집행은 포함되지 않는다.

(4) 그 불이행을 방치함이 심히 공익을 해하는 것일 것 17 국가9급, 15 사복9급

1) 판단기준
비례원칙 중 협의의 비례원칙(상당성원칙, 공익과 사익의 비교)을 말한다. 이 요건에의 해당 여부는 사안에 따라 구체적으로 판단되어야 한다.

2) 요건의 판단(요건충족 여부)의 성질
대법원은 요건충족 여부의 판단을 재량개념으로 보고 있다. 판례는 당국의 권능이 무력화되는 경우에는 공익을 해한다고 보고, 그렇지 않은 경우에는 공익을 해한다고 보지 않는 입장이다.

관련판례

◎ 심히 공익을 해하는 경우

❶ 불법 건축물로 인하여 도시미관이 월등히 좋아진 경우에도 그대로 방치한다면 불법 건축물을 단속하는 당국의 권능을 무력화할 우려가 있는 경우에는 대집행 계고가 적법하다(대판 1988.12.13. 87누714). 08 국가9급

❷ 위법 건축 부분의 그 면적이 지나치게 큰 경우에는 철거 계고처분이 적법하다(대판 1995.12.26. 95누14114).

❸ 불법 증축한 건축물에 대하여 행정청이 외관변경공사를 허용하였다 하여도 그 부분에 대한 철거명령 및 대집행 계고처분은 적법하다. 08 국가9급

수차에 걸쳐 불법 증축하고 대수선하여 철거할 의무가 있는 건축물을 소관 행정청이 그런 사정을 미쳐 발견하지 못하여 그 부분에까지 전면외장변경공사를 허용하였다거나 완공 후에 단순히 도시미관 및 위생상 현저히 개선되었다는 사실만을 들어 그대로 방치한다면 불법 건축물을 단속하는 당국의 권능을 무력화하여 건축행정의 원활한 수행이 위태롭게 되고 건축허가 및 준공검사시에 소방시설, 주차시설, 교통소통의 원활화, 건물의 높이 등 인접건물과의 조화, 적정한 생활환경의 보호를 위한 건폐율, 용적률 기타 건축법 소정의 제한규정을 회피하는 것을 사전예방한다는 더 큰 공익을 해칠 우려가 있으므로 위 건물에 대한 철거명령 및 대집행 계고처분은 적법하다(대판 1985.7.23. 84누699).

관련판례

◎ 공익을 해하지 않는 경우

❶ 당초 허가 내용과 달리 증·개축한 건물도 공사 결과 건물모양이 산뜻하게 되었고, 건물의 안정감이 더하여진 경우에는 심히 공익을 해하는 것이 아니다(대판 1987.3.10. 86누860).

❷ 건물 옥상 헬리포트 부분의 방수공사를 하면서 헬기 이착륙 등의 안전을 위하여 건물 외곽과 수평을 이루도록 허가 없이 증축한 경우 증축 부분에 대한 철거대행 계고처분은 위법하다(대판 1990.12.7. 90누5405).

(5) 대집행요건이 충족된 경우에 행정청의 대집행권 행사는 재량행위이다. 21 소방, 17 국가9급, 15 사복9급
위의 요건이 충족된 경우에도 대집행을 할 것인지 여부와 관련하여 그것을 재량적 판단으로 보는 견해와 기속행위로 보는 견해가 대립하나, 명문의 규정상 재량행위로 봄이 타당하다(다수설). 다만, 구체적 사정과의 관련에서 대집행 여부에 대한 재량권은 오직 대집행을 하여야 하는 의무로 수축되어 버리는 경우도 있을 수 있다.

4. 대집행의 절차 16 서울7급, 11 경행특채 등

(1) 계고

1) 개념 07 국가7급
계고란 의무이행을 최고함과 동시에 상당한 이행기간을 정하여 그 기한까지 이행되지 아니할 때는 대집행을 한다는 뜻을 미리 문서로 통지하는 것을 말한다(행정대집행법 제3조 제1항).

2) 성질
계고는 준법률행위적 행정행위 중 의사의 통지라는 것이 통설·판례이다. 따라서 위법한 계고에 대하여는 취소소송 등을 제기할 수 있다. 08 국가9급 등

3) 반복된 계고 18 국가9급, 17 사복9급
반복된 계고의 경우 제1차 계고만 처분성을 가진다. 제2차, 제3차 계고는 새로운 철거의무를 부과한 것이 아니고 대집행 기한의 연기 통지에 불과하다는 것이 판례의 입장이다. 21·18 소방, 15 사복9급 등 이에 비해 반복된 거부행위는 각각 독립해서 처분성이 인정된다.

> **관련판례**
>
> ❶ 대집행의 계고행위는 본법 소정의 처분에 포함되므로 계고처분 자체에 위법 있는 경우에도 항고소송의 대상이 된다(대판 1966.10.31. 66누25). 15 국가9급, 11 경행특채 등
>
> ❷ 반복된 계고처분은 연기 통지에 불과하므로 행정처분이 아니다(대판 1994.10.28. 94누5144).
>
> ❸ 반복된 거부처분은 새로운 거부처분이다.
> 거부처분은 관할 행정청이 국민의 처분신청에 대하여 거절의 의사표시를 함으로써 성립되고, 그 이후 동일한 내용의 새로운 신청에 대하여 다시 거절의 의사표시를 한 경우에는 새로운 거부처분이 있는 것으로 보아야 할 것이다(대판 2002.3.29. 2000두6084).

4) 계고의 요건
① **상당한 이행기간의 부여**: 상당한 이행기간이란 사회통념에 따라 이행에 필요한 기간을 말한다. 09 국가9급 이행기간이 상당하지 않은 계고는 위법하다. **상당하지 않은 이행기간을 통지단계에서 대집행의 시기를 늦추었다 해도 위법하다**는 것이 판례의 입장이다. 18 지방7급, 15 국회8급, 10 국가9급

관련판례

상당하지 않은 이행기간을 부여한 대집행 계고처분 후 통지단계에서 대집행의 시기를 늦추었다 해도 위법하다.

행정청인 피고가 의무이행기한이 1988. 5. 24.까지로 된 이 사건 대집행계고서를 5. 19. 원고에게 발송하여 원고가 그 이행종기인 5. 24. 이를 수령하였다면, 설사 피고가 대집행 영장으로써 대집행의 시기를 1988. 5. 27. 15:00로 늦추었더라도 위 대집행 계고처분은 상당한 이행기한을 정하여 한 것이 아니어서 대집행의 적법절차에 위배된 것으로 위법한 처분이라고 할 것이다(대판 1990.9.14. 90누2048).

  ② **계고의 방식**: 계고는 문서로 하여야 한다. 구두에 의한 계고는 무효이다. 07 대구9급
  ③ **의무 내용의 특정시기** 21 소방, 18 국가9급, 16 지방7급, 10 국가9급 : 의무 내용은 계고시에 특정되어야 한다. 계고의 내용은 계고서에 의하여만 특정되어야 하는 것은 아니고, 그 처분 전후에 송달된 문서나 기타 사정을 종합하여 특정할 수 있으면 된다.

 관련판례

대집행할 행위의 내용·범위가 반드시 대집행계고서에 의하여만 특정되어야 하는 것은 아니다(대판 1996.10.11. 96누8086). 14 국가9급, 13 국가7급 등

  ④ **의무 부과(철거명령)와 계고의 결합가능성**
    ㉠ 원칙 06 광주9급 등 : 대집행의 요건은 계고시에 충족되고 있어야 한다. 대집행의 요건은 계고시 이미 충족되어 있어야 하므로, 원칙적으로 계고는 의무를 명하는 행정행위와 결합될 수 없다.
    ㉡ 예외: 다수설은 원칙적으로 의무를 과하는 행정처분과 계고는 독립적으로 행해져야 하지만, 예외적으로 긴급한 필요가 있는 경우에는 양자가 결합될 수 있다고 본다. 판례도 철거명령과 계고처분을 결합하여 발령할 수 있다는 입장이다. 16 지방7급·사복9급, 10 국가9급 등
  ⑤ **계고의 생략**: 비상시 또는 위험이 절박한 경우에 있어서 당해 행위의 급속한 실시를 요하여 계고절차를 취할 여유가 없을 때에는 계고를 생략하고 대집행을 할 수 있다(행정대집행법 제3조 제3항). 16 국가9급, 11 경행특채 등

(2) 대집행 영장에 의한 통지

1) 개념

의무자가 계고를 받고도 지정기한까지 그 의무를 이행하지 아니하는 경우에는, 당해 행정청은 대집행 영장으로써 대집행을 할 시기, 대집행을 시키기 위하여 파견하는 집행책임자의 성명과 대집행을 요하는 비용의 개산에 의한 견적서를 의무자에게 통지하여야 한다(행정대집행법 제3조 제2항). 05 울산9급 등 그러나 **비상시 또는 위험이 절박한 경우에 있어서 당해 행위의 급속한 실시를 요하여 통지 절차를 취할 여유가 없을 때에는 통지를 생략하고 대집행을 할 수 있다**(같은법 제3조 제3항). 21 소방, 11 국가9급 등

2) 성질

대집행 영장에 의한 통지는 준법률행위적 행정행위로서의 통지이고 처분성이 인정되며, 항고소송의 대상이 된다. 10 국가9급 등

3) 생략할 수 있는 절차는 계고와 대집행 영장에 의한 통지이다.

계고와 대집행 영장에 의한 통지는 '비상시 또는 위험이 절박한 경우에 있어서 당해 행정의 급속한 실시를 요하여' 이 절차를 거칠 여유가 없을 때는 생략할 수 있다.

(3) 대집행의 실행

1) 개념

대집행의 실행이란 의무자가 지정된 기한까지 의무를 이행하지 않는 경우에 당해 행정청이 스스로 또는 제3자로 하여금 집행의 결과를 실현하는 것을 말한다.

> **관련조문**
>
> **행정대집행법 제4조(대집행의 실행 등)** ① 행정청(제2조에 따라 대집행을 실행하는 제3자를 포함한다. 이하 이 조에서 같다)은 해가 뜨기 전이나 해가 진 후에는 대집행을 하여서는 아니 된다. 다만, 다음 각 호의 어느 하나에 해당하는 경우에는 그러하지 아니하다. 19 서울7급
> 1. 의무자가 동의한 경우
> 2. 해가 지기 전에 대집행을 착수한 경우
> 3. 해가 뜬 후부터 해가 지기 전까지 대집행을 하는 경우에는 대집행의 목적 달성이 불가능한 경우
> 4. 그 밖에 비상시 또는 위험이 절박한 경우
> ② 행정청은 대집행을 할 때 대집행과정에서의 안전 확보를 위하여 필요하다고 인정하는 경우 현장에 긴급 의료장비나 시설을 갖추는 등 필요한 조치를 하여야 한다.
> ③ 대집행을 하기 위하여 현장에 파견되는 집행책임자는 그가 집행책임자라는 것을 표시한 증표를 휴대하여 대집행시에 이해관계인에게 제시하여야 한다.

2) 성질

통설은 권력적 사실행위이므로 처분성이 인정되어 항고소송을 제기할 수 있다고 한다. 의무자는 수인의무를 진다.

3) 증표의 휴대

대집행을 하기 위하여 현장에 파견되는 집행책임자는 그가 집행책임자라는 것을 표시한 증표를 휴대하여 대집행시에 이해관계인에게 제시하여야 한다.

4) 의무자의 저항을 실력행사로 배제할 수 있는지 여부 19·18 국가7급, 18 지방9급

독일은 실력으로 배제할 수 있다는 명문의 규정이 있으나, **우리나라는 명문의 규정이 없어서 학설이 대립된다.** 실무상으로는 대집행의 실행에 의하여 의무자가 수인하지 아니하고 저항할 때에는 **형법상 공무집행방해죄에 해당하여 경찰력을 동원하는 것이 일반적이다.**

(4) 비용납부명령

1) 비용부담자 10 경북교행 등

대집행의 비용은 의무자가 부담한다.

2) 비용징수의 성질 06 국가9급 등

비용징수의 성질은 급부하명으로서 처분성이 인정되며, 항고소송의 대상이 된다.

3) 비용징수의 절차

대집행에 소요된 모든 비용은 의무자에게 징수하며, 징수를 위하여 행정청은 '실제로 소요한 비용액과 납부기일을 정하여 의무자에게 문서로써 그 납부를 명하여야' 하며(행정대집행법 제5조) 대집행에 요한 비용은 국세징수법의 예에 의하여 강제징수할 수 있다(같은 법 제6조 제1항). 18 국가7급, 09 지방9급 등

5. 대집행에 대한 구제

(1) 행정심판

대집행에 대하여는 행정심판을 제기할 수 있다(행정대집행법 제7조).

(2) 행정소송의 제기

1) 소송의 가부

대집행에 대하여는 행정소송을 제기할 수 있다. 임의적 행정심판 전치주의이므로 행정심판을 거치지 아니하고 행정소송을 제기할 수 있다.

2) 행정소송의 대상

① **처분성**: 계고·통지·실행·비용납부명령의 대집행 각 절차는 모두 처분성이 인정된다. 계고나 대집행영장의 통지는 준법률행위적 행정행위로 취소소송이 가능하다. 단, 대집행이 완료된 경우 그 취소를 다툴 실익이 없으므로 손해배상소송만이 가능할 것이다.

② **소의 이익**: 대집행의 실행행위는 권력적 사실행위로서, 행정소송법상 항고소송의 대상인 '처분 등'에 속한다고 볼 것이나(통설), 대집행이 성질상 단기간에 완료되는 것으로 보면 소익을 인정하기가 어렵다.

3) 입증책임

대집행요건이 충족되었다는 사실은 행정청이 입증하여야 한다. 10 경북교행 등

4) 예방적 부작위청구소송

판례는 예방적 부작위청구소송을 인정하지 않는다.

(3) 국가배상청구

1) 국가배상청구의 가능성

위법한 대집행으로 인하여 손해를 입은 경우에는 국가배상법상의 손해배상을 청구할 수 있다.

2) 선결문제

손해배상청구소송에서 선결문제로 계고처분 등의 위법성을 심사할 수 있다고 보는 것이 통설과 판례의 입장이다. 즉, 위법한 행정대집행이 완료되면 그 처분의 무효확인 또는 취소를 구할 소의 이익은 없다 하더라도, 미리 그 행정처분의 취소판결이 있어야만 그 행정처분의 위법임을 이유로 한 손해배상 청구를 할 수 있는 것은 아니다(대판 1972.4.28. 72다337).

관련판례

적법한 건축물에 대한 철거명령은 그 하자가 중대하고 명백하여 당연무효라고 할 것이고, 그 후행행위인 건축물철거 대집행 계고처분 역시 당연무효라고 할 것이다(대판 1999.4.27. 97누6780). 10 지방9급 등

(4) 하자의 승계 여부

1) 철거명령과 계고처분 사이

대체적 작위의무 부과처분(예 무허가건물 철거명령 등)과 계고처분 사이에는 하자가 승계되지 않는다. 07 국가7급 등 즉, 불가쟁력이 발생한 단순 위법한 철거명령을 이유로 대집행 계고처분의 취소를 구할 수 없다. 06 세무사

관련판례

계고처분의 취소소송에서 그 선행행위인 행정청의 명령에 대한 위법은 주장할 수 없다(대판 1975.12.9. 75누218). 16 국회8급

2) 대집행절차 상호 간의 사이

계고처분과 대집행 영장 통지, 실행, 비용납부명령 사이에는 하자가 승계된다는 것이 통설과 판례이다. 15 국회8급, 07 대구9급 등

관련판례

후행처분인 대집행 비용납부명령 취소청구소송에서 선행처분인 계고처분이 위법하다는 이유로 대집행 비용납부명령의 취소를 구할 수 있다(대판 1993.11.9. 93누14271). 07 대구9급

3) 비용납부명령과 체납처분 사이

비용납부명령과 그 불이행시 체납처분 사이에는 하자승계가 부정된다.

03 이행강제금(집행벌)

1. 의의

(1) 개설

1) 이행강제금의 개념

이행강제금이란 **부작위의무나 비대체적 작위의무의 불이행시**, 의무자에게 심리적 압박을 가하여 의무이행을 **간접적으로 강제**하기 위하여 부과하는 금전부담을 말한다(예 건축법상의 이행강제금). 19·09 국가9급 일정한 기한 내에 의무를 이행하지 않으면 일정한 과태료에 처한다는 뜻을 미리 통지함으로써 **심리적 압박을 가하여 의무이행을 간접으로 강제함을 목적으로 하며, 이행이 없을 때에는 몇 번이고 과할 수 있다.**

2) 대체적 작위의무에 대한 이행강제금의 부과가능성 10 지방9급 등

이행강제금은 부작위의무나 비대체적 작위의무 위반에 부과하는 것이 전통적인 입장이었다. 그러나 오늘날 대형건물(예 63빌딩)이 불법적으로 건축된 경우에 대집행을 하는 것이 사실상 불가능하기 때문에 대체적 작위의무에 대해서도 이행강제금을 부과할 수 있다는 것이 다수설이고, 헌법재판소도 그 가능성을 인정한다. 11 국가9급

관련판례

❶ 대체적 작위의무에도 이행강제금이 부과될 수 있고, 형사처벌과 병과해도 이중처벌이 아니다. `18 소방, 15 국가9급, 10 지방9급 등`

전통적으로 행정대집행은 대체적 작위의무에 대한 강제집행수단으로, 이행강제금은 부작위의무나 비대체적 작위의무에 대한 강제집행수단으로 이해되어 왔으나, 이는 이행강제금제도의 본질에서 오는 제약은 아니며, 이행강제금은 대체적 작위의무의 위반에 대하여도 부과될 수 있다. … 건축법 제78조에 의한 무허가 건축행위에 대한 형사처벌과 건축법 제83조 제1항에 의한 시정명령 위반에 대한 이행강제금의 부과는 그 처벌 내지 제재대상이 되는 기본적 사실관계로서의 행위를 달리하며, 또한 그 보호법익과 목적에서도 차이가 있으므로 헌법 제13조 제1항이 금지하는 이중처벌에 해당한다고 할 수 없다(헌재 2004.2.26. 2001헌바80).

❷ 건축주 등이 장기간 시정명령을 이행하지 아니하였으나 그 기간 중에 시정명령의 이행 기회가 제공되지 아니하였다가 뒤늦게 이행 기회가 제공된 경우, 이행 기회가 제공되지 아니한 과거의 기간에 대한 이행강제금까지 한꺼번에 부과할 수 없다. 이를 위반하여 이루어진 이행강제금 부과처분은 하자가 중대·명백하다(대판 2016.7.14. 2015두46598). `19·18 국가7급, 18 지방9급`

(2) 성질

1) 급부하명

이행강제금은 행정행위 중 명령적 행정행위로서 급부하명이다. 즉, 이행강제금의 부과처분은 행정행위이다. `10 지방9급`

2) 일신전속성

이행강제금 납부의무는 상속인 등에게 승계될 수 없는 일신전속적인 성질을 가진다(행위책임, 인적 책임). `16·10 국가9급 등` 의무자가 이행강제금을 납부한 경우에는 더 이상 부과할 수 없다. `17 사복9급`

* 부동산 실권리자명의 등기에 관한 법률상 과징금은 승계된다(상태책임, 물적 책임).

관련판례

❶ 이행강제금 납부의무는 일신전속적인 것이므로 사망한 사람에 대한 부과는 당연무효이다(대결 2006.12.8. 2006마470). `18 지방9급`

❷ 이행강제금 및 이행강제금 부과 예고의 법적 성격은 계고에 해당한다(대판 2015.6.24. 2011두2170).

(3) 구별 개념

1) 행정벌과의 구별

이행강제금은 장래의 의무이행을 확보하려는 간접적인 강제집행수단이고, 행정벌은 과거의 의무위반에 대한 제재로서 행정상의 의무 위반, 즉 행정법규에 의한 명령 또는 금지 위반에 대하여 일반통치권에 기하여 과하는 벌이다.

2) 대집행·직접강제와의 구별

대집행과 직접강제는 직접적인 의무이행 확보수단임에 반하여, 이행강제금은 금전적 부담을 통한 심리적·간접적 수단이다. `02 행시`

관련판례

❶ 건축법상 이행강제금 납부의 최초 독촉은 항고소송의 대상이 되는 행정처분에 해당한다(대판 2009.12.24. 2009두14507). 20 소방, 17 국회8급, 13 국가7급

❷ 이행강제금은 반복 부과가 가능하다(대결 2005.8.19. 2005마30).

❸ 과태료에 처할 것에 대하여 이행강제금을 부과한 것은 위법하다(대결 2000.3.8. 99마317).

❹ 국토의 계획 및 이용에 관한 법률상 토지의 이용의무 불이행에 따른 이행명령을 받은 의무자가 이행명령에서 정한 기간을 지나서 그 명령을 이행한 경우, 이행명령 불이행에 따른 최초의 이행강제금을 부과할 수 없다(대판 2014.12.11. 2013두15750). 17 국가7급, 15 서울7급

❺ 독점규제 및 공정거래에 관한 법률 제17조의3은 같은 법 제16조에 따른 시정조치를 그 정한 기간 내에 이행하지 아니하는 자에 대하여 이행강제금을 부과할 수 있는 근거 규정이고, 시정조치가 이 법 제16조 제1항 제7호에 따른 부작위의무를 명하는 내용이더라도 마찬가지로 보아야 한다. 나아가 이러한 이행강제금이 부과되기 전에 시정조치를 이행하거나 부작위의무를 명하는 시정조치 불이행을 중단한 경우 과거의 시정조치 불이행 기간에 대하여 이행강제금을 부과할 수 있다고 봄이 타당하다(대판 2019.12.12. 2018두63563).

(4) 이행강제금의 법적 근거

관련조문

행정기본법 제31조(이행강제금의 부과) ① 이행강제금 부과의 근거가 되는 법률에는 이행강제금에 관한 다음 각 호의 사항을 명확하게 규정하여야 한다. 다만, 제4호 또는 제5호를 규정할 경우 입법목적이나 입법취지를 훼손할 우려가 크다고 인정되는 경우로서 대통령령으로 정하는 경우는 제외한다.
  1. 부과·징수주체
  2. 부과 요건
  3. 부과 금액
  4. 부과 금액 산정기준
  5. 연간 부과 횟수나 횟수의 상한
② 행정청은 다음 각 호의 사항을 고려하여 이행강제금의 부과 금액을 가중하거나 감경할 수 있다.
  1. 의무불이행의 동기, 목적 및 결과
  2. 의무불이행의 정도 및 상습성
  3. 그 밖에 행정목적을 달성하는 데 필요하다고 인정되는 사유
③ 행정청은 이행강제금을 부과하기 전에 미리 의무자에게 적절한 이행기간을 정하여 그 기한까지 행정상 의무를 이행하지 아니하면 이행강제금을 부과한다는 뜻을 문서로 계고하여야 한다.
④ 행정청은 의무자가 제3항에 따른 계고에서 정한 기한까지 행정상 의무를 이행하지 아니한 경우 이행강제금의 부과 금액·사유·시기를 문서로 명확하게 적어 의무자에게 통지하여야 한다.
⑤ 행정청은 의무자가 행정상 의무를 이행할 때까지 이행강제금을 반복하여 부과할 수 있다. 다만, 의무자가 의무를 이행하면 새로운 이행강제금의 부과를 즉시 중지하되, 이미 부과한 이행강제금은 징수하여야 한다.
⑥ 행정청은 이행강제금을 부과받은 자가 납부기한까지 이행강제금을 내지 아니하면 국세강제징수의 예 또는 지방행정제재·부과금의 징수 등에 관한 법률에 따라 징수한다.

(5) 이행강제금의 기능

1) 신속한 행정목적 달성
행정형벌과 같은 엄격한 절차가 요구되지 않으므로 신속히 행정목적을 달성할 수 있다.

2) 반복 부과 가능
일사부재리의 원칙이 적용되지 않으므로 이행이 없을 때에는 몇 번이고 반복하여 부과할 수 있다.

3) 이기적인 위반자에 효과적
이행강제금을 납부하지 않을 때에는 국세징수법에 의하여 강제징수할 수 있는 점에서 이기적인 의무 위반자에게 효과적이다.

2. 이행강제금 반복 부과

 관련조문

건축법 제80조(이행강제금) ⑤ 허가권자는 최초의 시정명령이 있었던 날을 기준으로 하여 1년에 2회 이내의 범위에서 해당 지방자치단체의 조례로 정하는 횟수만큼 그 시정명령이 이행될 때까지 반복하여 제1항 및 제2항에 따른 이행강제금을 부과·징수할 수 있다.

3. 이행강제금에 대한 구제

(1) 개별법에 특별한 불복절차가 마련되어 있는 경우(농지법)에는 처분성이 부정된다. 이때는 이행강제금 부과처분이 항고소송의 대상이 되는 처분이 아니다.
(2) 특별한 불복절차가 마련되어 있지 않은 경우(건축법)에는 항고소송의 대상이 된다.

 관련판례

구 건축법 제69조의2 제6항, 지방세법 제28조·제82조, 국세징수법 제23조의 각 규정에 의하면, 이행강제금 부과처분을 받은 자가 이행강제금을 기한 내에 납부하지 아니한 때에는 그 납부를 독촉할 수 있으며, 납부독촉에도 불구하고 이행강제금을 납부하지 않으면 체납절차에 의하여 이행강제금을 징수할 수 있고, 이때 이행강제금 납부의 최초 독촉은 징수처분으로서 항고소송의 대상이 되는 행정처분이 될 수 있다(대판 2009.12.24. 2009두14507). 16 서울7급 등

4. 직접강제

(1) 의의

1) 개념
직접강제란 행정법상 의무불이행에 대하여 **직접 의무자의 신체·재산에 실력을 가하여 의무의 이행이 있었던 것과 동일한 상태를 실현하는 작용**을 말한다.

> **보충** 직접강제와 직접강제가 아닌 예
>
> - **직접강제에 해당하는 예**: 강제예방접종, 무허가 영업소의 강제폐쇄, 불법체류 외국인에 대한 강제출국 `13 지방9급`, 집회군중에 대한 강제해산 등 `07 국가9급 등`
> - **직접강제가 아닌 예**: 개별법상의 폐쇄조치명령(하명) `04 대전9급`, 식품위생법상의 물건의 폐기(행정상 즉시강제) `04 대전9급`, 감염병 강제 격리

2) 보충성

직접강제는 법치국가의 원리상 다른 수단이 없을 때 최후의 강제수단으로서 적용되어야 한다. `09 국가9급 등`

(2) 대상

직접강제는 대체적 작위의무·비대체적 작위의무·부작위의무·수인의무 등 모든 의무불이행에 대하여 이행을 강제할 수 있다. `17 국가9급`

(3) 구별 개념

1) 대집행과의 구별

직접강제는 대체적 작위의무·비대체적 작위의무·부작위의무·수인의무 등 일체의 의무불이행에 대하여 할 수 있다는 점에서 대체적 작위의무에 대한 강제수단인 대집행과 구별된다.

2) 즉시강제와의 구별

직접강제는 의무불이행을 전제로 하는 점에서 의무이행을 전제로 하지 않는 즉시강제와 구별된다.

(4) 법적 근거

1) 명시적 근거 필요

직접강제는 의무자의 신체 또는 재산에 대해 직접 실력을 가하는 행위이므로 명시적인 근거가 있어야 한다. `96 5급승진`

2) 관련 규정

> **관련조문**
>
> **행정기본법 제32조(직접강제)** ① 직접강제는 행정대집행이나 이행강제금 부과의 방법으로는 행정상 의무 이행을 확보할 수 없거나 그 실현이 불가능한 경우에 실시하여야 한다.
> ② 직접강제를 실시하기 위하여 현장에 파견되는 집행책임자는 그가 집행책임자임을 표시하는 증표를 보여 주어야 한다.
> ③ 직접강제의 계고 및 통지에 관하여는 제31조 제3항 및 제4항을 준용한다.

(5) 직접강제에 대한 구제

1) 행정쟁송

직접강제는 **권력적 사실행위**로서 처분성이 인정되므로 항고소송의 대상이 된다. `05 선관위9급 등` 그러나 직접강제는 그 성질상 단기에 종료되므로 소의 이익이 없게 되는 경우가 많다.

2) 손해배상

위법한 직접강제로 손해를 입은 자는 국가배상법상의 손해배상청구를 할 수 있다.

5. 행정상 강제징수

(1) 의의
행정상 강제징수란 **공법상의 금전납부의무를 불이행한 경우**에 행정청이 의무자의 재산에 실력을 가하여 이를 징수하는 작용을 말한다. `17 사복9급, 09 국가9급 등`

(2) 근거
행정상 강제징수는 법적 근거가 있어야 할 수 있고, 국세징수법이 일반법으로 기능한다. `11 경행특채 등` 원래 국세징수법은 국세의 강제징수에 관한 법이지만, 많은 개별법에서 국세징수법을 준용하고 있다.

(3) 국세징수법상의 강제징수절차

강제징수절차는 세금의 과세처분을 전제로 하여 '독촉 → 압류 → 매각 → 청산'의 순으로 진행된다. 그 중에서 압류·매각·청산을 체납처분이라고 한다. `15 사복9급, 09 국가9급 등`

1) 독촉

① **의의 및 성질**: 독촉이란 납세의무자에게 일정 기간 내에 그 이행을 최고하고 불이행시에는 체납처분할 것을 예고하는 준법률행위적 행정행위로서 강학상 통지이다. `95 5급승진 등`

② **효과**: 독촉은 체납처분의 전제요건이며, 국세징수권의 소멸시효를 중단시키는 **시효중단사유이다.** `18 소방, 17 사복9급`

③ **방식**: 독촉은 반드시 문서로 하여야 하며, 원칙적으로 지정납부기한이 지난 후 **10일 이내에 독촉장**을 발급하여야 한다. `10 국가7급`

> **관련조문**
>
> **국세징수법 제10조(독촉)** ① 관할 세무서장은 납세자가 국세를 지정납부기한까지 완납하지 아니한 경우 지정납부기한이 지난 후 10일 이내에 체납된 국세에 대한 독촉장을 발급하여야 한다. 다만, 제9조에 따라 국세를 납부기한 전에 징수하거나 체납된 국세가 일정한 금액 미만인 경우 등 대통령령으로 정하는 경우에는 독촉장을 발급하지 아니할 수 있다.
> ② 관할 세무서장은 제1항 본문에 따라 독촉장을 발급하는 경우 독촉을 하는 날부터 20일 이내의 범위에서 기한을 정하여 발급한다.

④ **판례**: 독촉절차를 결여한 체납처분의 효력에 대해 판례는 무효가 아닌 취소사유로 보고 있다(다수설은 무효로 봄). 그러나 적법한 납세고지 없이 행한 압류는 무효로 본다. 또한 반복된 독촉의 경우에 최초의 독촉만이 항고소송의 대상이 된다.

2) 체납처분[재산압류 → 압류재산의 매각 → 청산(3단계 구성)]

① 재산압류

㉠ **의의 및 성질** 08 지방7급 : 압류란 납세자가 독촉을 받고 독촉장에 정한 기한까지 국세를 완납하지 아니한 때에 체납자의 재산을 사실상·법률상으로 처분을 금지하고 확보하는 강제행위를 말한다. **압류는 권력적 사실행위로서 처분성이 인정되며, 항고소송의 대상이 된다.**

㉡ 압류의 요건

독촉장에 정한 기한까지 국세를 완납하지 않은 경우	압류는 원칙적으로 납세자가 독촉을 받고 독촉장에 정한 기한까지 국세를 완납하지 아니한 때에 행한다(국세징수법 제31조 제1항 제1호).
압류에는 법관의 영장이 필요하지 않음. 16 국가9급	그러나 국세범칙사건의 조사를 위한 압류(압수)에는 법관이 발부한 영장이 필요하다. 형사소추와 관련되기 때문이다.

㉢ **압류대상 재산(금전적 가치가 있고 양도성 있는 모든 재산)**: 채무자의 소유로서 금전적 가치가 있고, 양도성 있는 모든 재산이며, 동산·부동산·무체재산권을 불문한다. 09 서울승진

관련판례

① 체납자 아닌 제3자 소유물건에 대한 압류처분은 당연무효이다(대판 1993.4.27. 92누12117).

② 압류재산이 징수할 국세액을 초과하는 경우 압류처분의 효력은 취소사유이다(대판 1986.11.11. 86누479). 17 국가9급

③ 학교법인이 매도하거나 담보로 제공할 수 없는 교지, 교사 등을 제외한 기본재산에 대한 압류는 허용된다(대판 2003.5.16. 2002두3669).

④ 국가나 지방자치단체가 중요무형문화재 보유자에게 지급하는 전승지원금채권은 강제집행의 대상이 아니다(대판 2013.3.28. 2012다203461).

⑤ 국유 일반재산의 대부료 등의 지급을 민사소송의 방법으로 구하는 것은 원칙적으로 허용되지 아니한다. 19 국가9급 등

국유재산법 제42조 제1항, 제73조 제2항 제2호에 따르면, 국유 일반재산의 관리·처분에 관한 사무를 위탁받은 자는 국유 일반재산의 대부료 등이 납부기한까지 납부되지 아니한 경우에는 국세징수법 제23조와 같은 법의 체납처분에 관한 규정을 준용하여 대부료 등을 징수할 수 있다. 이와 같이 국유 일반재산의 대부료 등의 징수에 관하여는 국세징수법 규정을 준용한 간이하고 경제적인 특별구제절차가 마련되어 있으므로, 특별한 사정이 없는 한 민사소송의 방법으로 대부료 등의 지급을 구하는 것은 허용되지 아니한다(대판 2014.9.4. 2014다203588).

⑥ 구 법인세법 제72조의 결손금 소급공제에 의하여 법인세를 환급받은 법인이 후에 결손금 소급공제대상 법인이 아닌 것으로 밝혀진 경우 납세지 관할 세무서장은 착오환급한 환급세액을 구 국세기본법 제51조 제7항에 따라 강제징수할 수 있을 뿐이고, 민사소송의 방법으로 부당이득반환을 구할 수는 없다(대판 2016.2.18. 2013다206610). 예상

㉣ **압류금지재산**: 압류금지재산에 대해서는 **체납자의 동의가 있어도 압류할 수 없다.** 체납자의 최소한의 생활을 보호해야 하기 때문이다.

> **관련조문**
>
> **제42조(급여채권의 압류 제한)** ① 급료, 연금, 임금, 봉급, 상여금, 세비, 퇴직연금, 그 밖에 이와 비슷한 성질을 가진 급여채권에 대해서는 그 총액의 2분의 1에 해당하는 금액은 압류가 금지되는 금액으로 한다.
> ② 제1항에도 불구하고 다음 각 호의 경우 압류가 금지되는 금액은 각각 다음 각 호의 구분에 따른 금액으로 한다.
>   1. 제1항에 따라 계산한 급여채권 총액의 2분의 1에 해당하는 금액이 표준적인 가구의 국민기초생활 보장법 제2조 제7호에 따른 최저생계비를 고려하여 대통령령으로 정하는 금액에 미달하는 경우: 같은 호에 따른 최저생계비를 고려하여 대통령령으로 정하는 금액
>   2. 제1항에 따라 계산한 급여채권 총액의 2분의 1에 해당하는 금액이 표준적인 가구의 생계비를 고려하여 대통령령으로 정하는 금액을 초과하는 경우: 표준적인 가구의 생계비를 고려하여 대통령령으로 정하는 금액
> ③ 퇴직금이나 그 밖에 이와 비슷한 성질을 가진 급여채권에 대해서는 그 총액의 2분의 1에 해당하는 금액은 압류하지 못한다.

ⓜ **압류의 효력**: 압류에는 시효중단의 효과가 인정되며, 압류의 하자는 매각·청산에 승계된다.

> **관련판례**
>
> 세무공무원이 체납자의 재산을 압류하기 위해 수색을 하였으나 압류할 목적물이 없어 압류를 실행하지 못한 경우에도 시효중단의 효력이 발생한다(대판 2001.8.21. 2000다12419).

ⓑ **압류의 해제**

> **관련판례**
>
> 압류처분 후 고지된 세액이 납부된 경우에는 그 압류는 해제되어야 하나 그 납부의 사실이 있다 하여 곧 그 압류처분이 당연무효로 되는 것은 아니다(대판 1982.7.13. 81누360).
>
> 위헌결정 이전에 택지초과소유 부담금 부과처분과 압류처분 및 이에 기한 압류등기가 이루어지고 위의 각 처분이 확정된 경우, 그 위헌결정 이후에 후속 체납처분절차를 진행할 수 없다(대판 2002.8.23. 2001두2959). `17 국가9급, 16 지방7급·서울7급`
>
> ❸ 압류 후 부과처분의 근거법률이 위헌으로 결정된 경우에 압류처분은 취소사유가 있는 경우에 해당되어 압류를 해제하여야 한다(대판 2002.7.12. 2002두3317). `08 지방9급`

② **압류재산의 매각**

　㉠ **개념**: 매각은 압류재산을 금원으로 환가하는 것을 말한다.

　ⓒ **매각의 방법과 처분성**

공매	압류재산의 매각은 공매로 하는 것이 원칙이고, 입찰이나 경매의 방법으로 하게 된다. 공매는 공법상의 대리로서 처분성이 인정된다. 세무서장은 공매를 할 때 일정 사항을 공고하여야 한다. `17 사복7급, 15 국가9급 등`
수의계약	사안에 따라서 수의계약(1 : 1 계약)을 하는 경우도 있다. 수의계약은 사법상의 매매계약이다. `13 국가9급 등`

　ⓒ **공매의 결정과 통지** `19 국가7급, 17 국가9급·사복9급`: 공매의 결정과 통지에 대해서는 처분성을 부정하는 것이 판례의 입장이다. `16 국가9급, 15 국회9급` 다만, 공매통지를 절차적 요건으로 보아 체납자에게 공매통지를 하지 않았거나 적법하지 않은 통지를 한 경우의 공매는 위법하다는 판시를 한 바 있다.

관련판례

❶ 과세관청이 체납처분으로서 행하는 공매는 행정처분이다. 17 사복9급, 08 선관위9급 등

과세관청이 체납처분으로서 행하는 공매는 우월한 공권력의 행사로서 행정소송의 대상이 되는 공법상의 행정처분이며 공매에 의하여 재산을 매수한 자는 그 공매처분이 취소된 경우에 그 취소처분의 위법을 주장하여 행정소송을 제기할 법률상 이익이 있다(대판 1984.9.25. 84누201).

❷ 공매에 있어서 공매재산에 대한 감정평가나 매각예정가격의 결정이 잘못되어 공매재산이 부당하게 저렴한 가격으로 공매된 경우 그 공매처분은 위법하나 당연무효는 아니다(대판 1997.4.8. 96다52915). 08 지방7급

❸ 공매처분에 대한 취소 등의 항고소송에서 피고는 위임청인 세무서장이 아니라 수임청인 성업공사(현 한국자산관리공사)이다(대판 1997.2.28. 96누1757). 08 지방9급

③ 청산

㉠ **개념**: 청산이란 압류재산의 매각대금 등을 배분 순위에 따라 배분하고 잔여금이 있으면 체납자에게 지급하는 절차를 말한다. 체납처분절차의 최종단계로 00 국가7급, 그 성질은 사실행위이다.

㉡ **배분의 순위**: '체납처분비(집행비용을 말함) → 국세 → 가산금'의 순이다. 배분 이후 잔여금이 있으면 체납자에게 반환한다.

㉢ **체납처분의 유예·중지·결손처분**

체납처분의 유예	관할 세무서장은 일정한 경우에 체납액에 대하여 체납처분에 의한 재산의 압류나 압류재산의 매각을 대통령령으로 정하는 바에 따라 유예할 수 있다(국세징수법 제105조 제1항).
결손처분	국세징수법상 결손처분규정은 삭제되었다.

㉣ **조세부과처분의 하자와 체납처분**

조세부과처분이 무효인 경우	체납처분도 무효이다. 10 경행특채
조세부과처분이 취소된 경우	체납처분이 당연무효가 되는 것은 아니다. 08 지방9급

(4) 행정상 강제징수에 대한 구제수단

1) 하자의 승계

① **체납처분 상호 간** 19 국가9급 : 강제징수절차는 독촉과 체납처분으로서 압류·매각·청산 등의 일련의 절차로 이루어지고, 이들 절차는 모두 결합하여 **하나의 법률효과를 완성하는 관계이므로 하자의 승계가 인정된다.**

② **조세 부과처분과 체납처분 상호 간** 19 국가9급 : 조세 부과처분에 하자가 있는 경우, 조세 부과처분은 강제징수의 전제가 되는 단계이므로 **조세 부과처분의 하자는 독촉에 승계되지 않는다.**

2) 행정쟁송

① **필수적 행정심판전치**: 강제징수에 불복하는 자는 행정쟁송절차에 따라 그 취소 또는 변경을 구할 수 있다. 행정심판에 있어서는 행정심판법의 일부규정을 제외하고는 적용하지 아니하고 국세기본법을 적용한다. 95 5급승진 현행 국세기본법에서는 심사청구와 심판청구 중 하나의 절차만 거치면 행정소송을 제기할 수 있도록 개정되었다(국세기본법 제55조).

② 절차

구분	심판청구기관	절차
이의신청	세무서장 또는 지방국세청장	신청인이 세무서장이나 지방국세청장에게 하는 이의신청은 임의절차이므로 반드시 거치지는 않아도 된다.
심사청구	국세청장	신청인은 심사청구(국세청장에게)나 심판청구(조세심판원장에게) 둘 중 하나를 반드시 거쳐야 한다. 동일한 처분에 대하여 심사청구와 심판청구를 중복하여 제기할 수는 없다. 18 소방, 16 지방7급, 15 국가9급, 14 국가7급
심판청구	국세심판원장	

③ 제소기간: 행정소송은 행정소송법 제20조에도 불구하고 심사청구 또는 심판청구에 대한 결정의 통지를 받은 날부터 90일 이내에 제기하여야 한다(국세기본법 제56조 제3항).

제2절 행정상 즉시강제와 행정조사

01 행정상 즉시강제

1. 서설

(1) 의의

행정상 즉시강제란 **목전의 긴급한 행정상 장해를 제거하여야 할 필요가 있는 경우에, 미리 의무를 명할 시간적 여유가 없을 때 또는 그 성질상 의무를 명하여서는 목적 달성이 곤란할 때에 직접 국민의 신체 또는 재산에 실력을 가하여 행정상 필요한 상태를 실현하는 작용**을 말한다(통설). 예컨대, 감염병 환자의 강제입원조치, 불량식품 또는 청소년유해물품의 수거·폐기, 주차 위반 차량의 견인 등이 있다. 19 국가9급 등

(2) 성질

1) 처분성

통설은 **권력적 사실행위**라고 본다. 따라서 항고소송의 대상이 된다. 19 소방 등

2) 법적 근거

행정상 즉시강제에는 법적 근거가 필요하고, 행정청에 재량권이 인정된다. 05 국회8급

> **관련조문**
>
> **행정기본법 제33조(즉시강제)** ① 즉시강제는 다른 수단으로는 행정목적을 달성할 수 없는 경우에만 허용되며, 이 경우에도 최소한으로만 실시하여야 한다.
> ② 즉시강제를 실시하기 위하여 현장에 파견되는 집행책임자는 그가 집행책임자임을 표시하는 증표를 보여 주어야 하며, 즉시강제의 이유와 내용을 고지하여야 한다.

(3) 구별 개념

행정상 즉시강제	행정상 강제집행
의무불이행을 전제로 하지 않는다. 예 감염병 환자의 강제입원	의무불이행을 전제로 한다. 예 감염병 예방을 위한 강제접종
양자는 실력으로 행정상 필요한 상태를 실현시키는 사실행위라는 점에서 공통된다.	

(4) 근거

엄격한 실정법적 근거가 있어야 한다고 보는 것이 일반적이다. 09 국회8급 등

2. 행정상 즉시강제의 종류(수단)

대인적 강제	경찰관 직무집행법	• **보호조치**: 미아 보호, 정신병자 보호 01 서울7급 등 • **위험발생 방지조치**: 광견에 대한 방어조치 • **범행의 예방·제지** 11 지방9급 , 장구의 사용, 무기의 사용
	개별법	• **감염병예방법**: 강제격리, 강제건강진단 01 서울7급 등 • **출입국관리법·마약류관리법**: 강제수용 94 국가7급 • **수상구조법**: 인근 주민에 대한 원조강제 • **소방기본법**: 소방활동 종사명령 91 5급승진 • **정신건강복지법**: 응급입원 94 국가7급
대물적 강제	경찰관 직무집행법	• 무기·흉기·위험물의 임시영치 01 서울7급 등 • 위해방지조치: 무단방치된 장애물 제거
	개별법	• **식품위생법·약사법·검역법**: 물건의 폐기 94 국가7급 등 • **소방기본법**: 소방대상물에 대한 강제처분 11 지방9급 등 • **구 음반 및 비디오물에 관한 법률**: 불법 비디오 수거·폐기 19 소방 • **청소년보호법**: 청소년유해약물의 수거·폐기 05 국가7급
대가택적 강제	경찰관 직무집행법	• 위험방지를 위한 가택출입
	개별법	• **식품위생법·공중위생관리법**: 출입검사 • **총포·도검·화약류 등의 안전관리에 관한 법률**: 출입검사 • **조세범처벌법**: 수색

3. 행정상 즉시강제의 한계

(1) 실체법적 한계

1) 급박성에 의한 한계
① 행정상 즉시강제는 현존하는 명백한 위험의 장애를 예방하기 위하여 발동되어야 한다.
② 장래의 위험 발생을 예견하여 발동되어서는 안 된다. 05 국회8급 등

2) 보충성에 의한 한계
행정상 즉시강제는 다른 수단으로는 그 목적 달성이 불가능하거나 시간적 여유가 없는 경우여야 한다. 즉, 행정상 강제집행이 가능한 경우에는 행정상 즉시강제는 허용되지 않는다. 06 경북9급 등

3) 비례성에 의한 한계
행정상 즉시강제는 비례원칙을 지켜야 한다. 05 강원9급 등

4) 소극성에 의한 한계
행정상 즉시강제는 소극적으로 공공의 안녕질서를 유지하기 위한 것이어야 하고, 적극적으로 공공복리의 달성이라는 목적으로 행사되어서는 안 된다. 13 국가7급, 06 대구교행

(2) 절차법적 한계(영장의 필요 여부)
대법원은 절충설의 입장이지만, 헌법재판소는 원칙적으로 영장주의가 적용되지 않는다고 본다.

관련판례

❶ 헌법재판소의 입장(영장불요설): 행정상 즉시강제에는 원칙적으로 영장주의가 적용되지 않는다(헌재 2002.10.31. 2000헌가12). 19 소방

❷ 음주운전 여부에 대한 조사과정에서 운전자 본인의 동의를 받지 아니하고 또한 법원의 영장도 없이 채혈조사를 한 결과를 근거로 한 운전면허 정지·취소처분은 도로교통법 제44조 제3항을 위반한 것으로서 특별한 사정이 없는 한 위법한 처분으로 볼 수밖에 없다(대판 2016.12.27. 2014두46850). ◎예상

4. 인신보호법상의 구제

위법한 행정상 즉시강제로 수용시설에 수용되어 인신의 자유가 제한되었을 때 인신보호법에 따라 구제를 받을 수 있다. 동법은 위법한 행정처분만이 아니라 **사인에 의한 시설에의 수용에 대해서도 적용된다.**

관련조문

제1조(목적) 이 법은 위법한 행정처분 또는 사인(私人)에 의한 시설에의 수용으로 인하여 부당하게 인신의 자유를 제한당하고 있는 개인의 구제절차를 마련함으로써 헌법이 보장하고 있는 국민의 기본권을 보호하는 것을 목적으로 한다.

제2조(정의) ① 이 법에서 '피수용자'란 자유로운 의사에 반하여 국가, 지방자치단체, 공법인 또는 개인, 민간단체 등이 운영하는 의료시설·복지시설·수용시설·보호시설(이하 '수용시설'이라 한다)에 수용·보호 또는 감금되어 있는 자를 말한다. 다만, 형사절차에 따라 체포·구속된 자, 수형자 및 출입국관리법에 따라 보호된 자는 제외한다.
② 이 법에서 '수용자'란 수용시설의 장 또는 운영자를 말한다.

관련판례

[1] 대한민국 입국이 불허되어 대한민국 공항에 머무르고 있는 외국인에게 인신보호법상 구제청구권이 인정된다. 또한 대한민국 입국이 불허된 외국인을 외부와 출입이 통제되는 한정된 공간에 장기간 머무르도록 강제하는 것은 인신보호법상 구제대상인 위법한 수용에 해당한다.
[2] 인신보호법에 의한 구제청구절차 진행 중 피수용자에 대한 수용이 해제된 경우, 구제청구의 이익은 소멸한다(대결 2014.8.25. 2014인마5).

02 행정조사

1. 개설

(1) 행정조사의 의의 및 법적 성질

1) 의의

행정조사란 행정기관이 정책을 결정하거나 직무를 수행하는 데 필요한 정보나 자료를 수집하기 위하여 현장조사·문서열람·시료채취 등을 하거나 조사대상자에게 보고요구·자료제출요구 및 출석·

진술요구를 행하는 활동을 말한다(행정조사기본법 제2조 제1호). 즉, 행정조사는 행정기관이 행정작용을 위하여 필요로 하는 정보나 자료 등을 수집하는 일체의 행정활동을 의미한다(광의설). 12 지방9급

2) 법적 성질

행정조사는 직접적으로 법적 효과를 발생시키지 않는 사실행위이다. 19 서울9급

(2) 행정조사의 독자성 인정 여부

전통적으로 행정조사는 즉시강제에 포함하여 설명하였으나, 행정조사가 행정상 즉시강제와 구별되어 독자적인 행위형식을 갖춘 것으로 인정될 수 있는가 하는 점이 문제된다. 오늘날 행정조사의 목적·기능·효과 등의 차이점을 고려하여 독자성을 인정하는 것이 통설이다.

(3) 법적 근거

관련조문

행정조사기본법 제5조(행정조사의 근거) 행정기관은 법령 등에서 행정조사를 규정하고 있는 경우에 한하여 행정조사를 실시할 수 있다. 다만, 조사대상자의 자발적인 협조를 얻어 실시하는 행정조사의 경우에는 그러하지 아니하다. 20 소방, 18·09 국가9급, 18 국가7급, 15 경행특채

2. 행정조사의 법적 한계(제4조)

조사범위의 최소화 (비례의 원칙)	① 행정조사는 조사목적을 달성하는 데 필요한 최소한의 범위 안에서 실시하여야 하며, 다른 목적 등을 위하여 조사권을 남용하여서는 아니 된다. 16 국가9급, 09 국회속기
목적부합성의 원칙	② 행정기관은 조사목적에 적합하도록 조사대상자를 선정하여 행정조사를 실시하여야 한다.
중복조사의 제한	③ 행정기관은 유사하거나 동일한 사안에 대하여는 공동조사 등을 실시함으로써 행정조사가 중복되지 아니하도록 하여야 한다. 12 지방9급
예방 위주의 행정조사	④ 행정조사는 법령 등의 위반에 대한 처벌보다는 법령 등을 준수하도록 유도하는 데 중점을 두어야 한다. 20 소방, 10 지방9급 등
조사 내용 공표금지 및 비밀엄수	⑤ 다른 법률에 따르지 아니하고는 행정조사의 대상자 또는 행정조사의 내용을 공표하거나 직무상 알게 된 비밀을 누설하여서는 아니 된다. 09 국회속기
조사 내용에 대한 이용 제한	⑥ 행정기관은 행정조사를 통하여 알게 된 정보를 다른 법률에 따라 내부에서 이용하거나 다른 기관에 제공하는 경우를 제외하고는 원래의 조사목적 이외의 용도로 이용하거나 타인에게 제공하여서는 아니 된다. 08 지방9급

관련판례

① 납세자에 대한 부가가치세 부과처분이 종전의 부가가치세 경정조사와 같은 세목 및 같은 과세기간에 대하여 중복하여 실시된 위법한 세무조사에 기초하여 이루어진 것은 위법하다(대판 2006.6.2. 2004두12070). 18 국가9급 등

② 과세관청 내지 그 상급관청이나 수사기관의 강요로 합리적이고 타당한 근거도 없이 작성된 과세자료에 터잡은 과세처분의 하자는 중대하고 명백한 것이다(대판 1992.3.31. 91다32053 전원합의체). 16 국가9급

3. 행정조사기본법의 주요 내용

(1) 목적
이 법은 행정조사에 관한 기본원칙·행정조사의 방법 및 절차 등에 관한 공통적인 사항을 규정함으로써 행정의 공정성·투명성 및 효율성을 높이고, 국민의 권익을 보호함을 목적으로 한다(제1조).

(2) 적용범위

관련조문

제3조(적용범위) ① 행정조사에 관하여 다른 법률에 특별한 규정이 있는 경우를 제외하고는 이 법으로 정하는 바에 따른다. 18 지방9급
② 다음 각 호의 어느 하나에 해당하는 사항에 대하여는 이 법을 적용하지 아니한다. 18 지방9급
  1. 행정조사를 한다는 사실이나 조사 내용이 공개될 경우 국가의 존립을 위태롭게 하거나 국가의 중대한 이익을 현저히 해칠 우려가 있는 국가안전보장·통일 및 외교에 관한 사항
  2. 국방 및 안전에 관한 사항 중 다음 각 목의 어느 하나에 해당하는 사항
     가. 군사시설·군사기밀 보호 또는 방위사업에 관한 사항
     나. 병역법·예비군법·민방위기본법·비상대비에 관한 법률에 따른 징집·소집·동원 및 훈련에 관한 사항
  3. 공공기관의 정보공개에 관한 법률 제4조 제3항의 정보에 관한 사항
  4. 근로기준법 제101조에 따른 근로감독관의 직무에 관한 사항 12 지방9급
  5. 조세·형사·행형 및 보안처분에 관한 사항
  6. 금융감독기관의 감독·검사·조사 및 감리에 관한 사항 12 지방9급
  7. 독점규제 및 공정거래에 관한 법률, 표시·광고의 공정화에 관한 법률, 하도급거래 공정화에 관한 법률, 가맹사업거래의 공정화에 관한 법률, 방문판매 등에 관한 법률, 전자상거래 등에서의 소비자보호에 관한 법률, 약관의 규제에 관한 법률 및 할부거래에 관한 법률에 따른 공정거래위원회의 법률위반행위 조사에 관한 사항
③ 제2항에도 불구하고 제4조(행정조사의 기본원칙), 제5조(행정조사의 근거) 및 제28조(정보통신 수단을 통한 행정조사)는 제2항 각 호의 사항에 대하여 적용한다.

(3) 조사계획의 수립 및 조사대상의 선정

1) 연도별 조사의 수립

관련조문

제6조(연도별 행정조사 운영계획의 수립 및 제출) ① 행정기관의 장은 매년 12월 말까지 다음 연도의 행정조사 운영계획을 수립하여 국무조정실장에게 제출하여야 한다. 다만, 행정조사 운영계획을 제출해야 하는 행정기관의 구체적인 범위는 대통령령으로 정한다.
② 행정기관의 장이 행정조사 운영계획을 수립하는 때에는 제4조에 따른 행정조사의 기본원칙에 따라야 한다.

2) 조사의 주기 - 정기조사의 원칙, 예외적 수시조사 10 경행특채 등

관련조문

제7조(조사의 주기) 행정조사는 법령 등 또는 행정조사 운영계획으로 정하는 바에 따라 정기적으로 실시함을 원칙으로 한다. 다만, 다음 각 호 중 어느 하나에 해당하는 경우에는 수시조사를 할 수 있다.
21 소방, 15 경행특채, 14 지방9급
1. 법률에서 수시조사를 규정하고 있는 경우
2. 법령 등의 위반에 대하여 혐의가 있는 경우 10 서울교행
3. 다른 행정기관으로부터 법령 등의 위반에 관한 혐의를 통보 또는 이첩받은 경우
4. 법령 등의 위반에 대한 신고를 받거나 민원이 접수된 경우
5. 그 밖에 행정조사의 필요성이 인정되는 사항으로서 대통령령으로 정하는 경우

3) 조사대상의 선정

관련조문

제8조(조사대상의 선정) ① 행정기관의 장은 행정조사의 목적, 법령 준수의 실적, 자율적인 준수를 위한 노력, 규모와 업종 등을 고려하여 명백하고 객관적인 기준에 따라 행정조사의 대상을 선정하여야 한다. 09 국회8급 등
② 조사대상자는 조사대상 선정기준에 대한 열람을 행정기관의 장에게 신청할 수 있다.
③ 행정기관의 장이 제2항에 따라 열람신청을 받은 때에는 다음 각 호의 어느 하나에 해당하는 경우를 제외하고 신청인이 조사대상 선정기준을 열람할 수 있도록 하여야 한다.
1. 행정기관이 당해 행정조사업무를 수행할 수 없을 정도로 조사활동에 지장을 초래하는 경우
2. 내부고발자 등 제3자에 대한 보호가 필요한 경우

(4) 조사방법

1) 출석·진술요구(제9조)

출석요구서 발송	① 행정기관의 장이 조사대상자의 출석·진술을 요구하는 때에는 다음 각 호의 사항이 기재된 출석요구서를 발송하여야 한다. 〈각 호 생략〉
출석일시 변경	② 조사대상자는 지정된 출석일시에 출석하는 경우 업무 또는 생활에 지장이 있는 때에는 행정기관의 장에게 출석일시를 변경하여 줄 것을 신청할 수 있으며, 변경신청을 받은 행정기관의 장은 행정조사의 목적을 달성할 수 있는 범위 안에서 출석일시를 변경할 수 있다.
1회 출석으로 종결	③ 출석한 조사대상자가 제1항에 따른 출석요구서에 기재된 내용을 이행하지 아니하여 행정조사의 목적을 달성할 수 없는 경우를 제외하고는 **조사원은 조사대상자의 1회 출석으로 당해 조사를 종결하여야 한다.**

2) 보고요구와 자료제출요구(제10조)

보고요구서 발송	① 행정기관의 장은 조사대상자에게 조사사항에 대하여 보고를 요구하는 때에는 다음 각 호의 사항이 포함된 보고요구서를 발송하여야 한다. 〈각 호 생략〉
자료제출요구서 발송	② 행정기관의 장은 조사대상자에게 장부·서류나 그 밖의 자료를 제출하도록 요구하는 때에는 다음 각 호의 사항이 기재된 자료제출요구서를 발송하여야 한다. 〈각 호 생략〉

3) 현장조사(제11조)

현장조사	① 조사원이 가택·사무실 또는 사업장 등에 출입하여 현장조사를 실시하는 경우에는 행정기관의 장은 다음 각 호의 사항이 기재된 현장출입조사서 또는 법령 등에서 현장조사시 제시하도록 규정하고 있는 문서를 조사대상자에게 발송하여야 한다. 〈각 호 생략〉
야간현장조사의 금지와 예외	② 제1항에 따른 현장조사는 해가 뜨기 전이나 해가 진 뒤에는 할 수 없다. 다만, 다음 각 호의 어느 하나에 해당하는 경우에는 그러하지 아니하다. 09 국가9급 1. 조사대상자(대리인 및 관리책임이 있는 자를 포함한다)가 동의한 경우 2. 사무실 또는 사업장 등의 업무시간에 행정조사를 실시하는 경우 3. 해가 뜬 후부터 해가 지기 전까지 행정조사를 실시하는 경우에는 조사목적의 달성이 불가능하거나 증거 인멸로 인하여 조사대상자의 법령 등의 위반 여부를 확인할 수 없는 경우
증표제시	③ 제1항 및 제2항에 따라 현장조사를 하는 조사원은 그 권한을 나타내는 증표를 지니고 이를 조사대상자에게 내보여야 한다.

4) 시료채취 및 손실보상(제12조)

최소한 채취	① 조사원이 조사목적의 달성을 위하여 시료채취를 하는 경우에는 그 시료의 소유자 및 관리자의 정상적인 경제활동을 방해하지 아니하는 범위 안에서 최소한도로 하여야 한다. 08 지방7급
손실보상	② 행정기관의 장은 제1항에 따른 시료채취로 조사대상자에게 손실을 입힌 때에는 대통령령으로 정하는 절차와 방법에 따라 그 손실을 보상하여야 한다. 20·18 소방, 08 지방7급

5) 자료 등의 영치

 관련조문

제13조(자료 등의 영치) ① 조사원이 현장조사 중에 자료·서류·물건 등(이하 이 조에서 '자료 등'이라 한다)을 영치하는 때에는 조사대상자 또는 그 대리인을 입회시켜야 한다.
② 조사원이 제1항에 따라 자료 등을 영치하는 경우에 조사대상자의 생활이나 영업이 사실상 불가능하게 될 우려가 있는 때에는 조사원은 자료 등을 사진으로 촬영하거나 사본을 작성하는 등의 방법으로 영치에 갈음할 수 있다. 다만, 증거인멸의 우려가 있는 자료 등을 영치하는 경우에는 그러하지 아니하다.
③ 조사원이 영치를 완료한 때에는 영치조서 2부를 작성하여 입회인과 함께 서명날인하고 그중 1부를 입회인에게 교부하여야 한다.
④ 행정기관의 장은 영치한 자료 등이 다음 각 호의 어느 하나에 해당하는 경우에는 이를 즉시 반환하여야 한다.
  1. 영치한 자료 등을 검토한 결과 당해 행정조사와 관련이 없다고 인정되는 경우
  2. 당해 행정조사의 목적의 달성 등으로 자료 등에 대한 영치의 필요성이 없게 된 경우

6) 공동조사

 관련조문

제14조(공동조사) ① 행정기관의 장은 다음 각 호의 어느 하나에 해당하는 행정조사를 하는 경우에는 공동조사를 하여야 한다. 15 경행특채, 09 국가9급 등
  1. 당해 행정기관 내의 2 이상의 부서가 동일하거나 유사한 업무분야에 대하여 동일한 조사대상자에게 행정조사를 실시하는 경우
  2. 서로 다른 행정기관이 대통령령으로 정하는 분야에 대하여 동일한 조사대상자에게 행정조사를 실시하는 경우

7) 중복조사의 제한

관련조문

제15조(중복조사의 제한) ① 제7조에 따라 정기조사 또는 수시조사를 실시한 행정기관의 장은 동일한 사안에 대하여 동일한 조사대상자를 재조사하여서는 아니 된다. 다만, 당해 행정기관이 이미 조사를 받은 조사대상자에 대하여 위법행위가 의심되는 새로운 증거를 확보한 경우에는 그러하지 아니하다. 18 지방9급

(5) 행정조사의 실시

1) 조사의 사전통지(제17조)

원칙적 서면 통지	① 행정조사를 실시하고자 하는 행정기관의 장은 제9조에 따른 출석요구서, 제10조에 따른 보고요구서·자료제출요구서 및 제11조에 따른 현장출입조사서(이하 '출석요구서 등'이라 한다)를 조사 개시 7일 전까지 조사대상자에게 서면으로 통지하여야 한다. 18 국가9급, 16 사복9급
예외적 구두 통지	다만, 다음 각 호의 어느 하나에 해당하는 경우에는 행정조사의 개시와 동시에 출석요구서 등을 조사대상자에게 제시하거나 행정조사의 목적 등을 조사대상자에게 **구두로 통지할 수 있다**. 16 사복9급 1. 행정조사를 실시하기 전에 관련 사항을 미리 통지하는 때에는 증거 인멸 등으로 행정조사의 목적을 달성할 수 없다고 판단되는 경우 2. 통계법 제3조 제2호에 따른 지정통계의 작성을 위하여 조사하는 경우 3. 제5조 단서에 따라 조사대상자의 자발적인 협조를 얻어 실시하는 행정조사의 경우

2) 조사의 연기신청

관련조문

제18조(조사의 연기신청) ① 출석요구서 등을 통지 받은 자가 천재지변이나 그 밖에 대통령령으로 정하는 사유로 인하여 행정조사를 받을 수 없는 때에는 당해 행정조사를 연기하여 줄 것을 행정기관의 장에게 요청할 수 있다.
③ 행정기관의 장은 제2항에 따라 행정조사의 연기요청을 받은 때에는 연기요청을 받은 날부터 7일 이내에 조사의 연기 여부를 결정하여 조사대상자에게 통지하여야 한다.

3) 제3자에 대한 보충조사(제19조)

가능한 경우	① 행정기관의 장은 조사대상자에 대한 조사만으로는 당해 행정조사의 목적을 달성할 수 없거나 조사대상이 되는 행위에 대한 사실 여부 등을 입증하는 데 과도한 비용 등이 소요되는 경우로서 다음 각 호의 어느 하나에 해당하는 경우에는 **제3자에 대하여 보충조사를 할 수 있다.** 1. 다른 법률에서 제3자에 대한 조사를 허용하고 있는 경우 2. 제3자의 동의가 있는 경우
보충조사방법	② 행정기관의 장은 제1항에 따라 제3자에 대한 보충조사를 실시하는 경우에는 **조사 개시 7일 전까지 보충조사의 일시·장소 및 보충조사의 취지 등을 제3자에게 서면으로 통지하여야 한다.**
조사대상자에 대한 통지	③ 행정기관의 장은 제3자에 대한 보충조사를 하기 전에 그 사실을 원래의 조사대상자에게 통지하여야 한다. 다만, 제3자에 대한 보충조사를 사전에 통지하여서는 조사 목적을 달성할 수 없거나 조사목적의 달성이 현저히 곤란한 경우에는 제3자에 대한 조사 결과를 확정하기 전에 그 사실을 통지하여야 한다.
의견제출	④ 원래의 조사대상자는 제3항에 따른 통지에 대하여 의견을 제출할 수 있다.

4) 자발적인 협조에 따라 실시하는 행정조사(제20조)

거부 가능	① 행정기관의 장이 제5조 단서에 따라 조사대상자의 자발적인 협조를 얻어 행정조사를 실시하고자 하는 경우 조사대상자는 문서·전화·구두 등의 방법으로 당해 행정조사를 거부할 수 있다.
거부 간주	② 제1항에 따른 행정조사에 대하여 조사대상자가 조사에 응할 것인지에 대한 응답을 하지 아니하는 경우에는 법령 등에 특별한 규정이 없는 한 그 조사를 거부한 것으로 본다. 10 경행특채 등
조사거부자의 자료 사용	③ 행정기관의 장은 제1항 및 제2항에 따른 조사거부자의 인적사항 등에 관한 기초자료는 특정 개인을 식별할 수 없는 형태로 통계를 작성하는 경우에 한하여 이를 이용할 수 있다.

5) 의견제출과 조사원 교체신청

 관련조문

제21조(의견제출) ① 조사대상자는 제17조에 따른 사전통지의 내용에 대하여 행정기관의 장에게 의견을 제출할 수 있다.
② 행정기관의 장은 제1항에 따라 조사대상자가 제출한 의견이 상당한 이유가 있다고 인정하는 경우에는 이를 행정조사에 반영하여야 한다.

제22조(조사원 교체신청) ① 조사대상자는 조사원에게 공정한 행정조사를 기대하기 어려운 사정이 있다고 판단되는 경우에는 행정기관의 장에게 당해 조사원의 교체를 신청할 수 있다. 10 지방9급
② 제1항에 따른 교체신청은 그 이유를 명시한 서면으로 행정기관의 장에게 하여야 한다.
③ 제1항에 따른 교체신청을 받은 행정기관의 장은 즉시 이를 심사하여야 한다.
④ 행정기관의 장은 제1항에 따른 교체신청이 타당하다고 인정되는 경우에는 다른 조사원으로 하여금 행정조사를 하게 하여야 한다.
⑤ 행정기관의 장은 제1항에 따른 교체신청이 조사를 지연할 목적으로 한 것이거나 그 밖에 교체신청에 타당한 이유가 없다고 인정되는 때에는 그 신청을 기각하고 그 취지를 신청인에게 통지하여야 한다.

6) 조사권 행사의 제한

 관련조문

제23조(조사권 행사의 제한) ① 조사원은 제9조부터 제11조까지에 따라 사전에 발송된 사항에 한하여 조사대상자를 조사하되, 사전 통지한 사항과 관련된 추가적인 행정조사가 필요할 경우에는 조사대상자에게 추가조사의 필요성과 조사 내용 등에 관한 사항을 서면이나 구두로 통보한 후 추가 조사를 실시할 수 있다.
② 조사대상자는 법률·회계 등에 대하여 전문지식이 있는 관계 전문가로 하여금 행정조사를 받는 과정에 입회하게 하거나 의견을 진술하게 할 수 있다.
③ 조사대상자와 조사원은 조사과정을 방해하지 아니하는 범위 안에서 행정조사의 과정을 녹음하거나 녹화할 수 있다. 이 경우 녹음·녹화의 범위 등은 상호 협의하여 정하여야 한다. 16 지방9급
④ 조사대상자와 조사원이 제3항에 따라 녹음이나 녹화를 하는 경우에는 사전에 이를 당해 행정기관의 장에게 통지하여야 한다.

7) 조사 결과의 통지

관련조문

제24조(조사 결과의 통지) 행정기관의 장은 법령 등에 특별한 규정이 있는 경우를 제외하고는 행정조사의 결과를 확정한 날부터 7일 15 경행특채 등 이내에 그 결과를 조사대상자에게 통지하여야 한다.

(6) 자율관리체제

관련조문

제25조(자율신고제도) ① 행정기관의 장은 법령 등에서 규정하고 있는 조사사항을 조사대상자로 하여금 스스로 신고하도록 하는 제도를 운영할 수 있다. 20 소방
② 행정기관의 장은 조사대상자가 제1항에 따라 신고한 내용이 거짓의 신고라고 인정할 만한 근거가 있거나 신고 내용을 신뢰할 수 없는 경우를 제외하고는 그 신고 내용을 행정조사에 갈음할 수 있다.

(7) 정보통신수단을 통한 행정조사

관련조문

제28조(정보통신수단을 통한 행정조사) ① 행정기관의 장은 인터넷 등 정보통신망을 통하여 조사대상자로 하여금 자료의 제출 등을 하게 할 수 있다.
② 행정기관의 장은 정보통신망을 통하여 자료의 제출 등을 받은 경우에는 조사대상자의 신상이나 사업비밀 등이 유출되지 아니하도록 제도적·기술적 보안조치를 강구하여야 한다.

Chapter 03 행정벌

나침반

구분	행정형벌	행정질서벌
개념	**형법에 있는 형벌**을 부과하는 벌 예 징역, 금고, 벌금, 과료 등	형벌이 아닌 과태료를 부과하는 벌 16 국가9급
형법총칙	적용 ○	적용 × 20 소방
일반법	일반법 없음.	질서위반행위규제법
과벌절차	· 형사소송절차에 의해 법원이 부과 · 일사부재리원칙 적용	· 행정청이 부과 · 일사부재리원칙 적용 안 됨.
대상	직접적으로 행정목적을 침해하는 행위	간접적으로 행정목적을 침해하는 행위
고의·과실	필요	불필요(질서위반행위규제법상 과태료 부과는 고의·과실 필요)

제1절 서설

01 행정벌의 의의

행정벌이란 행정상의 의무 위반, 즉 행정법규에 의한 명령 또는 금지 위반에 대하여 일반통치권에 기하여 과하는 제재로서의 벌을 말한다. 행정벌이 과해지는 비행을 행정범이라고 한다.

02 행정벌의 근거

1. 죄형법정주의의 적용

과태료 부과에는 죄형법정주의가 적용되지 않는다. 21 소방, 19 국가9급 등 다만, 질서위반행위규제법에 의하면 법률에 근거가 없으면 과태료를 부과하지 못한다.

> **보충** 죄형법정주의
> 죄형법정주의란 법에서 규정하지 않는 행위는 처벌할 수 없고, 규정된 범죄도 법이 정한 이상의 형을 부과하지 못한다는 것을 말한다.

2. 구체적 근거

(1) 개별법
행정형벌에 대한 일반법은 없으나, 행정질서벌에 대한 일반법으로는 질서위반행위규제법이 있다. 06 국가9급 등

(2) 조례
지방자치단체는 조례를 위반한 행위에 대하여 조례로써 1천만 원 이하의 과태료를 정할 수 있다(지방자치법 제34조 제1항). 16 국가9급, 10 서울교행 등 그러나 법률의 위임 없이는 조례로 행정형벌을 규정할 수는 없다.

03 행정벌의 종류

1. 행정형벌
행정형벌이란 **형법에 정해져 있는 형벌**(사형·징역·금고·자격상실·자격정지·벌금·구류·과료·몰수)이 과하여지는 것을 말한다. 행정형벌에는 특별한 규정이 있는 경우를 제외하고는 형법총칙이 적용되고(형법 제8조), 형사소송법의 절차에 따라 검사의 공소 제기로 법원이 과형한다. 04 국회8급 등

2. 행정질서벌
행정질서벌이란 직접 행정목적에는 영향을 미치지 않으나 간접적으로 행정목적의 달성에 장애를 미칠 위험성이 있는 행위에 부과되는 제재로, **형법에 형명이 없는 과태료가 과하여지는 것을 말한다. 형법총칙이 적용되지 않으며, 질서위반행위규제법이 적용된다.** 16 국가9급, 10 서울교행 등

3. 양자의 관계

(1) 입법재량
행정법규 위반에 대해서 행정형벌을 과할 것인지 행정질서벌을 과할 것인지는 국회의 입법재량에 속한다.

(2) 일사부재리(이중처벌금지)
행정형벌과 행정질서벌의 병과는 일사부재리원칙에 위반되지 않는다(대판 2011.4.28. 2009도12249).

제2절 행정형벌

01 행정형벌의 특수성

1. 행정형벌과 형법총칙
형법 제8조에 의하면 다른 법령에 특별한 규정이 없는 한 행정범에 대해서도 형법총칙이 적용된다. 09 국가9급 여기서 특별한 규정의 의미에 대해서 통설과 판례는 명문의 규정만이 아니라 해석상으로도 형벌의 범위를 축소하거나 경감하는 경우는 형법총칙의 적용을 배제할 수 있다는 입장이다.

2. 행정형벌의 성립요건

(1) 구성요건 해당성

1) 고의

형법상 범죄의 성립에는 고의가 있어야 한다. 행정범의 성립에도 원칙적으로 고의가 있어야 한다. `12 국가9급` 고의가 성립되기 위해서는 사실의 인식과 위법성의 인식이 있어야 하는데, 행정범의 경우에 사실의 인식은 당연히 필요하지만 위법성의 인식도 필요한지가 문제된다. 통설은 현실적인 위법성의 인식이 없더라도 위법성의 인식가능성만 있으면 행정범으로 처벌할 수 있다고 보는 위법성 인식가능성설을 취한다. `04 관세사`

> **보충** 범죄의 성립요건: 범죄가 성립하기 위해서는 세 가지의 요건이 필요하다.
> - **구성요건 해당성**: 예컨대 절도죄의 경우처럼 타인의 재물을 절취하는 범죄의 내용을 충족시키는 것을 말한다.
> - **위법성**: 그 행위가 위법성이 있어야 한다. 구성요건에 해당하는 행위는 원칙적으로 위법하다고 볼 수 있으므로 위법성은 위법성 조각사유(정당방위, 긴급피난, 정당행위)에 해당하면 무죄가 되는 범죄 성립의 소극적 기능을 한다.
> - **책임능력**: 행위자에게 범죄행위에 대한 비난을 할 수 있는 책임능력이 있어야 한다. 우리 형법은 만 14세 미만자, 심신상실자 등을 책임무능력자로 규정하고 있다.

관련판례

① 허가를 담당하는 공무원의 말을 믿은 경우에는 처벌할 수 없다(대판 1992.5.22. 91도2525).

② 법률의 부지는 용서받지 못한다(대판 1985.4.9. 85도25).

2) 과실

형법은 과실범의 경우에 법률에 특별한 규정이 있는 경우에 한하여 처벌한다(형법 제14조). 행정범의 경우에 명문의 규정이 없는 과실범을 처벌할 수 있는지에 대해 학설은 대립하나, **판례는 명문의 규정이 없는 경우에도 행정벌 규정의 해석상 과실범을 처벌한다는 뜻이 도출되는 경우에는 과실범을 벌할 수 있다고 본다.** `17 국가7급`

관련판례

① 행정상의 단속을 주안으로 하는 법규라 하더라도 명문규정이 있거나 해석상 과실범도 벌할 뜻이 명확한 경우를 제외하고는 형법의 원칙에 따라 고의가 있어야 벌할 수 있다(대판 1986.7.22. 85도108).

② 명문의 규정이 없어도 관련 법규의 목적과 취지를 고려해서 과실범을 처벌할 수 있다(대판 1993.9.10. 92도1136). `19·14 국가9급`

(2) 책임능력

형사범의 성립에는 책임능력이 필요하며, 심신장애자 및 농아자의 행위는 형을 필요적으로 감경하며 14세 미만의 자의 행위는 벌하지 않는다. 그러나 행정형벌의 경우에는 이를 배제 또는 제한하는 규정을 두어 14세 미만의 어린이도 범죄능력이 있는 것으로 보아 처벌하는 경우가 있다(담배사업법 제31조).

(3) 법인의 책임(양벌규정의 문제)

양벌규정에 의한 영업주의 처벌은 금지위반행위자인 종업원의 처벌에 종속하는 것이 아니라 독립하여 그 자신의 종업원에 대한 선임감독상의 과실로 인하여 처벌되는 것이므로 종업원의 범죄성립이나 처벌이 영업주 처벌의 전제조건이 될 필요는 없다(대판 2006.2.24. 2005도7673). 20 소방, 16 국가7급

* 종업원의 행위에 대한 법인의 고의·과실이란 종업원의 행위에 대한 법인의 관리·감독상의 주의의무 위반을 말한다. 18 지방9급

관련판례

❶ 영업주가 고용한 종업원 등의 업무에 관한 범법행위에 대하여 영업주도 함께 처벌하는 청소년 보호법 제54조 중 "개인의 대리인·사용인 기타 종업원이 그 개인의 업무에 관하여 제51조 제8호의 위반행위를 한 때에는 그 개인에 대하여도 해당 조의 벌금형을 과한다."라는 부분은 책임주의에 반하여 헌법에 위반된다(헌재 2009.7.30. 2008헌가10).

❷ 지방자치단체 소속 공무원이 압축트럭 청소차를 운전하여 고속도로를 운행하던 중 제한축중을 초과 적재 운행함으로써 도로관리청의 차량운행 제한을 위반한 경우, 해당 지방자치단체는 도로법 제86조의 양벌규정에 따른 처벌대상이 된다. 21 소방, 19·11 국가7급, 16 사복9급

지방자치단체가 그 고유의 자치사무를 처리하는 경우에는 지방자치단체는 국가기관의 일부가 아니라 국가기관과는 별도의 독립한 공법인이므로, 지방자치단체 소속 공무원이 지방자치단체 고유의 자치사무를 수행하던 중 도로법 제81조 내지 제85조의 규정에 의한 위반행위를 한 경우에는 지방자치단체는 도로법 제86조의 양벌규정에 따라 처벌대상이 되는 법인에 해당한다(대판 2005.11.10. 2004도2657).

> **비교판례**
>
> 지방자치단체 소속 공무원이 지정항만 순찰 등의 업무를 위해 관할 관청의 승인 없이 개조한 승합차를 운행함으로써 구 자동차관리법을 위반한 사안에서, 해당 지방자치단체는 구 자동차관리법 제83조의 양벌규정에 따른 처벌대상이 될 수 없다. 18 서울9급, 12 국회8급
>
> 지방자치단체 소속 공무원이 지정항만 순찰 등의 업무를 위해 관할 관청의 승인 없이 개조한 승합차를 운행함으로써 구 자동차관리법을 위반한 사안에서, 지방자치법, 구 항만법, 구 항만법 시행령 등에 비추어 위 항만 순찰 등의 업무가 지방자치단체의 장이 국가로부터 위임받은 기관위임사무에 해당하여, 해당 지방자치단체가 구 자동차관리법 제83조의 양벌규정에 따른 처벌대상이 될 수 없다(대판 2009.6.11. 2008도6530).

❸ 다단계 판매원은 양벌규정의 적용에 있어서는 다단계 판매업자의 사용인의 지위에 있다(대판 2006.2.24. 2003도4966). 08 국가9급

---

02 행정형벌의 과벌절차

1. 일반절차

행정형벌도 형벌과 마찬가지로 형사소송법에 따라 법원이 부과하는 것이 원칙이다. 12 국가9급 등

2. 특별절차 – 통고처분과 즉결심판 등

(1) 통고처분

1) 의의 11 국가9급

① **개념**: 통고처분이란 도로교통법 위반(예 신호 위반 등), 조세법 등에 대하여 정식재판에 대신하여 행정청(경찰서장, 세무서장)이 벌금 또는 과료에 상당하는 금액의 납부를 명하는 것을 말한다. 18 소방, 09 국가9급 등

② **성질**: 통고처분은 법원이 아니라 행정청이 명하는 것이므로 판결이 아니다. 05 국회8급 등

③ **금액**: 통고처분의 금액의 성질은 형법상의 벌금이 아니며, **자유형(징역, 금고)에 해당하는 행정형벌에는 인정되지 않는다.** 02 행시 등

④ **통고처분의 취지**: 통고처분제도는 '형벌의 비범죄화 정신'에 접근하는 제도이다(헌재 2003.10.30. 2002헌마275). 통고처분은 절차원칙이나 권력분립원칙에 위배된다거나, 재판청구권을 침해하는 것이라 할 수 없다.

⑤ **절차**: 통고처분은 행정형벌에 있어서의 특별 과벌절차이다. 행정질서벌에는 과태료가 부과되고, 통고처분은 인정되지 않는다. 19 소방, 11 지방7급

2) 적용범위

통고처분은 모든 행정상의 의무불이행에 대해 취할 수 있는 제재가 아니고, 다음과 같은 경우에 부과할 수 있다. 18 소방, 12 국가9급 등

① 조세범(조세범 처벌절차법)
② 경범죄사범(경범죄 처벌법)
③ 도로교통사범(도로교통법)
④ 출입국관리사범(출입국관리법)
⑤ 관세범(관세법)

3) 법적 성질

① **준사법적 행정행위**: 통고처분의 법적 성질에 대해 다수설은 준사법적 행정행위로 보고 있다. 07 서울9급 등 준사법적 행정행위란 정식재판에 갈음하여 신속 간편하게 범칙금의 납부를 명하는 절차를 말한다. 통고처분은 빈번한 법위반행위에 대한 벌금 부과의 사법권한 일부를 행정기관에 이전한 것이다. 따라서 대리행위가 아니다. 08 경기9급

② **처분성 인정 여부**: 대법원과 헌법재판소는 **통고처분의 처분성을 부정한다.** 20·18 소방, 17 국가9급·국회8급 왜냐하면 통고처분을 받은 자가 이에 불복할 때는 통고된 내용을 이행하지 않으면 통고처분은 효력을 잃게 되고, 고발되어 형사재판절차로 넘어가기 때문에 형사재판에서 통고처분의 위법 여부를 다툴 수 있기 때문이다.

4) 통고권자

통고권자는 국세청장·지방국세청장 또는 세무서장, 경찰서장, 출입국관리소장 등의 행정청이다. 법원, 판사, 검사 등은 통고처분을 할 수 없다. 07 서울9급 등

5) 통고처분의 효력

① **통고처분을 할지 검찰에 고발할지는 재량행위**: 통고처분을 할지 검찰에 고발을 할지 여부는 행정청의 재량에 속한다. 12 국가9급 따라서 관세법상 통고처분 없이 이루어진 고발의 효력은 유효하다.

② **일사부재리원칙의 적용**: 통고처분을 받은 자가 그 통고에 따라 이행한 경우에는 일사부재리원칙에 따라 다시 소추할 수 없다. 즉, 확정판결과 동일한 효과가 발생한다. 19·12 국가9급, 12 지방9급 등

③ **공소시효 중단**: 통고처분이 있는 때에는 공소시효는 중단된다(조세범 처벌절차법 제16조). 11 지방7급

관련판례

❶ 관세법상 통고처분 없이 이루어진 고발의 효력은 유효하다. 08 국가9급

관세법 규정에 의하면 관세청장 또는 세관장은 관세범에 대하여 통고처분을 할 수 있고, 범죄의 정상이 징역형에 처하여질 것으로 인정되는 때에는 즉시 고발하여야 하며, 관세범인이 통고를 이행할 수 있는 자금능력이 없다고 인정되거나 주소 및 거소의 불명 기타의 사유로 인하여 통고를 하기 곤란하다고 인정되는 때에도 즉시 고발하여야 하는바, 이들 규정을 종합하여 보면 통고처분을 할 것인지의 여부는 관세청장 또는 세관장의 재량에 맡겨져 있고, 12 지방9급 따라서 관세청장 또는 세관장이 관세범에 대하여 통고처분을 하지 아니한 채 고발하였다는 것만으로는 그 고발 및 이에 기한 공소의 제기가 부적법하게 되는 것은 아니다(대판 2007.5.11. 2006도1993).

❷ 범칙금의 납부에는 확정재판의 효력에 준하는 효력이 인정된다. *일사부재리효 인정

도로교통법상의 범칙금 납부통고서를 받은 사람이 그 범칙금을 납부한 경우 그 범칙행위에 대하여 다시 벌받지 아니한다고 규정하고 있는바, 이는 범칙금의 납부에 확정재판의 효력에 준하는 효력을 인정하는 취지로 해석하여야 한다(대판 2002.11.22. 2001도849).

❸ 이미 범칙금을 납부한 범칙행위와 같은 일시·장소에서 이루어진 행위라 하더라도 범칙행위와 별개의 형사범죄행위에 대하여는 범칙금의 납부로 인한 불처벌의 효력이 미치지 아니한다(대판 2007.4.12. 2006도4322). 17 국가7급

❹ 지방국세청장 또는 세무서장이 조세범처벌절차법 제17조 제1항에 따라 통고처분을 거치지 아니하고 즉시 고발하였다면 이로써 조세범칙사건에 대한 조사 및 처분 절차는 종료되고 형사사건 절차로 이행되어 지방국세청장 또는 세무서장으로서는 동일한 조세범칙행위에 대하여 더 이상 통고처분을 할 권한이 없다고 보아야 한다. 따라서 지방국세청장 또는 세무서장이 조세범칙행위에 대하여 고발을 한 후에 동일한 조세범칙행위에 대하여 통고처분을 하였다 하더라도, 이는 법적 권한 소멸 후에 이루어진 것으로서 특별한 사정이 없는 한 그 효력이 없고, 설령 조세범칙행위자가 이러한 통고처분을 이행하였다 하더라도 조세범 처벌절차법 제15조 제3항에서 정한 일사부재리의 원칙이 적용될 수 없다(대판 2016.9.28. 2014도10748). 18 국가7급, 18 국가9급

6) 통고처분의 불이행

통고처분을 받은 자가 **법정기간 내에 통고된 내용을 이행하지 않으면 통고처분은 당연히 효력을 상실**하고, 행정청의 고발 또는 즉결심판청구에 의하여 **정식재판으로 이행되게 된다**. 12 지방9급, 08 국가9급 등

(2) 즉결심판

즉결심판이란 20만 원 이하의 벌금, 구류 또는 과료에 처할 범칙사건에 대하여 **경찰서장의 청구에 의하여 지방법원, 지원 또는 시·군법원의 판사가 즉결심판에 관한 절차법이 정하는 바에 따라 재판하는 것**을 말한다. 04 관세사 등 형의 집행은 **경찰서장**이 행한다. 일반적인 범죄에 대하여는 검사가 공소를 제기하고 형의 집행도 검사가 하는 것에 대하여 경미한 범죄에 대한 특칙이다.

제3절 행정질서벌

01 서설

1. 의의 `09 국가7급`
행정질서벌이란 직접 행정목적에 영향을 미치지 않으나, **간접적으로 행정질서에 영향을 미칠 단순한 행정법상의 의무 위반에 대한 제재로 과태료를 부과하는 것**을 말한다.

2. 구별 개념

(1) 행정상 강제집행과 즉시강제와의 구별
행정벌은 과거의 의무 위반에 대한 재제로서의 성격을 지닌 점에서, 장래의 의무이행 확보를 위한 강제집행과 즉시강제와 구별된다.

(2) 행정형벌과의 구별
행정질서벌은 과태료를 부과하는 점에서 형을 부과하는 행정형벌과 구별된다.

3. 법적 근거
행정질서벌에 관한 일반법으로 질서위반행위규제법이 있고, 지방자치법 제34조 제1항은 "조례위반행위에 대하여 조례로써 1천만 원 이하의 과태료를 정할 수 있다."라고 규정하고 있다.

4. 과태료 부과처분의 처분성 여부
질서위반행위규제법상의 **과태료 부과처분은 취소소송의 대상인 행정처분이 아니다**. 같은 법 제20조 제2항에 의하면 **과태료 부과처분에 대해 이의를 제기하면 과태료 부과처분은 효력을 상실**하기 때문에 항고소송의 대상적격으로서 처분성을 인정할 수 없다. `16 국가9급, 15 국회8급`

02 행정질서벌의 특성

1. 발생 원인상의 특성
행정형벌은 직접적으로 행정목적을 침해함으로써 사회의 법익을 정면으로 침해하는 경우에 부과됨에 반하여, **행정질서벌은 간접적으로 행정목적 달성에 장해**를 가져오는 경미한 위반행위에 대해 부과된다.

2. 형법총칙의 적용 여부 – 고의·과실 문제
행정형벌의 경우는 형벌이 가해지므로 형법총칙의 적용을 받게 되고, 따라서 행위자의 고의·과실을 원칙적으로 요하게 된다. 그러나 행정질서벌의 경우는 과태료가 가해질 뿐이므로 형법총칙의 적용이 없고 행위자의 고의·과실과 같은 주관적 요건은 요구되지 않고 객관적 법규 위반만 있으면 부과될 수 있다. 그러나 질서위반행위규제법은 고의·과실을 요구하고 있다.

3. 행정질서벌과 이중처벌의 문제
대법원과 헌법재판소는 행정형벌과 행정질서벌의 병과가 가능하다는 입장이다. `08 지방9급 등` 다만, 헌법재판소는 형벌을 부과하면서 아울러 행정질서벌로서의 과태료까지 부과한다면 그것은 이중처벌금지의 기본정신에 배치되어 국가 입법권의 남용으로 인정될 여지가 있음을 인정하고 있다. `07 국회8급`

관련판례

❶ 형벌을 부과하면서 행정질서벌로서의 과태료까지 부과하는 것은 이중처벌금지의 기본정신에 배치되어 국가 입법권의 남용으로 인정될 여지가 있음을 부정할 수 없다. 그러나 이중처벌은 아니다(헌재 1994.6.30. 92헌바38). 11 국회8급

❷ 어떤 행정제재의 기능이 오로지 제재(및 이에 결부된 억지)에 있다고 하여도 이를 이중처벌금지에서 말하는 국가 형벌권의 행사로서의 '처벌'에 해당한다고 할 수 없다(헌재 2003.7.24. 2001헌가25). 09 국회8급 등

03 질서위반행위규제법의 주요 내용

1. 총칙

(1) 목적

이 법은 법률상 의무의 효율적인 이행을 확보하고 국민의 권리와 이익을 보호하기 위하여 질서위반행위의 성립요건과 과태료의 부과·징수 및 재판 등에 관한 사항을 규정하는 것을 목적으로 한다(제1조).

(2) 용어의 정의

관련조문

제2조(정의) 이 법에서 사용하는 용어의 뜻은 다음과 같다.
1. 질서위반행위란 법률(지방자치단체의 조례를 포함한다. 이하 같다)상의 의무를 위반하여 과태료를 부과하는 행위를 말한다. 다만, 다음 각 목의 어느 하나에 해당하는 행위를 제외한다.
   가. 대통령령으로 정하는 사법(私法)상·소송법상 의무를 위반하여 과태료를 부과하는 행위 11 국가9급
   나. 대통령령으로 정하는 법률에 따른 징계사유에 해당하여 과태료를 부과하는 행위 09 국가7급 등
2. '행정청'이란 행정에 관한 의사를 결정하여 표시하는 국가 또는 지방자치단체의 기관, 그 밖의 법령 또는 자치법규에 따라 행정권한을 가지고 있거나 위임 또는 위탁받은 공공단체나 그 기관 또는 사인(私人)을 말한다.
3. '당사자'란 질서위반행위를 한 자연인 또는 법인(법인이 아닌 사단 또는 재단으로서 대표자 또는 관리인이 있는 것을 포함한다. 이하 같다)을 말한다.

(3) 법 적용의 시간적 범위(제3조)

행위시법주의	① 질서위반행위의 성립과 과태료 처분은 **행위시의 법률**에 따른다. 20 소방
변경된 법률이 적용되는 경우	② 질서위반행위 후 법률이 변경되어 그 행위가 질서위반행위에 해당하지 아니하게 되거나 **과태료가 변경되기 전의 법률**보다 가볍게 된 때에는 법률에 특별한 규정이 없는 한 변경된 법률을 적용한다. 19 지방9급, 19·18 국가9급, 11 국회8급, 11 지방7급
면제되는 경우	③ 행정청의 과태료 처분이나 법원의 과태료 재판이 확정된 후 법률이 변경되어 그 행위가 질서위반행위에 해당하지 아니하게 된 때에는 변경된 법률에 특별한 규정이 없는 한 과태료의 징수 또는 집행을 면제한다. 16 사복9급, 11 국회8급, 10 서울9급

(4) 법 적용의 장소적 범위(제4조) 15 경행특채

속지주의	① 이 법은 대한민국 영역 안에서 질서위반행위를 한 자에게 적용한다.
속인주의	② 이 법은 대한민국 영역 밖에서 질서위반행위를 한 대한민국의 국민에게 적용한다.
기국주의	③ 이 법은 대한민국 영역 밖에 있는 대한민국의 선박 또는 항공기 안에서 질서위반행위를 한 외국인에게 적용한다.

(5) 다른 법률과의 관계

과태료의 부과·징수, 재판 및 집행 등의 절차에 관한 다른 법률의 규정 중 이 법의 규정에 저촉되는 것은 이 법으로 정하는 바에 따른다(제5조). 17 국회8급, 12·10 국회8급

2. 질서위반행위의 성립요건 등

(1) 질서위반행위 법정주의 04 선관위9급 등

법률에 따르지 아니하고는 어떤 행위도 질서위반행위로 과태료를 부과하지 아니한다(제6조).

(2) 고의 또는 과실 16 지방7급, 15 사복9급 등

고의 또는 과실이 없는 질서위반행위는 과태료를 부과하지 아니한다(제7조). 20·18 소방, 17 국회8급, 16 국가9급, 12 지방9급

판례는 본법 시행 전에는 과태료의 부과에 대해 고의·과실을 요하지 않는다고 보았다.

 관련판례

❶ 행정법규 위반에 대하여 가하는 제재조치에 위반자의 고의 또는 과실은 원칙적으로 필요 없다.

행정법규 위반에 대하여 가하는 제재조치는 행정목적 달성을 위하여 행정법규 위반이라는 객관적 사실에 착안하여 가하는 제재이므로 반드시 현실적인 행위자가 아니라도 법령상 책임자로 규정된 자에게 부과되고 특별한 사정이 없는 한 위반자에게 고의나 과실이 없더라도 부과할 수 있다(대판 2012.5.10. 2012두1297).

* 질서위반행위규제법의 과태료는 명문의 규정에 의해 고의·과실이 있어야 한다. 이 판례는 그 외의 법에 의한 과태료의 부과를 말하는 것이다.

❷ 현실적인 행위자가 아닌 법령상 책임자로 규정된 자에게 행정법규 위반에 대한 제재조치를 부과할 수 있다. 18 국가7급 등

행정법규 위반자에게 고의나 과실이 없어도 원칙적으로 제재조치를 부과할 수 있다. 이러한 법리는 구 대부업 등의 등록 및 금융이용자 보호에 관한 법률 제13조 제1항이 정하는 대부업자 등의 불법추심행위를 이유로 한 영업정지처분에도 적용된다(대판 2017.5.11. 2014두8773).

(3) 위법성의 착오 18 지방9급, 17 국회8급, 16 지방7급, 10 서울9급 등

자신의 행위가 위법하지 아니한 것으로 오인하고 행한 질서위반행위는 그 오인에 정당한 이유가 있는 때에 한하여 과태료를 부과하지 아니한다(제8조).

(4) 책임연령

14세가 되지 아니한 자의 질서위반행위는 과태료를 부과하지 아니한다. 다만, 다른 법률에 특별한 규정이 있는 경우에는 그러하지 아니하다(제9조). 11 지방7급, 10 서울9급

(5) 심신장애(제10조)

심신상실	① 심신장애로 인하여 행위의 옳고 그름을 판단할 능력이 없거나 그 판단에 따른 행위를 할 능력이 없는 자의 질서위반행위는 과태료를 부과하지 아니한다.
심신미약	② 심신장애로 인하여 제1항에 따른 능력이 미약한 자의 질서위반행위는 과태료를 감경한다(필요적 감경). * 과태료를 자진 납부하고자 하는 경우에는 감경할 수 있다(임의적 감경).
원인에 있어서 자유로운 행위	③ 스스로 심신장애상태를 일으켜 질서위반행위를 한 자에 대하여는 제1항 및 제2항을 적용하지 아니한다. 19 국가7급

(6) 법인의 책임(제11조)

양벌규정	① 법인의 대표자, 법인 또는 개인의 대리인·사용인 및 그 밖의 종업원이 업무에 관하여 법인 또는 그 개인에게 부과된 법률상의 의무를 위반한 때에는 법인 또는 그 개인에게 과태료를 부과한다. 17 국가9급
적용 제외	② 제7조부터 제10조까지의 규정은 도로교통법 제56조 제1항에 따른 고용주 등을 같은 법 제160조 제3항에 따라 과태료를 부과하는 경우에는 적용하지 아니한다.

(7) 다수인의 질서위반행위 가담(제12조)

공범	① 2인 이상이 질서위반행위에 가담한 때에는 각자가 질서위반행위를 한 것으로 본다. 09 지방9급 등
신분범	② 신분에 의하여 성립하는 질서위반행위에 신분이 없는 자가 가담한 때에는 신분이 없는 자에 대하여도 질서위반행위가 성립한다. 18 소방, 15 경행특채, 12 국가7급, 11 국회8급 등
신분으로 가중·감경되는 경우	③ 신분에 의하여 과태료를 감경 또는 가중하거나 과태료를 부과하지 아니하는 때에는 그 신분의 효과는 신분이 없는 자에게는 미치지 아니한다. 19 국회8급, 18 소방

> **보충** 신분범
>
> 신분을 가진 자만 일정한 범죄를 저지를 수 있는 것을 말한다. 예컨대 뇌물죄는 공무원이란 신분을 가진 자에게만 성립하는 범죄이다. 일반인이 돈을 받고 부정을 저지르면 뇌물죄가 아니라 알선수뢰죄가 성립한다.

(8) 수개의 질서위반행위의 처리(제13조)

상상적 경합	① 하나의 행위가 2 이상의 질서위반행위에 해당하는 경우에는 각 질서위반행위에 대하여 정한 과태료 중 가장 중한 과태료를 부과한다. 16 지방7급, 10 지방9급 등
실체적 경합	② 제1항의 경우를 제외하고, 2 이상의 질서위반행위가 경합하는 경우에는 각 질서위반행위에 대하여 정한 과태료를 각각 부과한다. 다만, 다른 법령에 특별한 규정이 있는 경우에는 그 법령으로 정하는 바에 따른다.

> **보충** 상상적 경합
>
> 상상적 경합이란 하나의 행위가 수 개의 질서위반행위에 해당하는 경우이고, 실체적 경합은 수 개의 행위가 수 개의 질서위반행위에 해당하는 경우를 말한다.

(9) 과태료의 산정과 시효

과태료의 산정 (제14조)	행정청 및 법원은 과태료를 정함에 있어서 다음 각 호의 사항을 고려하여야 한다. 1. 질서위반행위의 동기·목적·방법·결과 2. 질서위반행위 이후의 당사자의 태도와 정황 3. 질서위반행위자의 연령·재산상태·환경 4. 그 밖에 과태료의 산정에 필요하다고 인정되는 사유
과태료의 시효 (제15조)	① 과태료는 행정청의 과태료 부과처분이나 법원의 과태료 재판이 확정된 후 5년간 징수하지 아니하거나 집행하지 아니하면 시효로 인하여 소멸한다. ② 제1항에 따른 소멸시효의 중단·정지 등에 관하여는 국세기본법 제28조를 준용한다.

> **보충** 과태료 소멸시효
>
> 시효기간이란 이미 부과된 과태료를 언제까지 징수할 수 있는가의 기간을 말한다. 한편, 제척기간은 과태료를 언제까지 부과할 수 있는가를 말한다. 과태료 소멸시효와 과태료 부과의 제척기간 둘 다 5년으로 되어 있다.

관련판례

과태료의 처벌에 있어 공소시효나 형의 시효 및 예산회계법 제96조 소정의 국가의 금전채권에 관한 소멸시효의 규정은 적용 내지 준용되지 않는다(대결 2000.8.24. 2000마350). 11 국가7급

3. 행정청의 과태료 부과 및 징수절차

(1) 사전통지 및 의견제출(제16조)

사전통지 및 의견제출 10 국회8급	① 행정청이 질서위반행위에 대하여 과태료를 부과하고자 하는 때에는 미리 당사자(제11조 제2항에 따른 고용주 등을 포함한다. 이하 같다)에게 대통령령으로 정하는 사항을 통지하고, 10일 이상의 기간을 정하여 의견을 제출할 기회를 주어야 한다. 21 소방 이 경우 지정된 기일까지 의견제출이 없는 경우에는 의견이 없는 것으로 본다.
의견진술 및 자료제출	② 당사자는 의견제출기한 이내에 대통령령으로 정하는 방법에 따라 행정청에 의견을 진술하거나 필요한 자료를 제출할 수 있다.
의견에 이유가 있을 때	③ 행정청은 제2항에 따라 당사자가 제출한 의견에 상당한 이유가 있는 경우에는 과태료를 부과하지 아니하거나 통지한 내용을 변경할 수 있다.

(2) 과태료 부과의 방법

행정청은 제16조의 의견제출절차를 마친 후에 **서면**(당사자가 동의하는 경우에는 전자문서를 포함한다. 이하 이 조에서 같다)**으로 과태료를 부과하여야 한다**(제17조). 17 국회8급

 관련조문

제17조의2(신용카드 등에 의한 과태료의 납부) ① 당사자는 과태료, 제24조에 따른 가산금, 중가산금 및 체납처분비를 대통령령으로 정하는 과태료 납부대행기관을 통하여 신용카드, 직불카드 등(이하 '신용카드 등'이라 한다)으로 낼 수 있다.

(3) 자진납부자에 대한 과태료의 감경(제18조)

과태료 감경 (임의적 감경)	① 행정청은 당사자가 제16조에 따른 의견제출기한 이내에 과태료를 자진하여 납부하고자 하는 경우에는 대통령령으로 정하는 바에 따라 과태료를 감경할 수 있다. 12 국가7급
자진납부시 절차 종료	② 당사자가 제1항에 따라 감경된 과태료를 납부한 경우에는 해당 질서위반행위에 대한 과태료 부과 및 징수절차는 종료한다.

(4) 과태료 부과의 제척기간(제19조)

5년의 제척기간	① 행정청은 질서위반행위가 종료된 날(다수인이 질서위반행위에 가담한 경우에는 최종행위가 종료된 날을 말한다)부터 5년이 경과한 경우에는 해당 질서위반행위에 대하여 과태료를 부과할 수 없다. 16 사복9급, 14 국가9급
정정 부과 가능	② 제1항에도 불구하고 행정청은 제36조 또는 제44조에 따른 법원의 결정이 있는 경우에는 그 결정이 확정된 날부터 1년이 경과하기 전까지는 과태료를 정정 부과하는 등 해당 결정에 따라 필요한 처분을 할 수 있다.

> **보충** 과태료 부과의 제척기간
>
> 제척기간이란 질서위반행위를 한 날로부터 언제까지 과태료를 부과할 수 있는가의 기간이다.

(5) 이의제기(제20조)

* 이의절차가 있으므로 과태료 부과의 처분성이 부정된다.

60일 이내에 제기	① 행정청의 과태료 부과에 불복하는 당사자는 제17조 제1항에 따른 **과태료 부과통지를 받은 날부터 60일 이내에 해당 행정청에 서면으로 이의제기를 할 수 있다.** 11 국회8급, 10 지방9급 등
이의제기의 효과	② 제1항에 따른 이의제기가 있는 경우에는 행정청의 과태료 부과처분은 그 효력을 상실한다. 18 국가7급, 16 사복9급, 12 지방9급 🔔 주의 효력의 정지가 아니라 상실이다.
이의제기의 철회	③ 당사자는 행정청으로부터 제21조 제3항에 따른 통지를 받기 전까지는 행정청에 대하여 서면으로 이의제기를 철회할 수 있다.

(6) 법원에의 통보(제21조)

14일 이내에 관할 법원에 통보	① 제20조 제1항에 **따른 이의제기를 받은 행정청은 이의제기를 받은 날부터 14일 이내에 이에 대한 의견 및 증빙서류를 첨부하여 관할 법원에 통보하여야 한다.** 다만, 다음 각 호의 어느 하나에 해당하는 경우에는 그러하지 아니하다. 1. 당사자가 이의제기를 철회한 경우 2. 당사자의 이의제기에 이유가 있어 과태료를 부과할 필요가 없는 것으로 인정되는 경우
다수인의 경우	② 행정청은 사실상 또는 법률상 같은 원인으로 말미암아 다수인에게 과태료를 부과할 필요가 있는 경우에는 다수인 가운데 1인에 대한 관할권이 있는 법원에 제1항에 따른 이의제기 사실을 통보할 수 있다.
당사자에 대한 통지	③ 행정청이 제1항 및 제2항에 따라 관할 법원에 통보를 하거나 통보하지 아니하는 경우에는 그 사실을 즉시 당사자에게 통지하여야 한다.

(7) 질서위반행위의 조사(제22조) - 법정조사권 20 소방

출석요구 및 진술청취	① 행정청은 질서위반행위가 발생하였다는 합리적 의심이 있어 그에 대한 조사가 필요하다고 인정할 때에는 대통령령으로 정하는 바에 따라 다음 각 호의 조치를 할 수 있다. 1. 당사자 또는 참고인의 출석요구 및 진술의 청취 2. 당사자에 대한 보고 명령 또는 자료제출의 명령
소속 직원의 장부 검사	② 행정청은 질서위반행위가 발생하였다는 합리적 의심이 있어 그에 대한 조사가 필요하다고 인정할 때에는 그 소속 직원으로 하여금 당사자의 사무소 또는 영업소에 출입하여 장부·서류 또는 그 밖의 물건을 검사하게 할 수 있다.
7일 전까지 사전통지	③ 제2항에 따른 검사를 하고자 하는 행정청 소속 직원은 당사자에게 검사 개시 7일 전까지 검사대상 및 검사이유, 그 밖에 대통령령으로 정하는 사항을 통지하여야 한다. 다만, 긴급을 요하거나 사전통지의 경우 증거인멸 등으로 검사목적을 달성할 수 없다고 인정되는 때에는 그러하지 아니하다.
증표제시	④ 제2항에 따라 검사를 하는 직원은 그 권한을 표시하는 증표를 지니고 이를 관계인에게 내보여야 한다.
비례원칙 준수	⑤ 제1항 및 제2항에 따른 조치 또는 검사는 그 목적 달성에 필요한 최소한에 그쳐야 한다.

(8) 자료제공의 요청

행정청은 과태료의 부과·징수를 위하여 필요한 때에는 관계 행정기관, 지방자치단체, 그 밖에 대통령령으로 정하는 공공기관의 장에게 그 필요성을 소명하여 자료 또는 정보의 제공을 요청할 수 있으며, 그 요청을 받은 공공기관 등의 장은 특별한 사정이 없는 한 이에 응하여야 한다(제23조).

(9) 가산금 징수 및 체납처분 등(제24조)

가산금 징수	① 행정청은 당사자가 납부기한까지 과태료를 납부하지 아니한 때에는 납부기한을 경과한 날부터 체납된 과태료에 대하여 100분의 3에 상당하는 가산금을 징수한다.
중가산금 징수	② 체납된 과태료를 납부하지 아니한 때에는 납부기한이 경과한 날부터 매 1개월이 경과할 때마다 체납된 과태료의 1천분의 12에 상당하는 가산금(이하 이 조에서 '중가산금'이라 한다)을 제1항에 따른 가산금에 가산하여 징수한다. 이 경우 중가산금을 가산하여 징수하는 기간은 60개월을 초과하지 못한다.
체납처분	③ 행정청은 당사자가 제20조 제1항에 따른 기한 이내에 이의를 제기하지 아니하고 제1항에 따른 가산금을 납부하지 아니한 때에는 국세 또는 지방세 체납처분의 예에 따라 징수한다.

> **관련조문**
>
> **제24조의3(과태료의 징수유예 등)** ① 행정청은 당사자가 다음 각 호의 어느 하나에 해당하여 과태료(체납된 과태료와 가산금, 중가산금 및 체납처분비를 포함한다. 이하 이 조에서 같다)를 납부하기가 곤란하다고 인정되면 1년의 범위에서 대통령령으로 정하는 바에 따라 과태료의 분할납부나 납부기일의 연기(이하 '징수유예 등'이라 한다)를 결정할 수 있다.
> ② 제1항에 따라 징수유예 등을 받으려는 당사자는 대통령령으로 정하는 바에 따라 이를 행정청에 신청할 수 있다.
> ③ 행정청은 제1항에 따라 징수유예 등을 하는 경우 그 유예하는 금액에 상당하는 담보의 제공이나 제공된 담보의 변경을 요구할 수 있고, 그 밖에 담보보전에 필요한 명령을 할 수 있다.
> ④ 행정청은 제1항에 따른 징수유예 등의 기간 중에는 그 유예한 과태료 징수금에 대하여 가산금, 중가산금의 징수 또는 체납처분(교부청구는 제외한다)을 할 수 없다.
> ⑤ 행정청은 다음 각 호의 어느 하나에 해당하는 경우 그 징수유예 등을 취소하고, 유예된 과태료 징수금을 한꺼번에 징수할 수 있다. 이 경우 그 사실을 당사자에게 통지하여야 한다.

(10) 상속재산 등에 대한 집행(제24조의2)

사망의 경우	① 과태료는 당사자가 과태료 부과처분에 대하여 **이의를 제기하지 아니한 채** 제20조 제1항에 따른 기한이 종료한 후 사망한 경우에는 그 상속재산에 대하여 집행할 수 있다. `16 지방7급, 12 국가7급` * 상속인이 아니라 상속재산에 집행하는 것이다.
합병의 경우	② 법인에 대한 과태료는 법인이 과태료 부과처분에 대하여 **이의를 제기하지 아니한 채** 제20조 제1항에 따른 기한이 종료한 후 합병에 의하여 소멸한 경우에는 합병 후 존속한 법인 또는 합병에 의하여 설립된 법인에 대하여 집행할 수 있다.

4. 질서위반행위의 재판 및 집행

(1) 관할 법원

당사자의 주소지 (제25조)	과태료 사건은 다른 법령에 특별한 규정이 있는 경우를 제외하고는 당사자의 주소지의 지방법원 또는 그 지원의 관할로 한다. `19 국회8급`
관할 표준시 (제26조)	법원의 관할은 행정청이 제21조 제1항 및 제2항에 따라 이의제기 사실을 통보한 때를 표준으로 정한다.
이송 (제27조)	① 법원은 과태료 사건의 전부 또는 일부에 대하여 관할권이 없다고 인정하는 경우에는 결정으로 이를 관할 법원으로 이송한다. ② 당사자 또는 검사는 이송결정에 대하여 즉시항고를 할 수 있다.

(2) 준용규정

비송사건절차법 준용 (제28조)	비송사건절차법 제2조부터 제4조까지, 제6조, 제7조, 제10조(인증과 감정을 제외한다) 및 제24조부터 제26조까지의 규정은 이 법에 따른 과태료 재판(이하 '과태료 재판'이라 한다)에 준용한다.
민사소송법 준용 (제29조)	법원 직원의 제척·기피 및 회피에 관한 민사소송법의 규정은 과태료 재판에 준용한다.

(3) 심문(제31조)

필요적 심문	① 법원은 심문기일을 열어 당사자의 진술을 들어야 한다.
검사의 의견	② 법원은 검사의 의견을 구하여야 하고, 검사는 심문에 참여하여 의견을 진술하거나 서면으로 의견을 제출하여야 한다.
심문기일 통지	③ 법원은 당사자 및 검사에게 제1항에 따른 심문기일을 통지하여야 한다.

(4) 행정청에 대한 출석요구(제32조)

행정청의 참여 (임의적)	① 법원은 행정청의 참여가 필요하다고 인정하는 때에는 행정청으로 하여금 심문기일에 출석하여 의견을 진술하게 할 수 있다.
소속 공무원의 진술 (임의적)	② 행정청은 법원의 허가를 받아 소속 공무원으로 하여금 심문기일에 출석하여 의견을 진술하게 할 수 있다.

(5) 직권에 의한 사실 탐지와 증거조사

법원은 직권으로 사실의 탐지와 필요하다고 인정하는 증거의 조사를 하여야 한다. 증거조사에 관하여는 민사소송법에 따른다(제33조).

🔖주의 증거에 있어서 형사소송법을 따르지 않는다.

(6) 재판

이유를 붙인 결정 (제36조)	① 과태료 재판은 **이유를 붙인 결정**으로써 한다. 21 소방
결정의 효력 발생 시기 (제37조)	① 결정은 당사자와 검사에게 **고지함으로써 효력**이 생긴다. 21 소방 ② 결정의 고지는 법원이 적당하다고 인정하는 방법으로 한다. 다만, 공시송달을 하는 경우에는 민사소송법에 따라야 한다.

(7) 항고

당사자와 검사는 과태료 재판에 대하여 즉시항고를 할 수 있다. 15 사복9급 이 경우 항고는 **집행정지의 효력**이 있다(제38조). 21·18 소방

(8) 과태료 재판의 집행(제42조)

검사의 명령으로 집행	① 과태료 재판은 **검사의 명령**으로써 집행한다. 이 경우 그 명령은 집행력 있는 집행권원과 동일한 효력이 있다. 15 경행특채, 12 지방9급
집행절차	② 과태료 재판의 집행절차는 민사집행법에 따르거나 국세 또는 지방세 체납처분의 예에 따른다. 다만, 민사집행법에 따를 경우에는 집행을 하기 전에 과태료 재판의 송달은 하지 아니한다.
준용	③ 과태료 재판의 집행에 대하여는 제24조 및 제24조의2를 준용한다. 이 경우 제24조의2 제1항 및 제2항 중 '과태료 부과처분에 대하여 이의를 제기하지 아니한 채 제20조 제1항에 따른 기한이 종료한 후'는 '과태료 재판이 확정된 후'로 본다.

행정청에 대한 통보	④ 검사는 제1항부터 제3항까지의 규정에 따른 과태료 재판을 집행한 경우 그 결과를 해당 행정청에 통보하여야 한다.

(9) 과태료 재판 집행의 위탁(제43조)

최초로 부과한 행정청에 위탁	① 검사는 과태료를 최초 부과한 행정청에 대하여 과태료 재판의 집행을 위탁할 수 있고, 위탁을 받은 행정청은 국세 또는 지방세 체납처분의 예에 따라 집행한다.
지방자치단체의 수입	② 지방자치단체의 장이 제1항에 따라 집행을 위탁받은 경우에는 그 집행한 금원은 당해 지방자치단체의 수입으로 한다.

(10) 약식재판

법원은 상당하다고 인정하는 때에는 제31조 제1항에 따른 심문 없이 과태료 재판을 할 수 있다(제44조).

(11) 이의신청 16 국가7급

당사자와 검사는 제44조에 따른 약식재판의 고지를 받은 날부터 7일 이내에 이의신청을 할 수 있다(제45조).

(12) 이의신청에 따른 정식재판절차로의 이행

법원이 이의신청이 적법하다고 인정하는 때에는 약식재판은 그 효력을 잃는다. 이때, 법원은 제31조 제1항에 따른 심문을 거쳐 다시 재판하여야 한다(제50조).

5. 과태료의 실효성 확보수단

과태료의 실효성을 확보하기 위하여 ① 법무부장관은 관계 기관의 장에게 과태료 징수현황 등에 대한 자료 제출을 요구할 수 있고(제51조), ② 관허사업의 제한을 할 수 있으며(제52조), ③ 신용정보의 제공을 요청할 수 있고(제53조), ④ 감치(30일 이내)에 처할 수 있으며(제54조), ⑤ 자동차 관련 과태료 체납자에 대한 자동차 등록번호판의 영치를 할 수 있다(제55조). 행정청은 자동차의 등록번호판이 영치된 당사자가 해당 자동차를 직접적인 생계유지목적으로 사용하고 있어 **자동차 등록번호판을 영치할 경우 생계유지가 곤란하다고 인정되는 경우 자동차 등록번호판을 내주고 영치를 일시해제할 수 있다. 다만, 그 밖의 다른 과태료를 체납하고 있는 당사자에 대하여는 그러하지 아니하다.** 11 지방9급

04 조례에 의한 과태료

 관련조문

지방자치법 제34조(조례 위반에 대한 과태료) ① 지방자치단체는 조례를 위반한 행위에 대하여 조례로써 1천만 원 이하의 과태료를 정할 수 있다.
② 제1항에 따른 과태료는 해당 지방자치단체의 장이나 그 관할 구역 안의 지방자치단체의 장이 부과·징수한다.

제156조(사용료의 징수조례 등) ③ 제2항에 따른 과태료의 부과·징수, 재판 및 집행 등의 절차에 관한 사항은 질서위반행위규제법에 따른다. 16 국가7급

Chapter 04 새로운 실효성 확보수단

제1절 금전적 제재수단

01 과징금

1. 의의

(1) 개념

과징금이란 행정법상의 의무를 위반하거나 이행하지 않은 데 대하여 행정청이 그 의무자에게 부과·징수하는 금전적 제재를 말한다. 우리나라의 과징금제도는 독점규제 및 공정거래에 관한 법률을 통하여 처음으로 도입된 후 도시가스사업법 등 100여 개의 법률에 규정되어 있다. 08 경기9급 등

(2) 기능

과징금은 경제법상의 의무 위반행위로 인하여 얻은 불법적 이익을 박탈하여 불법적인 경제활동을 금하고 공정한 거래질서를 확보하는 기능을 한다.

2. 종류

(1) 본래의 과징금

본래의 과징금은 경제법상의 의무 위반행위로 인하여 얻은 경제적 이익을 박탈하는 것을 말한다. 경제적 이익의 환수라는 점에서 벌금·과태료와 구별된다. 05 서울9급 예컨대, 공정거래위원회는 시장지배적 사업자가 남용행위를 한 경우에는 당해 사업자에 대하여 대통령령이 정하는 매출액에 100분의 3을 곱한 금액을 초과하지 아니하는 범위 안에서 과징금을 부과할 수 있다. 뿐만 아니라 **매출액이 없거나 매출액의 산정이 곤란한 경우에도 과징금을 부과할 수 있다**(독점규제 및 공정거래에 관한 법률 제8조). 14 국가7급

(2) 변형된 과징금

1) 개념

변형된 과징금이란 의무 위반행위에 대해 사업의 인·허가를 철회 또는 정지하여야 할 사유가 있어도 그 사업의 정지로 발생할 수 있는 공공의 불편함 등을 고려하여 그 사업은 계속하게 하고 그에 따른 이익을 박탈하는 내용의 과징금을 말한다.

2) 기능

변형된 과징금은 일반대중의 불편을 방지하고 벌금 등의 형사벌을 자제함에 목적이 있는 것이므로 과징금 부과에 있어서 **최소 침해수단을 찾는 것이 1차적 목적은 아니다**. 09 국회8급

3. 법적 성질

(1) 처분성 여부

과징금의 부과는 급부하명이다. 07 서울9급 과징금은 형벌이 아니며, 행정벌과도 다르다. 따라서 과징금과 행정벌, 질서벌의 동시 부과가 가능하며 이중처벌금지원칙에 위배되지 않는다. 11 국가9급 등 그러나 **개인정보 보호법상 과징금과 과태료는 병과할 수 없다.**

(2) 재량행위성

과징금 부과처분은 원칙적으로 재량행위로 규정되어 있으나, 부동산 실권리자명의 등기에 관한 법률상의 명의신탁자에 대한 과징금 부과처분은 기속행위로 보는 것이 판례의 입장이다. 09 지방7급

관련판례

❶ 공정거래위원회의 독점규제 및 공정거래에 관한 법률 위반행위자에 대한 과징금 부과처분의 법적 성질은 재량행위이다(대판 2008.4.10. 2007두22054). 12 국가9급, 09 지방7급 등

❷ 과징금 부과에서 과징금 부과의 기초가 되는 사실을 오인하였거나, 비례·평등의 원칙에 위배하는 등의 사유가 있다면 이는 재량권의 일탈·남용으로서 위법하다(대판 2010.3.11. 2008두15176).

❸ 부동산 실권리자명의 등기에 관한 법률상 명의신탁자에 대한 과징금 부과처분의 법적 성질은 기속행위이다(대판 2007.7.12. 2005두17287). 09 지방7급

❹ 공정거래위원회가 부당내부거래사업자에게 과징금을 부과하는 것은 권력분립원칙에 위배되지 않는다(헌재 2003.7.24. 2001헌가25).

❺ 구 여객자동차 운수사업법 제88조 제1항의 과징금 부과처분은 제재적 행정처분으로서 여객자동차운수사업에 관한 질서를 확립하고 여객의 원활한 운송과 여객자동차운수사업의 종합적인 발달을 도모하여 공공복리를 증진한다는 행정목적의 달성을 위하여 행정법규 위반이라는 객관적 사실에 착안하여 가하는 제재이므로 반드시 현실적인 행위자가 아니라도 법령상 책임자로 규정된 자에게 부과되고 원칙적으로 위반자의 고의·과실을 요하지 아니하나, 위반자의 의무 해태를 탓할 수 없는 정당한 사유가 있는 등의 특별한 사정이 있는 경우에는 이를 부과할 수 없다(대판 2014.10.15. 2013두5005). 19·18 국가7급, 18 지방9급

4. 법적 근거

(1) 법률유보원칙 적용

과징금은 침익적인 행정행위인 급부하명이다. 따라서 **법률유보의 원칙에 따라 반드시 법적 근거가 있어야 부과할 수 있다.** 08 경기9급 등

(2) 과징금을 규정한 법률

관련조문

행정기본법 제28조(과징금의 기준) ① 행정청은 법령 등에 따른 의무를 위반한 자에 대하여 법률로 정하는 바에 따라 그 위반행위에 대한 제재로서 과징금을 부과할 수 있다.
② 과징금의 근거가 되는 법률에는 과징금에 관한 다음 각 호의 사항을 명확하게 규정하여야 한다.
   1. 부과·징수주체
   2. 부과사유

> 3. 상한액
> 4. 가산금을 징수하려는 경우 그 사항
> 5. 과징금 또는 가산금 체납시 강제징수를 하려는 경우 그 사항
>
> **제29조(과징금의 납부기한 연기 및 분할 납부)** 과징금은 한꺼번에 납부하는 것을 원칙으로 한다. 다만, 행정청은 과징금을 부과받은 자가 다음 각 호의 어느 하나에 해당하는 사유로 과징금 전액을 한꺼번에 내기 어렵다고 인정될 때에는 그 납부기한을 연기하거나 분할 납부하게 할 수 있으며, 이 경우 필요하다고 인정하면 담보를 제공하게 할 수 있다.
> 1. 재해 등으로 재산에 현저한 손실을 입은 경우
> 2. 사업 여건의 악화로 사업이 중대한 위기에 처한 경우
> 3. 과징금을 한꺼번에 내면 자금 사정에 현저한 어려움이 예상되는 경우
> 4. 그 밖에 제1호부터 제3호까지에 준하는 경우로서 대통령령으로 정하는 사유가 있는 경우

5. 과징금과 영업정지 등 처분의 관계

위반행위에 대해 과징금을 부과할지 영업정지처분을 할지는 행정청의 재량사항이다(대판 2006.5.12. 2004두12315). 따라서 동일한 법령에 의하여 과징금과 영업정지를 병과할 수는 없다고 할 것이다.

6. 법규명령에 규정된 과징금 수액의 의미

법률의 위임을 받아 법규명령으로 과징금 부과기준을 정한 경우 해당 과징금의 수액이 정액인지 최고한도액인지에 대해 견해가 대립한다. 정액설은 과징금 부과처분을 기속행위로 보게 되고, 최고한도액설은 재량행위로 보게 된다. **다수설과 판례는 최고한도액설이다**(대판 2001.3.9. 99두5207). 11 국가9급

* 법규명령에 의한 과징금의 수액은 최고한도액이지만, 국가배상법상의 배상기준은 정액이 아니라 기준액이다.
* 이행강제금은 정액이다.

7. 과징금의 부과 및 징수절차

과징금은 **행정청이 직접 부과한다.** 01 입시 등 과징금 부과처분을 받은 자는 소정의 기한 내에 납부하여야 하며, 납부의무의 불이행시에는 국세 또는 지방세 체납처분의 절차에 따라 강제징수할 수 있다. 06 국가9급 등

8. 권리구제

(1) 사전구제

과징금의 부과에는 상대방에게 의견진술 기타 청문의 기회를 부여함으로써 사전적인 행정구제를 하는 것이 바람직하다.

(2) 사후구제

과징금 부과처분은 행정행위이므로 그에 대해 행정쟁송을 제기할 수 있다. 12 국가9급 한편 위법한 과징금 부과처분으로 손해를 입은 자는 국가를 상대로 손해배상을 청구할 수 있다. 06 관세사 등

> **관련판례**
>
> 부동산 실권리자명의 등기에 관한 법률에 의하여 부과된 과징금채무는 대체적 급부가 가능한 의무이므로 위 과징금을 부과받은 자가 사망한 경우 그 상속인에게 포괄승계된다(대판 1999.5.14. 99두35). 05 울산9급 등
>
> * 이행강제금은 상속되지 않는다.

❷ 회사분할의 경우, 분할 전 위반행위를 이유로 신설회사에 대하여 과징금을 부과하는 것은 허용되지 않는다(대판 2007.11.29. 2006두18928). 09 지방7급

❸ 수 개의 위반행위에 대하여 하나의 과징금 납부명령을 하였으나 일부의 위반행위만이 위법하고 소송상 그 일부의 위반행위를 기초로 한 과징금액을 산정할 수 있는 자료가 없는 경우에 법원은 하나의 과징금 납부명령 전부를 취소할 수밖에 없다. 19 서울9급, 18·17 국가9급, 18 지방7급·지방9급, 12 국가7급 등

처분 여부와 처분 정도에 관하여 재량이 인정되는 공정거래위원회의 과징금 납부명령이 재량권을 일탈한 경우 및 수 개의 위반행위에 대하여 하나의 과징금 납부명령을 하였으나 일부의 위반행위만이 위법하고 소송상 그 일부의 위반행위를 기초로 한 과징금액을 산정할 수 있는 자료가 없는 경우에 법원은 하나의 과징금 납부명령 전부를 취소할 수밖에 없다(대판 2007.10.26. 2005두3172).

❹ 공정거래위원회가 부당지원행위에 대한 과징금을 부과함에 있어 여러 개의 위반행위에 대하여 하나의 과징금 납부명령을 하였으나 여러 개의 위반행위 중 일부의 위반행위만이 위법하고 소송상 그 일부의 위반행위를 기초로 한 과징금액을 산정할 수 있는 자료가 있는 경우에는, 하나의 과징금 납부명령일지라도 그중 위법하여 그 처분을 취소하게 된 일부의 위반행위에 대한 과징금액에 해당하는 부분만을 취소할 수 있다(대판 2006.12.22. 2004두1483). 19 서울9급

02 가산금·중가산금

1. 의의

(1) 가산금
가산금이란 행정법상의 금전급부의무의 불이행에 대한 제재로서 과하는 금전부담을 말한다. 국세기본법상 가산금과 중가산금은 삭제되었다.

(2) 중가산금
중가산금이란 납부기한이 지난 후 일정 기한까지 납부하지 아니한 경우에 그 금액에 다시 가산하여 징수하는 금액을 말한다.

(3) 처분성 여부
가산금과 중가산금은 처분성이 인정되지 않는다. 19 국가9급

2. 가산금의 성질

가산금은 체납된 국세에 대하여 징수하는 일종의 **지연배상금 또는 지연이자의 성질을 가진다**(대판 2006.3.9. 2004다71074). 06 국회8급 등

* 간접강제금은 배상금의 성질이 없다(심리적 강제).

03 가산세

1. 의의

가산세란 세법에서 규정하는 의무의 성실한 이행을 확보하기 위하여 세법에 따라 산출한 세액에 가산하여 징수하는 금액을 말한다(국세기본법 제2조 제4호). 예컨대, 소득세 신고에서 신고하여야 할 소득금액에 미달하여 신고한 때에 일정 금액을 가산하여 세금을 부과하는 것을 말한다. 가산세에는 무신고가산세, 과소신고가산세 등이 있다.

2. 법적 성질

(1) 행정벌
판례는 가산세의 법적 성질을 세금의 형태로 가하는 행정벌의 성질을 가진 제재로 본다.

(2) 본세와는 별개의 과세처분
가산세 부과처분은 본세의 부과처분과 **별개의 과세처분**이다(대판 2005.9.30. 2004두2356). 따라서 **가산세는 가산금과 달리 급부하명으로서 처분성이 인정된다**. 한편, 본세의 산출세액이 없다 하더라도 가산세만 독립하여 부과·징수할 수 있다.

3. 가산세의 법적 근거
가산세의 부과에는 법률적 근거가 필요하다. 소득세법 등에 근거규정이 있다.

4. 가산세의 특징
가산세의 부과에는 **납세자의 고의·과실이 필요하지 않다.** 15 국회8급, 12 국가9급 그러나 가산세는 의무 해태에 부과되는 것이기 때문에 **의무 해태에 정당한 이유가 있는 경우에는 부과하지 못한다**(대판 1992.4.28. 91누9848). 19·18 국가9급, 06 국회8급

제2절 비금전적 제재수단

01 공급거부

1. 의의
공급거부란 행정법상의 의무를 위반한 자에 대하여 행정상의 서비스나 재화의 공급을 거부하는 행정작용을 말한다.

2. 법적 근거
공급거부는 침익적 행위이므로 법률유보의 원칙상 법률의 근거가 필요하다. 공급거부에 대한 일반법은 없다. 구 건축법 등에 근거규정이 있었으나 거의 삭제되었다. 11 국가9급

02 관허사업의 제한

1. 의의
관허사업의 제한이란 행정법상의 의무를 위반하거나 불이행한 자에 대하여 각종 인·허가 등을 거부하거나 정지·철회하는 등의 **간접적인 수단**으로 행정의 실효성을 확보하는 수단을 말한다. 관허사업의 제한은 행정법상 의무 위반을 발생시킨 해당 사업에 대해서만 할 수 있는 것이 아니라 관련이 없는 사업에 대해서도 할 수 있다. 04 행시

2. 법적 근거
관허사업의 제한은 권익 침해의 효과가 있으므로 법적 근거가 있어야 한다. 일반법은 존재하지 않고 **국세징수법, 건축법, 질서위반행위규제법** 등에 근거가 있다.

03 행정상 공표

1. 개설

(1) 의의

행정법상의 의무 위반에 대하여 행정청이 그 사실을 일반에게 공표함으로써 그에 따르는 사회적 비난이라는 간접적·심리적 강제에 의하여 그 의무이행을 확보하려는 제도이다. 예컨대, 고액조세체납자의 명단 공표가 있다. 〈07 관세사 등〉

(2) 법적 성질과 기능

공표는 그 자체로는 아무런 법적 효과를 발생하지 않는 비권력적 사실행위이다(통설).

2. 법적 근거

(1) 학설과 판례

학설은 공표의 성질이 비권력적 사실행위임에도 불구하고 **법적 근거를 요한다고 보는 것이 일반적이다.** 특히 공표는 관계자의 명예·신용·privacy를 침해하거나 사실상 심각한 불이익을 초래할 수 있다는 점에서, 관계자에 대한 청문 또는 변명기회의 부여 등 사전절차와 관련하여 법적 근거가 필요하다고 한다. 〈15 사복9급 등〉

관련판례

❶ 공정거래위원회가 당해 사업자단체에 대하여 '법위반 사실의 공표'를 명할 수 있도록 한 부분은 헌법에 위반된다(헌재 2002.1.31. 2001헌바43).

❷ 공정거래위원회는 구 독점규제 및 공정거래에 관한 법률 제24조 소정의 '법위반 사실의 공표' 부분이 위헌결정으로 효력을 상실하였다 하더라도 '기타 시정을 위하여 필요한 조치'로서 '법위반을 이유로 공정거래위원회로부터 시정명령을 받은 사실의 공표' 명령을 할 수 있다(대판 2003.2.28. 2002두6170).

(2) 현행법 검토

1) 국세징수법

국세징수법 제114조에 근거가 있다.

2) 행정절차법

관련조문

제40조의3(위반사실 등의 공표) ① 행정청은 법령에 따른 의무를 위반한 자의 성명·법인명, 위반사실, 의무위반을 이유로 한 처분사실 등(이하 '위반사실 등'이라 한다)을 법률로 정하는 바에 따라 일반에게 공표할 수 있다.

3. 공표의 한계(비례원칙 준수)

 관련판례

① 청소년 성매수자에 대한 신상공개를 규정한 청소년의 성보호에 관한 법률은 이중처벌금지원칙, 과잉금지원칙, 평등원칙, 법관에 의한 재판을 받을 권리, 적법절차원칙에 위반되지 않는다(헌재 2003.6.26. 2002헌가14). `10 지방9급 등`

② 공표의 위법성 판단기준으로서의 상당한 이유 `10 지방9급 등`

[1] 국가기관이 행정목적 달성을 위하여 언론에 보도자료를 제공하는 등 이른바 행정상 공표의 방법으로 실명을 공개함으로써 타인의 명예를 훼손한 경우, 그 공표된 사람에 관하여 적시된 사실의 내용이 진실이라는 증명이 없더라도 국가기관이 공표 당시 이를 진실이라고 믿었고 또 그렇게 믿을 만한 상당한 이유가 있다면 위법성이 없는 것이고, 이 점은 언론을 포함한 사인에 의한 명예훼손의 경우에서와 마찬가지이다.

[2] 위 [1]의 경우 상당한 이유의 존부의 판단에 있어서는, 실명공표 자체가 매우 신중하게 이루어져야 한다는 요청에서 비롯되는 무거운 주의의무와 공권력의 광범한 사실조사능력, 공표된 사실이 진실하리라는 점에 대한 국민의 강한 기대와 신뢰, 공무원의 비밀엄수의무와 법령준수의무 등에 비추어, 사인의 행위에 의한 경우보다는 훨씬 더 엄격한 기준이 요구된다 할 것이므로, 그 사실이 의심의 여지 없이 확실히 진실이라고 믿을 만한 객관적이고도 타당한 확증과 근거가 있는 경우가 아니라면 그러한 상당한 이유가 있다고 할 수 없다.

[3] 지방국세청 소속 공무원들이 통상적인 조사를 다하여 의심스러운 점을 밝혀 보지 아니한 채 막연한 의구심에 근거하여 원고가 위장증여자로서 국토이용관리법을 위반하였다는 요지의 조사 결과를 보고한 것이라면 국세청장이 이에 근거한 보도자료의 내용이 진실하다고 믿은 데에는 상당한 이유가 없다(대판 1993.11.26. 93다18389).

4. 위법한 행정공표에 대한 구제

(1) 공표에 대한 취소소송 제기가능성

판례는 비권력적 사실행위에 대해 취소소송의 대상이 되지 않는다는 입장이다. 학설도 부정설이 통설이다. 긍정설의 입장을 취하는 경우에도 공표행위가 단기간에 종료되어 버림으로 인해 협의의 소의 이익을 인정하는 데 어려움이 있다. `07 대구9급 등`

(2) 행정상 손해배상

위법한 공표로 인하여 손해를 받은 자는 배상을 청구할 수 있다. 현행 국가배상법상 공무원의 직무범위에 관하여 협의설·광의설·최광의설 등 여러 견해가 나뉘어져 있으나, 공표와 같은 사실행위도 직무의 범위에 해당한다는 것에는 의문이 없다.

PART 5

행정구제법

행정법의 전문가,
2023 윤우혁 소방행정법 기본서

Chapter 01	개설
Chapter 02	사전적 권리구제수단
Chapter 03	행정상 손해전보
Chapter 04	행정쟁송

Chapter 01 개설

나침반

행정구제는 행정주체의 행정작용으로 권익이 침해되었다고 주장하는 자가 국가기관에 대하여 원상회복·손해전보 또는 해당 행정작용의 시정을 요구하는 절차이다.

- **사전적 구제제도**
  - 행정절차 — 직권시정
  - 정당방위 ← 사전적·직접적 구제제도
  - 옴브즈만(호민관) — 청원 ← 사전적·사후적 구제제도
  - 감사원의 심사청구

- **실체법상 구제제도**
  - 손해전보
    - 손해배상 — 공무원의 위법한 직무행위로 인한 손해배상
    - 손실보상 — 영조물의 설치·관리의 하자로 인한 손해배상

- **사후적 구제제도 / 절차법상 구제제도**
  - 행정쟁송
    - 행정심판 — 항고심판 — 일반항고심판
      - 취소심판
      - 무효등확인심판
      - 의무이행심판
    - 행정소송
      - 주관적 소송
        - 항고소송
          - 법정항고소송
            - 취소소송
            - 무효확인소송
            - 부작위법확인소송
          - 무명항고소송
        - 당사자소송 — 실질적·형식적 당사자소송
      - 객관적 소송
        - 민중소송
        - 기관소송

행정구제법을 공부할 때는 우선 행정구제가 two-track으로 되어 있다는 것을 명심해야 한다. 즉, 처분을 대상으로 하는 행정쟁송과 처분 외의 법률상 지위 또는 손해 및 손실에 대한 금전적 문제를 대상으로 하는 손해전보제도가 있다는 점이다.

- 형사책임 — 공무원의 징계책임 — 공무원의 징계책임

Chapter 02 사전적 권리구제수단

제1절 청원

01 의의

헌법 제26조 제1항은 "모든 국민은 법률이 정하는 바에 의하여 국가기관에 문서로 청원할 권리를 가진다."라고 규정하고 있고, 이에 근거하여 청원에 관한 일반법으로 청원법이 제정되어 있다.

02 청원의 방법

1. 문서주의

청원은 청원인의 성명(법인인 경우에는 명칭 및 대표자의 성명을 말한다)과 주소 또는 거소를 기재하고 서명한 문서(전자문서 및 전자거래 기본법에 의한 전자문서를 포함한다)로 하여야 한다(청원법 제9조 제1항).

2. 판례

국회와 지방의회에 대한 청원은 국회의원 또는 지방의회의원의 소개가 있어야 한다. 여기에 대해서 헌법재판소는 합헌결정하였다.

03 청원의 효과

청원에 대한 심사 결과의 통지 유무는 행정소송의 대상이 되는 처분이라 할 수 없다(대판 1990.5.25. 90누1458).

제2절 부패방지 및 국민권익위원회의 설치와 운영에 관한 법률상의 고충처리

부패방지 및 국민권익위원회의 설치와 운영에 관한 법률은 국민들의 고충을 처리하기 위하여 ① 국민권익위원회를 국무총리 소속하에 의무적으로 설치하도록 하고, ② 시민고충처리위원회를 각 지방자치단체에 임의적으로 설치할 수 있게 하며, ③ 국민으로 하여금 감사원에 감사를 청구할 수 있게 하는 제도 등을 마련하고 있다.

01 국민권익위원회의 설치

1. 국민권익위원회

고충민원의 처리와 이에 관련된 불합리한 행정제도를 개선하고, 부패의 발생을 예방하며 부패행위를 효율적으로 규제하도록 하기 위하여 **국무총리 소속으로 국민권익위원회를 둔다**(제11조 제1항). 09 국가9급 등

2. 고충민원의 신청

(1) 신청권자
누구든지(국내에 거주하는 외국인을 포함한다) 위원회 또는 시민고충처리위원회에 고충민원을 신청할 수 있다(제39조 제1항 전단). 07 서울9급

(2) 이중신청의 허용
이 경우 하나의 권익위원회에 대하여 고충민원을 제기한 신청인은 다른 권익위원회에 대하여도 고충민원을 신청할 수 있다(제39조 제1항 후단).

(3) 문서 또는 구술에 의한 신청
권익위원회에 고충민원을 신청하고자 하는 자는 일정사항을 기재하여 문서(전자문서를 포함한다. 이하 같다)로 이를 신청하여야 한다. 다만, 문서에 의할 수 없는 특별한 사정이 있는 경우에는 구술로 신청할 수 있다(제39조 제2항).

3. 위원회의 독립성
위원회는 그 권한에 속하는 업무를 독립적으로 수행한다(제16조 제1항).

4. 위원회의 권한

> **관련조문**
>
> **제45조(조정)** ① 권익위원회는 다수인이 관련되거나 사회적 파급효과가 크다고 인정되는 고충민원의 신속하고 공정한 해결을 위하여 필요하다고 인정하는 경우에는 당사자의 신청 또는 직권에 의하여 조정을 할 수 있다.
> ② 조정은 당사자가 합의한 사항을 조정서에 기재한 후 당사자가 기명날인하거나 서명하고 권익위원회가 이를 확인함으로써 성립한다.
> ③ 제2항에 따른 조정은 민법상의 화해와 같은 효력이 있다.
>
> **제46조(시정의 권고 및 의견의 표명)** ① 권익위원회는 고충민원에 대한 조사 결과 처분 등이 위법·부당하다고 인정할 만한 상당한 이유가 있는 경우에는 관계 행정기관 등의 장에게 적절한 시정을 권고할 수 있다.
> ② 권익위원회는 고충민원에 대한 조사 결과 신청인의 주장이 상당한 이유가 있다고 인정되는 사안에 대하여는 관계 행정기관 등의 장에게 의견을 표명할 수 있다.
>
> **제47조(제도 개선의 권고 및 의견의 표명)** 권익위원회는 고충민원을 조사·처리하는 과정에서 법령 그 밖의 제도나 정책 등의 개선이 필요하다고 인정되는 경우에는 관계 행정기관 등의 장에게 이에 대한 합리적인 개선을 권고하거나 의견을 표명할 수 있다. 09 국가9급
>
> **제48조(의견 제출 기회의 부여)** ① 권익위원회는 제46조 또는 제47조에 따라 관계 행정기관 등의 장에게 권고 또는 의견표명을 하기 전에 그 행정기관 등과 신청인 또는 이해관계인에게 미리 의견을 제출할 기회를 주어야 한다. 09 관세사
>
> **제49조(결정의 통지)** 권익위원회는 고충민원의 결정 내용을 지체 없이 신청인 및 관계 행정기관 등의 장에게 통지하여야 한다.

5. 처리 결과의 통보

관련조문

제50조(처리 결과의 통보 등) ① 제46조 또는 제47조에 따른 권고 또는 의견을 받은 관계 행정기관 등의 장은 이를 존중하여야 하며, 그 권고 또는 의견을 받은 날부터 30일 이내에 그 처리 결과를 권익위원회에 통보하여야 한다. 09 국가9급 등

② 제1항에 따른 권고를 받은 관계 행정기관 등의 장이 그 권고내용을 이행하지 아니하는 경우에는 그 이유를 권익위원회에 문서로 통보하여야 한다.

③ 권익위원회는 제1항 또는 제2항에 따른 통보를 받은 경우에는 신청인에게 그 내용을 지체 없이 통보하여야 한다. 07 서울9급

6. 감사 의뢰 등

관련조문

제51조(감사의 의뢰) 고충민원의 조사·처리과정에서 관계 행정기관 등의 직원이 고의 또는 중대한 과실로 위법·부당하게 업무를 처리한 사실을 발견한 경우 위원회는 감사원 또는 관계 행정기관 등의 감독기관(감독기관이 없는 경우에는 해당 행정기관 등을 말한다. 이하 같다)에, 시민고충처리위원회는 해당 지방자치단체에 감사를 의뢰할 수 있다. 09 관세사

제52조(권고 등 이행실태의 확인·점검) 권익위원회는 제46조 및 제47조에 따른 권고 또는 의견의 이행실태를 확인·점검할 수 있다.

제53조(공표) 권익위원회는 다음 각 호의 사항을 공표할 수 있다. 다만, 다른 법률의 규정에 따라 공표가 제한되거나 개인의 사생활의 비밀이 침해될 우려가 있는 경우에는 그러하지 아니하다.
  1. 제46조 및 제47조에 따른 권고 또는 의견표명의 내용
  2. 제50조 제1항에 따른 처리 결과
  3. 제50조 제2항에 따른 권고 내용의 불이행사유

02 시민고충처리위원회의 설치

지방자치단체 및 그 소속 기관에 관한 고충민원의 처리와 행정제도의 개선 등을 위하여 각 지방자치단체에 시민고충처리위원회를 둘 수 있다(임의적 설치, 제32조). 09 국가9급

03 부패행위의 신고

관련조문

제55조(부패행위의 신고) 누구든지 부패행위를 알게 된 때에는 이를 위원회에 신고할 수 있다. 19 소방

제56조(공직자의 부패행위 신고의무) 공직자는 그 직무를 행함에 있어 다른 공직자가 부패행위를 한 사실을 알게 되었거나 부패행위를 강요 또는 제의받은 경우에는 지체 없이 이를 수사기관·감사원 또는 위원회에 신고하여야 한다.

제57조(신고자의 성실의무) 제55조 및 제56조에 따른 부패행위 신고(이하 이 장에서 '신고'라 한다)를 한 자(이하 이 장에서 '신고자'라 한다)가 신고의 내용이 허위라는 사실을 알았거나 알 수 있었음에도 불구하고 신고한 경우에는 이 법의 보호를 받지 못한다.

제58조(신고의 방법) 신고를 하려는 자는 본인의 인적사항과 신고취지 및 이유를 기재한 기명의 문서로써 하여야 하며, 신고대상과 부패행위의 증거 등을 함께 제시하여야 한다.

제58조의2(비실명 대리신고) ① 제58조에도 불구하고 신고자는 자신의 인적사항을 밝히지 아니하고 변호사를 선임하여 신고를 대리하게 할 수 있다. 이 경우 제58조에 따른 신고자의 인적사항 및 기명의 문서는 변호사의 인적사항 및 변호사 이름의 문서로 갈음한다.
② 제1항에 따른 신고는 위원회에 하여야 하며, 신고자 또는 신고자를 대리하는 변호사는 그 취지를 밝히고 신고자의 인적사항, 신고자임을 입증할 수 있는 자료 및 위임장을 위원회에 함께 제출하여야 한다.
③ 위원회는 제2항에 따라 제출된 자료를 봉인하여 보관하여야 하며, 신고자 본인의 동의 없이 이를 열람하여서는 아니 된다.

04 신고자 보호 등

 관련조문

제62조(불이익조치 등의 금지) ① 누구든지 신고자에게 신고나 이와 관련한 진술, 자료 제출 등(이하 '신고 등'이라 한다)을 한 이유로 불이익조치를 하여서는 아니 된다.

제62조의2(신분보장 등의 조치신청 등) ① 신고자는 신고 등을 이유로 불이익조치를 받았거나 받을 것으로 예상되는 경우에는 대통령령으로 정하는 바에 따라 위원회에 해당 불이익조치에 대한 원상회복이나 그 밖에 필요한 조치(이하 '신분보장 등 조치'라 한다)를 신청할 수 있다.
② 신분보장 등 조치는 불이익조치가 있었던 날(불이익조치가 계속된 경우에는 그 종료일)부터 1년 이내에 신청하여야 한다. 다만, 신고자가 천재지변, 전쟁, 사변, 그 밖에 불가항력의 사유로 1년 이내에 신분보장 등 조치를 신청할 수 없었을 때에는 그 사유가 소멸한 날부터 14일(국외에서의 신분보장 등 조치신청은 30일) 이내에 신청할 수 있다.
③ 위원회는 신분보장 등 조치의 신청이 다음 각 호의 어느 하나에 해당하는 경우에는 결정으로 신청을 각하하고, 신분보장 등 조치를 신청한 사람(이하 '신분보장신청인'이라 한다)과 그가 소속된 기관·단체·기업 등의 장 또는 관계 기관·단체·기업 등의 장(이하 '소속 기관장 등'이라 한다)에게 각각 서면으로 통보하여야 한다. 다만, 통보로 인하여 신분보장신청인이 불이익조치 등을 받을 우려가 있는 경우 소속 기관장 등에게는 통보하지 아니할 수 있다. 〈각 호 생략〉
④ 위원회는 제1항에 따른 신청(제3항에 따라 각하결정된 경우는 제외한다)에 대하여 조사를 하여야 한다. 이 경우 다음 각 호의 어느 하나에 해당하는 자에게 출석을 요구하여 진술을 청취하거나 진술서·자료의 제출, 사실·정보의 조회를 요구할 수 있으며, 위원회로부터 이러한 요구를 받은 자는 성실히 따라야 한다. 〈각 호 생략〉
⑤ 위원회는 조사과정에서 소속 기관장 등에게 충분한 소명 기회를 주어야 한다.

제63조(불이익 추정) 신고자가 신고한 뒤 제62조의2 제1항에 따라 위원회에 신분보장 등 조치를 신청하거나 법원에 원상회복 등에 관한 소를 제기하는 경우 해당 신고와 관련하여 불이익을 당한 것으로 추정한다.

05 국민감사청구제

제3절 민원 처리에 관한 법률

01 다수인 관련 민원

5세대(世帶) 이상의 공동 이해와 관련되어 5명 이상이 연명으로 제출하는 민원을 말한다(제2조 제6호).

02 처리기간의 계산(제19조) 11 국회8급

5일 이하로 정한 경우	민원의 처리기간을 5일 이하로 정한 경우에는 민원의 접수시각부터 '시간' 단위로 계산하되, 공휴일과 토요일은 산입하지 아니한다. 이 경우 1일은 8시간의 근무시간을 기준으로 한다.
6일 이상으로 정한 경우	민원의 처리기간을 6일 이상으로 정한 경우에는 '일' 단위로 계산하고 첫날을 산입하되, 공휴일과 토요일은 산입하지 아니한다.
주·월·연으로 정한 경우	민원의 처리기간을 주·월·연으로 정한 경우에는 첫날을 산입하되, 민법 제159조부터 제161조의 규정을 준용한다.

03 민원인의 권리보호

1. 거부처분에 대한 이의신청(제35조)

이의신청	① 법정민원에 대한 행정기관의 장의 거부처분에 불복하는 민원인은 그 거부처분을 받은 날부터 **60일 이내**에 그 행정기관의 장에게 문서로 이의신청을 할 수 있다.
이의신청에 대한 결정	② 행정기관의 장은 이의신청을 받은 날부터 10일 이내에 그 이의신청에 대하여 인용 여부를 결정하고 그 결과를 민원인에게 지체 없이 문서로 통지하여야 한다. 다만, 부득이한 사유로 정하여진 기간 이내에 인용 여부를 결정할 수 없을 때에는 그 기간의 만료일 다음 날부터 기산하여 10일 이내의 범위에서 연장할 수 있으며, 연장사유를 민원인에게 통지하여야 한다.
행정소송	③ 민원인은 제1항에 따른 이의신청 여부와 관계 없이 행정심판법에 따른 행정심판 또는 행정소송법에 따른 행정소송을 제기할 수 있다.

2. 사전심사의 청구(제30조)

사전심사의 대상	① 민원인은 법정민원 중 신청에 경제적으로 **많은 비용이 수반되는 민원** 등 대통령령으로 정하는 민원에 대하여는 행정기관의 장에게 정식으로 민원을 신청하기 전에 미리 **약식의 사전심사**를 청구할 수 있다.
사전심사 협의	② 행정기관의 장은 제1항에 따라 사전심사가 청구된 법정민원이 다른 행정기관의 장과의 협의를 거쳐야 하는 사항인 경우에는 미리 그 행정기관의 장과 협의하여야 한다.
결과 통보	③ 행정기관의 장은 사전심사 결과를 민원인에게 문서로 통지하여야 하며, 가능한 것으로 통지한 민원의 내용에 대하여는 민원인이 나중에 정식으로 민원을 신청한 경우에도 동일하게 결정을 내릴 수 있도록 노력하여야 한다. 다만, 민원인의 귀책사유 또는 불가항력이나 그 밖의 정당한 사유로 이를 이행할 수 없는 경우에는 그러하지 아니하다.

04 민원제도의 개선

1. 민원처리기준표의 고시(제36조)

기준표 고시	① 행정안전부장관은 민원인의 편의를 위하여 관계 법령 등에 규정되어 있는 민원의 처리기관, 처리기간, 구비서류, 처리절차, 신청방법 등에 관한 사항을 종합한 **민원처리기준표를 작성하여 관보에 고시하고 통합전자민원창구에 게시하여야 한다.**
기준표 변경	② 행정기관의 장은 관계 법령 등의 제정·개정 또는 폐지 등으로 제1항에 따라 고시된 민원처리기준표를 변경할 필요가 있으면 즉시 그 내용을 행정안전부장관에게 통보하여야 하며, 행정안전부장관은 그 내용을 관보에 고시하고 통합전자민원창구에 게시한 후 제1항에 따른 민원처리기준표에 반영하여야 한다.
개정 요청	③ 행정안전부장관은 민원의 간소화를 위하여 필요하다고 인정하는 경우에는 관계 행정기관의 장에게 관계 법령 등에 규정되어 있는 처리기간, 구비서류, 처리절차, 신청방법 등의 개정을 요청할 수 있다.

2. 민원 1회 방문 처리제의 시행(제32조)

1회 방문 처리제	① 행정기관의 장은 복합민원을 처리할 때에 그 행정기관의 내부에서 할 수 있는 자료의 확인, 관계 기관·부서와의 협조 등에 따른 모든 절차를 담당 직원이 직접 진행하도록 하는 민원 1회 방문 처리제를 확립함으로써 불필요한 사유로 민원인이 행정기관을 다시 방문하지 아니하도록 하여야 한다.
상담창구 설치	② 행정기관의 장은 제1항에 따른 민원 1회 방문 처리에 관한 안내와 상담의 편의를 제공하기 위하여 민원 1회 방문 상담창구를 설치하여야 한다.

Chapter 03 행정상 손해전보

나침반

비교 개념	구분	손해배상	손실보상
	기본이념	개인주의 사상에 입각	단체주의 사상에 입각(배분적 정의)
	헌법적 근거	헌법 제29조	헌법 제23조 제3항
	발생원인	• 위법한 행정작용, 고의·과실 요함. • 영조물 책임은 무과실책임	• 적법한 행정작용 • 무과실책임
	성립요건	위법성, 고의·과실, 손해의 발생 등	공공필요, 특별한 희생, 재산상 손해
	적용법률	국가배상법(일반법)	개별법 규정의 보상(일반법 없음)
	손해의 범위	재산적 손해와 비재산적 손해(생명·신체에 대한 손해, 정신적 손해)	재산적 손실만 보상
	양도·압류 가능성	• 생명·신체에 대한 손해로 발생한 청구권: 양도·압류, 상계 금지 • 재산권에 대한 청구권: 양도·압류 가능	양도·압류 가능
	책임자	국가 또는 지방자치단체	사업시행자
	공통점	사후적 구제제도, 금전적 구제제도(손해의 전보), 실체적 행정구제제도	

제1절 행정상 손해배상

01 행정상 손해배상의 기준과 내용

1. 행정상 손해배상의 의의

(1) 공무원의 직무상 불법행위로 인한 손해배상청구

공무원 또는 공무를 위탁 받은 사인이 직무를 집행하면서 고의 또는 과실로 법령을 위반하여 타인에게 손해를 입힌 경우에 국가 또는 지방자치단체가 피해를 입은 개인에게 손해를 배상하는 제도를 말한다.

(2) 영조물의 설치·관리상의 하자로 인한 손해배상청구

도로·하천, 그 밖의 공공의 영조물의 설치나 관리에 하자가 있기 때문에 타인에게 손해를 발생하게 하였을 때에 국가나 지방자치단체가 그 손해를 배상하여야 하는 제도를 말한다. 무과실책임이다.

(3) 국가배상법

국가의 손해배상책임을 규율하는 법이 국가배상법이고, 국가배상법은 공무원의 위법행위에 대한 책임과 영조물책임에 대한 일반법의 지위를 갖는다. 05 서울9급 등

관련판례

재판에 대하여 불복절차 또는 시정절차가 마련되어 있는 경우, 시정을 구하지 아니한 사람은 원칙적으로 국가배상에 의한 권리구제를 받을 수 없다(대판 2016.10.13. 2014다215499).

2. 행정상 손해배상제도의 개관

(1) 헌법 규정과 국가배상법 규정의 차이

구분	헌법	국가배상법
배상의 유형	공무원의 직무상 불법행위로 인한 배상만 규정, 영조물책임에 대한 규정이 없다.	공무원의 직무상 불법행위로 인한 배상과 영조물책임에 대한 규정 둘 다 있다.
배상책임의 주체	국가 또는 공공단체(지방자치단체, 사단, 재단, 영조물법인) 15 사복9급	국가 또는 지방자치단체
공공단체의 불법행위	헌법과 국가배상법 규정 차이 때문에 공공단체의 불법행위에 대해서는 민법이 적용되고 민사소송으로 처리된다. 즉, 한국토지주택공사는 국가배상법상의 공무원이 아니다.	

(2) 국가배상청구권의 법적 성질 및 소송의 종류

1) 사법설(사권설)
판례는 국가배상청구권을 사권(私權)으로 본다. 따라서 민사소송절차에 의한다. 17 국회8급

2) 공법설(공권설)
국가배상청구권은 공권이고, 공법상 당사자소송에 의한다는 견해이다(다수설).

(3) 외국인의 청구가능성
외국인이 피해자인 경우에는 해당 국가와 상호 보증이 있을 때에만 적용한다(국가배상법 제7조). 08 경기9급
따라서 외국인이 국가배상청구권을 행사하는 경우도 있을 수 있다.

관련판례

국가배상법 제7조에서 정한 '상호 보증'이 있는지 판단하는 기준 19 소방·지방9급

상호 보증은 외국의 법령, 판례 및 관례 등에 의하여 발생요건을 비교하여 인정되면 충분하고 반드시 당사국과의 조약이 체결되어 있을 필요는 없으며, 당해 외국에서 구체적으로 우리나라 국민에게 국가배상청구를 인정한 사례가 없더라도 실제로 인정될 것이라고 기대할 수 있는 상태이면 충분하다(대판 2015.6.11. 2013다208388).

* 일본인 갑이 대한민국 소속 공무원의 위법한 직무집행에 따른 피해에 대하여 국가배상청구를 한 사안에서, 우리나라와 일본 사이에 국가배상법 제7조가 정하는 '상호 보증'이 있다고 한 사례이다.

(4) 사경제작용에 대한 배상
국가의 사경제작용에 대한 배상은 국가배상법이 아니라 민법에 의한다.

02 공무원의 직무상 불법행위로 인한 손해배상청구

1. 배상책임의 요건

(1) 공무원

1) 최광의의 공무원(국가나 지방자치단체 소속의 최광의의 공무원)

① **공무수탁사인 포함**: 국가공무원법·지방공무원법상의 공무원뿐만 아니라 널리 공무를 위탁받아 그에 종사하는 모든 자를 포함한다(통설·판례). 18 소방, 16 사복9급, 10 국가9급 등

② **사실상 공무원 포함**: 공무원으로 임용된 후에 무효사유가 사후에 발견되더라도 그때까지 위탁받아 한 직무행위에 대해서는 공무원의 행위로 본다.

2) 판례

 관련판례

❶ 교통할아버지는 국가배상법상 공무원에 해당한다. 19 소방, 12 국가9급 등

[1] 국가배상법 제2조 소정의 '공무원'이라 함은 국가공무원법이나 지방공무원법에 의하여 공무원으로서의 신분을 가진 자에 국한하지 않고, 널리 공무를 위탁받아 실질적으로 공무에 종사하고 있는 일체의 자를 가리키는 것으로서, 공무의 위탁이 일시적이고 한정적인 사항에 관한 활동을 위한 것이어도 달리 볼 것은 아니다. 12 지방9급

[2] 국가배상청구의 요건인 '공무원의 직무'에는 권력적 작용만이 아니라 비권력적 작용도 포함되며 단지 행정주체가 사경제주체로서 하는 활동만 제외된다. 17 사복9급

[3] 국가배상법 제2조 제1항 소정의 '직무를 집행함에 당하여'라 함은 직접 공무원의 직무집행행위이거나 그와 밀접한 관계에 있는 행위를 포함하고, 이를 판단함에 있어서는 행위 자체의 외관을 객관적으로 관찰하여 공무원의 직무행위로 보여질 때에는 비록 그것이 실질적으로 직무행위에 속하지 않는다 하더라도 그 행위는 공무원이 '직무를 집행함에 당하여' 한 것으로 보아야 한다.

[4] 지방자치단체가 '교통할아버지 봉사활동계획'을 수립한 후 관할 동장으로 하여금 '교통할아버지'를 선정하게 하여 어린이 보호, 교통 안내, 거리질서 확립 등의 공무를 위탁하여 집행하게 하던 중 '교통할아버지'로 선정된 노인이 위탁받은 업무범위를 넘어 교차로 중앙에서 교통정리를 하다가 교통사고를 발생시킨 경우, 지방자치단체가 국가배상법 제2조 소정의 배상책임을 부담한다(대판 2001.1.5. 98다39060). 11 경행특채

❷ 법령에 의해 대집행 권한을 위탁받은 한국토지공사는 국가배상법 제2조에서 말하는 공무원에 해당하지 않는다(대판 2010.1.28. 2007다82950). 19 서울7급, 15·13 국회8급, 12 국회9급

❸ 국가배상법 제5조 제1항에 따른 배상책임의 주체는 영조물 설치·관리사무의 귀속주체이다. 따라서 농어촌정비법 제16조 제1항에 따라 한국농어촌공사가 설치한 농업생산기반시설 관리사무의 귀속주체는 한국농어촌공사이다(대판 2015.9.10. 2012다200622). 예상

❹ 부동산소유권 이전등기 등에 관한 특별조치법상 보증인은 공무를 위탁받아 실질적으로 공무를 수행한다고 보기는 어렵다. 보증인을 위촉하는 관청은 소정 요건을 갖춘 주민을 보증인으로 위촉하는 데 그치고 대장소관청은 보증서의 진위를 확인하기 위한 일련의 절차를 거쳐 확인서를 발급할 뿐 행정관청이 보증인의 직무수행을 지휘·감독할 수 있는 법령상 근거가 없으며, 보증인은 보증서를 작성할 의무를 일방적으로 부과받으면서도 어떠한 경제적 이익도 제공받지 못하는 반면 재량을 가지고 발급신청의 진위를 확인하며 그 내용에 관하여 행정관청으로부터 아무런 간섭을 받지 않기 때문이다(대판 2019.1.31. 2013다14217). * 국가배상이 안 된다는 의미 예상

(2) 직무행위

1) 판례(광의설) - 사경제작용만 제외

 관련판례

❶ 사경제작용만 제외된다. 17 사복9급, 12 지방9급 등
국가배상법이 정한 손해배상청구의 요건인 '공무원의 직무'에는 국가나 지방자치단체의 권력적 작용뿐만 아니라 비권력적 작용도 포함되지만, 단순한 사경제의 주체로서 하는 작용은 포함되지 않는다(대판 2004.4.9. 2002다10691).

❷ 공탁도 직무행위에 포함된다. 16 국가9급, 12 서울9급
* 행정지도에 대해 직무행위성을 인정한 사례이다.
이 사건 공탁도 행정지도의 일환으로 직무수행으로서 행하였다고 할 것이므로, 비권력적 작용인 공탁으로 인한 피고의 손해배상책임은 성립할 수 없다는 상고이유의 주장은 이유가 없다(대판 1998.7.10. 96다38971).

❸ 방조제 설치공사는 공행정작용과 관련된 활동으로서 국가배상법의 적용대상이다(대판 1997.9.26. 96다50605).

❹ 직무의 사익 관련성
[1] 공무원이 직무를 수행하면서 그 근거되는 법령의 규정에 따라 구체적으로 의무를 부여받았어도 그것이 국민의 이익과는 관계 없이 순전히 행정기관 내부의 질서를 유지하기 위한 것이거나 또는 국민의 이익과 관련된 것이라도 직접 국민 개개인의 이익을 위한 것이 아니라 전체적으로 공공 일반의 이익을 도모하기 위한 것이라면 그 의무에 위반하여 국민에게 손해를 가하여도 국가 또는 지방자치단체는 배상책임을 부담하지 아니한다. 19·16 국회8급

[2] 하천법의 관련 규정에 비추어 볼 때, 하천의 유지·관리 및 점용허가 관련 업무를 맡고 있는 지방자치단체 담당공무원의 직무상 의무는 부수적으로라도 사회구성원 개개인의 안전과 이익을 보호하기 위하여 설정된 것이다(대판 2006.4.14. 2003다41746).

❺ 한센병 환자의 국가배상청구 사건
[1] 국가가 한센병 환자의 치료 및 격리수용을 위하여 운영·통제해 온 국립 소록도병원 등에 소속된 의사나 간호사 또는 의료보조원 등이 한센인들에게 시행한 정관절제수술과 임신중절수술은 신체에 대한 직접적인

침해행위로서 그에 관한 동의 내지 승낙을 받지 아니하였다면 헌법상 신체를 훼손당하지 아니할 권리와 태아의 생명권 등을 침해하는 행위이다. 만일 국가가 위와 같은 요건을 갖추지 아니한 채 한센인들을 상대로 정관절제수술이나 임신중절수술을 시행하였다면 설령 이러한 조치가 정부의 보건정책이나 산아제한 정책을 수행하기 위한 것이었다고 하더라도 이는 위법한 공권력의 행사로서 민사상 불법행위가 성립한다.

[2] 갑 등이 수술에 동의 내지 승낙하였다 할지라도, 갑 등은 한센병이 유전되는지, 자녀에게 감염될 가능성이 어느 정도인지, 치료가 가능한지 등에 관하여 충분히 설명을 받지 못한 상태에서 어쩔 수 없이 동의 내지 승낙한 것으로 보일 뿐 자유롭고 진정한 의사에 기한 것으로 볼 수 없는 점 등을 종합해 보면, 국가는 소속 의사 등이 행한 위와 같은 행위로 갑 등이 입은 손해에 대하여 국가배상책임을 부담한다.

[3] 소멸시효를 이유로 한 항변권의 행사도 민법의 대원칙인 신의성실의 원칙과 권리남용금지의 원칙의 지배를 받는 것이어서, 채무자가 시효 완성 전에 채권자의 권리 행사나 시효 중단을 불가능 또는 현저히 곤란하게 하였거나, 그러한 조치가 불필요하다고 믿게 하는 행동을 하였거나, 객관적으로 채권자가 권리를 행사할 수 없는 장애사유가 있었거나, 또는 일단 시효 완성 후에 채무자가 시효를 원용하지 아니할 것 같은 태도를 보여 권리자로 하여금 그와 같이 신뢰하게 하였거나, 채권자 보호의 필요성이 크고 같은 조건의 다른 채권자가 채무의 변제를 수령하는 등의 사정이 있어 채무이행의 거절을 인정함이 현저히 부당하거나 불공평하게 되는 등의 특별한 사정이 있는 경우에는 채무자가 소멸시효의 완성을 주장하는 것이 신의성실의 원칙에 반하여 권리남용으로서 허용될 수 없다(대판 2017.2.15. 2014다230535). 예상

2) 직무행위의 범위

사경제작용을 제외한 **입법·행정·사법 등 모든 국가작용이 포함된다.** 08 지방9급 행정작용에는 법률행위적 행정행위와 준법률행위적 행정행위, 권력적 작용과 비권력적 작용, 법률행위와 사실행위, 작위·부작위 모두 포함된다.

① 입법작용으로 인한 손해

관련판례

❶ **입법행위는 특수한 경우가 아닌 한 국가배상법상의 위법행위가 아니다.** 18 소방, 12·07 국회8급 등

국회의원의 입법행위는 그 입법 내용이 헌법의 문언에 명백히 위반됨에도 불구하고 국회가 굳이 당해 입법을 한 것과 같은 특수한 경우가 아닌 한 국가배상법 제2조 제1항 소정의 위법행위에 해당된다고 볼 수 없다(대판 2008.5.29. 2004다33469).

❷ **입법부작위**는 진정입법부작위에 대해서만 국가배상이 허용된다.

해방 후 사설철도회사의 전 재산을 수용하면서 그 보상절차를 규정한 군정법령 제75호에 따른 보상절차가 이루어지지 않은 단계에서 조선철도의 통일·폐지법률에 의하여 위 군정법령이 폐지됨으로써 대한민국의 법령에 의한 수용은 있었으나 그에 대한 보상을 실시할 수 있는 절차를 규정하는 법률이 없는 상태가 현재까지 계속되고 있으므로, 대한민국은 위 군정법령에 근거한 수용에 대하여 보상에 관한 법률을 제정하여야 하는 입법자의 헌법상 명시된 입법의무가 발생하였으며, 위 폐지법률이 시행된 지 30년이 지나도록 입법자가 전혀 아무런 입법조치를 취하지 않고 있는 것은 입법재량의 한계를 넘는 입법의무불이행으로서 보상청구권이 확정된 자의 헌법상 보장된 재산권을 침해하는 것이므로 위헌이다(헌재 1994.12.29. 89헌마2).

> **보충** 입법부작위
> - **진정입법부작위**: 헌법의 명문규정에 의해 입법의무가 있거나 해석상 입법의무가 발생하였음에도 전혀 아무런 입법을 하지 않은 경우 * 헌법소원의 대상이 되는 입법부작위는 진정입법부작위만을 말한다.
> - **부진정입법부작위**: 입법은 있으나 그 내용이 불완전·불충분한 경우

❸ 국회의 입법부작위에 대해 국가배상청구권이 성립하기 위해서는 헌법상의 구체적 입법의무가 있어야 한다. 19 국가9급

[1] 국가가 일정한 사항에 관하여 헌법에 의하여 부과되는 구체적인 입법의무를 부담하고 있음에도 불구하고 그 입법에 필요한 상당한 기간이 경과하도록 고의 또는 과실로 이러한 입법의무를 이행하지 아니하는 등 극히 예외적인 사정이 인정되는 사안에 한정하여 국가배상법 소정의 배상책임이 인정될 수 있으며, 위와 같은 구체적인 입법의무 자체가 인정되지 않는 경우에는 애당초 부작위로 인한 불법행위가 성립할 여지가 없다. 16 사복9급

[2] 헌법 제53조에 따라서 국회가 의결한 법률안을 대통령이 공포하는 등의 절차를 거쳐서 법률이 확정되면 그 규정 내용에 따라서 국민의 권리·의무에 관한 새로운 법규가 형성될 수 있지만, 이와 같이 법률이 확정되기 전에는 기존법규를 수정·변경하는 법적 효과가 발생할 수 없고, 다원적 의견이나 각가지 이익을 반영시킨 토론과정을 거쳐 다수결의 원리에 따라 통일적인 국가의사를 형성하는 국회에서 일정한 법률안을 심의하거나 의결한 적이 있다고 하더라도, 그것이 법률로 확정되지 아니한 이상 국가가 이해관계자들에게 위 법률안에 관련된 사항을 약속하였다고 볼 수 없으며, 이러한 사정만으로 어떠한 신뢰를 부여하였다고 볼 수도 없다(대판 2008.5.29. 2004다33469). 16 국가9급

② **행정입법부작위의 경우**

㉠ 행정입법부작위에 대해서는 부작위위법확인소송은 허용되지 않고, 헌법소원이 가능하다. 18 국회8급

㉡ 행정입법부작위에 대한 국가배상은 가능하다.

관련판례

◎ **행정입법부작위에 대한 손해배상청구**

구 군법무관 임용법 제5조 제3항과 군법무관 임용 등에 관한 법률 제6조가 군법무관의 보수의 구체적 내용을 시행령에 위임했음에도 불구하고 행정부가 정당한 이유 없이 시행령을 제정하지 않은 것은 불법행위에 해당한다(대판 2007.11.29. 2006다3561).

③ **사법(司法)작용으로 인한 손해**: 위법한 재판작용으로 인한 손해의 경우 원칙적으로 국가에 대하여 손해배상을 청구할 수 있다.

관련판례

◎ **법원 또는 헌법재판소의 재판에 대한 국가배상청구**

[1] 법관의 재판에 법령의 규정을 따르지 아니한 잘못이 있다 하더라도 이로써 바로 그 재판상 직무행위가 국가배상법 제2조 제1항에서 말하는 위법한 행위로 되어 국가의 손해배상책임이 발생하는 것은 아니고, 그 국가배상책임이 인정되려면 당해 법관이 위법 또는 부당한 목적을 가지고 재판을 하였다거나 법이 법관의 직무수행상 준수할 것을 요구하고 있는 기준을 현저하게 위반하는 등 법관이 그에게 부여된 권한의 취지에 명백히 어긋나게 이를 행사하였다고 인정할 만한 특별한 사정이 있어야 한다. 12 국가9급

[2] 재판에 대하여 불복절차 내지 시정절차 자체가 없는 경우에는 부당한 재판으로 인하여 불이익 내지 손해를 입은 사람은 국가배상 이외의 방법으로는 자신의 권리 내지 이익을 회복할 방법이 없으므로, 이와 같은 경우에는 배상책임의 요건이 충족되는 한 국가배상책임을 인정하지 않을 수 없다. 19 국가9급, 09 국회8급 등

[3] 헌법재판소 재판관이 청구기간 내에 제기된 헌법소원심판청구 사건에서 청구기간을 오인하여 각하결정을 한 경우, 이에 대한 불복절차 내지 시정절차가 없는 때에는 국가배상책임(위법성)을 인정할 수 있다.

[4] 헌법소원심판을 청구한 자로서는 헌법재판소 재판관이 일자 계산을 정확하게 하여 본안판단을 할 것으로 기대하는 것이 당연하고, 따라서 헌법재판소 재판관의 위법한 직무집행의 결과 잘못된 각하결정을 함으로써 청구인으로 하여금 본안판단을 받을 기회를 상실하게 한 이상, 설령 본안판단을 하였더라도 어차피 청구가 기각되었을 것이라는 사정이 있다고 하더라도 잘못된 판단으로 인하여 헌법소원심판청구인의 위와 같은 합리적인 기대를 침해한 것이고, 이러한 기대는 인격적 이익으로서 보호할 가치가 있다고 할 것이므로 그 침해로 인한 정신상 고통에 대하여는 위자료를 지급할 의무가 있다(대판 2003.7.11. 99다24218). 18 지방7급, 16 사복9급, 12 국회8급

④ **검사의 공소 제기 및 불기소처분에 대한 국가배상청구**
  ㉠ **검사의 업무도 직무행위에 포함**: 검사의 위법한 업무수행으로 발생한 손해에 대하여는 국가배상청구가 가능하다.
  ㉡ **위법성 인정의 어려움**: 구속 및 공소 제기에 관한 검사의 판단이 그 당시의 자료에 비추어 경험칙이나 논리칙상 도저히 합리성을 긍정할 수 없는 정도에 이른 경우에만 그 위법성을 인정할 수 있다.

관련판례

검사의 직무상 행위에 대한 위법성 판단 14 국회8급

[1] 형사재판 과정에서 범죄사실의 존재를 증명함에 충분한 증거가 없다는 이유로 무죄판결이 확정되었다고 하더라도 그러한 사정만으로 바로 검사의 구속 및 공소 제기가 위법하다고 할 수 없고, 그 구속 및 공소 제기에 관한 검사의 판단이 그 당시의 자료에 비추어 경험칙이나 논리칙상 도저히 합리성을 긍정할 수 없는 정도에 이른 경우에만 그 위법성을 인정할 수 있다.

[2] 강도강간의 피해자가 제출한 팬티에 대한 국립과학수사연구소의 유전자검사 결과 그 팬티에서 범인으로 지목되어 기소된 원고나 피해자의 남편과 다른 남자의 유전자형이 검출되었다는 감정 결과를 검사가 공판과정에서 입수한 경우 그 감정서는 원고의 무죄를 입증할 수 있는 결정적인 증거에 해당하는데도 검사가 그 감정서를 법원에 제출하지 아니하고 은폐하였다면 검사의 그와 같은 행위는 위법하다고 보아 국가배상책임을 인정할 수 있다(대판 2002.2.22. 2001다23447).

⑤ **부작위로 인한 손해**
  * 부작위가 있으면 고의·과실이 추정된다. 그러나 불법행위책임이 곧바로 인정되는 것은 아니다. 18 국가9급
  ㉠ **국가배상에 의한 구제 인정 여부**: 판례는 행정청의 작위의무를 위반한 위법한 부작위로 인한 행정상의 손해배상책임을 물을 수 있다고 본다. 10 지방9급
  ㉡ **법령상 작위의무가 존재하지 않는 경우(조리에 의한 작위의무 인정)** 12 국가9급, 12 지방9급 등: 판례는 형식적 의미의 법령에 근거가 없더라도 위험방지의 작위의무를 인정하고 있다.
  ㉢ **재량행위의 경우**: 재량권이 0으로 수축되는 경우 공무원의 부작위에 대해 국가배상법을 적용할 수 있다. 04 경기9급
⑥ **준법률행위적 행정행위**: 법률행위적 행정행위뿐만 아니라 준법률행위적 행정행위에 대해서도 손해배상책임을 물을 수 있다. 08 지방9급 등

관련판례

준법률행위적 행정행위인 인감증명 발급에 대해서 배상책임을 인정한 사례 `12 국가7급`

* 인감증명 발급은 처분성이 인정되지 않는다.

인감증명은 인감 자체의 동일성을 증명함과 동시에 거래행위자의 동일성과 거래행위가 행위자의 의사에 의한 것임을 확인하는 자료로서 일반인의 거래상 극히 중요한 기능을 갖고 있으므로, 인감증명사무를 처리하는 공무원으로서는 그것이 타인과의 권리·의무에 관계되는 일에 사용될 것을 예상하여 그 발급된 인감증명으로 인한 부정행위의 발생을 방지할 직무상의 의무가 있고, 따라서 발급된 허위의 인감증명에 의하여 그 인감명의인과 계약을 체결한 자가 그로 인한 손해를 입었다면 위 인감증명의 교부와 그 손해 사이에는 상당인과관계가 있다(대판 2008.7.24. 2006다63273).

(3) 직무집행 관련성

1) 외형설

직무행위 자체는 물론이고, 객관적으로 보아 직무행위의 외형을 갖추고 있는 행위를 말한다(통설·판례). 판례도 "국가배상법 제2조 제1항의 '직무를 집행함에 당하여'라 함은 직접 공무원의 직무집행행위이거나 그와 밀접한 관계가 있는 행위를 포함하고, 이를 판단함에 있어서는 **행위 그 자체의 외관을 객관적으로 관찰하여 공무원의 직무행위로 보여질 때에는 비록 그것이 실질적으로 직무행위가 아니거나 또는 행위자로서는 주관적으로 공무집행의 의사가 없었다고 하더라도 그 행위는 공무원 '직무를 집행함에 당하여'** 한 것으로 보아야 한다."라고 하였다. `16 사복9급, 07 경기9급 등`

2) 공무집행의 의사 불필요 `18·12 국가9급 등`

실질적으로 직무행위가 아니어도 무방하며 주관적으로 공무집행의 의사는 불필요하다.

3) 상대방이 안 경우

'직무를 행함에 당하여'라는 취지는 공무원의 행위의 외관을 객관적으로 관찰하여 공무원의 직무행위로 보여질 때에는 비록 그것이 실질적으로 직무행위이거나 아니거나 또는 행위자의 주관적 의사에 관계없이 그 행위는 공무원의 직무집행행위로 볼 것이요, **이러한 행위가 실질적으로 공무집행행위가 아니라는 사정을 피해자가 알았다 하더라도 그것을 '직무를 행함에 당하여'라고 단정하는 데 아무런 영향을 미치는 것이 아니다**(대판 1966.6.28. 66다781). `12 국가9급 등`

4) 외형상으로도 직무가 아닌 경우

공무원의 행위가 본래의 직무와는 관련이 없는 행위로서 외형상으로도 직무범위 내에 속하는 행위라고 볼 수 없을 때에는 공무원의 행위에 의한 손해에 대하여 국가배상법에 의한 국가 또는 지방자치단체의 책임을 인정할 수 없다(대판 1993.1.15. 92다8514). `07 국회8급 등`

 관련판례

구청공무원(세무과 공무원)이 시영아파트 입주권 매매를 한 것은 직무행위로 볼 수 없다(대판 1993.1.15. 92다8514).
`16 지방7급, 11 경행특채`

관련판례

◎ 외형설에 입각한 판례

❶ 상급자가 전입신병인 하급자에게 암기사항에 관하여 교육 중 훈계하다가 도가 지나쳐 폭행한 경우에 국가배상법상의 직무집행성을 인정할 수 있다(대판 1995.4.21. 93다14240).

❷ 은행으로부터 대출받기 위한 목적으로 행하여진 공무원증 위조도 직무집행행위로 볼 수 있다(대판 2005.1.14. 2004다26805). 21 소방, 18 지방7급, 16 지방9급, 09 서울승진

❸ 훈련에 대비해 사전정찰차 훈련지역 일대를 살피고 귀대하던 중 발생한 사고는 직무관련성이 있다(대판 1994.5.27. 94다6741). 16 지방7급

(4) 고의 또는 과실로 인한 행위

1) 고의 또는 과실의 필요

국가배상법은 과실책임주의에 입각하여 공무원의 고의 또는 과실을 요구하고 있다. 04 입시등

관련판례

❶ 미니컵 젤리를 먹다가 사망한 경우에 국가의 과실은 인정되지 않는다(대판 2010.9.9. 2008다77795). 예상

❷ 피고(지방자치단체) 소속 소방공무원이 화재가 발생한 건물 송수구의 오표기를 발견하지 못하여 이에 대한 시정조치를 명하지 못한 점을 피고의 과실로 볼 수 없다.

피고 소속 소방공무원이 이 사건 송수구의 오표기를 간과한 채 이 사건 송수구에 소방수를 주입한 결과 화재 발생 장소인 건물 6층이 아니라 지하 1층의 PC방에 설치된 스프링클러에서 소방수가 방출되어 PC방 영업주인 원고가 손해를 입게 되자 송수구 오표기를 방치한 피고 소속 소방공무원의 과실을 이유로 손해배상을 청구한 사건에서, 피고의 과실을 인정하기 어려워 원고의 청구를 일부 인용한 원심판결을 파기한다(대판 2013.4.11. 2011다40915).

2) 판단기준

과실은 공무원 개개인의 주의력을 기준으로 하는 것이 아니라 **평균적 공무원의 객관적 주의의무를 기준으로 판단한다.** 05 경기9급

* 추상적 과실을 말한다.

3) 국가 등의 공무원에 대한 선임·감독의무

공무원의 불법행위가 인정되면 **국가는 공무원에 대한 선임·감독을 게을리함이 없어도 배상책임을 진다.** 즉, 민법상의 사용자 면책사유는 국가배상법의 고의·과실을 판단하는 데는 적용되지 않는다(대판 1996.2.15. 95다38677). 18·10 국가9급

관련판례

❶ 경매기일 통지 잘못으로 인한 국가배상책임 09 국회8급

경매담당 공무원이 이해관계인에 대한 기일 통지를 잘못한 것이 원인이 되어 경락허가결정이 취소된 사안에서, 그 사이 경락대금을 완납하고 소유권이전등기를 마친 경락인에 대하여 국가배상책임을 인정할 수 있다(대판 2008.7.10. 2006다23664).

❷ 경찰관이 난동을 부리던 범인을 검거하면서 가스총을 근접 발사하여 가스와 함께 발사된 고무마개가 범인의 눈에 맞아 실명한 경우 국가배상책임이 인정된다(대판 2003.3.14. 2002다57218). 08 지방7급 등

❸ 행정처분이 후에 항고소송에서 취소되었다고 할지라도 당해 행정처분이 곧바로 공무원의 고의 또는 과실로 인한 것으로서 불법행위를 구성한다고 단정할 수는 없다(대판 2000.5.12. 99다70600). 19·17 국가9급

❹ 특별송달 우편물의 배달업무에 종사하는 우편집배원이 압류 및 전부명령 결정 정본을 부적법하게 송달한 경우 집행채권자가 그로 인해 손해를 입게 될 것에 대하여 예견가능성이 있다(대판 2009.7.23. 2006다87798).

❺ 국민건강보험법 제53조 제1항 제1호에서 정한 국민건강보험급여 제한사유 중 '중대한 과실' 요건은 엄격하게 해석·적용해야 한다.

운전자가 교통신호를 위반하여 운전하다가 교통사고를 야기하였다는 사정만으로 곧바로 그 사고가 국민건강보험법 제53조 제1항 제1호에서 정한 국민건강보험급여 제한사유에 해당한다고 단정할 수는 없다. 그러므로 운전자가 교통신호를 위반하여 운전하다가 교통사고를 야기하였다는 사정만으로 곧바로 그 사고가 국민건강보험법 제53조 제1항 제1호에서 정한 국민건강보험급여 제한사유에 해당한다고 단정하여서는 아니 되고, 그 사고가 발생한 경위와 양상, 운전자의 운전능력과 교통사고 방지 노력 등과 같은 사고 발생 당시의 상황을 종합적으로 고려하여 판단하여야 한다(대판 2021.2.4. 2020두41429).

4) 과실의 객관화 경향

최근에는 국가의 책임범위를 확대하고 피해자에 대한 권리구제를 용이하게 하게 위하여 과실의 의미를 객관화하는 경향이 있다. 그중 하나가 조직과실이론이다. 조직과실이론은 국가배상법상의 과실 개념을 공행정사무를 수행하는 조직 전체의 기관책임으로 보아 행정기관의 흠을 해당 공무원이 아닌 행정기관 전체에게 귀속시키려는 입장을 말한다. 05 전남9급 등

 관련판례

가해 공무원이 특정되지 않은 경우에도 국가배상책임이 인정된다. 12 국가9급, 09 서울승진 등

국가 소속 전투경찰들이 시위진압을 함에 있어서 합리적이고 상당하다고 인정되는 정도로 가능한 한 최루탄의 사용을 억제하고, 또한 최대한 안전하고 평화로운 방법으로 시위진압을 하여 그 시위진압과정에서 타인의 생명과 신체에 위해를 가하는 사태가 발생하지 아니하도록 하여야 하는데도, 이를 게을리한 채 합리적이고 상당하다고 인정되는 정도를 넘어 지나치게 과도한 방법으로 시위진압을 한 잘못으로 시위참가자로 하여금 사망에 이르게 하였다는 이유로 국가의 손해배상책임을 인정하되, 피해자의 시위에 참가하여 사망에 이르기까지의 행위를 참작하여 30% 과실상계를 인정한다(대판 1995.11.10. 95다23897).

5) 입증책임의 완화

법률요건분류설에 의할 때 과실의 입증책임은 원고(피해자)에게 있다. 그러나 국민의 권리구제의 실효화를 위해 판례는 일응의 추정 및 간접반증이론을 인정하여 입증책임을 완화하고 있다. 06 경북9급 등

 관련판례

구 전염병예방법 제54조의2의 규정에 의한 국가의 보상책임은 무과실책임이기는 하지만, 책임이 있다고 하기 위해서는 질병, 장애 또는 사망이 당해 예방접종으로 인한 것임을 인정할 수 있어야 한다. 예상

구 전염병예방법 제54조의2의 규정에 의한 보상을 받기 위한 전제로서 요구되는 인과관계는 반드시 의학적·자연과학적으로 명백히 증명되어야 하는 것은 아니고, 간접적 사실관계 등 제반사정을 고려할 때 인과관계가 있다고 추단되는 경우에는 증명이 있다고 보아야 한다. 인과관계를 추단하기 위해서는 특별한 사정이 없는 한 예방접종과 장애 등의 발생 사이에 시간적·공간적 밀접성이 있고, 피해자가 입은 장애 등이 당해 예방접종으로부터 발생하였다고 추론하는 것이 의학이론이나 경험칙상 불가능하지 않으며, 장애 등이 원인불명이거나 당해 예방접종이 아닌 다른 원인에 의해 발생한 것이 아니라는 정도의 증명이 있으면 족하다(대판 2014.5.16. 2014두274).

6) 공무원의 법령 해석 잘못과 과실 인정 여부

① **법적 지식의 부족**: 이때는 과실이 인정된다. 즉, 일반적으로 공무원이 직무를 집행함에 있어서 관계 법규를 알지 못하거나 필요한 지식을 갖추지 못하여 법규의 해석을 그르쳐 잘못된 행정처분을 하였다면 그가 법률전문가가 아닌 행정직 공무원이라고 하여도 과실이 인정된다.

② **의거할 법령 해석과 실무 취급례가 확립되어 있는 경우(배상책임 인정)**: 판례는 "법령에 대한 해석이 복잡·미묘하여 워낙 어렵고, 이에 대한 학설, 판례조차 귀일되어 있지 않는 등의 특별한 사정이 없는 한 일반적으로 공무원이 관계 법규를 알지 못하거나 필요한 지식을 갖추지 못하여 법규의 해석을 그르쳐 행정처분을 하였다면 그가 법률전문가가 아닌 행정직 공무원이라고 하여 과실이 없다고는 할 수 없는바, 서울특별시 중구청장이 미성년자인 남녀의 혼숙행위를 이유로 숙박업 영업허가를 취소하였다면 서울특별시는 **국가배상법상의 손해배상책임이 있다.**"라고 하였다. `08 지방9급`

③ **의거할 법령 해석과 실무 취급례가 없는 경우(배상책임 부정)** `15 국회8급` : 판례는 "법령에 대한 해석이 그 문언 자체만으로는 명백하지 아니하여 여러 견해가 있을 수 있는데다가 이에 대한 선례나 학설, 판례 등도 귀일된 바 없어 의의(疑義)가 없을 수 없는 경우에 관계 공무원이 나름대로 신중을 다하여 합리적인 근거를 찾아 그중 어느 한 견해에 따라 내린 해석이 후에 대법원이 내린 입장과 같지 않아 결과적으로 잘못된 집행이라는 결과를 가져오게 되었다고 하더라도, 그와 같은 처리방법 이상의 것을 성실한 평균적인 공무원에게 기대하기 어려운 일이고, 따라서 이러한 경우에까지 국가배상법상 공무원의 과실을 인정할 수는 없다."라고 하였다(대판 1995.10.13. 95다32747). `14 지방9급 등`

(5) 위법성 – 공무원의 법령에 위반한 행위

1) 개념 `17 사복9급`

엄격한 의미의 법률·명령 위반으로 보는 견해(협의설)도 있으나, 엄격한 의미의 법령 위반뿐만 아니라 인권 존중, 권력남용의 금지, 신의성실, 공서양속 등의 위반도 포함하여 널리 그 행위가 객관적 정당성을 결여하고 있음을 의미한다고 보는 것이 통설의 입장이다(광의설). `12 지방9급`

관련판례

◎ **법령 위반 부정**

❶ 공무원의 직무집행이 법령이 정한 요건과 절차에 따라 이루어진 것이라면 특별한 사정이 없는 한 이는 법령에 적합한 것이다. `10 국회8급`

경찰관들의 시위진압에 대항하여 시위자들이 던진 화염병에 의하여 발생한 화재로 인하여 손해를 입은 주민의 국가배상청구를 인정할 수 없다(대판 1997.7.25. 94다2480).

❷ **과도한 체비지의 지정은 손해배상의 사유가 아니다.**

<u>체비지</u>를 정함에 있어서는 사업의 시행자에게 재량권이 넓게 인정되므로, 사업의 시행자가 재량권을 현저하게 남용하여 과도한 체비지를 지정함으로써 사업시행지구 내의 토지소유자에게 손해를 입혔다는 증명이 없는 한 결과적으로 체비지를 적게 지정할 수 있었다는 사정만으로 사업의 시행자에게 손해배상책임을 물을 수 없다(대판 2002.3.12. 2000다55225·55232).

> **보충 　체비지**
> 정부 또는 지방자치단체 따위의 토지구획정리사업의 시행자가 필요한 경비에 충당할 목적으로 환지에서 제외하여 유보한 땅이다.

❸ **시청 소속 공무원이 시장을 부패방지위원회에 부패혐의자로 신고한 후 동사무소로 하향 전보되어도 불법행위라고 단정할 수 없다.** `11 경행특채`

시청 소속 공무원이 시장을 부패방지위원회에 부패혐의자로 신고한 후 동사무소로 하향 전보된 사안에서, 그 전보인사조치는 해당 공무원에 대한 다면평가 결과, 원활한 업무 수행의 필요성 등을 고려하여 이루어진 것으로 볼 여지도 있으므로, 사회통념상 용인될 수 없을 정도로 객관적 상당성을 결여하였다고 단정할 수 없어 불법행위를 구성하지 않는다(대판 2009.5.28. 2006다16215).

❹ 의무복무기간을 마친 공군 조종사들 중 전역 희망자가 예년에 비해 크게 증가하자, 공군본부가 국가안보 내지 군 전투력 유지에 차질을 초래할 수 있다는 판단하에 전역 희망자 중 비 공군사관학교 출신과 생년월일이 앞선 자를 우선하여 전역 허가하는 방식으로 전역제한처분을 한 것은 위법하지 않다(대판 2011.9.8. 2009다77280).

❺ 갑 학교법인이 학생 을 등에 대하여 교수들을 감금하였다는 이유로 종전 출교처분을 한 때부터 퇴학처분 효력정지 가처분이 결정된 때까지 소급하는 무기정학처분을 하였는데, 무기정학처분의 무효를 확인하는 판결이 확정되자 을 등이 갑 법인을 상대로 불법행위에 기한 손해배상을 구한 사안에서, 무기정학처분이 위법하게 상대방에게 정신적 고통을 가하는 것으로서 우리의 건전한 사회통념이나 사회상규에 비추어 용인될 수 없음이 분명한 경우에 해당한다고 보기 어렵다(대판 2015.3.26. 2012다62554).

❻ **정부의 정책에 대하여 정치적인 반대의사를 표시하는 것은 헌법이 보장하는 정치적 자유의 가장 핵심적인 부분이다. 자신의 정치적 생각을 집회와 시위를 통해 설파하거나 서명운동 등을 통해 자신과 의견이 같은 세력을 규합해 나가는 것은 국가의 안전에 대한 위협이 아니라, 우리 헌법의 근본이념인 '자유민주적 기본질서'의 핵심적인 보장 영역에 속한다. 정부에 대한 비판에 대하여 합리적인 홍보와 설득으로 대처하는 것이 아니라, 비판 자체를 원천적으로 배제하려는 공권력의 행사는 대한민국 헌법이 예정하고 있는 자유민주적 기본질서에 부합하지 아니하므로 정당성을 인정할 수 없다.**

[1] 일반적으로 국가기관이 자신이 관리·운영하는 홈페이지에 게시된 글에 대하여 정부의 정책에 찬성하는 내용인지, 반대하는 내용인지에 따라 선별적으로 삭제 여부를 결정하는 것은 특별한 사정이 없는 한 국민의 기본권인 표현의 자유와 자유민주적 기본질서에 배치되므로 허용되지 않는다.

[2] 해군본부가 해군 홈페이지 자유게시판에 집단적으로 게시된 '제주해군기지 건설사업에 반대하는 취지의 항의글' 100여 건을 삭제하는 조치를 취하자, 항의글을 게시한 갑 등이 위 조치가 위법한 직무수행에 해당하며 표현의 자유 등이 침해되었다고 주장하면서 국가를 상대로 손해배상을 구한 사안에서, 해군 홈페이지 자유게시판이 정치적 논쟁의 장이 되어서는 안 되는 점, 위와 같은 항의글을 게시하는 행위는 정부정책에 대한 반대의사 표시이므로 '해군 인터넷 홈페이지 운영규정'에서 정한 게시글 삭제사유인 '정치적 목적이나 성향이 있는 경우'에 해당하는 점, 해군본부가 집단적 항의글이 위 운영규정 등에서 정한 삭제사유에 해당한다고 판단한 것이 사회통념상 합리성이 없다고 단정하기 어려운 점, 반대의견을 표출하는 항의 시위의 1차적 목적은 달성되었고 현행법상 국가기관으로 하여금 인터넷 공간에서의 항의 시위의 결과물인 게시글을 영구히 또는 일정 기간 보존하여야 할 의무를 부과하는 규정은 없는 점 등에 비추어 위 삭제조치가 객관적 정당성을 상실한 위법한 직무집행에 해당한다고 보기 어려운데도, 이와 달리 본 원심판단에 법리오해의 잘못이 있다(대판 2020.6.4. 2015다233807).

◎ 법령 위반 인정

❶ **행정청이 확립된 법령의 해석에 어긋나는 견해를 고집하여 손해를 준 경우에는 손해배상책임이 인정된다.**

행정청이 확립된 법령의 해석에 어긋나는 견해를 고집하여 계속하여 위법한 행정처분을 하거나 이에 준하는 행위로 평가될 수 있는 불이익을 처분상대방에게 계속 주는 경우, 손해배상책임이 인정된다(대판 2007.5.10. 2005다31828).

❷ **확정판결에 의한 형의 집행일수 이상을 복무기간에 산입하지 아니하여 전역이 지연되도록 한 육군 참모총장의 행위는 위법하다.**

병인사관리규정을 발령·유지시킨 육군 참모총장에게 직무상의 과실이 없다고 할 수 없으며, 나아가 피해자가 구속되어 있던 기간을 제외하고도 잔여 복무일수를 복무한 때로부터 실제로 전역명령을 받은 때까지 전역이 지연되도록 한 육군 참모총장의 행위는 전체 법질서의 관점에서 보아 위법한 것임을 면할 수 없다(대판 1995.7.14. 93다16819).

❸ 재개발사업시행자가 분양도 아니하고 청산금도 지급하지 아니한 채 분양처분 고시를 함으로써 토지의 소유권을 상실시킨 경우 토지소유자에 대하여 불법행위의 책임을 진다(대판 2002.10.11. 2002다33502).

❹ 전투기 소음으로 인근 양돈장의 모돈이 유산한 경우 불법행위가 성립한다(대판 2010.7.15. 2006다84126).

2) 행정규칙 위반

일반적으로 행정규칙 위반은 법령 위반이 아니라고 보는 입장이다. 그러나 '오동도 사건'에서 행정규칙의 위법성을 검토하지 않고 지방자치단체의 배상책임을 인정하기도 하였다.

◎ 부작위에 대한 책임 인정

❶ 형식적 의미의 법령에 근거가 없더라도 국가나 관련 공무원에 대하여 그러한 위험을 배제할 작위의무를 인정할 수 있을 것이다(대판 2004.6.25. 2003다69652). `10 국가9급 등`

❷ 시위과정에 도로상에 방치된 트랙터를 방치한 경우 국가배상책임이 인정된다(대판 1998.8.25. 98다16890).

❸ **경찰관이 그 권한을 행사하여 필요한 조치를 취하지 아니하는 것이 현저하게 불합리하다고 인정되는 경우에는 그러한 권한의 불행사는 직무상의 의무를 위반한 것이 되어 위법하게 된다.** `19 국가7급`

윤락녀들이 윤락업소에 감금된 채 윤락을 강요받으면서 생활하고 있음을 쉽게 알 수 있는 상황이었음에도, 경찰관이 이러한 감금 및 윤락강요행위를 제지하거나 윤락업주들을 체포·수사하는 등 필요한 조치를 취하지 아니하고 오히려 업주들로부터 뇌물을 수수하며 그와 같은 행위를 방치한 것은 경찰관의 직무상 의무에 위반하여 위법하므로 국가는 이로 인한 정신적 고통에 대하여 위자료를 지급할 의무가 있다(대판 2004.9.23. 2003다49009). `07 관세사`

> **비교판례**
>
> 유흥주점에 감금된 채 윤락을 강요받으며 생활하던 여종업원들이 유흥주점에 화재가 났을 때 미처 피신하지 못하고 유독가스에 질식해 사망한 경우, 지방자치단체의 담당공무원이 식품위생법상 취하여야 할 조치를 게을리한 직무상 의무 위반행위와 위 사망의 결과 사이에 상당인과관계가 인정되지 않는다(대판 2008.4.10. 2005다48994). `17 국가 7급`

④ 소방공무원이 시정조치를 명하지 않은 의무 위반과 유흥주점에 화재가 났을 때 미처 피신하지 못하고 유독가스에 질식해 사망한 것 사이에는 상당인과관계가 있다(대판 2008.4.10. 2005다48994).

⑤ 토석채취공사 도중 경사지를 굴러 내린 암석이 가스저장시설을 충격하여 화재가 발생한 경우, 토지형질변경 허가권자에게 허가 당시 사업자로 하여금 위해방지시설을 설치하게 할 의무를 다하지 아니한 위법과 작업 도중 구체적인 위험이 발생하였음에도 작업을 중지시키는 등의 사고예방조치를 취하지 아니한 위법이 있다(대판 2001.3.9. 99다64278). `12 국가7급`

관련판례

◎ **부작위에 대한 책임 부정**

행정청의 처분을 구하는 신청에 대하여 상당한 기간 처분 여부 결정이 지체되었다고 하여 곧바로 공무원의 고의 또는 과실에 의한 불법행위를 구성한다고 단정할 수는 없고, 행정처분의 담당공무원이 보통 일반의 공무원을 표준으로 하여 볼 때 객관적 주의의무를 결하여 처분 여부 결정을 지체함으로써 객관적 정당성을 상실하였다고 인정될 정도에 이른 경우에 비로소 국가배상법 제2조가 정한 국가배상책임의 요건을 충족한다(대판 2015.11.27. 2013다6759).

(6) 타인에게 손해가 발생하였을 것

1) 타인의 의미

타인이란 가해 공무원 이외의 모든 자를 말한다. 공무원도 다른 공무원의 불법행위로 손해를 입은 때는 타인에 해당한다. 다만, 군인·군무원·경찰공무원·예비군 등의 경우에는 이중배상금지가 적용된다.

2) 손해의 의미

손해란 법익 침해의 결과로서 나타난 불이익을 의미하는 것으로, 가해행위와 손해와의 사이에는 인과관계가 인정될 수 있어야 한다. 여기서의 **손해는 적극적 손해, 소극적 손해, 정신적 손해, 생명·신체·재산에 대한 모든 손해를 포함한다.** `14 국가7급 등`

관련판례

◎ **재산권 침해의 경우에도 위자료 인정**

* 위자료 인정의 문제: 위자료는 공무원의 직무상 불법행위와 영조물책임 모두의 경우에 인정된다. 그러나 손실보상에서는 위자료가 인정되지 않는다.

❶ 국가배상법 제3조 제5항에 생명, 신체에 대한 침해로 인한 위자료의 지급을 규정하였을 뿐이고, 재산권 침해에 대한 위자료의 지급에 관하여 명시한 규정을 두지 아니하였으나 같은 법 같은 조 제4항의 규정이 재산권 침해로 인한 위자료의 지급의무를 배제하는 것이라고 볼 수는 없다(대판 1990.12.21. 90다6033). `09 지방9급 등`

❷ 일반적으로 타인의 불법행위로 인하여 재산권이 침해된 경우에는 특별한 사정이 없는 한 그 재산적 손해의 배상에 의하여 정신적 고통도 회복된다고 보아야 할 것이고, 재산적 손해의 배상만으로는 회복할 수 없는 정신적 손해가 있다면 그 위자료를 인정할 수 있다(대판 2003.7.25. 2003다22912).

❸ 저작물 폐기행위로 저작자의 인격적 법익 침해가 발생한 경우, 저작권법상 동일성 유지권 침해의 성립 여부와 별개로 저작자의 일반적 인격권을 침해한 위법행위가 될 수 있다. 따라서 갑이 국가의 의뢰로 도라산역사 내 벽면 및 기둥들에 벽화를 제작·설치하였는데, 국가가 작품 설치일로부터 약 3년 만에 벽화를 철거하여 소각한 사안에서, 국가는 국가배상법 제2조 제1항에 따라 갑에게 위자료를 지급할 의무가 있다(대판 2015.8.27. 2012다204587).

❹ 북한주민은 대일항쟁기 강제동원 피해조사 및 국외 강제동원 희생자 등 지원에 관한 특별법상 위로금 지급 제외대상인 '대한민국 국적을 갖지 아니한 사람'에 해당하지 않는다(대판 2016.1.28. 2011두24675). 16 국가7급

❺ 구 민주화운동 관련자 명예회복 및 보상 등에 관한 법률 제18조 제2항의 '민주화운동과 관련하여 입은 피해' 중 불법행위로 인한 정신적 손해를 인정하지 않은 것은 국가배상권을 침해하여 헌법에 위반된다. 【일부위헌】 예상

국가의 기본권보호의무를 규정한 헌법 제10조 제2문의 취지에도 반하는 것으로서, 지나치게 가혹한 제재에 해당한다. 따라서 심판대상조항 중 정신적 손해에 관한 부분은 관련자와 유족의 국가배상청구권을 침해한다(헌재 2018.8.30. 2014헌바180).

❻ 수사기관이 법령에 의하지 않고는 변호인의 접견교통권을 제한할 수 없다는 것은 대법원이 오래전부터 선언해 온 확고한 법리로서 변호인의 접견신청에 대하여 허용 여부를 결정하는 수사기관으로서는 마땅히 이를 숙지해야 한다. 이러한 법리에 반하여 변호인의 접견신청을 허용하지 않고 변호인의 접견교통권을 침해한 경우에는 접견 불허결정을 한 공무원에게 고의나 과실이 있다고 볼 수 있다.

국가정보원장이나 국가정보원 수사관이 변호인인 을 등의 갑에 대한 접견교통신청을 허용하지 않은 것은 변호인의 접견교통권을 침해한 위법한 직무행위에 해당하므로, 국가는 을 등이 입은 정신적 손해를 배상할 책임이 있다고 본 원심판단은 정당하다(대판 2018.12.27. 2016다266736).

❼ 일제강점기에 강제동원되어 기간 군수사업체인 일본제철 주식회사에서 강제노동에 종사한 갑 등이 위 회사가 해산된 후 새로이 설립된 신일철주금 주식회사를 상대로 위자료 지급을 구한 사안에서, 갑 등이 주장하는 손해배상청구권은 '대한민국과 일본국 간의 재산 및 청구권에 관한 문제의 해결과 경제협력에 관한 협정'의 적용대상에 포함되지 않는다.

[1] 조약은 전문·부속서를 포함하는 조약문의 문맥 및 조약의 대상과 목적에 비추어 조약의 문언에 부여되는 통상적인 의미에 따라 성실하게 해석되어야 한다. 여기서 문맥은 조약문(전문 및 부속서 포함) 외에 조약의 체결과 관련하여 당사국 사이에 이루어진 조약에 관한 합의 등을 포함하며, 조약 문언의 의미가 모호하거나 애매한 경우 등에는 조약의 교섭 기록 및 체결시의 사정 등을 보충적으로 고려하여 의미를 밝혀야 한다.

[2] 청구권협정 제1조에 따라 일본 정부가 대한민국 정부에 지급한 경제협력자금이 제2조에 의한 권리문제의 해결과 법적인 대가관계가 있다고 볼 수 있는지도 분명하지 아니한 점, 청구권협정의 협상과정에서 일본 정부는 식민지배의 불법성을 인정하지 않은 채 강제동원 피해의 법적 배상을 원천적으로 부인하였고, 이에 따라 한일 양국의 정부는 일제의 한반도 지배의 성격에 관하여 합의에 이르지 못하였는데, 이러한 상황에서 강제동원 위자료청구권이 청구권협정의 적용대상에 포함되었다고 보기는 어려운 점 등에 비추어, 갑 등이 주장하는 신일철주금에 대한 손해배상청구권은 청구권협정의 적용대상에 포함되지 않는다(대판 2018.10.30. 2013다61381 전원합의체).

3) 상당인과관계

① **개념**: 직무상의 불법행위와 손해 사이에는 상당인과관계가 있어야 한다. **상당인과관계란 경험칙상 어떤 원인이 있으면 어떤 결과가 발생하는 것이 일반적이라고 생각되는 것을 말한다.** 판례는 간첩출현신고 즉시 군경이 출동하지 아니한 불법행위와 피해자의 사망은 상당인과관계가 있다고 한다. 06 선관위9급

② **직무의 사익보호성**: 관계 법령의 보호목적이 사익보호성을 가져야 한다. 판례는 법령의 보호목적이 사회구성원 개인의 이익과 안전을 보호하기 위한 것이 아니고, 단순히 공공 일반의 이익이나 행정기관 내부의 질서를 규율하기 위한 것이라면 상당인과관계를 인정할 수 없다고 한다.

관련판례

◎ **상당인과관계의 판단과 사익보호성**

❶ 상당인과관계가 인정되려면 법령의 보호목적이 사회구성원 개인의 이익과 안전을 보호하기 위한 것이어야 한다.

　상당인과관계의 유무를 판단함에 있어서는 일반적인 결과 발생의 개연성은 물론 직무상 의무를 부과한 법령 기타 행동규범의 목적이나 가해행위의 태양 및 피해의 정도 등을 종합적으로 고려하여야 할 것인바, 공무원에게 직무상 의무를 부과한 법령의 보호목적이 사회구성원 개인의 이익과 안전을 보호하기 위한 것이 아니고 단순히 공공 일반의 이익이나 행정기관 내부의 질서를 규율하기 위한 것이라면, 가사 공무원이 그 직무상 의무를 위반한 것을 계기로 하여 제3자가 손해를 입었다 하더라도 공무원이 직무상 의무를 위반한 행위와 제3자가 입은 손해 사이에는 법리상 상당인과관계가 있다고 할 수 없다(대판 2001.4.13. 2000다34891). 19 국가7급

❷ 국가유공자 등 예우 및 지원에 관한 법률 제4조 제1항 제6호에 규정된 공상군경에 해당하기 위해서는 상이의 원인이 된 직무수행이나 교육훈련이 국가의 수호·안전보장 또는 국민의 생명·재산 보호와 직접적인 관련이 있어야 한다(대판 2016.8.17. 2015두48570).

❸ 군인 등이 소속 부대(부서)의 상관이 주재하거나 지휘, 관리한 행사나 회식 중 사망하였으나 그 상관이 '부대(부서)장 또는 소속 기관장'에 해당한다거나 또는 그로부터 위임을 받아 지휘·지배·관리한 행사가 아닌 경우, 보훈보상대상자 지원에 관한 법률 시행령 [별표 1] 제10호의 재해사망군경요건에 해당하지 않는다(대판 2018.3.15. 2017두65074).

　　　③ **상당인과관계의 판단**: 상당인과관계의 유무를 판단함에 있어서는 일반적인 결과 발생의 개연성은 물론 직무상 의무를 부과한 법령 기타 행동규범의 목적이나 가해행위의 태양 및 피해의 정도 등을 종합적으로 고려하여야 한다.

 관련판례

◎ **상당인과관계 인정**

❶ 선박검사증서의 발급과 선박의 화재 사이에는 상당인과관계가 있다(대판 1993.2.12. 91다43466). 06 선관위9급

❷ 개명으로 인한 주민등록상 성명 정정을 본적지 관할 관청에 통보하지 아니한 직무상 의무 위배행위와 그로 인한 손해 사이에는 상당인과관계가 있다(대판 2003.4.25. 2001다59842). 12 국가7급

❸ 하천법의 관련 규정에 비추어 볼 때, 하천의 유지·관리 및 점용허가 관련 업무를 맡고 있는 지방자치단체 담당공무원의 직무상 의무는 부수적으로라도 사회구성원 개개인의 안전과 이익을 보호하기 위하여 설정된 것이다.

　[1] 노외주차장 관리자가 그 이용자에게 주차권의 의미로 발행·교부한 '차고회비합의서'의 뒷면에 부동문자로 기재된 "차량의 파손 및 도난은 본 차고에 민·형사상의 책임이 없다."라는 문구는 주차장법 제17조 제3항의 규정 등에 비추어 볼 때 고객에 대하여 부당하게 불리한 약관이거나, 주차장 관리자가 고의 또는 중대한 과실로 선량한 관리자의 주의의무를 다하지 않음으로써 발생한 손해에 대한 배상까지도 정당한 이유 없이 배제하는 약관으로서 무효이다.

　[2] 담당공무원들은 수방대책이 허술할 경우 이 사건 토지 위에 주차되어 있는 차량이 침수될 위험성이 크다는 사실을 잘 알고 있었을 것으로 보이는 점, 피고 회사 및 피고 4를 제외한 다른 수허가업체의 경우 차량침수 피해가 거의 없었던 점 등을 알 수 있는바, 이러한 사정을 종합해 보면, 피고 서울특별시 양천구 담당공무원들의 과실과 원고들의 차량침수 피해 사이에는 상당인과관계가 있다고 보아야 할 것이다(대판 2006.4.14. 2003다41746).

④ 예비군 동대장으로 근무하던 갑이 상위직급인 지역대장으로 새로운 업무를 수행하는 과정에서, 직장업무로 인한 스트레스, 수면장애 등의 증상을 호소하며 입원하여 중증의 우울성 에피소드 등의 진단 아래 치료를 받다가 자살하였는데, 갑의 아내 을이 유족보상금 지급청구를 하였으나 공무원연금공단이 공무상 재해로 인정할 수 없다는 이유로 지급을 거부하는 처분을 한 사안에서, 망인의 업무와 사망 사이에 상당인과관계가 인정될 수 있다.

공무원연금법 제61조 제1항에서 정한 유족보상금 지급요건이 되는 '공무상 질병'은 공무집행 중 공무로 인하여 발생한 질병을 뜻하는 것이므로, 공무와 질병의 발생 사이에는 인과관계가 있어야 하고, 인과관계는 주장하는 측에서 증명하여야 한다. 다만, 인과관계는 반드시 의학적·자연과학적으로 명백히 증명되어야 하는 것은 아니며, 규범적 관점에서 상당인과관계가 인정되는 경우에는 증명이 있다고 보아야 한다(대판 2015.6.11. 2011두32898).

⑤ 군대 내에서 의문사한 갑의 유족들이 국가를 상대로 손해배상을 구한 사안에서, 철저히 현장을 보존하는 등 필요한 조치를 취하지 않은 군수사기관의 직무상 의무 위반행위 때문에 현재까지도 갑의 사망원인이 타살인지 자살인지 명확한 결론을 내릴 수 없게 되었으므로, 국가는 갑의 유족들에게 손해를 배상할 책임이 있다(대판 2015.9.10. 2013다73957).

관련판례

◎ 상당인과관계 부정

❶ 전 영업주의 영업신고서를 잘못 수리한 행위나 이를 즉시 시정하지 않아서 노래방을 인수한 자가 입은 영업상 손해 사이에 상당인과관계가 없다(대판 2001.4.13. 2000다34891). 10 서울교행 등

❷ 국가 등에게 일정한 기준에 따라 상수원수의 수질을 유지하여야 할 의무를 부과하고 있는 법령의 규정은 국민에게 양질의 수돗물이 공급되게 함으로써 국민 일반의 건강을 보호하여 공공 일반의 전체적인 이익을 도모하기 위한 것이지, 국민 개개인의 안전과 이익을 직접적으로 보호하기 위한 규정이 아니다. 12 국가7급, 10 국회8급 등

그렇게 공급된 수돗물이 음용수 기준에 적합하고 몸에 해로운 물질이 포함되어 있지 아니한 이상, 지방자치단체의 위와 같은 수돗물 생산·공급행위가 국민에 대한 불법행위가 되지 아니한다(대판 2001.10.23. 99다36280).

❸ 공시지가 결정과 손해배상의 문제 19 국가7급

[1] 개별공시지가는 개발부담금의 부과, 토지 관련 조세 부과 등 다른 법령이 정하는 목적을 위해 지가를 산정하는 경우에 그 산정기준이 되는 관계로 납세자인 국민 등의 재산상 권리·의무에 직접적인 영향을 미치게 되므로, 개별공시지가 산정업무를 담당하는 공무원으로서는 … 적정한 개별공시지가가 결정·공시되도록 조치할 직무상의 의무가 있고, 이러한 직무상 의무는 단순히 공공 일반의 이익을 위한 것이거나 행정기관 내부의 질서를 규율하기 위한 것이 아니고 전적으로 또는 부수적으로 국민 개개인의 재산권 보장을 목적으로 하여 규정된 것이라고 봄이 상당하다. 따라서 개별공시지가 산정업무 담당공무원 등이 그 직무상 의무에 위반하여 현저하게 불합리한 개별공시지가가 결정되도록 함으로써 국민 개개인의 재산권을 침해한 경우에는 그 손해에 대하여 상당인과관계 있는 범위 내에서 그 담당공무원 등이 소속된 지방자치단체가 배상책임을 지게 된다.

[2] 시장이 토지의 이용상황을 실제 이용되고 있는 '자연림'으로 하여 개별공시지가를 산정한 다음 감정평가법인에 검증을 의뢰하였는데, 감정평가법인이 그 토지의 이용상황을 '공업용'으로 잘못 정정하여 검증지가를 산정하고, 시 부동산평가위원회가 검증지가를 심의하면서 그 잘못을 발견하지 못함에 따라 그 토지의 개별공시지가가 적정가격보다 훨씬 높은 가격으로 결정·공시된 사안에서, 이는 개별공시지가 산정업무 담당공무원 등이 직무상 의무를 위반한 것으로 불법행위에 해당한다.

[3] 개별공시지가는 토지의 거래 또는 담보 제공에서 그 실제 거래가액 또는 담보가치를 보장하는 등의 구속력을 갖지 않으며, 개개 토지에 관한 개별공시지가를 기준으로 거래하거나 담보 제공을 받았다가 토지의 실제 거래가액 또는 담보가치가 개별공시지가에 미치지 못함으로 인하여 발생한 손해에 대해서는 개별공시지가를 결정·공시한 지방자치단체가 손해배상책임을 부담하지 않는다.

[4] 개별공시지가 산정업무 담당공무원 등이 잘못 산정·공시한 개별공시지가를 신뢰한 나머지 토지의 담보가치가 충분하다고 믿고 그 토지에 관하여 근저당권설정등기를 경료한 후 물품을 추가로 공급함으로써 손해를 입었음을 이유로 그 담당공무원이 속한 지방자치단체에 손해배상을 구한 사안에서, 그 담당공무원 등의 개별공시지가 산정에 관한 직무상 위반행위와 위 손해 사이에 상당인과관계가 있다고 보기 어렵다(대판 2010.7.22. 2010다13527).

2. 배상책임

(1) 배상책임의 성질

1) 문제의 소재

불법행위를 한 자는 공무원임에도 불구하고 국가나 지방자치단체가 손해배상책임을 지는 근거가 무엇인가가 문제된다. 이 부분은 헌법학계와 행정법학계의 결론이 다르기 때문에 수험생의 입장에서는 많이 헷갈리는 부분이다.

구분		대위책임설	절충설(판례)	자기책임설
책임의 성질 (왜 국가가 책임지는가)		공무원 개인책임을 국가가 대신 책임	· 경과실: 국가의 자기책임 · 고의·중과실: 국가는 책임이 없지만 피해자 보호를 위해서 대외적으로 자기책임	공무원은 국가의 기관(손, 발)이므로 국가 자신의 책임
공무원 개인의 책임	외부적 책임	대체로 부정	· 경과실: 부정 · 고의·중과실: 인정 19 소방, 16 국회8급	대체로 긍정
	내부적 책임	인정(부당이득반환청구권)		논리적으로 부정(채무불이행책임으로 인정하는 학설도 있음)

① **외부적 책임**: 피해자가 공무원 개인을 대상으로 손해배상을 청구할 수 있는가의 문제로 선택적 청구권이라고도 한다.
② **내부적 책임**: 국가가 일단 배상 후 해당 공무원에 대해 구상을 할 수 있는가를 말한다.

> **관련조문**
>
> **헌법 제29조** ① 공무원의 직무상 불법행위로 손해를 받은 국민은 법률이 정하는 바에 의하여 국가 또는 공공단체에 정당한 배상을 청구할 수 있다. 이 경우 공무원 자신의 책임은 면제되지 아니한다.
>
> **국가배상법 제2조(배상책임)** ② 제1항 본문의 경우에 공무원에게 고의 또는 중대한 과실이 있으면 국가나 지방자치단체는 그 공무원에게 구상할 수 있다.

2) 학설

① **대위책임설**

㉠ 공무원의 불법행위로 인한 국가배상책임은 원래 국가의 행위가 될 수 없고 공무원 개인에게 귀속될 책임이나, 공무원의 직무의욕 감퇴 방지와 피해자를 두텁게 보호하기 위해 정책적으로 배상자력이 있는 국가가 대신하여 그 책임을 지는 대위책임이라는 견해이다(행정법학계의 다수 견해). **국가무책임사상**에 뿌리를 두고 있다.

㉡ 피해자의 선택적 청구(공무원의 대외적 책임)를 부정하고, 국가의 가해 공무원에 대한 구상권 행사를 긍정한다. **구상권의 성질을 부당이득반환청구권으로 본다.**

② 자기책임설
　㉠ 공무원의 행위는 국가의 기관으로서의 행위이므로 그 불법행위로 인한 책임도 국가에 직접 귀속되는 자기책임이라는 견해이다(헌법학계의 다수 견해). **자기책임설을 취하면 과실의 범위가 넓어진다.** 04 경기9급
　㉡ 피해자의 선택적 청구(공무원의 대외적 책임)를 긍정하고, 이론적으로는 국가의 가해 공무원에 대한 구상권 행사를 인정하기 어렵다. 구상권의 성질을 채무불이행에 의한 손해배상청구권으로 보는 입장에서는 자기책임설을 취하면서도 구상권 행사를 긍정하기도 한다.

③ 절충설
　㉠ 경과실의 경우에 국가의 배상책임은 자기책임이다.
　㉡ 고의·중과실의 경우의 배상책임은 원칙적으로 공무원 개인의 책임으로서 대위책임이지만, 해당 행위가 직무행위로서 외형을 갖추고 있는 한, 피해자의 구제를 위하여 피해자와의 관계에서는 국가가 일종의 대외적 자기책임을 지는 것이다. 따라서 이 경우는 피해자는 선택적 청구권을 가지며, 국가가 손해를 배상한 경우에 국가는 공무원에 대하여 구상할 수 있게 되는 것으로 보는 견해이다.

관련판례

❶ 공무원이 직무수행 중 불법행위로 타인에게 손해를 입힌 경우, 피해자에게 손해를 직접 배상한 경과실이 있는 공무원은 국가에 대하여 구상권을 취득한다(대판 2014.8.20, 2012다54478). 19 국가9급, 15 국회8급·국가7급

❷ 공무원의 불법행위로 손해를 입은 피해자의 국가배상청구권의 소멸시효기간이 지났으나 국가가 소멸시효 완성을 주장하는 것이 신의성실의 원칙에 반하는 권리남용으로 허용될 수 없어 배상책임을 이행한 경우에는, 그 소멸시효 완성 주장이 권리남용에 해당하게 된 원인행위와 관련하여 해당 공무원이 그 원인이 되는 행위를 적극적으로 주도하였다는 등의 특별한 사정이 없는 한, 국가가 해당 공무원에게 구상권을 행사하는 것은 신의칙상 허용되지 않는다고 봄이 상당하다(대판 2016.6.10, 2015다217843). 19 서울7급, 18 서울9급

(2) 공무원의 책임

1) 문제점
헌법 제29조 제1항은 가해 공무원의 책임에 대해서 규정하고 있고, 국가배상법 제2조 제2항은 국가의 공무원에 대한 구상권을 규정하고 있다. 여기서 공무원의 책임과 구상권의 법적 성질에 대해 학설 간의 대립이 있다.

2) 공무원의 개인적 배상책임(외부적 책임) – 선택적 청구권의 문제
① 절충설(판례)
　㉠ 경과실의 경우에는 선택적 청구를 부정한다. 06 관세사 등
　㉡ 고의·중과실의 경우에는 선택적 청구를 인정한다. 05 경기9급 등
② 최근의 유력설
　㉠ 종래: 학설과 공무원 개인의 책임이 논리적 필연관계에 있다고 보았다.
　㉡ 최근: 양자 사이에 직접적인 관련성이 없다는 견해가 유력하다.

관련판례

◎ 공무원 개인의 중과실을 인정하여 국가배상책임 외에 공무원 개인의 배상책임까지 인정한 사례

공직선거법이 위와 같이 후보자가 되고자 하는 자와 그 소속 정당에게 전과기록을 조회할 권리를 부여하고 수사기관에 회보의무를 부과한 것은 단순히 유권자의 알 권리 보호 등 공공 일반의 이익만을 위한 것이 아니라, 그와 함께 후보자가 되고자 하는 자가 자신의 피선거권 유무를 정확하게 확인할 수 있게 하고, 정당이 후보자가 되고자 하는 자의 범죄경력을 파악함으로써 부적격자를 공천함으로 인하여 생길 수 있는 정당의 신뢰도 하락을 방지할 수 있게 하는 등 개별적인 이익도 보호하기 위한 것이다. 19 국회8급

공무원 갑이 내부전산망을 통해 을에 대한 범죄경력 자료를 조회하여 공직선거 및 선거 부정방지법 위반죄로 실형을 선고받는 등 실효된 4건의 금고형 이상의 전과가 있음을 확인하고도 을의 공직선거 후보자용 범죄경력 조회 회보서에 이를 기재하지 않은 사안에서, 갑의 중과실을 인정하여 국가배상책임 외에 공무원 개인의 배상책임까지 인정한 원심판단을 수긍한다(대판 2011.9.8, 2011다34521).

(3) 배상책임자

1) 국가배상법 제2조의 책임자

① **국가 또는 지방자치단체**: 공무원이 소속된 국가 또는 지방자치단체가 배상책임자이다(제2조 제1항). 그 외의 공공조합, 영조물법인 등의 공공단체는 국가배상법이 아닌 민법에 의한 손해배상이 가능하다.

② **선임감독자는 사무귀속의 주체를 말한다**: 국가배상법상 배상책임자를 확정하는 기준은 불법행위자인 공무원이 소속하는 단체를 기준으로 판단하는 것이 아니라 그 **사무의 귀속주체로 판단**한다. 즉, 공무원의 행위가 **국가사무이면 비록 그 공무원이 지방자치단체 소속이라 하더라도 최종적인 배상책임자는 국가가** 된다.

* 국가사무가 지방자치단체에 위임된 경우 또는 반대의 경우 둘 다 배상책임이 있다. 즉, 피해자는 국가나 지방자치단체 아무에게나 배상청구가 가능하다. 배상 후 내부구상은 사무가 귀속되는 주체가 최종책임을 진다.

2) 국가배상법 제6조의 비용부담자

① 국가배상법 제6조 제1항에 의하면 공무원의 선임감독자와 비용부담자가 다른 경우 비용부담자도 손해를 배상하여야 한다.

관련판례

❶ 비용부담자의 의미 00 국가9급

국가배상법 제6조 제1항 소정의 '공무원의 봉급·급여 기타의 비용'이란 공무원의 인건비만을 가리키는 것이 아니라 당해 사무에 필요한 일체의 경비를 의미한다고 할 것이고, 적어도 대외적으로 그러한 경비를 지출하는 자는 경비의 실질적·궁극적 부담자가 아니더라도 그러한 경비를 부담하는 자에 포함된다(대판 1994.12.9, 94다38137).

❷ 지방자치단체장이 설치하여 관할 지방경찰청장에게 관리권한이 위임된 교통신호기의 고장으로 인하여 교통사고가 발생한 경우, 지방자치단체뿐만 아니라 국가도 손해배상책임을 진다(대판 1999.6.25, 99다11120). 20 소방, 05 선관위7급 등

② 손해배상의 최종적 부담자(내부적 구상의 문제)
　㉠ **국가배상법의 규정**: 국가배상법 제6조 제2항은 "손해를 배상한 자는 내부관계에서 그 손해를 배상할 책임이 있는 자에게 구상할 수 있다."라고 규정하고 있다.
　㉡ **학설**: 통설(관리자부담설)은 원칙적인 책임은 사무의 귀속주체에 있고, 비용부담자는 피해자의 보호라는 차원에서 정책적으로 외부적 책임을 지는 것이므로, 이러한 비용부담자는 자신이 배상한 금원을 구상할 수 있게 한 것으로 해석한다.
　㉢ **판례**: 판례는 원칙적으로 통설과 같이 **관리자부담설(사무의 귀속주체)**의 입장이다.

(4) 배상책임의 내용

1) 배상기준(정당한 배상)

헌법 제29조 제1항은 국가배상의 기준으로 **정당한 배상**을 규정하고 있다. 정당한 배상이란 **가해행위와 상당인과관계가 있는 모든 손해**를 배상하는 것을 말한다. 손해는 보통 적극적 손해, 소극적 손해, 정신적 손해로 구분하는 것(손해 3분설)이 일반적이고, 판례의 입장이기도 하다.

2) 손해배상액

국가배상법 제3조에서 정하고 있는 배상기준의 성격에 대해 기준액설과 한정액설이 대립하나, 판례와 다수설은 단순한 기준에 불과하다는 **기준액설**을 취한다. 08 국가7급 등 따라서 **구체적인 경우에 국가배상법 제3조의 기준보다 증액해서 배상할 수 있다.**

3) 이익의 공제

① **손익상계**: 피해자가 손해를 입은 동시에 이익을 얻은 경우에는 손해배상액에서 그 이익에 상당하는 금액을 **빼야 한다**(제3조의2 제1항). 15 사복9급, 08 국가7급
② **과실상계**: 배상금을 지급하는 결정을 함에 있어 피해자 측의 과실이 있을 때에는 법과 이 영에 정한 기준에 따라 산정한 금액에 대하여 그 과실의 정도에 따른 과실상계를 **하여야 한다**(시행령 제21조 제1항). 10 경북교행
③ **이자의 공제**: 유족배상과 장해배상 및 장래에 필요한 요양비 등을 한꺼번에 신청하는 경우에는 중간이자를 빼야 한다(제3조의2 제2항). 중간이자의 공제방식은 호프만식(단리계산)과 라이프니쯔식(복리계산)이 있는데, 피해자에게 유리한 호프만식에 의하여 산정한다. 10 경북교행

관련판례

수인한도와 과실상계 16 국가9급

소음 등을 포함한 공해 등의 위험지역으로 이주하여 들어가 거주하는 경우와 같이 위험의 존재를 인식하거나 과실로 인식하지 못하고 이주한 경우에는 손해배상액의 산정에 있어 형평의 원칙상 과실상계에 준하여 감경 또는 면제 사유로 고려하여야 한다(대판 2015.10.15. 2013다23914 ; 대판 2010.11.11. 2008다57975).

4) 배상청구권의 양도·압류 금지

배상청구권 중 생명·신체의 침해로 인한 국가배상을 받을 권리는 양도하거나 압류하지 못한다(제4조). 21 소방, 18 지방7급, 07 서울9급 등

5) 배상청구권의 소멸시효

① **손해 및 가해자를 안 경우**: 국가배상법에 규정이 없으므로 민법이 적용되는 결과 피해자가 '손해 및 가해자를 안 날'로부터 **3년간** 행사하지 않으면 시효로 소멸한다. 15 사복9급, 08 국가7급 등

② **피해자가 손해 및 가해자를 알지 못한 경우**: 이때에는 **5년간** 행사하지 않으면 시효로 소멸한다.

> 📖 **예상 OX**
>
> 배상청구권의 시효와 관련하여 '가해자를 안다는 것'은 피해자나 그 법정대리인이 가해 공무원의 불법행위가 그 직무를 집행함에 있어서 행해진 것이라는 사실까지 인식함을 요구하지 않는다. (○, ✗) 17 국가7급　✗
>
> 해설 | 국가배상의 성립요건으로서의 직무행위는 외형적으로 직무행위이기만 하면 되고 피해자가 직무행위라는 것을 알 필요까지는 없다. 그러나 국가배상이 성립한 후에 제소기간의 적용은 지문과 같은 내용까지 알아야 기산되는 것이다.

관련판례

진실·화해를 위한 과거사정리위원회가 진실·화해를 위한 과거사정리 기본법 제2조 제1항 제3호의 '민간인 집단 희생사건', 같은 항 제4호의 '중대한 인권침해·조작의혹사건'에 대하여 진실규명결정을 한 경우 그 피해자 및 유족들의 손해배상청구권에 대한 민법 제766조 제1항의 단기소멸시효와 관련하여 '손해 발생 및 가해자를 안 날'은 진실규명결정일이 아닌 그 진실규명결정통지서가 송달된 날을 의미한다(대판 2020.12.10. 2020다205455).

(5) 자동차사고와 국가배상법[국가배상법과 자동차손해배상 보장법(자배법)의 관계]

1) 운행자의 개념

운행자는 운전자와 다른 개념으로서 운행자성이 인정되기 위해서는 운행에 대한 지배와 운행의 이익이 있어야 한다. 예컨대, 친구가 빌려서 운전하는 경우에도 소유자에게 운행의 지배가 있는 것이다.

2) 요건

자동차손해배상 보장법상의 책임이 인정되기 위해서는 ① 자기를 위하여 자동차를 운행하는 자가 ② 자동차의 운행 도중 ③ 다른 사람의 인신에 대한 손해를 발생시키고, ④ 면책사유가 없어야 한다.

3) 판례 검토

판례는 국가 또는 지방자치단체의 운행자성을 판단하는 기준으로 차량의 소유자가 누구인가를 중요한 기준으로 삼고 있다.

구분	자배법상의 배상책임	국가배상법상 책임	민법상 책임
관용차를 직무에 사용	국가 등이 운행자이다. 따라서 국가 등이 자배법상의 손해배상책임을 진다.	직무관련성이 있으므로 국가가 국가배상법상의 책임도 진다.	불법행위책임은 공무원이 진다.
관용차를 직무와 관련 없는 사적 용도에 사용	국가 등이 운행자이다. 따라서 국가 등이 자배법상의 손해배상책임을 진다.	직무관련성이 없으므로 국가는 국가배상법상 책임이 없다.	불법행위책임은 공무원이 진다.
개인 차량을 직무에 사용	자배법상의 운행자는 공무원 자신이 된다.	직무관련성이 있으므로 국가가 국가배상법상의 책임도 진다.	불법행위책임은 공무원이 진다.
개인 차량을 직무와 관련 없는 사적 용도에 사용	자배법상의 운행자는 공무원 자신이 된다.	직무관련성이 없으므로 국가는 국가배상법상 책임이 없다.	불법행위책임은 공무원이 진다.

관련판례

◎ 관용차량을 운전한 경우

공무원이 그 직무를 집행하기 위하여 국가 또는 지방자치단체 소유의 공용차를 운행하는 경우, 그 자동차에 대한 운행지배나 운행이익은 그 공무원이 소속한 국가 또는 지방자치단체에 귀속된다(대판 1994.12.27. 94다31860).

관련판례

◎ 관용차량이 아닌 경우

공무원이 자기 소유의 자동차로 공무수행 중 사고를 일으킨 경우 당해 공무원이 운행자이다. 08 국가7급

공무원이 자기 소유의 자동차로 공무수행 중 사고를 일으킨 경우에는 그 손해배상책임은 자동차손해배상 보장법이 정한 바에 의하게 되어, 그 사고가 자동차를 운전한 공무원의 경과실에 의한 것인지 중과실 또는 고의에 의한 것인지를 가리지 않고 그 공무원이 자동차손해배상 보장법 제3조 소정의 '자기를 위하여 자동차를 운행하는 자'에 해당하는 한 손해배상책임을 부담한다(대판 1996.5.31. 94다15271).

3. 군인 등에 대한 특례(이중배상의 금지)

(1) 이중배상금지의 원칙

1) 이중배상금지의 배경

 헌법 제29조 제2항과 국가배상법 제2조 제1항 단서가 제한을 두고 있는 것은, 위험부담이 매우 높은 직무에 종사하는 공무원이 그 직무집행과 관련하여 받은 손해에 대해서는 공무원연금법, 군인연금법 등에 의한 보상을 받게 되므로 사회보장적 성격의 국가배상청구권을 인정할 필요가 없다는 이중배상금지사상에 기인한다.

2) 판례

현행 헌법 시행 후 위 규정에 대해 제기된 헌법소송에서 헌법재판소는 국가배상법 제2조 제1항 단서에 대해 합헌결정하였고, 헌법 제29조 제2항에 대해서는 헌법소원의 대상이 아니라고 판시하였다(헌재 1995.12.28. 95헌바3). 21 소방, 09 지방7급

(2) 적용대상자

1) 이중배상이 금지되는 자

군인, 군무원, 경찰, 전투경찰, 소집 중인 예비군

2) 이중배상이 가능한 자

공익근무요원, 경비교도대원, 다른 법에 의한 보상을 받지 못하는 군인, 경찰 등

(3) 적용요건

1) 전투·훈련 등 직무집행과 관련하여 전사·순직하거나 공상을 입은 경우일 것

 관련판례

❶ 경찰서지서의 숙직실에서 순직한 경찰공무원의 유족들은 국가배상을 청구할 권리가 있다(대판 1979.1.30. 77다2389 전원합의체).

> **비교판례**
>
> 경찰공무원 등이 '전투·훈련 등 직무집행과 관련하여' 순직 등을 한 경우 같은 법 및 민법에 의한 손해배상책임을 청구할 수 없다고 정한 국가배상법 제2조 제1항 단서의 면책조항은 구 국가배상법 제2조 제1항 단서의 면책조항과 마찬가지로 <u>전투·훈련 또는 이에 준하는 직무집행뿐만 아니라 '일반직무집행'</u>에 관하여도 국가나 지방자치단체의 배상책임을 제한하는 것이다(대판 2011.3.10. 2010다85942).
>
> * 위 면책 주장을 받아들인 원심판단을 정당하다고 본 사례이다. 경찰공무원이 낙석사고 현장 주변 교통정리를 위하여 사고현장 부근으로 이동하던 중 대형 낙석이 순찰차를 덮쳐 사망하자, 도로를 관리하는 지방자치단체가 국가배상법 제2조 제1항 단서에 따른 면책을 인정하였다.

❷ 전투경찰이 국민학교 교정에서 다중범죄 진압훈련을 일단 마치고 점심을 먹기 위하여 근무하던 파출소를 향하여 걸어가다가 경찰서 소속 대형버스에 충격되어 사망하였다면 직무집행과 관련하여 사망한 것이라고 단정하기 어렵다(대판 1989.4.11. 88다카4222).

* 국가배상을 인정한 사례이다.

2) 군인연금법 등의 다른 법령에 의한 지급을 받을 수 있을 것

이중배상금지규정에 해당하는 자도 **다른 법령에 의한 보상을 지급 받을 수 없는 경우에는 국가배상법에 따라 배상을 청구할 수 있다.** 09 지방7급 등

 관련판례

❶ 군인 또는 경찰공무원이 직무수행 중 상이를 입고 전역 또는 퇴직한 자라고 하더라도 국가보훈처장이 실시하는 신체검사에서 대통령령이 정하는 상이등급에 해당하는 신체의 장애를 입지 않은 경우에는 국가배상을 청구할 수 있다(대판 1997.2.14. 96다28066). 09 지방7급

❷ 이중배상이 가능한 경우

[1] 군인 등이 직무집행과 관련하여 공상을 입는 등의 이유로 보훈보상대상자 지원에 관한 법률이 정한 보훈보상대상자요건에 해당하여 보상금 등 보훈급여금을 지급받을 수 있는 경우, 국가를 상대로 국가배상을 청구할 수 없다.

[2] 직무집행과 관련하여 공상을 입은 군인 등이 먼저 국가배상법에 따라 손해배상금을 지급받은 다음 보훈보상대상자 지원에 관한 법률(이하 '보훈보상자법'이라 함)이 정한 보상금 등 보훈급여금의 지급을 청구하는 경우, 국가배상법에 따라 손해배상을 받았다는 이유로 그 지급을 거부할 수 없다.

국가배상법 제2조 제1항 단서가 보훈보상자법 등에 의한 보상을 받을 수 있는 경우 국가배상법에 따른 손해배상청구를 하지 못한다는 것을 넘어 국가배상법상 손해배상금을 받은 경우 보훈보상자법상 보상금 등 보훈급여금의 지급을 금지하는 것으로 해석하기는 어려운 점 등에 비추어, 국가보훈처장은 국가배상법에 따라 손해배상을 받았다는 사정을 들어 보상금 등 보훈급여금의 지급을 거부할 수 없다(대판 2017.2.3. 2015두60075).

(4) 군인 등과 민간인의 과실이 경합된 경우의 구상권 문제 10 국가7급

1) 문제점
민간인(갑)의 과실이 군인(을) 등의 과실과 경합하여 제3자인 군인(병)에게 피해를 입힌 경우 가해자인 갑은 자신의 과실만큼만 배상을 하면 되는 것인지 아니면 을의 과실인 국가의 책임 부분까지 포함해서 전부를 배상해야 하는지, 또 갑이 전부를 배상했다면 을의 과실(국가가 책임을 져야 하는 부분) 부분에 대해 국가에 대해 구상이 가능한지가 문제된다.

2) 판례 18 국가9급 • 구상권 인정 여부 ┌ 헌법재판소: 구상권 인정
└ 대법원: 구상권 부정

이 점에 대하여 **헌법재판소**는 이중배상금지규정은 국가의 불법행위책임을 **절대적으로 배제하는 규정이 아니라**, 피해자인 군인과 국가 사이에서만 **상대적으로 소멸하는 규정**으로 보아 갑이 전부를 배상한 경우에 구상을 인정하는 입장이다. 이에 비해 **대법원**은 이중배상금지규정을 절대적 효력을 가지는 규정으로 보아 갑이 전부를 배상한 경우에 구상을 인정하지 않는다. 11 국회8급

03 영조물의 설치·관리상의 하자로 인한 손해배상

1. 개설

(1) 의의

> **관련조문**
>
> **국가배상법 제5조(공공시설 등의 하자로 인한 책임)** ① 도로·하천, 그 밖의 공공의 영조물의 설치나 관리에 하자가 있기 때문에 타인에게 손해를 발생하게 하였을 때에는 국가나 지방자치단체는 그 손해를 배상하여야 한다. 이 경우 제2조 제1항 단서, 제3조 및 제3조의2를 준용한다.
> ② 제1항을 적용할 때 손해의 원인에 대하여 책임을 질 자가 따로 있으면 국가나 지방자치단체는 그 자에게 구상할 수 있다.

(2) 배상책임의 성질

1) 무과실책임
① **무과실책임**: 국가배상법 제5조는 제2조와 달리 과실을 배상책임의 요건으로 하고 있지 아니하다는 점에서 통설과 판례는 이를 무과실책임으로 보고 있다. 10 경북교행 등
② **면책이 인정되지 않음**: 국가배상법 제5조는 민법 제758조에 상응하는 것이나, 점유자의 면책규정을 두지 아니하고 08 국가9급, 그 대상이 공작물에 한정되지 아니한다는 점에서 차이가 있다. 08 경기9급 등 그러나 불가항력에 의한 면책은 인정된다.

2) 고속도로의 경우 – 민법 적용
고속도로의 하자로 인한 손해배상청구는 국가배상법이 아니라 민법이 적용된다. 고속도로가 공물이긴 하지만 고속도로의 관리주체는 한국도로공사이고, 국가배상법상의 배상주체는 국가 또는 지방자치단체에 한정되기 때문이다.

관련판례

고속도로에 49센티미터의 폭설이 쌓여 차량이 운행하지 못한 경우의 배상책임 09 국회8급

[1] 폭설로 차량운전자 등이 고속도로에서 장시간 고립된 사안에서, 고속도로의 관리자가 고립구간의 <u>교통정체를 충분히 예견할 수 있었음에도 교통 제한 및 운행정지 등 필요한 조치를 충실히 이행하지 아니하였으므로 고속도로의 관리상 하자가 있다.</u>

[2] 고속도로의 관리상 하자가 인정되는 이상 고속도로의 점유관리자는 그 하자가 불가항력에 의한 것이거나 손해의 방지에 필요한 주의를 해태하지 아니하였다는 점을 주장·입증하여야 비로소 그 책임을 면할 수 있다(대판 2008.3.13. 2007다29287).

* 불가항력이 아니라고 본 사례이다.

2. 배상책임의 성립요건

(1) 공공의 영조물(도로·하천 기타)

1) 영조물의 개념

본래적 의미의 영조물이 아니라, 국가나 공공단체 등의 행정주체에 의하여 공적 목적에 제공된 유체물, 즉 공물을 말한다. 이에는 동산, 부동산, 인공공물, 자연공물 및 동물 등이 포함된다(예 국·공립학교의 교사, 국립병원, 소방차, 군견, 경찰마 등).

2) 일반재산(구 잡종재산)

국·공유재산이라도 행정목적에 직접 제공되지 않은 일반재산은 여기의 영조물에 포함되지 않는다. 따라서 일반재산으로 인한 손해에는 국가배상법 제5조가 아닌 민법 제758조가 적용된다. 현금은 영조물이 아니다. 13 지방9급

3) 자연공물

자연공물도 영조물에 포함된다(예 하천).

4) 관리의 개념

관리란 국가 또는 지방자치단체가 소유권, 임차권 그 밖의 권한에 기하여 관리하고 있는 경우뿐만 아니라 **사실상의 관리를 하고 있는 경우도 포함한다.** 21·20·16 국가9급, 14 국가7급, 11 지방9급

관련판례

◎ 영조물의 개념

❶ 사실상의 관리를 하고 있는 경우도 영조물에 포함된다. 17 국가9급, 11 국회8급, 10 지방9급

국가배상법 제5조 제1항 소정의 '공공의 영조물'이라 함은 국가 또는 지방자치단체에 의하여 특정 공공의 목적에 공여된 유체물 내지 물적 설비를 지칭하며, 특정 공공의 목적에 공여된 물이라 함은 일반 공중의 자유로운 사용에 직접적으로 제공되는 공공용물에 한하지 아니하고, 행정주체 자신의 사용에 제공되는 공용물도 포함하며 국가 또는 지방자치단체가 <u>소유권, 임차권 그 밖의 권한에 기하여 관리하고 있는 경우뿐만 아니라 사실상의 관리를 하고 있는 경우도 포함한다</u>(대판 1995.1.24. 94다45302).

❷ 종합운동장 예정부지나 그 위에 설치된 안전시설은 '공공의 영조물'이라 할 수 없다(대판 1995.1.24. 94다45302).

(2) 설치 또는 관리의 하자

1) 의의

'영조물의 설치 또는 관리의 하자'란 **영조물이 통상 갖추어야 할 안전성을 결여한 것**을 말한다. 안전성의 결여상태 여부의 결정에 있어 관리자의 귀책사유도 고려되어야 하는지가 문제된다.

18 지방9급, 17·16 국가9급, 09 국가7급 등

관련판례

① 국가배상법 제5조 제1항에 정한 '영조물의 설치나 관리의 하자'란 공공의 목적에 공여된 영조물이 그 용도에 따라 갖추어야 할 안전성을 갖추지 못한 상태에 있음을 말하고, 여기서 안전성을 갖추지 못한 상태, 즉 타인에게 위해를 끼칠 위험성이 있는 상태란 그 영조물을 구성하는 물적 시설 자체에 있는 물리적·외형적 흠결이나 불비로 인하여 그 이용자에게 위해를 끼칠 위험성이 있는 경우뿐만 아니라 그 영조물이 공공의 목적에 이용됨에 있어 그 이용상태 및 정도가 일정한 한도를 초과하여 제3자에게 사회통념상 수인할 것이 기대되는 한도를 넘는 피해를 입히는 경우까지 포함한다고 보아야 할 것이다(대판 2015.10.15. 2013다23914). 17 국회8급

② 관리청이 하천법 등 관련 규정과 하천시설기준에 의해 책정한 하천정비기본계획 등에 따라 개수를 완료한 하천이 기본계획 등에서 정한 계획홍수량 등을 충족하여 관리되고 있는 경우, 안전성을 인정할 수 있다(대판 2016.7.27. 2014다205829).

2) 판례

관련판례

① 가변차로에 설치된 두 개의 신호등에서 서로 모순되는 신호가 들어오는 오작동이 발생하였고, 그 고장이 현재의 기술수준상 부득이한 것이라고 가정하더라도 그와 같은 사정만으로 손해발생의 예견가능성이나 회피가능성이 없어 영조물의 하자를 인정할 수 없는 경우라고 단정할 수 없다(대판 2001.7.27. 2000다56822). 21 소방, 10 지방9급 등

② 하천으로의 접근을 막기 위하여 방책을 설치하는 등의 적극적 방호조치를 취하지 아니한 채 하천 진입로 주변에 익사사고의 위험을 경고하는 표지판을 설치한 것만으로는 성인에 비하여 사리 분별력이 떨어지는 미성년자인 아이들의 익사사고를 방지하기 위하여 그 관리주체로서 사회통념상 일반적으로 요구되는 정도의 방호조치의무를 다하였다고 할 수는 없다(대판 2010.7.22. 2010다33354).

관련판례

◎ 하자 인정

① 매향리 사격장에서 발생하는 소음 등으로 지역 주민들이 입은 피해는 사회통념상 참을 수 있는 정도를 넘는 것으로서 사격장의 설치 또는 관리에 하자가 있다(대판 2004.3.12. 2002다14242). 11 지방9급 등

② 김포공항에서 발생하는 소음 등으로 인근 주민들이 입은 피해는 사회통념상 수인한도를 넘는 것으로서 김포공항의 설치·관리에 하자가 있다(대판 2005.1.27. 2003다49566). 21 소방

③ 고속도로의 확장으로 인하여 소음·진동이 증가하여 인근 양돈업자가 양돈업을 폐업하게 된 사안에서, 양돈업에 대한 침해의 정도가 사회통념상 일반적으로 수인할 정도를 넘어선 것으로 보아 한국도로공사의 손해배상책임을 인정할 수 있다(대판 2001.2.9. 99다55434).

❹ **국도상에 웅덩이가 있는 경우**

관광버스가 국도상에 생긴 웅덩이를 피하기 위하여 중앙선을 침범운행한 과실로 마주오던 트럭과 충돌하여 발생한 교통사고에 대하여 국가의 공동불법행위자로서의 손해배상책임을 인정할 수 있다(대판 1993.6.25. 93다14424).

❺ **보행자 신호기가 고장난 횡단보도상에서 교통사고가 발생한 경우, 지방자치단체의 배상책임이 인정된다.**

보행자 신호기가 고장난 횡단보도상에서 교통사고가 발생한 사안에서, 적색등의 전구가 단선되어 있었던 위 보행자 신호기는 그 용도에 따라 통상 갖추어야 할 안전성을 갖추지 못한 관리상의 하자가 있어 지방자치단체의 배상책임이 인정된다(대판 2007.10.26. 2005다51235).

 관련판례

◎ **하자 부정**

이미 운영 중인 또는 운영이 예정된 고속국도에 근접하여 주거를 시작한 경우, '참을 한도'를 넘는지는 보다 엄격히 판단하여야 한다.

도로변 지역의 소음에 관한 환경정책기본법의 소음환경기준을 초과하는 도로소음이 있다고 하여 민사상 '참을 한도'를 넘는 위법한 침해행위가 있다고 단정할 수 없다. 따라서 도로소음에 따른 생활방해를 원인으로 제기된 사건에서 공동주택에 거주하는 사람들이 '참을 한도'를 넘는 생활방해를 받고 있는지는 거실에서 소음원에 면한 방향의 모든 창호를 개방한 상태로 측정한 소음도가 환경정책기본법상 소음환경기준 등을 초과하는지에 따라 판단하여야 한다(대판 2015.10.15. 2013다89433).

3) 하자의 입증책임 – 하자의 일응추정이론

하자의 입증책임은 원칙적으로 원고인 피해자에게 있다. 그러나 이 경우 피해자의 권리구제 차원에서, 사고가 발생하면 일응 하자의 존재가 추정되고 영조물의 관리자로서의 국가 등이 하자 없었음을 입증하지 아니하는 한 배상책임을 지게 된다고 하는 하자의 일응추정이론이 적용된다(다수설). 06 국회8급

(3) 타인에게 손해가 발생할 것

1) 손해의 발생

영조물의 설치·관리상의 하자로 인하여 손해가 발생하여야 하고, 이 경우 영조물의 하자와 손해 사이에는 상당인과관계가 인정되어야 한다. 08 관세사 등

2) 손해의 범위

재산적 손해, 정신적 손해, 적극적 손해, 소극적 손해가 모두 포함된다. 08 국회8급 등

 관련판례

❶ 영조물의 설치·관리상의 하자로 인한 손해가 발생한 경우 피해자의 위자료청구권이 반드시 배제되지 아니한다(대판 1990.11.13. 90다카25604). 21 소방, 08 국회8급 등

❷ 자연적 사실이나 제3자의 행위 또는 피해자의 행위와 경합하여 손해가 발생하더라도 그 손해는 영조물의 설치 또는 관리상의 하자에 의하여 발생한 것이다. 08 국가9급 등

영조물의 설치 또는 관리상의 하자로 인한 사고라 함은 영조물의 설치 또는 관리상의 하자만이 손해발생의 원인이 되는 경우만을 말하는 것이 아니고, 다른 자연적 사실이나 제3자의 행위 또는 피해자의 행위와 경합하여

손해가 발생하더라도 영조물의 설치 또는 관리상의 하자가 공동원인의 하나가 되는 이상 그 손해는 영조물의 설치 또는 관리상의 하자에 의하여 발생한 것이라고 해석함이 상당하다(대판 1994.11.22. 94다32924).

(4) 면책사유

1) 불가항력

통상의 안전성이 구비되어 있는 한, 손해가 발생하여도 그것은 불가항력으로서 국가 등의 배상책임은 발생하지 아니한다. 불가항력은 명문의 규정은 없으나, 판례에 의해서 인정되는 요건이다.

> **관련판례**
>
> ◎ 불가항력 인정
>
> 600년 또는 1,000년 발생빈도의 강우량에 의한 하천의 범람은 예측가능성 및 회피가능성이 없는 불가항력적인 재해로서 그 영조물의 관리청에게 책임을 물을 수 없다(대판 2003.10.23. 2001다48057).
>
> 사고 당일 09:57부터 10:08 사이(사고 발생 33분 내지 22분 전)에 피고 운영의 과적차량 검문소 근무자 교대차량이 사고장소를 통과하였으나 위 쇠파이프를 발견하지 못한 사실을 인정하고 피고가 관리하는 넓은 국도상을 더 짧은 간격으로 일일이 순찰하면서 낙하물을 제거하는 것은 현실적으로 불가능하다(대판 1997.4.22. 97다3194).

> **관련판례**
>
> ◎ 불가항력 부정
>
> 집중호우로 제방도로가 유실되면서 그 곳을 걸어가던 보행자가 강물에 휩쓸려 익사한 경우, 사고 당일의 집중호우가 50년 빈도의 최대 강우량에 해당한다는 사실만으로 불가항력에 기인한 것으로 볼 수 없다(대판 2000.5.26. 99다53247). `15 사복9급, 12 국회8급`

2) 예산 부족

① 예산 부족이 면책사유가 되는지에 대해, 판례는 **재정사정은 안전성을 요구하는 데 대한 정도 문제로서의 참작사유에는 해당할지언정, 안전성을 결정지을 절대적 요건이 되지 못한다고 하였다.**
`21 소방, 16 국가9급, 11 지방9급 등`

② 최근의 판례는 재정적 제약이 면책사유가 될 수 있는 가능성을 제한적으로 인정한다.

> **관련판례**
>
> 국가의 재정적 부담을 이유로 값이 싼 보안기를 사용한 것은 면책사유가 되지 아니한다(대판 1980.12.23. 80다1705).
>
> ❷ 완벽한 방법으로서 도로 자체에 융설 설비를 갖추는 것은 현대의 과학기술의 수준이나 재정사정에 비추어 사실상 불가능하다(대판 2000.4.25. 99다54998).

3. 손해배상의 최종적 부담자(내부적 구상의 문제)

 관련조문

국가배상법 제6조(비용부담자 등의 책임) ② 제1항의 경우에 손해를 배상한 자는 내부관계에서 그 손해를 배상할 책임이 있는 자에게 구상할 수 있다. 07 서울9급

4. 행정절차에 의한 배상청구

(1) 배상심의회

1) 배상심의회의 기능
배상심의회는 국가배상의 금액을 결정하여 굳이 소송을 하지 않고도 국가배상을 가능하게 하는 기능을 수행한다.

2) 임의적 전치
구 국가배상법은 필요적 결정전치주의를 채택하고 있었고, 이에 대해 헌법재판소와 대법원이 위헌이 아니라는 결정을 한 바 있다(헌재 2000.2.24. 99헌바7). 그러나 그 후 법이 개정되어 지금은 **임의적 결정전치주의**를 택하고 있다. 따라서 배상심의회를 거치지 않고 국가배상소송을 하는 것도 가능하다. 19 소방, 15 국회8급·사복9급, 10 경북교행 등

3) 배상심의회의 성격
배상심의회는 행정상 손해배상에 관하여 심의·결정하는 권한을 가진 합의제 행정관청이다. 02 관세사 헌법재판소는 배상심의회의 결정에 대해서 **사법**(司法)**작용이라고는 할 수 없고, 행정심판과도 다르다**고 판시하였다(헌재 2000.2.24. 99헌바7).

4) 배상결정의 성격
배상심의회의 결정은 처분이 아니다. 따라서 **국가배상법에 의한 배상심의회의 결정은 행정처분이 아니므로 행정소송의 대상이 아니다**(대판 1981.2.10. 80누317). 배상심의회의 결정을 거치는 경우 배상심의회에 대한 손해배상신청은 시효중단사유가 된다. 06 강원9급

(2) 배상심의회 결정의 효력

배상심의회의 배상결정에 대하여 **신청인이 동의하는 경우에는 배상결정이 효력을 발휘한다**(즉, 배상금을 받을 수 있음). 종래 국가배상법 제16조는 "배상결정은 신청인이 동의하거나 지방자치단체가 배상금을 지급한 때에는 민사소송법상의 재판상 화해가 성립된 것으로 본다."라고 규정하고 있었으나, 이 조항은 헌법재판소에 의해 위헌결정을 받아 효력을 상실하였다(헌재 1995.5.25. 91헌가7). 따라서 신청인이 배상결정에 동의하거나 지방자치단체가 배상금을 지급한 때에도 신청인은 국가배상소송을 제기할 수 있게 되었다.

제2절 행정상 손실보상

01 개설

1. 손실보상의 의의
행정상 손실보상이란 공공필요에 의한 적법한 공권력 행사(주로 수용)에 의하여 개인의 재산에 가하여진 특별한 손해에 대하여, 전체적인 평등부담의 견지에서 행하여지는 재산적 보상을 말한다. 05 국가9급 등 손실보상은 공공사업 시행이 확대되면서 그 적용영역이 확대되어 왔다.

2. 손실보상의 특색

(1) 사법상 매매와의 차이
행정상 손실보상은 국가의 공권력 행사로 인한 손실의 보상이다. 따라서 사법상의 매매에 대한 대금 지급과는 구별된다.

(2) 손해배상과의 차이
손실보상은 적법행위로 인한 손실의 보상이다. 손해배상은 위법한 행위를 원인으로 하는 점에서 손실보상과 구별된다.

(3) 배상범위의 차이
손실보상은 재산상의 손실을 보전하는 제도이므로 사람의 생명·신체에 대한 침해의 보상과 다르다.

(4) 특별한 희생에 대한 조절적 보상
재산권은 어느 정도의 사회적 제약을 받게 되는 것이 일반적이다. 따라서 행정상 손실보상을 받으려면 공공의 필요에 의한 재산권의 침해가 특별한 손실로 인정되는 경우여야 한다. 특별한 희생으로 인한 손실이 반드시 직접적인 손실만을 의미하는 것은 아니고 경우에 따라서는 간접손실도 포함될 수 있다.

3. 손실보상에 대한 2가지 관점

(1) 가치보장을 중시하는 견해
가치보장은 산업혁명과정에서 국가의 대규모 공사를 정당화하기 위한 이론이다. 가치보장에 의하면 **토지의 수용에 있어서 수용자체는 다툴 수 없고 보상에 대해서만 다툴 수 있게 된다.** 뒤에서 보게 되는 경계이론의 출발점이다. "인용하라. 그리고 청산하라."라는 법언으로 설명된다.

(2) 존속보장을 중시하는 견해
재산권의 종류에 따라서는 손실보상만으로는 충분하지 않은 경우도 있다는 점을 고려한다. 재산권의 기능이 다양화되면서 재산권 자체의 존속을 보장하는 것이 재산권 보장의 핵심이라고 본다. **공용수용에 대하여 수용 자체를 다툴 수 있게 한다.** 뒤에서 보게 되는 분리이론의 출발점이다. "**방어하라. 그리고 청산하라.**"라는 법언으로 설명된다.

02 손실보상의 근거 및 손실보상청구권의 법적 성질

1. 손실보상의 근거

과거 기득권설, 은혜설, 공용징수설 등이 있지만, **특별희생설이 통설**이다. 특별희생설은 특정인에 대한 특별한 희생은 이를 사회 전체의 부담으로 보상하는 것이 정의와 공평의 요구에 합치한다고 보는 견해로서 자연법적인 정의·공평의 관념을 기초로 하고 있다. 01 국가7급 등

(1) 헌법적 근거(헌법 제23조)

기본권 형성적 법률유보	① 모든 국민의 재산권은 보장된다. 그 내용과 한계는 법률로 정한다.
무보상의 사회적 제약	② 재산권의 행사는 공공복리에 적합하도록 하여야 한다.
보상을 요하는 공공침해	③ 공공필요에 의한 재산권의 수용·사용 또는 제한 및 그에 대한 보상은 법률로써 하되, 정당한 보상을 지급하여야 한다. 15·11 경행특채

(2) 개별법적 근거

손실보상에 관한 **일반법은 존재하지 않고** 11 경행특채, 개별법에 별도로 규정되어 있다.

2. 손실보상청구권의 법적 성질

(1) 학설

공권설(통설)	사권설
· 손실보상청구권을 **공권**으로 보는 견해이다. · 소송의 형태는 **당사자소송**이라고 본다. 07 광주9급	· 손실보상청구권을 **사권**으로 보는 견해이다. · 소송의 형태는 **민사소송**에 의한다.

(2) 판례

1) 전통적 판례
종래의 판례는 사권설의 입장에서 민사소송절차에 의하여야 한다고 보았다. 06 서울9급 등

2) 최근 판례

 관련판례

◎ 공권설을 취한 판례

❶ 부가가치세 환급세액 지급청구는 당사자소송의 대상이다(대판 2013.3.21. 2011다95564 전원합의체). 14 국회8급·지방7급

❷ 하천법 규정에 의한 보상청구권의 소멸시효가 만료된 하천구역 편입토지 보상에 관한 특별조치법에서 정하고 있는 손실보상청구권의 법적 성질은 공권이고 그 쟁송절차는 당사자소송이다(대판 2006.5.18. 2004다6207 전원합의체). 12 국가7급, 11 지방9급

❸ 국가가 진정한 소유자가 아닌 자를 하천 편입 당시의 소유자로 보아 손실보상금을 지급한 경우, 진정한 소유자에 대한 손실보상금 지급의무를 면하지 않는다(대판 2016.8.24. 2015두3010). 19 지방9급

03 행정상 손실보상의 요건

1. 공공필요에 의한 재산권에 대한 침해일 것

(1) 공공필요

1) 공공필요의 개념

공공의 필요란 공공의 이익을 위한 공익사업(예 도로·댐 등의 건설)을 실현시키거나 국가안전보장·질서유지 및 공공복리 등의 공익목적을 달성하기 위해서 재산권의 제한이 불가피한 경우를 말하는 넓은 의미로 이해된다. 오늘날 공공사업의 확대화 경향에 따라 **공공필요의 개념도 확장되는 경향이 있다.** 그러나 순수한 국고목적의 행정작용은 공공필요에 해당하지 않는다. 09 관세사

> **예상 OX**
>
> 헌법재판소는 헌법 제23조 제3항의 '공공필요'는 '국민의 재산권을 그 의사에 반하여 강제적으로라도 취득해야 할 공익적 필요성'을 의미하고, 이 요건 중 공익성은 기본권 일반의 제한사유인 '공공복리'보다 좁은 것으로 보고 있다. (○ , ×) 17 국가9급   ○

2) 공공필요의 판단기준

① **이익형량**: 공공필요 개념의 판단은 추상적 해석을 통해서가 아니라 개별적으로 공익과 사익과의 이익형량을 통하여 결정된다. 또한 공공필요가 있는지 여부는 비례의 원칙에 따라 엄격히 판단하여야 한다.

② **사업의 공익성을 기준으로 판단**: 공공필요의 판단은 추구하는 사업의 공익성을 중심으로 판단하는 것이지 사업의 주체가 누구인지는 결정적 요소가 아니다. 따라서 공공의 필요성이 있으면 사인을 위한 수용도 가능하다. 09 관세사 등 예컨대, 사기업이 원자력발전소를 건설하는 경우 등이다.

> **관련판례**
>
> ❶ 서비스 제공을 위한 워커힐 건설은 문화사업으로서 공익사업으로 인정된다(대판 1971.10.22. 71다1716).
>
> ❷ 행정기관이 개발촉진지구 지역개발사업으로 실시계획을 승인하고 이를 고시하기만 하면 고급골프장 사업과 같이 공익성이 낮은 사업에 대해서까지도 시행자인 민간개발자에게 수용권한을 부여하는 구 지역균형 개발 및 지방중소기업 육성에 관한 법률의 '시행자' 부분은 헌법 제23조 제3항에 위배된다(헌재 2014.10.30. 2011헌바129 등). 18 지방7급, 17 변호사

3) 공공필요에 대한 입증책임

입증책임은 사업시행자에게 있다(대판 2005.11.10. 2003두7507). 14 지방7급 즉, 공공필요가 없다는 것을 토지소유자가 입증하는 것이 아니다.

(2) 재산권에 대한 의도적 침해일 것

1) 재산권

① **토지소유권 외의 재산권**: 공익사업을 위한 토지 등의 취득 및 보상에 관한 법률에서는 토지소유권 외에도 보상의 대상에 포함시키고 있다.

② **기대이익(재산권이 아님)**: 지가 상승과 같은 기대이익이나 자연적·문화적·학술적 가치 등은 원칙적으로 손실보상의 대상인 재산권이 아니다. 18 지방7급, 11 지방9급 등

Chapter 03 행정상 손해전보 457

관련판례

① 토지의 문화적, 학술적 가치는 토지수용법상 손실보상의 대상이 될 수 없다(대판 1989.9.12. 88누11216). 12 국가9급 등

② 어업허가를 받은 자의 해당 어업을 할 수 있는 지위는 재산권으로 보호받을 가치가 있는 것이다(대판 1999.11.23. 98다11529).

③ **비재산적 법익**: 생명·신체와 같은 비재산권적 법익의 침해는 손실보상의 대상이 아니다. 05 서울9급 등 이러한 비재산적 침해에 대한 보상은 독일에서 희생보상청구권이라고 한다.

2) 의도적 침해

① **침해의 의도성**: 재산권에 대한 침해는 직접적으로 의도된 것이어야 한다. **의도되지 않은 간접적 침해는 수용적 침해이론으로서 논의되는 영역이다.** 의도되지 않은 침해란, 예컨대 지하철 공사로 인해 인근 상가의 매출이 감소되는 경우를 말한다.

② 침해

공용수용	도로·댐 등의 건설을 위한 토지의 수용처럼 재산권의 소유권 자체를 박탈하는 경우
공용사용	개인의 창고를 강제로 임대하는 경우처럼 개인의 재산에 사용권을 설정하는 경우
공용제한	도시계획에 의한 건축물의 증·개축을 금지하는 것과 같이 재산권 행사에 일정한 제한을 가하는 경우

2. 적법한 공권력의 행사에 의한 침해일 것

(1) 침해는 적법해야 한다.

손실보상의 대상인 침해는 적법한 침해를 말한다. 법률에 침해에 대한 근거규정이 없음에도 침해하는 경우와 같은 위법한 침해는 손해배상의 문제이다. 침해의 근거가 되는 법률은 국회가 제정한 형식적 의미의 법률을 말한다. 09 관세사 등

(2) 침해의 방식

1) 행정수용

행정수용은 국회가 제정한 법률에 근거한 행정행위에 의해 개인의 재산권을 침해하는 것을 말한다. 행정수용에 의한 침해가 일반적인 방식이다.

2) 법률수용(하천법에 의한 수용)

법률수용이란 행정행위의 매개 없이 법률이 직접 개별적으로 구체적인 재산권을 침해하는 것을 말한다. 이때의 법률은 처분적 법률의 성격을 가진다. 권력분립의 원칙상 법률적 수용은 예외적으로만 허용된다. 04 대구교행

관련판례

토지수용법은 제5조의 규정에 의한 제한 이외에는 수용의 대상이 되는 토지에 관하여 아무런 제한을 하지 아니하고 있을 뿐만 아니라, 토지수용법 각 규정을 종합하면 구 문화재보호법 제54조의2 제1항에 의하여 지방문화재로 지정된 토지가 수용의 대상이 될 수 없다고 볼 수는 없다(대판 1996.4.26. 95누13241). 12 국회8급

3. 특별한 희생일 것

(1) 문제의 소재

헌법상 재산권은 다른 기본권과는 달리 강한 사회적 구속성이 예상되는 것이므로 보상을 요하는 공용침해와 보상을 요하지 않는 사회적 제약을 구분하는 기준이 중요한 의미를 가진다. 여기서 특별한 희생을 어떤 기준으로 판단할 것인지 문제된다.

(2) 판례

헌법재판소는 도시계획법 제21조에 대한 위헌소원에서 **개발제한구역제도 자체는 합헌으로 보면서도** 그로 인해 토지소유권자 등에게 **수인하기 어려운 가혹한 부담(나대지 특별희생)이 되는 경우에는 보상이 필요하며 그런 경우에 보상입법이 없는 경우에는 위헌으로 된다고 하였다**(헌재 1998.12.24. 89헌마214 등【헌법불합치】).
11 국가9급

 관련판례

❶ 공공용물에 대한 일반사용이 적법한 개발행위로 제한됨으로 인한 불이익은 손실보상의 대상이 되는 특별한 손실이 아니다(대판 2002.2.26. 99다35300). 19 지방9급, 11 국가9급

❷ 개발제한구역(그린벨트)의 설정과 특별한 희생 08 지방9급 등

　[1] 토지를 종전의 용도대로 사용할 수 있는 경우(전, 답, 임야)에 개발제한구역 지정으로 인한 지가의 하락은 토지재산권에 내재하는 사회적 제약의 범주에 속한다. 12 국가7급 등

　[2] 개발제한구역 지정으로 인하여 토지를 종래의 목적으로도 사용할 수 없거나(나대지의 경우) 또는 더 이상 법적으로 허용된 토지이용의 방법이 없기 때문에 실질적으로 토지의 사용·수익의 길이 없는 경우에는 토지소유자가 수인해야 하는 사회적 제약의 한계를 넘는 것으로 보아야 한다. 15 경행특채

　도시계획법 제21조에 의한 재산권의 제한은 개발제한구역으로 지정된 토지를 원칙적으로 지정 당시의 지목과 토지현황에 의한 이용방법에 따라 사용할 수 있는 한, 재산권에 내재하는 사회적 제약을 비례의 원칙에 합치하게 합헌적으로 구체화한 것이라고 할 것이나, 종래의 지목과 토지현황에 의한 이용방법에 따른 토지의 사용도 할 수 없거나 실질적으로 사용·수익을 전혀 할 수 없는 예외적인 경우에도 아무런 보상 없이 이를 감수하도록 하고 있는 한, 비례의 원칙에 위반되어 당해 토지소유자의 재산권을 과도하게 침해하는 것으로서 헌법에 위반된다(헌재 1998.12.24. 89헌마214 등).

　＊ 보상을 요하는 사회적 제약 → 입법보상으로 해결(분리이론)

❸ 개인의 토지를 도시계획결정에 의하여 학교시설부지로 지정하여 장기간 방치하고 있는 경우에는 특별한 희생에 해당하므로 보상이 필요하다(헌재 1999.10.21. 97헌바26). 03 입시 등

❹ 살처분은 가축의 전염병이 전파가능성과 위해성이 매우 커서 타인의 생명·신체나 재산에 중대한 침해를 가할 우려가 있는 경우 이를 막기 위해 취해지는 조치로서, 가축 소유자가 수인해야 하는 사회적 제약의 범위에 속한다(헌재 2014.4.24. 2013헌바110). 예상

4. 손실보상 규정의 존재 여부 – 보상규정 흠결의 효과

(1) 학설

1) 방침규정설 04 국가9급

① **내용**: 헌법 제23조 제3항은 입법에 대한 방침규정으로서, 법률에 보상규정이 없는 경우 개인은 그로 인한 손실을 수인할 수밖에 없다는 견해이다.

② **비판**: 헌법 제23조 제3항의 명문규정에 반하므로 타당하지 않다. 오늘날 이 설을 지지하는 학자는 없다.

2) 직접효력설 08 경기9급 등
① **내용**: 헌법 제23조 제3항을 국민에 대하여 직접적 효력을 가지는 실효적 규범으로 보아 관계 법률에 보상규정이 없는 경우 직접 이 규정에 의거하여 보상을 청구할 수 있다는 견해이다.
② **비판**: 헌법 제23조 제3항이 보상을 법률로써 하도록 하는 것과 조화되기 어렵다.

3) 위헌무효설(입법자구속설) 08 국가7급 등
① **내용**: 헌법 제23조 제3항의 해석상 보상규정을 두지 아니한 법률은 위헌으로 무효라고 한다. 따라서 해당 법률에 기하여 이루어지는 재산권에 대한 침해는 법률상의 근거가 없는 것으로 위법한 것이 되므로, 피해자는 국가 등에 대하여 손해배상을 청구할 수 있다고 한다. 손실보상이 아니라 손해배상으로 해결하는 견해이다. 분리이론의 이론적 기초이다.
② **비판**: 고의·과실이 없는 적법한 행위에 대한 손해배상이 인정되기 어렵다는 난점이 있다.

4) 유추적용설 08 경기9급 등
① **내용**: 공용침해에 따르는 보상규정이 없는 경우에는 헌법 제23조 제1항 및 제11조의 평등권에 근거하여 헌법 제23조 제3항 및 관계 규정의 유추적용을 통하여 보상을 청구할 수 있다는 견해이다. 독일의 수용유사침해이론을 근거로 주장되는 학설이다. 경계이론의 이론적 기초이다.
② **비판**: 독일의 경우 희생보상원칙이라는 관습법이 있지만, 우리는 그런 관습법이 없다는 비판이 있다.

(2) 판례

1) 대법원
대법원은 경우에 따라 직접효력설, 유추적용 등을 적용하여 판시하고 있다. 다만, 대법원의 유추적용설은 관계법을 유추적용하는 것으로 독일의 유추적용설과는 다르다.

2) 헌법재판소
헌법재판소의 입장이 위헌무효설을 취하고 있다고 보는 견해도 있으나, 보상입법의 청구 외에 토지재산권의 제한 자체의 효력을 다툴 수 없다고 하는 점에서 위헌무효설과도 차이가 있다.

 관련판례

❶ **대법원 판례 – 유추적용한 사례** 19 국가7급, 15 국회8급

공유수면 매립사업의 시행으로 그 사업대상지역에서 어업활동을 하던 조합원들의 조업이 불가능하게 되어 일부 위탁판매장에서의 위탁판매사업을 중단하게 될 경우, 그로 인해 수산업 협동조합이 상실하게 된 <u>위탁판매 수수료 수입은 사업시행자의 매립사업으로 인한 직접적인 영업손실이 아니고 간접적인 영업손실이라고 하더라도 피침해자인 수산업 협동조합이 공공의 이익을 위하여 당연히 수인하여야 할 재산권에 대한 제한의 범위를 넘어 수산업 협동조합의 위탁판매사업으로 얻고 있는 영업상의 재산이익을 본질적으로 침해하는 특별한 희생에 해당하고</u>, … 위 위탁판매 수수료 수입손실은 헌법 제23조 제3항에 규정한 손실보상의 대상이 되고, 그 손실에 관하여 구 공유수면 매립법 또는 그 밖의 법령에 직접적인 보상규정이 없더라도 공공용지의 취득 및 손실보상에 관한 특례법 시행규칙상의 각 규정을 <u>유추적용하여 그에 관한 보상을 인정하는 것이 타당하다</u>(대판 1999.10.8. 99다27231).

❷ **헌법재판소 판례 - 직접 손실보상은 청구할 수 없고 입법자가 결정할 사항이다.**

도시계획법 제21조에 규정된 개발제한구역제도 그 자체는 원칙적으로 합헌적인 규정인데, 다만 개발제한구역의 지정으로 말미암아 일부 토지소유자에게 사회적 제약의 범위를 넘는 가혹한 부담이 발생하는 예외적인 경우에 대하여 보상규정을 두지 않은 것에 위헌성이 있는 것이고, 보상의 구체적 기준과 방법은 헌법재판소가 결정할 성질의 것이 아니라 광범위한 입법형성권을 가진 입법자가 입법정책적으로 정할 사항이므로, 입법자가 보상입법을 마련함으로써 위헌적인 상태를 제거할 때까지 위 조항을 형식적으로 존속케 하기 위하여 헌법불합치결정을 하는 것인바, 입법자는 되도록 빠른 시일 내에 보상입법을 하여 위헌적 상태를 제거할 의무가 있고, 행정청은 보상입법이 마련되기 전에는 새로 개발제한구역을 지정하여서는 아니 되며, 토지소유자는 보상입법을 기다려 그에 따른 권리 행사를 할 수 있을 뿐 개발제한구역의 지정이나 그에 따른 토지재산권의 제한 그 자체의 효력을 다투거나 위 조항에 위반하여 행한 자신들의 행위의 정당성을 주장할 수는 없다(헌재 1998.12.24. 89헌마214 등).

5. 재산권의 사회적 제약과 공용침해의 구별기준

(1) 경계이론과 분리이론(사회적 제약과 공용침해의 구별기준) - 가치보장과 존속보장

국가가 개인의 재산권을 제한할 때 재산권을 침해하면서 그 가치만 보상해 주면 위헌이 아니라는 것이 경계이론의 가치보장이다. 15 국회8급 산업혁명과정에서 국가의 대규모 공사를 정당화하기 위한 이론이다. 가치보장에 의하면 토지의 수용 자체는 다툴 수 없고 보상에 대해서만 다툴 수 있다. 존속보장은 1차적으로 개인의 재산권의 존속을 보장하는 것이 재산권 보장의 핵심이라고 보는 견해이다. 분리이론은 재산권의 존속보장에 중점을 두는 이론이다. 10 서울교행

(2) 학설의 검토

1) 출발점

경계이론과 분리이론은 **어디까지가 보상을 요하지 않는 사회적 제약이고, 어디부터 보상을 해야 하는 공용침해인지를 구분하는 이론**이다.

2) 경계이론

① 재산권에 대한 **침해의 강도를 기준으로** 무보상의 사회적 제약과 보상을 요하는 공용침해를 구분한다.
② 무보상의 사회적 제약도 침해의 강도가 일정 수준을 넘어서면 **자동으로 보상을 요하는 공용침해로 바뀐다**고 한다. 양자는 질적인 차이가 아니라 양적인 차이이다.
③ 침해는 있지만 보상규정이 없는 경우 **유추적용설로 해결**하게 된다(수용유사침해론).
④ 사회적 제약과 공용침해의 경계를 설정하는 것이 중요한 과제가 된다. 그 기준은 앞에서 본 개별행위설, 특별희생이론, 사회기속이론, 수인가능성설, 상황구속성설 등이 있다.

3) 분리이론

① 재산권을 제약하는 **법률의 내용과 형식에 따라** 무보상의 사회적 제약과 보상을 요하는 공용침해를 구분한다.
② 법률이 일반적·추상적으로 재산권을 제한하면 보상을 요하지 않는 사회적 제약(예 민법상의 상린관계 등)이고, 법률이 개별적·구체적으로 개인의 재산권을 박탈(예 수용)하면 공용침해로서 보상을 해야 한다고 한다. 양자는 질적으로 구별되는 완전히 다른 제도이다.

③ 재산권의 사회적 제약인데 그 제약의 정도가 수인할 수 없는 경우에는 예외적으로 보상을 요하는 사회적 제약이 된다고 한다.
  * 이 경우에도 공용침해로 전환되는 것은 아니다.
④ 예컨대, 개발제한구역(그린벨트)은 토지의 소유권을 개인이 그대로 가지고 있기 때문에 공용침해가 아니라 사회적 제약이 된다. 즉, 그린벨트 내 토지의 지목이 전·답·임야인 경우에는 토지의 사용이 가능하므로, 비록 지가 상승이 되지 않았다고 하더라도 그 부분은 소유자가 수인해야 하는 사회적 제약이다. 그러나 지목이 대인 경우는 일체의 건축행위가 제한되므로 토지의 소유권은 그대로이지만, 토지를 종래의 용도대로 전혀 사용하지 못하게 되는 문제가 있다. 이 경우에는 예외적으로 보상을 해야 한다는 것이다.

(3) 헌법재판소

헌법재판소는 개발제한구역 사건에서 **분리이론에 입각한 판시**를 하였다. `17 국가9급`

구분	경계이론(독일 행정법원)	분리이론(독일 연방헌재)
이론적 배경	가치보장 우선	존속보장 우선
기준	침해의 강도	법률의 내용과 형식
구별	침해가 약하면 사회적 제약 → 침해의 강도가 일정 한도를 넘어서면 자동으로 침해로 전환	법률의 내용과 형식이 일반적·추상적이면 (민법) 사회적 제약이고, 개별적·구체적이면 (토지수용법) 공공침해이다. 다만, 수인한도를 넘는 제약은 예외적으로 보상을 요하는 사회적 제약이 된다.
사례	· 개발제한구역지역 내의 전·답·임야(종래의 용도로 사용할 수 있는 경우): 두 이론 모두 사회적 제약으로 본다. · 개발제한구역지역 내의 대지(종래의 용도로 사용할 수 없는 경우): 경계이론에 의하면 침해의 강도가 수인한도를 넘어서 자동으로 보상을 요하는 공공침해가 되고, 분리이론에 의하면 예외적으로 보상을 요하는 사회적 제약이다.	
양자의 차이	사회적 제약과 공공침해는 양적 차이가 있다.	사회적 제약과 공공침해는 질적 차이가 있다.
보상규정이 없는 경우	유추적용설로 해결한다. 따라서 법원의 판결로 보상이 가능하다.	헌재의 위헌결정에 따라 법을 제정 또는 개정하여 입법보상을 한다.
결부조항	결부조항을 중요시하지 않는다.	결부조항을 중요시한다.

> **보충** 결부조항(불가분조항)
> 공용침해의 근거법률에는 보상규정도 함께 두어야 한다는 말이다. 헌법 제23조 제3항이 결부조항인지에 대해서는 견해 대립이 있다.

04 행정상 손실보상의 기준과 내용

1. 공익사업을 위한 토지 등의 취득 및 보상에 관한 법률(토지보상법)상의 손실보상기준

헌법 규정	· 헌법은 제23조 제3항에 정당한 보상을 하여야 한다고 규정하고 있다. · 문제는 헌법상의 정당한 보상을 어떻게 해석할 것인가이다.
학설	· 완전보상설: 피수용재산이 가지는 재산권에 대한 완전한 보상을 의미한다고 보는 견해이다. · 상당보상설: 당시의 사회통념에 비추어 객관적으로 공정·타당한 것이면 된다는 견해와 완전보상이 원칙이나, 예외적으로는 그를 하회하는 보상도 허용된다고 보는 견해가 있다.
판례	헌법재판소는 정당한 보상이란 원칙적으로 완전보상(시가보상)을 의미한다고 하면서도 공시지가에 의한 보상도 가능하다는 입장이다. `19 소방`

* 이의신청: 토지소유자(관계인)와 사업시행자 양자 모두 제기할 수 있다. 대상은 수용 또는 보상금액 둘 다 가능하다.
* 항고소송의 피고: 토지수용위원회
* 보상금증감청구소송의 피고 ─ 토지소유자 또는 관계인이 원고일 때: 사업시행자
  └ 사업시행자가 원고일 때: 토지소유자 또는 관계인

(1) 토지에 대한 공용수용의 경우

1) 보상액 결정의 시점 - 협의 성립 또는 재결 당시의 가격

보상액의 산정은 협의에 의한 경우에는 협의 성립 당시의 가격을, 재결에 의한 경우에는 수용 또는 사용의 재결 당시의 가격을 기준으로 한다. 보상액을 산정할 경우에 **해당 공익사업으로 인하여 토지 등의 가격이 변동되었을 때에는 이를 고려하지 아니한다**(제67조). 19 소방, 08 관세사 등

2) 객관적 가치의 보상 - 위자료 불포함

토지에 대한 보상액은 가격시점에 있어서의 현실적인 이용상황과 일반적인 이용방법에 의한 객관적 상황을 고려하여 산정하되, **일시적인 이용상황과 토지소유자 또는 관계인이 갖는 주관적 가치 및 특별한 용도에 사용할 것을 전제로 한 경우 등은 이를 고려하지 아니한다**(제70조 제2항). 보상액을 결정함에 있어서 **사업시행자의 재산상태는 고려의 대상이 아니며, 위자료는 손실보상에 포함되지 않는다.** 08 관세사 등

관련판례

◎ 보상액 결정의 기준

❶ 보상액 재결을 위한 평가를 함에 있어서는 용도지역의 변경을 고려함이 없이 평가하여야 한다(대판 1993.9.10, 93누5543).

❷ 당해 공공사업의 시행을 직접 목적으로 하는 계획의 승인·고시로 인한 가격변동은 고려하지 않는다(대판 2004.6.11, 2003두14703).

3) 개발이익은 배제된다.

① **사업인정고시일 전의 공시지가를 기준**: 사업인정 후의 취득에 있어서 공시지가는 사업인정고시일 전의 시점을 공시기준일로 하는 공시지가로서, 당해 토지에 관한 협의의 성립 또는 재결 당시 공시된 공시지가 중 당해 사업인정고시일에 가장 가까운 시점에 공시된 공시지가로 한다(제70조 제4항). 사업인정고시일 전의 공시지가를 기준으로 하는 이유는 사업인정 이후에는 통상 지가가 오르는 경우가 많기 때문에 사업으로 인한 개발이익을 배제하기 위함이다.

② **토지가격의 변동**: 보상액을 산정할 경우에 해당 공익사업으로 인하여 토지 등의 가격이 변동되었을 때에는 이를 고려하지 아니한다(제67조 제2항). 08 지방7급 다만, **해당 공공사업과 무관한 다른 사업의 시행으로 인한 개발이익은 배제하지 아니한다.** 19 소방, 18 지방7급

관련판례

수용대상토지의 보상액을 산정함에 있어, 해당 공익사업과는 관계없는 다른 사업의 시행으로 인한 개발이익을 포함한 가격으로 평가해야 하고, 개발이익이 해당 공익사업의 사업인정고시일 후에 발생한 경우에도 마찬가지이다(대판 2014.2.27, 2013두21182). - 동일 판시사항(대판 1992.2.11, 91누7774)

4) 용도변경되기 전의 용도지역 등을 기준으로 평가한다.

관련판례

❶ 토지수용 보상액 산정시 당해 공공사업의 시행을 직접 목적으로 하는 계획의 승인·고시로 인한 가격변동은 고려하지 않는다(대판 1999.3.23, 98두13850).

❷ 공원조성사업의 시행을 직접 목적으로 일반주거지역에서 자연녹지지역으로 변경된 토지에 대한 수용보상액을 산정하는 경우, 그 대상토지의 용도지역을 일반주거지역으로 하여 평가하여야 한다(대판 2007.7.12, 2006두11507).

5) 공법상 제한이 있는 토지는 제한받는 상태대로 평가한다.

공법상 제한을 받는 토지에 대하여는 제한받는 상태대로 평가한다. 다만, 그 공법상 제한이 당해 공익사업의 시행을 직접 목적으로 하여 가하여진 경우에는 제한이 없는 상태를 상정하여 평가한다(시행규칙 제23조 제1항). 공법상 제한이란, 예컨대 문화재 보호구역의 지정 등과 같은 경우를 말한다.

관련판례

문화재보호구역의 확대지정이 당해 택지개발사업의 시행을 직접 목적으로 하여 가하여진 것이 아닌 경우에는 토지의 수용보상액은 그러한 공법상 제한을 받는 상태대로 평가하여야 한다(대판 2005.2.18, 2003두14222). 18 지방7급

(2) 토지 이외의 재산에 대한 공용수용의 경우

1) 건축물 등 물건에 대한 보상(제75조 제1항)

① **이전비 보상(원칙)**: 건축물·입목·공작물 기타 토지에 정착한 물건에 대하여는 이전에 필요한 비용으로 보상하여야 한다.

② **해당 물건의 가격으로 보상하는 경우**

㉠ 건축물 등의 이전이 어렵거나 그 이전으로 인하여 건축물 등을 종래의 목적대로 사용할 수 없게 된 경우

㉡ 건축물 등의 이전비가 그 물건의 가격을 넘는 경우

㉢ 사업시행자가 공익사업에 직접 사용할 목적으로 취득하는 경우 06 국가9급

2) 농작물에 대한 보상

농작물에 대한 손실은 그 종류와 성장의 정도 등을 종합적으로 참작하여 보상하여야 한다(제75조 제2항).

3) 토지에 속한 흙 등에 대한 보상

토지에 속한 흙·돌·모래 또는 자갈(흙·돌·모래 또는 자갈이 해당 토지와 별도로 취득 또는 사용의 대상이 되는 경우만 해당한다)에 대하여는 거래가격 등을 참작하여 평가한 적정가격으로 보상하여야 한다(제75조 제3항).

4) 분묘에 대한 보상

분묘에 대하여는 이장에 소요되는 비용 등을 산정하여 보상해야 한다(제75조 제4항). 06 국가9급

5) 수용재결의 신청

사업시행자는 사업예정지 안에 있는 건축물 등이 제1항 제1호 또는 제2호에 해당하는 경우에는 관할 토지수용위원회에 그 물건의 수용재결을 신청할 수 있다(제75조 제5항).

관련판례

① 무허가 건물도 사업인정의 고시 이전에 건축된 건물이면 보상의 대상이다(대판 2000.3.10. 99두10896). 15 경행특채, 11 지방7급

② 중앙토지수용위원회가 생태하천 조성사업에 편입되는 토지상의 무허가 건축물에서 축산업을 영위하는 갑에 대하여 공익사업을 위한 토지 등의 취득 및 보상에 관한 법률 시행규칙에 따라 영업손실을 인정하지 않는 내용의 수용재결을 한 것은 위 조항이 법률의 위임범위를 벗어나거나 정당한 보상의 원칙에 위배된다고 하기 어렵다. 예상
위 규칙 조항이 '영업'의 개념에 '적법한 장소에서 운영될 것'이라는 요소를 포함하고 있다고 하여 공익사업을 위한 토지 등의 취득 및 보상에 관한 법률의 위임범위를 벗어났다거나 정당한 보상의 원칙에 위배된다고 하기 어렵다(대판 2014.3.27. 2013두25863).

(3) 권리에 대한 보상

광업권·어업권·양식업권 및 물(용수시설을 포함한다) 등의 사용에 관한 권리에 대하여는 투자비용, 예상수익 및 거래가격 등을 고려하여 평가한 적정가격으로 보상하여야 한다(제76조 제1항). 11 지방7급, 05 대구9급

(4) 일실손실에 대한 보상

1) 일실손실의 개념

일실손실이란 재산권의 수용으로 인하여 사업을 폐지 또는 휴업하게 됨으로 발생하는 손실을 말한다. 일실손실에는 영업손실, 농업손실, 임금손실 등이 있다.

2) 영업의 폐업 또는 휴업에 대한 보상

영업을 폐업하거나 휴업함에 따른 영업손실에 대하여는 영업이익과 시설의 이전비용 등을 고려하여 보상하여야 한다(제77조 제1항). 06 국가9급

3) 농업손실에 대한 보상

농업의 손실에 대하여는 농지의 단위면적당 소득 등을 고려하여 **실제 경작자에게 보상하여야 한다. 다만, 농지소유자가 해당 지역에 거주하는 농민인 경우에는 농지소유자와 실제 경작자가 협의하는 바에 따라 보상할 수 있다**(제77조 제2항). 11 지방7급, 06 국가9급

4) 임금손실

휴직하거나 실직하는 근로자의 임금손실에 대하여는 근로기준법에 의한 평균임금 등을 참작하여 보상하여야 한다(제77조 제3항).

 관련판례

❶ 영업손실에 관한 보상에 있어서 영업의 폐지 또는 영업의 휴업인지 여부의 구별기준 11 경행특채 등 ┌ 이전 가능: 휴업
└ 이전 불가: 폐업

영업손실에 관한 보상에 있어 영업의 폐지로 볼 것인지 아니면 영업의 휴업으로 볼 것인지를 구별하는 기준은 당해 영업을 그 영업소 소재지나 인접 시·군 또는 구 지역 안의 다른 장소로 이전하는 것이 가능한지의 여부에 달려 있다 할 것이고, 이러한 이전 가능 여부는 법령상의 이전 장애사유 유무와 당해 영업의 종류와 특성, 영업시설의 규모, 인접 지역의 현황과 특성, 그 이전을 위하여 당사자가 들인 노력 등과 인근 주민들의 이전 반대 등과 같은 사실상의 이전 장애사유 유무 등을 종합하여 판단함이 상당하다(대판 2001.11.13. 2000두1003).

❷ 손실보상의 근거규정이나 그 보상의 기준과 방법 등에 관한 규정이 없으면, 이러한 손실은 그 보상의 대상이 된다고 할 수 없다(대판 2006.1.27. 2003두13106). 11 경행특채

❸ 간척사업으로 손실보상청구권이 인정되기 위해서는 관행어업권자에게 실질적이고 현실적인 피해가 발생해야 한다(대판 2010.12.9. 2007두6571). 19·12 국가7급

❹ 사업시행자가 보상금 지급이나 토지소유자 및 관계인의 승낙 없이 공익사업을 위한 공사에 착수하여 영농을 계속할 수 없게 한 경우, 2년분의 영농손실보상금 지급과 별도로 공사의 사전착공으로 토지소유자나 관계인이 영농을 할 수 없게 된 때부터 수용개시일까지 입은 손해를 배상할 책임이 있다(대판 2013.11.14. 2011다27103). 19 국가9급

(5) 공용사용의 경우

협의 또는 재결에 의하여 사용하는 토지에 대하여는 그 토지와 인근 유사토지의 지료·임대료·사용방법·사용기간 및 그 토지의 가격 등을 참작하여 평가한 적정가격으로 보상하여야 한다. 사용하는 토지와 그 **지하 및 지상의 공간(예 고가도로)의 사용에 대한 구체적인 보상액 산정 및 평가방법은** 투자비용·예상수익 및 거래가격 등을 고려하여 국토교통부령으로 정한다(제71조).

(6) 공용제한의 경우

공용제한에 대한 법률 중에는 손실보상에 관한 규정을 둔 경우도 있고(도로법, 하천법, 산림법), 보상에 대해 명확한 기준을 두지 않은 경우도 있다.

2. 생활보상과 정신적 보상 및 사업보상

(1) 생활보상

1) 의의

① 개념 15 국회8급 등 : 생활보상이란 개발사업의 시행 또는 수용이 없었던 것과 같은 생활재건을 실현시켜 재산권의 존속을 보장하는 것으로, **부대손실(예 이전료, 영업손실)과 사업손실(간접손실)을 생활보상에 포함시키는 광의의 개념으로 파악하는 것이 일반적이다.** 96 행시

② 광의의 생활보상의 예: 이주대책 92 국가7급 등 , 소수잔존자보상 05 대구7급 등 , 정착민의 직업훈련 03 국가7급 , 간접보상, 주거의 총체적 가치보상 등

2) 법적 근거

① **헌법적 근거**: 헌법 제23조 제3항은 손실보상의 지침으로서 입법자에 대해 정당한 보상을 요구하고 있으므로, 정당한 보상의 내용에 포함되는 생활보상의 기본적인 법적 근거가 된다. 그리고 **생활보상의 내용을 사회국가적 원리에 따라 생존배려적인 측면에서 구성**할 필요가 있으므로 헌법 제34조도 생활보상의 근거로 들 수 있다.

* 생활보상은 헌법상 재산권 보장에 포함되지 않는다.

② **개별법의 근거**: 공익사업을 위한 토지 등의 취득 및 보상에 관한 법률과 같은 법 시행령 및 시행규칙에는 내용상 생활보상적 규정이 산재하고 있다.

(2) 생활보상의 내용

1) 생활재건조치

공공사업의 시행에 필요한 토지 등을 수용함으로 인하여 주택이나 농경지 등 생활근거를 상실하게 되는 이주민의 재정착을 지원하기 위한 것을 말한다. 예컨대, 간척지의 알선 또는 국·공유지의 알선 등과 같은 대체지의 알선, 직업훈련, 이주자 우선고용 또는 고용 알선 등이 있다.

2) 이주대책

① **이농비·이어비**: 공익사업의 시행으로 인하여 영위하던 농업·어업을 계속할 수 없게 되어 다른 지역으로 이주하는 농민·어민이 받을 보상금이 없거나 그 총액이 국토교통부령으로 정하는 금액에 미치지 못하는 경우에는 그 금액 또는 그 차액을 보상하여야 한다(제78조 제6항).

② **주거용 건축물에 대한 이주대책**(제78조)

이주대책	① 사업시행자는 공익사업의 시행으로 인하여 주거용 건축물을 제공함에 따라 생활의 근거를 상실하게 되는 자(이하 '이주대책대상자'라 한다)를 위하여 대통령령이 정하는 바에 따라 이주대책을 수립·실시하거나 이주정착금을 지급하여야 한다. 09 국회8급
협의	② 사업시행자가 제1항에 따라 이주대책을 수립하려면 미리 관할 지방자치단체의 장과 협의하여야 한다.
우선 지원	③ 국가나 지방자치단체는 이주대책의 실시에 따른 주택지의 조성 및 주택의 건설에 대하여는 주택도시기금법에 의한 주택도시기금을 우선적으로 지원하여야 한다.
사업시행자 부담	④ 이주대책의 내용에는 이주정착지(이주대책의 실시로 건설하는 주택단지를 포함한다)에 대한 도로·급수시설·배수시설, 그 밖의 공공시설 등 통상적인 수준의 생활기본시설이 포함되어야 하며, 이에 필요한 비용은 사업시행자가 부담한다. 다만, 행정청이 아닌 사업시행자가 이주대책을 수립·실시하는 경우에 지방자치단체는 비용의 일부를 보조할 수 있다. 19 소방 * 강행규정이다.
거주자 보상	⑤ 주거용 건물의 거주자에 대하여는 주거 이전에 필요한 비용과 가재도구 등 동산의 운반에 필요한 비용을 산정하여 보상하여야 한다.

관련판례

❶ 이주대책은 이주자들에 대하여 종전의 생활상태를 원상으로 회복시키면서 동시에 인간다운 생활을 보장하여 주기 위한 이른바 생활보상의 일환으로 국가의 적극적이고 정책적인 배려에 의하여 마련된 제도이다(대판 1994.5.24. 92다35783 전원합의체). 11 지방9급, 10 서울9급 등

❷ 근린생활시설을 국민주택 특별공급의 대상에서 배제해도 위법하지 않다(대판 2009.11.12. 2009두10291).

❸ 공익사업을 위한 토지 등의 취득 및 보상에 관한 법률 시행령이 이주대책의 대상자에서 세입자를 제외하고 있는 것은 세입자의 재산권을 침해하지 아니한다(헌재 2006.2.23. 2004헌마19). 18 서울9급, 13 변호사

❹ 도시 및 주거환경정비법에 따라 사업시행자에게서 임시수용시설을 제공받는 세입자는 공익사업을 위한 토지 등의 취득 및 보상에 관한 법률 및 같은 법 시행규칙에서 정한 주거 이전비를 별도로 청구할 수 있다.

   [1] 사업시행자의 세입자에 대한 주거 이전비 지급의무를 정하고 있는 공익사업을 위한 토지 등의 취득 및 보상에 관한 법률 시행규칙 제54조 제2항은 강행규정이다.

   [2] 주택재개발사업 정비구역 안에 있는 주거용 건축물에 거주하던 세입자 갑이 주거 이전비를 받을 수 있는 권리를 포기한다는 취지의 주거 이전비 포기각서를 제출하고 사업시행자가 제공한 임대아파트에 입주한 다음 별도로 주거 이전비를 청구한 사안에서, 위 포기각서의 내용은 강행규정에 반하여 무효이다.(대판 2011.7.14. 2011두3685).

❺ 사업시행자는 이주대책 수립에 있어 재량을 가진다(대판 2010.3.25. 2009두23709). `15 국회8급 등`

❻ (이주대책의 대상자에 대하여) 주거용 용도가 아닌 다른 용도로 이미 허가를 받거나 신고를 한 건축물을 소유한 자라 하더라도 이주대책기준일 당시를 기준으로 공부상 주거용 용도가 아닌 건축물을 허가를 받거나 신고를 하는 등 적법한 절차에 의하지 않고 임의로 주거용으로 용도를 변경하여 사용하는 자는 이주대책대상자에서 제외되어야 한다(대판 2011.6.10. 2010두26216). `16 국회8급`

❼ 이주대책으로서 이주정착지에 택지를 조성하거나 주택을 건설하여 공급하는 경우, 이주정착지에 대한 공공시설 등의 설치비용을 당사자들의 합의로 이주자들에게 부담시킬 수 없다. `19 소방`

   이주대책의 제도적 취지에 비추어 볼 때, 공익사업을 위한 토지 등의 취득 및 보상에 관한 법률 제78조 제4항은 사업시행자가 이주대책대상자들을 위한 이주대책으로서 이주정착지에 택지를 조성하거나 주택을 건설하여 공급하는 경우 그 이주정착지에 대한 도로, 급수 및 배수시설 기타 공공시설 등 당해 지역조건에 따른 생활기본시설이 설치되어 있어야 하고, 또한 그 공공시설 등의 설치비용은 사업시행자가 부담하는 것으로서 이를 이주대책대상자들에게 전가할 수 없으며, 이주대책대상자들에게는 다만 분양받을 택지의 용지비 및 조성비 등과 같은 택지조성원가, 주택을 공급하는 경우 그 건축원가만을 부담시킬 수 있는 것으로 해석함이 상당하고, 위 규정은 그 취지에 비추어 볼 때 당사자의 합의로도 그 적용을 배제할 수 없는 강행법규에 해당한다고 봄이 상당하다(대판 2011.2.24. 2010다43498).

❽ 공익사업의 시행자가 자신이 부담하여야 하는 생활기본시설 설치비용을 이주대책대상자에게 전가한 경우, 이를 부당이득으로 반환할 의무가 있다(대판 2014.8.20. 2014다6572).

❾ 이주대책대상자에 해당하기 위하여는 구 공익사업을 위한 토지 등의 취득 및 보상에 관한 법률 제4조 각 호의 어느 하나에 해당하는 공익사업의 시행으로 인하여 주거용 건축물을 제공함에 따라 생활의 근거를 상실하게 되어야 한다(대판 2015.6.11. 2012다58920).

(3) 정신적 보상

현행 공익사업을 위한 토지 등의 취득 및 보상에 관한 법률은 보상대상에 정신적 손실을 포함시키고 있지 않다.

(4) 사업손실(간접손실)보상

1) 의의

공공사업의 실시 또는 완성 후에 시설 결과가 공익사업 시행지구 밖에 위치한 타인의 재산에 미치는 손실에 대한 보상을 말한다. 제3자 보상이라고도 한다. 판례는 간접손실보상을 인정하기도 하고 부정하기도 한다.

관련판례

사업시행자는 도시 및 주거환경정비법 제49조 제6항 본문에 의하여 사용·수익권을 제한받는 임차인에게 구 공익사업을 위한 토지 등의 취득 및 보상에 관한 법률을 유추적용하여 그 해당 요건이 충족되는 경우라면 손실을 보상할 의무가 있다고 봄이 타당하다(대판 2011.11.24. 2009다28394).

2) 소수잔존자보상

공익사업의 시행으로 인하여 1개 마을의 주거용 건축물이 대부분 공익사업 시행지구에 편입됨으로써 잔여 주거용 건축물 거주자의 생활환경이 현저히 불편하게 되어 이주가 부득이한 경우에는 **당해 건축물 소유자의 청구에 의하여 그 소유자의 토지 등을 공익사업 시행지구에 편입되는 것으로 보아 보상하여야 한다**(시행규칙 제61조). 05 광주9급

3) 잔여지보상

★ 잔여지 수용 정리

수용되고 남은 토지의 가격이 하락한 경우	사업시행자는 동일한 소유자에게 속하는 일단의 토지의 일부가 취득되거나 사용됨으로 인하여 잔여지의 가격이 감소하거나 그 밖의 손실이 있을 때 또는 잔여지에 통로·도랑·담장 등의 신설이나 그 밖의 공사가 필요할 때에는 국토교통부령으로 정하는 바에 따라 그 손실이나 공사의 비용을 보상하여야 한다.
사업시행자가 수용을 청구하는 경우	잔여지의 가격 감소분과 잔여지에 대한 공사의 비용을 합한 금액이 잔여지의 가격보다 큰 경우에는 사업시행자는 그 잔여지를 매수할 수 있다.
토지소유자가 수용을 청구하는 경우	동일한 소유자에게 속하는 일단의 토지의 일부가 협의에 의하여 매수되거나 수용됨으로 인하여 잔여지를 종래의 목적에 사용하는 것이 현저히 곤란할 때에는 해당 토지소유자는 사업시행자에게 잔여지를 매수하여 줄 것을 청구할 수 있으며, 사업인정 이후에는 관할 토지수용위원회에 수용을 청구할 수 있다. 이 경우 수용의 청구는 매수에 관한 협의가 성립되지 아니한 경우에만 할 수 있으며, 사업완료일까지 하여야 한다.

① **개념**: 잔여지보상이란 토지의 일부가 취득 또는 사용됨으로 인하여 잔여지의 가격이 감소하거나 그 밖의 손실이 있는 때 또는 잔여지에 통로·도랑·담장 등의 신설 그 밖의 공사가 필요한 때 그 손실이나 공사의 비용을 보상하여야 하는 것을 말한다(제73조 제1항). 이때 손실 또는 비용의 보상은 **해당 사업의 사업완료일부터 1년이 지난 후에는 청구할 수 없다**(제73조 제2항).

② **사업시행자의 잔여지 매수**: 잔여지의 가격 감소분과 잔여지에 대한 공사의 비용을 합한 금액이 잔여지의 가격보다 큰 경우에는 **사업시행자는 그 잔여지를 매수할 수 있다**(제73조 제1항 단서).

③ **토지소유자의 잔여지의 매수 및 수용청구**: 동일한 소유자에게 속하는 일단의 토지의 일부가 협의에 의하여 매수되거나 수용됨으로 인하여 잔여지를 종래의 목적에 사용하는 것이 현저히 곤란할 때에는 **해당 토지소유자는 사업시행자에게 잔여지를 매수하여 줄 것을 청구할 수 있으며**, 사업인정 이후에는 관할 토지수용위원회에 수용을 청구할 수 있다. 이 경우 수용의 청구는 매수에 관한 협의가 성립되지 아니한 경우에만 할 수 있으며, **사업완료일까지 하여야 한다**(제74조 제1항). 11 국가7급 매수 또는 수용의 청구가 있는 잔여지 및 잔여지에 있는 물건에 관하여 권리를 가진 자는 사업시행자나 관할 토지수용위원회에 그 **권리의 존속을 청구할 수 있다**(제74조 제2항). 11 국가7급

④ **수용청구권의 법적 성질**: 잔여지 수용청구권은 **형성권적 성질**을 가지며, 행사청구기간은 제척기간에 해당한다. 17 사복9급, 16 국회8급, 08 지방7급 등

> **보충** 형성권
>
> 청구인이 상대방에 의사를 표시하면 상대방의 동의와 관계 없이 표시된 대로 효력이 발생하는 것을 말한다. 즉, 잔여지 수용청구를 했을 때 상대방의 의사와 관계없이 수용의 효과가 발생한다.

 관련판례

❶ 잔여지 수용청구권의 행사방법은 행정소송으로서 보상금의 증감에 관한 소송에 해당하여 사업시행자를 피고로 하여야 한다(대판 2015.4.9. 2014두46669 ; 대판 2010.8.19. 2008두822). `17 사복9급, 16 지방7급`

❷ 이용은 가능하나 많은 비용이 소요되는 경우에도 잔여지 수용청구가 가능하다(대판 2005.1.28. 2002두4679). `11 국가7급`

❸ 잔여지 가격 감소 등으로 인한 손실보상청구에는 재결전치주의가 적용된다. `19 국가7급`

토지소유자가 사업시행자로부터 공익사업을 위한 토지 등의 취득 및 보상에 관한 법률 제73조에 따른 잔여지 가격 감소 등으로 인한 손실보상을 받기 위해서는 같은 법 제34조, 제50조 등에 규정된 재결절차를 거친 다음 그 재결에 대하여 불복이 있는 때에 비로소 같은 법 제83조 내지 제85조에 따라 권리구제를 받을 수 있을 뿐, 이러한 재결절차를 거치지 않은 채 곧바로 사업시행자를 상대로 손실보상을 청구하는 것은 허용되지 않는다고 봄이 상당하고, 이는 수용대상토지에 대하여 재결절차를 거친 경우에도 마찬가지라 할 것이다(대판 2012.11.29. 2011두22587).

❹ 건축물 소유자가 공익사업을 위한 토지 등의 취득 및 보상에 관한 법률 제34조, 제50조 등에 규정된 재결절차를 거치지 않은 채 곧바로 사업시행자를 상대로 같은 법 제75조의2 제1항에 따른 잔여건축물가격 감소 등으로 인한 손실보상을 청구할 수 없다. 이는 수용대상 건축물에 대하여 재결절차를 거친 경우에도 마찬가지이다(대판 2015.11.12. 2015두2963).

❺ 공익사업을 위한 토지 등의 취득 및 보상에 관한 법률이 잔여지 손실보상금 지급의무의 이행기를 정하지 않았고, 그 이행기를 편입토지의 권리변동일이라고 해석하여야 할 체계적, 목적론적 근거를 찾기도 어려우므로, 잔여지 손실보상금 지급의무는 이행기의 정함이 없는 채무로 보는 것이 타당하다. 따라서 잔여지 손실보상금 지급의무의 경우 잔여지의 손실이 현실적으로 발생한 이후로서 잔여지 소유자가 사업시행자에게 이행청구를 한 다음 날부터 그 지연손해금 지급의무가 발생한다(대판 2018.3.13. 2017두68370). `예상`

4) 잔여 건축물에 대한 보상

사업시행자는 동일한 소유자에게 속하는 일단의 건축물의 일부가 취득되거나 사용됨으로 인하여 잔여 건축물의 가격이 감소되거나 그 밖의 손실이 있을 때에는 국토교통부령으로 정하는 바에 따라 그 손실을 보상하여야 한다. `14 국가7급` 다만, 잔여 건축물의 가격 감소분과 보수비(건축물의 나머지부분을 종래의 목적대로 사용할 수 있도록 그 유용성을 동일하게 유지하는 데 통상 필요하다고 볼 수 있는 공사에 사용되는 비용을 말한다. 다만, 건축법 등 관계 법령에 따라 요구되는 시설의 개선에 필요한 비용은 포함하지 아니한다)를 합한 금액이 잔여 건축물의 가격보다 큰 경우에는 사업시행자는 그 잔여 건축물을 매수할 수 있다(제75조의2 제1항).

3. 손실보상액의 결정방법

(1) 당사자 간의 합의에 의한 결정

1) 원칙 - 협의(반드시 거쳐야 함)

사업시행자는 토지 등에 대한 보상에 관하여 토지소유자 및 관계인과 성실하게 협의하여야 하며(제16조), 사업시행자는 협의가 성립된 때에는 토지소유자 및 관계인과 계약을 체결하여야 한다(제17조).

2) 확인절차

협의가 성립되어 관할 토지수용위원회의 확인을 받으면, 그 확인은 토지수용위원회의 재결로 보며, 사업시행자·토지소유자 및 관계인은 그 확인된 협의의 성립이나 내용을 다툴 수 없다(제29조 제4항).

3) 협의의 성질

위 협의의 법적 성질에 대해 판례는 사법상의 계약으로 보고, 다수설은 공법상의 계약으로 본다.
19·18 국가9급, 18 지방7급

(2) 당사자 간의 합의가 성립되지 않는 경우(수용재결)

1) 행정청의 재결에 의한 결정

사업인정고시가 된 후 협의가 성립되지 아니하였을 때에는 토지소유자 및 관계인은 서면으로 사업시행자에게 재결을 신청할 것을 청구할 수 있다(제30조 제1항). 결정의 유형은 재산권에 대한 제약행위의 허용 여부와 그 보상액을 함께 결정하는 경우와 보상액만 결정하는 경우 등이 있다.

2) 이의신청(생략 가능 → 소송)

재결에 대하여 이의가 있는 자는 이의신청을 할 수 있다.

3) 행정소송

손실보상액에 대한 행정소송은 재결 자체에 대한 취소소송과 보상금증감청구소송(형식적 당사자소송)이 있다.

(3) 소송에 의한 결정방법

관련판례

① 구 공익사업을 위한 토지 등의 취득 및 보상에 관한 법률 시행규칙 제57조에 의한 사업폐지 등에 대한 보상청구권의 소송형태는 행정소송절차이다(대판 2012.10.11. 2010다23210). 예상

② 사업폐지 등에 대한 보상을 받기 위해서는 재결절차를 거쳐야 한다. 또한, 구 공익사업을 위한 토지 등의 취득 및 보상에 관한 법률 관련 규정 내용, 체계 및 입법취지 등을 종합하여 보면, 공익사업으로 인한 사업폐지 등으로 손실을 입게 된 자는 같은 법 제34조, 제50조 등에 규정된 재결절차를 거친 다음, 그 재결에 대하여 불복이 있는 때에 비로소 구 같은 법 제83조 내지 제85조에 따라 권리구제를 받을 수 있다고 보아야 한다(대판 2012.10.11. 2010다23210).

③ 공익사업을 위한 토지 등의 취득 및 보상에 관한 법률에 의한 보상을 하면서 손실보상금에 관한 당사자 간의 합의가 성립한 경우, 그 합의 내용이 같은 법에서 정하는 손실보상기준에 맞지 않는다는 이유로 그 기준에 따른 손실보상금청구를 추가로 할 수 없는 것이 원칙이다(대판 2013.8.22. 2012다3517). 18 국가7급

4. 보상의 방법

(1) 보상의 원칙

1) 시행자 보상의 원칙

보상의 주체는 사업시행자이며, 국가가 보상하는 것이 아니다. 보상액의 결정에 사업시행자의 재산상태를 고려해야 하는 것은 아니다. 01 국가7급

> **관련조문**
>
> **제61조(사업시행자 보상)** 공익사업에 필요한 토지 등의 취득 또는 사용으로 인하여 토지소유자나 관계인이 입은 손실은 사업시행자가 보상하여야 한다.

2) 사전보상의 원칙

보상은 선불주의가 원칙이고, 예외적으로 천재·지변 등의 사유가 있는 때 후불주의를 할 수 있다. 손실보상금은 수용 또는 사용의 개시일까지 지급하거나 공탁할 수 있다(제40조). `00 세무9급`

> **관련조문**
>
> **제62조(사전보상)** 사업시행자는 해당 공익사업을 위한 공사에 착수하기 이전에 토지소유자와 관계인에게 보상액 전액을 지급하여야 한다. 다만, 제38조에 따른 천재지변시의 토지 사용과 제39조에 따른 시급한 토지 사용의 경우 또는 토지소유자 및 관계인의 승낙이 있는 경우에는 그러하지 아니하다.

> **관련판례**
>
> ◎ 보상금과 지연손해금의 발생
>
> 기업자의 토지수용으로 인한 손실보상금 지급의무는 그 수용의 시기로부터 발생하고, 현실적으로 구체적인 손실보상금액이 재결이나 행정소송의 절차에 의하여 확정되어진다 하여 달리 볼 것이 아니며 재결절차에서 정한 보상액과 행정소송절차에서 정한 보상금액의 차액 역시 수용과 대가관계에 있는 손실보상의 일부이므로 그 차액이 수용의 시기에 지급되지 않은 이상 이에 대한 지연손해금이 발생하는 것은 당연하다(대판 1991.12.24. 91누308).

3) 일시급의 원칙

보상은 일시급이 원칙이나 부득이한 경우 분할불로 하는 경우도 있다(예 징발법 제22조의2). `07 관세사 등` 분할불의 경우에 물가변동 및 이자는 보상책임자가 부담한다.

4) 현금보상의 원칙

손실보상은 다른 법률에 특별한 규정이 있는 경우를 제외하고는 현금으로 지급하여야 한다(제63조 제1항). `07 관세사 등` 예외적으로 현물보상(환지), 채권보상 등이 있다. `12 국가7급`

5) 개인별 보상의 원칙

보상은 수용 또는 사용의 대상이 되는 물건별로 하는 것이 아니라, 피보상자 개인별로 행하여진다(대판 2000.1.28. 97누11720). `12 국가9급, 09 국회9급 등`

6) 일괄보상

사업시행자는 **동일한 사업지역 안에 보상시기를 달리하는 동일인 소유의 토지 등이 여러 개 있는 경우 토지소유자나 관계인이 요구할 때에는 한꺼번에 보상금을 지급하도록 하여야 한다**(제65조). `11 지방7급`

7) 상계금지

* 손해배상에서는 손익상계를 해야 하지만, 손실보상은 상계할 수 없다.

사업시행자는 동일한 소유자에게 속하는 일단의 토지의 일부를 취득하거나 사용하는 경우 해당 공익사업의 시행으로 인하여 잔여지의 가격이 증가하거나 그 밖의 이익이 발생한 경우에도 그 이익을 그 취득 또는 사용으로 인한 손실과 상계할 수 없다(제66조).

8) 보상액의 산정

사업시행자는 토지 등에 대한 보상액을 산정하려는 경우에는 **감정평가법인 등 3인**(제2항에 따라 시·도지사와 토지소유자가 모두 감정평가법인 등을 추천하지 아니하거나 시·도지사 또는 토지소유자 어느 한쪽이 감정평가법인 등을 추천하지 아니하는 경우에는 2인)**을 선정하여 토지 등의 평가를 의뢰하여야 한다.** 다만, 사업시행자가 국토교통부령으로 정하는 기준에 따라 직접 보상액을 산정할 수 있는 때에는 그러하지 아니하다(제68조 제1항).

(2) 현금 외의 보상

1) 채권보상 12 국가7급

① 채권보상을 할 수 있는 경우

> **관련조문**
>
> **제63조(현금보상 등)** ⑦ 사업시행자가 국가, 지방자치단체, 그 밖에 대통령령으로 정하는 공공기관의 운영에 관한 법률에 따라 지정·고시된 공공기관 및 공공단체인 경우로서 다음 각 호의 어느 하나에 해당되는 경우에는 제1항 본문에도 불구하고 해당 사업시행자가 발행하는 채권으로 지급할 수 있다.
> 1. 토지소유자나 관계인이 원하는 경우
> 2. 사업인정을 받은 사업의 경우에는 대통령령으로 정하는 부재 부동산 소유자의 토지에 대한 보상금이 대통령령으로 정하는 일정 금액을 초과하는 경우로서 그 초과하는 금액에 대하여 보상하는 경우

② 채권보상을 하여야 하는 경우

> **관련조문**
>
> **제63조(현금보상 등)** ⑧ 토지투기가 우려되는 지역으로서 대통령령으로 정하는 지역에서 다음 각 호의 어느 하나에 해당하는 공익사업을 시행하는 자 중 대통령령으로 정하는 공공기관의 운영에 관한 법률에 따라 지정·고시된 공공기관 및 공공단체는 제7항에도 불구하고 제7항 제2호에 따른 **부재 부동산 소유자의 토지에 대한 보상금 중 대통령령으로 정하는 1억 원 이상의 일정 금액을 초과하는 부분에 대하여는 해당 사업시행자가 발행하는 채권으로 지급하여야 한다.** 11 지방7급, 12·09 국회8급
> 1. 택지개발촉진법에 의한 택지개발사업
> 2. 산업입지 및 개발에 관한 법률에 의한 산업단지 개발사업
> 3. 그 밖에 대규모 개발사업으로서 대통령령으로 정하는 사업

③ **채권보상의 기준**: 채권으로 지급하는 경우 채권의 상환기한은 5년을 넘지 아니하는 범위 안에서 정하여야 하며, 이율은 상환기한이 3년 이하인 채권의 경우 3년 만기 정기예금 이자율 수준으로 한다(제63조 제9항 제1호).

2) 매수보상

토지소유자가 일정한 경우에 사업시행자에게 토지의 매수를 청구하거나 관할 토지수용위원회에 토지의 수용을 청구할 수 있는 권리이다(형성권).

> **관련조문**
>
> **제72조(사용하는 토지의 매수청구 등)** 사업인정고시가 된 후 다음 각 호의 어느 하나에 해당할 때에는 해당 토지소유자는 사업시행자에게 해당 토지의 매수를 청구하거나 관할 토지수용위원회에 그 토지의 수용을 청구할 수 있다. 이 경우 관계인은 사업시행자나 관할 토지수용위원회에 그 권리의 존속을 청구할 수 있다. 17 국가7급
> 1. 토지를 사용하는 기간이 3년 이상인 경우
> 2. 토지의 사용으로 인하여 토지의 형질이 변경되는 경우
> 3. 사용하려는 토지에 그 토지소유자의 건축물이 있는 경우

> **관련판례**
>
> 공익사업을 위한 토지 등의 취득 및 보상에 관한 법률 제72조에 의한 토지소유자의 토지수용청구를 받아들이지 않은 토지수용위원회의 재결에 대하여 토지소유자가 불복하여 제기하는 소송의 성질은 형성권이고 그 상대방은 사업시행자이다(대판 2015.4.9. 2014두46669). 18 지방7급 등

3) 현물보상(대토보상)

손실보상은 다른 법률에 특별한 규정이 있는 경우를 제외하고는 현금으로 지급하여야 한다. 다만, **토지소유자가 원하는 경우**로서 사업시행자가 해당 공익사업의 합리적인 토지이용계획과 사업계획 등을 고려하여 토지로 보상이 가능한 경우에는 토지소유자가 받을 보상금 중 본문에 따른 현금 또는 채권으로 보상받는 금액을 제외한 부분에 대하여 그 공익사업의 시행으로 조성한 토지로 보상할 수 있다(제63조 제1항). 09 관세사 등

(3) 환매권과 공익사업의 변환(제91조)

1) 환매권의 의의 및 성질

① **의의**: 환매권이란 수용의 목적물이 사업폐지 등의 사유로 필요가 없거나 그것이 현실적으로 수용의 전제가 된 공익사업에 사용되지 않으면, 그 목적물의 피수용자가 일정한 요건하에 다시 매수하여 소유권을 회복할 수 있는 권리를 말한다.

② **근거**
  ㉠ 피수용자에게 환매권을 인정하는 것은 피수용자의 감정이나 평등의 입장에서 합당할 뿐만 아니라 헌법상 재산권 보장의 취지에 부합한다는 것이 다수설, 판례의 입장이다(대판 1993.12.28. 93다34701).
  ㉡ 헌법재판소는 환매권을 **헌법이 보장하는 재산권의 내용에 포함**되는 것으로 본다(헌재 1995.10.26. 95헌바22).

③ **성질**: 공권설과 사권설의 대립이 있으나, 판례는 사권설 입장이다(헌재 1994.2.24. 92헌가15 등).
  17 사복9급, 16 국회8급

2) 환매의 요건

① **환매권자**: 환매권자는 협의 취득일 또는 **수용 당시의 토지소유자 또는 그 포괄승계인이다**(제91조 제1항). 10 국회8급 지상권자나 기타 소유권자가 아닌 다른 권리자는 환매권이 없다. 19 국가9급

② **환매의 목적물**: 환매의 목적물은 토지의 전부 또는 일부이다(제91조 제1항). 09 관세사 따라서 토지 이

외의 물건이나 토지소유권 이외의 권리는 환매의 대상이 아니다. 10 국회8급

3) 환매권의 발생요건과 공익사업의 변환

당초의 공익사업이 다른 공익사업으로 변경되고 그 다른 공익사업을 위하여 토지를 계속 이용할 필요가 있는 경우에는 **환매권 행사가 제한된다**. 이는 환매권자로 하여금 환매를 하게 하고 이를 다시 수용해야 하는 번거로움을 피하기 위한 것으로, 이로 인하여 **환매권 행사기간이 다시 기산되므로 실질적으로 환매권의 행사가 제한**되게 된다. 공익사업의 주체가 변환 전·후에 동일해야 하는지 문제에 대하여 **대법원은 사업주체가 동일하지 않은 경우에도 공익사업의 변환에 따른 환매권의 행사의 제한을 긍정**한다(대판 1994.1.25. 93다11760). 10 국회8급

(4) 환매권의 행사기간 16 국가7급

*아래 기간은 제척기간이다.

> **관련조문**
>
> **제91조(환매권)** ① 공익사업의 폐지·변경 또는 그 밖의 사유로 취득한 토지의 전부 또는 일부가 필요 없게 된 경우 토지의 협의취득일 또는 수용의 개시일(이하 이 조에서 '취득일'이라 한다) 당시의 토지소유자 또는 그 포괄승계인(이하 '환매권자'라 한다)은 다음 각 호의 구분에 따른 날부터 10년 이내에 그 토지에 대하여 받은 보상금에 상당하는 금액을 사업시행자에게 지급하고 그 토지를 환매할 수 있다.
> 1. 사업의 폐지·변경으로 취득한 토지의 전부 또는 일부가 필요 없게 된 경우: 관계 법률에 따라 사업이 폐지·변경된 날 또는 제24조에 따른 사업의 폐지·변경고시가 있는 날
> 2. 그 밖의 사유로 취득한 토지의 전부 또는 일부가 필요 없게 된 경우: 사업완료일
>
> ② 취득일부터 5년 이내에 취득한 토지의 전부를 해당 사업에 이용하지 아니하였을 때에는 제1항을 준용한다. 이 경우 환매권은 취득일부터 6년 이내에 행사하여야 한다.
> ③ 제74조 제1항에 따라 매수하거나 수용한 잔여지는 그 잔여지에 접한 일단의 토지가 필요 없게 된 경우가 아니면 환매할 수 없다.
> ④ 토지의 가격이 취득일 당시에 비하여 현저히 변동된 경우 사업시행자와 환매권자는 환매금액에 대하여 서로 협의하되, 협의가 성립되지 아니하면 그 금액의 증감을 법원에 청구할 수 있다.
> ⑤ 제1항부터 제3항까지의 규정에 따른 환매권은 부동산등기법에서 정하는 바에 따라 공익사업에 필요한 토지의 협의취득 또는 수용의 등기가 되었을 때에는 제3자에게 대항할 수 있다.
> ⑥ 국가, 지방자치단체 또는 공공기관의 운영에 관한 법률 제4조에 따른 공공기관 중 대통령령으로 정하는 공공기관이 사업인정을 받아 공익사업에 필요한 토지를 협의취득하거나 수용한 후 해당 공익사업이 제4조 제1호부터 제5호까지에 규정된 다른 공익사업(별표에 따른 사업이 제4조 제1호부터 제5호까지에 규정된 공익사업에 해당하는 경우를 포함한다)으로 변경된 경우 제1항 및 제2항에 따른 환매권 행사기간은 관보에 해당 공익사업의 변경을 고시한 날부터 기산한다. 이 경우 국가, 지방자치단체 또는 공공기관의 운영에 관한 법률 제4조에 따른 공공기관 중 대통령령으로 정하는 공공기관은 공익사업이 변경된 사실을 대통령령으로 정하는 바에 따라 환매권자에게 통지하여야 한다.
>
> **제92조(환매권의 통지 등)** ① 사업시행자는 제91조 제1항 및 제2항에 따라 환매할 토지가 생겼을 때에는 지체 없이 그 사실을 환매권자에게 통지하여야 한다. 다만, 사업시행자가 과실 없이 환매권자를 알 수 없을 때에는 대통령령으로 정하는 바에 따라 공고하여야 한다.
> ② 환매권자는 제1항에 따른 통지를 받은 날 또는 공고를 한 날부터 6개월이 지난 후에는 제91조 제1항 및 제2항에도 불구하고 환매권을 행사하지 못한다.

> **관련판례**
>
> 환매권의 발생기간을 제한하고 있는 공익사업을 위한 토지 등의 취득 및 보상에 관한 법률 제91조 제1항 중 '토지의 협의취득일 또는 수용의 개시일부터 10년 이내에' 부분은 재산권을 침해한다(헌재 2020.11.26. 2019헌바131).

5) 환매가격 09 관세사

① **개념**: 환매가격은 토지에 대하여 받은 보상금에 상당하는 금액이다(제91조 제1항).
* 환매가격에는 이자가 포함되지 않는다.

② **민사소송**: 토지의 가격이 취득일 당시에 비하여 현저히 변동된 경우 사업시행자 및 환매권자는 환매금액에 대하여 서로 협의하되, 협의가 성립되지 아니하면 그 금액의 증감을 법원에 청구할 수 있다(제91조 제4항).

> **관련판례**
>
> ❶ 공익사업의 변환의 경우에 사업주체가 동일해야 하는 것은 아니다(대판 1994.1.25. 93다11760).
>
> ❷ 공익사업을 위해 협의 취득하거나 수용한 토지가 변경된 사업의 사업시행자 아닌 제3자에게 처분된 경우에는 '공익사업의 변환'을 인정할 수 없다. 17 지방7급
> * 환매하여야 한다는 의미이다.
>
> 지방자치단체가 도시관리계획상 초등학교 건립사업을 위하여 학교용지를 협의취득하였으나 위 학교용지 인근에서 아파트 건설사업을 하던 주택건설사업시행자와 그 아파트 단지 내에 들어설 새초등학교 부지와 위 학교용지를 교환하고 위 학교용지에 중학교를 건립하는 것으로 도시관리계획을 변경한 사안에서, 위 학교용지에 대한 협의취득의 목적이 된 당해 사업인 '초등학교 건립사업'의 폐지·변경으로 위 토지는 당해 사업에 필요 없게 되었고, 나아가 '중학교 건립사업'에 관하여 사업인정을 받지 않았을 뿐만 아니라 위 학교용지가 중학교 건립사업의 시행자 아닌 제3자에게 처분되었으므로 공익사업의 변환도 인정할 수 없다(대판 2010.9.30. 2010다30782).
> * 위 학교용지에 관한 환매권 행사를 인정한 사례이다.
>
> ❸ 환매권은 상대방에 대한 의사표시를 요하는 형성권의 일종으로서 재판상이든 재판 외이든 위 규정에 따른 기간 내에 행사하면 매매의 효력이 생기는 바, 이러한 환매권의 존부에 관한 확인을 구하는 소송 및 구 공익사업을 위한 토지 등의 취득 및 보상에 관한 법률 제91조 제4항에 따라 환매금액의 증감을 구하는 소송 역시 민사소송에 해당한다(대판 2013.2.28. 2010두22368).
> 16 국가7급

05 공용수용 또는 사용의 절차

1. 사업인정

(1) 사업인정의 개념

사업인정이란 특정한 공익사업을 위하여 공용수용 등을 할 수 있도록 국토교통부장관이 공익사업에 해당함을 인정하는 것으로서 특정한 재산에 대한 수용권을 설정하여 주는 행위이다. 공용수용의 첫 번째 단계로서 국토교통부장관이 행사한다. 07 관세사 등

(2) 사업인정의 법적 성질

대법원은 "사업인정은 일정한 절차를 거칠 것을 조건으로 하여 **일정한 내용의 수용권을 설정해 주는 행정**

처분의 성격을 띠는 것으로서 그 사업인정을 받음으로써 일종의 공법상의 권리로서의 효력을 발생시킨다."라고 판시한다(대판 1987.9.8. 87누395). 12 국회8급

관련판례

사업시행자에게 해당 공익사업을 수행할 의사와 능력이 있어야 한다는 것도 사업인정의 한 요건이라고 보아야 한다(대판 2011.1.27. 2009두1051). 18 지방7급, 13 국회8급

(3) 의견청취 및 사업인정의 고시

관련조문

제21조(협의 및 의견청취 등) ① 국토교통부장관은 사업인정을 하려면 관계 중앙행정기관의 장 및 특별시장·광역시장·도지사·특별자치도지사(이하 '시·도지사'라 한다) 및 제49조에 따른 중앙토지수용위원회와 협의하여야 하며, 대통령령으로 정하는 바에 따라 미리 사업인정에 이해관계가 있는 자의 의견을 들어야 한다.

제22조(사업인정의 고시) ① 국토교통부장관은 제20조에 따른 사업인정을 한 때에는 지체 없이 그 뜻을 사업시행자, 토지소유자 및 관계인, 관계 시·도지사에게 통지하고 사업시행자의 성명 또는 명칭, 사업의 종류, 사업지역 및 수용하거나 사용할 토지의 세목을 관보에 고시하여야 한다.
③ 사업인정은 제1항에 따라 고시한 날부터 그 효력을 발생한다.

(4) 사업인정의 효과

사업인정의 고시로 수용 또는 사용의 목적물이 확정된다. 사업인정의 고시 후에 새로이 권리를 취득한 자는 피수용자로서의 권리를 인정받지 못한다. 08 관세사 등 고시된 토지에 대하여는 피수용자를 포함하여 누구도 사업에 지장이 될 우려가 있는 형질변경 등의 행위가 금지되며, 공작물의 증·개축을 하고자 할 때는 미리 도지사 등의 허가를 받아야 한다.

(5) 사업인정의 구속력

1) 구속력

사업인정은 토지수용위원회를 구속하므로, **토지수용위원회는 사업인정의 내용에 반하는 재결을 할 수 없다.** 12 국회8급

2) 하자의 승계 여부

사업인정의 하자가 수용재결처분에 승계되는지 여부에 대하여 사업인정과 수용재결처분은 별개의 법률효과를 가져오는 서로 독립된 행정행위임을 이유로 **사업인정의 하자는 수용재결처분에 승계되지 않는다**고 보는 견해가 다수설과 판례의 입장이다. 12 국회8급

관련판례

사업인정처분의 위법·부당함을 이유로 수용재결처분의 취소를 구할 수 없다(대판 1987.9.8. 87누395).
16 지방7급·서울7급, 07 서울9급

(6) 사업인정의 실효

사업시행자가 제22조 제1항에 따른 사업인정의 고시(이하 '사업인정고시'라 한다)가 된 날부터 1년 이내에 제28조 제1항에 따른 재결신청을 하지 아니한 경우에는 사업인정고시가 된 날부터 1년이 되는 날의 다음 날에 사업인정은 그 효력을 상실한다(제23조 제1항).

(7) 사업인정에 대한 불복

공익사업을 위한 토지 등의 취득 및 보상에 관한 법률에는 사업인정의 불복에 대해 아무런 규정이 없다. 그러나 사업인정은 행정처분의 성질을 가지므로 행정심판이나 행정소송으로 다툴 수 있다. 00 행시

2. 토지조서 및 물건조서의 작성

사업시행자는 공익사업의 수행을 위하여 제20조에 따른 사업인정 전에 협의에 의한 토지 등의 취득 또는 사용이 필요할 때에는 토지조서와 물건조서를 작성하여 서명 또는 날인을 하고 토지소유자와 관계인의 서명 또는 날인을 받아야 한다(제14조 제1항 본문).

3. 협의

(1) 협의의 개념

사업시행자는 토지 등에 대한 보상에 관하여 토지소유자 및 관계인과 성실하게 협의하여야 한다(제16조). **협의는 반드시 거쳐야 하며 협의를 거치지 않으면 재결을 신청할 수 없다. 협의를 거치지 않고 재결을 신청하는 것은 위법이 된다.**

관련판례

공익사업을 위한 토지 등의 취득 및 보상에 관한 법률에서 정한 '협의가 성립되지 아니한 때'에, 토지소유자 등이 손실보상대상에 해당한다고 주장하며 보상을 요구하는데도 사업시행자가 손실보상대상에 해당하지 않는다며 보상대상에서 이를 제외한 채 협의를 하지 않아 결국 협의가 성립하지 않은 경우도 포함된다.

도로건설사업구역에 포함된 토지의 소유자가 토지상의 지장물에 대하여 재결신청을 청구하였으나, 그중 일부에 대해서는 사업시행자가 손실보상대상에 해당하지 않아 재결신청대상이 아니라는 이유로 수용재결신청을 거부하면서 보상협의를 하지 않은 사안에서, 위 처분은 위법하다(대판 2011.7.14. 2011두2309).

(2) 협의취득의 법적 성질

통설은 협의취득의 법적 성질을 공법상의 계약으로 보지만, **판례는 사법상의 매매계약으로 본다.** 19 소방

관련판례

공공사업시행자의 협의매수에 의한 **토지취득행위는 협의 성립의 확인이 없는 이상 사법상의 승계취득이다.** 21 서울·지방9급

공공사업의 시행자가 토지수용법에 의하여 그 사업에 필요한 토지를 취득하는 경우 그것이 협의에 의한 취득이고 토지수용법 제25조의2의 규정에 의한 협의 성립의 확인이 없는 이상, 그 취득행위는 어디까지나 사경제주체로서 행하는 사법상의 취득으로서 승계취득한 것으로 보아야 할 것이고, 재결에 의한 취득과 같이 원시취득한 것으로 볼 수는 없다(대판 1996.2.13. 95다3510).

4. 수용재결(대리)

(1) 수용재결의 개념

재결은 사업시행자가 보상금을 지급할 것을 조건으로 하여 토지 등에 대한 권리를 취득하고, 피수용자는 그 권리를 상실하게 되는 것을 결정하는 **형성적 행정행위(대리)**를 말한다. 03 관세사 등

> **관련조문**
>
> **제52조(중앙토지수용위원회)** ① 중앙토지수용위원회는 <u>위원장 1명을 포함한 20명 이내의 위원으로 구성</u>하며, 위원 중 대통령령으로 정하는 수의 위원은 상임으로 한다.
> ② 중앙토지수용위원회의 위원장은 <u>국토교통부장관</u>이 되며, 위원장이 부득이한 사유로 직무를 수행할 수 없을 때에는 위원장이 지명하는 위원이 그 직무를 대행한다.
> ⑥ 중앙토지수용위원회의 회의는 위원장이 소집하며, <u>위원장 및 상임위원 1명과 위원장이 회의마다 지정하는 위원 7명으로 구성</u>한다. 다만, 위원장이 필요하다고 인정하는 경우에는 위원장 및 상임위원을 포함하여 10명 이상 20명 이내로 구성할 수 있다.
>
> **제53조(지방토지수용위원회)** ① 지방토지수용위원회는 위원장 1명을 포함한 20명 이내의 위원으로 구성한다.
> ② <u>지방토지수용위원회의 위원장은 시·도지사</u>가 되며, 위원장이 부득이한 사유로 직무를 수행할 수 없을 때에는 위원장이 지명하는 위원이 그 직무를 대행한다.
> ④ <u>지방토지수용위원회의 회의는 위원장이 소집하며, 위원장과 위원장이 회의마다 지정하는 위원 8명으로 구성</u>한다. 다만, 위원장이 필요하다고 인정하는 경우에는 위원장을 포함하여 10명 이상 20명 이내로 구성할 수 있다.

(2) 재결기관

1) 종류

특별시·광역시·도·특별자치도에 지방토지수용위원회, 국토교통부에 중앙토지수용위원회가 있다.

2) 법적 성격

토지수용위원회는 재결이라는 형식의 처분을 하는 **합의제 행정청의 성격**을 갖는다. 따라서 수용재결이나 이의재결을 다투는 항고소송에서 피고적격이 인정된다.

(3) 재결의 범위

토지수용위원회는 사업시행자, 토지소유자 또는 관계인이 신청한 범위에서 재결하여야 한다. 다만, 제1항 제2호의 손실보상의 경우에는 증액재결을 할 수 있다(제50조 제2항). 11 국가9급

(4) 재결신청과 재결신청의 청구

1) 재결의 신청권자

협의가 성립되지 아니하거나 협의를 할 수 없는 때에는 사업시행자는 사업인정고시가 된 날부터 1년 이내에 대통령령으로 정하는 바에 따라 관할 토지수용위원회에 재결을 신청할 수 있다(제28조 제1항). **재결의 신청은 사업시행자만 할 수 있다.** 05 국가9급

2) 재결신청의 청구권자

토지 등의 소유자는 재결을 신청할 수는 없고, 사업시행자에게 재결을 신청할 것을 청구할 수 있다. 즉, 사업인정고시가 된 후 협의가 성립되지 아니하였을 때에는 토지소유자와 관계인은 대통령령으로 정하는 바에 따라 서면으로 사업시행자에게 재결을 신청할 것을 청구할 수 있다(제30조 제1항).

(5) 재결절차

토지수용위원회는 그 재결이 있기 전에는 그 위원 3명으로 구성되는 소위원회로 하여금 사업시행자·토지소유자 및 관계인에게 화해를 권고하게 할 수 있다. **화해조서에 서명 또는 날인이 된 경우에는 당사자 간에 화해조서와 동일한 내용의 합의가 성립된 것으로 본다**(제33조).

06 공용수용의 효과

1. 수용효과의 발생시기(제45조) * 수용으로 인한 소유권이전은 등기 불요

원시취득	① 사업시행자는 **수용의 개시일에 토지나 물건의 소유권을 취득**하며, 그 토지나 물건에 관한 **다른 권리는 이와 동시에 소멸**한다.
사용권 취득	② 사업시행자는 사용의 개시일에 토지나 물건의 사용권을 취득하며, 그 토지나 물건에 관한 다른 권리는 사용의 기간 중에는 행사하지 못한다.
재결로 인정된 권리의 존속	③ 토지수용위원회의 **재결로 인정된 권리**는 제1항 및 제2항에도 불구하고 소멸되거나 그 행사가 정지되지 아니한다.

2. 공용수용의 효과

(1) 원시취득

사업시행자는 원권리자의 소유권을 승계취득하는 것이 아니라 원시취득하게 된다. 따라서 아무런 부담이나 하자가 없는 소유권을 취득한다. 승계취득은 일반인 간의 매매와 같이 타인의 소유권을 전제로 소유권을 취득하는 것을, 원시취득은 신축건물에 대한 소유권처럼 새로운 소유권을 취득하는 것을 말한다.

 관련판례

토지수용법에 의한 수용재결의 효과로서 수용에 의한 기업자의 토지소유권 취득은 토지소유자와 수용자와의 법률행위에 의하여 승계취득하는 것이 아니라, 법률의 규정에 의하여 원시취득하는 것이므로, 토지소유자가 토지수용법 제63조의 규정에 의하여 부담하는 **토지의 인도의무**에는 수용목적물에 숨은 하자가 있는 경우에도 하자담보책임이 포함되지 아니하여 토지소유자는 수용시기까지 수용대상토지를 현존상태 그대로 기업자에게 인도할 의무가 있을 뿐이다(대판 2001.1.16. 98다58511).

(2) 위험부담의 이전

토지수용위원회의 재결이 있은 후 수용하거나 사용할 토지나 물건이 토지소유자 또는 관계인의 고의나 과실 없이 멸실되거나 훼손된 경우 그로 인한 손실은 **사업시행자가 부담한다**(제46조).

07 손실보상에 대한 불복

1. 이의신청(행정심판)

(1) 이의신청의 대상

이의신청은 토지수용위원회의 재결의 내용이 **수용결정에 관한 것이든 보상액결정에 관한 것이든 모두 가능하다.** 15 국회8급

(2) 이의신청을 제기할 수 있는 자
재결에 대하여 불복하는 토지소유자, 관계인, 사업시행자이며, 특별행정심판이다.

(3) 임의적 전치주의 16 서울7급
공익사업을 위한 토지 등의 취득 및 보상에 관한 법률상의 이의신청은 임의적 전치주의이며, 특별행정심판이다.

(4) 이의신청에 대한 재결(제84조)

이의재결	① 중앙토지수용위원회는 제83조에 따른 이의신청을 받은 경우 제34조에 따른 재결이 위법하거나 부당하다고 인정할 때에는 그 재결의 전부 또는 일부를 취소하거나 보상액을 변경할 수 있다.
공탁	② 제1항에 따라 보상금이 늘어난 경우 사업시행자는 재결의 취소 또는 변경의 재결서 정본을 받은 날부터 30일 이내에 보상금을 받을 자에게 그 늘어난 보상금을 지급하여야 한다. 다만, 제40조 제2항 제1호·제2호 또는 제4호에 해당할 때에는 그 금액을 공탁할 수 있다. 11 국가9급

(5) 이의신청에 대한 재결의 효력
이의신청에 대한 재결이 확정된 때에는 민사소송법상의 확정판결이 있는 것으로 보며, 재결서 정본은 집행력 있는 판결의 정본과 동일한 효력을 가진다(제86조 제1항).

2. 행정소송(제85조)

(1) 소송의 종류 04 행시
행정소송의 대상은 수용결정을 대상으로 하는 취소소송을, 보상액결정에 불복할 때는 보상액증감청구소송을 제기할 수 있고, 양자를 병합하여 제기하는 것도 가능하다. 토지수용위원회의 재결에 불복이 있는 자는 이의신청을 거치지 않고 행정소송을 제기할 수도 있고, 이의신청을 거친 경우에도 원칙적으로 수용재결을 소의 대상으로 하여야 한다. 다만, 이의재결에 고유한 하자가 있으면 이의재결을 대상으로 항고소송이 가능하다.

(2) 수용결정에 대한 취소소송

1) 소송의 제기
사업시행자, 토지소유자 또는 관계인은 재결에 대하여 불복이 있는 때에는 수용 **재결서를 받은 날부터 90일 이내에, 이의신청을 거친 때에는 이의신청에 대한 재결서를 받은 날부터 60일 이내에 각각 행정소송을 제기할 수 있다**(제85조 제1항).

2) 취소소송의 대상(원처분주의) 16 서울7급
① **대상**: 구 토지수용법은 이의신청에 대해서만 행정소송을 제기할 수 있고, 수용재결에 대해서는 소송을 제기하지 못하게 하였다.
② 원처분주의
  ㉠ 공익사업을 위한 토지 등의 취득 및 보상에 관한 법률 제85조 제1항에 따라 지방토지수용위원회의 수용재결에 대해 행정소송을 제기할 수 있다. 다만, 이의재결에 고유한 위법이 있는 경우에는 이의재결에 대하여 취소소송을 제기할 수 있다.
  ㉡ 원처분주의란 원처분과 재결에 대해 모두 소송을 제기할 수 있는 것을 말한다. 재결주의는 원처분에 대해서는 소송을 제기하지 못하고, 재결에 대해서만 소송을 제기할 수 있게 하는 것을 말한다.
③ **피고**: 토지수용위원회이다.

(3) 보상액증감청구소송(형식적 당사자소송)

1) 개념
수용에 대하여는 불복이 없고 손실보상액 결정 부분에만 불복이 있는 경우, 이의신청을 거치지 않은 경우에는 재결서를 받은 날부터 90일 이내에, 이의신청을 거친 때에는 이의신청에 대한 재결서를 받은 날부터 60일 이내에 보상금의 증감청구소송을 제기할 수 있다(제85조 제1항). 09 관세사

2) 피고
소송을 제기하는 자가 토지소유자 또는 관계인일 때에는 사업시행자를, 사업시행자일 때에는 토지소유자 또는 관계인을 각각 피고로 한다(제85조 제2항). 15 국회8급

> **주의** 구 토지수용법에서 피고에 포함되었던 재결청(토지수용위원회를 말함)이 빠져 있음에 주의를 요한다. 생각건대, 재결청을 제외한 이유는 보상액증감청구소송의 쟁점은 보상금의 증감이므로 실제 보상금을 부담하는 사업시행자만을 피고로 해도 충분하기 때문인 것으로 보인다.

3) 보상액증감청구소송의 법적 성격
보상액증감청구소송의 성격에 대해서는 구 토지수용법상 학설의 대립이 있었으나, 공익사업을 위한 토지 등의 취득 및 보상에 관한 법률에서 재결청을 피고에서 제외하여 형식적 당사자소송임을 분명히 하고 있다.

08 그 밖의 손해전보제도

1. 개설

구분	헌법상의 손해전보	수용유사침해	수용적 침해	희생보상청구권
개념	· 국가배상제도: 공무원의 위법한 직무행위, 영조물의 설치·관리상의 하자로 인한 배상(영조물책임은 헌법이 아니라 국가배상법) · 손실보상제도: 국가의 적법·무책한 행위로 인한 재산권의 보상	국가의 무책한 행위로 인한 손실이라는 점에서 손실보상과 동일하지만, **보상규정이 없다**는 점에서 위법하다. 08 국가9급 등 → 인정되지 않는다.	적법·무책한 점에서 손실보상과 동일하지만, 침해가 **비의도적**이라는 점이 다르다. **예** 지하철공사로인근상가매출감소 → 인정되지 않는다.	다른 요건은 손실보상과 동일하지만, 침해된 것이 **재산권이 아니라 생명·신체** 등인 경우이다. **예** 예방접종 후 부작용 → 인정되지 않는다.
차이점	· 공공 필요 · 적법한 공권력 행사 · 의도된 재산권 침해 · 특별한 희생 · 보상규정 있음.	· 공공 필요 · 위법한 공권력 행사(보상규정이 없다는 의미) · 재산권에 대한 침해 · 특별한 희생 · 보상규정 없음.	· 공공 필요 · 적법한 공권력 행사 · 의도되지 않은 재산권 침해 · 특별한 희생	· 공공 필요 · 적법한 공권력 행사 · 비재산적 침해(생명·신체) · 특별한 희생

2. 결과제거청구권(원상회복청구권)

(1) 의의
공법상 결과제거청구권이란 **권력적 공행정작용으로 인하여 야기된 사실상의 결과**로 인하여 자신의 권리·이익을 침해받고 있는 자가 행정권에 대하여 그 위법한 결과를 제거하여 침해 이전의 상태 또는 그와 대등한 상태로 회복시켜 줄 것을 구하는 공권이다.

(2) 요건

1) 행정주체의 공행정작용으로 인한 침해 〔07 관세사〕

여기서의 침해는 모든 종류의 침해를 의미하며, 따라서 의무 위반의 부작위도 포함된다(예 타인의 승용차를 행정주체가 합법적으로 압류하였다가 압류의 폐지 후에도 반환하지 않는 행위 등이 이에 해당함). 그러나 순수한 부작위는 원상으로 회복되어야 할 위법상태가 조성되지 아니하기 때문에 결과제거청구권이 인정되지 않는다.

2) 법률상 이익의 침해 〔07 국회8급 등〕

여기에서의 권리 또는 법률상 이익에는 재산적 가치가 있는 것뿐만 아니라, 명예·평판 등 정신적인 것까지도 포함된다.

3) 고의·과실을 요하지 않는다.

4) 위법한 상태의 계속 〔05 서울9급〕

* 결과제거청구권의 성립에는 침해의 위법성을 요하지 않는다. 다만, 현재의 침해상태는 위법해야 한다.

결과로서의 불이익한 상태는 존재하지 않고, 권리 침해로서의 불이익만 남아 있는 경우에는 국가배상·손실보상의 문제만이 고려될 수 있다.

5) 관계이익의 보호가치성

문제된 관계자의 이익 또는 관계자의 지위가 보호받을 만한 경우에만 결과제거청구권을 행사할 수 있다. 따라서 관계자가 어떤 물건을 불법적으로 점유하거나 소유하고 있는 때에는 보호받지 못한다.

(3) 내용

1) 원상회복청구권

결과제거청구권은 행정작용으로 인하여 야기된 위법한 결과를 배제하여 원래 상태로의 회복을 목적으로 하는 것으로 행정청의 적극적인 행위를 구하는 권리이다. 결과제거청구권은 위법한 행정작용의 직접적인 결과의 제거를 내용으로 하며, 간접적인 결과, 특히 제3자의 개입을 통해서 초래된 결과의 제거를 그 내용으로 하지는 않는다.

2) 손해배상청구권과 손실보상청구권의 경합

결과제거청구권과 별도로 손해배상이나 손실보상청구가 가능하다.

(4) 한계

결과제거청구권은 원상회복이 사실상 가능하고 법적으로 허용되며, 또한 행정청의 수인한계 내의 것인 때에만 인정된다. 위법한 것으로 취소된 행정행위가 다른 적법한 행정행위에 의하여 대체되는 경우와 같이 위법한 침해상태가 이후 합법화되는 경우에는 결과제거청구권이 인정되지 아니한다.

(5) 쟁송절차

판례는 민사소송으로 다루고 있다. 〔08 국회8급 등〕

Chapter 04 행정쟁송

제1절 행정소송

제1관 개설

01 행정소송의 유형

1. 행정법원형과 사법법원형(담당기관에 따른 분류)

(1) 행정법원형

프랑스와 같이 일반법원이 아닌 독립적인 기관인 행정재판소가 담당하는 국가를 말한다.

(2) 사법법원형

영·미국가와 같이 일반법원이 담당하는 형태를 말한다. 우리나라는 사법국가형에 속한다. 우리나라 행정법원은 일반법원 안에서 특별히 행정사건을 전담하는 법원을 행정법원이라고 부를 뿐이다.

2. 행정소송의 성질에 따른 분류

(1) 이행의 소
원고가 판결을 통하여 피고 행정청에 대하여 이행을 구하는 소를 말한다. 따라서 **집행의 문제를 남긴다**는 점에서 형성의 소와 구별된다. 당사자소송 중 이행명령을 목적으로 하는 소송이 그 예이다. 그러나 항고소송의 형태로 의무이행소송은 인정되지 않는다. 행정심판에서는 의무이행심판이 가능하다.

(2) 형성의 소
행정법상 실체적 법률관계를 발생·변경·소멸시키는 판결을 구하는 소송을 말한다. 형성의 소는 법원의 판결에 의하여 직접 효과가 발생하고 행정청의 행위를 매개로 하지 않는다는 특징이 있다. 따라서 별도로 **집행의 문제를 남기지 않는다**. 항고소송 중에서 취소소송은 형성소송이라는 것이 다수설이다.

(3) 확인의 소
특정한 권리 또는 법률관계의 존재·부존재에 대한 확인을 구하는 소송이다. 확인의 소의 대상은 원칙적으로 권리 또는 법률관계에 한정된다. 무효등확인소송, 부작위위법확인소송 등이 있다.

3. 행정소송의 원인에 따른 분류 `11 지방9급`

(1) 항고소송(복심적 소송) `21 소방`

1) 개념
항고소송은 행정청의 처분 또는 재결의 효력을 사후적으로 심사하여 위법한 처분의 효력을 소급하여 배척하는 것을 목적으로 하는 소송을 말한다(행정소송법 제3조 제1호).

2) 종류
① **법정항고소송**: 행정소송법이 규정하고 있는 항고소송(법정항고소송이라고 함)은 취소소송, 무효등확인소송, 부작위위법확인소송이 있다. 즉, 항고소송의 종류는 열거적이다. `14 국가9급`
② **무명항고소송**: 행정소송법에 규정이 없는 항고소송(무명항고소송이라고 함)으로는 의무이행소송과 예방적 부작위소송이 논의되나, 판례는 둘 다 인정하지 않는다. `21 소방` 다만, 행정소송법 개정안에서는 인정하고 있다.

(2) 당사자소송
행정청의 처분 등을 원인으로 하는 법률관계에 관한 소송과 그 밖에 공법상의 법률관계에 관한 소송으로서 그 법률관계의 한쪽 당사자를 피고로 하는 소송을 말한다(제3조 제2호). `11 지방9급`

(3) 민중소송
국가 또는 공공단체의 기관이 법률에 위반되는 행위를 한 때에 직접 자기의 법률상 이익과 관계 없이 그 시정을 구하기 위하여 제기하는 소송으로서 객관적 소송의 일종이다(제3조 제3호). `21 소방`

(4) 기관소송
국가 또는 공공단체의 기관 상호 간에 있어서의 권한의 존부 또는 그 행사에 관한 다툼이 있을 때에 이에 대하여 제기하는 소송으로서 객관적 소송의 일종이다. `11 지방9급` 다만, 헌법재판소법 제2조의 규정에 의하여 헌법재판소의 관장사항으로 되는 소송은 제외한다(제3조 제4호).

02 행정소송의 한계

1. 개설
행정소송법은 개괄주의를 택하고 있기 때문에 행정청의 모든 위법한 처분과 공권력 작용에 대해서 소송을 통한 권리구제가 가능한 것이 원칙이다. 그러나 헌법의 명문규정에 의한 한계와 사법권의 본질에 따른 한계 및 권력분립원칙에서 도출되는 일정한 한계가 있다.

2. 헌법상의 한계
헌법은 명시적으로 국회의원의 징계·자격심사에 대해서 법원에 제소를 금지하고 있다(헌법 제64조 제2항·제4항).

* 지방의회의원에 대한 징계는 항고소송의 대상이다.

3. 사법권 본질상의 한계

(1) 개념
사법권은 다른 국가작용과 달리 적극적인 법질서 형성을 목적으로 하는 것이 아니고, 일정한 사건이 발생한 경우에 소의 제기가 있어야 판단하게 되는 소극성을 그 본질로 한다. 따라서 행정소송은 당사자 간의 법률상의 쟁송을 전제로 소의 이익이 있는 경우에만 허용된다.

(2) 구체적 사건성에 따른 한계

1) 법령의 효력 유무에 관한 판단
사법 판단대상이 되기 위해서는 당사자 간의 구체적인 권리·의무에 관한 분쟁, 즉 구체적 사건성이 있어야 한다. 따라서 추상적으로 법령의 효력 유무나 해석의 정부의 판단을 구하는 것은 행정소송의 대상이 아니다. 즉, 법령은 일반적·추상적 규범이므로 그 자체로서는 국민의 권리·의무에 영향을 주는 처분이 아니므로 항고소송의 대상이 될 수 없다. 09 세무사 등

2) 처분적 법령
처분적 법령은 집행행위의 매개 없이 직접 적용되는 법령을 말한다. 따라서 처분적 법령은 법령 자체가 국민의 권리·의무에 영향을 미치므로 행정소송의 대상이 된다. 09 지방9급

3) 사실관계의 확인
행정소송은 법적인 문제를 대상으로 하므로 단순한 사실관계의 존부나 확인은 소송의 대상이 되지 않는다. 10 세무사 등

4. 권력분립상의 한계

(1) 의무이행소송

1) 개념
의무이행소송이란 당사자가 신청한 일정한 행정행위에 대하여 행정청이 거부하거나 부작위한 경우에 행정청에 일정한 행정행위를 해줄 것을 청구하는 내용의 행정소송을 말한다.

2) 인정 여부
① 판례: 대법원은 일관되게 의무이행소송을 부정한다. 18 국가9급, 07 국가7급 등

② **권력분립과 의무이행소송의 관계**: 권력분립을 고전적·형식적으로 이해하면 의무이행소송을 부정하는 논거가 되고, 실질적·기능적으로 이해하면 의무이행소송을 인정하는 논거가 된다.

(2) 예방적 부작위청구소송

1) 개념
예방적 부작위청구소송이란 장래에 대하여 행정청이 일정한 행정행위를 하지 않을 것을 구하는 소송을 말한다. 즉, 장래에 행정청이 어떤 행정행위를 할 것이 예상되는 경우에 개인의 권리이익이 침해되지 않도록 사전에 예방을 구하는 소송으로서 일종의 소극적 형태의 의무이행소송이라 할 수 있다.
16 국회8급, 01 서울9급 등

2) 인정 여부
* 주민소송의 한 종류로서 부작위청구소송은 인정된다.
학설은 적극설, 소극설로 견해가 대립하지만, 판례는 소극설의 입장이다.

관련판례

❶ 건축건물의 준공처분을 하여서는 아니 된다는 내용의 부작위를 구하는 청구는 행정소송에서 허용되지 아니하는 것이므로 부적법하다(대판 1987.3.24. 86누182). 08 국회8급등

❷ 행정소송법상 행정청이 일정한 처분을 하지 못하도록 그 부작위를 구하는 청구는 허용되지 않는 부적법한 소송이라 할 것이므로, 피고 국민건강보험공단은 이 사건 고시를 적용하여 요양급여비용을 결정하여서는 아니 된다는 내용의 원고들의 위 피고에 대한 이 사건 청구는 부적법하다 할 것이다(대판 2006.5.25. 2003두11988).

5. 집단소송과 단체소송의 문제

(1) 집단소송(미국, Class Action)
집단소송은 영미법상의 판례를 통해 발전한 제도로서 다수의 소비자나 투자자들이 공통의 원인으로 소액의 배상청구권을 가지고 있는 경우에 피해자 집단 중에서 대표자가 전체 총원의 청구금액을 일괄하여 제소하고, 판결의 효력이 전원에게 미치는 제도이다(듀퐁사의 실리콘 성형물 부작용사건).

(2) 단체소송(독일, 프랑스 등)
단체의 구성원이 자신의 소송수행권을 단체에 신탁하고 단체 자체가 당사자가 되어 단체의 이름으로 구성원의 이익을 위해 제기하는 소송을 말한다. 예컨대, 대한의사협회가 외국에서 의사자격을 취득한 의사에 대한 의사자격 부여의 행정처분에 대하여 해당 처분의 취소를 구하는 소송과 같은 것이다.

(3) 개인정보 보호법상의 단체소송

1) 일반법
우리나라는 집단소송에 관한 일반법은 아직 없다. 다만, 증권 관련 집단소송법에서 증권의 매매와 관련된 사안에서 다수인의 피해가 발생한 경우에 대표당사자의 소송수행을 허용하고 있다.

2) 개인정보 보호법
2011년 개인정보 보호법이 제정·시행되면서 다수의 피해자가 발생한 경우 단체소송을 허용하고 있다.

제2관 항고소송
제1항 취소소송
[제1목] 개설

취소소송 소송요건		
	대상적격	처분 등이 소의 대상이 된다. '처분 등'이라 함은 행정청이 행하는 구체적 사실에 관한 법집행으로서의 공권력 행사 또는 그 거부와 그 밖에 이에 준하는 행정작용 및 행정심판에 대한 재결을 말한다.
	당사자능력	소송을 할 수 있는 일반적 능력을 말한다. 즉, 자연인과 법인, 권리능력 없는 사단·재단은 당사자능력이 있고, 동·식물은 당사자능력이 없다.
	당사자적격 — 원고적격	• 구체적 사건에서 원고가 될 수 있는 자격을 말한다. 법률상 이익이 있는 자에게 원고적격이 인정된다. • 법률상 이익은 근거법뿐만 아니라 관련 법까지 고려한다. 원고적격은 사실심 변론종결 시는 물론이고 상고심에서도 존재해야 한다.
	당사자적격 — 피고적격	• 소송의 피고가 될 수 있는 자격을 말한다. • 항고소송의 피고는 행정청이고 당사자소송, 손해배상, 손실보상의 피고는 행정주체이다.
	소의 이익	소송을 통해서 원고의 법적 지위가 향상될 가능성을 말한다. 예 영업정지 2개월에 대한 취소소송에서 소송 중 2개월이 지난 경우 → 소의 이익은 없다.
	행정심판	우리나라는 임의적 행정심판전치가 원칙인데, 개별법에서 행정심판을 요구하는 경우 예외적으로 필요적 행정심판전치를 취하는 경우가 있다. 예 조세, 공무원징계, 운전면허 정지 등
	제소기간	처분이 있음을 안 날로부터 90일, 처분이 있은 날로부터 1년 내 제기하여야 한다.
	관할 법원	• 항고소송은 행정법원의 전속관할이다. 행정법원이라는 점은 전속관할이지만, 전국의 어느 행정법원이 관할하느냐(토지관할)는 임의관할이다. • 관할 위반의 경우 이송을 하게 된다.
	소장형식	소송은 소장의 형식으로 제기해야 하는 요식행위의 일종이다.

01 취소소송의 의의

취소소송은 행정청의 위법한 처분 등을 취소 또는 변경하는 소송을 말한다(제4조 제1호). `12 지방9급` 이때의 변경은 소극적 의미의 변경만을 말하고, 적극적 변경은 허용되지 않는다. 그러나 **행정심판에서는 적극적인 변경도 가능**하다.

> **보충** 취소심판
> 행정청의 위법 또는 부당한 처분 등을 취소 또는 변경하는 심판을 말한다.

02 취소소송의 소송물

취소소송의 소송물은 처분 등의 **위법성 일반**(원고의 법적 주장이 아님)으로 보는 것이 통설과 판례의 입장이다. `16 국회8급, 11 지방9급` 따라서 하나의 행정행위에 여러 개의 위법사유가 있더라도 소송물은 하나로 보게 된다.

★ 소송물을 무엇으로 보느냐에 따른 장·단점 18 지방9급

구분	장점	단점
위법성 일반으로 보는 경우	분쟁의 일회적 해결에 도움이 됨.	권리구제에는 미흡
개개의 위법사유로 보는 경우	권리구제에는 도움이 됨.	분쟁의 일회적 해결은 어려움.

03 소송요건의 심사

1. 직권조사사항

소송요건의 심사는 법원의 직권조사사항이다. 10 세무사 다만, 당사자가 법원의 직권발동을 촉구하는 의미에서 소송요건의 흠결을 주장할 수 있다.

 관련판례

소송에서 당사자가 누구인가는 당사자능력, 당사자적격 등에 관한 문제와 직결되는 중요한 사항이므로, 사건을 심리·판단하는 법원으로서는 직권으로 소송당사자가 누구인가를 확정하여 심리를 진행하여야 한다.

개인이나 법인이 과세처분에 대하여 심판청구 등을 제기하여 전심절차를 진행하던 중 사망하거나 흡수합병되는 등으로 당사자능력이 소멸하였으나, 전심절차에서 이를 알지 못한 채 사망하거나 합병으로 인해 소멸된 당사자를 청구인으로 표시하여 청구에 관한 결정이 이루어지고, 상속인이나 합병법인이 결정에 불복하여 소를 제기하면서 소장에 착오로 소멸한 당사자를 원고로 기재하였다면, 실제 소를 제기한 당사자는 상속인이나 합병법인이고 다만 그 표시를 잘못한 것에 불과하므로, 법원으로서는 이를 바로잡기 위한 당사자표시정정신청을 받아들인 후 본안에 관하여 심리·판단하여야 한다(대판 2016.12.27. 2016두50440).

2. 판단시기

(1) 원칙

소송요건의 존부를 판단하는 시기는 소 제기 당시가 원칙이다. 따라서 제소기간의 준수는 소 제기시를 기준으로 판단한다. 06 강원9급 다만, 사실심 변론종결시까지는 하자가 치유되는 경우가 있다.

(2) 행정심판전치의 경우

소 제기 당시에 소송요건이 불비되어도 사실심 변론종결시까지만 소송요건을 갖추면 적법한 소가 되는 경우가 있다. 즉, 소 제기 당시에는 행정심판을 거치지 않았어도 취소소송의 계속 중 전심절차(행정심판)를 이행하였다면, 전치요건 흠결의 하자는 치유되고 적법한 소가 된다. 그러나 도룡뇽이 원고인 경우 기다려 준다고 사람이 되는 것은 아니므로 이때는 소 제기시를 기준으로 한다.

(3) 기출지문

소송요건의 판단시기는 위에서 설명한 것처럼 요건에 따라 다르다. 그러나 기출지문에서 이를 구분하지 않고 '소송요건의 판단시기는 사실심 변론종결 당시'라는 지문이 맞는 지문으로 출제된 적이 있다.

* 2014년 국가직 9급에서도 맞는 지문으로 출제되었다.

3. 소송요건 결여시의 효과

소송요건이 결여되면 법원은 각하판결을 한다. 09 관세사

[제2목] 취소소송의 대상

취소소송을 제기하기 위해서는 ① 취소의 대상인 행정처분이 있어야 하고 06 국가7급 등, ② 취소를 구하는 처분이 위법하다는 위법성의 주장이 있어야 한다. 92 국가7급 그러나 소송요건 단계에서는 위법을 주장하는 것으로 충분하며, 실제로 그 처분이 위법해야 하는 것은 아니다. **위법성의 판단은 소송요건의 문제가 아니라 본안의 문제이기 때문이다.** 16 사복9급

01 대상적격 일반론

1. 처분

(1) 개념

'처분 등'이라 함은 행정청이 행하는 구체적 사실에 관한 법집행으로서의 공권력의 행사 또는 그 거부와 그 밖에 이에 준하는 행정작용 및 행정심판에 대한 재결을 말한다(제2조 제1항 제1호). 08 세무사

(2) 판례

 관련판례

처분의 근거가 행정규칙에 규정되어 있는 경우라도 그 처분이 상대방의 권리·의무에 직접 영향을 미치는 행위라면, 항고소송의 대상이 되는 행정처분에 해당한다. 16·15 사복9급, 15 국회8급 등

어떠한 처분의 근거가 행정규칙에 규정되어 있다고 하더라도, 그 처분이 상대방에게 권리의 설정 또는 의무의 부담을 명하거나 기타 법적인 효과를 발생하게 하는 등으로 그 상대방의 권리·의무에 직접 영향을 미치는 행위라면, 이 경우에도 항고소송의 대상이 되는 행정처분에 해당한다(대판 2004.11.26. 2003두10251). 04 행시

2. 행정입법

행정입법은 일반적·추상적 법정립 작용이므로 취소소송의 대상이 아니다. 다만, 처분적 행정입법은 예외적으로 취소소송의 대상이 되는 경우가 있다.

02 취소소송의 대상으로서의 처분

1. 행정소송법과 행정심판법

행정소송법과 행정심판법, 행정절차법, 행정기본법의 처분개념은 동일하다. 다만, 범위가 다를 뿐이다. 따라서 취소소송의 대상인 처분 등에는 행정심판의 재결도 포함된다.

(1) 행정소송법

'처분 등'이라 함은 행정청이 행하는 구체적 사실에 관한 법집행으로서의 공권력의 행사 또는 그 거부와 그 밖에 이에 준하는 행정작용 및 행정심판에 대한 재결을 말한다.

(2) 행정심판법
'처분'이란 행정청이 행하는 구체적 사실에 관한 법집행으로서의 공권력의 행사 또는 그 거부, 그 밖에 이에 준하는 행정작용을 말한다.

2. 처분의 개념요소

(1) 처분은 행정청이 행하는 것이어야 한다.
행정청은 행정조직법상의 개념이 아니라 기능적으로 보아야 한다.

관련판례

❶ 세무조사결정은 항고소송의 대상이 되는 행정처분에 해당한다(대판 2011.3.10. 2009두23617). 18 소방, 18·14 국가9급, 12 국회8급

❷ 공정거래위원회의 표준약관 사용 권장행위는 처분성이 인정된다(대판 2010.10.14. 2008두23184). 17 국회8급, 15 경행특채, 12 국회8급

❸ 행정소송의 대상이 되는 행정처분의 의의

행정소송의 대상이 되는 행정처분은, 행정청 또는 그 소속 기관이나 법령에 의하여 행정권한의 위임 또는 위탁을 받은 공공기관이 국민의 권리·의무에 관계되는 사항에 관하여 공권력을 발동하여 행하는 공법상의 행위를 말하며, 그것이 상대방의 권리를 제한하는 행위라 하더라도 행정청 또는 그 소속 기관이나 권한을 위임받은 공공기관의 행위가 아닌 한, 이를 행정처분이라고 할 수 없다(대결 2010.11.26. 2010무137).

❹ [1] 행정청의 행위가 '처분'에 해당하는지가 불분명한 경우에는 그에 대한 불복방법 선택에 중대한 이해관계를 가지는 상대방의 인식가능성과 예측가능성을 중요하게 고려하여 규범적으로 판단하여야 한다.

[2] 근로복지공단이 사업주에 대하여 하는 '개별 사업장의 사업종류 변경결정'은 행정청이 행하는 구체적 사실에 관한 법집행으로서의 공권력의 행사인 '처분'에 해당한다(대판 2020.4.9. 2019두61137).

❺ 검사에 대한 경고조치 관련 규정을 위 법리에 비추어 살펴보면, 검찰총장이 사무검사 및 사건평정을 기초로 대검찰청 자체감사규정 제23조 제3항, 검찰공무원의 범죄 및 비위 처리지침 제4조 제2항 제2호 등에 근거하여 검사에 대하여 하는 '경고조치'는 일정한 서식에 따라 검사에게 개별 통지를 하고 이의신청을 할 수 있으며, 검사가 검찰총장의 경고를 받으면 1년 이상 감찰관리대상자로 선정되어 특별관리를 받을 수 있고, 경고를 받은 사실이 인사자료로 활용되어 복무평정, 직무성과금 지급, 승진·전보인사에서도 불이익을 받게 될 가능성이 높아지며, 향후 다른 징계사유로 징계처분을 받게 될 경우에 징계양정에서 불이익을 받게 될 가능성이 높아지므로, 검사의 권리·의무에 영향을 미치는 행위로서 항고소송의 대상이 되는 처분이라고 보아야 한다.

검사의 직무상 의무 위반의 정도가 중하지 않아 검사징계법에 따른 '징계사유'에는 해당하지 않더라도 징계처분보다 낮은 수준의 감독조치로서 '경고처분'을 할 수 있고, 법원은 그것이 직무감독권자에게 주어진 재량권을 일탈·남용한 것이라는 특별한 사정이 없는 한 이를 존중하는 것이 바람직하다(대판 2021.2.10. 2020두47564).

✱ 개별적 검토

구분	처분성	사례
공공단체, 공무수탁사인의 행위에 대한 처분성	인정	• 농지개량조합직원에 대한 징계처분(대판 1995.6.9. 94누10870) 06 서울9급 등 • 체납압류된 재산에 대한 성업공사(현 한국자산관리공사)의 공매처분(대판 1997.2.28. 96누1757) • 토지구획정리조합의 조합원에 대한 경비 부과·징수권(대판 2002.5.28. 2000다5817) • 도시재개발법상의 재개발조합의 관리처분계획(대판 2002.12.10. 2001두6003) • 국방부장관(서울특별시장, 관악구청장)의 입찰참가 제한처분 08 지방7급 • 토지구획정리조합의 환지지정 예정처분, 환지처분, 환권처분, 분양처분(대판 1989.9.12. 88누9763 등)
	부정	• 조세원천징수의무자의 원천징수행위는 단순한 사무적 행위(대판 1984.2.14. 82누177) 06 국회8급 등 • 한국전력공사나 그 예하 발전소 등의 대표자가 한 입찰참가자격 제한처분은 사법상의 효력만 있음(대판 1985.1.22. 84누647) 03 행시 등 • 한국토지개발공사가 일정 기간 입찰참가자격을 제한하는 내용의 부정당업자 제재처분(대판 1995.2.28. 94두36) 06 강원9급 등 • 서울특별시 지하철공사(현 서울교통공사) 임직원의 징계(대판 1989.9.12. 89누2103) • 한국조폐공사 직원의 파면행위는 사법관계(대판 1978.4.25. 78다414)

지방의회의 경우	인정	• 지방의회의원에 대한 징계의결은 처분성이 있음(대판 1993.11.26. 93누7341) 06 관세사 등
		  * 이때 피고는 지방의회이다.
		• 지방의회의장에 대한 불신임의결은 처분성이 있음(대판 1994.10.11. 94두23) 09 지방9급 등
		  * 이때 피고는 지방의회이다.
		• 지방의회의장 선거(대판 1995.1.12. 94누2602) 01 입시
		  * 이때 피고는 지방의회이다.
		  * 조례에 대한 항고소송의 피고는 지방의회가 아니라 지방자치단체장이 된다.

(2) 구체적 사실에 관한 행위여야 한다.

1) 개념

처분은 구체적 사실에 관한 공권력 행사이다. 구체적 사실이란 처분의 상대방이 개별적이고, 규율의 대상이 구체적인 것을 의미한다(예 갑에 대한 A라는 행위의 금지 또는 허용).

2) 행정입법의 경우

행정입법은 상대방이 특정되지 않고 일반인을 대상으로 하며, 규율의 대상도 추상적이기 때문에 원칙적으로 처분이 아니다. 그러나 **행정입법도 개별적 집행행위의 매개 없이 직접 적용되는 처분적 성격을 가지는 경우에는 예외적으로 항고소송의 대상이 되는 행정처분에 해당한다.** 18 소방 대법원은 "조례가 집행행위의 개입 없이도 그 자체로서 직접 국민의 구체적인 권리·의무나 법적 이익에 영향을 미치는 등의 법률상 효과를 발생하는 경우 그 조례는 항고소송의 대상이 되는 행정처분에 해당한다."라고 판시하고 있다(대판 1996.9.20. 95누8003).

> 관련판례

◎ 행정입법이지만 처분성이 인정된 예

 두밀분교 폐지조례 11 경행특채, 10 지방9급 등

조례가 집행행위의 개입 없이도 그 자체로서 직접 국민의 구체적인 권리·의무나 법적 이익에 영향을 미치는 등의 법률상 효과를 발생하는 경우 그 조례는 항고소송의 대상이 되는 행정처분에 해당하고, 이러한 조례에 대한 무효확인소송을 제기함에 있어서 행정소송법 제38조 제1항, 제13조에 의하여 피고적격이 있는 처분 등을 행한 행정청은, 행정주체인 지방자치단체 또는 지방자치단체의 내부적 의결기관으로서 지방자치단체의 의사를 외부에 표시한 권한이 없는 지방의회가 아니라, 구 지방자치법에 의하여 지방자치단체의 집행기관으로서 조례로서의 효력을 발생시키는 공포권이 있는 지방자치단체의 장(경기도 교육감)이다(대판 1996.9.20. 95누8003).

❷ 급여상한금액표에 관한 보건복지부 고시는 처분성이 인정된다(대판 2006.9.22. 2005두2506).

❸ 항정신병 치료제의 요양급여에 관한 보건복지부 고시는 처분성이 인정된다(대결 2003.10.9. 2003무23).

❹ 구 청소년 보호법에 따른 청소년유해매체물 결정·고시는 처분에 해당한다(대판 2007.6.14. 2004두619). 18 소방

❺ 조선총독부 중추원 참의로 활동한 행위 자체만으로도 일제강점하 반민족행위 진상규명에 관한 특별법 제2조 제9호에서 정한 친일반민족행위에 해당한다(대판 2011.4.28. 2010두29123).

관련판례

의료기관의 명칭표시판에 진료과목을 함께 표시하는 경우 그 글자의 크기를 의료기관 명칭을 표시하는 글자 크기의 2분의 1 이내로 제한하고 있는 규정은 행정처분이 아니다. 15 국가9급·국가7급

의료법 시행규칙 제31조가 의료기관의 명칭표시판에 진료과목을 함께 표시하는 경우 그 글자의 크기를 의료기관 명칭을 표시하는 글자 크기의 2분의 1 이내로 제한하고 있지만, 위 규정은 그 위반자에 대하여 과태료를 부과하는 등의 별도의 집행행위 매개 없이는 그 자체로서 국민의 구체적인 권리·의무나 법률관계에 직접적인 변동을 초래하지 아니하므로 항고소송의 대상이 되는 행정처분이라고 할 수 없다(대판 2007.4.12. 2005두15168).

3) 일반처분

일반처분은 대상자는 불특정 다수이지만, 규율의 내용이 구체적이므로 처분에 해당한다(예 입산금지, 특정지역의 주차금지 등).

4) 행정계획

① **원칙**: 행정계획은 원칙적으로 처분성이 인정되지 않는다.

② **예외**: 관리처분계획, 도시관리계획(도시계획결정)은 처분성이 인정된다.

처분성이 인정되는 경우	처분성이 부정되는 경우
· 건설부장관(현 국토교통부장관)의 도시계획결정(현 도시관리계획결정) 05 대구7급 등 도시계획법 제12조 소정의 도시계획결정이 고시되면 도시계획구역 안의 토지나 건물 소유자의 토지형질변경, 건축물의 신축, 개축 또는 증축 등 권리 행사가 일정한 제한을 받게 되는바, 이런 점에서 볼 때 … 행정청의 처분이라 할 것이고, 이는 행정소송의 대상이 되는 것이라 할 것이다(대판 1982.3.9. 80누105). · 도시재개발법상 재개발조합의 관리처분계획(대판 2002.12.10. 2001두6333) · 환지예정지 지정, 환지처분(대판 1999.8.20. 97누6889) · 택지개발예정지구의 지정(대판 1996.3.22. 95누10075) 06 관세사 · 국토의 계획 및 이용에 관한 법률상 토지거래허가구역 지정(대판 2006.12.22. 2006두12883) 09 국회8급	· 종합계획, 광역도시계획, 기본계획은 변경가능성이 크므로 처분성이 부정된다. – 도시기본계획(대판 1997.9.26. 96누10096) 09 국회8급 등 – 대학입시기본계획(헌재 1997.7.16. 97헌마70) 04 국가9급 – 농어촌도로기본계획(대판 2000.9.5. 99두974) – 하수도정비기본계획(대판 2002.5.17. 2001두10578) · 환지계획(대판 1999.8.20. 97누6889) 05 대구7급 등 환지계획 상태에서는 처분성이 부정되고, 구체적으로 환지예정지 지정, 환지처분으로 구체화되었을 때 처분성이 인정된다. 16 국회8급, 14·12 국가7급

관련판례

❶ 주민의 납골시설에 관한 도시관리계획의 입안제안을 반려한 군수의 처분은 처분성이 인정된다(대판 2010.7.22. 2010두5745).

❷ 도시 및 주거환경정비법에 따른 이전고시는 공법상의 처분이다(대판 2016.12.29. 2013다73551).

(3) 법집행행위

1) 법적 행위의 개념
처분은 외부에 대하여 직접적인 법적 효과(권리·의무의 발생·변경·소멸)를 발생시키는 법적 행위에 한정된다. 여기서 **법적 행위란 외부적으로 국민의 권리·의무에 직접적인 변동을 초래하는 행위를 말한다.**

2) 법률행위적 행정행위
① 명령적 행정행위

하명 작위·부작위·수인·급부를 내용으로 하는 명령행위	허가
· 노동조합 규약의 변경 보완 시정명령은 행정처분에 해당(대판 1993.5.11. 91누10787) 09 국회8급 · 국유재산관리청이 무단점유자에 대하여 하는 변상금 부과처분(대판 1988.2.23. 87누1046) 08 세무사 등 · 국유재산 사용료의 부과처분(대판 1996.2.13. 95누11023) · 하천점용료 부과처분(대판 2004.10.15. 2002다68485) 06 국회8급 · 소속장관의 변상명령(대판 1994.12.2. 93누623) 01 입시 · 배출부과금의 부과처분 02 행시 · 과징금의 부과 05 노동부 등 · 대집행비용 납부명령 06 국가9급 등	· 주류제조면허 상속에 따른 면허변경처분은 행정처분(대판 1984.2.14. 82누370) · 군수가 하천구역 내에서 자연석 채취를 허가하고 그 채료를 부과 징수하는 것은 하천법 제25조, 제33조에 규정된 하천점용허가 및 점용료 징수에 해당하는 행정처분이고, 군수가 그 허가량에 비례하여 채료를 정하고 징수한 사정이 있다고 하더라도 이를 사법상의 매매에 유사한 유상계약이라고 볼 수 없음(대판 1994.1.11. 92다29528).

관련판례

❶ 상수도 과태료 부과처분은 행정소송의 대상이 되는 행정처분이 아니다. 16·15 국회8급
서울특별시 수도조례 제44조 제4항, 서울특별시 하수도 사용조례 제42조는 위 각 조례에 기한 과태료에 관하여 그 부과·징수 및 이의신청 등에 관한 사항은 질서위반행위규제법을 따른다고 규정하고 있다. 질서위반행위규제법 관련 규정은 행정청의 과태료 부과에 불복하는 당사자는 과태료 부과 통지를 받은 날부터 60일 이내에 해당 행정청에 서면으로 이의제기를 할 수 있고, 이의제기가 있는 경우에는 그 과태료 부과처분은 효력을 상실하며, 이의제기를 받은 행정청은 이의제기를 받은 날부터 14일 이내에 이에 대한 의견 및 증빙서류를 첨부하여 관할 법원에 통보하여야 하고, 그 통보를 받은 관할 법원은 이유를 붙인 결정으로써 과태료 재판을 하며, 당사자와 검사는 과태료 재판에 대하여 즉시항고를 할 수 있다고 규정하고 있다(대판 2012.10.11. 2011두19369).

❷ 구 법인세법상 결손금 소급공제 환급결정은 행정처분에 해당한다. 과세관청이 착오환급 내지 과다환급한 결손금 소급공제 환급세액을 강제징수하려면 결손금 소급공제 환급결정을 직권으로 취소하여야 한다(대판 2016.2.18. 2013다206610). 예상

❸ 관할 행정청이 여객자동차운송사업자에 대한 면허 발급 이후 운송사업자의 동의하에 운송사업자가 준수할 의무를 정하고 이를 위반할 경우 감차명령을 할 수 있다는 내용의 면허 조건을 붙일 수 있고, 조건을 위반한 경우 여객자동차 운수사업법 제85조 제1항 제38호에 따라 감차명령을 할 수 있다. 이때 감차명령은 항고소송의 대상이 되는 처분에 해당한다(대판 2016.11.24. 2016두45028). 17 국가9급

❹ [1] 구 주택법에 따르면, 주택건설사업계획 승인권자가 관계 행정청의 장과 미리 협의한 사항에 한하여 승인 처분을 할 때에 인허가 등이 의제될 뿐이고, 각 호에 열거된 모든 인허가 등에 관하여 일괄하여 사전협의를 거칠 것을 주택건설사업계획 승인처분의 요건으로 규정하고 있지 않다. 따라서 인허가 의제대상이 되는 처분에 어떤 하자가 있더라도, 그로써 해당 인허가 의제의 효과가 발생하지 않을 여지가 있게 될 뿐이고, 그러한 사정이 주택건설사업계획 승인처분 자체의 위법사유가 될 수는 없다. 또한 의제된 인허가는 통상적인 인허가와 동일한 효력을 가지므로, 적어도 '부분 인허가 의제'가 허용되는 경우에는 그 효력을 제거

하기 위한 법적 수단으로 의제된 인허가의 취소나 철회가 허용될 수 있고, 이러한 직권 취소·철회가 가능한 이상 그 의제된 인허가에 대한 쟁송취소 역시 허용된다. 따라서 주택건설사업계획 승인처분에 따라 의제된 인허가가 위법함을 다투고자 하는 이해관계인은 주택건설사업계획 승인처분의 취소를 구할 것이 아니라 의제된 인허가의 취소를 구하여야 하며, 의제된 인허가는 주택건설사업계획 승인처분과 별도로 항고소송의 대상이 되는 처분에 해당한다. `20 서울7급, 19 지방7급`

[2] 주택건설사업계획 승인권자가 구 주택법 제17조 제3항에 따라 도시·군관리계획 결정권자와 협의를 거쳐 관계 주택건설사업계획을 승인하면 같은 조 제1항 제5호에 따라 도시·군관리계획결정이 이루어진 것으로 의제되고, 이러한 협의절차와 별도로 국토의 계획 및 이용에 관한 법률 제28조 등에서 정한 도시·군관리계획 입안을 위한 주민 의견청취절차를 거칠 필요는 없다(대판 2018.11.29. 2016두38792).

② 형성적 행정행위

특허	• 행정재산의 사용·수익·허가 `08 지방7급 등` : 국·공유재산의 관리청이 행정재산의 사용·수익을 허가한 다음 그 사용·수익하는 자에 대하여 하는 사용·수익허가 취소는 순전히 사경제주체로서 행하는 사법상의 행위라 할 수 없고, 이는 관리청이 공권력을 가진 우월적 지위에서 행한 것으로서 항고소송의 대상이 되는 행정처분이다(대판 1997.4.11. 96누17325). • 행정재산의 사용·수익·허가의 취소는 행정처분이다(대판 1997.4.11. 96누17325). `06 국회8급 등` • 토지수용 사업인정(대판 1995.12.5. 95누4889) `07 서울9급`
인가	주택건설사업계획의 승인 `04 인천9급 등`, 토지거래허가
대리	토지수용 재결 `05 서울9급 등`, 공매

3) 준법률행위적 행정행위

① 확인

㉠ 행정심판의 재결은 행정처분이다. `99 서울7급`

㉡ 감사원의 재심판정은 행정처분이다(대판 1984.4.10. 84누91).

㉢ 지방노동위원회가 노동쟁의에 대하여 한 중재회부결정은 행정처분이다(대판 1995.9.15. 95누6724).

㉣ 도로구역결정 `06 경기9급 등`, 하천구역 범위결정

관련판례

❶ 정보통신윤리위원회가 특정 인터넷사이트를 청소년유해매체물로 결정한 행위는 항고소송의 대상이 되는 행정처분에 해당한다(대판 2007.6.14. 2005두4397). `18 지방9급`

❷ 공익사업을 위한 토지 등의 취득 및 보상에 관한 법률상의 공익사업시행자가 하는 이주대책대상자 확인·결정은 행정처분이다(대판 2014.2.27. 2013두10885). `예상`

❸ 지방자치단체의 장이 공유재산 및 물품 관리법에 근거하여 기부채납 및 사용·수익허가방식으로 민간투자사업을 추진하는 과정에서 사업시행자를 지정하기 위한 전 단계에서 공모제안을 받아 일정한 심사를 거쳐 우선협상대상자를 선정하는 행위와 이미 선정된 우선협상대상자를 그 지위에서 배제하는 행위는 민간투자사업의 세부 내용에 관한 협상을 거쳐 공유재산 및 물품 관리법에 따른 공유재산의 사용·수익허가를 우선적으로 부여받을 수 있는 지위를 설정하거나 또는 이미 설정한 지위를 박탈하는 조치이므로 모두 항고소송의 대상이 되는 행정처분으로 보아야 한다(대판 2020.4.29. 2017두31064). `21 국회8급`

② 공증

처분성 인정	· 지목변경신청 반려행위는 헌법소원의 대상인 공권력의 행사에 해당한다(헌재 1999.6.24. 97헌마315). 그러나 대법원이 처분성을 인정하므로 이제는 헌법소원의 대상인 공권력은 아니다. · 지목변경신청에 대한 지적공부소관청의 반려행위(대판 2004.4.22. 2003두9015 전원합의체) 12 국가9급 등 · 특허청장의 상표사용권 설정 등록행위(대판 1991.8.13. 90누9414) 06 강원9급
처분성 부정	· 각종 공부의 등재행위는 처분성이 부정된다. 건축물대장, 하천대장, 임야대장 등 97 국가7급 등 · 자동차 운전면허대장 등재, 광업원부 등록, 온천관리대장 등재, 어업권원부 등록 등 · 인감증명 발급(대판 2001.7.10. 2000두2136) · 지적도의 경계를 정정해달라는 지적정리 요청을 거부하는 내용의 회신은 항고소송의 대상이 되는 행정처분이 아니다(대판 2002.4.26. 2000두7612).

관련판례

❶ 평택~시흥 간 고속도로 건설공사사업시행자인 한국도로공사가 구 지적법에 따라 고속도로 건설공사에 편입되는 토지소유자들을 대위하여 토지면적등록 정정신청을 하였으나 화성시장이 이를 반려한 반려처분은 항고소송대상이 되는 행정처분에 해당한다(대판 2011.8.25. 2011두3371). 12 국회9급

❷ 건축물대장은 건축물의 소유권을 제대로 행사하기 위한 전제요건으로서 건축물 소유자의 실체적 권리관계에 밀접하게 관련되어 있으므로, 건축물대장을 직권말소한 행위는 국민의 권리관계에 영향을 미치는 것으로서 항고소송의 대상이 되는 행정처분에 해당한다(대판 2010.5.27. 2008두22655). 12 국회8급
* 무허가건물에 대한 건축물대장의 직권말소는 처분성이 인정되지 않는다.

❸ 신문을 발행하려는 자는 신문의 명칭 등을 주사무소 소재지를 관할하는 시·도지사(이하 '등록관청'이라 함)에게 등록하여야 하고, 등록을 하지 않고 신문을 발행한 자에게는 2천만 원 이하의 과태료가 부과된다. 따라서 등록관청이 하는 신문의 등록은 신문을 적법하게 발행할 수 있도록 하는 행정처분에 해당한다.
신문사업자의 지위는 신문 등의 진흥에 관한 법률(이하 '신문법'이라 함)상 등록에 따라 보호되는 직접적·구체적인 이익으로 사법상 '특정 명칭의 사용권'과 구별되고, 갑 회사와 을 회사 사이에 신문의 명칭 사용 허락과 관련하여 민사상 분쟁이 있더라도 법원의 판단이 있기 전까지 을 회사의 신문법상 지위는 존재하기 때문에, 위 처분은 을 회사가 '제주일보' 명칭으로 신문을 발행할 수 있는 신문법상 지위를 불안정하게 만드는 것이므로, 을 회사에는 무효확인 또는 취소를 구할 법률상 이익이 인정된다는 이유로, 이와 달리 사법상 권리를 상실하면 신문법상 지위도 당연히 소멸한다는 전제에서 을 회사의 원고적격을 부정한 원심판단에 법리를 오해한 잘못이 있다(대판 2019.8.30. 2018두47189).

③ 통지

관련판례

❶ 행정청이 자신과 상대방 사이의 법률관계를 일방적인 의사표시로 종료시켰다고 하더라도 곧바로 의사표시가 행정청으로서 공권력을 행사하여 행하는 행정처분이라고 단정할 수는 없고, 관계 법령이 상대방의 법률관계에 관하여 구체적으로 어떻게 규정하고 있는지에 따라 의사표시가 항고소송의 대상이 되는 행정처분에 해당하는지 아니면 공법상 계약관계의 일방당사자로서 대등한 지위에서 행하는 의사표시인지를 개별적으로 판단하여야 한다. 18 국가9급
중소기업기술정보진흥원장이 갑 주식회사와 중소기업 정보화 지원사업 지원대상인 사업의 지원에 관한 협약을 체결하였는데, 협약이 갑 회사에 책임이 있는 사업실패로 해지되었다는 이유로 협약에서 정한 대로 지급받은 정부지원금을 반환할 것을 통보한 사안에서, 협약의 해지 및 그에 따른 환수통보는 행정청이 우월한 지위에서 행하는 공권력의 행사로서 행정처분에 해당한다고 볼 수 없다(대판 2015.8.27. 2015두41449).

❷ 구 산업집적 활성화 및 공장설립에 관한 법률에 따른 산업단지 입주계약의 해지통보는 행정처분에 해당한다. 17 지방7급

구 산업집적 활성화 및 공장설립에 관한 법률 관련 규정에서 알 수 있는 피고의 지위, 입주계약 해지의 절차, 그 해지통보에 수반되는 법적 의무 및 그 의무를 불이행한 경우의 형사적 내지 행정적 제재 등을 종합적으로 고려하면, 같은 법 제42조 제1항 제6호에 따른 산업단지 입주계약의 해지통보는 단순히 대등한 당사자의 지위에서 형성된 공법상 계약을 계약당사자의 지위에서 종료시키는 의사표시에 불과하다고 볼 것이 아니라 행정청인 관리권자로부터 관리업무를 위탁받은 피고가 우월적 지위에서 원고에게 일정한 법률상 효과를 발생하게 하는 것으로서 항고소송의 대상이 되는 행정처분에 해당한다(대판 2011.6.30. 2010두23859).

❸ 과세관청의 소득처분에 따른 소득금액 변동통지는 항고소송의 대상이 되는 조세행정처분이다(대판 2006.4.20. 2002두1878 전원합의체). 15 사복9급

❹ 소득세법 시행령 제192조 제1항 단서에 따른 소득의 귀속자에 대한 소득금액 변동통지는 항고소송의 대상이 되는 행정처분이 아니다.

소득금액 변동통지는 원천납세의무자인 소득귀속자의 법률상 지위에 직접적인 법률적 변동을 가져오는 것이 아니므로, 항고소송의 대상이 되는 행정처분이라고 볼 수 없다(대판 2015.3.26. 2013두9267).

❺ 조달청장이 '중소기업제품 구매촉진 및 판로지원에 관한 법률 제8조의2 제1항에 해당하는 자는 입찰 참여를 제한하고, 계약체결 후 해당 기업으로 확인될 경우 계약해지 및 기 배정한 물량을 회수한다'는 내용의 레미콘 연간 단가계약을 위한 입찰공고를 하고 입찰에 참가하여 낙찰받은 갑 주식회사 등과 레미콘 연간 단가계약을 각 체결하였는데, 갑 회사 등으로부터 중소기업청장이 발행한 참여 제한 문구가 기재된 중소기업 확인서를 제출받고 갑 회사 등에 '중소기업자 간 경쟁입찰 참여제한 대상기업에 해당하는 경우 물량 배정을 중지하겠다'는 내용의 통보를 한 사안에서, 위 통보는 항고소송의 대상이 된다(대판 2019.5.10. 2015두46987).

④ 수리

처분성 인정	수리를 요하는 신고(행위요건적 신고)의 수리 및 수리거부는 처분성이 인정된다. 14 국가7급 등 · 건축법 시행규칙에 의한 건축주명의 변경신고(대판 1992.3.31. 91누4911) 01 행시 등 · 액화석유가스의 안전 및 사업관리법에 의한 사업양수지위 승계신고(대판 1993.6.8. 91누11544) 03 행시
처분성 부정	수리를 요하지 않는 신고(자족적 신고)에 대한 수리 및 수리거부는 처분성이 부정된다. 06 국가7급 등 · 체육시설의 설치·이용에 관한 법률상의 골프연습장 이용료 변경신고(대결 1993.7.6. 자. 93마635)

⑤ 기타 사례

 관련판례

❶ 국가인권위원회의 성희롱 결정 및 시정조치 권고는 행정소송의 대상이 되는 행정처분에 해당한다(대판 2005.7.8. 2005두487). 18 소방, 15 국회8급

❷ 항공노선 운수권 배분처분은 행정처분에 해당한다. 12 지방9급, 06 강원9급

정부 간 항공노선의 개설에 관한 잠정협정 및 비밀양해각서와 건설교통부 내부지침에 의한 항공노선에 대한 운수권 배분처분은 항고소송의 대상이 되는 행정처분에 해당한다(대판 2004.11.26. 2003두10251).

❸ '민주화운동 관련자 명예회복 및 보상 심의위원회'의 보상금 등의 지급대상자에 관한 결정은 행정처분이다(대판 2008.4.17. 2005두16185 전원합의체). 11 국회8급 등

* 광주민주화운동 보상금 결정은 처분이 아니고, 당사자소송의 대상이다.

❹ 각종 징계처분

[1] 국립교육대학 학생에 대한 퇴학처분은 처분성이 인정된다(대판 1991.11.22. 91누2144).

[2] 국·공립학교 교원에 대한 징계처분은 처분성이 인정된다(대판 1994.2.8. 93누17874). 04 국가7급 등

[3] 사립학교 교원의 징계에 대한 교원징계재심위원회의 결정은 처분성이 인정된다(대판 1993.2.12. 92누13707).

  * 국·공립학교와 달리 사립학교의 경우에는 교원에 대한 징계처분이 아니라 징계에 대한 교원징계재심위원회의 결정에 대해 처분성을 인정한 것임을 주의할 필요가 있다. 징계처분에 대해서는 처분성이 부정된다. 05 선관위9급 등

[4] 국가나 지방자치단체에 근무하는 청원경찰에 대한 징계처분은 처분성이 인정된다(대판 1993.7.13. 92다47564).

[5] 공무원에 대한 견책처분은 처분성이 인정된다.

❺ **공시지가의 처분성**

표준지공시지가 결정 09 국회8급 등, 개별공시지가 결정 16 국회8급, 09 지방9급 등 둘 다 처분성을 인정한다(대판 1995.3.28. 94누12920 등). 왜냐하면, 표준지공시지가 결정은 손실보상액 산정의 기준이 되고, 개별공시지가 결정은 개발부담금 등의 산정기준이 되므로 국민의 권리·의무에 영향을 미치는 것이기 때문이다. 다만, 구 국토이용관리법상의 기준지가 고시의 처분성은 부정하였다(대판 1979.4.24. 78누242).

❻ 진실·화해를 위한 과거사정리 기본법 제26조에 따른 진실·화해를 위한 과거사정리위원회의 진실규명 결정은 항고소송의 대상이 되는 행정처분이다(대판 2013.1.16. 2010두22856). 15 국가7급

❼ 위법소득의 지배·관리라는 과세요건이 충족되어 납세의무가 성립한 후 몰수나 추징과 같은 후발적 사유가 발생하여 소득이 실현되지 아니하는 것으로 확정됨으로써 당초 성립하였던 납세의무가 전제를 잃게 된 경우, 후발적 경정청구를 하여 납세의무의 부담에서 벗어날 수 있다. 그리고 이러한 후발적 경정청구사유가 존재하는데도 당초에 위법소득에 관한 납세의무가 성립하였던 적이 있음을 이유로 과세처분을 한 경우, 이러한 과세처분은 위법하므로 항고소송을 통해 취소를 구할 수 있다(대판 2015.7.23. 2012두8885). 예상

❽ 근로복지공단의 요양비에 관한 결정은 국민의 권리에 직접 영향을 미치는 것이어서 행정처분에 해당한다. 예상

산업재해보상보험법 각 규정을 종합하면, 산업재해보상보험법이 규정한 요양비의 지급요건에 해당하는 것만으로 바로 수급권자에게 구체적인 요양비청구권이 발생하는 것이 아니라 수급권자의 청구에 따라 근로복지공단이 지급결정을 함으로써 비로소 구체적인 요양비청구권이 발생하고, 근로복지공단의 요양비에 관한 결정은 국민의 권리에 직접 영향을 미치는 것이어서 행정처분에 해당하므로, 수급권자는 그 결정에 대한 항고소송을 제기하는 등으로 구체적 권리를 인정받아야 하고, 구체적인 권리가 발생하지 아니한 상태에서 근로복지공단을 상대로 요양비의 지급을 구하는 소송을 바로 제기하는 것은 허용되지 아니한다(대판 2015.8.27. 2012다53925).

4) 내부결정, 준비행위

취소소송의 대상이 되는 처분은 대외적으로 표시되어 국민의 권리·의무와 관련되어야 한다. 따라서 행정기관 내부의 사무처리절차는 원칙적으로 취소소송의 대상이 아니다. 11 경행특채

관련판례

◎ **처분성 부정**

❶ 법인세 과세표준 결정은 항고소송의 대상인 처분이 아니다(대판 1986.1.21. 82누236).

❷ 국세기본법상의 국세환급금 및 국세가산금 결정이나 환급거부 결정은 항고소송의 대상이 되는 처분이 아니다(대판 1989.6.15. 88누6436 전원합의체). 19 국가9급, 14 지방7급 등

❸ 국세징수법상 가산금 또는 중가산금의 고지는 행정처분이 아니다. 또한 국세환급금의 충당도 행정처분이 아니다. 한편 가산세의 부과는 처분성이 인정된다(대판 2005.6.10. 2005다15482).

❹ 경제기획원장관의 정부투자기관에 대한 예산편성지침 통보는 행정처분이 아니다(대판 1993.9.14. 93누9163). 07 경북9급 등

❺ 공정거래위원회의 검찰총장에 대한 고발조치·의결은 항고소송의 대상이 되는 행정처분이 아니다(대판 1995.5.12. 94누13794). 12 국가7급

❻ 대학입시기본계획 내의 내신성적 산정지침은 처분성이 인정되지 않는다. 19·14·12 국가9급 등
교육부장관이 내신성적 산정기준의 통일을 기하기 위해 대학입시기본계획의 내용에서 내신성적 산정기준에 관한 시행지침을 마련하여 시·도 교육감에서 통보한 것은 행정조직 내부에서 내신성적 평가에 관한 내부적 심사기준을 시달한 것에 불과하다(대판 1994.9.10. 94두33).

❼ 교육공무원법상 총·학장의 교수 등 임용제청이나 그 철회는 행정처분이 아니다(대판 1989.6.27. 88누9640). 00 관세사

❽ 금융감독위원회의 부실금융기관에 대한 파산신청은 행정소송법상 취소소송의 대상이 되는 행정처분에 해당하지 않는다(대판 2006.7.28. 2004두13219). 13 지방9급

❾ 정부가 수도권 소재 공공기관의 지방이전시책을 추진하는 과정에서 특정시를 공공기관이 이전할 혁신도시 최종입지로 선정한 행위는 항고소송의 대상이 되는 행정처분이 아니다(대판 2007.11.15. 2007두10198). 12 국가9급, 12 지방9급, 11 지방7급 등

❿ 상이등급 재분류(변경)과정 중에 있는 보훈병원장의 상이등급 재분류 판정은 행정처분이 아니다(대판 1998.4.28. 97누13023). 06 강원9급

⓫ 상이등급 재분류신청에 대한 지방보훈지청장의 거부행위는 행정처분이다(대판 1998.4.28. 97누13023).

⓬ 조리에 근거한 경정청구에 대한 거부처분의 처분성은 인정되지 않는다(대판 2010.2.25. 2007두18284). 예상

⓭ 군의관의 신체등위 판정은 행정처분이 아니다(대판 1993.8.27. 93누3356). 16 사복9급, 11 경행특채, 04 국회8급 등

⓮ 운전면허 행정처분 처리대장상 벌점의 배점은 행정처분이 아니다(대판 1994.8.12. 94누2190).

⓯ 건축허가에 있어서 소방서장의 부동의는 독립하여 처분성이 인정되지 않는다(대판 2004.10.15. 2003두6573).
* 소방서장의 부동의 사유에 관하여도 다툴 수 있으나 독립하여 소를 제기할 수는 없다는 의미이다.

⓰ 과세관청이 사업자등록을 관리하는 과정에서 위장사업자의 사업자명의를 직권으로 실사업자의 명의로 정정하는 행위는 항고소송의 대상이 되는 행정처분이 아니다(대판 2011.1.27. 2008두2200). 15·12 국회8급

⓱ 국토해양부, 환경부, 문화체육관광부, 농림수산부, 식품부가 합동으로 2009. 6. 8. 발표한 '4대강 살리기 마스터플랜' 등은 행정기관 내부에서 사업의 기본방향을 제시하는 계획일 뿐 국민의 권리·의무에 직접 영향을 미치는 것이 아니어서, 행정처분에 해당하지 않는다(대결 2011.4.21. 2010무111 전원합의체). 17 교행

⓲ 지방자치법 제148조 제1항에 따른 행정안전부장관이나 시·도지사의 지방자치단체 또는 지방자치단체의 장 상호 간 분쟁에 대해 별도로 분쟁조정결정 자체의 취소를 구하는 소송을 대법원에 제기할 수 없고, 분쟁조정결정에 대하여 항고소송을 제기할 수 없다. 17 국회8급
지방자치법 제148조 제4항, 제7항, 제170조 제3항의 내용과 체계, 지방자치법 제148조 제1항에 따른 지방자치단체 또는 지방자치단체의 장 상호 간 분쟁에 대한 조정결정의 법적 성격 및 분쟁조정결정과 이행명령 사이의 관계 등에 비추어 보면, 행정안전부장관이나 시·도지사의 분쟁조정결정에 대하여는 후속의 이행명령을 기다려 대법원에 이행명령을 다투는 소를 제기한 후 그 사건에서 이행의무의 존부와 관련하여 분쟁조정결정의 위법까지 함께 다투는 것이 가능할 뿐, 별도로 분쟁조정결정 자체의 취소를 구하는 소송을 대법원에 제기하는 것은 지방자치법상 허용되지 아니한다. 나아가 분쟁조정결정은 상대방이나 내용 등에 비추어 행정소송법상 항고소송의 대상이 되는 처분에 해당한다고 보기 어려우므로, 통상의 항고소송을 통한 불복의 여지도 없다(대판 2015.9.24. 2014추613).

⑲ 갑 시장이 감사원으로부터 감사원법 제32조에 따라 을에 대하여 징계의 종류를 정직으로 정한 징계요구를 받게 되자 감사원에 징계요구에 대한 재심의를 청구하였고, 감사원이 재심의청구를 기각하자 을이 감사원의 징계요구와 그에 대한 재심의결정의 취소를 구하고 갑 시장이 감사원의 재심의결정 취소를 구하는 소를 제기한 경우, 감사원의 징계요구와 재심의결정이 항고소송의 대상이 되는 행정처분이라고 할 수 없고, 갑 시장이 제기한 소송은 기관소송으로서 감사원법 제40조 제2항에 따라 허용된다고 볼 수 없다(대판 2016.12.27. 2014두5637). 17 국가7급

관련판례

◎ **처분성 인정**

대학의 추천을 받은 총장 후보자는 교육부장관으로부터 정당한 심사를 받을 것이라는 기대를 하게 된다. 만일 교육부장관이 자의적으로 대학에서 추천한 복수의 총장 후보자들 전부 또는 일부를 임용제청하지 않는다면 대통령으로부터 임용을 받을 기회를 박탈하는 효과가 있다. 이를 항고소송의 대상이 되는 처분으로 보지 않는다면, 침해된 권리 또는 법률상 이익을 구제받을 방법이 없다. 따라서 교육부장관이 대학에서 추천한 복수의 총장 후보자들 전부 또는 일부를 임용제청에서 제외하는 행위는 제외된 후보자들에 대한 불이익처분으로서 항고소송의 대상이 되는 처분에 해당한다고 보아야 한다. 다만, 교육부장관이 특정 후보자를 임용제청에서 제외하고 다른 후보자를 임용제청함으로써 대통령이 임용제청된 다른 후보자를 총장으로 임용한 경우에는, 임용제청에서 제외된 후보자는 대통령이 자신에 대하여 총장 임용 제외처분을 한 것으로 보아 이를 다투어야 한다(대통령의 처분의 경우 소속 장관이 행정소송의 피고가 된다. 국가공무원법 제16조 제2항). 이러한 경우에는 교육부장관의 임용제청 제외처분을 별도로 다툴 소의 이익이 없어진다(대판 2018.6.15. 2016두57564). 19 국회8급

5) 조세경정처분 18 국가9급·지방9급, 17 국가9급·국회8급·지방7급, 16 서울7급

당초처분 1억 원	증액처분	2억 원으로 증액한 경우 → 증액처분인 2억 원이 소의 대상이다(흡수설).
	감액처분	7천만 원을 감액한 경우 → 감액되고 남은 3천만 원이 소의 대상이다(역흡수설).
판례		증액경정처분의 경우에는 흡수설의 입장에서 증액경정처분만 소송의 대상이 되며, 감액경정처분의 경우에는 역흡수설의 입장에서 감액되고 남은 당초의 처분만이 소송의 대상이 된다고 보는 입장이다. 16 사복9급

관련판례

❶ 과징금 부과처분에 대한 감액처분이 있는 경우

과징금 부과처분에서 행정청이 납부의무자에 대하여 부과처분을 한 후 그 부과처분의 하자를 이유로 과징금의 액수를 감액하는 경우에 그 감액처분은 감액된 과징금 부분에 관하여만 법적 효과가 미치는 것으로서 처음의 부과처분과 별개 독립의 과징금 부과처분이 아니라 그 실질은 당초 부과처분의 변경이고, 그에 의하여 과징금의 일부취소라는 납부의무자에게 유리한 결과를 가져오는 처분이므로 처음의 부과처분이 전부 실효되는 것은 아니며, 그 감액처분으로도 아직 취소되지 않고 남아 있는 부분이 위법하다고 하여 다투는 경우 항고소송의 대상은 처음의 부과처분 중 감액처분에 의하여 취소되지 않고 남은 부분이고 감액처분이 항고소송의 대상이 되는 것은 아니다(대판 2008.2.15. 2006두3957).

❷ 증액경정처분이 있는 경우 당초처분은 증액경정처분에 흡수되어 소멸하고, 소멸한 당초처분의 절차적 하자는 존속하는 증액경정처분에 승계되지 아니한다(대판 2010.6.24. 2007두16493). 17 국가7급

❸ 증액경정처분이 있는 경우 당초신고나 결정에 대한 위법사유도 함께 주장할 수 있으나 확정된 당초신고나 결정에서의 세액에 관하여는 취소를 구할 수 없고 증액된 세액을 한도로 취소를 구할 수 있다(대판 2011.4.14. 2008두22280).

④ 행정청이 산업재해보상보험법에 의한 보험급여 수급자에 대하여 부당이득 징수결정을 한 후 그 하자를 이유로 징수금 액수를 감액하는 경우, 징수의무자에게 감액처분의 취소를 구할 소의 이익이 없다. 한편 감액처분으로도 아직 취소되지 않고 남은 부분을 다투고자 하는 경우 항고소송의 대상과 제소기간 준수 여부의 판단 기준이 되는 처분은 당초처분이다(대판 2012.9.27. 2011두27247).

⑤ 증액경정처분의 취소를 구하는 항고소송에서 과세관청의 증액경정사유뿐만 아니라 당초신고에 관한 과다신고사유도 함께 주장하여 다툴 수 있다(대판 2013.4.18. 2010두11733 전원합의체).

⑥ 기존의 행정처분을 변경하는 내용의 행정처분이 뒤따르는 경우, 후속처분이 종전처분을 완전히 대체하는 것이거나 주요 부분을 실질적으로 변경하는 내용인 경우에는 특별한 사정이 없는 한 종전처분은 효력을 상실하고 후속처분만이 항고소송의 대상이 되지만, 후속처분의 내용이 종전처분의 유효를 전제로 내용 중 일부만을 추가·철회·변경하는 것이고 추가·철회·변경된 부분이 내용과 성질상 나머지 부분과 불가분적인 것이 아닌 경우에는, 후속처분에도 불구하고 종전처분이 여전히 항고소송의 대상이 된다.

영업시간 제한 등 처분의 대상인 대규모 점포 중 개설자의 직영매장 이외에 개설자에게서 임차하여 운영하는 임대매장이 병존하는 경우, 임대매장의 임차인이 개설자와 별도로 처분상대방이 되지 않는다(대판 2015.11.19. 2015두295 전원합의체).

6) 중간행위
① **원칙**: 중간행위는 항고소송의 대상이 되지 않는 것이 원칙이다. 최종적으로 국민의 권리·의무에 영향을 주지 않기 때문이다.
② **예외**: 중간행위가 그 자체로 직접 국민의 권리나 이익을 침해하는 경우에는 처분성이 인정된다.

관련판례

❶ **부분허가**: 원자력발전소 부지 사전승인제도 - 처분성 인정 `17 국가9급, 08 국회8급 등`

원자로 및 관계 시설의 부지사전승인처분은 그 자체로서 건설부지를 확정하고 사전공사를 허용하는 법률효과를 지닌 독립한 행정처분이기는 하지만, 건설허가 전에 신청자의 편의를 위하여 미리 그 건설허가의 일부 요건을 심사하여 행하는 사전적 부분 건설허가처분의 성격을 갖고 있는 것이어서 나중에 건설허가처분이 있게 되면 그 건설허가처분에 흡수되어 독립된 존재가치를 상실함으로써 그 건설허가처분만이 쟁송의 대상이 되는 것이므로, 부지사전승인처분의 취소를 구하는 소는 소의 이익을 잃게 되고, 따라서 부지사전승인처분의 위법성은 나중에 내려진 건설허가처분의 취소를 구하는 소송에서 이를 다투면 된다(대판 1998.9.4. 97누19588).

> **보충**   원자력발전소의 논점
> - 부지사전승인: 처분성 인정
> - 인근 주민의 원고적격 인정 `15 경행특채`
> - 소송 중 최종허가가 나면 부지사전승인은 소의 이익이 없어 각하

❷ **예비결정**: 폐기물관리법상의 폐기물처리업의 허가 전의 사업계획서에 대한 적정·부적정 통보 - 처분성 인정
`17 국가9급, 07 서울9급 등`

폐기물관리법 관계 법령의 규정에 의하면 폐기물처리업의 허가를 받기 위하여는 먼저 사업계획서를 제출하여 허가권자로부터 사업계획에 대한 적정통보를 받아야 하고, 그 적정통보를 받은 자만이 일정 기간 내에 시설, 장비, 기술능력, 자본금을 갖추어 허가신청을 할 수 있으므로, 결국 부적정 통보는 허가신청 자체를 제한하는 등 개인의 권리 내지 법률상의 이익을 개별적이고 구체적으로 규제하고 있어 행정처분에 해당한다(대판 1998.4.28. 97누21086).

❸ 체납처분절차에 있어서 압류·공매는 처분성이 인정된다(대판 1984.9.25. 84누201).

❹ 도시환경정비사업을 직접 시행하려는 토지 등 소유자들이 사업시행인가를 받기 전에 작성한 사업시행계획은 항고소송의 대상이 되는 독립된 행정처분이 아니다.

도시환경정비사업을 직접 시행하려는 토지 등 소유자들은 시장·군수로부터 사업시행인가를 받기 전에는 행정주체로서의 지위를 가지지 못한다. 따라서 그가 작성한 사업시행계획은 인가처분의 요건 중 하나에 불과하고 항고소송의 대상이 되는 독립된 행정처분에 해당하지 아니한다고 할 것이다(대판 2013.6.13. 2011두19994).

7) 반복된 처분

① **반복된 거부처분(개개의 거부를 모두 처분으로 인정)** 03 입시 : 거부처분은 행정청이 국민의 처분신청에 대하여 거절의 의사표시를 함으로써 성립되고, 그 이후 동일한 내용의 신청에 대하여 다시 거절의 의사표시를 명백히 한 경우에는 새로운 처분이 있은 것으로 보아야 할 것이며, 이 경우 행정심판 및 행정소송의 제기기간은 각 처분을 기준으로 진행된다(대판 1992.12.8. 92누7542).

관련판례

감염병의 예방 및 관리에 관한 법률 제71조에 의한 예방접종 피해에 대한 국가의 보상책임은 무과실책임이지만, 질병, 장애 또는 사망이 예방접종으로 발생하였다는 점이 인정되어야 한다.

수익적 행정행위 신청에 대한 거부처분은 당사자의 신청에 대하여 관할 행정청이 거절하는 의사를 대외적으로 명백히 표시함으로써 성립되고, 거부처분이 있은 후 당사자가 다시 신청을 한 경우에는 신청의 제목 여하에 불구하고 그 내용이 새로운 신청을 하는 취지라면 관할 행정청이 이를 다시 거절하는 것은 새로운 거부처분으로 봄이 원칙이다(대판 2019.4.3. 2017두52764).

② **반복된 계고처분(처분성 부정, 단 최초의 계고는 처분성 인정)** 14 국가7급, 12 지방9급 : 제1차로 철거명령 및 계고처분을 한 데 이어 제2차로 계고서를 송달하였음에도 불응함에 따라 대집행을 일부 실행한 후 철거의무자의 연기원을 받아들여 나머지 부분의 철거를 진행하지 않고 있다가 연기기한이 지나자 다시 제3차로 철거명령 및 대집행 계고를 한 경우, 제3차의 철거명령 및 대집행 계고는 취소소송의 대상이 되는 독립한 행정처분으로 볼 수 없다(대판 2000.2.22. 98두4665).

8) 고시

고시는 일반적 성질을 가진 경우에는 행정처분이 아니고, 개별적·구체적 성질을 띤 경우에는 행정처분의 성질을 가진다. 다만, 일반적 성질을 가진 고시라도 국민에게 직접적인 의무를 발생시키는 경우에는 행정처분에 해당하는 경우도 있다.

9) 별도의 권리구제 수단이 있는 경우 – 처분성 부정

행정소송 외에 별도의 권리구제 수단이 있는 경우에는 그 절차에 의하면 되므로 행정소송을 인정할 필요가 없어 처분성이 부정된다.

① **형사소송절차**

㉠ **통고처분(처분성 부정)** 21·17 국회8급, 17·06 국가9급 등 : 도로교통법에서 규정하는 경찰서장의 통고처분은 행정소송의 대상이 되는 행정처분이 아니므로 그 처분의 취소를 구하는 소송은 부적법하고,

도로교통법상의 통고처분을 받은 자가 그 처분에 대하여 이의가 있는 경우에는 통고처분에 따른 범칙금의 납부를 이행하지 아니함으로써 경찰서장의 즉결심판청구에 의하여 법원의 심판을 받을 수 있게 될 뿐이다(대판 1995.6.29. 95누4674).

ⓒ **검사의 불기소처분과 공소 제기(처분성 부정)** 19 국가9급, 05 서울9급 등 : 검사의 불기소처분에 대해서는 항고를 거친 후 고등법원에 재정신청을 하여 다툴 수 있고, 공소 제기에 대해서는 형사소송절차에서 다투어야 한다. 따라서 검사의 처분에 대해서는 항고소송을 제기할 수 없다.

② 기타

ⓐ **과태료 부과처분** 07 국가7급 등 : 과태료 부과처분은 질서위반행위규제법에 의한 이의절차를 거치므로 처분성이 인정되지 않는다.

ⓑ **이행강제금 부과처분** 05 선관위9급 등 : 별도의 구제절차가 있는 경우(농지법)는 처분성이 부정되고, 별도의 절차가 없는 경우(건축법)는 처분성이 인정된다.

③ 민사소송: 민사소송에 의한 권리구제가 가능한 경우에 처분성이 인정되지 아니한다.

(4) 공권력의 행사

처분은 공권력의 행사로서 권력적 단독행위이다. 공권력의 행사란 행정청이 우월한 지위에서 일방적으로 행하는 권력적 단독행위를 말한다. 따라서 행정청의 행위라도 사법작용이나 사인과의 대등한 관계에서 이루어지는 **공법상의 계약, 공법상의 합동행위** 등은 공권력의 행사가 아니므로 처분성이 인정되지 아니한다.

1) 권력적 사실행위

① 개념: 권력적 사실행위는 공권력의 행사이긴 하지만 법률행위가 아니라 사실행위라는 점에서 처분성을 인정할 것인가에 대해 견해 대립이 있다. **통설과 판례는 권력적 사실행위의 처분성을 인정한다.** 06 국회8급 등

* 권력적 사실행위는 처분성이 인정되지만, 강학상 행정행위는 아니다.

② 권력적 사실행위의 예

ⓐ 단수처분(대판 1979.12.28. 79누218) 12 지방9급 등
* 수도의 관리는 지방자치단체의 사무이기 때문이다(판례는 논거제시 없이 결론만 설시). 반대로 단전처분은 한국전력공사의 사무이므로 행정청의 단전요청은 처분성이 인정되지 않는다.

ⓑ 강제적 행정조사 05 선관위9급 등
* 임의적 행정조사는 처분성이 인정되지 않는다.

ⓒ 영업소 폐쇄조치 05 노동부 등

ⓓ 즉시강제(예 감염병 환자 격리, 불법비디오 등의 수거·폐기) 05 국가9급

ⓔ 대집행 실행 06 국가7급

ⓕ 교도소 이송조치(대결 1992.8.7. 92두30)

ⓖ 체납처분에 기한 압류처분(대판 2003.5.16. 2002두3669)

2) 비권력적 사실행위

권고 등의 비권력적 사실행위는 원칙적으로 **처분성이 부정된다.** 08 세무사 따라서 비권력적 사실행위로 피해를 입은 국민은 항고소송이 아니라 공법상의 당사자소송 또는 민사소송으로 구제받을 수 있다.

① **행정지도(비권력적 사실행위)**: 행정지도는 원칙적으로 처분성이 부정된다.

 관련판례

❶ 세무당국의 주류거래 중지 요청은 처분이 아니다. `08 세무사 등`

세무당국이 소외 회사(조선맥주주식회사)에 대하여 원고와의 주류 거래를 일정 기간 중지하여 줄 것을 요청한 행위는 권고 내지 협조를 요청하는 권고적 성격의 행위로서 소외 회사나 원고의 법률상의 지위에 직접적인 법률상의 변동을 가져오는 행정처분이라고 볼 수 없는 것이므로 항고소송의 대상이 될 수 없다(대판 1980.10.27. 80누395).

❷ 행정규칙에 의한 불문경고조치는 처분성이 인정된다. `19 소방, 12 국가9급, 11 지방7급 등`

행정규칙에 의한 '불문경고조치'가 비록 법률상의 징계처분은 아니지만 위 처분을 받지 아니하였다면 차후 다른 징계처분이나 경고를 받게 될 경우 징계감경사유로 사용될 수 있었던 표창공적의 사용가능성을 소멸시키는 효과와 1년 동안 인사기록카드에 등재됨으로써 그 동안은 장관표창이나 도지사표창 대상자에서 제외시키는 효과 등이 있으므로 항고소송의 대상이 되는 행정처분에 해당한다(대판 2002.7.26. 2001두3532).

❸ 공무원이 소속 장관으로부터 받은 서면에 의한 경고는 처분이 아니다. `04 국회8급 등`

공무원이 소속 장관으로부터 받은 '직상급자와 다투고 폭언하는 행위 등에 대하여 엄중 경고하니 차후 이러한 사례가 없도록 각별히 유념하기 바람'이라는 내용의 서면에 의한 경고가 공무원의 신분에 영향을 미치는 국가공무원법상의 징계의 종류에 해당하지 아니하고, 근무충실에 관한 권고행위 내지 지도행위로서 그 때문에 공무원으로서의 신분에 불이익을 초래하는 법률상의 효과가 발생하는 것도 아니므로, 경고가 국가공무원법상의 징계처분이나 행정소송의 대상이 되는 행정처분이라고 할 수 없다(대판 1991.11.12. 91누2700).

❹ 행정규칙에 근거한 처분이라도 상대방의 권리·의무에 직접 영향을 미치는 경우 항고소송의 대상이 되는 행정처분에 해당한다.

[1] 구 부당한 공동행위 자진신고자 등에 대한 시정조치 등 감면제도 운영고시 제14조 제1항에 따른 시정조치 등 감면신청에 대한 감면불인정 통지는 항고소송의 대상이 되는 행정처분에 해당한다. `14 국가9급`

[2] 갑 주식회사와 을 주식회사가 공동으로 건축용 판유리 제품가격을 인상한 후 갑 회사가 1순위로 부당한 공동행위 자진신고자 등에 대한 시정조치 등 감면신청을 하고 을 회사가 2순위로 감면신청을 하였으나 공정거래위원회가 갑 회사는 감면요건을 충족하지 못했다는 이유로 감면불인정 통지를 하고 을 회사에 1순위 조사협조자 지위확인을 해준 경우, 갑 회사는 공정거래위원회의 을 회사에 대한 1순위 조사협조자 지위확인의 취소를 구할 소의 이익이 없다(대판 2012.9.27. 2010두3541).

❺ 위법 건축물에 대한 단전 및 전화통화 단절조치 요청행위는 항고소송의 대상이 되는 행정처분이 아니다. `04 인천9급 등`

행정청이 위법 건축물에 대한 시정명령을 하고 나서 위반자가 이를 이행하지 아니하여 전기·전화의 공급자에게 그 위법 건축물에 대한 전기·전화공급을 하지 말아 줄 것을 요청한 행위는 권고적 성격의 행위에 불과한 것으로서 전기·전화공급자나 특정인의 법률상 지위에 직접적인 변동을 가져오는 것은 아니므로 이를 항고소송의 대상이 되는 행정처분이라고 볼 수 없다(대판 1996.3.22. 96누433).

❻ 한국전력공사가 전기 공급의 적법 여부를 조회한 데 대한 관할 구청장의 회신(대판 1995.11.21. 95누9099).

❼ 유흥전문음식점에 대한 시장의 주간영업금지 지시(대판 1982.12.28. 82누366).

② **사실행위로서의 통지·통보**: 행정행위로서의 통지는 처분성이 인정된다. 처분성이 부정되는 통지·통보는 사실행위로서 이루어진 것을 말한다.

관련판례

❶ 인사발령 중 법률의 규정에 의한 당연퇴직의 통보는 퇴직이라는 효과는 법률의 규정에 의해서 발생하고 통보는 사실상의 행위에 불과하여 처분성이 인정되지 않는다. 그러나 징계처분 등의 경우는 당연처분이 아니고 행정청의 의사에 의한 것이기 때문에 처분성이 인정된다. 19 소방, 16 국가9급, 12 지방9급 등

　[1] 정년퇴직 발령(대판 1983.2.8. 81누263) 01 행시 – 정년퇴직의 효과는 일정 나이에 도달함으로써 당연히 발생

　[2] 공무원 임용결격사유자에 대한 공무원 임용취소 통보(대판 1987.4.14. 86누459)

　[3] 당연퇴직의 통보 인사발령(대판 1995.11.14. 95누2036) 12 서울9급, 09 지방9급 등

　[4] 주한미군에 근무하면서 특수업무를 수행하는 한국인 군무원에 대한 주한미군 측의 고용해제 통보 후 국방부장관이 행한 직권면직의 인사발령(대판 1997.11.11. 97누1990)

❷ 수도사업자가 급수공사신청자에 대하여 급수공사비 내역과 이를 지정기일 내에 선납하라는 취지로 한 납부통지는 행정처분이 아니다(대판 1993.10.26. 93누6331). 09 관세사

❸ 공무원연금관리공단(현 공무원연금공단)이 공무원연금법령의 개정사실과 퇴직연금 수급자가 퇴직연금 중 일부 금액의 지급정지대상자가 되었다는 사실을 통보한 경우, 위 통보는 항고소송의 대상이 되는 행정처분이 아니다(대판 2004.7.8. 2004두244). 06 국회8급 등

　＊ 당사자소송에 해당한다.

❹ 원처분에 대한 형성적 취소재결이 확정된 후 처분청이 다시 원처분을 취소한 경우, 위 처분은 항고소송의 대상이 되는 처분이 아니다(대판 1998.4.24. 97누17131).

❺ 청원에 대한 심사처리 결과의 통지는 처분이 아니다(대판 1990.5.25. 90누1458).

❻ 개별토지가격 합동조사지침 소정의 개별공시지가 경정결정신청에 대한 행정청의 정정불가 결정 통지는 항고소송의 대상이 되는 처분이 아니다(대판 2002.2.5. 2000두5043).

❼ 재개발조합이 조합원들에게 한 '조합원 동·호수 추첨 결과 통보 및 분양계약 체결 안내'라는 제목의 통지가 조합원들의 구체적인 권리·의무에 직접적 변동을 초래하는 행정처분에 해당한다고 볼 수 없다(대판 2002.12.10. 2001두6333).

❽ 상급행정청이나 타 행정청의 지시나 통보, 권한의 위임이나 위탁은 항고소송의 대상이 되는 행정처분이 아니다(대판 2013.2.28. 2012두22904). 17 사복9급

❾ 구 민원사무 처리에 관한 법률 제19조 제1항(대규모의 경제적 비용이 드는 민원사항)에서 정한 사전심사 결과 통보는 항고소송의 대상이 되는 행정처분이 아니다(대판 2014.4.24. 2013두7834). 19 서울9급

❿ 재단법인 한국연구재단이 갑 대학교 총장에게 연구개발비의 부당집행을 이유로 '해양생물유래 고부가식품·향장·한약 기초소재 개발 인력양성사업에 대한 2단계 두뇌한국(BK)21 사업' 협약을 해지(해지통보는 처분성이 인정됨)하고 연구팀장 을에 대한 대학 자체 징계요구 등을 통보한 경우, 을에 대한 대학 자체 징계요구는 항고소송의 대상이 되는 행정처분에 해당하지 않는다. 19 국가7급

　[1] 재단법인 한국연구재단이 갑 대학교 총장에게 을에 대한 대학 자체 징계를 요구한 것은 법률상 구속력이 없는 권유 또는 사실상의 통지로서 을의 권리·의무 등 법률상 지위에 직접적인 법률적 변동을 일으키지 않는 행위에 해당하므로, 항고소송의 대상인 행정처분에 해당하지 않는다.

　[2] 재단법인 한국연구재단이 갑 대학교 총장에게 연구개발비의 부당집행을 이유로 '해양생물유래 고부가식품·향장·한약 기초소재 개발 인력양성사업에 대한 2단계 두뇌한국(BK)21 사업' 협약을 해지하고 연구팀장 을에 대한 국가연구개발사업의 3년간 참여 제한 등을 명하는 통보를 하자 을이 통보 취소를 청구한 경우, 을은 위 협약 해지 통보의 효력을 다툴 법률상 이익이 있다(대판 2014.12.11. 2012두28704).

⑪ 피고가 원고에 대하여 한 공사낙찰 적격심사 감점처분은 행정처분이 아니다. 21 변호사

피고가 원고에 대하여 한 공사낙찰 적격심사 감점 통보조치는 행정청이나 그 소속 기관 또는 그 위임을 받은 공공단체의 공법상의 행위가 아니라 장차 그 대상자인 원고가 피고가 시행하는 입찰에 참가하는 경우에 그 낙찰적격자 심사 등 계약사무를 처리함에 있어 피고 내부규정인 이 사건 세부기준에 의하여 종합취득점수의 10/100을 감점하게 된다는 뜻의 사법상의 효력을 가지는 통지행위에 불과하다 할 것이고, 또한 피고의 이와 같은 통지행위가 있다고 하여 원고에게 공공기관의 운영에 관한 법률 제39조 제2항, 제3항, 구 공기업·준정부기관 계약사무규칙 제15조에 의한 국가, 지방자치단체 또는 다른 공공기관에서 시행하는 모든 입찰에의 참가자격을 제한하는 효력이 발생한다고 볼 수도 없으므로, 피고의 이 사건 감점조치는 행정소송의 대상이 되는 행정처분이라고 할 수 없다(대판 2014.12.24. 2010두6700).

⑫ 국민건강보험공단이 갑 등에게 '직장가입자 자격상실 및 자격변동 안내' 통보 및 '사업장 직권탈퇴에 따른 가입자 자격상실 안내' 통보를 한 사안에서, 국민건강보험 직장가입자 또는 지역가입자 자격 변동은 법령이 정하는 사유가 생기면 별도 처분 등의 개입 없이 사유가 발생한 날부터 변동의 효력이 당연히 발생하므로, 위 각 통보에 의하여 가입자 자격이 변동되는 효력이 발생한다고 볼 수 없고, 또한 위 각 통보로 갑 등에게 지역가입자로서의 건강보험료를 납부하여야 하는 의무가 발생함으로써 갑 등의 권리·의무에 직접적 변동을 초래하는 것도 아니므로, 위 각 통보의 처분성이 인정되지 않는다(대판 2019.2.14. 2016두41729). 21 소방, 20 지방7급

③ **비권력적 공법행위**: 공법상 계약은 대등한 당사자 사이의 법률관계이므로 처분성이 인정되지 않는다. 따라서 공법상 계약은 항고소송이 아닌 당사자소송으로 다투어야 한다. 전문직 공무원인 공중보건의사의 채용계약 04 국가7급, 서울특별시립무용단 단원의 해촉(대판 1995.12.22. 95누4636) 06 국가9급, 지방전문직 공무원(현 계약직 공무원)인 서울특별시의 경찰국 산하 대공전술연구소장 채용계약(대판 1993.9.14. 92누4611), 합동행위도 처분성이 인정되지 않는다.

(5) 공권력 행사의 거부

1) 거부처분의 개념

거부처분은 개인의 일정한 신청행위에 대한 처분을 하지 않겠다는 행정청의 의사표시로서 현재의 법률상태에 변동을 가져오지 아니하는 내용의 소극적인 행정행위를 말한다. 거부처분은 소극적 내용이긴 하지만, 부작위와 달리 외관상 일정한 행정행위가 있다는 점에서 처분적 행정행위와 같다.

2) 거부행위가 처분성을 갖기 위한 요건

공권력 행사에 대한 거부	행정청이 한 공권력 행사로서의 거부일 것
신청인의 법률관계에 영향	거부행위가 신청인의 법률관계에 영향을 미치는 거부일 것
법규·조리상의 신청권	원고에게 법규상·조리상 신청권이 있을 것

① **행정청이 한 공권력 행사로서의 거부일 것**: 항고소송의 대상이 되는 거부처분은 공권력 행사에 해당하는 것이어야 하므로 공권력 행사의 거부가 아닌 일반재산의 임대·매각신청 등에 대한 거부는 처분성이 인정되지 않는다.

관련판례

◎ 사경제적 행위라는 이유로 처분성을 부인

① 국유임야의 무상양여신청을 거부한 행위는 행정소송의 대상인 행정처분이 아니다(대판 1984.12.11. 83누291).
② 국유재산 매각신청을 반려한 거부행위는 행정처분이 아니다(대판 1986.6.24. 86누171). 12 지방9급

② **거부행위가 신청인의 법률관계에 영향을 미치는 거부일 것**: 거부행위는 신청인의 법률관계(권리·의무)에 직접적인 변동을 초래하는 것이어야 한다. 09 국회8급 따라서 사실행위로서의 거부행위는 거부처분이 아니다.

 관련판례

◎ 처분성이 인정된 거부(권리·의무와 관련이 있는 거부)

① 건축계획 심의신청에 대한 반려처분은 항고소송의 대상이 되는 행정처분에 해당한다(대판 2007.10.11. 2007두1316).
② 지적 소관청의 토지분할신청 거부행위는 항고소송의 대상인 행정처분이다(대판 1993.3.23. 91누8968). 08 지방7급 등
③ 지적공부 소관청의 지목변경신청 반려행위는 항고소송의 대상이 되는 행정처분에 해당한다(대판 2004.4.22. 2003두9015 전원합의체). 09 국가9급 등
④ 지적도등본 교부신청 거부행위는 항고소송의 대상이 되는 행정처분이다(대판 1992.5.26. 91누5952).
⑤ 행정청이 건축물대장의 용도변경신청을 거부한 행위는 행정처분에 해당한다(대판 2009.1.30. 2007두7277).
⑥ 행정청이 건축물대장의 작성신청을 거부한 행위는 항고소송의 대상이 되는 행정처분에 해당한다(대판 2009.2.12. 2007두17359). 14 국회8급
⑦ 수도권 소재 갑 주식회사가 본사와 공장을 광주광역시로 이전하는 계획하에 광주광역시장에게 구 '지방자치단체의 지방이전기업 유치에 대한 국가의 재정자금 지원기준' 제7조에 따라 입지보조금 등 지급을 신청하였고 이에 따라 광주광역시장이 지식경제부장관(현 기획재정부장관)에게 지급신청을 하였는데, 이후 지식경제부장관이 광주광역시장에게 반려하자 광주광역시장이 다시 갑 회사에 반려한 경우, 지식경제부장관의 반려회신은 항고소송대상이 되는 행정처분에 해당하지 않고, 광주광역시장의 반려처분은 항고소송대상이 되는 행정처분에 해당한다(대판 2011.9.29. 2010두26339).
⑧ 생활대책대상자 선정기준에 해당하는 자는 사업시행자에게 생활대책대상자 선정 여부의 확인·결정을 신청할 수 있는 권리를 가지는 것이어서, 만일 사업시행자가 그러한 자를 생활대책대상자에서 제외하거나 선정을 거부하면, 이러한 생활대책대상자 선정기준에 해당하는 자는 사업시행자를 상대로 항고소송을 제기할 수 있다고 보는 것이 타당하다(대판 2011.10.13. 2008두17905). 15 국회8급
⑨ 지방자치단체장의 건축협의 거부행위에 대하여 국가가 항고소송을 제기할 수 있다. 예상
* 기관위임사무에 대해 지방자치단체장이 거부했을 때 국가는 항고소송을 제기할 수 없다.
[1] 구 건축법 제29조에서 정한 건축협의에 관한 사무는 지방자치단체의 자치사무이다. 지방자치단체의 장이 처리하도록 법령에 규정되어 있는 사무가 자치사무인지 아니면 기관위임사무인지를 판단하기 위하여는 그에 관한 법령의 규정형식과 취지를 우선 고려하여야 하지만, 그 밖에 그 사무의 성질이 전국적으로 통일적인 처리가 필요한 사무인지, 그에 관한 경비부담과 최종적인 책임귀속의 주체가 누구인지 등도 함께 고려하여야 한다.

[2] 이러한 사정들에 비추어 보면, 허가권자인 지방자치단체의 장이 한 건축협의 거부행위는 비록 그 상대방이 국가 등 행정주체라 하더라도, 행정청이 행하는 구체적 사실에 관한 법집행으로서의 공권력 행사의 거부 내지 이에 준하는 행정작용으로서 행정소송법 제2조 제1항 제1호에서 정한 처분에 해당한다고 볼 수 있고, 이에 대한 법적 분쟁을 해결할 실효적인 다른 법적 수단이 없는 이상 국가 등은 허가권자를 상대로 항고소송을 통해 그 거부처분의 취소를 구할 수 있다고 해석된다(대판 2014.3.13. 2013두15934).

⑩ 구 건축법 제29조 제1항에서 정한 건축협의의 취소는 처분에 해당한다. 그리고 지방자치단체 등이 건축물 소재지 관할 허가권자인 지방자치단체의 장을 상대로 건축협의 취소의 취소를 구할 수 있다. 17 지방7급

구 건축법 제29조 제1항, 제2항, 제11조 제1항 등의 규정 내용에 의하면, 건축협의의 실질은 지방자치단체 등에 대한 건축허가와 다르지 않으므로, 지방자치단체 등이 건축물을 건축하려는 경우 등에는 미리 건축물의 소재지를 관할하는 허가권자인 지방자치단체의 장과 건축협의를 하지 않으면, 지방자치단체라 하더라도 건축물을 건축할 수 없다. 따라서 건축협의 취소는 상대방이 다른 지방자치단체 등 행정주체라 하더라도 행정청이 행하는 구체적 사실에 관한 법집행으로서의 공권력 행사(행정소송법 제2조 제1항 제1호)로서 처분에 해당한다고 볼 수 있고, 지방자치단체인 원고가 이를 다툴 실효적 해결 수단이 없는 이상, 원고는 건축물 소재지 관할 허가권자인 지방자치단체의 장을 상대로 항고소송을 통해 건축협의 취소의 취소를 구할 수 있다(대판 2014.2.27. 2012두22980).

⑪ 도시계획시설결정에 이해관계가 있는 주민에게 도시시설계획의 입안 내지 변경을 요구할 수 있는 법규상 또는 조리상의 신청권이 인정되고, 이러한 신청에 대한 거부행위는 항고소송의 대상이 되는 행정처분에 해당한다(대판 2015.3.26. 2014두42742).

⑫ 상표권 설정등록이 말소된 경우에도 등록령 제27조에 따른 회복등록의 신청이 가능하고, 회복신청이 거부된 경우에는 거부처분에 대한 항고소송이 가능하다. 그러나 상표권자인 법인에 대한 청산종결등기가 되었음을 이유로 한 상표권의 말소등록행위는 항고소송의 대상이 아니다. 21·20 국가9급, 16 국회8급

상표원부에 상표권자인 법인에 대한 청산종결등기가 되었음을 이유로 상표권의 말소등록이 이루어졌다고 해도 이는 상표권이 소멸하였음을 확인하는 사실적·확인적 행위에 지나지 않고, 말소등록으로 비로소 상표권 소멸의 효력이 발생하는 것이 아니어서, 상표권의 말소등록은 국민의 권리·의무에 직접적으로 영향을 미치는 행위라고 할 수 없다(대판 2015.10.29. 2014두2362).

⑬ 갑 등이 인터넷 포털사이트 등의 개인정보 유출사고로 자신들의 주민등록번호 등 개인정보가 불법 유출되자 이를 이유로 관할 구청장에게 주민등록번호를 변경해 줄 것을 신청하였으나 구청장이 "주민등록번호가 불법 유출된 경우 주민등록법상 변경이 허용되지 않는다."라는 이유로 주민등록번호 변경을 거부하는 취지의 통지를 한 경우, 피해자의 의사와 무관하게 주민등록번호가 유출된 경우에는 조리상 주민등록번호의 변경을 요구할 신청권을 인정함이 타당하고, 구청장의 주민등록번호 변경신청 거부행위는 항고소송의 대상이 되는 행정처분에 해당한다(대판 2017.6.15. 2013두2945). 19 국가9급

⑭ 건축허가는 대물적 성질을 갖는 것이어서 행정청으로서는 허가를 할 때에 건축주 또는 토지소유자가 누구인지 등 인적 요소에 관하여는 형식적 심사만 한다. 건축주가 토지소유자로부터 토지사용승낙서를 받아 그 토지 위에 건축물을 건축하는 대물적 성질의 건축허가를 받았다가 착공에 앞서 건축주의 귀책사유로 해당 토지를 사용할 권리를 상실한 경우, 건축허가의 존재로 말미암아 토지에 대한 소유권 행사에 지장을 받을 수 있는 토지소유자로서는 건축허가의 철회를 신청할 수 있다고 보아야 한다. 따라서 토지소유자의 위와 같은 신청을 거부한 행위는 항고소송의 대상이 된다(대판 2017.3.15. 2014두41190). 19 행정사

⑮ 정보의 공개를 청구하는 이가 정보공개방법도 아울러 지정하여 정보공개를 청구할 수 있도록 하고 있고, 전자적 형태의 정보를 전자적으로 공개하여 줄 것을 요청한 경우에는 공공기관은 원칙적으로 요청에 응할 의무가 있고, 나아가 비전자적 형태의 정보에 관해서도 전자적 형태로 공개하여 줄 것을 요청하면 재량판단에 따라 전자적 형태로 변환하여 공개할 수 있도록 하고 있다. 이는 정보의 효율적 활용을 도모하고 청구인의 편의를 제고함으로써 구 공공기관의 정보공개에 관한 법률의 목적인 국민의 알 권리를 충실하게 보장하려는 것이므

로, 청구인에게는 특정한 공개방법을 지정하여 정보공개를 청구할 수 있는 법령상 신청권이 있다. 따라서 공공기관이 공개청구의 대상이 된 정보를 공개는 하되, 청구인이 신청한 공개방법 이외의 방법으로 공개하기로 하는 결정을 하였다면, 이는 정보공개청구 중 정보공개방법에 관한 부분에 대하여 일부 거부처분을 한 것이고, 청구인은 그에 대하여 항고소송으로 다툴 수 있다(대판 2016.11.10. 2016두44674). 21·20 서울·지방 9급 ◎ 예상

⑯ 교육공무원법상 승진후보자 명부에 의한 승진심사 방식으로 행해지는 승진임용에서 승진후보자 명부에 포함되어 있던 후보자를 승진임용인사발령에서 제외하는 행위는 항고소송의 대상인 처분에 해당한다(대판 2018.3.27. 2015두47492). 19 국가9급

관련판례

◎ **처분성이 부정된 거부**

❶ 측량성과도 등재사항에 대한 정정신청 거부행위는 항고소송의 대상인 행정처분이 아니다(대판 1993.12.14. 93누555). 00 검찰9급

❷ 납골탑의 부대시설인 관리사무실, 유족편의시설 등에 대한 반려는 행정처분이 아니다.

종교단체가 납골탑 설치신고를 함에 있어 관리사무실, 유족편의시설 등과 같은 부대시설에 관한 사항을 신고한 데 대하여 행정청이 그 신고를 일괄 반려한 경우, 그 반려처분 중 위와 같은 부대시설에 관한 신고를 반려한 부분은 항고소송의 대상이 되는 행정처분에 해당하지 아니한다(대판 2005.2.25. 2004두4031).

❸ 과거에 법률에 의하여 당연퇴직된 공무원의 복직 또는 재임용신청에 대한 행정청의 거부행위는 항고소송의 대상이 되는 행정처분에 해당하지 아니한다(대판 2006.3.10. 2005두562).

❹ 전통사찰의 등록말소신청을 거부한 행정청의 회신은 항고소송의 대상이 되는 거부처분에 해당하지 아니한다(대판 1999.9.3. 97누13641).

❺ 건축물관리대장의 등재사항에 대한 정정신청을 거부한 행위는 항고소송의 대상이 되는 행정처분에 해당하지 않는다(대판 1998.2.24. 96누5612).

❻ 자경농지 확인증명 발급신청에 대한 거부행위는 항고소송의 대상이 되는 처분에 해당하지 않는다(대판 1991.8.9. 90누8428).

❼ 등기부상 소유자가 토지대장에의 소유자 기재가 잘못되었다는 이유로 토지대장 정정신청을 한 것에 대하여 행정청이 이를 거부한 것은 행정처분에 해당하지 않는다(대판 2012.1.12. 2010두12354). 16 국가9급

❽ 문화재구역 내 토지소유자 갑이 문화재청장에게 구 공익사업을 위한 토지 등의 취득 및 보상에 관한 법률 제30조 제1항에 의한 재결신청청구를 하였으나, 문화재청장은 위 법 제30조 제2항에 따른 관할 토지수용위원회에 대한 재결신청의무를 부담하지 않는다는 이유로 거부회신을 받은 경우, 위 회신은 항고소송의 대상이 되는 거부처분에 해당하지 않는다.

문화재청장으로 하여금 관할 토지수용위원회에 재결을 신청할 것을 청구할 법규상의 신청권이 인정된다고 할 수 없어, 위 회신은 항고소송의 대상이 되는 거부처분에 해당하지 않는다(대판 2014.7.10. 2012두22966).

❾ 수입한 주류의 주세에 대한 경정청구에 관하여 구 관세법 제38조의3 제2항에서 정한 2년의 경정청구기간이 적용되고, 과세관청이 경정청구기간이 도과한 후 제기된 경정청구에 대하여 경정을 거절한 경우, 이를 항고소송의 대상이 되는 거부처분으로 볼 수 없다.

경정청구기간이 도과한 후 제기된 경정청구는 부적법하여 과세관청이 과세표준 및 세액을 결정 또는 경정하거나 거부처분을 할 의무가 없으므로, 과세관청이 경정을 거절하였다고 하더라도 이를 항고소송의 대상이 되는 거부처분으로 볼 수 없다(대판 2015.3.12. 2014두44830).

관련판례

❶ 국민이 어떤 신청을 한 경우 그에 대한 행정청의 거부행위가 항고소송의 대상이 되는 처분인지 여부를 판단할 때 신청권의 존재 여부를 넘어서 구체적으로 그 신청의 인용 여부까지 판단하여야 하는 것은 아니다(대판 2009.9.10. 2007두20638). 17 사복9급, 08 국가9급

❷ 중요무형문화재 보유자의 추가 인정 여부는 문화재청장의 재량에 속한다(대판 2015.12.10. 2013두20585).

❸ 개발사업시행자가 납부한 개발부담금 중 부과처분 후에 납부한 학교용지부담금에 대하여 조리상 환급에 필요한 처분을 신청할 권리가 인정된다(대판 2016.1.28. 2013두2938).

3) 사안별 검토

① 공무원의 임용에 관련된 사안

관련판례

◎ **처분성 인정**

❶ 국립서울교육대학 상근강사의 정규교원 임용신청거부는 처분성이 인정된다(대판 1990.9.25. 89누4758). 06 서울9급 등

❷ 검사임용신청에 대한 응답요구권(대판 1991.2.12. 90누5825) 06 서울9급 등

❸ 대학교원의 신규채용에 있어서 유일한 면접심사대상자로 선정된 임용지원자에 대한 교원신규채용 중단조치는 항고소송의 대상이 되는 행정처분에 해당한다(대판 2004.6.11. 2001두7053). 12 국가7급, 09 국회8급

② **행정개입청구권과 관련한 사안**: 행정개입청구에 대한 국가의 거부에 대해 판례는 원칙적으로 처분성을 부정하는 입장이고, 예외적으로 처분성을 인정한다.

관련판례

◎ **처분성 인정**

지방자치단체장의 건축회사에 대한 공사중지명령에 있어서 그 명령의 내용 자체 또는 그 성질상 그 원인사유가 해소되는 경우, 건축회사에게 조리상 당해 공사중지명령의 해제를 요구할 수 있는 권리가 인정된다(대판 1997.12.26. 96누17745). 20 서울·지방9급

관련판례

◎ **처분성 부정**

❶ 국민은 행정청에 대하여 제3자에 대한 건축허가와 준공검사의 취소 및 제3자 소유의 건축물에 대한 철거명령을 요구할 수 있는 법규상 또는 조리상 권리가 없다(대판 1999.12.7. 97누17568).

❷ 산림훼손 용도변경신청을 반려한 행위는 항고소송의 대상이 되는 행정처분이 아니다(대판 1998.10.13. 97누13764).

③ **계획변경청구권**: 행정계획은 장기적이고 변동가능성이 많기 때문에 계획변경 거부는 원칙적으로 처분성이 인정되지 않는다.

관련판례

◎ **처분성 인정**

❶ 구 국토이용관리법상 일정한 처분을 구하는 신청을 할 수 있는 법률상 지위에 있는 자의 국토이용계획 변경신청에 대한 거부는 처분성이 인정된다. 17 지방9급, 08 지방7급

국토이용계획은 장기성, 종합성이 요구되는 행정계획이어서 원칙적으로는 그 계획이 일단 확정된 후에 어떤 사정의 변동이 있다고 하여 그러한 사유만으로는 지역주민이나 일반이해관계인에게 일일이 그 계획의 변경을 신청할 권리를 인정하여 줄 수는 없을 것이지만, 장래 일정한 기간 내에 관계 법령이 규정하는 시설 등을 갖추어 일정한 행정처분을 구하는 신청을 할 수 있는 법률상 지위에 있는 자의 국토이용계획 변경신청을 거부하는 것이 실질적으로 당해 행정처분 자체를 거부하는 결과가 되는 경우에는 예외적으로 그 신청인에게 국토이용계획 변경을 신청할 권리가 인정된다고 봄이 상당하므로, 이러한 신청에 대한 거부행위는 항고소송의 대상이 되는 행정처분에 해당한다(대판 2003.9.23. 2001두10936).

❷ 도시계획구역 내 토지소유자의 도시계획입안신청에 대한 도시계획 입안권자의 거부행위는 항고소송의 대상이 되는 행정처분에 해당한다(대판 2004.4.28. 2003두1806). 14 지방7급, 12 국가7급, 10 국가9급 등

관련판례

◎ **처분성 부정**

용도지역 변경신청에 대한 거부는 행정처분이 아니다. 05 행시

임야인 국토이용계획상의 용도지역을 사설묘지를 설치할 수 있는 용도지역으로 변경하는 것을 허가하여 달라는 토지소유자의 신청을 행정청이 거부 내지 반려하였다고 하여 그 거부 내지 반려한 행위를 가지고 항고소송의 대상이 되는 행정처분이라고 볼 수 없다(대판 1995.4.28. 95누627).

④ 기타

관련판례

◎ **처분성 인정**

❶ 문화재보호구역 내 토지소유자의 문화재보호구역 지정해제신청에 대한 행정청의 거부행위는 항고소송의 대상이 되는 행정처분에 해당한다(대판 2004.4.27. 2003두8821). 08 지방7급 등

❷ 문화재청장이, 국가지정문화재(고종황제와 명성황후의 묘릉과 순종황제와 황후 2인의 묘)의 보호구역에 인접한 나대지에 건물을 신축하기 위한 국가지정문화재 현상변경신청을 허가하지 않은 행위는 처분에 해당한다.

상당한 규모의 건물이 나대지에 들어서는 경우 보호구역을 포함한 국가지정문화재의 경관을 저해할 가능성이 상당히 클 뿐만 아니라, 위 국가지정문화재 현상변경신청 불허가처분이 취소되는 경우 향후 주변의 나대지에 대한 현상변경허가를 거부하기 어려워질 것으로 예상되는 점 등에 비추어, 위 국가지정문화재 현상변경신청에 대한 불허가처분이 재량권을 일탈·남용한 위법한 처분이라고 단정하기 어렵다(대판 2006.5.12. 2004두9920).

> **비교판례**
>
> 도지정문화재(백이정선생 가묘지정사건) 지정처분으로 인하여 불이익을 입거나 입을 우려가 있다는 사정을 이유로 특정 개인에게 그 지정처분의 취소 또는 해제를 구할 조리상 신청권이 인정되지 아니한다(대판 2001.9.28. 99두8565).

❸ 실용신안권이 불법 또는 착오로 소멸등록된 경우, 실용신안권자에게 그 회복등록을 신청할 권리가 있다(대판 2002.11.22. 2000두9229). 05 국회8급
❹ 구속 피고인에 대한 교도소장의 접견허가 거부처분(대판 1992.5.8. 91누7552)
❺ 체납처분절차에서 국세징수법에 따른 담보권자의 매각대금 배분신청을 거부한 세무서장의 행위는 행정쟁송의 대상이다(대판 1992.12.22. 92누7580).
❻ 한국환경산업기술원장이 환경기술개발사업 협약을 체결한 갑 주식회사 등에게 연차평가 실시 결과 절대평가 60점 미만으로 평가되었다는 이유로 연구개발 중단조치 및 연구비 집행중지조치를 한 경우, 각 조치는 항고소송의 대상이 되는 행정처분에 해당한다(대판 2015.12.24. 2015두264). 21 소방

관련판례

◎ 처분성 부정

❶ 민원사무처리에 관한 법률 제18조 제1항에서 정한 '거부처분에 대한 이의신청'을 받아들이지 않는 취지의 기각결정 또는 그 취지의 통지는 항고소송의 대상이 아니다.

민원사무처리에 관한 법률(이하 '민원사무처리법'이라 함) 제18조 제1항에서 정한 거부처분에 대한 이의신청은 행정청의 위법 또는 부당한 처분이나 부작위로 침해된 국민의 권리 또는 이익을 구제함을 목적으로 하여 행정청과 별도의 행정심판기관에 대하여 불복할 수 있도록 한 절차인 행정심판과는 달리, 민원사무처리법에 의하여 민원사무처리를 거부한 처분청이 민원인의 신청사항을 다시 심사하여 잘못이 있는 경우 스스로 시정하도록 한 절차이다. … 따라서 이의신청을 받아들이지 않는 취지의 기각결정 내지는 그 취지의 통지는, 종전의 거부처분을 유지함을 전제로 한 것에 불과하고 또한 거부처분에 대한 행정심판이나 행정소송의 제기에도 영향을 주지 못하므로, 결국 민원 이의신청인의 권리·의무에 새로운 변동을 가져오는 공권력의 행사나 이에 준하는 행정작용이라고 할 수 없어, 독자적인 항고소송의 대상이 된다고 볼 수 없다고 봄이 타당하다(대판 2012.11.15. 2010두8676).

❷ 법무법인의 공정증서 작성행위는 항고소송의 대상이 되는 행정처분이 아니다.

행정소송제도의 목적 및 기능 등에 비추어 볼 때, 행정청이 한 행위가 단지 사인 간 법률관계의 존부를 공적으로 증명하는 공증행위에 불과하여 그 효력을 둘러싼 분쟁의 해결이 사법원리에 맡겨져 있거나 행위의 근거법률에서 행정소송 이외의 다른 절차에 의하여 불복할 것을 예정하고 있는 경우에는 항고소송의 대상이 될 수 없다고 보는 것이 타당하다(대판 2012.6.14. 2010두19720).

(6) 그 밖에 이에 준하는 행정작용

행정소송법 제2조 제1호는 '그 밖에 이에 준하는' 행정작용도 항고소송의 대상으로 규정하고 있다. 여기에 해당하는 것으로 논의되는 것은 권력적 행정지도처럼 비권력적 공행정작용이지만, 실질적으로는 개인의 권리·의무에 일방적인 영향을 미치는 작용을 말한다.

3. 재결

재결은 항고소송의 대상이 된다. 여기서의 재결은 행정소송법 제19조에 의하여 항고소송의 대상이 되는 경우와 개별법에서 재결주의를 취하는 결과 항고소송의 대상이 되는 경우가 있다.

03 원처분주의와 재결주의(행정소송 대상의 문제)

구분	원처분주의	재결주의
소송대상	원처분주의란 원처분과 재결에 대하여 둘 다 소를 제기할 수 있는 제도를 말한다. 즉, 원칙적으로 원처분만 소송의 대상이 되지만, 재결 자체의 위법을 주장하는 경우에는 재결도 소송의 대상이 된다. 16 국가9급, 14 지방7급	재결만 소송의 대상이 된다. 예 감사원법, 특허법, 노동위원회법
위법사유	원처분에 대한 소에서는 원처분의 하자만, 재결에 대한 소에서는 재결 자체의 위법성만 주장할 수 있다.	재결 자체의 하자뿐만 아니라 원처분의 하자도 주장할 수 있다.

1. 원처분주의

(1) 원처분주의 채택

행정소송법 제19조는 "취소소송은 처분 등을 대상으로 한다. 다만, 재결취소소송의 경우에는 재결 자체에 고유한 위법이 있음을 이유로 하는 경우에 한한다."라고 규정하여 원처분주의를 채택하고 있다(다만, 개별법에서 원처분주의에 대한 예외를 규정하고 있는 경우가 있음). 08 관세사 등

(2) 준용규정

원처분주의는 무효등확인소송과 부작위위법확인소송에 준용된다(제38조 제1항·제2항).

관련판례

❶ 국·공립학교 교원에 대한 징계 등에 대한 항고소송

국·공립학교 교원에 대한 징계 등 불리한 처분은 행정처분이므로 국·공립학교 교원이 징계 등 불리한 처분에 대하여 불복이 있으면 교원징계재심위원회에 재심청구를 하고 위 재심위원회의 재심결정에 불복이 있으면 항고소송으로 이를 다투어야 할 것인데, <u>이 경우 그 소송의 대상이 되는 처분은 원칙적으로 원처분청의 처분이고</u> 12 국회8급, 원처분이 정당한 것으로 인정되어 재심청구를 기각한 재결에 대한 항고소송은 원처분의 하자를 이유로 주장할 수는 없고 그 재결 자체에 고유한 주체·절차·형식 또는 내용상의 위법이 있는 경우에 한한다고 할 것이므로, 도교육감의 해임처분의 취소를 구하는 재심청구를 기각한 재심결정에 사실오인의 위법이 있다거나 재량권의 남용 또는 그 범위를 일탈한 것으로서 위법하다는 사유는 재심결정 자체에 고유한 위법을 주장하는 것으로 볼 수 없어 재심결정의 취소사유가 될 수 없다(대판 1994.2.8. 93누17874).

❷ 사립학교 교원에 대한 해임처분에 대한 항고소송의 대상 15 국가9급

[1] 사립학교 교원은 학교법인 또는 사립학교 경영자에 의하여 임면되는 것으로서 사립학교 교원과 학교법인의 관계를 공법상의 권력관계라고는 볼 수 없으므로 <u>사립학교 교원에 대한 학교법인의 해임처분을 취소소송의 대상이 되는 행정청의 처분으로 볼 수 없고,</u> 따라서 학교법인을 상대로 한 불복은 행정소송에 의할 수 없고 민사소송절차에 의할 것이다.

[2] 사립학교 교원에 대한 해임처분에 대한 구제방법으로 학교법인을 상대로 한 민사소송 이외 교원지위 향상을 위한 특별법 제7조 내지 제10조에 따라 교육부 내에 설치된 교원징계재심위원회에 재심청구를 하고 교원징계재심위원회의 결정에 불복하여 행정소송을 제기하는 방법도 있으나, <u>이 경우에도 행정소송의 대상이 되는 행정처분은 교원징계재심위원회의 결정이지 학교법인의 해임처분이 행정처분으로 의제되는 것이 아니며, 또한 교원징계재심위원회의 결정을 이에 대한 행정심판으로서의 재결에 해당되는 것으로 볼 수는 없다</u>(대판 1993.2.12. 92누13707).

❸ **사립학교 교원에 대한 신규임용을 취소한다는 내용의 통지는 교원소청심사의 대상이 된다.**

사립학교 교원이 임용기간 만료 후에도 계속 근무를 하던 중 신규임용의 취소 통지를 받은 경우 이에 대하여 교원소청심사를 청구할 법률상 이익이 있다(대판 2012.6.14. 2011두29885).

2. 재결 자체의 고유한 위법의 의미

(1) 의의

1) 개념

재결 자체의 고유한 위법이란 원처분에는 없고, 재결에만 있는 하자를 말한다. 다수설과 판례는 재결도 행정처분의 일종이므로 재결 자체에 독자적인 주체·내용·형식·절차상의 위법을 의미한다고 본다.

2) 내용

다수설과 판례에 의할 때 재결 자체의 고유한 위법이란 다음과 같다.

구분	사례
주체에 관한 위법	행정심판위원회가 아닌 자가 한 재결 09 세무사 , 행정심판위원회의 구성에 위법이 있는 경우, 행정심판위원회에 권한이 없는 경우
내용상의 위법	행정심판청구가 부적법한 것임에도 인용된 재결 09 세무사 , 행정심판의 대상이 되지 않는 사항에 대하여 한 재결 09 세무사 , 행정심판에 있어 원처분보다 불리하게 행한 재결
형식에 관한 위법	문서에 의하지 않고 구두로 한 재결, 재결에 주문만 있고 이유가 전혀 기재되어 있지 않거나 불충분한 경우, 재결서에 기명날인이 없는 경우
절차에 관한 위법	행정심판법상의 절차를 준수하지 않은 경우, 행정심판위원회의 의결이 없는 경우

(2) 구체적 검토

1) 각하재결

① 심판청구가 부적법하여 각하해야 함에도 인용재결을 한 경우에는 재결 자체에 고유한 하자가 있다(대판 2001.5.29. 99두10292). 19 국가9급
② 행정심판청구가 부적법하지 않음에도 각하한 재결은 심판청구인의 실체심리를 받을 권리를 박탈한 것으로서 원처분에 없는 고유한 하자가 있는 경우에 해당한다(대판 2001.7.27. 99두2970).

2) 기각재결

원처분에 대한 기각재결이 있는 경우 원칙적으로 재결 자체에 고유한 하자가 있는 것이 아니므로 재결 자체의 고유한 위법이 없어 원처분을 대상으로 소를 제기해야 한다.

3) 인용재결(제3자효 행정행위에 대한 취소재결)

① 처분의 상대방에게는 유리하나 제3자에게는 불리한 복효적 행정행위에 대한 취소심판에서 인용재결(원처분의 취소)이 행해진 경우에 그 인용재결이 형성적 재결의 경우에는 재결 이외의 별도의 처분이 존재하지 않게 된다(형성효에 의해 원처분이 이미 취소되었기 때문에).
② 따라서 이런 경우에는 재결 자체가 취소소송의 대상이 될 수밖에 없다. 예컨대, 갑에게 부여한 영업면허가 제3자에 의해 제기된 행정심판에 의해 취소된 경우 갑은 해당 행정심판의 재결에 대해 취소소송을 제기할 수 있다.

관련판례

◎ 제3자효 행정행위에 대한 형성재결의 취소소송대상

제3자효를 수반하는 행정행위에 대하여 제3자가 행정심판을 제기하여 그 처분이 취소되는 재결이 있자 그 원처분의 상대방이 위 재결에 대한 취소소송을 제기한 경우, 재결에 고유한 하자가 있다(대판 1997.12.23. 96누10911).
18 국가7급, 08 세무사 등

구분	연탄공장	주민
처분	상대방	제3자
쟁송	제3자	원고

(3) 재결 자체에 고유한 하자가 없음에도 재결에 대한 항고소송을 제기한 경우

법원은 재결 자체에 고유한 하자가 없음에도 재결에 대한 항고소송을 제기하면 각하가 아닌 기각판결을 하게 된다(대판 1994.1.25. 93누16901). 19 국가9급

3. 원처분주의에 대한 예외로서의 재결주의

(1) 의의

행정소송법은 원처분주의를 취하고 있지만, 개별법에서 재결주의를 채택하고 있는 경우가 있다. 감사원법, 특허법, 노동위원회법 등이 그러하다. 구 토지수용법은 재결주의를 취했지만, 개정된 공익사업을 위한 토지 등의 취득 및 보상에 관한 법률에서는 원처분주의를 취하고 있다.

(2) 원처분이 당연무효인 경우

재결주의가 적용되는 처분의 경우에도 원처분이 당연무효인 경우에는 재결에 대한 무효확인의 소를 구하는 것은 허용되지 아니하고, 원처분에 대한 무효확인의 소를 제기해야 한다(대판 1993.1.19. 91누8050 전원합의체).

(3) 재결주의를 취한 개별법

1) 감사원법상의 변상판정처분

감사원법상의 변상판정처분(원처분)에 대해서는 다툴 수 없고 변상판정에 대한 재심판정을 감사원을 피고로 하여 다투어야 한다(감사원법 제40조 제2항). 08 세무사

🔶 **주의** 감사원장을 피고로 하지 않는다.

2) 해고의 효력을 다투는 경우

해고의 효력을 다투는 경우에는 지방노동위원회의 처분을 대상으로 할 수 없고, 중앙노동위원회의 재심판정을 대상으로 중앙노동위원장을 피고로 하여야 한다(대판 1995.9.15. 95누6724). 02 행시

🔖**주의** 중앙노동위원회를 피고로 하지 않는다.

3) 특허 관련

특허[특허권, 실용신안권, 디자인권(구 의장권), 상표권 등]에 대한 다툼은 특허에 대한 처분을 다투어서는 안 되고, 특허청 소속의 특허심판원의 심결(재결)을 거친 후 그 심결에 대하여 다투어야 한다(특허법 제186조, 제189조).

(4) 토지수용(원처분주의)

구 토지수용법은 토지수용에 대한 수용재결에 대해서는 다투지 못하고 수용재결에 대한 이의재결을 소송의 대상으로 한정하는 재결주의를 취했지만, 개정된 공익사업을 위한 토지 등의 취득 및 보상에 관한 법률에서는 원처분인 수용재결 자체를 소송의 대상으로 인정하는 원처분주의를 채택하여 학설상 논란을 입법적으로 해결하였다.

[제3목] 취소소송의 당사자(원고적격과 협의의 소의 이익, 피고적격)

01 당사자능력과 당사자적격

1. 당사자능력

당사자능력이란 소송의 주체(원고 또는 피고)가 될 수 있는 **일반적 능력**이다. 즉, 자기의 이름으로 재판을 청구하거나 소송상의 효과를 받을 수 있는 소송법상의 능력을 말한다. 당사자능력은 권리능력이 있는 **모든 자연인과 법인에게 인정된다. 법인이 아닌 사단이나 재단은 대표자 또는 관리인이 있는 경우에는 그 사단이나 재단의 이름으로 당사자가 될 수 있다**(행정소송법 제8조 제2항, 민사소송법 제52조). 그러나 동·식물은 당사자능력이 인정되지 아니한다.

2. 당사자적격

당사자적격은 구체적 소송사건에서 당사자로서 소송을 수행하고 본안판결을 받기에 적합한 자격을 말한다. 당사자적격이 있는 자를 정당한 당사자라고 한다. 예컨대, 갑이라는 사람이 을의 권리를 주장하며 소를 제기하면 당사자능력은 있지만 당사자적격이 없는 것이다.

02 원고적격

1. 원고적격의 의의

(1) 개념

원고적격이란 취소소송을 제기하여 원고로서 본안 판결을 받을 자격을 말한다. 행정소송법 제12조는 "취소소송은 처분 등의 취소를 구할 법률상 이익이 있는 자가 제기할 수 있다."라고 규정하고 있는데, 법률상 이익이 침해된 자에게 원고적격이 있다.

(2) 흠결의 경우

원고적격의 문제는 소송요건으로서 법원의 직권조사사항이다. 따라서 이를 갖추지 못하면 소각하 판결을 받게 된다.

2. 원고적격의 주체

(1) 처분의 직접상대방

1) 원칙적으로 인정

① **침익적·부담적 행정행위의 상대방**: 행정처분에 있어서 불이익처분의 상대방은 직접 개인적 이익의 침해를 받은 자로서 원고적격이 인정된다. 17 국가9급

관련판례

◎ **국가기관인 소방청장에게 원고적격을 인정한 사례** 21소방 19국가7급

국민권익위원회가 소방청장에게 인사와 관련하여 부당한 지시를 한 사실이 인정된다며 이를 취소할 것을 요구하기로 의결하고 그 내용을 통지하자 소방청장이 국민권익위원회 조치요구의 취소를 구하는 소송을 제기한 사안에서, 처분성이 인정되는 국민권익위원회의 조치요구에 불복하고자 하는 소방청장으로서는 조치요구의 취소를 구하는 항고소송을 제기하는 것이 유효·적절한 수단으로 볼 수 있으므로 소방청장이 예외적으로 당사자능력과 원고적격을 가진다(대판 2018.8.1. 2014두35379).

② **수익적 행정행위의 상대방** 18 국회8급, 17·11 국가9급 : 수익처분의 상대방은 그의 권리나 법률상 보호되는 이익이 침해되었다고 볼 수 없으므로 달리 특별한 사정이 없는 한 취소를 구할 이익이 없어 **원고적격이 부정된다**(대판 1995.8.22. 94누8129).

* 수익적 행위의 상대방은 원칙적으로 원고적격이 인정되지 않지만, 예외적으로 인정되는 경우가 있을 수 있다.

관련판례

구 주택법상 입주자나 입주예정자는 사용검사처분의 취소를 구할 법률상 이익이 없다. 19 국회8급, 18 지방9급

사용검사처분은 건축물을 사용·수익할 수 있게 하는 데에 그치므로 건축물에 대하여 사용검사처분이 이루어졌다고 하더라도 그 사정만으로는 건축물에 있는 하자나 건축법 등 관계 법령에 위반되는 사실이 정당화되지는 않는다(대판 2014.7.24. 2011두30465).

2) 예외적 부정 – 경제적·사실적·반사적 이익의 경우

처분의 상대방이라 하더라도 법률상 이익이 아닌 경제적·사실적·반사적 이익을 침해당했을 경우에는 원고적격이 부정된다.

(2) 제3자

1) 개념

제3자의 원고적격은 복효적 행정행위(제3자효 행정행위)에서 처분의 상대방이 아닌 제3자가 처분의 상대방에게 내려진 처분의 위법을 다툴 수 있는가의 문제이다.

2) 인정 여부

전통적으로는 제3자의 원고적격을 인정하지 않았으나 **최근에는 행정처분의 직접상대방이 아닌 제3자라도 당해 행정처분의 취소를 구할 법률상의 이익이 있는 경우에는 원고적격을 인정한다.** 12 지방9급 등 다만, 여기서 말하는 법률상의 이익은 당해 처분의 근거법률에 의하여 보호되는 직접적이고 구체적인 이익이 있는 경우를 말하는 것이고, 다만 **간접적이거나 사실적·경제적 이해관계를 가지는 데 불과한 경우는 여기에 포함되지 않는다**(대판 1999.12.7. 97누12556).

(3) 행정심판의 청구인과 피청구인

1) 기각재결이 있는 경우

사인인 청구인은 행정심판의 재결에 불복하여 취소소송을 제기할 수 있다.

2) 인용재결이 있는 경우

피청구인인 행정청은 재결의 기속력(행정심판법 제49조 제1항) 때문에 **취소소송을 제기할 수 없다.**

3. 법률상 이익의 의미

(1) 학설 – 해석에 따라 학설 대립 17 국회8급

구분	내용	비판
권리구제설	위법한 처분 등으로 인하여 **실체적 권리를 침해당한 자만**이 법률상 이익이 있는 것으로 보는 견해이다.	원고적격을 지나치게 좁게 보아 국민의 재판청구권을 침해할 수 있고, 행정소송법의 개괄주의와 조화되기 어렵다.
법률상 이익구제설 (통설, 판례)	침해되고 있는 이익이 권리에 이르지 못해도 그 이익이 **관계법에 의해 보호되고 있는 이익인 경우**에는 법률상 이익으로 인정한다.	소익의 판정을 실정법의 해석에 맡김으로써 새로 등장하는 이익을 인정하기가 어렵다.
보호가치 있는 이익구제설	당사자가 주장하는 이익이 법률에 의해 보호되는 이익이 아니라 해도 그 내용이 실질적으로 보호할 만한 가치가 있으면 원고적격을 인정하는 견해이다. 11 국가9급	보호할 만한 가치의 판단은 입법자의 몫인데 그 판단을 법관이 하게 되는 것은 타당하지 못하고, **남소의 우려가 있다.**
적법성 보장설	원고적격은 법률상 이익의 성질이 아니라 소송의 수행에 있어 가장 적합한 이해관계를 가지는 자에게 인정되어야 한다는 견해이다.	민중소송의 우려가 있고 우리 법제가 취소소송을 주관적 소송으로 규정하고 있는 것과 조화되기 어렵다.

(2) 판례

판례는 법률상 이익구제설을 취하고 있다. 판례에서 말하는 법률상 이익은 개별적·직접적·구체적 이익만을 말하고, 공익보호의 결과 국민 일반이 가지는 일반적·간접적·추상적 이익은 법률상의 이익이 아니다. 그러나 판례는 법률상 이익의 범위를 확대시켜 나가는 경향이 있다.

관련판례

❶ 제3자의 법률상 이익 19·11 국가9급

행정처분의 직접상대방이 아닌 제3자라 하더라도 당해 행정처분으로 인하여 법률상 보호되는 이익을 침해당한 경우에는 그 처분의 취소나 무효확인을 구하는 행정소송을 제기하여 그 당부의 판단을 받을 자격 즉 원고적격이 있고, 여기에서 말하는 법률상 보호되는 이익은 당해 처분의 근거법규 및 관련 법규에 의하여 보호되는 개별적·직접적·구체적 이익을 말하며, 원고적격은 소송요건의 하나이므로 사실심 변론종결시는 물론 상고심에서도 존속하여야 하고, 이를 흠결하면 부적법한 소가 된다(대판 2007.4.12. 2004두7924).

❷ 담배소매인의 거리제한에 따른 이익 13 서울9급, 13 국회8급

[1] 일반소매인 상호 간의 경우 – 법률상의 이익으로 인정
담배 일반소매인의 지정기준으로서 일반소매인의 영업소 간에 일정한 거리 제한을 두고 있는 것은 담배유통구조의 확립을 통하여 국민의 건강과 관련되고 국가 등의 주요 세원이 되는 담배산업 전반의 건전한 발전 도모 및 국민경제에의 이바지라는 공익목적을 달성하고자 함과 동시에 일반소매인 간의 과당경쟁으로 인한 불합리한 경영을 방지함으로써 일반소매인의 경영상 이익을 보호하는 데에도 그 목적이 있다고 보이므로, 일반소매인으로 지정되어 영업을 하고 있는 기존업자의 신규 일반소매인에 대한 이익은 단순한 사실상의 반사적 이익이 아니라 법률상 보호되는 이익이라고 해석함이 상당하다(대판 2008.3.27. 2007두23811).

[2] 일반소매인과 구내소매인의 경우 – 법률상 이익이 아님.
일반소매인으로 지정되어 영업을 하고 있는 기존업자의 신규 구내소매인에 대한 이익은 법률상 보호되는 이익이 아니라 단순한 사실상의 반사적 이익이라고 해석함이 상당하므로, 기존 일반소매인은 신규 구내소매인 지정처분의 취소를 구할 원고적격이 없다(대판 2008.4.10. 2008두402).

❸ 제주 강정마을 일대가 절대보전지역으로 유지됨으로써 주민들인 원고들이 가지는 주거 및 생활환경상 이익은 그 지역의 경관 등이 보호됨으로써 반사적으로 누리는 것일 뿐 근거법규 또는 관련 법규에 의하여 보호되는 개별적·직접적·구체적 이익이라고 할 수 없다(대판 2012.7.5. 2011두13187·13914). 18 국가7급

❹ 환경상 이익은 본질적으로 자연인에게 귀속되는 것으로서 법인(수녀원)은 환경상 이익의 침해를 이유로 행정소송을 제기할 수 없다(대판 2012.6.28. 2010두2005). 16 국가7급

❺ 환경부장관이 생태·자연도 1등급으로 지정되었던 지역을 2등급 또는 3등급으로 변경하는 내용의 생태·자연도 수정·보완을 고시한 경우 인근 주민 갑은 생태·자연도 등급변경처분의 무효확인을 청구한 소에서, 갑은 무효확인을 구할 원고적격이 없다(대판 2014.2.21. 2011두29052). 16 국가9급

❻ 미얀마 국적의 갑이 위명(위조된 이름)인 '을' 명의의 여권으로 대한민국에 입국한 뒤 을 명의로 난민신청을 하였으나 법무부장관이 을 명의를 사용한 갑을 직접 면담하여 조사한 후 갑에 대하여 난민불인정처분을 한 경우, 처분의 상대방은 허무인이 아니라 '을'이라는 위명을 사용한 갑이라는 이유로, 갑이 처분의 취소를 구할 법률상 이익이 있다(대판 2017.3.9. 2013두16852). 19 국회8급

(3) 법률상 이익이 현실적으로 침해되어야 하는지 여부

법률상 이익은 현실적으로 침해된 경우뿐만 아니라 침해가 예상되는 경우에도 원고적격이 인정된다.

> **관련판례**

❶ 환경영향평가 대상지역 안의 주민에게는 원고적격을 사실상 추정하고, 환경영향평가 대상지역 밖의 주민에게는 원칙적으로 원고적격이 인정되지 않지만, 수인한도를 넘는 환경피해를 입증하면 원고적격을 인정한다. 17 국가9급·국회8급

[1] 환경영향평가 대상지역 안의 주민들이 전과 비교하여 수인한도를 넘는 환경 침해를 받지 아니하고 쾌적한 환경에서 생활할 수 있는 개별적 이익까지도 이를 보호하려는 데에 있다고 할 것이므로, 위 주민들이 공유수면매립 면허처분 등과 관련하여 갖고 있는 위와 같은 환경상의 이익은 주민 개개인에 대하여 개별적으로 보호되는 직접적·구체적 이익으로서 그들에 대하여는 특단의 사정이 없는 한 환경상의 이익에 대한 침해 또는 침해 우려가 있는 것으로 사실상 추정되어 공유수면매립 면허처분 등의 무효확인을 구할 원고적격이 인정된다. 한편, 환경영향평가 대상지역 밖의 주민이라 할지라도 공유수면매립 면허처분 등으로 인하여 그 처분 전과 비교하여 수인한도를 넘는 환경피해를 받거나 받을 우려가 있는 경우에는, 공유수면매립 면허처분 등으로 인하여 환경상 이익에 대한 침해 또는 침해 우려가 있다는 것을 입증함으로써 그 처분 등의 무효확인을 구할 원고적격을 인정받을 수 있다.

[2] 헌법상 환경권과 환경정책기본법상의 권리에 기한 원고적격은 부정(새만금사건) 17 국회8급
헌법 제35조 제1항에서 정하고 있는 환경권에 관한 규정만으로는 그 권리의 주체·대상·내용·행사방법 등이 구체적으로 정립되어 있다고 볼 수 없고, 환경정책기본법 제6조도 그 규정 내용 등에 비추어 국민에게 구체적인 권리를 부여한 것으로 볼 수 없다는 이유로, 환경영향평가 대상지역 밖에 거주하는 주민에게 헌법상의 환경권 또는 환경정책기본법에 근거하여 공유수면매립 면허처분과 농지개량사업 시행인가처분의 무효확인을 구할 원고적격이 없다(대판 2006.3.16. 2006두330 전원합의체).

❷ 행정처분의 근거법규 등에 의하여 환경상 이익에 대한 침해 또는 침해 우려가 있는 것으로 사실상 추정되어 원고적격이 인정되는 사람의 범위 13 국회8급, 12 지방9급

환경상 이익에 대한 침해 또는 침해 우려가 있는 것으로 사실상 추정되어 원고적격이 인정되는 사람에는 환경상 침해를 받으리라고 예상되는 영향권 내의 주민들을 비롯하여 그 영향권 내에서 농작물을 경작하는 등 현실적으로 환경상 이익을 향유하는 사람도 포함된다. 그러나 단지 그 영향권 내의 건물·토지를 소유하거나 환경상 이익을 일시적으로 향유하는 데 그치는 사람은 포함되지 않는다(대판 2009.9.24. 2009두2825).

4. 근거법률의 보호범위(보호규범론)

(1) 의의 06 경북9급

보호규범론이란 행정주체에게 행위의무를 부과하는 법규에 **사익보호에 관한 명문의 규정이 없어도 해석을 통하여 보호범위를 인정하는 이론**을 말한다. 따라서 관련 규범이 공익뿐만 아니라 개인의 사익도 보호하고 있다고 판단되는 경우에는 그 이익은 법률상 보호이익이 된다.

(2) 학설과 판례

통설은 해당 처분의 근거법규를 넘어 관계 법규(실체법과 절차법 포함)에 의해 보호되는 이익도 포함시키는 입장이다. 대법원도 최근에는 관련 법규까지 포함하는 입장이다. 17 국회8급 다만, 도롱뇽사건에서 **환경권과 자연방위권**에 대해서는 원고적격을 부정하였다.

◎ 원고적격 인정

❶ **구속된 피고인 또는 피의자의 타인과의 접견권은 헌법상의 기본권이다.** 10 국가9급

구속된 피고인 또는 피의자의 타인과의 접견권은 위와 같은 헌법상의 기본권을 확인하는 것일 뿐 형사소송법의 규정에 의하여 비로소 피고인 또는 피의자의 접견권이 창설되는 것으로는 볼 수 없다(대결 1992.5.8. 91부8).

❷ 예탁금회원제 골프장의 기존회원은 체육시설업자 등이 제출한 회원모집계획서에 대한 시·도지사의 검토 결과 통보의 취소를 구할 법률상의 이익이 있다(대판 2009.2.26. 2006두16243). 15 경행특채

❸ 납골당 설치장소에서 500미터 내에 20호 이상의 인가가 밀집한 지역에 거주하는 주민들의 경우, 납골당이 누구에 의하여 설치되는지와 관계없이 납골당 설치에 대하여 환경이익 침해 또는 침해 우려가 있는 것으로 사실상 추정되어 원고적격이 인정된다(대판 2011.9.8. 2009두6766). 12 국회8급, 12 서울7급

* 화장장 1,000미터 이내, 쓰레기소각장 300미터 이내의 주민은 원고적격이 인정된다.

❹ 체류자격 및 사증발급의 기준과 절차에 관한 출입국관리법과 그 하위법령의 위와 같은 규정들은 대한민국의 출입국 질서와 국경관리라는 공익을 보호하려는 취지일 뿐, 외국인에게 대한민국에 입국할 권리를 보장하거나 대한민국에 입국하고자 하는 외국인의 사익까지 보호하려는 취지로 해석하기는 어렵다. 19 국가9급

사증발급 거부처분을 다투는 외국인은 아직 대한민국에 입국하지 않은 상태에서 대한민국에 입국하게 해달라고 주장하는 것으로, 대한민국과의 실질적 관련성 내지 대한민국에서 법적으로 보호가치 있는 이해관계를 형성한 경우는 아니어서, 해당 처분의 취소를 구할 법률상 이익을 인정하여야 할 법정책적 필요성도 크지 않다. 반면, 국적법상 귀화불허가처분이나 출입국관리법상 체류자격변경 불허가처분, 강제퇴거명령 등을 다투는 외국인은 대한민국에 적법하게 입국하여 상당한 기간을 체류한 사람이므로, 이미 대한민국과의 실질적 관련성 내지 대한민국에서 법적으로 보호가치 있는 이해관계를 형성한 경우이어서, 해당 처분의 취소를 구할 법률상 이익이 인정된다고 보아야 한다. 이와 같은 사증발급의 법적 성질, 출입국관리법의 입법목적, 사증발급신청인의 대한민국과의 실질적 관련성, 상호주의원칙 등을 고려하면, 우리 출입국관리법의 해석상 외국인에게는 사증발급 거부처분의 취소를 구할 법률상 이익이 인정되지 않는다고 봄이 타당하다(대판 2018.5.15. 2014두42506).

◎ 원고적격 부정

천성산 터널사건 - 도롱뇽사건

신청인 내원사, 미타암, 도롱뇽의 친구들이 환경권에 관한 헌법 제35조 제1항이나 자연방위권 등 헌법상의 권리에 의하여 직접 피신청인에 대하여 고속철도 중 일부 구간의 공사 금지를 청구할 수는 없고 환경정책기본법 등 관계 법령의 규정 역시 그와 같이 구체적인 청구권원을 발생시키는 것으로 해석할 수는 없으므로, 원심이 같은 취지에서 신청인 내원사, 미타암의 신청 중 환경권이나 자연방위권을 피보전권리로 하는 부분 및 신청인 도롱뇽의 친구들의 신청(위 신청인은 천성산을 비롯한 자연환경과 생태계의 보존운동 등을 목적으로 설립된 법인 아닌 사단으로서 헌법상 환경권 또는 자연방위권만을 이 사건 신청의 피보전권리로서 주장하고 있음)에 대하여는 피보전권리를 인정할 수 없다는 취지로 판단한 것은 정당하고, 환경권 및 그에 기초한 자연방위권의 권리성, 신청인 도롱뇽의 친구들의 당사자적격이나 위 신청인이 보유하는 법률상 보호되어야 할 가치 등에 관한 법리오해 등의 위법이 없다(대결 2006.6.2. 2004마1148·1149).

(3) 헌법상 기본권

헌법재판소는 자유권적 기본권인 알 권리와 피고인의 접견권에 근거하여 원고적격을 인정하기도 하였다. 07 세무사

5. 제3자의 원고적격

침익적 처분의 상대방이 원고적격을 가지는 것은 문제가 없다. 그러나 처분의 직접상대방이 아닌 경우에 원고적격이 인정되는가는 경우에 따라 다르기 때문에 나누어보기로 한다.

(1) 침익적 처분에 대한 제3자의 원고적격

1) 대인적 일반처분

상대방은 원고적격을 가진다.

관련판례

고시의 처분성 및 그에 대한 원고적격 15 경행특채

[1] 보건복지부 고시인 약제급여·비급여목록 및 급여상한금액표는 다른 집행행위의 매개 없이 그 자체로서 국민건강보험 가입자, 국민건강보험공단, 요양기관 등의 법률관계를 직접 규율하는 성격을 가지므로 항고소송의 대상이 되는 행정처분에 해당한다.

[2] 제약회사가 자신이 공급하는 약제에 관하여 국민건강보험법, 같은 법 시행령, 국민건강보험 요양급여의 기준에 관한 규칙 등 약제상한금액고시의 근거법령에 의하여 보호되는 직접적이고 구체적인 이익을 향유하는데, 보건복지부 고시인 약제급여·비급여목록 및 급여상한금액표로 인하여 자신이 제조·공급하는 약제의 상한금액이 인하됨에 따라 위와 같이 보호되는 법률상 이익이 침해당할 경우, 제약회사는 위 고시의 취소를 구할 원고적격이 있다(대판 2006.9.22. 2005두2506).

2) 침익적 처분에 대한 밀접한 이해관계를 가지는 제3자

① **원칙**: 침익적 처분의 경우에는 처분의 직접상대방이 취소소송을 제기할 수 있기 때문에, 그 외의 제3자는 통상 원고적격을 갖지 못한다.

② **예외적으로 인정되는 경우**: 사자에 대한 변상금 부과처분을 상속인이 다투는 경우와 같이 그 처분의 취소를 구할 '법률상의 구체적 이익'이 인정되는 경우에는 예외적으로 원고적격이 인정된다.

관련판례

◎ **원고적격 인정(직접적·구체적 이해관계인의 경우)**

❶ 사업양수인은 양도인에 대한 처분을 다툴 법률상 이익이 있다(대판 2000.9.26. 99두646). 13 서울7급

❷ 제3자의 동산을 압류한 경우 그 소유자는 원고적격이 있다(대판 2006.4.13. 2005두15151).

❸ 사자에 대한 변상금 부과처분을 상속인이 다투는 경우 원고적격이 있다(대판 1998.11.27. 97누2337).

❹ 공장 설립으로 수질오염 등이 발생할 우려가 있는 주변 지역의 주민은 원고적격이 있다. 12 서울9급

김해시장이 소감천을 통해 낙동강에 합류하는 하천수 주변의 토지에 구 산업집적 활성화 및 공장 설립에 관한 법률 제13조에 따라 공장 설립을 승인하는 처분을 한 사안에서, 상수원인 물금취수장이 소감천이 흘러 내려 낙동강 본류와 합류하는 지점 근처에 위치하고 있는 점, 수돗물은 수도관 등 급수시설에 의해 공급되는 것이어서 거주지역이 물금취수장으로부터 다소 떨어진 곳이라고 하더라도 수돗물의 수질 악화 등으로 주민들이 갖

게 되는 환경상 이익의 침해나 그 우려는 그 수돗물을 공급하는 취수시설이 입게 되는 수질오염 등의 피해나 그 우려와 동일하게 평가될 수 있는 점 등에 비추어, 공장 설립으로 수질오염 등이 발생할 우려가 있는 물금취수장에서 취수된 물을 공급받는 부산광역시 또는 양산시에 거주하는 주민들도 위 처분의 근거법규 및 관련 법규에 의하여 개별적·구체적·직접적으로 보호되는 환경상 이익, 즉 법률상 보호되는 이익이 침해되거나 침해될 우려가 있는 주민으로서 원고적격이 인정된다(대판 2010.4.15. 2007두16127).

❺ 사립대학교 총장이 소속 대학교 교원의 임용권을 위임받아 전임강사 갑에게 재임용기간 경과를 이유로 당연면직 통지를 하였는데, 이에 대하여 교원소청심사위원회가 재임용 거부처분을 취소한다는 결정처분을 한 경우 대학교 총장도 결정처분의 취소를 구하는 행정소송을 제기할 당사자능력 및 당사자적격이 있다. `20 서울7급`

교원소청심사위원회의 결정에 대하여 행정소송을 제기할 수 있는 자에는 교원지위 향상을 위한 특별법 제10조 제3항에서 명시하고 있는 교원, 사립학교법 제2조에 의한 학교법인, 사립학교 경영자뿐 아니라 소청심사의 피청구인이 된 학교의 장도 포함된다고 보는 것이 타당하다(대판 2011.6.24. 2008두9317).

❻ 갑이 국민권익위원회에 부패방지 및 국민권익위원회의 설치와 운영에 관한 법률에 따른 신고와 신분보장조치를 요구하였고, 국민권익위원회가 을 시·도선거관리위원회 위원장에게 '갑에 대한 중징계요구를 취소하고 향후 신고로 인한 신분상 불이익처분 및 근무조건상의 차별을 하지 말 것을 요구'하는 내용의 조치요구를 한 경우, 국가기관으로서 갑의 소속 기관장인 을에게 위 조치요구의 취소를 구하는 소를 제기할 당사자능력, 원고적격 및 법률상 이익을 인정한 원심판단은 정당하다(대판 2013.7.25. 2011두1214). `16 국가9급`

> **관련판례**

◎ 원고적격 부정(간접적 이해관계인의 경우)

❶ 사법시험에 합격한 보병병과 장교를 법무병과로 전과를 명하고, 그를 법무병과의 소령 진급예정자로 선발한 피고의 이 사건 처분으로 인해 제3자로 군법무관인 원고들이 서열이나 진급 등과 관련하여 받는 영향들은 간접적·사실적 이해관계라고 보아 원고들에게 이 사건 처분을 다툴 원고적격이 없다(대판 2011.4.14. 2010두27615).

❷ 교육부장관이 사학분쟁조정위원회의 심의를 거쳐 갑 대학교를 설치·운영하는 을 학교법인의 이사 8인과 임시이사 1인을 선임한 데 대하여 갑 대학교 교수협의회와 총학생회 등이 이사선임처분의 취소를 구하는 소송을 제기한 사안에서, 갑 대학교 교수협의회와 총학생회는 이사선임처분을 다툴 법률상 이익을 가지지만, 전국대학노동조합 갑 대학교 지부는 법률상 이익이 없다(대판 2015.7.23. 2012두19496). `17 지방7급`

3) 법인 및 단체에 대한 침익적 처분을 그 구성원이 다투는 경우

① **일반적인 경우**: 법인 및 단체의 주주와 임원이 법인 및 단체에 대한 침익적 행정처분을 다투는 경우에는 '직접적이고 구체적인 법률상 이해관계'를 갖는 자에 해당한다고 볼 수 없어 원고적격을 부정함이 원칙이다(대판 1996.3.8 9. 94누12487).

> **관련판례**

소득처분에 따른 소득의 귀속자는 법인에 대한 소득금액 변동통지의 취소를 구할 법률상 이익이 인정되지 않는다. `19 국가9급`

원천징수의무자에 대한 소득금액 변동통지는 원천납세의무의 존부나 범위와 같은 원천납세의무자의 권리나 법률상 지위에 어떠한 영향을 준다고 할 수 없으므로 소득처분에 따른 소득의 귀속자는 법인에 대한 소득금액 변동통지의 취소를 구할 법률상 이익이 없다(대판 2015.3.26. 2013두9267).

② **주식 소각의 경우에는 주주에게도 원고적격 인정**: 일반적으로 법인의 주주는 당해 법인에 대한 행정처분에 관하여 사실상이나 간접적인 이해관계를 가질 뿐이어서 스스로 그 처분의 취소를 구할 원고적격이 없는 것이 원칙이라고 할 것이지만, 그 처분으로 인하여 궁극적으로 주식이 소각되거나 주주의 법인에 대한 권리가 소멸하는 등 주주의 지위에 중대한 영향을 초래하게 되는데도 그 처분의 성질상 당해 법인이 이를 다툴 것을 기대할 수 없고, 달리 주주의 지위를 보전할 구제방법이 없는 경우에는 주주도 그 처분에 관하여 직접적이고 구체적인 법률상 이해관계를 가진다고 보이므로 그 취소를 구할 원고적격이 있다(대판 2004.12.23. 2000두2648).

＊ 대한생명보험주식회사의 주주가 금융감독위원회의 기존 주식 전부를 무상 소각하는 감자명령에 대해 취소소송으로 다툰 사건이다.

관련판례

구 임대주택법상 임차인 대표회의(비법인사단)도 임대주택 분양전환 승인처분에 대하여 취소소송을 제기할 원고적격이 있다(대판 2010.5.13. 2009두19168). **◎ 예상**

(2) 수익적 처분의 제3자(복효적 행정행위에서 부담적 효과를 받는 제3자)의 원고적격

1) 경업자소송

① **의의**: 경업자소송이란 행정청이 신규 인·허가를 함으로써 새로운 사업자가 시장에 출현하여 기존의 사업자와 경쟁관계를 가지게 될 때 **기존업자가 새로운 사업자에게 내려진 인·허가의 취소를 구하는 소송을 말한다.** 경쟁자 (진입) 방어소송이라고도 한다.

② **인정 여부** `17 국회8급, 15·11 국가9급`

㉠ **특허업자**: 기존업자가 특허업자인 경우에는 특허의 독점적인 지위를 법률상의 이익으로 인정하여 원고적격을 인정함이 학설과 판례의 경향이다.

㉡ **허가업자**: 기존업자가 허가를 받은 경우에는 그 허가로 인한 경제적 이익은 반사적 이익에 불과하다고 보아 원고적격을 인정하지 않는 것이 일반적 경향이다.

관련판례

◎ **인정 사례(특허업자의 경우)** - 대규모 사업이나 운수사업의 경우

❶ 중계유선방송사업 허가를 받은 중계유선방송사업자의 사업상 이익은 방송법에 의하여 보호되는 법률상 이익이다(대판 2007.5.11. 2004다11162).

❷ 선박운항사업 면허처분에 대하여 기존업자는 행정처분 취소를 구할 법률상 이익이 있다(대판 1969.12.30. 69누106). `08 지방9급 등`

❸ 원고들의 광구로부터 상당한 거리를 보유한 경계선에 동종의 광업권을 갖고 있던 피고 보조참가인이 원고들에 대한 광업권 증구허가처분으로 인하여 이 증구허가의 대상구역에 해당하는 보안구역이 폐지됨으로 말미암아 원고들의 광구로부터의 상당한 거리를 상실하는 결과가 되어 보안구역 존치의 이익을 침해당하였다면 위 증구허가처분에 대하여 구 광업법 제71조 소정의 이의신청을 할 적격이 있다(대판 1982.7.27. 81누271).

❹ 구 오수·분뇨 및 축산폐수의 처리에 관한 법률과 같은 법 시행령상 업종을 분뇨와 축산폐수 수집·운반업 및 정화조 청소업으로 하여 분뇨 등 관련 영업허가를 받아 영업을 하고 있는 기존업자의 이익은 법률상 보호되는 이익이다(대판 2006.7.28. 2004두6716). - 분뇨 등의 처리업에 대한 허가가 특허인지 허가인지에 대해 판례는 명시적 판단을 하고 있지 않다. 여기서는 사법연수원 행정구제법에서 특허로 보고 있는 것에 따른 것이다.

관련판례

◎ **부정 사례(허가업자의 경우)** – 주로 소규모 기업의 경우

❶ 신규 공중목욕장 허가로 기존 목욕장업자의 감소된 이익은 반사적 이익에 불과하다(대판 1963.8.31. 63누101). 18 소방

❷ 수입금지로 누리는 이익은 법률상 이익이 아니다(대판 1971.6.29. 69누91). 04 경기9급

❸ 석탄가공업에 관한 허가는 법률상 이익이 아니다(대판 1980.7.22. 80누33). 11 경행특채

❹ 유기장 영업허가로 누리는 이익은 반사적 이익이다(대판 1986.11.25. 84누147). 07 서울9급 등

❺ 장의자동차운송사업구역 위반을 이유로 한 과징금 부과처분의 취소를 제3자가 다툴 수 없다(대판 1992.12.8. 91누13700). 12 서울9급

❻ 숙박업자가 누리는 이익은 법률상 이익이 아니다(대판 1990.8.14. 89누7900).

> **비교판례**
> ① 한의사면허로 누리는 이익은 법률상 이익이 아니다. 17 사복9급
> 한의사면허는 경찰금지를 해제하는 명령적 행위(강학상 허가)에 해당하고, 한약조제시험을 통하여 약사에게 한약조제권을 인정함으로써 한의사들의 영업상 이익이 감소되었다고 하더라도 이러한 이익은 사실상의 이익에 불과하고 약사법이나 의료법 등의 법률에 의하여 보호되는 이익이라고는 볼 수 없으므로, 한의사들이 한약조제시험을 통하여 한약조제권을 인정받은 약사들에 대한 합격처분의 무효확인을 구하는 당해 소는 원고적격이 없는 자들이 제기한 소로서 부적법하다(대판 1998.3.10. 97누4289).
> ② 치과의사가 누리는 이익은 법률상 이익이 아니다(대판 1990.5.22. 90누813).

2) 경원자소송

① **개념**: 경원자관계란 인·허가의 수익적 처분을 신청한 여러 사람 중 일방에 대한 허가가 타방에 대한 불허가로 귀결될 수밖에 없는 양립 불가능한 관계를 말한다.

② **원고적격을 가지는 자**: 경원자관계에서 허가를 받지 못한 자는 자신에 대한 허가거부 취소소송을 제기할 수도 있고, 상대방에 대한 허가의 취소를 구하는 취소소송을 제기할 수도 있다. 다만, 그 처분이 취소된다 하더라도 허가 등의 처분을 받지 못한 불이익이 회복된다고 볼 수 없는 경우에는 해당 처분의 취소를 구할 협의의 소의 이익이 없다. 17·08 국회8급 예컨대, 탈락한 자가 허가의 요건을 갖추지 못한 경우에는 소의 이익이 없는 경우에 해당한다.

③ **인정 여부** 16 지방7급 : 학설과 판례는 **경쟁업자들의 원고적격을 일반적으로 인정한다.**

관련판례

◎ **경원자의 원고적격 인정**

❶ 법학전문대학원 예비인가에서 탈락한 조선대학교의 원고적격을 인정한 사례 ◎ 예상

인·허가 등의 수익적 행정처분을 신청한 수인이 서로 경쟁관계에 있어서 일방에 대한 허가 등의 처분이 타방에 대한 불허가 등으로 귀결될 수밖에 없는 때 허가 등의 처분을 받지 못한 자는 비록 경원자에 대하여 이루어진 허가 등 처분의 상대방이 아니라 하더라도 당해 처분의 취소를 구할 원고적격이 있다. 다만, 명백한 법적 장애로 인하여 원고 자신의 신청이 인용될 가능성이 처음부터 배제되어 있는 경우에는 당해 처분의 취소를 구할 정당한 이익이 없다(대판 2009.12.10. 2009두8359).

❷ 인가·허가 등 수익적 행정처분을 신청한 여러 사람이 서로 경원관계에 있는 경우, 허가 등 처분을 받지 못한 사람이 자신에 대한 거부처분의 취소를 구할 원고적격과 소의 이익이 있다(대판 2015.10.29. 2013두27517).

3) 인인(隣人)소송

① **개념**: 인인소송(이웃소송)이란 특정인에 대한 수익적 처분이 이웃주민에게 불이익한 결과가 발생하는 경우에 침해받는 이웃주민이 그 침해를 다투는 소송을 말한다. 이 소송의 쟁점은 이웃주민인 제3자에게 원고적격, 즉 법률상의 이익을 인정할 수 있는지이며, 주로 건축법, 환경법에서 문제된다.

② **원고적격의 인정 여부**: 대법원은 연탄공장 허가처분 취소소송에서 인근 주민의 원고적격을 인정한 이후(대판 1975.5.13. 73누96), LPG자동차 충전소 설치허가처분 취소소송 등에서도 주민들의 원고적격을 인정하였다(대판 1983.7.12. 83누59).

③ **판례의 검토**
　㉠ 공장 등의 시설 허가처분에 대한 인근 주민의 경우

관련판례

◎ **원고적격 인정**

❶ 연탄공장 허가처분에 대한 인근 지역주민은 원고적격이 있다. `08 지방9급 등`

주거지역 내에 위 법조 소정 제한면적을 초과한 연탄공장 건축허가처분으로 불이익을 받고 있는 제3거주자는 비록 당해 행정처분의 상대자가 아니라 하더라도 그 행정처분으로 말미암아 위와 같은 법률에 의하여 보호되는 이익을 침해받고 있다면 당해 행정처분의 취소를 소구하여 그 당부의 판단을 받을 법률상의 자격이 있다(대판 1975.5.13. 73누96).

❷ LPG자동차 충전소 설치허가처분에서 인근 지역주민은 원고적격이 있다(대판 1983.7.12. 83누59). `04 경기9급 등`

❸ 공설화장장(도시계획시설의 일종) 설치를 금지함에 의하여 보호되는 부근 주민들의 환경상 이익은 도시계획 결정처분의 취소를 구할 법률상 이익이다. `06 국가9급 등` 그러나 상수원 보호구역 변경처분으로 상수원에서 급수를 받고 있는 지역주민들이 가지는 양질의 급수를 받을 이익은 법률상 이익이 아니다. `17 국가9급 등`

[1] 도시계획의 내용이 화장장의 설치에 관한 것일 때에는 도시계획법 제12조뿐만 아니라 매장 및 묘지 등에 관한 법률 및 같은 법 시행령 역시 그 근거법률이 된다고 보아야 할 것이므로, 같은 법 시행령 제4조 제2호가 공설화장장은 20호 이상의 인가가 밀집한 지역, 학교 또는 공중이 수시 집합하는 시설 또는 장소로부터 1,000미터 이상 떨어진 곳에 설치하도록 제한을 가하고, 같은 법 시행령 제9조가 국민보건상 위해를 끼칠 우려가 있는 지역, 도시계획법 제17조의 규정에 의한 주거지역, 상업지역, 공업지역 및 녹지지역 안의 풍치지구 등에의 공설화장장 설치를 금지함에 의하여 보호되는 부근 주민들의 이익은 위 도시계획 결정처분의 근거법률에 의하여 보호되는 법률상 이익이다.

[2] 상수원 보호구역 설정의 근거가 되는 수도법 제5조 제1항 및 동 시행령 제7조 제1항이 보호하고자 하는 것은 상수원의 확보와 수질보전일 뿐이고, 그 상수원에서 급수를 받고 있는 지역주민들이 가지는 상수원의 오염을 막아 양질의 급수를 받을 이익은 직접적이고 구체적으로는 보호하고 있지 않음이 명백하여 위 지역주민들이 가지는 이익은 상수원의 확보와 수질보호라는 공공의 이익이 달성됨에 따라 반사적으로 얻게 되는 이익에 불과하므로 지역주민들에 불과한 원고들에게는 위 상수원 보호구역 변경처분의 취소를 구할 법률상의 이익이 없다(대판 1995.9.26. 94누14544).

❹ 광업권 설정 허가처분에 대한 인근 주민 등이 누리는 이익은 법률상 이익이다.

광업권 설정 허가처분과 그에 따른 후속절차로 인하여 직접적이고 중대한 재산상·환경상 피해가 예상되는 토지나 건축물의 소유자나 점유자 또는 이해관계인 및 주민들은 그 처분 전과 비교하여 수인한도를 넘는 재산상·환경상 이익의 침해를 받거나 받을 우려가 있다는 것을 증명함으로써 그 처분의 취소를 구할 원고적격을 인정받을 수 있다(대판 2008.9.11. 2006두7577).

ⓒ 인접주택 소유자 간 또는 도시재개발 등의 경우

관련판례

◎ 원고적격 부정

① 개발제한구역 중 일부 취락을 개발제한구역에서 해제하는 내용의 도시관리계획 변경결정에 대하여, 개발제한구역 해제대상에서 누락된 토지의 소유자는 위 결정의 취소를 구할 법률상 이익이 없다(대판 2008.7.10. 2007두10242). 20·18 지방9급, 15 경행특채, 09 국회8급

② 건물건축과정에서 피해를 입은 인접주택 소유자는 신축건물에 대한 사용검사처분의 취소를 구할 법률상 이익이 없다(대판 2007.4.26. 2006두18409).

ⓒ 공물의 사용관계와 인근 주민의 원고적격

관련판례

◎ 원고적격 부정

① 갑이 을 소유의 도로를 공로에 이르는 유일한 통로로 이용하였으나 갑 소유의 대지에 연접하여 새로운 공로가 개설되어 그 쪽으로 출입문을 내어 바로 새로운 공로에 이를 수 있게 된 경우(과거 을 소유의 도로가 유일한 도로였지만 대체도로가 개설되어 폐쇄된 경우), 갑이 을 소유의 도로에 대한 도로폐지 허가처분의 취소를 구할 법률상 이익이 없다(대판 1999.12.7. 97누12556).

② 지하상가에서 영업활동을 하는 자들은 새로 생긴 횡단보도의 설치에 대해 취소소송을 제기할 법률상의 이익을 갖지 아니한다(대판 2000.10.27. 98두896). 17 사복9급 - 횡단보도의 설치는 일반처분으로 처분성이 인정된다.

③ 일반적인 시민생활에서 도로를 이용만 하는 사람(공물의 보통사용자)은 도로의 용도폐지에 대해 다툴 법률상 이익이 없고, 문화재의 지정이나 그 보호구역 지정으로 인한 이익이 일반 국민이나 인근 주민의 문화재를 향유할 구체적이고도 법률적인 이익이라고 할 수 없다. 다만, 공공용재산이라고 하여도 당해 공공용재산의 성질상 특정 개인의 생활에 개별성이 강한 직접적이고 구체적인 이익을 부여하고 있어서 그에게 그로 인한 이익을 가지게 하는 것이 법률적인 관점으로도 이유가 있다고 인정되는 특별한 사정이 있는 경우에는 그와 같은 이익은 법률상 보호되어야 할 것이고, 따라서 도로의 용도폐지처분에 관하여 이러한 직접적인 이해관계를 가지는 사람이 그와 같은 이익을 현실적으로 침해당한 경우에는 그 취소를 구할 법률상의 이익이 있다(대판 1992.9.22. 91누13212).

4) 기타 제3자의 원고적격

관련판례

① 위법한 징계재결을 받은 해양사고 관련자가 소로써 불복하지 아니하는 경우, 해양사고의 조사 및 심판에 관한 법률상의 조사관이 공익의 대표자로서 대법원에 대하여 위법한 징계재결의 취소를 구할 법률상의 이익이 있다(대판 2002.9.6. 2002추54).

❷ 정보공개 거부처분을 받은 청구인은 그 거부처분의 취소를 구할 법률상의 이익이 있다(대판 2003.3.11. 2001두6425).
14 국가7급, 13 지방9급 등

6. 기타 소송에서의 원고적격

원고적격: 법률상 이익 필요	무효등 확인소송	무효등확인소송은 처분 등의 효력 유무 또는 존재 여부의 확인을 구할 법률상 이익이 있는 자가 제기할 수 있다(행정소송법 제35조).
	부작위위법 확인소송	부작위위법확인소송은 처분의 신청을 한 자로서 부작위의 위법의 확인을 구할 법률상 이익이 있는 자만이 제기할 수 있다(행정소송법 제36조).
원고적격: 법률상 이익 불요	당사자소송	· 원고적격의 제한이 없다. 따라서 취소소송의 원고적격을 준용하지 않는다. 16 서울9급 · 민사소송과 성질이 유사하므로 행정소송법 제8조 제2항에 의해 민사소송법의 원고적격이 준용된다.
	민중소송과 기관소송	· 개별법에서 특별히 인정한 자만이 당사자적격을 가진다. 21 소방 · 민중소송이나 기관소송은 개인의 주관적 권리보호가 목적이 아니라, 법규의 정당한 적용을 확보하려는 객관적 소송이기 때문이다.

03 협의의 소의 이익(권리보호의 필요성)

1. 의의

(1) 개념

소의 이익이란 '소송제도를 이용할 정당한 이익 또는 필요성'을 말한다. 소의 이익을 광의로 정의하면 대상적격, 원고적격, 권리보호의 필요성을 포함한다. 이 중 권리보호의 필요성을 협의의 소의 이익이라고 한다. 다시 말해, 협의의 소의 이익이란 구체적 사안에서 재판에 의해 해결할 만한 현실적 필요성을 말한다.

(2) 구체적 예

예를 들어, 영업정지처분의 취소를 다투는 소송에서 영업정지의 기간이 도과하거나, 원상회복이 불가능한 경우에 원고는 승소를 해도 현실적으로 영업정지의 취소를 구할 실익이 없게 된다. 이때 법원은 소의 이익이 없다는 이유로 소를 각하하게 된다. 이 경우 당사자의 구제를 위하여 손해배상을 청구할 수 있는 것은 별개의 문제이다. 왜냐하면, 취소소송은 처분 자체의 위법성을 다투는 것이기 때문이다.

(3) 소송의 일반원칙

소의 이익은 명문규정의 여부와는 상관 없이 요구되는 소송의 일반원칙이다. 06 세무사 소의 이익은 남소의 방지와 법원과 피고(행정청)의 부담 완화, 원활한 행정의 실현을 위한 목적을 가지고 있다. 최근에는 소의 이익을 확대인정하는 경향이다.

2. 회복되는 법률상 이익의 의미

관련조문

제12조(원고적격) 취소소송은 처분 등의 취소를 구할 법률상 이익이 있는 자가 제기할 수 있다. 처분 등의 효과가 기간의 경과, 처분 등의 집행 그 밖의 사유로 인하여 소멸된 뒤에도 그 처분 등의 취소로 인하여 회복되는 법률상 이익이 있는 자의 경우에는 또한 같다.

(1) 문제의 소재

회복되는 법률상의 이익을 원고적격에서의 법률상 이익(제12조 전단)과 동일하게 볼 것인지, 이보다 넓게 명예·신용 등의 인격적·사회적 이익을 협의의 소의 이익에 포함시킬 것인지에 대해 견해의 대립이 있다.

(2) 학설과 판례

판례는 원칙적으로 처분의 기간이 경과하여 소멸한 후에는 명예·신용 등의 인격적 이익을 회복하기 위한 소송을 허용하지 않는다. 다만, 예외적으로 인정한 판례도 있다. 학설은 대립된다.

관련판례

◎ 예외 – 적극설의 입장에서 판시 16 지방7급, 15 국가9급, 13 서울7급

고등학교 졸업이 대학입학 자격이나 학력 인정으로서의 의미밖에 없다고 할 수 없으므로 고등학교 졸업학력 검정고시에 합격하였다 하여 고등학교 학생으로서의 신분과 명예가 회복될 수 없는 것이니 퇴학처분을 받은 자로서는 퇴학처분의 위법을 주장하여 그 취소를 구할 소송상의 이익이 있다(대판 1992.7.14. 91누4737).

3. 소의 이익 인정에 대한 개별적 검토

(1) 처분의 효력이 소멸한 경우 – 영업정지기간이 도과한 경우

1) 원칙 – 소의 이익 부정

처분의 효력이 소멸한 후에는 원칙적으로 협의의 소의 이익은 인정되지 않는다. 예컨대, 행정처분에 그 효력기간이 정하여져 있는 경우(1개월의 영업정지), 그 처분의 효력 또는 집행이 정지된 바 없다면 위 기간의 경과로 그 행정처분의 효력은 상실되므로 그 기간 경과 후에는 그 처분이 외형상 잔존함으로 인하여 어떠한 법률상 이익이 침해되고 있다고 볼 만한 별다른 사정이 없는 한 그 처분의 취소를 구할 법률상의 이익이 없다(대판 2004.7.8. 2002두1946). 08 세무사 등

2) 예외 – 소의 이익 인정

행정소송법 제12조 후문에 의해서 처분 등의 효과가 기간의 경과, 처분 등의 집행 그 밖의 사유로 인하여 소멸된 뒤에도 그 처분 등의 취소로 인하여 회복되는 법률상 이익이 있는 경우에는 소의 이익이 있게 된다. 10 지방9급 등 구체적 사유로는 ① 해당 처분의 존재가 장래의 가중적 처분의 요건으로 되어 있는 경우 17 지방7급, ② 판결의 소급효에 의해 해당 처분이 소급적으로 취소됨으로써 원고의 이익이 구제될 수 있는 경우, ③ 동일한 소송당사자 사이에서 동일한 사유로 위법한 처분이 반복될 위험성이 있어 행정처분의 위법성 확인 내지 불분명한 법률문제에 대한 해명이 필요하다고 판단되는 경우 등이다.

관련판례

◎ **기간 경과로 소의 이익 부정** – 기간의 경과로 처분의 효력이 소멸한 경우

❶ 유효기간 만료 후 허가갱신신청을 거부한 투전기업소 갱신허가 불허처분에 대하여 효력정지를 구할 이익이 없다(대판 1993.2.10. 92두72). 07 국가9급

❷ 사실심 변론종결일 현재 토석채취 허가기간이 경과한 경우에는 취소처분의 취소를 구하는 소는 소의 이익이 없다(대판 1993.7.27. 93누3899). 04 행시

관련판례

◎ **직권취소·철회 등의 사유로 처분의 효력 소멸**

❶ 소송계속 중 사정변경을 이유로 반려처분을 직권취소함과 동시에 신청을 재반려하는 내용의 재처분을 한 경우 반려처분의 취소를 구하는 소는 더 이상 소의 이익이 없다(대판 2006.9.28. 2004두5317). 11 경행특채, 08 지방7급

❷ 환지처분 공고 후에는 환지예정지 지정처분의 취소를 구할 법률상 이익이 없다(대판 1999.10.8. 99두6873). 12 국가7급

❸ 보충역 편입처분 및 공익근무요원 소집처분의 취소를 구하는 소의 계속 중 병역처분 변경신청에 따라 제2국민역 편입처분으로 병역처분이 변경된 경우, 종전 보충역 편입처분 및 공익근무요원 소집처분의 취소를 구할 소의 이익이 없다(대판 2005.12.9. 2004두6563).

❹ 새로운 직위해제사유에 기한 직위해제처분을 한 경우 그 이전에 한 직위해제처분은 소의 이익이 없다(대판 2003.10.10. 2003두5945).

❺ 증액경정처분에 대하여 취소소송을 제기한 경우 감액경정청구 거부처분의 취소를 구하는 소는 그 취소를 구할 이익이나 필요가 없어 부적법하다(대판 2005.10.14. 2004두8972).

❻ 파면처분 취소결정에 대한 취소소송 계속 중 파면에서 해임으로 변경된 경우에 파면에 대한 소송은 소의 이익이 없다(대판 2010.2.25. 2008두20765).

❼ 구 토지구획정리사업법 제61조에 의한 환지확정처분의 일부에 대하여 취소나 무효확인을 구할 법률상 이익이 없다.
항소심법원이 위헌법률심판 제청신청에 대하여 판결 선고와 동시에 이를 기각결정한 경우, 헌법재판소의 재판을 받을 권리를 침해한 것으로 볼 수 없다(대판 2013.2.28. 2010두2289).

 관련판례

◎ **소의 이익 긍정**

❶ 판결의 소급효에 의해 당해 처분이 소급적으로 취소됨으로써 원고의 이익이 구제될 수 있는 경우 03 행시

행정처분의 효력정지 가처분결정은 일시 잠정적으로 그 처분의 집행 혹은 효력발생을 정지하는 것이므로 집행정지 가처분으로 인하여 그 행정처분이 정한 기간이 그 집행정지 중에 이미 지나갔다 하여도 그 행정처분의 당부에 대한 본안심판을 하여야 하고 본소를 각하하지 못한다(대판 1974.1.29. 73누202).

❷ 처분이 반복될 위험성이 있는 경우 소의 이익이 있다. 12 국회8급

제소 당시에는 권리보호의 이익을 갖추었는데 제소 후 취소대상 행정처분이 기간의 경과 등으로 그 효과가 소멸한 때, 동일한 소송당사자 사이에서 동일한 사유로 위법한 처분이 반복될 위험성이 있어 행정처분의 위법성 확인 내지 불분명한 법률문제에 대한 해명이 필요하다고 판단되는 경우, 그리고 선행처분과 후행처분이 단계적인 일련의 절차로 연속하여 행하여져 후행처분이 선행처분의 적법함을 전제로 이루어짐에 따라 선행처분의 하자가 후행처분에 승계된다고 볼 수 있어 이미 소를 제기하여 다투고 있는 선행처분의 위법성을 확인하여 줄 필요가 있는 경우 등에는 행정의 적법성 확보와 그에 대한 사법통제, 국민의 권리구제의 확대 등의 측면에서 여전히 그 처분의 취소를 구할 법률상 이익이 있다(대판 2007.7.19. 2006두19297 전원합의체).

❸ 공개청구의 대상이 되는 정보가 이미 다른 사람에게 공개되어 널리 알려져 있다거나 인터넷 등을 통하여 공개되어 인터넷 검색 등을 통하여 쉽게 알 수 있는 경우에도 소의 이익이 있다(대판 2010.12.23. 2008두13101). 13 지방9급

❹ 공정거래위원회가 부당한 공동행위에 대한 시정명령 및 과징금 부과와 자진신고 감면 여부를 분리 심리하여 별개로 의결한 다음 과징금 등 처분과 별도의 처분서로 감면기각처분을 한 경우, 처분의 상대방이 각 처분에 대하여 함께 또는 별도로 불복할 수 있고, 과징금 등 처분과 감면기각처분의 취소를 구하는 소를 함께 제기한

경우, 감면기각처분의 취소를 구할 소의 이익은 원칙적으로 인정된다(대판 2017.1.12. 2016두35199). 18 국회8급

❺ 확정된 승소판결에는 기판력이 있으므로 승소 확정판결을 받은 당사자가 전소의 상대방을 상대로 다시 승소 확정판결의 전소와 동일한 청구의 소를 제기하는 경우, 특별한 사정이 없는 한 후소는 권리보호의 이익이 없어 부적법하다. 하지만 예외적으로 확정판결에 의한 채권의 소멸시효기간인 10년의 경과가 임박한 경우에는 그 시효중단을 위한 소는 소의 이익이 있다(대판 2019.1.17. 2018다24349). ◎ 예상

❻ 공장설립승인처분이 있고 난 뒤에 또는 그와 동시에 공장건축허가처분을 하는 것이 허용되므로, 공장설립승인처분이 취소된 경우에는 그 승인처분을 기초로 한 공장건축허가처분 역시 취소되어야 하고, 공장설립승인처분에 근거하여 토지의 형질변경이 이루어진 경우에는 원상회복을 해야 함이 원칙이다. 따라서 개발제한구역 안에서의 공장설립을 승인한 처분이 위법하다는 이유로 쟁송취소되었다고 하더라도 그 승인처분에 기초한 공장건축허가처분이 잔존하는 이상, 공장설립승인처분이 취소되었다는 사정만으로 인근 주민들의 환경상 이익이 침해되는 상태나 침해될 위험이 종료되었다거나 이를 시정할 수 있는 단계가 지나버렸다고 단정할 수는 없고, 인근 주민들은 여전히 공장건축허가처분의 취소를 구할 법률상 이익이 있다고 보아야 한다(대판 2018.7.12. 2015두3485). 19 서울7급

(2) 원상회복이 불가능한 경우

1) 원칙

처분이 취소되어도 원상회복이 불가능한 경우에는 취소를 구할 소의 이익이 없는 것이 원칙이다. 16 국가9급, 10 세무사 등 예컨대, 특정 일자에 개최해야 하는 집회 시위에 대한 불허처분에 대하여 그 행사일자가 지난 후에는 처분의 취소를 구할 소의 이익이 없는 것이다.

2) 예외

원상회복이 불가능한 경우에도 회복되는 부수적 이익이 있는 경우에는 소의 이익이 인정된다. 판례에 의하면 징계처분으로서 감봉처분이 있은 후 공무원의 신분이 상실(자진 퇴직)된 경우에도 위법한 감봉처분의 취소가 필요한 경우에는 위 감봉처분 취소를 구할 소의 이익이 있다(대판 1977.7.12. 74누147). 원고는 이미 공무원의 신분을 상실했기 때문에 감봉처분의 취소로 공무원의 신분이 회복되지는 못하지만 감봉처분이 취소된다면 감봉처분으로 삭감되었던 급여 부분은 원고의 법률상 이익에 해당하기 때문이다.

관련판례

◎ 권리보호의 필요 부정

❶ 대집행의 실행이 완료된 경우에는 소의 이익이 없다(대판 1993.6.8. 93누6164). 08 국회8급 등

❷ 상등병에서 병장으로의 진급요건을 갖춘 자에 대하여 그 진급처분을 행하지 아니한 상태에서 예비역으로 편입하는 처분을 한 경우, 진급처분 부작위위법을 이유로 예비역 편입처분취소를 구할 소의 이익이 없다(대판 2000.5.16. 99두7111). 09 국가9급

❸ 현역병 입영대상자로 병역처분을 받은 자가 그 취소소송 중 모병에 응하여 현역병으로 자진 입대한 경우, 그 처분의 위법을 다툴 실제적 효용 내지 이익이 없으므로 소의 이익이 없다(대판 1998.9.8. 98두9165).

❹ 구 도시 및 주거환경정비법상 조합설립추진위원회 구성승인처분을 다투는 소송 계속 중 조합설립 인가처분이 이루어진 경우 조합설립추진위원회 구성승인처분에 대하여 취소 또는 무효확인을 구할 법률상 이익이 없다(대판 2013.1.31. 2011두11112). 18 지방9급, 16 지방7급

◎ 권리보호의 필요 긍정

❶ 지방의회의원에 대한 제명의결 취소소송 계속 중 의원의 임기가 만료된 사안에서, 제명의결의 취소로 의원의 지위를 회복할 수는 없다 하더라도 제명의결시부터 임기만료일까지의 기간에 대한 월정수당의 지급을 구할 수 있는 등 여전히 그 제명의결의 취소를 구할 법률상 이익이 있다(대판 2009.1.30. 2007두13487).
19·16 국가9급, 12 국회8급, 10 서울9급

> **비교판례**
> 임기 만료된 지방의회의원은 군의회를 상대로 한 의원제명처분 취소의 소를 유지할 법률상의 이익이 없다(대판 1996.2.9. 95누14978).

❷ 대학입학고사 불합격처분의 취소를 구하는 소송계속 중 당해 연도의 입학시기가 지나고 입학정원에 못 들어가게 된 경우 소의 이익이 있다(대판 1990.8.28. 89누8255). 14 지방7급 등

❸ 도시개발사업의 공사 등이 완료되고 원상회복이 사회통념상 불가능하게 된 경우, 도시개발사업의 시행에 따른 도시계획 변경결정처분과 도시개발구역 지정처분 및 도시개발사업 실시계획 인가처분의 취소를 구할 법률상 이익이 있다(대판 2005.9.9. 2003두5402·5419). 19 국가9급, 08 지방7급 등

❹ 부실금융기관에 대한 파산결정이 확정되어도 영업인가 취소처분에 대한 취소를 구할 소의 이익이 있다. ◎예상

부실금융기관에 대한 파산결정이 확정되고 이미 파산절차가 상당 부분 진행되고 있다 하더라도 파산종결이 될 때까지는 그 가능성이 매우 적기는 하지만 동의 폐지나 강제화의 등의 방법으로 당해 부실금융기관이 영업활동을 재개할 가능성이 여전히 남아 있으므로, 금융감독위원회의 위 부실금융기관에 대한 영업인가의 취소처분에 대한 취소를 구할 소의 이익이 있다(대판 2006.7.28. 2004두13219).

❺ 현역입영대상자는 입영한 후에 현역병 입영통지처분의 취소를 구할 소송상의 이익이 있다(대판 2003.12.26. 2003두1875). 16 국가9급

* 자원 입대의 경우에는 소의 이익이 없지만, 사례는 자원 입대가 아닌 경우이다. 21 소방, 19 국가9급

❻ 공장등록이 취소된 후 그 공장시설물이 철거되었다 하더라도 대도시 안의 공장을 지방으로 이전할 경우 조세특례제한법상의 세액공제 및 소득세 등의 감면혜택이 있고, 공업배치 및 공장 설립에 관한 법률상의 간이한 이전절차 및 우선입주의 혜택이 있는 경우, 그 공장등록 취소처분의 취소를 구할 법률상의 이익이 있다(대판 2002.1.11. 2000두3306).

❼ 해임처분 무효확인 또는 취소소송 계속 중 임기가 만료되어 해임처분의 무효확인 또는 취소로 지위를 회복할 수는 없다고 할지라도, 그 무효확인 또는 취소로 해임처분일부터 임기만료일까지 기간에 대한 보수 지급을 구할 수 있는 경우에는 해임처분의 무효확인 또는 취소를 구할 법률상 이익이 있다. 해임권자와 보수지급의무자가 다른 경우에도 마찬가지이다(대판 2012.2.23. 2011두5001).

❽ 건축허가 취소처분을 받은 건축물 소유자는 건축물 완공 후에도 취소처분의 취소를 구할 법률상 이익을 가진다(대판 2015.11.12. 2015두47195). ◎예상

(3) 법령에서 장래의 가중적 제재처분의 기준요건으로 규정하고 있는 경우 19 국가9급, 17 사복9급

법률에 제재적 처분을 받은 것을 가중적 요건으로 규정한 경우	법령에 제재적 처분을 받은 것을 가중적 요건으로 규정한 경우
처분의 효력이 기간 등의 경과로 소멸되었다 하더라도 이전의 처분을 받은 경력이 새로운 법 위반사실로 처분을 받을 때 가중적 제재의 요건으로 규정되어 있다면 비록 이전 처분의 효력이 소멸되었다 하더라도 그 취소를 구할 소의 이익이 있다.	대법원은 종래 가중요건이 대통령령(시행령)에 규정된 경우에는 소익을 인정하고, 부령(시행규칙)이나 지방자치단체의 규칙으로 규정된 경우에는 소익을 부정해 왔으나, 최근 판례를 변경하여 부령이나 지방자치단체의 규칙으로 규정된 경우에도 소익을 인정한다.

[예외] 이전의 처분이 가중적 요건이라 하더라도 이미 가중적 제재의 기간이 도과하여 실제로 가중적 처분을 받을 가능성이 없는 경우에는 소의 이익이 부정된다.

(4) 처분 후의 사정변경이 있는 경우

1) 처분의 직권취소·철회의 경우

처분이 취소된 경우에는 소의 이익이 인정되지 아니한다. **소송이 단지 국가배상의 목적으로 제기된 것이라도 그 이유만으로는 소의 이익이 인정되지 않는다.** 18 국가9급 또한 처분이 그 후의 사정변화, 준거법령의 개폐 등의 이유로 철회되어 장래에 향하여 효력을 상실한 경우에도 처분이 취소된 경우와 같기 때문에 소의 이익은 인정되지 아니한다.

2) 목적이 실현되거나 소멸한 경우

예컨대, 불합격처분 이후에 실시된 국가시험에 합격한 경우에는 더 이상 불합격처분의 취소를 구할 법률상의 이익이 없다.

관련판례

◎ 부정 사례

  불합격처분 이후 새로 실시된 치과의사 국가시험에 합격한 경우 불합격처분의 취소를 구할 법률상 이익이 없다(대판 1993.11.9. 93누6867). 08 관세사 등

❷ 공익근무요원 소집해제신청을 거부한 후에 원고가 계속하여 공익근무요원으로 복무함에 따라 복무기간 만료를 이유로 소집해제처분을 한 경우, 원고가 입게 되는 권리와 이익의 침해는 소집해제처분으로 해소되었으므로 위 거부처분의 취소를 구할 소의 이익이 없다(대판 2005.5.13. 2004두4369). 08 국회8급

❸ 사법시험 제2차 시험에 관한 불합격처분 이후에 새로이 실시된 제2차 및 제3차 시험에 합격하였을 경우에는 더 이상 위 불합격처분의 취소를 구할 법률상 이익이 없다(대판 2007.9.21. 2007두12057).

관련판례

◎ 인정 사례

  사업시행계획 인가처분의 유효를 전제로 한 일련의 후속행위가 이루어진 경우, 당초 사업시행계획을 실질적으로 변경하는 내용으로 새로운 사업시행계획을 수립하여 시장·군수로부터 인가를 받았다고 하여 당초 사업시행계획의 무효확인을 구할 소의 이익이 소멸하는 것은 아니다.
사업시행계획의 경우 그 인가처분의 유효를 전제로 분양공고 및 분양신청절차, 분양신청을 하지 않은 조합원에 대한 수용절차, 관리처분계획의 수립 및 그에 대한 인가 등 후속행위가 있었다면, 당초 사업시행계획이 무효로 확인되거나 취소될 경우 그것이 유효하게 존재하는 것을 전제로 이루어진 위와 같은 일련의 후속행위 역

시 소급하여 효력을 상실하게 되므로, 당초 사업시행계획을 실질적으로 변경하는 내용으로 새로운 사업시행계획이 수립되어 시장·군수로부터 인가를 받았다는 사정만으로 일률적으로 당초 사업시행계획의 무효확인을 구할 소의 이익이 소멸된다고 볼 수는 없고, 위와 같은 후속행위로 토지 등 소유자의 권리·의무에 영향을 미칠 정도의 공법상의 법률관계를 형성시키는 외관이 만들어졌는지 또는 존속되고 있는지 등을 개별적으로 따져 보아야 한다(대판 2013.11.28. 2011두30199).

❷ 공정거래위원회가 부당한 공동행위에 대한 시정명령 및 과징금 부과와 자진신고 감면 여부를 분리 심리하여 별개로 의결한 다음 과징금 등 처분과 별도의 처분서로 감면기각처분을 한 경우, 처분의 상대방이 각 처분에 대하여 함께 또는 별도로 불복할 수 있고, 과징금 등 처분과 감면기각처분의 취소를 구하는 소를 함께 제기한 경우, 감면기각처분의 취소를 구할 소의 이익은 원칙적으로 인정된다(대판 2017.1.12. 2016두35199). 예상

(5) 인가처분의 취소를 구하는 소송에서 소의 이익

1) 원칙 - 일반적인 경우

대법원에 의하면 인가가 적법하다면 인가의 기본행위에 하자가 있더라도 기본행위의 하자를 이유로 인가처분의 취소 또는 무효확인을 구할 법률상 이익이 없다. 그러나 기본행위의 하자와 관계없이 보충행위인 인가처분 자체의 하자를 다투는 경우에는 그 인가처분의 무효나 취소를 구할 법률상의 이익이 있다.

2) 재개발조합의 경우 13 국가7급

최근에 대법원은 재개발조합 설립인가신청에 대한 행정청의 조합설립 인가처분의 법적 성질을 조합설립행위에 대한 **보충행위로서의 성질을 갖는 것이 아니라 일종의 설권적 처분의 성격을 갖는 것**이라고 보아, 구 도시정비법상 재개발조합 설립인가신청에 대하여 행정청의 조합설립 인가처분이 있은 이후에 **조합설립결의에 하자가 있음을 이유로 재개발조합 설립의 효력을 부정하기 위해서는 항고소송으로 조합설립 인가처분의 효력을 다투어야 한다**고 판시하였다. 이 판례는 기존의 재건축조합 설립 인가의 법적 성질을 재건축조합 설립행위를 보충하여 그 법률상 효력을 완성시키는 보충행위라고 보던 입장과 다르다.

3) 주택재건축조합이 수립한 사업시행계획이 인가·고시를 통해 확정된 후의 쟁송방법

주택재건축정비사업조합은 관할 행정청의 감독 아래 위 법상 주택재건축사업을 시행하는 공법인으로서, 그 목적범위 내에서 법령이 정하는 바에 따라 일정한 행정작용을 행하는 행정주체의 지위를 가진다 할 것인데, **재건축정비사업조합이 이러한 행정주체의 지위에서 위 법에 기초하여 수립한 사업시행계획은 인가·고시를 통해 확정되면 이해관계인에 대한 구속적 행정계획** 12 국가9급 **으로서 독립된 행정처분에 해당하고, 이와 같은 사업시행계획안에 대한 조합총회결의는 그 행정처분에 이르는 절차적 요건 중 하나에 불과한 것으로서, 그 계획이 확정된 후에는 항고소송** 12 국가9급 **의 방법으로 계획의 취소 또는 무효확인을 구할 수 있을 뿐**, 절차적 요건에 불과한 총회결의 부분만을 대상으로 그 효력 유무를 다투는 확인의 소를 제기하는 것은 허용되지 아니하고, 한편 이러한 항고소송의 대상이 되는 행정처분의 효력이나 집행 혹은 절차속행 등의 정지를 구하는 신청은 행정소송법상 집행정지신청 12 국가9급 의 방법으로서만 가능할 뿐 민사소송법상 가처분의 방법으로는 허용될 수 없다(대결 2009.11.2. 2009마596).

4) 재건축조합 설립인가에 대하여 설권처분으로 본 사례 17 국가9급, 15 변호사

도시 및 주거환경정비법상 주택재건축정비사업조합에 대한 행정청의 조합설립 인가처분이 있은

후에 조합설립결의의 하자를 이유로 민사소송으로 그 결의의 무효등확인을 구한 사안에서, 그 소가 확인의 이익이 없는 부적법한 소에 해당하다고 볼 여지가 있으나, 재건축조합에 관한 설립인가처분을 보충행위로 보았던 종래의 실무관행 등에 비추어 그 소의 실질이 조합설립 인가처분의 효력을 다투는 취지라고 못 볼 바 아니고, 여기에 소의 상대방이 행정주체로서의 지위를 갖는 재건축조합이라는 점을 고려하면, 그 소가 공법상 법률행위에 관한 것으로서 행정소송의 일종인 당사자소송으로 제기된 것으로 봄이 상당하고, 그 소는 이송 후 관할 법원의 허가를 얻어 조합설립 인가처분에 대한 항고소송으로 변경될 수 있어 관할 법원인 행정법원으로 이송함이 마땅하다고 한 사례이다(대판 2009.9.24. 2008다60568).

관련판례

구 도시 및 주거환경정비법상 주택재개발사업의 조합설립추진위원회 구성승인처분의 하자를 들어 조합설립 인가처분을 위법하다고 할 수 없는 것이 원칙이다(대판 2013.12.26. 2011두8291). 16 지방7급

(6) 무효확인소송에서의 확인의 이익

무효확인소송에서 **확인의 이익**(즉시확정의 이익, 확인의 보충성)이 필요한지에 대해 다수설은 불요설의 입장이고, 판례는 과거 필요설의 입장이었으나 최근 입장을 바꾸어 즉시확정의 이익을 요구하지 않고 있다. 기출다수

보충 확인의 이익

민사소송에서 이행소송이 허용되지 않는 경우에 확인이라도 받아두어야 할 필요성을 말한다. 즉, 민사소송에서는 이행소송이 가능하면 확인소송은 허용되지 않는다.

관련판례

행정소송법 제4조에서는 무효확인소송을 항고소송의 일종으로 규정하고 있고, 행정소송법 제38조 제1항에서는 처분 등을 취소하는 확정판결의 기속력 및 행정청의 재처분의무에 관한 행정소송법 제30조를 무효확인소송에도 준용하고 있으므로 무효확인판결 자체만으로도 실효성을 확보할 수 있다. 그리고 무효확인소송의 보충성을 규정하고 있는 외국의 일부 입법례와는 달리 우리나라 행정소송법에는 명문의 규정이 없어 이로 인한 명시적 제한이 존재하지 않는다. 이와 같은 사정을 비롯하여 행정에 대한 사법통제, 권익구제의 확대와 같은 행정소송의 기능 등을 종합하여 보면, 행정처분의 근거법률에 의하여 보호되는 직접적이고 구체적인 이익이 있는 경우에는 행정소송법 제35조에 규정된 '무효확인을 구할 법률상 이익'이 있다고 보아야 하고, 이와 별도로 무효확인소송의 보충성이 요구되는 것은 아니므로 행정처분의 무효를 전제로 한 이행소송 등과 같은 직접적인 구제수단이 있는지 여부를 따질 필요가 없다고 해석함이 상당하다(대판 2019.2.14. 2017두62587 ; 대판 2008.3.20. 2007두6342 전원합의체). 17 국가7급·국회8급

예상 OX

판례가 무효등확인소송에서 즉시확정의 이익을 요구하지 않는 것은 기판력이 무효등확인소송에도 준용되기 때문이다. (○. ×)
[해설] 기판력이 아니라 기속력이 준용되기 때문이다.

(7) 당사자소송에서의 확인의 이익

대법원은 당사자소송으로서 무효확인의 소에서는 여전히 확인의 이익을 요구하는 입장이다. 18·10 국회8급

관련판례

채용계약 해지의 의사표시의 무효확인만으로는 당해 소송에서 추구하는 권리구제의 기능이 있다고 할 수 없고, 침해된 급료지급청구권이나 사실상의 명예를 회복하는 수단은 바로 급료의 지급을 구하거나 명예훼손을 전제로 한 손해배상을 구하는 등의 이행청구소송으로 직접적인 권리구제방법이 있는 이상 무효확인소송은 적절한 권리구제수단이라 할 수 없어 확인소송의 또 다른 소송요건을 구비하지 못하고 있다(대판 2008.6.12. 2006두16328). 10 국회8급

(8) 기타

일반사면이 있었다 하더라도 파면처분의 취소를 구할 소의 이익이 있다.

04 피고적격(제13조)

원칙과 승계	① 취소소송은 다른 법률에 특별한 규정이 없는 한 그 처분 등을 행한 행정청을 피고로 한다. 다만, 처분 등이 있은 뒤에 그 처분 등에 관계되는 권한이 다른 행정청에 승계된 때에는 이를 승계한 행정청을 피고로 한다. 18 소방, 15 국가9급, 14 지방7급
행정청 폐지	② 제1항의 규정에 의한 행정청이 없게 된 때에는 그 처분 등에 관한 사무가 귀속되는 국가 또는 공공단체를 피고로 한다.

1. 행정청의 개념

취소소송의 피고는 행정청 또는 행정심판위원회가 된다. 12 지방9급 행정심판위원회는 행정심판의 재결에 대한 소송에서 피고가 된다.

(1) 행정주체

1) 행정주체의 개념

행정주체란 행정권의 담당자로서 행정권을 행사하고, 그 법적 효과가 귀속되는 당사자를 말한다. 따라서 행정주체는 법인격을 가지고 있으며, 재산권의 취득이 가능하다. 06 국회8급 등 행정주체는 민사소송이나 당사자소송의 피고는 되지만, 원칙적으로 항고소송의 피고는 되지 않는다. 11 경행특채 등

2) 행정주체의 종류

① **국가**: 국가는 시원적 행정주체로서 자신의 행정기관을 통해 국가행정을 행하고, 그 권리·의무의 귀속주체가 된다. 09 서울9급 등

② **공법인(공공단체)**: 공공단체는 국가와는 별개의 독립된 법인격을 가지고 공공사무를 수행하는 공법상의 단체이다. 02 입시 공공단체 중 지방자치단체는 공공사무 전반에 대한 권한을 갖는 행정주체이고, 그 외의 공공단체는 국가로부터 부여된 존립목적에 따른 활동을 하므로 공공사무 전반에 대하여 권한을 갖는 것은 아니다.

㉠ **지방자치단체의 종류**

보통지방자치단체, 광역자치단체	특별시, 광역시, 도(이하 '시·도'라 함), 제주특별자치도
기초자치단체	시·군·자치구(특별시나 광역시에 설치된 구) * 동작구는 지방자치단체이지만, 수원시 팔달구는 지방자치단체가 아니다.
특별지방자치단체	지방자치단체조합과 같이 특별한 목적을 위하여 설치된 단체를 말한다.

㉡ **공법상의 사단법인(공공조합)**: 공법상의 사단법인은 공공조합이라고도 하는데, 특정한 공적 목적을 위하여 일정한 자격을 갖춘 사람(조합원)들의 결합체로서 법인격이 부여된 공법상의 사단법인을 말한다(예 주택재개발조합). 06 관세사

㉢ **공법상의 재단법인**: 공법상 재단이란 행정주체가 공공목적을 위하여 출연한 재산을 관리하기 위하여 설립한 공법상의 재단법인을 말한다(예 한국연구재단, 한국학중앙연구원 등).

㉣ **영조물법인**: 영조물법인의 개념을 알기 위해서는 먼저 공물의 개념을 알아야 하는데, 이를 표로 정리하면 다음과 같다.

공물	공물이라 함은 행정주체가 공익을 위하여 제공한 물건을 말하며, 구분기준에 따라 공용물과 공공용물이 있다. 공용물은 행정주체 자신이 사용하는 물건(행정관서의 건물)을 말하고, 공공용물은 공공의 이용에 제공된, 다시 말해 국민의 사용에 제공된 물건(예 공원, 도로 등)을 말한다. 그 외에도 인공공물과 자연공물로 구분하기도 한다.
영조물	영조물은 행정주체가 일정한 공익을 달성하기 위해 제공한 인적·물적 결합체를 말한다(예 국립도서관은 도서관이라는 물건과 그 직원의 결합임). 영조물은 행정주체가 아니므로 그 법적 책임은 국가(또는 지방자치단체)에 귀속된다. 07 경기교행
영조물 법인	영조물에 법인격이 부여된 것이 영조물법인이다. 영조물법인은 행정주체이지만, 영조물은 행정주체가 아니다. 영조물법인의 예로 각종 공사(한국도로공사, 지하철공사, 국립대학 병원 등)를 들 수 있다. 영조물법인은 국가와 별도의 행정주체가 된다. 07 대전7급 등
영조물법인의 예	한국전력공사, 한국토지주택공사, 한국방송공사, 서울교통공사, 지방공사, 한국은행, 시설관리공단 * 2010년 알 국회에서 서울대학교 법인화법이 통과되어 서울대학교는 영조물법인의 지위를 가지게 되었다. 그 외 울산과학기술대학교도 영조물법인에 해당한다.
법적 성격	영조물법인은 행정주체로서 권리·의무의 귀속주체가 된다. 예컨대, 한국방송공사 직원의 고의·과실로 피해를 입은 개인은 한국방송공사를 상대로 손해배상을 제기하여야 하는 것이다.

③ **공무수탁사인**: 행정주체성을 부정하는 소수설도 있으나, 다수설은 공무수탁사인을 전래적 행정주체로 보고 있다. 06 경기9급 공무수탁사인은 행정주체이면서 행정청의 지위를 가진다. 공무수탁사인은 당사자소송의 피고가 될 수 있다. 10 서울교행

(2) 행정기관

1) 행정청의 개념

행정청 또는 행정관청이란 국가(지방자치단체)의 의사를 결정하여 외부에 표시할 수 있는 권한, 즉 처분권한을 가진 기관을 말한다.

2) 행정청의 종류

① **독임제 행정청**: 정부조직법상 부·처·청의 장인 장관, 처장, 청장 및 국장, 경찰서장, 지방자치단체의 장인 특별시장, 광역시장, 도지사, 시장, 군수, 구청장(자치구에 한함)은 독임제 행정관청으로 취소소송의 피고적격이 있다.

② **합의제 행정청**: 합의제 행정청은 원칙적으로 그 자체가 피고가 된다. 위원회 중 결정된 의사를 자신의 이름으로 대외적으로 표시할 권한을 가진 위원회만 행정청이 된다. 따라서 지방의회는 의결기관이긴 하지만 대외적 표시권한이 없기 때문에 행정청이 아니다. 따라서 처분적 조례의 경우에도 항고소송의 피고는 지방의회가 아니라 지방자치단체장이 된다(교육에 관한 조례이면 교육감이 피고).

구분	종류	피고적격
합의제 행정청	감사원, (중앙)토지수용위원회, 중앙선거관리위원회, 소청심사위원회, 공정거래위원회, 금융위원회 07 국회8급 , 행정심판위원회, 방송통신위원회, 조세심판원, 저작권심의조정위원회	합의제 행정관청은 그 자체가 피고가 된다. 단, 중앙노동위원회와 중앙해양안전심판원과 시·도인사위원회는 그 장이 피고가 된다.
의결기관	지방의회, 교육위원회, 경찰위원회, 도시계획위원회, 공무원징계위원회, 보훈심사위원회, 사법시험위원회, 광업조정위원회	자신의 이름으로 대외적으로 의사표시를 할 수 없는 기관은 피고적격이 없다. 단, 지방의회는 지방의회 내부의 징계 등에 대한 항고소송에서 피고적격이 있다. 18 소방
자문기관	국가안전보장회의 06 국가7급 , 국민경제자문회의, 국가과학기술자문회의, 정보공개심의회(공공기관의 정보공개에 관한 법률)	피고적격이 없다.
심의기관	국무회의는 심의기관의 성격을 가진다.	피고적격이 없다.

3) 항고소송의 피고를 행정청으로 하는 취지(소송 수행에 있어 피고 선정의 편의 제공)

행정소송의 경우는 민사소송과 달리 피고 선정에 어려움이 있다. 따라서 권리·의무의 귀속주체가 아니고, 단지 국가(또는 지방자치단체)의 기관에 불과한 행정청에게 피고적격을 인정함으로써 국민이 행정소송을 수행함에 있어 피고 선정의 편의를 제공하고자 하는 것이다.

관련판례

❶ 저작권 등록처분에 대한 무효확인소송의 피고는 저작권심의조정위원회가 저작권 등록업무의 처분청으로서 그 등록처분에 대한 피고적격을 가진다(대판 2009.7.9. 2007두16608). 14 지방7급

❷ 감사원의 재심판정처분(재결의 일종)에 대한 피고는 감사원이다.

감사원의 변상판정처분에 대하여서는 행정소송을 제기할 수 없고, 재결에 해당하는 재심의 판정에 대하여서만 감사원을 피고로 하여 행정소송을 제기할 수 있다(대판 1984.4.10. 84누91).

❸ 지방노동위원회의 처분에 대하여 불복하기 위하여는 중앙노동위원장을 피고로 하여야 한다(대판 1995.9.15. 95누6724). 16 서울7급, 15 국가9급, 13, 08 국가7급 등

❹ 7급 지방공무원의 신규 임용시험 불합격결정에 대한 취소소송의 피고는 시·도 인사위원회 위원장이다(대판 1997.3.28. 95누7055). 05 5급승진

(3) 피고적격의 구체적 검토

1) 원칙

취소소송의 피고는 위에서 본 바와 같이 처분 등을 행한 처분청인 독임제 행정청과 합의제 행정청이 피고가 된다.

2) 처분청이 아니면서 피고가 되는 경우 18 지방9급

대통령이 처분청인 경우	업무가 속한 소속 장관이 피고(국가공무원법 제16조 제2항) 12·08 국회8급 • 검사임용 거부처분에 대한 피고는 법무부장관 • 행정안전부 소속의 공무원(5급 이상)에 대한 징계처분의 피고는 행정안전부장관
국회의장의 처분	국회사무총장이 피고 08 관세사
대법원장의 처분	법원행정처장이 피고 08 관세사
헌법재판소장의 처분	사무처장이 피고

관련조문

국가공무원법 제16조(행정소송과의 관계) ② 제1항에 따른 행정소송을 제기할 때에는 대통령의 처분 또는 부작위의 경우에는 소속 장관(대통령령으로 정하는 기관의 장을 포함한다. 이하 같다)을, 중앙선거관리위원회위원장의 처분 또는 부작위의 경우에는 중앙선거관리위원회사무총장을 각각 피고로 한다.

① **권한의 위임(위탁)·대리·내부위임이 있는 경우** 20·18 지방9급, 17 사복9급, 15 국가9급, 14 지방7급 등

구분	위임	대리	내부위임
법적 근거	필요	불요	불요
권한의 귀속	수임청	피대리청(대리를 시킨 청)	위임청
피고적격	수임청	• 현명을 한 경우: 피대리청 • 현명을 하지 않은 경우: 대리청	• 현명을 한 경우: 위임청 • 현명을 하지 않은 경우: 수임청
대리의 경우 현명하지 않아도 상대방이 대리를 안 경우			피대리청이 피고

㉠ **권한의 위임(위탁)이 있는 경우**: 권한의 위임이나 위탁이 있게 되면 권한 자체가 수임청 또는 수탁청으로 넘어가게 된다. 따라서 수임·수탁청이 피고가 된다. 09 국회8급 등 여기서 수임·수탁청에는 사인도 포함된다. 따라서 사인이 항고소송의 피고가 되는 경우가 있다. 08 경기9급

관련판례

❶ 권한이 위임되면 수임청이 피고가 된다(대판 2007.8.23. 2005두3776).
❷ 성업공사가 한 공매처분에 대한 취소소송의 피고는 수임청인 성업공사이다. 15 국가9급
* 성업공사(현 한국자산관리공사)가 한 공매의 법적 효과는 세무서장이 한 것으로 본다.

[1] 성업공사가 체납압류된 재산을 공매하는 것은 세무서장의 공매권한 위임에 의한 것으로 보아야 할 것이므로, 성업공사가 한 그 공매처분에 대한 취소 등의 항고소송을 제기함에 있어서는 수임청으로서 실제로 공매를 행한 성업공사를 피고로 하여야 하고, 위임청인 세무서장은 피고적격이 없다.
[2] 세무서장의 위임에 의하여 성업공사가 한 공매처분에 대하여 피고 지정을 잘못하여 피고적격이 없는 세무서장을 상대로 그 공매처분의 취소를 구하는 소송이 제기된 경우, 법원으로서는 석명권을 행사하여 피고를 성업공사로 경정하게 하여 소송을 진행하여야 한다(대판 1997.2.28. 96누1757).

㉡ **권한의 내부위임의 경우(내부위임을 받은 행정청)**

위임청의 이름으로 처분을 한 경우	내부위임의 경우에는 권한 자체가 이전되지 않는다. 따라서 대외적으로 권한을 가지고 있는 위임청이 피고가 되며, 내부위임을 받은 자는 피고적격이 없다. 08 지방7급 등

| 자신의 이름으로
처분을 한 경우 | 내부위임이라 하더라도 위임을 받은 행정청이 자신의 이름으로 처분을 하면 처분의 명의자가 수임청으로 되어 있다. 따라서 수임청이 피고가 된다. 08 국회8급 등 |

관련판례

◎ **내부위임을 받은 행정청이 위임청의 이름으로 처분을 한 경우** – 위임청이 피고

① 수임관청이 내부위임에 따라 위임관청의 이름으로 행한 처분의 취소나 무효확인을 구하는 소송의 피고적격은 위임관청이다(대판 1991.10.8. 91누520).

② 인천직할시의 사업장 폐쇄명령처분을 통지한 인천직할시 북구청장은 위 처분의 취소를 구하는 소의 피고적격이 없다(대판 1990.4.27. 90누233). 09 서울9급

관련판례

◎ **내부위임을 받은 행정청이 자신의 이름으로 처분을 한 경우** – 수임청이 피고

행정처분의 취소 또는 무효확인을 구하는 행정소송은 다른 법률에 특별한 규정이 없는 한 그 처분을 행한 행정청을 피고로 하여야 하며, 행정처분을 행할 적법한 권한 있는 상급행정청으로부터 내부위임을 받은 데 불과한 하급행정청이 권한 없이 행정처분을 한 경우에도 실제로 그 처분을 행한 하급행정청을 피고로 하여야 할 것이지 그 처분을 행할 적법한 권한 있는 상급행정청을 피고로 할 것은 아니다(대판 1994.8.12. 94누2763).

ⓒ 권한의 대리의 경우

대리청이 피대리청 이름으로 처분을 한 경우 (현명을 한 경우)	대리의 경우에도 권한이 넘어가는 것은 아니다. 따라서 이때는 대리를 시킨 행정청이 피고가 된다. 07 세무사 등
대리청이 자신의 이름으로 처분을 한 경우 (현명을 하지 않은 경우)	대리청이 현명(대리라는 사실을 밝히는 것)을 하지 않고 자신의 명의로 처분을 하게 되면 외형상 대리청이 처분청이 되므로 이때는 대리청이 피고가 된다.
대리청이 자신의 이름으로 처분을 한 경우	상대방이 대리가 있었다는 사실을 안 경우에는 현명을 하지 않아도 피대리청이 피고가 된다.

② 지방의회와 지방자치단체장

처분적 조례에 대한 피고적격	지방의회 내부의 문제에 대한 피고
처분적 조례에 대한 피고는 지방자치단체장이다. 조례의 의결은 지방의회가 하지만 이를 대외적으로 공포하는 것은 지방자치단체장이기 때문이다. 교육조례의 경우에는 교육감이 피고가 된다(대판 1996.9.20. 95누8003). 16 서울7급, 15 국가9급, 08 지방9급 등	지방의회의원에 대한 징계의결, 의장선거, 의장에 대한 불신임결의 취소소송에서의 피고는 지방의회가 된다. 18 소방, 15 국가9급

③ 권한 승계·폐지의 경우

권한의 승계	행정청의 폐지
승계한 행정청을 피고로 한다. 15 국가9급	그 처분 등에 관한 사무가 귀속되는 국가 또는 공공단체를 피고로 한다. 10 세무사 등 이때는 예외적으로 행정주체(국가 또는 공공단체)가 취소소송의 피고가 된다.

④ **국가나 지방자치단체의 사무가 공법인에게 위임된 경우**: 국가나 지방자치단체의 사무가 공법인에게 위임된 경우에는 그 대표자가 아니라 공법인 자체가 피고가 된다. 08 경기9급 등 또한, 지방자치단체 외의 공공단체의 경우에 공공단체의 기관이 피고가 되는 것이 아니라 공공단체 자신이 행정청이 된다.

관련판례

국가가 유료도로의 관리권을 한국도로공사에게 위임한 경우 통행료 부과처분 무효확인의 소의 피고는 한국도로공사가 된다.
양재·판교 간 경부고속국도 구간의 통행료 징수권을 행사할 권한이 국가로부터 통행료 징수권이 포함된 유료도로 관리권을 출자받은 한국도로공사에게 있다(대판 2005.6.24. 2003두6641).

2. 피고의 경정(행정소송법 제14조) - 제소기간의 도과를 막기 위해서 인정

잘못 지정한 때	① 원고가 피고를 잘못 지정한 때에는 법원은 **원고의 신청에 의하여** 결정으로써 피고의 경정을 허가할 수 있다. 09 세무사 등 → 이때는 직권으로 할 수 없다. * 청구인이 피청구인을 잘못 지정한 경우 위원회는 직권으로 또는 당사자의 신청에 의하여 결정으로써 피청구인을 경정할 수 있다.
송달	② 법원은 제1항의 규정에 의한 결정의 정본을 새로운 피고에게 송달하여야 한다.
불복	③ 제1항의 규정에 의한 신청을 각하하는 결정에 대하여는 즉시항고할 수 있다.
효과	④ 제1항의 규정에 의한 결정이 있은 때에는 **새로운 피고에 대한 소송은 처음에 소를 제기한 때에 제기된 것으로 본다.** 08 지방9급 등 ⑤ 제1항의 규정에 의한 결정이 있은 때에는 종전의 피고에 대한 소송은 취하된 것으로 본다.
승계 또는 폐지의 경우	⑥ 취소소송이 제기된 후에 제13조 제1항 단서(승계) 또는 제13조 제2항(폐지)에 해당하는 사유가 생긴 때에는 법원은 당사자의 **신청 또는 직권에 의하여 피고를 경정한다.** 이 경우에는 제4항 및 제5항의 규정을 준용한다.
소 변경의 경우(제21조)	취소소송을 당사자소송으로 변경하거나, 당사자소송을 취소소송으로 변경하면 피고가 달라지기 때문에 피고의 경정이 필요하다. 09 세무사 등 법원이 소의 변경을 허가함으로써 피고를 달리하게 될 때에는 법원은 새로이 피고로 될 자의 의견을 들어야 한다.

피고경정은 사실심 변론종결시까지만 가능하다. 따라서 법률심인 상고심에서는 피고경정이 허용되지 아니한다. 09 세무사

관련판례

❶ 원고가 피고를 잘못 지정하였다면 법원으로서는 당연히 석명권을 행사하여 원고로 하여금 피고를 경정하게 하여 소송을 진행케 하였어야 할 것임에도 불구하고 이러한 조치를 취하지 아니한 채 피고의 지정이 잘못되었다는 이유로 소를 각하한 것은 위법하다(대판 2004.7.8. 2002두7852). 16 서울7급

❷ 서훈취소의 상대방 19·16 서울9급, 18 지방9급

[1] 서훈의 특수성으로 말미암아 상훈법은 일반적인 행정행위와 달리 사망한 사람에 대하여도 그의 공적을 영예의 대상으로 삼아 서훈을 수여할 수 있도록 규정하고 있다. 그러나 그러한 경우에도 서훈은 어디까지나 서훈대상자 본인의 공적과 영예를 기리기 위한 것이므로 비록 유족이라고 하더라도 제3자는 서훈수여처분의 상대방이 될 수 없고, 구 상훈법 제33조, 제34조 등에 따라 망인을 대신하여 단지 사실행위로서 훈장 등을 교부받거나 보관할 수 있는 지위에 있을 뿐이다. 이러한 서훈의 일신전속적 성격은 서훈취소의 경우에도 마찬가지이므로, 망인에게 수여된 서훈의 취소에서도 유족은 그 처분의 상대방이 되는 것이 아니다. 이와 같이 망인에 대한 서훈취소는 유족에 대한 것이 아니므로 유족에 대한 통지에 의해서만 성립하여 효력이 발생한다고 볼 수 없고, 그 결정이 처분권자의 의사에 따라 상당한 방법으로 대외적으로 표시됨으로써 행정행위로서 성립하여 효력이 발생한다고 봄이 타당하다.

[2] 국무회의에서 건국훈장 독립장이 수여된 망인에 대한 서훈취소를 의결하고 대통령이 결재함으로써 서훈취소가 결정된 후 국가보훈처장이 망인의 유족 갑에게 '독립유공자 서훈취소결정 통보'를 하자 갑이 국가보훈처장을 상대로 서훈취소결정의 무효확인등의 소를 제기한 경우, 갑이 서훈취소처분을 행한 행정청(대통령)이 아니라 국가보훈처장을 상대로 제기한 위 소는 피고를 잘못 지정한 경우에 해당하므로, 법원으로서는 석명권을 행사하여 정당한 피고로 경정하게 하여 소송을 진행해야 함에도 국가보훈처장이 서훈취소처분을 한 것을 전제로 처분의 적법 여부를 판단한 원심판결에 법리 오해 등의 잘못이 있다(대판 2014.9.26. 2013두2518).

05 공동소송과 소송참가

1. 공동소송

민사소송법의 공동소송은 소송의 목적이 되는 권리·의무가 수인에게 공통될 것 등의 제약이 있지만, 행정소송법의 취소소송은 관련청구이기만 하면 병합이 인정된다.

> **관련조문**
>
> **행정소송법 제15조(공동소송)** 수인의 청구 또는 수인에 대한 청구가 처분 등의 취소청구와 관련되는 청구인 경우에 한하여 그 수인은 공동소송인이 될 수 있다.

2. 소송참가

(1) 소송참가의 의의

1) 개념

소송참가란 현재 계속 중인 타인 간 소송에 제3자가 자기의 이익을 보호하기 위해 참가하는 것을 말한다. 행정소송법은 제3자의 소송참가(제16조)와 행정청의 소송참가(제17조)를 규정하고 있고, 이 규정들은 무효등확인소송, 부작위위법확인소송, 당사자소송, 민중소송과 기관소송에 준용된다. 13 지방9급

2) 필요성

행정소송법은 취소판결의 효력이 소송상의 제3자에게도 미치는 것으로 규정(제29조 제1항)하고 있다. 따라서 제3자의 이익을 보호하기 위한 장치가 필요하게 된다. 한편 행정소송법 제30조 제1항은 "처분 등을 취소하는 확정판결은 그 사건에 관하여 당사자인 행정청과 그 밖의 관계 행정청을 기속한다."라고 규정하고 있다. 그 결과 관계 행정청의 참가를 허용해야 할 필요성이 있다. 결과적으로 소송참가는 취소판결의 효력에 따른 제3자의 권익보호를 위한 제도이다. 09 서울승진 등

(2) 소송참가의 형태

1) 제3자의 소송참가

① **의의**: 제3자의 소송참가란 소송의 결과에 의하여 권리 또는 이익의 침해를 받을 제3자가 있는 경우에 당사자 또는 제3자의 신청 또는 직권에 의하여 결정으로써 그 제3자를 소송에 참가시키는 것을 말한다(제16조 제1항). **취소소송의 형성력이 제3자에게 미치기 때문에 인정되는 것이다.** 17 사복9급, 12 국가9급

② **참가인의 지위(공동소송적 보조참가와 유사)**: 참가인은 피참가인과 필요적 공동소송에 있어서의 공동소송인에 준하는 지위에 있지만, 당사자에게 독자적인 청구를 하는 것은 아니므로 그 성질은 공동소송적 보조참가인과 유사하다는 것이 통설이다.

③ **참가의 요건**
㉠ 타인 간의 행정소송이 계속 중이어야 한다. **소송이 계속 중인 한 심급을 가리지 아니한다. 따라서 제2심과 법률심인 대법원에서도 참가는 가능하다.** 08 세무사 등
㉡ 소송의 결과에 의하여 권리 또는 이익의 침해(법률상의 이익)를 받을 제3자여야 한다.

관련판례

❶ 보조참가를 하기 위해서는 법률상의 이해관계가 있어야 한다. 15 국가9급
특정 소송사건에서 당사자 일방을 보조하기 위하여 보조참가를 하려면 당해 소송의 결과에 대하여 이해관계가 있어야 하고, 여기서 말하는 이해관계라 함은 사실상, 경제상 또는 감정상의 이해관계가 아니라 법률상의 이해관계를 가리킨다(대판 2000.9.8. 99다26924).

❷ 공동소송적 보조참가를 한 참가인은 상고를 제기하지 않은 채 피참가인이 상고를 제기한 부분에 대한 상고이유서를 제출할 수 있지만 이 경우 상고이유서 제출기간을 준수하였는지는 피참가인을 기준으로 판단하여야 한다. 따라서 상고하지 않은 참가인이 피참가인의 상고이유서 제출기간이 지난 후 상고이유서를 제출하였다면 적법한 기간 내에 제출한 것으로 볼 수 없다. 이러한 법리는 상고이유의 주장에 대해서도 마찬가지여서, 상고하지 않은 참가인이 적법하게 제출된 피참가인의 상고이유서에서 주장되지 않은 내용을 피참가인의 상고이유서 제출기간이 지난 후 제출한 서면에서 주장하였더라도 이는 적법한 기간 내에 제출된 상고이유의 주장이라고 할 수 없다(대판 2020.10.15. 2019두40611).

④ **참가의 절차(신청 또는 직권)**: 제3자의 소송참가는 당사자(원·피고) 또는 제3자의 신청 또는 직권에 의한다. 참가신청이 있으면 법원은 결정으로써 허가 또는 각하의 재판을 하고, 직권참가인 경우에는 결정으로서 제3자에게 참가를 명한다. 15 국회8급 법원이 결정을 하고자 할 때에는 미리 당사자 및 제3자의 의견을 들어야 한다(제16조 제2항). 참가신청이 불허된 경우에는 즉시항고할 수 있다.

⑤ **참가의 효력**
㉠ 피참가인의 행위와 저촉되는(어긋나는) 행위는 허용된다. 09 세무사 등 예컨대, 참가인이 상고를 제기한 경우 피참가인이 상소권 포기나 상고 취하를 하여도 상고의 효력은 지속된다.
㉡ 참가인은 피참가인에게 불리한 소송행위를 할 수 없다. 참가인의 소송행위는 공동소송인 모두의 이익을 위하여서만 효력을 가진다. 또한, 참가인에 대한 상대방의 소송행위는 공동소송인 모두에게 효력이 미친다. 절차상으로 참가인에 대한 소송절차를 중단 또는 중지하여야 할 이유가 있는 경우 그 중단 또는 중지는 모두에게 효력이 미친다(행정소송법 제16조 제4항, 민사소송법 제67조).

> **기출 OX**

행정소송법상 제3자 소송참가의 경우 참가인이 상소를 하였더라도, 소송당사자 본인인 피참가인은 참가인의 의사에 반하여 상소취하나 상소포기를 할 수 있다. (ㅇ, ×) 20 서울·지방9급 ×

ⓒ 소송에 참가한 제3자는 실제 소송에 참가하여 소송행위를 하였는지 여부를 불문하고 판결의 효력을 받는다. 07 세무사 따라서 판결확정 후에는 행정소송법 제31조에 의한 재심의 소를 제기할 수 없다.

⑥ 재심청구 18 지방9급, 16 서울7급, 15 국회8급, 12 국가9급

 관련조문

제31조(제3자에 의한 재심청구) ① 처분 등을 취소하는 판결에 의하여 권리 또는 이익의 침해를 받은 제 3자는 자기에게 책임 없는 사유로 소송에 참가하지 못함으로써 판결의 결과에 영향을 미칠 공격 또는 방어방법을 제출하지 못한 때에는 이를 이유로 확정된 종국판결에 대하여 재심의 청구를 할 수 있다.
② 제1항의 규정에 의한 청구는 확정판결이 있음을 안 날로부터 30일 이내, 판결이 확정된 날로부터 1년 이내에 제기하여야 한다.
③ 제2항의 규정에 의한 기간은 불변기간으로 한다.

2) 행정청의 소송참가

행정청의 소송참가는 법원이 다른 행정청을 소송에 참가시킬 필요가 있다고 인정할 때에 당사자 또는 당해 행정청의 신청 또는 직권에 의하여 결정으로써 그 행정청을 소송에 참가시킬 수 있는 제도를 말한다(제17조 제1항). 10 세무사 다른 행정청의 소송참가는 다른 행정청의 동의를 요하는 행정행위의 경우에 의미가 있다(예 건축허가에 대한 소방서장의 동의). 왜냐하면, **취소판결의 기속력은 다른 행정청에게도 미치기 때문이다**(제30조 제1항). 12 국가9급

3. 행정소송의 대리인

행정소송법에는 소송대리에 관한 특별한 규정이 없으므로 행정소송의 대리인에 관하여는 민사소송법상의 소송대리인에 관한 규정이 일반적으로 적용된다. 국가를 당사자 또는 참가인으로 하는 소송에 있어서는 민사소송이든 행정소송이든 법무부장관 등의 소송관여가 인정된다(국가를 당사자로 하는 소송에 관한 법률 제2조 등).

[제4목] 관할 법원

* 행정소송은 행정법원의 전속관할이다. 다만, 전국의 어느 행정법원이 하느냐는 임의관할이다(합의관할과 변론관할 가능).

심급관할	사물관할	토지관할
· 원칙적 3심제 · 행정법원은 지방법원급 · 예외적 2심: 특허사건	· 합의부가 재판할 것인가, 단독판사가 할 것인가? · 행정사건은 원칙적으로 합의부 관할이지만 단독도 가능	· 전국의 어느 행정법원에 제기할 것인가? → 피고 소재지 행정법원이 원칙

✱ 행정소송법 제9조(재판관할)

토지관할	① 취소소송의 제1심 관할 법원은 피고의 소재지를 관할하는 행정법원으로 한다. 16 지방7급

특별관할	② 제1항에도 불구하고 다음 각 호의 어느 하나에 해당하는 피고에 대하여 취소소송을 제기하는 경우에는 대법원 소재지를 관할하는 행정법원에 제기할 수 있다.
	  1. 중앙행정기관, 중앙행정기관의 부속기관과 합의제 행정기관 또는 그 장 16 지방7급
	  2. 국가의 사무를 위임 또는 위탁받은 공공단체 또는 그 장 16 서울7급
	③ 토지의 수용 기타 부동산 또는 특정의 장소에 관계되는 처분 등에 대한 취소소송은 그 부동산 또는 장소의 소재지를 관할하는 행정법원에 이를 제기할 수 있다.

민중소송(선거소송)의 관할	• 대법원 1심관할: 대통령선거, 국회의원선거, 시·도지사선거, 비례대표 시·도의원선거 • 고등법원 1심관할: 시·군·구의 장 선거, 시·군·구의 의원선거(지역구, 비례대표 둘 다), 시·도의원선거(지역구만) • 지방선거는 소청을 거쳐 소 제기
기관소송의 관할	대법원: 지방자치단체의 기관 상호 간(지방자치단체장이 지방의회의 의결의 위법성을 이유로 제기하는 소송)
권한쟁의 심판의 관할	헌법재판소: 국가기관 상호 간, 국가기관과 지방자치단체 상호 간, 지방자치단체 상호 간

1. 심급관할

(1) 원칙적 3심제

1) 행정법원은 지방법원급이다.

취소소송의 제1심법원은 지방법원급인 행정법원이다. 1심판결에 불복하면 항소심은 고등법원이, 상고심은 대법원이 관할한다. 다만, 대법원은 법률심이다. 우리나라의 행정법원은 행정법원형이 아닌 사법법원형이다. 11 국가9급

2) 행정법원의 설치

현재 행정법원은 서울에만 설치되어 있다. 따라서 피고의 소재지가 서울이면 관할 법원은 서울행정법원이 된다. 행정법원이 설치되어 있지 않은 지역에서는 해당 지방법원의 본원이 행정법원이 설치될 때까지 행정법원의 권한에 속하는 사건을 관할한다. 16 지방7급

(2) 예외적 2심제

특허청의 심결에 대한 특허소송은 고등법원급인 특허법원이 1심을 관할하고, 대법원이 2심을 담당하는 2심제의 구조를 취한다. 보안관찰에 대한 법무부장관의 결정을 다투는 소송, 공정거래위원회의 처분에 대한 불복소송 등은 고등법원과 대법원으로 연결되는 2심제를 채택하고 있다. 09 국회8급

2. 사물관할

사물관할이란 제1심 소송사건을 다루는 지방법원 단독판사와 합의부 사이에서 사건의 경중을 기준으로 재판권의 분담관계를 정하는 것을 말한다.

3. 토지관할

(1) 개념

토지관할이란 소재지를 달리하는 같은 종류의 법원 사이에 재판권의 분담관계를 정해 놓은 것을 말한다. 예를 들면, 제1심 사건을 수원지방법원이 맡느냐, 의정부지방법원이 맡느냐의 문제이다.

(2) 법적 성질

토지관할은 전속관할이 아니고, 임의관할이다. 따라서 합의관할이나 변론관할에 의해 다른 법원에 관할을 발생시킬 수 있다.

4. 관할 법원에의 이송

법원은 소송의 전부 또는 일부에 대하여 관할권이 없다고 인정하는 경우에는 결정으로 이를 관할 법원에 이송한다(행정소송법 제8조 제2항, 민사소송법 제34조 제1항). 관할의 이송은 원고의 고의 또는 중대한 과실 없이 행정소송의 심급을 달리하는 법원에 잘못 제기된 경우(행정소송법 제7조)와 행정소송으로 제기하여야 할 사건을 민사소송으로 잘못 제기한 경우에도 적용된다. 10 세무사

관련판례

❶ 행정사건을 민사사건으로 오해하여 민사소송을 제기한 경우, 수소법원은 이를 부적법한 소라고 하여 각하할 것이 아니라 관할 법원에 이송하여야 한다(대판 1997.5.30. 95다28960). 17 사복9급, 09 서울승진 등

❷ 주택재건축정비사업조합을 상대로 조합설립 변경결의 또는 사업시행계획 결의의 효력 등을 다투는 소송의 법적 성질은 행정소송법상 당사자소송이다(대판 2010.7.29. 2008다6328).

5. 관련청구소송의 이송·병합

(1) 의의

서로 관련되는 수개의 청구를 병합하여 하나의 소송절차에서 통일적으로 심판하는 것을 관련청구의 이송·병합이라 한다. 이는 심리의 중복과 저촉을 피하고, 법원의 부담을 경감시켜 소송경제를 달성하고 재판의 통일성을 확보하는데 기여한다. 10 세무사 등

(2) 관련청구소송의 범위

1) 해당 처분이나 재결과 관련되는 손해배상·부당이득반환·원상회복 등의 청구소송

① 처분이나 재결이 원인이 되어 발생한 손해배상청구소송(예 영업정지처분에 대한 취소소송과 손해배상청구소송, 원상회복청구소송), ② 처분이나 재결의 취소·변경을 선결문제로 하는 청구(예 과세처분에 대한 취소소송과 부당이득반환청구소송) 등이 있다. ③ 그러나 **손실보상청구는 관련청구로 규정되어 있지 않다.** 08 경기9급 등 생각건대, 손실보상청구는 위법이 아니라 적법한 행정행위를 대상으로 하고 있고 쟁점이 달라서 병합하기에 적합하지 않기 때문으로 보인다.

2) 관련청구소송이 아닌 경우 07 세무사 등

해당 처분 등과 관련되는 무효확인소송, 손실보상청구소송은 관련청구소송이 아니다.

(3) 관련청구소송의 이송

1) 의의

취소소송과 위의 관련청구소송이 각각 다른 법원에 계속되고 있는 경우에 관련청구소송이 계속된 법원이 상당하다고 인정하는 때에는 당사자의 신청 또는 직권에 의하여 이를 취소소송이 계속된 법원으로 이송할 수 있다(제10조 제1항). 관련청구의 이송규정은 무효등확인소송, 부작위위법확인소송, 당사자소송, 민중소송, 기관소송에도 준용된다(제38조, 제44조, 제46조). 09 국회8급 등

2) 이송의 방향 17 국회8급

① 민사법원에서 행정법원으로의 이송은 가능하다.
② 행정법원에서 민사법원으로의 이송은 불가하다.

(4) 관련청구소송의 병합

1) 의의

청구의 병합이란 하나의 소송절차에서 수개의 청구에 대하여 일괄하여 심판이 이루어지는 것을 말한다. 취소소송에는 사실심의 변론종결시까지 관련청구소송을 병합하거나 피고 외의 자를 상대로 한 관련청구소송을 취소소송이 계속된 법원에 병합하여 제기할 수 있다(제10조 제2항).

2) 병합의 태양과 허용 여부

① 객관적 병합

개념	객관적 병합이란 청구가 2개 이상인 경우를 말한다. 즉, 1명의 원고가 1명의 피고를 상대로 1개의 소송절차에서 수개의 청구를 하는 것이 객관적 병합이다. 이에 비해 주관적 병합이란 하나의 소송절차에서 원고 또는 피고가 다수인 경우를 말한다.
다른 종류의 병합도 가능	행정소송법은 관련청구인 이상 같은 종류의 소송절차뿐만 아니라 다른 종류의 소송절차(행정소송과 민사소송)에서도 명문으로 인정하고 있다(제10조 제1항).
원시적 병합과 추가적 병합	• 병합은 병합의 시점에 따라 소 제기시부터 병합하는 것을 원시적 병합이라 하고, 계속 중인 소송에 새로운 청구를 후발적으로 병합하는 것을 추가적 병합이라고 한다. • 취소소송의 원고는 관련청구를 처음부터 병합하여 제기(원시적 병합)할 수도 있고, 사실심 구두변론종결시까지는 추가하여 병합할 수도 있다. • 따라서 행정소송법은 관련청구의 객관적 병합, 주관적 병합, 원시적·추가적 병합을 모두 인정하고 있다. 05 국회8급 등
허용 여부 12 국회8급	행정소송에 있어 병합의 여러 형태인 **단순병합**, **선택적 병합**, **예비적 병합**이 허용된다. 그러나 행정처분에 대한 **무효확인과 취소청구**는 서로 양립할 수 없는 청구이기 때문에 **예비적 병합은 가능하지만**, **선택적 병합이나 단순병합은 허용되지 아니한다**. 18 소방
당사자소송과 취소소송의 병합	판례에 의하면 당사자소송을 취소소송에 병합하는 것도 가능하다(대판 1992.12.24. 92누3335).

> **보충 병합의 형태**
>
> • **단순병합**: 관련이 없는 수개의 청구를 병합하는 것(예 대여금 100만 원의 반환과 이와 관련이 없는 부동산의 인도를 구하는 경우)
> • **선택적 병합**: 원고가 복수의 청구를 하면서 그중 어느 것이나 하나만 인용되면 목적을 달성하는 경우(예 원고가 원상회복 또는 그 피해금액의 변상을 구하는 경우)
> • **예비적 병합**: 원고가 복수의 청구를 하되 우선적으로 구하는 청구(주위적 청구라 함)와 주위적 청구가 기각될 경우에 대비해 예비적으로 다른 청구를 병합하는 것(예 망가진 도자기의 원상회복을 우선 구하고 이것이 인정되지 않을 때 그 가액의 변상을 청구하는 경우)

 관련판례

❶ 행정처분에 대한 무효확인과 취소청구의 선택적 병합 또는 단순병합은 허용되지 않고 예비적 병합은 허용된다(대판 1999.8.20. 97누6889). 18 소방, 15 국가9급 등

❷ 당사자소송을 취소소송에 병합하는 것도 가능하다(대판 1992.12.24. 92누3335).

❸ 행정처분의 취소를 구하는 취소소송에 당해 처분의 취소를 선결문제로 하는 부당이득반환청구가 병합된 경우, 그 청구가 인용되려면 소송절차에서 당해 처분의 취소가 확정되어야 하는 것은 아니다(대판 2009.4.9. 2008두23153). 12 국회8급

* 1심판결이 선고되면 충분하고 판결이 확정될 필요는 없다는 것이다. 즉, 판결이 선고되면 확정되지 않아도 공정력은 제거된다.

④ **무효확인소송과 취소소송의 병합** 19 국가7급

동일한 행정처분에 대하여 무효확인의 소를 제기하였다가 그 후 그 처분의 취소를 구하는 소를 추가적으로 병합한 경우, 주된 청구인 무효확인의 소가 적법한 제소기간 내에 제기되었다면(취소소송의 기간 내에 제기되었다면) 추가로 병합된 취소청구의 소도 적법하게 제기된 것으로 볼 수 있다(대판 2005.12.23. 2005두3554).

⑤ 당사자소송이 부적법 각하되면 관련 청구소송도 부적법 각하된다(대판 2011.9.29. 2009두10963). 13 지방9급

② 주관적 병합

개념	주관적 병합이란 하나의 소송절차에서 원고 또는 피고의 어느 일방 또는 쌍방이 다수인 경우를 말한다. 행정소송법 제15조는 "수인의 청구 또는 수인에 대한 청구가 처분 등의 취소청구와 관련되는 청구인 경우에 한하여 그 수인은 공동소송인이 될 수 있다."라고 하여 주관적 병합을 인정하고 있다.
종류	주관적 병합도 병합의 시점에 따라 원시적 병합과 추가적 병합이 있는데, 취소소송에서 주관적 병합의 원시적 병합과 추가적 병합이 모두 인정된다.
주관적·예비적 병합의 인정문제	· 주관적 예비적 병합이란 주관적 병합 중 서로 양립할 수 없는 청구를 병합하는 것을 말한다. 예컨대, 원고가 세무서장을 피고로 해서 소득세 경정처분의 취소를 구하면서 동시에 이것이 기각될 것에 대비하여 예비적으로 국가를 피고로 하여 손해배상을 청구하는 경우와 같은 것이다. · 주관적·예비적 병합은 그 허용 여부에 대해 과거 극심한 견해 대립이 있었으나, 민사소송법의 개정으로 명문으로 이를 인정하게 되었다. 판례도 민사소송법 개정 전에는 이를 부정하였으나, 지금은 인정하는 판시를 하고 있다.

[제5목] 행정심판 전치주의

01 개설

1. 필요적 전치주의와 임의적 전치주의

필요적 전치주의란 행정소송의 제기 전에 반드시 행정심판을 거쳐야 하고, 그렇지 않으면 행정소송이 부적법 각하되는 것을 말한다. 임의적 전치주의는 행정소송의 제기에 앞서 반드시 행정심판을 거치지 않아도 행정소송을 제기할 수 있는 방식을 말한다.

2. 원칙: 임의적 행정심판 전치주의

행정소송법 제18조 제1항 본문은 "취소소송은 법령의 규정에 의하여 당해 처분에 대한 행정심판을 제기할 수 있는 경우에도 이를 거치지 아니하고 제기할 수 있다."라고 규정하여 임의적 전치주의를 규정하고 있다. 10 지방9급 등 즉, 소송 제기 전의 행정심판 전치는 당사자의 선택에 맡겨져 있는 것이다.

3. 예외: 필요적 행정심판 전치주의(개별법에서 필요적 행정심판 전치주의를 채택하는 경우)

(1) 분류

필요적 행정심판 전치주의를 채택하는 개별법은 그 내용이 전문적인 부분(예 조세 관련 법, 선박안전법)이거나, 엄정한 심사가 필요한 부분(예 공무원의 징계 등) 또는 대량 반복적으로 행해지는 분야(예 도로교통법상의 운전면허 정지·취소)에서 주로 나타난다.

* 이하 분류는 일반적인 분류는 아니고, 수험생의 편의를 위해 저자가 임의로 분류한 것이다.

전문적인 분야	엄정한 심사가 필요한 분야	대량 반복적인 경우
· **조세소송**: 국세기본법, 관세법상 조세심판 10 세무사등 · 선박안전법상 선박검사 · 특허법상 특허사건	· **공무원에 대한 징계처분**: 국가공무원법, 지방공무원법의 소청심사위원회의 심사·결정 10 세무사 · 교육공무원법상의 교원소청심사위원회의 결정 04 국가7급 · 감사원법상의 변상판정처분에 대한 재심	· 도로교통법상의 운전면허 취소·정지처분에 대한 심판 13 국가7급 (중앙행정심판위원회의 4인으로 구성된 소위원회의 심리·의결) · 노동조합 및 노동관계조정법상의 부당노동행위에 대한 중앙노동위원회의 재심 판정

(2) 국세기본법상의 행정심판절차

구분	심판청구기관	절차
이의신청	세무서장 또는 지방국세청장	신청인이 세무서장이나 지방국세청장에게 하는 이의신청은 임의절차이므로 반드시 거치지는 않아도 된다.
심사청구	국세청장	신청인은 심사청구(국세청장에게)나 심판청구(조세심판원장에게)는 둘 중 하나를 반드시 거쳐야 한다. 동일한 처분에 대하여 심사청구와 심판청구를 중복하여 제기할 수는 없다. 16 지방7급, 15 국가9급, 14 국가7급
심판청구	국세심판원장	

02 예외적 행정심판 전치주의의 요건

1. 심판청구가 적법할 것

(1) 부적법한 심판을 청구한 경우

행정심판청구가 기간 도과로 인하여 부적법한 경우에는 행정소송 역시 전치의 요건을 충족치 못한 것이 되어 부적법 각하를 면치 못하고, 이 점은 **행정청이 행정심판의 제기기간을 도과한 부적법한 심판에 대하여 그 부적법을 간과한 채 실질적 재결을 하였다 하더라도 달라지는 것이 아니다**(대판 1991.6.25. 90누8091). 15 국회8급

(2) 적법한 심판청구가 부적법한 것으로 각하된 경우 13 국가7급

행정청이 착오로 부적법한 것으로 각하하였다 하더라도 행정심판 전치주의의 근본취지가 행정청에게 자기반성의 기회를 제공하는 데 있음을 고려할 때 **전치의 요건을 충족하였다**(대판 1990.10.12. 90누2383).

2. 행정심판과 행정소송의 관련성 문제

(1) 인적 관련성

행정심판의 청구인과 행정소송의 원고가 동일인일 필요는 없다. 왜냐하면, 행정심판전치의 취지는 처분행정청으로 하여금 위법한 행정행위에 대하여 그 스스로 재고, 시정의 기회를 부여함에 그 뜻이 있는 제도이기 때문이다. 따라서 동일한 행정처분에 의하여 공동의 법률적 이해관계를 갖는 **공동권리자의 1인이 이미 적법한 심판을 제기하여 처분행정청으로 하여금 그 잘못을 재고, 시정할 기회를 부여하였다면 다른 공동권리자는 심판을 경유함이 없이 행정소송을 제기할 수 있다**(대판 1986.10.14. 83누584).

(2) 사물적 관련성

행정심판의 대상으로서의 행정처분과 행정소송의 대상으로서의 행정처분은 원칙적으로 동일한 것이어야 한다. 다만, 행정소송법은 '서로 내용상 관련되는 처분 또는 같은 목적을 위하여 단계적으로 진행되는 처분 중 어느 하나가 이미 행정심판의 재결을 거친 때'에는 행정심판을 거치지 않고 취소소송을 제기할 수 있다고 규정하고 있다(행정소송법 제18조 제3항 제2호).

(3) 주장사유의 관련성

1) 행정심판에서 주장하지 않은 사유도 행정소송에서 주장할 수 있다.
전심절차에 있어서의 주장과 행정소송에 있어서의 주장이 전혀 별개의 것이 아닌 한 반드시 일치하여야 하는 것은 아니므로 전심절차에 있어서 주장하지 아니한 사항도 기본적인 점에서 부합되는 것이면 행정소송에서 주장할 수 있다(대판 1984.5.9. 84누116). 13 국가7급

2) 행정심판에서 주장하지 아니한 공격방어방법을 소송절차에서 주장할 수 있다.
항고소송에 있어서 원고는 전심절차에서 주장하지 아니한 공격방어방법을 소송절차에서 주장할 수 있고 법원은 이를 심리하여 행정처분의 적법 여부를 판단할 수 있는 것이므로, 원고가 전심절차에서 주장하지 아니한 처분의 위법사유를 소송절차에서 새롭게 주장하였다고 하여 다시 그 처분에 대하여 별도의 전심절차를 거쳐야 하는 것은 아니다(대판 1996.6.14. 96누754).

3. 전치요건 충족 여부의 판단

(1) 직권조사사항
*소송요건은 자백의 대상이 아니다.

전심절차를 거친 여부는 행정소송 제기의 소송요건으로서 직권조사사항이라 할 것이므로 이를 거치지 않았음을 원고 소송대리인이 시인하였다고 할지라도 그 사실만으로 전심절차를 거친 여부를 단정할 수는 없다(대판 1986.4.8. 82누242).

(2) 판단의 기준시 – 사실심 변론종결시까지 가능 15 국회8급
행정심판의 재결이 있기 전에 제기된 행정소송은 부적법한 소이지만 소가 각하되지 않는 동안 재결이 있으면 전치의 요건은 충족된 것으로 본다. 대법원도 "제소 당시로 보면 전치요건을 구비하지 못한 위법이 있다 할 것이지만, 소송 계속 중 심사청구 및 심판청구를 하여 각 기각결정을 받았다면 원심 변론종결일 당시에는 위와 같은 전치요건흠결의 하자는 치유되었다."라고 판시한 바 있다(대판 1987.4.28. 86누29).

4. 행정심판 전치주의의 적용범위

(1) 준용
행정소송법은 취소소송에 대하여 행정심판 전치주의를 규정하고, 이를 부작위위법확인소송에 준용한다. 10 세무사 등 따라서 무효등확인소송과 당사자소송, 민중소송, 기관소송에는 행정심판 전치주의가 적용되지 않는다. 19 국가7급 등

> **보충** 준용규정(취·부·기·심·간)
>
> 취소소송과 부작위위법확인소송은 제소기간, 행정심판전치, 간접강제가 적용된다. 다만, 부작위의 경우에는 사실상 기간이 도과하는 경우를 생각하기 어렵다. 기간이 준용되는 것은 부작위를 대상으로 행정심판을 거친 경우 재결을 대상으로 소를 제기하는 경우이다. 17·16 국회8급

(2) 무효선언을 구하는 의미의 취소소송

1) 문제의 소재
행정처분의 하자가 중대·명백하여 당연무효임에도 불구하고 취소소송을 제기한 경우에 행정심판 전치주의가 적용되는지에 대해 견해가 대립한다.

2) 학설과 판례

학설의 대립이 있으나, 판례는 적극설의 입장이다. 소송의 형태는 청구취지로 결정되기 때문이다. 행정처분의 무효를 선언하는 의미에서 취소를 구하는 소송도 항고소송의 일종이므로 전심절차를 거쳐야 한다(대판 1987.9.22. 87누482). 06 강원9급 등

3) 결론

무효선언을 구하는 의미의 취소소송은 취소소송이다. 따라서 행정심판전치, 제소기간 등 적법요건에 관해서는 취소소송과 동일하게 생각하면 된다. 12 국가9급

(3) 2단계 이상의 행정심판절차가 규정되어 있는 경우

관계법령에서 2단계(이의신청, 행정심판) 이상의 행정심판을 규정하고 있는 경우에 통설은 명문의 규정이 있는 경우를 제외하고는 그중의 하나만 거치면 족하다고 본다. 10 세무사

관련판례

구 지방세법 제78조 제2항은 이의신청 및 심사청구라는 이중의 행정심판을 거치지 아니하고서는 행정소송을 제기하지 못하도록 하고 있으므로 헌법에 위반된다.

지방세 부과처분에 대한 이의신청 및 심사청구의 심의·의결기관인 지방세심의위원회는 그 구성과 운영에 있어서 심의·의결의 독립성과 공정성을 객관적으로 신뢰할 수 있는 토대를 충분히 갖추고 있다고 보기 어려운 점, 이의신청 및 심사청구의 심리절차에 사법절차적 요소가 매우 미흡하고 당사자의 절차적 권리보장의 본질적 요소가 결여되어 있다는 점에서 지방세법상의 이의신청·심사청구제도는 헌법 제107조 제3항에서 요구하는 '사법절차(독립성, 공정성, 대심구조) 준용'의 요청을 외면하고 있다고 할 것인데, 지방세법 제78조 제2항은 이러한 이의신청 및 심사청구라는 이중의 행정심판을 거치지 아니하고서는 행정소송을 제기하지 못하도록 하고 있으므로 위 헌법조항에 위반될 뿐만 아니라, 재판청구권을 보장하고 있는 헌법 제27조 제3항에도 위반된다 할 것이며, 나아가 필요적 행정심판 전치주의의 예외사유를 규정한 행정소송법 제18조 제2항, 제3항에 해당하는 사유가 있어 행정심판제도의 본래의 취지를 살릴 수 없는 경우에까지 그러한 전심절차를 거치도록 강요한다는 점에서도 국민의 재판청구권을 침해한다 할 것이다(헌재 2001.6.28. 2000헌바30).

5. 제3자가 제기한 경우(복효적 행정행위)

처분 등의 상대방이 아닌 제3자가 취소소송을 제기하는 경우에 행정심판 전치주의가 적용될 것인지에 대해 통설은 적용된다는 입장이다. 판례는 부정설을 취한 적도 있으나, 지금은 긍정설의 입장이다(대판 1989.5.9. 88누5150).

6. 필요적 행정심판 전치주의의 예외

행정심판을 제기한 후 재결을 거치지 아니하고 취소소송을 제기할 수 있는 경우(제18조 제2항)	행정심판을 제기함이 없이 취소소송을 제기할 수 있는 경우(제18조 제3항)
1. 행정심판청구가 있은 날로부터 60일이 지나도 재결이 없는 때 07 세무사 등 2. 처분의 집행 또는 절차의 속행으로 생길 중대한 손해를 예방하여야 할 긴급한 필요가 있는 때 15 국회8급 등 3. 법령의 규정에 의한 행정심판기관이 의결 또는 재결을 하지 못할 사유가 있는 때 09 국가7급 등 4. 그 밖의 정당한 사유가 있는 때 09 국가7급 등	1. 동종사건에 관하여 이미 행정심판의 기각재결이 있은 때 09 세무사 등 2. 서로 내용상 관련되는 처분 또는 같은 목적을 위하여 단계적으로 진행되는 처분 중 어느 하나가 이미 행정심판의 재결을 거친 때 15 국회8급 등 3. 행정청이 사실심의 변론종결 후 소송의 대상인 처분을 변경하여 당해 변경된 처분에 관하여 소를 제기하는 때 09 세무사 등 4. 처분을 행한 행정청이 행정심판을 거칠 필요가 없다고 잘못 알린 때 10 세무사 등

관련판례

행정소송법 제18조 제3항 제1호에서 행정심판을 제기함이 없이 취소소송을 제기할 수 있는 경우로 규정하고 있는 '동종사건에 관하여 이미 행정심판의 기각재결이 있는 때'에서의 '동종사건'이라 함은 당해 사건은 물론이고 당해 사건과 기본적인 동질성이 있는 사건을 말한다(대판 2015.8.27. 2014두4344).

[제6목] 제소기간

01 의의

1. 개념과 필요성

제소기간은 소송의 제기가 허용되는 기간을 말한다. 행정법관계는 공익과 밀접한 관계가 있으므로 불확정한 상태로 장기간 방치하는 것은 바람직하지 않기 때문에 인정되는 것이다. 따라서 제소기간의 도과는 직권조사사항이다. 09 세무사 등

2. 제소기간의 기능

제소기간이 경과하면 해당 처분에 불가쟁력이 발생하여 처분의 상대방은 더 이상 다툴 수 없게 된다. 그러나 기간이 도과한 경우에 불가쟁력은 발생하지만, 불가변력이 발생하는 것은 아니므로 행정청이 직권취소할 수 있다.

02 취소소송의 제소기간

행정심판을 거치지 않는 경우와 거치는 경우로 나눌 수 있다. 20 소방

행정심판을 거치지 않은 경우	행정심판을 거친 경우
① 취소소송은 처분 등이 있음을 안 날부터 90일 이내에 제기하여야 한다. ② 취소소송은 처분 등이 있은 날부터 1년을 경과하면 이를 제기하지 못한다. 다만, 정당한 사유가 있는 때에는 그러하지 아니하다. ③ 제1항의 규정에 의한 기간은 불변기간으로 한다.	행정심판을 거친 후 취소소송을 제기하는 경우에는 재결서의 정본을 **송달받은 날**부터 90일 이내에 제기하여야 한다. 재결서의 정본을 송달받지 못한 경우에는 **재결이 있은 날**로부터 1년이 경과하면 취소소송을 제기하지 못한다. 다만, 정당한 사유가 있는 때에는 그러하지 아니하다.

03 행정심판을 거치지 않은 경우

1. 제소기간은 위의 표와 같다.

기간의 계산은 민법의 일반원칙에 의해 초일불산입원칙이 적용된다.

2. 불변기간과 소송기간의 추완

(1) 불변기간의 개념

불변기간이란 법률에 불변기간이라고 정해 놓은 것을 말한다. 16 국회8급

(2) 90일과 1년

위 기간 중 90일 부분은 불변기간이고, 1년은 불변기간이 아니다. 05 국회8급 등 왜냐하면, 불변기간은 법률에 불변기간이라고 정해 놓은 경우에만 인정되기 때문이다.

(3) 불변기간의 효과

불변기간에 대해서는 민사소송법 제173조가 준용되므로(행정소송법 제8조 제2항) 당사자가 책임질 수 없는 사유로 기간 준수를 하지 못한 경우에 소송기간의 추완이 허용된다. 그 결과 사유가 소멸된 때로부터 2주 내에 소를 제기할 수 있다.

(4) 불변기간이 아닌 경우

1년의 기간은 불변기간이 아니지만 '정당한 사유'가 있을 때는 기간 도과 후에도 소를 제기할 수 있다.

3. 처분이 있음을 안 경우(안 날로부터 90일)

(1) 처분이 송달된 경우

판례는 당해 처분이 있었다는 사실을 현실적으로 안 날을 의미하고, 추상적으로 알 수 있었던 날을 의미하는 것은 아니라 할 것이며, 다만 <u>처분을 기재한 서류가 당사자의 주소에 송달되는 등으로 사회통념상 처분이 있음을 당사자가 알 수 있는 상태에 놓여진 때에는 반증이 없는 한 그 처분이 있음을 알았다고 추정한다</u>(대판 1995.11.24. 95누11535).

관련판례

❶ 처분 등이 있음을 안 날의 의미 [15 사복9급 등]

'처분이 있음을 안 날'이란 통지, 공고 기타의 방법에 의하여 당해 처분이 있었다는 사실을 현실적으로 안 날을 의미하고 구체적으로 그 행정처분의 위법 여부를 판단한 날을 가리키는 것은 아니다. 또한 어떠한 종류의 행정처분이 있음을 아는 것으로 족하고, 처분의 구체적 내용이나 당해 행정처분의 위법 여부까지 알 필요는 없다(대판 1991.6.28. 90누6521).

❷ 안 날에 대한 사실상의 추정

아파트 경비원이 관례에 따라 부재 중인 납부의무자에게 배달되는 <u>택지초과소유부담금</u> 납부고지서를 수령한 경우 납부의무자가 아파트 경비원에게 단순한 등기우편물 등의 수령권한을 위임한 것으로 볼 수는 있을지언정, 택지초과소유부담금 부과처분의 대상으로 된 사항에 관하여 납부의무자를 대신하여 처리할 권한까지 위임한 것으로 볼 수는 없고, 설사 위 경비원이 위 납부고지서를 수령한 때에 위 부과처분이 있음을 알았다고 하더라도 <u>이로써 납부의무자 자신이 그 부과처분이 있음을 안 것과 동일하게 볼 수는 없다</u>(대판 2002.8.27. 2002두3850).

(2) 고시·공고 등에 의하여 효력이 발생하는 처분의 기산점

1) 원칙

처분이 고시 또는 공고된 경우 처분의 상대방이 고시 또는 공고를 본 경우에는 본 날이 처분이 있음을 안 날이다. 상대방이 고시 또는 공고를 보지 못한 경우에 대법원은 **특정인의 경우에는 현실적으로 안 날을, 불특정 다수인의 경우에는 고시 또는 공고의 효력발생일이 처분이 있음을 안 날**이라고 판시하고 있다.

2) 고시 또는 공고의 효력발생일

14일	행정절차법 제15조 제3항에 의하면 송달받을 자의 주소 등을 통상의 방법으로 확인할 수 없는 경우와 송달이 불가능한 경우에는 다른 법령 등에 특별한 규정이 있는 경우를 제외하고는 **공고일부터 14일이 지난 때에** 그 효력이 발생한다. 다만, 긴급히 시행하여야 할 특별한 사유가 있어 효력발생시기를 달리 정하여 공고한 경우에는 그에 따른다. 09 세무사
당일	• 도시·군관리계획 결정의 효력은 지형도면을 **고시한 날부터** 발생한다. 16 지방7급 • 사업인정의 고시: **고시한 당일**에 효력이 발생한다.
5일	행정 효율과 협업 촉진에 관한 규정 제6조 제23항에 의하면 문서는 수신자에게 도달(전자문서의 경우는 수신자가 관리하거나 지정한 전자적 시스템 등에 입력되는 것을 말한다)됨으로써 효력을 발생한다. 다만, 공고문서는 그 문서에서 효력발생 시기를 구체적으로 밝히고 있지 않으면 그 고시 또는 공고 등이 **있은 날부터 5일**이 경과한 때에 효력이 발생한다.

관련판례

❶ 특정인에 대한 행정처분을 주소불명 등의 이유로 송달할 수 없어 관보·공보·게시판·일간신문 등에 공고한 경우에는 상대방이 당해 처분이 있었다는 사실을 <u>현실적으로 안 날이다.</u>(대판 2006.4.28. 2005두14851)

❷ 불특정 다수인에 대한 처분으로서 고시·공고 등에 의하여 효력이 발생하는 처분에 대해서는 공고 등이 있음을 현실적으로 알았는지 여부를 불문하고, <u>고시가 효력을 발생하는 날에 처분이 있음을 알았다고 보고 그때부터 제소기간을 기산한다</u>(대판 2007.6.14. 2004두619). 15 국회8급

❸ 행정청이 영업자에게 행정제재처분을 한 후 그 처분을 영업자에게 유리하게 변경하는 처분을 한 경우 취소소송의 대상 및 제소기간의 판단기준은 당초처분으로 하여야 한다(대판 2007.4.27. 2004두9302). 19 지방7급, 09 국회8급

❹ 처분 당시에는 취소소송의 제기가 법제상 허용되지 않아 소송을 제기할 수 없다가 위헌결정으로 인하여 비로소 취소소송을 제기할 수 있게 된 경우 제소기간의 기산점은 위헌결정이 있은 날 또는 위헌결정이 있음을 안 날이다(대판 2008.2.1. 2007두20997). 15 국회8급

(3) 제3자가 제기하는 경우

현행법에서 제3자효 행정행위의 경우 **제3자에 대한 처분의 통지의무를 규정하고 있지 않다.** 따라서 제3자가 행정처분이 있음을 안 경우에는 90일 내에 제기해야 한다. 제3자가 몰랐던 경우에는 취소소송은 1년 이내에 제기하여야 한다.

4. 처분이 있음을 알지 못한 경우(처분이 있은 날로부터 1년)

(1) 원칙

처분이 있음을 알지 못한 경우에는 처분이 있은 날로부터 1년 내에 제기해야 한다. 다만, **정당한 사유가 있는 때에는 그러하지 아니하다.** '처분이 있은 날'이라 함은 상대방이 있는 행정처분의 경우는 특별한 규정이 없는 한 의사표시의 일반적 법리에 따라 그 **행정처분이 상대방에게 고지되어 효력이 발생한 날**을 말한다고 할 것이다(대판 1990.7.13. 90누2284). 09 세무사 등

(2) 기간의 경과

* 처분이 있은 날로부터 1년이 경과하여도 정당한 사유가 있으면 제소할 수 있다. 07 세무사 따라서 1년의 기간은 불변기간이 아니다. 05 국회8급

'안 날로부터 90일'과 '있은 날로부터 1년'은 선택적인 것이 아니라 둘 중 어느 한 기간이 경과하면 제소기간이 만료된다. 09 세무사

(3) 정당한 사유의 의미

행정소송법 제20조 제2항 소정의 '정당한 사유'란 불확정 개념으로서 그 존부는 사안에 따라 개별적, 구체적으로 판단하여야 하나, 민사소송법 제173조의 '**당사자가 책임질 수 없는 사유**'나 행정심판법 제27조 제2항 소정의 '**천재, 지변, 전쟁, 사변 그 밖에 불가항력적인 사유**'보다는 넓은 개념 16 국회8급 이라고 풀이되므로, 제소기간 도과의 원인 등 여러 사정을 종합하여 지연된 제소를 허용하는 것이 사회통념상 상당하다고 할 수 있는가에 의하여 판단하여야 한다(대판 1991.6.28. 90누6521). 08 세무사

관련판례

❶ 재결청의 재조사결정에 따른 심사청구기간이나 심판청구기간 또는 행정소송의 제소기간의 기산점은 후속처분의 통지를 받은 날이다(대판 2010.6.25. 2007두12514 전원합의체). 17 서울7급, 17 지방9급, 16 국회8급

❷ 행정처분이 있음을 안 날부터 90일을 넘겨 행정심판을 청구하였다가 부적법하다는 이유로 각하재결을 받은 후 재결서를 송달받은 날부터 90일 내에 원래의 처분에 대하여 취소소송을 제기한 경우, 취소소송의 제소기간을 준수한 것으로 볼 수 없다(대판 2011.11.24. 2011두18786).

❸ 이미 제소기간이 지나 불가쟁력이 발생한 후에 행정청이 행정심판청구를 할 수 있다고 잘못 알린 경우, 그 안내에 따라 청구된 행정심판 재결서 정본을 송달받은 날부터 다시 취소소송의 제소기간이 기산되는 것은 아니다(대판 2012.9.27. 2011두27247). 19 지방9급

04 제소기간의 적용범위

1. 무효등확인소송

(1) 무효등확인소송
제소기간의 제한이 없다. 16 국회8급 따라서 언제든지 소를 제기할 수 있다.

(2) 무효선언을 구하는 의미의 취소소송 13 국가7급, 12 국가9급
제소기간의 제한이 있다는 것이 판례의 입장이다. 형식이 취소소송이기 때문이다.

2. 부작위위법확인소송

(1) 행정심판을 거치지 않은 경우
행정청의 부작위를 다투는 경우에는 부작위가 계속되는 한 제소기간의 도과가 있을 수 없으므로 제소기간의 적용을 받지 않는다. 16 국회8급

(2) 행정심판을 거친 경우
행정심판을 거친 경우에는 재결서의 송달을 받은 날로부터 90일 이내에 제기하여야 한다.

3. 당사자소송
제소기간의 제한이 없다(개별법에 규정이 있으면 예외).

4. 객관적 소송
개별법에 제소기간의 규정이 있다.

[제7목] 소의 변경

01 소 변경의 일반론

1. 개념

소의 변경이란 소송의 계속 중에 원고가 심판의 대상인 청구를 변경하는 것을 말하며, 청구의 변경이라고도 한다. 소의 변경은 청구 자체의 변경을 요하므로 공격·방어 방법의 변경은 소의 변경이 아니다.

2. 일반적인 소 변경의 종류

일반적으로 소의 변경은 기존의 청구를 철회하고 새로운 청구를 하는 교환적 변경과 기존의 청구에 새로운 청구를 추가하는 추가적 변경이 있다.

3. 행정소송법상의 소 변경의 종류

행정소송법은 ① 소의 종류의 변경과 ② 처분 변경으로 인한 소의 변경 두 가지를 명문으로 인정하고 있다. 두 가지 모두 소의 변경에는 원고의 신청이 필요하며, 법원이 직권으로 소를 변경할 수는 없다. 08 서울9급 등

02 소의 종류의 변경

1. 의의

소의 종류의 변경이란 취소소송을 해당 처분 등에 관계되는 사무가 귀속하는 국가 또는 공공단체에 대한 당사자소송 또는 취소소송 외의 항고소송으로 변경하는 것을 말한다. 소의 종류의 변경은 피고의 변경을 수반하는 경우가 있다는 점에서 민사소송법에 대한 특례에 해당한다.

2. 인정이유

행정소송법이 소의 종류의 변경을 인정하는 이유는 행정소송은 소송의 종류가 다양하고, 각 소송의 성질과 제소요건(특히 피고적격)이 다르기 때문에 원고가 행정소송의 종류를 잘못 선택함으로써 권리의 구제에 차질이 생길 수 있기 때문이다. 즉, **소의 종류의 변경은 소송경제 및 권리보호의 관점에서 인정된다.** 08 선관위9급

3. 종류

(1) 항고소송 간의 변경

1) 취소소송 ↔ 무효등확인소송이나 부작위위법확인소송

취소소송을 무효등확인소송이나 부작위위법확인소송으로 변경하는 경우(제21조 제1항)와 무효등확인소송이나 부작위위법확인소송을 취소소송으로 변경(제37조)하는 것이 가능하다. 07 세무사 다만, 소의 종류의 변경은 교환적 변경에 한한다. 추가적 변경은 관련청구소송의 병합적 제기의 방법에 의함이 타당하기 때문이다.

2) 무효등확인소송 ↔ 부작위위법확인소송

무효등확인소송과 부작위위법확인소송 간의 소의 변경이 가능한가에 대해서는 견해의 대립이 있다.

(2) 항고소송과 당사자소송 간의 변경

* 항고소송과 당사자소송 간의 변경이 있으면 피고경정이 일어난다.

취소소송을 해당 처분 등에 관계되는 사무가 귀속하는 국가 또는 공공단체에 대한 당사자소송으로 변경하거나(제21조 제1항), 무효등확인소송이나 부작위위법확인소송을 당사자소송으로 변경하는 것이 가능하며(제37조), 당사자소송을 항고소송으로 변경하는 것도 가능하다(제42조). 10 세무사 등

4. 요건 및 절차

(1) 소송의 계속
취소소송 등이 적법하게 계속되어 있어야 한다.

(2) 가능한 시기와 원고의 신청
사실심 변론종결시까지 원고의 신청이 있어야 한다. 상고심에서는 소 변경이 허용되지 않는다. 직권에 의한 소의 변경은 인정되지 않는다.

(3) 변경의 범위
청구의 기초에 변경이 없어야 한다.

(4) 법원이 상당하다고 인정하여 허가결정을 할 것
허가를 하는 경우 피고를 달리하게 될 때에는 법원은 새로이 피고로 될 자의 의견을 들어야 한다(제21조 제2항). 허가결정이 있으면 결정 정본을 새로운 피고에게 송달하여야 한다(제14조 제2항).

5. 효과

소 변경 허가의 결정이 있으면 **새로운 소는 처음에 소를 제기한 때에 제기된 것으로 보며, 변경된 구소는 취하된 것으로 본다**(제21조 제4항). 19 국가7급, 09 국회8급 따라서 구소에 대하여 이루어진 종전의 소송절차는 신소에 유효하게 승계된다.

관련판례

◎ 예외적 판례

취소소송에 있어서 소의 변경이 있는 경우, 새로운 소에 대한 소 제기기간 준수 여부의 기준시점은 소 변경시이다. 17·07 서울9급
청구취지를 변경하여 구소가 취하되고 새로운 소가 제기된 것으로 변경되었을 때에 새로운 소에 대한 제소기간의 준수 등은 원칙적으로 소의 변경이 있은 때를 기준으로 하여야 한다(대판 2004.11.25. 2004두7023).

6. 불복방법

(1) 소 변경을 허가하는 결정에 대한 불복
소의 변경을 허가하는 결정에 대하여는 종전의 피고와 신소의 피고는 즉시항고할 수 있다(제21조 제3항).

(2) 소 변경을 불허하는 결정에 대한 불복
소 변경을 불허하는 결정에 대한 불복방법에 대하여는 행정소송법에 명문의 규정이 없다. 대법원은 **청구취지 변경을 불허한 결정에 대하여는 독립하여 항고할 수 없고, 종국판결에 대한 상소로써만 다툴 수 있다**고 판시한다(대판 1992.9.25. 92누5096).

03 처분 변경으로 인한 소의 변경

1. 의의
원고가 소를 제기한 후에 행정청이 소송의 대상인 처분을 변경한 때에 법원은 원고의 신청에 의하여 결정으로써 청구의 취지 또는 원인의 변경을 허가할 수 있다(제22조 제1항). 예컨대, 영업허가 취소처분에 대한 취소소송의 계속 중에 행정청이 취소처분을 정지처분으로 변경하면 원고는 원래의 청구인 영업허가 취소처분 취소의 소를 영업허가 정지처분 취소의 소로 변경해야 한다. 처분변경에서의 처분은 소송의 대상인 해당 처분을 의미하며, 해당 처분이 아닌 관련된 처분이 변경된 경우에는 처분 변경에 해당되지 않는다. 06 세무사

2. 인정이유
처분이 변경된 경우에 소의 변경을 인정하지 않으면 원고의 청구가 각하될 것이기 때문에 원고에게 책임 없는 사유로 원고는 불필요한 절차를 반복해야 한다. 따라서 원고가 간편 신속하게 구제를 받을 수 있도록 하기 위한 것이다. 06 세무사

3. 요건

(1) 처분의 변경
처분의 변경이 있어야 한다. 해당 소송의 대상인 처분이 소가 제기된 후에 행정청에 의해 변경되어야 한다.

(2) 시기
처분의 변경을 안 날로부터 60일 이내에 하여야 한다(제22조 제2항).

(3) 허가결정
법원의 변경허가결정이 있어야 한다. 08 국회8급

(4) 취소소송이 계속 중이고 사실심 변론종결 전일 것
취소소송이 계속 중이고 사실심 변론종결 전이어야 하며, 변경되는 신소는 적법하여야 한다. 이때 행정심판 전치의 요건은 갖춘 것으로 본다(제22조 제3항).

4. 효과
소 변경 허가의 결정이 있으면 새로운 소는 처음에 소를 제기한 때에 제기된 것으로 보며, 변경된 구소는 취하된 것으로 본다(제21조 제4항).

5. 적용범위
처분 변경으로 인한 소의 변경은 취소소송 외에 무효등확인소송 및 당사자소송에 준용된다. 그러나 **부작위위법확인소송에는 준용되지 않는다.** 06 세무사 부작위위법확인소송은 변경될 처분이 없기 때문이다. 19 국가9급, 13 국가7급

📖 **기출 OX**

부작위위법확인소송 계속 중 처분[적극적 처분(허가)이든 소극적 처분(거부)이든]이 있으면 법원은 각하한다. (O, ×)　19 국가9급　　O

[제8목] 처분사유의 추가·변경

01 개설

1. 의의

처분사유의 추가란 행정소송의 심리 중에 처분청이 처분 당시 근거로 삼았던 사유와 다른 사유를 추가적으로 주장하는 것을 말하며, 처분사유의 변경이란 처분청이 처분 당시 근거로 삼았던 사유를 다른 사유로 변경하는 것을 말한다. 예컨대, 청소년에게 술을 판매했다는 이유로 한 영업취소에 대한 취소소송에서 소송 도중 가짜 주류를 판매했다는 사유를 추가(변경)하는 경우가 처분사유의 추가(변경)에 해당한다.

2. 구별 개념

* 근거법조의 추가·변경은 처분사유의 추가·변경이 아니므로 허용된다.

처분청이 처분 당시에 적시한 구체적 사실을 변경하지 아니하는 범위 내에서 단지 그 처분의 근거법령만을 추가·변경하거나 당초의 처분사유를 구체적으로 표시하는 것에 불과한 경우에는 **새로운 처분사유의 추가·변경에 해당하지 않는다**(대판 2007.2.8. 2006두4899). 16 국가9급, 11 사복9급

02 인정 여부

제한적 긍정설	• 통설: 기본적 사실관계의 동일성이 인정되고 원고의 권리·방어가 침해되지 않는 범위 내에서 인정된다. 04 관세사 분쟁의 일회적 해결과 상대방의 신뢰보호를 동시에 고려하는 견해이다. 13 국가7급 • 판례: 당초에 처분의 근거로 삼은 것과 기본적 사실관계의 동일성이 인정되는 범위에서 처분사유의 추가·변경을 허용함으로써 제한적 긍정설의 입장이다.

03 인정요건

1. 처분의 기본적 사실관계의 동일성이 유지될 것

(1) 기본적 사실관계의 개념

기본적 사실관계의 동일성 유무는 처분사유를 **법률적으로 평가하기 이전의 구체적인 사실에 착안**하여 그 기초가 되는 **사회적 사실관계가 기본적인 점에서 동일한지 여부에 따라 결정된다**(대판 2004.11.26. 2004두4482). 19 지방7급, 17 국가9급

(2) 시기

추가 또는 변경된 사유가 당초의 처분시 그 사유를 명기하지 않았을 뿐 **처분시에 이미 존재하고 있었고 당사자도 그 사실을 알고 있었다 하여 당초의 처분사유와 동일성이 있는 것이라 할 수 없다**(대판 2003.12.11. 2003두8395). 17 국가9급, 13 국가7급

* 추가 불가라는 의미이다.

2. 처분시에 존재하였던 사유일 것

추가 또는 변경되는 사유는 처분 당시에 객관적으로 존재하고 있었던 사유여야 하므로 처분 후에 발생한 사실관계나 법률관계는 제외된다.

3. 처분사유의 추가·변경은 사실심 변론종결시까지 해야 한다.

과세관청은 소송 도중이라도 당해 처분에서 인정한 과세표준 또는 세액의 정당성을 뒷받침할 수 있는 새로운 자료를 제출하거나 처분의 동일성이 유지되는 범위 내에서 그 사유를 교환·변경할 수 있다고 할 것이나 이는 사실심 변론종결시까지만 허용된다(대판 1999.2.9. 98두16675). 17 국가9급, 15 사복9급, 13 국가7급

4. 동일한 소송물의 범위 내일 것

처분사유의 추가·변경으로 소송물이 변경된다면 청구가 변경되는 것이므로 처분사유의 추가·변경은 취소소송의 소송물의 범위 내에서만 가능하다.

관련판례

◎ 기본적 동일성 인정

① 주택신축을 위한 산림형질변경 허가신청에 대하여 행정청이 거부처분을 하면서 당초 거부처분의 근거로 삼은 준농림지역에서의 행위 제한이라는 사유와 나중에 거부처분의 근거로 추가한 자연경관 및 생태계의 교란, 국토 및 자연의 유지와 환경보전 등 중대한 공익상의 필요라는 사유는 기본적 사실관계에 있어서 동일성이 인정된다(대판 2004.11.26. 2004두4482). 13 국가7급

② 당초의 처분사유인 국립공원에 인접한 미개발지의 합리적인 이용대책 수립시까지 그 허가를 유보한다는 사유와 국립공원 주변의 환경·풍치·미관 등을 크게 손상시킬 우려가 있다는 사유는 기본적 사실관계에 있어서 동일성이 인정된다(대판 2001.9.28. 2000두8684). 11 사복9급

③ 당초의 정보공개 거부처분 사유인 검찰보존사무규칙 제20조 소정의 신청권자에 해당하지 아니한다는 사유는 새로이 추가된 거부처분사유인 공공기관의 정보공개에 관한 법률 제7조 제1항 제6호의 사유와 그 기본적 사실관계의 동일성이 있다(대판 2003.12.11. 2003두8395).

④ 과세관청이 과세대상 소득에 대하여 이자소득이 아니라 대금업에 의한 사업소득에 해당한다고 처분사유를 변경한 것은 처분의 동일성이 유지되는 범위 내에서의 처분사유 변경에 해당한다(대판 2002.3.12. 2000두2181). 06 세무사

⑤ 귀화신청인이 제5조 각 호에서 정한 귀화요건을 갖추지 못한 경우 법무부장관은 귀화 허부에 관한 재량권을 행사할 여지 없이 귀화불허처분을 하여야 한다.

외국인 갑이 법무부장관에게 귀화신청을 하였으나 법무부장관이 심사를 거쳐 '품행 미단정'을 불허사유로 국적법상의 요건을 갖추지 못하였다며 신청을 받아들이지 않는 처분을 하였는데, 법무부장관이 갑을 '품행 미단정'이라고 판단한 이유에 대하여 제1심 변론절차에서 자동차관리법 위반죄로 기소유예를 받은 전력 등을 고려하였다고 주장하였다가 원심 변론절차에서 불법 체류한 전력이 있다는 추가적인 사정까지 고려하였다고 주장한 사안에서, 법무부장관이 처분 당시 갑의 전력 등을 고려하여 갑이 구 국적법 제5조 3호의 '품행 단정' 요건을 갖추지 못하였다고 판단하여 처분을 하였고, 그 처분서에 처분사유로 '품행 미단정'이라고 기재하였으므로, '품행 미단정'이라는 판단 결과를 위 처분의 처분사유로 보아야 하는데, 법무부장관이 원심에서 추가로 제시한 불법 체류 전력 등의 제반사정은 불허가처분의 처분사유 자체가 아니라 그 근거가 되는 기초사실 내지 평가요소에 지나지 않으므로, 법무부장관이 이러한 사정을 추가로 주장할 수 있다(대판 2018.12.13. 2016두31616). 예상

관련판례

◎ 기본적 동일성 부정

❶ 거부처분 당시의 처분사유인 "개발제한구역의 지정 및 관리에 관한 특별조치법 시행령 제13조의 규정에 의한 배치계획이 수립되어 있지 않다."라는 사유와 피고가 새로이 추가한 처분사유인 '당해 개발제한구역 또는 동일권역으로 볼 수 있는 개발제한구역 안에 개발제한구역 지정 당시나 허가 신청일 당시 거주하였다고 볼 수 없다'는 사유는 그 기본적인 사실관계에 동일성이 있다고 할 수 없다(대판 2007.10.11. 2007두9365).

❷ 정보비공개결정 취소소송에서 처분청이 당초의 처분사유인 대상정보가 공공기관의 정보공개에 관한 법률 제9조 제1항 제7호에 해당한다는 것에 같은 항 제1호에 해당한다는 사유를 추가할 수 없다(대판 2008.10.23. 2007두1798).

❸ 의료보험요양기관 지정취소처분의 당초의 처분사유인 구 의료보험법 제33조 제1항이 정하는 본인부담금 수납대장을 비치하지 아니한 사실과 항고소송에서 새로 주장한 처분사유인 같은 법 제33조 제2항이 정하는 보건복지부장관의 관계서류 제출명령에 위반하였다는 사실은 기본적 사실관계의 동일성이 없다(대판 2001.3.23. 99두6392). 11 사복9급

❹ 이동통신요금 원가 관련 정보공개청구에 대해 행정청이 별다른 이유를 제시하지 아니한 채 통신요금과 관련한 총괄원가액수만을 공개한 후, 정보공개거부처분 취소소송에서 원가 관련 정보가 법인의 영업상 비밀에 해당한다는 비공개사유를 주장하는 것은 그 기본적 사실관계가 동일하다고 할 수 없다(대판 2018.4.12. 2014두5477). 19 서울7급

❺ 주류면허 지정조건 중 제6호 무자료 주류판매 및 위장거래 항목을 근거로 한 면허취소처분에 대한 항고소송에서, 지정조건 제2호 무면허 판매업자에 대한 주류판매를 새로이 그 취소사유로 주장하는 것은 기본적 사실관계가 다르다(대판 1996.9.6. 96누7427). 17 서울9급

❻ 당초의 처분사유인 중기취득세의 체납과 그 후 추가된 처분사유인 자동차세의 체납은 각 세목, 과세년도, 납세의무자의 지위 및 체납액 등을 달리하고 있어 기본적 사실관계가 동일하다고 볼 수 없다(대판 1989.6.27. 88누6160). 17 서울9급

5. 기본적 사실관계의 동일성은 행정심판에서도 인정된다. 18 국가9급

항고소송에서 행정청이 처분의 근거 사유를 추가하거나 변경하기 위한 요건인 기본적 사실관계의 동일성은 행정심판단계에서도 적용된다(대판 2014.5.16. 2013두26118).

[제9목] 가구제

> 사례 | 입대처분 취소소송 제기 → 집행부정지원칙 때문에 일단 입대 → 제대 후 입대처분 취소소송 승소

1. 집행정지
- 이런 문제의 해결을 위해 예외적으로 집행정지를 할 필요가 있다.
- 입대처분 취소소송 제기와 동시에 또는 소 제기 이후 입대의 집행정지신청 → 본안판결 이전에 입대가 정지되면 본안판결까지 입대를 늦출 수 있는 장점이 있다.

2. 회복이 어려운 손해 우려시
- 집행정지는 아무 때나 되는 것은 아니고, 회복하기 어려운 손해를 예방할 긴급한 필요가 있을 때만 가능하다.
- 회복하기 어려운 손해란 입대처럼 금전으로 회복이 어려운 것을 말한다.

3. 가처분 준용
항고소송에는 민사집행법상의 가처분은 준용되지 않는다. 16 국가9급 다만, 당사자소송에는 가처분이 준용된다.

01 개설

가구제는 본안판결의 실효성을 확보하기 위하여 분쟁 있는 행정작용이나 공법상의 권리관계에 관하여 판결의 확정시까지 잠정적인 효력관계나 지위를 정함으로써 원고의 권리를 보전하려고 하는 것이다. 우리나라에서는 침익적 행정처분에 대한 쟁송에 대응하는 가구제 제도로서 행정소송법은 집행정지제도를, 행정심판법은 집행정지와 임시처분을 규정하고 있다.

02 집행정지신청

 관련조문

행정소송법 제24조(집행정지의 취소) ① 집행정지의 결정이 확정된 후 집행정지가 공공복리에 중대한 영향을 미치거나 그 정지사유가 없어진 때에는 당사자의 신청 또는 직권에 의하여 결정으로써 집행정지의 결정을 취소할 수 있다.
② 제1항의 규정에 의한 집행정지결정의 취소결정과 이에 대한 불복의 경우에는 제23조 제4항 및 제5항의 규정을 준용한다.

1. 소 제기의 효과의 원칙: 집행부정지

(1) 집행부정지의 원칙 17 국회8급, 11 국가9급

행정소송법은 "취소소송의 제기는 처분 등의 효력이나 그 집행 또는 절차의 속행에 영향을 주지 아니한다."라고 규정하여 집행부정지의 원칙을 규정하고 있다(제23조 제1항).

(2) 집행부정지원칙과 행정행위의 공정력

집행부정지원칙을 행정행위의 공정력의 결과로 보는 견해도 있으나, 통설은 집행부정지는 입법정책의 문제로 본다. 한국, 일본, 프랑스는 집행부정지원칙을 채택하고, 독일은 집행정지원칙을 택한다.

2. 예외: 집행정지

(1) 예외적 집행정지

취소소송이 제기된 경우에 처분 등이나 그 집행 또는 절차의 속행으로 인하여 생길 회복하기 어려운 손해를 예방하기 위하여 긴급한 필요가 있다고 인정할 때에는 본안이 계속되고 있는 법원은 당사자의 신청 또는 직권에 의하여 처분 등의 효력이나 그 집행 또는 절차의 속행의 전부 또는 일부의 정지를 결정할 수 있다(제23조 제2항). 09 서울7급

(2) 준용

행정소송법 제24조의 집행정지규정은 무효등확인소송에도 준용된다(제38조 제1항). 단, 부작위위법확인소송에는 준용되지 않는다. 부작위에 대해 집행정지를 하면 사법부가 행정청에 일정한 처분을 명하는 결과가 되기 때문에 권력분립의 원칙상 허용될 수 없는 것이다.

> **암기** 부당하면 집행하지 않는다.
> **부**작위위법확인소송과 **당**사자소송에는 집행정지와 집행정지의 취소 등 집행정지에 관한 규정이 준용되지 않는다는 의미이다.

3. 집행정지의 종류

집행정지는 ① 대상에 따라 원처분의 정지와 재결의 정지, ② 내용에 따라 처분 등의 효력 정지, 처분 등의 집행정지 또는 절차의 속행정지, ③ 효력이 미치는 범위에 따라 전부정지, 일부정지 15 사복9급, 12 국가9급 로 나눌 수 있다.

4. 집행정지결정의 요건

법원이 집행정지결정을 하기 위해서는 적극적으로 갖추어야 할 요건과 소극적으로 존재하여서는 안 되는 요건이 있다.

(1) 적극적 요건(신청인이 주장·소명)

1) 집행정지대상인 처분 등이 존재할 것 08 관세사 등

① **집행정지대상인 처분 등이 존재해야 한다**: ㉠ 처분 등이 효력을 발생하기 전, ㉡ 처분 등이 그의 목적을 달성하여 소멸한 후, ㉢ 그리고 부작위의 경우에는 원칙적으로 집행정지의 실익이 없다. 그러므로 집행정지는 본안소송이 취소소송이나 무효등확인소송인 경우에만 허용되고, 부작위위법 확인소송의 경우에는 허용되지 않는다.

② **거부처분**: 거부처분에 대한 집행정지는 행정청에게 처분을 명하는 결과가 되므로 **부인하는 것이 통설과 판례의 입장이다.** 21·20·16 국가9급

관련판례

거부처분에 대한 집행정지는 인정되지 않는다. 15·14 국가9급 등

신청에 대한 거부처분의 효력을 정지하더라도 거부신청이 없었던 것과 같은 상태, 즉 거부처분이 있기 전의 신청 시의 상태로 되돌아가는 데에 불과하고 행정청에게 신청에 따른 처분을 하여야 할 의무가 생기는 것이 아니므로, 거부처분의 효력정지는 그 거부처분으로 인하여 신청인에게 생길 손해를 방지하는 데 아무런 보탬이 되지 아니하여 그 효력정지를 구할 이익이 없다(대결 1995.6.21. 95두26).

③ **제3자효 행정행위의 경우**: 제3자효 행정행위에서 제3자가 집행정지를 신청할 수 있는지에 대해 명문규정은 없다. 15 국회8급 긍정하는 것이 다수설이다. 다만, **제3자는 원고의 지위에서 집행정지를 신청해야 하고 참가인의 지위에서는 할 수 없다.** 13 지방9급

④ **무효인 행정처분**: 무효인 행정처분도 외형상의 처분은 존재하므로 **집행정지의 대상이 된다.** 07 인천교행

⑤ **사실행위** 05 서울9급 : 사실행위도 사인의 법률상 이익에 직접 영향을 미치는 한 집행정지의 대상이 된다.

2) 본안소송이 적법하게 계속되어 있을 것 16 국가9급·사복9급

적법한 본안소송이 계속되어 있어야 한다. 즉, **본안소송 이전에 집행정지신청을 할 수 없다.** 본안소송의 제기와 동시에 집행정지신청을 하는 것도 가능하다(실무상으로는 동시에 제기하는 것이 일반적). 15 사복9급 등 민사상의 가처분은 본안소송 제기 전에도 가능한데, 이 점에서 양자는 다르다.

관련판례

❶ 행정처분의 효력정지나 집행정지를 구하는 사건에서 집행정지사건 자체에 의하여도 신청인의 본안청구가 적법한 것이어야 한다(본안이 각하되어서는 안 된다는 의미)는 것을 집행정지의 요건에 포함시켜야 한다(대결 2010.11.26. 2010무137). 14 국가9급

❷ 행정사건의 본안소송의 취하가 행정처분 집행정지결정에 미치는 영향
행정처분의 집행정지는 행정처분 집행부정지의 원칙에 대한 예외로서 인정되는 일시적인 응급처분이라 할 것이므로 집행정지결정을 하려면 이에 대한 본안소송이 법원에 제기되어 계속 중임을 요건으로 하는 것이므로 집행정지결정을 한 후에라도 본안소송이 취하되어 소송이 계속하지 아니한 것으로 되면 집행정지결정은 당연히 그 효력이 소멸되는 것이고 별도의 취소조치를 필요로 하는 것이 아니다(대판 1975.11.11. 75누97).

3) 회복하기 어려운 손해 발생의 우려가 있을 것 20 소방, 16·15 사복9급, 09 국회8급 등

① 대법원은 "회복하기 어려운 손해라 함은 특별한 사정이 없는 한 **금전으로 보상할 수 없는 손해를** 말하는바, 이는 **금전보상이 불능인 경우뿐만 아니라, 금전보상으로는 사회통념상 행정처분을 받은 당사자가 참고 견딜 수 없거나 또는 참고 견디기가 현저히 곤란한 경우의 유형·무형의 손해를 일컫는다.**"라고 하였다. 판례는 효과적인 소송 수행의 어려움(상고심에 계속 중인 형사피고인의 진주교도소로의 이송) 등은 회복하기 어려운 손해로 보고 있다.
② 회복하기 어려운 손해의 요건에 관한 주장·소명책임은 원칙적으로 신청인에게 있다.

> **보충** 회복하기 어려운 손해
> • **행정소송법**: 회복하기 어려운 손해의 예방
> • **행정심판법**: 중대한 손해의 예방 17 국회8급, 16 사복9급

기출 OX

금전적 손해는 회복하기 어려운 손해에 해당할 수 없다. (○, ×) 19 국가9급

관련판례

◎ 회복하기 어려운 손해 인정

❶ 현역병 입영처분의 효력이 정지되지 아니한 채 본안소송이 진행된다면 특례보충역으로 방위산업체에 종사하던 신청인은 입영하여 다시 현역병으로 복무하지 않을 수 없는 결과 병역의무를 중복하여 이행하는 셈이 되어 불이익을 입게 되고 상당한 정신적 고통을 받게 될 것이므로 이는 사회관념상 '회복하기 어려운 손해'에 해당된다(대결 1992.4.29. 92두7).

❷ 상고심에 계속 중인 형사피고인을 안양교도소로부터 진주교도소로 이송하는 것은 '회복하기 어려운 손해'가 발생할 염려가 있다(대결 1992.8.7. 92두30).

관련판례

◎ 회복하기 어려운 손해 부정

❶ 항정신병 치료제의 요양급여 인정기준에 관한 보건복지부 고시의 효력이 계속 유지됨으로 인한 제약회사의 경제적 손실, 기업 이미지 및 신용의 훼손은 집행정지의 요건인 '회복하기 어려운 손해'에 해당하지 않는다(대결 2003.10.9. 2003무23).

❷ 과세처분으로 의하여 입은 손해는 배상청구가 가능하므로 그 처분을 정지함에 회복할 수 없는 손해를 피하기 위하여 긴급한 사유가 있는 경우에 해당하지 아니한다(대결 1971.1.28. 70두7). 08 선관위9급 등

❸ 이 사건 영업을 위하여 거의 전재산인 금 1억 5천만 원을 투자하고 영업을 하여 온 까닭에 그 영업허가 취소처분의 효력이 정지되지 않는다면 위 업소경영에 절대적인 타격을 입게 되고 그로 인하여 재항고인은 물론 그 가족 및 종업원들의 생계까지 위협받게 되는 결과가 초래될 수 있다는 등의 사정은 이 사건 처분의 존속으로 재항고인에게 금전으로 보상할 수 없는 손해가 생길 우려가 있는 경우에 해당한다고 볼 수 없다(대결 1995.11.23. 95두53). 14 국가9급

❹ 국토해양부 등에서 발표한 '4대강 살리기 마스터플랜'에 따른 '한강 살리기 사업' 구간 인근에 거주하는 주민들이 각 공구별 사업실시계획 승인처분에 대한 효력정지를 신청한 사안에서, 토지소유권 수용 등으로 인한 손해는 행정소송법 제23조 제2항의 효력정지 요건인 금전으로 보상할 수 없거나 사회관념상 금전보상으로는 참고 견디기 어렵거나 현저히 곤란한 경우의 유·무형 손해에 해당하지 않는다(대판 2011.4.21. 2010무111 전원합의체).

4) 집행정지신청의 이익이 있을 것
집행정지결정을 통해서 달성하고자 하는 현실적 필요성이 있어야 한다. 이미 원상회복이 불가능한 경우(대집행 실행이 완료된 경우), 목적을 달성할 수 없는 경우(거부처분에 대한 집행정지의 경우)에는 집행정지신청의 이익이 없어 부적법하다.

5) 본안판결까지 기다릴 수 없는 긴급한 필요가 있을 것
회복하기 어려운 손해의 발생이 절박하여 본안판결을 기다릴 여유가 없음을 의미한다. 따라서 과세처분에 의하여 입은 손해는 배상청구가 가능하므로 그 처분을 정지함에 회복할 수 없는 손해를 피하기 위하여 긴급한 사유가 있는 경우에 해당하지 아니한다(대결 1971.1.28. 70두7). 08 선관위9급 등

(2) 소극적 요건(행정청이 주장·소명)

1) 공공복리에 중대한 영향을 미칠 우려가 없을 것 08 관세사
집행정지는 공공복리에 중대한 영향을 미칠 우려가 있을 때에는 허용되지 아니한다(행정소송법 제23조 제3항). 공공복리에 중대한 영향을 미칠 우려가 있다는 점은 행정청이 입증해야 한다.

2) 본안청구가 이유 없음이 명백하지 아니할 것
집행정지의 요건으로 본안에서 이유 없음이 명백하지 않을 것이 요구되는지에 대해 명문의 규정이 없기 때문에 견해의 대립이 있다. 판례는 다수설과 같이 **본안의 이유 없음이 명백한 경우에는 집행정지결정을 할 수 없다고 한다.** 12 국가9급

5. 집행정지의 절차

(1) 관할
집행정지는 본안이 계속되고 있는 법원에서 관할한다.

(2) 절차
집행정지는 당사자의 **신청 또는 직권**에 의하여 결정으로써 한다. 20 소방

6. 집행정지결정의 내용

(1) 효력의 존속기간
집행정지결정은 본안소송이 종결될 때까지 처분 등의 효력이나 그 집행 또는 절차의 속행의 전부 또는 일부를 정지함을 그 내용으로 한다.

(2) 종류
집행정지에는 '효력'의 전부 또는 일부 정지, '집행'의 전부 또는 일부 정지, '속행'의 전부 또는 일부 정지가 있다.

(3) 효력정지의 보충성 14 국가9급, 09 국회8급 등
다만, 처분의 '효력' 정지는 처분 등의 집행 또는 절차의 속행을 정지함으로써 목적을 달성할 수 있는 경우에는 허용되지 아니한다. 예컨대, 강제징수절차와 같은 일련의 계속적인 절차(예 독촉·압류·매각·청산)에서 그 절차의 속행을 정지함으로써 목적을 달성할 수 있는 경우에는 과세처분 자체의 효력을 정지할 필요성이 없다.

7. 집행정지결정의 효력

(1) 형성력
집행정지결정에는 **형성력이 인정되므로** 집행정지결정에 위반된 행정행위는 그 하자가 중대하고 명백하여 **무효로 된다.** 08 세무사 복효적 행정행위의 경우 집행정지의 결정은 **제3자에게도 효력을 미친다.** 09 국회8급 등

(2) 기속력
집행정지결정은 그 당사자인 신청인 및 피신청인 외에도 관계 행정청에게도 효력을 미친다. 다만, 재처분의무는 인정되지 않는다. 16·11 국가9급, 09 국회8급 등

(3) 기판력
기판력은 전소와 후소의 관계이므로 집행정지결정에는 **기판력이 인정되지 않는다.**

(4) 시간적 효력 11 국가9급
집행정지결정의 효력은 결정의 주문에 정하여진 시기까지 존속하는 것이나, 특별한 정함이 없는 때에는 본안판결이 확정될 때까지 존속한다. 16 사복9급 한편, 집행정지결정은 장래에 향하여 효력을 발생하며 **소급효가 없음이 원칙이다.** 10 세무사 등 다만, 처분의 효력정지의 경우에는 예외적으로 소급효가 있다.

관련판례

행정처분 집행정지결정의 효력 시한

행정소송법 제23조에 의한 집행정지결정의 효력은 결정주문에서 정한 시기까지 존속하며 그 시기의 도래와 동시에 효력이 당연히 소멸하는 것이므로, 16 사복9급 일정 기간 동안 영업을 정지할 것을 명한 행정청의 영업정지처분에 대하여 법원이 집행정지결정을 하면서 주문에서 당해 법원에 계속 중인 본안소송의 판결선고시까지 처분의 효력을 정지한다고 선언하였을 경우에는 처분에서 정한 영업정지기간의 진행은 그 때까지 저지되는 것이고, 본안소송의 판결선고에 의하여 당해 정지결정의 효력은 소멸하고 이와 동시에 당초의 영업정지처분의 효력이 당연히 부활되어 처분에서 정하였던 정지기간(정지결정 당시 이미 일부 진행되었다면 나머지 기간)은 이때부터 다시 진행한다(대판 1999.2.23. 98두14471).

8. 집행정지결정의 취소

(1) 취소의 사유

집행정지의 결정이 확정된 후 집행정지가 공공복리에 중대한 영향을 미치거나 그 정지사유가 없어진 때에는 당사자의 **신청 또는 직권**에 의하여 결정으로써 집행정지의 결정을 취소할 수 있다(제24조 제1항). 당사자가 집행정지결정의 취소를 신청한 때는 그 사유를 밝혀야 한다(제24조 제2항). 09 국회8급 등

(2) 취소의 효력

집행정지결정이 취소되면 일단 발생한 집행정지결정의 효력은 소멸되고, 그때부터 집행정지결정이 없던 것과 같은 상태로 돌아간다. 07 세무사

9. 집행정지결정에 대한 불복

집행정지결정이나 집행정지신청 기각결정, 또는 집행정지결정의 취소결정에 대해서는 **즉시항고할 수 있다.** 다만, 즉시항고는 즉시항고의 대상인 결정의 집행을 정지하는 효력이 없다(제23조 제5항, 제24조 제2항). 16 사복9급

03 가처분

1. 의의

가처분이란 금전채권 이외의 계쟁물에 관한 청구권의 집행을 보전하거나 또는 임시의 지위를 정하여, 후일 법률관계가 확정될 때까지 잠정적 법률관계를 정하는 절차이다(민사집행법 제300조).

2. 규정

가처분에 대해서 행정소송법에는 명문의 규정이 없다.

3. 판례

항고소송에 가처분이 인정되는지에 대해 판례는 인정하지 않는다. 17 사복9급, 16 국가9급

4. 당사자소송과 가처분

당사자소송에는 가처분이 준용된다.

관련판례

도시 및 주거환경정비법상 주택재건축정비사업조합을 상대로 관리처분계획안에 대한 조합 총회결의의 효력을 다투는 소송은 행정소송법상 당사자소송이고 이를 본안으로 하는 가처분에 대하여 민사집행법상 가처분에 관한 규정이 준용된다.
_{21 소방, 17 사복9급, 16 국가7급}

이러한 당사자소송에 대하여는 행정소송법 제23조 제2항의 집행정지에 관한 규정이 준용되지 아니하므로(행정소송법 제44조 제1항), 이를 본안으로 하는 가처분에 대하여는 행정소송법 제8조 제2항에 따라 민사집행법상 가처분에 관한 규정이 준용되어야 한다(대결 2015.8.21. 2015무26).

[제10목] 취소소송의 심리

01 심리의 내용

1. 요건심사 – 요건심사의 판단시기

소송요건은 소 제기시까지 갖추어야 하는 것이 원칙이나, 제소 당시에 요건을 구비하지 못해도 사실심 변론종결시까지 갖추면 하자는 치유된다. 따라서 실질적으로 소송요건은 사실심 변론종결 전까지 구비하면 된다. 다만, 제소기간의 준수는 사실심 변론종결까지가 아니라 제소시에 갖추어야 한다. 요건의 심사는 법원의 직권조사사항이다.

2. 본안심리

소송의 요건을 갖춘 소는 당사자 주장의 당부를 판단하는데, 이 과정을 본안심리라고 한다. 본안심리의 결과 원고가 승소하면 인용, 원고가 패소하면 기각판결을 하게 된다.

02 불고불리의 원칙과 그 예외

1. 개념

불고불리의 원칙이란 당사자가 소를 제기하지 않은 사항에 대해 법원이 재판할 수 없다는 원칙으로서 사법작용의 소극적 측면이다. 취소소송에는 이에 대한 명문규정이 없지만, 불고불리의 원칙은 적용된다. _{14 국가9급}

└ 행정심판법에는 명문규정이 있다.

2. 적용 결과

불고불리의 원칙이 적용되는 결과 법원은 소 제기가 없는 사건에 대해 재판할 수 없음은 물론이고, 소 제기가 있는 사건에서도 당사자가 청구한 범위를 넘어서 심리하거나 재판할 수는 없다.

03 심리의 절차

1. 심리에 관한 일반원칙

(1) 처분권주의와 직권주의

처분권주의 _{18 지방9급}	직권주의
처분권주의는 소송의 개시, 소송의 대상, 소송의 종료 등 소송의 주도권을 당사자의 의사(처분)에 맡기는 원칙을 말한다. 불고불리의 원칙도 처분권주의의 한 내용으로 볼 수 있다. 단, 소송의 종료에 있어서 민사소송에서 인정되는 청구의 포기·인낙이나 화해는 인정되지 않는다는 것이 통설이다.	직권주의는 소송의 주도권을 당사자가 아닌 법원이 가지고 있는 원칙을 말한다.

(2) 변론주의와 직권탐지주의(직권심리주의) 18 지방9급

변론주의	직권탐지주의
변론주의는 재판의 기초가 되는 사실이나 증거의 수집·제출을 당사자에게 맡기고 당사자가 제출한 소송자료만을 재판의 기초로 삼는 원칙이다. 변론주의는 광의로는 처분권주의를 포함하지만, 협의로는 소송자료에 관한 문제를 말한다. 행정소송은 변론주의가 원칙이고, 직권주의가 가미되어 있다.	직권탐지주의는 법원이 당사자의 주장에 구속되지 않고 직권으로 필요한 사실과 증거를 조사하는 원칙이다. 판례는 직권조사사항은 당사자간에 다툼이 없더라도 그 존부에 의심이 있는 경우에는 법원이 직권으로 밝혀야 한다는 입장이다.

(3) 공개심리주의와 비공개주의

공개심리주의	비공개주의
공개심리주의는 재판의 심리와 판결의 선고를 누구나 방청할 수 있는 것을 말한다.	심리는 국가안전보장 또는 안녕질서를 방해하거나 선량한 풍속을 해할 염려가 있을 때에는 법원의 결정으로 공개하지 아니할 수 있다. 단, 선고는 반드시 공개하여야 한다.

(4) 구술심리주의와 서면심리주의

행정소송은 구술심리주의가 원칙이다. 구술심리주의는 심리과정에서 변론 등의 소송절차를 구술로 하는 것으로 서면심리주의에 대응하는 개념이다(제26조).

2. 행정소송의 특수한 심리절차

(1) 직권증거조사주의와 직권심리주의

법원은 필요하다고 인정할 때에는 직권으로 증거조사를 할 수 있고, 당사자가 주장하지 아니한 사실에 대하여도 판단할 수 있다.

(2) 법원이 직권으로 심리할 수 있는 범위

다수설과 판례에 의할 때 법원이 직권으로 심리할 수 있는 범위는 당사자의 주장사실 중 기록상 현출되어 있는 사항에 한정된다. 14 국가9급

관련판례

❶ 직권증거조사의 한계

행정소송법 제26조가 '법원은 필요하다고 인정할 때에는 직권으로 증거조사를 할 수 있고, 당사자가 주장하지 아니한 사실에 대하여도 판단할 수 있다'고 규정하고 있지만, 이는 행정소송의 특수성에 연유하는 당사자주의, 변론주의에 대한 일부 예외규정일 뿐 법원이 아무런 제한 없이 당사자가 주장하지 아니한 사실을 판단할 수 있는 것은 아니고, 일건 기록에 현출되어 있는 사항에 관하여서만 직권으로 증거조사를 하고 이를 기초로 하여 판단할 수 있을 따름이고, 그것도 법원이 필요하다고 인정할 때에 한하여 청구의 범위 내에서 증거조사를 하고 판단할 수 있을 뿐이다(대판 1994.10.11. 94누4820).

❷ 석명을 해야 하는 경우

행정소송에서 기록상 자료가 나타나 있다면 당사자가 주장하지 않았더라도 판단할 수 있고, 당사자가 제출한 소송자료에 의하여 법원이 처분의 적법 여부에 관한 합리적인 의심을 품을 수 있음에도 단지 구체적 사실에 관한 주장을 하지 아니하였다는 이유만으로 당사자에게 석명을 하거나 직권으로 심리판단하지 아니함으로써 구체적 타당성이 없는 판결을 하는 것은 행정소송법 제26조의 규정과 행정소송의 특수성에 반하므로 허용될 수 없다(대판 2006.9.22. 2006두7430 ; 대판 2011.2.10. 2010두20980).

③ **석명권 행사의 한계**

행정소송법 제26조는 법원이 필요하다고 인정할 때에는 직권으로 증거조사를 할 수 있고 당사자가 주장하지 아니한 사실에 대하여 판단할 수 있다고 규정하고 있으나, 이는 행정소송에 있어서 원고의 청구범위를 초월하여 그 이상의 청구를 인용할 수 있다는 뜻이 아니라 원고의 청구범위를 유지하면서 그 범위 내에서 필요에 따라 주장 외의 사실에 관하여 판단할 수 있다는 뜻이고, 또 법원의 석명권은 당사자의 진술에 모순, 흠결이 있거나 애매하여 그 진술의 취지를 알 수 없을 때 이를 보완하여 명료하게 하거나 입증책임 있는 당사자에게 입증을 촉구하기 위하여 행사하는 것이지 그 정도를 넘어 당사자에게 새로운 청구를 할 것을 권유하는 것은 석명권의 한계를 넘어서는 것이다(대판 1992.3.10. 91누6030).

④ 심결취소소송에서 법원이 당사자가 주장하지도 않은 법률요건에 관하여 판단하는 것은 변론주의원칙에 위배된다(대판 2011.3.24. 2010후3509).

(3) 행정심판의 기록제출명령

일반 민사소송에서는 제3의 기관이 보유하고 있는 기록을 법원에 제출하는 절차는 당사자가 이를 직접 복사해서 제출하는 것이 원칙이다. 그러나 행정소송법은 "법원은 당사자의 신청이 있는 때에는 결정으로써 재결을 행한 행정청에 대하여 행정심판에 관한 기록의 제출을 명할 수 있다."(제25조 제1항), "법원의 제출명령을 받은 행정청은 지체 없이 당해 행정심판에 관한 기록을 법원에 제출하여야 한다."(제25조 제2항)라고 규정하여 특례를 인정하고 있다. `14 국가9급` 행정심판의 자료제출은 신청이 있어야 한다.

04 주장책임과 입증책임(변론주의의 내용)

1. 주장책임

주장책임이란 당사자가 자신의 이익을 위해 또는 불이익을 피하기 위해 특정사실을 법원에 대해 주장해야 하는 것을 말한다. 변론주의원칙상 당사자가 주장하지 않은 사실에 대해서는 법원이 그 사실을 알고 있다고 하더라도 판결의 기초로 삼을 수 없으므로 주장하지 않은 사실은 없는 것으로 취급되어 어느 일방의 패소 또는 불이익으로 귀결된다. `10 세무사`

2. 입증책임

(1) 개념

주장책임에 따라 당사자가 주장한 사실은 증거에 의해 뒷받침되어야 법원의 심증형성에 영향을 미칠 수 있다. 따라서 입증책임은 일정한 사실의 존부가 확정되지 않을 때 불리한 법적 판단을 받게 되는 당사자 일방의 위험 또는 불이익을 말한다. `09 세무사 등`

(2) 입증책임의 분배 `09 세무사`

입증책임의 분배는 어떤 사실에 대해 원고와 피고 중 누가 입증을 해야 하는가의 문제이다.

법률요건 분류설 (다수설, 판례)	입증책임을 원·피고 일방에게 지우지 않고 각 당사자는 자기에게 유리한 요건사실을 입증해야 한다고 보는 견해로, 행정행위의 공정력은 법치행정과는 무관하며 `07 국가9급`, 소송에 있어서 당사자의 지위는 대등하다는 것을 전제한다.

> **보충** 원고와 피고의 입증
>
> - 원고의 입증사항
>   - 행정재산이 공용폐지되어 취득시효의 대상이 된다는 입증책임은 시효취득을 주장하는 자에게 있다(대판 1999.1.15. 98다49548).
>   - 공개를 구하는 정보를 공공기관이 보유·관리하고 있을 상당한 개연성이 있다는 점에 대한 증명책임의 소재는 공개청구자에게 있다(대판 2004.12.9. 2003두12707).
> - 피고의 입증사항
>   - 정보공개 거부처분 취소소송에서 비공개사유(대판 1999.9.21. 98두3426)
>   - 공개를 구하는 정보에 대하여 그 정보를 더 이상 보유·관리하고 있지 아니하다는 점에 대한 증명책임의 소재는 공공기관에 있다(대판 2004.12.9. 2003두12707).
>   * 무효등확인소송에서 중대 · 명백한 사정은 원고가 입증해야 한다. 17 국회8급

(3) 소송요건

처분의 존재, 제소기간 등의 소송요건은 원고가 입증해야 한다. 06 국가9급 등

05 위법판단의 기준시점

1. 개념

처분 등이 이루어진 후에 당해 처분의 근거법령이 개정·폐지되거나 법령상의 처분요건인 사실관계에 변동이 있는 경우 위법판단의 기준시점을 언제로 볼 것인지의 문제이다.

2. 학설과 판례

(1) 처분시설

행정처분의 위법 여부의 기준시점에 관하여 처분시설, 판결시설, 절충설의 대립이 있으나, **처분시를 기준시점으로 보는 것이 통설과 판례의 입장이다.** 20 소방, 17 국회8급 등

(2) 처분 이후의 법령 개폐나 사실 변동

통설과 판례에 의하면 행정처분의 위법성은 당해 처분이 이루어질 당시의 법령과 사실관계를 기준으로 판단하고 그 후의 법령 개폐나 사실의 변동에 의해 영향을 받지 않는다. 17 사복9급

(3) 적용범위

통설과 판례는 적극적 처분에 대한 취소소송과 소극적 거부처분에 대한 취소소송을 가리지 아니하고 일률적으로 처분시를 기준으로 판단한다. 다만, 판례는 **부작위위법확인소송은 판결시를 기준으로 한다.** 부작위의 경우에는 처분이 없기 때문이다.

> **관련판례**
>
> ① 행정처분의 위법 여부 판단의 기준시점은 처분시이다(대판 2007.5.11. 2007두1811). 06 관세사 등
> ② 난민 인정 거부처분 후 국적국의 정치적 상황이 변화하였다고 하여 처분의 적법 여부가 달라지지 않는다(대판 2008.7.24. 2007두3930).
> ③ 부작위위법확인소송에서 판결시까지 행정청이 그 신청에 대하여 적극(인용) 또는 소극(거부)의 처분을 함으로써 부작위상태가 해소된 때에는 소의 이익을 상실하게 되어 당해 소는 각하를 면할 수가 없다(대판 1990.9.25. 89누4758).

[제11목] 취소소송의 판결

01 판결의 의의와 종류

1. 판결의 의의

판결이란 구체적 사건에서 원칙적으로 변론을 거쳐 법적 판단을 선언하는 법원의 행위이다.

2. 판결의 종류

(1) 소송판결과 본안판결

1) 소송판결(각하)

소송판결은 소송요건에 대한 심리 결과 소송요건이 결여된 경우에 부적법 각하하는 판결을 말한다. `07 서울9급 등` 각하판결은 청구의 내용에 대한 판단을 하지 않기 때문에 계쟁처분의 효과를 확정하는 효력은 없다.

2) 본안판결(인용 또는 기각)

본안판결은 청구의 당부에 관한 판단으로서 본안에 대한 심리 결과 청구의 전부 또는 일부를 인용하거나 기각하는 판결을 말한다. 흔히 승소 또는 패소로 표현한다.

(2) 인용판결과 기각판결

1) 인용판결

① **개념**: 인용판결은 원고의 취소청구가 이유 있다고 인정하여 청구의 전부 또는 일부를 인용하는 원고 승소의 판결을 말한다. 이때 인용판결은 형성판결이다.

② **일부인용판결**: 일부인용판결(일부취소판결)도 가능하다. 다만, 일부인용판결을 하기 위해서는 ① 계쟁처분이 분리가능하고, ② 일부에 대해서만 위법성이 인정되어야 하며, ③ 일부취소 후 잔존하는 처분만으로도 의미가 있어야 하고, ④ 처분청의 의사에 명백히 반하지 않아야 한다(대판 2003.3.11. 2001두6425).

③ **불가분처분이나 재량처분의 경우**: 불가분처분이나 재량처분의 경우에는 원칙적으로 일부취소를 할 수 없고, 전부취소판결을 하여야 한다. `09 세무사 등`

 관련판례

◎ **일부취소판결 인정**

❶ 정보공개 거부처분에 대해 분리 가능할 때는 일부취소하여야 한다(대판 2003.3.11. 2001두6425).

❷ 과세처분 취소소송에 있어서는 일부취소가 가능하다.

과세처분취소소송에 있어 처분의 적법 여부는 정당한 세액을 초과하느냐의 여부에 따라 판단되는 것으로서, 당사자는 사실심 변론종결시까지 객관적인 조세채무액을 뒷받침하는 주장과 자료를 제출할 수 있고, 이러한 자료에 의하여 적법하게 부과될 정당한 세액이 산출되는 때에는 그 정당한 세액을 초과하는 부분만 취소하여야 할 것이고, 그 전부를 취소할 것이 아니다(대판 2001.6.12. 99두8930).

❸ 과세처분 취소소송에서 정당한 세액이 산출되지 않는 경우 과세처분 전부를 취소해야 하고 이 경우 법원이 직권으로 정당한 세액을 계산할 의무를 지는 것은 아니다(대판 2015.9.10. 2015두622).

일부취소판결을 부정

❶ 영업정지처분이 적정한 영업정지기간을 초과하여서 위법한 경우 그 초과부분만을 취소할 수 없다(대판 1982.9.28. 82누2). `14 지방7급`

❷ 과징금 부과에 대해서는 일부취소가 허용되지 않는다(대판 1993.7.27. 93누1077). `21·20·17 국회8급, 12 국가7급`

> **비교판례**
> 공정거래위원회가 부당지원행위에 대한 과징금을 부과함에 있어 여러 개의 위반행위에 대하여 하나의 과징금 납부명령을 하였으나 여러 개의 위반행위 중 일부의 위반행위만이 위법하고 소송상 그 일부의 위반행위를 기초로 한 과징금액을 산정할 수 있는 자료가 있는 경우에는, 하나의 과징금 납부명령일지라도 그중 위법하여 그 처분을 취소하게 된 일부의 위반행위에 대한 과징금액에 해당하는 부분만을 취소할 수 있다(대판 2019.1.31. 2013두14726 ; 대판 2006.12.22. 2004두1483). `19 서울9급`

2) 기각판결

기각판결은 **원고의 청구가 이유 없어서** 청구를 배척하는 원고 패소의 판결을 말한다. 다만, 청구가 이유 있는 경우에도 예외적으로 기각판결을 하는 경우가 있는데, 이를 사정판결이라고 한다.

3. 사정판결

(1) 개념 및 의의

원고의 청구가 이유 있다고 인정하는 경우에도 처분 등을 취소하는 것이 현저히 공공복리에 적합하지 않다고 인정하는 때에는 법원이 원고의 청구를 기각할 수 있는바, 이를 사정판결이라고 한다(제28조 제1항). 기각판결의 일종이다. `09 세무사` 예컨대 환지처분이 있은 후 그중 일부에 위법이 있다 하더라도 환지처분된 것을 원상복구하는 것은 공공복리에 적합하지 않기 때문에 원고 패소판결을 하고 손해를 전보해 주는 것이다.

(2) 사정판결의 요건

1) 처분 등에 관한 취소소송일 것 `21 서울·지방 9급, 15·13 국가9급, 13 국가7급 등`

사정판결은 취소소송에만 인정된다.

* 사정재결은 취소심판과 의무이행심판에 인정된다.

2) 청구가 이유 있는(처분이 위법한) 경우일 것 `15 국가9급, 12 지방9급`

청구가 이유 없는 경우에는 당연히 청구기각판결을 할 것이기 때문에 사정판결의 문제는 일어날 여지가 없다.

3) 청구인용판결이 현저히 공공복리에 적합하지 아니할 것 `15 국가9급, 12 지방9급`

관련판례

◎ 사정판결 인정

❶ 환지예정지 지정처분을 함에 있어, 토지평가협의회의 심의를 거치지 아니하고 결정된 토지 등의 가격평가에 터 잡음으로써 그 절차에 하자가 있다는 사유만으로 위 처분을 취소하는 것이 현저히 공공복리에 적합하지 아니하다고 보이므로 사정판결을 할 사유가 있다(대판 1992.2.14. 90누9032). `12 국회8급`

❷ 재개발조합 설립 및 사업시행 인가처분이 처분 당시 법정요건인 토지 및 건축물 소유자 총수의 각 3분의 2 이상의 동의를 얻지 못하여 위법하나, 그 후 90% 이상의 소유자가 재개발사업의 속행을 바라고 있어 재개발사업의 공익목적에 비추어 그 처분을 취소하는 것은 현저히 공공복리에 적합하지 아니하므로 사정판결을 할 수 있다(대판 1995.7.28. 95누4629). `12 국회8급`

❸ 전남대에 대한 법학전문대학원 인가처분 취소는 사정판결을 할 사유가 있다(대판 2009.12.10. 2009두8359). `12 국회8급`

 관련판례

◎ 사정판결 부정

❶ 관리처분계획의 수정을 위한 조합원총회의 재결의를 위하여 시간과 비용이 많이 소요된다는 등의 사정만으로는 재결의를 거치지 않음으로써 위법한 관리처분계획을 취소하는 것이 현저히 공공복리에 적합하지 아니하다고 볼 수 없다는 이유로 사정판결의 필요성을 부정하였다(대판 2001.10.12. 2000두4279). `12 국회8급`

❷ 이른바 '심재륜 사건'에서의 징계면직된 검사의 복직이 검찰조직의 안정과 인화를 저해할 우려가 있다는 등의 사정은 현저히 공공복리에 반하는 사유라고 볼 수 없으므로, 사정판결을 할 경우에 해당하지 않는다(대판 2001.8.24. 2000두7704). `12 국회8급`

4) 피고인 행정청의 신청이 있어야 하는지 여부

다수설은 피고인 행정청의 신청이 있어야 한다고 보지만, 판례는 **직권으로 사정판결을 할 수 있다**고 한다. `17 국회8급, 15 국가9급`

(3) 사정판결의 심리

1) 사정조사

행정소송법 제28조 제2항은 "(사정)판결을 함에 있어서는 미리 원고가 그로 인하여 입게 될 손해의 정도와 배상방법 그 밖의 사정을 조사하여야 한다."라고 규정하고 있다. `20 소방`

 기출 OX

사정판결을 함에 있어서는 미리 원고가 그로 인하여 입게 될 손해를 배상할 것을 명령하여야 한다. (○, ×) `19 국가7급` ×
해설 | 사정재결에서는 손해배상을 명령할 수 있으나, 사정판결에서는 명령을 할 수는 없다.

2) 위법 판단 및 사정판결 필요성의 판단기준시

① **처분의 위법성 판단은 처분시를 기준으로** `16 국가9급, 12 지방9급` : 판결시설도 있으나, 위법판단의 기준시 문제는 해당 처분의 위법성 판단시점의 문제이므로 일반원칙과 다를 이유가 없고, 판결시를 기준으로 하면 법원에 대하여 행정적 재량을 인정하는 것이 되어 부당하다는 점에서 처분시를 기준으로 하여야 할 것이다.

② **사정판결의 필요성 판단은 판결시를 기준으로** `12 지방9급, 08 국회8급 등` : 사정판결의 필요성은 성질상 처분 후의 사정이 고려되어야 할 것이므로 판결시를 기준으로 판단한다(대판 1970.3.24. 69누29).

3) 주장·입증책임

사정판결의 필요성에 대한 주장·입증의 책임은 사정판결의 예외성에 비추어 **피고인 행정청이 부담하여야 한다**. 그러나 대법원은 직권으로 사정판결을 할 수 있다고 판시하고 있다. 20 소방

(4) 사정판결의 효과

1) 판결주문에 위법성 선언

사정판결을 함에 있어서는 그 판결의 주문에서 그 처분 등이 위법함을 명시하여야 한다(제28조 제1항 후단). 20 소방 이유가 아닌 **주문에 명시함으로써 처분의 위법성에 대하여는 기판력이 발생한다**. 이는 해당 처분으로 인하여 원고에게 발생한 손해의 배상을 청구하든가 또는 해당 처분이 적법·유효한 것임을 전제로 하는 후속처분 등을 저지하기 위하여는 해당 처분이 위법한 것임을 법적으로 확정할 필요가 있기 때문이다. 08 국회8급 등 **사정판결은 위법성을 치유하는 것이 아니라 공익적 이유로 위법성을 지닌 채로 그 효력을 지속하는 것이다.** 09 지방9급 등

2) 청구기각판결

기각의 효과는 일반기각판결과 같으므로, 그에 불복하는 원고는 항소 및 상고할 수 있다. 08 관세사

3) 원고의 권리구제 09 지방9급 등

원고는 피고인 행정청이 속하는 국가 또는 공공단체를 상대로 손해배상, 제해시설의 설치 그 밖에 적당한 구제방법의 청구를 당해 취소소송 등이 계속된 법원에 병합하여 제기할 수 있다(제28조 제3항).

4) 소송비용은 피고의 부담

취소청구가 사정판결에 의하여 기각되거나 행정청이 처분 등을 취소 또는 변경함으로 인하여 청구가 각하 또는 기각된 경우에는 소송비용은 피고의 부담으로 한다(제32조). 09 지방9급 등 일반적으로 소송비용을 패소자가 부담하는 것에 대한 예외적 규정이다.

02 취소판결의 효력

1. 개설

취소판결의 효력으로 **행정소송법 제30조는 기속력만을 규정하고 있으나**, 그 외에도 민사소송의 일반적 효력인 자박력(불가변력), 확정력 및 형성력 등이 인정된다. 특히 행정소송법은 행정소송 특유의 효력으로서 취소판결의 제3자에 대한 효력과 기속력을 규정하고, 이를 다른 행정소송에 준용하고 있다.

✱ 불가쟁력과 불가변력 정리

구분	불가쟁력	불가변력
판결	판결의 불가쟁력은 판결 선고 후 일정 기간이 지나면 항소할 수 없는 것을 말한다.	판결의 불가변력은 판결 선고 후 선고법원도 그 내용을 취소·변경할 수 없는 것을 말한다.
행정행위	행정행위의 불가쟁력은 처분이 있음을 안 날로부터 90일 또는 처분이 있은 후 1년이 지나면 소송을 제기할 수 없는 것을 말한다. 행정행위의 불가쟁력은 무효가 아닌 한 모든 행정행위에 인정된다. 불가쟁력이 발생해도 직권취소는 가능하다.	행정행위의 불가변력은 처분청도 스스로 변경할 수 없는 것을 말한다. 불가변력은 모든 행정행위에 인정되는 것이 아니고 확인과 같은 준사법적 행위에만 인정된다. 불가변력이 발생하면 직권취소를 할 수 없다.

* 기판력, 형성력, 기속력 정리

기판력	형성력	기속력
· 인용·기각판결에 모두 인정 · 당사자와 후소법원에 미침.	· 인용판결에만 인정 · 제3자에게도 미침.	· 인용판결에만 인정 · 행정청과 관계행정청에 미침.

2. 불가변력(선고법원에 대한 효력: 자박력)

판결이 선고되면 선고한 법원 자신도 그 내용을 취소 변경할 수 없는 구속력이 생기는데, 이를 판결의 불가변력이라고 한다. 다만, 명백한 오류는 직권 또는 신청으로 정정할 수 있다.

3. 형식적 확정력(당사자에 대한 효력: 불가쟁력)

판결이 선고된 후 상소기간의 도과, 상소 포기 등의 사유로 판결이 확정되면 더 이상 정식재판절차로는 다툴 수 없게 되는데, 이를 형식적 확정력이라고 한다. 형식적 확정력은 당사자가 책임질 수 없는 사유로 인하여 상소기간이 도과하거나 상소의 추완이 인정되는 경우와 재심이 인정되는 경우에는 예외적으로 배제된다.

4. 실질적 확정력 또는 기판력(후소법원과 당사자에 대한 효력)

(1) **의의** – "딴소리 하지 마라."

취소소송의 판결이 확정되면, 확정된 판단 내용은 당사자 및 법원(후소법원)을 구속하여, 후소에서 당사자 및 법원은 동일사항에 대하여 확정판결의 내용과 모순되는 주장·판단을 할 수 없는바, 이러한 확정판결의 내용적 효력을 기판력(실질적 확정력)이라 한다. 07 세무사

(2) **취지**

기판력은 분쟁의 반복과 모순된 재판의 방지라는 법적 안정성의 요청에 따라 행정소송법에 **명문규정이 없어도** 일반적으로 인정되고 있다. 11 지방9급, 10 국가9급

(3) **범위**

1) **기판력이 인정되는 재판** * 형성력과 기속력은 인용판결에만 인정된다.

기판력은 승소판결과 패소판결 모두에 발생한다. 16 국회8급·국가9급 소송판결(각하판결)은 소가 부적법하다는 이유로 각하한 것이므로 부적법하다는 사실에 기판력이 생기고 본안의 내용, 즉 소송물에는 기판력이 생기지 않는다. 한편, 흠결된 소송요건을 갖추어 다시 적법한 소를 제기하면 여기에 대해서는 판단하여야 한다. 11 지방9급 종국판결이 확정되면 원칙적으로 기판력이 생긴다. 다만, 종국판결이라도 무효인 판결에는 기판력이 생기지 않는다.

2) **주관적 범위(인적 범위)** – "누구에게 미치는가?"

① **민사소송의 경우**: 민사소송의 기판력은 당사자 및 당사자와 동일시할 수 있는 자(상속인, 당사자의 포괄승계인)에만 미치고, 제3자에게는 미치지 않는다. 따라서 소송참가를 한 제3자에게는 기판력이 아닌 참가적 효력이 미친다는 것이 통설이다. 09 관세사

② **행정소송의 경우**: 행정소송에서는 기판력이 보조참가인에 대해서도 발생한다. 왜냐하면, 행정소송의 참가인은 통상 보조참가인이 아니라 공동소송적 보조참가인이기 때문이다.
③ **관계행정청**: 행정소송의 피고인 행정청에 대하여 기판력이 미치는 것은 당연하고, **행정청이 소속하는 국가 또는 공공단체도 객관적 당사자로서 기판력이 미친다**는 것이 통설·판례이다. 10 국가9급

관련판례

과세처분 취소소송의 피고는 처분청이므로 행정청을 피고로 하는 취소소송에 있어서의 기판력은 당해 처분이 귀속하는 국가 또는 공공단체에 미친다(대판 1998.7.24. 98다10854).

3) 객관적 범위(물적 범위) – "판결의 어느 부분까지 미치는가?"

① **판결주문**: 기판력은 주문에 표시된 소송물에 관한 판단에만 미치고, 판결이유에 적시된 개개의 위법사유에 관한 판단에는 미치지 않는다. 즉, 판결이유에 설시된 그 전제가 되는 법률관계의 존부에까지 미치는 것은 아니다(대판 1987.6.9. 86다카2756). 17 국회8급, 11 국가9급, 15·11 경행특채
② **기판력과 소송물**
  ㉠ **원칙**: 기판력은 원칙적으로 동일한 소송물에만 미치고 소송물이 다른 경우에는 미치지 않는다. 따라서 주된 납세의무자가 제기한 전소와 제2차 납세의무자가 제기한 후소가 각기 다른 처분에 관한 것이어서 그 소송물을 달리하는 경우에는 전소 확정판결의 기판력이 후소에 미치지 않는다(대판 2009.1.15. 2006두14926). 09 국회8급
  ㉡ **예외**: 후소가 전소와 소송물이 동일하지 않아도 전소의 기판력 있는 법률관계가 후소의 선결적 법률관계로 되는 때에는 전소판결의 기판력이 후소에 미쳐 후소법원은 전에 한 판단과 모순되는 판단을 할 수 없다(대판 2000.2.25. 99다55472). 15 경행특채
③ **공격·방어방법에는 기판력이 미치지 않음**: 취소판결의 기판력은 행정행위의 위법 또는 적법성 판단에 관하여만 생기며, 공격·방어방법에 불과한 개개의 위법사유에는 생기지는 않는다. 즉, 취소소송은 하나의 행정처분을 전제하여 그 위법성을 다투는 소송이므로 구체적으로 어느 점이 위법한가는 공격·방어방법에 불과하여 소송물에는 영향을 미치지 않는다. 09 관세사
④ **취소판결의 기판력과 무효등확인소송과의 관계**: 전소인 취소소송에서 기각판결이 선고되어 확정되었다면 취소소송의 대상인 처분이 위법하지 않다는 사실에 기판력이 생기므로 **후소인 무효등확인소송에도 전소의 기판력이 미쳐서 다시 무효등확인소송을 제기할 수 없다.** 11 경행특채, 09 국회8급

관련판례

❶ 과세처분 취소소송에서 청구가 기각된 확정판결의 기판력은 그 과세처분의 무효확인소송에도 미친다(대판 2003.5.16. 2002두3669). 09 관세사 등
❷ 재결이 확정된 경우, 처분의 기초가 되는 사실관계나 법률적 판단에 당사자들이나 법원이 이에 기속되어 모순되는 주장이나 판단을 할 수 없는 것은 아니다(대판 2015.11.27. 2013다6759).

5. 형성력(당사자 및 제3자에 대한 효력) 19 국가9급

(1) 의의

처분을 취소하는 판결이 확정되면, 해당 처분은 **행정청이 다시 이를 취소하지 아니하여도 소급적으로 효력을 상실하여, 처음부터 없었던 것과 같은 상태로 되는바**, 이러한 취소판결의 효력을 형성력이라고 한다. 13 국가7급, 12 지방9급 등 행정소송법에 **명문규정은 없지만**, 형성력은 취소소송의 인용판결에 일반적으로 인정되는 효력이다.

(2) 형성력의 범위(취소판결의 제3자효)

1) 법률의 규정과 그 취지

행정소송법은 제29조 제1항에서 "처분 등을 취소하는 확정판결은 **제3자에 대하여도 효력이 있다.**"라고 규정하고 제2항에서 "제1항의 규정은 제23조의 규정에 의한 집행정지의 결정 또는 제24조의 규정에 의한 그 집행정지결정의 취소결정에 준용한다."라고 규정하여 대세적 효력을 명시하였다. 07 국가9급 이는 법률관계를 획일적·통일적으로 규율하려는 데에 그 취지가 있다. 따라서 공매처분에 대한 취소판결이 확정되면 그 판결의 효력은 제3자인 경락인(현재 압류물건을 소유하고 있는 제3자)에게도 미친다.

2) 준용

행정소송법은 취소판결의 제3자효를 무효등확인소송과 부작위법확인소송은 물론 가구제에도 준용하고 있다. 그러나 당사자소송에는 준용하지 않는다. 당사자소송은 본질이 민사소송과 유사하기 때문이다. 10 세무사 등

3) 제3자의 권익보호

행정소송법이 취소판결의 효력을 제3자에게 인정한 취지에 비추어 볼 때 제3자가 판결에 의한 취소의 효력을 부정할 수 없는 것은 확실하다. 따라서 행정소송법은 제3자의 불측의 손해를 막기 위해 제16조에서 제3자의 소송참가를 인정하고, 제3자가 귀책사유 없이 소송에 참가하지 못한 경우를 대비하여 취소의 인용판결이 확정된 뒤에도 제3자가 재심을 청구할 수 있는 제도를 마련하고 있다.

4) 형성력이 인정되는 판결

형성력은 **인용판결에만 인정되고, 기각판결에는 인정되지 않는다.** 인용이면 집행정지결정에도 형성력이 인정된다.

6. 기속력(행정기관에 대한 효력) – "판결의 취지대로 다시 처분하라"

(1) 의의와 인정이유

1) 의의
기속력이란 처분 등을 취소하는 확정판결이 그 내용에 따라 당사자인 행정청과 관계 행정청을 구속하여 **행정청이 판결의 취지에 따라 행동해야 하는 실체법상의 의무**를 발생시키는 효력을 말한다(제30조 제1항). 13 국가7급

2) 인정이유와 적용범위
위법행위의 시정과 국민의 권익구제라는 재판제도의 실효성을 확보하기 위하여, 행정청으로 하여금 판결에 따라 행동하도록 구속하는 것이다. 행정소송법은 기속력을 취소소송에 규정하고 무효등확인소송과 부작위위법확인소송 및 당사자소송에 준용하고 있다. 06 서울9급 등

(2) 기속력의 성질

1) 학설
① **기판력설**: 기판력과 동일한 것으로서 본 규정은 행정의 일체성 아래에서 당사자인 행정청 외에 관계 행정청에도 기판력이 미친다는 것을 명시한 것이라고 보는 견해이다.
② **특수효력설(통설)**: 기판력보다 널리 직접적으로 행정청을 구속하는 것으로서, 판결의 실효성을 확보하기 위해 실정법에 의하여 부여된 특수한 효력으로 보는 견해이다.

2) 판례
① **대법원**: 판례의 입장은 명확하지는 않으나, 기판력과 기속력을 구별하지 않고 있어 기판력설을 취하고 있다고 보는 것이 다수의 견해로 보인다.
② **기판력설을 취한 판례**: 행정처분을 취소하는 판결이 선고되어 확정된 경우에 처분행정청이 그 행정소송의 사실심 변론종결 이전의 사유를 내세워 다시 확정판결에 저촉되는 행정처분을 하는 것은 확정판결의 기판력에 저촉되어 허용될 수 없고 이와 같은 행정처분은 그 하자가 명백하고 중대한 경우에 해당되어 당연무효이다(대판 1989.9.12. 89누985).
③ **기속력설을 취한 판례**: 관계 행정기관 또는 그 소속기관을 기속하는 것은 행정소송법 절차에 의거한 확정판결에 한하고, 민사소송에 의한 판결은 이러한 기속력이 없다(대판 1957.7.26. 4290행상23).

(3) 기속력의 내용

1) 반복금지효(소극적 효력)
① **개념**: 취소판결이 확정되면, 행정청은 판결에 의하여 동일한 처분의 반복이 금지되어, 행정청은 **동일한 사정하에서 동일 이유에 기하여 동일인에 대하여 동일 내용의 처분을 하여서는 안 된다**. 19 국가9급, 16·12 국회8급 등

② **인정되는 판결**: 반복금지효는 **청구인용판결, 즉 취소판결에만 인정되며, 기각판결에는 인정되지 않는다.** 16 국가9급·국회8급 등 따라서 **기각판결이 있어도 행정청은 직권취소할 수 있다.** 반복금지효는 침익적 처분뿐만 아니라 거부처분에도 인정된다.

③ **위반의 효과**: 반복금지효에 위반하여 동일한 처분을 하는 경우, 그것은 당해 행위의 **당연무효**사유가 된다(대판 1990.12.11. 90누3560). 19 국회8급

2) 재처분의무(적극적 효력)

① **개념**: 재처분의무란 행정청이 판결의 취지에 따른 처분을 해야 하는 것을 말한다. 행정소송법은 제30조 제2항에서 "판결에 의하여 취소되는 처분이 당사자의 신청을 거부하는 것을 내용으로 하는 경우에는 그 처분을 행한 행정청은 판결의 취지에 따라 다시 이전의 신청에 대한 처분을 하여야 한다."라고 규정하고, 같은 조 제3항에서 "신청에 따른 처분이 절차의 위법을 이유로 취소되는 경우에 준용한다."라고 규정한다. 09 지방9급 경우를 나누어 보면 다음과 같다.

② **거부처분이 취소된 경우(제30조 제2항)**

거부처분이 절차상 위법을 이유로 취소된 경우	절차를 보완하여 다시 거부가 가능하다. 09 지방9급 등
거부처분이 실체법상 위법을 이유로 취소된 경우	· **기속행위인 경우**: 상대방의 신청을 인용하는 처분을 해야 한다. 17 국회8급 · **재량행위인 경우**: 다른 이유로 거부 가능하지만, 재량이 0으로 수축되면 신청대로 처분을 해야 한다.

③ **재처분의무**: 행정청은 **당사자의 신청이 없어도** 당연히 재처분을 하여야 한다. 09 관세사

3) 원상회복의무(결과제거의무)

행정행위에 의하여 법률관계·사실관계가 변동한 경우에 있어서, 해당 행위가 취소되면 이러한 현상은 위법상태로 되는 것이므로, 행정청은 그 원상회복의무를 진다.

(4) 기속력에 위반되지 않는 재처분

1) 위법사유의 시정 보완

행정소송법 제30조 제2항의 규정에 의하면 행정청의 거부처분을 취소하는 판결이 확정된 경우에는 그 처분을 행한 행정청이 판결의 취지에 따라 이전의 신청에 대하여 재처분할 의무가 있다고 할 것이나, 그 취소사유가 행정처분의 절차, 방법의 위법으로 인한 것이라면 그 처분행정청은 그 확정판결의 취지에 따라 그 위법사유를 보완하여 다시 종전의 신청에 대한 거부처분을 할 수 있다(대판 2005.1.14. 2003두13045).

2) 처분사유가 다른 경우

① **사실심 변론종결 전의 사유**: 사실심 변론종결 이전의 사유를 내세워 다시 거부처분을 하는 것은 확정판결의 기속력에 저촉되어 허용되지 아니한다(대판 2001.3.23. 99두5238).

② **사실심 변론종결 이후 발생한 새로운 사유** 15 국회8급 : 확정판결의 당사자인 처분행정청은 그 행정소송의 사실심 변론종결 이후 발생한 새로운 사유를 내세워 다시 이전의 신청에 대하여 거부처분을 할 수 있다(대판 1999.12.28. 98두1895).

관련판례

❶ 거부처분 후에 법령이 개정·시행된 경우에는 개정된 법령 및 허가기준을 새로운 사유로 들어 다시 이전의 신청에 대한 거부처분을 할 수 있다(대결 1998.1.7. 자. 97두22). 09 국회8급 등

❷ 개정 법령에서 종전규정에 따른다는 경과규정을 두고 있는 경우에 개정 법령을 적용한 새로운 거부처분은 기속력에 위반되어 당연무효이다(대결 2002.12.11. 2002두22). 11 지방7급

❸ 확정된 거부처분 취소판결의 취지에 따라 이전 신청에 대하여 재처분을 할 의무가 있는 행정청이 종전 처분 후 발생한 '새로운 사유'를 내세워 다시 거부처분을 할 수 있고, 이는 기속력에 반하지 않는다(대판 2011.10.27. 2011두14401). 12 국회8급

❹ 사립학교 교원이 어떠한 징계처분을 받아 위원회에 소청심사청구를 하였고, 이에 대하여 위원회가 그 징계사유 자체가 인정되지 않는다는 이유로 징계양정의 당부에 대해서는 나아가 판단하지 않은 채 징계처분을 취소하는 결정을 한 경우, 그에 대하여 학교법인 등이 제기한 행정소송절차에서 심리한 결과 징계사유 중 일부 사유는 인정된다고 판단이 되면 법원으로서는 위원회의 결정을 취소하여야 한다(대판 2013.7.25. 2012두12297). 19 국회8급

❺ 과세관청이 과세처분에 대한 이의신청절차에서 납세자의 이의신청사유가 옳다고 인정하여 과세처분을 직권으로 취소한 경우, 허위의 자료를 제출하는 등 부정한 방법에 기초하여 직권 취소되었다는 등의 특별한 사유 없이 이를 번복하고 종전과 동일한 처분을 하는 것은 위법하다(대판 2017.3.9. 2016두56790). 18 국가9급

(5) 기속력의 범위

1) 주관적 범위

당사자인 행정청과 그 밖의 관계 행정청(소방서장)을 기속한다(제30조 제1항). 여기서 관계 행정청은 취소된 처분 등을 기초로 하여 그와 관련하는 처분이나 부수되는 행위를 할 수 있는 행정청을 총칭하는 것이다. 09 지방9급

2) 객관적 범위 21·18 지방9급, 16 국회8급, 11 경행특채, 10 국가9급

기속력은 판결주문 및 그 전제가 되는 요건사실의 인정과 판단에만 미치고, 판결의 결론과 직접 관계없는 방론이나 간접사실의 판단에는 미치지 않는다. 판례도 기속력의 소극적 효력으로서 반복금지효는 취소사유로 된 위법에만 미친다고 보고 있으며, 또한 과세과액 평가방법이 잘못되었거나 추계조사 결정의 필요성 및 그 방법의 합리성 내지 타당성에 잘못이 있다고 하는 경우에는 다시 처분사유를 보완하여 새로운 과세처분을 할 수 있다고 한다.

3) 시간적 범위

기속력은 처분 당시까지의 위법사유에 대해서만 미친다. 따라서 처분 이후에 발생한 새로운 법령 및 사실상태의 변동을 이유로 한 동일한 내용의 처분을 다시 하는 것은 기속력에 반하지 않는다.

(6) 기속력 위반의 효과 19 국가9급, 11 경행특채, 09 지방9급 등

확정판결의 당사자인 처분행정청이 그 행정소송의 사실심 변론종결 이전의 사유를 내세워 다시 확정판결과 저촉되는 행정처분을 하는 것은 허용되지 않는 것으로서 이러한 행정처분은 그 하자가 중대하고도 명백한 것이어서 **당연무효**라 할 것이다(대판 1990.12.11. 90누3560).

7. 집행력(간접강제) - 재처분의 실효성을 확보하기 위한 수단

(1) 간접강제의 의의

1) 개념
* 간접강제와 직접처분은 신청이 있어야 하고 직권으로 할 수는 없다.

행정청이 취소판결의 취지에 따른 처분을 하지 아니하는 경우, 제1심 수소법원은 **당사자의 신청에 의하여** 결정으로써 처분을 하여야 할 상당한 기간을 정하고, 행정청이 그 기간 내에 처분을 하지 아니하는 때에는, 그 지연기간에 따라 **일정한 배상을 할 것을 명하거나**, 즉시 손해배상을 할 것을 명할 수 있다(제34조 제1항). `03 입시 등`

2) 인정이유
행정소송법은 **의무이행소송을 인정하고 있지 아니하므로** 재처분의 실효성을 담보하기 위하여, 민사소송의 경우에 준하여(민사집행법 제261조) 간접강제제도를 채택하였다. **행정심판은 간접강제를 인정하지 않았으나, 최근 행정심판법 개정으로 간접강제가 인정된다.**

(2) 적용범위
간접강제제도는 부작위위법확인소송에 준용되고 있다(제38조 제2항). 그러나 **무효등확인소송에는 준용되지 않는다.** `11 지방7급` 따라서 판례는 거부처분의 무효확인판결에 간접강제제도가 허용되지 않는다는 입장이다. `16 국회8급` 여기에 대해서는 입법의 불비라는 비판이 있다.

(3) 배상금의 추심
행정청이 간접강제의 결정을 고지받고도 판결의 취지에 따른 처분을 하지 않는 경우에는 간접강제 결정을 집행권원으로 하여 민사집행법상의 금전집행방법에 따라 배상금을 추심할 수 있다. `05 세무사`

관련판례

❶ 확정판결의 취지에 따른 재처분의 이행이 있으면 더 이상 배상금을 추심하는 것은 허용되지 않는다. `19 국가9급, 11 지방7급`
간접강제는 확정판결의 취지에 따른 재처분의 지연에 대한 제재나 손해배상이 아니고 재처분의 이행에 관한 심리적 강제수단에 불과한 것으로 보아야 하므로 `13 국가7급`, 특별한 사정이 없는 한 간접강제결정에서 정한 의무이행기한이 경과한 후에라도 확정판결의 취지에 따른 재처분의 이행이 있으면 배상금을 추심함으로써 심리적 강제를 꾀할 목적이 상실되어 처분 상대방이 더 이상 배상금을 추심하는 것은 허용되지 않는다(대판 2004.1.15. 2002두2444 ; 대판 2010.12.23. 2009다37725).

❷ 간접강제 신청의 요건 `19 국가9급, 18 지방9급, 16 국회8급, 11 지방7급`
거부처분에 대한 취소의 확정판결이 있음에도 행정청이 아무런 재처분을 하지 아니하거나, 재처분을 하였다 하더라도 그것이 종전 거부처분에 대한 취소의 확정판결의 기속력에 반하는 등으로 당연무효라면 이는 아무런 재처분을 하지 아니한 때와 마찬가지라 할 것이므로 이러한 경우에는 행정소송법에 의한 간접강제신청에 필요한 요건을 갖춘 것으로 보아야 한다(대결 2002.12.11. 자. 2002무22).

기출 OX

1. 간접강제는 확정판결의 취지에 따른 재처분의 지연에 대한 제재나 손해배상의 일종이다. (○ , ×) `20 서울·지방9급` ×
2. 재처분을 하였다면 그 재처분이 당연무효라 하더라도 간접강제를 할 수 없다. (○ , ×) `20 서울·지방9급` ×

[제12목] 취소소송의 종료

01 판결의 확정에 의한 종료 - 기판력 발생

취소소송은 법원의 종국판결에 의한 판결의 확정으로 종료한다. 이때의 판결은 소송판결과 본안판결을 포함한다. 판결이 확정되는 사유는 상소기간의 도과, 상소권의 포기, 상고의 기각, 상고법원의 종국판결 등이 있다.

02 당사자의 행위에 의한 종료

1. 소의 취하

소의 취하란 원고가 법원에 대하여 하는 소의 전부 또는 일부를 철회하는 일방적 의사표시를 말한다. 행정소송에도 소 취하는 인정된다. 소의 취하에 대하여 민사소송법이 적용되는 결과, 피고가 본안에 대하여 준비서면을 제출하거나 준비절차에서 진술하거나 변론을 한 후에는 피고의 동의가 없으면 소의 취하는 효력이 없다(민사소송법 제266조 제2항).

2. 청구의 포기와 인낙

(1) 개념

청구의 포기는 원고가 법원에 대하여 하는 자신의 소송상 청구가 이유 없음을 자인하는 일방적 의사표시를 말하고, 청구의 인낙이란 피고가 법원에 대하여 하는 원고의 청구가 이유 있음을 인정하는 일반적 의사표시를 말한다. 민사소송에서는 청구의 포기와 인낙이 인정되며 조서에 기재함으로써 확정판결과 동일한 효력이 발생한다.

(2) 인정 여부

행정소송에서는 행정소송의 판결의 효력이 제3자에 미치므로 청구의 포기와 인낙이 제3자의 권리를 침해할 우려가 있다는 점과 직권심리주의가 적용되는 점에 비추어 이를 부정하는 것이 다수설이다.

3. 소송상의 화해

소송상 화해란 소송의 계속 중에 당사자 쌍방이 서로의 주장을 양보하여 소송을 종료시키기로 하는 합의를 말한다. 민사소송에서는 소송상 화해가 확정판결과 동일한 효력이 있으므로 소송의 종료사유가 되지만, 행정소송에서는 이를 부정하는 것이 다수설이다. 논거는 행정소송의 판결의 효력이 제3자에 미친다는 점과 직권심리주의가 적용된다는 점이다.

03 기타의 종료사유

1. 원고의 사망

(1) 소송물이 승계가 되는 경우

이때는 상속인이 소송을 수계하여 계속 소송을 진행한다.

(2) 소송물이 승계가 안 되는 경우

이때는 소송이 종료된다. 공무원으로서의 지위는 일신전속권으로서 상속의 대상이 되지 않으므로, 의원면직처분에 대한 무효확인을 구하는 소송은 당해 공무원이 사망함으로써 중단됨이 없이 종료된다(대판 2007.7.26. 2005두15748). 08 지방9급

2. 행정청의 폐지

행정청의 폐지는 소송의 종료사유가 아니다. 08 지방9급 행정청이 폐지된 경우에는 행정소송법 제13조 제2항이 "행정청이 없게 된 때에는 그 처분 등에 관한 사무가 귀속되는 국가 또는 공공단체를 피고로 한다."라고 규정하고 있기 때문이다.

[제13목] 취소소송의 불복

01 항소와 상고(판결에 대한 불복)

행정소송의 제1심법원인 행정법원은 지방법원급이므로 제1심판결에 대하여는 고등법원에 항소를 제기할 수 있고, 고등법원의 판결에 대하여는 대법원에 상고할 수 있다. 상고는 대법원의 관할로 사실심이 아닌 법률심이다. 상고에 대하여는 상고심 절차에 관한 특례법이 적용되어 상고의 이유가 사실적인 주장에 불과할 때는 심리불속행기각을 하게 된다.

02 항고와 재항고(결정·명령에 대한 불복)

행정법원의 판결이 아닌 결정·명령에 불복할 때는 고등법원에 항고할 수 있고, 고등법원의 결정·명령에 불복할 때는 대법원에 재항고할 수 있다. 08 지방9급

[제2항] 무효등확인소송

01 개설

1. 의의

(1) 개념 및 종류

무효등확인소송이란 행정청의 처분 등의 효력 유무 또는 존재 여부를 확인하는 소송을 말한다(제4조 제2호). 무효등확인소송에는 처분이나 재결의 ① 무효확인소송, ② 유효확인소송, ③ 부존재확인소송, ④ 존재확인소송 및 ⑤ 실효확인소송이 포함된다. 19 소방

(2) 필요성

무효인 처분은 효력이 발생하지 않고 누구나 그 무효를 주장할 수 있으므로 소송으로 그 확인을 구할 필요가 없다고 생각될 수도 있다. 그러나 무효처분도 외형적으로는 그 처분이 존재하고 있으므로 행정청에 의해 집행될 가능성이 있다. 따라서 **법원에 의하여 공적으로 무효임을 확인받아 앞으로의 분쟁가능성을 미리 차단할 필요가 있는 것이다.**

2. 성질 및 적용법규

(1) 성질

무효등확인소송의 성질에 대하여 확인소송설, 항고소송설, 준항고소송설 등이 있으나, 통설·판례는 준항고소송설의 입장이다. 행정소송법은 항고소송의 일종으로 규정하여 입법적으로 해결하였다.

행정처분의 무효확인판결의 대세적 효력
행정처분의 무효확인판결은 비록 형식상은 확인판결이라 하여도 그 확인판결의 효력은 그 취소판결의 경우와 같이 소송의 당사자는 물론 제3자에게도 미친다(대판 1982.7.27. 82다173).

(2) 준용
행정소송법은 취소소송에 대한 대부분의 규정을 무효등확인소송에 준용하도록 하고 있다(제37조, 제38조 제1항). 다만, 행정심판 전치주의, 제소기간, 사정판결, 재량처분의 취소에 관한 규정은 준용되지 않는다.
`08 경기9급 등`

02 중요 소송요건

1. 법적 보호 이익설(확인의 이익 불요설)
취소소송의 경우와 마찬가지로 법적으로 보호되는 이익으로 보는 견해이다. 따라서 민사소송에서 요구하는 확인의 이익이 필요하지 않다는 견해로서 다수설이다. `08 경기9급`

2. 즉시확정 이익설(확인의 이익 필요설)
민사소송에서의 확인의 이익, 즉 현존하는 불안이나 위험을 제거하기 위하여 확인판결을 받는 것이 필요하고, 또한 적절할 때와 같은 즉시확정의 법률상 이익으로 보는 견해이다. 따라서 민사소송에서의 확인의 이익이 필요하다는 견해이다.

03 소송의 심리

1. 원칙
직권심리주의와 행정심판기록 제출명령이 적용되는 것은 취소소송의 경우와 동일하다.

2. 입증책임
판례는 행정처분의 당연무효를 주장하여 그 무효확인을 구하는 행정소송에 있어서는 원고에게 그 행정처분이 무효인 사유를 주장, 입증할 책임이 있다고 하여 **원고책임설에 입각하고 있다.**

행정처분 무효확인소송에서 행정처분의 무효사유에 대한 증명책임자는 원고이다(대판 2010.5.13. 2009두3460). `16 서울9급`

04 취소소송과 무효등확인소송의 관계

1. 무효사유인 행정처분에 대하여 취소소송을 제기한 경우(무효선언적 의미의 취소소송)

(1) 문제점
무효사유인 행정처분에 대하여 취소소송을 제기한 경우에 법원의 심리 결과, 중대·명백한 하자가 있는 경우 법원은 어떤 판결을 해야 하는지의 문제이다.

(2) 판례
통설·판례는 무효선언적 의미의 취소판결을 할 수 있다는 입장이다. 이때는 형식적으로 취소소송이므로 취소소송의 요건을 모두 갖추어야 한다.

2. 취소사유인 행정처분에 무효등확인소송을 제기한 경우

(1) 취소소송의 요건을 갖추지 못한 경우
기각판결을 해야 한다. 10 세무사 중대명백성이 인정되지 않기 때문이다.

(2) 취소소송의 요건을 갖춘 경우
무효가 아니라면 취소라도 구하는 취지인지를 석명하여 취소소송으로 변경하도록 한 후 취소판결을 해야 한다. 18 지방7급

> **관련판례**
>
> 일반적으로 행정처분의 무효확인을 구하는 소에는 원고가 그 처분의 취소를 구하지 아니한다고 밝히지 아니한 이상 그 처분이 만약 당연무효가 아니라면 그 취소를 구하는 취지도 포함되어 있는 것으로 보아야 한다(대판 1994.12.23. 94누477). 12 국회8급

3. 취소소송과 무효등확인소송의 병합
행정처분의 무효확인청구와 취소청구는 그 소송의 요건을 달리하므로 예비적으로 병합할 수 있다. 이때 무효확인소송을 주위적으로 하고 취소소송을 예비적으로 병합하여 제기할 수 있다(대판 1970.12.22. 70누123).

제3항 부작위위법확인소송

01 개설

1. 의의
행정청의 부작위가 위법하다는 것을 확인하는 소송을 말한다(제4조 제3호).

2. 성질과 소송물
항고소송의 일종이지만, 행정청의 권한 행사가 없는 상태에서 그 불행사가 위법이라는 것을 청구하는 **확인소송의 성질을 가진다.** 09 세무사등 또한, 주관적 소송이다. 부작위위법확인소송의 소송물은 부작위의 위법성이다.

3. 부작위청구소송과의 구별

부작위청구소송은 행정행위를 하지 않을 것을 청구하는 의무이행소송의 일종이다. 부작위위법확인소송은 부작위가 위법임을 확인하는 점에서 다르다.

4. 적용 법규

부작위위법확인소송에는 취소소송의 규정이 대부분 적용된다. 다만, 처분 변경으로 인한 소의 변경, 집행정지결정, 사정판결은 준용되지 않는다.

02 중요 소송요건

1. 부작위의 개념

행정소송법은 부작위를 '행정청이 당사자의 신청에 대하여 상당한 기간 내에 일정한 처분을 하여야 할 법률상 의무가 있음에도 불구하고 이를 하지 아니하는 것'이라고 정의하고 있다(제2조 제1항 제1호). 09 세무사 등 부작위위법확인소송에서 부작위 개념, 특히 신청권의 문제는 **원고적격의 문제임과 동시에 대상적격의 문제이다.** 18 지방9급

2. 당사자에게 신청권이 있을 것

판례는 일관되게 "행정청이 국민으로부터 어떤 신청을 받고서도 그 신청에 따르는 내용의 행위를 하지 아니한 것이 항고소송의 대상이 되는 위법한 부작위가 된다고 하기 위하여는 국민이 행정청에 대하여 그 신청에 따른 행정행위를 해줄 것을 요구할 수 있는 **법규상 또는 조리상의 권리가 있어야 한다.**"라고 한다. 04 입시 등

3. 처분을 하여야 할 법률상 의무

상대방의 적법한 신청이 있는 경우 행정청에게는 그 신청의 내용에 상응하는 일정한 처분을 하여야 할 법률상 의무가 발생하는바, 이러한 법률상의 처분의무에도 불구하고 행정청이 어떠한 처분도 하지 아니하는 것이 부작위가 된다. **법률상의 의무는 명문으로 인정되는 것뿐만 아니라 법령의 해석상 인정되는 경우도 포함된다**(대판 1991.2.12. 90누5825). 06 경기9급 등

4. 상당한 기간 내에 처분을 하지 아니하였을 것

(1) 상당한 기간

해당 처분의 성질·내용·동종 사안에 대한 종래의 처리 경험 등을 종합적으로 판단하여 구체적으로 결정하여야 할 것이다.

(2) 처분을 하지 않았을 것

1) 간주거부는 부작위가 아니라 거부처분이다.

간주거부, 즉 법령에서 신청에 대하여 일정 기간 내에 처분이 없으면 거부처분으로 간주한다고 규정하고 있는 경우, 그에 대하여 취소소송은 제기할 수 있으나 부작위위법확인소송은 허용되지 않는다. 거부처분은 부작위가 아니라 거부라는 작위처분이기 때문이다.

2) 부작위와 무효의 구별

부작위는 외관이 존재하지 않는 점에서 외관의 존재가 인정되는 무효등확인소송과 구별된다.

3) 행정입법부작위

행정입법부작위는 부작위위법확인소송의 대상이 아니다(대판 1992.5.8. 91누11261). 따라서 **행정입법부작위에 대해서 국가배상과 헌법소원을 제기할 수는 있지만, 행정소송을 제기할 수는 없다.**

4) 거부처분

거부처분은 거부라는 작위가 있기 때문에 행정청이 당사자의 신청에 대하여 거부처분을 한 경우에는 항고소송의 대상인 위법한 부작위가 있다고 볼 수 없어 그 부작위위법확인의 소는 부적법하다(대판 1998.1.23. 96누12641). 17 서울7급

5) 소송 계속 중 처분을 한 경우

부작위위법확인소송의 변론종결시까지 행정청의 처분으로 부작위 상태가 해소된 경우(거부처분이든 인용처분이든)에는 **소의 이익이 상실되어 각하판결**을 한다(대판 1990.9.25. 89누4758). 07 세무사

5. 원고적격

(1) 개념

부작위위법확인소송은 부작위의 위법의 확인을 구할 법률상 이익이 있는 자만이 제기할 수 있다(제36조).

(2) 판례

판례는 일관되게 "행정청이 국민으로부터 어떤 신청을 받고서도 그 신청에 따르는 내용의 행위를 하지 아니한 것이 항고소송의 대상이 되는 위법한 부작위가 된다고 하기 위하여는 국민이 행정청에 대하여 그 신청에 따른 행정행위를 해줄 것을 요구할 수 있는 법규상 또는 조리상의 권리가 있어야 한다."라고 한다.

6. 제소기간

행정소송법 제38조는 부작위위법확인소송에 취소소송의 제소기간을 준용하고 있다. 그러나 부작위위법확인소송의 제소기간은 행정심판을 거친 경우와 행정심판을 거치지 않고 직접 제기한 경우를 나누어 보아야 한다.

(1) 행정심판을 거쳐 부작위위법확인소송을 제기한 경우

개별법에서 행정심판 전치주의를 취하고 있는 경우, 부작위위법확인소송의 제기에 있어서도 **먼저 의무이행심판을 거쳐야 한다**(제18조 제1항, 제38조 제2항). 이때는 제소기간의 제한이 있다. 10 서울교행 등 이 경우 행정심판재결서의 정본을 송달받은 날로부터 90일 이내에 제기하여야 한다. 01 관세사 등 이 기간은 불변기간이다.

(2) 행정심판을 거치지 않고 부작위위법확인소송을 제기한 경우

행정소송법상 임의적 전치주의가 원칙이므로 행정심판을 거치지 않고 부작위위법확인소송을 제기할 수 있다. 이 경우에는 처분이 존재하지 않으므로 부작위가 계속되는 한 제소기간의 도과가 있을 수 없다. 따라서 제소기간의 규정은 적용되지 않는다.

7. 기타

그 외의 소송요건은 취소소송의 경우와 같다.

03 법원의 판결

1. 위법 판단기준시
부작위위법확인소송에 있어서는 엄격한 의미의 처분은 존재하지 않으므로, 위법 판단의 기준시로서는 판결시설(사실심 변론종결시)이 타당하다. `07 국회8급 등`

2. 법원의 심리권의 범위
부작위위법확인소송에서 법원의 심리권이 부작위의 위법 여부에만 미치는지 아니면 신청의 실체적인 내용에까지 미치는지 문제이다.

(1) 학설

1) 실체적 심리설(적극설)
법원이 부작위가 위법하다고 판단하면 행정청이 이에 구속되어 당사자가 원하는 허가를 하여야 한다고 보는 학설이다. 즉, 법원이 당사자의 신청에 대한 실체적 내용까지 심리할 수 있다고 본다.

2) 절차적 심리설(소극설, 다수설)
법원은 부작위의 위법까지만 판단할 수 있기 때문에 인용판결 후 행정청은 거부처분이 가능하다고 본다.

(2) 판례(절차적 심리설, 소극설) `06 세무사`
대법원은 **부작위가 위법임을 확인하는데 그쳐야 하고, 그 이상으로 행정청이 발동하여야 할 실체적 처분의 내용까지 심리할 수 없다**고 판시하여 소극설적 입장을 취하고 있다. `09 국가9급` 이러한 판례의 태도에 비추어 볼 때 **부작위위법확인소송에서 인용판결이 확정되어도 행정청은 이전 신청에 대한 거부처분을 할 수 있다.** `15 국가7급, 10 서울교행 등`

제3관 당사자소송

01 개설

1. 의의 `10 세무사 등`
당사자소송이란 행정청의 **처분 등을 원인으로 하는 법률관계에 관한 소송**, 그 밖에 **공법상의 법률관계에 관한 소송**으로서 그 법률관계의 한쪽 당사자를 피고로 하는 소송이다(행정소송법 제3조 제2호).

2. 항고소송과의 차이점

구분	대상적격	원고적격	피고적격
항고소송	처분 등	법률상 이익 필요	행정청
당사자소송	처분 등을 원인으로 하는 법률관계 또는 공법상의 법률관계	법률상 이익 불요	행정주체

3. 성질
당사자소송은 개인의 권익구제를 목적으로 하는 주관적 소송이고, 처분에 불복하는 항고소송이 아니라 시심적 쟁송이다. `09 세무사`

02 당사자소송의 종류

1. 실질적 당사자소송

(1) 의의
공법상의 법률관계(권리관계)에 관한 다툼으로서, 그 일방당사자를 피고로 하는 소송이다.

(2) 처분 등을 원인으로 하는 법률관계에 관한 소송

1) 종류
이러한 유형의 당사자소송에는 처분 등의 무효를 전제로 하는 공법상의 부당이득반환청구소송(예 조세 과오납금반환청구소송 등), 공무원의 직무상 불법행위로 인한 국가배상청구소송(실무상 민사소송으로 취급하고 있음) 등이 있다. 05 대구9급

2) 판례
국가배상청구소송, 별도의 불복방법이 없는 경우의 손실보상청구소송은 민사소송으로 처리한다. 05 서울9급 등 그러나 하천법상의 손실보상청구소송은 당사자소송에 의한다(대판 2006.5.18. 2004다6207).

(3) 공법상의 신분·지위 등의 확인소송
공무원, 지방의회의원, 국·공립학교 학생 등의 신분이나 지위의 확인을 구하는 소송 등이 있다.

> **관련판례**
>
> ❶ 재개발조합을 상대로 한 조합원 지위확인소송은 당사자소송이다(대판 1999.2.5. 97누14606). 17 사복9급
>
> ❷ 주택재건축정비사업조합을 상대로 관리처분 계획안에 대한 조합 총회결의의 효력을 다투는 소송은 당사자소송이다(대판 2009.9.17. 2007다2428 전원합의체 ; 대결 2015.8.21. 2015무26). 15 국회8급, 12 서울9급, 11 국가7급
>
> ❸ 국가의 훈기부상 화랑무공훈장을 수여받은 것으로 기재되어 있는 자가 태극무공훈장을 수여받은 자임의 확인을 구하는 소송은 당사자소송이다(대판 1990.10.23. 90누4440).
>
> ❹ 텔레비전 방송수신료 통합징수권한 부존재확인(대판 2008.7.24. 2007다25261) 15 국회8급
>
> ❺ 공무원(국·공립학교 학생, 국가유공자)의 지위확인소송(대판 1998.10.23. 98두12932) 08 세무사
>
> ❻ 농지개량조합 지위확인소송(대판 1977.7.26. 76다3022)
>
> ❼ 고용산재보험료징수법 각 규정에 의하면, 사업주가 당연가입자가 되는 고용보험 및 산재보험에서 보험료 납부의무 부존재확인의 소는 공법상의 법률관계 그 자체를 다투는 소송으로서 공법상 당사자소송이라 할 것이다(대판 2016.10.13. 2016다221658). 21 소방 예상

(4) 공법상의 금전지급청구소송 05 국가7급

1) 법령에 의해서 직접 구체적인 금전채권이 발생한 경우에는 당사자소송이다.
공무원보수·연금의 지급청구·손실보상청구·공법상 사무관리비용청구소송 등이 있다. 대법원은 그동안 조세과오납금반환청구소송을 민사소송으로 처리하여 왔으나 2013. 3. 드디어 부가가치세 환급소송을 공법상의 법률관계로 보아 당사자소송으로 처리하였다.

관련판례

❶ 광주민주화운동 관련자 및 유족들이 갖게 되는 보상에 관한 소송은 당사자소송이다(대판 1992.12.24. 92누3335).
15·11 국회8급 등

> **비교판례**
> '민주화운동 관련자 명예회복 및 보상 심의위원회'의 보상금 등의 지급대상자에 관한 결정은 행정처분이고, 민주화운동 관련자 명예회복 및 보상 등에 관한 법률에 따른 보상금 등의 지급을 구하는 소송의 형태는 취소소송이다(대판 2008.4.17. 2005두16185 전원합의체). 11 국회8급 등

❷ 구 석탄산업법상의 석탄가격안정지원금 지급청구의 소는 공법상의 당사자소송이다(대판 1997.5.30. 95다28960).
17 사복9급, 17·06 국회8급 등

❸ 석탄산업법 시행령 소정의 재해위로금 지급청구소송의 성질은 공법상 당사자소송이다(대판 1999.1.26. 98두12598).

❹ 납세의무 부존재확인의 소의 성격은 당사자소송이고 피고적격은 국가·공공단체 등 권리주체이다(대판 2000.9.8. 99두2765).

❺ 환매권은 상대방에 대한 의사표시를 요하는 형성권의 일종으로서 재판상이든 재판 외이든 위 규정에 따른 기간 내에 행사하면 매매의 효력이 생기는 바, 이러한 환매권의 존부에 관한 확인을 구하는 소송 및 구 공익사업법 제91조 제4항에 따라 환매금액의 증감을 구하는 소송 역시 민사소송에 해당한다(대판 2013.2.28. 2010두22368).
19·18 국가9급, 16 국가7급

❻ 하천법상의 손실보상금의 지급을 구하거나 손실보상청구권의 확인을 구하는 소송의 형태는 당사자소송이다(대판 2006.5.18. 2004다6207 전원합의체).

❼ 공무원연금관리공단(현 공무원연금공단)이 퇴직연금 중 일부 금액에 대하여 지급거부의 의사표시를 한 경우, 그 의사표시는 항고소송의 대상이 되는 행정처분이 아니고, 이 경우 미지급 퇴직연금의 지급을 구하는 소송의 성격은 공법상 당사자소송이다(대판 2004.7.8. 2004두244). 06 국회8급

❽ 지방자치단체가 보조금 지급결정을 하면서 일정 기한 내에 보조금을 반환하도록 하는 교부조건을 부가한 사안에서, 보조사업자의 지방자치단체에 대한 보조금 반환의무는 행정처분인 위 보조금 지급결정에 부가된 부관상 의무이고, 이러한 부관상 의무는 보조사업자가 지방자치단체에 부담하는 공법상 의무이므로, 보조사업자에 대한 지방자치단체의 보조금 반환청구는 공법상 권리관계의 일방당사자를 상대로 하여 공법상 의무이행을 구하는 청구로서 행정소송법 제3조 제2호에 규정한 당사자소송의 대상이다(대판 2011.6.9. 2011다2951).
15 국가9급, 14 지방7급

❾ 부가가치세 환급세액 지급청구는 당사자소송의 대상이다(대판 2013.3.21. 2011다95564 전원합의체).
17 사복9급, 15 국가9급, 14 지방7급, 14 국회8급

❿ 지방소방공무원의 보수에 관한 법률관계는 공법상 법률관계이고, 지방소방공무원이 소속 지방자치단체를 상대로 초과근무수당의 지급을 구하는 소송을 제기하는 경우, 행정소송법상 당사자소송의 절차에 따라야 한다(대판 2013.3.28. 2012다102629). 21 소방, 14 국가7급

2) 공법상의 금전채권이 당사자의 신청에 따른 행정청의 인용결정에 의해 비로소 발생하는 경우에는 항고소송의 대상이다.

(5) 공법상 계약에 관한 소송

공법상의 계약에 대해서는 통설·판례 모두 실질적 당사자소송을 인정한다. 다만, 판례는 토지수용시 협의 성립 후 보상금 지급청구소송에 대해서는 그 법적 성질을 사법상의 계약으로 보아 민사소송으로 본다(다수설은 당사자소송으로 봄). 04 관세사 등

 관련판례

❶ 서울특별시립무용단 단원의 위촉은 공법상의 계약이라고 할 것이고, 따라서 그 단원의 해촉에 대하여는 공법상의 당사자소송으로 그 무효확인을 청구할 수 있다(대판 1995.12.22. 95누4636). 09 세무사 등

❷ 지방전문직 공무원(서울대공전술연구소 연구원) 채용계약 해지의 의사표시에 대하여는 대등한 당사자 간의 소송형식인 공법상 당사자소송으로 그 의사표시의 무효확인을 청구할 수 있다(대판 1993.9.14. 92누4611). 17 사복9급, 08 서울9급 등

❸ 전문직 공무원인 공중보건의사의 채용계약 해지에 관한 소송(대판 1996.5.31. 95누10617) 12 지방9급 등

(6) 공법상 결과제거청구소송

공법상 결과제거청구권의 성질을 공권으로 보는 다수설에 의하면 쟁송절차도 공법상의 당사자소송이 된다. 그러나 판례는 민사소송으로 처리한다. [02 국가7급]

2. 형식적 당사자소송(보상금증감청구소송)

형식적 당사자소송이란 실질적으로 행정청의 처분 등을 다투는 것이나 형식적으로는 처분 등의 효력을 다투지도 않고, 또한 처분청을 피고로 하지도 않고, 그 대신 처분 등으로 인해 형성된 법률관계를 다투기 위해 관련 법률관계의 일방당사자를 피고로 하여 제기하는 소송을 말한다. 17 서울7급

 관련조문

공익사업을 위한 토지 등의 취득 및 보상에 관한 법률 제85조(행정소송의 제기) ② 제1항에 따라 제기하려는 행정소송이 보상금의 증감에 관한 소송인 경우 그 소송을 제기하는 자가 토지소유자 또는 관계인일 때에는 사업시행자를, 사업시행자일 때에는 토지소유자 또는 관계인을 각각 피고로 한다.

03 가집행선고

1. 개념
가집행선고란 미확정의 종국판결(예 제1심판결이 선고된 후 확정되기 전)에 대하여 집행력을 인정하는 것을 말한다. 보통은 판결의 주문에서 함께 선고된다.

2. 문제점

(1) 법률의 규정
행정소송법 제43조는 "국가를 상대로 하는 당사자소송의 경우에는 가집행선고를 할 수 없다."라고 규정하고 있다. 10 세무사 그런데 동일한 내용을 규정한 소송촉진 등에 관한 특례법 제6조 제1항 단서가 헌법재판소에 의해 위헌판결을 받은 바 있다. 그 후 민사소송에서는 국가를 상대로 가집행선고를 하는 것이 허용되고 있다.

(2) 판례
헌법재판소의 위 결정 후 대법원은 국가를 피고로 하는 당사자소송에서 가집행선고를 인정하고 있다. 20 국가9급

관련판례

❶ 국가에 대해 가집행을 허용하지 않는 것은 평등원칙에 위반된다(헌재 1989.1.25, 88헌가7).

❷ 공법상 당사자소송에서 재산권의 청구를 인용하는 판결을 하는 경우, 가집행선고를 할 수 있다(대판 2000.11.28, 99두3416).

제4관 객관적 소송

01 객관적 소송의 의의

1. 개념
객관적 소송은 개인의 권리구제를 목적으로 하는 주관적 소송과 달리 행정법규의 적정한 적용, 즉 행정작용의 적법성을 보장하기 위한 소송을 말한다. **객관적 소송은 특별히 법이 인정하고 있는 경우에만 제기할 수 있다.** 16 국회8급, 09 세무사 그 이유는 남소를 방지하고자 하는 것이다.

2. 종류
현행법에서 인정되는 객관적 소송은 민중소송과 기관소송이 있다.

02 민중소송

1. 민중소송의 의의

개념	민중소송은 국가 또는 공공단체의 기관이 법률에 위반되는 행위를 한 때에 직접 자기의 **법률상 이익과 관계 없이** 그 시정을 구하기 위해 제기하는 소송을 말한다(제3조 제3호). 19 소방
성질	• 일반공익을 위하여 인정되는 객관적 소송이다. • 개별법령이 인정하는 경우에 한하여 허용된다. 05 선관위9급 등 • 행정심판 전치주의가 적용될 여지가 없다. • 성질에 반하지 아니하는 한 취소소송 등의 규정을 준용한다.
종류 (현행법상)	공직선거법상의 선거무효소송과 당선무효소송, 국민투표법상의 국민투표무효소송, 지방자치법상의 주민소송 11 국가9급·지방9급 , 주민투표법상의 주민투표무효소송, 주민소환에 관한 법률상의 주민소환투표소송

관련판례

❶ 이행강제금의 부과·징수를 게을리한 행위는 주민소송의 대상이 되는 공금의 부과·징수를 게을리한 사항에 해당한다. 19 지방7급, 17 국회8급

[1] 주민소송의 대상이 되는 '재산의 관리·처분에 관한 사항'이나 '공금의 부과·징수를 게을리한 사항'이란 지방자치단체의 소유에 속하는 재산의 가치를 유지·보전 또는 실현함을 직접 목적으로 하는 행위 또는 그와 관련된 공금의 부과·징수를 게을리한 행위를 말하고, 그 밖에 재무회계와 관련이 없는 행위는 그것이 지방자치단체의 재정에 어떤 영향을 미친다고 하더라도, 주민소송의 대상이 되는 '재산의 관리·처분에 관한 사항' 또는 '공금의 부과·징수를 게을리한 사항'에 해당하지 않는다.

[2] 지방자치법 제17조 제1항, 제2항 제3호의 주민소송요건인 위법하게 공금의 부과·징수를 게을리한 사실이 인정되기 위해서는 전제로서, 관련 법령상의 요건이 갖추어져 지방자치단체의 집행기관 등의 공금에 대한 부과·징수가 가능하여야 한다(대판 2015.9.10. 2013두16746).

❷ 도로 등 공물이나 공공용물을 특정 사인이 배타적으로 사용하도록 하는 점용허가가 도로 등의 본래 기능 및 목적과 무관하게 그 사용가치를 실현·활용하기 위한 것으로 평가되는 경우에는 주민소송의 대상이 되는 재산의 관리·처분에 해당한다(대판 2016.5.27. 2014두8490). 19 국회8급

❸ 지방자치단체가 지방자치법 제9조 제2항 제2호에 정한 주민의 복지증진에 관한 사무로서 특정 개인이나 단체가 아니라 일정한 조건을 충족한 주민 일반을 대상으로 일정한 지원을 하겠다는 것은 그 조건이 사실상 특정 개인이나 단체를 위해 설정한 것이라는 등의 특별한 사정이 없는 한 구 지방재정법 제17조 제1항에서 정한 '개인 또는 단체에 대한 공금 지출'에 해당하지 아니한다(대판 2016.5.12. 2013추531). 예상

❹ 지방교육자치에 관한 법률 제49조 제1항에 따라 교육감선거에 관한 선거무효소송에는 공직선거법 제224조가 준용되어, 선거에 관한 규정에 위반된 사실이 있는 때라도 선거의 결과에 영향을 미쳤다고 인정하는 때에 한하여 선거의 무효를 판결한다. 선거무효의 사유가 되는 '선거에 관한 규정에 위반된 사실'이란 선거관리의 주체인 선거관리위원회가 선거사무의 관리집행에 관한 규정을 위반한 경우와 후보자 등 제3자에 의한 선거과정상의 위법행위로 인하여 선거인들이 자유로운 판단에 의하여 투표를 할 수 없게 됨으로써 선거의 기본이념인 선거의 자유와 공정이 현저히 저해되었다고 인정되는 경우를 포함한다. 그리고 '선거의 결과에 영향을 미쳤다고 인정하는 때'란 선거에 관한 규정의 위반이 없었더라면 선거의 결과, 즉 후보자의 당락에 관하여 현실로 있었던 것과 다른 결과가 발생하였을지도 모른다고 인정되는 때를 의미한다(대판 2020.11.12. 2018수5025).

❺ 주민소송의 대상으로 규정한 '재산의 취득·관리·처분에 관한 사항', '해당 지방자치단체를 당사자로 하는 계약의 체결·이행에 관한 사항' 등에 해당하는지 여부도 그 기준에 의하여 판단하여야 한다.

주민감사청구가 '지방자치단체와 그 장의 권한에 속하는 사무의 처리'를 대상으로 하는 데 반하여, 주민소송

은 '그 감사청구한 사항과 관련이 있는 위법한 행위나 업무를 게을리한 사실'에 대하여 제기할 수 있는 것이므로, 주민소송의 대상은 주민감사를 청구한 사항과 관련이 있는 것으로 충분하고, 주민감사를 청구한 사항과 반드시 동일할 필요는 없다. 주민감사를 청구한 사항과 관련성이 있는지는 주민감사청구사항의 기초인 사회적 사실관계와 기본적인 점에서 동일한지에 따라 결정되는 것이며 그로부터 파생되거나 후속하여 발생하는 행위나 사실은 주민감사청구사항과 관련이 있다고 보아야 한다. … 이때 상대방인 지방자치단체의 장이나 공무원은 국가배상법 제2조 제2항, 회계직원책임법 제4조 제1항의 각 규정 내용 및 취지 등에 비추어 볼 때, 그 위법행위에 대하여 고의 또는 중대한 과실이 있는 경우에 제4호 주민소송의 손해배상책임을 부담하는 것으로 보아야 한다(대판 2020.7.29. 2017두63467).

2. 민중소송의 특례

(1) 원고적격
민중소송은 법률이 정한 경우에 법률에 정한 자에 한하여 제기할 수 있다. 선거인, 후보자, 정당 또는 투표인이 원고가 된다.

(2) 피고적격
법률에 의하여 중앙선거관리위원장 등이 피고가 된다.

(3) 관할 법원

대통령선거 국회의원선거	소청을 거치지 않고 대법원에서 단심으로 재판
시도지사 비례대표 시도의원 선거	소청을 거친 후 대법원에서 단심으로 재판
그 외의 지방선거	소청을 거친 후 고등법원 → 대법원 2심으로 재판

(4) 제소기간
개별법에 제소기간의 제한이 있다.

03 기관소송

1. 의의

개념	기관소송은 국가 또는 공공단체의 기관 상호 간에 있어서의 권한의 존부 또는 그 행사에 관한 다툼이 있을 때에 이에 대하여 제기하는 소송을 말한다(제3조 제4호). 다만, 헌법재판소법 제2조의 규정에 의하여 헌법재판소의 관장사항으로 되는 소송은 제외한다(제3조 제4호 단서). 10 세무사 등
대표적 예	지방자치단체장과 지방의회 간의 소송을 들 수 있다.
권한쟁의심판	헌법재판소의 관장사항으로 되는 소송은 국가기관 상호 간, 국가와 지방자치단체 상호 간, 지방자치단체 상호 간의 권한쟁의에 관한 소송이다. 05 세무사 이들은 기관소송이 아니라 헌법상의 권한쟁의심판이다.
성질	• 기관소송은 객관적 소송이다. 10 세무사 등 • 기관소송은 행정기관 사이의 다툼을 해결하는 행정소송이다. • 기관소송은 개별 법령이 인정하는 경우에 한하여 제기할 수 있는 소송이다. 10 세무사 등

2. 기관소송의 종류

(1) 지방자치법상 지방의회의 의결에 대한 자치단체장과 지방의회 간의 소송 16 국회8급
이 소송의 관할 법원은 대법원이다.

(2) 지방교육자치에 관한 법률상의 기관소송

이 소송의 관할 법원은 대법원이다.

3. 기관소송의 특수성

원고	기관소송의 원고는 지방자치단체의 장 또는 교육감이다.
피고	기관소송의 피고는 지방의회, 교육위원회, 주무부장관 또는 시·도지사가 된다.
관할과 제소기간	대법원이 관할하며 단심이다. 개별법에 제소기간의 제한이 있다.
조례와의 관계	· 기관소송에서 조례에 대한 위법판결이 나면 그 조례는 일반적으로 무효가 된다. · 대법원은 조례의 일부에 취소사유가 있어도 전체를 취소한다.

제2절 행정심판

제1관 개설

01 행정심판

1. 행정심판의 의의

(1) 개념

행정심판이란 행정청의 **위법·부당한 처분으로** 인하여 권익이 침해된 자가 행정기관에 대해 시정을 구하는 일련의 쟁송절차를 말한다. 19 소방 실정법상으로는 이의신청·심사청구·심판청구·행정심판 등의 다양한 명칭으로 불리고 있다.

(2) 성질

행정심판은 분쟁에 대한 심판작용이면서, 동시에 **그 자체가 행정행위(확인)라는 이중적 성격**을 가지고 있다.

(3) 행정심판에 대한 헌법적 근거

관련조문

헌법 제107조 ③ 재판의 전심절차로서 행정심판을 할 수 있다. 행정심판의 절차는 법률로 정하되, 사법절차가 준용되어야 한다.

관련판례

필요적 행정심판에는 사법절차가 준용되어야 한다.
* 임의적 행정심판에는 사법절차가 준용되지 않아도 된다.

헌법 제107조 제3항은 "재판의 전심절차로서 행정심판을 할 수 있다. 행정심판의 절차는 법률로 정하되, 사법절차가 준용되어야 한다."라고 규정하고 있으므로, 입법자가 행정심판을 전심절차가 아니라 종심절차로 규정함으로써 정식재판의 기회를 배제하거나, 어떤 행정심판을 필요적 전심절차로 규정하면서도 그 절차에 사법절차가 준용되지 않는다면 이는 헌법 제107조 제3항, 나아가 재판청구권을 보장하고 있는 헌법 제27조에도 위반된다. 여기서 말하는 '사법절차'를 특징지우는 요소로는 판단기관의 독립성·공정성, 대심적 심리구조, 당사자의 절차적 권리보장 등을 들 수 있으나, 위 헌법조항은 행정심판에 사법절차가 '준용'될 것만을 요구하고 있으므로 위와 같은 사법절차적 요소를 엄격히 갖춰야 할 필요는 없다고 할지라도, 적어도 사법절차의 본질적 요소를 전혀 구비하지 아니하고 있다면 '준용'의 요구에마저 위반된다(헌재 2000.6.1. 98헌바8).

(4) 행정심판의 존재이유 08 국회8급 등

1) 권력분립과 행정의 자기통제
① 행정에 관한 문제는 행정부 스스로 해결하는 것이 권력분립원칙에 부합한다.
② 행정청이 자율적으로 시정할 기회를 주기 위함이다.

2) 행정청의 전문지식 활용
법원보다 상대적으로 전문적인 행정부의 지식을 활용하여 판단할 수 있다.

3) 구제의 신속성
간이·신속한 절차와 비용으로 소송경제를 확보할 수 있다.

4) 사법기능의 보완과 법원의 부담 경감
행정기관이 1차적인 판단을 함으로써 사법기능을 보완하고, 법원의 부담을 경감할 수 있다.

2. 특별행정심판

(1) 의의

관련조문

제4조(특별행정심판 등) ① 사안의 전문성과 특수성을 살리기 위하여 특히 필요한 경우 외에는 이 법에 따른 행정심판을 갈음하는 특별한 행정불복절차(이하 '특별행정심판'이라 한다)나 이 법에 따른 행정심판절차에 대한 특례를 다른 법률로 정할 수 없다. 13 국회8급·지방9급
② 다른 법률에서 특별행정심판이나 이 법에 따른 행정심판절차에 대한 특례를 정한 경우에도 그 법률에서 규정하지 아니한 사항에 관하여는 이 법에서 정하는 바에 따른다. 13 국회8급

(2) 특별행정심판 신설을 위한 협의 의무화

관련조문

제4조(특별행정심판 등) ③ 관계 행정기관의 장이 특별행정심판 또는 이 법에 따른 행정심판절차에 대한 특례를 신설하거나 변경하는 법령을 제정·개정할 때에는 미리 중앙행정심판위원회와 협의하여야 한다. 13 국회8급

📕 **기출 OX**

관계 행정기관의 장이 특별행정심판 또는 이 법에 따른 행정심판절차에 대한 특례를 신설하거나 변경하는 법령을 제정·개정할 때에는 미리 중앙행정심판위원회의 동의를 얻어야 한다. (○. ×) 17 경찰2차   ×

(3) 특별행정심판절차의 종류(괄호 안은 심판기관)

전문적인 분야	엄정한 심사가 필요한 분야	대량 반복적인 경우
· 세무서장의 과세처분에 대한 심사청구 및 심판청구(국세청장 및 조세심판원) 00 관세사 · 특허처분에 대한 특허심판 및 재심 (특허심판원) · 토지수용재결에 대한 이의신청 (중앙토지수용위원회) · 공정거래 관련 처분에 대한 이의신청 (공정거래위원회) · 지방해양안전심판원의 재결에 대한 제2심청구(중앙해양안전심판원)	· 국가·지방공무원의 징계처분에 대한 소청심사(소청심사위원회) 00 관세사 · 교육공무원법상의 교원징계에 대한 소청심사(소청심사위원회) · 감사원에 대한 심사청구(감사원)	· 부당해고에 관한 구제명령에 대한 재심 (중앙노동위원회) · 국민건강보험 급여결정에 대한 심판 (건강보험분쟁조정위원회) · 고용보험급여 결정에 대한 재심사 (고용보험심사위원회) · 산재보험급여 결정에 대한 재심사 (산업재해보상보험재심사위원회)

단, 도로교통법상의 운전면허 취소·정지처분에 대한 심판은 중앙행정심판위원회의 4인으로 구성된 소위원회에서 심리·의결한다. 10 세무사

* 특별행정심판이라고 해서 필요적 행정심판인 것은 아니다.
* 토지수용재결에 대한 이의신청은 특별행정심판이지만 임의적 절차이다.

3. 유사 개념과의 구별

(1) 이의신청의 개념

행정심판은 행정심판위원회에 제기하는 것이고, 이의신청은 처분청 자체에 제기하는 쟁송이다. **행정심판은 원칙적으로 모든 위법·부당한 처분에 대해 인정된다.**

> **관련조문**
>
> **행정기본법 제36조(처분에 대한 이의신청)** ① 행정청의 처분(행정심판법 제3조에 따라 같은 법에 따른 행정심판의 대상이 되는 처분을 말한다. 이하 이 조에서 같다)에 이의가 있는 당사자는 처분을 받은 날부터 30일 이내에 해당 행정청에 이의신청을 할 수 있다.
> ② 행정청은 제1항에 따른 이의신청을 받으면 그 신청을 받은 날부터 14일 이내에 그 이의신청에 대한 결과를 신청인에게 통지하여야 한다. 다만, 부득이한 사유로 14일 이내에 통지할 수 없는 경우에는 그 기간을 만료일 다음 날부터 기산하여 10일의 범위에서 한 차례 연장할 수 있으며, 연장사유를 신청인에게 통지하여야 한다.
> ③ 제1항에 따라 이의신청을 한 경우에도 그 이의신청과 관계없이 행정심판법에 따른 행정심판 또는 행정소송법에 따른 행정소송을 제기할 수 있다.
> ④ 이의신청에 대한 결과를 통지받은 후 행정심판 또는 행정소송을 제기하려는 자는 그 결과를 통지받은 날(제2항에 따른 통지기간 내에 결과를 통지받지 못한 경우에는 같은 항에 따른 통지기간이 만료되는 날의 다음 날을 말한다)부터 90일 이내에 행정심판 또는 행정소송을 제기할 수 있다.
> ⑤ 다른 법률에서 이의신청과 이에 준하는 절차에 대하여 정하고 있는 경우에도 그 법률에서 규정하지 아니한 사항에 관하여는 이 조에서 정하는 바에 따른다.
> ⑥ 제1항부터 제5항까지에서 규정한 사항 외에 이의신청의 방법 및 절차 등에 관한 사항은 대통령령으로 정한다.
> ⑦ 다음 각 호의 어느 하나에 해당하는 사항에 관하여는 이 조를 적용하지 아니한다.
>   1. 공무원 인사 관계 법령에 따른 징계 등 처분에 관한 사항
>   2. 국가인권위원회법 제30조에 따른 진정에 대한 국가인권위원회의 결정
>   3. 노동위원회법 제2조의2에 따라 노동위원회의 의결을 거쳐 행하는 사항
>   4. 형사, 행형 및 보안처분 관계 법령에 따라 행하는 사항
>   5. 외국인의 출입국·난민인정·귀화·국적회복에 관한 사항

6. 과태료 부과 및 징수에 관한 사항

[시행일 2023.3.24]

제37조(처분의 재심사) ① 당사자는 처분(제재처분 및 행정상 강제는 제외한다. 이하 이 조에서 같다)이 행정심판, 행정소송 및 그 밖의 쟁송을 통하여 다툴 수 없게 된 경우(법원의 확정판결이 있는 경우는 제외한다)라도 다음 각 호의 어느 하나에 해당하는 경우에는 해당 처분을 한 행정청에 처분을 취소·철회하거나 변경하여 줄 것을 신청할 수 있다.

1. 처분의 근거가 된 사실관계 또는 법률관계가 추후에 당사자에게 유리하게 바뀐 경우
2. 당사자에게 유리한 결정을 가져다주었을 새로운 증거가 있는 경우
3. 민사소송법 제451조에 따른 재심사유에 준하는 사유가 발생한 경우 등 대통령령으로 정하는 경우

② 제1항에 따른 신청은 해당 처분의 절차, 행정심판, 행정소송 및 그 밖의 쟁송에서 당사자가 중대한 과실 없이 제1항 각 호의 사유를 주장하지 못한 경우에만 할 수 있다.

③ 제1항에 따른 신청은 당사자가 제1항 각 호의 사유를 안 날부터 60일 이내에 하여야 한다. 다만, 처분이 있은 날부터 5년이 지나면 신청할 수 없다.

④ 제1항에 따른 신청을 받은 행정청은 특별한 사정이 없으면 신청을 받은 날부터 90일(합의제 행정기관은 180일) 이내에 처분의 재심사 결과(재심사 여부와 처분의 유지·취소·철회·변경 등에 대한 결정을 포함한다)를 신청인에게 통지하여야 한다. 다만, 부득이한 사유로 90일(합의제 행정기관은 180일) 이내에 통지할 수 없는 경우에는 그 기간을 만료일 다음 날부터 기산하여 90일(합의제 행정기관은 180일)의 범위에서 한 차례 연장할 수 있으며, 연장 사유를 신청인에게 통지하여야 한다.

⑤ 제4항에 따른 처분의 재심사 결과 중 처분을 유지하는 결과에 대해서는 행정심판, 행정소송 및 그 밖의 쟁송수단을 통하여 불복할 수 없다.

⑥ 행정청의 제18조에 따른 취소와 제19조에 따른 철회는 처분의 재심사에 의하여 영향을 받지 아니한다.

⑦ 제1항부터 제6항까지에서 규정한 사항 외에 처분의 재심사의 방법 및 절차 등에 관한 사항은 대통령령으로 정한다.

⑧ 다음 각 호의 어느 하나에 해당하는 사항에 관하여는 이 조를 적용하지 아니한다.

1. 공무원 인사 관계 법령에 따른 징계 등 처분에 관한 사항
2. 노동위원회법 제2조의2에 따라 노동위원회의 의결을 거쳐 행하는 사항
3. 형사, 행형 및 보안처분 관계 법령에 따라 행하는 사항
4. 외국인의 출입국·난민인정·귀화·국적회복에 관한 사항
5. 과태료 부과 및 징수에 관한 사항
6. 개별 법률에서 그 적용을 배제하고 있는 경우

[시행일 2023.3.24]

(2) 행정소송과의 차이

1) 공통점

① 행정상의 법률적 분쟁을 대상으로 하는 실질적 쟁송절차이다. 05 관세사
② 양자 모두 당사자는 대등한 입장에 선다. 05 관세사
③ 법률상 이익이 있는 자만이 제기할 수 있다. 04 서울9급 등
④ 개괄주의를 취하고 있다. 92 전북7급 양자의 처분 개념은 동일하다.
⑤ 직권심리주의가 적용된다(변론주의가 원칙). 04 서울9급

⑥ 집행부정지원칙을 채택하고 있다. 04 서울9급 등
⑦ 불고불리의 원칙과 불이익변경금지의 원칙이 적용된다. 04 서울9급 등
⑧ 양자 모두 사후적 구제수단이다. 05 경남9급

2) 차이점

구분	행정심판	행정소송
성질	형식적 의미의 행정이지만, 실질적 의미의 사법작용이다.	형식적 의미의 사법인 동시에 실질적 의미의 사법작용이다.
심판기관	행정심판위원회(행정부 소속)	법원(사법부)
절차	약식쟁송	정식쟁송
특징	자율적 통제, 전문성 확보 등	타율적 통제, 독립성 확보
종류	• 취소심판, 무효등확인심판, 의무이행심판 • 부작위법확인심판은 인정되지 않는다. 16 국가9급·서울7급 등	• 취소소송, 무효등확인소송, 부작위법확인소송 • 의무이행소송 등의 무명항고소송은 인정되지 않는다.
심판대상	위법한 처분과 부작위뿐만 아니라 부당한 처분도 대상이 되나, 대통령의 처분이나 부작위는 제외된다.	위법한 처분과 부작위는 대상이 되지만, 부당한 처분은 안 된다. 위법한 재결은 대상이 되며, 대통령의 처분이나 부작위도 포함된다.
적극적 변경 여부	가능(취소처분을 정지처분으로 변경하는 것) 15 국회8급	• 적극적 변경은 불가능 • 소극적 변경으로서 일부취소는 가능
제기기간	• 취소심판·거부처분에 대한 의무이행심판: 처분을 안 날부터 90일, 처분이 있은 날로부터 180일 • 무효확인심판: 기간 제한 × • 부작위의무이행심판: 기간 제한 × • 거부처분에 대한 의무이행심판: 기간 제한 ○	• 취소소송: 처분을 안 날로부터 90일, 처분이 있은 날로부터 1년 • 무효확인소송: 기간 제한 × • 부작위법확인소송: 기간 제한 ×(행정심판을 거치지 않은 경우) / 행정심판을 거친 경우는 기간 제한 ○
심리방식	행정심판법은 구술심리 또는 서면심리를 규정하고 있다(비공개원칙이 적용).	• 구술심리주의, 공개원칙 • 평의는 비공개로 한다.
재결·판결	• 위법과 부당을 모두 판단한다. • 취소재결과 변경재결, 변경명령재결 ＊ 취소명령재결은 인정되지 않는다. • 사정재결: 취소심판과 의무이행심판에 사정재결을 인정한다. 08 국회8급 재결주문에 위법 또는 부당함을 명시한다.	• 위법사유만 판단한다(부당은 기각사유). • 취소판결만 가능하고 취소명령판결은 불가 • 사정판결: 취소판결에만 인정된다. 판결주문에 위법함을 명시한다.
의무이행 확보수단	시정명령과 직접처분권, 간접강제	간접강제(권력분립원칙상 시정명령 등은 할 수 없고 배상을 명함)
참가 통지	제3자의 참가 여부에 대한 통지규정이 있다.	제3자의 참가 여부에 대한 통지규정이 없다.
적용 법률	행정심판법	행정소송법

02 의무이행심판 08 국가7급 등

관련조문

행정심판법 제5조(행정심판의 종류) 행정심판의 종류는 다음 각 호와 같다. 11 경행특채
1. 취소심판: 행정청의 위법 또는 부당한 처분을 취소하거나 변경하는 행정심판
2. 무효등확인심판: 행정청의 처분의 효력 유무 또는 존재 여부를 확인하는 행정심판
3. 의무이행심판: 당사자의 신청에 대한 행정청의 위법 또는 부당한 <u>거부처분이나 부작위에 대하여 일정한 처분을 하도록 하는 행정심판</u>

1. 개념
행정청의 위법 또는 부당한 거부처분 또는 부작위로 인하여 권익의 침해를 당한 자의 청구에 의하여 일정한 처분을 하도록 하는 심판이다.

2. 성질
행정청에 대하여 일정한 처분을 할 것을 명하는 재결을 구하는 행정심판이므로 **이행쟁송의 성질을 가진다**(통설).

3. 심판의 대상

(1) 거부처분 19 국가9급
소극적 행정행위로서 상대방의 신청을 명시적으로 거부하거나 또는 일정 부작위가 거부처분으로 간주되는 경우에 의무이행심판을 청구할 수 있다. 이때는 청구기간의 제한이 있다.
거부처분에 대해서는 취소심판 또는 의무이행심판이 가능하다.

(2) 부작위
행정청이 당사자의 신청에 대하여 일정 기간 내에 일정한 처분을 하여야 할 법률상 의무가 있음에도 불구하고 하지 않는 경우에 의무이행심판을 청구할 수 있다. 이때는 청구기간의 제한이 없다.

4. 재결의 종류

(1) 처분재결(형성적 재결)
행정심판위원회가 심판청구가 이유 있다고 인정할 때 직접하는 재결이다.

(2) 처분명령재결(이행적 재결)
행정심판위원회가 심판청구가 이유 있다고 인정할 때 이를 할 것을 처분청에 명하는 재결이다.

제2관 행정심판의 대상

01 개설

1. 개괄주의
현행 행정심판법은 특정사항에 한정하지 않고 행정청의 위법·부당한 처분 또는 부작위에 대하여 일반적으로 행정심판을 제기할 수 있게 하여 국민의 권리구제가능성을 확대하는 **개괄주의를 채택**하고 있다.
09 지방7급 등

2. 부당한 처분
행정심판의 대상에는 **부당한 처분·부작위까지도 포함된다**는 점에서 09 지방9급 등 , 그 대상이 위법한 처분·부작위에 한정되고 있는 행정소송에 비추어 그 범위가 넓은바, 이것은 행정심판이 행정의 자율적 통제수단으로서의 성격을 가지는 점에 기인하는 것이다.

02 행정심판법상 행정심판의 대상

1. 대통령의 처분 또는 부작위
대통령의 처분 또는 부작위에 대하여는 다른 법률에서 행정심판을 청구할 수 있도록 정한 경우 외에는 **행정심판을 청구할 수 없다**(제3조 제2항). 19 국가9급 따라서 대통령의 처분 또는 부작위에 대하여는 직접 행정소송을 제기하여야 한다. 15 사복9급 등 대통령의 처분 등을 심판할 행정심판위원회가 없음을 고려한 규정이다.

2. 재심판청구의 금지
심판청구에 대한 **재결**이 있으면 그 재결 및 같은 처분 또는 부작위에 대하여 **다시 행정심판을 청구할 수 없다**(제51조). 10 국가9급 등

제3관 행정심판기관

01 개설

1. 개념
행정심판기관은 행정심판의 청구를 수리하고, 이를 심리·재결할 수 있는 권한을 가진 행정기관을 말한다.

2. 합의제 행정청
개정 전 행정심판법의 행정심판위원회는 심리만 하고 재결을 하지 않았으므로 '합의제 의결기관'이었으나, 개정법에서는 심리와 재결을 모두 하는 '합의제 행정청'의 성격을 가진다. 즉, **행정심판에 대한 소송에서 피고는 행정심판위원회가 된다는** 의미이다.

02 행정심판위원회

1. 의의

(1) 개념

행정심판위원회는 심판청구사항에 대하여 심리한 후, 그 사건에 대하여 각하나 기각 또는 인용을 결정하는 작용인 재결을 행하는 권한을 가진 비상설의 합의제 행정청이다.

(2) 성질

복수의 위원으로 구성되어 위원의 합의로 의사를 정한다는 점에서 합의제기관이고, 국가의사를 스스로 결정하고 외부에 표시하는 권한을 갖는다는 점에서 행정청이다.

2. 행정심판위원회의 종류 19 지방9급, 14 국가9급, 13 경쟁특채

(1) 처분청(부작위청) 소속의 행정심판위원회

1) 대통령 소속 기관의 장
감사원, 국가정보원, 그 밖에 대통령령으로 정하는 대통령 소속 기관의 장은 처분청에 행정심판위원회를 둔다. 감사원과 국가정보원은 대통령의 직속기관이다. 그 밖에 대통령령으로 정하는 대통령 소속 기관의 장이란 대통령비서실장, 국가안보실장, 대통령경호처장 및 방송통신위원회를 말한다.

2) 국회사무총장 등
국회사무총장의 처분 또는 부작위에 대해서는 국회행정심판위원회가, 법원행정처장의 처분에 대하여는 대법원 행정심판위원회가 심리·재결한다.

3) 국가인권위원회 등
국가인권위원회의 처분에 대하여는 국가인권위원회 소속의 행정심판위원회가 심리·재결한다.

(2) 국민권익위원회 소속의 중앙행정심판위원회

> 관련조문
>
> **제6조(행정심판위원회의 설치)** ② 다음 각 호의 행정청의 처분 또는 부작위에 대한 심판청구에 대하여는 부패방지 및 국민권익위원회의 설치와 운영에 관한 법률에 따른 국민권익위원회에 두는 중앙행정심판위원회에서 심리·재결한다.
> 1. 제1항에 따른 행정청 외의 국가행정기관의 장 또는 그 소속 행정청
> 2. 특별시장·광역시장·특별자치시장·도지사·특별자치도지사(특별시·광역시·특별자치시·도 또는 특별자치도의 교육감을 포함한다. 이하 '시·도지사'라 한다) 또는 특별시·광역시·특별자치시·도·특별자치도(이하 '시·도'라 한다)의 의회(의장, 위원회의 위원장, 사무처장 등 의회 소속 모든 행정청을 포함한다)
> 3. 지방자치법에 따른 지방자치단체조합 등 관계 법률에 따라 국가·지방자치단체·공공법인 등이 공동으로 설립한 행정청. 다만, 제3항 제3호에 해당하는 행정청은 제외한다.

1) 중앙행정심판위원회
구법의 국무총리 행정심판위원회를 중앙행정심판위원회로 명칭을 변경하였다. 12 국가9급

2) 중앙행정심판위원회의 심판사항

① '제1항에 따른 행정청 외의 국가행정기관의 장 또는 그 소속 행정청'이 행한 처분 또는 부작위: '제1항에 따른 행정청 외의 국가행정기관의 장'이라 함은 국무총리, 행정 각부 장관, 각 청장 등을 말하고, '그 소속 행정청'이라 함은 법제처장, 지방국세청장 등을 말한다. 예컨대, 행정안전부장관의 처분에 대하여는 중앙행정심판위원회가 행정심판기관이 된다.

② 광역자치단체장 또는 의회 및 광역지방자치단체조합 등의 처분: 예컨대, 서울특별시장의 처분이나 경기도지사의 처분에 대하여는 중앙행정심판위원회가 행정심판기관이 된다. `09 지방9급 등`

(3) 광역자치단체장 소속의 행정심판위원회

관련조문

제6조(행정심판위원회의 설치) ③ 다음 각 호의 행정청의 처분 또는 부작위에 대한 심판청구에 대하여는 시·도지사 소속으로 두는 행정심판위원회에서 심리·재결한다.
1. 시·도 소속 행정청
2. 시·도의 관할 구역에 있는 시·군·자치구의 장, 소속 행정청 또는 시·군·자치구의 의회(의장, 위원회의 위원장, 사무국장, 사무과장 등 의회 소속 모든 행정청을 포함한다)
3. 시·도의 관할 구역에 있는 둘 이상의 지방자치단체(시·군·자치구를 말한다)·공공법인 등이 공동으로 설립한 행정청

(4) 직근 상급행정기관 소속의 행정심판위원회

제2항 제1호에도 불구하고 대통령령으로 정하는 국가행정기관 소속 특별지방행정기관의 장의 처분 또는 부작위에 대한 심판청구에 대하여는 해당 행정청의 직근 상급행정기관에 두는 행정심판위원회에서 심리·재결한다(제6조 제4항).

(5) 개별법에서 정하는 경우(특별행정심판을 말함)

공무원·교원에 대한 행정심판은 소청심사위원회에서, 국세 및 관세에 대하여는 조세심판원에서 심리·재결한다. 행정심판의 객관성과 공정성을 확보하기 위해서이다.

3. 구성과 회의

(1) 일반행정심판위원회(제7조)

의결	① 행정심판위원회(중앙행정심판위원회는 제외한다. 이하 이 조에서 같다)는 위원장 1명을 포함하여 50명 이내의 위원으로 구성한다.
위원장	② 행정심판위원회의 위원장은 그 행정심판위원회가 소속된 행정청이 되며, 위원장이 없거나 부득이한 사유로 직무를 수행할 수 없거나 위원장이 필요하다고 인정하는 경우에는 다음 각 호의 순서에 따라 위원이 위원장의 직무를 대행한다. 1. 위원장이 사전에 지명한 위원 2. 제4항에 따라 지명된 공무원인 위원(2명 이상인 경우에는 직급 또는 고위공무원단에 속하는 공무원의 직무등급이 높은 위원 순서로, 직급 또는 직무등급도 같은 경우에는 위원 재직기간이 긴 위원 순서로, 재직기간도 같은 경우에는 연장자 순서로 한다) ③ 제2항에도 불구하고 제6조 제3항에 따라 시·도지사 소속으로 두는 행정심판위원회의 경우에는 해당 지방자치단체의 조례로 정하는 바에 따라 공무원이 아닌 위원을 위원장으로 정할 수 있다. 이 경우 위원장은 비상임으로 한다.

위원	④ 행정심판위원회의 위원은 해당 행정심판위원회가 소속된 행정청이 다음 각 호의 어느 하나에 해당하는 사람 중에서 **성별을 고려하여** 위촉하거나 그 소속 공무원 중에서 지명한다. 1. 변호사 자격을 취득한 후 5년 이상의 실무경험이 있는 사람 2. 고등교육법 제2조 제1호부터 제6호까지의 규정에 따른 학교에서 조교수 이상으로 재직하거나 재직하였던 사람 3. 행정기관의 4급 이상 공무원이었거나 고위공무원단에 속하는 공무원이었던 사람 4. 박사학위를 취득한 후 해당 분야에서 5년 이상 근무한 경험이 있는 사람 5. 그 밖에 행정심판과 관련된 분야의 지식과 경험이 풍부한 사람
회의	⑤ 행정심판위원회의 회의는 위원장과 위원장이 회의마다 지정하는 8명의 위원(그중 제4항에 따른 위촉위원은 6명 이상으로 하되, 제3항에 따라 위원장이 공무원이 아닌 경우에는 5명 이상으로 한다)으로 구성한다. 다만, 국회규칙, 대법원규칙, 헌법재판소규칙, 중앙선거관리위원회규칙 또는 대통령령(제6조 제3항에 따라 시·도지사 소속으로 두는 행정심판위원회의 경우에는 해당 지방자치단체의 조례)으로 정하는 바에 따라 위원장과 위원장이 회의마다 지정하는 6명의 위원(그중 제4항에 따른 위촉위원은 5명 이상으로 하되, 제3항에 따라 공무원이 아닌 위원이 위원장인 경우에는 4명 이상으로 한다)으로 구성할 수 있다.
의결	⑥ 행정심판위원회는 제5항에 따른 구성원 과반수의 출석과 출석위원 과반수의 찬성으로 의결한다.

(2) 중앙행정심판위원회(제8조)

구성	① 중앙행정심판위원회는 위원장 1명을 포함하여 70명 이내의 위원으로 구성하되, 위원 중 상임위원은 4명 이내로 한다. 19·21 소방
위원장	② **중앙행정심판위원회의 위원장은 국민권익위원회의 부위원장 중 1명**이 되며, 위원장이 없거나 부득이한 사유로 직무를 수행할 수 없거나 위원장이 필요하다고 인정하는 경우에는 상임위원(상임으로 재직한 기간이 긴 위원 순서로, 재직기간이 같은 경우에는 연장자 순서로 한다)이 위원장의 직무를 대행한다.
상임위원	③ 중앙행정심판위원회의 상임위원은 **일반직 공무원**으로서 16 국회8급 국가공무원법 제26조의5에 따른 임기제 공무원으로 임명하되, 3급 이상 공무원 또는 고위공무원단에 속하는 일반직 공무원으로 3년 이상 근무한 사람이나 그 밖에 행정심판에 관한 지식과 경험이 풍부한 사람 중에서 중앙행정심판위원회 위원장의 제청으로 국무총리를 거쳐 대통령이 임명한다. * 중앙행정심판위원회 상임위원은 별정직이 아니라 일반직이다. 16 국회8급
비상임위원	④ 중앙행정심판위원회의 비상임위원은 제7조 제4항 각 호의 어느 하나에 해당하는 사람 중에서 중앙행정심판위원회 위원장의 제청으로 국무총리가 성별을 고려하여 위촉한다. 21 소방
회의	⑤ **중앙행정심판위원회의 회의**(제6항에 따른 소위원회 회의는 제외한다)는 위원장, 상임위원 및 위원장이 회의마다 지정하는 비상임위원을 포함하여 **총 9명으로 구성한다.** 21 소방
소위원회	⑥ 중앙행정심판위원회는 심판청구사건(이하 '사건'이라 한다) 중 **도로교통법에 따른 자동차운전면허 행정처분에 관한 사건**(소위원회가 중앙행정심판위원회에서 심리·의결하도록 결정한 사건은 제외한다)을 심리·의결하게 하기 위하여 4명의 위원으로 구성하는 소위원회를 둘 수 있다.
의결	⑦ 중앙행정심판위원회 및 소위원회는 각각 제5항 및 제6항에 따른 구성원 과반수의 출석과 출석위원 과반수의 찬성으로 의결한다.
전문위원회	⑧ 중앙행정심판위원회는 위원장이 지정하는 사건을 미리 검토하도록 필요한 경우에는 전문위원회를 둘 수 있다.

4. 위원의 임기 및 신분보장 등(제9조)

임기 및 신분보장	① 제7조 제4항에 따라 지명된 위원은 그 직에 재직하는 동안 재임한다. ② 제8조 제3항에 따라 임명된 중앙행정심판위원회 상임위원의 임기는 3년으로 하며, 1차에 한하여 연임할 수 있다. ③ 제7조 제4항 및 제8조 제4항에 따라 위촉된 위원의 임기는 2년으로 하되, 2차에 한하여 연임할 수 있다. 다만, 제6조 제1항 제2호에 규정된 기관에 두는 행정심판위원회의 위촉위원의 경우에는 각각 국회규칙, 대법원규칙, 헌법재판소규칙 또는 중앙선거관리위원회규칙으로 정하는 바에 따른다.
위원이 될 수 없는 자	④ 다음 각 호의 어느 하나에 해당하는 사람은 제6조에 따른 행정심판위원회(이하 '위원회'라 한다)의 위원이 될 수 없으며, 위원이 이에 해당하게 된 때에는 당연히 퇴직한다. 1. 대한민국 국민이 아닌 사람 2. 국가공무원법 제33조 각 호의 어느 하나에 해당하는 사람
해촉의 제한	⑤ 제7조 제4항 및 제8조 제4항에 따라 위촉된 위원은 금고 이상의 형을 선고받거나 부득이한 사유로 장기간 직무를 수행할 수 없게 되는 경우 외에는 임기 중 그의 의사와 다르게 해촉되지 아니한다.

5. 벌칙 적용시 공무원 의제

위원 중 공무원이 아닌 위원은 형법과 그 밖의 법률에 따른 벌칙을 적용할 때에는 공무원으로 본다(제11조).

6. 제척·기피·회피

> **관련조문**
>
> **제10조(위원의 제척·기피·회피)** ① 위원회의 위원은 다음 각 호의 어느 하나에 해당하는 경우에는 그 사건의 심리·의결에서 제척된다. 이 경우 제척결정은 위원회의 위원장이 직권으로 또는 당사자의 신청에 의하여 한다.
> ② 당사자는 위원에게 공정한 심리·의결을 기대하기 어려운 사정이 있으면 위원장에게 기피신청을 할 수 있다.
> ③ 위원에 대한 제척신청이나 기피신청은 그 사유를 소명한 문서로 하여야 한다. 다만, 불가피한 경우에는 신청한 날부터 3일 이내에 신청사유를 소명할 수 있는 자료를 제출하여야 한다.
> ④ 제척신청이나 기피신청이 제3항을 위반하였을 때에는 위원장은 결정으로 이를 각하한다.
> ⑤ 위원장은 제척신청이나 기피신청의 대상이 된 위원에게서 그에 대한 의견을 받을 수 있다.
> ⑥ 위원장은 제척신청이나 기피신청을 받으면 제척 또는 기피 여부에 대한 결정을 하고, `21소방` 지체 없이 신청인에게 결정서 정본을 송달하여야 한다.
> ⑦ 위원회의 회의에 참석하는 위원이 제척사유 또는 기피사유에 해당되는 것을 알게 되었을 때에는 스스로 그 사건의 심리·의결에서 회피할 수 있다. 이 경우 회피하고자 하는 위원은 위원장에게 그 사유를 소명하여야 한다.
> ⑧ 사건의 심리·의결에 관한 사무에 관여하는 위원 아닌 직원에게도 제1항부터 제7항까지의 규정을 준용한다.

(1) 제척

1) 개념

제척이란 법정의 사유가 있는 경우에 **당연히** 그 사건의 심리·의결에서 배제되는 것을 말한다.

2) 효과

행정심판법은 "제척결정은 위원회의 위원장이 직권으로 또는 당사자의 신청에 의하여 한다."라고 규정하고 있다(제10조 제1항). 그러나 제척의 효과는 법률에 의해 당연히 발생하는 것이므로 제척결정은 **확인적 성격**을 갖는다. 당사자가 제척사유를 알고 있는지 여부, 주장하였는지 여부와 관계없이 발생한다.

> **보충** 제척사유(제10조 제1항)
>
> - 위원 또는 그 배우자나 배우자이었던 사람이 사건의 당사자이거나 사건에 관하여 공동권리자 또는 의무자인 경우
> - 위원이 사건의 당사자와 친족이거나 친족이었던 경우
> - 위원이 사건에 관하여 증언이나 감정을 한 경우
> - 위원이 당사자의 대리인으로서 사건에 관여하거나 관여하였던 경우
> - 위원이 사건의 대상이 된 처분 또는 부작위에 관여한 경우

(2) 기피

기피란 제척사유 외에 심리·의결의 **공정을 기대하기 어려운 사정이 있는 경우에 당사자의 신청에 따라 위원장의 결정으로 위원을 심리·의결에서 배제**시키는 제도를 말한다. 기피의 결정은 제척과 달리 **형성적**이다(제10조 제2항).

(3) 회피

회피란 위원이 **스스로** 제척사유 또는 기피사유에 해당되는 것을 알게 되었을 때에는 그 사건의 심리·의결에서 회피할 수 있는 제도를 말한다(제10조 제7항).

(4) 직원에게 준용

사건의 심리·의결에 관한 사무에 관여하는 위원 아닌 직원에게도 제척·기피·회피규정을 준용한다(제10조 제8항). 15 국가7급

제4관 행정심판의 당사자 및 관계인

01 당사자

1. 청구인적격(제13조~제14조)

행정심판의 대상인 행정청의 처분 또는 부작위에 불복하여 그 취소·변경 등을 위해 행정심판을 제기하는 자를 말한다. 법인이 아닌 사단 또는 재단으로서 대표자나 관리인이 정하여져 있는 경우에는 그 사단이나 재단의 이름으로 심판청구를 할 수 있다(제14조).

2. 선정대표자(제15조)

자진선정	① 여러 명의 청구인이 공동으로 심판청구를 할 때에는 청구인들 중에서 3명 이하의 선정대표자를 선정할 수 있다.
선정권고	② 청구인들이 제1항에 따라 선정대표자를 선정하지 아니한 경우에 위원회는 필요하다고 인정하면 청구인들에게 선정대표자를 선정할 것을 권고할 수 있다.
선정의 효과	③ 선정대표자는 다른 청구인들을 위하여 그 사건에 관한 모든 행위를 할 수 있다. 다만, 심판청구를 취하하려면 다른 청구인들의 동의를 받아야 하며, 이 경우 동의받은 사실을 서면으로 소명하여야 한다. ④ 선정대표자가 선정되면 다른 청구인들은 그 선정대표자를 통해서만 그 사건에 관한 행위를 할 수 있다.
해임·변경	⑤ 선정대표자를 선정한 청구인들은 필요하다고 인정하면 선정대표자를 해임하거나 변경할 수 있다. 이 경우 청구인들은 그 사실을 지체 없이 위원회에 서면으로 알려야 한다.

관련판례

행정심판절차에서 청구인들이 당사자가 아닌 자를 선정대표자로 선정하였더라도 행정심판법 제11조에 위반되어 그 선정행위는 그 효력이 없다(대판 1991.1.25. 90누7791).

3. 청구인의 지위승계(제16조)

(1) 포괄승계(당연승계)

사망	① 청구인이 사망한 경우에는 상속인이나 그 밖에 법령에 따라 심판청구의 대상에 관계되는 권리나 이익을 승계한 자가 청구인의 지위를 승계한다.
합병	② 법인인 청구인이 합병에 따라 소멸하였을 때에는 합병 후 존속하는 법인이나 합병에 따라 설립된 법인이 청구인의 지위를 승계한다.
절차	③ 제1항과 제2항에 따라 청구인의 지위를 승계한 자는 위원회에 서면으로 그 사유를 신고하여야 한다. 이 경우 신고서에는 사망 등에 의한 권리·이익의 승계 또는 합병 사실을 증명하는 서면을 함께 제출하여야 한다.
효과	④ 제1항 또는 제2항의 경우에 제3항에 따른 신고가 있을 때까지 사망자나 합병 전의 법인에 대하여 한 통지 또는 그 밖의 행위가 청구인의 지위를 승계한 자에게 도달하면 지위를 승계한 자에 대한 통지 또는 그 밖의 행위로서의 효력이 있다.

(2) 특정승계(허가승계)

권리 양수	⑤ 심판청구의 대상과 관계되는 권리나 이익을 **양수한** 자는 위원회의 **허가를 받아** 청구인의 지위를 **승계할 수 있다.** 18 국가9급
이의 신청	⑧ 신청인은 위원회가 제5항의 지위승계를 허가하지 아니하면 결정서 정본을 받은 날부터 7일 이내에 위원회에 이의신청을 할 수 있다. 12 국가9급

4. 피청구인

(1) 피청구인적격

행정심판은 처분을 한 행정청(의무이행심판의 경우에는 청구인의 신청을 받은 행정청)을 피청구인으로 하여 청구하여야 한다. 다만, 심판청구의 대상과 관계되는 권한이 다른 행정청에 승계된 경우에는 권한을 승계한 행정청을 피청구인으로 하여야 한다(제17조 제1항).

(2) 피청구인 경정

* 소송에서는 원고가 피고를 잘못 지정했을 때 원고의 신청이 있어야 하지만, 심판에서는 신청 또는 직권으로 경정이 가능하다.

관련조문

제17조(피청구인의 적격 및 경정) ② 청구인이 피청구인을 잘못 지정한 경우에는 위원회는 <u>직권</u>으로 또는 당사자의 신청에 의하여 결정으로써 피청구인을 경정할 수 있다. 15 경행특채
③ 위원회는 제2항에 따라 피청구인을 경정하는 결정을 하면 결정서 정본을 당사자(종전의 피청구인과 새로운 피청구인을 포함한다. 이하 제6항에서 같다)에게 <u>송달하여야 한다.</u> 15 경행특채
④ 제2항에 따른 결정이 있으면 종전의 피청구인에 대한 심판청구는 취하되고 종전의 피청구인에 대한 행정심판이 청구된 때에 새로운 피청구인에 대한 행정심판이 청구된 것으로 본다.
⑤ 위원회는 행정심판이 청구된 후에 제1항 단서의 사유가 발생하면 직권으로 또는 당사자의 신청에 의하여 결정으로써 피청구인을 경정한다. 이 경우에는 제3항과 제4항을 준용한다.
⑥ 당사자는 제2항 또는 제5항에 따른 위원회의 결정에 대하여 결정서 정본을 받은 날부터 7일 이내에 위원회에 이의신청을 할 수 있다.

기출 OX

피청구인 경정을 하면 결정서부본을 송달하여야 한다. (○ , ×) 15 경행특채 ×

02 행정심판의 관계인

1. 참가인

관련조문

제20조(심판참가) ① 행정심판의 결과에 이해관계가 있는 제3자나 행정청은 해당 심판청구에 대한 제7조 제6항 또는 제8조 제7항에 따른 위원회나 소위원회의 의결이 있기 전까지 그 사건에 대하여 심판참가를 할 수 있다. 15 사복9급
② 제1항에 따른 심판참가를 하려는 자는 참가의 취지와 이유를 적은 참가신청서를 위원회에 제출하여야 한다. 이 경우 당사자의 수만큼 참가신청서 부본을 함께 제출하여야 한다.
③ 위원회는 제2항에 따라 참가신청서를 받으면 참가신청서 부본을 당사자에게 송달하여야 한다.

④ 제3항의 경우 위원회는 기간을 정하여 당사자와 다른 참가인에게 제3자의 참가신청에 대한 의견을 제출하도록 할 수 있으며, 당사자와 다른 참가인이 그 기간에 의견을 제출하지 아니하면 의견이 없는 것으로 본다.
⑤ 위원회는 제2항에 따라 참가신청을 받으면 허가 여부를 결정하고, 지체 없이 신청인에게는 결정서 정본을, 당사자와 다른 참가인에게는 결정서 등본을 송달하여야 한다.
⑥ 신청인은 제5항에 따라 송달을 받은 날부터 7일 이내에 위원회에 이의신청을 할 수 있다.

제21조(심판참가의 요구) ① 위원회는 필요하다고 인정하면 그 행정심판 결과에 이해관계가 있는 제3자나 행정청에 그 사건 심판에 참가할 것을 요구할 수 있다. 06 국회8급
② 제1항의 요구를 받은 제3자나 행정청은 지체 없이 그 사건 심판에 참가할 것인지 여부를 위원회에 통지하여야 한다. 15 국회8급

제22조(참가인의 지위) ① 참가인은 행정심판절차에서 당사자가 할 수 있는 심판절차상의 행위를 할 수 있다.

예상 OX

위원회의 요구를 받은 제3자나 행정청은 참가하여야 한다. (ㅇ, ×)   ×

(1) 개념

참가인제도란, 예컨대 연탄공장허가에 대해 인근 주민이 제기한 취소심판에 연탄공장이 참가하는 경우와 같이 심판 결과에 따라 권리나 이익이 침해될 우려가 있는 자가 자기의 이익을 보호하기 위하여 행정심판절차에 참가하는 것을 허용하는 제도를 말한다.

(2) 취지

개정법에서 **심판참가인에게 당사자에 준하는 절차적 지위를 부여**하고, 서류의 송달 등 참가인의 절차적 지위를 강화하여 앞으로 행정심판에 이해관계 있는 자의 참가가 활성화될 것으로 기대하고 있다.

2. 대리인

제18조(대리인의 선임) ① 청구인은 법정대리인 외에 다음 각 호의 어느 하나에 해당하는 자를 대리인으로 선임할 수 있다.
  1. 청구인의 배우자, 청구인 또는 배우자의 사촌 이내의 혈족(구법은 직계 존비속 또는 형제자매)
  2. 청구인이 법인이거나 제14조에 따른 청구인능력이 있는 법인이 아닌 사단 또는 재단인 경우 그 소속 임직원
  3. 변호사
② 피청구인은 그 소속 직원 또는 제1항 제3호부터 제5호까지의 어느 하나에 해당하는 자를 대리인으로 선임할 수 있다.

제18조의2(국선대리인) ① 청구인이 경제적 능력으로 인해 대리인을 선임할 수 없는 경우에는 위원회에 국선대리인을 선임하여 줄 것을 신청할 수 있다. 19 국가9급
② 위원회는 제1항의 신청에 따른 국선대리인 선정 여부에 대한 결정을 하고, 지체 없이 청구인에게 그 결과를 통지하여야 한다. 이 경우 위원회는 심판청구가 명백히 부적법하거나 이유 없는 경우 또는 권리의 남용이라고 인정되는 경우에는 국선대리인을 선정하지 아니할 수 있다.

제19조(대표자 등의 자격) ① 대표자·관리인·선정대표자 또는 대리인의 자격은 서면으로 소명하여야 한다.
② 청구인이나 피청구인은 대표자·관리인·선정대표자 또는 대리인이 그 자격을 잃으면 그 사실을 서면으로 위원회에 신고하여야 한다. 이 경우 소명자료를 함께 제출하여야 한다.

제5관 행정심판의 청구

01 심판청구의 제기요건

1. 일반요건

행정심판은 청구인적격이 있는 자가, 심판청구사항인 처분 또는 부작위를 대상으로 하여, 심판청구기간 내에, 심판청구서를 제출함으로써 제기하여야 한다.

2. 청구기간(제27조)

알게 된 때	① 행정심판은 처분이 있음을 **알게 된 날**부터 **90일** 이내에 청구하여야 한다.
천재지변	② 청구인이 천재지변, 전쟁, 사변, 그 밖의 불가항력으로 인하여 제1항에서 정한 기간에 심판청구를 할 수 없었을 때에는 그 사유가 소멸한 날부터 14일 이내에 행정심판을 청구할 수 있다. 다만, 국외에서 행정심판을 청구하는 경우에는 그 기간을 30일로 한다. 10 서울9급 등
있었던 날	③ 행정심판은 처분이 **있었던 날**부터 **180일**이 지나면 청구하지 못한다. 다만, 정당한 사유가 있는 경우에는 그러하지 아니하다. 06 서울9급 등
불변기간	④ 제1항과 제2항의 기간은 불변기간으로 한다.
오고지	⑤ 행정청이 심판청구기간을 제1항에 규정된 기간보다 긴 기간으로 잘못 알린 경우 그 잘못 알린 기간에 심판청구가 있으면 그 행정심판은 제1항에 규정된 기간에 청구된 것으로 본다. 18 국가9급, 10 서울9급
불고지	⑥ 행정청이 심판청구기간을 알리지 아니한 경우에는 제3항에 규정된 기간(180일)에 심판청구를 할 수 있다.
범위	⑦ 제1항부터 제6항까지의 규정은 무효등확인심판청구와 부작위에 대한 의무이행심판청구에는 적용하지 아니한다. 19 소방, 10 서울9급 🔑 **주의** 청구기간은 거부처분에 대한 의무이행심판에는 적용된다.

(1) 복효적 행정행위의 심판청구기간

1) 원칙

복효적 행정행위에 있어서 제3자가 행정심판을 청구한 경우에도 청구기간은 원칙적으로 처분이 있음을 알게 된 날부터 90일 이내, 처분이 있었던 날부터 180일 이내이다. 06 대구교행

2) 구체적 검토

현행법에는 처분을 제3자에게 통지하는 규정이 없기 때문에 **제3자는 처분이 있음을 알지 못하고 180일의 기간을 도과하는 경우가 일반적이다. 이때는 정당한 사유가 있는 경우에 해당되어 심판청구를 할 수 있다고 보는 것이 판례의 입장이다.** 그러나 제3자가 어떤 경로로든 처분이 있음을 알았을 때는 90일 이내에 행정심판을 청구하여야 한다.

(2) 불고지 및 오고지의 청구기간

행정청이 심판청구기간을 90일보다 긴 기간으로 잘못 알린 경우, 그 잘못 알린 기간에 심판청구가 있으면 그 행정심판은 적법한 기간 내에 청구된 것으로 본다. `10 서울9급` 또한, 행정청이 심판청구기간을 알리지 아니한 경우에는 처분이 있었던 날로부터 180일 이내에 심판청구를 할 수 있다(제27조 제5·6항).

02 심판청구의 방식

1. 서면주의와 청구서 기재사항

심판청구는 **서면으로** 하여야 한다(제28조 제1항).

관련판례

❶ 행정심판청구는 엄격한 형식을 요하지 아니하는 서면행위이다. `16 국회8급`

행정소송의 전치요건인 행정심판청구는 엄격한 형식을 요하지 아니하는 서면행위로 해석되므로, 위법·부당한 행정처분으로 인하여 권리나 이익을 침해당한 자로부터 그 처분의 취소나 변경을 구하는 서면이 제출되었을 때에는 그 표제와 제출기관의 여하를 불문하고, 이를 행정소송법 제18조 소정의 행정심판청구로 보고, 불비된 사항이 보정가능한 때에는 보정을 명하고 보정이 불가능하거나 보정명령에 따르지 아니한 때에 비로소 부적법 각하를 하여야 할 것이며, 더욱 심판청구인은 일반적으로 전문적 법률지식을 갖고 있지 못하여 제출된 서면의 취지가 불명확한 경우도 적지 않으나, 이러한 경우에도 행정청으로서는 그 서면을 가능한 한 제출자의 이익이 되도록 해석하고 처리하여야 하는 것이다(대판 1995.9.5. 94누16250).

❷ '진정서'라는 제목의 서면 제출은 행정심판청구로 볼 수 있다(대판 2000.6.9. 98두2621).

❸ '답변서'란 표제의 서면도 행정심판청구로 볼 수 있다. `16 국회8급`

지방자치단체의 변상금 부과처분에 대하여 '답변서'란 표제로 토지점유사실이 없어 변상금을 납부할 수 없다는 취지의 서면을 제출한 경우, 행정심판청구로 보아야 한다(대판 1999.6.22. 99두2772).

❹ 지방자치법 제140조 제3항의 이의신청을 제기해야 할 사람이 처분청에 표제를 '행정심판청구서'로 한 서류를 제출한 경우, 서류의 내용에 이의신청요건에 맞는 불복취지와 사유가 충분히 기재되어 있다면 이를 처분에 대한 이의신청으로 볼 수 있다(대판 2012.3.29. 2011두26886).

2. 청구서의 보정

관련조문

제32조(보정) ① 위원회는 심판청구가 적법하지 아니하나 보정할 수 있다고 인정하면 기간을 정하여 청구인에게 보정할 것을 요구할 수 있다. 다만, 경미한 사항은 직권으로 보정할 수 있다.
② 청구인은 제1항의 요구를 받으면 서면으로 보정하여야 한다. 이 경우 다른 당사자의 수만큼 보정서 부본을 함께 제출하여야 한다.
③ 위원회는 제2항에 따라 제출된 보정서 부본을 지체 없이 다른 당사자에게 송달하여야 한다.
④ 제1항에 따른 보정을 한 경우에는 처음부터 적법하게 행정심판이 청구된 것으로 본다.
⑤ 제1항에 따른 보정기간은 제45조에 따른 재결기간에 산입하지 아니한다.

03 절차 18 국가9급

사례 | 동작구청장의 처분을 다투는 경우(선택적 경유) 17 국회8급

1. 선택적 경유절차

관련조문

제23조(심판청구서의 제출) ① 행정심판을 청구하려는 자는 제28조에 따라 심판청구서를 작성하여 피청구인이나 위원회에 제출하여야 한다. 이 경우 피청구인의 수만큼 심판청구서 부본을 함께 제출하여야 한다.
② 행정청이 제58조에 따른 고지를 하지 아니하거나 잘못 고지하여 청구인이 심판청구서를 다른 행정기관에 제출한 경우에는 그 행정기관은 그 심판청구서를 지체 없이 정당한 권한이 있는 피청구인에게 보내야 한다.

2. 피청구인의 처리

(1) 위원회로 송부

관련조문

제24조(피청구인의 심판청구서 등의 접수·처리) ① 피청구인이 제23조 제1항·제2항 또는 제26조 제1항에 따라 심판청구서를 접수하거나 송부받으면 10일 이내에 심판청구서(제23조 제1항·제2항의 경우만 해당된다)와 답변서를 위원회에 보내야 한다. 다만, 청구인이 심판청구를 취하한 경우에는 그러하지 아니하다.
② 피청구인은 처분의 상대방이 아닌 제3자가 심판청구를 한 경우에는 지체 없이 처분의 상대방에게 그 사실을 알려야 한다. 이 경우 심판청구서 사본을 함께 송달하여야 한다.

(2) 직권취소

관련조문

제25조(피청구인의 직권취소 등) ① 제23조 제1항·제2항 또는 제26조 제1항에 따라 심판청구서를 받은 피청구인은 그 심판청구가 이유 있다고 인정하면 심판청구의 취지에 따라 직권으로 처분을 취소·변경하거나 확인을 하거나 신청에 따른 처분(이하 이 조에서 '직권취소 등'이라 한다)을 할 수 있다. 이 경우 서면으로 청구인에게 알려야 한다. 11 지방9급
② 피청구인은 제1항에 따라 직권취소 등을 하였을 때에는 청구인이 심판청구를 취하한 경우가 아니면 제24조 제1항 본문에 따라 심판청구서·답변서를 보낼 때 직권취소 등의 사실을 증명하는 서류를 위원회에 함께 제출하여야 한다.

3. 심판청구서를 접수한 위원회의 처리

관련조문

제26조(위원회의 심판청구서 등의 접수·처리) ① 위원회는 제23조 제1항에 따라 심판청구서를 받으면 지체 없이 피청구인에게 심판청구서 부본을 보내야 한다.
② 위원회는 제24조 제1항 본문에 따라 피청구인으로부터 답변서가 제출되면 답변서 부본을 청구인에게 송달하여야 한다.

4. 전자정보 처리조직을 통한 행정심판절차

(1) 전자정보 처리조직을 통한 심판청구 등(제52조)

전자심판 청구	① 이 법에 따른 행정심판절차를 밟는 자는 심판청구서와 그 밖의 서류를 전자문서화하고, 이를 정보통신망을 이용하여 위원회에서 지정·운영하는 전자정보 처리조직(행정심판절차에 필요한 전자문서를 작성·제출·송달할 수 있도록 하는 하드웨어, 소프트웨어, 데이터베이스, 네트워크, 보안요소 등을 결합하여 구축한 정보처리능력을 갖춘 전자적 장치를 말한다. 이하 같다)을 통하여 제출할 수 있다. 12 국가9급
부본 면제	② 제1항에 따라 제출된 전자문서는 이 법에 따라 제출된 것으로 보며, **부본을 제출할 의무는 면제된다.**
접수번호 확인	③ 제1항에 따라 제출된 전자문서는 그 문서를 제출한 사람이 정보통신망을 통하여 전자정보 처리조직에서 제공하는 **접수번호를 확인하였을 때에 전자정보 처리조직에 기록된 내용으로 접수된 것으로 본다.** * 행정절차법상의 전자송달은 상대방 컴퓨터에 입력된 때 도달된 것으로 본다.

(2) 전자서명 등(제53조)

효과	② 제1항에 따라 전자서명 등을 한 자는 이 법에 따른 서명 또는 날인을 한 것으로 본다.

(3) 전자정보 처리조직을 이용한 송달 등(제54조)

전자송달	① 피청구인 또는 위원회는 제52조 제1항에 따라 행정심판을 청구하거나 심판참가를 한 자에게 전자정보 처리조직과 그와 연계된 정보통신망을 이용하여 재결서나 이 법에 따른 각종 서류를 송달할 수 있다. 다만, 청구인이나 참가인이 동의하지 아니하는 경우에는 그러하지 아니하다.
등재사실 통보	② 제1항 본문의 경우 위원회는 송달하여야 하는 재결서 등 서류를 전자정보 처리조직에 입력하여 등재한 다음 그 등재사실을 국회규칙, 대법원규칙, 헌법재판소규칙, 중앙선거관리위원회규칙 또는 대통령령으로 정하는 방법에 따라 전자우편 등으로 알려야 한다.
효력	③ 제1항에 따른 전자정보 처리조직을 이용한 서류 송달은 서면으로 한 것과 같은 효력을 가진다.
도달시기	④ 제1항에 따른 서류의 송달은 청구인이 제2항에 따라 등재된 전자문서를 확인한 때에 전자정보 처리조직에 기록된 내용으로 도달한 것으로 본다. 다만, 제2항에 따라 그 등재사실을 통지한 날부터 2주 이내(재결서 외의 서류는 7일 이내)에 확인하지 아니하였을 때에는 등재사실을 통지한 날부터 2주가 지난 날(재결서 외의 서류는 7일이 지난 날)에 도달한 것으로 본다.

04 심판청구의 변경 및 취하

1. 심판청구의 변경

심판청구의 변경은 심판청구의 계속 중에 청구인이 당초에 청구한 청구취지나 청구이유를 변경하는 것을 말한다. 청구인을 보호하고 분쟁해결의 편의를 도모하기 위한 것이다. 교환적 변경과 추가적 변경이 있다.

2. 심판청구의 병합과 분리

위원회는 필요하면 관련되는 심판청구를 병합하여 심리하거나 병합된 관련청구를 분리하여 심리할 수 있다(제37조).

3. 조정

관련조문

제43조의2(조정) ① 위원회는 당사자의 권리 및 권한의 범위에서 당사자의 동의를 받아 심판청구의 신속하고 공정한 해결을 위하여 조정을 할 수 있다. 다만, 그 조정이 공공복리에 적합하지 아니하거나 해당 처분의 성질에 반하는 경우에는 그러하지 아니하다. 21·20 서울·지방9급, 18 서울9급
② 위원회는 제1항의 조정을 함에 있어서 심판청구된 사건의 법적·사실적 상태와 당사자 및 이해관계자의 이익 등 모든 사정을 참작하고, 조정의 이유와 취지를 설명하여야 한다.
③ 조정은 당사자가 합의한 사항을 조정서에 기재한 후 당사자가 서명 또는 날인하고 위원회가 이를 확인함으로써 성립한다. 21 서울·지방9급

05 행정심판 제기의 효과

1. 행정심판위원회에 대한 효과

심판청구가 제기되면 행정심판위원회는 심판사항을 심리·의결하고, 그에 따라 재결할 의무를 진다.

2. 처분에 대한 효과

(1) 집행부정지원칙

행정심판이 제기되어도, 그것은 원칙적으로 처분의 효력이나 집행 또는 절차의 속행을 정지시키지 아니한다(제30조 제1항). 09 국가9급 등 이는 행정심판의 남용을 막고, 행정목적의 원활한 수행을 저해하지 않으려는 입법정책적 고려에서 채택된 것으로 보인다.

(2) 예외적 집행정지

구법에서는 집행정지의 요건으로 회복하기 어려운 손해를 요구하였으나, 개정법에서 **중대한 손해**로 완화하여 집행정지의 가능성을 보다 넓게 인정하여 청구인의 권리구제에 도움이 될 것으로 보인다. 16 사복9급

(3) 임시처분 – 행정심판에서는 인정되고, 소송에서는 인정되지 않음. 18 국가9급

관련조문

제31조(임시처분) ① 위원회는 처분 또는 부작위가 위법·부당하다고 상당히 의심되는 경우로서 처분 또는 부작위 때문에 당사자가 받을 우려가 있는 중대한 불이익이나 당사자에게 생길 급박한 위험을 막기 위하여 임시지위를 정하여야 할 필요가 있는 경우에는 직권으로 또는 당사자의 신청에 의하여 임시처분을 결정할 수 있다. 16 국가9급
② 제1항에 따른 임시처분에 관하여는 제30조 제3항부터 제7항까지를 준용한다. 이 경우 같은 조 제6항 전단 중 '중대한 손해가 생길 우려'는 '중대한 불이익이나 급박한 위험이 생길 우려'로 본다.
③ 제1항에 따른 임시처분은 제30조 제2항에 따른 집행정지로 목적을 달성할 수 있는 경우에는 허용되지 아니한다. 16 서울7급

1) 임시처분제도의 신설 12 국가9급

개정법에서 임시처분을 신설하여 행정청의 처분 또는 부작위 때문에 당사자가 받을 우려가 있는 중대한 불이익이나 당사자에게 생길 급박한 위험을 막을 수 있게 됨으로써 집행정지보다 적극적으로 당사자의 권익보호에 기여할 수 있게 되었다.

2) 임시처분의 요건

① **적극적 요건**: 심판청구의 계속, 처분 또는 부작위가 위법·부당하다는 상당한 의심이 있을 것, 중대한 불이익을 받을 우려(회복하기 어려운 손해가 아님), 급박한 위험의 존재 등의 요건이 필요하다.
② **소극적 요건**: 공공복리에 중대한 영향을 미칠 우려가 없어야 한다.

3) 임시처분의 보충성

집행정지로 목적을 달성할 수 있을 때는 허용되지 않는다(제31조 제3항). 따라서 집행정지로 구제될 수 없는 거부처분과 부작위에 대해서만 임시처분이 허용된다. 17 국회8급, 16 서울7급

4) 준용

임시처분결정의 절차 및 효력, 취소에 대하여는 집행정지에 관한 규정을 준용한다(제31조 제2항).

제6관 행정심판의 심리

01 심리의 내용과 범위

1. 불고불리의 원칙

위원회는 행정심판의 청구가 없으면 재결할 수 없고, 심판청구가 있는 경우에도 심판청구의 대상이 되는 처분 또는 부작위 외의 사항에 대하여는 재결하지 못한다(제47조 제1항). 10 국가9급 등

2. 불이익변경금지의 원칙

위원회는 심판청구의 대상이 되는 처분보다 청구인에게 불리한 재결을 하지 못한다(제47조 제2항). 16·09 국가9급

3. 법률문제·사실문제와 재량문제

행정심판은 법률문제와 사실문제뿐만 아니라, 당·부당에 대한 재량문제에 대하여도 심리할 수 있다는 점에서 **행정소송보다 국민의 권리구제의 폭이 넓다.**

관련판례

소청심사위원회가 절차상 하자가 있다는 이유로 의원면직처분을 취소하는 결정을 한 후 징계권자가 징계절차에 따라 당해 공무원에 대하여 징계처분을 하는 경우, 불이익변경금지의 원칙은 적용되지 않는다. 19 국회8급

국가공무원법 제14조 제6항은 소청심사결정에서 당초의 원처분청의 징계처분보다 청구인에게 불리한 결정을 할 수 없다는 의미인데, 의원면직처분에 대하여 소청심사청구를 한 결과 소청심사위원회가 의원면직처분의 전제가 된 사의표시에 절차상 하자가 있다는 이유로 의원면직처분을 취소하는 결정을 하였다고 하더라도, 그 효력은 의원면직처분을 취소하여 당해 공무원으로 하여금 공무원으로서의 신분을 유지하게 하는 것에 그치고, 이때 당해 공무원이 국가공무원법 제78조 제1항 각 호에 정한 징계사유에 해당하는 이상 같은 항에 따라 징계권자로서는 반드시 징계절차를 열어 징계처분을 하여야 하므로, 이러한 징계절차는 소청심사위원회의 의원면직처분 취소결정과는 별개의 절차로서 여기에 국가공무원법 제14조 제6항에 정한 불이익변경금지의 원칙이 적용될 여지는 없다(대판 2008.10.9. 2008두11853).

02 심리의 절차

1. 심리의 기본원칙

헌법은 행정심판에 대해 사법절차가 준용되어야 한다고 규정하고 있다(헌법 제107조 제3항). 사법절차란 대심적 구조, 독립된 심판기관에 의한 심판, 공정성 등을 의미한다. 헌법재판소는 **필요적 행정심판에 사법절차가 준용되지 않는 것은 위헌이지만, 임의적 행정심판에는 반드시 사법절차가 준용되지 않아도 된다고 판시한다.** 임의적 심판의 경우에는 당사자가 행정심판을 거치지 않고 바로 행정소송을 제기할 수 있기 때문이다(헌재 2001.6.28. 2000헌바30).

2. 개별적 원칙

(1) 대심주의

대심주의란 대립하는 분쟁당사자들이 서로 대등한 입장에서 공격·방어를 하고 이를 바탕으로 심리를 진행하는 원칙을 말한다. 행정심판법은 대심주의를 취하고 있다.

(2) 처분권주의 06 국가9급

처분권주의란 절차의 개시 여부, 심판의 대상, 절차의 종결을 당사자의 의사(처분)에 맡기는 것을 말한다. 행정심판법도 처분권주의에 입각하고 있으나, 심판청구기간의 제한, 청구인낙의 부인 등 공익적 이유로 제한을 가하기도 한다.

(3) 직권심리주의 06 국가9급

직권심리주의란 심리의 진행을 위원회의 직권으로 하고, 심리에 필요한 자료를 직권으로 수집·조사하는 제도를 말한다. 행정심판법은 당사자주의를 원칙으로 하면서도 직권주의를 인정하고 있다. 17 사복9급
직권심리주의는 무한정 인정되는 것이 아니고, 불고불리의 원칙에 의하여 제한을 받는다.

(4) 구술심리 또는 서면심리주의 07 서울9급 등

> **관련조문**
>
> **제40조(심리의 방식)** ① 행정심판의 심리는 구술심리나 서면심리로 한다. 다만, 당사자가 구술심리를 신청한 경우에는 서면심리만으로 결정할 수 있다고 인정되는 경우 외에는 구술심리를 하여야 한다.
> ② 위원회는 제1항 단서에 따라 구술심리신청을 받으면 그 허가 여부를 결정하여 신청인에게 알려야 한다.
> ③ 제2항의 통지는 간이통지방법으로 할 수 있다.

기출 OX

당사자가 구술심리를 신청하면 구술심리를 하여야 한다. (○, ×) 17 국가7급 ×

(5) 비공개주의 06 국가9급

비공개주의란 행정심판의 심리와 재결과정을 일반인에게 공개하지 아니하는 원칙을 말한다. 이에 대한 명문의 규정은 없지만, 비공개주의로 보는 것이 다수설이다. 행정심판법은 "위원회에서 위원이 발언한

내용이나 그 밖에 공개되면 위원회의 심리·재결의 공정성을 해칠 우려가 있는 사항으로서 대통령령으로 정하는 사항은 공개하지 아니한다."라고 규정하여 비공개주의에 대한 간접적인 근거규정을 두고 있다(제41조).

제7관 행정심판의 재결

01 재결의 의의

1. 개념
재결이란 행정심판위원회가 행정심판의 청구에 대하여 심리한 후 그 청구에 대하여 각하·기각·인용 여부 등을 결정하는 것을 말한다. 05 국회8급 등

2. 재결의 성질
재결은 준법률행위적 행정행위 중 확인행위로서의 성질과 재판작용의 성질을 동시에 갖는다. 준법률행위적 행정행위라는 점에서 처분에 해당하고, 재결 자체에 고유한 위법이 있는 경우에는 행정소송의 대상이 된다. 재결은 재판작용의 성질을 갖지만, 법원이 아닌 행정기관에서 행한다는 점에서 준사법작용에 해당한다고 볼 수 있다.

02 재결절차 등

1. 재결기간
* 재결기간에 대한 규정은 훈시규정이므로 재결기간이 경과한 후에 재결이 이루어지더라도 효력이 있다.

관련조문

제45조(재결기간) ① 재결은 제23조에 따라 피청구인 또는 위원회가 심판청구서를 받은 날부터 60일 이내에 하여야 한다. 다만, 부득이한 사정이 있는 경우에는 위원장이 직권으로 30일을 연장할 수 있다. 11 국회8급, 08 지방9급 등
② 위원장은 제1항 단서에 따라 재결기간을 연장할 경우에는 재결기간이 끝나기 7일 전까지 당사자에게 알려야 한다.

2. 재결방식
* 재결은 반드시 서면으로 해야 하며, 구두에 의한 약식재결은 무효이다.

관련조문

제46조(재결의 방식) ① 재결은 서면으로 한다.
③ 재결서에 적는 이유에는 주문 내용이 정당하다는 것을 인정할 수 있는 정도의 판단을 표시하여야 한다.

3. 재결범위(제47조)

불고불리의 원칙	① 위원회는 심판청구의 대상이 되는 처분 또는 부작위 외의 사항에 대하여는 재결하지 못한다.
불이익변경금지의 원칙	② 위원회는 심판청구의 대상이 되는 처분보다 청구인에게 불리한 재결을 하지 못한다.

4. 재결서의 송달 및 효력 발생

 관련조문

제48조(재결의 송달과 효력 발생) ① 위원회는 지체 없이 당사자에게 재결서의 정본을 송달하여야 한다. 이 경우 중앙행정심판위원회는 재결 결과를 소관 중앙행정기관의 장에게도 알려야 한다. 11 지방9급
② 재결은 청구인에게 제1항 전단에 따라 송달되었을 때에 그 효력이 생긴다.
③ 위원회는 재결서의 등본을 지체 없이 참가인에게 송달하여야 한다.
④ 처분의 상대방이 아닌 제3자가 심판청구를 한 경우 위원회는 재결서의 등본을 지체 없이 피청구인을 거쳐 처분의 상대방에게 송달하여야 한다. 19 지방7급

03 재결의 종류 *취소·변경재결의 인정

- 취소재결 ○ / 취소명령재결 ✕
- 변경재결 ○ / 변경명령재결 ○

1. 각하재결

행정심판의 요건을 결여하여 부적법할 때 본안심리를 거절하는 재결이다.

2. 기각재결

본안심리의 결과 심판청구가 이유 없다고 인정될 때 원처분을 인정하고 청구를 배척하는 재결이다.

3. 인용재결

취소·변경재결 (제43조 제3항)	· 위원회가 취소심판의 청구가 이유가 있다고 인정하면 **처분을 취소 또는 다른 처분으로 변경하거나 처분을 다른 처분으로 변경할 것을 피청구인에게 명하는 재결**을 말한다. 18 국가9급 등 · 처분취소재결·처분변경재결은 형성적 재결이고, 처분변경명령재결은 이행적 재결의 성질을 가진다. 10 서울교행
무효등확인재결 (제43조 제4항)	· 무효등확인심판의 청구가 이유가 있다고 인정하여 처분의 효력 유무 또는 처분의 존재 여부를 확인하는 재결을 말한다. 처분의 무효나 부존재 등을 확인하는 재결이므로 형성적 효과는 발생하지 않는다. · 처분무효확인재결, 처분유효확인재결, 처분부존재확인재결, 처분존재확인재결, 처분실효확인재결 등이 있다. 16 서울7급
의무이행재결 (제43조 제5항)	· 의무이행심판의 청구가 이유가 있다고 인정할 때 지체 없이 **신청에 따른 처분을 하거나 처분을 할 것을 피청구인에게 명하는 재결**을 말한다. 10 국가7급 · 처분재결과 처분명령재결이 있다. 처분재결은 형성재결이고, 처분명령재결은 이행재결이다. 16 서울7급

4. 사정재결

(1) 개념

사정재결이란 심판청구가 이유 있는 것으로 인정되는 경우에도 이를 인용하는 것이 크게 공공복리에 위배된다고 인정되는 경우에 그 심판청구를 기각하는 재결을 말한다. 00 국가7급 사정재결은 기각재결에 해당한다. 08 서울9급 등

(2) 취지

사정재결은 공익과 사익을 조절하기 위한 제도로서 행정소송의 사정판결에 대응하는 것이다. 08 서울9급 따라서 사정재결은 그 요건인 공공복리를 매우 엄격하고 제한적으로 해석하여야 한다. 사정재결이 있다고 해서 처분의 하자가 치유되는 것은 아니다.

(3) 적용범위

사정재결은 **취소심판과 의무이행심판에만 적용**되고, 무효등확인심판에는 적용되지 않는다.

21 국가9급, 21 서울·지방9급, 19 소방, 17·15 사복9급, 16 국회8급, 11 지방9급 등 무효 또는 부존재인 행정행위의 효력을 유지시킨다는 것은 논리적으로 불가능하기 때문이다.

04 재결의 효력

1. 형성력

(1) 개념

형성력이란 재결의 내용에 따라 새로운 법률관계의 발생이나 기존의 법률관계의 변경·소멸을 가져오는 효력을 말한다. **형성력은 인용재결에만 발생하고, 기각·각하재결에는 발생하지 않는다. 인용재결이라도 형성력은 위원회가 스스로 취소·변경하는 형성재결에만 발생하고, 이행재결에는 형성력이 발생하지 않는다.** 즉, 모든 재결에 형성력이 발생하는 것은 아니다.

(2) 범위

형성력에 의한 법률관계는 제3자에게도 미치므로 형성력은 대세효를 가진다. 형성적 재결이 있으면 그 대상이 된 처분은 재결 자체에 의하여 당연히 취소되어 소멸한다(대판 1999.12.16. 98두18619 전원합의체).

2. 기속력

(1) 개념

기속력이란 피청구인인 처분청과 그 밖의 관계 행정청이 재결의 취지에 따르도록 구속하는 효력을 말한다. 06 대구교행 기속력은 인용재결에서만 인정되고, 기각재결에는 인정되지 않으므로 기각재결이 있더라도 처분청은 해당 처분을 직권으로 취소할 수 있다. 07 대구9급 등

(2) 내용

1) 반복금지의무(소극적 의무)

행정청은 동일한 사정 아래서 동일한 사유로 동일인에 대하여 같은 내용의 처분을 반복하여서는 아니 된다. 07 대구9급

관련판례

이의신청절차에서 과세관청이 과세처분을 직권으로 취소한 이상 그 후 특별한 사유 없이 이를 번복하고 종전 처분을 되풀이하는 것은 허용되지 않는다. 18 지방9급

과세처분에 관한 이의신청절차에서 과세관청이 이의신청사유가 옳다고 인정하여 과세처분을 직권으로 취소한 이상 그 후 특별한 사유 없이 이를 번복하고 종전 처분을 되풀이하는 것은 허용되지 않는다(대판 2010.9.30. 2009두1020).

* 행정심판의 재결에는 기판력이 인정되지 않는다. 18 국가9급, 16 서울7급

2) 재처분의무

당사자의 신청을 거부하거나 부작위로 방치한 처분의 이행을 명하는 재결이 있으면 행정청은 지체 없이 이전의 신청에 대하여 재결의 취지에 따라 처분을 하여야 한다(제49조 제3항). 17 사복9급, 07 국가9급 이때 기속행위인 경우에는 신청한 대로 처분하여야 하지만, 재량행위인 경우에는 신청한 대로 처분할 필요는 없으며 하자 없는 재량을 행사하여 처분하면 족하다.

3) 직접처분과 간접강제

① 직접처분 `18 국가9급`

> **관련조문**
>
> **제50조(위원회의 직접처분)** ① 위원회는 피청구인이 제49조 제3항에도 불구하고 (의무이행재결) 처분을 하지 아니하는 경우에는 당사자가 신청하면 기간을 정하여 서면으로 시정을 명하고 그 기간에 이행하지 아니하면 직접처분을 할 수 있다. 다만, 그 처분의 성질이나 그 밖의 불가피한 사유로 위원회가 직접처분을 할 수 없는 경우에는 그러하지 아니하다. `21 서울·지방9급`
> ② 위원회는 제1항 본문에 따라 직접처분을 하였을 때에는 그 사실을 해당 행정청에 통보하여야 하며, 그 통보를 받은 행정청은 위원회가 한 처분을 자기가 한 처분으로 보아 관계법령에 따라 관리·감독 등 필요한 조치를 하여야 한다. `21 서울·지방9급`

② 간접강제 가능

> **관련조문**
>
> **제50조의2(위원회의 간접강제)** ① 위원회는 피청구인이 제49조 제2항(제49조 제4항에서 준용하는 경우를 포함한다) 또는 제3항에 따른 처분을 하지 아니하면 청구인의 신청에 의하여 결정으로 상당한 기간을 정하고 피청구인이 그 기간 내에 이행하지 아니하는 경우에는 그 지연기간에 따라 일정한 배상을 하도록 명하거나 즉시 배상을 할 것을 명할 수 있다. `19 서울7급`
> ② 위원회는 사정의 변경이 있는 경우에는 당사자의 신청에 의하여 제1항에 따른 결정의 내용을 변경할 수 있다.
> ③ 위원회는 제1항 또는 제2항에 따른 결정을 하기 전에 신청 상대방의 의견을 들어야 한다.
> ④ 청구인은 제1항 또는 제2항에 따른 결정에 불복하는 경우 그 결정에 대하여 행정소송을 제기할 수 있다. `19 서울7급`

③ **신청이 있어야 직접강제 가능**: 의무이행심판에서 처분재결명령이 있었음에도 피청구인인 행정청이 재결의 취지에 따른 처분을 하지 않는 경우에 위원회는 당사자가 신청하면 기간을 정하여 서면으로 시정을 명하고 그 기간에 이행하지 아니하면 직접처분을 할 수 있다. `15 국회8급` 직접처분은 당사자의 신청을 전제로 하기 때문에 직권으로 할 수는 없다. `11 국회8급`

4) 불합리한 법령 등의 개선

> **관련조문**
>
> **제59조(불합리한 법령 등의 개선)** ① 중앙행정심판위원회는 심판청구를 심리·재결할 때에 처분 또는 부작위의 근거가 되는 명령 등(대통령령·총리령·부령·훈령·예규·고시·조례·규칙 등을 말한다. 이하 같다)이 법령에 근거가 없거나 상위법령에 위배되거나 국민에게 과도한 부담을 주는 등 크게 불합리하면 관계 행정기관에 그 명령 등의 개정·폐지 등 적절한 시정조치를 요청할 수 있다. 이 경우 중앙행정심판위원회는 시정조치를 요청한 사실을 법제처장에게 통보하여야 한다. `21 국회8급`
> ② 제1항에 따른 요청을 받은 관계 행정기관은 정당한 사유가 없으면 이에 따라야 한다.

5) 결과제거의무
법령에 명문의 규정은 없으나, 행정청은 위법·부당으로 판정된 처분에 의해 야기된 상태를 제거해야 할 의무가 있다(김남진).

05 재결에 대한 불복

1. 재심판청구의 금지
심판청구에 대한 재결이 있으면 그 재결 및 같은 처분 또는 부작위에 대하여 다시 행정심판을 청구할 수 없다(제51조). 16 서울7급·국회8급

2. 재결에 대한 행정소송
신청인은 재결 자체에 고유한 위법이 있음을 이유로 행정소송을 제기할 수 있다(행정소송법 제19조 단서). 재결 자체에 고유한 위법이 없음에도 취소소송을 제기한 경우에 각하설과 기각설의 대립이 있으나, 다수설과 판례는 기각설을 취한다. 인용재결이 있는 경우에 피청구인인 행정청은 재결의 기속력으로 인해 취소소송을 제기할 수 없다. 10 세무사 등

제8관 행정심판의 고지제도

01 개설

1. 고지제도의 의의

(1) 개념
고지제도란 행정청이 처분을 함에 있어 그 상대방 또는 이해관계인에게 당해 처분에 대한 불복청구의 가능성 및 그를 위한 필요사항(심판청구절차·청구기간)을 알려주는 제도를 말한다. 04 국회8급 등

(2) 행정절차법상의 고지제도와의 차이
행정절차법은 신청에 의한 고지는 규정하지 않고, 직권고지만 규정하고 있다. 행정심판법은 직권고지와 신청에 의한 고지를 규정하고 있다.

2. 고지제도의 필요성

(1) 행정심판청구의 기회보장
당해 처분에 대한 불복청구의 가능성 및 청구요건·절차 등을 알려줌으로써 불복절차를 몰라 심판청구 기회를 상실하거나, 심판청구가 제기되어도 부적법한 것으로 각하되는 부당한 결과의 발생을 방지하고, 국민에 대한 행정구제의 기회를 보다 실질적으로 보장하여 주려는 데에 그 기본적 의의가 있다.

(2) 행정의 적정화
행정청은 처분을 함에 있어 보다 신중을 기하게 될 것인바, 이를 통해 행정의 적정화에 기여할 수 있다.

02 고지의 성질과 고지규정의 성질

1. 비권력적 사실행위
비권력적 사실행위이므로 그 자체로서는 아무런 법적 효과도 발생하지 않는다.

2. 불고지와 해당 처분과의 관계

행정심판법에 기하여 처분의 통지시에 이행해야 할 법정절차이나, 행정처분 자체의 절차는 아니므로 **고지를 하지 않았더라도 그것은 해당 처분의 위법사유 내지 취소사유로 되는 것은 아니다.**

03 고지의 종류

1. 직권에 의한 고지 – 처분의 상대방에게

 관련조문

제58조(행정심판의 고지) ① 행정청이 처분을 할 때에는 처분의 상대방에게 다음 각 호의 사항을 알려야 한다.
1. 해당 처분에 대하여 행정심판을 청구할 수 있는지
2. 행정심판을 청구하는 경우의 심판청구절차 및 심판청구기간

2. 신청에 의한 고지 – 이해관계인에게

 관련조문

제58조(행정심판의 고지) ② 행정청은 이해관계인이 요구하면 다음 각 호의 사항을 지체 없이 알려 주어야 한다. 이 경우 서면으로 알려 줄 것을 요구받으면 서면으로 알려 주어야 한다.
1. 해당 처분이 행정심판의 대상이 되는 처분인지
2. 행정심판의 대상이 되는 경우 소관 위원회 및 심판청구기간

(1) 신청권자

고지를 신청할 수 있는 자는 해당 처분의 이해관계인이다.

(2) 고지의 대상

서면에 의한 처분에 한정되지 않고 모든 처분이 고지의 대상이 된다.

(3) 고지의 내용

당해 처분이 행정심판의 대상이 되는 처분인지의 여부, 대상이 되는 경우에는 소관 위원회, 심판청구기간 등을 알려 주어야 한다. 행정심판을 제기할 수 없는 처분인 경우에는 그 뜻을 알려 주면 된다.

(4) 고지의 방법

제한이 없으나, 고지를 신청한 자가 서면에 의한 고지를 요구한 때에는 반드시 서면으로 고지하여야 한다.

04 불고지 및 오고지의 효과

1. 불고지의 효과

(1) 심판청구서 제출기관

행정청이 고지를 하지 아니하여 청구인이 심판청구서를 다른 행정기관에 제출한 경우에는 그 행정기관은 그 심판청구서를 지체 없이 정당한 권한이 있는 피청구인에게 보내야 한다. 심판청구서를 보낸 행정기관은 지체 없이 그 사실을 청구인에게 알려야 한다(제23조 제2항·제3항). 이 경우 심판청구기간을 계산할 때에는 최초의 행정기관에 심판청구서가 제출되었을 때에 행정심판이 청구된 것으로 본다(제23조 제4항).

(2) 청구기간

심판청구기간을 고지하지 아니한 때에는 심판청구기간은 당해 처분이 있었던 날부터 180일이 된다(제27조 제6항).

2. 오고지의 효과

(1) 제출기관

제출기관을 잘못 고지하여 청구인이 정당한 행정청이 아닌 다른 행정청에 심판청구서를 제출한 때에도, 그 구제수단은 위의 불고지의 경우와 같다(제23조 제2항·제3항·제4항).

(2) 청구기간

1) 실제 심판청구기간보다 길게 고지한 경우

행정청이 실제의 심판청구기간보다 길게 고지한 때에는 그 고지된 기간 내에 심판청구가 제기되면, 그것이 법정의 청구기간을 경과한 것인 때에도, 적법한 기간 내에 제기된 것으로 의제된다(제27조 제5항).

18 국가9급

2) 법정기간보다 짧게 고지한 경우

원래의 법정기간 안에 유효한 심판청구를 할 수 있다.

3) 오고지의 효과

행정심판청구에 관하여 적용되는 것이지, 행정소송 제기에는 적용되지 아니한다.

관련판례

오고지의 효과는 행정소송 제기에도 당연히 적용되는 규정이라고 할 수는 없다. 18 국가9급

[1] 행정청이 법정심판청구기간보다 긴 기간으로 잘못 알린 경우에 그 잘못 알린 기간 내에 심판청구가 있으면 그 심판청구는 법정심판청구기간 내에 제기된 것으로 본다는 취지의 행정심판법 제18조 제5항의 규정은 행정심판 제기에 관하여 적용되는 규정이지, 행정소송 제기에도 당연히 적용되는 규정이라고 할 수는 없다.

[2] 행정처분시나 그 이후 행정청으로부터 행정심판 제기기간에 관하여 법정심판청구기간보다 긴 기간으로 잘못 통지받은 경우에 보호할 신뢰이익은 그 통지받은 기간 내에 행정심판을 제기한 경우에 한하는 것이지 행정소송을 제기한 경우에까지 확대된다고 할 수 없으므로, 당사자가 행정처분시나 그 이후 행정청으로부터 행정심판 제기기간에 관하여 법정심판청구기간보다 긴 기간으로 잘못 통지받아 행정소송법상 법정제소기간을 도과하였다고 하더라도, 그것이 당사자가 책임질 수 없는 사유로 인한 것이라고 할 수는 없다(대판 2001.5.8. 2000두6916).

(3) 행정심판 전치의 불요

처분을 행한 행정청이 행정심판을 거칠 필요가 없다고 잘못 알린 때에는 필요적 행정심판이라 하더라도 행정심판을 제기함이 없이 행정소송을 제기할 수 있다(행정소송법 제18조 제3항 제4호).

3. 불고지·오고지와 처분의 효력

불고지·오고지 경우에도 **해당 처분 자체의 효력에는 직접 영향을 미치지 않는다.**